# GESUNDHEIT

Der neue große Familien-Ratgeber

# GESUNDHEIT

## Der neue große Familien-Ratgeber

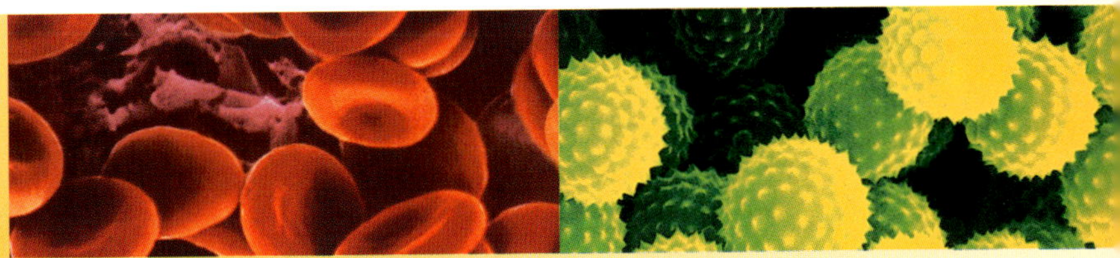


**REDAKTION**

Eva Ambros, Adriane Andreas, Doris Birk, Reinhard Brendli,
Katrin Ritter, Christine Schottdorf-Timm

**AUTOREN**

Eva Ambros M.A., Claudia Eberhard-Metzger M.A., Dipl.-Psych. Martina Gast,
Dr. med. Cornelia Heberhold, Dr. med Gabi Hoffbauer, Gerhard Jäger,
Doro Kammerer M.A., Gabriele Kautzmann M.A., Dr. med. Maren Killmann,
Dr. med. Peter M. Königs, Andrea Koppenleitner M.A., Dipl.-Psych. Sibylle Kroll,
Dr. med. Ingeborg Lackinger & Karger, Dr. med. Bettina Landeck, Petra Neumayer M.A.,
Susanne Priehn-Küpper M.A., Katrin Ritter M.A., Roland Rottenfußer M.A.,
Dr. med. Ruth Sandmann, Adelinde Schmidt M.A., Jürgen Schottdorf,
Dr. med. Christine Schottdorf-Timm, Karin Schutt M.A., Dr. rer. nat. Barbara Schweighofer,
Dr. med. Hans Sperl, Dr. med. Jens Thomsen, Dr. med. Christian Timm



GU GRÄFE UND UNZER

# Impressum

**Wichtiger Hinweis**
Die Erkenntnisse in der Medizin unterliegen laufendem Wandel durch Forschung und klinische Erfahrungen. Die Autoren und Fachgutachter dieses Werkes haben große Sorgfalt darauf verwendet, daß die hier gemachten Angaben dem neuesten Stand der Wissenschaft entsprechen. Der Charakter dieses Buches ist aber grundsätzlich nicht auf Vollständigkeit und umfassende Aufklärung angelegt. Dieser Ratgeber stellt die häufigsten Erkrankungen und Alltagsbeschwerden vor, beschreibt die übliche ärztliche Behandlung und gibt – soweit möglich – Ratschläge zur Selbsthilfe. Wenn Sie sich bei der Behandlung einer Beschwerde nicht sicher sind, oder wenn unklare Begleitumstände auftreten, suchen Sie unbedingt ärztlichen Rat! Jede Leserin/jeder Leser muß in eigener Verantwortung entscheiden, ob sie/er die in diesem Buch beschriebenen Naturheilweisen und Vorbeugemaßnahmen anwenden möchte.



ISBN 3-7742-3089-7

| | | | | | |
|---|---|---|---|---|---|
| Auflage | 5. | 4. | 3. | 2. | 1. |
| Jahr | 02 | 01 | 00 | 99 | 98 |

Die GU-Homepage finden Sie im Internet unter: www.gu-online.de

**Redaktion**
Adriane Andreas (verantw.), Reinhard Brendli
**Lektorat**
Eva Ambros, Andrea Koppenleitner, Katrin Ritter
**Konzept**
Doris Birk, Dr. med. Christine Schottdorf-Timm
**Medizinische Fachberatung**
Dr. med. Christine Schottdorf-Timm
**Bildredaktion**
Christoph Born, Christine Majcen-Kohl
**Produktion**
Ina Hochbach, Monika Pamp
**Umschlaggestaltung und Layout**
independent Medien-Design, Horst Moser, Carin Drexler, München
**Umschlagfotos vorne**
IFA-Bilderteam (Familie),
Kathryn Born (anatomische Zeichnung),
Look/Konrad Wothe (Minze)
**Herstellung und Satz**
BuchHaus Gigler GmbH, München
und Christina Bischoff
**Repro**
PHG Lithos, Planegg
**Druck und Bindung**
Mohndruck Graphische Betriebe GmbH, Gütersloh

Printed in Germany

**Umwelthinweis**
Dieses Buch wurde auf chlorfrei gebleichtem Papier gedruckt. Um Rohstoffe zu sparen, haben wir auf Folienverpackung verzichtet.

# Wissenschaftlicher Beirat

# Wegweiser

## Das finden Sie in diesem Buch

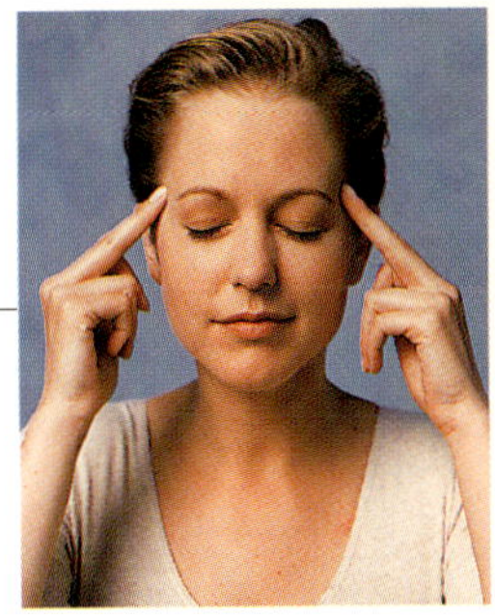

## So finden Sie am schnellsten, was Sie suchen

### Sie selbst oder jemand in Ihrer Familie leiden unter Beschwerden. Sie wollen wissen, um welche Krankheit es sich handeln könnte, und suchen Informationen dazu

● Schlagen Sie im Inhaltsverzeichnis die Seite 9 auf. Unter der Kapitelüberschrift **Symptome erkennen – richtig handeln** suchen Sie Ihre Hauptbeschwerde und gehen zur angegebenen Buchseite. Dort finden Sie in einer klar untergliederten Tabelle genau beschriebene Beschwerden und Symptome (→ Seite 90). Sie erfahren, um welche Erkrankung es sich handeln könnte, auf welchen Seiten Sie Näheres nachlesen können und wann Sie zum Arzt gehen sollten.

*Beispiel: Ihr Auge tränt, juckt und ist gerötet.*
Sie finden auf Seite 9 des Inhaltsverzeichnisses im Kapitel »Symptome erkennen – richtig handeln« das Stichwort »Augenbeschwerden« mit der Seitenangabe 95. Auf dieser Seite sind weitere Symptome aufgelistet wie »mit Tränenfluß« und darunter »Rötung, Reizung, Brennen, Juckreiz«. Sie erfahren, daß es sich um eine Bindehautentzündung handeln könnte, über die Sie auf Seite 154 genauer nachlesen können, und daß ein Arztbesuch ratsam wäre.

### Sie wissen bereits, über welches Thema beziehungsweise über welche Erkrankung Sie mehr erfahren wollen

**In diesem Fall haben Sie drei Möglichkeiten:**

● Suchen Sie Ihr Stichwort im alphabetisch geordneten **Register** (→ Seite 806). Die dort angegebene Seitenzahl führt Sie zur gesuchten Information.
*Beispiel: Sie leiden unter Migräne und möchten mehr darüber wissen.*
Sie finden das Stichwort »Migräne« im Register und werden von dort auf Seite 213 verwiesen.

● Sie schlagen im thematisch gegliederten **Inhaltsverzeichnis** (→ Seite 8) nach, suchen dort die entsprechende Hauptüberschrift und finden darunter Ihr Stichwort mit Seitenangabe.
*Beispiel: Sie interessieren sich für die Ursachen des Haarausfalls.*
Im Inhaltsverzeichnis finden Sie im Kapitel »Der Körper und seine Krankheiten« unter der Überschrift »Haut und Haare« Ihr Stichwort »Haarausfall« mit der Seitenangabe 484.

● Oder: Sie suchen sich im Inhaltsverzeichnis nur den Beginn des entsprechenden **Hauptkapitels,** blättern die angegebene Buchseite auf und werden von dort durch ein weiteres kleines Inhaltsverzeichnis direkt zu Ihrem Thema geführt.
*Beispiel: Sie wollen etwas für Ihre Fitneß tun.*
Im Inhaltsverzeichnis finden Sie das Kapitel »Selbsthilfe zu Hause«, das auf Seite 678 beginnt. Wenn Sie diese Seite aufschlagen, führt Sie ein kleines Verzeichnis zum Abschnitt »Fit bleiben durch Bewegung« auf Seite 723. Dort finden Sie viele praktische Übungen und Tips, die Ihnen helfen, fit zu bleiben.

# Inhaltsverzeichnis



## Gesundheit und Wohlbefinden

## Sexualität und Familie

# Symptome erkennen – richtig handeln

# Der Körper und seine Krankheiten

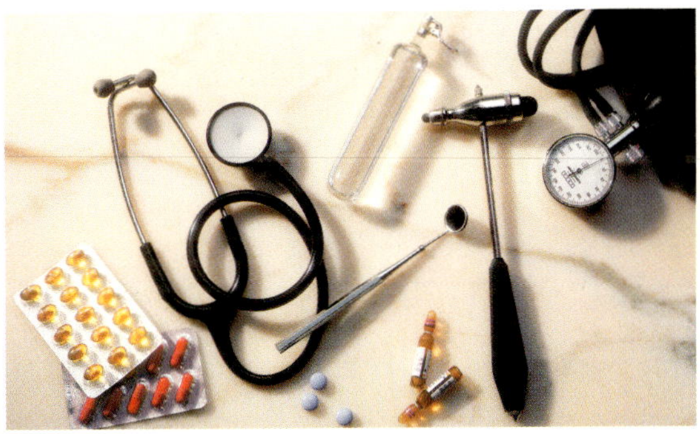

# Sonderthemen

# Diagnose und Therapie

# Selbsthilfe zu Hause

# Erste Hilfe bei Notfällen

# Zum Nachschlagen

# Gesundheit und Wohlbefinden

## Inhalt

# Was ist Gesundheit?

## Körper und Seele im Gleichgewicht

Zu jedem Geburtstag, zu jedem Jubiläum, vor einer Reise, ja sogar bei einem harmlosen Nieser, wünschen wir uns Gesundheit. Gesundheit wird oft an erster Stelle aller guten Wünsche genannt. Sie ist die Grundlage für Glück und Wohlbefinden, »unser höchstes Gut«, besagt der Volksmund. Diese alte Weisheit erlebt in der modernen Leistungsgesellschaft eine Neuauflage: Der Gesundheit als körperlichem Wohlbefinden kommt ein hoher Stellenwert zu. In den Medien und Werbekampagnen werden Leitbilder gekürt, die jung, gesund und immer fit sind. Gesundheit wird zum Selbstzweck, zu einem immerwährenden Zustand, der – so wird uns vermittelt – durch geeignete Maßnahmen auch so erhalten werden kann. Beständig werden neue »Wundermittel« entdeckt, neue Fitneßmethoden gepriesen, die zu Gesundheit und ewiger Jugend verhelfen sollen. Doch Untersuchungen zufolge fühlen sich immer mehr Menschen schon in jungen Jahren immer weniger gesund und klagen über unterschiedliche Beschwerden. Schon Kinder und Jugendliche leiden heute zunehmend an Rückenschmerzen, Herz-Kreislauf-Beschwerden, Allergien oder Eßstörungen.

Was bedeuten Gesundheit, Gesundsein heute, in einer Zeit, die von ständigen Veränderungen, von wachsendem Leistungsdruck und erhöhtem Anspruchsdenken geprägt ist und in der der einzelne mehr und mehr auf sich selbst zurückgeworfen ist? Was bedeuten sie für jeden persönlich in den unterschiedlichen Phasen seines Lebens? Wer gesund sein möchte, für den ist es zunächst einmal interessant, sich etwas genauer mit dem zu beschäftigen, was wir uns so häufig wünschen, ja was schon zu einem allgemeinen Anspruch geworden zu sein scheint.

# Gesundheit ist ganzheitlich

Gesundheit wird im allgemeinen Sprachgebrauch als Gegensatz zu Krankheit gesehen. Wer von sich sagt, er sei gesund, meint damit in der Regel, daß er frei ist von körperlichen Beschwerden, die ihn daran hindern, seinem gewohnten Tagesablauf nachzugehen.
Gesundheit nur auf den körperlichen Zustand zu beschränken, erweist sich jedoch als unvollständig: Auch die seelische Verfassung hat Auswirkungen auf unser Wohlbefinden. Wer seelische Probleme hat, fühlt sich oft auch körperlich nicht wohl oder muß feststellen, daß er häufiger krank wird. Darüber hinaus werden Organismus und Psyche beeinflußt von den individuellen Veranlagungen, der Umgebung, in der wir leben, den Umwelteinflüssen und von der Art, wie wir unser Leben gestalten – wie wir uns ernähren, wie wir arbeiten, die Freizeit verbringen und Beziehungen pflegen. So gesehen, wird Gesundheit von allen Bereichen des menschlichen Lebens mitbestimmt.

## Körper, Seele und Umwelt als Einheit

Die Weltgesundheitsorganisation (WHO) hat 1949 deshalb den Begriff »Gesundheit« in einem sehr umfassenden Sinn definiert: »Gesundheit ist der Zustand völligen körperlichen, geistigen, seelischen und sozialen Wohlbefindens.«
Diese Definition wurde häufig als zu idealistisch kritisiert. Denn niemand wird sich auf Dauer in solch einem Idealzustand befinden. Dennoch ist der ganzheitliche Ansatz wegweisend, da er ein Programm, eine Richtlinie aufzeigt, die für staatliche und soziale Einrichtungen gilt, aber auch dem einzelnen als Orientierung dienen kann. Er kann helfen, Wechselwirkungen zu erkennen, aber auch die Möglichkeiten zu sehen, die jeder einzelne hat, um seine Lebensgestaltung zu beeinflussen.

## Gesundsein als Prozeß

Die Definition der WHO verleitet möglicherweise zu der Annahme, daß Gesundheit ein andauernder Zustand sein könnte. Gesundheit ist jedoch nicht statisch. Je nach Lebensphase, Lebensalter, ja Tagesverfassung ist die Gesundheit eines Menschen unterschiedlich ausgeprägt. Vielfach wird deshalb der dynamischere Begriff »Gesundsein« dem starren »Gesundheit« vorgezogen. Gesundsein ist ein Prozeß, der nicht nur die momentane körperliche Verfassung beschreibt, sondern eine grundlegende Lebenserfahrung, die körperliches und seelisches Wohlbefinden mit einschließt. Gesundsein im umfassenden Sinn schließt Kranksein nicht aus: Jeder Gesunde ist hin und wieder krank. Und auch chronisch Kranke haben häufig gelernt, auf »gesunde Weise krank zu sein«, das heißt mit ihrer Krankheit zu leben und sich zeitweise körperlich und seelisch wohl zu fühlen, obwohl sie körperlich beeinträchtigt sind.
Die Gesundheit eines Menschen befindet sich in einem fließenden Gleichgewicht, das – ähnlich dem physikalischen Begriff des »Fließgleichgewichts« – in ständigem Austausch mit der Um- und Innenwelt steht.

# Körperliches Wohlbefinden

Auch innerhalb des Körpers gibt es solche fließenden Systeme, die alle wichtigen Funktionen steuern – wie die Atmung, die Verdauung, der Blutkreislauf, die Hormonregulation. Wenn diese Systeme ungestört funktionieren, ist der Körper gesund und wir fühlen uns körperlich wohl (→ Seite 29). Wer sich körperlich wohl fühlt, ist zufrieden mit seinem Körperzustand: Er spürt Vitalität, hat Freude an Bewegung, körperlicher Anstrengung und anschließender Erholung. Er kann sich gut konzentrieren, Berührung genießen und fühlt sich frisch und gepflegt. Dieses Wohlbefinden stellt sich auch ein, wenn nach einer Störung ein Heilungsprozeß eingesetzt hat und das gesunde Gleichgewicht wiederhergestellt ist.

## Krankheit als Herausforderung

Manche Störungen kann der Organismus leicht abfangen, ohne daß wir es bewußt wahrnehmen, andere überfordern ihn, und es kommt zu bestimmten Krankheitssymptomen. Oft ist die Krankheit selbst schon das Bemühen des Körpers, die Störung zu beheben – zum Beispiel bei Fieber.
Unzählige äußere Einflüsse und innere Vorgänge wirken auf das körperliche Gleichgewicht ein. So kann eine Lebensweise, die den Organismus anhaltend überfordert – zuwenig oder einseitig belastende Bewegung, unausgewogene Ernährung, zuviel Alkohol und Nikotin zum Beispiel –, die Körperfunktionen empfindlich stören. Es gibt jedoch Krankheitsauslöser, die auch ein Mensch, der auf eine gesunde Lebensweise achtet, nicht immer abwehren kann. Dazu gehören negative Umwelteinflüsse, berufliche

Belastungen, übertriebene Leistungsanforderungen, aber auch bestimmte Erbanlagen, Infektionskrankheiten oder Unfälle.
Teilweise haben wir die Möglichkeit, uns durch gezielte Maßnahmen vor Ansteckung, zum Beispiel durch AIDS, zu schützen oder durch Impfungen vorzubeugen. Eine veränderte Lebensführung hilft oft bis zu einem gewissen Grade, das gesundheitliche Wohlbefinden zu erhalten. Bei schwerwiegenden Krankheiten oder Unfällen können aber meist nur Eingriffe von außen und gezielte Therapien das gestörte Gleichgewicht wiederherstellen. Krankheit kann manchmal zu einem Schicksal werden, dem sich der Betroffene nicht entziehen kann. Er wird versuchen müssen, sie als Herausforderung anzunehmen, und lernen, damit zu leben (→ Seite 752).

# Gesundheit – ein Begriff im Wandel der Zeit

Die Auffassung, daß Gesundheit alle Lebensbereiche mit einschließt, bestand schon in der Antike. In der altgriechischen Philosophie bedeutete »Diätetik« die Lehre von einer gesund erhaltenden und gesund machenden Lebensordnung: Der Mensch befand sich im Einklang mit der inneren und äußeren Natur. Gesundsein war eine Tugend, und jeder sollte Verantwortung für das eigene Gesundbleiben tragen. Schon Hippokrates (etwa 460 bis 377 vor Christus) wies in seinen Schriften darauf hin, daß der einzelne in der Lage sein sollte, sich bei Krankheiten selbst zu helfen und die Anweisungen des Arztes zu verstehen und zu beurteilen. Auch in der christlichen Lehre ging man von der Einheit von Körper und Seele aus. Gesundsein bedeutete, im Gleichgewicht mit der natürlichen beziehungsweise göttlichen Ordnung zu leben. Die Basis der traditionellen Heilkunde waren die Heilmittel der Natur, aber auch geistige Übungen, Gebete und Meditationen sowie eine sittliche Lebensführung gehörten dazu. Es galt in erster Linie, die Selbstheilungskräfte zu stärken.

### Naturwissenschaftliche Errungenschaften

Mit dem Beginn der Neuzeit löste sich der Begriff der Natur von ihrem Schöpfer. Dank der naturwissenschaftlichen Forschung und der technischen Errungenschaften gelang es dem Menschen Einfluß auf sein eigenes Leben zu nehmen wie nie zuvor. In der Medizin trat die Krankheiten-Lehre an die Stelle der alten Lehre vom Gesundsein. Die Schulmedizin, die an den Hochschulen gelehrte und naturwissenschaftlich begründete Heilkunde, drängte die traditionellen Heilmethoden in den Hintergrund.

Gerade auf dem Gebiet der Infektionskrankheiten haben die medizinischen Entdeckungen des 19. Jahrhunderts und die Verbreitung einer umfassenden Hygiene die Menschen von einer großen Zahl bis dahin tödlicher Krankheiten befreit. Bahnbrechend waren die Entdeckung des Penizillins, die Entwicklung von Impfstoffen, aber auch die Fortschritte in der Chirurgie. Viele Krankheiten konnten besiegt werden, der Gesundheitszustand der Bevölkerung in den westlichen Industrienationen verbesserte sich, und die allgemeine Lebenserwartung stieg. Die Lebensweise in den modernen Industriegesellschaften förderte andererseits zahlreiche Krankheiten und Leiden, die man mit den Mitteln einer chemisch-technischen, rein am Körper orientierten Medizin nicht heilen konnte. Man erkannte, daß viele Krankheiten seelische Ursachen haben. Inzwischen wird auch in der Schulmedizin der Psychosomatik (»soma« = Körper) zunehmend Aufmerksamkeit geschenkt. Daneben zeigte sich, daß viele Therapien unerwünschte Nebenwirkungen haben und nicht wenige Menschen von Medikamenten abhängig werden.

### Wiederentdeckung der Ganzheitlichkeit

Deshalb besannen sich viele Ärzte in den letzten Jahrzehnten wieder darauf, die Selbstheilungskräfte der Patienten mit sanften, natürlichen Mitteln und Methoden zu stärken. Die Naturheilkunde gewann neue Bedeutung. Ein neues, ganzheitliches Gesundheitsverständnis entwickelte sich, das die Fähigkeit zur Konfliktbewältigung einschließt. Ziele dieses neuen Verständnisses sind der mündige Patient und die Förderung der Gesundheit auf allen Ebenen des menschlichen Lebens (→ Seite 26).

## Die Rolle der Gene

In jedem Zellkern des menschlichen Organismus sind die Gene, das Erbmaterial eines Menschen, enthalten. Sie liegen in Form von 46 typisch gestalteten Strukturen, den Chromosomen, vor. Die eine Hälfte stammt vom Vater, die andere von der Mutter. Rund 100 000 genetische Merkmale geben jeder Zelle Hinweise darüber, wie sie zu funktionieren hat. Die Gene sind chemischen Lochkarten vergleichbar, auf denen alle Informationen gespeichert sind. Der jeweilige genetische Code und die Konstruktion der Chromosomen bilden die Grundlage für die besondere Ausprägung eines Menschen. Sie bestimmen Geschlecht, Körpergröße, alle äußeren Merkmale, sie steuern die Intelligenz, die Gesundheit, aber auch einige Krankheiten. Gene können defekt und die Ursache von Erbkrankheiten sein, die irgendwann einmal ausbrechen können. Auch ein schwaches Immunsystem kann genetisch bedingt sein, je nachdem, wie die Gene der Eltern zusammengetroffen sind.
Eine bestimmte erbliche Veranlagung, zum Beispiel für Allergien, Diabetes oder Krebs, muß jedoch nicht bedeuten, daß der Betroffene auch erkrankt. Erst wenn mehrere unterschiedliche, äußere und innere Faktoren zusammenkommen, kann eine Krankheit ausbrechen. Die individuellen Lebensumstände spielen eine große Rolle. So kann jemand, in dessen Familienvorgeschichte bestimmte Anlagen, zum Beispiel eine Organschwäche, vorliegen, sein Leben so positiv gestalten, daß durch die Stärke in anderen Bereichen die Schwachstelle ausgeglichen werden kann.

## Der Einfluß der Psyche

Der Körper ist keine Maschine, die man nur regelmäßig warten muß, damit sie ungestört funktioniert. Das seelisch-geistige Erleben hat einen bedeutenden Einfluß auf die körperlichen Abläufe. Als »Brücke« zwischen Psyche und Körper kann das Nervensystem angesehen werden. Es besteht aus einem willkürlich gesteuerten Bereich, der unsere bewußten Handlungen leitet, und aus einem nicht willkürlich beeinflußbaren, dem »vegetativen Nervensystem«. Dieses regelt die inneren Körperfunktionen, wie Atmung, Verdauung, Stoffwechsel und Herztätigkeit. Es läßt sich zwar nicht willentlich steuern, aber seelische Vorgänge wirken sich über das Nervensystem auf die Körperfunktionen aus.

## Anspannung und Entspannung

Der Organismus braucht unterschiedliche Reize, damit die Körperfunktionen immer wieder angeregt werden. Alle Erlebnisse, die ein Mensch als herausfordernd oder bedrohlich erlebt, aktivieren das vegetative Nervensystem. Solche Erfahrungen werden »Streßreize« genannt. Sie aktivieren den Streßnerv (Sympathikus), und dadurch werden bestimmte Hormone wie Adrenalin und Kortisol ausgeschüttet. Das führt dazu, daß der Puls beschleunigt wird, der Blutdruck ansteigt, Blutzucker, Blutfette und Blutgerinnungsfähigkeit erhöht werden. Die Muskeln spannen sich an, die Atmung beschleunigt sich, die Verdauung wird gedrosselt und die Umgebung nur noch eingeschränkt wahrgenommen. Der Körper stellt die Energien bereit, die er für erhöhte Aktivität braucht. In den menschlichen Urzeiten bereitete diese Streßreaktion auf Flucht oder Angriff vor.
Um gesund und widerstandsfähig zu bleiben, braucht der Körper sogar immer wieder Streßphasen. Andauernde Unterforderung und mangelnde Anregung schwächen die Körperfunktionen ebenso wie ständige Überforderung. Folgt nach der Anspannung eine Erholungsphase, wird die Energie wieder abgebaut, und Entspannung tritt ein: Das Gleichgewicht hat sich wieder eingestellt. Dieser gesunde Streß wird »Eustreß« genannt.
Fehlen die Erholungsphasen, bleibt eine andauernde Überreizung und Überforderung bestehen. Fehlen dazu noch wichtige Anregungen wie Bewegung und vollwertige Ernährung, entsteht ein schädlicher Dauerstreß, der sogenannte »Disstreß«.
Zum körperlichen Wohlbefinden gehört also ein angemessener Wechsel zwischen Anspannung und Entspannung.

**Bewegung gleicht Streß aus.**

## Seelisches Wohlbefinden

Untersuchungen in Deutschland und den USA haben gezeigt, daß Menschen, die sich insgesamt als »gesund« bezeichneten, nicht unbedingt eine problemfreie Lebensgeschichte aufzuweisen hatten, sondern häufig auch Tiefschläge und Krisen meistern mußten. Auch waren sie keinesfalls immer unter besonders günstigen Umständen aufgewachsen. Aber sie zeichneten sich alle durch eine optimistische Lebenseinstellung aus und hatten großes Vertrauen in die eigene Fähigkeit, mit Schwierigkeiten und Herausforderungen fertig zu werden. Nach Rückschlägen fanden sie ihr seelisches Gleichgewicht wieder.

### Selbstvertrauen und Lebensfreude

Gesunde Menschen kreisen mit ihrem Interesse nicht nur um ihr persönliches Wohlbefinden, sondern gehen neugierig und offen auf andere Menschen zu und können sich gut an veränderte Situationen anpassen. Sie können vor allem eines: genießen. Sie schöpfen neue Energien aus positiven Erfahrungen und schönen Augenblicken. Sie nehmen ihr Leben selbstverantwortlich in die Hand. Selbstverantwortung bedeutet auch, die eigenen Bedürfnisse wahrzunehmen (→ Seite 30) und fähig zu sein, sich selbst Gutes zu tun. Wer sich seelisch wohl fühlt, lebt nicht verbissen nur für seine Gesundheit, sondern hat Freude an sich, seinem Körper und seiner Umwelt.

### Geistige Aktivität

Wer fähig ist, sich offen auf unterschiedliche Situationen einzustellen, ist in der Regel bereit, sich geistig weiterzuentwickeln, Neues zu lernen und Erfahrungen kreativ einzubringen. Das hat nichts mit Überaktivität zu tun. Wer ununterbrochen agiert, läuft Gefahr, geistig stehenzubleiben und sich zu überfordern. Gerade in Mußestunden und Entspannungspausen fallen uns Lösungen und Ideen zu, die wir dann in Streßphasen produktiv umsetzen können. Auch im geistig-seelischen Bereich gilt das Prinzip der Gegensätze von Anspannung und Entspannung.

## Gesundheit und Gesellschaft

Die Fortschritte in der modernen Medizin förderten die Vorstellung, Krankheiten beherrschen und Gesundheit durch aufwendige medizinische Leistung wiederherstellen zu können. Diese Erwartungshaltung prägte das Verhältnis von Ärzten und Kranken in unserer Gesellschaft. Durch die wichtige Einführung der Prophylaxe, der Gesundheitsvorsorge durch Impfungen, Vorsorgeuntersuchungen, Arbeitsplatzschutz und andere Maßnahmen wurden auch Gesunde in das Arzt-Patienten-Verhältnis eingebunden.

Der Anspruch, nicht nur im Krankheitsfall versorgt und geheilt, sondern auch durch Vorsorgemaßnahmen vor Krankheit geschützt zu werden, drückt sich auch im öffentlichen Gesundheitssystem aus. In Deutschland wurde nach dem Zweiten Weltkrieg ein vorbildliches Gesundheitswesen geschaffen, das sicherstellte, daß alle sozialen Schichten flächendeckend ärztlich versorgt werden konnten. Eine nachteilige Folge war jedoch, daß der einzelne Bürger häufig die Verantwortung für sein Wohlergehen an den Arzt abgab. Viele glaubten, aufgrund der hohen Versicherungsbeiträge ein einklagbares Recht auf Gesundheit zu haben – die Eigenverantwortung trat in den Hintergrund.

Das Gesundheitswesen stößt inzwischen an seine Grenzen. Die Versicherungen sind nicht mehr in der Lage, die hohen Kosten zu begleichen. Die umfassende medizinische Betreuung brachte nicht immer die erhofften Erfolge. Deshalb wird nach neuen Modellen gesucht, die die Selbstverantwortung des einzelnen mehr in den Vordergrund rücken. In diese Richtung weist zum Beispiel das vielfach praktizierte Zusammenwirken von Familie, Versicherungen, sozialen Einrichtungen sowie Selbsthilfeorganisationen bei chronisch Kranken wie Diabetikern, Allergikern, Multiple-Sklerose-Kranken oder bei Behinderten.

In einem sozial gerechten Gesundheitssystem wird ein individuelles Gleichgewicht gefunden werden müssen zwischen dem, was die Gemeinschaft, und dem, was der einzelne zu seiner Gesunderhaltung beitragen kann.

# Im Einklang mit der Umwelt

Ein weiterer wesentlicher Faktor für unser Gesundsein sind die Kontakte zu unserer Umwelt. Die Umwelt – das ist das soziale Umfeld, die Menschen, mit denen wir leben und arbeiten, und die nähere und weitere Umgebung, in der sich unser Alltag abspielt.

## Soziales Wohlbefinden

Lebendige Beziehungen zu anderen Menschen sind lebensnotwendig. Studien, die sich mit Menschen beschäftigten, die in äußerst schwierigen sozialen Verhältnissen groß wurden und sich trotzdem gesund und seelisch stabil entwickelten, ergaben, daß diese in der Kindheit zumindest zu einer Person eine stabile, verläßliche Beziehung hatten.

Nicht nur für die kindliche Entwicklung sind Zuwendung und liebevolle Aufmerksamkeit wichtig. Auch Erwachsene bewältigen ihre Lebensaufgaben besser, wenn sie sich anderen mitteilen können und sich ihrerseits auch für andere interessieren. Besonders gefährdet für Herz-Kreislauf-Erkrankungen zum Beispiel sind Menschen, die sehr ich-bezogen sind. Bei einsamen Menschen, die meinen, gerade in Streßsituationen alles alleine bewältigen zu müssen, wurden überdurchschnittlich häufig stark verengte Arterien diagnostiziert. Wie wichtig positive soziale Kontakte für die Gesundheit sind, zeigen auch die Erfolge von Selbsthilfegruppen. Die Heilungschancen bei schweren Krankheiten wie Krebs sind höher, wenn sich die Patienten mit anderen Betroffenen austauschen können.

Auf der anderen Seite machen unglückliche Beziehungen krank – Beziehungen, in denen ein Partner abhängig vom anderen ist, mißachtet wird oder die von beständigen zermürbenden Konflikten gekennzeichnet sind. Das gilt in der Familie, in der Partnerschaft und im Berufsleben.

**Zum Gesundsein trägt auch eine Beziehung bei, in der wir uns wohlfühlen.**

## Umwelt und Lebensweise

Neben den sozialen Beziehungen beeinflussen die äußeren Bedingungen, in denen wir leben, unsere Gesundheit. Dazu zählen die Wohnverhältnisse, die Arbeitsbedingungen sowie Umweltbelastungen durch verschmutzte Luft, geringe Wasserqualität oder Lärm. Aber auch atmosphärische Einflüsse wie das Klima oder die wachsende Ozonkonzentration wirken sich auf den Gesundheitszustand aus: In den letzten Jahrzehnten haben Krankheiten wie Asthma, Allergien und Hauterkrankungen zugenommen, die mit der Umweltverschmutzung zusammenhängen.

Negative Umwelteinflüsse werden oft noch verstärkt durch eine ungesunde Lebensführung. Dazu kommen stete Hektik und wachsender Existenzdruck – beruflich wie privat.

Es ist nicht ein bestimmter Schadstoff oder eine ungesunde Gewohnheit, die Menschen krank machen. Alle aufgeführten Bereiche wirken zusammen. Doch der einzelne ist diesen vielfältigen Einflüssen nicht immer machtlos ausgeliefert. Er hat Möglichkeiten, selbstverantwortlich und gestaltend auf seine eigene Lebensweise und seine Umwelt einzuwirken. In diesem Sinne hat die WHO den Begriff der Gesundheit auf der Weltgesundheitskonferenz in Ottawa 1986 genauer definiert:

»Gesundheit wird von den Menschen in ihrer alltäglichen Umwelt geschaffen und gelebt: dort, wo sie spielen, lernen, arbeiten und lieben. Gesundheit entsteht dadurch, daß man sich um sich selbst und für andere sorgt, daß man in der Lage ist, selber Entscheidungen zu fällen und Kontrolle über die eigenen Lebensumstände auszuüben, sowie dadurch, daß die Gesellschaft, in der man lebt, Bedingungen herstellt, die ihren Bürgern Gesundheit ermöglichen.«

# Bausteine für die Gesundheit

## Lebensfreude entwickeln

Die Menschen neigen seit alters her dazu, die Verantwortung für eigene Schwächen und Leiden auf die Umwelt zu verlagern. Im Altertum waren es die Götter, in jüngerer Zeit schiebt man die Schuld gerne auf die staatlichen Institutionen, die Lebensverhältnisse und die allgemeinen Umweltbedingungen. Der Appell der Weltgesundheitsorganisation von 1986 (→ Seite 27) drückt es jedoch sehr klar aus: Gesundheit wird »gelebt«. Sie hängt mit Lebensqualität und Selbstbestimmung zusammen und damit, wie jeder einzelne sich um sich selbst und um seine Umgebung kümmert.

Wenn man sich aktiv für seine Gesundheit einsetzt, muß das nichts mit Verbissenheit, Enthaltsamkeit oder Besserwissertum zu tun haben. Im Gegenteil: Selbstauferlegte Schranken und Zwänge können das Gleichgewicht ebenso stören wie Auswüchse. Die Gesundheit fördern bedeutet, mehr Lebensfreude zu entwickeln. Gesunde Menschen haben gelernt, sich immer wieder Quellen für ihr Wohlbefinden zu erschließen und neue Lebenskraft daraus zu schöpfen. Sie können genießen – nicht aus Genußsucht, sondern weil sie aufmerksam und offen mit sich und dem Leben umgehen. Sie nehmen auch die kleinen Freuden des Alltags wahr und puffern Streß und negative Einflüsse ab, indem sie täglich etwas für ihren Genuß tun. Die Genußfähigkeit ist im Menschen selbst lebenserhaltend angelegt. Alle Verhaltensweisen und Sinnesempfindungen, die seine Existenz sichern, sind mit Lustempfinden verbunden. Dazu gehören Essen, Sexualität, körperliche Aktivität, der Wechsel von Anspannung und Entspannung, Körperpflege, die Pflege seelisch-geistiger Bedürfnisse und Beziehungen zu anderen.

# Für Ausgleich sorgen

Im Gleichgewicht zu bleiben bedeutet, sich selbst ganzheitlich – als Einheit von Körper, Seele und Geist – zu erleben und den richtigen Ausgleich zwischen den Gegensätzen zu finden. Zu den »Bausteinen« des Wohlbefindens gehören:

- Körperliche Aktivität und Entspannung danach
- Konzentriertes, angestrengtes Arbeiten im Wechsel mit Erholung und Naturerlebnissen
- Spannende Ereignisse, geglückte Entscheidungen, berufliche und private Erfolgserlebnisse sowie Phasen der Ruhe und vertrauter Routine
- Partnerschaft, Geselligkeit, ausgelassene Fröhlichkeit und Ungestörtsein, Rückzugsmöglichkeiten.

## Dem Körper Gutes tun

Zu einem positiven Körperzustand, zu einem Gefühl von Vitalität und zu besserer Widerstandskraft tragen eine gesunde Ernährung, ausreichende Bewegung, vernünftige Hygiene und natürliche Gesundheitspflege bei. Zur Lebensfreude gehört jedoch auch, hin und wieder einmal unvernünftig oder unmäßig zu sein. Wer gelernt hat, auf seinen Körper zu hören (→ Seite 742), wird seine Grenzen rechtzeitig spüren und es ebenso genießen, den Ausgleich wiederherzustellen.

### Gesund genießen

Sich gesund zu ernähren, hat viel mit der Freude am Essen zu tun. Ein neues Gericht zu entdecken, sich voller Vergnügen sein Lieblingsgericht zuzubereiten kann Glücksgefühle auslösen. Ein vielfältiger, abwechslungsreicher Speiseplan führt dem Körper darüber hinaus alle lebenswichtigen Nährstoffe zu. Doch viele Menschen haben es verlernt zu genießen, ernähren sich einseitig und phantasielos, essen unmäßig oder wechseln zwischendurch erfolglos von einer Diät zur anderen. Sein persönliches, gesundes Wohlfühlgewicht (→ Seite 719) findet man am besten, indem man sich abwechslungsreich ernährt und Ausgleich zwischen Fülle (nicht jeden Tag den Festtagsbraten) und Einfachheit herstellt. Wie Sie sich gesund und ausgewogen ernähren, erfahren Sie auf den Seiten 712 bis 721.

### Durch Bewegung fit bleiben

In der Bewegung nehmen wir unseren Körper aktiv wahr. Wir spüren die einzelnen Körperteile, wir erfahren Anspannung und Leistungsgrenzen. Folgt der körperlichen Anstrengung Entspannung, fühlen wir uns zutiefst befriedigt. Wer sich regelmäßig bewegt, unterstützt nicht nur seine Körperfunktionen und kräftigt Muskeln und Gelenke, er kann auch ein positives Körpergefühl aufbauen. Das kann über Kraft- und Ausgleichssport (→ Seite 698) geschehen, über Gymnastik oder Tanz. Wichtig ist, daß Sie Ihren Körper ganzheitlich trainieren.
Ein gutes Körpergefühl hilft auch, mehr Selbstvertrauen und Ausstrahlung zu gewinnen und geistig fit zu bleiben: Das Gehirn wird besser durchblutet, und durch ganzheitliches Training werden beide Gehirnhälften angeregt. In der Bewegung kann man geistig und seelisch für gewisse Zeit völlig abschalten. Das fördert die Kreativität und stärkt die Lebenskräfte. Mehr über gesunde Bewegung und praktische Übungen finden Sie auf den Seiten 698 bis 711.

### Sorgsam mit sich umgehen

Ihr körperliches Wohlbefinden beeinflussen Sie auch durch vernünftige Körperpflege und durch die Art, wie Sie mit Beschwerden und Krankheiten umgehen. Viele versuchen, mit Medikamenten oder Suchtmitteln wie Alkohol Störungen und Probleme zu überdecken. Dem Körper Gutes tun heißt auch, ihm nicht mehr zuzumuten als notwendig. Sie können lernen, Ihre körperlichen und seelischen Widerstandskräfte zu stärken, und leichte Beschwerden zunächst mit bewährten Hausmitteln zu kurieren. Anregungen dazu erhalten Sie auf den Seiten 680 bis 741.

**Gesundes Essen: eine Freude für Körper und Seele.**

# Seele und Geist pflegen

Was bedeutet es, sich geistig und seelisch wohl zu fühlen? Die Antwort auf diese Frage wird bei unterschiedlichen Menschen unterschiedlich ausfallen, je nach Temperament und Veranlagung. Die einen lieben den ständigen Wechsel, brauchen Aktivität, vielfältige Anregungen und neue Herausforderungen. Andere fühlen sich wohl, wenn ihr Leben überschaubar geregelt ist, sie sehnen sich nach Verläßlichkeit und wollen sich auch in ihrer Gefühlswelt sicher fühlen.
Grundsätzlich positiv wirken jedoch auch im seelisch-geistigen Bereich ein Gleichgewicht von Anspannung und Entspannung, die Fähigkeit zu genießen und eine positive Lebenseinstellung.
Wer Freude an Dingen hat, die er tut, sich ganz auf eine Sache konzentrieren und für sie begeistern kann, aber auch immer wieder abschaltet, um sich dann mit neuer Energie auf seine Umwelt einzulassen, der bleibt eher gesund.

## Seelische Bedürfnisse erkennen

Viele Menschen haben verlernt, auf ihre persönlichen Bedürfnisse zu achten. Ihr Alltag wird beständig von außen diktiert, von den Anforderungen des Berufslebens, von den Wünschen und Erwartungen der Mitmenschen. Es fällt ihnen häufig schwer, bewußt zu unterscheiden: Was erwarte ich von mir und meinem Leben? Was erwarten die anderen von mir, oder was glaube ich, daß von mir erwartet wird? Es ist nicht immer einfach, herauszufiltern, was für einen selbst wichtig ist. Wer es erkennt, der hat meist auch wieder mehr Freude an manchen lästigen Tätigkeiten. Kompromisse fallen ihm leichter, aber er weiß auch, was er für sich ganz persönlich tun kann, um wieder neue Kraft und Selbstvertrauen zu schöpfen.

## Der Körper als Schlüssel zur Seele

Vielleicht haben Sie es schon selbst festgestellt: Wenn Sie unter Druck stehen, beruflichen Streß haben oder Streit mit Ihrem Partner, stellen sich häufig ganz bestimmte Symptome ein. Sie beißen die Zähne aufeinander, atmen flach, bekommen Magenschmerzen, eine Bronchitis oder Kreislaufbeschwerden. Der Körper wird zum Sprecher Ihrer seelischen Bedürfnisse (→ Seite 743). Beobachten Sie über einen gewissen Zeitraum, ob und welche Symptome sich nach Belastungen, Ärger, Angstgefühlen einstellen und ob Sie sich besser fühlen, sobald der Streit behoben ist oder der Streß nachläßt. Versuchen Sie wahrzunehmen, wann Sie sich rundum wohl fühlen – bei welcher Tätigkeit, bei welcher Entspannung, mit welchen Menschen.
Es gibt zahlreiche Methoden, Selbstvertrauen zu entwickeln, Streß zu bewältigen oder lähmender Eintönigkeit zu entfliehen. Einige Anregungen finden Sie auf den Seiten 681 bis 685.

## Wenn die Probleme krank machen

Wenn Sie jedoch ernsthafte seelische Probleme haben, ständig krank oder niedergeschlagen sind, an ernsten Depressionen oder einer Eßstörung leiden oder suchtkrank sind, sollten Sie neben einer ärztlichen unbedingt auch psychotherapeutische Hilfe in Anspruch nehmen. Das ist kein Zeichen von Schwäche, sondern es zeigt, daß Sie verantwortungsbewußt mit sich und anderen umgehen. Erkundigen Sie sich vorher bei Ihrem Arzt oder einer Beratungsstelle (→ Adressen, Seite 798) eingehend nach einer Therapie, die für Sie geeignet ist.

**Gemeinsam werden viele Freuden noch intensiver erlebt – sei es im Alltag oder in der Freizeit.**

## Familie und Freunde

Zu den wichtigsten gesund erhaltenden Faktoren gehört das soziale Leben eines Menschen (→ Seite 27). Familie und Freunde vermitteln das Gefühl von Geborgenheit und Angenommensein. Sie sind Stütze und Hilfe in Lebenskrisen und den kleinen Unbilden des Alltags. Familienmitglieder und enge Freunde sind wichtige Gesprächspartner. Die neuere Forschung hat gezeigt, wie wichtig Gespräche für die Gesundheit sind. Wer alles »in sich hineinfrißt«, erkrankt schließlich daran.
Aber auch positive Kontakte am Arbeitsplatz tragen oft zu mehr Zufriedenheit und mehr Gelassenheit in Streßsituationen bei. Ein Erfolg in der Gemeinschaft, sei es im Team, im Dorf, im Verein oder in einer anderen Gruppe, ist oft befriedigender als die individuelle Tat. Wer am Leben anderer teilnimmt, zieht daraus oft mehr Lebensfreude, als wenn er nur nach dem persönlichen Vorteil und Genuß strebt.

## Die Umwelt mitgestalten

Die Umgebung, in der wir leben und arbeiten, trägt viel zu unserem allgemeinen Gesundheitszustand bei – aber auch die Art und Weise, wie wir unser Leben in dieser Umgebung gestalten. Nicht alle Menschen können sich die Gegend, in der sie wohnen, aussuchen und die Bedingungen an ihrem Arbeitsplatz mitgestalten. Wer das eigene Wohlergehen auch in weniger günstigen Umständen nicht aus dem Blick verliert, kann im kleinen versuchen, einen Ausgleich zu den Belastungen zu schaffen, die unvermeidbar sind. Jemand, der sich nicht dem Gefühl des Ausgeliefertseins überläßt, der die Verantwortung nicht ganz an Staat und Gemeinschaft abgibt, sondern an Verbesserungen mitarbeitet, fühlt sich meist körperlich und seelisch wohler. Etwas Gelassenheit kann ihm dabei helfen, nicht verbissen gegen alle erdenklichen Gefahren zu kämpfen. Verbissenheit und Ängstlichkeit führen nur dazu, daß man innerlich verkrampft und damit Körper und Psyche belastet.

### Wohnen und Arbeiten

Mehr Lebensqualität können Sie zum Beispiel in den eigenen vier Wänden schaffen, indem Sie auf möglichst giftfreie Einrichtungsmaterialien und Umweltschutz im Haushalt achten.
Auch am Arbeitsplatz ist es möglich, sich für gesündere Arbeitsbedingungen einzusetzen und für die Belange des Betriebes zu engagieren. Ausgleich für einseitige Belastung bieten Entspannungs- und Bewegungsübungen zwischendurch (→ Seite 708) oder sanftes körperliches Ausgleichstraining (→ Seite 699). Gegen einen eintönigen Arbeitsalltag hilft oft ein interessantes Hobby oder ein Abendkurs. Auch für das Verhältnis von Arbeit und Freizeit gilt es, Einseitigkeit auszugleichen und eine gesunde Spannung zwischen den Gegensätzen herzustellen.

## Gesundheit neu verstehen

Gesundsein und Gesundbleiben erfordern in einer Umwelt, die von ständig wechselnden Reizen und Informationen geprägt ist, mehr denn je den mündigen Menschen, der sich für sich selbst verantwortlich fühlt. Die beste Gesundheitsvorsorge ist eine Lebensführung, bei der die eigenen Bedürfnisse in Einklang mit der Umwelt stehen. Gesundheitsvorsorge im Sinn von Lebenskunst, wie sie schon die antiken Ärzte und Philosophen vermittelten (→ Seite 24), bedeutet, die Welt bewußt wahrzunehmen und zu genießen. Wer sich nicht einseitig auf eine Sache konzentriert, also zum Beispiel Befriedigung nur im Beruf oder nur in der Partnerschaft sucht, sondern sich unterschiedlichen Erfahrungsbereichen öffnet, schafft Ausgleichsmöglichkeiten und hat bessere Chancen, mit Rückschlägen in einem Bereich fertig zu werden. Zu einer gesund erhaltenden Lebensführung gehört auch die Bereitschaft, offen für neue Informationen zu sein und sich weiterzubilden.

### Wissen anwenden

Wissen und Bildung kann Ihnen helfen, Ihren persönlichen Weg zu finden, mit Herausforderungen umzugehen. Das gilt auch für den Krankheitsfall. Im Sinne eines neuen Gesundheitsverständnisses (→ Seite 26) trägt der mündige und eigenverantwortliche Patient zu größeren Heilungserfolgen bei. Wer sich über Krankheiten und ihre Behandlungsmöglichkeiten informiert (→ Seite 142–677), geht meist realistischer mit seinem Zustand um. Er entwickelt weniger Ängste und fühlt sich nicht von etwas Undurchschaubarem bedroht. Er wird das ihm Mögliche dazu beitragen können, um schneller zu genesen und langfristig gesund zu bleiben.

# Sexualität und Familie

## Inhalt

# Erfüllte Sexualität

## Liebe und Lust erleben

Die Sexualität des Menschen dient nicht ausschließlich dem Fortbestand der Art, sondern ist auch eine besonders intensive Form, in der zwei Menschen sich begegnen und miteinander austauschen. Deshalb ist der Wunsch nach sexueller Erfüllung beim Menschen nicht an Perioden der Fruchtbarkeit gebunden. Sexuelle Bedürfnisse und Freude an der Sexualität können Frauen und Männer unabhängig davon haben, ob sie gebären oder zeugen können. Auch das Lebensalter hat weniger Einfluß als vielfach angenommen. Ob jemand eine erfüllte und lustvolle Sexualität leben kann, hängt vielmehr davon ab, in welcher seelischen und gefühlsmäßigen Verfassung er ist, wie er zu sich selbst und zu seinem Partner steht.

In jüngeren Jahren spielt vor allem die körperliche Attraktivität des Sexualpartners eine große Rolle. Später werden emotionale Faktoren wie gegenseitiges Verständnis zunehmend wichtiger. Liebe und Lustempfinden sind somit kein Anspruch der Jugend; denn auch Senioren können Sexualität intensiv erleben (→ Seite 83, 764).

Nicht zuletzt mit der Einführung der »Pille« in den sechziger Jahren wandelte sich die Einstellung zur Sexualität tiefgreifend. Durch Aufklärungskampagnen und Freizügigkeit in den Medien ist das Thema Sexualität in den letzten Jahren von vielen Tabus befreit worden. Die allgemeine Toleranz ist gewachsen und die Sexualität weitgehend von Angst- und Schuldgefühlen befreit worden. Dadurch konnten viele Menschen Liebe und Lust unbeschwerter und erfüllter erleben. Der freizügige Umgang mit Sexualität in Wort und Bild hat jedoch auch häufig dazu geführt, daß gerade dieser Bereich mit Ansprüchen und Idealvorstellungen überfrachtet wird.

## Ansprüche und Erwartungen

Nicht wenige Menschen sehen in einem regen Sexualleben eine Hauptenergiequelle und suchen darin den Ausgleich für Probleme und Anforderungen im Alltag. Wer gedanklich so auf seine sexuellen Ansprüche fixiert ist, übersieht dabei oft, daß erfüllte Sexualität vor allem seelisches Engagement erfordert. Es ist auch nicht wichtig, Statistiken über Beischlaf- und Orgasmushäufigkeit oder ausgefallene Liebestechniken zu kennen. Im Gegenteil: Viele Männer und Frauen sehen sich durch die Unzahl solcher Veröffentlichungen eher einem Leistungsdruck ausgesetzt, der den Liebesgenuß deutlich schmälern kann. Männer zweifeln mitunter an ihrer Potenz, weil ihnen vorgemacht wird, daß ein »richtiger« Mann jederzeit »könne«. Manche Frauen leiden vor allem unter der Vorstellung, sie müßten immer einen Orgasmus erleben, wollen sie nicht als frigide gelten. Außerdem wagen es viele nicht, sich im Bett frei zu bewegen, weil sie sich als unattraktiv empfinden. Doch gerade ein positives Selbstwertgefühl und ein lebhaftes Interesse am Partner tragen mehr als Äußerlichkeiten dazu bei, daß Mann und Frau Liebe lustvoll und befriedigend genießen können.

### Gewachsene Toleranz

Durch die öffentlichen Diskussionen, Bildbeiträge und Aufklärungsfilme ist die allgemeine Toleranz gegenüber den Menschen gewachsen, die in heterosexuellen Beziehungen keine Befriedigung finden und gleichgeschlechtliche Partnerschaften eingehen.
Auch Liebestechniken, die früher als »pervers« bezeichnet wurden, wie etwa Oral- oder Analverkehr, gelten heute schlicht als eine von vielen Möglichkeiten, zu sexueller Befriedigung zu gelangen.
Befremdliche Gefühle dagegen rufen bei vielen Menschen immer noch Sadomaso-Praktiken (sexuelle Lust durch Quälen oder Gequältwerden) hervor.
Die Befreiung von sexuellen Tabus hat jedoch nicht generell dazu geführt, daß sich Paare auf sexuellem Gebiet besser verstehen. Aber immer mehr Menschen suchen heute Hilfe, wenn sie mit ihrem Sexualleben unzufrieden sind oder ihren Wünschen zu starke seelische und körperliche Hemmungen entgegenstehen. Um ihr Sexualleben erfüllend zu gestalten, brauchen beide Partner vor allem Selbstvertrauen. Das bedeutet, daß sie sich selbst genau kennen, ihre eigenen Wünsche und Gefühle wahrnehmen und ihrem Partner auch mitteilen können.

## Die erwachende Lust der Teenager

Das Thema Sexualität wird für Kinder und Jugendliche heute viel früher interessant, als das in der Jugend ihrer Eltern der Fall war. Das ist angesichts der Sexualisierung unserer Umgebung, zum Beispiel in den Medien, der Werbung und der Popmusik, nicht verwunderlich. Für die Jugendlichen muß es so aussehen, als sei Sex eines der wichtigsten Dinge auf der Welt. Wenn sie spöttisch oder kichernd darüber reden, verbirgt sich dahinter jedoch meist eine große Unsicherheit.
Der Mensch ist von Geburt an ein sexuelles Wesen. Schon kleine Kinder empfinden genitale Lustgefühle. Ein sexuelles Begehren, das sich auf einen anderen Menschen richtet, spielt allerdings erst mit Beginn der Pubertät eine Rolle (→ Seite 73, 74).
Aber auch dann können (und wollen) viele Jugendliche ihre körperliche Sehnsucht und sexuelle Phantasien trotz der oft schon sehr drängenden Gefühle zunächst noch nicht mit einem Partner ausleben. Die Selbstbefriedigung (Masturbation, Onanie) verschafft ihnen in dieser Phase vorübergehend Entspannung. Die Vorstellung, daß die sexuelle Selbststimulierung körperliche oder seelische Schäden zur Folge haben könnte, ist inzwischen eindeutig widerlegt. Über die Selbstbefriedigung lernen die Jungen und Mädchen ihren Körper und ihre sexuellen Gefühle besser kennen und gewinnen dadurch auch mehr Sicherheit für ihre erste sexuelle Begegnung (→ Seite 75).
Wichtig ist, daß Eltern die Intimsphäre der Teenager respektieren, sich aber gesprächsbereit zeigen. Teenager müssen ihre eigenen Erfahrungen machen können, jedoch auch wissen, wie sie sich vor einer Schwangerschaft und vor AIDS schützen können (→ Seite 304) und daß zu beglückender Sexualität auch seelisches Wachsen gehört.

## Was im Körper vorgeht

Je besser man sich und seinen Körper annehmen kann, um so positiver wird man auch die eigene Sexualität erleben. Es gibt kaum starre Gesetzmäßigkeiten oder Regeln dafür, wie eine Frau oder ein Mann am besten Lust empfinden kann. Sexualität ist immer individuell, sie entwickelt und verändert sich und läßt Raum für Phantasie, Einfühlungsvermögen und wachsende Sensibilität für den eigenen und den Körper des Partners. Es ist für beide Partner befriedigender, wenn sie offen miteinander darüber sprechen können, was sie empfinden, was sie erregt und wie sie verwöhnt werden möchten. Denn Mann und Frau erleben den Liebesakt in unterschiedlichen Phasen. Die nebenstehende Graphik veranschaulicht, wie Erregung und Orgasmus bei Frauen und Männern im allgemeinen verlaufen.

### Wachsende Erregung

Oft genügt schon eine kurzer Sinnesreiz wie offenherzige Kleidung, erotische Fotografien, der Anblick des Partners oder ein bestimmter Geruch, um sexuelle Empfindungen auszulösen. Männer sind weit mehr als Frauen durch optische Reize zu stimulieren. Aber auch Frauen lassen sich durch erotische Bilder und Filme erregen – allerdings können harte und frauenfeindliche pornographische Darstellungen eher das Gegenteil bewirken.

Vor allem aber entfachen intime Zärtlichkeiten, die sich besonders auch auf die erogenen Zonen konzentrieren, als lustvolles Vorspiel die leidenschaftliche Erregung, die zum Höhepunkt des Liebesaktes führt. Zu den erogenen Zonen gehören Körperbereiche wie der Nacken, die Brustwarzen, die Innenseiten der Oberschenkel, die Hautbezirke um Mund und Anus, beim Mann der Penis mit der Eichel und die Hoden, bei der Frau die kleinen Schamlippen und die Klitoris. Bei der sexuellen Erregung verändern sich nicht nur die Geschlechtsorgane – der ganze Körper gerät unter Spannung. Wenn Umarmungen und Zärtlichkeiten immer leidenschaftlicher werden, beginnen Arme und Beine zu vibrieren, die gesamte Muskulatur spannt sich an, Atmungs- und Herzfrequenz sowie Blutdruck steigen. Die Haut wird überall stärker durchblutet und empfindsamer für Berührungsreize. Besonders viel Blut strömt aber sowohl bei der Frau als auch beim Mann in die Geschlechtsorgane.

#### Die Erregungsphase bei der Frau

Die inneren und äußeren Schamlippen der Frau werden durch den Blutandrang dicker und praller, ebenso die Klitoris und meist auch die Brüste. Die Brustwarzen stellen sich auf und werden hart. In der Scheide wird Gleitflüssigkeit produziert, die Scheidenwände werden feucht. Auch der PC-Muskel (Musculus pubococcygeus), der die Scheidenöffnung umgibt, vergrößert sich durch den vermehrten Blutfluß in seinen zahlreichen Gefäßen.

Bei Frauen ist die Erregungsphase in der Regel länger als bei Männern (in der Graphik wird dieser Unterschied nicht berücksichtigt). Die körperliche Erregung unterliegt nur sehr eingeschränkt der willentlichen Kontrolle. Viele Frauen reagieren oft sehr empfindlich auf »Störfaktoren«. Ein falsches Wort des Partners, Körpergeruch oder Geräusche aus dem Kinderzimmer können die Erregungskurve rapide absacken lassen. Wichtig ist für viele Frauen auch, daß die Atmosphäre stimmt und sie sich als Frau und Geliebte voll und ganz angenommen fühlen.

#### Die Erregungsphase beim Mann

Die sogenannten Schwellkörper des Penis sind ebenfalls dicht mit Blutgefäßen durchzogen. Bei sexueller Erregung füllen sich diese Gefäße mit Blut, der Penis wird steif und richtet sich auf.

Männer sind im allgemeinen schneller erregbar und können ihre Erregung auch schwerer verbergen als Frauen. Doch die männliche Potenz reagiert ebenfalls sehr labil auf Streß, Ablehnung oder sexuellen Leistungsdruck.

### Höhepunkt der Lust

Die wachsende Anspannung der Erregungsphase mündet in die »Plateauphase«: Sie geht dem Höhepunkt, in dem sich die Spannung entlädt, voraus. Die Scheide der Frau sondert eine Gleitflüssigkeit ab, die es dem Penis erleichtert einzudringen. Die Gebärmutter richtet sich auf, und die Scheide zieht sich zusammen. Manche Frauen bleiben auf der Plateauphase und kommen nicht zum Orgasmus.

Der sexuelle Höhepunkt oder Orgasmus ist eine Phase höchster Lustgefühle, die bei den meisten Menschen nur wenige Sekunden dauert. Beim Mann wird während des Höhepunkts die Samenflüssigkeit ausgestoßen. Bei der Frau ziehen sich die Beckenmuskeln und der PC-Muskel rhythmisch zusammen. Das

angenehme Prickeln, das den Körper durchströmt, wird durch die Ausschüttung von Endorphinen herbeigeführt. Dies sind körpereigene Substanzen, die schmerzlindernd und stark euphorisierend wirken.
Ob ein Orgasmus durch den Geschlechtsverkehr, durch gegenseitige Stimulation mit der Hand, dem Mund, erotischem Spielzeug oder durch Selbstbefriedigung entstanden ist, spielt in körperlicher Hinsicht keine Rolle. Dennoch empfinden es Männer wie Frauen oft als seelisch weniger befriedigend, sich allein zum Orgasmus zu bringen.

**Erregungskurve bei Frau und Mann**

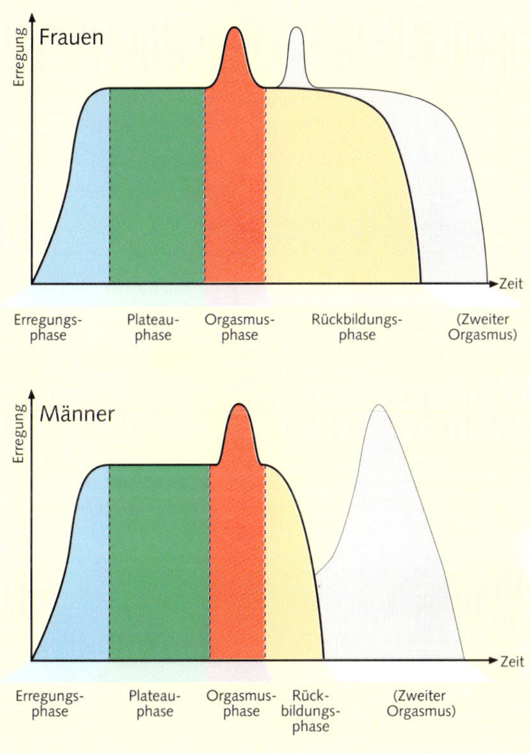


**Die Kurven zeigen, wie unterschiedlich Männer und Frauen die Phasen der Erregung erleben: Männer gelangen nach dem Orgasmus rasch wieder auf »Normalniveau«. Bei Frauen steigt diese Kurve oft langsamer an und fällt nach dem Höhepunkt auch erst allmählich wieder ab. Aus diesem Grund sind manche Frauen zu mehreren Orgasmen fähig. Auch verlaufen ihre Erregungs- beziehungsweise Orgasmusphasen oft ganz unterschiedlich.**

### Die Orgasmusphase der Frau

Während die meisten Männer keine Schwierigkeiten haben, beim Geschlechtsverkehr einen Orgasmus zu erlangen, genügen die Bewegungen des Penis in der Scheide für manche Frauen nicht, um alleine dadurch einen Höhepunkt zu erleben. Viele Frauen können nur einen Orgasmus erreichen, wenn sie zusätzlich stimuliert werden, zum Beispiel durch ein zärtliches Reizen der Klitoris mit der Hand oder dem Mund. Dennoch spielt es für das Lustempfinden und die seelische Befriedigung vieler Frauen eine wichtige Rolle, den Mann in sich aufnehmen und spüren zu können. Welche Reize eine Frau benötigt, um Lust zu empfinden, ist individuell verschieden. Während des Liebesakts kann eine Frau mehrere Orgasmen erleben.

## Wohlige Entspannung danach

Nach dem Orgasmus steht die erhöhte Blutmenge aus dem weiblichen und männlichen Genitalbereich wieder allen anderen Körperteilen zur Verfügung und verursacht oft ein Gefühl von Wärme. Die Rückbildungsphase verläuft bei Männern sehr viel schneller als bei Frauen. Eine Frau bleibt noch eine gewisse Zeit in der Plateauphase. Deshalb ist es so wichtig, daß ein Mann seine Partnerin nach dem Orgasmus weiter zärtlich verwöhnt, damit das Liebesspiel für sie langsam und schön ausklingen kann.

## Sexuelle Störungen

Sexuelle Störungen sind nur selten organisch bedingt (→ Seite 386, 414). Viel häufiger haben sie ihre Ursache in Konflikten mit dem Partner, in der persönlichen Biographie sowie in Alltagsproblemen, Streß, erhöhtem Leistungsdruck und mangelndem Selbstvertrauen. Als häufigste sexuelle Störungen gelten beim Mann Potenzprobleme und vorzeitiger Samenerguß. Von Frauen wird am meisten über die Unfähigkeit, zum Orgasmus zu gelangen, geklagt.
Immer mehr Menschen suchen deshalb Rat und Hilfe bei Ärzten und Sexualtherapeuten. Erektions- oder Orgasmusprobleme lassen sich häufig schon durch eine veränderte Einstellung zur Sexualität und bestimmte Übungsprogramme beheben. Doch ob Sexualität befriedigend erlebt wird, hängt in den meisten Fällen nicht von körperlichen Voraussetzungen oder besonderen Praktiken ab, sondern von der Art, wie Paare ihre Beziehung gestalten und wie sie mit sich selbst und ihrem Leben umgehen.

# Sexualität und Partnerschaft

Eine feste Partnerschaft bedeutet heute für die meisten Menschen die beste Voraussetzung für ein erfülltes Sexualleben. Sie brauchen die wachsende Vertrautheit mit dem Partner, emotionale Wärme und Sicherheit, um sich ganz auf den anderen einlassen und sich ihm hingeben zu können. Doch auch wenn beide Partner sich sehr gut kennen, fällt es ihnen oft gerade im sexuellen Bereich nicht leicht, sich einander mitzuteilen und die Reaktionen des anderen zu verstehen. Häufig sind zu viele unausgesprochene Wünsche und Bedürfnisse mit dem Sexualleben verbunden.

## Das Verhältnis zum eigenen Körper

Männer und Frauen erleben die Welt in vielen Bereichen unterschiedlich. Auch auf sexuellem Gebiet können sie in ihren Wünschen und Empfindungen nicht immer übereinstimmen. Um so wichtiger ist es deshalb, daß sie sich offen über ihre Gefühle und Empfindungen austauschen, Wege der Begegnung und Verschmelzung suchen und sich dennoch in ihrem »So-Sein« annehmen können.

Manche Männer erleben ihren Penis nicht nur als erogenen Körperteil, sondern auch als Mittelpunkt ihrer Identität. Das kann zur Folge haben, daß sie ihrem Geschlechtsteil geradezu magische Kräfte zuschreiben. Eine solche Konzentration auf den Penis führt mitunter aber auch dazu, daß Männer ihrem »besten Teil« die Schuld für jedwedes Versagen zuschieben. Weil ihr Penis zu klein ist, so glauben manche, würden sie von ihren männlichen Rivalen nicht ernst genommen und von Frauen zu wenig beachtet. Weit wichtiger als die Größe des Penis ist für die meisten Frauen jedoch, daß ein Mann in einer einfühlsamen Mischung aus Eroberungskunst und zärtlicher Hingabe auf ihre Sehnsüchte eingehen kann.

Bei vielen Frauen spielen Körperbereiche wie Busen, Po und Schenkel eine ähnlich bedeutsame Rolle wie für den Mann die Penisgröße. Sie sprechen von »Problemzonen«. In ihren Augen entscheiden diese über den Wert ihrer Persönlichkeit, und sie führen einen ständigen Kampf gegen die vermeintlich unschönen Formen. Für Männer sind angebliche weibliche Idealmaße jedoch häufig weit weniger wichtig, als Frauen annehmen. Sie sehnen sich nach einer Partnerin, die mit sich und ihrem Körper eins ist und unbefangen ihre Erotik mit ihnen auslebt.

**Die Vergangenheit prägt**

In den persönlichen sexuellen Bedürfnissen eines Menschen und in der Art, wie er diese wahrnimmt und befriedigt, spiegelt sich auch – unabhängig von seinem Geschlecht – seine gesamte Biographie wider. Seine Erziehung, das Verhältnis zu seinen Eltern, frühe Erfahrungen mit dem anderen Geschlecht prägen sein Verhältnis zur Sexualität und die Partnerwahl. Für viele ist es hilfreich, wenn sie bestimmte Muster, die ihr Verhalten immer wieder bestimmen, erkennen und lernen, positive zu stärken und negative zu überwinden (→ Seite 680).

## Unterschiedliche Welten vereinen

Auch in sehr glücklichen Partnerschaften gelingt es beiden Partnern nicht zu jeder Zeit in idealer Weise alle Bedürfnisse und Wunschvorstellungen des anderen zu erfüllen. Kaum ein Mann ist beständig glühender Eroberer seiner eigenen Frau und sanfter Hausmann zugleich. Kaum eine Frau verkörpert die erträumte Mischung von verführerischer Liebhaberin und umsorgendem Hausmütterchen. Auch in ihrer Vorstellung, welchen Stellenwert die sexuelle Begegnung haben sollte, unterscheiden sich Männer und Frauen. Meist möchte sich die Frau zunächst von ihrem Mann ganz und gar verstanden wissen, bevor sie sich für die körperliche Liebe öffnen kann. Ein Mann braucht häufig erst den körperlichen Kontakt zu seiner Partnerin, bevor er sich ihr dann auch emotional anvertrauen kann.

Eine für beide Partner erfüllende Sexualität kann gelingen, wenn die unterschiedlichen Erlebensweisen nicht mehr als grundsätzlich konfliktträchtig und trennend, sondern als Chance der Begegnung erlebt werden. Diese Begegnung wird möglich, wenn auf beiden Seiten die Fähigkeit wächst, ohne Angst, sich etwas zu vergeben, aufeinander zuzugehen und miteinander über die Schwierigkeiten zu sprechen. Dabei ist es wichtig, daß beide Partner sich freimachen können von genormten Vorstellungen, was sein müßte oder sein sollte. Das gilt für das jeweilige Rollenverhalten, für Ideen und Wünsche, aber auch für eigene Freiräume. Je unbefangener sie sich und den anderen als eigenständige Persönlichkeit mit ganz individuellen Bedürfnissen sehen können, desto spannender und schöner werden auch ihre sexuellen Begegnungen immer wieder sein. Jedes Paar wird dabei seine eigene Form finden, Lust und Liebe zu leben.

## Geben und Nehmen

Verständnis und Offenheit im Umgang miteinander sind wichtig für eine lebendige Beziehung, ebenso wie die Fähigkeit, sowohl geben als auch nehmen zu können. Der Wechsel von Geben und Nehmen ist die Basis jeder erfüllten Sexualität.
Wer nehmen kann, muß im Liebesspiel nicht immer nur aktiv sein, sondern ist auch fähig, sich ganz dem anderen und seinen Zärtlichkeiten zu überlassen. Das fällt besonders Männern bisweilen schwer, da sie meinen, immer handeln zu müssen. Auf der anderen Seite haben viele Frauen Scheu davor, beim Sex die führende Rolle zu übernehmen und eigene Phantasien mit ins Spiel zu bringen.
Geben bedeutet, alles für die lustvolle Befriedigung des anderen zu tun, mit Phantasie und Hingabe auf den Partner einzugehen. Es heißt aber auch, seine Grenzen und die eigenen zu respektieren. Geben hat darüber hinaus mit der eigenen Persönlichkeitsentwicklung zu tun: die eigenen Fähigkeiten entfalten, Interessen pflegen, aber auch ein positives Körpergefühl entwickeln und so ein anziehender und interessanter Partner bleiben.

## Harmonie um jeden Preis?

Lebendige Sexualität braucht lebendige Menschen. Sie braucht Harmonie und Vertrauen, aber sie braucht auch ein gewisses Maß an Spannung und Aggression. Wenn ein Paar nie streitet, lebt es oft eine fade, wenig beglückende Sexualität. Zusammen zu leben und zu wirtschaften, ohne daß jemals Konflikte entstehen, ist nahezu unmöglich. Aus Angst vor einem Streit mit dem Partner unterdrücken manche Menschen eigene Wünsche und Bedürfnisse – meist geschieht das unbewußt. Seine eigenen »Ecken und Kanten« nicht wahrzunehmen, bedeutet aber Verzicht auf Lebendigkeit. Ohne Lebendigkeit wird das Sexualleben schnell zur bloßen Pflichterfüllung. Je offener man seine eigene Persönlichkeit in allen Facetten einbringt, desto eher bleibt die gegenseitige Anziehungskraft erhalten.
Aggressivität bedeutet nicht, daß dem anderen Schmerzen zugefügt werden, daß er erniedrigt und gekränkt wird, sondern daß wirklich erfüllendes sexuelles Erleben immer auch mit Unbändigkeit und Angriffslust gekoppelt ist. Wenn in einer Beziehung jeder Anflug von Ärger oder Wut im Keim erstickt wird, erlahmt auch die Leidenschaft.

## Erfülltes Leben – erfüllte Sexualität

So wie zwei Menschen im Alltag leben, so leben sie häufig auch ihre Sexualität. Eine gute Partnerschaft fällt niemandem in den Schoß. Paare, die lange miteinander glücklich sind, haben sich »zusammengerauft«, haben gelernt, was Verzeihen heißt, und den Sinn des Gebens und Nehmens in der Partnerschaft verstanden. Sie haben die Routine, die sich in ihrem Alltags- und Sexualleben breitmachen wollte, immer wieder aufs neue überwunden und ihr Repertoire an erotischen Spielen ständig erweitert. Sie haben für »Durststrecken« nicht einfach den anderen verantwortlich gemacht, sondern bei sich selbst nachgesehen, was sie verändern können.
Paare, deren Zweisamkeit durch die Ankunft von Kindern aus dem Gleichgewicht gebracht worden ist, haben sich darum bemüht, sich wieder Freiräume zu schaffen. Sie haben sich regelmäßig Zeit füreinander genommen, um neben der verantwortungsvollen Aufgabe der Elternschaft niemals zu vergessen, daß sie auch ein Liebespaar sind (→ Seite 41, 78).

**Gemeinsamer Genuß – und manchmal auch ein zärtlicher Zweikampf – fördern die Liebe.**

# Wenn die Lust Pause macht

Die sexuelle Lustlosigkeit, die sich in den achtziger Jahren bemerkbar machte, war offenbar nicht nur eine vorübergehende Erscheinung. Wissenschaftler und Sexualtherapeuten sprechen derzeit von einer zunehmenden Lustlosigkeit weltweit. Auf der anderen Seite werden in unserer modernen Gesellschaft immer höhere Ansprüche an Lust und Leidenschaft in einer Beziehung gestellt.

## Hohe Erwartungen an die Ehe

Früher waren es meist wirtschaftliche Gründe, die zwei Menschen lebenslang zu einem Paar verbanden. Heute kann theoretisch jeder Mensch alleine für sich sorgen. Die Mehrzahl der Erwachsenen übt einen Beruf aus, und auch immer mehr Frauen verdienen ihr eigenes Geld. Wer kein eigenes Einkommen hat, kann von staatlicher Seite Unterstützung erwarten. Ehe und Familie sind zur Existenzsicherung nicht mehr nötig. Liebevolle Gefühle und Erotik wurden daher immer mehr zum Inhalt und zum Gütezeichen von Beziehungen.

Gefühle allein haben sich allerdings als sehr unzuverlässig erwiesen – das zeigen die steigenden Scheidungsziffern und die große Zahl der Ratsuchenden bei Ehetherapeuten. Zum Scheitern einer Ehe führt häufig auch die überzogene Vorstellung, daß jedes Paar auf Dauer eine leidenschaftliche Sexualität miteinander leben müsse. Immer mehr Menschen empfinden sexuelle Leidenschaft beinahe als Pflicht und erleben Perioden sexueller Langeweile als unerträglich und gleichzeitig als untrügliches Zeichen für das Scheitern der Beziehung.

## Nachlassende Spannung im Alltag

Wohl alle Paare haben die Erfahrung gemacht, daß nach einer ersten leidenschaftlichen Phase ruhigere Zeiten einkehren. Das ist normal, und doch gehen heute viele Menschen davon aus, daß permanente Lust das Normale sei. Dies ist sicher auch auf die überzogene Darstellung von Sexualität in den Medien zurückzuführen. Als Mann und Frau noch mehr aufeinander angewiesen waren, wäre keiner der beiden auf die Idee gekommen, wegen eines flauen Sexuallebens einen Experten zu Rate zu ziehen. Aus dem Glücksfall einer erfüllten Sexualität scheint heute ein einklagbares Recht für alle geworden zu sein.

Doch auch in einer stabilen Zweierbeziehung ist eine dauerhaft intensive Sexualität eher die Ausnahme. Die tägliche Nähe, das Zusammen-Wohnen, Zusammen-Schlafen, Zusammen-Essen und Zusammen-Freizeit-Machen nimmt vielen Menschen so viel Luft, daß sie sich weit mehr nach Distanz und Unabhängigkeit als nach körperlicher Vereinigung sehnen. Eine lustvolle Sexualität braucht zwar Vertrautheit, doch in mindestens ebenso großem Maße auch Fremdheit und Geheimnis.

### Routine contra Lust

Zusätzlich hemmen Überforderung und Langeweile die sexuelle Lust. Diese merkwürdige Mischung prägt vielfach den reizüberfluteten, aber sinnentleerten Alltag in der heutigen Zeit. Die größten Feinde der Lust sind Streß im Beruf und mit den Kindern, monotone und wenig anerkannte Arbeiten, Nachlässigkeiten des Partners wie Unsauberkeit und Unordentlichkeit sowie Gleichgültigkeit. Ein übriges tut oft die Vertrautheit des Partners, die dazu führen kann, daß man ihn als vorhersagbar erlebt. Man weiß in fast jeder Situation, wie der Partner reagieren wird, was er sagen wird, wie er sich verhalten – und wie er streicheln und küssen wird.

Die Reaktionen auf nachlassende Lust und lähmende Alltagsroutine sind unterschiedlich: Manche Paare sind sich durchaus darin einig, daß in einer Ehe vor allem die Kameradschaft zählen sollte. Andere, die zwar unter dem tristen Alltagstrott leiden, aber sich nicht trauen, ihn zu durchbrechen, resignieren irgendwann. Wieder andere erliegen der Versuchung, ihre Unzufriedenheit zu bekämpfen, indem sie fremdgehen.

## Verborgene Konflikte

Einerseits kann sexuelle Lustlosigkeit als eine weitverbreitete und normale Erscheinung in langjährigen Partnerschaften gewertet werden. Andererseits ist sie mitunter auch ein Hinweis auf ungeklärte Konflikte. Demonstrative Unlust ist beispielsweise eine Möglichkeit, den Partner in seiner Geschlechtsidentität abzuwerten. Dem anderen sexuelle Bestätigung vorzuenthalten, ist eine sehr subtile Form der Rache.

Sexuelle Unlust beim Mann kann darauf hindeuten, daß er sich von seiner Frau zu wenig anerkannt fühlt oder daß er ihrem dominanten Verhalten nicht gewachsen ist. Wenn eine Frau keine Lust auf sexuelle

Betätigung verspürt, kann das damit zu tun haben, daß sie sich nicht als gleichwertige Partnerin angenommen fühlt oder überlastet ist.
Manchmal sind aber auch negative Kindheitserlebnisse oder eine sexualfeindliche Erziehung dafür verantwortlich, daß einem Paar die Lust verlorengeht. Je vertrauter ein Paar miteinander wird, um so mehr können frühere Ängste erwachen und die Verhaltensweisen bestimmen. Die Lustlosigkeit bewahrt dann beide davor, sich diesen Ängsten aussetzen zu müssen. Wenn sexuelle Störungen länger anhalten, ist es sinnvoll, sich an einen Therapeuten zu wenden.

## Lust braucht Pflege

Zu akzeptieren, daß sexuelle Lust kein Dauerzustand in einer langjährigen Beziehung sein kann, wirkt für die meisten Paare sehr entlastend. So kann Raum entstehen für Gespräche, aber auch für Überlegungen, wie man die Lust aufeinander behutsam wieder entfachen kann. Der Zweierbeziehung wieder mehr Zeit zu widmen, Neues auszuprobieren oder sich für den anderen eine Überraschung auszudenken, kann der Anfang einer neuen Art von Kommunikation sein, in der auch die Erotik wieder ihren Platz findet.

## Die Lust neu entfachen

Wenn Sie die sexuelle Beziehung in Ihrer Partnerschaft aufrechterhalten beziehungsweise wieder zu neuem Leben erwecken möchten, können Sie unterschiedliche Wege ausprobieren. Für manche Paare ist es leichter, sich zunächst durch Gespräche über sexuelle Wünsche die Welt der körperlichen Lust wieder zu erschließen. Andere gewinnen in einem Tanzkurs das Gefühl dafür zurück, wie erotisierend gemeinsame Bewegungen sein können. Wieder andere lassen sich durch erotische Literatur oder Filme inspirieren und zu neuen Spielarten ermutigen.
Besonders anregend ist eine Methode, die Sexualtherapeuten mit großem Erfolg einsetzen. Sie nennt sich »fokussierte Sinnlichkeit« (Konzentration auf Körpergefühle, die durch die Zärtlichkeiten des anderen hervorgerufen werden) und ist in drei Stufen unterteilt. Nehmen Sie sich für jede Übung etwa 30 Minuten Zeit (15 Minuten für jeden Partner). Schaffen Sie dazu eine angenehme, sinnliche und ungestörte Atmosphäre.

Sich zärtlich immer wieder neu entdecken – so bleibt die Leidenschaft lebendig.

- In der ersten Stufe wird der Partner durch Streicheln und Liebkosungen des ganzen Körpers verwöhnt. Die Genitalregion und die weiblichen Brüste sollen jedoch nicht berührt werden. Die Partner sprechen dabei miteinander und teilen einander mit, was ihnen besonders guttut, was weniger und welche Berührungen ihnen mißfallen.
- In der zweiten Phase dürfen Sie auch die weiblichen Brüste und die Genitalorgane der Partner in das Spiel einbeziehen. Ein Höhepunkt soll aber nicht erreicht werden – statt dessen brechen Sie die Stimulierung ab, falls die Erregung zu groß wird.
- In der dritten Phase ist schließlich alles erlaubt – auch die sexuelle Vereinigung. Allerdings ist es wichtig, daß beide immer das momentane Gefühl genießen und nicht den Orgasmus als einzig anzustrebendes Ziel vor Augen haben. Der Höhepunkt darf auch ganz ausbleiben, ohne daß das gemeinsame Liebesspiel dadurch entwertet wird.

Durch diese fokussierte Sinnlichkeit können Sie den eigenen Körper und den Ihres Partners besser kennenlernen. Dabei wird vielen Paaren klar, wie wenig sie über sich selbst und den anderen gewußt haben und wieviel es noch zu entdecken gibt.

# Empfängnisverhütung

Das Bemühen, ungewollten Kindersegen zu verhindern, ist so alt wie die Menschheit. Wissenschaftler sind bei ihren Nachforschungen auf teilweise erstaunlich fundierte Kenntnisse über Möglichkeiten der Fruchtbarkeitskontrolle in früheren Epochen gestoßen. Viele alte Kulturen kannten Rezepte für Salben, Tinkturen und Kräuterpasten, die eine samenabtötende Wirkung hatten.

## Moderne Familienplanung

Immer mehr Menschen wollen heute frei entscheiden können, wann sie Kinder bekommen und wie viele oder ob sie überhaupt Nachwuchs möchten. Manche Paare scheuen die Veränderungen und die wirtschaftlichen Nachteile, die häufig mit Kindern verbunden sind, und sehen ihr berufliches Fortkommen als vorrangiges Lebensziel. Häufig stehen gerade die Frauen vor der Entscheidung, Kinder zu bekommen und dafür ihre berufliche Laufbahn zu unterbrechen oder eine Doppel- und nicht selten Dreifachbelastung auf sich zu nehmen. Deshalb zögern manche Frauen lange, bis sie schwanger werden wollen.

Verantwortungsvolle Elternschaft ist ein wichtiges Anliegen geworden. Auch und gerade weil sie ihre Aufgabe sehr ernst nehmen, wollen die meisten Eltern sich heute bewußt für Kinder entscheiden.

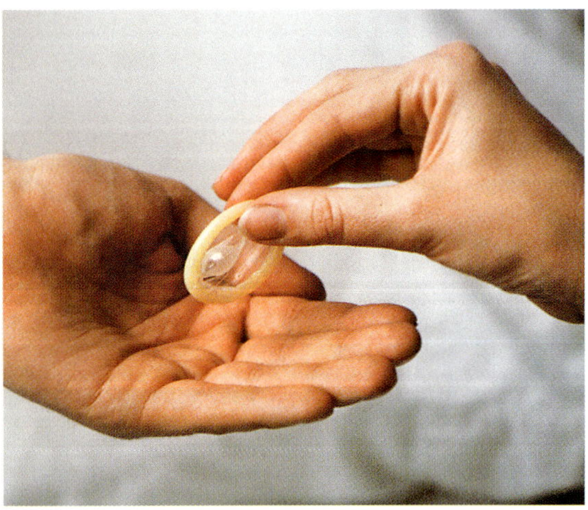

**Verantwortungsvoll mit der Fruchtbarkeit umzugehen, gehört für viele Menschen zur Lebensplanung.**

### Sicher verhüten

Traditionell war Verhütung in erster Linie Aufgabe der Frauen. Diese Einstellung ist immer noch weit verbreitet und wird heute dadurch gestützt, daß die sicherste bekannte Verhütungsmethode die Pille ist. Seit der Ausbreitung von AIDS gehen jedoch auch Männer ganz allgemein noch bewußter mit Sexualität um. Kondome schützen nicht nur vor Ansteckung, sie sind auch eine Form der Verhütung von männlicher Seite. Immer mehr junge Paare besprechen das Thema Verhütung jedoch gemeinsam und lassen sich auch gemeinsam ärztlich beraten. Wichtig ist, eine Verhütungsmethode zu wählen, die ausreichend Sicherheit in der momentanen Lebensphase des Paares bietet.

Maßstab für die Fehlerrate einer Methode ist der sogenannte »Pearl-Index«, der die Zahl der Schwangerschaften bei 100 Frauen nach einem Jahr Anwendungsdauer einer Methode angibt (→ Seite 45). An erster Stelle steht die hormonelle Empfängnisverhütung (die »Pille«), gefolgt von der Spirale und – gleichauf – der Kombination Kondom und samenabtötende Salbe. Die sogenannten natürlichen Verhütungsmethoden sind dagegen nur zu empfehlen, wenn die Frau einen absolut regelmäßigen Zyklus hat und das Paar überdies mit sexuellen Praktiken vertraut ist, die den Geschlechtsverkehr ausschließen.

**Verhütung ist keine Abtreibung**

Viele Paare, die verhüten wollten, aber gegen jede Form der Abtreibung waren, entschieden sich aus diesem Grund oft gegen die Spirale. Die Behauptung, die Spirale verhindere nur das Einnisten des bereits befruchteten Eis, stimmt zumindest für die heutigen Formen der Intrauterinpessare (IUP) nicht mehr. Die Spiralen geben samenabtötende Substanzen ab, so daß es erst gar nicht zur Befruchtung kommen kann. Die einzigen Methoden, die eine Einnistung verhindern, sind solche, die nach ungeschütztem Geschlechtsverkehr oder nach einer Verhütungsspanne zum Einsatz kommen: die »Pille danach« und die nachträgliche Einpflanzung der Spirale. Eine hundertprozentige Sicherheit, die Schwangerschaft damit verhindern zu können, gibt es hierbei allerdings nicht.

# Methoden der Empfängnisverhütung

Nur etwa zehn Stunden lang ist die reife Eizelle bereit für eine Befruchtung. Samenzellen können in den Eileitern bis zu vier Tagen befruchtungsfähig bleiben und auf die Eizelle warten. Insgesamt gibt es also fünf fruchtbare Tage im Zyklus einer Frau. Diese fruchtbaren Tage sind jedoch nicht bei allen Frauen mit Sicherheit zu bestimmen.

Je nachdem, in welcher körperlichen und seelischen Verfassung und in welcher Beziehung oder Lebensphase sich eine Frau oder ein Mann befinden, sollten sie das Für und Wider der einzelnen Verhütungsmethoden abwägen und die für sie passende wählen.

## Hormonelle Verhütungsmethoden

Jede zweite Frau nimmt in ihrer fruchtbaren Lebensphase die »Pille«. Damit ist die hormonelle Methode der Empfängnisverhütung die am häufigsten verwendete. Ein im Labor hergestelltes Hormon (synthetisches Progesteron) unterdrückt – meist in Kombination mit künstlich produziertem Östrogen (weibliches Sexualhormon) – den Eisprung, indem es dem Organismus eine Schwangerschaft vortäuscht. Diese Präparate sind zwar sicher und bequem in der Anwendung, doch nicht alle Frauen vertragen die »Pille«, und nicht alle dürfen sie anwenden. Zum Beispiel bei Bluthochdruck, zu hohem Blutfettspiegel, Leberleiden und anderen Störungen sind hormonelle Verhütungsmethoden ungeeignet. Da sich das Thromboserisiko durch die Einnahme leicht erhöht, wird der Arzt genau abwägen, welche Patientinnen ein solches Präparat nehmen können.

Die »Minipille« enthält nur das Hormon Gestagen, das den Schleim im Gebärmutterhals für Samenzellen undurchlässig macht. Der Eisprung wird nicht verhindert. Die Minipille muß immer zur gleichen Uhrzeit eingenommen werden. Sie eignet sich vor allem für stillende Mütter und Diabetikerinnen.

### Drei-Monats-Spritze

Ebenso sicher wie die »Pille« wirkt die Drei-Monats-Spritze, die ebenfalls den Eisprung unterdrückt und alle drei Monate vom Frauenarzt gegeben wird. Oft bleibt die Regelblutung ganz aus. Nach Absetzen der Spritze kann es bis zu einem Jahr dauern, bis es wieder zu einem Eisprung kommt. Deshalb ist die Drei-Monats-Spritze vor allem für Frauen geeignet, die sich ihren Kinderwunsch erst in einigen Jahren erfüllen oder keine Kinder mehr haben wollen.

# Schwangerschaftsabbruch

Ein Schwangerschaftsabbruch ist aus medizinischer Sicht zwar kein riskanter Eingriff, er kann jedoch für manche Frauen zu einer großen seelischen Belastung werden. Daher ist es wichtig, daß die Frau oder das Paar sich eingehend beraten läßt.

Ein Schwangerschaftsabbruch ist bis zur 12. Woche straffrei. Die Schwangere ist jedoch gesetzlich verpflichtet, mindestens drei Tage vor dem Eingriff eine anerkannte Beratungsstelle aufzusuchen (→ Adressen, Seite 798). Der Eingriff selbst muß von einem Arzt vorgenommen werden. Die Krankenkasse bezahlt den Abbruch, wenn die Schwangerschaft die Gesundheit der Mutter schädigt (medizinische Indikation), eine Schädigung des Kindes vorliegt oder zu befürchten ist (embryopathische Indikation) oder die Frau vergewaltigt wurde (kriminologische Indikation). Bei sehr einkommensschwachen Frauen übernimmt die Sozialhilfe die Kosten.

Der Eingriff wird unter Vollnarkose, mitunter auch mit örtlicher Betäubung durchgeführt und dauert etwa zehn Minuten. Der Muttermund beziehungsweise Gebärmutterhals wird gedehnt. Mit einer Saugkürette werden Schleimhaut und die darin eingenistete Eizelle abgesaugt.

Bei medizinisch korrekter Durchführung des Schwangerschaftsabbruchs sind körperliche Komplikationen selten. Als größtes Risiko gilt eine Entzündung, die zur Unfruchtbarkeit führen kann. In Einzelfällen kann es zu einer Verletzung der Gebärmutterwand, zu schwer stillbaren Blutungen oder zu Thrombosen kommen. Umstritten ist bislang noch, ob eine Neigung zu Früh- oder Fehlgeburten entstehen kann.

## »Spirale« (Intrauterinpessar)

Moderne »Spiralen« (Intrauterinpessare) werden in die Gebärmutter eingeführt, um dort eine Empfängnis zu verhüten. Sie sehen aus wie ein T und werden alle drei bis fünf Jahre gewechselt. Mittlerweile gibt es Intrauterinpessare, die nicht – wie früher – mit einem Kupferfaden umwickelt, sondern mit einem Hormondepot aus Gestagenen (Oberbegriff für Gelbkörperhormone) beladen sind. In der Gebärmutter (Zervix) genügen winzige Mengen dieses Hormons, um den Zervix-Schleim für Spermien undurchlässig zu machen. Die Kupferionen beziehungsweise die Gestagene hindern so die Spermien an ihrem Vormarsch zur Eizelle.

Die Spirale wird von einem Arzt eingesetzt. Frauen, die unter Entzündungen am Muttermund oder unter einer Allergie gegen Latex leiden, sollten diese Methode nicht anwenden.

## Barrieremethoden

Barrieremethoden verwehren den Samenzellen den Zugang zur Eizelle entweder auf mechanischem oder chemischem Weg. Sie werden nur bei Bedarf angewendet und eignen sich nicht, um dauerhaft zu verhüten. Zu ihnen gehören Kondom, Frauenkondom, Diaphragma, Portiokappe und Schwamm.

*Kondome* guter Qualität tragen das dlf-Prüfzeichen und ein Haltbarkeitsdatum, nach dessen Ablauf die sonst übliche Sicherheit nicht mehr gewährleistet ist. Das Kondom muß so angelegt werden, daß das Reservoir für die Samenflüssigkeit groß genug und luftleer ist, damit das Kondom nicht platzt. Beim Zurückziehen des Gliedes aus der Scheide sollte das Kondom mit der Hand festgehalten werden, damit das Sperma nicht noch nachträglich in die Vagina gelangt. Bei richtiger Anwendung schützt das Kondom auch vor AIDS (→ Seite 304).

Noch wenig gebräuchlich sind die sogenannten *Frauenkondome*. Sie sind größer als die herkömmlichen Kondome und haben zwei Ringe, die über Muttermund und Scheideneingang gelegt werden.

Das *Diaphragma* ist eine Halbkugel mit einem Spiralring im Randwulst, die die Frau selbst in die Scheide einführen kann. Es sollte immer in Kombination mit einem samenabtötenden Präparat benutzt werden und nach dem Geschlechtsverkehr noch für mindestens sechs Stunden an Ort und Stelle bleiben.

Dasselbe gilt für die *Portiokappe*, die kleiner und starrer als das Diaphragma ist. Sie besteht aus Latexgummi, deckt durch Saugwirkung den Muttermund fest ab und ist damit auch für Frauen geeignet, die unter Gebärmuttervorfall oder Scheidensenkung leiden.

Diaphragmen und Portiokappen gibt es nicht frei zu kaufen, da ihre Größe individuell abgestimmt werden muß, wenn sie sicher sein sollen. Pro Familia und Frauengesundheitszentren (→ Adressen, Seite 798) passen die Größe an, erklären die richtige Anwendung und verkaufen sie auch.

Den mit samenabtötender Substanz imprägnierten *Kunstschwamm* führt die Frau vor dem Geschlechtsverkehr in die Scheide ein und plaziert ihn vor dem Muttermund. Weitere samenabtötende Substanzen werden als Spray, Schaum, Gel, Zäpfchen und in anderen Formen angeboten. Sie sollten immer so nahe wie möglich an den Muttermund gebracht werden.

## Natürliche Verhütungsmethoden

Um auf natürliche Art zu verhüten, untersucht die Frau täglich die Beschaffenheit des Zervix-Schleims, der eindeutige Hinweise auf die fruchtbaren Tage gibt. Um sicherer zu gehen, wenden viele Paare zusätzlich die Temperaturmethode an. Die sogenannte Basaltemperatur wird jeden Morgen gemessen. So kann ein Paar feststellen, wann der Eisprung stattgefunden hat, da die Temperatur nach dem Eisprung ansteigt. Diese nebenwirkungsfreie Methode eignet sich für Paare, die viel Geduld und Aufmerksamkeit investieren wollen. Ihnen steht heute ein dichtes Netz von speziellen Beratungsstellen zur Verfügung, die auch Kurse anbieten (→ Adressen, Seite 798). Die meisten wenden sich an beide Partner, weil die natürliche Familienplanung (NFP) nur sicher und befriedigend sein kann, wenn das Paar die Entscheidung dafür gemeinsam trägt.

## Koitus interruptus

Der »unterbrochene Geschlechtsverkehr« ist aus zwei Gründen ungeeignet, eine Schwangerschaft zu verhüten. Durch das Zurückziehen des Glieds aus der Scheide kurz vor dem Samenerguß ist keineswegs gewährleistet, daß Scheide und Muttermund frei von Samenzellen bleiben. Schon vor dem Samenerguß sondern viele Männer Samenzellen ab. Das abrupte Auseinanderfahren kann zudem für beide Partner ein ausgesprochen ernüchterndes Erlebnis sein.

## Sterilisation

Für Männer und Frauen, die sich vollkommen klar darüber sind, daß sie keine Kinder mehr bekommen wollen, kann die Sterilisation (→ Seite 385, 414) das Verfahren der Wahl sein.
Doch da auch mit den inzwischen hochverfeinerten chirurgischen Methoden die durchtrennten Ei- beziehungsweise Samenleiter eventuell nicht wiederhergestellt werden können, muß ein so endgültiger Schritt wohlüberlegt sein. Denn es kommt immer wieder vor, daß Menschen – durch veränderte Lebensumstände – sich doch noch einmal sehnlichst wünschen, Vater oder Mutter zu werden, nachdem sie sich haben sterilisieren lassen.

## Nachträgliche Verhütung

Nach ungeschütztem Geschlechtsverkehr oder nach einer Verhütungspanne (zum Beispiel, wenn das Kondom platzt) gibt es noch die Möglichkeit, ein Hormonpräparat in hoher Dosierung einzunehmen. Dies muß innerhalb von 48 Stunden nach dem Beischlaf geschehen. Manchmal kommt es zu Nebenwirkungen wie Übelkeit, Erbrechen und starken Wassereinlagerungen, die jedoch rasch wieder abklingen.
Als »postkoitales« Verhütungsmittel (nachträgliche Verhütung) wird gelegentlich auch ein Intrauterinpessar eingesetzt. Auch diese Maßnahme muß bald, spätestens jedoch am fünften Tag nach dem ungeschützten Verkehr durchgeführt werden.

## Moderne Verhütungsmethoden im Überblick

| Methode | Wirkung | Vorteile | Risiken | Fehlerrate* |
|---|---|---|---|---|
| **Pille** | Vortäuschung einer Schwangerschaft, Eireifung und Eisprung werden unterdrückt | keine Vorbereitung für Sex, kaum Schmerzen bei Regelblutung | Verstärkung von Durchblutungsstörungen | 0,1–0,9 |
| **Minipille** | Gebärmutterschleimhaut wird spermienundurchlässig, Beweglichkeit der Eileiter beeinträchtigt | nur ein Hormon, Eisprung wird nicht unterdrückt | Schmier- oder Zwischenblutungen | 0,4–2,5 |
| **Spirale** | Schwächung der Samenzellen, damit sie nicht in den Eileiter wandern können | mindestens zwei Jahre kein Gedanke an Verhütung | stärkere, schmerzhaftere Regelblutung | 1–4 |
| **Kondom** | Die Spermien werden in einer Gummihülle aufgefangen | einfache Anwendung, schützt vor Ansteckungsgefahr | Vorsicht bei Latex-Allergie | 2–5 |
| **Diaphragma/ Portiokappe** | Es versperrt den Samen den Zugang zum Muttermund | kein Eingriff in den Hormonhaushalt | keine | 2–5 |
| **Gel, Creme** | Die schützende Hülle der Samenfäden wird aufgelöst | gewisser Schutz vor Bakterien und Pilzen | Jucken oder unangenehmes Wärmegefühl | 9–50 |
| **Natürliche Verhütung** | Beobachtung des Körpers, Feststellen der fruchtbaren Tage, dann Enthaltsamkeit | genaues Kennenlernen des eigenen Körpers – keine Chemie | keine | 1–5 |
| **Sterilisation** | Durchtrennung der Samen- beziehungsweise Eileiter | nie mehr Verhütungssorgen | keine | 0–0,1 |

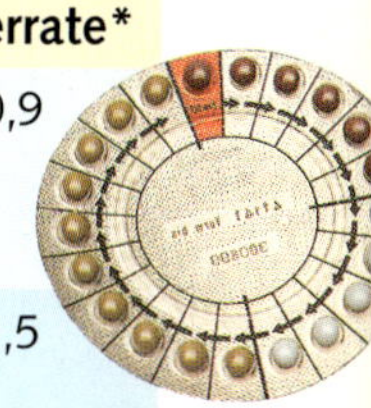

* Schwangerschaften bei 100 Frauen nach 1 Jahr

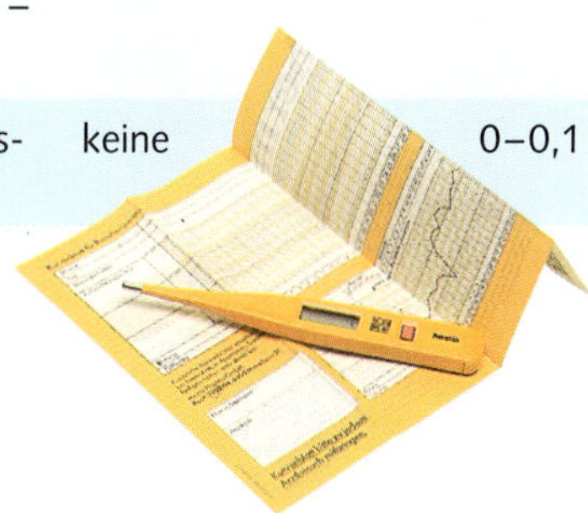

# Schwangerschaft und Geburt

## Unerfüllter Kinderwunsch

Es gibt heutzutage vielfältige und sehr sichere Möglichkeiten, eine Schwangerschaft zu verhüten. Gleichzeitig wird intensiv an Methoden gearbeitet, um Paaren helfen zu können, deren Kinderwunsch bisher unerfüllt blieb. Immer mehr kinderlose Paare suchen die Facharztpraxen auf, um sich behandeln zu lassen. Die Gründe für die zunehmende Kinderlosigkeit sind vielfältig und noch nicht eindeutig geklärt. Umweltbelastung, verspäteter Kinderwunsch – jenseits des 30. Lebensjahres nimmt bei Frauen die Fruchtbarkeit allmählich ab – und seelische Ursachen spielen eine Rolle. Aber auch eine ungesunde Lebensweise sowie die Einnahme bestimmter Medikamente können die männliche Zeugungsfähigkeit beeinträchtigen oder den weiblichen Hormonhaushalt empfindlich stören. Trotz der beeindruckenden Möglichkeiten der »Reproduktions-Medizin« (Fortpflanzungs-Medizin) kann längst nicht allen Paaren geholfen werden. Wenn ein Hormonmangel die Ursache ist, läßt sich dieser heute gut mit Medikamenten behandeln. Allerdings gibt es fast immer Nebenwirkungen: Übelkeit, Neigung zu Zysten, Kreislaufprobleme, manchmal starke Gewichtszunahme.

Die Chancen, durch eine »heterologe Insemination« (Samenzellen des Mannes werden in die Gebärmutter der Frau eingeleitet) oder durch »In-vitro-Fertilisation« (Befruchtung eines dem Mutterleib entnommenen Eis im Reagenzglas beziehungsweise in einer Nährlösung) zur Elternschaft zu gelangen, liegen weit hinter dem zurück, was man sich ursprünglich von diesen Methoden erhofft hatte. Auch stehen die Paare, die sich einer künstlichen Befruchtung unterziehen, unter erheblichem seelischen Streß, der oft noch langfristig nachwirkt.

## Seelische Ursachen

Neben organischen Ursachen einer Kinderlosigkeit sind häufig psychische Gründe – etwa für Zyklusstörungen – verantwortlich. Bei Frauen kann durch seelische Konflikte oder Überforderung der Hormonhaushalt so durcheinandergeraten, daß eine Empfängnis unmöglich wird. Experten gehen sogar davon aus, daß sich die Eileiter durch Streß verkrampfen können und somit der Transport des Eis verhindert wird. Auch der männliche Samen kann in extremen psychischen Belastungssituationen befruchtungsunfähig werden. Ist die Streßphase überstanden, wird oft wieder normales Sperma gebildet.

Immer mehr Ärzte bieten eine Kinderwunsch-Sprechstunde an, in der nicht viel mehr als Gespräche »verordnet« werden, wenn klar wird, daß innere Konflikte, Streß und Ängste die Fruchtbarkeit blockieren. In den meisten Sterilitäts-Sprechstunden der Universitätskliniken bekommen Paare Adressen von Psychotherapeuten, die sich speziell mit dem Thema Kinderwunsch befassen.

Seelische Konflikte, die eine Empfängnis verhindern, sind fast immer unbewußt und damit ohne entsprechende fachliche Hilfe kaum aufzudecken. Wenn man es aber schafft, etwas aus dem Unbewußten ans Tageslicht zu holen, verliert es seine Macht und kann überwunden werden.

## Was Paare für die Fruchtbarkeit tun können

### Andere Stellungen im Liebesspiel ausprobieren

Damit den Samenzellen der Weg zur Eizelle erleichtert wird, ist es hilfreich, wenn die Frau in der »Missionarsstellung« (Frau liegt mit geöffneten Schenkeln unter dem Mann) ihr Becken durch einige Kissen höher lagert und nach dem Geschlechtsverkehr noch etwa 20 Minuten in dieser Lage verharrt.

### Sich oft lieben

Häufiger Geschlechtsverkehr erhöht die Chancen auf eine Schwangerschaft. Doch ein Paar sollte sich dabei nicht unter Druck setzen. Wenn die körperliche Liebe nur noch wegen des Kinderwunschs »praktiziert« wird, besteht die Gefahr, daß sich die Partner einander entfremden. Genau dies kann wiederum zur seelischen Barriere gegen eine Schwangerschaft werden.

### Gesund leben

Die Fruchtbarkeit wird auch von der Lebensweise beeinflußt. Zu den wichtigsten Faktoren eines gesunden Lebens gehört der Verzicht auf Nikotin. Der Nikotinkonsum läßt die Eierstöcke vorzeitig ermüden. Durch die hohe Nikotin-Konzentration im Schleim des Gebärmutterhalses können die Befruchtung der Eizelle und ihre Einnistung in der Gebärmutter erschwert beziehungsweise unmöglich gemacht werden.

### Über- und Untergewicht vermeiden

Im Blut übergewichtiger Frauen befindet sich meist ein Überschuß an männlichen Geschlechtshormonen, die die Funktionsfähigkeit der Eierstöcke stören können.

Frauen, die andererseits übertrieben Diät halten, haben Untergewicht und leiden deshalb häufig unter Zyklusstörungen und fehlendem Eisprung.

### Auf regelmäßigen Schlaf achten

Schlafmangel (oder Schichtdienst) kann – durch eine Überproduktion des Hormons Melatonin – zu Zyklusstörungen führen. Zu wenig Schlaf macht nervös, reizbar und weniger streßresistent.

### Gelassen bleiben

Sich selbst und den Partner zu mögen, auch wenn nicht alles so klappt, wie man sich das vorstellt, verhilft zu innerer Harmonie. Wer sich regelmäßig Entspannung gönnt, schafft gute Voraussetzungen für ein Leben mit – aber auch ohne Kind.

### Für Männer, die Väter werden wollen

Von der Lebensweise hängt auch die Spermienqualität ab. So reduziert ständiger Alkoholgenuß die Samendichte und erhöht den Anteil mißgebildeter Spermien. Übergewicht oder zu enge Hosen können zu einer Überhitzung der Keimdrüsen führen, die die Spermienproduktion stören kann.

# Die Schwangerschaft

Für ein Paar, das ein Kind gezeugt hat, beginnt ein neuer, aufregender Lebensabschnitt. Während der Schwangerschaft gibt die Natur der Mutter Zeit, sich auf den Neuankömmling einzustellen. Wenn der werdende Vater aufmerksam an der Entwicklung des Ungeborenen teilnimmt, wird auch für ihn die Schwangerschaft zu einem bewegenden Erlebnis. Im befruchteten Ei sind die Erbanlagen zweier Menschen zusammengetroffen, und es beginnt ein faszinierendes Entwicklungsprogramm: Ein neuer Mensch mit einzigartigen Eigenschaften entsteht.

## Was bei der Zeugung geschieht

Während bei einer Frau im Laufe ihrer fruchtbaren Lebensphase rund 400 Eizellen heranreifen und in die Eileiter gelangen, schickt ein gesunder Mann mit jedem Samenerguß ungefähr 300 Millionen Samenfäden (Spermien) auf den Weg. Normalerweise sind fast alle dieser Spermien befruchtungsfähig. Die Samenfäden schwärmen zielstrebig in Richtung Eileiter aus. Wenn maximal zwei Tage zuvor der Eisprung stattgefunden hat, wartet in einem ganz bestimmten Abschnitt des Eileiters die weibliche Eizelle.

### Die Reise der Samenfäden

Die Samenfäden sehen fast wie Kaulquappen aus. Sie bewegen sich mit Hilfe eines langen Schwanzes (Geißel) schnell vorwärts. Dennoch gehen über die Hälfte der Spermien bereits im sauren Scheidenmilieu zugrunde. Auch überstehen viele Spermien ihre Wanderung durch Muttermund und Gebärmutter nicht. Schätzungsweise höchstens 1000 Samenzellen gelangen weiter über den Eileiter in die Nähe des Eis. Nur die Robustesten erreichen nach etwa sechs bis zehn Stunden die Eizelle. Und nur der schnellste und stärkste Samenfaden schafft es, mit seinem Kopf die Hülle einer reifen Eizelle zu durchstoßen. Dabei bildet er ein spezielles Enzym, um die Eihülle durchdringen zu können. Die Geißel wird nun nicht mehr zur Fortbewegung benötigt und fällt ab. Träger der wichtigen Erbinformationen ist der Kopf des Samenfadens.

Sofort nach dem Befruchtungsvorgang wird die Hülle des Eis für andere Spermien undurchdringlich. Niemals kann ein zweiter Samenfaden in ein befruchtetes Ei eindringen.

### Der Weg ins Nest

Der Kopf des Spermiums bildet in der Eizelle einen Kern, der sich mit dem weiblichen Zellkern verbindet. In der neuentstandenen Zelle (Zygote) vereinigt sich damit das genetische Material der werdenden Eltern. Das befruchtete Ei braucht etwa vier bis fünf Tage, bis es vom Eileiter in die Gebärmutterhöhle gelangt. Auf diesem Weg bleibt die befruchtete Eizelle nicht untätig. Sie teilt sich bald in zwei Tochterzellen, und nach etwa drei Tagen ist ein mehrzelliges, kugeliges Gebilde (Morula = »Maulbeere«) entstanden. Am vierten Tag steht noch einmal eine wichtige Teilung an: in die Zellansammlung, aus der später Mutterkuchen und Nabelschnur entstehen werden, und in die Zellen, aus denen sich der Embryo entwickeln wird.

In der Gebärmutterhöhle angekommen, bohrt sich die mittlerweile auf etwa 100 Zellen angewachsene Zellkugel (jetzt »Blastozyste« genannt) buchstäblich in die schwammweiche und reichlich durchblutete Gebärmutterschleimhaut hinein und schließt sich bald an den mütterlichen Blutkreislauf an.

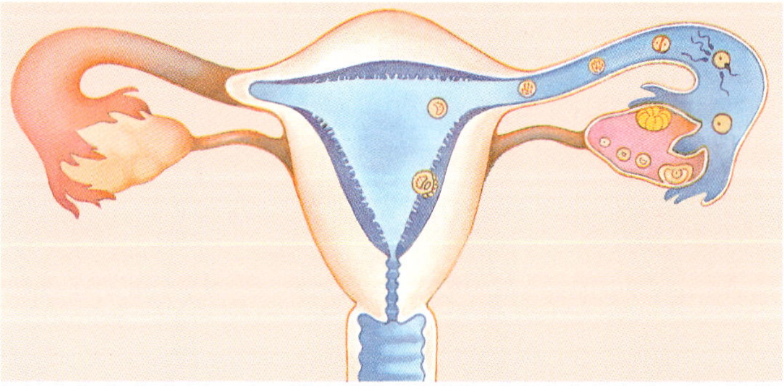

**In den Eileitern erreichen die Spermien das Ei, das auf dem Weg vom Eierstock zur Gebärmutter ist. Die befruchtete Eizelle nistet sich anschließend als Zellkugel in die Gebärmutterschleimhaut ein.**

## Das Geschlecht des Kindes

Das befruchtete Ei enthält 46 Chromosomen (fadenförmige Gebilde, die das Erbgut tragen), davon zwei Geschlechtschromosomen: zwei X-Chromosomen bei weiblichen, ein X- und ein Y-Chromosom bei männlichen Keimzellen. Dieser volle Chromosomensatz wird zur Hälfte von der Eizelle, zur anderen Hälfte vom Spermium beigetragen. Eine Eizelle enthält immer ein X-Chromosom, während es unter den Samenfäden Träger des Y- sowie Träger des X-Chromosoms gibt. Man weiß heute, daß die Samenfäden mit dem männlichen Y-Chromosom schneller vorankommen, aber eine kürzere Lebensdauer haben als die Spermien, die X-Chromosomen tragen. Bisweilen wird deshalb die Meinung vertreten, daß Geschlechtsverkehr exakt zum Zeitpunkt des Eisprungs günstig sein soll, um einen Jungen zu zeugen. Ein bis zwei Tage vor dem Eisprung sind angeblich die Chancen für ein Mädchen höher. Sehr zuverlässig ist diese Methode jedoch nicht – zu unwägbar sind allein die Faktoren, die den Zyklus der Frau verändern können. Auch in diesem Bereich sind also die Einflußmöglichkeiten des Menschen noch sehr begrenzt.

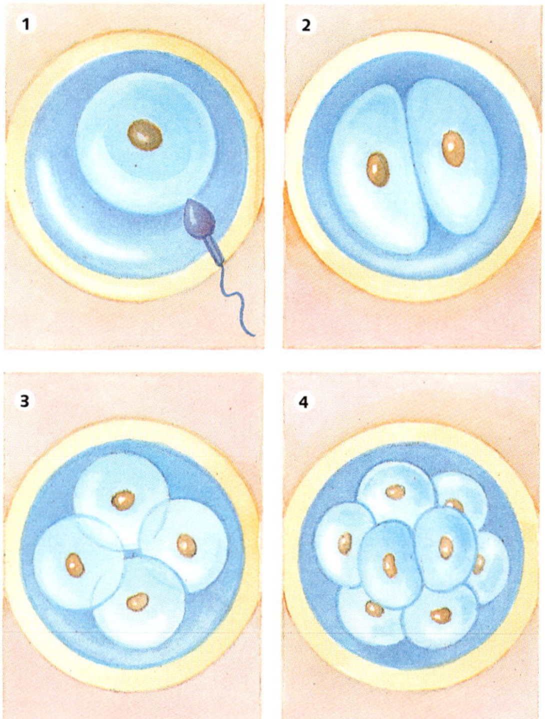

**Wenige Stunden, nachdem sich die Kerne von Samen- und Eizelle vereinigt haben (1), teilt sich die befruchtete Eizelle in zwei Tochterzellen (2). Diese teilen sich weiter (3), bis nach etwa drei Tagen eine Zellkugel entstanden ist (4), die durch den Eileiter in den Uterus gelangt.**

## Entwicklung durch Außenreize

Bestimmte Außenreize sind notwendig, damit sich der kindliche Organismus entwickeln kann. Ein eindrucksvolles Beispiel für diesen Mechanismus ist die Reifung des Gehörs. Es dauert bis zum 20. Lebensmonat, bis das gesamte Hörorgan, also auch die betreffenden Anteile im Gehirn, vollständig ausgereift ist. Dazu muß die Fähigkeit vorhanden sein, akustische Reize über das äußere Ohr und das Mittelohr aufzunehmen und durch das Innenohr zu verarbeiten und weiterzuleiten. Wichtig ist, daß möglichst viele akustische Signale wahrgenommen werden, zum Beispiel Gespräche oder Geräusche im Mutterleib. Ein genetisches Programm kann nur planmäßig ablaufen, wenn es immer wieder durch äußere Reize stimuliert wird.

Daher kann eine Eizelle im Reagenzglas zwar befruchtet und einige Wochen am Leben erhalten werden, aber jede menschliche Weiterentwicklung ist in solch einer künstlichen Umgebung (glücklicherweise) nicht möglich. Die komplexe Umwelt des Mutterleibs läßt sich nicht unter Laborbedingungen nachahmen. Alle Bewegungen der Mutter, ihr Stoffwechsel, Magen- und Darmbewegungen oder der Rhythmus des Herzschlags sind ebenso wichtig für die gesunde Entwicklung des Kindes wie ihre seelischen Reaktionen, wie Freude, Wut, Schreck, Müdigkeit oder Gelassenheit.

## Geborgen im Nest

Erst etwa 12 Tage nach der Empfängnis, wenn sich die Blastozyste in der Gebärmutterschleimhaut eingenistet hat, rückt der Augenblick näher, in dem ein Paar erfahren kann: Wir bekommen ein Kind! Die Gebärmutterschleimhaut umschließt den jetzt »Embryo« genannten Menschenkeim, die Hormonproduktion ist ganz darauf abgestellt, daß er sich sicher weiterentwickeln kann. Die damit verbundenen Veränderungen wird auch die Mutter allmählich spüren.

# Zeit der Veränderung

Körper und Seele einer Frau müssen sich in der Zeit der Schwangerschaft sehr umstellen. Es gilt nicht nur, den kleinen Menschen zu ernähren und mit Sauerstoff zu versorgen. Es ist auch wichtig, daß der mütterliche Organismus das neue Lebewesen akzeptiert und es nicht wieder abstößt. Und oft muß die werdende Mutter ihre widerstreitenden Gefühle immer wieder ins Lot bringen.

## Der Körper paßt sich an

Bei seiner Einnistung ist das werdende Menschenkind erst einen halben Millimeter groß. Dieser Winzling schafft es, planmäßige Veränderungen in Gang zu setzen, die ideale Bedingungen für sein Wachstum schaffen. Die Hormonproduktion wird hochgefahren, im Blut der Mutter finden sich bald erhöhte Spiegel von Progesteron, Östrogen, Human Choriongonadotropin (HCG) und Human Placento Lactogen (HPL).

### Was die Hormone jetzt bewirken

Jedes Hormon hat ganz bestimmte Aufgaben zu erfüllen, die allesamt darauf ausgerichtet sind, das Kind ungestört wachsen zu lassen. So trägt Progesteron beispielsweise dazu bei, daß die Gebärmutterwand sich nicht vorzeitig zusammenzieht, um das Ungeborene auszutreiben. Daneben steigert es unter anderem auch die Atmungsfrequenz und die Körpertemperatur. Dadurch wird der mütterliche Stoff-

## Die Schwangerschaft sicher feststellen

Das Ausbleiben der Regelblutung, spannende Brüste und ein gelegentliches »Ziehen« im Unterbauch können Anzeichen für eine Schwangerschaft sein. Manche Frauen leiden dazu unter morgendlicher Übelkeit, sind sehr geruchsempfindlich, häufig müde und haben sonderbare Eßgelüste.

Den ersten sicheren Nachweis für eine Schwangerschaft können biochemische Tests erbringen. Sämtliche Tests, die heute zur Verfügung stehen, weisen das Hormon HCG (»Human Choriongonadotropin«) nach. Es wird von der Plazenta produziert und läßt sich im Urin und im Blut einer Schwangeren feststellen.

Es gibt verschiedene Präparate, die Sie auch zu Hause anwenden können (Kosten zwischen 20 und 30 DM). Manche Tests sind bereits an dem Tag aussagefähig, an dem die Regel ausbleibt. Sie benötigen dafür meist nicht mehr unbedingt Morgenurin, sondern können den Test auch im Laufe des Tages oder abends anwenden.

Wenn Sie einen solchen Schwangerschaftstest vom Arzt durchführen lassen, werden die Kosten von der Kasse getragen. Neben einem Urintest kann der Arzt aber auch den HCG-Spiegel im Blut messen – noch zuverlässiger und vor allem frühzeitiger. Diese kostspielige Messung ist jedoch den Fällen vorbehalten, in denen eine sehr frühe Diagnose der Schwangerschaft notwendig ist.

Ärzte zählen die Schwangerschaftsdauer in Wochen. Der voraussichtliche Entbindungstermin wird ermittelt, indem man zum ersten Tag der letzten Regelblutung sieben Tage hinzuzählt und dann von diesem Datum drei Monate abzieht. Beispiel: Der erste Tag der letzten Regelblutung war der 8. September. 8 + 7 = 15. Der 15. September weniger drei Monate ergibt den 15. Juni.

**Mit modernen Tests ist es möglich, eine Schwangerschaft schon sehr früh festzustellen.**

wechsel beschleunigt, eine wichtige Voraussetzung, um das neue Leben ausreichend mit Nahrung und Sauerstoff zu versorgen. Auf der anderen Seite ist Progesteron jedoch auch verantwortlich für Schwangerschaftsbeschwerden wie die Neigung zu Verstopfung, Sodbrennen und Stimmungsschwankungen.
Östrogen, wie das Progesteron ein weibliches Geschlechtshormon, regt in der Schwangerschaft das Wachstum der Gebärmuttermuskulatur an, damit diese später stark genug ist, sich während der Wehen kräftig zusammenzuziehen und das Baby aus dem Mutterleib zu drücken. Durch den Anstieg des Östrogen-Pegels werden auch die Milchdrüsen ausgebildet. Wenn eine werdende Mutter wie das »blühende Leben« aussieht, dann hat daran nicht zuletzt der erhöhte Östrogen-Spiegel seinen Anteil: Er verändert das Kollagen und andere Substanzen in der Haut, damit das Gewebe weicher und dehnbarer wird und so für Wehen und Geburt gerüstet ist. Diese Lockerung des Gewebes begünstigt jedoch auch die Entstehung von Krampfadern und verringert die Festigkeit und Straffheit von Bändern und Gelenken. Manche Frauen spüren das durch vermehrte Rückenschmerzen oder dadurch, daß sie leichter umknicken.
Die Hormone HCG und HPL schließlich sorgen dafür, daß die zusätzliche Energie für die Entwicklung des Fetus erzeugt wird. Wie das Östrogen bewirken auch sie eine Vergrößerung der Brüste und der darin liegenden Milchdrüsen. Wer eine Veranlagung zu Diabetes hat, kann durch den Einfluß von HPL unter Umständen einen sogenannten Schwangerschaftsdiabetes (→ Seite 396) bekommen.

### Schwangerschaftserbrechen

Fast jede zweite Schwangere klagt über morgendliche Übelkeit und Erbrechen – meist zwischen der 6. und 12. Schwangerschaftswoche. Man nimmt heute an, daß der erhöhte Hormonspiegel im mütterlichen Blut das Brechzentrum im Gehirn aktiviert. Die meisten Frauen leiden nur morgens unter der Übelkeit, manche aber auch den ganzen Tag lang.
Kleine, häufige und möglichst kalorienarme Mahlzeiten, zum Beispiel rohes Obst oder Gemüse, trockene Vollkornbrötchen oder fettarmer Joghurt, können das Symptom lindern. Versuchen Sie vor allem auch, Streß und seelische Belastungen so weit wie möglich von sich fernzuhalten, um die Beschwerden nicht noch zu verstärken.

## Auch die Seele muß sich umstellen

Vor allem die erste Schwangerschaft ist eine Zeit, in der eine Frau sich in einem neuen Licht zu sehen beginnt. In ihrer weiblichen Persönlichkeit werden nun auch die versorgenden und behütenden Anteile lebendiger. Die hormonelle Entwicklung hat auch Einfluß auf die Psyche der Frau: Ihre Bedürfnisse und Gefühle richten sich auf Erhalt und Schutz des neuen Lebens. Viele Gedanken kreisen nun darum, den eigenen Körper für das heranwachsende Kind gesund zu erhalten und auf bestimmte Genüße (Rauchen, Alkoholkonsum) weitgehend zu verzichten (→ Seite 55).
Dieser seelisch-geistige Prozeß ist für eine werdende Mutter am Anfang häufig nicht so leicht zu bewältigen. Oft muß eine Schwangere mit zwiespältigen Gefühlen fertig werden. Wenn sie diese zulassen und sich selbst eingestehen kann, daß trotz aller Freude über das werdende Leben auch manchmal das Gefühl des Gestörtseins, ja Bedrohtseins aufkommt, trägt dies sehr viel zu ihrer inneren Harmonie bei.

## Die Rolle des werdenden Vaters

Eine schwangere Frau fühlt sich manchmal besonders stark und manchmal besonders anlehnungsbedürftig. Unabhängig davon, daß viele Frauen heute ein eigenes Einkommen haben und wichtige Entscheidungen auch allein treffen, erwacht in vielen werdenden Müttern der Wunsch, beschützt und versorgt zu werden. Dies ist eine natürliche, weitgehend biologisch bestimmte Verhaltensweise. Eine hochschwangere Frau, eine Gebärende, eine Stillende, schließlich die Mutter eines Kleinkindes ist auf Schutz und Versorgung angewiesen, wenn sie sich ihrer Aufgabe vollkommen widmen möchte.
Vielen Männern fällt es nicht leicht, sich in ihre Partnerin hineinzudenken. Manche fühlen sich ausgeschlossen aus der innigen Gemeinschaft zwischen Mutter und Kind, anderen macht die neue, größere Verantwortung, die auf sie zukommt, angst.
Wenn beide Partner versuchen, offen über ihre Eindrücke und Gefühle zu sprechen, werden sie die anstehenden Veränderungen sehr viel leichter bewältigen. Dem werdenden Vater kann es sehr helfen, wenn er so oft wie möglich den Bauch seiner Partnerin streichelt, daran horcht, die kindlichen Bewegungen wahrnimmt und seine Partnerin auch zu den ärztlichen Untersuchungen begleitet.

# Wie sich das Ungeborene entwickelt

In den ersten Wochen nachdem sich der Embryo in der Gebärmutter eingenistet hat (→ Seite 48), vollzieht sich eine rasante Entwicklung. Wenn eine Frau erfährt, daß sie werdende Mutter ist – in der Regel frühestens in der vierten Schwangerschaftswoche –, schlägt das winzige Herz bereits seit einigen Tagen und pumpt Blut durch den kleinen Körper.

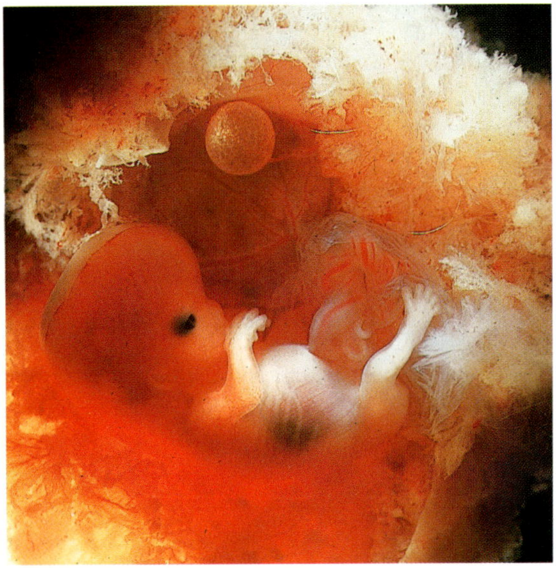

**Das Baby ist 10 Wochen alt. Bald ist deutlich zu erkennen, ob es ein Mädchen oder ein Junge ist.**

## Die ersten 12 Wochen

Die frühen Entwicklungsstufen des Kindes im Mutterleib werden in bestimmte Zeiten eingeteilt:

- 1. bis 4. Woche: Blastemzeit. Die befruchtete Eizelle entwickelt sich bis zum ersten Herzschlag. Erste Blutgefäße bilden sich, ebenso Enzyme und Proteine.
- 5. bis 8. Woche: Embryonalzeit. Die Organbildung beginnt. Die Nervenverbindungen von der Haut zum Rückenmark und von da zu den Muskel- und Sinneszellen entstehen. Das Kind beginnt, mit Bewegung zu reagieren. In dieser Zeit werden Armknospen sichtbar, Kopf und Mund zeichnen sich ab. Am Ende der achten Woche mißt der Embryo immerhin schon anderthalb Zentimeter.

### Schädigende Einflüsse vermeiden

Manche Frauen haben – von ihrem neuen Zustand noch nichts ahnend – Medikamente eingenommen oder auf einem Fest etwas mehr getrunken und machen sich nun Sorgen, daß ihr Kind geschädigt worden sein könnte. Doch die Natur hat es offenbar so eingerichtet, daß die werdende Mutter ein wenig Zeit bekommt, ihr Leben umzustellen: In den ersten zwei Wochen nach der Befruchtung können schädigende Einflüsse den menschlichen Keim entweder zum Absterben bringen oder ihm noch nichts anhaben. Sobald eine Schwangerschaft feststeht, sollte eine Frau aber unbedingt gesund leben (→ Seite 54). Denn schon mit Beginn der fünften Woche (das ist die dritte Woche nach dem Eisprung) setzt die Organbildung ein. Schädigende Einflüsse durch Medikamente oder Genußgifte können nun zu Mißbildungen führen.

- 9. bis 12. Woche: Frühe Fetalzeit. Weil jetzt die Organbildung auf Hochtouren läuft, ist dieser Zeitraum die kritischste Phase der Schwangerschaft. Die inneren Organe formen sich. Die Geschlechtsorgane werden etwa ab der 12. Woche so ausgeprägt sein, daß man Junge und Mädchen unterscheiden kann – jedoch noch nicht immer beim Ultraschall.

Das Blut des Ungeborenen beginnt, sich zu bilden. Die Lunge ist zwar schon fertig, aber sie ist erst ab der 36. Woche funktionstüchtig. Sie ruht bis zum ersten Atemzug des Kindes. Erste reflexartige Schmerzreaktionen (aber noch keine Schmerzempfindungen) sind in dieser Phase möglich. Jetzt steigen auch Herzfrequenz und Blutdruck an, und der Fetus produziert eigene Hormone. Am Ende der 12. Woche ist das Kind etwa fünf Zentimeter groß.

## 13. bis 24. Woche: Mittlere Fetalzeit

Ungefähr ab der 14. Woche kann das Ungeborene schon komplexe Bewegungsabläufe vollführen, Schluck- und Atembewegungen machen, Grimassen schneiden, Daumen lutschen und die Stirn runzeln. Auch sein Greifreflex ist jetzt voll ausgebildet.
Zwischen der 17. und der 20. Woche beginnt dann das zarte, noch biegsame Skelett zu verknöchern.

In dieser Zeit fühlen die meisten werdenden Mütter zum ersten Mal deutlich, daß etwas Lebendiges in ihnen wächst – nicht nur, weil das Kind gegen Ende der 20. Woche immerhin schon ein halbes Pfund wiegt, sondern auch, weil die Mutter jetzt seine Bewegungen spüren kann.
Das Kind ist jetzt in seiner äußeren Form vollständig ausgebildet, Kinn und Stirn sind vom Ungeborenenflaum (Lanugobehaarung) bedeckt.
Etwa ab der 23. Schwangerschaftswoche kann das Ungeborene Schmerzen empfinden. In dieser Zeit werden auch die ersten Hirnströme meßbar. Auf zu grelles Licht reagiert das Kind mit dem reflexartigen Schließen der Lider. Wenn es während der Ultraschalluntersuchung gerade einen Schluck Fruchtwasser trinkt, kann der Arzt auch schon den Schluckvorgang kontrollieren. Die Mutter spürt an einer zarten, rhythmischen Bewegung, wenn ihr Ungeborenes Schluckauf hat. Wenn der Vater sein Ohr auf den Bauch seiner Partnerin legt und sich konzentriert, kann auch er die sanften Klopfzeichen wahrnehmen.
Am Ende der 24. Schwangerschaftswoche hat das Baby schon ein Gewicht von durchschnittlich 530 Gramm und mißt von Kopf bis Fuß 28 Zentimeter. Die Gebärmutter hat sich bereits bis zur Nabelhöhe ausgedehnt – höchste Zeit für bequemere Kleidung.

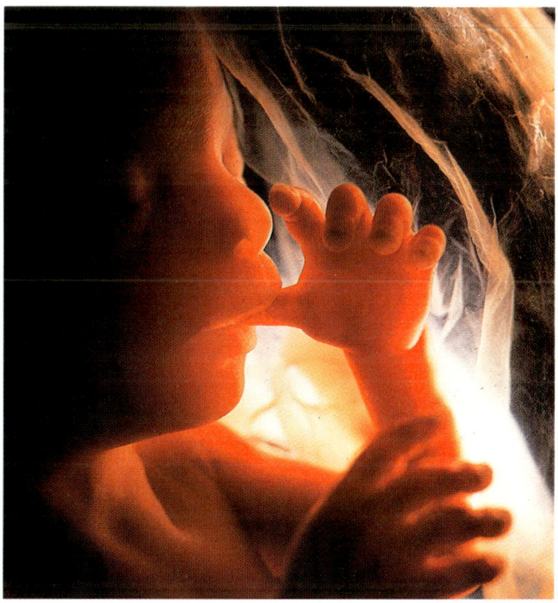

**Der 18 Wochen alte Fetus beginnt, seine Muskeln zu trainieren. Sie können bald seine Bewegungen spüren.**

## 25. bis 36. Woche: Späte Fetal- und Reifezeit

Die Lanugobehaarung bedeckt nun den ganzen Körper des Kindes. Es nimmt jetzt Musik wahr und erschrickt bei einem plötzlichen, lauten Geräusch. Manchmal »rumort« das Ungeborene nach einem solchen unvermittelten Lärm noch eine ganze Weile im Mutterleib herum. Das zeigt, daß es sich nun bereits gestreßt fühlen kann.
In der 28. Woche wiegt das Ungeborene schon mehr als ein Kilogramm (durchschnittlich 1100 bis 1200 Gramm) und hat eine Länge von etwa 34 Zentimetern. Für einen Start in die neue Welt ist es zwar noch viel zu früh, doch dank der modernen Frühgeborenen-Intensivmedizin hätte es jetzt schon gute Überlebenschancen.
Nach der 28. Woche kann ein Kind Stimmen unterscheiden, und es könnte auch schon mit den Augen einen bestimmten Punkt fixieren. Würde ihm jetzt weh getan, würde es mit einer typischen Schmerzmimik darauf reagieren. Es hat nun eindeutige Schlaf- und Wachphasen.
Die meisten Ungeborenen sind gegen Ende der 32. Schwangerschaftswoche etwa 1800 Gramm schwer und messen etwa 40 Zentimeter. Manche Frauen haben jetzt schon vorzeitige Wehen, die man aber nach Möglichkeit zu stoppen sucht. Nach wie vor ist der Mutterleib der ideale Aufenthaltsort für so ein kleines Kind. Sind Zwillinge unterwegs, muß man zu diesem Zeitpunkt schon bald mit ihrer Geburt rechnen. Für sie wird es nun im Mutterleib zu eng, und das Nahrungsangebot aus der Plazenta könnte jetzt unter Umständen knapp werden.

## 37. bis 40. Woche: Letzte Reifung

In den letzten vier Schwangerschaftswochen bereitet sich das Ungeborene auf seinen Eintritt in die Welt außerhalb des Mutterleibes vor. Es wird noch Unterhautfett entwickeln, die Lunge wird zum Gasaustausch bereit. Es wächst auch noch einmal um einige Zentimeter und nimmt noch weiter zu. Zum Zeitpunkt der Geburt ist das Baby dann durchschnittlich 50 Zentimeter groß und 3500 Gramm schwer.
Nach dieser letzten vorgeburtlichen Reifung ist ein Baby bestens gerüstet, die Geburt gut zu überstehen und sich gleich nach seiner Ankunft mit einem kräftigen Schreien Gehör zu verschaffen.

# Was Mutter und Kind guttut

Viele Frauen sagen im Rückblick, daß die Schwangerschaft die schönste Zeit ihres Lebens war. Es tut gut und macht Spaß, sich selbst und das werdende Leben zu umsorgen. In der Regel können Schwangere bis kurz vor der Geburt ihren gewohnten Tätigkeiten nachgehen. Einige Vorsichtsmaßnahmen sind jedoch notwendig, damit Sie sich und Ihr Kind schützen.

## Vorsorgetermine wahrnehmen

Sobald die Schwangerschaft feststeht, bekommt die werdende Mutter den sogenannten Mutterpaß. Darin sind alle wichtigen medizinischen Daten festgehalten. Eine Schwangere sollte diesen Paß immer mit sich führen, damit sich in einem Notfall die behandelnden Ärzte rasch ein Bild machen können.
In der Regel wird eine Schwangere alle vier Wochen von ihrem Frauenarzt untersucht. Die Vorsorgeuntersuchungen sind wichtig für die Gesundheit von Mutter und Kind. Zu den Kontrollen gehören auch mindestens drei Ultraschalluntersuchungen, die wichtige Hinweise über die gesunde Entwicklung des Kindes liefern, und Informationen darüber, wie die Mutter sich vor Infektionen schützen kann, die das ungeborene Kind gefährden (→ Seite 543).

**Während der Schwangerschaft können Sie erfahren, wie schön es ist, auf sich selbst zu achten.**

## Doppelt gesund essen

Die Empfehlung, während der Schwangerschaft für zwei zu essen, ist überholt. Eine Schwangere braucht nur unwesentlich mehr Kalorien als vorher.
Normalerweise nimmt eine Schwangere durchschnittlich 1,5 Kilogramm pro Monat zu. Bis zum Ende der Schwangerschaft beträgt die Gewichtszunahme etwa 8 bis 12,5 Kilogramm.
Da sich das Baby die Nährstoffe aus dem Blut der Mutter holt, ist es wichtig, Kohlenhydrate, Eiweiße, Mineralstoffe und Vitamine in ausreichender Menge anzubieten. Eine ausgewogene Kost mit vielen Vollkornprodukten (B-Vitamine, Magnesium und Ballaststoffe), magerem Fleisch (Eisen), Seefisch (Jod), Milch- und Milchprodukten (Kalzium, Eiweiße), Kartoffeln (Folsäure), reichlich Obst (Vitamin C) und Gemüse (Karotin) bietet all das, was Mutter und Kind benötigen. Meiden Sie schadstoffbelastete Lebensmittel (→ Seite 719), vor allem Leber und Leberwurst wegen der Schwermetall- und Medikamentenrückstände und des extrem hohen Vitamin-A-Gehaltes. Ein Zuviel an Vitamin A kann dem Ungeborenen schaden oder zu einer Fehlgeburt führen.
Günstig sind häufige, kleine Mahlzeiten: Sie helfen nicht nur bei Übelkeit und Sodbrennen, sondern verhindern zudem, daß der Blutzuckerspiegel absinkt.

## Autofahren und Reisen

Eine werdende Mutter darf natürlich Auto fahren, sollte aber dabei einiges beachten: Stundenlange Fahrten – womöglich noch in sommerlicher Hitze – oder chaotischer Großstadtverkehr sind nicht nur unangenehm, sondern können die Schwangere so sehr stressen, daß sich die Gebärmutter leicht zusammenzieht.
Die Anschnallpflicht besteht auch für Schwangere. Der Beckengurt muß dabei »unter dem Bauch« (also etwa auf Höhe der Schamhaargrenze) entlanggeführt werden, damit das Baby im Fall eines Aufpralls nicht eingeschnürt wird.
Die beste Zeit, noch einmal zu verreisen, liegt zwischen der 13. (Übelkeit) und 30. (noch ist alles nicht so beschwerlich) Schwangerschaftswoche. Abzuraten ist von Reisen in die Tropen. In vielen Regionen gibt es bestimmte Infektionsrisiken, die medizinische Versorgung ist oft mangelhaft, und der Klimawechsel bekommt manchen Schwangeren nicht.

## Sexualität genießen

Ist der Partner ganz gesund und hat die Schwangere keine Schmierblutungen oder vorzeitigen Wehen, dürfen beide die sexuelle Liebe genießen wie vorher – das ist bei einer problemfreien Schwangerschaft bis kurz vor der Geburt möglich. Manche Frauen empfinden ihre Sexualität jetzt besonders lustvoll: Sie fühlen sich durch die Schwangerschaft in ihrer Weiblichkeit bestätigt und sind frei von hemmenden Gedanken an Verhütung oder – im Gegenteil – an einen drängenden Kinderwunsch.

## Sport in Maßen betreiben

Wer Freude an der Bewegung hat, verliert diese nicht mit der Schwangerschaft. Und das ist gut so, denn Gymnastik, Schwimmen, Radfahren und flottes Spazierengehen regen den Kreislauf an und stärken die Muskulatur. Zudem wird das Ungeborene durch die Bewegungen seiner Mutter sanft geschaukelt. Ungünstig sind jedoch alle Sportarten mit Sturzgefahr (Reiten, Skifahren, Joggen, Tennis) sowie Leistungssport. Außerdem sollte eine werdende Mutter auch niemals bis an die Grenze ihrer Leistungsfähigkeit gehen. Auch ist von Bauchmuskeltraining abzuraten, da dabei die Muskulatur überdehnt wird, und nach der Entbindung trotz Trainings nicht mehr die frühere Straffheit erreicht werden kann.

## Das Seelenleben pflegen

Das Ungeborene bekommt sehr viel mit von den Stimmungen der Mutter – über die Stimme, den Herzschlag, die Darmgeräusche, ihre Bewegungen. Ist sie nervös, ärgerlich oder deprimiert, schlägt sich dies auch in körperlichen Veränderungen nieder. Das Streßhormon Adrenalin (→ Seite 497) gelangt über die Plazenta ins Blut des Ungeborenen und kann dessen Herzschlag beschleunigen und eine Muskelanspannung bewirken. Eine werdende Mutter braucht jedoch kein schlechtes Gewissen zu haben, wenn sie einmal über eine gewisse Zeit traurig oder niedergeschlagen ist. Oder wenn sie sich als eher temperamentvoller Mensch leicht aufregt. Wenn das Ungeborene Stimmungsschwankungen spürt, macht es wichtige Erfahrungen für sein Leben. Viele Fachleute sind davon überzeugt, daß auch negative Gefühle dem Kind im Mutterleib nicht schaden, wenn die allgemeine Grundstimmung positiv und stabil ist.

## Vorsicht bei Medikamenten und Genußgiften!

Mit Beginn des zweiten Monats sollte sich eine werdende Mutter keine Medikamente mehr selbst verordnen. Auch bei eher harmlosen Beschwerden wie Kopfschmerzen, Erkältungen oder Schlafstörungen darf man auf keinen Fall ohne Befragen des Arztes zu Altbewährtem greifen. Selbst Abführmittel sind nicht unproblematisch, da sie unter Umständen Wehen auslösen können. Auch Vitaminpräparate, sofern nicht vom Arzt verordnet, sollten jetzt besser im Schrank bleiben. Dennoch gibt es ganz bestimmte Medikamente, die Sie ohne Bedenken auf Verordnung des Arztes einnehmen können.

Noch mehr als Medikamente kann Alkohol das Ungeborene schädigen. In den ersten 16 Schwangerschaftswochen kann die Leber des Kindes Alkohol noch nicht abbauen. Hat eine werdende Mutter Alkohol getrunken, ist beim Baby durch den gemeinsamen Blutkreislauf dieselbe Promillezahl wie bei der Mutter festzustellen. Verzichten Sie in der Schwangerschaft am besten ganz auf Alkohol.

**Auf Alkohol und Nikotin sollten werdende Mütter ganz verzichten.**

Mit dem Rauchen sollten Sie während der Schwangerschaft endgültig aufhören. Es kann das Ungeborene nachhaltig schädigen. Auch Passivrauchen ist ungesund für die Mutter und das Kind.

Es gibt zahlreiche Entwöhnungsstrategien, die ohne Ersatzmedikamente auskommen. Ärzte und Krankenkassen bieten zum Beispiel Gesprächstherapien, Akupunktur, Autogenes Training und andere Methoden an.

# Die letzten Wochen vor der Geburt

Gegen Ende der Schwangerschaft fällt es vielen Frauen zunehmend schwerer, den Bauch mit sich herumzutragen. Die wachsende Ungeduld ist verständlich – dennoch ist es wichtig, diese Zeit bewußt zu nutzen, um sich auf das Baby vorzubereiten.

## Körper und Seele stimmen sich ein

Die meisten Frauen erleben in den letzten zwei bis drei Wochen sogenannte Vorwehen: Die Gebärmutter zieht sich in unregelmäßigen Abständen leicht zusammen. Sie trainiert gewissermaßen für die Entbindung. Der Bauch senkt sich nun etwas ab: Der Kopf des Ungeborenen ist ins kleine Becken gerutscht und drückt auf den Muttermund.
Manche Frauen werden jetzt besonders umtriebig, räumen die Wohnung um, renovieren die Zimmer, waschen die Babywäsche – alles soll gut vorbereitet sein, wenn das Baby kommt. Bei anderen Frauen geht die Konzentration nach innen, dem Kind entgegen. Deshalb ist diese Zeit besonders gut geeignet, bei angenehmer Musik zu entspannen oder zu meditieren (→ Seite 693). Manche können besser entspannen, wenn sie sich bewegen. Sie tanzen gern oder gehen spazieren oder schwimmen.

## Entspannen mit dem Partner

Für ein Paar, das zum ersten Mal Eltern wird, beginnt ein gänzlich neuer Lebensabschnitt. Viele spüren dies in den letzten Wochen besonders deutlich und schaffen noch einmal Raum für die Zweisamkeit. Entspannungsübungen, die beide im Geburtsvorbereitungskurs gelernt haben, sollten in den letzten Wochen regelmäßig durchgeführt werden. Das macht einerseits sicher für den Tag der Geburt und verbindet andererseits die Partner noch stärker miteinander.

### Massagen und Bauchtanz

Vor dem Schlafengehen kann der Mann seiner schwangeren Frau zum Beispiel durch eine Nacken-Hinterkopf-Massage zur Entspannung verhelfen. Dabei liegt seine Partnerin auf dem Rücken, er sitzt hinter ihr, legt beide Hände mit den Innenflächen unter ihren Nacken und streicht nun mehrmals über den Hinterkopf nach oben.
Eine Art Bauchtanz, bei dem die Frau zu sanfter Musik das Becken kreisen läßt, während der Mann seine Hände auf ihre Hüften legt und diese Bewegungen nachvollzieht, gleicht einem sanften Liebesspiel oder einem Tanz zu dritt. Das entspannt und stimmt auf besonders schöne Art auf das Kind ein.

## Hilfe für Rücken und Beine

Je schwerer der Bauch wird, um so mehr Ausgleichsarbeit hat der Rücken zu leisten und um so mehr haben die Beine zu tragen. Deshalb ist es wichtig, den Körper zu entlasten und ihm nicht noch Zusätzliches (beispielsweise durch schweres Tragen und hohe Absätze) abzuverlangen.

### Übungen für den Rücken

- Mit der Katzenbuckel-Übung können Sie Ihren Rücken regelmäßig entspannen und kräftigen:

**1.** Knien Sie sich hin und stützen Sie sich mit den Händen auf. Die Knie sind leicht geöffnet, die Arme senkrecht, die Ellenbogen nicht ganz durchgedrückt. Machen Sie zuerst einen runden Rücken.

**2.** Danach drücken Sie den Rücken sanft zum Hohlkreuz durch.

❶

❷

- Rollen und Kreisen der Schultern entspannt ebenfalls die Rückenmuskulatur.
- Bei Rückenschmerzen hilft es auch, die Schultern abwechselnd hochzuziehen und fallenzulassen.

### Was dem Rücken sonst noch hilft

- Wenn Sie beim Sitzen die Beine spreizen und die Arme auf der Tischplatte abstützen, bleibt der Rükken gerade und wird entlastet.
- Eine gute Matratze ist wichtig, denn die Wirbelsäule muß richtig gestützt werden. Wenn Sie auf der Seite liegen, dann schieben Sie sich ein Kissen unter das obere Knie, um den Rücken zusätzlich zu entlasten.
- Ein warmes Bad mit durchblutungsfördernden Zusätzen (wie Rosmarin, Thymian, Santolin, Majoran) kann Wunder wirken (→ Seite 731). Achten Sie darauf, daß das Wasser nicht mehr als 37 °C hat, und bleiben Sie nicht länger als 15 Minuten in der Wanne.

### Erleichterung bei Krampfadern

Krampfadern bekommen meist Frauen mit angeborener Bindegewebsschwäche. Sie können aber einiges tun, um Krampfadern nicht noch zu fördern:

- Schlagen Sie die Beine beim Sitzen nicht übereinander, vermeiden Sie langes Stehen und legen Sie – sooft es geht – die Füße hoch.
- Spielen Sie im Sitzen immer wieder »Fußwippe«: Heben Sie abwechselnd beide Beine durchgestreckt an, und winken Sie wippend mit dem Fuß.
- Brausen Sie morgens die Waden kühl ab. Sie sollten nicht heiß baden oder in die Sauna gehen.
- Tragen Sie möglichst Stützstrümpfe beziehungsweise -strumpfhosen.

**Gestalten Sie die letzten Wochen bewußt gemeinsam und stimmen Sie sich auf das Leben zu dritt ein.**

## Sich auf die Geburt vorbereiten

Geburtsvorbereitungskurse werden von Kliniken, Gemeinden, Gesundheitszentren und anderen Einrichtungen, aber auch von freien Hebammen angeboten. Dabei geht es meistens nicht nur um Entspannungs- und Atemübungen zur Bewältigung der Geburtsschmerzen, sondern auch um die psychischen Vorgänge vor, während und nach der Geburt. Für viele Männer ist es ein Gewinn, wenn auch sie Geburtsvorbereitungs- und Babypflegekurse besuchen und erleben, wie stark sie ihre Partnerin bei der Geburt und der Pflege des Babys unterstützen können. Es gibt heute vielfältige Möglichkeiten, die Geburt des eigenen Kindes nach den individuellen Bedürfnissen und Wünschen zu gestalten. Sie können sich schon vor der Geburt informieren, die unterschiedlichen Kliniken besuchen und auch für die Zeit im Wochenbett vorsorgen.

### Mutterschutz

Der Schutz von Mutter und Ungeborenem hat auch im Berufsleben Vorrang. Wenn eine Frau körperlich anstrengende Arbeiten oder Nachtarbeit (20 Uhr bis 6 Uhr) zu leisten hat, kann sie von ihrem Arbeitgeber verlangen, daß er ihr eine weniger belastende Tätigkeit zuweist. Sechs Wochen vor und acht Wochen nach der Entbindung (12 Wochen nach einer Frühgeburt) darf eine Frau gar nicht beschäftigt werden. Überwacht wird diese Regelung vom Gewerbeaufsichtsamt. Wer fest angestellt und selbst Mitglied in einer gesetzlichen Krankenversicherung ist, erhält während der Mutterschutzfrist von der Krankenkasse Mutterschaftsgeld und hat Anspruch auf den Arbeitgeberzuschuß. Erkundigen Sie sich bei Familienberatungsstellen (→ Adressen, Seite 798) und Ihrer Krankenkasse.

Im Anschluß an die Mutterschutzfrist beginnt der Erziehungsurlaub. Bis das Kind drei Jahre alt ist, darf in Deutschland entweder der Vater oder die Mutter zu Hause bleiben, ohne daß der Arbeitsplatz verlorengeht. Der Arbeitgeber muß jedoch mindestens vier Wochen vorher unterrichtet werden. Diese Rechte stehen auch unverheirateten Eltern zu.

# Geburt und Wochenbett

## Die Geburt

Manche werdende Mutter sorgt sich, daß sie den Beginn der Geburt nicht wahrnehmen könnte und sich deshalb zu spät auf den Weg in die Klinik macht. Doch es gibt untrügliche Zeichen, die den Beginn der Geburt anzeigen.

### Die Geburt kündigt sich an

- Regelmäßige und schmerzhaftere Wehen: Bei jeder Wehe wird der Bauch beziehungsweise die Gebärmutter kugelig hart, die Schmerzen ziehen auch in den Rücken. Die Abstände zwischen den Wehen verkürzen sich auf 10 bis 15 Minuten.
- Fruchtwasser kann plötzlich abgehen: Wenn die Fruchtblase platzt, läuft warme Flüssigkeit an den Beinen hinunter, ohne daß man zuvor Harndrang gespürt hat. In diesem Fall ist es wichtig, möglichst rasch in die Klinik zu gelangen, vor allem wenn die werdende Mutter weiß, daß ihr Kind sich in Beckenendlage (Po voran) befindet.
- Austreten eines dicken Schleimpfropfs aus der Scheide, eventuell mit etwas Blut vermischt.

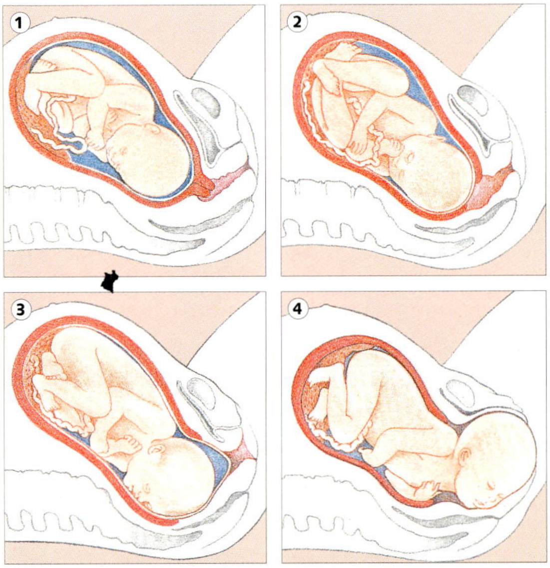


**1. Die Geburt kündigt sich an: Die Gebärmuttermuskulatur ist entspannt und locker.**
**2. Die Eröffnungsphase: Der Muttermund öffnet sich.**
**3. Übergangsphase: Der Kopf des Kindes tritt nach unten, und der Muttermund öffnet sich vollständig.**
**4. Austreibungsphase: Mit Hilfe der Preßwehen wird das Baby durch den Geburtsweg nach unten geschoben. Das Köpfchen wird sichtbar.**

### Mit den Schmerzen umgehen

Die meisten Schwangeren haben Angst vor den Schmerzen, die bei der Geburt auf sie zukommen. Schmerzen werden individuell erlebt – jede Frau empfindet sie anders. Es gibt heute viele Methoden, die einer Mutter helfen, die Geburtsschmerzen gut zu verarbeiten und bei der Geburt sogar ganz ohne betäubende Mittel auszukommen.

Vielen Frauen hilft es schon, wenn sie die Position selbst wählen dürfen, in der sie gebären wollen. Viele können die Schmerzen besser bewältigen, wenn sie umhergehen, mit dem Becken kreisen oder sich an ihren Partner hängen. Auch ein warmes Bad kann wohltuend und entspannend wirken.

Es gibt inzwischen eine Reihe krampflösender Schmerzmittel, die dem Kind nicht schaden. Dazu zählen auch einige homöopathische und naturheilkundliche Medikamente. Schmerzlindernd kann auch Akupunktur oder eine Akupressur-Massage sein. Der Dehnungsschmerz am Beckenboden während der Preßwehen läßt sich durch eine örtliche Betäubung lindern.

Schmerzfrei und doch wach bleiben kann man mit der modernen Form der Periduralanästhesie (PDA), bei der eine Mischung aus Betäubungs- und Schmerzmittel im Bereich der unteren Lendenwirbel eingespritzt wird. Die Wirkstoffe schaden dem Baby nicht, weil das Medikament lokal wirkt. Allerdings spüren manche Frauen die Wehen nicht mehr und können deshalb nicht mehr so gut mitarbeiten, so daß oft mit Glocke oder Zange nachgeholfen werden muß.

Dank der unterschiedlichen Atemtechniken jedoch, die sie in den Geburtsvorbereitungskursen eingeübt haben, benötigen sehr viele Schwangere gar keine Schmerzmittel mehr. Sie können in jeder Phase der Geburt ganz bewußt mitarbeiten, den Geburtsvorgang durch gezieltes Atmen unterstützen und zwischendurch entspannen.

## Die Geburtsphasen

### Eröffnung

Kommen die Wehen in regelmäßigen Abständen von etwa zehn Minuten, beginnt die Eröffnungsphase. Die Gebärmutter zieht sich rhythmisch zusammen, und der Muttermund öffnet sich. Normalerweise fließt jetzt Fruchtwasser ab. Dadurch senkt sich der Kopf des Kindes weiter nach unten. Die kindlichen Herztöne und die Wehentätigkeit werden jetzt ständig kontrolliert. Manchmal wird eine feine Sonde auf der Kopfhaut des Babys befestigt, damit seine Sauerstoffversorgung genau überwacht werden kann.

### Übergang

Wenn der Muttermund etwa sieben Zentimeter weit geöffnet ist, beginnt die sogenannte Übergangsphase. Die Wehen folgen meist in kurzen Abständen, so daß die Schwangere sehr konzentriert bleiben muß, um die Pausen zur entspannenden Atmung zu nutzen.

### Austreibung

Erst wenn der Muttermund einen Öffnungsdurchmesser von etwa zehn Zentimetern hat, beginnen die Preßwehen. Der Kopf des Kindes drängt aus der Gebärmutter durch die Scheide nach außen. Ist der Druck zu stark und droht das Gewebe zwischen After und Scheide zu reißen, wird ein kleiner Schnitt gemacht. Nach dem Kopf werden die Schultern geboren, dann gleitet der Körper – unter Abgang des restlichen Fruchtwassers – ganz leicht heraus.

Das Neugeborene wird meist sofort auf den Bauch der Mutter gelegt, Nasen-, Mund- und Rachenhöhle werden abgesaugt. Das Baby sucht gleich die Brust der Mutter und beginnt zu saugen. Herzschlag, Atmung, Reflexe, Hautfarbe und Bewegung werden drei und fünf Minuten nach der Geburt kontrolliert. Durch Nachgeburtswehen werden schließlich Plazenta und Eihäute ausgestoßen. Die Hebamme oder der Geburtshelfer prüft, ob sie vollständig sind, da Reste in der Gebärmutter entzündliche Reaktionen und Nachblutungen verursachen könnten.

## Kaiserschnitt

Der Kaiserschnitt ist heute vor allem wegen der modernen Narkosemethoden ein Routineeingriff. Die Gefahr nachfolgender Infektionen ist gebannt, die Mütter erholen sich nach dem Eingriff wesentlich schneller als früher. Durch moderne Anästhesiemethoden (→ Periduralanästhesie, Seite 58) kann die Mutter die Kaiserschnittgeburt – sofern es sich nicht um einen Notfall oder einen komplizierteren Eingriff handelt – bei Bewußtsein miterleben. Danach wird ihr das Kind, wenn alles gut verlaufen ist, ebenfalls gleich zum Saugen an die Brust gelegt.

## Entbindung in der Klinik oder zu Hause?

Für viele Frauen bietet nur die Klinikatmosphäre mit ihren jederzeit zur Verfügung stehenden Notfalleinrichtungen die Sicherheit, die sie sich für die Geburt ihres Kindes wünschen. Andere fühlen sich gerade in dieser Atmosphäre unwohl und bevorzugen deshalb eine Hausgeburt.

Viele Kliniken bieten jedoch heute die Möglichkeit einer »natürlichen Geburt« in angenehmer Umgebung. Häufig kann die Mutter auch – wenn medizinisch nichts dagegen spricht – ambulant entbinden. Das heißt, wenn alles problemlos verläuft, kann die junge Familie ein paar Stunden nach der Entbindung wieder nach Hause gehen. Dort werden Mutter und Kind von Hebamme und Arzt weiter betreut.

Zu einer Hausgeburt sollten sich nur Frauen entschließen, bei denen während der Schwangerschaft keinerlei Risiken festgestellt worden sind und die erfahrungsgemäß in kritischen Situationen Ruhe bewahren. Bei einer ungünstigen Lage der Plazenta, bei einer zu erwartenden Steiß- oder Frühgeburt, bei Blutdruckproblemen oder Mehrlingsgeburten ist von einer Hausgeburt dringend abzuraten. Manche Ärzte empfehlen auch Frauen über 35 eine Klinikgeburt.

Einen Kompromiß zwischen Klinik und Hausgeburt bietet das Geburtshaus: Es wird im Regelfall von Hebammen geleitet und ist ebenfalls nur für Frauen zu empfehlen, die keine Komplikationen zu erwarten haben.

# Das Wochenbett

Weil es früher üblich war, daß eine Frau nach der Geburt eines Kindes mindestens eine Woche strenge Bettruhe einhielt, spricht man vom »Wochenbett«. Im weitesten Sinn umfaßt es die gesamte Zeitspanne nach der Entbindung, in der sich die schwangerschafts- und geburtsbedingten Veränderungen im weiblichen Körper zurückbilden. In dieser Phase schießt auch die Muttermilch in die Brust ein. Insgesamt dauert das Wochenbett zwischen sechs und acht Wochen – bis der Wochenfluß versiegt ist.

## Nachwehen und Wochenfluß

Immer wenn das Baby an die Brust gelegt wird, treten mehr oder minder heftige (mit jedem Kind mehr) Nachwehen auf. Durch diese Kontraktionen bildet sich die Gebärmutter wieder zu ihrer ursprünglichen Größe zurück.

In den ersten drei bis vier Tagen hat die junge Mutter einen meist starken, blutigen Ausfluß, der dann für einige Tage bräunlich wird. Danach ist er im allgemeinen gelblich, nach drei Wochen grauweiß. Dieser Wochenfluß – auch Lochien genannt – ist eine Mischung aus Wundsekret und normalen Scheiden- und Gebärmutterhalsabsonderungen. Das Wundsekret stammt aus der großen Wunde, die durch den Abgang des Mutterkuchens in der Gebärmutterwand zurückgeblieben ist.

Der äußere Genitalbereich sollte in dieser Zeit möglichst nur mit lauwarmem Wasser und – wenn nötig – mit einer milden Waschlotion gereinigt werden.

**In den ersten Wochen nach der Geburt tut es der Mutter besonders gut, wenn sie liebevoll umsorgt wird.**

## Pflege des Dammschnitts

Für eine gewisse Zeit kann der kleine Schnitt zwischen Scheide und After noch Probleme bereiten. Manche Frauen können weder gut sitzen noch stehen, weil das genähte Gewebe sehr spannt. Für einige ist das Wasserlassen unangenehm, vor allem wenn der Harn nach dem Genuß säurehaltiger Speisen (Obst, Säfte) »beißt«. Auch das Pressen bei hartem Stuhlgang kann die Dammnaht belasten.

Mit Kamillensitzbädern (→ Seite 731) können Sie die Beschwerden lindern. Das Brennen beim Wasserlassen wird gemindert, wenn Sie währenddessen konzentrierten Kamillentee über den Harnröhrenausgang laufen lassen. Ratsam ist es, in dieser Zeit auf alle Speisen und Getränke zu verzichten, die viel Säuren enthalten. Eine möglichst ballaststoffreiche Ernährung (→ Seite 716) sorgt für gute Verdauung und weicheren Stuhl.

In Sanitätshäusern gibt es zudem spezielle Sitzringe für Wöchnerinnen. Sie werden auf die Sitzmöbel gelegt, so daß die Mutter ohne Dammschmerzen sitzen kann. Sie können sich aber auch selbst helfen, indem Sie ein größeres Handtuch der Länge nach zusammenrollen und daraus einen Ring bilden.

## Tränen trotz des großen Glücks?

Etwa am dritten Tag nach der Geburt erleben mehr als 50 Prozent der frischgebackenen Mütter ein seelisches Tief, das sie sich nicht erklären können. Experten führen dies heute auf ein Zusammenwirken körperlicher und seelischer Faktoren zurück: Der Hormonspiegel verändert sich, vielen Frauen tut die körperliche Trennung von ihrem Kind weh, und auch das Geburtserlebnis wirkt nach. Gleichzeitig müssen Frauen vor allem beim ersten Kind einen tiefgreifenden Wandel ihrer Identität verarbeiten und sich von ihrem alten, ungebundenen Leben verabschieden. Auch die Partnerschaft verändert sich. Aufgrund all dieser Umstellungen ist eine Wöchnerin sehr empfindsam. Oft können schon kleine Gedankenlosigkeiten sie kränken.

In diesen Tagen hilft es der jungen Mutter besonders, wenn ihr Partner verständnisvoll mit ihr umgeht. Die meisten Mütter erholen sich schnell wieder. Nur in sehr seltenen Fällen findet eine Frau nicht von selbst wieder aus dieser Depression und benötigt dann die Hilfe eines Psychotherapeuten.

## Wohlfühlen im Wochenbett

Wenn eine junge Mutter mit ihrem Neugeborenen aus der Klinik nach Hause kommt, braucht sie vor allen Dingen Ruhe und Hilfe, damit sie sich richtig erholen und auf das Baby einstellen kann. Sie sollte sich so oft wie möglich ins Bett legen. Auch das Stillen (→ Seite 62) kommt besser in Gang, wenn die Mutter entspannt ist. Es wäre falscher Ehrgeiz, wenn eine junge Mutter meint, schon wenige Tage nach der Geburt wieder alles in Angriff nehmen zu müssen, so als sei nichts gewesen.

In den ersten zehn Tagen nach der Entbindung stehen jeder Frau die Hausbesuche einer Hebamme zu, die von der Krankenkasse bezahlt werden. In den darauffolgenden acht Wochen werden bei Bedarf weitere acht Besuche bezahlt. Wenn sich eine Frau sehr erschöpft fühlt oder wenn sie noch unter Geburtskomplikationen leidet, wird der Arzt ihr dies attestieren, und die Wöchnerin kann auf Kassenkosten eine Haushaltshilfe beschäftigen.

Immer mehr Hebammen empfehlen, das Baby die erste Zeit mit im Elternbett schlafen zu lassen. Das Kind wird dadurch nicht einem solchen abrupten Wechsel zwischen vollkommener Nähe zur Mutter und dem Schlafen mutterseelenallein in einem Bettchen ausgesetzt. Außerdem kühlt die Mutter nachts nicht aus, wenn sie aufsteht, um nach dem weinenden Baby zu sehen oder um es zu stillen.

### Rückbildungsgymnastik

Manchen Müttern ist es lästig, bei all den Umstellungen auch noch regelmäßig die Rückbildungsgymnastik durchzuführen, die man ihr im Krankenhaus gezeigt hat oder die sie in einem Kurs gelernt hat. Doch die Übungen sind wichtig, damit später (oft erst mit dem Beginn der Wechseljahre) keine Probleme wie Gebärmuttersenkung und Blasenschwäche auftauchen.

Die »Aufzugs-Übung« gehört dabei zu den wichtigsten Trainingseinheiten. Sie ziehen den Beckenboden nach oben, als wollten Sie den Harnstrahl unterbrechen. Diese Übung können Sie überall machen: im Auto, an der Ampel, beim Warten an der Supermarktkasse. Sie trainiert den PC-Muskel – auch Liebesmuskel genannt –, der den Scheideneingang umschließt (→ Seite 36). Weitere Übungen zum Beckenboden-Training finden Sie auf Seite 759.

## Die neue Dreisamkeit

Die meisten Väter sind tief berührt vom Erlebnis der Geburt. Ihr Kind das erste Mal auch körperlich zu erleben, bringt in fast allen eine Woge der Zärtlichkeit und Liebe – auch der Partnerin gegenüber – in Bewegung. Für viele Paare ist die erste Zeit mit dem Baby eine unvergeßlich schöne Erinnerung.

Doch dann kehrt allmählich der Alltag ein. Der Mann muß in aller Regel wieder den ganzen Tag außer Haus arbeiten, die Frau bleibt mit dem Baby allein zu Hause. Diese Arbeitsteilung hat es in den meisten Beziehungen vorher nicht gegeben. Es kommt vor, daß nun ein Ungleichgewicht in der Partnerschaft entsteht: Männer fühlen sich mehr und mehr ausgeschlossen von dem stärker werdenden Band zwischen Mutter und Kind. Frauen wünschen sich vom Partner oft mehr Entlastung und Ansprache.

Wenn es beiden Partnern gelingt, Unzufriedenheit und Unstimmigkeiten sofort anzusprechen, wird ihre Beziehung auch in der neuen Dreisamkeit lebendig bleiben. Dann wird es auch nicht als Liebesentzug gewertet, wenn das Sexualleben zunächst etwas erlahmt: Das ist normal und gibt sich in aller Regel wieder, sobald das Baby nachts durchschläft. Wenn die junge Mutter sich ausreichend erholen kann, kehrt auch wieder Lust in das Liebesleben ein.

### Formalitäten nach der Geburt

In großen Kliniken kommt der Standesbeamte sogar ans Wochenbett, um die Personalien des neuen Erdenbürgers aufzunehmen. Ansonsten muß ein Elternteil – meist der Vater – das Kind im Standesamt anmelden und eine Geburtsurkunde ausstellen lassen.

Der Antrag auf Kindergeld wird beim Arbeitsamt gestellt, die Auszahlung kann mit dem Gehalt erfolgen. Einen Kinderfreibetrag (steuerliche Vergünstigung) kann man sich vom Finanzamt in die Lohnsteuerkarte eintragen lassen. Wer eine bestimmte Einkommensgrenze nicht überschreitet, kann beim Arbeitsamt Erziehungsgeld beantragen. Es wird maximal zwei Jahre lang bewilligt und verringert sich schrittweise. Über aktuelle Regelungen informieren die Krankenkassen und Familienberatungsstellen (→ Adressen, Seite 798).

# Das Stillen

Muttermilch ist die ideale Nahrung für das Baby, weil sie in unnachahmlicher Weise auf die Bedürfnisse des Kindes und seinen empfindlichen Verdauungsapparat abgestimmt ist. Sie enthält wenig Eiweiß, weil das für Babys noch schwer verdaulich ist. Das Fett der Muttermilch besteht aus mehr als 150 verschiedenen Bestandteilen, darunter einem fettspaltenden Stoff, der die Fettverdauung fördert. Der Zucker der Muttermilch gelangt relativ langsam ins Blut – so wird die Bauchspeicheldrüse geschont. Mineralien, die die Nieren belasten könnten, sind nur in zuträglicher Menge vorhanden.

## Muttermilch schützt

Gestillte Kinder leiden seltener an Infektionen und Allergien als künstlich ernährte. Ein Kind kommt zwar mit Antikörpern zur Welt, die es noch im Mutterleib bekommen hat. Doch diese Schutzwirkung läßt nach, und an ihre Stelle treten die in der Muttermilch vorhandenen Antikörper, die Immunglobuline. Die eigene Antikörper-Produktion beginnt erst nach einigen Lebenswochen. Es dauert annähernd fünf Jahre, bis das Immunsystem eines Menschen voll entwickelt ist. Durch noch unbekannte Inhaltsstoffe in der Muttermilch reift es schneller. Vermutlich ist auch der Harntrakt gestillter Kinder besser vor Erregern geschützt: Harnwegsinfektionen sind bei gestillten Kindern seltener.

In den ersten Tagen bekommt das Baby die besonders wertvolle Vormilch. Diese auch als Kolostrum bezeichnete Milch ist gelb und dickflüssig und versorgt das Neugeborene mit wichtigen Abwehrstoffen, die sein Immunsystem stärken und die noch durchlässige Darmwand auskleiden. Sie fördert die raschere Ausscheidung des ersten Stuhls (»Kindspech«) und mit ihm der Stoffe, die eine Neugeborenen-Gelbsucht bewirken können.

**Eine entspannte Atmosphäre hilft Mutter und Kind, ihren eigenen Stillrhythmus zu finden.**

## Wie die Milchbildung in Gang kommt

In den ersten Stunden nach der Geburt ist der Saugreflex beim Neugeborenen besonders groß. Das ist von der Natur sehr sinnvoll eingerichtet, denn erst durch den Reiz des Saugens wird im mütterlichen Körper das Hormon Prolaktin ausgeschüttet, das für die Milchbildung verantwortlich ist. Deshalb ist es ideal, wenn das Baby gleich nach der Geburt an der Mutterbrust saugen kann.

Häufiges Anlegen bringt die Milchproduktion in Gang. Der Milcheinschuß – nach etwa zwei Tagen – bereitet vielen Frauen etwas Schmerzen. Diese können Sie mit kühlenden Umschlägen und häufigem Anlegen lindern.

## Stillen nach Bedarf

Auch wenn in den ersten Tagen nur wenig Milch produziert wird, reicht sie in den allermeisten Fällen aus. Neugeborene nehmen in der ersten Woche nach ihrer Geburt bis zu zehn Prozent ihres Geburtsgewichts ab. Das ist normal und sollte keineswegs Anlaß sein, dem Kind zusätzlich aus der Flasche etwas zuzufüttern. Wenn es gleichzeitig die Flasche bekommt, saugt es zu wenig an der Brust, die dann automatisch ihre Milchproduktion verringert.

Wird das Baby angelegt, sobald es Hunger hat, produziert die Brust nach kurzer Zeit genau die Menge, die das Baby braucht. Eine wichtige Voraussetzung für entspanntes Stillen ist, daß die Mutter keine Angst hat, ihr Kind könnte nicht satt werden. Regelmäßiges Wiegen nach jedem Stillen setzt eine Mutter unter unnötigen Druck. Es genügt, wenn Sie das Kind einmal in der Woche wiegen. Als grobe Richtlinie gilt, daß das Kind im ersten Halbjahr pro Woche mindestens 100 Gramm zunimmt, im zweiten rund 80 Gramm. Weniger als 60 Gramm sollten es nicht sein. Bei auffälligen Abweichungen von der Gewichtstabelle fragen Sie den Kinderarzt.

### Richtig anlegen

Legen Sie den Arm, in dem Sie das Kind halten, bequem auf eine Unterlage (Sessellehne, Kissen). Nehmen Sie die Brustwarze zwischen Zeige- und Mittelfinger – so bleibt die Nase des Babys frei –, und stupsen Sie leicht seine Wange. Es dreht dann automatisch sein Köpfchen und nimmt die Warze. Achten Sie darauf, daß es den ganzen Warzenhof erfaßt.
Einem Milchstau beugen Sie vor, indem Sie das Baby immer erst eine Brust leer trinken lassen, bevor Sie es an der anderen anlegen. Bei der nächsten Mahlzeit beginnen Sie jeweils mit der Brust, an der es zuletzt getrunken hat.

### Stillen in der Öffentlichkeit?

Muttermilch ist immer warm und steril verpackt – und deshalb ist sie auch die ideale Wegverpflegung für das Baby. Stillen in der Öffentlichkeit wird immer mehr akzeptiert. Oberbekleidung zum Aufknöpfen sowie ein Still-Büstenhalter, der einseitig aufzuklappen ist, machen es leichter, das Baby in der Straßenbahn oder im Café zu stillen. Manche Mütter probieren zu Hause in Ruhe aus, welche Kleidungsstücke (zum Beispiel weite Sweatshirts, die man nur hochschieben muß) am besten geeignet sind, um das Baby ohne Probleme anzulegen.

## Ernährung und Pflege der Mutter

Stillende Mütter dürfen im Prinzip alles essen, worauf sie Lust haben. Allerdings gibt es Babys, die auf blähende Speisen (zum Beispiel Blumenkohl, Bohnen) oder scharfe Gewürze in Mutters Speiseplan empfindlich reagieren. Das findet eine junge Mutter jedoch meist schnell selbst heraus.
Alkohol in größeren Mengen und Nikotin können dem Baby über die Muttermilch schaden. Medikamente dürfen in der Stillzeit ebenso wie während der Schwangerschaft (→ Seite 55) nur nach Rücksprache mit dem Arzt eingenommen werden.

### Brustpflege

Zur Brustpflege genügt es, täglich mit lauwarmem Wasser zu duschen. Einseifen oder andere Hygienemaßnahmen sind überflüssig. Lassen Sie die Brustwarze nach dem Stillen an der Luft trocknen. Achten Sie auch darauf, daß die Brustwarzen keinen längeren Kontakt mit feuchten Stilleinlagen haben, damit es nicht zu Entzündungen kommt.

## Stillen und Psyche

Stillen ist ein sehr störanfälliger Vorgang. Ist die Mutter aufgeregt und unsicher, wird sie zuwenig unterstützt, kann das den Reflex, der die Muttermilch fließen läßt, hemmen. Wenn Mütter schon sehr früh das Stillen aufgeben, hat das in den seltensten Fällen körperliche Gründe. Meist sind Streß, Schlafmangel und die Unsicherheit, ob sie dem Baby genug Nahrung geben, die Ursache. Die seelische Unausgeglichenheit führt mitunter dazu, daß die Milchproduktion sich verringert oder der Milchfluß Schmerzen bereitet. Das Kind reagiert darauf unruhig und saugt oft nicht mehr kräftig genug. Ein an der Brust weinendes Kind entmutigt eine Mutter schnell.
Eine Mutter, die Stillprobleme hat, findet Rat und Hilfe meist am besten in Stillgruppen und bei ausgebildeten Stillberaterinnen (→ Adressen, Seite 798).

## Beschwerden beim Stillen

Wenn beim Stillen die Milchgänge der Brust nicht richtig entleert werden, kann es zu einem Milchstau kommen. Die Brüste schmerzen, sie werden hart und heiß. Meistens hilft es, wenn Sie das Kind häufig anlegen und die Milch mit der Hand ausstreichen (die Handkante streicht sanft vom Brustansatz in Richtung Brustwarze). Lösend wirken auch warme Umschläge, Infrarot-Bestrahlungen sowie durchblutungsfördernde Salben, die der Frauenarzt verordnet. Es gibt auch spezielle Pumpen zum Abpumpen der Milch.
Wird ein Milchstau nicht behandelt oder dringen Keime in die Brust ein, kann es zu einer Brustentzündung kommen. Die Brüste sind prall und schmerzhaft, heiß und gerötet. Kopfschmerzen und Fieber treten auf. Häufiges Anlegen sowie Ausdrücken oder Abpumpen der Milch bringen Erleichterung. Der Arzt verschreibt in der Regel Antibiotika, die dem Kind nicht schaden, und verordnet viel Ruhe.
Häufiger sind entzündete Brustwarzen, die meistens durch eine falsche Anlegetechnik verursacht werden. Am schnellsten heilen sie, wenn man nach dem Stillen ein paar Tropfen Muttermilch (oder Salbeitee) einreibt und die Brustwarzen nach jedem Stillen an der Luft trocknen läßt.

# Wichtige Lebensphasen

## Frühe Kindheit

Nach etwa 280 Tagen Halbdunkel in der schützenden Hülle des Mutterbauchs erblickt ein Baby zum ersten Mal das helle Licht der Welt. Viele Eltern haben diesen Moment in den letzten, manchmal beschwerlichen Tagen der Schwangerschaft herbeigesehnt. Zärtliche Gefühle gegenüber dem unbekannten Wesen entwickeln sich zwar schon in der Zeit vor der Geburt, aber eine innige Beziehung wächst erst durch den wechselseitigen, persönlichen Kontakt. Das Neugeborene ist dabei in besonderem Maße auf den elterlichen Schutz und die elterliche Zuwendung angewiesen, um sich zu einer reifen Persönlichkeit entwickeln zu können.

In der frühen Zeit seines Lebens ist das Baby von seinen Bezugspersonen und seiner Umwelt noch sehr stark abhängig. Es erfaßt die Welt zunächst gefühlsmäßig. Im ersten Lebensjahr werden die einzelnen Hirnregionen miteinander verschaltet. Eine wichtige Rolle spielen hierbei die Sinnesreize: Das Baby verarbeitet die Flut der Informationen, die auf es einstürmen, über seine Gefühle, die durch Streicheln, Saugen und Stimmen ausgelöst werden.

Die ersten Eindrücke vermitteln sich dem Neugeborenen vor allem über die Haut und den Geruchssinn: Der Säugling spürt, wie er gehalten, gewärmt, gestreichelt und gewiegt wird, und erfährt dadurch Nähe und Geborgenheit. Am Geruch lernt er die Menschen seiner nahen Umgebung kennen und unterscheiden; hört er die Stimme der Mutter, schlägt sein Herz schneller. Die Wahrnehmung über das Sehen steht dabei zunächst noch im Hintergrund. Ein differenziertes Scharfsehen wie beim Erwachsenen bildet sich erst im Laufe einiger Wochen nach der Geburt heraus.

## Was das Baby braucht

Eine von menschlicher Wärme geprägte Atmosphäre, die Befriedigung seiner Nahrungsbedürfnisse, das Gefühl von Geborgenheit und Sicherheit und einen Lebensrhythmus, der von einer gewissen Regelmäßigkeit geprägt ist – das sind Umstände, unter denen ein Säugling sich optimal entwickeln kann. Von besonderer Bedeutung für seine seelische Entwicklung ist es zudem, daß er von mindestens einer Bezugsperson – von seinen Eltern oder von einer festen Betreuerin (oder einem Betreuer) – dauerhaft und liebevoll versorgt wird.

Der Neuankömmling wirkt hilflos und muß seine eigenständige Persönlichkeit erst noch entwickeln. Dennoch hat er eigene Bedürfnisse und Wünsche, und es ist wichtig, daß die Eltern diese nicht ihrem Willen unterordnen, sondern versuchen sie ernst zu nehmen und darauf einzugehen. Auf diese Weise können Mutter und Vater den Boden für eine günstige Entwicklung ihres Kindes bereiten.

### Sichere Bindung – Vertrauen fürs Leben

Wenn das Neugeborene kurz nach der Geburt zum ersten Mal die Augen öffnet und den Blick auf die Eltern richtet, ist das für viele Mütter und Väter ein unvergeßlicher Moment und der Beginn einer innigen Bindung. Glaubte man noch vor etwa 20 Jahren, das Neugeborene könne allenfalls grobe Helligkeitsunterschiede, nicht jedoch die Gesichter seiner Eltern wahrnehmen, gilt diese Meinung heute als widerlegt. Versuche ergaben, daß bereits das Neugeborene in einer Entfernung zwischen 18 und 32 Zentimetern scharf sehen kann.

Wenige Tage nach der Geburt ist es zudem in der Lage, die mütterliche Stimme von anderen weiblichen Stimmen zu unterscheiden. Wenn es im Experiment durch Saugen an einem Schnuller die Gelegenheit erhält, ein Tonband mit verschiedenen Frauenstimmen in Gang zu setzen, bevorzugt es eindeutig die Stimme der Mutter. Nach zwei Tagen reagiert das Neugeborene auf ihr Gesicht, und nach 14 Tagen kennt es ihren Geruch. Die Eltern beglückt das erste gezielte Lächeln ihres Kindes im Alter von drei Monaten in besonderer Weise. Solche Fähigkeiten des Babys sind grundlegend für die Entwicklung einer intensiven Gefühlsbindung an die Mutter beziehungsweise an eine betreuende Bezugsperson.

### Zärtlichkeit und Zuwendung

Diese starke Gefühlsbindung vermittelt dem Kind eine tiefe innere Sicherheit, die es mit in sein zukünftiges Leben nimmt. Um gesund zu gedeihen, braucht ein Baby viel körperliche Zuwendung. Es will liebevoll berührt und beachtet werden. Die Liebe und die Zärtlichkeit, die die Eltern ihm geben, hilft ihm, ein Gefühl für den eigenen Wert zu entwickeln und später selbst Liebe geben zu können. Nur wer als Kind zu wenig Zuwendung erhalten hat, wird beständig auf der Suche nach Liebe sein.

#### Stillen fördert die innige Bindung

Nicht nur ernährungsphysiologisch (→ Seite 62), sondern auch für die seelische Entwicklung des Kindes ist das Stillen von großer Bedeutung: Die Verbindung zwischen dem kindlichen und mütterlichen Organismus, wie sie während der Schwangerschaft bestand, wird mit dem Stillen wiederhergestellt. Das Kind erfährt im innigen Kontakt mit der Mutter Nähe und Geborgenheit. Die Wahrnehmungen des Babys erfolgen in der ersten Zeit vorwiegend über die Haut und die Mundhöhle – durch Berühren und Saugen. Wird diese orale Phase befriedigend erlebt, wirkt sich das auch günstig auf die späteren Entwicklungsfortschritte des Babys aus.

Versuchen Sie deshalb, auch wenn Sie Ihr Kind mit der Flasche füttern, eine länger andauernde Zeremonie – ähnlich wie beim Stillen – mit dem Füttern zu verbinden und dem Baby dabei möglichst viel Nähe und Körperkontakt zu geben.

### Das Kind muß sich verlassen können

Man hat beobachtet, daß Babys, deren Signale von den Müttern einfühlsam wahrgenommen und beantwortet wurden, eine stabile und vertrauensvolle Bindung entwickeln. Wenn Babys dagegen die Erfahrung machen, daß ihre Signale nicht verstanden werden und sie sich auf die Pflegeperson nicht mit Gewißheit verlassen können, entsteht unter Umständen ein Gefühl der Hilflosigkeit. Der »Vertrauensvorschuß«, den Kinder mit einer zuverlässigen Bindung entwickeln, macht sich auch im späteren Leben bezahlt: Sie setzen sich meist selbstsicherer mit neuartigen Situationen oder Aufgaben auseinander als Kinder mit unsicherer Bindung. Sie sind kontaktfreudiger und haben eine hohe soziale Verantwortlichkeit.

## Wenn das Baby schreit

Noch vor vier bis fünf Jahrzehnten wurden die Mütter von Pädagogen angehalten, ihr Baby »ruhig öfter schreien« zu lassen. Man verwöhne das Kind, wenn man immer auf sein Schreien reagiere. Zudem stärke das Schreien die Lunge.
Wenn Babys schreien, hat dies jedoch immer einen Grund. Sie sind auf die Hilfe ihrer Bezugspersonen angewiesen, ihr Schreien stellt ein wirksames – und anfangs auch das einzige – Mittel dar, um auf sich aufmerksam zu machen. Nehmen Sie dieses Signal deshalb ernst. Leider erhalten Eltern mit der Geburt ihres Kindes nicht automatisch das richtige Gehör für seine Bedürfnisse. Erst mit der Zeit lernen sie, zwischen den feinen Nuancen des Babygeschreis zu unterscheiden: Schreit das Baby,

- weil es Hunger oder Durst hat
- weil die Windeln voll sind
- weil ihm zu heiß oder zu kalt ist
- weil es müde, aber gleichzeitig »überdreht« ist
- weil es Bauchweh oder Blähungen hat
- weil es Nähe oder Körperkontakt oder
- weil es einfach Abwechslung braucht?

### So beruhigen Sie Ihr Baby

Wenn rhythmisches Bewegen des Bettchens nichts nützt, hilft es meist, das Baby herauszunehmen. Streicheln, massieren Sie es, reden Sie ihm gut zu oder tragen Sie es herum. Bald werden Sie herausfinden, womit sich Ihr Baby am besten beruhigen läßt.

**Wenden Sie sich Ihrem schreienden Baby liebevoll und aufmerksam zu.**

Innerhalb der ersten Lebenswochen ist tägliches Schreien bis zu eineinhalb Stunden durchaus normal. Zwischen der 6. und 12. Woche kann es täglich sogar noch länger schreien.
Wenn ein Baby täglich bis zu drei Stunden schreit und sich dabei vor Schmerzen krümmt, spricht man von sogenannten Dreimonatskoliken. Damit bezeichnet man Darmkrämpfe, die etwa ab der vierten Woche beginnen und im Alter von drei oder vier Monaten meist schlagartig verschwinden. Sie sind auf Anpassungsprobleme des noch unreifen Verdauungssystems zurückzuführen. Solche »Schreikinder« zerren oft besonders an den Nerven der Eltern. Versuchen Sie trotzdem, die Geduld zu bewahren und sich weiterhin liebevoll um das Kind zu kümmern. Der Kinderarzt gibt Tips, wie man solche Verdauungsprobleme lindern kann.

# Die Entwicklung des Babys

Innerhalb der ersten 24 Monate erfolgt die körperliche und geistig-seelische Entwicklung eines Menschen in einer Geschwindigkeit, wie sie in späteren Entwicklungsphasen nie wieder erreicht wird. Wenn sich das Wachstumstempo der ersten sechs Lebensmonate kontinuierlich fortsetzen würde, so müßte nach der Rechnung eines Forschers »der typische Zehnjährige ungefähr 30,5 Meter groß sein und etwa 218 000 Tonnen wiegen«.
Die nachfolgende Tabelle zeigt, wie die »normale« Entwicklung vom Baby bis zum Schulkind unter günstigen Bedingungen verläuft. Sie stellt den typischen Verlauf der bewußt gesteuerten Bewegungsabläufe (Motorik), von Sprache und Sozialverhalten des Kindes dar. »Normal« bedeutet in diesem Zusammenhang, daß die angegebenen Entwicklungsschritte zum Ende des bezeichneten Monats von etwa 90 bis 95 Prozent der Kinder erreicht werden. Es handelt sich dabei um Richtwerte, wie Kinderärzte sie bei den Vorsorgeuntersuchungen (→ Seite 607) berücksichtigen. Sollte der individuelle Entwicklungsverlauf in einzelnen Punkten vom angegebenen Schema abweichen, bedeutet das keinen Grund zur Beunruhigung. Wenn Ihr Kind jedoch mehrere der bezeichneten Entwicklungsstufen zum genannten Zeitpunkt nicht erreicht, kann dies auf eine Entwicklungsverzögerung hindeuten. Um das klären zu können, wenden Sie sich am besten an Ihren Kinderarzt.

## Entwicklungsschritte vom 1. Lebensmonat bis zum 5. Lebensjahr

| Lebensalter | Motorik | Sprache | Sozialverhalten und Spiel |
|---|---|---|---|
| 1. Monat | dreht den Kopf in Bauchlage | kurze, kehlige Laute | nimmt Blickkontakt auf |
| 3. Monat | hebt Kopf sicher in Bauchlage | Vokalketten, differenziertes Schreien | hält Blickkontakt, reagiert lächelnd auf Ansprache und Gesichter |
| 5. Monat | hält den Kopf senkrecht, wenn man es hochzieht, auch bei leichter Schräglage | lacht laut | zeigt Neugier und Freude |
| 6. Monat | kontrolliert den Kopf beim Wechsel der Lage, greift gezielt und hält Gegenstände | juchzt und kräht | |
| 9. Monat | sitzt frei und sicher, robbt | Silbenketten mit »a« | faßt Gegenstände ins Auge, führt sie zum Mund |
| 12. Monat | zieht sich an Gegenständen zum Stand hoch, greift mit Pinzettengriff, krabbelt | Doppelsilben mit »a«, »lala, baba« | findet Gegenstände, die vor seinen Augen versteckt wurden |
| 15. Monat | läuft mindestens 3 Schritte ohne Unterstützung | »Mama« oder »Papa« oder 1 anderes Wort | klatscht, winkt, imitiert Verhalten der Erwachsenen, trinkt aus Tasse |
| 18. Monat | freies Gehen | spricht 3 klare Wörter | Symbolspiele: Bauklotz wird zum Beispiel zum Auto, versteht einfache Anweisungen |
| 2 Jahre | beherrscht sicher die Hocke und steht freihändig wieder auf, klettert, steigt Treppen, wobei ein Fuß jeweils nachgezogen wird | Zweiwortsätze: »Teddy ham« | eigene Spielsachen werden verteidigt, imitiert Handlungen Erwachsener (Schuhe anziehen, Hut aufsetzen, Schminken und ähnliches) |
| 2½ Jahre | hüpft frei | benennt Bilder | kleine Rollenspiele |
| 3 Jahre | fährt Dreirad | Mehrwortsätze, verwendet »ich, du« und Plural | zeigt Mitleid (trösten) und Zuneigung, differenzierteres Rollenspiel (Doktor, Mutter und Kind und anderes) |
| 4 Jahre | steigt Treppen wie Erwachsener mit abwechselndem Schritt, mindestens 3 Sekunden Stehen auf einem Bein | W-Fragen (»warum, wer, wo, was«), erzählt Erlebnisse, Zeitbegriff | malt Strichmännchen, kennt Farben, spielt Rollenspiele mit anderen |
| 5 Jahre | kann 5mal auf einem Bein hüpfen | spricht grammatikalisch weitgehend korrekt | kann Dreieck abzeichnen, Gesellschaftspiele mit einfachen Regeln, Bestimmung von Mengen (zählen bis mindestens 6) |

## Von unbeholfen bis zielgerichtet: die motorische Entwicklung

In den ersten Lebenstagen wirken die Bewegungen eines Säuglings noch weitgehend unbeholfen und ungezielt. Exakte Bewegungsabläufe und -muster (Motorik), wie sie zum Beispiel für das Schulkind charakteristisch sind, müssen sich im Laufe seiner Entwicklung erst herausbilden. Diese Entwicklung folgt offenbar in allen Kulturen einem einheitlichen Muster: So lächeln zum Beispiel alle Babys der Welt ihre Bezugspersonen im Alter von etwa drei Monaten zum ersten Mal an oder greifen zu diesem Zeitpunkt gezielt nach Gegenständen.

Der Säugling lernt erst allmählich, seinen Körper zu beherrschen. Dieser Prozeß verläuft »vom Kopf abwärts«. Ist das Baby unmittelbar nach der Geburt bereits in der Lage, seinen Kopf zu drehen, vergehen in der Regel noch vier Wochen, bis es ihn einige Zeit sicher aufrecht halten kann. Etwa ab dem zweiten Monat beginnt das Baby sich intensiv mit seinen eigenen Händen zu beschäftigen. Höchstwahrscheinlich ist dieses Beobachten der eigenen Hände die Voraussetzung dafür, daß es später gezielt greifen kann. Mindestens ein weiteres halbes Jahr dauert es, bis das Baby seine Beine so weit koordinieren kann, daß es sich krabbelnd fortbewegt.

## Das Sozialverhalten wird geprägt

Umwelteinflüsse spielen für die Entwicklung des Sozialverhaltens eine viel bedeutendere Rolle als ursprünglich angenommen. Bereits der Säugling benötigt eine Umwelt, die Anregungen für die seelisch-geistige Entwicklung bietet. Wächst das Kind in seinen ersten Lebensjahren ohne die liebevolle Zuwendung seiner Umwelt auf, wird sich nicht nur seine geistig-motorische Entwicklung verzögern, es wird auch im späteren Umgang mit seinen Mitmenschen sehr wahrscheinlich Probleme haben. Seine Kontaktfähigkeit, seine Fähigkeit auf andere zuzugehen oder Konflikte mit ihnen zu lösen – kurz sein Sozialverhalten – kann Schaden nehmen. Berichte über iranische Waisenhäuser in den 60er Jahren oder rumänische Kinderheime belegen, daß sich die Entwicklung von Kindern, deren Nahrungsbedürfnisse zwar befriedigt werden, die aber in einer extrem reizarmen Umgebung ohne fürsorgliche Zuwendung und Spielanregungen aufwachsen, außerordentlich verzögert: Im Alter von 19 Monaten konnten nur knapp die Hälfte der beobachteten Kinder alleine sitzen, im Alter von 33 Monaten hatten nicht einmal zehn Prozent das Laufen erlernt. Die Kinder waren äußerst kontaktscheu und mißtrauisch gegenüber allen Fremden, die sich ihnen zu nähern versuchten.

## Das Baby entdeckt die Sprache

Etwa ab der achten Lebenswoche beginnen viele Babys sich mit ihren Eltern zu »unterhalten«. Mit gurgelnden Lauten regen sie sie zur Zwiesprache an. Indem Erwachsene die Laute des Kindes wiederholen und positiv darauf reagieren, wird das Baby zum Spielen mit der Sprache aufgefordert. Wenn das Baby etwa im sechsten Monat zum ersten Mal Silben wie »bababa« produziert, kann man davon ausgehen, daß es mit solchen Lautbildungen lernt, seine Sprechwerkzeuge zu kontrollieren, aber damit noch keine konkreten Bedeutungen verknüpft. Erst in der Zeit zwischen dem achten und zehnten Lebensmonat verbindet das Kind mit derartigen Äußerungen eine erkennbare Absicht. Es zeigt zum Beispiel auf seinen Lieblingsteddybären und sagt dabei deutlich »da«.

**Das Baby ahmt die Laute der Eltern nach und lernt auf diese Weise seine Muttersprache.**

# Baby wird selbständig: das Kleinkind

## Motorik – tappende Bewegungen

Tolpatschig-unbeholfen macht das Kleinkind mit ein oder eineinhalb Jahren seine ersten Schritte in die wachsende Unabhängigkeit – ein Ereignis, das alle Eltern mit Stolz erfüllt. Noch der Zweijährige scheint sich mit jedem Schritt unter Einsatz seines Gewichtes nach vorne »fallen« zu lassen, die Arme hängen dabei weitgehend spannungslos neben dem Körper herab.

## Sprache – von einem Wort zu drei Wörtern

Erste Worte der Muttersprache, die sich eindeutig auf Personen, Gegenstände oder Ereignisse beziehen, spricht das Kind in der Regel kurz vor oder nach seinem ersten Geburtstag. Es ordnet seinen ersten Worten meist konkrete Gegenstände des alltäglichen Lebens zu. Um eine solche Verknüpfung herstellen zu können, muß das Kind in der Lage sein, den bezeichneten Gegenstand optisch deutlich wahrzunehmen. Sie können dem Kind daher das Erlernen der Sprache erleichtern, indem Sie einen Gegenstand benennen und deutlich von der Umgebung abheben.
Einzelne Wörter können in dieser Phase die Bedeutung eines ganzen Satzes übernehmen. Man spricht deshalb von Einwortsätzen. In die Phase der Zweiwortsätze tritt das Kind meist in einem Alter von etwa 18 Monaten ein. Mit »Wauwau ham« macht es seiner Mutter jetzt zum Beispiel klar, welches seiner Kuscheltiere es bevorzugt. Mit ungefähr 28 Monaten ist das Kind in der Lage, sich mit Dreiwortsätzen bereits wesentlich differenzierter auszudrücken.

## Sozialverhalten und Spiel

Wenn man mit einem zweijährigen Kind spielt und mit seinen Bauklötzen einen Turm baut, wird das Kind dies in der Regel sofort nachahmen. Gerät der Turm in einer bestimmten Höhe ins Wanken und stürzt ein, erfreut sich das Kind am geräuschvollen Umfallen der Klötze. Es wird nicht müde, den Turm zum Einstürzen zu bringen. Das Kind spielt um des Spielens willen, aus Spaß an dem, was sich mehr oder weniger zufällig dabei ergibt. Durch spielerisch erprobtes Verhalten erweitert es seine Handlungskompetenz und »erobert« sich damit die Welt.

### Freiheit und Unterstützung

Auch mit seinen Mitmenschen setzt es sich bewußter auseinander und erfährt sich dadurch als eigenständige Person. Es ahmt die Erwachsenen nach und beginnt, sein Spielzeug gegenüber anderen zu verteidigen. Mit jedem Schritt, den das Kleinkind tut, erweitert es sein Umfeld. Unter dem Schutz der Person, zu der das Kind eine vertrauensvolle Bindung entwickelt hat, kann es sich selbstbewußt Unbekanntem und neuen Situationen zuwenden. Es sammelt Erfahrungen – auch über Erfolg und Mißerfolg, durch die es mit der Zeit lernt, Situationen richtig einzuschätzen und angemessen darauf zu reagieren. Es braucht Hilfe, aber auch zunehmend geschützten Freiraum. Dadurch wächst sein Selbstvertrauen, und die Abhängigkeit von den Eltern verringert sich Schritt für Schritt.

### Sauberkeit um jeden Preis?

In der Regel ist es sinnvoll, zwischen dem dritten und vierten Lebensjahr mit der Sauberkeitserziehung der Kleinen zu beginnen. Ein Kind sollte dafür folgende Voraussetzungen mitbringen:

- Es muß frei, also ohne fremde Hilfe, längere Zeit sitzen können.
- Von seinen geistigen und sprachlichen Fähigkeiten her sollte es in der Lage sein, zu verstehen, worum es geht und was von ihm verlangt wird.
- Wenn es aufs Töpfchen oder auf die Toilette möchte, sollte es das auch selbst äußern können.
- Zudem muß es die Schließmuskeln willentlich beherrschen können. Das ist in der Regel erst ab einem Alter von zwei Jahren der Fall.

Ehrgeizige Eltern, die durch verfrühte Sauberkeitserziehung Druck auf das Kind ausüben, vermitteln ihm das Gefühl, ihren Wünschen beim besten Willen nicht entsprechen zu können. Es kann mit Verweigerung oder völliger Entmutigung reagieren und dieses Verhalten unter Umständen auch auf spätere Lern- und Leistungssituationen übertragen. Erst wenn das Kind seine Schließmuskeln erfolgreich kontrollieren kann, kann es sich aus seiner frühkindlichen Abhängigkeit befreien. Es wird in seinem Bestreben nach Selbständigkeit bestätigt.

# Das Vorschulkind

## Die Bewegungen werden sicherer

Der Gang eines Dreijährigen hat im Vergleich zu dem eines zweijährigen Kindes deutlich an Sicherheit gewonnen. Dem Kind bereitet es nun zum Beispiel keine Schwierigkeiten mehr, eine Linie entlangzugehen. Es hüpft bereits geschickt mit beiden Beinen und kommt sicher auf dem Boden zu stehen. Mit Eifer versucht es sich zum Beispiel im Roller- oder Radfahren und klettert mit großer Geschicklichkeit.
In der körperlichen Entwicklung des Kindes vollzieht sich ein deutlich sichtbarer Wandel: Die noch stark rundlichen Formen verlieren sich zusehends, der »Babyspeck« verschwindet allmählich, der Körper streckt sich und wird muskulöser. Das Vorschulkind ist stolz darauf, was es schon alles »wie ein Großer« selbständig machen kann.
Nicht nur die Bewegungsabläufe der Grobmotorik sind gewandter geworden. Auch in seiner Feinmotorik hat das Kind deutliche Fortschritte gemacht: Während ein Dreijähriger sich in der Regel noch vergeblich mit den Knöpfen oder den komplizierten Verschlüssen seiner Kleidung abmüht, kann ein Dreieinhalbjähriger darin durchaus schon erfolgreich sein. Werkzeuge wie die Schere werden von einem Vorschulkind bereits recht geschickt gehandhabt: Ein fünfjähriges Kind schneidet zielgerichtet entlang einer bestimmten Linie oder Form.

## Sprachliche Fortschritte

Beeindruckend ist es für viele Eltern, wenn ihr Kind einige Zeit nach dem dritten Geburtstag schon richtige Sätze zu bilden vermag, auch wenn ihm hier und da noch Fehler unterlaufen: »Die Mama ist einkaufen gegeht!« Solche Äußerungen zeugen von einer Fähigkeit, die Erwachsene sich beim Erlernen einer Fremdsprache vergeblich wünschen: Aus den vielen angebotenen Sprachmustern filtert das Kind die grammatischen Regeln intuitiv heraus und wendet sie nun selbständig auch auf Äußerungen an, die es zuvor nie gehört hat. Daß es dabei nicht »gegeht« (wie etwa bei »getanzt«), sondern »gegangen« heißen muß, ist für das Kind bei einer zunächst noch starren Anwendung der Regeln begreiflicherweise nicht ersichtlich. So sind derartige Fehler eher als Fortschritte denn als Mängel in der kindlichen Sprachentwicklung zu deuten.

### Störungen in der Sprachentwicklung

Eine Störung der Sprachentwicklung kann vorliegen, wenn noch um den vierten Geburtstag

- sich grammatische Fehler wie etwa falsche Satzstellungen häufen
- die Aussprache schwer verständlich ist
- das Kind über einen sehr geringen Wortschatz verfügt und
- Aufforderungen nicht versteht.

Statt einen lebendigen Austausch mit ihren Kindern zu suchen, sich also mit ihnen zu unterhalten, ihnen vorzulesen oder mit ihnen zu spielen, ziehen viele Familien heute die stumme »Unterhaltung«, den Fernseher, vor. Kein Wunder also, daß etwa ein Viertel aller deutschen Kinder im Vorschulalter sprachauffällig ist. Es ist wichtig, eine solche Sprachstörung rechtzeitig zu erkennen, damit die Persönlichkeitsentwicklung des Kindes nicht beeinträchtigt wird.

## Wie denkt ein kleines Kind?

Wenn die Sonne abends untergeht, mag ein Zweieinhalbjähriger fest davon überzeugt sein, daß sie sich schlafen legt. Die Erfahrung, daß die Sonne tagsüber stets über ihm steht, auch wenn er sich weiterbewegt, verleitet ihn vielleicht zu der Annahme, daß sie ihm folge. Diese Art zu denken ist typisch für das Vorschulkind. Es ordnet seine Beobachtungen nach anderen Merkmalen ein als ein Erwachsener: Weil die Sonne sich bewegt, ist sie lebendig. Ein anderes Beispiel: Das zweijährige Kind zerschneidet das heißbegehrte Stück Schokolade, das es von der Oma bekommen hat, mit viel Mühe in viele winzige Teile. Es ist fest davon überzeugt, daß es dadurch die Menge der Schokolade erhöht.

## Miteinander spielen und lernen

Gegenüber dem zweijährigen (→ Seite 69) zeigt das dreijährige Kind beim Turmbau-Spiel häufig ein Verhalten, das man »ehrgeizig« nennen könnte. Es versucht, einen möglichst hohen Turm zu bauen. Stürzt dieser früher ein als geplant, ist das Kind traurig. Gelingt es ihm, einen höheren Turm zu bauen als sein Spielpartner, reagiert es mit Stolz. Es setzt seine eigene Leistung in Beziehung zu der Leistung seines

Spielpartners. Psychologen sprechen vom »Sozialen Vergleich«. Dieser Wettbewerb mit dem Spielpartner regt das Kind an, Leistung zu erbringen. Das Kind wird dabei vor allem von Aufgaben motiviert, die ihm weder zu schwierig noch zu leicht erscheinen. Sind sie zu schwierig, traut es sich nicht heran, sind sie zu leicht, könnte das Kind ihre Bewältigung nicht als Ergebnis eigener Tüchtigkeit verbuchen.

### Sinnvolle Anregungen

Wenn Sie als Eltern Ihr Kind dazu anregen wollen, Leistungen zu erbringen, auf die es stolz sein kann und die sein Selbstvertrauen stärken, dann ist es wichtig, daß Sie es weder über- noch unterfordern. Spiel und Spaß sollten immer noch im Vordergrund stehen. Ein Kind, das starke Ängste vor Mißerfolgen hat, können Sie jedoch dadurch motivieren, daß Sie zunächst leichtere Aufgaben stellen und erst allmählich schwierigere. Das Erfolgserlebnis für das Kind liegt dann darin, daß seine Eltern es loben, weil es besser geworden ist.
Entscheidend für die Motivation jedes Kindes, neue Aufgaben zu meistern, ist, wie die Eltern mit Lob und Tadel umgehen. Wird das Kind für jede, auch noch so einfache Aufgabe gelobt, verliert es den Anreiz, sich anzustrengen. Ebenso, wenn es zu wenig gelobt oder ausschließlich getadelt wird.

**Das Kind lernt im Spiel auch die Bedürfnisse der anderen kennen.**

### Eintritt in den Kindergarten

Im Alter von etwa drei Jahren beginnen Gleichaltrige für das Kind eine immer bedeutendere Rolle zu spielen. Man sagt, das Kind sei »kindergartenreif«. In Kindergarten oder Spielgruppe sucht es gezielt den Kontakt zu anderen, und aus dem anfänglichen Nebeneinander-Spielen wird zunehmend ein Miteinander-Spielen. Konzentrationsvermögen und Ausdauer haben sich nun so weit entwickelt, daß auch längere Beschäftigungen und Spielsequenzen von etwa 15 Minuten ohne Unterbrechung durchgehalten werden. In Rollenspielen erprobt sich das Kind in verschiedenen sozialen Zusammenhängen.
Der Eintritt in den Kindergarten oder eine Spielgruppe fordert vom Kind außerdem eine verstärkte Loslösung vom Elternhaus: Es lernt, auch ohne die nahen Bezugspersonen auszukommen und sich in einer anderen als der häuslichen Umgebung zurechtzufinden. Dies ist für die Entwicklung der Selbständigkeit von entscheidender Bedeutung.

### Konflikte lösen lernen

Dabei prallen innerhalb der Gruppe häufig die unterschiedlichen Bedürfnisse aufeinander: Das Kind entwickelt allmählich Verhaltensweisen, die ihm erlauben, mit Konflikten umzugehen. Um sie untereinander positiv zu lösen, müssen Kinder lernen, sich in die Gefühlswelt anderer hineinzuversetzen. Die noch starke Ichbezogenheit des zweijährigen Kindes weicht im Vorschulalter der zunehmenden Fähigkeit, sich einzufühlen. Das heißt, daß es sich mehr und mehr in andere hineindenken und auch deren Bedürfnisse berücksichtigen kann.
Wenn es seine Umwelt beurteilt, ist ein Kind vor dem siebten oder achten Lebensjahr jedoch nur eingeschränkt in der Lage, Aussagen und Gefühle anderer Menschen bewußt wahrzunehmen und entsprechend zu berücksichtigen. Es betrachtet die Welt viel mehr noch als das Schulkind aus dem eigenen Blickwinkel. Im Rahmen der Gruppe lernt das Kind auch, sich an dort geltende Regeln und Gebote zu gewöhnen – eine Voraussetzung, die auch für den späteren Schulbesuch wichtig ist (→ Seite 72).

# Schulalter und Pubertät

»Jetzt beginnt der Ernst des Lebens!« Mit dieser Bemerkung begleiten viele Eltern ihre Schützlinge am ersten Schultag – in einem Zwiespalt aus Stolz und der Befürchtung, das Kind könnte sich von nun an ihrer elterlichen Autorität entziehen. Mit dem Eintritt in die Schule beginnt nur eine weitere Etappe der notwendigen, schrittweisen Ablösung eines Kindes von den Eltern. In der Pubertät wird diese Ablösung fortgesetzt und schließlich vollendet.

## Das Schulkind

Der Schuleintritt stellt für Kinder wie Eltern das wohl einschneidendste Ereignis der späten Kindheit (fünftes bis zehntes Lebensjahr) dar. Den Kindern wird mit ihrer neuen Rolle nun erheblich mehr Verantwortung übertragen, aber auch die Erwartungen an das Kind werden höher. Viele Eltern stellen sich angesichts der körperlichen und seelisch-geistigen Entwicklung ihres Kindes die Frage, ob es denn überhaupt schon schulreif sei oder ob man es nicht besser noch ein Jahr vom Schulbesuch zurückstellen sollte.

### Wann ist ein Kind schulreif?

Früher orientierte man sich stärker als heute an der körperlichen Entwicklung eines Kindes. Diese gilt heute nur als eines unter weiteren Kriterien für die Schulreife. Bei der Entscheidung, ob ein Kind letztendlich noch vom Schulbesuch zurückgestellt wird oder nicht, stehen jedoch geistig-soziale Fähigkeiten im Vordergrund.

**Zeichen für sozial reifes Verhalten**

- Das Kind ist fähig, Konflikte innerhalb einer Gruppe nicht nur durch Körperkraft, sondern auch durch Worte zu meistern.
- Es ist in der Lage, Kompromisse auszuhandeln und sich unter Umständen auch für die Bedürfnisse jüngerer oder schwächerer Kinder einzusetzen.
- Eigene Bedürfnisse kann es aufschieben (Frustrationstoleranz), und es kann damit leben, nicht immer im Mittelpunkt zu stehen.
- Wichtig für den Schulalltag ist auch, daß das Kind sich an Regeln zu halten vermag und bereit ist, ihm gestellte Aufgaben auszuführen.

Ob ein Kind vom Intellekt her den Anforderungen der Schule gewachsen ist, wird in strittigen Fällen durch Schulreifetests geprüft. Dabei kommt es auf sprachliche Fähigkeiten, logisch-abstraktes Denken und Kreativität an.

**Neue Freunde und Spaß in der Gruppe finden – auch das kann Schule sein.**

### Leistung und Ehrgeiz

Im ersten Schuljahr ist es wichtig, daß ein Kind Lernen als eine Mischung aus Spiel und Anforderung begreift. Wird es zu früh einem starren Leistungsdruck ausgesetzt, kann es schnell die Lust daran verlieren, Neues aufzunehmen und gestellte Aufgaben zu bewältigen.

- Lob und Ermutigung helfen dem Schulanfänger, aber auch das ehrliche Interesse der Eltern. Lassen Sie sich von Ihrem Kind erzählen, was es in der Schule durchgenommen hat, was ihm gefallen hat und was weniger.
- Interessieren Sie sich auch für das Umfeld, die Freunde, möglichen Kummer mit dem Lehrer oder der Lehrerin. Für das Kind ist es wichtig, daß Sie verständnisvoll zuhören und es unterstützen, wenn es Fragen hat. Überlegen Sie dann mit ihm gemeinsam, was bei Schwierigkeiten zu tun ist.
- Drängen Sie jedoch Ihr Kind nicht, wenn es gerade nichts erzählen will. Manche Kinder wollen ihre Erlebnisse erst für sich allein verarbeiten und erzählen

dann beim gemeinsamen Spaziergang oder vor dem Einschlafen. Zeigen Sie, daß Sie bereit sind, zuzuhören, und daß Sie Ihr Kind ernst nehmen.

**Den eigenen Rhythmus finden**

- Ein geregelter Tagesrhythmus erleichtert es dem Schulkind, sich an die neue Lebensphase zu gewöhnen und konzentriert zu arbeiten. Überfordern oder unterfordern Sie Ihr Kind jedoch auch in dieser Beziehung nicht. Am besten, Sie finden gemeinsam mit ihm heraus, wann und in welcher Umgebung es gut arbeiten kann.
- Versuchen Sie auch, Ihr Schulkind nicht durch Ihren persönlichen Ehrgeiz zusätzlich unter Druck zu setzen. Schulische Mißerfolge greifen das Selbstbewußtsein eines Kindes oft erheblich an – auch wenn viele Kinder das nicht offen zeigen. Sie brauchen in jedem Fall Trost, Verständnis und Ermunterung.
- Viele Eltern möchten ihren Kindern neben der Schule möglichst viele Anregungen bieten: vom Sportunterricht über die Musikstunde bis zum Bastel- oder Malkurs. Oft sind die Tage der Schulkinder so verplant, daß ihnen keine Zeit mehr bleibt, einfach nur für sich zu sein und ihre eigene Phantasie zu entwickeln. Zeit für das eigene Spiel zu haben, das bleibt gerade auch während der Schulzeit sehr wichtig.
- Daneben gewinnen Freunde zunehmend an Bedeutung. Ein stabiler Freundeskreis gibt Ihrem Kind Rückhalt auf dem Weg in die Selbständigkeit und fördert seine sozialen Fähigkeiten.

## Die Vorpubertät

Im Alter von neun oder zehn Jahren macht sich der Drang nach mehr Unabhängigkeit bei vielen Kindern oft recht vehement bemerkbar. Sie rebellieren gegen die Erwachsenen oder versuchen, sich öfter zurückzuziehen. Auch körperlich verändern sie sich. So klagen zum Beispiel manche Mädchen über Schmerzen in den Brüsten. Meist sind solche Symptome nur das Ergebnis einer vorverlagerten Pubertät. Die Pubertät bezeichnet den Zeitraum, in dem die geschlechtliche Reifung einsetzt und der Mensch seine Fähigkeit zur Fortpflanzung entwickelt (→ Seite 401). Seit Beginn dieses Jahrhunderts hat sich gegenüber früher die Entwicklung sowohl des Größenwachstums als auch der Geschlechtsreife deutlich beschleunigt.
Nicht erst wenn die körperlichen und seelischen Veränderungen der Pubertät eintreten, sollte man mit seinen Kindern darüber sprechen. Gelegenheiten, die Kinder darauf vorzubereiten, gibt es viele. Kinder fragen von selbst, es sei denn, sie spüren, daß ihre Neugier den Eltern unangenehm ist.

## Aufklärung – aber wie?

Schon Dreijährige fragen neugierig, woher die kleinen Babys kommen oder warum Mädchen im Sitzen und Jungs im Stehen »Pipi machen«. Aufmerksam betrachten sie Vater und Mutter beim gemeinsamen Bad oder unter der Dusche und wollen wissen, weshalb Mama und Papa verschieden sind. Gehen Eltern mit solchen Fragen unverkrampft um und zeigen sich offen, wird das Thema »Sexualität« später nicht peinlich besetzt sein.
Aufklärung ist keine einmalige »Lektion«, die Eltern wohl oder übel hinter sich bringen müssen, sondern ein kontinuierlicher Prozeß, den sowohl Eltern als auch Kinder steuern: Kinder, weil sie zu bestimmten Zeitpunkten ihrer Entwicklung angemessene Fragen stellen, Eltern, weil sie die Kinder schrittweise auf den Umgang mit Sexualität vorbereiten möchten. Es gibt Zeiträume, in welchen das Thema »Sexualität« besondere Brisanz für das Kind oder den Jugendlichen erlangt und in denen Eltern als kompetente Ansprechpartner zur Verfügung stehen, sich dem Kind aber nicht aufdrängen sollten. Es ist wichtig, daß sie auch die Abwehr eines Kindes gegenüber Fragen der Aufklärung akzeptieren und es nicht mit Details »bombardieren«, wenn es dies nicht wünscht.
Häufig übernehmen Jugendzeitschriften die Rolle der Aufklärer. Viele Eltern reagieren verunsichert auf die intimen und sehr detaillierten Ratschläge, die dort erteilt werden. Die Lektüre dieser Blätter zu verbieten, vergrößert nur ihren Reiz. Ein Tip: Lesen Sie selbst einmal in diesen Zeitschriften, sagen Sie sachlich, wie Sie darüber denken, und versuchen Sie unvoreingenommen, die Meinung Ihrer Kinder dazu kennenzulernen.

# Die Pubertät

Der Wachstumsschub, der die Pubertät kennzeichnet, beginnt bei den meisten Mädchen im Alter zwischen 9 und 14 Jahren, bei den Jungen in der Regel erst zwischen 10 und 16 Jahren. Nervenimpulse aus dem Zwischenhirn veranlassen die Hirnanhangdrüse, Signale an die Geschlechtsdrüsen zu leiten. Die Eierstöcke des Mädchens produzieren daraufhin vermehrt das weibliche Hormon Östrogen, die Hoden des Jungen vermehrt die männlichen Hormone Androgen und Testosteron. Danach können noch ein bis zwei Jahre vergehen, bis bei Mädchen die erste Regelblutung (Menarche) und bei Jungen die Produktion erster Samenzellen einsetzt (→ Seite 401).

## Die Veränderungen akzeptieren

Eltern wie Kinder sind durch die körperlichen Veränderungen – zum Beispiel Entwicklung der Brust und der Schambehaarung beim Mädchen, Stimmbruch, Vergrößerung von Penis und Hoden, Einsetzen der Bart- und Schambehaarung beim Jungen – oft gleichermaßen beunruhigt, wenn auch aus unterschiedlichen Motiven: Eltern befürchten oft zu Recht, daß die geistig-seelische Reife hinter den körperlichen Merkmalen hinterherhinkt und daß die Pubertierenden in Konflikte mit ihrer Rolle kommen. Kinder an der Schwelle zur Jugend erleben den Zwiespalt, nicht mehr »richtig Kind«, aber eben auch noch nicht erwachsen zu sein, meist als quälende Verunsicherung. Sie reagieren mit verstärkter Reizbarkeit und bedürfen der Geduld und des Vertrauens eines einfühlsamen Erwachsenen. Wurden sie nicht entsprechend aufgeklärt (→ Seite 35, 73), lösen die Veränderungen ihres Körpers – die erste Regelblutung, die erste Erektion oder der erste Samenerguß – unter Umständen Angst und Besorgnis aus. Die körperlichen Entwicklungen drängen dem Teenager besonders viele Fragen auf. Diese haben meist noch wenig mit Liebe oder Sex zu tun, sondern beziehen sich vor allem auf biologische Vorgänge. Wenn Eltern versuchen, zu jeder Zeit unverkrampft mit dem Thema Sexualität umzugehen, wird es ihnen leichter fallen, die Fragen ihrer Kinder offen zu beantworten. Dann können sie ihnen auch vermitteln, daß erotisches Begehren, Lust und Leidenschaft ebenso zu einer Partnerschaft gehören wie die Fähigkeit zum gegenseitigen Austausch im Gespräch.

## Sich lösen und sich selbst finden

Zum Bedauern vieler Eltern beginnen pubertierende Kinder sich von den Eltern zurückzuziehen, sie lehnen Körperkontakt ab und reagieren oft bereits auf den üblichen Gutenachtkuß oder die liebevoll gemeinte Umarmung empfindlich und ablehnend. Eltern sollten dies als Abgrenzungsversuch respektieren, der für die Entwicklung des Kindes wichtig ist. Gefragt sind jetzt nicht mehr die gemeinsamen Unternehmungen mit der Familie, sondern Vorrang haben die gleichgeschlechtliche »beste Freundin« oder bei den Jungen der Schulkamerad. Es wird »getuschelt«, und Vertraulichkeiten werden ausgetauscht. Eltern haben in dieser Phase manchmal die Befürchtung, das Kind könne ihrer Aufsicht entgleiten, und versuchen, mit verstärktem Druck das familiäre Miteinander aufrechtzuerhalten. Dabei ist es für das Kind an der Schwelle zur Pubertät ein wichtiger Schritt, sich verstärkt von den Eltern loszulösen und eigene Verantwortung zu übernehmen. Die Eltern sollten auch nicht ständig versuchen, sein Verhalten zu kontrollieren und nach eigenen Vorstellungen zu lenken. Auch wenn das Kind jetzt weniger Wert auf das gemeinsame Familienleben zu legen scheint, liebt es seine Eltern noch genauso wie vorher. Und wenn Eltern ihm vermittelt haben, daß es sich mit seinen Problemen jederzeit an sie wenden kann, wird es dies bei Bedarf auch tun.

## Erste Erfahrungen mit dem anderen Geschlecht

Wer geht mit wem? Wann steigt welche Party? Wer hat schon einmal ein Mädchen oder einen Jungen geküßt? Solche Themen können bereits bei 12- bis 13jährigen Teenagern zum Dauerbrenner werden. Dabei geht die erotische Anziehung des anderen Geschlechts für die meisten Jugendlichen selten über vorsichtige Annäherungsversuche hinaus. Nicht selten ist es eher eine Prestigefrage, wer wen zur Freundin oder zum Freund gewinnt.
Fragen rund um das Thema »Sexualität« werden jetzt seltener mit den Eltern besprochen, sondern viel eher mit Gleichaltrigen. Eltern sollten diese Grenzen respektieren und sich nicht gewaltsam zum Vertrauten ihrer Kinder machen wollen. Wichtiger ist es, den Kindern das Gefühl zu vermitteln: »Wir sind da, wenn du Fragen hast!«

### Das erste Mal

Irgendwann ist es soweit: Zwei Teenager haben sich heftig ineinander verliebt und wollen miteinander schlafen. Bei den meisten Jugendlichen ist dies im Alter zwischen 16 und 17 der Fall.
Häufig ahnen die Eltern, wann es soweit ist. Doch die Jugendlichen kapseln sich oft ab und sind schwer zugänglich – das macht vielen Eltern Sorgen. Wie weit sollen sie sich in das Intimleben ihrer nun fast erwachsenen Kinder einmischen? Sind Tochter oder Sohn zum Beispiel ausreichend über sichere Verhütungstechniken (→ Seite 42) oder AIDS-Risiken aufgeklärt? Zwar ist es wichtig, den Kindern einen eigenen Verantwortungsspielraum zu lassen, aber auch mit ihnen offen über den verantwortlichen Umgang mit Sexualität zu reden.

**Tiefe Gefühle, aber auch Unsicherheit und Selbstzweifel begleiten die erste Liebe.**

### Jugendliche und sexueller Leistungsdruck

Für manche Jugendliche wird es zur Prestigefrage, mit dem Partner zu schlafen. Dem Drängen des Freundes nachgeben, nur um Anerkennung von den anderen zu ernten oder ja nicht als »Mauerblümchen« dazustehen – Motive, vor denen Eltern ihre Kinder bewahren möchten. Besonders gefährdet, eigene Gefühle und Bedürfnisse zu verleugnen, sind Jugendliche, die von ihren Eltern wenig Bestätigung und Anerkennung erfahren. Sie sind vermehrt auf die Anerkennung und Achtung der Gleichaltrigen angewiesen. Wichtig ist gerade jetzt, daß die Eltern sich bemühen, das Selbstvertrauen ihres Kindes zu stärken und ihm das Gefühl zu vermitteln: »Wir stehen hinter dir.« Dann wird es stark genug sein, eine eigene Position zu beziehen und dem Druck der Gruppe nötigenfalls standzuhalten. Eine Rolle spielt hier auch das Vorbild der Eltern. Wenn Eltern mit der eigenen Sexualität natürlich umgehen und ihren Kindern vermitteln, daß auch Sexualität etwas Wertvolles, Wichtiges und nichts Schmutziges ist, können Kinder meist positiv und selbstbewußt ihre eigenen Wünsche, Bedürfnisse und Grenzen wahrnehmen.

## Selbstzweifel und Konkurrenz

Oft quälen Selbstzweifel den Jugendlichen, der sich in der typischen Pubertätskrise befindet. Die eigene Selbsteinschätzung ist dabei in besonderem Maße abhängig von den Erwartungen und Gepflogenheiten der »anderen«. Die »anderen«, das sind die Gleichaltrigen, die Peer-group, wie Sozialwissenschaftler sie nennen. In Gangs oder Cliquen erprobt der Jugendliche seine Wirkung und versucht, die Bestätigung Gleichgesinnter zu finden.
Diese Art von Ich-Bezogenheit führt oft zu Konflikten mit den Erwachsenen. Für Jugendliche ist es auf der Suche nach der eigenen Identität wichtig, Rollen auszuprobieren. Dennoch sollten sie wissen, wie weit sie gehen können, ohne andere durch ihr Verhalten zu sehr einzuschränken, zu verletzen oder sich selbst zu gefährden. Wenn sie zum Beispiel mit Drogen, Jugendbanden oder Sekten in Berührung kommen, müssen die Eltern reagieren und sich gegebenenfalls Hilfe von außen holen (→ Adressen, Seite 798).
Der Schritt ins Erwachsenendasein kann nur gelingen, wenn ein Jugendlicher die Möglichkeit erhält, eine eigene Haltung und Einstellung zu finden. Dazu gehört auch die oft recht heftig geführte Auseinandersetzung mit den Wertvorstellungen der Eltern. Für Eltern oder Erzieher ist es nicht immer einfach, zwar den eigenen Standpunkt nicht zu verleugnen, aber dennoch Verständnis für die Sicht der Jugendlichen aufzubringen. Auch erfordert es ein hohes Maß an Sensibilität, die richtige Mischung aus zunehmender Freiheit und dem immer noch notwendigen Halt zu finden, die die Heranwachsenden in dieser kritischen Phase brauchen.

# Das Erwachsenenalter

Die Entwicklung der Persönlichkeit ist besonders im Kindes- und Jugendalter stark von erblich festgelegten Reifungsprozessen geprägt. Im Gegensatz dazu spielen solche Reifungsvorgänge während des Erwachsenenalters nur noch eine untergeordnete Rolle. Hier sind es vor allem die sogenannten »Kritischen Lebensereignisse«, die die Entwicklung einer Person nachhaltig beeinflussen. Psychologen verstehen darunter einschneidende Ereignisse, die einem Menschen die Fähigkeit abverlangen, sich erfolgreich an veränderte Situationen oder neue Lebensbedingungen anzupassen. Dazu gehören zum Beispiel der Eintritt ins Berufsleben, das Leben mit einem festen Partner, die Elternschaft, der Verlust eines Partners durch Scheidung oder Tod sowie der Ruhestand.

## Lebensziele finden

### Krisen als Herausforderung

Kritische Lebensereignisse verunsichern den einzelnen meist seelisch und gefühlsmäßig. Sie verlangen ihm ab, sich jetzt besonders eingehend mit den eigenen Lebenszielen auseinanderzusetzen und mit dem, was er bisher erreicht hat. Seelische Erschütterungen geben nicht selten den entscheidenden Anstoß zu überfälligen Veränderungen, die in der Routine des Alltags untergegangen waren. Psychologen bezeichnen sie daher auch als »Entwicklungsaufgaben«. Lebensereignisse, die für ein bestimmes Lebensalter typisch sind – zum Beispiel die Gründung einer Familie im mittleren Erwachsenenalter – sind leichter zu verarbeiten als solche, die unerwartet und plötzlich eintreten, wie zum Beispiel der Tod eines Partners im frühen Erwachsenenalter. Dies rührt daher, daß man sich auf Ereignisse, die im Lebenslauf vorhersagbar sind, wenigstens bis zu einem gewissen Grade seelisch vorbereiten kann.
Ernste Krisen, wie zum Beispiel der Verlust des Arbeitsplatzes oder schwere Krankheiten, stellen den Betroffenen vor besondere Herausforderungen. Er kann sie am erfolgreichsten meistern, wenn er nicht an starren Verhaltensmustern festhält. Erwachsen werden und sein, heißt auch, bereit und in der Lage zu sein, aus Krisen zu lernen.

### Individuelle Lebensgestaltung

Noch vor wenigen Jahrzehnten wurde der individuelle Lebenslauf stärker als heute von gesellschaftlichen Erwartungen und biologischen Gegebenheiten geprägt. Man heiratete beziehungsweise wurde verheiratet, sobald man zeugungsfähig war. Voraussetzung dafür bildete, zumindest für den Mann, ein gesichertes Einkommen durch einen festen Arbeitsplatz. Nach der Heirat folgte meist der erste Kindersegen. Die stärkere soziale Kontrolle bedeutete einerseits eine Einengung der persönlichen Entscheidungsfreiheit, andererseits war der einzelne in einen festen Rahmen eingebunden, der ihm Sicherheit und Orientierung bot.
Eine solch festgelegte Reihenfolge ist inzwischen eher die Ausnahme als die Regel. Die Möglichkeit, sein Leben individuell zu gestalten, stellt einen Menschen heute in stärkerem Maße als früher vor die Frage, wann er sich im Leben für welchen Schritt entscheidet. Dies ist häufig mit inneren Konflikten verbunden, die gemeistert werden müssen.

### Eigene Entscheidungen treffen

Junge Leute leben heute länger als früher im elterlichen Haus und genießen dort die Vorteile von »Vollpension« und »Nestwärme«. Die Ausbildungszeiten haben sich verlängert, der Eintritt in das Berufsleben erfolgt dementsprechend spät. Auch die Heirat ist nicht mehr an ein bestimmtes Lebensalter gebunden. Viele junge Paare leben bereits mehrere Jahre zusammen, bevor sie sich zu dem wichtigen Schritt der Eheschließung entscheiden. Die Zahl der Kinder, die in sogenannten »eheähnlichen Gemeinschaften« aufwachsen, steigt stetig an. Frauen stehen heute vor der Schwierigkeit, ihre berufliche Karriere mit ihrem Kinderwunsch zu vereinen. Immer mehr Menschen möchten das eigene Leben möglichst frei und unabhängig gestalten und sich selbst verwirklichen. Wichtig ist ihnen auch, daß sie eigene Entscheidungen treffen können und daß ihr Lebensplan nicht von anderen bestimmt wird. Die Statistik zeigt, daß mit dem Wohlstand einer Gesellschaft auch die Tendenz wächst, weniger oder keine Kinder zu bekommen.

# Erfülltes Berufsleben

11 322 Tage ihres Lebens verbringt eine Frau mit der Ausübung ihres Berufs, wenn sie im Alter von 19 Jahren erwerbstätig wird, eine zehnjährige Kinderpause einlegt und schließlich mit 60 aus dem Beruf ausscheidet. 14 610 Tage sind es bei einem Akademiker, der im Alter von 25 Jahren in den Beruf eintritt und mit 65 pensioniert wird. Da ist es nicht unwesentlich, ob ein Mensch mit seiner beruflichen Tätigkeit zufrieden ist. Denn mehr denn je suchen die Menschen in ihrem Beruf nicht nur existentielle Sicherheit, sondern darüber hinaus auch die Möglichkeit, sich selbst zu verwirklichen und Erfüllung zu finden.

## Die richtige Berufswahl

Der Eintritt eines jungen Erwachsenen in das Berufsleben ist immer ein entscheidender Schritt. Während der Gedanke an das erste »eigene Geld« manchem jungen Menschen verlockend erscheinen mag, wirkt die Vorstellung, von nun an in einen festen zeitlichen Rahmen eingebunden zu sein und die bisherigen Freiheiten einschränken zu müssen, für manche ebenso abschreckend. Berufsanfänger erleben ihren Berufsalltag häufig erst einmal als Ernüchterung, weil sie sich Erfahrung und Routine erst aneignen müssen.
Um späteren Enttäuschungen vorzubeugen, sollte ein Jugendlicher sich möglichst genau über die Anforderungen eines Berufes informieren. Durch »Schnupperpraktika« in Betrieben, Ferienjobs, Orientierungsphasen wie zum Beispiel das »Freiwillige Soziale« oder »Ökologische Jahr« können sich Jugendliche ein genaues Bild von ihrem »Traumberuf« machen. Für zukünftige Studenten besteht die Möglichkeit, an Vorlesungen oder Seminaren teilzunehmen, noch bevor sie sich in einen Studiengang einschreiben. So können sie sich einen Eindruck vom gewählten Fach verschaffen. Denn die Übernahme einer späteren Rolle gelingt um so eher, je intensiver man sich darauf vorbereiten konnte.

## Zufriedenheit im Beruf

Wie zufrieden jemand mit seiner Arbeit ist, hängt neben den objektiven Merkmalen des Arbeitsplatzes ganz entscheidend auch davon ab, wie er seiner Tätigkeit gegenüber eingestellt ist. Bietet der Beruf die Möglichkeit, abwechslungsreich und eigenverantwortlich zu arbeiten, sich beruflich weiterzuentwickeln, ist er finanziell attraktiv? Das sind Aspekte, die verschiedene Menschen unterschiedlich gewichten. Für manchen mag die Entlohnung im Vordergrund stehen, andere halten es für besonders wichtig, daß die Arbeit Spaß macht und Möglichkeiten bietet, eigene Ideen zu verwirklichen.

# Frauen und Beruf

Nach wie vor werden Frauen im Vergleich zu Männern oft niedriger bezahlt und sind deutlich seltener in führenden Positionen vertreten. Trotzdem entscheidet sich die Mehrzahl der Frauen heute für eine Berufstätigkeit nicht nur aus finanziellen, sondern auch aus Gründen der Selbstverwirklichung. Für viele berufstätige Frauen stellt sich dabei das Problem, Mutterschaft und Beruf zu vereinbaren. Zu der Doppelbelastung von häuslichen und beruflichen Pflichten kommen die Erziehungsaufgaben hinzu. Wenn eine berufstätige Mutter nicht entsprechend durch den Partner unterstützt wird, kann diese Mehrfachanforderung sie gesundheitlich sehr belasten. Dennoch scheint sich – insgesamt gesehen – die Berufstätigkeit positiv auf das gesundheitliche Wohlbefinden

**Immer mehr Frauen verbinden Beruf und Familie.**

auszuwirken: Das Herzinfarktrisiko erwerbstätiger Frauen – so eine Untersuchung – ist deutlich niedriger als das der nicht berufstätigen, gleichaltrigen Hausfrauen zwischen 45 und 74 Jahren.

## Liebe und Partnerschaft

Heiraten und eine Familie gründen gehört immer noch zu den zentralen Lebenszielen, obwohl es heute nicht mehr die Bedeutung hat wie früher und mit anderen Zielen konkurriert. Die hohen Erwartungen, die viele Menschen an sich und ihre persönliche Zufriedenheit stellen, werden auch auf das partnerschaftliche Zusammenleben übertragen. Viele Ehen scheitern unter diesem Erwartungsdruck, und immer mehr Menschen ziehen es – mehr oder minder freiwillig – vor, alleine zu leben, ohne deshalb auf Liebe und Partnerschaft verzichten zu wollen.

### Single – mit und ohne Partner

Steht das Zusammenleben mit einem festen Partner der Selbstverwirklichung im Weg? Auf der Suche nach dem »idealen Partner«, der alles geben kann, ohne daß man selbst ihm entgegenkommen müßte, erweisen sich viele Alleinlebende als zunehmend bindungsunfähig. Sie gehen eher kurzfristige Beziehungen ein, bekennen sich zum Single-Dasein und scheinen doch ständig auf der Suche. Werbung und Vergnügungsindustrie haben in der wachsenden Zahl der Alleinlebenden eine neue Zielgruppe gefunden. In der Lebensmitte leiden viele Singles jedoch unter zunehmender Einsamkeit und haben dann Schwierigkeiten, einen geeigneten Partner zu finden.

Manche Paare ziehen es heute vor, in getrennten Wohnungen zu leben, obwohl sie ihre Beziehung als »fest« bezeichnen. Sie wollen sich den ungestörten Rhythmus der Einsamkeit erhalten und nicht gegen das oft schwierige Zusammenspiel der Zweisamkeit eintauschen. Das tägliche Zurechtkommenmüssen mit den Unzulänglichkeiten des Partners kann natürlich dem Zusammenleben manchen Reiz rauben. Oft bedeutet es einen Widerspruch in sich, »fest« zum Partner stehen, aber trotzdem das Single-Dasein nicht aufgeben zu wollen.

### Partnerschaft – mit und ohne Trauschein

Von den Paaren, die fest zusammenleben, verzichtet eine wachsende Zahl auf die Institution der Ehe. Dahinter steht nicht selten die Angst, der offizielle Ehevertrag könnte die gegenseitige Achtung und Anziehung zunichte machen durch einen »Besitzanspruch« auf den Partner. Andere Paare wollen erst eine »Ehe auf Probe«.

Ob mit Trauschein oder ohne, es sind immer wieder ähnliche Probleme, an denen Partnerschaften zerbrechen. Eine Beziehung kann nur Bestand haben, wenn beide Partner sich gegenseitig als Personen mit Eigenleben akzeptieren, wenn eine offene und ehrliche Kommunikation zwischen ihnen besteht, Aufgaben und Pflichten gleichberechtigt verteilt sind und beide Vertrauen ineinander haben. Einige Voraussetzungen, die viele glückliche Paare als wesentlich für ihre Partnerschaft erkannt haben, sind im nebenstehenden Kasten aufgeführt.

### Kinderwunsch und Elternschaft

Die Ankunft des ersten Kindes bringt tiefgreifende Veränderungen für das Leben der Eltern – und auch für die Partnerschaft (→ Seite 39). Die Gefühle höchsten Glücks über den Nachwuchs sind oft begleitet von der Befürchtung, den neuen Aufgaben der Elternschaft nicht gewachsen zu sein, und der Notwendigkeit, den Alltag und das Zusammenleben neu zu organisieren.

#### Eltern sein und Partner bleiben

In den ersten Monaten nach seiner Geburt verlangt das Neugeborene besonders intensive Zuwendung: Es braucht viel Körperkontakt und Zärtlichkeit, es muß täglich mehrmals gefüttert, gewickelt und gebadet werden. Ganz nebenbei sind die alltäglichen Routineaufgaben zu erledigen. Manche Babys haben ihren eigenen Schlaf-Wach-Rhythmus, der nicht unbedingt dem der Eltern entspricht. Das Leben zu dritt ist spannend und bereichernd, doch zwischen den Eltern kann es in dieser Phase auch zu Krisen kommen. Sie können sich nicht wie bisher ungeteilt einander zuwenden, gemeinsam neue Anregungen sammeln oder sich entspannen. Wenn die Eltern die Pflichten partnerschaftlich aufteilen und beide an der Entwicklung des Kindes teilhaben können, wirkt das Beziehungskonflikten entgegen.

In dieser nicht immer einfachen Zeit droht die Kommunikation zwischen den Partnern oft im Alltagstrubel unterzugehen. Es ist daher besonders wichtig, sich immer wieder Zeit ausschließlich füreinander zu nehmen. Scheuen Sie sich als Paar nicht davor, Hilfe von außen, etwa von Großeltern, anderen Verwandten oder Babysittern, zu holen, um Freiräume zu schaffen, in denen Sie sich ganz dem Partner widmen können.

# Die Partnerschaft lebendig erhalten

Aus zahlreichen Studien über glückliche Ehen beziehungsweise langjährige feste Partnerschaften ergab sich, daß allen ein Reihe von bestimmten Voraussetzungen gemeinsam war:

**Mit der eigenen Vergangenheit im reinen sein**

Es ist wichtig, daß jeder der beiden Partner die Probleme aus der eigenen Familiengeschichte oder aus früheren Beziehungen befriedigend gelöst hat. Dies schützt beide davor, immer wieder auf ungelöste Konflikte aus der Vergangenheit zu stoßen und an den anderen unrealistische Erwartungen zu stellen.

**Durch Krisen zusammenwachsen**

Wenn Partner es schaffen, offen über ihre Sorgen und Nöte zu sprechen, aber auch ihre unterschiedlichen Bedürfnisse gemeinsam zu erörtern und zu einer Lösung zu gelangen, die für beide Seiten befriedigend ist, können Krisen überwunden werden. Erfolgreich gemeisterte Krisen hinterlassen das Gefühl: »Gemeinsam schaffen wir es!«

**Eltern und Partner zugleich sein**

Wichtig ist, daß es den Partnern gelingt, sich neben den Pflichten der Elternschaft noch einen Freiraum für ihre Rolle als Liebende zu erhalten.

**Ein Wir-Gefühl aufbauen**

Beide Partner sollten sich als eine Einheit fühlen können, ohne daß einer seine eigene Identität zugunsten des Partners aufgeben müßte. Wichtig ist dabei, daß jeder sich für die eigene Selbstverwirklichung und die eigenen Wünsche, aber auch für die Bedürfnisse und Interessen des anderen verantwortlich fühlt.

**Eine glückliche Partnerschaft führen, heißt immer gemeinsam wachsen.**

**Routine vermeiden und Humor zeigen**

Auf humorvolle Art miteinander umgehen, ist das beste Rezept gegen Routine. Humor hilft, die nötige Distanz zu eigenen oder Schwierigkeiten mit dem Partner zu schaffen.

**Sich gegenseitig Unterstützung und Geborgenheit geben**

Partner sollten einander in der ganzen Bandbreite ihrer Persönlichkeit – in der Rolle des Starken, aber auch in den schwachen und verletzlichen Seiten – annehmen und unterstützen können.

**Erfüllte Sexualität leben**

Gelingt es dem Paar, den erotischen Reiz immer wieder von neuem zu entfachen und eine liebevolle sexuelle Beziehung aufzubauen, festigt es damit die Bindung dauerhaft (→ Seite 38 bis 41).

**Konstruktiv streiten**

Konflikte gibt es in jeder Beziehung, sei sie auch noch so gut. Wichtig ist, sie auszutragen und so zu bewältigen, daß daraus neue Möglichkeiten der Begegnung entstehen. Körperliche Gewalt muß dabei tabu bleiben.

**Ideal und Realität in Einklang bringen**

Für eine lebendige Beziehung ist es wichtig, nicht einem alten, idealisierenden Bild des Partners nachzuhängen, sondern die Erinnerungen an den Partner von einst, in den man verliebt war, liebevoll im Herzen zu tragen und gleichzeitig seine weitere Entwicklung und sein realistisches Bild akzeptieren zu können.

# Trennung und Neuanfang

Wenn in einer Partnerschaft die Bereitschaft abnimmt, sich gegenseitig zu unterstützen, oder wenn zwischen den Partnern nur noch selten ein freundliches Wort fällt; wenn Gefühle und Vertraulichkeiten nicht mehr ausgetauscht werden und eine zunehmende »Blindheit« gegenüber Wünschen und Bedürfnissen des anderen sich breitmacht – dann kann das Zusammenleben eines Paares auf dem Spiel stehen. Immer mehr Lebensgemeinschaften trennen sich, bevor der »Tod sie scheidet«. Besonders zwischen dem vierten und sechsten Jahr geraten Beziehungen oft in eine folgenschwere Krise. Doch immer häufiger lassen sich auch langjährige Ehepartner noch nach 20 oder mehr Jahren scheiden.

## Die Trennung als Ausweg

Wenn es zu einer Trennung kommt, leiden meist beide Partner stark unter dem schmerzlichen Erlebnis des Verlustes. Besonders hart trifft es jedoch in der Regel denjenigen, der verlassen wurde und die Gründe für die Trennung nicht nachvollziehen oder akzeptieren kann. So sind die »Verlassenen« noch bis zu einem halben Jahr nach der Trennung in einer schlechteren seelischen und körperlichen Verfassung als diejenigen, die eine Trennung oder Scheidung aktiv vorangetrieben haben. Hinzu kommt, daß nur die wenigsten Paare es schaffen, einvernehmlich und ohne gegenseitige Vorwürfe auseinanderzugehen. Häufig stehen sie in einem schweren seelischen Konflikt: Einerseits sind sie ihrem Partner durch die gemeinsame Geschichte gefühlsmäßig noch immer stark verbunden, andererseits scheint eine Trennung zur Lösung ihrer Konflikte unvermeidbar.

### Chance für einen Neubeginn

Eine Trennung ist stets ein schmerzhaftes Erlebnis, das bewältigt werden muß – es kostet Zeit, sie zu verarbeiten. Sie stellt beide Partner vor die schwierige Aufgabe, ihr Leben neu zu ordnen. Doch die meisten schaffen es nach ungefähr zwei Jahren, ihr Leben wieder befriedigend zu gestalten und ihm eine neue Richtung zu geben. Die Mehrzahl aller Geschiedenen versucht etwa drei Jahre nach der Trennung ihr Glück in einer neuen Ehe.

# Wenn Eltern auseinandergehen

Kinder leiden nach der Trennung ihrer Eltern oft sehr unter den spannungsgeladenen, häufig feindseligen Begegnungen zwischen beiden. Wie ein Kind die elterliche Trennung verkraftet, hängt stark von seiner körperlichen und intellektuellen Reife ab. Für ein Kleinkind hat eine Trennung andere Folgen als für einen Jugendlichen. Besonders bei Säuglingen oder Kleinkindern kann die Angst vor dem Verlassenwerden schwere psychische Folgen haben. Eltern sollten daher versuchen, ihren Kindern den Umgang mit der neuen Situation so weit wie möglich zu erleichtern.

### Offen mit den Kindern sprechen

Manche Partner sind bemüht, ihre Konflikte innerhalb der Beziehung vor ihren Kindern zu verbergen und nach außen ein heile Scheinwelt aufrechtzuerhalten. Sie glauben, ihren Kindern auf diese Weise schmerzliche Erfahrungen ersparen zu können. Kinder haben jedoch ein untrügliches Gespür für verdeckte Spannungen. Angst und Ungewißheit in bezug auf die Zukunft sind für sie meist schwerer auszuhalten als die Wahrheit, auch wenn sie unangenehm und schmerzlich sein mag.

- Reden Sie rechtzeitig mit Ihren Kindern, damit sie von einer Trennung nicht völlig überrascht werden. Selbst einem kleinen Kind kann man erklären, daß Mutter und Vater zwar nicht mehr zusammenleben können, daß es sich aber auch in Zukunft auf die Liebe beider Elternteile verlassen kann.
- Sie sollten Ihre eigenen Gefühle der Wut und Verbitterung nicht auch noch den Kindern aufbürden. Das Kind darf nicht zum Schiedsrichter der elterlichen Auseinandersetzung oder zur Parteinahme veranlaßt werden!
- Geben Sie Ihrem Kind jedoch die Möglichkeit, zu trauern und seine Wut- und Ohnmachtsgefühle zu zeigen. Ihre Kinder können nicht Sie stützen. Sie brauchen vielmehr Ihre Hilfe und den ungestörten Kontakt zu Vater und Mutter.

## Krise in der Lebensmitte

Viele Menschen erleben die Lebensphase zwischen dem 40. und 50. Lebensjahr als krisenhaft (»Midlife-crisis«). Die allmählich spür- und sichtbaren Anzeichen des Älterwerdens verunsichern viele in ihrem Selbstbild. Berufstätige haben meist den Höhepunkt ihrer Karriere erreicht und beginnen, eine erste Lebensbilanz zu ziehen. Nach dem Auszug der Kinder müssen besonders Mütter häufig ihre Lebensinhalte neu gewichten. Bei einigen Menschen führt der Wunsch, unerfüllte Pläne noch zu verwirklichen, im vierten Lebensjahrzehnt dazu, sich beruflich oder sozial neu zu orientieren.

Doch auch kritische Lebensereignisse wie zum Beispiel plötzliche Arbeitslosigkeit, Erkrankungen oder der Verlust naher Angehöriger erfordern in dieser Lebensphase häufig viel seelische Kraft. Menschen, die sich ein hohes Maß an Weltoffenheit, soziales und geistiges Engagement und körperliche Fitneß erhalten haben, können meist um einiges besser mit dem Älterwerden und den damit verbundenen Einschnitten umgehen.

### Männer in den Krisenjahren

Männer haben sich in der Lebensmitte nicht mit einschneidenden hormonellen Veränderungen auseinanderzusetzen wie Frauen. Der männliche Hormonspiegel beginnt schon früher zu sinken, aber dafür kontinuierlich und nur sehr langsam, so daß bei gesunden älteren Männern immer noch ausreichend Geschlechtshormone produziert werden. Aber diese Jahre bedeuten auch für Männer eine Phase der Verunsicherung und Umstellung. Ständiger Leistungsdruck, ein einseitig ausgerichtetes Männlichkeitsideal und das Gefühl, im Leben noch nicht alles erreicht zu haben, belasten viele Männer nachhaltig in ihrem Selbstwertgefühl.

Neben möglichen Potenzschwankungen können verstärkte Probleme mit der Prostata (→ Seite 416) und eine größere Anfälligkeit für Übergewicht und Herz-Kreislauf-Leiden auftreten. Gelingt es einem Mann, die körperlichen Veränderungen als natürliche Vorgänge zu begreifen, sein Leben auf die veränderten Bedingungen einzustellen und sich körperlich und geistig fit zu halten, dann kann er auch im fortschreitenden Alter mit einer hohen Lebenszufriedenheit und -qualität rechnen.

### Frauen in den Wechseljahren

Im Alter zwischen 40 und 50 Jahren stellt sich der weibliche Hormonhaushalt grundlegend um. Bei der Mehrzahl der Frauen endet die fruchtbare Zeit mit etwa 52 Jahren (→ Seite 379). Frauen erleben den Beginn der Wechseljahre häufig als problematisch. Die Angst, ihre weibliche Attraktivität zu verlieren, keine »vollwertige« Frau mehr zu sein, vermag dabei eine Reihe von körperlichen Beschwerden zu verstärken, die im Rahmen der Hormonumstellung auftreten können (→ Seite 385). Dazu gehören Hitzewallungen, Herz-Kreislauf-Probleme oder Depressionen.

#### Die Veränderungen positiv bewältigen

Eine Frau kann damit besser zurechtkommen, wenn sie beruflich und sozial engagiert ist, sich bewußt Gutes tut, sich viel bewegt und ausgewogen ernährt (→ Seite 712). Ergänzende Hormongaben oder pflanzliche Mittel erleichtern vielen den Übergang.

Die Lebensgeschichten vieler älterer Frauen zeigen, daß die Wechseljahre keineswegs zu einem Verlust an weiblicher Ausstrahlung und körperlicher und geistiger Leistungskraft führen müssen. Sie eröffnen im Gegenteil häufig neue Freiheiten und Möglichkeiten, das Leben zu gestalten. Attraktivität und Schönheit drücken sich nicht allein in äußeren Merkmalen aus. Schön und interessant wird eine Frau – ebenso wie ein Mann – durch die Fähigkeit, Leidenschaft für etwas zu entwickeln, für einen anderen oder für eine interessante Tätigkeit.

**Regelmäßige Bewegung schafft körperliches Wohlbefinden und Lebensfreude.**

# Die reifen Jahre

Wer es versteht, eigene Wünsche und Pläne zu realisieren und das Leben dabei zu genießen, wird ein hohes Maß an persönlicher Zufriedenheit erlangen können. Dies gilt für jede Lebensphase, aber in besonderem Maße für das Alter, in dem die Pflichten und Aufgaben, die von außen an eine Person herangetragen werden, nur noch eine untergeordnete Rolle spielen. Das Altern zu akzeptieren, wird um so eher gelingen, je mehr man auf ein erfülltes Leben zurückblicken kann.

## Mit Veränderungen leben

Jugendliche Schönheit, körperliche Fitneß und Makellosigkeit bis ins höhere Alter sind moderne Leitbilder. Kosmetikbranche, Schönheitschirurgie und Pharmaindustrie legen dabei manchmal nahe, das Altern sei ein Prozeß, den es um jeden Preis zu bekämpfen und aufzuhalten gelte. Dabei wird übersehen, daß das Alter – wie jede andere Lebensphase – ganz eigene Qualitäten der Entfaltung und Selbstverwirklichung in sich birgt – trotz der körperlichen Veränderungen.

### Körper und Gefühle

Im Alter beschäftigen sich viele Menschen stärker als in jüngeren Jahren, die von beruflichen und privaten Anforderungen geprägt waren, mit der eigenen körperlichen Verfassung. Vielen fällt es schwer, die natürlichen Abbauprozesse anzunehmen. Das ist oft deshalb nicht leicht, weil sie sich innerlich noch jung fühlen. Viele ältere Menschen berichten, daß sie genauso empfinden wie in jungen Jahren und oft erst der Blick in den Spiegel oder das Herzklopfen beim Treppensteigen sie daran erinnern, daß sie älter geworden sind. Sie genießen oft ganz bewußt den geistigen und emotionalen Reichtum, die gewachsene Selbstsicherheit, die sie durch die vielfältigen Erfahrungen ihres Lebens gewonnen haben – die zunehmenden körperlichen Schwächen stehen für sie im Widerspruch dazu.
Mit den körperlichen Veränderungen kann der einzelne besser fertig werden, wenn er sie richtig einzuschätzen weiß und seine Lebensweise entsprechend darauf einstellt. Auch die häufig erhöhte Anfälligkeit für Krankheiten oder chronische Leiden kann man bis zu einem gewissen Grad durch gesunde Lebensführung und günstige Umweltbedingungen vermindern (→ Seite 762). Eine wichtige Rolle spielt neben Ernährung und Bewegung auch eine positive Einstellung zum eigenen Körper und zum Leben.

### Den Körper stärken

Die Funktionsleistung innerer Organe wie der Lunge und des Herzens nimmt ab, das Muskelgewebe wird teilweise durch Fett ersetzt. Es kommt zu vermehrter Faltenbildung der Haut. Die Haut verliert an Elastizität und wird zudem dünner und trockener. Die Knochensubstanz verringert sich. Frauen leiden häufiger als Männer unter Knochenschwund (→ Osteoporose, Seite 428) und sollten deshalb besonders auf eine kalziumreiche Ernährung achten. Neuere Untersuchungen sprechen dafür, daß auch regelmäßige körperliche Betätigung dem Knochenabbau entgegenwirkt. Insgesamt ist sowohl die körperliche als auch die psychische Anpassungsfähigkeit des Körpers zunehmend eingeschränkt.
Zu reichliche und fette Ernährung, hoher Alkoholkonsum, starkes Rauchen, Bewegungsarmut und Streß sind die Faktoren, die die körperlichen Abbauprozesse, besonders Altersleiden wie die Gefäßverkalkung (→ Arteriosklerose, Seite 267), beschleunigen. Als beste Vorbeugung, auch gegen die äußeren Anzeichen des Alters, haben sich ein Speisezettel, der viel frisches Gemüse, reichlich Vollkornprodukte, aber wenig tierische Fette, wenig Salz, Kaffee und Alkohol enthält, Nichtrauchen und sportliche Betätigung (→ Seite 764) erwiesen.
Etwa ab dem 55. Lebensjahr geht die Körpergröße zurück: Frauen verlieren durchschnittlich etwa 4,9 Zentimeter, Männer etwa 2 Zentimeter ihrer ursprünglichen Größe. Auch das Körpergewicht verändert sich. Viele Erwachsene, vor allem Frauen im mittleren Lebensalter, klagen über eine Zunahme ihres Gewichts. Zwischen dem 25. und 65. Lebensjahr vermindert sich der tägliche Kalorienbedarf für Frauen um etwa 20 Prozent (für Männer um etwa 25 Prozent). Wer seine täglichen Eßgewohnheiten entsprechend anpaßt oder vermehrt Sport treibt, muß nicht zwangsläufig zunehmen.

## Hilfen für die Sinnesorgane

In der Regel wird ein Mensch im hohen Alter zunehmend auf Hilfsmittel wie Brillen oder Hörgeräte zurückgreifen müssen, um die Funktionseinbußen der Sinnesorgane auszugleichen. Bei den meisten Menschen stellt sich ab einem Alter von etwa 50 Jahren eine Altersweitsichtigkeit (→ Seite 162) ein. Auch Grüner und Grauer Star (→ Seite 156) sind typische Altersleiden. Ab dem 45. Lebensjahr empfiehlt sich daher ein regelmäßiger Besuch beim Augenarzt. Außerdem baut normalerweise das Hörvermögen alter Menschen ab: Schwerwiegende Beeinträchtigungen können heute meist durch unauffällige Hörgeräte (→ Seite 766) ausgeglichen werden.

## Geistig frisch bleiben

Früher waren Intelligenzforscher der Meinung, daß die Entwicklung der Intelligenz um das 25. Lebensjahr ihren Höhepunkt erreicht, um sich danach fortschreitend abzubauen. Heute weiß man, daß dies nur für Teilbereiche der geistigen Leistung eines Menschen zutrifft. Ein solcher Teilbereich ist das Gedächtnis. Informationen, die bereits in jungen Jahren aufgenommen wurden, können im fortgeschrittenen Alter meist mühelos abgerufen werden. Aber auch Untersuchungen zum Kurzzeitgedächtnis zeigten, daß zum Beispiel beim kurzfristigen Behalten von sinnlosem Silbenmaterial gesunde ältere Menschen annähernd die gleichen Gedächtnisleistungen erbrachten wie jüngere. Demgegenüber machen sich bei Gedächtnis- und Denkaufgaben, die das Erkennen von Regeln und intensives kombinatorisches sowie strategisches Denken erfordern, speziell unter Zeitdruck und in unruhiger Umgebung deutliche Leistungsabfälle ab dem 50. Lebensjahr bemerkbar. Diesen kann jedoch durch ein entsprechendes Training (→ Seite 766) und eine ruhigere Arbeitsatmosphäre entgegengewirkt werden.

Die beste Medizin gegen den geistigen Abbau im Alter ist eine stetige geistige Regsamkeit und Aufgeschlossenheit gegenüber der Umwelt. Personen, die bis ins hohe Alter geistig aktiv sind, ihre Interessen und Hobbys mit Spaß verfolgen, sind in der Regel auch zufriedener und gesünder als solche, die sich immer mehr zurückziehen und ihr Leben nicht eigenverantwortlich gestalten können.

**Wer neue Eindrücke sammelt und Schönes entdeckt, trägt dazu bei, geistig und körperlich fit zu bleiben.**

## Die Sexualität lebendig erhalten

Immer mehr ältere Männer und Frauen erzählen ganz offen, daß Sexualität für sie noch eine Rolle spielt. Wie man heute weiß, gibt es keine zeitliche Grenze, an der die grundsätzliche sexuelle Erlebnisfähigkeit erlischt (→ Seite 34, 764).

Altersbedingte, physiologisch-anatomische Veränderungen können jedoch das sexuelle Verhalten beeinflussen. Nach der Menopause (→ Seite 379) empfinden Frauen bisweilen Schmerzen während des Geschlechtsverkehrs, da sich die vaginalen Schleimhäute abbauen und weniger Sekret ausgeschieden wird. Beim Mann verringern sich Erektionsdauer und -häufigkeit sowie die Beweglichkeit der Spermien mit zunehmendem Lebensalter.

Diese physiologischen Veränderungen stellen manche langjährigen Paare vor die Schwierigkeit, ihr Sexualverhalten den veränderten Bedingungen anzupassen (→ Seite 764). Viele Paare entdecken im Alter wieder stärker die gegenseitige Zärtlichkeit und genießen es, sicherer, erfahrener und auch unbefangener im Umgang miteinander geworden zu sein. Der österreichische Psychiater Erwin Ringel schrieb im Alter von 72 Jahren: »Wenn es (...) gelingt, die gegenseitigen Sehnsüchte zu entdecken, kann daraus eine sexuelle Glückseligkeit erwachsen, die kein Lebensalter und keine Ehe zugrunde richtet.«

## Erfüllter Ruhestand

Viele streßgeplagte Arbeitnehmer ersehnen den Ruhestand. Ist er dann da, stellt sich bei manchen ein regelrechter »Pensionierungsschock« ein, begleitet von Gefühlen der Leere und Niedergeschlagenheit.

### Neue Ziele finden

Ob die Pensionierung erfolgreich gemeistert oder zur Krise wird, hängt in starkem Maß von den Begleitumständen ab: Rentner, deren materielle Existenz gesichert, deren gesundheitliche Verfassung gut und deren Bildungsstand hoch ist, haben alle Chancen, mit den neuen Lebensbedingungen gut zurechtzukommen. Ein Mensch, dessen Selbstwertgefühl in starkem Maß von seinem beruflichen Status abhängig ist, wird sein Ausscheiden aus dem Beruf nur schwer akzeptieren. Wichtig ist es daher, sich bereits während des aktiven Berufslebens mit der Frage auseinanderzusetzen, wie man seinen Ruhestand gestalten will. Grundsätzlich gilt: Wer für geistige Anregung, soziale Kontakte und regelmäßige körperliche Betätigung sorgt, ebnet den Weg für eine hohe Lebensqualität im Alter (→ Seite 762).

#### Vorsorge treffen

Bei allem Optimismus, mit dem man in den letzten Lebensabschnitt geht, ist es dennoch wichtig, sich mit der Frage auseinandersetzen, wie die Zukunft aussehen soll, falls man pflegebedürftig oder schwerer krank wird. Auch für Angehörige ist es eine ernstzunehmende Pflicht, sich mit den »alten Eltern« sensibel über Wege eines Alterns in Würde auszutauschen. Wenn ein Mensch ohne eigene Zustimmung in ein Pflege- oder Altersheim »abgeschoben« wird, verringert sich seine Lebenserwartung deutlich gegenüber der eines Menschen, der der Aufnahme zustimmt und sich entsprechend darauf vorbereitet (→ Seite 768).

Ein kreatives Hobby hilft, den Ruhestand zu genießen und den Alltag aktiv zu gestalten.

### Selbständig bleiben – so lange wie möglich

Die meisten alten Menschen wünschen sich, so lange wie möglich in der Lage zu sein, sich selbst zu versorgen. Ihr körperliches und seelisches Wohlbefinden hängt in hohem Maße davon ab, wie aktiv sie ihre Umgebung und ihren Alltag mitgestalten können – und das auch noch, wenn sie gebrechlich oder pflegebedürftig sind.

#### Die eigene Umgebung mitgestalten

Im Gesundheitswesen und Altenhilfesystem wird vermehrt an Konzepten gearbeitet, die es ermöglichen, daß hilfs- und pflegebedürftige alte Menschen in den eigenen vier Wänden wohnen und betreut werden können, etwa durch häusliche Pflege, Haushaltshilfen und »Essen auf Rädern« (→ Seite 761). Voraussetzung hierfür ist allerdings, daß die Wohnungen alter Menschen deren speziellen Bedürfnissen angepaßt werden (→ Seite 769).

Wenn jemand zum Pflegefall wird oder zu gebrechlich ist, um allein weiterzuleben, gibt es oft keine andere Möglichkeit als die Übersiedelung in ein Alten- oder Pflegeheim. Denn nicht immer sind die Angehörigen in der Lage, einen alten Menschen zu versorgen. Alte Menschen leiden besonders unter der Entwurzelung. Die vertraute Umgebung und das Gefühl, noch selbst über sich bestimmen zu können, ist ganz entscheidend für ihr Selbstwertgefühl und ihr Wohlbefinden. Insbesondere innerhalb der ersten sechs Monate nach dem Umzug in ein Heim ist das Sterblichkeitsrisiko hoch. Seelische und körperliche Gesundheit erfordert nämlich mehr als medizinisch einwandfreie Versorgung.

Ganz wesentlich ist es für Heimbewohner, daß sie Möglichkeiten haben, ihre Umgebung aktiv mitzugestalten. Wenn ein Heim keine Anregungen zur Freizeitgestaltung oder sozialen Begegnung bietet, kurz, wenn den älteren Menschen das Gefühl fehlt, noch weitgehend selbständig sein zu können, verringert sich ihre Lebenserwartung.

### Alternative Wohnprojekte

Eine besondere Möglichkeit, der Vereinsamung im Alter entgegenzuwirken, sind alternative Wohnprojekte. Dort leben alt und jung in einer Art dörflicher Struktur zusammen. Solche Projekte sind jedoch heute noch eher die Ausnahme als die Regel. Diese Form des Zusammenlebens erfordert ohne Zweifel ein hohes Maß an gegenseitiger Toleranz und Rücksichtnahme und scheitert daher häufig an alltäglichen Konfliktstoffen – wie Lärm oder Sauberkeit. Funktioniert sie jedoch, vereint sie die Vorteile einer Großfamilie mit den Freiräumen des selbständigen Wohnens. Ob dabei Menschen gleichen Alters oder mehrere Generationen unter einem Dach leben, ist Geschmacksache. In jedem Fall sind solche Projekte einen Versuch wert (→ Seite 769).

## Alter und Gesellschaft

Dank des verbesserten Lebensstandards und der Fortschritte der Medizin hat sich das Bild vom Alter gewandelt. Die heute 60- bis 75jährigen sind nicht mehr mit ihrer eigenen Großelterngeneration zu vergleichen. Die Mehrzahl der Älteren ist körperlich und geistig noch in guter Verfassung. Deshalb spricht man heute von den »jungen« oder »neuen« Alten. Der Eintritt in den Ruhestand schafft für viele neue Freiräume, um langgehegte Pläne zu verwirklichen. Sie gehen auf Reisen oder widmen sich ihren Hobbys.

### Die Lebenserfahrung nutzen

Daß das Alter heute trotzdem als wenig attraktiver Lebensabschnitt gilt, ist auf verschiedene Ursachen zurückzuführen. Im öffentlichen Ansehen führt das »Abstellgleis« Alter zur Einbuße an Einfluß, Attraktivität, Gesundheit und sozialen Kontakten. Alte Menschen vermögen – nach Ansicht der jungen Generation – den Ansprüchen der Leistungsgesellschaft, die das Jugendlichkeitsideal immer weiter vorantreibt, nicht mehr gerecht zu werden. So entwickeln Ältere schnell das Gefühl, eine Bürde für Gesellschaft und Familie zu sein. Fortgeschrittenes Alter bedeutet jedoch auch einen Vorsprung an Lebenserfahrung. Diesen aktiv zu nützen, wird eine der Aufgaben der Zukunft sein. Immer noch ziehen sich zu viele ältere Menschen aus dem aktiven sozialen Leben zurück. Damit verstärken sie bei sich das Gefühl, überflüssig geworden zu sein, und vermitteln den Jüngeren den Eindruck, auf ihre Kosten zu leben.

### Einfluß nehmen

Den Prognosen zum Bevölkerungswachstum der nächsten Jahrzehnte zufolge werden im Jahr 2030 mehr als 35 Prozent der Deutschen jenseits der Sechzig sein. Gleichzeitig stabilisiert sich seit dem »Pillenknick« im Jahre 1973 die Tendenz, durchschnittlich 1,3 Kinder zu bekommen.
Diese Entwicklung – niedrige Alterssterblichkeit und niedrige Geburtenraten – verläuft in allen Industrienationen ähnlich und stellt deren Einwohner vor erhebliche Probleme. Es geht einerseits darum, die wirtschaftliche und soziale Versorgung der Rentner sicherzustellen und ihre Lebensqualität zu erhalten, andererseits aber die erwerbstätige Generation nicht über Gebühr zu belasten. Folgende Maßnahmen werden zum Beispiel erwogen: eine schrittweise Anhebung des Rentenalters (auch für Frauen), der frühere Eintritt Jugendlicher in den Beruf durch verkürzte Ausbildungs- und Studienzeiten, eine Anhebung des Anteils erwerbstätiger Frauen und Rentner, die Bekämpfung der Arbeitslosigkeit und die Einführung einer sogenannten Grundrente.
Vor diesem Hintergrund wird es immer wichtiger werden, daß ältere Menschen noch aktiv am wirtschaftlichen und gesellschaftlichen Leben teilnehmen und ihr Wissen und ihre Aktivität den jüngeren in Fachfragen zur Verfügung zu stellen (→ Seite 763). Sie sollten daher immer wieder selbstbewußt alle Möglichkeiten nutzen, im privaten wie im öffentlichen Leben Einfluß zu nehmen, und ihren Lebensabend bewußt gestalten.

# Das Lebensende

Acht von zehn Deutschen sterben heute in Krankenhäusern oder in den Pflegestationen der Altenheime. Viele von ihnen sterben einsam, ohne Betreuung und Begleitung durch diejenigen, die ihnen nahegestanden haben. In der regen Betriebsamkeit des Krankenhauses ist für den Tod in der Regel kein Platz. Ärzte und Pfleger sind aufgrund des Mangels an Zeit und menschlicher Kompetenz bei der Begleitung Sterbender vielfach überfordert.

## Den Tod annehmen

Oft wird das Sterben und die eigene Vergänglichkeit sogar von Pflegepersonal und Ärzten verdrängt, für die der Umgang mit sterbenden Patienten alltäglich ist. Dieses Verhalten spiegelt nur wider, wie die gesamte moderne Gesellschaft mit dem Thema »Tod« umgeht. Wir grenzen die eigene Endlichkeit aus dem Bewußtsein aus, während Gewalt und Tod in den Medien eine größere Rolle als je zuvor spielen.
Viele Menschen werden erst mit dem Sterben der eigenen Eltern hautnah mit einem »persönlichen« Tod konfrontiert. Sie fühlen sich dann oft hilflos und wissen nicht, wie sie mit ihrer Trauer und ihrer Angst umgehen können. Rituale, die früher dabei halfen, Abschiedsschmerz und Trauer zu verarbeiten – zum Beispiel das tagelange Weinen der Klageweiber oder das Aufbahren der Toten –, sind zunehmend aus unserer Kultur verschwunden.

**Einen Sterbenden zu begleiten, bedeutet auch gleichzeitig den eigenen Lebenssinn zu erforschen.**

### Dem Sterbenden offen begegnen

Wenn sie mit einem Todkranken oder Sterbenden zu tun haben, stehen viele Menschen vor inneren Zweifeln: Wie sollen sie dem Sterbenden begegnen? Können sie seinen Anblick ertragen? Haben sie es versäumt, ihm wichtige Dinge mitzuteilen? Sind sie der Aufgabe gewachsen, ihn bis zum Ende zu begleiten? Sollen sie offen über das nahende Ende sprechen? Unbewußt klammern sich gerade Angehörige häufig an eine, wenn auch noch so geringe, Hoffnung. Sie versuchen, dem Kranken mögliche Verzweiflung und den Abschiedsschmerz zu ersparen, indem sie die unliebsame Gewißheit des nahen Todes ausklammern. Ein offenes Gespräch mit dem Sterbenden wird daher erschwert oder gar unmöglich. Auch Ärzten fällt es häufig schwer, einem Kranken die Diagnose »unheilbar« mitzuteilen: Manchmal werden nur die Angehörigen über die volle Wahrheit unterrichtet. Das Geheimnis, das sie mit dem Arzt teilen, läßt sie dem Kranken gegenüber unsicher werden und nimmt die Chance, ein vertrauliches Gespräch zu führen oder lange Unausgesprochenes mitzuteilen. Das belastet Angehörige wie Sterbende. Um so wichtiger ist es deshalb, sich offen mit dem Sterben auseinanderzusetzen, um zu wissen, welchen Beistand ein Sterbender braucht (→ Seite 770).

## Sterben als Weg

Genauso individuell wie das Leben eines jeden Menschen verläuft auch dessen Sterben. Aus der langjährigen Beobachtung unheilbar Kranker hat die Schweizerin Elisabeth Kübler-Ross jedoch abgeleitet, daß der Prozeß des Sterbens gewissen Gesetzmäßigkeiten folgt. Nicht jeder Sterbende durchläuft alle Phasen dieses Modells. Anliegen von Elisabeth Kübler-Ross war es in erster Linie, die Bedürfnisse Sterbender zu erfassen, um besser auf sie eingehen zu können. Sie beschreibt folgende Phasen:

**Leugnen, Nicht-Wahrhaben-Wollen**

Wenn ein Kranker von der Unheilbarkeit seines Leidens erfährt, ist seine erste Reaktion in der Regel ein Nicht-Wahrhaben-Wollen. Der Gedanke an den eigenen Tod löst massive Angstgefühle aus, die Realität wird verdrängt oder geleugnet: »Es kann nicht wahr sein, im Grunde genommen bin ich doch noch gesund!«

**Wut und Zorn**

»Warum ausgerechnet ich? Was habe ich denn getan?« Wütend hadert der Kranke mit seinem Schicksal. Angehörige oder Pflegende stellt das nörgelnde Verhalten des Kranken vor die oft schwierige Aufgabe, dennoch ruhig und geduldig auf ihn einzugehen und ihm Raum zu lassen, Aggressionen ohne Schuldgefühle zu äußern.

**Verhandeln**

Durch Rituale und Versprechungen versucht der Kranke, höhere Mächte zum Aufschub zu bewegen. »Vielleicht habe ich doch noch eine Chance.« Als Angehörige oder Pflegende sollte man ihm diese Hoffnung nicht nehmen, aber dennoch nichts verharmlosen.

**Verzweifeln**

Die Gewißheit des herannahenden Todes, die zu einem bestimmten Zeitpunkt nicht mehr geleugnet werden kann, löst tiefe Trauer beim Betroffenen aus: »Ich muß Abschied nehmen!« Die Auseinandersetzung mit dem baldigen Verlust all dessen, was er liebgewonnen hat, kann ihn in stumme Resignation versetzen. Begleitende sollten nicht versuchen, die Gefühle tiefster Trauer durch falsche Ermunterungen »wegzuwischen« – weder bei sich noch bei dem Sterbenden.

**Annehmen**

Wenn das Abschiednehmen gelingt, weicht die Verzweiflung angesichts des Todes schrittweise einer Akzeptanz. Der Sterbende kann sein Schicksal annehmen und in Frieden mit sich und seinen Angehörigen Abschied nehmen: »Ich muß sterben, aber ich habe mein Leben gelebt.«

Für die Zurückgebliebenen ist es wichtig, ihre eigenen Gefühle nicht zu verdrängen und bewußt durch die Phasen der Trauer zu gehen. Dann werden sie ihrem Leben auch wieder neue Perspektiven geben können (→ Seite 773).

## Erfahrungen mit dem Jenseits

Die Frage, wie Sterbende den Übergang vom Diesseits zum Jenseits erleben, beschäftigte die Menschheit seit alters her. Berichte von Menschen, die dem Tod nur knapp entgangen sind, gibt es aus allen Epochen. In jüngerer Zeit haben Forscher begonnen, die Erlebnisse von Menschen zu analysieren, die dem Tod nahe oder schon klinisch tot waren und wieder ins Leben zurückgeholt wurden. Ihre Eindrücke wurden systematisch auf Gemeinsamkeiten hin untersucht. Dabei fand sich eine Reihe von charakteristischen Erfahrungen, die miteinander übereinstimmten:

Patienten, die bei Operationen an eine Herz-Lungen-Maschine angeschlossen wurden, erinnern sich meist an den Moment, als die Ärzte sie für »klinisch tot« erklärten. Sie haben überwiegend das Gefühl, ihren Körper zu verlassen. Sie blicken auf ihn herab und sind in der Lage durch Materie hindurchzugehen oder zu -sehen. Viele beschreiben, wie sie durch einen Tunnel gehen, an dessen Ende sie Licht, aber manchmal auch Dunkelheit wahrnehmen, wobei die negativen Eindrücke am Ende häufig von positiven abgelöst werden. Am Ausgang des Tunnels werden viele dem Tode nahe Stehende mit wichtigen Personen ihres eigenen Lebens (verstorbene oder lebende Ehepartner, Verwandte, Freunde) oder göttlichen beziehungsweise dämonischen Wesen konfrontiert. Sie durchlaufen noch einmal wichtige Stationen ihres Lebens und ziehen oft eine Bilanz, die an die biblische Vorstellung vom Jüngsten Gericht erinnert. Viele fühlen sich jedoch erleichtert und glücklich. Die Frage, wie sich solche Erlebnisse beinahe Gestorbener erklären lassen, werden die Sterbeforscher wohl nie endgültig beantworten können. Doch die Berichte vermitteln Trost und Hoffnung.

# Symptome erkennen – richtig handeln

## Inhalt

# Beschwerden von A bis Z

Kopfweh, Rückenschmerzen, Verdauungsprobleme: Beschwerden, die jeder kennt und die meist bald wieder vorübergehen – so wie zahlreiche andere »Zipperlein«. Wenn sie jedoch ungewöhnlich heftig sind, ohne erkennbaren Grund oder häufig auftreten, können auch scheinbar harmlose Unpäßlichkeiten auf eine ernstzunehmende Erkrankung hinweisen.

Das folgende Verzeichnis hilft, Krankheiten erkennen und richtig reagieren zu können. Gleichzeitig ist es ein Wegweiser zu dem Kapitel »Der Körper und seine Krankheiten« (→ Seite 142–589), wo Sie sich umfassender informieren können. Sie finden die häufigsten Beschwerden von A bis Z nach den Hauptsymptomen aufgelistet (orange Balken), wenn möglich untergliedert (gelbe Balken). So wird etwa beim Stichwort Fieber unterschieden, ob es sich um leichtes oder hohes, plötzlich einsetzendes Fieber handelt.

Da Beschwerden von jedem Menschen unterschiedlich erlebt werden, sind Krankheiten mit mehreren Hauptsymptomen auch mehrmals genannt. So ist zum Beispiel Angina sowohl unter dem Stichwort Fieber als auch unter Halsschmerzen zu finden. Zusätzlich werden in der Spalte *Beschwerden* Symptome genannt, die Ihnen helfen, die Krankheit genauer einzugrenzen. Dabei wurden nicht alle möglichen, sondern nur die wichtigsten Symptome ausgewählt, die auch nicht alle gleichzeitig auftreten müssen.

Unter *Mögliche Ursachen* ist aufgeführt, welche Krankheiten Auslöser Ihrer Beschwerden sein könnten. Bei *Information und Hilfe* sind die Seiten angegeben, die ausführlich über die Krankheit und ihre Behandlung aufklären. Lesen Sie diese in der angegebenen Reihenfolge.

In der Rubrik *Arztbesuch* ist vermerkt, ob es ratsam oder dringend notwendig ist, einen Arzt aufzusuchen, oder ob sogar ein Notfall vorliegen könnte, der schnelles Handeln erfordert. Dies können nur allgemeine Hinweise sein: Sie sollten immer auch nach Ihren individuellen Beschwerden entscheiden, ob Sie ärztlichen Rat benötigen oder nicht.

| Beschwerden | Mögliche Ursachen | Information und Hilfe | Arztbesuch |
|---|---|---|---|
| **Abgeschlagenheit, Schwäche, Erschöpfung** | | | |
| Müdigkeit, Kraftlosigkeit und Reizbarkeit | Schlafstörungen | Seite 226/227 | |
| Abgeschlagenheit, schnelle Ermüdbarkeit, Lustlosigkeit, geschwächte Konzentration, Schreckhaftigkeit | Erschöpfung (Burn out) | Seite 227 | |
| morgendliche Antriebsschwäche, Müdigkeit, flaues Gefühl im Magen, Herzklopfen, Schwarzwerden vor Augen, Schlafstörungen | niedriger Blutdruck | Seite 281 | **!** ratsam |
| Müdigkeit, Leistungsminderung, Blässe, Atemnot, Zungenbrennen, Kopfschmerzen, eventuell Kribbeln und Taubheitsgefühl in Händen und Füßen | Anämie (Blutarmut) | Seite 292 und Seite 296 (bei Kindern) | **!!** dringend notwendig |
| allgemeine Verlangsamung, Müdigkeit, Konzentrations- und Gedächtnisschwäche zusammen mit Gewichtszunahme trotz Appetitmangel | Unterfunktion der Schilddrüse | Seite 495 | **!!** dringend notwendig |

| Beschwerden | Mögliche Ursachen | Information und Hilfe | Arztbesuch |
|---|---|---|---|
| Müdigkeit und Abgeschlagenheit, starker Durst, Ausscheidung großer Urinmengen, Gewichtsabnahme, schlecht heilende Infekte, Juckreiz | Diabetes mellitus (Zuckerkrankheit) | Seite 501 bis Seite 503 | **!!** dringend notwendig |
| Schwäche, Atemnot, Herzjagen, nächtlicher Reizhusten, Blauverfärbung der Lippen, feuchte Hände, eventuell geschwollene Knöchel und Beine, häufiges nächtliches Wasserlassen | Herzschwäche | Seite 262 und Seite 270 | **!!** dringend notwendig<br>**!!!** Notruf veranlassen bei plötzlich auftretenden Beschwerden |
| **Angst** | | | |
| **unbestimmte Angst** | | | |
| vor dem Einschlafen, im Schlaf | seelische Belastungen, Streß | Seite 226, auch Seite 683 (Aus Träumen lernen) | |
| – anfallsartige Angst, zu sterben, verrückt zu werden, etwas Unkontrolliertes zu tun, Gefühl der Hilflosigkeit, Angst vor der Angst<br>– zusätzlich Atemnot, Brennen und Engegefühl in der Brust, Übelkeit, Erbrechen | – Panikattacke<br><br><br><br>– Herzneurose<br>– Angina pectoris/ Herzinfarkt | – Seite 222, auch Seite 684 (Der Angst begegnen)<br><br><br>– Seite 271<br>– Seite 262 | **!** ratsam<br><br><br><br>**!!!** Notruf veranlassen bei erstmaliger Atemnot und Brustenge |
| dauernde Angst ohne äußeren Anlaß, die Gedanken sind auf die Angst eingeengt | generalisierte Angststörung | Seite 223, auch Seite 684 (Der Angst begegnen) | **!** ratsam |
| **Angst vor oder in einer bestimmten Situation** | | | |
| Angst vor einem Objekt (Spinne, Schlange) oder einer Situation (geschlossene Räume, Fliegen) | Phobie | Seite 223 | **!** ratsam |
| angstvolles Wiedererleben einer extremen Erfahrung wie Verfolgung, Geiselnahme, Vergewaltigung, Feuer | Schockerlebnis | Seite 220 | **!** ratsam |
| Angst, eine Situation nicht ohne Alkohol, Medikamente oder eine Droge durchzustehen | Abhängigkeit von einem Suchtmittel | Seite 562 bis Seite 575 | **!** ratsam |
| Angst vor der Verfolgung durch eine Organisation (Mafia, Geheimdienst) oder Außerirdische, Angst davor, abgehört oder von außen beeinflußt zu werden | paranoide Schizophrenie | Seite 230, auch Seite 216 (Akute Psychose) | **!!** dringend notwendig |

| Beschwerden | Mögliche Ursachen | Information und Hilfe | Arztbesuch |
|---|---|---|---|
| **Appetitlosigkeit** (siehe auch unter Eßstörungen) | | | |
| Appetitlosigkeit und allgemeines Unwohlsein | Zeichen einer beginnenden Erkrankung | | **!** ratsam bei anhaltenden Beschwerden |
| (bei Kindern) Appetitlosigkeit bis hin zur Nahrungsverweigerung | meist harmlos, jedoch auch mögliches Anzeichen verschiedener Erkrankungen | Seite 372 (Hilfe, mein Kind ißt nicht) | **!** ratsam bei anhaltender Nahrungsverweigerung |
| Übelkeit mit Widerwillen gegen Fett, Alkohol und Nikotin, Schmerzen im rechten Oberbauch, leichtes Fieber | Leberentzündung (Hepatitis) | Seite 354 | **!!** dringend notwendig |
| – Übelkeit, Erbrechen, Blähungen, Druck- und Völlegefühl, Druckschmerz im Oberbauch<br><br>– zusätzlich Widerwillen gegen Fleisch, Gewichtsabnahme | – psychische Belastung, Streß<br>– Entzündung der Magenschleimhaut<br>– Magenkrebs | – Seite 334 (Nervöser Magen)<br>– Seite 334/335<br>– Seite 336 | **!!** dringend notwendig bei anhaltenden Beschwerden |
| **Arm-, Hand- und Schulterschmerzen** | | | |
| Schmerzen nach ungewöhnlicher Belastung (Sport) | Muskelkater | Seite 438 | |
| – tastbare, schmerzhafte Verhärtung der Muskulatur an Schultern und Hals<br>– nach einem Unfall zusammen mit Kopfschmerzen, Übelkeit, Schwindel | – Muskelverspannung<br><br>– Halswirbelzerrung | – Seite 438<br><br>– Seite 440 | **!** ratsam |
| Schmerzen am Ellenbogen bei Druck und Bewegung, die bis in Handgelenk und Schulter ausstrahlen können | »Tennisarm« | Seite 441 | **!** ratsam bei anhaltenden Beschwerden |
| Hautrötung, Schwellung, Schmerzen an Ellenbogen oder Schulter, »Schneeballknirschen« beim Betasten | Schleimbeutelentzündung | Seite 441 | **!** ratsam bei anhaltenden Beschwerden |
| Beschwerden im Arm, besonders beim Anheben, häufig nachts sehr intensive Schmerzen | Entzündung der Schulter | Seite 441 | **!** ratsam |
| plötzlicher, heftiger Schmerz in einem angespannten Muskel oder nach einem Schlag, Bluterguß, Schwellung | Muskelzerrung/ Muskelfaserriß/ Muskelriß | Seite 424 | **!!** dringend notwendig |

| Beschwerden | Mögliche Ursachen | Information und Hilfe | Arztbesuch |
|---|---|---|---|
| starke Schmerzen nach einer heftigen Bewegung oder einem Sturz, eventuell Bluterguß und Schwellung über dem Gelenk, eventuell deutliche Fehlstellung | – Sehnenzerrung/ Sehnenriß<br>– Bänderzerrung/ Bänderriß<br>– Verrenkung<br>– Knochenbruch | – Seite 440<br>– Seite 440<br>– Seite 430<br>– Seite 426/427 | **!!** dringend notwendig |
| schmerzende, geschwollene Finger- und Handgelenke, oft zusammen mit Schmerzen in anderen Gelenken, zunehmende Unbeweglichkeit, Müdigkeit | – chronischer Gelenkrheumatismus (Polyarthritis)<br>– Gelenkentzündung | – Seite 431 und Seite 445 (bei Kindern)<br>– Seite 433 | **!!** dringend notwendig |
| Morgensteifigkeit mit Rückenschmerzen und Ausstrahlen des Schmerzes in Arme und Beine | Abnutzung der Wirbelsäule | Seite 436 | **!!** ratsam |
| plötzlicher, starker Schmerz im Arm, Bewegungsunfähigkeit | akuter peripherer Gefäßverschluß | Seite 278 | **!!!** Notruf veranlassen |
| **Atembeschwerden ▸** | | | |
| **erschwerte Atmung** (siehe auch unter Husten und unter Nase, verstopfte/laufende) | | | |
| hohes Fieber, eventuell Schüttelfrost, Brustschmerzen, Husten, rostbrauner Auswurf | Lungenentzündung | Seite 248 | **!!** dringend notwendig |
| zunehmende Atemnot, auch im Liegen, die sich im Sitzen bessert, Husten, schaumiger Auswurf, rasselnder Atem | Lungenödem | Seite 250 | **!!!** Notruf veranlassen |
| **anfallsartige Atemnot, Erstickungsgefühl** | | | |
| Brustschmerzen, Angst, schneller Puls, Husten | Lungenembolie | Seite 250 | **!!!** Notruf veranlassen |
| Herzjagen, nächtlicher Reizhusten, Blaufärbung der Lippen, eventuell geschwollene Knöchel und Beine, häufiges nächtliches Wasserlassen | Herzschwäche | Seite 262 und Seite 270 | **!!** dringend notwendig<br>**!!!** Notruf veranlassen bei plötzlich auftretenden Beschwerden |
| Brustschmerzen, Gefühl der Brustenge, Druck, Brennen hinter dem Brustbein, eventuell ausstrahlend in Hals, Schultern und Arme, Übelkeit, Schweißausbruch, Todesangst | Angina pectoris/ Herzinfarkt | Seite 262 und Seite 784 (Atemnot) | **!!!** Notruf veranlassen |
| Erstickungsgefühl, Ringen nach Luft, Bemühen, etwas auszuhusten oder hochzuwürgen, Angst | Verschlucken oder Einatmen eines Fremdkörpers | Seite 788 (Ersticken) und Seite 242 | **!!!** Notruf veranlassen |

| Beschwerden | Mögliche Ursachen | Information und Hilfe | Arztbesuch |
|---|---|---|---|
| | **◂ Atembeschwerden** | | |
| Kurzatmigkeit, erschwerte, pfeifende Ausatmung, Husten, Brustenge, starkes Schwitzen | Asthma bronchiale | Seite 525 und Seite 784 (Atemnot) | **!!** dringend notwendig **!!!** Notruf veranlassen bei schwerer Atemnot |
| Atemnot mit Quaddeln, Rötungen, Schwellungen, eventuell Fließschnupfen, Juckreiz | allergische Reaktion auf Nahrungs- und Arzneimittel oder andere Stoffe | Seite 518 bis Seite 531 (Allergien) | **!!** dringend notwendig **!!!** Notruf veranlassen, wenn die Beschwerden nicht nach kurzer Zeit nachlassen |
| Atemnot mit Herzjagen, Angst, Übelkeit, Erbrechen, Durchfall, eventuell Ohnmacht | allergische Reaktion auf Nahrungs- und Arzneimittel oder andere Stoffe | Seite 522 (Anaphylaktischer Schock) | **!!!** Notruf veranlassen |
| | **bei Kindern** | | |
| Blaufärbung von Lippen und Haut, häufige Lungeninfekte, Wachstumsstörungen | Herzfehler | Seite 274 (Angeborener Herzfehler) | **!!** dringend notwendig |
| Atemnot mit schweren Hustenanfällen, Erbrechen | Keuchhusten | Seite 557 | **!!** dringend notwendig |
| Atemnot, Erstickungsanfälle | Epiglottitis | Seite 557, Seite 784 | **!!!** Notruf veranlassen |
| | **Aufstoßen, Sodbrennen** | | |
| Aufstoßen von Luft und/oder Speisebrei | zu schwere Mahlzeit, zu hastiges Essen | Seite 750 (Hausapotheke) | |
| – Aufstoßen, Sodbrennen, Magendrücken, Blähungen – mit Übelkeit und Erbrechen | – psychische Belastung, Streß – Entzündung der Magenschleimhaut | – Seite 334 (Nervöser Magen) – Seite 334 (Akute Gastritis) | **!** ratsam bei anhaltenden Beschwerden **!!** dringend notwendig |
| saures Aufstoßen von Magensaft und Speisebrei, brennender Schmerz hinter dem Brustbein und im Magen, vor allem nach dem Essen, eventuell Schluckbeschwerden, Heiserkeit | – Schwäche des Schließmuskels der Speiseröhre – Entzündung der Speiseröhre – Zwerchfellbruch | – Seite 328 (Aufstoßen/Sodbrennen) – Seite 328 (Aufstoßen/Sodbrennen) – Seite 329 | **!** ratsam bei anhaltenden Beschwerden |
| zunehmende Schluckbeschwerden, Aufstoßen, Würgereiz, Völlegefühl hinter dem Brustbein | Entleerungsstörung der Speiseröhre | Seite 328 | **!** ratsam |
| Schluckbeschwerden, Glucksen beim Sprechen, Rückfluß der Speisen auch im Schlaf, Druckgefühl in der Speiseröhre | Aussackungen der Speiseröhre | Seite 321 | **!** ratsam |

| Beschwerden | Mögliche Ursachen | Information und Hilfe | Arztbesuch |
|---|---|---|---|
| **Augenbeschwerden** (siehe auch unter Sehstörungen) | | | |
| **ohne Tränenfluß** | | | |
| Brennen und Trockenheitsgefühl, Neigung zu Entzündungen | zu wenig Tränenflüssigkeit | Seite 153 (Das trockene Auge) | **!** ratsam, vor allem für Kontaktlinsenträger |
| geröteter, harter Augapfel, heftige Augen- und Kopfschmerzen, Sehverschlechterung | akutes Glaukom (Glaukomanfall) | Seite 150 | **!!** dringend notwendig |
| **mit Tränenfluß** | | | |
| Rötung, Reizung, Brennen, Juckreiz, Eiter-Absonderung | Bindehautentzündung | Seite 154 | **!** ratsam |
| Augenjucken, Augentränen mit wäßrigem Fließschnupfen, eventuell mit Hautausschlag, Atemnot, Asthma-Anfall | – Heuschnupfen<br>– Tierhaarallergie<br>– Hausstauballergie<br>– Schimmelpilzallergie | – Seite 524<br>– Seite 531<br>– Seite 530<br>– Seite 530 | **!** ratsam<br>**!!** dringend notwendig bei starken Beschwerden |
| Schmerzen, Lichtscheu, Sehverschlechterung | Hornhautentzündung | Seite 154 | **!!** dringend notwendig |
| Schmerzen, Rötung, Lichtscheu, Sehverschlechterung, schwarze Punkte vor den Augen | Regenbogenhautentzündung | Seite 154 | **!!** dringend notwendig |
| **Veränderungen des Auges** | | | |
| Hervortreten eines oder beider Augäpfel, Trockenheitsgefühl, Reizung, eingeschränkte Beweglichkeit | Überfunktion der Schilddrüse | Seite 160 (Vorgewölbter Augapfel), auch Seite 495 | **!!** dringend notwendig |
| schmerzlose Größenzunahme, Farb- oder Formveränderungen | Tumor | Seite 161 | **!!** dringend notwendig |
| **Augenverletzungen** | | | |
| stechender Schmerz, Fremdkörpergefühl mit Tränenfluß und Rötung, krampfartiges Zukneifen der Lider | Fremdkörper im Auge | Seite 150 | **!!** dringend notwendig |
| starkes Brennen mit krampfartigem Zukneifen der Lider | Verätzung oder Verbrennung | Seite 150 | **!!** dringend notwendig |
| Bluterguß im oder um das Auge, Lidschwellung, dumpfe Augen- und Kopfschmerzen | Prellungsverletzung | Seite 150 | **!!** dringend notwendig |
| **Beschwerden an den Augenlidern** | | | |
| geschwollenes, schmerzhaftes Lid, eventuell Augenrötung | – Gersten-, Hagelkorn<br>– Lidentzündung | – Seite 153<br>– Seite 154 | **!** ratsam |
| geschwollenes, schmerzhaftes Lid mit Tränenfluß | Tränenwegentzündung | Seite 153 | **!** ratsam |

| Beschwerden | Mögliche Ursachen | Information und Hilfe | Arztbesuch |
|---|---|---|---|
| **Ausfluß** | | | |
| – schleimig-eitriger Ausfluß aus der Harnröhre, Schmerzen und Brennen beim Wasserlassen | – Tripper (Gonorrhoe) | – Seite 546 | **!!** dringend notwendig |
| – zusätzlich Juckreiz im Genitalbereich | – unspezifische Genitalinfektion | – Seite 547 | |
| **bei Frauen** | | | |
| starker, unangenehm riechender Ausfluß, der nicht wie normal weiß ist, Juckreiz an den Schamlippen | Infektion mit Pilzen oder Bakterien | Seite 387 (Ausfluß aus der Scheide) und Seite 396 (Scheiden- und Blaseninfektionen) | **!!** dringend notwendig |
| schleimiger Ausfluß sowie Schmierblutungen, besonders nach dem Geschlechtsverkehr | Muttermundpolypen | Seite 390 | **!** ratsam, um Gebärmutter(hals)krebs auszuschließen |
| **Bauchschmerzen ▸** (siehe auch unter Blähungen, unter Durchfall und unter Verstopfung) | | | |
| **allgemein** | | | |
| leichte Unterbauchkrämpfe, Blähungen, Völlegefühl, unregelmäßige Verdauung, Durchfall | psychische Belastung, Streß | Seite 344 (Nervöser Darm) | **!** ratsam |
| unklare Schmerzen im Bauch, immer an derselben Stelle, eventuell Erbrechen | Verwachsungen am Darm (Briden) | Seite 347 | **!** ratsam |
| unklare Bauchschmerzen, grippeartige Beschwerden, eventuell Durchfälle, Juckreiz am After | Würmer | Seite 348 | **!!** dringend notwendig |
| wiederkehrende unbestimmte Oberbauchschmerzen, Übelkeit, Erbrechen nach fetten Speisen | chronische Bauchspeicheldrüsenentzündung | Seite 359 | **!!** dringend notwendig |
| heftige Bauchschmerzen, nach allen Seiten ausstrahlend, Übelkeit, Erbrechen von galligem Magensaft, Fieber, Herzjagen | akute Bauchspeicheldrüsenentzündung | Seite 352 | **!!!** Notruf veranlassen |
| krampfartige Bauchschmerzen mit schmerzfreiem Intervall, weiche Bauchdecke, Erbrechen | Darmverschluß | Seite 340 | **!!!** Notruf veranlassen |
| heftige, plötzlich einsetzende Bauchschmerzen, Angst, gespannte Bauchdecke, Erbrechen, flache Atmung | verschiedenste, häufig lebensbedrohliche Ursachen | Seite 784 und Seite 332 (Akuter Bauch) | **!!!** Notruf veranlassen |

| Beschwerden | Mögliche Ursachen | Information und Hilfe | Arztbesuch |
|---|---|---|---|
| **in der rechten Bauchhälfte** | | | |
| wiederkehrende Schmerzen im rechten Unterbauch | chronische Blinddarmentzündung | Seite 344 | **!** ratsam |
| Krämpfe im rechten Unterbauch, Durchfälle, Fieber, eitriges Sekret aus dem Afterbereich | Crohn-Krankheit | Seite 345 | **!** ratsam |
| – Schmerzen im rechten Oberbauch, Blähungen nach Kaffee, kalten Getränken, fetten Speisen<br>– zusätzlich Übelkeit, Erbrechen nach fetten Speisen, wechselndes Fieber, eventuell Gelbsucht | – Gallensteine<br>– Gallenblasenentzündung | – Seite 358<br>– Seite 358 | **!!** dringend notwendig |
| Druckschmerz unter dem rechten Rippenbogen, grippeähnliche Beschwerden zusammen mit Widerwillen gegen Fett, Alkohol, Nikotin | Leberentzündung (Hepatitis) | Seite 354 | **!!** dringend notwendig |
| zwischen Nabel und rechtem Rippenbogen, Nüchtern- oder Hungerschmerz, oft nachts, Besserung nach dem Essen | Zwölffingerdarmgeschwür | Seite 336 | **!!** dringend notwendig |
| Krämpfe, ausstrahlend in Brust, Schulter und Rücken, Erbrechen von Galle, oft Schüttelfrost | Gallenkolik | Seite 352 | **!!!** Notruf veranlassen |
| kolikartige Schmerzen, harte Bauchdecke, Erbrechen, Fieber | akute Blinddarmentzündung | Seite 340 | **!!!** Notruf veranlassen |
| **in der Magengegend und der linken Bauchhälfte** | | | |
| – Magendrücken, Blähungen, Sodbrennen, Aufstoßen, eventuell Übelkeit, Erbrechen<br>– zusätzlich Widerwillen gegen Fleisch, Appetitlosigkeit | – psychische Belastung, Streß<br>– Magenkrebs | – Seite 334 (Nervöser Magen)<br>– Seite 336 | **!** ratsam bei anhaltenden Beschwerden<br>**!!** dringend notwendig |
| Druckschmerz im Oberbauch, Appetitlosigkeit, Aufstoßen, Übelkeit, Erbrechen | akute Entzündung der Magenschleimhaut | Seite 334 | **!** ratsam |
| – Magenschmerzen, Druck- und Völlegefühl nach dem Essen, Blähungen<br>– eventuell verbunden mit Übelkeit, Bluterbrechen, schwarzem Stuhl | – chronische Entzündung der Magenschleimhaut<br>– Magengeschwür | – Seite 335<br>– Seite 336 | **!** ratsam<br>**!!** dringend notwendig |
| Schmerzen im Unterbauch, meist links, Wechsel zwischen Verstopfung und Durchfall | Divertikelentzündung | Seite 344 | **!!** dringend notwendig |

| Beschwerden | Mögliche Ursachen | Information und Hilfe | Arztbesuch |
|---|---|---|---|
| **◂ Bauchschmerzen** (siehe auch unter Blähungen, unter Durchfall und unter Verstopfung) | | | |
| **in der Flanke** | | | |
| starke Schmerzen im Bereich der Nieren, ausstrahlend in Rücken und Unterbauch, Übelkeit | – Harnabfluß-störungen<br>– Nierensteine | – Seite 366<br>– Seite 366 | **!!** dringend notwendig |
| Bauch- und Rückenschmerzen, zusätzlich Schmerzen beim Wasserlassen, Fieber, Übelkeit | Nierenbecken-entzündung | Seite 367 | **!!** dringend notwendig |
| einseitiger heftiger Schmerz, bis zur Blase ausstrahlend, Übelkeit, Erbrechen, Schweißausbruch | Nierensteinkolik | Seite 362 | **!!!** Notruf veranlassen |
| **bei Frauen im Unterbauch** (siehe auch unter Monatsblutung) | | | |
| meist einseitiges Drücken oder Ziehen, manchmal plötzliche, stechende Schmerzen, danach keine Beschwerden mehr | Eierstockzysten | Seite 388 | **!** ratsam |
| Druckgefühl und Ziehen nach unten, besonders beim Pressen, Kreuzschmerzen, häufiges Wasserlassen, Verstopfung | Gebärmuttersenkung | Seite 390, auch Seite 391 (Gymnastik für den Beckenboden) | **!** ratsam |
| Druckgefühl, Kreuzschmerzen, häufiges Wasserlassen, Verstopfung sowie verstärkte, verlängerte, schmerzhafte Monatsblutung | Myome in der Gebärmutter | Seite 391 | **!** ratsam |
| starke Schmerzen ein- oder beidseitig, die in Rücken und Beine ausstrahlen, verstärkter und veränderter Ausfluß möglich | Eileiter- oder Eierstockentzündung | Seite 388 | **!!** dringend notwendig |
| starke Schmerzen, sechs bis acht Wochen nach der letzten Monatsblutung | Eileiterschwangerschaft | Seite 380 | **!!** dringend notwendig |
| Druckgefühl und Unterbauchschmerzen, aufgetriebener Leib bei gleichzeitiger Gewichtsabnahme und Schwäche | Eierstockkrebs | Seite 389 | **!!** dringend notwendig |
| Schmerzen einige Tage vor Beginn der Monatsblutung, die stark und schmerzhaft ist, unerfüllter Kinderwunsch | Endometriose | Seite 389 | **!!** dringend notwendig |
| akute Schmerzen und Druckgefühl, Ausfluß, Fieber, Schwäche | Gebärmutter-entzündung | Seite 390 | **!!** dringend notwendig |

| Beschwerden | Mögliche Ursachen | Information und Hilfe | Arztbesuch |
|---|---|---|---|
| **bei Männern im Unterbauch** (siehe auch unter Hoden- und unter Penisveränderung) | | | |
| Schmerzen im Damm- und Afterbereich, vor allem bei Geschlechtsverkehr, Stuhlgang und Wasserlassen, trüber, übelriechender Urin und Fieber möglich | (chronische) Entzündung der Prostata | Seite 416 | **!!** dringend notwendig |
| **bei Kindern** | | | |
| (bei Säuglingen) Schreien, Krümmen, Strampeln nach fast jeder Mahlzeit, Blähungen | Dreimonatskolik | Seite 371 | **!** ratsam |
| anfallsartige Schmerzen in der Nabelgegend (vorwiegend bei vier- bis zwölfjährigen Mädchen) | Nabelkolik | Seite 371 | **!** ratsam |
| anfallsartige Bauchschmerzen, Brechreiz, Fieber, Durchfall oder Verstopfung | Blinddarmentzündung | Seite 373 | **!!!** Notruf veranlassen |

## Bein- und Fußschmerzen ▸

| Beschwerden | Mögliche Ursachen | Information und Hilfe | Arztbesuch |
|---|---|---|---|
| Schmerzen nach ungewöhnlicher Belastung (Sport) | Muskelkater | Seite 438 | |
| schmerzende Füße, schwere Beine | – langes Stehen, Bewegungsmangel<br>– Fußdeformationen<br>– Krampfadern | – Seite 722 (Wasseranwendungen)<br>– Seite 442<br>– Seite 282 | **!** ratsam bei anhaltenden Beschwerden |
| schlagartig einsetzende, heftige Muskelschmerzen, bei Belastung oder häufig auch nachts | Muskelkrämpfe | Seite 438 | **!** ratsam bei anhaltenden Beschwerden |
| Morgensteifigkeit mit Rückenschmerzen und Ausstrahlen des Schmerzes in die Beine | Abnutzung der Wirbelsäule | Seite 436 | **!** ratsam |
| Schmerzen am Kniegelenkspalt, die durch Bewegung verstärkt werden, Schonhaltung | Meniskusschäden | Seite 430 | **!** ratsam |
| plötzlicher, heftiger Schmerz in einem angespannten Muskel oder nach einem Schlag, Bluterguß, Schwellung | Muskelzerrung/ Muskelfaserriß/ Muskelriß | Seite 424 | **!!** dringend notwendig |
| starke Schmerzen nach einer heftigen Bewegung oder einem Sturz, eventuell Bluterguß und Schwellung über dem Gelenk, eventuell deutliche Fehlstellung | – Sehnenzerrung/ Sehnenriß<br>– Bänderzerrung/ Bänderriß<br>– Verrenkung<br>– Knochenbruch | – Seite 440<br>– Seite 440<br>– Seite 430<br>– Seite 426/427 | **!!** dringend notwendig |

| Beschwerden | Mögliche Ursachen | Information und Hilfe | Arztbesuch |
|---|---|---|---|
| **◂ Bein- und Fußschmerzen** | | | |
| zunächst Schmerzen beim Gehen, die zu regelmäßigem Stehenbleiben zwingen, später auch in Ruhe, besonders nachts | Durchblutungsstörung der Beine | Seite 286 | **!!** dringend notwendig |
| druckempfindlicher, schmerzender, harter Venenstrang, darüberliegende Hautpartie gerötet | Venenentzündung | Seite 284 | **!!** dringend notwendig |
| plötzlicher, starker Schmerz im Bein, Bewegungsunfähigkeit | akuter peripherer Gefäßverschluß | Seite 278 | **!!!** Notruf veranlassen |
| **mit Schwellung der Gelenke und/oder Wasser in den Beinen** | | | |
| vor allem abends schwere, brennende Beine, geschwollene Knöchel und Füße, »Besenreiser«, knotig geschlängelte Venen | Krampfadern | Seite 282 | **!** ratsam |
| gerötetes, geschwollenes Kniegelenk, Bewegungseinschränkung, »Knirschen« beim Betasten | Schleimbeutelentzündung | Seite 441 | **!** ratsam bei anhaltenden Beschwerden |
| – geschwollene, druckschmerzempfindliche Gelenke, zunehmende Unbeweglichkeit<br>– vor allem im Kniegelenk mit Gangunsicherheit<br>– mit Schmerzen in der Leiste | – allgemeine Abnutzung der Gelenke<br>– Kniegelenkarthrose<br>– Hüftgelenkarthrose | Seite 434 (Arthrose) | **!** ratsam |
| schmerzende, geschwollene Fußgelenke, oft zusammen mit Schmerzen in anderen Gelenken, zunehmende Unbeweglichkeit, (Morgen-)Steifigkeit, Müdigkeit, Unwohlsein | – chronischer Gelenkrheumatismus (Polyarthritis)<br>– Gelenkentzündung | – Seite 431 und Seite 445 (bei Kindern)<br>– Seite 433 | **!!** dringend notwendig |
| heftigste Schmerzen am Gelenk von großem Zeh, Fuß oder Knie, blaurot verfärbtes, heißes Gelenk | Gicht | Seite 432 | **!!** dringend notwendig |
| geschwollene Knöchel und Beine, häufiges nächtliches Wasserlassen, nächtlicher Reizhusten, Atemnot, Herzjagen | Herzschwäche | Seite 262 und Seite 270 | **!!** dringend notwendig<br>**!!!** Notruf veranlassen bei plötzlich auftretenden Beschwerden |
| ziehende Schmerzen im Bein, Schwellung und Überwärmung, bläulich-rötliche Hautverfärbung | Beinvenen-Thrombose | Seite 284 | **!!!** Notruf veranlassen |
| unerträgliche Schmerzen im Unterschenkel nach einem Unfall oder unter Gips | Minderdurchblutung des Muskels | Seite 424 (Kompartment-Syndrom) | **!!!** Notruf veranlassen |

| Beschwerden | Mögliche Ursachen | Information und Hilfe | Arztbesuch |
|---|---|---|---|
| **Bewußtseinsstörungen** (siehe auch unter Ohnmacht, Bewußtlosigkeit) | | | |
| Verwirrtheit, unzusammenhängendes Reden, fehlende Orientiertheit über die momentane Situation oder die eigene Person, auffälliges Verhalten, Benommenheit, Schläfrigkeit bis hin zur Bewußtlosigkeit, eventuell Unruhe, Nervosität, Seh- und/oder Schluckstörungen, Empfindungsstörungen und/oder Lähmungen oder Zuckungen | – Schädel-Hirn-Verletzung<br>– Schlaganfall<br>– epileptischer Anfall<br>– Entzündung der Gehirnhäute oder des Gehirns<br>– Blutung über oder zwischen den Gehirnhäuten<br>– akute Psychose<br>– Rausch- oder Suchtmittel | – Seite 190, Seite 785 (Bewußtseinsstörung) und Seite 791 (Kopfverletzung)<br>– Seite 198/199<br>– Seite 190 und Seite 202<br>– Seite 192<br>– Seite 196<br>– Seite 216<br>– Seite 562 bis Seite 575 | **!!!** Notruf veranlassen |
| Bewußtseinsstörungen, Atemnot, Übelkeit, Erbrechen | Vergiftung | Seite 795 | **!!!** Notruf veranlassen |
| **Blähungen** (siehe auch unter Bauchschmerzen) | | | |
| – Bauchkrämpfe, Abgehen von Winden, aufgeblähter Bauch | – psychische Belastung, blähende Kost | – Seite 342 (Blähungen) | |
| – nach Kaffee, kalten Getränken, fettem Essen | – Gallensteine | – Seite 358 | **!** ratsam |
| – nach Milch und Milchprodukten, zusätzlich Durchfall und Krämpfe | – Laktasemangel | – Seite 343 | **!** ratsam |
| **Blutungen ▸** | | | |
| – eine oder mehrere blutende Wunden | Sturz, Schlag, Schnitt- oder Schürfverletzung | – Seite 783 (Kleine Wunden versorgen) | |
| – mit großem Blutverlust, eventuell feuchtkalte Haut, Blässe, Schwindel, flacher Atem | | – Seite 786 (Bedrohliche Blutung aus Wunden) | **!!!** Notruf veranlassen |
| **aus Ohr, Mund oder Nase** | | | |
| aus einem Ohr | – Verletzung des Trommelfells<br>– Mittelohrentzündung<br>– Gehörgangsentzündung | – Seite 168 und Seite 174<br>– Seite 173<br>– Seite 171 (Gehörgangsekzem) | **!!** dringend notwendig |

| Beschwerden | Mögliche Ursachen | Information und Hilfe | Arztbesuch |
|---|---|---|---|
| **◂ Blutungen** | | | |
| aus dem Mund | – Verletzungen von Gaumen, Zunge oder Speiseröhre<br>– Krampfaderblutung in der Speiseröhre | – Seite 322<br>– Seite 322 | **!!** dringend notwendig |
| aus der Nase | – geplatztes Blutgefäß in der Nasenscheidewand<br>– Schädigung der Nasenschleimhaut<br>– Nasenbeinbruch | Seite 180 | **!!** dringend notwendig bei Nasenbeinbruch |
| aus einem oder beiden Ohren und/oder der Nase nach einem Sturz, einem Schlag auf den Kopf oder einem Unfall | Schädel-Hirn-Verletzung | Seite 190 und Seite 791 (Kopfverletzung) | **!!!** Notruf veranlassen |
| **aus dem After oder der Harnröhre** | | | |
| hellrotes Blut auf dem Stuhl mit Juckreiz am After, Schmerzen beim Stuhlgang | – Hämorrhoiden<br>– Analfissuren | – Seite 349<br>– Seite 349 | **!** ratsam |
| – Blut und Schleim im Stuhl<br>– mit Durchfällen und krampfartigen Bauchschmerzen, schnellem Puls und Benommenheit<br>– zusätzlich eventuell Fieber oder Fieberschübe | – Polypen im Dickdarm<br>– schwere Magen-Darm-Infektion<br>– geschwürige Dickdarmentzündung<br>– Crohn-Krankheit | – Seite 346<br>– Seite 537 und Seite 545 (Durchfall unterwegs)<br>– Seite 345<br>– Seite 345 | **!!** dringend notwendig |
| Blut im Stuhl, ungewöhnlich häufig Durchfall im Wechsel mit Verstopfung, Austritt von Stuhl, wenn Winde abgehen, Müdigkeit | Dickdarmkrebs | Seite 346 | **!!** dringend notwendig |
| Blut im Urin und Wasseransammlungen im Gewebe, eventuell Bluthochdruck | Entzündung der Filtereinheiten der Nieren | Seite 368 | **!!** dringend notwendig |
| (bei Männern) trüber, blutiger Urin, häufiges schmerzhaftes Wasserlassen, Blasenkrämpfe | – chronische Entzündung der Prostata<br>– Prostata-Adenom | – Seite 416<br>– Seite 416 | **!!** dringend notwendig |
| Blut im Urin, eventuell plötzlich ziehend-stechende Rückenschmerzen, Übelkeit, Erbrechen | – Nierensteine<br>– Tumoren von Blase und Niere | – Seite 366<br>– Seite 368 | **!!** dringend notwendig |
| rotes Blut auf dem Stuhl oder schwarzer Stuhl, eventuell Bluterbrechen, Schwindel | Magen-Darm-Blutung | Seite 332 | **!!!** Notruf veranlassen |

| Beschwerden | Mögliche Ursachen | Information und Hilfe | Arztbesuch |
|---|---|---|---|
| **Scheidenblutung bei Frauen** (siehe auch unter Monatsblutung) | | | |
| bräunliche Schmierblutung zwischen zwei regulären Monatsblutungen | – Hormonstörungen<br>– sehr niedrig dosierte Antibabypille<br>– Eierstockzysten<br>– Gebärmutter-entzündung<br>– Wechseljahre | Seite 383 (Zwischenblutungen), Seite 388 und Seite 390 | **!** ratsam |
| Schmierblutung und schleimiger Ausfluß besonders nach dem Geschlechtsverkehr | Muttermundpolypen | Seite 390 | **!** dringend notwendig, um Gebärmutter(hals)-krebs auszuschließen |
| Blutungen nach dem Geschlechtsverkehr zusammen mit langer, starker, unregelmäßiger Monatsblutung und Schmierblutungen oder Blutung nach Abschluß der Wechseljahre | Gebärmutter- oder Gebärmutterhalskrebs | Seite 391 | **!!** dringend notwendig |
| Blutung in der Schwangerschaft, Ziehen im Unterbauch | Fehlgeburt, Frühgeburt | Seite 394 | **!!!** Notruf veranlassen |

# Brustbeschwerden ▶

(siehe auch unter Atembeschwerden und unter Husten)

| Beschwerden | Mögliche Ursachen | Information und Hilfe | Arztbesuch |
|---|---|---|---|
| **Brustenge, Brennen hinter dem Brustbein** | | | |
| Brennen hinter dem Brustbein und im Magen, Aufstoßen von Luft oder saurem Mageninhalt | Sodbrennen/ Aufstoßen | Seite 328 | **!** ratsam |
| anfallsartige Brustschmerzen, Gefühl der Brustenge, Brennen hinter dem Brustbein, Atemnot bei körperlicher Belastung oder kalter Atemluft | Angina pectoris | Seite 262 und Seite 264 | **!!** dringend notwendig |
| anfallsartiges Gefühl der Brustenge, Druck, Brennen hinter dem Brustbein, eventuell Ausstrahlen des Brustschmerzes in Hals, Schultern und Arme, Übelkeit, Erbrechen, Todesangst | Herzinfarkt | Seite 262 und Seite 266, auch Seite 784 (Atemnot) | **!!!** Notruf veranlassen |
| **Brustschmerzen** | | | |
| Brustschmerzen, bei Kindern bis in den Unterbauch ausstrahlend, Husten, Atemnot, hohes Fieber, Schüttelfrost | Lungenentzündung | Seite 248 | **!!** dringend notwendig |
| stechende Schmerzen in einer Brustkorbseite, Atemnot, Husten | Lungenkollaps | Seite 251 | **!!** dringend notwendig |

| Beschwerden | Mögliche Ursachen | Information und Hilfe | Arztbesuch |
|---|---|---|---|
| **◂ Brustbeschwerden** (siehe auch unter Atembeschwerden und unter Husten) | | | |
| starker, stechender Brustschmerz, besonders im Liegen und beim tiefen Atmen, Fieber, schneller Puls, Atemnot, geschwollene Halsvenen und Beine | Entzündung des Herzbeutels | Seite 272 | !! dringend notwendig |
| Brustschmerzen, Atemnot, Angst, schneller Puls, Husten | Lungenembolie | Seite 250 | !!! Notruf veranlassen |
| **bei Frauen** | | | |
| vor der Monatsblutung Spannungsgefühl und Schmerzen in den Brüsten, ein oder mehrere, weiche oder harte, verschiebbare oder festsitzende Knoten | Mastopathie | Seite 393, auch Seite 744 (Die Brust untersuchen) | ! ratsam |
| Rötung, Schuppung, Juckreiz, Brennen der Brustwarze, Absonderung von Flüssigkeit | Paget-Krebs | Seite 392, auch Seite 744 (Die Brust untersuchen) | !! dringend notwendig |
| Druckschmerz, Überwärmung, Schwellung, Rötung meist einer Brust, Absonderung von Flüssigkeit aus der Brustwarze | Entzündung der Brust | Seite 392 | !! dringend notwendig |
| ein oder mehrere schmerzlose, nicht verschiebbare Knoten oder Verhärtungen in einer Brust | Brustkrebs | Seite 393, auch Seite 744 (Die Brust untersuchen) | !! dringend notwendig |
| **Depression** (siehe unter Niedergeschlagenheit, Depression) | | | |
| **Durchfall** (siehe auch unter Bauchschmerzen und unter Blähungen) | | | |
| mehr als drei Stuhlgänge pro Tag, ungeformter, wäßriger oder breiartiger Stuhl | psychische Belastung, Streß, ungewohntes Klima, exotische Kost | Seite 342 (Durchfall), auch Seite 750 (Hausapotheke) | ! ratsam, wenn der Durchfall länger als drei Tage anhält |
| – Durchfall, eventuell blutig-schleimig, Bauchschmerzen, Übelkeit, Erbrechen, schneller Pulsschlag | – schwere Magen-Darm-Infektion | – Seite 537 und Seite 370 (bei Kindern), auch Seite 545 (Durchfall unterwegs) | !! dringend notwendig |
| – mit Kopfschmerzen, Fieber und Benommenheit | – Salmonelleninfektionen | – Seite 544 | |
| – mit auffälligen, »stehenden« Hautfalten, eventuell Schielen | – Lebensmittelvergiftung | – Seite 536 und Seite 795 | !!! Notruf veranlassen |

| Beschwerden | Mögliche Ursachen | Information und Hilfe | Arztbesuch |
|---|---|---|---|
| Durchfall, Übelkeit, Erbrechen nach dem Essen, Atemnot | Nahrungsmittelallergie | Seite 528 | **!!** dringend notwendig<br>**!!!** Notruf veranlassen bei Atemnot |
| Durchfall, eventuell mit Blut vermischt, Krämpfe im Unterbauch links, leichte Fieberschübe | Crohn-Krankheit | Seite 345 | **!!** dringend notwendig |
| ungewöhnlich häufig Durchfall im Wechsel mit Verstopfung, Austritt von Stuhl, wenn Winde abgehen, eventuell Blut im Stuhl | Dickdarmkrebs | Seite 346 | **!!** dringend notwendig |

## Durst, starker

| Beschwerden | Mögliche Ursachen | Information und Hilfe | Arztbesuch |
|---|---|---|---|
| Ausscheidung von großen Urinmengen täglich, Müdigkeit, Abgeschlagenheit, Gewichtsabnahme, schlecht heilende Infekte, Juckreiz | Diabetes mellitus (Zuckerkrankheit) | Seite 501 bis 503 | **!!** dringend notwendig |
| Ausscheidung von überdurchschnittlich großen Urinmengen täglich, die Nachtruhe muß durch Trinken und Toilettengang mehrmals unterbrochen werden | Diabetes insipidus | Seite 505 | **!!** dringend notwendig |
| häufiges Wasserlassen, Übelkeit und Erbrechen, Verdauungsbeschwerden, Knochenschmerzen, depressive Verstimmung | Überfunktion der Nebenschilddrüsen | Seite 496 | **!!** dringend notwendig |

## Erbrechen

(siehe unter Übelkeit, Erbrechen)

## Eßstörungen

| Beschwerden | Mögliche Ursachen | Information und Hilfe | Arztbesuch |
|---|---|---|---|
| (vor allem bei Mädchen und jungen Frauen) Verzicht auf Essen beziehungsweise Versuche, Essen schnellstmöglich wieder loszuwerden, Untergewicht, Angst, dicker zu werden | Magersucht (Anorexia nervosa) | Seite 224 | **!** ratsam |
| (bei Mädchen und jungen Frauen) Heißhunger, unkontrolliertes Essen bis zum totalen Völlegefühl, dann Erbrechen, starke Schuldgefühle | Eß-Brech-Sucht (Bulimie) | Seite 225 | **!** ratsam |

| Beschwerden | Mögliche Ursachen | Information und Hilfe | Arztbesuch |
|---|---|---|---|
| **Fieber** | | | |
| **erhöhte Temperatur oder leichtes Fieber (bis 38,5 °Celsius)** | | | |
| allgemeines Unwohlsein, Frösteln, Fließschnupfen, eventuell Halsschmerzen, Husten | Erkältung, grippaler Infekt | Seite 245 | **!** ratsam bei anhaltenden Beschwerden |
| Unwohlsein, Fieber, schmerzhaft geschwollenes Gelenk, eventuell vorangegangener Harnwegs-, Hals- oder Darminfekt | Gelenkentzündung | Seite 433 | **!!** dringend notwendig |
| leichtes Fieber, grippeartige Beschwerden, Abgeschlagenheit, Druckschmerz unter dem rechten Rippenbogen, Widerwillen gegen Fett, Alkohol und Nikotin | Leberentzündung | Seite 354 | **!!** dringend notwendig |
| häufig fiebrige Infekte, Müdigkeit, Blässe, Nachtschweiß, eventuell geschwollene Lymphknoten, Druckgefühl im linken Oberbauch, Neigung zu blauen Flecken und kleineren Hautblutungen | Leukämie | Seite 294 und Seite 297 (bei Kindern) | **!!** dringend notwendig |
| **plötzlich einsetzendes hohes Fieber (ab 39 °Celsius), Schüttelfrost** | | | |
| anhaltend hohes Fieber, Schüttelfrost, Schwäche | allgemeines Anzeichen für eine schwere Infektion | Seite 532 | **!!** dringend notwendig |
| Fieber, Halsschmerzen, stechende Schluckbeschwerden, in die Ohren ausstrahlend, dunkel geröteter Rachen, eventuell mit gelben Belägen | Angina | Seite 244 und Seite 254 (bei Kindern) | **!** ratsam, wenn das Fieber länger als zwei Tage anhält |
| Fieber, Schüttelfrost, Kopf- und Gliederschmerzen, Schwindel, Reizhusten, Brennen im Rachen, Schmerzen hinter dem Brustbein | Grippe | Seite 542 | **!!** dringend notwendig |
| hohes Fieber, eventuell Schüttelfrost, Atemnot, Husten, Brustschmerzen, rostbrauner Auswurf | Lungenentzündung | Seite 248 | **!!** dringend notwendig |
| – hohes Fieber, Atemnot, Herzjagen, eventuell Schüttelfrost<br>– mit starkem Brustschmerz, besonders im Liegen, geschwollene Halsvenen und Beine | – Entzündung der Herzinnenhaut<br>– Entzündung des Herzbeutels | – Seite 272<br>– Seite 272 | **!!** dringend notwendig |

| Beschwerden | Mögliche Ursachen | Information und Hilfe | Arztbesuch |
|---|---|---|---|
| regelmäßige oder unregelmäßige Fieberschübe bis über 40 °Celsius, Schüttelfrost, Kopfschmerzen, manchmal Durchfall und Erbrechen | Malaria | Seite 554 | **!!** dringend notwendig |
| hohes, zeitweilig absinkendes Fieber, Schüttelfrost, Verwirrtheit, Erbrechen, Durchfall, eventuell rötlich-bläuliche Streifen an Armen oder Beinen | Blutvergiftung | Seite 536 | **!!!** Notruf veranlassen |
| **Abgeschlagenheit, Mattigkeit, hohes Fieber** | | | |
| Lymphknotenschwellungen hinter dem Ohr und im Nacken, Rötung, Schwellung der Rachenmandeln, eventuell gelblich-weiße Beläge | Pfeiffer-Drüsenfieber | Seite 543 | **!!** dringend notwendig |
| eventuell Schüttelfrost, Schmerzen beim Wasserlassen, Rückenschmerzen, Brechreiz | Nierenbecken-entzündung | Seite 367 | **!!** dringend notwendig |
| Übelkeit, Erbrechen, Kopfschmerzen und Bewußtseinstrübung, zusammen mit Nackensteifigkeit und anderen Symptomen | Erkrankungen des Gehirns oder der Gehirnhäute | Seite 192/193 | **!!!** Notruf veranlassen |
| **bei Kindern** | | | |
| leichtes Fieber, Unwohlsein, zartrosa bis hellroter Ausschlag | Röteln | Seite 560 | **!** ratsam |
| Fieber um 38 °Celsius, zunächst stark juckende Flecken, dann rote Bläschen und Krusten | Windpocken | Seite 558 | **!** ratsam |
| Husten, Schnupfen, Lichtscheu, Fieber bis 40 °Celsius, weiße Punkte auf der Mundschleimhaut, dunkelroter Hautausschlag | Masern | Seite 560/561 | **!** ratsam |
| grippeähnliche Beschwerden mit Fieber, bellender Husten aus dem Schlaf heraus | Pseudokrupp | Seite 557 | **!!** dringend notwendig |
| plötzlich einsetzendes hohes Fieber, Schüttelfrost, Halsschmerzen, geschwollene Mandeln, erst weiß belegte, dann himbeerrote Zunge, feinfleckiger, leuchtendroter Hautausschlag | Scharlach | Seite 556 | **!!** dringend notwendig |

| Beschwerden | Mögliche Ursachen | Information und Hilfe | Arztbesuch |
|---|---|---|---|
| **Füße, schmerzende** (siehe unter Bein- und Fußschmerzen) | | | |
| **Gehstörungen** | | | |
| vorgebeugtes Gehen mit kleinen Schritten, rhythmisches Zittern der Hände, verlangsamte Bewegungen und Kraftlosigkeit | Parkinson-Krankheit | Seite 205 | **!!** dringend notwendig |
| unsicherer, breitbeiniger Gang, Schwanken im Sitzen und Stehen, Zittern beim Versuch, etwas zu greifen | Durchblutungsstörung oder Entzündung des Gehirns, Vergiftungen, Medikamenten- oder Alkoholmißbrauch | Seite 206 (Schädigung des Kleinhirns) | **!!** dringend notwendig |
| plötzlich einsetzende Gehstörung, zusammen mit Lähmung oder Gefühlsstörung, meist einseitig, Seh-, Sprach- oder Schluckstörung möglich | Schlaganfall | Seite 190 und Seite 198/199 | **!!!** Notruf veranlassen |
| **Gewichtsveränderungen** (siehe auch unter Eßstörungen) | | | |
| **Gewichtsverlust** | | | |
| Abmagerung, unklare Störungen des Allgemeinbefindens | Bandwürmer | Seite 348 | **!** ratsam |
| grundloser Gewichtsverlust, unerklärliche Abnahme der Leistungsfähigkeit | eine Krebserkrankung | Seite 582 | **!!** dringend notwendig |
| trotz gutem Appetit Gewichtsverlust, außerdem schneller Puls, Herzjagen, Händezittern, innere Unruhe, Erregbarkeit | Überfunktion der Schilddrüse | Seite 495 | **!!** dringend notwendig |
| starker Durst, Ausscheidung großer Urinmengen, Müdigkeit, Abgeschlagenheit, schlecht heilende Infekte, Juckreiz | Diabetes mellitus (Zuckerkrankheit) | Seite 501 bis Seite 503 | **!!** dringend notwendig |
| **Gewichtszunahme** | | | |
| das Körpergewicht überschreitet den normalen Durchschnitt erheblich | übermäßiges Essen | Seite 510 (Übergewicht/Fettsucht), auch Seite 712 bis Seite 721 (Gesund essen mit Genuß) | **!** ratsam, um den allgemeinen Gesundheitszustand festzustellen und sich ärztlich beraten zu lassen |

| Beschwerden | Mögliche Ursachen | Information und Hilfe | Arztbesuch |
|---|---|---|---|
| gesteigerter Appetit, Fettansatz im Gesicht und am Rumpf, Muskelschwäche, »Schwangerschaftsstreifen« am Bauch und am Gesäß | Cushing-Syndrom | Seite 498 | **!!** dringend notwendig |
| trotz Appetitmangel Gewichtszunahme, außerdem allgemeine Verlangsamung, Müdigkeit, Konzentrations- und Gedächtnisschwäche, gesteigerte Kälteempfindlichkeit | Unterfunktion der Schilddrüse | Seite 495 | **!!** dringend notwendig |

## Gleichgewichtsstörungen

(siehe unter Schwindel, Gleichgewichtsstörungen)

## Halsschmerzen, Schluckbeschwerden ▸

(siehe auch unter Aufstoßen)

**(meist) ohne Fieber**

| Beschwerden | Mögliche Ursachen | Information und Hilfe | Arztbesuch |
|---|---|---|---|
| Brennen im Hals, Halsschmerzen, die bis in die Ohren ausstrahlen können, Schluckbeschwerden, Hustenreiz, eventuell Heiserkeit bis Stimmverlust | – Rachenentzündung<br>– Kehlkopfentzündung | – Seite 244<br>– Seite 246, auch Seite 245 (Die Erkältung) | **!** ratsam bei anhaltenden Beschwerden |
| – Brennen in Mund und Rachen, Schluckbeschwerden, gerötete Mundschleimhaut mit Bläschen, die später aufplatzen<br>– oder mit leuchtendweißen Pünktchen und Flecken, die bluten, wenn man sie ablöst | – Mundschleimhautentzündung<br>– Mundsoor | – Seite 326<br>– Seite 325 | **!** ratsam |
| Schluckbeschwerden, brennende Zunge, entzündete Mundwinkel, Blässe, schneller Puls, Müdigkeit, Atemnot bei Belastung | Blutarmut (Anämie) | Seite 292 (Eisenmangelanämie) | **!** ratsam |
| dicker Hals, Kloß- oder Druckgefühl, eventuell Schluckbeschwerden, Atemnot | Kropfbildung infolge von Jodmangel | Seite 494 | **!** ratsam |
| schmerzhaft geschwollene Speicheldrüsen am Unterkiefer oder an den Ohren, Schluckbeschwerden | Speicheldrüsenerkrankungen | Seite 327 | **!** ratsam bei anhaltenden Beschwerden |
| ziehende Schmerzen am Hals, Schwellungen, Vergrößerung der Schilddrüse möglich | chronische Schilddrüsenentzündung | Seite 496 | **!!** dringend notwendig |

| Beschwerden | Mögliche Ursachen | Information und Hilfe | Arztbesuch |
|---|---|---|---|
| **◂ Halsschmerzen, Schluckbeschwerden** (siehe auch unter Aufstoßen) | | | |
| Schluckbeschwerden, Druckgefühl im Kehlkopf, länger andauernde Heiserkeit, Räusperzwang, Reizhusten | Kehlkopftumor | Seite 246 | **!!** dringend notwendig |
| starke Schluckbeschwerden, Heiserkeit, Atemnot | Zuschwellen des Rachenraums als Folge einer allergischen Reaktion | Seite 242 (Kehldeckelschwellung) und Seite 522 (Akute Gefäßschwellung) | **!!!** Notruf veranlassen |
| **mit Fieber** | | | |
| Halsschmerzen, stechende Schluckbeschwerden, in die Ohren ausstrahlend, Fieber, dunkel geröteter Rachen, eventuell mit gelben Belägen | Angina, Mandelentzündung | Seite 244 und Seite 254 (bei Kindern) | **!** ratsam, wenn das Fieber länger als zwei Tage anhält |
| zunächst ausgeprägtes Krankheitsgefühl und Fieber, dann Schmerzen am Hals, die bis zum Kiefer und den Ohren ausstrahlen können, Berührungsempfindlichkeit der Schilddrüse | Schilddrüsenentzündung | Seite 495 | **!!** dringend notwendig |
| Fieber bis 39 °Celsius, Lymphknotenschwellungen hinter dem Ohr und im Nacken, Rötung, Schwellung der Rachenmandeln, eventuell gelblich-weiße Beläge | Pfeiffer-Drüsenfieber | Seite 543 | **!!** dringend notwendig |
| **bei Kindern** | | | |
| schmerzhafte Schwellungen vor den Ohren und über dem Kiefergelenk, Ohrenschmerzen, manchmal Fieber | Entzündung der Ohrspeicheldrüsen | Seite 559 (Mumps) | **!** ratsam, vor allem bei starken Ohrenschmerzen |
| plötzlich einsetzendes hohes Fieber, Schüttelfrost, Halsschmerzen, geschwollene Mandeln, erst weiß belegte, dann himbeerrote Zunge, feinfleckiger, leuchtendroter Hautausschlag | Scharlach | Seite 556 | **!!** dringend notwendig |
| geschwollene Gaumenmandeln, mit gräulich-weißlichen Belägen, süßlicher Mundgeruch, Schluckbeschwerden, Heiserkeit, bellender Husten | Diphtherie | Seite 556 | **!!** dringend notwendig |

| Beschwerden | Mögliche Ursachen | Information und Hilfe | Arztbesuch |
|---|---|---|---|
| **Hautausschlag ▸** (siehe auch unter Hautverfärbung) | | | |
| **ohne Juckreiz** | | | |
| gelblichbraune Flecken mit kleieartiger Schuppung | Kleieflechte | Seite 458 | ! ratsam |
| rote Flecken, Knötchen, Pusteln, Äderchen auf Wangen, Nase, Stirn und Kinn | Kupferfinne | Seite 467 | ! ratsam |
| scharf begrenzte, rundliche, gerötete Herde mit silbrigweißen Schuppen, bevorzugt an Ellenbogen, Knien, behaartem Kopf und Rumpf | Schuppenflechte (Psoriasis) | Seite 470 | ! ratsam |
| zuerst hellroter Fleck, meist am seitlichen Rumpf, Tage bis Wochen später schuppender Ausschlag an Rumpf, Armen und Beinen | Röschenflechte (Pityriasis rosea) | Seite 472 | ! ratsam |
| rote Flecken, rasch platzende Bläschen oder Blasen, honiggelbe Krusten | Eiterflechte | Seite 454 | !! dringend notwendig |
| **mit Schmerzen** | | | |
| halbseitiger, »gürtelförmiger« Ausschlag mit Bläschen, brennende Schmerzen | Gürtelrose (Zoster) | Seite 457 | !! dringend notwendig |
| **mit Juckreiz** | | | |
| zahlreiche Quaddeln, »Beulen« | Wanzen, Milben | Seite 460/461 | ! ratsam |
| zahlreiche hellrote Flecken oder »Beulen« mit sichtbarem Einstich | Flöhe | Seite 460 | ! ratsam |
| nässende Hautveränderungen mit Schuppen und Krusten auf dem Kopf | Kopfläuse | Seite 460 | ! ratsam |
| Rötung, Quaddeln und Veränderung der Hautfarbe | Kleiderläuse | Seite 460 | ! ratsam |
| graublaue Flecken, vor allem in den Achsel- und Schamhaaren | Filzläuse | Seite 460 | ! ratsam |
| Rötungen, Entzündungsherde, Gänge in der Haut | Krätzemilben | Seite 461 | ! ratsam |
| Hautrötung mit nässenden Stellen zwischen den Zehen, Schuppung, Einrisse und vermehrte Verhornung unter der Fußsohle | Fußpilz | Seite 458 | ! ratsam |

| Beschwerden | Mögliche Ursachen | Information und Hilfe | Arztbesuch |
|---|---|---|---|
| **◂ Hautausschlag** (siehe auch unter Hautverfärbung) | | | |
| runde bis ovale Herde, am Rand rot und erhaben, schuppend | Hautpilz | Seite 459 | ! ratsam |
| geröteter Hautbereich, nässend, schuppend, mit weißlich-gelblichen Pusteln | Infektion mit dem Hefepilz Candida albicans | Seite 459 | ! ratsam |
| rote Flecken, Knötchen, Schuppenbildung, Nässen nach Sonnenbestrahlung | Sonnenallergie | Seite 529 | ! ratsam |
| Rötung und Schwellung der Haut sowie Bläschenbildung, Nässen, Schuppen- und Krustenbildung nach dem Kontakt mit aggressiven Chemikalien, wiederholtem Kontakt mit hautreizenden Stoffen oder infolge einer Allergie auf verschiedene Stoffe, die man berührt | – akutes toxisches Ekzem<br>– Abnutzungsekzem<br>– allergisches Kontaktekzem | Seite 462 (Hautentzündungen) und Seite 526 | ! ratsam |
| trockene, gerötete Haut, Schuppen- und Knötchenbildung, Hautverdickungen vor allem an Nacken, Ellenbogen, Kniekehlen | Neurodermitis | Seite 526 | !! dringend notwendig |
| – Hautrötung, stark juckende Quaddeln, eventuell mit Fließschnupfen, Niesanfällen<br>– mit Anschwellen von Lippen, Zunge, Augenlidern, Kehlkopfbereich, Atemnot, Kollaps | allergische Reaktion auf Nahrungs- und Arzneimittel, Tierhaare oder andere Stoffe | – Seite 518 bis Seite 531 (Allergien)<br>– Seite 522 (Akute Gefäßschwellung, Anaphylaktischer Schock) | !! dringend notwendig<br>!!! Notruf veranlassen |
| **bei Kindern** | | | |
| zartrosa bis hellroter Ausschlag, leichtes Fieber, Unwohlsein | Röteln | Seite 560 | ! ratsam |
| feinfleckige, schmetterlingsförmige Hautrötung auf den Wangen, die meist juckt | Ringelröteln | Seite 560 | ! ratsam |
| zunächst stark juckende Flecken, Fieber um 38 °Celsius, dann rote Bläschen und Krusten | Windpocken | Seite 558 | ! ratsam |
| Husten, Schnupfen, Lichtscheu, Fieber bis 40 °Celsius, weiße Punkte auf der Mundschleimhaut, dunkelroter Hautausschlag | Masern | Seite 560/561 | ! ratsam |

| Beschwerden | Mögliche Ursachen | Information und Hilfe | Arztbesuch |
|---|---|---|---|
| plötzlich einsetzendes hohes Fieber, Schüttelfrost, Halsschmerzen, geschwollene Mandeln, erst weiß belegte, dann himbeerrote Zunge, feinfleckiger, leuchtendroter Hautausschlag | Scharlach | Seite 556 | **!!** dringend notwendig |
| (bei Säuglingen) Rötung, Bläschen, Nässen, Krusten, Juckreiz in dem Hautbereich, der von Windeln bedeckt ist | Windeldermatitis | Seite 463 | **!!** dringend notwendig |
| (bei Säuglingen) schuppende, gelbliche, zum Teil nässende Flecken am Kopf und im Gesicht | Milchschorf, Säuglingsekzem | Seite 526 (Neurodermitis) | **!!** dringend notwendig |

## Hautblutungen

| Beschwerden | Mögliche Ursachen | Information und Hilfe | Arztbesuch |
|---|---|---|---|
| – punktförmige Hautblutungen, Hautausschlag, lange Blutung nach Verletzungen, Nasenbluten, verlängerte Monatsblutung<br>– bei Kindern nach einem Infekt der Atmungsorgane oder einer Darmgrippe | – Verminderung der Zahl der Blutplättchen<br>– akute Werlhof-Krankheit | – Seite 295<br>– Seite 296/297 | **!!** dringend notwendig |
| flächige Hautblutungen und Blutergüsse schon bei geringsten Einwirkungen von außen, häufig Nasenbluten, Blutung in Gelenken | Bluterkrankheit | Seite 296 | **!!** dringend notwendig |
| Neigung zu blauen Flecken und kleineren Hautblutungen, Müdigkeit, Nachtschweiß, Blässe, häufige Infekte, eventuell geschwollene Lymphknoten | Leukämie | Seite 294/295 und Seite 297 (bei Kindern) | **!!** dringend notwendig |

## Hautgeschwüre

| Beschwerden | Mögliche Ursachen | Information und Hilfe | Arztbesuch |
|---|---|---|---|
| am Gesäß und in der Kreuzbeinregion (zum Beispiel nach längerer Bettlägerigkeit) oder an anderen Stellen, die durch länger anhaltenden Druck nicht mehr genügend durchblutet werden | Wundliegen | Seite 469, auch Seite 758 (Besondere Tips für die Langzeitpflege) | **!!** dringend notwendig |
| Geschwür am Unterschenkel oder Fuß | Durchblutungsstörungen | Seite 480 (Diabetischer Fuß), auch Seite 283 (Unterschenkelgeschwür) | **!!** dringend notwendig |

| Beschwerden | Mögliche Ursachen | Information und Hilfe | Arztbesuch |
|---|---|---|---|
| **Hautknoten, Geschwülste, Schwellungen und Warzen** | | | |
| **Knoten und Geschwülste** | | | |
| schmerzhafter, geröteter Knoten | Haarbalgentzündung (Furunkel) | Seite 454 und Seite 183 | !! dringend notwendig bei einem Nasen- oder Oberlippenfurunkel |
| »brettharte«, sehr schmerzhafte Hautfläche, eventuell Fieber und Lymphknotenschwellung | Entzündung mehrerer Haarbälge (Karbunkel) | Seite 454 und Seite 183 | ! ratsam |
| flach-erhabene, rötlich-bläuliche Knötchen mit spiegelnder Oberfläche, auf den Schleimhäuten feine weiße, netzförmige Zeichnung, Juckreiz | Knötchenflechte (Lichen ruber) | Seite 471 | ! dringend notwendig |
| weiche, bläuliche oder hautfarbene Knoten zusammen mit hellbraunen Pigmentflecken | Recklinghausen-Krankheit (Neurofibromatose) | Seite 471 | !! dringend notwendig |
| rauhe, leicht verletzliche Hornauflagerungen, gelbgrau bis bräunlich | Aktinische Keratosen | Seite 476 | !! dringend notwendig |
| warzige, bräunliche Kruste, darunter harter, schmerzloser, rötlicher Knoten | Stachelzellenkrebs | Seite 476 | !! dringend notwendig |
| braun-schwarzer Knoten, der sich neu oder aus einem Leberfleck entwickelt | schwarzer Hautkrebs (Melanom) | Seite 477, auch Seite 744 (Hautveränderungen beobachten) | !! dringend notwendig |
| wachsartige Geschwulst mit feinen Äderchen, umgeben von perlschnurartig aufgereihten Knötchen | Basalzellenkrebs | Seite 477 | !! dringend notwendig |
| **Schwellungen** | | | |
| prall-elastische »Buckel« der Haut, einzeln oder zahlreich | Fettgewebsgeschwülste | Seite 475 | ! ratsam |
| schmerzhafte Schwellung, Rötung und Überwärmung eines umschriebenen Hautbereichs, Fieber und Krankheitsgefühl möglich | – Abszeß<br>– Wundrose<br>– Phlegmone | – Seite 454<br>– Seite 452<br>– Seite 455 | !! dringend notwendig |
| knotenartige Schwellungen hinter dem Ohr, im Nacken, manchmal auch in den Achselhöhlen und den Leisten, eventuell Fieber | vergrößerte Lymphknoten | Seite 302 (Lymphome) | !! dringend notwendig |

| Beschwerden | Mögliche Ursachen | Information und Hilfe | Arztbesuch |
|---|---|---|---|
| eindrückbare, weiche Schwellung an Nabel, Leiste oder Oberschenkel, tritt meist beim Heben oder Husten auf | Bruch (Leistenbruch, Nabelbruch und andere) | Seite 439 (Muskellücke mit Bruch) | ! ratsam<br>!! dringend notwendig bei starken Schmerzen |
| **Warzen** | | | |
| ein oder mehrere hautfarbene Knötchen mit einer Delle in der Mitte, stecknadel- bis erbsengroß | Dellwarzen | Seite 456 | ! ratsam |
| ein oder mehrere scharf begrenzte, graugelbliche Knötchen mit rauher, zerklüfteter Oberfläche | gemeine Warzen | Seite 456 | ! ratsam |
| hellbraune bis schwarze Hautveränderungen, flach-erhaben, möglicherweise mit zerklüfteter Oberfläche | Alterswarzen | Seite 475, auch Seite 744 (Hautveränderungen beobachten) | ! ratsam, um abzusichern, daß es sich nicht um einen schwarzen Hautkrebs (Melanom) handelt |
| hautfarbene, blumenkohl- oder hahnenkammartige Gebilde im Genital- und Analbereich | Feigwarzen | Seite 456 | !! dringend notwendig |

## Hautprobleme, allgemeine

| Beschwerden | Mögliche Ursachen | Information und Hilfe | Arztbesuch |
|---|---|---|---|
| fette, glänzende Haut und strähnige Haare | vermehrter Talgfluß | Seite 466 | |
| fette Haut an Stirn, Nase und Kinn, »Mitesser« im Gesicht und am oberen Rücken, entzündete rote oder eitrige Knoten | Akne | Seite 466 | ! ratsam bei mittelschwerer bis schwerer Akne |
| wellige Fettpölsterchen an Hüften, Oberschenkeln, Gesäß und Bauch | Cellulite (Orangenhaut) | Seite 473 | |

## Hautverfärbung ▸

(siehe auch unter Hautausschlag)

| Beschwerden | Mögliche Ursachen | Information und Hilfe | Arztbesuch |
|---|---|---|---|
| **Flecken, Streifen oder Flächen** | | | |
| (bei Säuglingen) weiche, schwammartige Flächen, sattrot oder bläulich-violett | Blutschwämmchen | Seite 475 | ! ratsam |
| anfänglich bläulich-rote, später weißliche, streifige »Verdünnungen« der Haut | hormonelle Veränderungen in der Pubertät oder in der Schwangerschaft, aber auch infolge einer Behandlung mit Kortison | Seite 473 (Schwangerschaftsstreifen) | ! ratsam, wenn die Hautveränderungen außerhalb von Pubertät und Schwangerschaft auftreten |

| Beschwerden | Mögliche Ursachen | Information und Hilfe | Arztbesuch |
|---|---|---|---|
| **◂ Hautverfärbung** (siehe auch unter Hautausschlag) | | | |
| hell- bis dunkelbraune Flecken, stecknadel- bis handflächengroß | Leberflecken | Seite 474, auch Seite 744 (Hautveränderungen beobachten) | ! auf jeden Fall ratsam, wenn ein Leberfleck neu entsteht oder sich verändert |
| braun-schwarzer Fleck, der sich neu oder aus einem Leberfleck entwickelt | schwarzer Hautkrebs (Melanom) | Seite 477, auch Seite 744 (Hautveränderungen beobachten) | !! dringend notwendig |
| bevorzugt am Gesäß oder Kreuzbein blau-rote Flecken, graue oder gelbliche Gebiete | Wundliegen | Seite 469, auch Seite 758 (Besondere Tips für die Langzeitpflege) | ! ratsam |
| – kleine, sternförmige Gefäße mit rotem Knötchen in der Mitte<br>– zusätzlich Hautrötungen an Händen und Füßen | – Neubildung von Blutgefäßen<br>– Leberzirrhose | – Seite 474 (Spinnennävi)<br>– Seite 356 | ! ratsam<br>!! dringend notwendig |
| langsam wachsende, in der Mitte verblassende Hautrötung, die sich unter Umständen großflächig ausbreitet | Infektion mit Lyme-Borreliose durch einen Zeckenbiß | Seite 193 | !! dringend notwendig |
| – nach langem Aufenthalt in der Kälte an Ohren, Nasenspitze, Fingern oder Zehen blasse, gefühllose Haut, nach Erwärmung rot, geschwollen und heiß, Juckreiz<br>– violette Verfärbung der Haut, Blasenbildung, starke Schmerzen<br>– weiße, brüchige Haut, nach Erwärmung blauschwarz verfärbt, gefühllos | – Erfrierung ersten Grades<br>– Erfrierung zweiten Grades<br>– Erfrierung dritten Grades | Seite 170, Seite 465 und Seite 793 | !! dringend notwendig bei einer Erfrierung zweiten oder dritten Grades |
| schwärzliche, lederartige Eintrocknung des Gewebes am Fuß oder Unterschenkel | Durchblutungsstörung | Seite 480 (Diabetischer Fuß) | !! dringend notwendig |
| rötlich-bläuliche Streifen an Armen oder Beinen, hohes Fieber, Schüttelfrost, Verwirrtheit, Erbrechen, Durchfall | Blutvergiftung | Seite 536 | !!! Notruf veranlassen |
| **am ganzen Körper** | | | |
| sehr helle Haut, weiße bis gelbliche Haare | Albinismus | Seite 472 | ! ratsam |
| Gelbfärbung der Augenbindehaut, der Schleimhäute und der Haut | Gelbsucht | Seite 354 | !! dringend notwendig |

| Beschwerden | Mögliche Ursachen | Information und Hilfe | Arztbesuch |
|---|---|---|---|
| **Heiserkeit** (siehe auch unter Halsschmerzen, Schluckbeschwerden) | | | |
| vorübergehende Heiserkeit | Überlastung der Stimmbänder | Seite 246 (Heiserkeit) | |
| Brennen im Hals und Trockenheitsgefühl, Husten, Heiserkeit bis hin zum Stimmverlust, eventuell Halsschmerzen, Unwohlsein | Kehlkopfentzündung | Seite 246, auch Seite 245 (Die Erkältung) | ! ratsam bei anhaltenden Beschwerden |
| länger andauernde Heiserkeit, Räusperzwang, Reizhusten, Schluckbeschwerden, Druckgefühl im Kehlkopf | Kehlkopftumor | Seite 246 | !! dringend notwendig |
| schmerzlos wachsender, nicht verschiebbarer Knoten, langsame Zunahme des Halsumfangs, Vergrößerung der Lymphknoten am Hals | Schilddrüsenkrebs | Seite 496 | !! dringend notwendig |
| **Herzbeschwerden** (siehe auch unter Atembeschwerden und unter Brustbeschwerden) | | | |
| unregelmäßige Herzschläge, eventuell Schwindel, Ohnmacht | – Nervosität, Unruhe<br>– Herz- oder Schilddrüsenerkrankung | Seite 268 (Herzstolpern) | ! ratsam, wenn das Herzstolpern häufiger auftritt |
| sehr schneller Herzschlag, Schwindel, Ohnmacht, mitunter Atemnot, Brustenge | – körperliche Anstrengung<br>– Herzrhythmusstörung | Seite 268 (Herzjagen) und Seite 262 (Schwere Herzrhythmusstörungen) | !! dringend notwendig, wenn das Herzjagen ohne Grund auftritt<br>!!! Notruf veranlassen bei stärkeren Beschwerden |
| verlangsamter Herzschlag, Blässe, Schwindel, Atemnot, Brustenge, Ohnmacht | Herzrhythmusstörung | Seite 269 (Herzblock) | !! dringend notwendig, wenn der Pulsschlag sich bei Anstrengung nicht erhöht |
| **Hodenveränderungen ▸** | | | |
| **Schwellungen oder Knoten ohne Schmerzen** | | | |
| schmerzlose Geschwulst | Wasserbruch | Seite 415 | ! ratsam |
| schmerzlose Schwellung oder tastbarer derber Knoten (vor allem bei Kindern und jungen Erwachsenen) | Hodentumor | Seite 415, auch Seite 743 (Krebs frühzeitig erkennen) | !! dringend notwendig |

| Beschwerden | Mögliche Ursachen | Information und Hilfe | Arztbesuch |
|---|---|---|---|
| **◂ Hodenveränderungen** | | | |
| **Schwellungen oder Knoten mit Schmerzen** | | | |
| weiche, strangförmig tastbare Geschwulst, ziehender Schmerz | Krampfaderbruch | Seite 415 | **!** ratsam |
| Schwellung und starke, in den Unterbauch ausstrahlende Schmerzen | – Entzündung/Abszeß des Hodens oder Nebenhodens<br>– Hodenwendung | Seite 412 (Hodenschwellung) und Seite 415 (Nebenhodenentzündung) | **!!** dringend notwendig |
| **bei Kindern** | | | |
| ein oder beide Hoden sind zeitweise/dauerhaft nicht im Hodensack tastbar | Hodenhochstand | Seite 406 | **!** ratsam |
| **Hörstörungen, Schwerhörigkeit** | | | |
| **plötzlich einsetzend oder innerhalb kurzer Zeit stärker werdend** | | | |
| Schwerhörigkeit beiderseits und Ohrgeräusche nach einem einmaligen oder wiederholten lauten Geräusch | Schädigung der Sinneszellen im Innenohr | Seite 172 (Schwerhörigkeit durch Lärm) | **!** ratsam |
| Schwerhörigkeit, stechender Schmerz, Druck und Völlegefühl im Ohr | Verschluß der Ohrtrompete | Seite 173 | **!** ratsam |
| Sausen, Brummen, Pfeifen oder Rauschen im Ohr | psychische Belastung, Streß, Erkrankungen des Ohrs, Kreislaufstörungen | Seite 174 (Ohrgeräusche) | **!** ratsam |
| plötzliche, meist einseitige Schwerhörigkeit, Gefühl von Watte im Ohr | Durchblutungsstörung im Ohr | Seite 168 (Akuter Hörverlust/Hörsturz) | **!!** dringend notwendig |
| Schwerhörigkeit und Druckgefühl | – Fremdkörper im Ohr<br>– Ohrenschmalzpfropfen | – Seite 168<br>– Seite 170 | **!!** dringend notwendig, um die Ursache abzuklären |
| – Schwerhörigkeit, stechender Schmerz<br>– zusätzlich Klopfen im Ohr, allgemeines Krankheitsgefühl | – Verletzung des Trommelfells<br>– akute Mittelohrentzündung | – Seite 174<br>– Seite 173 | **!!** dringend notwendig |
| einseitige Schwerhörigkeit, Ohrgeräusche mit anfallsartigem Drehschwindel, Übelkeit, Erbrechen, Durchfall, unwillkürliche Augenbewegungen | Ménière-Krankheit | Seite 175 | **!!** dringend notwendig |

| Beschwerden | Mögliche Ursachen | Information und Hilfe | Arztbesuch |
|---|---|---|---|
| **sich langsam entwickelnd** | | | |
| ein- oder beidseitige Schwerhörigkeit mit Ohrenlaufen | chronische Mittelohrentzündung | Seite 173 | **!** ratsam |
| – ein- oder beidseitige Schwerhörigkeit, Ohrgeräusche<br>– Taubheit | Erkrankungen des äußeren Gehörgangs, des Mittelohrs, des Innenohrs oder des Hörnervs | Seite 176 (Schwerhörigkeit), auch Seite 177 (Was man über Hörgeräte wissen sollte) und Seite 176 (Taubheit) | **!** ratsam |
| einseitige Hörminderung, Ohrgeräusche, leichter Schwindel | Akustikusneurinom | Seite 175 | **!!** dringend notwendig |

## Husten ▸

| Beschwerden | Mögliche Ursachen | Information und Hilfe | Arztbesuch |
|---|---|---|---|
| – Husten, Wundgefühl hinter dem Brustbein mit Erkältungsbeschwerden<br>– zusätzlich Fieber, Schüttelfrost, Atemnot | – akute Bronchitis<br>– Lungenentzündung | – Seite 247<br>– Seite 248 | **!** ratsam<br>**!!** dringend notwendig |
| Husten mit viel Auswurf über länger andauernde Zeit, »brummender« Atem | chronische Bronchitis | Seite 247 | **!** ratsam |
| Reizhusten, Heiserkeit bis hin zum Stimmverlust, trockener Hals, eventuell Halsschmerzen | Kehlkopfentzündung | Seite 246 | **!** ratsam |
| anfallsartiges Husten, Kurzatmigkeit, erschwerte, pfeifende Ausatmung, Brustenge | Asthma bronchiale | Seite 522, Seite 525, Seite 247 und Seite 784 (Atemnot) | **!!** dringend notwendig<br>**!!!** Notruf veranlassen bei anhaltender Atemnot |
| Aushusten von hellrotem oder dunklem Blut | geplatzte Blutgefäße in den Atemwegen | Seite 242 und Seite 322 | **!!** dringend notwendig<br>**!!!** Notruf veranlassen bei anhaltenden Beschwerden |
| Husten, Nachtschweiß, Appetitlosigkeit, Fieber, eventuell blutiger Auswurf | Lungentuberkulose | Seite 252 | **!!** dringend notwendig |
| nicht enden wollende Erkältungsbeschwerden mit Husten, Atemnot, Brustschmerzen | Lungenkrebs | Seite 252 | **!!** dringend notwendig |
| nächtlicher Reizhusten, Atemnot, Herzjagen, Blauverfärbung der Lippen, eventuell geschwollene Knöchel und Beine, häufiges nächtliches Wasserlassen | Herzschwäche | Seite 262 und Seite 270 | **!!** dringend notwendig<br>**!!!** Notruf veranlassen bei plötzlich auftretenden Beschwerden |

| Beschwerden | Mögliche Ursachen | Information und Hilfe | Arztbesuch |
|---|---|---|---|
| **◂ Husten** | | | |
| **bei Kindern** | | | |
| anfangs trockener Husten, auch nachts, dann Hustenanfälle, Atemnot, Erbrechen | Keuchhusten | Seite 557 | **!!** dringend notwendig |
| bellender Husten, aus dem Schlaf heraus, grippeähnliche Beschwerden mit Fieber | Pseudokrupp | Seite 557 | **!!** dringend notwendig |
| **Juckreiz** | | | |
| **auf der Haut** (siehe unter Hautausschlag mit Juckreiz) | | | |
| **im Anal- und Genitalbereich** | | | |
| Juckreiz am After, eventuell Scheidenentzündung | Madenwürmer | Seite 348 (Würmer) | **!** ratsam |
| Juckreiz am After, Schmerzen beim Stuhlgang, hellrotes Blut auf dem Stuhl, eventuell Entleerung von eitrigem Sekret aus kleinen Öffnungen am After | – Hämorrhoiden<br>– Analfissuren, Analfisteln | – Seite 349<br>– Seite 349 | **!** ratsam |
| (bei Frauen) Jucken und Brennen der Schamlippen, schmerzhaftes Nässen und Rötung der Haut | Pilzinfektion | Seite 386 (Juckreiz der Schamlippen) | **!** ratsam |
| **Kopfschmerzen, Schmerzen im Gesicht** | | | |
| **wiederholt auftretende Kopfschmerzen** | | | |
| dumpf-drückende Kopfschmerzen, Verspannung der Nacken- und Schultermuskulatur | psychische Belastung, Streß | Seite 213, auch Seite 749 (Hausapotheke) | **!** ratsam |
| morgendliche Schmerzen im Hinterkopf, Schwindel, Ohrensausen, innere Unruhe, Herzklopfen, Nasenbluten | Bluthochdruck | Seite 280 | **!** ratsam |
| anfallsartige Kopfschmerzen, die Stunden bis Tage anhalten können, Sehstörungen, Übelkeit, Erbrechen, Überempfindlichkeit gegenüber Licht und Geräuschen | Migräne | Seite 213 | **!!** dringend notwendig bei ungewöhnlichem Verlauf der Migräneattacke |

| Beschwerden | Mögliche Ursachen | Information und Hilfe | Arztbesuch |
|---|---|---|---|
| **erstmals auftretende Kopfschmerzen** | | | |
| Kopfschmerzen, allgemeines Unwohlsein, eventuell Fieber | Anzeichen einer Erkältungskrankheit | Seite 245 | **!** ratsam bei anhaltenden Beschwerden |
| über längere Zeit Kopfschmerzen, Erbrechen, Müdigkeit, Sehstörungen, epileptische Anfälle, Lähmungen möglich | Gehirntumor | Seite 203 | **!!** dringend notwendig zur Abklärung der Ursache |
| starke bis sehr starke Kopfschmerzen, Nackensteifigkeit, Übelkeit, Bewußtseinsstörung | – Gehirnhautentzündung (Meningitis)<br>– FSME<br>– Blutung unter die weiche Gehirnhaut | – Seite 192<br>– Seite 193<br>– Seite 199 | **!!!** Notruf veranlassen |
| Fieber, grippeähnliche Symptome, Kopfschmerzen, Nackensteifigkeit, Bewußtseinstrübung | Gehirnentzündung (Enzephalitis) | Seite 192 | **!!!** Notruf veranlassen |
| starke Kopfschmerzen, Erbrechen, zunehmende Bewußtseinsstörung | Gehirnabszeß | Seite 192 | **!!!** Notruf veranlassen |
| Kopfschmerzen sofort oder später nach einem Unfall, Wunde oder Bluterguß am Kopf, eventuell Blutung aus Ohr und Nase | Schädel-Hirn-Verletzung | Seite 190 und Seite 791 (Kopfverletzung) | **!!!** Notruf veranlassen |
| bei großer Hitze und/oder langer Sonnenbestrahlung Kopfschmerzen, Schwindel, Erbrechen, eventuell Bewußtlosigkeit | – Hitzschlag<br>– Sonnenstich | Seite 789 | **!!!** Notruf veranlassen |
| **Schmerzen im Gesicht** | | | |
| heftigste, elektrisierende Schmerzattacken bei Berührung oder durch Bewegungen | Trigeminusneuralgie | Seite 210 (Nervenschmerzen) | **!!** dringend notwendig |

## Krämpfe

| Beschwerden | Mögliche Ursachen | Information und Hilfe | Arztbesuch |
|---|---|---|---|
| schlagartig einsetzende, sehr heftige Muskelschmerzen, bei Belastung oder häufig nachts | Muskelkrämpfe | Seite 438 | **!** ratsam bei anhaltenden Beschwerden |
| Kribbeln in Händen, Füßen und um den Mund, schmerzhafte Muskelkrämpfe, »Pfötchenstellung« der Hände, Schwindel | tetanischer Anfall infolge von Kalziummangel oder sehr raschen Atmens | Seite 492 | **!!!** Notruf veranlassen, wenn der Zustand sich nicht rasch bessert |
| Bewußtseinsstörung, plötzliches Hinstürzen, Verkrampfung, dann Zuckungen am ganzen Körper | epileptischer Anfall (großer Krampfanfall) | Seite 190 und Seite 202 | **!!!** Notruf veranlassen |

| Beschwerden | Mögliche Ursachen | Information und Hilfe | Arztbesuch |
|---|---|---|---|
| **Kribbeln, Taubheitsgefühl** | | | |
| plötzlich heftiger Schmerz in der Lendenwirbelsäule (»Hexenschuß«) mit starker Bewegungseinschränkung, Taubheitsgefühl, Schmerzen in den Beinen | Bandscheibenvorwölbung | Seite 436 (Abnutzung der Wirbelsäule) und Seite 437 (Hexenschuß und Ischias) | **!** ratsam |
| Schmerz, Kribbeln, Taubheit, Schwäche, Lähmung, Abnahme der Muskeln in umgrenztem Bereich | Schädigung einzelner Nerven | Seite 210 | **!!** dringend notwendig |
| Kribbeln, Taubheit, Schwäche, Lähmung, Abnahme der Muskeln an mehreren Stellen gleichzeitig | Polyneuropathie | Seite 211 | **!!** dringend notwendig |
| Kribbeln und schmerzhafte Empfindungsstörungen in Händen und Füßen, Zungenbrennen, Müdigkeit, Leistungsminderung | Blutarmut (Anämie) | Seite 293 (Anämie durch Vitamin-$B_{12}$- und Folsäuremangel) | **!!** dringend notwendig |
| Empfindungsstörungen wie Taubheit oder Ameisenlaufen in den Gliedmaßen, Lähmungen mit erhöhter Muskelspannung, Gleichgewichtsstörungen | Multiple Sklerose | Seite 195 | **!!** dringend notwendig |
| plötzlich einsetzendes Taubheitsgefühl in Gesicht, Arm oder Bein, Seh-, Sprach- oder Schluckstörungen möglich | Schlaganfall | Seite 190 und Seite 198/199 | **!!!** Notruf veranlassen |
| **Lähmungen, Muskelschwäche** (siehe auch unter Kribbeln, Taubheitsgefühl) | | | |
| **plötzlich einsetzend** | | | |
| plötzlich heftiger Schmerz in der Hals- oder Lendenwirbelsäule, Empfindungsausfälle, Lähmungen und Schmerzen, die in Arme und Beine ausstrahlen | Bandscheibenvorfall, Ischialgie | Seite 436 und Seite 437 (Hexenschuß und Ischias) | **!!** dringend notwendig |
| plötzlich einsetzende Lähmung in Gesicht, Arm oder Bein, Seh-, Sprach- oder Schluckstörungen möglich | Schlaganfall | Seite 190 und Seite 198/199 | **!!!** Notruf veranlassen |
| Lähmungen nach einem Unfall, Sturz oder Schlag mit Wunde oder Bluterguß am Kopf, eventuell Blutung aus Ohr und Nase | Schädel-Hirn-Verletzung | Seite 190 und Seite 791 (Kopfverletzung) | **!!!** Notruf veranlassen |

| Beschwerden | Mögliche Ursachen | Information und Hilfe | Arztbesuch |
|---|---|---|---|
| **allmählich einsetzend** | | | |
| Schmerz, Kribbeln, Taubheit, Schwäche, Lähmung, Abnahme der Muskeln in umgrenztem Bereich | Schädigung einzelner Nerven | Seite 210 | **!!** dringend notwendig |
| Kribbeln, Taubheit, Schwäche, Lähmung, Abnahme der Muskeln an mehreren Stellen gleichzeitig | Polyneuropathie | Seite 211 | **!!** dringend notwendig |
| anfangs Kribbeln und schmerzhafte Empfindungsstörungen in Händen und Füßen, Leistungsminderung, später Lähmungen | Blutarmut (Anämie) | Seite 293 (Anämie durch Vitamin-$B_{12}$- und Folsäuremangel) | **!!** dringend notwendig |
| zunehmende Lähmungen verbunden mit Schmerzen im Rücken, Empfindungsstörungen sowie Störung der Darm- und Blasenkontrolle | Rückenmarkstumor | Seite 203 | **!!** dringend notwendig |
| Lähmungen mit erhöhter Muskelspannung, Empfindungsstörungen, Gleichgewichtsstörungen | Multiple Sklerose | Seite 195 | **!!** dringend notwendig |
| zunehmende Muskelschwäche, beginnend an den Händen und den Unterschenkeln mit leichten Muskelzuckungen, zunehmende Schluckstörungen, verwaschene Sprache | – Muskelschwund (amyotrophe Lateralsklerose)<br>– Myasthenie | – Seite 206<br>– Seite 439 | **!!** dringend notwendig |

## Magenbeschwerden

(siehe unter Bauchschmerzen)

## Monatsblutung ▸

| | | | |
|---|---|---|---|
| trotz Pubertät keine Monatsblutung, Ausbleiben der Monatsblutung länger als drei Monate | – seelische Gründe<br>– Schwangerschaft<br>– Erkrankungen der Eierstöcke<br>– Hormonstörungen<br>– Magersucht<br>– Schilddrüsenerkrankungen<br>– Diabetes mellitus (Zuckerkrankheit)<br>– Überproduktion des Hormons Prolaktin | Seite 383 (Ausbleiben der Monatsblutung) | **!** ratsam |

| Beschwerden | Mögliche Ursachen | Information und Hilfe | Arztbesuch |
|---|---|---|---|
| **◂ Monatsblutung** | | | |
| vor der Monatsblutung Beschwerden wie Wassereinlagerungen, vor allem in Brüsten, Händen, Füßen und Bauch, Rückenschmerzen, Kopfschmerzen, Schlafstörungen, Blähungen oder Verstopfung, Stimmungsschwankungen | Prämenstruelles Syndrom | Seite 382 | **!** ratsam bei stärkeren Beschwerden |
| unregelmäßige Monatsblutung | Funktionsstörungen der Eierstöcke | Seite 388 | **!** ratsam |
| Schmierblutung, kürzer als drei Tage, weniger als zwei Binden/Tampons täglich | – fehlender Eisprung<br>– Antibabypille<br>– Wechseljahre | Seite 383 (schwache oder starke Blutungen) | **!** ratsam |
| starke Blutung, länger als sieben Tage, mehr als sechs vollgesogene Binden/Tampons täglich, krampfartige Schmerzen | – Hormonstörung<br>– Myome<br>– Tragen einer Spirale<br>– Entzündungen<br>– Endometriose<br>– Gebärmutter(hals)-krebs | Seite 380 (überstarke Monatsblutung) und Seite 383 (schwache oder starke Blutungen) | **!!** dringend notwendig |

## Mund- und Zungenbeschwerden

| Beschwerden | Mögliche Ursachen | Information und Hilfe | Arztbesuch |
|---|---|---|---|
| **Lippen, Mundhöhle und Zunge allgemein** | | | |
| Bläschen am Mund mit Juckreiz und Spannungsgefühl, bräunliche Borken | Fieberbläschen (Herpes simplex) | Seite 457 | **!** ratsam bei schwerer Form |
| Furchen und Risse auf der Zunge, dunkle, haarartige Verlängerungen der Hauterhebungen auf dem Zungenrücken, verschiedene Beläge | Verletzungen der Zunge, zu weiche Nahrung, eventuell eine Infektion | Seite 324 (Veränderungen der Zungenoberfläche) | **!** ratsam bei anhaltenden Beschwerden oder bei einem Knoten |
| schmerzhafte Schwellung der Speicheldrüsen | Entzündung oder Steine in den Speichelgängen | Seite 327 (Speicheldrüsenerkrankungen) | **!** ratsam bei anhaltenden Beschwerden |
| weiße Flecken mit rauher Oberfläche auf der Schleimhaut, kleine Knoten, Verhärtungen auf der Zunge, nichtheilende Wunde auf der Zunge | Krebs in der Mundhöhle | Seite 327 | **!!** dringend notwendig |
| starker Mundgeruch nach Azeton, Übelkeit, Erbrechen | erste Anzeichen des diabetischen Komas | Seite 501 (Diabetes mellitus Typ I) | **!!!** Notruf veranlassen |

| Beschwerden | Mögliche Ursachen | Information und Hilfe | Arztbesuch |
|---|---|---|---|
| **mit Brennen von Mundschleimhaut oder Zunge** | | | |
| glatte, gerötete Zungenoberfläche, eventuell Schwellung | Zungenentzündung | Seite 324 | **!** ratsam bei anhaltenden Beschwerden |
| – Brennen in Mund und Rachen, Schluckbeschwerden, gerötete Mundschleimhaut mit Bläschen<br>– oder mit weißen Pünktchen und Flecken, die beim Ablösen bluten | – Mundschleimhautentzündung<br>– Mundsoor | – Seite 326<br>– Seite 325 | **!** ratsam |
| – Zungenbrennen, Schluckbeschwerden, schneller Puls, Müdigkeit, Blässe<br>– zusammen mit Kribbeln, schmerzhaften Empfindungsstörungen in Händen und Füßen | Blutarmut (Anämie) | – Seite 292 (Eisenmangelanämie)<br>– Seite 293 (Anämie durch Vitamin-$B_{12}$- und Folsäuremangel) | **!** ratsam<br>**!!** dringend notwendig |

## Muskelschwäche

(siehe unter Lähmungen, Muskelschwäche)

## Nackensteifigkeit

| Beschwerden | Mögliche Ursachen | Information und Hilfe | Arztbesuch |
|---|---|---|---|
| Spannungsgefühl, tastbare Verhärtung der Muskeln | Muskelverspannungen | Seite 438 | |
| starke Kopfschmerzen, Bewußtseinstrübung, zusätzlich Fieber, Übelkeit und Erbrechen, epileptische Anfälle möglich | – Gehirnhautentzündung<br>– Gehirnentzündung<br>– FSME | – Seite 192<br>– Seite 192<br>– Seite 193 | **!!!** Notruf veranlassen |

## Nagelveränderungen

| Beschwerden | Mögliche Ursachen | Information und Hilfe | Arztbesuch |
|---|---|---|---|
| gelbliche, bräunliche oder grünliche Verfärbung des Nagels | Nagelpilz | Seite 482 | **!** ratsam |
| Rötung und Schwellung der Finger- oder Zehenspitze | Fremdkörper unter dem Nagel | Seite 483 (Nagelverletzungen) | **!** ratsam |
| Rötung, Schwellung, Schmerzen unter oder um den Nagel herum | – Nagelbett- oder Nagelwallentzündung<br>– eingewachsener Nagel | – Seite 482<br>– Seite 483 | **!** ratsam |
| bläulich-schwärzliche Blutansammlung unter dem Nagel mit Schmerzen | Bluterguß | Seite 483 (Nagelverletzungen) | **!** ratsam |
| bläulich-schwärzliche Verfärbung unter dem Nagel ohne eine Verletzung | schwarzer Hautkrebs | Seite 483 (Nagelverletzungen, Selbsthilfe) | **!!** dringend notwendig |

| Beschwerden | Mögliche Ursachen | Information und Hilfe | Arztbesuch |
|---|---|---|---|
| **Nase, verstopfte/laufende** (siehe auch unter Blutungen) | | | |
| behinderte Nasenatmung | Nasenpolypen | Seite 181/182 | ! ratsam |
| wäßrig-schleimiger Ausfluß, Niesreiz, gerötete, geschwollene Nasenschleimhaut | Schnupfen/Nasennebenhöhlenentzündung | Seite 182, auch Seite 748 (Hausapotheke) | |
| wäßriger Fließschnupfen, Niesanfälle, Augentränen, Augenjucken, Juckreiz in Nase und Mund, eventuell zusammen mit Hautausschlag, Atemnot, Asthma-Anfall, Schwellungen | – Heuschnupfen<br>– Tierhaarallergie<br>– Hausstauballergie<br>– Insektenstichallergie<br>– Schimmelpilzallergie<br>– Arzneimittelallergie | – Seite 524<br>– Seite 531<br>– Seite 530<br>– Seite 531<br>– Seite 530<br>– Seite 528 | !! dringend notwendig |
| **Niedergeschlagenheit, Depression** | | | |
| depressive Verstimmung bei Mädchen und Frauen einige Tage vor der Monatsblutung | Prämenstruelles Syndrom | Seite 382 | |
| tiefe Verzweiflung, wiederholt Selbstmordgedanken und -äußerungen | Gefühl der Ausweglosigkeit | Seite 216 (Suizidgefährdung) | ! ratsam, vor allem eine psychotherapeutische Behandlung |
| Verlust von Lebensfreude, Gefühl der Gefühllosigkeit, Angst und Unruhe, Störung von Konzentration, Ausdauer und Antrieb | Depression | Seite 228 | !! dringend notwendig |
| **Ohnmacht, Bewußtlosigkeit** | | | |
| kurzzeitiger Verlust des Bewußtseins, der sich durch Schwindel, Übelkeit, Schwarzwerden vor den Augen ankündigt | Mangeldurchblutung des Gehirns, zum Beispiel durch schlechte Luft, langes Stehen | Seite 281 (Niedriger Blutdruck) und Seite 785 | ! ratsam bei wiederholten Ohnmachten |
| länger andauernder tiefschlafähnlicher Zustand, aus dem der Betroffene nicht zu wecken ist | Bewußtseinsstörung, Erkrankung von Herz, Kreislauf oder Lunge | Seite 785 | !!! Notruf veranlassen |
| **Ohrenschmerzen** | | | |
| leichte Schmerzen, Juckreiz, Ausfluß oder Schüppchenbildung | Gehörgangsekzem | Seite 171 | ! ratsam |
| starke Schmerzen, vergrößerte Lymphknoten vor oder hinter der Ohrmuschel | Gehörgangsfurunkel | Seite 171 | ! ratsam |

| Beschwerden | Mögliche Ursachen | Information und Hilfe | Arztbesuch |
|---|---|---|---|
| – stechender Schmerz und Schwerhörigkeit<br>– zusätzlich Druck und Völlegefühl im Ohr | – Verletzung des Trommelfells<br>– Verschluß der Ohrtrompete | – Seite 174<br>– Seite 173 | !! dringend notwendig |
| stechender Schmerz und Klopfen im Ohr, Schwerhörigkeit, allgemeines Krankheitsgefühl | akute Mittelohrentzündung | Seite 173 | !! dringend notwendig |
| (vor allem bei Kindern) schmerzhafte Schwellungen vor den Ohren und über dem Kiefergelenk, Ohrenschmerzen | Entzündung der Ohrspeicheldrüsen | Seite 559 (Mumps) | ! ratsam, vor allem bei starken Ohrenschmerzen |
| **Penisveränderungen**<br>(siehe auch unter Wasserlassen, Probleme beim) | | | |
| Juckreiz und Schmerzen unter der Vorhaut, eventuell geschwürige Hautveränderungen | – Entzündung des Penis<br>– wenn die Veränderung nicht abheilt, möglicherweise Peniskrebs | Seite 414 (Entzündungen/Geschwülste am Penis) | !! dringend notwendig |
| schmerzhaftes Anschwellen der Eichel bei zurückgestreifter Vorhaut | Spanischer Kragen (Paraphimose) | Seite 412 | !! dringend notwendig |
| **bei Säuglingen** | | | |
| die Penisvorhaut ist nicht über die Eichel zurückzuschieben, dünner Harnstrahl | Phimose (Vorhautenge) | Seite 406 | ! ratsam |
| der Harnstrahl ist abgelenkt, eventuell schürzenförmig herabhängende Vorhaut und gekrümmter Penis | die Harnröhre endet nicht auf, sondern vor der Eichel (Hypospadie) | Seite 406 | ! ratsam |
| **Rückenbeschwerden ▸** | | | |
| Rückenschmerzen nach langem Sitzen oder Stehen | Haltungsschwäche, Bewegungsmangel | Seite 438 (Muskelverspannungen) | ! ratsam bei anhaltenden Beschwerden |
| Schiefhaltung des Rumpfes, eventuell sichtbarer Buckel | seitliche Verdrehung der Wirbelsäule | Seite 437 (Skoliose) | ! ratsam |
| Morgensteifigkeit mit Rückenschmerzen, Schonhaltung, Verspannungen der Halswirbelsäule | – Abnutzung der Wirbelsäule<br>– Muskelverspannung | – Seite 436<br>– Seite 438 | ! ratsam bei anhaltenden Beschwerden |
| (meist bei älteren Frauen) Rückenschmerzen, eventuell Ausbildung eines Rundrückens | Knochenschwund (Osteoporose) | Seite 428 | ! ratsam |

| Beschwerden | Mögliche Ursachen | Information und Hilfe | Arztbesuch |
|---|---|---|---|
| **◄ Rückenbeschwerden** | | | |
| – plötzlicher, heftig stechender Schmerz in der Lendenwirbelsäule (»Hexenschuß«) mit starker Bewegungseinschränkung und anhaltenden Rückenschmerzen | – Bandscheibenvorwölbung | – Seite 436 und Seite 437 (Hexenschuß und Ischias) | ! ratsam |
| – zusammen mit Empfindungsausfällen, Lähmungen und Schmerzen, die in Arme und Beine ausstrahlen | – Bandscheibenvorfall, Ischialgie | – Seite 436 | ! dringend notwendig |
| – Schmerzen im Nierenbereich, ausstrahlend in Rücken, Unterbauch und Geschlechtsorgane, Übelkeit, Erbrechen | – Harnabflußstörungen<br>– Nierensteine | – Seite 366<br>– Seite 366 | !! dringend notwendig |
| – zusätzlich Schmerzen beim Wasserlassen, Fieber | – Nierenbeckenentzündung | – Seite 367 | |
| (bei Männern) Schmerzen in der Wirbelsäule und im Becken, häufiges, schmerzhaftes Wasserlassen, nächtlicher Harndrang | Prostatakrebs | Seite 417 | !! dringend notwendig |
| **bei Kindern und Jugendlichen** | | | |
| Rückenschmerzen, Hohlkreuz, Rundrücken, hängende Schultern | schlechte Haltung | Seite 444 (Haltungsschäden) | ! ratsam |
| Rückenschmerzen, Schiefstand von Schultern und Becken, eventuell Hinken | – Fehlstellung der Hüfte<br>– Beinlängendifferenz | – Seite 443<br>– Seite 444 | ! ratsam |
| Ausbildung eines Rundrückens, manchmal Rückenschmerzen | Scheuermann-Krankheit | Seite 444 | ! ratsam |
| **Schlafstörungen** | | | |
| gestörtes Einschlafen oder Durchschlafen, frühes Erwachen, tagsüber Müdigkeit, Kraftlosigkeit und Reizbarkeit | psychische Belastung, Schlafapnoe (kurze Atemstillstände) oder Depression | Seite 226/227 | ! ratsam bei stärkeren, länger andauernden Schlafstörungen |
| **Schluckbeschwerden** (siehe unter Halsschmerzen und unter Aufstoßen) | | | |
| **Schulterschmerzen** (siehe unter Arm-, Hand- und Schulterschmerzen) | | | |

| Beschwerden | Mögliche Ursachen | Information und Hilfe | Arztbesuch |
|---|---|---|---|
| **Schwangerschaft** | | | |
| morgendliches Erbrechen, Stimmungsschwankungen | hormonelle Veränderungen | Seite 51 | ! ratsam bei starken Beschwerden |
| Rückenschmerzen, schwere Beine | zunehmendes Gewicht | Seite 56 (Hilfe für Rücken und Beine) | ! ratsam bei starken Beschwerden |
| Juckreiz und Brennen an Schamlippen und Scheide, häufiges Wasserlassen, verstärkter, unangenehm riechender Ausfluß | Scheiden- oder Blaseninfektion | Seite 396 | !! dringend notwendig |
| überdurchschnittlich starke Gewichtszunahme und Zunahme des Bauchumfangs | Diabetes mellitus (Zuckerkrankheit) | Seite 396, auch Seite 503 | !! dringend notwendig |
| starke Gewichtszunahme und Wassereinlagerungen in Beinen und Händen, relativ kleiner Bauchumfang, Kopfschmerzen, Flimmern vor den Augen | Bluthochdruck | Seite 397 (Schwangerschaftshochdruck) | !! dringend notwendig |
| der Bauch bleibt relativ flach, das Gewicht steigt nur mäßig an | Veränderungen am Mutterkuchen | Seite 398 | !! dringend notwendig |
| Schmierblutung, Ziehen im Unterbauch in den ersten zwei Dritteln der Schwangerschaft | erste Zeichen einer Fehlgeburt | Seite 394 | !!! Notruf veranlassen |
| **vorzeitige Wehen, vorzeitiger Blasensprung** | | | |
| vor der 32. Woche Ziehen und Krämpfe im Unterbauch häufiger als sechsmal am Tag, danach häufiger als zweimal die Stunde | meist körperliche und/oder psychische Belastungen | Seite 398 | !! dringend notwendig |
| tröpfchenweise oder im Schwall abgehende klare, milchige, hellrosa oder grünliche Flüssigkeit | vorzeitiger Blasensprung | Seite 398 | !! dringend notwendig |
| Blutungen, Blasensprung, Wehen vor der 37. Schwangerschaftswoche | Frühgeburt | Seite 394 | !!! Notruf veranlassen |
| **Schwindel, Gleichgewichtsstörungen ▸** | | | |
| Schwindel, Ohrensausen, Unruhe, morgendliche Schmerzen im Hinterkopf | Bluthochdruck | Seite 280 | ! ratsam |
| Schwindel, Schwarzwerden vor den Augen beim Aufstehen aus dem Sitzen oder Liegen | niedriger Blutdruck | Seite 281 | ! ratsam |

| Beschwerden | Mögliche Ursachen | Information und Hilfe | Arztbesuch |
|---|---|---|---|
| **◂ Schwindel, Gleichgewichtsstörungen** | | | |
| anfallsartiger Drehschwindel mit Übelkeit, Erbrechen, Durchfall, einseitiger Schwerhörigkeit, unwillkürlichen Augenbewegungen | Ménière-Krankheit | Seite 175 | **!!** dringend notwendig |
| nach einem Unfall, Sturz oder Schlag auf den Kopf Schwindelanfälle, Kopfschmerzen, Übelkeit, Leistungsminderung über einige Tage | Gehirnerschütterung | Seite 196 | **!!** dringend notwendig |
| sehr schneller oder sehr langsamer Herzschlag, Ohnmacht | schwere Herzrhythmusstörungen | Seite 262 | **!!!** Notruf veranlassen |
| **Sehstörungen** (siehe auch unter Augenbeschwerden) | | | |
| **plötzlich einsetzend** | | | |
| meist einseitig, gelegentlich mit Schwindel | akute Durchblutungsstörung der Netzhaut | Seite 157 | **!!** dringend notwendig |
| kleine, sich bewegende schwarze Punkte meist vor einem Auge, Lichtblitze, Schatten- oder Schleiersehen | Netzhautablösung | Seite 158 | **!!** dringend notwendig |
| heftige Augen- und Kopfschmerzen, Rötung, harter Augapfel | akutes Glaukom | Seite 150 (Glaukomanfall) | **!!** dringend notwendig |
| Einschränkung des Gesichtsfelds | Schlaganfall | Seite 190 und Seite 198/199 | **!!!** Notruf veranlassen |
| **sich langsam entwickelnd** | | | |
| (bei älteren Menschen) gerade Linien erscheinen verzerrt | Durchblutungsstörung der Netzhautmitte | Seite 157 | **!!** dringend notwendig |
| zunehmende Blendempfindlichkeit, eventuell Zunahme einer Kurzsichtigkeit oder Abnahme einer Weit- oder Alterssichtigkeit, meist beidseitig | Grauer Star (Katarakt) | Seite 156 | **!!** dringend notwendig |
| Einschränkung des Gesichtsfeldes, eventuell Sehen von Farbkränzen um Lichtquellen | Grüner Star (Glaukom) in fortgeschrittenem Stadium | Seite 156 | **!!** dringend notwendig |
| schwankendes Sehvermögen, langsam fortschreitende Sehverschlechterung | Diabetes mellitus (Zuckerkrankheit) | Seite 159 | **!!** dringend notwendig |
| Schleier vor einem Auge, Doppelbilder | Multiple Sklerose | Seite 195 | **!!** dringend notwendig |

| Beschwerden | Mögliche Ursachen | Information und Hilfe | Arztbesuch |
|---|---|---|---|
| **Fehlstellung der Augen** | | | |
| eventuell Wahrnehmen von Doppelbildern und schlechteres Sehvermögen auf einem Auge, Kopfschmerzen | Schielen | Seite 161 | **!** ratsam |
| **Fehlsichtigkeit** | | | |
| unscharfes Sehen in bestimmten Entfernungen, Kopfschmerzen, gelegentlich Schielen | Kurz, Weit- oder Alterssichtigkeit | Seite 162 (Fehlsichtigkeit) | **!** ratsam |
| verzerrtes Sehen, Punkte erscheinen als unscharfe Linien | Stabsichtigkeit (Astigmatismus) | Seite 162 (Fehlsichtigkeit) | **!** ratsam |
| bestimmte Farben werden unzureichend oder falsch wahrgenommen (häufig die Farben Rot und Grün) | Farbfehlsichtigkeit | Seite 162 | **!** ratsam |
| schlechtes bis fehlendes Sehvermögen in Dämmerung und Dunkelheit | Nachtblindheit | Seite 163 | **!!** dringend notwendig bei Autofahrern |

## Sexuelle Probleme

| Beschwerden | Mögliche Ursachen | Information und Hilfe | Arztbesuch |
|---|---|---|---|
| Lustlosigkeit und Schwierigkeiten, zum Orgasmus zu kommen | meist psychische Gründe, selten organische Ursachen | Seite 38 (Sexualität und Partnerschaft), Seite 40 (Wenn die Lust Pause macht), Seite 386 (Scheidenkrampf) und Seite 414 (Erektionsstörungen) | **!** ratsam, wenn organische Ursachen ausgeschlossen werden sollen |

## Sodbrennen

(siehe unter Aufstoßen, Sodbrennen)

## Sprach- und Sprechstörungen ▸

| Beschwerden | Mögliche Ursachen | Information und Hilfe | Arztbesuch |
|---|---|---|---|
| Sprachstörung beziehungsweise Verlust der Sprechfähigkeit zusammen mit Lähmungen in Gesicht, Arm oder Bein, zusätzlich eventuell Schluck- oder Sehstörungen | Schlaganfall | Seite 190 und Seite 198/199 | **!!!** Notruf veranlassen |
| Sprachstörungen, trockener Mund, Schielen, eventuell Erbrechen, Durchfall | Lebensmittelvergiftung | Seite 536 (Botulismus) | **!!!** Notruf veranlassen |

| Beschwerden | Mögliche Ursachen | Information und Hilfe | Arztbesuch |
|---|---|---|---|
| **◂ Sprach- und Sprechstörungen** | | | |
| **bei Kindern** | | | |
| häufig unterbrochener Redefluß durch Wiederholen oder Dehnen von Lauten, Silben oder Wörtern | Stottern | Seite 232 | **!** ratsam, wenn das Stottern über längere Zeit auftritt |
| Schwierigkeiten beim Verstehen und beim Sprechen, nur einfache, kurze Sätze können gebildet werden | Lernschwierigkeiten | Seite 233, auch Seite 70 (Hinweise auf Störungen in der Sprachentwicklung) | **!** ratsam |
| Sprechen, Lernen, Anpassungsfähigkeit und soziales Verhalten gestört, geringe Selbständigkeit | Intelligenzminderung | Seite 234 | **!** ratsam |
| Sprechen und Lernen erschwert oder nicht möglich, kaum Kontakt mit der Umwelt, Veränderungen der gewohnten Umgebung lösen Wut oder Angst aus | frühkindlicher Autismus | Seite 234 | **!!** dringend notwendig |
| **Stuhlveränderungen** (siehe auch unter Durchfall) | | | |
| hellrotes Blut auf dem Stuhl mit Juckreiz am After, Schmerzen beim Stuhlgang | – Hämorrhoiden<br>– Analfissuren | – Seite 349<br>– Seite 349 | **!** ratsam |
| – Blut und Schleim im Stuhl<br>– mit Durchfällen und krampfartigen Bauchschmerzen, schnellem Puls und Benommenheit<br>– zusätzlich eventuell Fieber | – Polypen im Dickdarm<br>– schwere Magen-Darm-Infektion<br>– geschwürige Dickdarmentzündung<br>– Crohn-Krankheit | – Seite 346<br>– Seite 537 und Seite 545 (Durchfall unterwegs)<br>– Seite 345<br>– Seite 345 | **!!** dringend notwendig |
| schwarzer, auffallend riechender Stuhl, Magenschmerzen direkt nach dem Essen, eventuell Übelkeit und Bluterbrechen | Magengeschwür | Seite 336 | **!!** dringend notwendig |
| Blut im Stuhl, Änderung der Stuhlgewohnheiten, häufig Durchfall im Wechsel mit Verstopfung, Austritt von Stuhl, wenn Winde abgehen, Müdigkeit | Dickdarmkrebs | Seite 346 | **!!** dringend notwendig |
| schwarzer Stuhl oder rotes Blut auf dem Stuhl, eventuell Erbrechen von Blut, Blässe, Schwäche, Schwindel | Magen-Darm-Blutung | Seite 332 | **!!!** Notruf veranlassen |

| Beschwerden | Mögliche Ursachen | Information und Hilfe | Arztbesuch |
|---|---|---|---|
| **Taubheitsgefühl** (siehe unter Kribbeln, Taubheitsgefühl) | | | |
| **Übelkeit, Erbrechen ▸** | | | |
| **unabhängig vom Essen** | | | |
| Übelkeit und Erbrechen von Speisebrei oder Schleim | Aufregung, Nervosität, Nebenwirkung eines Medikaments | | |
| flaues Gefühl im Magen, Schwindel, Erschöpfung | niedriger Blutdruck | Seite 281 | **!** ratsam bei anhaltenden Beschwerden |
| morgendliches Erbrechen, Stimmungsschwankungen | Schwangerschaft | Seite 51 | **!** ratsam bei starken Beschwerden |
| Übelkeit, Erbrechen, Durchfall, schneller Puls, eventuell Fieber und Benommenheit | – schwere Magen-Darm-Infektion<br>– Salmonelleninfektion | – Seite 537<br>– Seite 544 | **!!** dringend notwendig |
| Erbrechen von hellrotem oder dunklem Blut | – Magen-Darm-Blutung<br>– Blutung von Krampfadern in der Speiseröhre | – Seite 332<br>– Seite 322 | **!!!** Notruf veranlassen |
| Übelkeit, Erbrechen, Brustenge, Brennen hinter dem Brustbein, eventuell ausstrahlender Schmerz in Schultern und Arme | Herzinfarkt | Seite 266 | **!!!** Notruf veranlassen |
| einseitiger heftiger Schmerz in der Flanke, Übelkeit, Erbrechen | Nierensteinkolik | Seite 362 | **!!!** Notruf veranlassen |
| Erbrechen und heftige, plötzlich einsetzende Bauchschmerzen, eventuell Fieber, schneller Puls | verschiedene, meist lebensbedrohliche Ursachen | Seite 332 (Akuter Bauch) | **!!!** Notruf veranlassen |
| Übelkeit, Brech-Durchfall, Atemnot, Bewußtseinsstörung, Hautveränderungen | Giftstoffe, giftige Dämpfe oder Kontaktgifte, Infektion | Seite 795 (Vergiftungen) und Seite 536 (Blutvergiftung) | **!!!** Notruf veranlassen |
| **mit Kopfschmerzen** | | | |
| Kopfschmerzen, die Stunden bis Tage anhalten, Sehstörungen, Überempfindlichkeit gegenüber Licht und Geräuschen | Migräne | Seite 213, auch Seite 749 (Hausapotheke) | **!!** dringend notwendig bei ungewöhnlichem Verlauf der Migräneattacke |
| nach längerem Aufenthalt in der Sonne Übelkeit, Erbrechen, Schwindel, eventuell hochroter, heißer Kopf, Nackensteifigkeit | Sonnenstich | Seite 789 | **!!** dringend notwendig |

| Beschwerden | Mögliche Ursachen | Information und Hilfe | Arztbesuch |
|---|---|---|---|
| **◂ Übelkeit, Erbrechen** | | | |
| Übelkeit und Erbrechen nach einem Unfall, einem Sturz oder einem Schlag auf den Kopf, Kopfschmerzen sofort oder später, eventuell Blutung aus Ohr oder Nase | Schädel-Hirn-Verletzung | Seite 190 und Seite 791 (Kopfverletzung) | **!!!** Notruf veranlassen |
| Übelkeit, Erbrechen, Kopfschmerzen und Bewußtseinstrübung, zusammen mit Nackensteifigkeit, Fieber und anderen Symptomen | Erkrankungen des Gehirns oder der Gehirnhäute | Seite 192/193 | **!!!** Notruf veranlassen |
| **unmittelbar oder einige Stunden nach dem Essen** | | | |
| Erbrechen nach unkontrollierten Eßanfällen | – Eß-Brech-Sucht<br>– Magersucht | – Seite 225<br>– Seite 224 | **!** ratsam |
| Übelkeit, Aufstoßen, Sodbrennen, Magendrücken, Blähungen, eventuell Erbrechen | – psychische Belastung, Streß<br>– Entzündung der Magenschleimhaut | – Seite 334 (Nervöser Magen)<br>– Seite 334 (Akute Gastritis) | **!** ratsam bei anhaltenden Beschwerden<br>**!!** dringend notwendig |
| Übelkeit, Erbrechen und Bauchschmerzen nach fetten Speisen, eventuell Fieber | – chronische Bauchspeicheldrüsenentzündung<br>– Gallenblasenentzündung | – Seite 359<br>– Seite 358 | **!!** dringend notwendig |
| Brech-Durchfall, schneller Puls, auffällige, »stehende« Hautfalten | Lebensmittelvergiftung | Seite 536 | **!!!** Notruf veranlassen |
| Übelkeit, Erbrechen, Atemnot, Asthma-Anfall, Durchfall, Schwellungen in Mund und Rachen | Nahrungsmittelallergie | Seite 528 | **!!!** Notruf veranlassen |
| **bei Kindern** | | | |
| Übelkeit, Erbrechen | – (bei Säuglingen) zu hastiges Trinken<br>– allgemeines Krankheitszeichen | Seite 370 (Erbrechen bei Kindern) | **!** ratsam bei anhaltenden Beschwerden |
| plötzliches Erbrechen, Durchfall, meist Bauchschmerzen, Nahrungsverweigerung | Magen-Darm-Infektion | Seite 370 (Durchfall bei Kindern) | **!!** dringend notwendig |
| Erbrechen, Atemnot, Hustenanfälle | Keuchhusten | Seite 557 | **!!** dringend notwendig |
| Erbrechen, anfallsartige Bauchschmerzen, Durchfall oder Verstopfung, eventuell Fieber | Blinddarmentzündung | Seite 340 | **!!!** Notruf veranlassen |

| Beschwerden | Mögliche Ursachen | Information und Hilfe | Arztbesuch |
|---|---|---|---|
| **Urinveränderungen**<br>(siehe auch unter Wasserlassen, Probleme beim) | | | |
| – Blut im Urin | – Nierensteine<br>– Entzündung der Filtereinheiten der Niere<br>– Tumoren von Niere und Blase<br>– nach Operationen von Prostata und Blase | – Seite 366<br>– Seite 368<br>– Seite 368<br>– Seite 362 und 417 | **!!** dringend notwendig<br>**!!!** Notruf veranlassen bei starken Blutungen |
| – bei Männern | – gutartige Vergrößerung der Prostata<br>– Prostatakrebs | – Seite 416 (Prostata-Adenom)<br>– Seite 417 | |
| (bei Männern) trüber, blutiger, stark riechender Urin, häufiges, schmerzhaftes Wasserlassen, Blasenkrämpfe, Schmerzen im Damm- und Afterbereich | chronische Entzündung der Prostata | Seite 416 | **!!** dringend notwendig |
| weniger als 0,1 Liter Urin pro Tag | – Harnabflußstörungen<br>– Nierenversagen | – Seite 366<br>– Seite 368/369 | **!!** dringend notwendig<br>**!!!** Notruf veranlassen bei Harnverhalt |
| **Vergeßlichkeit** | | | |
| (ab dem fünften Lebensjahrzehnt) weit über dem Durchschnitt liegendes Nachlassen des Gedächtnisses, anfangs vor allem des Kurzzeitgedächtnisses, Schwierigkeiten, sich in neuen Situationen und unbekannter Umgebung zurechtzufinden, dann auch Probleme mit Alltagsverrichtungen wie Anziehen, Lesen, Schreiben | Demenz, beispielsweise die Alzheimer-Krankheit | Seite 204 | **!** ratsam |
| Verlust von Lebensfreude, Gefühl der Gefühllosigkeit, Grübeln über Themen wie Schuld und Verarmung, Störung von Konzentration und Gedächtnis | Depression | Seite 228 | **!!** dringend notwendig |
| allgemeiner Abbau der geistigen Fähigkeiten, Persönlichkeitsveränderungen, Entwicklung von Wahnvorstellungen | geistiger Abbau durch Alkoholmißbrauch | Seite 201 | **!!** dringend notwendig |

| Beschwerden | Mögliche Ursachen | Information und Hilfe | Arztbesuch |
|---|---|---|---|
| **Verhaltensauffälligkeiten** (siehe auch unter Wahrnehmung, ungewöhnliche) | | | |
| ständiges Wiederholen von Handlungen, zum Beispiel Händewaschen, Putzen, Ordnen von Gegenständen | Zwangsstörung | Seite 224 | **!!** dringend notwendig |
| bizarres oder unangemessenes Verhalten, aufgeregt, überaktiv oder theatralisch, zusammen mit Wahnerleben oder Störungen des Denkens | akute Psychose | Seite 216, auch Seite 228 (Neurose oder Psychose?) | **!!** dringend notwendig |
| Verlust von Lebensfreude, Grübeln über Themen wie Schuld und Verarmung, Angst und Unruhe, Störung von Konzentration, Ausdauer und Antrieb | Depression | Seite 228 | **!!** dringend notwendig |
| extremer Taten- und Rededrang, gehobene Stimmung, beschleunigtes, verworrenes Denken, Gefühl, alles zu schaffen, leichtsinniges Geldausgeben | Manie | Seite 229 | **!!** dringend notwendig |
| Körperhaltung oder Gesichtsausdruck starr, Kurzatmigkeit, Schwitzen, Schimpfen, Drohgebärden, Umsichschlagen | – Überforderung und Überlastung<br>– Alkoholrausch<br>– Manie<br>– paranoide Schizophrenie | – Seite 216 (Erregungszustand)<br>– Seite 200<br>– Seite 229<br>– Seite 230 | **!!!** Notruf veranlassen, wenn der Betroffene sich und andere gefährdet und nicht zu beruhigen ist |
| **bei Kindern** | | | |
| häufige Unterbrechung des Redeflußes durch Wiederholen oder Dehnen von Lauten, Silben oder Wörtern | Stottern | Seite 232 | **!** ratsam, wenn das Stottern über längere Zeit auftritt |
| starker Bewegungsdrang, häufig Reibereien und Streit mit anderen, Ausdauer, Konzentration und Selbstwertgefühl gering | Hyperaktivität (»Zappelphilipp«) | Seite 233 | **!** ratsam bei Problemen in der Schule und im Umgang mit anderen |
| wiederholt plötzliche Bewegungen, Zuckungen oder Laute ohne sichtbaren Zweck | Tic | Seite 232 | **!!** dringend notwendig |
| kaum Kontakt mit der Umwelt, Sprechen und Lernen erschwert oder unmöglich, Veränderungen der gewohnten Umgebung lösen Angst oder Wut aus | frühkindlicher Autismus | Seite 234 | **!!** dringend notwendig |

| Beschwerden | Mögliche Ursachen | Information und Hilfe | Arztbesuch |
|---|---|---|---|
| **Verstopfung** (siehe auch unter Bauchschmerzen) | | | |
| – weniger als drei Darmentleerungen pro Woche, harter Stuhl<br>– zusätzlich aufgeblähter Bauch, schmerzhafte Darmentleerung | – falsche Ernährung, Bewegungsmangel<br>– erweiterter Dickdarm | – Seite 342 und Seite 371 (bei Kindern)<br>– Seite 346 | **!** ratsam bei anhaltender Verstopfung |
| – Verstopfung, eventuell im Wechsel mit Durchfall<br>– zusätzlich Schmerzen meist im linken Unterbauch, eventuell schmerzhafte »Walze« tastbar | – psychische Belastung, Streß<br>– Divertikelentzündung | – Seite 344 (Nervöser Darm)<br>– Seite 344 | **!** ratsam bei anhaltenden Beschwerden<br>**!!** dringend notwendig |
| häufig Verstopfung im Wechsel mit Durchfall, Austritt von Stuhl, wenn Winde abgehen, eventuell Blut im Stuhl, Müdigkeit | Dickdarmkrebs | Seite 346 | **!!** dringend notwendig |
| **Verwirrtheit** (siehe unter Bewußtseinsstörungen) | | | |
| **Wachstums- und Entwicklungsstörungen ▸** | | | |
| **bei Säuglingen** | | | |
| schlechtes Gedeihen nach dem Abstillen, nach der Aufnahme von Fruchtzucker in Obst(säften) oder Milchprodukten Erbrechen, Durchfall, Fieber, Unterzuckerungszustände | – Fruktose-Intoleranz<br>– Laktasemangel | – Seite 515<br>– Seite 343 | **!!** dringend notwendig |
| wenige, langsame Bewegungen, viel Schlaf, selten Stuhlgang, verzögerte Entwicklung | angeborene Unterfunktion der Schilddrüse | Seite 512 | **!!** dringend notwendig, um die Ursache abzuklären |
| **bei Kindern** | | | |
| kaum Kontakt mit der Umwelt, Sprechen und Lernen erschwert oder unmöglich, Veränderungen der gewohnten Umgebung lösen Wut oder Angst aus | frühkindlicher Autismus | Seite 234 | **!!** dringend notwendig |
| die geistigen Fähigkeiten liegen unter dem normalen Durchschnitt, Sprechen, Anpassungsfähigkeit und soziales Verhalten bleiben dauerhaft gestört | Einflüsse während der Schwangerschaft und der Geburt sowie verschiedene Erkrankungen des Kindes | Seite 234 (Intelligenzminderung) | **!!** dringend notwendig, um das Kind bestmöglich zu fördern |

| Beschwerden | Mögliche Ursachen | Information und Hilfe | Arztbesuch |
|---|---|---|---|
| **◂ Wachstums- und Entwicklungsstörungen** | | | |
| **bei Jugendlichen und jungen Erwachsenen** | | | |
| vorzeitige Pubertät, beschleunigtes Wachstum | erhöhte Bildung von Geschlechtshormonen | Seite 405 | ! ratsam |
| verzögertes Wachstum, verzögerte Pubertät, Kindlichkeit | konstitutionelle Entwicklungsverzögerung | Seite 405 | ! ratsam |
| Körpergröße erheblich unter dem Durchschnitt, normale Körperproportionen | meist familiärer Minderwuchs | Seite 404 | ! ratsam |
| Körpergröße erheblich über dem Durchschnitt, normale Körperproportionen | – familiärer Großwuchs<br>– Überschuß an Wachstumshormon | – Seite 404<br>– Seite 505 (Riesenwuchs) | ! ratsam |
| **Wahrnehmung, ungewöhnliche**<br>(siehe auch unter Verhaltensauffälligkeiten) | | | |
| Entwicklung von Wahnvorstellungen, Abbau der geistigen Leistungsfähigkeit, Persönlichkeitsveränderungen | geistiger Abbau durch Alkohol | Seite 201 | !! dringend notwendig |
| plötzliches Wahnerleben, Denkstörungen, unangemessenes, bizarres Verhalten | akute Psychose | Seite 216, auch Seite 228 (Neurose oder Psychose?) | !! dringend notwendig |
| Gefühl, alles schaffen zu können, »Größenwahn«, extremer Taten- und Rededrang zusammen mit leichtsinnigem Geldausgeben | Manie | Seite 229, auch Seite 228 (Neurose oder Psychose?) | !! dringend notwendig |
| Erleben einer Wahnwelt, in der Stimmen gehört werden, ungewöhnliche Körpergefühle auftreten oder Verfolger wahrgenommen werden | paranoide Schizophrenie | Seite 230, auch Seite 228 (Neurose oder Psychose?) | !! dringend notwendig |
| **Wasserlassen, Probleme beim ▸**<br>(siehe auch unter Urinveränderungen) | | | |
| **häufiges Wasserlassen** | | | |
| (bei Frauen) häufiges Wasserlassen in nur kleinen Mengen, Druckgefühl im Unterbauch | Gebärmuttersenkung | Seite 390 | ! ratsam |
| starker Durst, große Urinmengen, Erbrechen, Verdauungsstörungen, Knochenschmerzen, depressive Verstimmung | Überfunktion der Nebenschilddrüsen | Seite 496 | !! dringend notwendig |

| Beschwerden | Mögliche Ursachen | Information und Hilfe | Arztbesuch |
|---|---|---|---|
| starker Durst, große Urinmengen täglich, zusätzlich Müdigkeit, Abgeschlagenheit, Gewichtsabnahme, schlecht heilende Infekte, Juckreiz | Diabetes mellitus (Zuckerkrankheit) | Seite 501 bis 503 | **!!** dringend notwendig |
| **häufiges, schmerzhaftes Wasserlassen** | | | |
| häufiger, starker Harndrang bei kleinen Urinmengen, leichte Schmerzen im Unterbauch | Reizblase | Seite 364 | **!** ratsam |
| – Brennen und Stechen beim Wasserlassen, häufiger Harndrang bei geringen Urinmengen<br>– zusätzlich Fieber, eventuell Schüttelfrost, Rückenschmerzen | – Blasenentzündung<br>– Nierenbeckenentzündung | – Seite 365<br>– Seite 367 | **!!** dringend notwendig |
| – (bei Männern) häufiges, schmerzhaftes Wasserlassen, beim Stuhlgang Schmerzen im Dammbereich<br>– zusätzlich trüber, blutiger Urin, Blasenkrämpfe | – akute Entzündung der Prostata<br>– chronische Entzündung der Prostata | – Seite 416<br>– Seite 416 | **!!** dringend notwendig |
| Brennen beim Wasserlassen, schleimig-eitriger Ausfluß aus der Harnröhre, eventuell Juckreiz | – unspezifische Genitalinfektion<br>– Tripper (Gonorrhoe) | – Seite 547<br>– Seite 546 | **!!** dringend notwendig |
| **vermehrtes nächtliches Wasserlassen** | | | |
| leichte Ermüdbarkeit, Schwäche, Atemnot, Herzjagen, nächtlicher Reizhusten, Blaufärbung der Lippen, geschwollene Knöchel und Beine | Herzschwäche | Seite 262 und Seite 270 | **!!** dringend notwendig<br>**!!!** Notruf veranlassen bei plötzlich auftretenden Beschwerden |
| »Startschwierigkeiten«, Unterbrechung des Harnstrahls, nächtlicher Harndrang, unvollständige Blasenentleerung | – Prostata-Adenom<br>– Prostatakrebs | – Seite 416<br>– Seite 417 | **!!** dringend notwendig |
| starker Durst, große Urinmengen | Diabetes insipidus | Seite 505 | **!!** dringend notwendig |
| gelbbraune Hautverfärbung, Schwäche, Kopfschmerzen, Übelkeit, morgendliches Erbrechen, auffallend wenig Urin | Nierenversagen | Seite 369 | **!!** dringend notwendig |
| **unkontrollierte Blasenentleerung** | | | |
| unkontrollierter Harnabgang beim Husten, Lachen oder Bücken | Streßinkontinenz durch schwache Beckenbodenmuskulatur | Seite 364 (Blasenschwäche), auch Seite 391 (Gymnastik für den Beckenboden) | **!** ratsam bei anhaltenden Beschwerden |

| Beschwerden | Mögliche Ursachen | Information und Hilfe | Arztbesuch |
|---|---|---|---|
| **◂ Wasserlassen, Probleme beim** (siehe auch unter Urinveränderungen) | | | |
| nicht unterdrückbarer Harndrang und Harnverlust bei nur teilweise gefüllter Blase | Dranginkontinenz durch irritierte Blasenmuskulatur | Seite 364 (Blasenschwäche) | **!** ratsam |
| unkontrollierbarer Harnabgang | – Überlaufinkontinenz durch Harnabflußstörungen<br>– komplette Inkontinenz durch Versagen der Schließmuskulatur | Seite 364 (Blasenschwäche) | **!!** dringend notwendig |
| (bei Kindern) unkontrollierte Blasenentleerung im Schlaf oder auch tagsüber | Einnässen | Seite 373 | **!** ratsam bei anhaltenden Beschwerden |
| **Zahnbeschwerden** | | | |
| **Veränderungen und Schmerzen an den Zähnen selbst** | | | |
| »wandernde« Zahnschmerzen, die kommen und gehen, zusätzlich Schmerzen im Kiefer, Kopfschmerzen, Verspannungen der Nacken- und Gesichtsmuskeln | nächtliches Zähneknirschen | Seite 316 | **!** ratsam |
| über längere Zeit Zahnschmerzen am Ende der Zahnreihen, eventuell Entzündungen | Durchbrechen der Weisheitszähne | Seite 318 (Zahnen) | **!** ratsam |
| zuerst weiße, später braune oder schwarze Flecken, bevorzugt in den Zahnzwischenräumen, auf den Kauflächen und am Zahnfleischrand, Schmerzen, wenn der Zahn mit Heißem oder Kaltem in Berührung kommt, später Dauerschmerz im Zahn | Karies (Zahnfäule) | Seite 314, auch Seite 315 (Die richtige Zahnpflege) und Seite 317 (Plombe, Krone, Implantat: Füllungen und Zahnersatz) | **!!** dringend notwendig<br>**!** zur Vorbeugung ist ein Zahnarztbesuch jedes halbe Jahr anzuraten |
| bohrender, klopfender Zahnschmerz, der immer stärker wird und über die gesamte Wange ausstrahlt | Entzündung des Zahnmarks | Seite 314, auch Seite 315 (Die richtige Zahnpflege) | **!!** dringend notwendig<br>**!** zur Vorbeugung ist ein Zahnarztbesuch jedes halbe Jahr anzuraten |
| **Veränderungen und Schmerzen des Zahnbetts** | | | |
| angeschwollenes Zahnfleisch in den Zwischenräumen der Zähne, das blutet und leicht schmerzt | Gingivitis (Entzündung des Zahnfleischs) | Seite 316, auch Seite 315 (Die richtige Zahnpflege) | **!** ratsam |

| Beschwerden | Mögliche Ursachen | Information und Hilfe | Arztbesuch |
|---|---|---|---|
| tiefrotes, schwammartiges Zahnfleisch, das anschwillt und beispielsweise beim Zähneputzen blutet, Bildung von (eitrigen) Zahntaschen, lockere Zähne | Parodontitis (Entzündung des Zahnbetts) | Seite 316 | !! dringend notwendig |
| Rückbildung von Zahnfleisch und Knochen, freiliegende Zahnhälse, die empfindlich auf kaltes und heißes Essen reagieren, keine Entzündung | Parodontose | Seite 316 | !! dringend notwendig |
| **bei Kindern** | | | |
| Schmerzen in den Kieferbögen, gerötetes und geschwollenes Zahnfleisch, starker Speichelfluß, häufiges Weinen | Zahnen | Seite 318 | |
| Auseinanderrücken der Milchzähne, vorübergehend Schmerzen und Blutungen | Zahnwechsel | Seite 318 | |
| schiefstehende, vor- oder zurückgekippte Zähne, große Abstände, Unter- oder Oberkiefer steht vor, obere und untere Zahnreihe beißen »über Kreuz« aufeinander | Zahn- oder Kieferfehlstellungen | Seite 319 | ! ratsam, um festzustellen, ob eine beziehungsweise welche Regulierung der Fehlstellung sinnvoll ist |
| zuerst weiße Flecken oder Flächen, vor allem an den Schneidezähnen, dann braun und kürzer werdende Zähne | Karies der Milchzähne | Seite 319, auch Seite 318 (Kinderzähne richtig pflegen) | !! dringend notwendig |

## Zittern

| Beschwerden | Mögliche Ursachen | Information und Hilfe | Arztbesuch |
|---|---|---|---|
| rhythmisches Zittern der Hände, wenn sie ruhig gehalten werden (»Pillendrehen«), vorgebeugtes Gehen mit kleinen Schritten, verlangsamte Bewegungen und Kraftlosigkeit | Parkinson-Krankheit | Seite 205 | ! dringend notwendig |
| grobes Zittern beim Greifen eines Gegenstandes, unsicherer, breitbeiniger Gang, Schwanken im Stehen und Sitzen | Schädigung des Kleinhirns | Seite 206 | !! dringend notwendig |
| Zittern, flache Atmung, Bewußtseinsstörungen nach langer Kälteeinwirkung (zum Beispiel bei einem Bade- oder Bergunfall) | Unterkühlung | Seite 793 | !!! Notruf veranlassen |

# Der Körper und seine Krankheiten

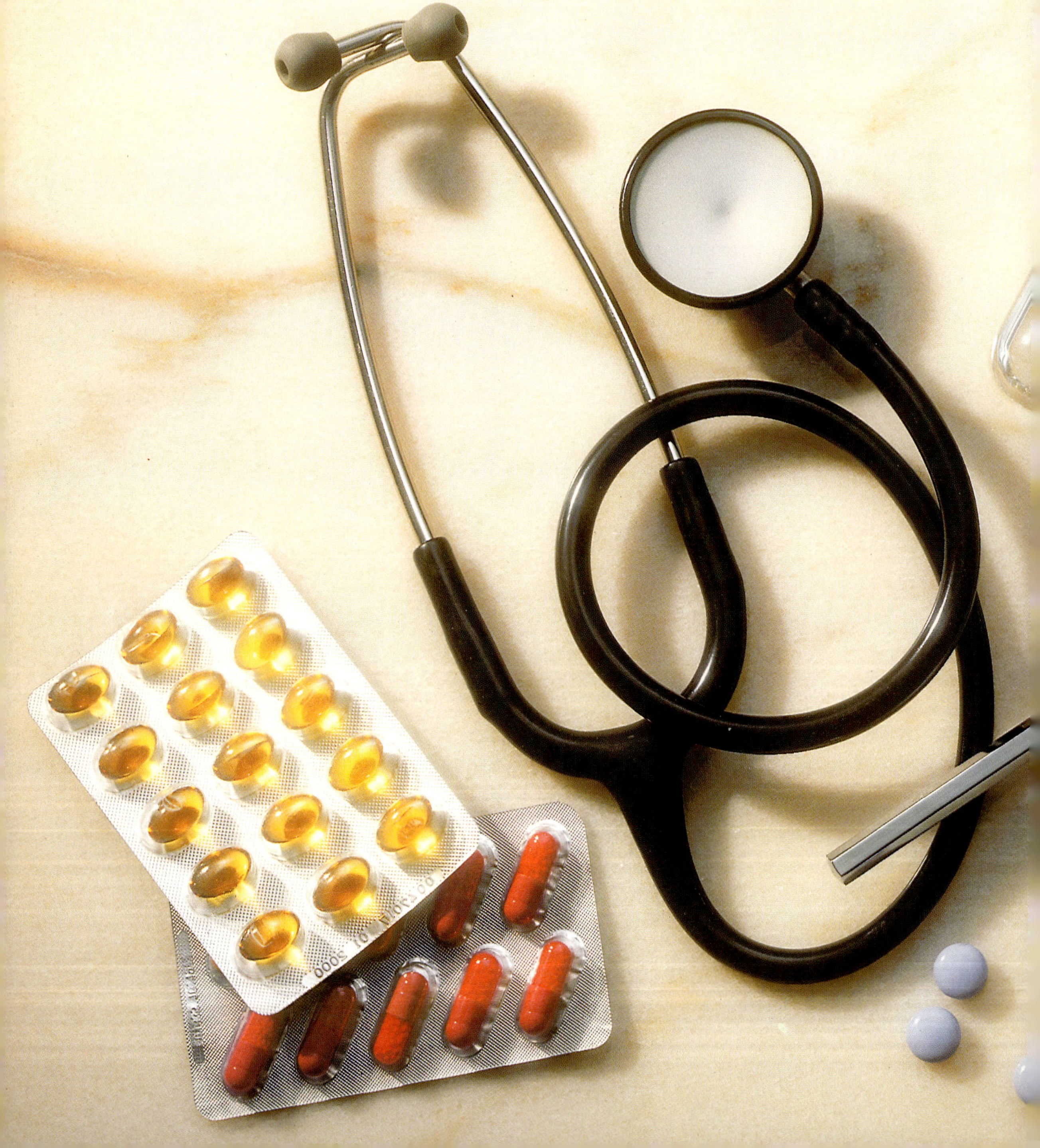

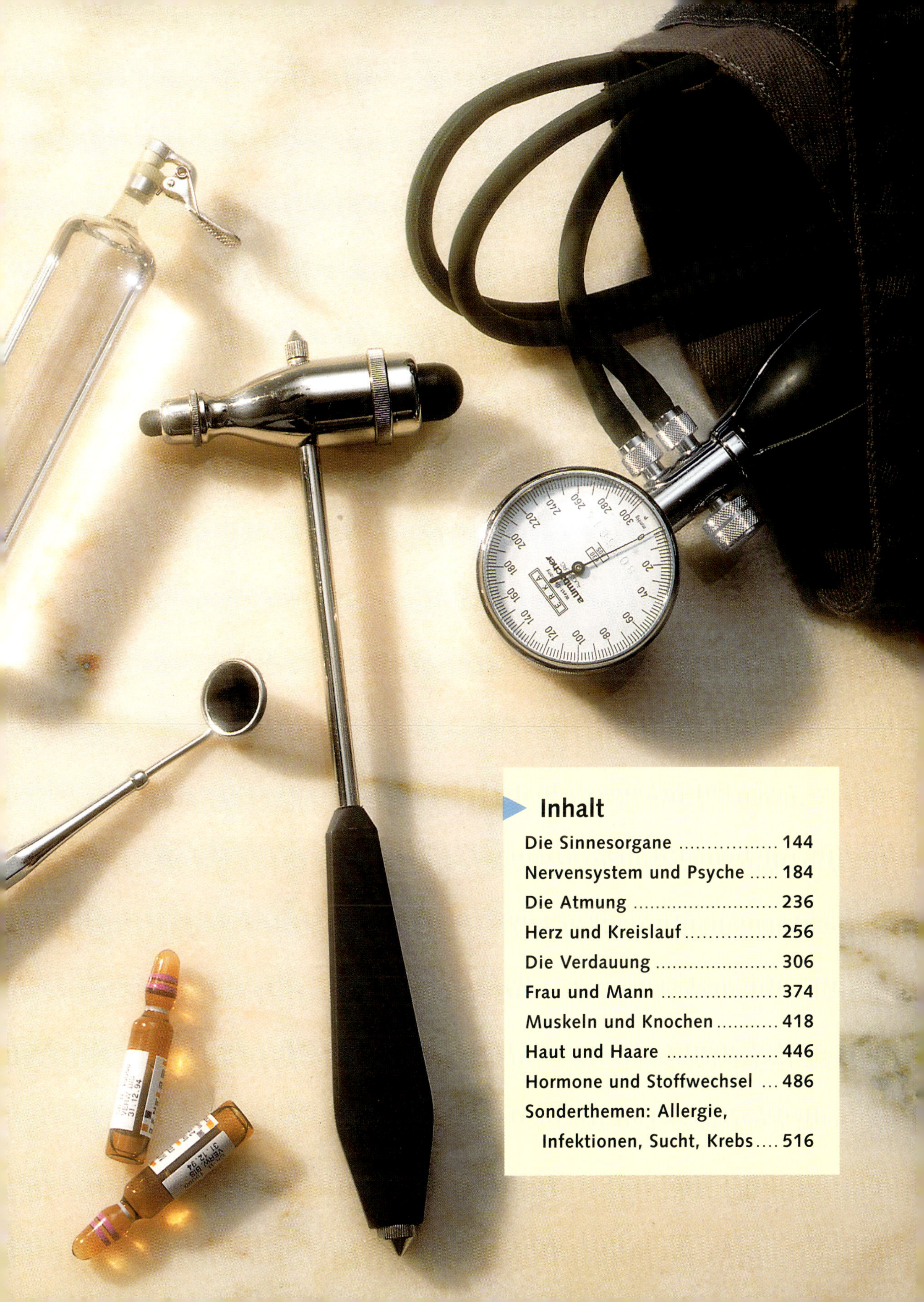


## Inhalt

# Die Sinnesorgane

»Antennen in die Welt« sind Auge, Ohr und Nase, sensible Werkzeuge, durch die wir unsere Umgebung wahrnehmen. So könnte man die Sinnesorgane beschreiben. Aber wie immer ist die Wirklichkeit viel komplizierter, und statt drei Sinnesorganen haben wir unzählige Sinneszellen im Körper verteilt. Sie leiten ihre Botschaften von der Welt ans Gehirn weiter, und erst dort entsteht ein Bild davon. Wie abhängig dieses Welt-Bild von unseren Sinnesorganen ist, merkt man erst, wenn eines davon beeinträchtigt ist.

## Inhalt



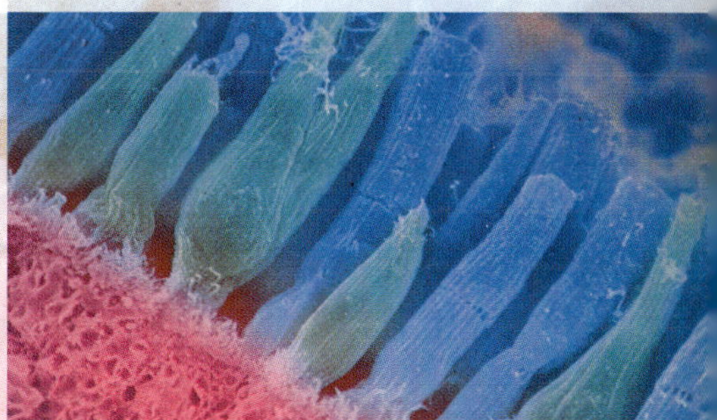

Netzhaut des Auges

# Wissenswertes über die Sinne

In unserem alltäglichen Verständnis sprechen wir von fünf Sinnen: Hören, Sehen, Riechen, Schmecken, Tasten. Als unsere Sinnesorgane bezeichnen wir Nase, Auge und Ohr.

Den berühmten »sechsten Sinn« – die Fähigkeit, Zukünftiges vorauszuahnen bzw. eine Situation aus dem Gefühl heraus richtig einzuschätzen – zählen wir eher zu unseren »übersinnlichen« Eigenschaften.

Ob mit oder ohne sechsten Sinn – die Vorstellung, daß einzelne Sinne oder Sinnesorgane Träger unserer Wahrnehmung sind, bestätigt zwar unsere Erfahrung, trifft aber die Wirklichkeit nur zum Teil: Sinneswahrnehmungen spielen sich, wie man heute weiß, an fast allen Stellen unseres Körpers ab.

Aus diesem Grund unterscheidet man in den Wissenschaften heute verschiedene Arten von Sinneszellen, sogenannte Rezeptoren. Die meisten kommen an allen Körperregionen vor und sind jeweils auf die Wahrnehmung einer ganz bestimmten Art von Reizen spezialisiert:

- Mechanorezeptoren reagieren auf mechanische Reize, die auf sie selbst oder das umliegende Gewebe ausgeübt werden. Zu diesen Reizen zählen Druck auf die Haut, Zug an Muskeln oder Sehnen, Druck von Schallwellen im Ohr.
- Thermorezeptoren lassen uns zwischen warm und kalt unterscheiden.
- Chemorezeptoren werden beispielsweise durch Geruchs- und Geschmacksstoffe in Mund und Nase angesprochen.
- Photorezeptoren reagieren auf Licht.
- Nozizeptoren reagieren auf alle Reize, die das Gewebe schädigen. Sie geben Schmerzimpulse weiter (→ Seite 212).

## Wie nehmen wir Sinnesreize wahr?

Voraussetzung dafür, daß ein Rezeptor überhaupt reagiert, ist der richtige Reiz in der richtigen Stärke. Ist beides vorhanden, werden von ihm über spezialisierte Nervenfasern Signale an das Zentralnerven-

**Was für den einen buchstäblich ohrenbetäubend, ist für den anderen »satter Sound«.**

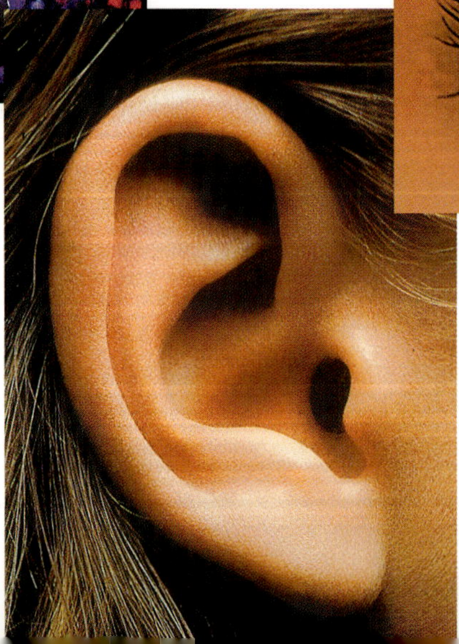

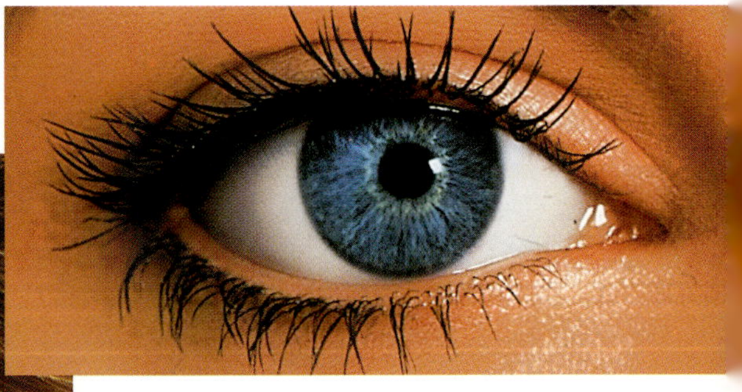

**Geräusche, Töne und gesprochene Worte wecken unsere Aufmerksamkeit, rufen Gefühle wach, dienen der Information.**

system (→ Seite 188), also an Rückenmark und Gehirn, weitergeleitet. Wenn ein Signal beispielsweise von den Chemorezeptoren in der Nase an den Riechnerv und von diesem an das Gehirn gegeben wird, hängt die »Aussage« des Signals davon ab, welche Chemorezeptoren angesprochen wurden – auf jeden Geruchsstoff reagieren andere. Werden eine Reihe von Rezeptoren gleichzeitig gereizt, gelangt ins Gehirn vielleicht die Information »Rosenduft«. Sie wird dort mit bisherigen Wahrnehmungen von »Rosenduft« verglichen, mit Signalen von Rezeptoren anderer Art verknüpft und örtlich und zeitlich eingeordnet. So entsteht in unserem Kopf die Erinnerung an eine duftende, rote Rose bei Sonnenuntergang an einem warmen Julitag.

## Was können wir wahrnehmen?

Keinem Lebewesen gelingt es, alle Informationen seiner Umgebung aufzunehmen. Jedes kann nur diejenigen Reize empfangen, für die es Rezeptoren besitzt. So können wir Menschen nur Licht oder Geräusche bestimmter Wellenlängen wahrnehmen. Für andere sind wir »blind« und »taub«. Doch auch, wenn Rezeptoren Reize aufnehmen, ist noch nicht gesagt, daß diese auch bis in unser Bewußtsein vordringen. Informationen aus den inneren Organen gelangen nur dorthin, wenn ein Gleichgewicht gestört ist: Wir bekommen Durst, wenn wir zu wenig Flüssigkeit im Körper haben und trinken müssen. Das gleichmäßige Hintergrundgeräusch von rauschenden Bäumen dringt nach einer Weile nicht mehr in unser Bewußtsein vor, wir hören statt dessen das einzelne Bellen eines Hundes.

Im Gehirn werden aus den Millionen von Informationen, die die Sinneszellen laufend liefern, diejenigen herausgefiltert, die im Moment wichtig erscheinen. Nur diese gelangen in die Großhirnrinde (→ Das Großhirn, Seite 188) und werden bewußt wahrgenommen. Aus dieser kleinen »Auswahl« entsteht das Bild unserer Umgebung.

Wenn das Ganze auch vielleicht ein »Zerrbild« ist, können wir dann wenigstens dem einzelnen Sinnesreiz trauen? Auch hier ist Vorsicht geboten: Unser Gehirn kann Fehler machen, unsere »Sinne« können irregeführt werden – durch optische Täuschungen wie zum Beispiel die immer hinauf, aber nie nach oben führenden Treppen des M. C. Escher.

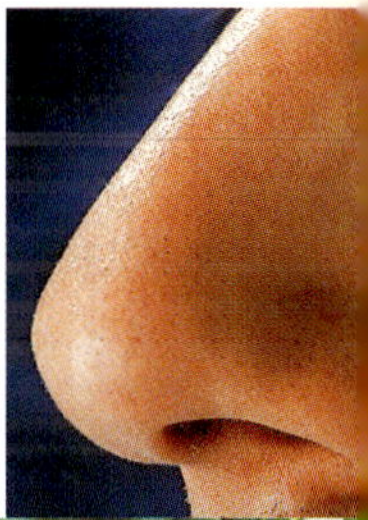

Tausende von Gerüchen kann unsere Nase fein unterscheiden.

Die Augen sind unser »Fenster zur Welt«. Durch sie erleben wir Bewegung, Form und Farbe, Licht und Dunkel.

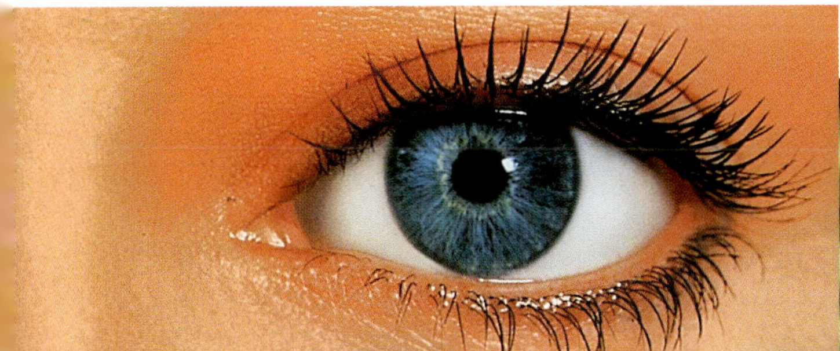

Gerüche beeinflussen unsere Gefühlswelt, sie rufen Wohlgefallen oder Widerwillen hervor und wecken Erinnerungen.

Schönheit erleben wir durch die Augen, aber sie berührt unser Inneres, sei es eine Landschaft oder ein Bild.

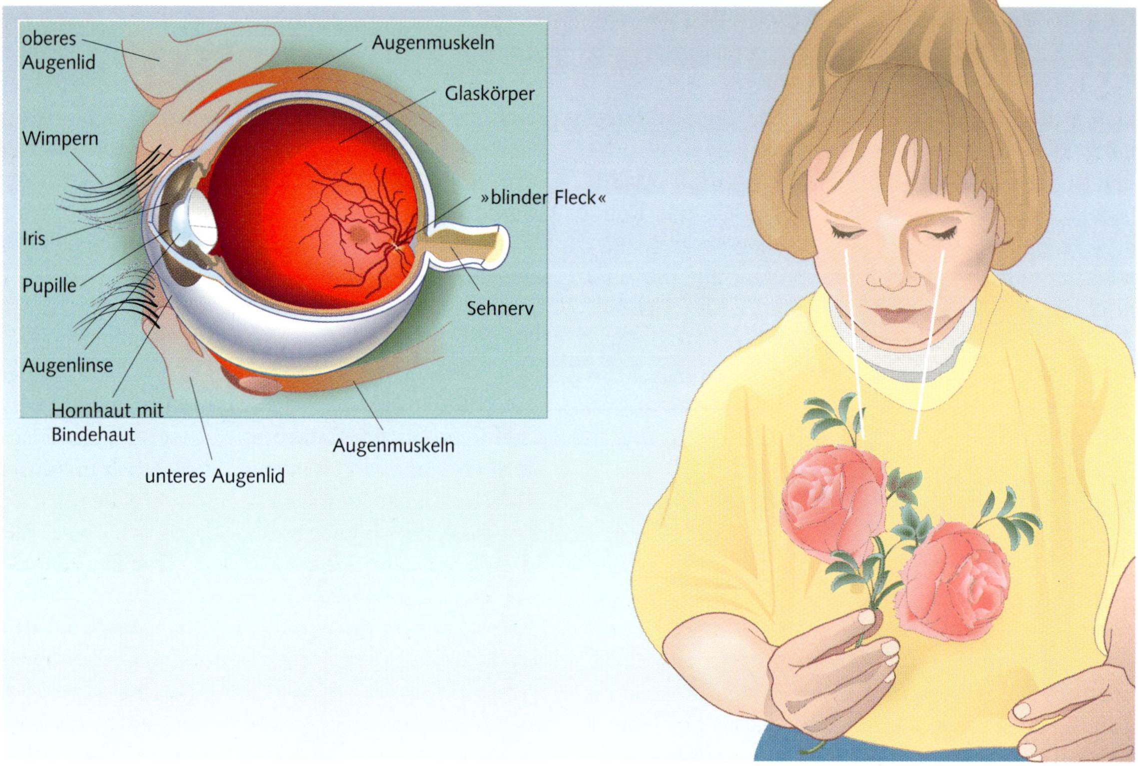


# Das Auge

- **Der Aufbau des Auges**
- **Der Vorgang des Sehens**
- **Der Schutz des Auges**

Den größten Teil unserer Sinneseindrücke nehmen wir mit den Augen auf. Ohne zu übertreiben, kann man daher sagen, daß sie unsere wichtigste Wahrnehmungsquelle sind – unser »Fenster zur Welt«.
Verlieren wir unsere Sehkraft, so sind uns selbstverständliche Dinge des Alltagslebens wie Lesen, Fernsehen oder Autofahren nicht mehr möglich.

## Mehr als ein guter Fotoapparat

Um uns in unserer Umgebung zurechtfinden zu können, brauchen wir in jedem Augenblick ein möglichst genaues Bild von ihr. Das Auge ist daher trotz seiner geringen Größe ein sehr kompliziertes Organ – in manchem aufgebaut wie ein Fotoapparat.
Es hat einen Durchmesser von etwa 2,5 Zentimetern und wiegt ungefähr 7,5 Gramm. Vorn durch die Augenlider geschützt, liegt es eingebettet in einen Mantel aus Fett- und Bindegewebe in der knöchernen Augenhöhle.
Die sechs äußeren Augenmuskeln sorgen dafür, daß sich die beiden Augäpfel gleichzeitig und aufeinander abgestimmt bewegen; die Muskeln werden von je drei Hirnnerven gesteuert (→ Seite 209).
Von außen erkennt man zwischen den Wimpernreihen lediglich die weiße Lederhaut, die farbige Regenbogenhaut (Iris) und die schwarze, runde Öffnung in der Mitte, die Pupille.
Ähnlich wie die Blende eines Fotoapparats passen die Muskelfasern der Regenbogenhaut die Weite der Pupille den jeweiligen Lichtverhältnissen an: In der Nacht wird die Pupille weit geöffnet, damit möglichst viele Lichtstrahlen hineinfallen können, bei starkem Lichteinfall verengt sie sich.

In der Bindehaut (Konjunktiva), die der Lederhaut und der Rückseite der Augenlider aufliegt, verlaufen Gefäße. Sie ist bei einer Augenreizung gerötet.
Damit die Lichtstrahlen ungehindert in das Innere fallen können, sind die meisten Teile des Auges klar und durchsichtig: die sich leicht aufwölbende Hornhaut (Kornea), die elastische Augenlinse, die Kammerwasser genannte Augenflüssigkeit (→ Grüner Star, Seite 156) und der gallertige Glaskörper, der den größ-ten Teil des Auges ausfüllt. Mit zunehmendem Alter können sich jedoch einzelne dieser Gewebe eintrüben und so die Sicht »verschleiern«. Trübt sich der Glaskörper, so sehen wir kleine schwarze Punkte, die wie Mücken »vor dem Auge« hin und her zu fliegen scheinen. Verliert die Augenlinse im Alter ihre Klarheit, spricht man von einem Grauen Star (→ Seite 156), der sich wie ein Schatten über das Auge legt.
Die hintere Wölbung des Auges kleidet die Netzhaut (Retina) aus. In ihr liegen mehrere Millionen Sinneszellen, die sogenannten Stäbchen und Zapfen, die die eintreffenden Lichtreize in Nervenreize umwandeln und über den Sehnerv an das Gehirn weitergeben. Die Zapfen ermöglichen scharfes Sehen sowie das Farbensehen, die vorwiegend am Rand der Netzhaut gelegenen Stäbchen das farblose Sehen in der Dämmerung und die Raumwahrnehmung.

## Wie wir sehen

Jeder von uns betrachtete Gegenstand reflektiert sowohl am Tag als auch bei Nacht unzählige Lichtstrahlen, die vom Auge aufgefangen werden. Sie gelangen, von der Linse gebündelt (»gebrochen«), auf die Netzhaut im Hintergrund des Auges.
Die meisten und leistungsfähigsten Sinneszellen (Zapfen) befinden sich in der Netzhautmitte, der Stelle des schärfsten Sehens, auch Makula oder Gelber Fleck genannt. Die Randbereiche der Netzhaut nehmen nur ein recht unscharfes Bild wahr (Stäbchen), sorgen aber dafür, daß wir uns dank des dort entstehenden sogenannten Gesichtsfelds gut im Raum orientieren können.
Die von den Sinneszellen in Nervenreize umgewandelten Lichtreize gelangen zum Sehnerv (→ Die Hirnnerven, Seite 209). An der Stelle, an der er aus dem Auge austritt, befinden sich keine Sinneszellen (sogenannter blinder Fleck). Über den nur 1,5 Millimeter dicken Sehnerv, der etwa 10 Millionen Nervenfasern bündelt, werden die Nervenreize ans Gehirn weitergegeben, an die Sehrinde, einen Teil der Großhirnrinde (→ Seite 188). Dort werden aus optischen Wahrnehmungen bewußte Empfindungen.
Sehen ist keine unveränderliche Größe, sondern jeder Mensch kann mehr oder minder starke Schwankungen seiner Sehkraft wahrnehmen. Sie sind nicht unbedingt Ausdruck einer Erkrankung oder eines Alterungsprozesses der Augen. Auch Übermüdung, körperliche Anstrengung oder Abgeschlagenheit, gelegentlich auch Wetterumschwünge, können vorübergehende Veränderungen der Sehkraft bewirken.
Entgegen landläufiger Meinung können die Augen aber weder durch zu langes Fernsehen noch durch Lesen bei dürftiger Beleuchtung geschädigt werden. Auch Computerarbeit oder der Aufenthalt in künstlich beleuchteten Räumen verschlechtern die Sehkraft nicht. Allerdings können die Augen sehr ermüden und Erholungspausen benötigen (→ Entspannung für die Augen, Seite 152).

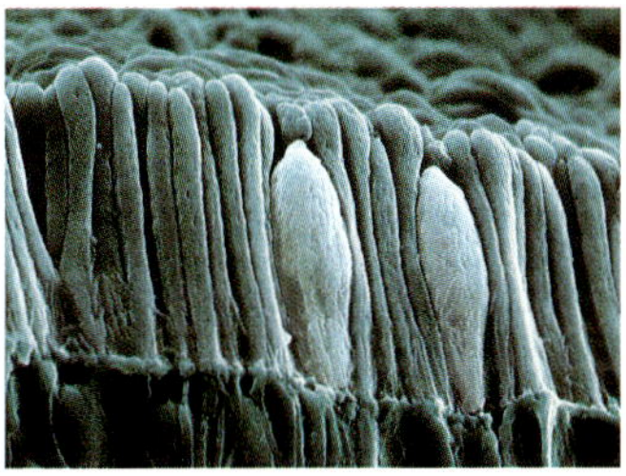

**Die Stäbchen und Zäpfchen der Netzhaut nehmen die Lichtreize auf und melden sie ans Gehirn weiter.**

## Wie das Auge geschützt wird

Das Auge ist vielen Umweltreizen ausgesetzt, zum Beispiel Staub, Hitze und Krankheitserregern.
Durch den Lidschlußreflex, der ohne unser bewußtes Zutun blitzschnell einsetzt, können von Lidern und Wimpern kleinere Fremdkörper vom Auge ferngehalten werden. Und wenn uns der Schweiß über die Stirn rinnt, fangen ihn die Augenbrauen auf.
Tränenflüssigkeit reinigt mit jedem Lidschlag das Auge von Staubpartikeln, schützt es vor dem Austrocknen und verhindert die Vermehrung von Krankheitserregern. Sie entsteht in der Tränendrüse, die oberhalb des äußeren Augenwinkels liegt, gelangt auf die vordere Augenfläche und fließt über die Tränenpunkte in die Tränenkanälchen ab.
Werden die Augen durch einen Fremdkörper oder eine Flüssigkeit gereizt, so wird mehr Tränenflüssigkeit produziert, um den Fremdkörper hinauszuspülen bzw. das Auge möglichst schnell zu reinigen.

# Notfälle

## Allgemein gilt

Nur der Augenarzt kann das Ausmaß einer Augenverletzung richtig einschätzen!

## Verätzung/Verbrennung

▶ Symptome

- ➜ sehr starkes Augenbrennen
- ➜ krampfartiges Zukneifen der Augenlider

Verätzungen werden durch Säuren, Laugen, Tinte, ungelöschten Kalk verursacht, Verbrennungen durch direkte oder indirekte Hitzeeinwirkung.

### Ärztliche Behandlung

Sofort zum Arzt – Erblindungsgefahr! Nehmen Sie die Substanz der Verätzung mit.

### Selbsthilfe

Spülen Sie sofort mit viel Flüssigkeit. Kalkteilchen vorsichtig mit einem sauberen Taschentuch entfernen.

## Fremdkörper im Auge

▶ Symptome

- ➜ stechender Schmerz
- ➜ Fremdkörpergefühl mit Tränenfluß und Rötung
- ➜ krampfartiges Zukneifen der Augenlider

Fremdkörper können die schmerzempfindliche Hornhaut verletzen und zu Entzündungen des Augeninneren führen. Durchschlägt ein Fremdkörper die Hornhaut, schließt sich diese wieder; äußerlich ist keine Verletzung zu erkennen. Durch starkes Reiben oder kleinere Verletzungen kann es zu Abschürfungen der obersten Hornhautschicht kommen. Auch starke Sonnenbestrahlung und ungeschütztes Schweißen können diese Verletzung (Verblitzung) hervorrufen.

### Ärztliche Behandlung

Der Augenarzt wird gegebenenfalls den Fremdkörper entfernen, einer Entzündung vorbeugen und schmerzstillende Mittel geben.

### Selbsthilfe

Sie können einen kleineren, nicht tiefer eingedrungenen Fremdkörper durch sanftes Hinausspülen mit Wasser entfernen.

## Prellungsverletzungen

▶ Symptome

- ➜ dumpfer Augen- und Kopfschmerz
- ➜ Bluterguß im oder um das Auge, Lidschwellung
- ➜ Seh- oder Bewegungsstörungen des Auges

Trifft ein harter Gegenstand das Auge, können neben kleinen Blutgefäßen auch der Knochen der Augenhöhle oder der Augapfel verletzt werden.

### Ärztliche Behandlung

Der Augenarzt kann ein harmloses »Veilchen« von gefährlichen Verletzungen unterscheiden. Liegt ein Knochenbruch vor, ist meist eine Operation nötig.

### Selbsthilfe

Rasches Kühlen mit feuchten Umschlägen verhindert oft ein weiteres Anschwellen der Lider.

## Akutes Glaukom (Glaukomanfall)

▶ Symptome

- ➜ heftiger Augen- und Kopfschmerz
- ➜ Sehverschlechterung
- ➜ starke Augenreizung und -rötung
- ➜ meist steinharter Augapfel

Wenn der Abfluß des Kammerwassers behindert wird, kann es zur Erhöhung des Augeninnendrucks kommen (→ Grüner Star, Seite 156). Das akute Glaukom tritt häufig nachts auf.

### Ärztliche Behandlung

Suchen Sie sofort einen Augenarzt auf. Es besteht Erblindungsgefahr!

### Selbsthilfe

Ist nicht möglich.

# Spezielle Untersuchungen

## Untersuchung mit Spaltlampe und Augenspiegel

Die Spaltlampe ist ein Mikroskop mit einer starken Lichtquelle. Sie ermöglicht es dem Augenarzt, zum Beispiel die Hornhaut, die Bindehaut und die Augenlinse mit mehrfacher Vergrößerung genau zu betrachten.

Will der Arzt zum Beispiel die Beschaffenheit der Netzhaut, der Augengefäße und des Sehnervs begutachten, bedient er sich eines Augenspiegels, mit dem er durch die Pupille ins Augeninnere leuchten kann. Normalerweise erscheint die Pupille schwarz. Strahlt man jedoch mit einer starken Lichtquelle in das Auge, sieht man sie rot aufleuchten. Jeder kennt diesen Effekt von Fotos, die mit Blitzlicht gemacht wurden. Er entsteht, weil die rote Netzhaut das Licht zurückwirft. Der Augenarzt nun kann mit Hilfe des Augenspiegels die einfallenden Lichtstrahlen so bündeln, daß er damit das Augeninnere ausleuchten und genau betrachten kann.

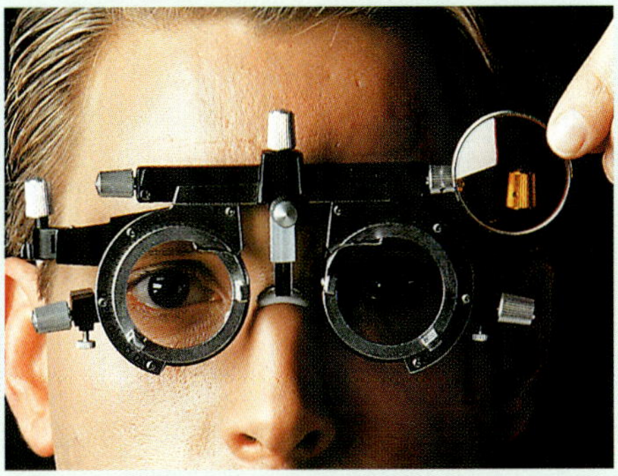

**Zur Anpassung einer Brille mißt der Augenarzt oder Optiker Ihre Sehschärfe.**

## Messung des Augeninnendrucks

Um die äußere Form aufrechtzuerhalten, muß im Auge immer ein bestimmter Druck herrschen. Dieser sogenannte Augeninnendruck kann vom Arzt gemessen werden. Als Maßeinheit für die Höhe des Drucks wird »Millimeter Quecksilbersäule«, häufig abgekürzt »mmHg«, verwendet. Ein Augeninnendruck von 20 mmHg entspricht genau dem Druck, den eine 20 Millimeter hohe Quecksilbersäule erzielen würde. Da ab dem 40. Lebensjahr die Wahrscheinlichkeit einer krankhaften Augeninnendruckerhöhung (→ Grüner Star, Seite 156) deutlich zunimmt, sollte ab dann eine solche Messung mindestens einmal pro Jahr durchgeführt werden.

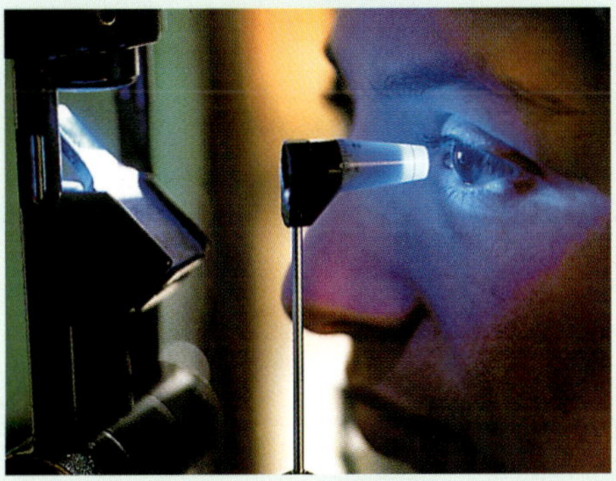

**Spaltlampe und Augenspiegel ermöglichen den Blick ins Innere Ihres Auges.**

## Bestimmung der Sehschärfe

Bei der Bestimmung der Sehschärfe wird die Funktionsfähigkeit der Stelle des schärfsten Sehens, des sogenannten gelben Flecks in der Netzhautmitte, geprüft. Verschieden große Buchstaben oder Zahlen werden dazu in einer Entfernung von meist fünf Metern gezeigt. Die Größe der Sehzeichen, die gerade noch richtig erkannt werden können, entspricht der Sehschärfe in Prozent. Ein gesunder Mensch erreicht einen Wert von mindestens hundert Prozent.

## Bestimmung des Gesichtsfelds

Bei der Bestimmung des Gesichtsfelds wird geprüft, ob ein schwacher Lichtpunkt, der auf den Randbereich eines großen gewölbten Schirms projiziert wird, gerade noch »aus den Augenwinkeln« erkannt werden kann. Diese Untersuchung gibt dem Augenarzt unter anderem wichtige Aufschlüsse darüber, ob eine Schädigung der Nervenfasern der Netzhaut oder eine Schädigung des Sehnervs vorliegt. Je mehr Nervenfasern zum Beispiel durch einen Grünen Star (→ Seite 156) geschädigt worden sind, desto kleiner ist das wahrgenommene Gesichtsfeld.

# Entspannung für die Augen

Unseren Augen werden heute häufig hohe Leistungen abgefordert – zum Beispiel bei der immer mehr verbreiteten Arbeit am Computerbildschirm (→ Seite 155); müde, brennende, trockene Augen sind nicht selten die Folge. Sie schnell und schonend zu beleben, helfen eine Reihe von Übungen. Diese können allerdings weder Fehlsichtigkeiten beseitigen noch Augenerkrankungen heilen. Im Gegenteil: Sie sollten sie nur durchführen, wenn Ihre Augen völlig gesund sind. Fragen Sie bitte Ihren Arzt, ob die hier empfohlenen Übungen für Sie geeignet sind.

## Pausen machen

Legen Sie mehrmals am Tag kurze Pausen ein. Entspannen Sie mit Atemübungen, Autogenem Training oder Progressiver Muskelrelaxation den ganzen Körper (→ Seite 686). Beginnen Sie anschließend mit Ihrem Entspannungsprogramm für die Augen.

## Lockern und lösen

Massieren Sie mit kleinen kreisenden Bewegungen Ihren Hinterkopf, kneten Sie sanft die Muskeln des Nackens und der Schultern – so können Sie schmerzhafte Verspannungen im Kopfbereich lösen.

Schneiden Sie Grimassen und tun Sie so, als ob Sie mit dem ganzen Gesicht lautlos einige Sätze sprechen, das lockert die Gesichtsmuskeln. Massieren Sie nun mit den Fingerkuppen in sanft auf eine Hautstelle drückenden, kreisenden Bewegungen die gesamte Region um die Augen. Beginnen Sie an der Nasenwurzel und wandern Sie ganz langsam von dort über die Augenbrauen. Kreisen Sie mehrmals sanft um die Schläfen und weiter bis unter die Augen.

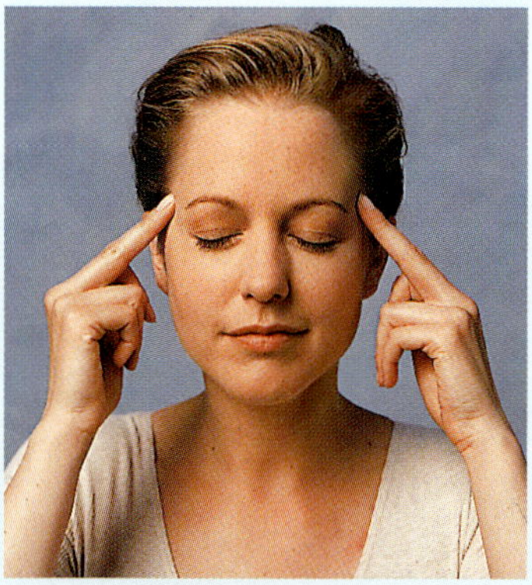

**Wohltat für die Augenregion ist sanfte Massage der Schläfen.**

**Gönnen Sie Ihren Augen einige Minuten völliger Dunkelheit.**

## In die Ferne blicken

Oft müssen wir uns heutzutage stundenlang auf Arbeitsabläufe konzentrieren, die nicht weiter als einen Meter von uns entfernt sind. Hierdurch kann es zu einer Art Muskelkrampf der Augen kommen, dem wir am besten vorbeugen, indem wir von Zeit zu Zeit unseren Blick in die Ferne schweifen lassen und für einige Minuten bei einem weit entfernten Gegenstand verharren.

## Das Gesichtsfeld erweitern

Konzentrieren wir uns stets auf einen bestimmten Punkt, so engt sich unser Gesichtsfeld mehr und mehr ein, und wir nehmen die um uns herum geschehenden Dinge nicht mehr wahr. Dieser Zustand führt zu einem unangenehmen Spannungsgefühl der Augen. Konzentrieren Sie sich daher in regelmäßigen Abständen auch auf die Dinge am Rand Ihres Gesichtsfelds. Halten Sie zum Beispiel einen Stift mit ausgestrecktem Arm vor die Nasenspitze und führen ihn weit nach rechts und weit nach links. Folgen Sie diesem Stift nicht mit dem Blick, sondern versuchen Sie, ihn nur »aus dem Augenwinkel« zu sehen. Durch diese Übung bleiben Ihr Gesichtsfeld offen und Ihre Augen entspannt.

## Palmieren

Legen Sie Ihre Hände wie Schalen über die geschlossenen Augen. Genießen Sie die Wärme und nehmen die völlige Dunkelheit bewußt wahr. Nehmen Sie nach einigen Minuten Ihre Hände von den Augen und öffnen Sie diese langsam und bewußt, indem Sie weit in die Ferne schauen.

## Das trockene Auge

**▶ Symptome**
- ➜ Augenbrennen und Trockenheitsgefühl
- ➜ vermehrte Entzündungsneigung des Auges
- ➜ Unverträglichkeit von Kontaktlinsen
- ➜ gelegentlich Fremdkörpergefühl

Das Auge braucht einen ständig sich erneuernden Tränenfilm auf seiner Oberfläche. Ist er nicht in ausreichendem Maß vorhanden, trocknen Horn- und Bindehaut aus und werden spröde.
Auslöser können hormonelle Schwankungen, Übermüdung, Bildschirmarbeit oder Aufenthalt in trockener, staubiger und verrauchter Luft sein, außerdem Grunderkrankungen wie Rheuma und Schilddrüsenfehlfunktionen oder auch die Lähmung des Fazialisnervs, durch die die Augenlider nicht geschlossen werden können (→ Die Hirnnerven, Seite 209). Auch Allergien werden als Ursachen diskutiert.

### Ärztliche Behandlung

Der Augenarzt prüft die Menge der Tränenflüssigkeit; besonders bei Trägern von Kontaktlinsen muß die Beschaffenheit der Hornhaut begutachtet werden. Liegt keine ernsthafte Erkrankung vor, können Tränenersatzmittel Linderung verschaffen.

### Selbsthilfe

Sie sollten sich keinem übermäßigen Luftzug, zum Beispiel durch Klimaanlagen, aussetzen. Oft hilft die Befeuchtung der Raumluft. Stickige und verqualmte Räume sollten Sie meiden; viel frische Luft tut nicht nur den Augen gut. Machen Sie regelmäßig Übungen zur Entspannung der Augen.

## Gerstenkorn/Hagelkorn

**▶ Symptome**
- ➜ geschwollenes, oft schmerzhaft gerötetes Lid
- ➜ gelegentlich Eiterabsonderung
- ➜ das Auge selbst ist nicht gereizt

Am Lidrand befinden sich Talg- und Schweißdrüsen. Sie können sich durch Bakterien entzünden und akut (Gerstenkorn) oder chronisch (Hagelkorn) anschwellen. Diese sehr unangenehme Vorwölbung läßt den Augapfel unbeteiligt.

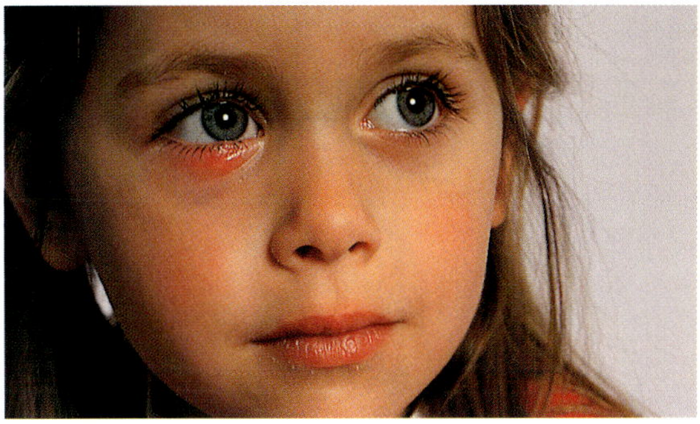

**Drücken Sie ein Gerstenkorn nie selbst aus. Kühle Augenkompressen lindern den Schmerz.**

### Ärztliche Behandlung

Sollte die Lidschwellung nicht nach wenigen Tagen zurückgehen, helfen antibiotische Augensalben. Auch kann ein kleiner Entlastungsschnitt den Eiter abfließen lassen. Wenn häufiger Entzündungen dieser Art an den Lidern auftreten, sollte untersucht werden, ob Sie an Diabetes mellitus (→ Seite 501) leiden.

### Selbsthilfe

Im Anfangsstadium kann Rotlichtbestrahlung ein Ausdehnen der Entzündung verhindern.

## Tränenwegentzündung

**▶ Symptome**
- ➜ schmerzhafte, meist einseitige Lidschwellung
- ➜ Augentränen

Durch bakterielle Besiedlung der ableitenden Tränenwege kommt es zu einer anfangs schmerzhaften, später nur durch eine Behinderung des Tränenabflusses auffallenden Entzündung.

### Ärztliche Behandlung

Sie sollten möglichst frühzeitig einen Augenarzt aufsuchen, damit durch gezielte antibiotische Therapie einer bleibenden Verengung der Tränenkanälchen vorgebeugt werden kann. Eine sanfte Spülung und Säuberung der entzündeten Bereiche durch den Arzt kann die Behandlung unterstützen.

### Selbsthilfe

Nehmen Sie abschwellende Nasen- und Augentropfen, wenn Sie gleichzeitig erkältet sind.

## Entzündliche Lidschwellung

► Symptome
- ➜ schmerzhafte, meist einseitige Lidschwellung
- ➜ Lidrötung, oft mit Augenrötung und -reizung

Durch Insektenstiche, bakterielle Entzündungen oder Allergien kann es zur Lidschwellung kommen.

### Ärztliche Behandlung
Suchen Sie sofort einen Arzt auf, damit eine Verschleppung der Entzündung durch eine gezielte medikamentöse Therapie verhindert werden kann.

### Selbsthilfe
Kalte Umschläge lindern die Beschwerden.

## Bindehautentzündung

► Symptome
- ➜ Augenrötung, -reizung, -brennen, -jucken
- ➜ vermehrter Tränenfluß, Eiter-Absonderung

Da das Auge einer Vielzahl von Umweltreizen wie zum Beispiel Staub, Pflanzenpollen, Hitze und Krankheitserregern ausgesetzt ist, ist die Bindehautentzündung (Konjunktivitis) recht häufig.

### Ärztliche Behandlung
Bindehautentzündungen sind meist harmlose Reizungen, die in wenigen Tagen von selbst wieder verschwinden. Bei längeren Beschwerden sollten Sie zu einem Augenarzt gehen, der zumeist mit Augentropfen behandelt.

### Selbsthilfe
Kennen Sie die Auslöser, so sollten Sie sie soweit als möglich meiden. Kühlende Kompressen oder Spülung der Augen mit Wasser lindern oft die Beschwerden.

## Hornhautentzündung

► Symptome
- ➜ Augenschmerzen und Lichtscheu
- ➜ Sehminderung
- ➜ vermehrter Tränenfluß

Ebenso wie die Bindehautentzündung kann auch die Hornhautentzündung (Keratitis) durch eine Vielzahl von Ursachen ausgelöst werden. Allerdings stellt sie eine ernstzunehmende Gefahr dar, da sie eine Trübung der Hornhaut und damit eine bleibende Sehverschlechterung auslösen kann.

### Ärztliche Behandlung
Bei den ersten Symptomen sollten Sie zu einem Augenarzt gehen. Durch Augentropfen kann er die Entzündung meist rasch behandeln.

### Selbsthilfe
Sonnenschutzgläser und der Aufenthalt in abgedunkelten Räumen helfen gegen die Blendempfindlichkeit der Augen.

## Regenbogenhautentzündung

► Symptome
- ➜ Augenschmerzen und -rötung
- ➜ vermehrte Lichtempfindlichkeit, Tränenfluß
- ➜ Sehverschlechterung
- ➜ schwarze Punkte vor dem Auge

Eine Entzündung der Regenbogenhaut (Iritis) ist häufig mit einer chronischen Grunderkrankung verknüpft (zum Beispiel Rheuma, Zahn- oder Rachenmandelentzündungen). Ein plötzliches Wiederaufflammen der Iritis nach anfänglichem Abheilen ist deshalb keine Seltenheit.
Da sich der Entzündungsprozeß im Augeninneren abspielt, ist die Gefahr von Komplikationen bei dieser Erkrankung relativ groß.

### Ärztliche Behandlung
Durch eine rasche Therapie mit kortisonhaltigen Medikamenten ist bei einer Iritis fast immer eine schnelle Abheilung ohne größere Komplikationen möglich. Wichtig ist, daß die zugrundeliegenden Ursachen erkannt und behandelt werden. Wegen der Gefahr eines akuten Glaukoms (→ Seite 150), muß immer auch der Augeninnendruck gemessen werden.

### Selbsthilfe
Der Aufenthalt in abgedunkelten Räumen und das Tragen einer Sonnenbrille lindern die starke Blendempfindlichkeit.

# Tips für die Arbeit am Computerbildschirm

Mit zunehmender Technisierung unserer Welt sind Aufnahme und Weiterverarbeitung von Informationen immer wichtiger geworden. Der Computer ist deshalb aus vielen Arbeits- und Lebensbereichen nicht mehr wegzudenken.
Von modernen Geräten gehen für den Menschen zwar nach heutigen Erkenntnissen keine unmittelbaren Gefahren für die Gesundheit aus. Jedoch können gerade die Augen bei der Bildschirmarbeit überanstrengt werden, was häufig zu Ermüdung und Reizung führt. Übungen zur Entspannung der Augen finden Sie auf Seite 152.
Sind Sie an einem Bildschirmarbeitsplatz beschäftigt, so sollten Sie mindestens einmal pro Jahr von einem Augenarzt gründlich untersucht werden. Wenn Sie eine Brille tragen, achten Sie darauf, daß sie Ihrem Sehvermögen und Ihrer Arbeit optimal angepaßt ist.
Einige Tips für Auswahl und Aufstellung des Bildschirms helfen Ihnen, Ihre Augen während der Computerarbeit zu schonen.

**Allein die richtige Aufstellung des Bildschirms trägt viel dazu bei, Ihre Augen zu schonen.**

## Die »Flimmerkiste«

Das Bild, das wir auf dem Computerbildschirm sehen, wird in schneller Folge immer wieder aufgebaut; die Geschwindigkeit, mit der dies geschieht, nennt man die Bildwiederholfrequenz. Wird das Bild deutlich weniger als 50mal pro Sekunde wiederholt, so nehmen wir diesen Vorgang als irritierendes, äußerst unangenehmes Flimmern wahr. Ab 70 Bildwiederholungen pro Sekunde bemerken wir nichts mehr. Auf einem guten Monitor sollte das Bild also mindestens 70mal pro Sekunde, besser noch häufiger wiederholt werden. Die Häufigkeit der Wiederholung wird in der technischen Beschreibung des Gerätes in der Maßeinheit Hertz angegeben (70 Wiederholungen pro Sekunde = 70 Hertz).

## Der ideale Bildschirm

- Er sollte eine möglichst geringe elektrostatische Strahlung haben. Dabei handelt es sich um eine nicht vollkommen zu vermeidende elektrische Aufladung des Bildschirms, die zum Beispiel auch beim Fernsehapparat vorkommt. Man kann nach heutigen Erkenntnissen davon ausgehen, daß Geräte, die laut technischer Beschreibung die MPR-II-Strahlenschutznorm einhalten, keine gesundheitsschädigende Strahlenmenge abgeben.
- Er sollte nicht zu klein sein; eine Diagonale von 14 Zoll (etwa 35 Zentimeter) sollte nicht unterschritten werden.
- Sein Auflösungsvermögen sollte möglichst hoch sein (mindestens HGC-VGA-Standard).
- Die Schriftzeichen sollten dunkel auf hellem Grund stehen.
- Er sollte unbedingt reflexionsarm sein, damit Lichtquellen aus der Umgebung sich nicht spiegeln und Sie blenden.

## Die beste Aufstellung

Der Bildschirm sollte zwischen 50 und 70 Zentimeter von den Augen entfernt sein. Seine Oberkante sollte nicht über den Augen liegen, das bedeutet, daß Sie ihn am besten direkt auf den Tisch stellen. Bildschirm und Tastatur sollten so plaziert sein, daß Sie entspannt sitzen können. Der Arbeitsplatz sollte nicht unmittelbar vor oder neben einem Fenster oder einer anderen Lichtquelle eingerichtet werden, damit Sie nicht vom hellen Hintergrund geblendet werden oder sich etwas auf dem Bildschirm spiegelt.

## **Grauer Star** (Katarakt)

**▶ Symptome**

- ➜ zunehmende Blendempfindlichkeit
- ➜ meist beidseitige, langsam voranschreitende Sehverschlechterung
- ➜ eventuell Zunahme einer Kurzsichtigkeit oder Abnahme einer Weit- oder Alterssichtigkeit

Mit dem Alter nimmt die Durchsichtigkeit der Augenlinse ab. Kommt es zu einer stärkeren, meist gräulichen Eintrübung der Linse, so spricht man von einem Grauen Star oder einer Katarakt. Die häufigste Form, der Altersstar, tritt etwa ab dem 65. bis 70. Lebensjahr auf und macht sich meist durch schleierartiges Verschwommensehen bemerkbar.

### Ärztliche Behandlung

Der Graue Star kann leider nicht durch die Gabe von Medikamenten aufgehalten werden. Anfangs kann die Abnahme des Sehvermögens noch durch eine Brille ausgeglichen werden, in fortgeschrittenem Stadium hilft nur noch eine Operation. Bei dieser wird die getrübte Augenlinse durch eine Kunstlinse ersetzt. Nach einer Heilphase, in der das frisch operierte Auge besonders anfällig für jegliche Reize ist, ist wieder ein ungetrübter Blick möglich.

### Selbsthilfe

Die Trübung der Linse nimmt Ihren Augen Licht. Sie sollten dies beim Lesen und beim Erledigen von Feinarbeiten durch besonders helle, aber nicht blendende Lichtquellen ausgleichen. An hellen Tagen sollten Sie stark getönte Brillengläser tragen.

## **Grüner Star** (Glaukom)

**▶ Symptome**

- ➜ keine Warnsymptome, im fortgeschrittenen Stadium Störung des Gesichtsfelds
- ➜ eventuell Sehen von Farbkränzen um Lichtquellen
- ➜ akutes Glaukom (→ Seite 150)

Das Auge braucht einen bestimmten Innendruck, um die äußere Form aufrechterhalten zu können und nicht einzufallen. Dieser entsteht durch eine im Auge gebildete Flüssigkeit, das sogenannte Kammerwasser, welches über spezielle Abflußwege abtransportiert wird. Der Augeninnendruck liegt normalerweise zwischen 10 und 20 Millimeter Quecksilbersäule (mmHg, → Seite 151). Besteht jedoch ein Mißverhältnis zwischen Kammerwasserbildung und -abfluß, kann der Augeninnendruck auf viel zu hohe Werte ansteigen und so die zarten Nervenfasern im Augeninneren zerstören. Erreicht der Augeninnendruck 20 bis 22 mmHg, spricht man von einem Grünen Star. Meist fällt die Druckerhöhung erst bei einer Routineuntersuchung durch den Augenarzt auf (Ausnahme: → akutes Glaukom, Seite 150).

### Ärztliche Behandlung

Sobald Sie oben genannte Symptome bemerken, müssen Sie unbedingt sofort den Augenarzt aufsuchen, allerdings sind dann bereits nicht wieder rückgängig zu machende Nervenschäden entstanden. Deshalb ist die Vorsorge gerade bei dieser unmerklich fortschreitenden Erkrankung so entscheidend. Ab dem 40. Lebensjahr sollten Sie sich mindestens einmal pro Jahr untersuchen lassen. Falls Ihre Eltern oder Großeltern bereits am Grünen Star gelitten haben, sind wegen der Tendenz zur Vererbung auch schon frühere und häufigere Kontrollen angeraten.
Der Grüne Star kann nicht geheilt, sein Fortschreiten aber aufgehalten werden. Zumeist kann eine gezielte Therapie mit Augentropfen den Augeninnendruck schon wieder in den normalen Bereich senken.
Reichen Medikamente allein nicht mehr aus, ist mit einer Laserbehandlung (→ Seite 158), die ambulant in speziell hierfür ausgerüsteten Augenarztpraxen durchgeführt werden kann, ein chirurgischer Eingriff fast immer zu umgehen.

### Selbsthilfe

Gehen Sie regelmäßig zur Vorsorgeuntersuchung und achten Sie auf jede Einschränkung Ihres Gesichtsfelds.
Wenn Sie an einem Glaukom erkrankt sind, sollten Sie möglichst das Rauchen vermeiden. Fragen Sie bei jedem Medikament, das Sie nehmen müssen, ob es für Glaukomkranke geeignet ist.
Nehmen Sie die vom Augenarzt verschriebenen Tropfen oder Medikamente immer regelmäßig und unterbrechen Sie die Behandlung nicht ohne Absprache mit ihm. Sorgen Sie dafür, daß Sie immer Augenmittel vorrätig haben.

## Durchblutungsstörung der Netzhautmitte (Makuladegeneration)

▶ Symptome
- ➜ meist beidseitige, langsam fortschreitende, schmerzlose Sehverschlechterung
- ➜ das Gesichtsfeld bleibt unbeeinflußt
- ➜ gerade Linien erscheinen verzerrt

Die Gefäße, die die Netzhaut und vor allem die Stelle des schärfsten Sehens (→ Seite 149) mit Blut und Nährstoffen versorgen, sind wegen ihrer geringen Größe in besonderem Maße gefährdet, im Alter undicht zu werden oder zu verstopfen.
Es kann daher etwa ab dem 65. bis 70. Lebensjahr zu einer fortschreitenden Durchblutungsstörung kommen, durch die Sinneszellen in der Netzhaut absterben. Typischerweise ist die besonders dünne und empfindliche Netzhautmitte (gelber Fleck oder Makula genannt) hiervon am stärksten betroffen. Man spricht dann von einer altersbedingten Makuladegeneration.

### Ärztliche Behandlung

Eine Durchblutungsstörung der Netzhautmitte kann durch eine allgemeine medikamentöse Durchblutungsförderung bekämpft werden. Eine eventuell vorhandene Herz-Kreislauf-Erkrankung, erhöhter Blutdruck sowie Diabetes mellitus müssen selbstverständlich mitbehandelt werden.
Auch eine gezielte Laserbehandlung (→ Seite 158) kann Erfolg zeigen und ein Fortschreiten der Sehverschlechterung zumindest aufhalten, wenn nicht das Sehvermögen sogar wieder verbessern.
Sollte die Sehverschlechterung schon weit fortgeschritten sein, kann mit speziellen Lupensystemen oder Bildschirmlesegeräten eine bedingte Lesefähigkeit wiederhergestellt werden.

### Selbsthilfe

Auf das Rauchen sollten Sie vollständig verzichten. Schon durch diese Maßnahme in Verbindung mit einer ausreichenden Flüssigkeitsaufnahme wird die Durchblutungssituation des gesamten Körpers und besonders des Kopfes oft entscheidend verbessert. Eine gesunde Lebensweise mit viel Bewegung, vollwertiger Ernährung sowie Ruhe und Entspannung beeinflußt die Erkrankung positiv.

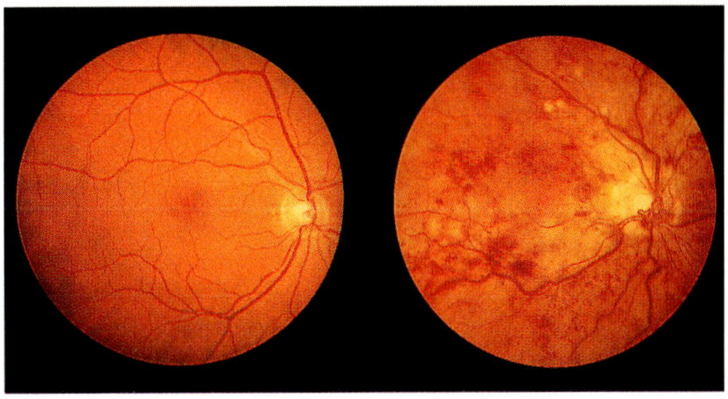

**Im Augenhintergrund sieht man, wie gut die Netzhaut durchblutet ist. Die Netzhaut links ist gesund.**

## Akute Durchblutungsstörung der Netzhaut

▶ Symptome
- ➜ plötzliche, meist einseitige, kurze oder länger dauernde Sehstörungen
- ➜ gelegentlich Schwindel

Ähnlich wie bei einem Herzinfarkt (→ Seite 266) oder einem Schlaganfall (→ ischämischer Gehirninfarkt, Seite 198) können auch die besonders kleinen Gefäße des Auges verstopfen und so die entsprechenden Gebiete der Netzhaut nicht mehr ausreichend mit Sauerstoff und Nährstoffen versorgen. Öffnet sich das Gefäß nach kurzer Zeit wieder, so stellt sich das Sehvermögenen meist ohne Einbußen wieder ein. Bleibt das Blutgefäß jedoch zu lange verschlossen, so sterben Sinneszellen in der Netzhaut unwiederbringlich ab.

### Ärztliche Behandlung

Es besteht Erblindungsgefahr! Suchen Sie bei den genannten Symptomen sofort einen Augenarzt auf. Wenn in den ersten Stunden eine Therapie mit blutverdünnenden Medikamenten eingeleitet wird, ist es möglich, einen bleibenden Netzhautschaden zu verhindern.

### Selbsthilfe

Risikofaktoren für Durchblutungsstörungen aller Art (nicht nur in den Augen) sind Rauchen, Streß, Arteriosklerose, hoher Blutdruck, Diabetes mellitus und Blutgerinnungsstörungen. Informationen zu Vorbeugungsmöglichkeiten finden Sie unter Angina pectoris, Selbsthilfe, auf Seite 264.

## Netzhautablösung

► **Symptome**

- ➜ plötzliches Auftreten von kleinen, sich bewegenden schwarzen Punkten, meist vor einem Auge
- ➜ Lichtblitze, Schatten- oder Schleiersehen
- ➜ plötzliche, schmerzlose Sehverschlechterung

Durch kleine Netzhautlöcher oder Zug des normalerweise von innen drückenden Glaskörpers kann es zu einer Ablösung der Netzhaut von der Aderhaut kommen, eine Unterbrechung der Nährstoffversorgung ist die Folge. Bleibt dieser Zustand längere Zeit bestehen, wird die Netzhaut stellenweise zerstört.

### Ärztliche Behandlung

Bei einer Netzhautablösung besteht Erblindungsgefahr! Suchen Sie daher so schnell wie möglich den Augenarzt auf. Nur er kann zwischen harmlosen und sofort zu behandelnden Ursachen unterscheiden. Ist das betroffene Gebiet noch relativ klein, kann durch eine Laserbehandlung versucht werden, die Netzhaut wieder »anzuschweißen«. Liegt jedoch schon ein fortgeschrittenes Stadium vor, so muß eine möglichst bald durchgeführte mikrochirurgische Operation eine dauerhafte Sehbeeinträchtigung verhindern.

### Selbsthilfe

Ist nicht möglich.

## Behandlung mit dem Laserstrahl

Bei einigen Augenerkrankungen reicht eine medikamentöse Behandlung allein nicht aus. In diesen Fällen mußte früher eine Augenoperation durchgeführt werden. Zwar kann auch heute nicht völlig auf chirurgische Verfahren verzichtet werden, doch dank modernster Technik ist es in den letzten Jahren immer häufiger möglich geworden, das Skalpell gegen den Laserstrahl einzutauschen.

### Was ist ein Laserstrahl?

Durch einen technischen Kunstgriff ist es gelungen, Licht, welches normalerweise zahlreiche verschiedene und gegeneinander verschoben laufende Wellenlängen besitzt, auf eine einzige Wellenlänge zu beschränken. Hierdurch entsteht der exakt lenkbare und sehr energiereiche Laserstrahl, der sogar Flächen, die kleiner als ein Hundertstelmillimeter sind, nicht verfehlt. Wie ein normaler Lichtstrahl kann er Glas oder andere durchsichtige Gegenstände durchdringen, ohne sie zu schädigen. Daher kann er ohne Verletzung in das Augeninnere gelangen.

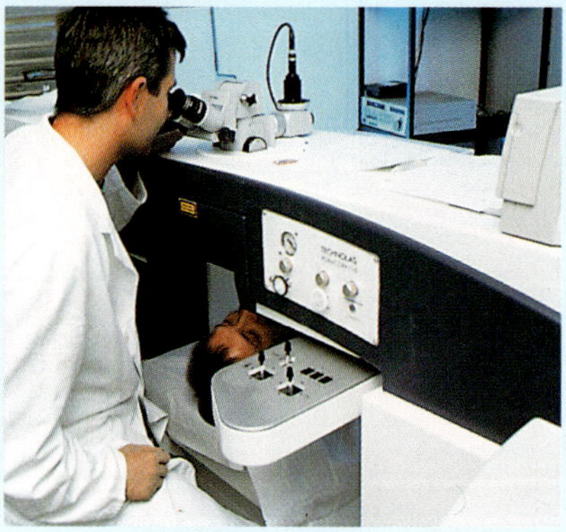

**Auch starke Fehlsichtigkeit kann heute mit dem Laser behandelt werden.**

### Wann wird der Laser eingesetzt?

Anfangs wurden nur Erkrankungen der Netzhaut mit dem Laser behandelt, so zum Beispiel die Netzhautablösung. Durch die Weiterentwicklung der Technik können heute jedoch auch bestimmte Formen des Grünen Stars sowie der sogenannte Nachstar, eine Trübung der Linsenkapsel nach durchgeführter Operation des Grauen Stars, erfolgreich behandelt werden. Seit kurzer Zeit werden auch stark ausgeprägte Fehlsichtigkeiten mittels eines Lasers korrigiert.

### Wie wird behandelt?

Eine Laserbehandlung kann meist ambulant in einer Augenklinik oder einer hierfür ausgestatteten Augenarztpraxis durchgeführt werden. Oft wird die Pupille vor dem Eingriff medikamentös erweitert. Die Behandlung ist meist schmerzfrei. Bis sich jedoch ihre volle Wirkung zeigt, dauert es einige Tage bis Wochen. In dieser Heilungsphase sollten Sie unbedingt die Ratschläge Ihres Augenarztes befolgen!

## Augenzittern (Nystagmus)

**▶ Symptome**

➜ unkontrolliertes, schnelles, meist beidseitiges Augenzittern

Unsere Augenbewegungen entstehen durch das Zusammenspiel der äußeren Augenmuskeln. Um deren Arbeit zu koordinieren, sind Nervenreize erforderlich, die vom Gehirn kontrolliert werden.
Sind Störungen der entsprechenden Nervenbahnen vorhanden, sind reibungslose Augenbewegungen nicht mehr möglich. Es kommt zu sehr schnellen Blickbewegungen, die willentlich nicht zu beeinflussen sind.
Bei sehbehinderten Menschen, bei denen die Netzhautmitte kein scharfes Bild von der Umgebung herzustellen in der Lage ist, kann ebenfalls das beschriebene Augenzittern auftreten.

### Ärztliche Behandlung

Bei plötzlichem Augenzittern sollten Sie rasch den Augenarzt aufsuchen. Meist muß auch ein Nervenarzt hinzugezogen werden, um die Funktionsfähigkeit der Nerven und des Gehirns zu prüfen. Durch eine gezielte medikamentöse oder chirurgische Therapie kann die Erkrankung je nach Ursache behandelt werden.

### Selbsthilfe

Ist nicht möglich.

## Bluthochdruck und Auge

**▶ Symptome**

➜ kurze, meist einseitige, wiederkehrende Schwankungen des Sehvermögens
➜ Kopfschmerzen
➜ im fortgeschrittenen Stadium Sehverschlechterung

Durch erhöhten Blutdruck (→ Seite 280) kann es zu Ödemen und Einblutungen in die Netzhaut kommen. Durch eine blutdrucksenkende Therapie sind diese Veränderungen im Anfangsstadium noch fast vollständig zurückzubilden. Im späteren Stadium kann es jedoch zu einer bleibenden Sehverschlechterung kommen.

### Ärztliche Behandlung

Wird ein erhöhter Blutdruck festgestellt, sollte eine augenärztliche Kontrolle der Netzhaut erfolgen. Sind Netzhautschäden vorhanden, so müssen diese rasch behandelt werden. Das ist durch eine gezielte Behandlung mit dem Laserstrahl möglich.

### Selbsthilfe

Eine gesunde und aktive Lebensgestaltung mit ausgewogener Ernährung hilft, einen erhöhten Blutdruck und die entsprechenden Folgen am Auge zu vermeiden (→ Bluthochdruck, Seite 280).

## Diabetes mellitus und Auge

**▶ Symptome**

➜ Schwankungen des Sehvermögens
➜ langsam fortschreitende Sehverschlechterung

Ein erhöhter oder schwankender Blutzuckerspiegel kann die kleinen Netzhautgefäße schädigen. Besonders gefährdet ist die Netzhautmitte mit der Stelle des schärfsten Sehens. Durch die Schädigung der Gefäße kann es zu einer Minderversorgung der Netzhaut kommen, besonders mit Sauerstoff; es besteht dann die Gefahr einer bleibenden Sehverschlechterung durch Absterben von Sinneszellen.

### Ärztliche Behandlung

Bei einem gerade entdeckten Diabetes sollten Sie in den ersten Wochen den Augenarzt aufsuchen, anschließend je nach Stadium und Dauer der Erkrankung mindestens alle 6 bis 12 Monate!
Netzhautveränderungen können bei rechtzeitiger Diagnose erfolgreich mit dem Laser behandelt werden. Früher häufige Komplikationen oder Spätfolgen wie Grüner Star und Erblindung sind daher heute sehr selten geworden. Das wichtigste Therapieziel muß allerdings eine optimale Einstellung des Blutzuckerspiegels sein (→ Diabetes mellitus, Seite 503).

### Selbsthilfe

Bitte halten Sie sowohl bei Ihrem Hausarzt als auch beim Augenarzt die empfohlenen Kontrolltermine genau ein! Rauchen und Alkohol gefährden die beste Therapie; Sport und eine entsprechende Diät helfen, eine Netzhautschädigung erst gar nicht entstehen zu lassen (→ Diabetes mellitus, ab Seite 501).

## Hängendes Oberlid

**▶ Symptome**

➜ im Lauf des Tages oft zunehmendes, schmerzloses Herabhängen meist eines Oberlids

Sowohl Muskel- als auch Nervenschwäche, zum Beispiel nach einem Schlaganfall (→ Seite 198), können dazu führen, daß das Oberlid eines Auges nicht mehr ausreichend gehoben werden kann. Auch ein Gersten- oder Hagelkorn oder eine Lidhautverdickung sind häufig Ursache dieser Erkrankung.

### Ärztliche Behandlung

Bei einem plötzlich nicht mehr zu hebenden Lid sollte der Augenarzt sofort die Ursache klären. Nimmt die Erkrankung nur langsam zu, sollte spätestens nach einigen Wochen nach dem Grund gefahndet werden. Hängt das Oberlid beim Säugling von Geburt an herab und schränkt so den Blick ein, sollte baldmöglichst ein Augenarzt zu Rat gezogen werden, da in diesem Fall die Gefahr einer bleibenden Sehschwäche besteht. Der Arzt kann medikamentös oder operativ die Lidfehlstellung korrigieren.

### Selbsthilfe

Wenn nur kurzzeitig nötig, können Sie versuchen, einen Pflasterstreifen vom Lid zur Stirn zu kleben und es damit nach oben zu ziehen.

## Fehlstellungen des Unterlids

**▶ Symptome**

➜ das Unterlid klappt nach innen oder außen
➜ Tränenträufeln
➜ Fremdkörpergefühl durch scheuernde Wimpern

Durch eine Muskelerschlaffung oder einen Muskelkrampf kann es passieren, daß das Unterlid seine Form und Elastizität verliert und nach außen oder innen klappt. Wenn es nach außen klappt, können die Tränen nicht mehr abfließen und träufeln über die Wange. Es besteht außerdem die Gefahr der Austrocknung des Augapfels mit anschließenden schwersten Entzündungen! Im zweiten Fall scheuern die nach innen gekippten Wimpern auf Binde- und Hornhaut und können so zu Verletzungen führen.

### Ärztliche Behandlung

Bei jedem Menschen kann – zum Beispiel nach kräftigem Augenreiben – das Unterlid nach innen oder außen klappen. Kommt dies häufig vor oder wird zum Dauerzustand, muß der Augenarzt durch einen ambulanten chirurgischen Eingriff mit örtlicher Betäubung die Fehlstellung beseitigen.

### Selbsthilfe

Tupfen Sie Tränen vom Auge nur so ab, daß das nach außen geklappte Lid nicht nach unten gezogen wird; sonst kann die Fehlstellung verstärkt werden. Hat sich das Lid nach innen gerollt, ziehen Sie es mit Hilfe eines Pflasterstreifens nach unten.

## Vorgewölbter Augapfel

**▶ Symptome**

➜ scheinbare Größenzunahme meist beider Augen
➜ Trockenheitsgefühl, Reizung
➜ Bewegungseinschränkung der Augen

Grund für einen vorgewölbten Augapfel, einen sogenannten Exophthalmus, kann vor allem eine besondere Form der Schilddrüsenüberfunktion sein (→ Seite 494). Das Auge wird in diesem Fall durch vermehrte Wassereinlagerung und Größenzunahme von Augenmuskeln und Fettgewebe der Augenhöhle nach vorn gedrückt. Auch Tumoren, Blutergüsse oder starke Entzündungen der Augenhöhle können Ursache sein. Einerseits verändert sich durch die hervortretenden Augen der Gesichtsausdruck stark – eine große seelische Belastung –, andererseits birgt die Massenzunahme in der Augenhöhle die Gefahr, daß der Sehnerv durch den erhöhten Druck geschädigt wird.

### Ärztliche Behandlung

Die Ursache der Augapfelvorwölbung sollte auf jeden Fall frühestmöglich abgeklärt werden. Bei nur leichten Symptomen besteht meist kein Therapiebedarf, in fortgeschrittenen Stadien kann eine medikamentöse Therapie, eine Bestrahlungstherapie, ein chirurgischer Eingriff oder die Kombination dieser drei Behandlungsmethoden eingesetzt werden.

### Selbsthilfe

Ist nicht möglich.

## Schielen

**▶ Symptome**
- ➜ typische Fehlstellung der Augen
- ➜ eventuell Wahrnehmen von Doppelbildern
- ➜ eventuell schlechteres Sehvermögen des schielenden Auges
- ➜ Kopfschmerzen

Das Schielen oder der sogenannte Silberblick bei Kindern wird häufig ererbt oder entsteht aufgrund einer nicht ausreichend mit einer Brille korrigierten Weitsichtigkeit.
Schielen ist keineswegs nur ein »Schönheitsfehler« – wird es nicht behandelt, kann sich eine bleibende Sehschwäche des schielenden Auges entwickeln: Das nicht-schielende Auge leistet die Hauptseharbeit, das schielende Auge wird durch das Gehirn vom Sehprozeß ausgeschlossen, um störende Doppelbilder zu vermeiden; es lernt also nie richtig sehen.
Ab etwa dem sechsten Lebensjahr sind die Sehvorgänge so verfestigt, daß eine erst dann einsetzende Therapie keinen Erfolg mehr haben kann. Es liegt in diesem Fall bereits eine sogenannte Schwachsichtigkeit (Amblyopie) vor.
Beim Erwachsenen wird Schielen oft durch Störungen im Muskel- oder Nervengleichgewicht der Augen hervorgerufen, zum Beispiel nach einem Schlaganfall (→ Seite 198) oder einem Unfall.

### Ärztliche Behandlung

Wenn Sie bemerken, daß Ihr Kind schielt, suchen Sie sofort den Augenarzt auf, um durch eine geeignete Behandlung die Entwicklung einer Schwachsichtigkeit zu verhindern. Dies gelingt meist schon mit der Verordnung einer Brille, eventuell muß das nichtschielende Auge auch zusätzlich für einige Zeit zugeklebt werden, um das schielende Auge zu trainieren. Nur sehr selten sind Operationen zur Korrektur der Augenmuskeln erforderlich.
Beim Erwachsenen sollten ebenfalls möglichst rasch die Gründe für das Schielen abgeklärt und dann entsprechend der Ursache behandelt werden.

### Selbsthilfe

Zur Unterstützung der ärztlichen Behandlung kann ein spezielles Augenmuskeltraining sinnvoll sein, welches Ihnen Ihr Augenarzt zeigt.

**Je früher schielende Kleinkinder behandelt werden, desto erfolgreicher lassen sich Schäden vermeiden.**

## Tumoren am oder im Auge

**▶ Symptome**
- ➜ oft schleichende, schmerzlose Größenzunahme

Wie überall am menschlichen Körper können sich auch am und im Auge gut- oder bösartige Geschwülste bilden. So kommen zum Beispiel häufig gutartige Muttermale in der Regenbogenhaut vor; verschiedene Hauttumoren wie zum Beispiel der Basalzellenkrebs (→ Seite 477) sind in der Augenlidregion zu finden.

### Ärztliche Behandlung

Häufig bemerkt man erst nach einiger Zeit eine kleine Form- oder Farbveränderung, die langsam an Größe zunimmt. Sie sollte stets genau beobachtet und abgeklärt werden. Der Augenarzt kann oft sehr rasch Entwarnung geben. Besteht jedoch der Verdacht, daß es sich um einen bösartigen Tumor handelt, so sollte die Geschwulst entweder operativ entfernt oder, falls dies zum Beispiel wegen der Lage im Auge nur schlecht möglich ist, bestrahlt werden.

### Selbsthilfe

Wie die gesamte Haut sollten Sie auch die Augen und die sie umgebende Lidregion von Zeit zu Zeit genau nach Veränderungen absuchen. Um dem bösartigen schwarzen Hautkrebs (→ Seite 477) vorzubeugen, sollten Sie beim Sonnenbaden, im Gebirge oder an der See stets eine Sonnenbrille mit Gläsern, die UV-Strahlen ausfiltern, tragen.

# Fehlsichtigkeit

► Symptome

➜ meist beidseitig unscharfes Sehen in bestimmten Entfernungen
➜ Kopfschmerzen
➜ gelegentlich Auftreten von Schielen

Das Auge ist ein hochkompliziertes Organ mit verschiedenen, aufeinander abgestimmten optischen Systemen (→ Seite 148).

Normalerweise arbeiten diese so gut zusammen, daß wir in nahezu allen Entfernungen ein klares Bild unserer Umgebung wahrnehmen können. Ist das Zusammenspiel gestört, können nur noch unscharfe Bilder auf der Netzhaut abgebildet werden – wir sehen verschwommen.

• Bei der **Kurzsichtigkeit** (Myopie) ist die Brechkraft des Auges im Verhältnis zur Augenlänge zu stark. Man kann nur klar sehen, was sich in der Nähe befindet, weiter entfernte Gegenstände erscheinen dagegen unscharf.

• Umgekehrt verhält es sich bei der **Weit- oder Übersichtigkeit** (Hyperopie). Hier ist die Brechkraft des Auges zu schwach. Entferntes kann klar erkannt werden, nähere Gegenstände erscheinen unscharf.

• Bei der **Stabsichtigkeit** (Astigmatismus) ist das Verhältnis zwischen Brechkraft und Länge des Auges normal, aber die Hornhaut ist nicht ganz gleichmäßig kugelförmig gewölbt, so daß durch sie hindurchtretende Lichtstrahlen nicht genau in einem Punkt auf der Netzhaut gebündelt werden können. Dadurch sieht man verzerrt; Punkte erscheinen als unscharfe Linien. Man nennt diese Art der Fehlsichtigkeit auch Hornhautverkrümmung.

Die Veranlagung für die drei genannten Fehlsichtigkeiten ist meist angeboren.

• Erst zwischen dem 40. und 50. Lebensjahr tritt die sogenannte **Alterssichtigkeit** (Presbyopie) auf, die dadurch entsteht, daß die Elastizität der Augenlinse nachläßt. Die für das nahe Sehen besonders benötigte Verstärkung der Brechkraft durch eine vermehrte Wölbung der Augenlinse – die sogenannte Akkommodation – kann deshalb nicht mehr erreicht werden. Man muß nun die betrachteten Gegenstände weit von sich weg halten und sich beim Lesen mehr und mehr anstrengen. Kurzsichtige können jetzt ohne Brille besser lesen als mit.

## Ärztliche Behandlung

Jugendliche und Erwachsene merken eine Sehverschlechterung selbst recht rasch. Bei Kindern sollten die Eltern beim ersten Anzeichen einer Sehschwäche eine Kontrolluntersuchung durch den Augenarzt durchführen lassen.

Auch Klagen über Kopfschmerzen oder vermehrte Blendempfindlichkeit können Anzeichen einer Fehlsichtigkeit sein. Durch eine kurze Sehschärfebestimmung beim Augenarzt kann die richtige Diagnose gestellt werden. Meist muß die Fehlsichtigkeit dann durch eine Brille oder Kontaktlinsen ausgeglichen werden (→ Seite 164).

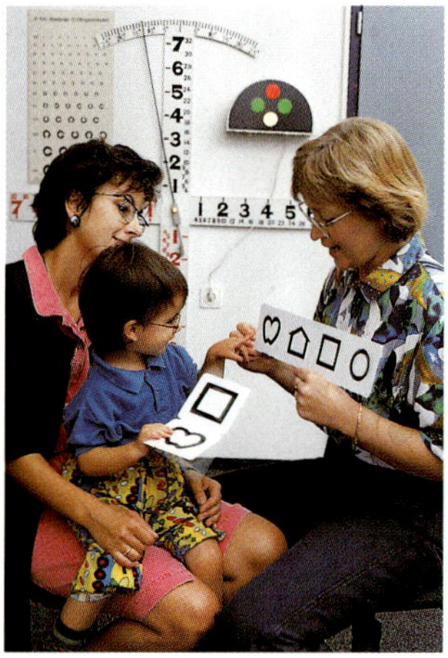

**In der Sehschule wird durch Orthoptistinnen die Sehfähigkeit von kleinen und großen Patienten trainiert.**

## Selbsthilfe

Entspannungsübungen der Augen helfen oft, ermüdungsfrei zu sehen, können eine Brille aber nicht ersetzen (→ Seite 152).

# Farbfehlsichtigkeit

► Symptome

➜ Farben werden nur unzureichend oder falsch wahrgenommen

Angeborene Farbfehlsichtigkeit kommt häufiger beim männlichen Geschlecht vor. In seltenen Fällen können auch eingenommene Medikamente (zum Beispiel Herzmittel) zu Farbfehlwahrnehmungen führen. In der überwiegenden Zahl der Fälle handelt es sich um eine gestörte Wahrnehmung von roten und grünen Farbanteilen. Betroffene müssen daher im Straßenverkehr besonders aufmerksam sein.

### Ärztliche Behandlung

Sobald Ihnen eine Farbwahrnehmungsstörung bei Ihrem Kind auffällt, sollte der Augenarzt die Ursache abklären und eine eventuelle Medikamentennebenwirkung ausschließen. Eine Heilung ist wie bei vielen Erbkrankheiten leider nicht möglich, Lebenserfahrung kann diese Fehlfunktion der Augen jedoch in den meisten Fällen völlig ausgleichen.

### Selbsthilfe

Ist nicht möglich.

## Nachtblindheit

### ▶ Symptome

- ➜ schlechtes bis fehlendes Sehvermögen in Dämmerung und Dunkelheit
- ➜ vermehrte Blendempfindlichkeit

Die echte Nachtblindheit tritt nur bei seltenen, meist genetisch bedingten Erkrankungen auf, die meist mit einer auch am Tag stark herabgesetzten Sehschärfe einhergehen und oft fortschreitenden Charakter haben. Viel weiter verbreitet und viel harmloser ist die Nachtsehschwäche bei Kurzsichtigen. Zu der bereits am Tag vorhandenen Kurzsichtigkeit kommt in der Dunkelheit auch noch die sogenannte Nachtkurzsichtigkeit.

Bei chronischem Vitamin-A-Mangel ist das Sehen bei Dämmerung und in der Nacht ebenfalls stark eingeschränkt, weil von der Netzhaut nicht genügend Sehpurpur gebildet werden kann, der für das Dunkelsehen unbedingt erforderlich ist.

Auch im Alter und bei einem Grauen Star (→ Seite 156) ist die Fähigkeit zur Dunkelanpassung gestört.

### Ärztliche Behandlung

Eine Veränderung des Dämmerungs- oder Nachtsehens sollte immer durch den Augenarzt kontrolliert und je nach Ursache, wenn möglich, behandelt werden. Liegt eine Kurzsichtigkeit vor, so kann eine Brille auch das Dunkelsehen verbessern.

### Selbsthilfe

Nehmen Sie sich Zeit für die Anpassung Ihrer Augen an die Dunkelheit – Vorsicht im Straßenverkehr! Gleichen Sie Vitamin-A-Mangel durch ausgewogene Ernährung aus (→ Seite 712).

## Erblinden

### ▶ Symptome

- ➜ starke Sehverschlechterung bis hin zum völligen Verlust der Sehkraft
- ➜ massive Einengung des Gesichtsfelds

Erkrankungen der Hornhaut, der Augenlinse, der Netzhaut und des Sehnervs, aber auch Verletzungen oder Entzündungen des Auges können unbehandelt zu einer plötzlichen, häufiger jedoch zu einer langsam fortschreitenden Einbuße der Sehkraft führen (→ Grauer Star, Seite 156; → Grüner Star, Seite 156; → Durchblutungsstörung der Netzhautmitte, Seite 157; → Netzhautablösung, Seite 158; → Netzhautveränderungen durch Diabetes mellitus, Seite 159).

Ist die Sehkraft so stark vermindert, daß nur noch schemenhafte Umrisse wahrgenommen werden, spricht man von Blindheit. Auch eine starke Gesichtsfeldeinschränkung, die nur noch ein Sehen wie durch eine enge Röhre erlaubt, wird vom deutschen Gesetzgeber als Blindheit anerkannt (über die in Österreich und der Schweiz gültigen Rechtsgrundlagen informieren Sie sich bitte bei Ihrer Krankenkasse).

### Ärztliche Behandlung

Grundsätzlich gilt: Suchen Sie sofort (!) einen Augenarzt auf, wenn Sie eine Verschlechterung Ihres Sehvermögens wahrnehmen. Heutzutage ist es möglich, die meisten der oben genannten Erkrankungen zu heilen, zu stoppen oder ihren Verlauf zu verlangsamen, wenn sie nur rechtzeitig erkannt werden.

### Selbsthilfe

Das Augenlicht zu verlieren ist für jeden ein Schicksalsschlag, den er nur allmählich verwinden kann. Der Kontakt mit einem örtlichen Blindenverein kann durch seelischen Beistand und Erfahrungsaustausch in der Gemeinschaft helfen.

Kinder und Jugendliche können in Blindenschulen durch speziell geschulte Lehrer gefördert werden.

Zur finanziellen Unterstützung steht in Deutschland jedem Blinden unabhängig von Vermögen und Einkommen das sogenannte Blindengeld zu (über die in Österreich und der Schweiz gültigen Regelungen informieren Sie sich bitte bei Ihrer Krankenkasse).

Adressen von Verbänden finden Sie auf Seite 798.

# Brille oder Kontaktlinsen?

Bei Kurz- und Weitsichtigkeit, Stab- und Alterssichtigkeit können die einfallenden Lichtstrahlen nicht genau auf der Netzhaut gebündelt werden – es entsteht ein unscharfes bzw. verschwommenes Bild (→ Seite 162).

Diese Arten der Fehlsichtigkeit können mit Hilfe von verschiedenen Linsen – in Form von Brillengläsern oder Kontaktlinsen – ausgeglichen werden, die die Lichtstrahlen auf die Netzhaut des Auges lenken. Die Brechkraft von optischen Linsen wird in Dioptrien gemessen.

## Altbewährt: Die Brille

Am einfachsten kann eine der oben genannten Arten von Fehlsichtigkeit mit einer Brille korrigiert werden. Die optischen Eigenschaften des Brillenglases müssen für das jeweilige Auge genau errechnet werden. Ist man weitsichtig, so muß die Linse die einfallenden Lichtstrahlen so brechen, daß sie sich auf der Netzhaut treffen (und nicht erst »dahinter«). Dieser Effekt wird durch Vergrößerungs- oder Sammellinsen bewirkt. Umgekehrt verhält es sich bei der Kurzsichtigkeit: Hier muß eine Verkleinerungs- oder Zerstreuungslinse die Lichtstrahlen auffächern, damit sie sich erst auf der Netzhaut treffen. Die Verzerrungen bei der Stabsichtigkeit werden durch zylinderförmig geschliffene Linsen korrigiert.

**Eine sogenannte Lesebrille verbessert das Nahsehen bei Alterssichtigkeit.**

## Die Brille für die Alterssichtigkeit

Beginnt zwischen dem 40. und 50. Lebensjahr eine sogenannte Alterssichtigkeit (→ Fehlsichtigkeit, Seite 162), so braucht man eine spezielle Brille für den Nah- bzw. Lesebereich.

Wer bereits eine Brille hat, braucht nun eine zweite zum Wechseln oder eine Zwei- oder Mehrstärkenbrille, in der im oberen Teil ein Fernglas zur Korrektur der Kurz- oder Weitsichtigkeit und im unteren Teil ein Nahglas zum Ausgleich der Alterssichtigkeit eingeschliffen ist. Diese Brillen sind sehr praktisch, bedürfen aber einer gewissen Eingewöhnungszeit. Am Anfang muß man zum Beispiel beim Treppensteigen recht vorsichtig sein.

## Auswahl von Gläsern und Fassung

Bei vermehrter Blendempfindlichkeit oder Erkrankungen wie dem Grauen Star (→ Seite 156), Hornhautnarben oder Glaskörpertrübungen kann es sinnvoll sein, die Brillengläser zu tönen. Zum Autofahren bei Nacht dürfen die Gläser allerdings nicht stärker als 15 Prozent abgedunkelt sein.

Um störende Reflexe von Lichtquellen zu vermeiden, ist eine Entspiegelung der Gläser sinnvoll.

Als Alternative zu herkömmlichen Brillengläsern können auch Gläser aus Kunststoff gewählt werden, die zwar leichter zerkratzen, aber trotz ihrer größeren Dicke viel leichter sind.

Die Brillenfassung kann aus Kunststoff oder Metall sein. Liegt eine Allergie gegen Metall vor, am häufigsten eine Nickelallergie (→ Seite 526), so sollte man auf jeden Fall eine Kunststoffassung nehmen.

Grundsätzlich gilt beim Auswählen einer Brillenfassung: Je kleiner die Fassung, um so eingeschränkter das Gesichtsfeld; je größer die Fassung, um so schwerer die Brille – es gilt, den zweckmäßigen Mittelweg zu finden. Für Kinder sollte die Brille dagegen immer möglichst klein sein.

## Die Alternative: Kontaktlinsen

Kontaktlinsen sind durchsichtige Kunststoffschalen, die wie winzige Brillengläser eine Fehlsichtigkeit ausgleichen. Dadurch, daß sie dem Auge direkt aufliegen

– sie schwimmen quasi auf der Tränenflüssigkeit des Augapfels –, haben sie gegenüber der Brille zahlreiche Vorteile: Kein Gestell kann durch schlechten Sitz drücken oder das Gesichtsfeld einengen, bei kaltem Wetter beschlagen sie nicht beim Betreten eines geheizten Raumes, im Gegensatz zu Brillengläsern zeigen sie keine Randverzerrungen.

Da eine Brille das Gesicht verändert, werden Kontaktlinsen oft als attraktiver empfunden.

Mit den Vorteilen erkauft man sich jedoch auch einen großen Nachteil: Kontaktlinsen sind Fremdkörper auf dem Auge und können bei unsachgemäßer Handhabung ernsthafte Hornhaut- oder Bindehautschäden hervorrufen. Außerdem kommt es bei äußerst empfindlichen Augen oder zu geringer Tränenproduktion meist zu Beschwerden.

**Kontaktlinsen einzusetzen ist nach kurzer Zeit kein Problem mehr.**

Wer auf einem Auge erblindet ist und nur ein gesundes Auge besitzt, sollte auf jeden Fall auf das Tragen von Kontaktlinsen verzichten, um es nicht durch die zwar seltenen, aber doch möglichen Komplikationen zu gefährden.

## Weiche oder harte Linsen?

Trotz oben genannter Einschränkungen werden Kontaktlinsen in der Regel recht gut vertragen, besonders weiche Linsen, die biegsam und elastisch sind und daher dem Auge optimal aufliegen.

Diese Linsen gibt es heutzutage auch schon als sogenannte Tauschsysteme; sie werden in diesem Fall nur kurze Zeit getragen und dann durch neue Linsen gleicher Stärke ersetzt. Das hat den Vorteil, daß Verunreinigungen oder Defekte so gut wie nicht mehr vorkommen können.

Aber auch die sogenannten harten Kontaktlinsen werden nach einer kurzen Eingewöhnungszeit meist problemlos vertragen und sind zudem in Handhabung und Pflege einfacher als ihre weichen Pendants, weil sie ihre starre Schalenform auch während des Einsetzens oder Herausnehmens sowie bei der täglichen Pflege beibehalten.

## Pflege und Kontrolle

Welche Art von Kontaktlinsen Sie auch wählen: Nur eine fachgerechte Anpassung durch den Augenarzt oder Optiker, optimale Pflege sowie sorgfältige Handhabung ermöglichen ein problemloses Tragen.

Kontrollen beim Augenarzt mehrmals im Jahr sind erforderlich. Auch sollten Sie Ihre Augen vermehrt beobachten und bei der kleinsten Veränderung einen Augenarzt aufsuchen, denn für Sie selbst ist eine Unterscheidung zwischen harmloser Reizung und ernsthafter Augenschädigung nicht möglich.

Und noch etwas sollten Sie beachten: Da weiche Kontaktlinsen Inhaltsstoffe von Augentropfen sowie deren Konservierungsmittel speichern können, verzichten Sie bitte unbedingt in der Zeit, in der Sie Augentropfen anwenden, auf das Tragen der Kontaktlinsen.

## Entscheidungshilfen

Grundsätzlich läßt sich heutzutage fast jede Form der Fehlsichtigkeit sowohl mit einer Brille als auch mit Kontaktlinsen ausgleichen. Lediglich stärkere Stabsichtigkeit stellt ein gewisses Problem für die Anpassung von Kontaktlinsen dar, und ein zu großer Unterschied der Fehlsichtigkeitsstärke beider Augen ist nur selten mit einer Brille befriedigend zu korrigieren.

Oft ist es Geschmackssache, ob man sich für eine Brille oder Kontaktlinsen entscheidet. Möchte man zwischen Brille und Kontaktlinsen häufiger wechseln, bieten sich weiche Linsen an. Für das dauerhafte Tragen kommen harte Kontaktlinsen vielleicht eher in Frage, da ihre Anschaffungs- und Pflegekosten oft niedriger sind und sie häufig länger halten. Über die Beteiligung an den Kosten für Brille oder Kontaktlinsen informieren Sie sich bitte bei Ihrer Krankenkasse.

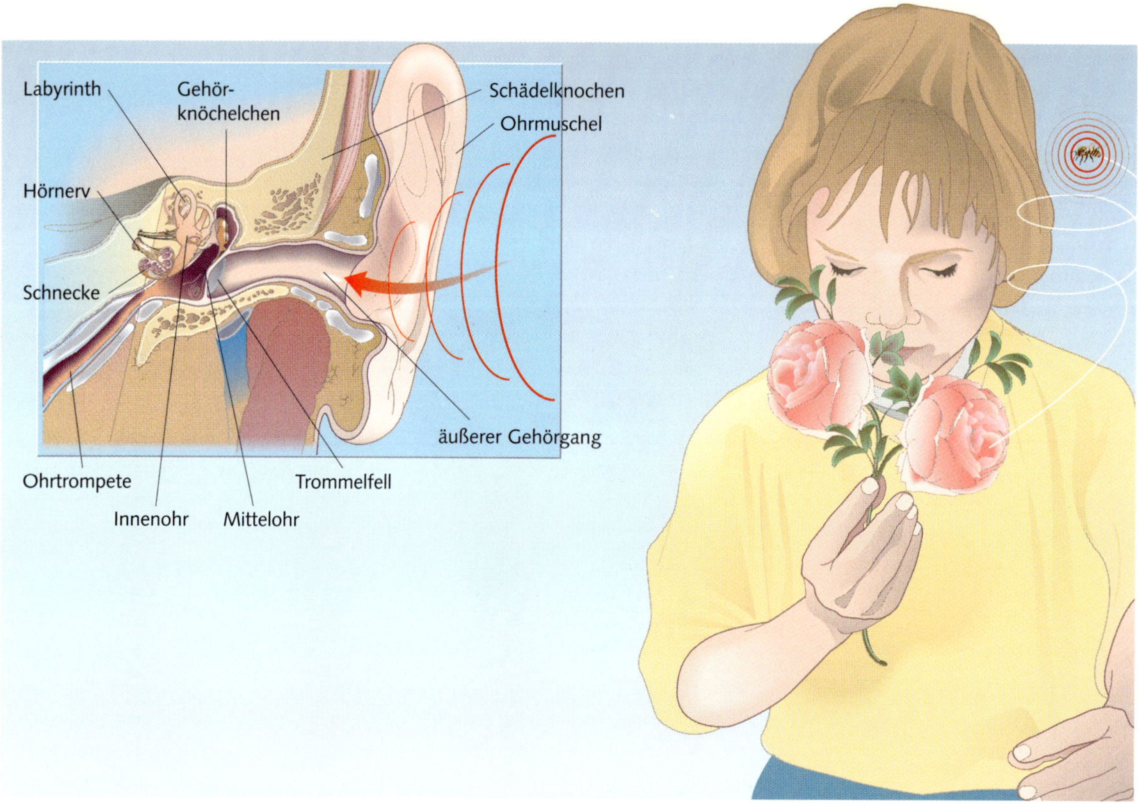


# Das Ohr

- **Der Aufbau des Ohrs**
- **Der Vorgang des Hörens**
- **Das Gleichgewichtsorgan**

Das Ohr zählt zu den kompliziertesten Organen des Menschen. In ihm liegen, gut geschützt durch das Felsenbein, dem härtesten Knochen des Körpers, die Hörschnecke und der Gleichgewichtsapparat.
Hören kann berauschen und weckt Gefühle. Es stellt Kontakt zu anderen Menschen her und hilft, sich in der Welt zurechtzufinden.

## Das äußere Ohr

Zum äußeren Ohr gehören die Ohrmuschel und der Gehörgang bis zum Trommelfell, dessen Eingang ein knorpeliger Höcker, der Tragus, schützt. Ist der Gehörgang entzündet, schmerzt es, wenn man auf diesen Höcker drückt.

Im Gehörgang wird – von Mensch zu Mensch in unterschiedlicher Menge – von speziellen Drüsen Ohrenschmalz (Zerumen) produziert: Es schützt den Gehörgang und transportiert abgestoßene Haut, Haare und Schmutzpartikel aus dem Ohr.

## Das Mittelohr

Hinter dem Trommelfell, welches das äußere Ohr vom Mittelohr trennt, liegt die mit Schleimhaut ausgekleidete Paukenhöhle, in ihr die Gehörknöchelchen: Hammer, Amboß und Steigbügel. Sie sind durch winzige Gelenke miteinander verbunden.
Das Mittelohr ist über die Ohrtrompete (Tube, Eustachische Röhre) mit dem Nasen-Rachen-Raum verbunden. Die Ohrtrompete öffnet sich beim Schlucken, Gähnen oder Schneuzen. Auf diese Weise herrscht im Mittelohr der gleiche Luftdruck wie in der Außenwelt und im Gehörgang. Ist die Ohrtrompete in ihrer Funktion beeinträchtigt, zum Beispiel beim Tuben-

katarrh, können bei verändertem Umgebungsdruck (zum Beispiel Starten und Landen im Flugzeug) heftige Ohrenschmerzen einsetzen.
In einer tiefen Nische des Mittelohrs liegt das sogenannte ovale Fenster, eine der beiden Öffnungen des Mittelohrs zum Innenohr. Im ovalen Fenster ist das dritte Gehörknöchelchen, der Steigbügel, beweglich aufgehängt. Die zweite Öffnung, das sogenannte runde Fenster, dient dem Druckausgleich.

## Das Innenohr

Das Hörorgan (Hörschnecke oder Kochlea genannt) und das Gleichgewichtsorgan (Vestibularapparat) im knöchernen Labyrinth des Felsenbeins werden gemeinsam als Innenohr bezeichnet. Das Innere des Hörorgans besteht aus zweieinhalb Windungen (Schneckengang). Darin liegen Sinneszellen (wegen ihrer Form auch Haarzellen genannt) und Stützzellen. Die 17 000 Sinneszellen verteilen sich auf eine innere und drei äußere Reihen.
Wirklich »hören« können nur die inneren Sinneszellen, weil nur sie direkt am Hörnerv, der ins Gehirn führt, anliegen. Weil die inneren Sinneszellen relativ unempfindlich sind, werden schwächere Schwingungen von den äußeren Sinneszellen verstärkt, so daß sie von den inneren Sinneszellen wahrgenommen werden können.

## Der Weg des Schalls

Töne und Geräusche werden von uns über die Luft (Luftleitung) und über den Schädelknochen (Knochenleitung) wahrgenommen. Die Muschelform des äußeren Ohrs erleichtert die Schallaufnahme über die Luft. Im Gehörgang wird der für das Verstehen von Sprache wichtige Tonhöhenbereich von 2000 bis 6000 Hertz etwa um das Doppelte verstärkt.
Die Schallwellen treffen dann auf das pfenniggroße Trommelfell und versetzen es in Schwingungen. Diese werden im Mittelohr über die Gehörknöchelchen weitergegeben und um etwa das Zweiundzwanzigfache verstärkt. Sie erreichen dann das Innenohr und durchlaufen die Windungen der Hörschnecke. Dort erregen die Schwingungen die Sinneszellen. Am Eingang der Schnecke sitzen diejenigen, die auf hohe Töne (hohe Frequenzen) spezialisiert sind, oben an der Spitze der Schnecke diejenigen für die tiefsten Töne. Die Sinneszellen leiten die Erregung an den Hörnerv weiter, der Signale ans Gehirn gibt.

Bei einer Schalleitungsschwerhörigkeit kann der Schall von der Außenwelt nicht ins Innenohr gelangen. Die Schalleitung wird zum Beispiel durch Verschluß des Gehörgangs (→ Ohrenschmalz, Seite 170), ein Loch im Trommelfell (→ Mittelohrentzündung, Seite 173), eine Beschädigung der Gehörknöchelchen, eine Flüssigkeitsansammlung im Mittelohr (Paukenerguß, → Mittelohrentzündung, Seite 173) oder durch eine Versteifung des Steigbügels im ovalen Fenster (Otosklerose, → Schwerhörigkeit, Seite 176) unterbrochen.
Gelangen die Hörreize zwar bis ins Innenohr, können aber dann nicht an den Hörnerv weitergegeben oder vom Hörnerv nicht ans Gehirn geleitet werden, so spricht man von einer Schallempfindungsschwerhörigkeit (→ Seite 176).

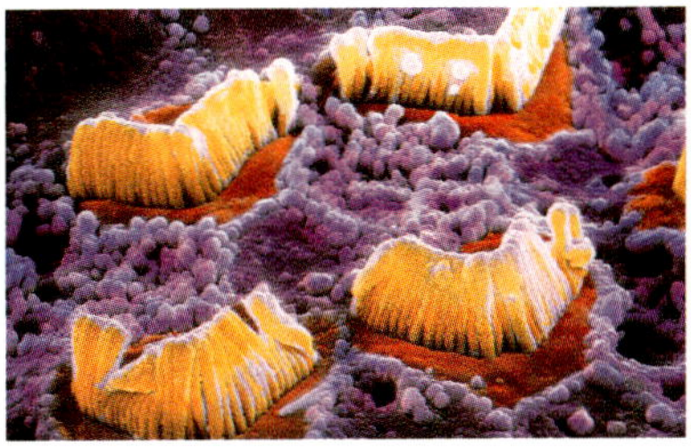

**Feinste Haarzellen im Innenohr leiten die Schallwellen an den Hörnerv weiter.**

## Das Gleichgewichtsorgan

Ganz tief im Innenohr liegt das Gleichgewichtsorgan. Es besteht aus zwei Vorhofsäckchen, den drei Bogengängen und einer Druckausgleichskammer. In den Vorhofsäckchen liegen die Sinneshaare der Gleichgewichtszellen, auf dieser zahlreiche kleine Kalkkörnchen. Durch die Schwerkraft biegen bei Kopfbewegungen die Kalkkörnchen die Sinneshaare jeweils seitlich ab und erregen so die Gleichgewichtszellen. Je nach Richtung erfolgt eine entsprechende Information an das Gehirn. Die drei Bogengänge reagieren auf Flüssigkeitsbewegungen, die bei Drehbewegungen des Kopfes entstehen.
Die Informationen aus dem Innenohr reichen allerdings noch nicht, um im Gleichgewicht zu bleiben. Das Gehirn erhält daher über die Lage des Körpers im Raum auch Nachrichten von den Augen, von den Sehnen, von den Muskeln und den Hautrezeptoren der Fußsohlen.
Schwindel kann neben vielen anderen Ursachen durch eine Funktionsstörung des Gleichgewichtsorgans ausgelöst werden.

# Notfälle

## Allgemein gilt

Plötzlich einsetzende Schwerhörigkeit, Schwindelanfälle, Verletzungen und Blutungen aus dem Ohr sollten sofort vom Hals-Nasen-Ohren-Arzt oder in einer Klinik behandelt werden.

## Blutung aus dem Ohr

▶ Symptome
- ➜ sickernde Blutung aus dem Gehörgang

Bei Schädelbrüchen kann das Felsenbein, in dem das Innenohr liegt, ebenfalls gebrochen werden. Häufig zerreißt dabei das Trommelfell, und Blut oder Nervenwasser (Liquor) laufen aus dem Gehörgang. Äußere Verletzungen und Bewußtlosigkeit sind Hinweise auf eine schwere Schädelverletzung (→ Schädel-Hirn-Verletzung, Seite 190). Auch bei einer Mittelohrentzündung (→ Seite 173) kann das Trommelfell einreißen und blutige Flüssigkeit austreten. Direkt aus dem Gehörgang kann es bei Gehörgangsentzündungen (→ Gehörgangsekzem, Seite 171) oder Reinigungsversuchen bluten.

### Ärztliche Behandlung

Bei jeder Blutung aus dem Ohr sollte unbedingt sofort ein Hals-Nasen-Ohren-Arzt aufgesucht werden, damit die Ursache festgestellt und dementsprechend behandelt werden kann.

### Selbsthilfe

Das blutende Ohr muß keimfrei abgedeckt werden. Nicht versuchen, den äußeren Gehörgang zu spülen oder auf andere Weise zu reinigen!

## Fremdkörper im Ohr

▶ Symptome
- ➜ Druckgefühl im Ohr
- ➜ Schwerhörigkeit
- ➜ Verschluß des äußeren Gehörgangs

Kinder können sich aus Versehen Glasperlen, Erbsen oder kleine Bausteine ins Ohr schieben. Insekten können sich im Ohr verirren.

### Ärztliche Behandlung

Nur ein HNO-Arzt sollte den Fremdkörper entfernen. Bei Kleinkindern ist oft eine Narkose nötig.

### Selbsthilfe

Versuchen Sie nie, auf eigene Faust den Fremdkörper zu entfernen! Er könnte noch tiefer ins Ohr rutschen und dabei das Trommelfell durchstoßen.

## Akuter Hörverlust (Hörsturz)

▶ Symptome
- ➜ plötzliche, meist einseitig auftretende Schwerhörigkeit
- ➜ Gefühl von »Watte im Ohr«
- ➜ Ohrgeräusche

Das Hörvermögen verschlechtert sich plötzlich (innerhalb von Sekunden bis wenigen Stunden) auf einem, selten auf beiden Ohren. Wahrscheinlich ruft eine Durchblutungsstörung der Blutgefäße im Innenohr die Erkrankung hervor. Auch Virusinfekte oder Autoimmunkrankheiten werden als Ursachen angenommen. Außerdem scheinen auch physische und psychische Belastungen, wie Streß, eine Rolle zu spielen.

### Ärztliche Behandlung

Ein Hörsturz muß schnellstmöglich im Krankenhaus behandelt werden. Die Heilungsaussichten sind um so besser, je früher durchblutungsfördernde Infusionen gegeben werden. Bei Behandlungsbeginn in der ersten Woche normalisiert sich das Gehör in 90 Prozent der Fälle, bei späterem Behandlungsbeginn sind die Heilungsaussichten deutlich geringer.

### Selbsthilfe

Wenn Sie einen Hörsturz haben, müssen Sie wahrscheinlich »abschalten« – Sie haben zuviel »um die Ohren«. Sie sollten versuchen, berufliche Belastung und psychische Anspannung in Zukunft zu verringern.

# Spezielle Untersuchungen

## Ohrspiegelung (Otoskopie)

Der Gehörgang und das Trommelfell können mit einem beleuchteten Trichter (Ohrspiegel) begutachtet werden. Jede moderne HNO-Praxis ist heute zum selben Zweck auch mit einem Ohrmikroskop und Endoskopen (→ Seite 621) ausgerüstet.

## Hörprüfungen

### Hörweitenprüfung

Geprüft wird, ob eine Schwerhörigkeit für Sprache vorliegt. Dabei wird die Entfernung ermittelt, bei der man drei flüsternd oder in normaler Gesprächslautstärke vorgesprochene mehrsilbige Zahlwörter noch richtig nachsprechen kann.

Die erste Untersuchung des Ohrenarztes ist eine einfache Ohrspiegelung.

### Stimmgabelprüfungen

Die angeschlagene Stimmgabel wird auf die Kopfmitte gesetzt, dann muß man angeben, ob der Ton in beiden Ohren gleich laut zu hören ist. Damit wird das Hörvermögen über die Knochenleitung des Schalls (→ Seite 167) geprüft. Auch erhält man Hinweise auf einseitige, Mittelohr-bedingte Schwerhörigkeit. Um das Verhältnis von Knochen- und Luftleitung des Schalls zu prüfen, wird die angeschlagene Stimmgabel zunächst hinter dem Ohr auf den Schädelknochen aufgesetzt. Hört man den Ton nicht mehr, wird sie ohne nochmaliges Anschlagen vor die Gehörgangsöffnung gehalten. Wenn man den Ton vor dem Gehörgang wieder hört, ist die Luftleitung besser als die Knochenleitung. Hört man den Ton nicht wieder, kann eine Schallleitungsschwerhörigkeit (→ Seite 170) vorliegen.

### Tonaudiometrie

Das elektronische Hörprüfgerät (Audiometer) erzeugt reine Töne unterschiedlicher Höhe und Lautstärke. Diese hört man über Kopfhörer, Knochenleitungshörer oder Lautsprecher.

Beim Tonschwellenaudiogramm wird geprüft, ab welcher Lautstärke man die elektronisch erzeugten Töne auf welchem Ohr hört.

### Messung akustisch evozierter Potentiale

Wirkt ein akustischer Reiz auf den Menschen ein, so kommt es zu elektrischen Vorgängen in den Sinneszellen des Innenohrs, im Hörnerv und den Hörbahnen im Gehirn, zu sogenannten akustisch evozierten Potentialen. Durch ihre Messung läßt sich das Hörvermögen untersuchen, ohne daß man Angaben über seine Wahrnehmung machen muß.

### Messung der otoakustischen Emissionen

Das gesunde Ohr reagiert auf einen akustischen Reiz selbst mit einer Geräuschaussendung, der sogenannten otoakustischen Emission (→ Innenohr, Seite 167), die man mit hochempfindlichen Mikrofonen mißt.

## Gleichgewichtsprüfungen

Der HNO-Arzt prüft, ob das Gleichgewichtsorgan im Innenohr funktioniert. Er stellt beispielsweise fest, ob man mit geschlossenen Augen sicher steht und sich beim Treten auf der Stelle mit geschlossenen Augen nicht dreht und nicht das Gleichgewicht verliert.

Das Gleichgewichtsorgan ist mit dem Auge verbunden. Dringt zum Beispiel Wasser ins Ohr, so kann einem schwindelig werden; gleichzeitig »zittert« das Auge. Diese Augenbewegungen werden Nystagmus genannt. Sie können unter verschiedenen Reizen (Kopfschütteln, Drehen, Reizung mit Wasser) getestet werden. Weichen sie von den normalen Formen ab, so ist das ein Hinweis auf eine Funktionsstörung des Gleichgewichtsorgans oder eine neurologische Erkrankung.

## Abstehende Ohrmuscheln

▶ Symptome

➜ die Ohrmuscheln stehen mehr als 30 Grad vom Kopf ab

Meist treten abstehende Ohrmuscheln innerhalb einer Familie häufiger auf. Das Hörvermögen wird durch diese harmlose Abweichung von der durchschnittlichen Ohrform in keiner Weise beeinflußt. Stärker abstehende Ohren werden allerdings häufig als häßlich empfunden.

### Ärztliche Behandlung

Um Hänseleien vorzubeugen, kann bereits im Vorschulalter eine plastische Operation vorgenommen werden.Von der Rückseite aus wird der Ohrmuschelknorpel eingeritzt, Gewebeteile entnommen und dem Ohr dann mit Knorpelnähten die gewünschte Form gegeben.

### Selbsthilfe

Selbstbewußtsein entwickeln! In Asien galten abstehende Ohren früher als Glückszeichen.

## Ohrmuschel-Erfrierung

▶ Symptome

➜ Erster Grad: kalt, geschwollen, leichte Schmerzen, Juckreiz
➜ Zweiter Grad: Bildung von Blasen
➜ Dritter Grad: Absterben von Gewebe

Erfrierungen werden, ähnlich wie Verbrennungen, in Schweregrade eingeteilt. Bei Erfrierungen dritten Grades können Teile der Ohrmuschel absterben. Später können sich Knoten bilden (Frostbeulen). Manchmal bleibt das Ohr auch gefühllos. Erfrierungen der Ohrmuscheln kommen bei langem Aufenthalt in extremer Kälte relativ häufig vor.

**Eine warme Mütze schützt die empfindlichen Ohren.**

### Ärztliche Behandlung

Bei Erfrierungen zweiten und dritten Grades sollten Sie möglichst bald den Arzt aufsuchen. Bei Erfrierungen zweiten Grades werden die Blasen eröffnet. Danach wird die Wunde wie bei Verbrennungen mit antibiotischer Salbe und keimfreiem Verband versorgt.
Bei Erfrierungen dritten Grades wird das abgestorbene Gewebe (eine sogenannte Nekrose) abgetragen. Sie müssen danach Antibiotika einnehmen, um eine Infektion zu vermeiden.

### Selbsthilfe

Erfrierungen ersten Grades können Sie selbst durch Reiben und warme Kompressen behandeln. Zusätzlich sollten Sie den ganzen Körper mit warmen Getränken oder einem warmen Vollbad langsam aufwärmen. Vorbeugen: Mütze, besonders bei Kindern.

## Ohrenschmalzpfropfen

▶ Symptome

➜ dumpfes Gefühl im Ohr
➜ Schwerhörigkeit
➜ Hustenreiz

Ohrenschmalz (Zerumen) kann sich im äußeren Gehörgang sammeln und diesen verstopfen.

### Ärztliche Behandlung

Einen Ohrenschmalzpfropfen sollte nur der HNO-Arzt entfernen, da er die richtigen Instrumente hat. Besonders hartes Ohrenschmalz muß zuerst »eingeweicht« werden.
Eine plötzliche Hörminderung nach dem Baden oder Duschen bedeutet zwar meist nur, daß Ohrenschmalz durch Wasseraufnahme gequollen ist, trotzdem sollte ein Hörsturz ausgeschlossen werden.

### Selbsthilfe

Sie sollten den Gehörgang grundsätzlich nicht mit Wattestäbchen reinigen, da das Ohrenschmalz dadurch zum Trommelfell geschoben wird. Das trägt zu einer Verstopfung bei und kann zu Verletzungen und Entzündungen führen.
Haben Sie bereits einen Schmalzpfropfen, so sollten Sie auf keinen Fall versuchen, ihn selbst zu entfernen – in den meisten Fällen gerät er dabei tiefer ins Ohr.

Eine Ohrspülung mit lauwarmem Wasser reinigt den äußeren Gehörgang.

## Gehörgangsekzem

► Symptome
- ➜ Juckreiz
- ➜ leichte Schmerzen
- ➜ Ausfluß oder Schüppchenbildung

Taucher kennen das Problem: Bei längerem Aufenthalt im Wasser weicht die zarte Gehörgangshaut auf, und Keime können sich leicht ansiedeln.
Ein Gehörgangsekzem kann aber auch durch den Kontakt mit verschiedenen Substanzen (zum Beispiel mit Haarspray), infolge einer Allergie oder einer Zuckerkrankheit entstehen.

### Ärztliche Behandlung

Der HNO-Arzt vergewissert sich, daß es sich um keine Mittelohrentzündung handelt (→ Seite 173), entnimmt einen Abstrich, der auf Bakterien und Pilze untersucht wird, und reinigt den äußeren Gehörgang sorgfältig. Bei leichten Formen werden entzündungshemmende Salben oder Tropfen verordnet. Bei schwereren Formen wird ein Salbenstreifen in den Gehörgang eingelegt.

### Selbsthilfe

Um einem Ekzem vorzubeugen, sollte man den Gehörgang vor Wasser und Chemikalien (auch Shampoo, Seife und Haarspray) schützen und ihn nicht mit Wattestäbchen reinigen.

## Gehörgangsfurunkel

► Symptome
- ➜ starke Schmerzen, Druckschmerz
- ➜ Lymphknotenvergrößerungen vor oder hinter der Ohrmuschel

Haarbälge am Eingang des Gehörgangs können sich, wenn man versucht, das Ohr zu reinigen, durch Bakterien (→ Staphylokokken, Seite 541) entzünden. Diese Infektion ist sehr schmerzhaft (→ Das äußere Ohr, Seite 166).

### Ärztliche Behandlung

Die akute Entzündung sollte schnell behandelt werden. Beginnt sich der Furunkel gerade erst zu entwickeln, hilft der Arzt mit Zugsalbe nach, damit er sich öffnet. Unter Umständen muß der Furunkel aufgeschnitten werden.

### Selbsthilfe

Sie sollten den Gehörgang nicht selbst zu reinigen versuchen.

## Tumoren des äußeren Ohrs

► Symptome
- ➜ auffällige Veränderung der Hautoberfläche und -farbe
- ➜ Geschwürbildung

Wie auf der übrigen Haut können sich am Ohr verschiedene Arten von Tumoren bilden. Am häufigsten ist – vor allem bei Sonneneinstrahlung und mit zunehmendem Alter – der Basalzellenkrebs (→ Seite 477). Aber auch der Stachelzellenkrebs (→ Seite 476) und der schwarze Hautkrebs (→ Seite 477) treten auf.

### Ärztliche Behandlung

Jede auffällige Hautveränderung sollten Sie sofort einem Arzt zeigen. In jedem Fall muß geklärt werden, ob die Veränderung gut- oder bösartig ist. Der langsam wachsende Basalzellenkrebs muß gründlich entfernt werden. Der Stachelzellenkrebs und der schwarze Hautkrebs wachsen schnell und bilden rasch Metastasen im Körper. Diese Tumorarten müssen schnell und radikal entfernt werden. Muß die ganze Ohrmuschel abgenommen werden, kann sie mit Hilfe der plastischen Chirurgie durch eine künstliche ersetzt werden.

### Selbsthilfe

Intensive Sonneneinstrahlung fördert die Entstehung von Hauttumoren. Achten Sie auf Veränderungen an Haut und Knorpel der Ohren!

# Schwerhörigkeit durch Lärm

Menschen nehmen die Intensität eines Geräusches oder eines Tones unterschiedlich wahr. Auch gewöhnen sich die meisten schnell an laute Maschinen, dröhnende Musik oder Straßenlärm. Trotzdem: Ab einer bestimmten Lautstärke wird jedes Gehör geschädigt.
Schallbelastungen führen zunächst zu einer sogenannten Hörermüdung. Nach Erholungspausen normalisiert sich das Gehör wieder. Eine länger andauernde Lärmeinwirkung von über 85 Dezibel (Maßeinheit für die Schallintensität, → Schallpegel) führt zu bleibenden Schäden der Hörschnecke im Innenohr (Seite 167).
Typisch ist eine Schwerhörigkeit im Hochtonbereich. Vogelstimmen, Türklingel und Telefon werden nicht mehr gehört, und der Fernsehapparat muß lauter gestellt werden. Zischlaute und die Konsonanten k, t und p werden nicht mehr richtig erkannt. Ein Ohrgeräusch (→ Tinnitus, Seite 174) kann das erste Zeichen für eine starke Belastung des Innenohrs sein.
Völlig ertauben kann man durch dauerhaften Lärm zwar nicht, aber seine Wirkung ist nicht zu unterschätzen: Herz-Kreislauf-Erkrankungen, psychosomatische Erkrankungen, Leistungs- und Schlafstörungen können neben der Schädigung des Hörvermögens die Folge sein.

## Lärm am Arbeitsplatz

Schwerhörigkeit durch Lärm am Arbeitsplatz ist häufig: Ungefähr 30 Prozent aller in Deutschland angezeigten Berufskrankheiten betreffen Gehörschädigungen. Da Schwerhörigkeit nicht heilbar ist, sind Schutzmaßnahmen bei der Arbeit entscheidend für die Gesundheit. Wird regelmäßig ein hoher Schallpegel erreicht, so müssen vom Arbeitgeber in jedem Fall strenge Lärmschutzvorschriften eingehalten werden.
Ein Problem ist: Wer über längere Zeit im Lärm arbeitet, empfindet diesen oft nicht mehr als störend, weil er sich daran gewöhnt hat und die Gefahr unterschätzt. Um so wichtiger ist persönlicher Gehörschutz mit Hilfe von Lärmschutzstöpseln, -kappen oder -helmen.

## Lärm im privaten Leben

Im privaten Leben macht man sich oft keine Gedanken über die gesundheitsschädigende Wirkung von Lärm. Dauerschallpegel von 100 Dezibel in einem Walkman, bei aufgedrehter Stereoanlage oder bei Rock- und Popkonzerten sind keine Seltenheit.
Ähnliche Werte werden bei Autorennen und Motorradrennen erreicht. Auch Knallkörper oder Knallpistolen erzeugen starke Lärmimpulse. Ein einziger Silversterknaller dicht am Ohr kann einen bleibenden Lärmschaden hinterlassen.

**Bei Lärm am Arbeitsplatz ist ein geeigneter Gehörschutz von entscheidender Bedeutung.**

| Schallpegel | (Dezibel) |
|---|---|
| Düsentriebwerk | 130 |
| Stereoanlage mit Lautsprechern | 70–100 |
| Schwerer Lkw (80 km/h, 5 m Abstand) | 90 |
| Staubsauger, Rasenmäher oder starker Straßenverkehr | 80 |
| Normales Gespräch | 60 |
| Flüstern, Weckerticken (1 m Abstand) | 30 |
| Blätterrauschen | 10 |

## Verschluß der Ohrtrompete

▶ Symptome
- ➔ Druck und Völlegefühl im Ohr
- ➔ stechender Schmerz im Ohr
- ➔ Schwerhörigkeit
- ➔ Knacken im Ohr beim Schlucken

Das Mittelohr ist über die Ohrtrompete (Tube) mit dem Nasen-Rachen-Raum verbunden. Bei einer entzündlichen Erkrankung der Nase oder des Nasenrachens und der Nasennebenhöhlen kann sich auch die Schleimhaut der Ohrtrompete entzünden, anschwellen und diese verschließen (Tubenkatarrh). Das geschieht besonders leicht bei Kindern, weil sie eine kurze weite Ohrtrompete haben. Ein akuter Verschluß der Ohrtrompete kann auch durch plötzliche Druckerhöhung in der Außenluft ausgelöst werden (Fliegen, Tauchen, Skilift- oder Seilbahnfahren).
Eine länger andauernde Störung der Belüftung des Mittelohrs kann zu einem chronischen Tubenmittelohrkatarrh führen, der häufigsten Ursache für Schwerhörigkeit im Kindesalter. Besteht eine anhaltende Funktionsstörung der Ohrtrompete mit Unterdruck im Mittelohr, so verändert sich die Schleimhaut in der Paukenhöhle und produziert ein zähes Sekret, das zu einem Mittelohrerguß führt. Es entsteht eine Schalleitungsschwerhörigkeit (→ Seite 176).
Oft verlegen vergrößerte Rachenmandeln den Eingang zur Ohrtrompete; sie können meist durch eine Operation entfernt werden.

### Ärztliche Behandlung

In den meisten Fällen muß der HNO-Arzt den Tubenkatarrh behandeln, da sonst Keime ins Mittelohr verschleppt werden können.

### Selbsthilfe

Bei Erkältungen sollte man immer für die Belüftung der Nase sorgen (→ Inhalieren, Seite 632; abschwellende Nasentropfen). Kleine Kinder sollten beim Starten und Landen eines Flugzeugs etwas trinken, größere Kinder und Erwachsene die Luftdruckveränderung mit Bonbons oder Kaugummi ausgleichen.
Starke Druckschwankungen durch Fliegen oder Tauchen sollten bei Schwellungen im Nasen-Rachen-Raum vermieden werden.

## Akute Mittelohrentzündung

▶ Symptome
- ➔ stechender Schmerz und Klopfen im Ohr
- ➔ Fieber und Kopfschmerzen
- ➔ Schwerhörigkeit

Vor allem nach einer Erkältung kann eine Mittelohrentzündung entstehen. Die Erreger gelangen meist durch die Ohrtrompete ins Mittelohr, dort sammelt sich durch die Entzündung Sekret an.
In der Regel lassen am zweiten oder dritten Tag die starken Ohrenschmerzen plötzlich schlagartig nach. Im Trommelfell sind dann durch den Druck des Sekrets kleine Risse entstanden, durch die es in den Gehörgang abfließen kann (Ohrenlaufen).

### Ärztliche Behandlung

Mit einer Mittelohrentzündung sollten Sie sofort zum Arzt gehen. Durch die sofortige Gabe von Antibiotika werden Komplikationen verhindert.

### Selbsthilfe

Sie sollten Bettruhe einhalten und inhalieren (→ Seite 632).

## Chronische Mittelohrentzündung

▶ Symptome
- ➔ Ohrenlaufen
- ➔ ein- oder beidseitige Schwerhörigkeit

Eine chronische Mittelohrentzündung beginnt oft unmerklich und verläuft über viele Jahre. Immer ist ein Loch im Trommelfell vorhanden, das sich nicht mehr schließt.

### Ärztliche Behandlung

Die chronische Mittelohrentzündung muß operiert werden, bevor eine nicht mehr zu beseitigende Schwerhörigkeit eintritt.

### Selbsthilfe

Wer nach einem Schnupfen oder nach dem Schwimmen unter Ohrenlaufen leidet, sollte sich untersuchen lassen. Für ihn gilt ebenso wie für denjenigen, der schon öfter eine Mittelohrentzündung hatte: jede Reizung des Ohrs vermeiden.

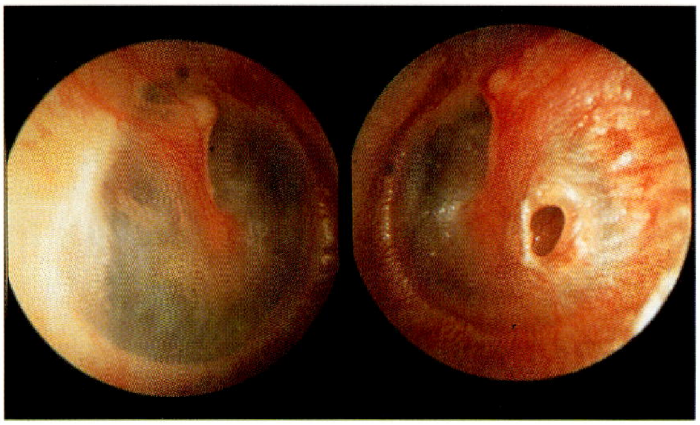

Das Trommelfell trennt Mittelohr und Gehörgang (links). Eine Schädigung (rechts) ist gefährlich.

## Verletzungen des Trommelfells

► Symptome
➜ stechender Ohrenschmerz
➜ Schwerhörigkeit

Am häufigsten wird das Trommelfell durch das Hantieren mit länglichen oder spitzen Gegenständen verletzt (Wattestäbchen, Stricknadel, Streichholz). Es kann aber auch durch eine plötzliche Luftdruckerhöhung im äußeren Gehörgang reißen (Tieftauchen, Explosion, Schlag mit der flachen Hand aufs Ohr, Ballaufprall aufs Ohr). Selten ist Unterdruck die Ursache (Kuß aufs Ohr).

### Ärztliche Behandlung

Mit einer Verletzung des Trommelfells sollte man sofort den HNO-Arzt aufsuchen. Ein gesundes Trommelfell heilt zwar meist von allein, bei einem schon geschädigten kann es aber zu einem bleibenden Loch kommen und damit zu einer chronischen Mittelohrentzündung.
Ist das Trommelfell bereits geschädigt, so kann der Arzt es mit einer Folie abdecken, um den Heilungsprozeß zu beschleunigen, und Antibiotika geben, um eine Infektion zu vermeiden.

### Selbsthilfe

Das verletzte Ohr sollte möglichst schnell keimfrei abgedeckt werden. Um Trommelfellverletzungen vorzubeugen, sollten Sie die oben genannten Situationen meiden und nicht versuchen, die Ohren mit einem Gegenstand, wie zum Beispiel einem Wattestäbchen, selbst zu reinigen.

## Ohrgeräusche (Tinnitus)

► Symptome
➜ Sausen, Brummen, Pfeifen oder Rauschen im Ohr, zum Teil pulsierend

Ohrgeräusche können viele Ursachen haben. Zuerst muß immer an eine Erkrankung im Gehörgang oder im Mittelohr gedacht werden (→ Ohrenschmalzpropfen, Seite 170; Verschluß der → Ohrtrompete, Seite 173; → Mittelohrentzündung, Seite 173; Otosklerose → Schwerhörigkeit, Seite 170). Oft können Ohrgeräusche auch in Verbindung mit der Menière-Krankheit (→ Seite 175) oder einem akuten Hörverlust (→ Seite 168) auftreten. Sie können aber auch durch Kreislaufstörungen, Streß, Lärm (→ Seite 172) oder einen Knall ausgelöst werden.

### Ärztliche Behandlung

Wer Ohrgeräusche länger als 24 Stunden hört, sollte dringend einen HNO-Arzt aufsuchen, denn ein Verschwinden derselben ohne ärztliches Eingreifen ist meist nicht mehr zu erwarten. Plötzlich einsetzende Ohrgeräusche werden wie ein akuter Hörverlust (→ Seite 168) behandelt. Je nach feststellbarer Ursache kann eine Therapie eingeleitet werden.

### Selbsthilfe

Ist eine behandelbare Ursache für die Ohrgeräusche ausgeschlossen, können verschiedene Entspannungstechniken (→ Seite 686) oder eine Verhaltenstherapie (→ Seite 658) hilfreich sein. (→ Adressen, Seite 798).

## Reisekrankheit (Seekrankheit)

► Symptome
➜ Schwindel (eventuell Drehschwindel)
➜ Übelkeit und Erbrechen
➜ Magendruck
➜ Schweißausbruch

Bei der Reisekrankheit wird das Gleichgewichtsorgan im Innenohr (→ Seite 167) durch plötzliche und schnelle Bewegungen, wie sie auf Schiffsreisen, beim Autofahren oder im Flugzeug auftreten, stark gereizt. Die Symptome der Reisekrankheit klingen ab, wenn die heftigen Bewegungen aufhören.

### Ärztliche Behandlung

Medikamente gegen die Reisekrankheit wirken meist einschläfernd und vermindern das Reaktionsvermögen (Autofahren!). Hilfreich kann ein Scopolaminpflaster sein, möglich ist die Einnahme von Mitteln gegen den Brechreiz.

### Selbsthilfe

Versuchen Sie, eine möglichst angenehme Kopfhaltung (am besten in Fahrtrichtung) mit möglichst ruhigem Blickfeld zu erreichen. Alkohol sollten Sie vermeiden; Lesen, Fotografieren und ähnliche Tätigkeiten können die Symptome verschlimmern.

**Schnelle Drehbewegungen stören unser Gleichgewichtsorgan: Schwindelgefühle sind die Folge.**

## Menière-Krankheit

► Symptome
- ➜ anfallsartiger Drehschwindel für Minuten bis Stunden
- ➜ Übelkeit, Erbrechen, Durchfall
- ➜ unwillkürliche Augenbewegungen
- ➜ einseitige Schwerhörigkeit
- ➜ einseitiges Ohrgeräusch (Sausen)

Man nimmt an, daß es bei dieser Erkrankung zum Zerreißen der zarten Membran kommt, die die Innenohrflüssigkeiten trennt. Diese vermischen sich, wodurch die Nervenenden an den Sinneszellen gereizt werden. Nach einem Anfall treten – abgesehen von einer eventuell bestehenden Schwerhörigkeit – keine Beschwerden mehr auf. Der Verlauf der Krankheit ist unterschiedlich. Sie kann zwar sehr beeinträchtigend sein, ist aber nicht lebensbedrohlich.

### Ärztliche Behandlung

Der HNO-Arzt wird zunächst empfehlen, anfallsauslösende Faktoren wie Streß, Nikotin, Alkohol und Kaffee zu meiden. Die Basistherapie besteht aus Medikamenten gegen Übelkeit und Schwindel sowie einer salzarmen Diät. Ist der Drehschwindel schlecht zu beeinflussen, kann eine Therapie (medikamentös oder chirurgisch) helfen, bei der gezielt die Sinneszellen im Innenohr ausgeschaltet werden, die den Schwindel auslösen.

### Selbsthilfe

Während des Anfalls sollte man sich hinlegen und möglichst nicht bewegen. Oft kündigt sich ein Anfall durch Völle- oder Druckgefühl im Ohr an. Diese Vorboten (Aura) erlauben in den meisten Fällen, sich auf den Anfall vorzubereiten und gefährliche Situationen zu meiden.

## Akustikusneurinom

► Symptome
- ➜ Ohrgeräusche
- ➜ langsame einseitige Hörminderung (über Monate bis Jahre)
- ➜ leichter Schwindel (Gangunsicherheit)

Das Akustikusneurinom ist eine Geschwulst des Hör- und Gleichgewichtsnervs (→ VIII. Hirnnerv, Seite 209). Sie ist gutartig, hat also nichts mit Krebs zu tun und bildet auch keine Tochtergeschwülste.

### Ärztliche Behandlung

Das Akustikusneurinom kann das Krankheitsbild eines akuten Hörverlusts (→ Seite 168) vortäuschen. Bei einer sich langsam entwickelnden Hörminderung, aber auch bei plötzlicher einseitiger Hörminderung mit Ohrgeräuschen (→ Seite 174), Gesichtslähmung (→ Seite 209) und Gleichgewichtsstörungen sollte man daher unbedingt einen HNO-Arzt aufsuchen.
Nur die chirurgische Behandlung ermöglicht eine dauerhafte Heilung.

### Selbsthilfe

Die Vereinigung Akustikusneurinom (VAN) berät bei gesundheitlichen, seelischen und beruflichen Problemen.

## Schwerhörigkeit

**► Symptome**

- ➜ Geräusche und Töne können nicht in normalem Umfang wahrgenommen werden
- ➜ Ohrgeräusche

Die Ursachen für Schwerhörigkeit sind sehr unterschiedlich; häufig wird sie vererbt.
Ursache für eine *Schalleitungsschwerhörigkeit* (→ Der Weg des Schalls, Seite 167) sind Erkrankungen im äußeren Gehörgang und im Mittelohr (→ Ohrenschmalzpfropfen, Seite 170; → Fremdkörper im Ohr, Seite 168; → Verschluß der Ohrtrompete, Seite 173; → akute und chronische Mittelohrentzündung, Seite 173; → Verletzungen des Trommelfells, Seite 174) sowie die Otosklerose (»Ohrverhärtung«). Diese Erkrankung beginnt meist zwischen dem 20. und 40. Lebensjahr. Frauen erkranken häufiger als Männer. Beschwerden sind eine langsam zunehmende Schwerhörigkeit sowie ein tiefes Ohrensausen.
Ursache für eine *Schallempfindungsschwerhörigkeit* (→ Der Weg des Schalls, Seite 167) sind Erkrankungen des Innenohrs und des Hörnervs (→ akuter Hörverlust, Seite 168; → Schädigung des Hörvermögens durch Lärm, Seite 172; → Menière-Krankheit, Seite 175; → Akustikusneurinom, Seite 175).
Die *Altersschwerhörigkeit*, deren Ursache degenerative Prozesse im Innenohr und am Hörnerv sind, kann durch Faktoren wie Lärm oder arteriosklerotische Gefäßerkrankungen (→ Seite 267) begünstigt werden. Eine enge Verbindung besteht auch mit Risikofaktoren wie Bluthochdruck, erhöhte Fettwerte im Blut, Rauchen und Diabetes.

### Ärztliche Behandlung

Kann der Arzt die Grunderkrankung behandeln, wird die Schwerhörigkeit wieder ganz oder teilweise verschwinden. Ist dies nicht möglich, wird er wahrscheinlich ein Hörgerät verordnen.

### Selbsthilfe

Um einer Schwerhörigkeit vorzubeugen, sollten Sie sich und Ihre Kinder vor Lärm schützen (→ Seite 172). Wenn eine Schwerhörigkeit nicht mehr zu beseitigen ist, helfen praktische Mittel (verstärkte Tür- und Telefonklingel, Schreibtelefon) sowie einige Verhaltensregeln im Gespräch mit Normalhörenden (auf Ihre Schwerhörigkeit hinweisen; selbst deutlich und langsam sprechen; darum bitten, daß man sich Ihnen beim Sprechen zuwendet). Beratung und Informationen geben Verbände und Selbsthilfeorganisationen (→ Adressen, Seite 798).

### Schwerhörigkeit bei Kindern

Bei Kindern ist ein gutes Hörvermögen Voraussetzung für das normale Erlernen der Sprache und die allgemeine soziale Entwicklung. Wenn Sie vermuten, daß Ihr Kind schwerhörig ist, sollten Sie baldmöglichst einen Hals-Nasen-Ohren-Arzt aufsuchen, denn je später eine Störung entdeckt wird, desto gravierender sind die Folgen. Um schnell zur richtigen Diagnose zu kommen, ist der Arzt auf Ihre Beobachtungen angewiesen; Ihre Mitarbeit ist auch in der Therapie von großer Wichtigkeit.

## Taubheit

**► Symptome**

- ➜ Schall kann nicht oder kaum wahrgenommen werden
- ➜ Ohrgeräusche

»Ihr Kind ist taub und wird nie sprechen lernen«, hieß es früher oft – ein verhängnisvoller Irrtum, wie man heute weiß: Auch von Geburt an Gehörlose lernen mit intensiver Schulung so zu sprechen, daß Hörende sie verstehen. Außerdem können sie Laute vom Mund des Sprechenden ablesen.
Taubheit ist angeboren oder wird im Lauf des Lebens durch eine Krankheit des Ohrs erworben.

### Ärztliche Behandlung

Bei der Innenohrtaubheit ist die Funktion der Sinneszellen in der Hörschnecke gestört; sie können den Hörnerv nicht erregen. Bei 95 Prozent aller

## Was man über Hörgeräte wissen sollte

95 Prozent aller Menschen, die ein Hörgerät tragen müssen, haben eine Schallempfindungsschwerhörigkeit, deren Ursache im Innenohr liegt. Es reicht in diesen Fällen fast nie, durch das Hörgerät nur den Schall zu verstärken, es muß auch ausgeglichen werden, daß manche Tonhöhen schlechter als andere gehört werden. Oft kann eine wesentliche Verbesserung des Sprachverstehens erreicht werden.

### Wie bekommt man ein Hörgerät?

Ein Hörgerät wird vom HNO-Arzt verordnet. Die anschließende Anpassung des Gerätes erfolgt in enger Zusammenarbeit zwischen dem HNO-Arzt und dem Hörgeräteakustiker. Es wird individuell an die Hörfehler und die persönlichen Bedürfnisse des Trägers angepaßt. Die Kostenübernahme sollte man frühzeitig mit seiner Krankenkasse abklären.

### Wie funktionieren Hörgeräte?

Hörgeräte bestehen aus einem Mikrofon, das den Schall aufnimmt, einem Verstärker, der die Signale verarbeitet, einem Hörer, der die aufbereiteten Signale in Schallwellen zurückverwandelt und dem Ohr zuführt, und einem Lautstärkeregler. Die Energieversorgung erfolgt über eine Batterie.
Wenn Sie ein Hörgerät bekommen, sollten Sie es regelmäßig tragen, damit Sie sich an die veränderte Art des Hörens gewöhnen.

### Welche Hörgeräte gibt es?

- **Hinter-dem-Ohr-Geräte** (HdO-Geräte): Zu dieser Gruppe gehören die meisten Hörgeräte. Das Mikrofon sitzt am oberen Rand der Ohrmuschel; einige Geräte sind mit Richtmikrofonen ausgestattet. Der Hörer sitzt in einem kleinen Plastikschlauch, der in den Gehörgang gesteckt wird.
- **Im-Ohr-Geräte** (IO-Geräte): IO-Geräte sitzen in der Ohrmuschel oder im Gehörgang. Es gibt IO-Geräte, die sich komplett im Gehörgang befinden und von außen nicht sichtbar sind. Sie werden über einen Nylonfaden herausgenommen. Bei den IO-Geräten entspricht die Schallaufnahme eher den natürlichen Gegebenheiten als bei anderen Hörgeräten.
- **Hörbrillen:** Die Bauteile des Hörgerätes sind in einem Brillenbügel untergebracht. Hörbrillen sind entweder sogenannte Luftleitungsbrillen, bei denen der Schall über ein Ohrpaßstück vermittelt wird, oder Knochenleitungsbrillen, bei denen der Schall über einen Knochenleitungshörer hinter dem Ohr weitergegeben wird.
- **Volldigitale Hörgeräte:** Bei diesen Geräten analysiert ein Mikrochip die »akustische Umwelt«. Sprache wird von Störlärm unterschieden. Bei der Anpassung des Gerätes analysiert der Hörgeräteakustiker, welche Lautstärke der Träger als angenehm empfindet und auf welche Geräusche er empfindlich reagiert.

**Modernste Technik erlaubt es, IO-Hörgeräte zu bauen, die kleiner sind als eine Erdnuß.**

Ertaubten ist aber der Hörnerv funktionstüchtig. Immer mehr Kinder und Erwachsene erhalten daher heute ein Kochlearimplantat, eine Prothese, die ein nicht funktionsfähiges Innenohr »ersetzt«. Mit dem Implantat wird quasi eine Brücke über den unterbrochenen Teil der Hörbahn geschlagen. Die Operation gilt als Routineeingriff. Wichtig ist allerdings, daß man mit dem Gerät umzugehen lernt, zu dem auch ein Sprachprozessor und ein Sender gehören.

### Selbsthilfe

Verbände und Selbsthilfeorganisationen können bei vielen Problemen helfen und beraten (→ Adressen, Seite 798).

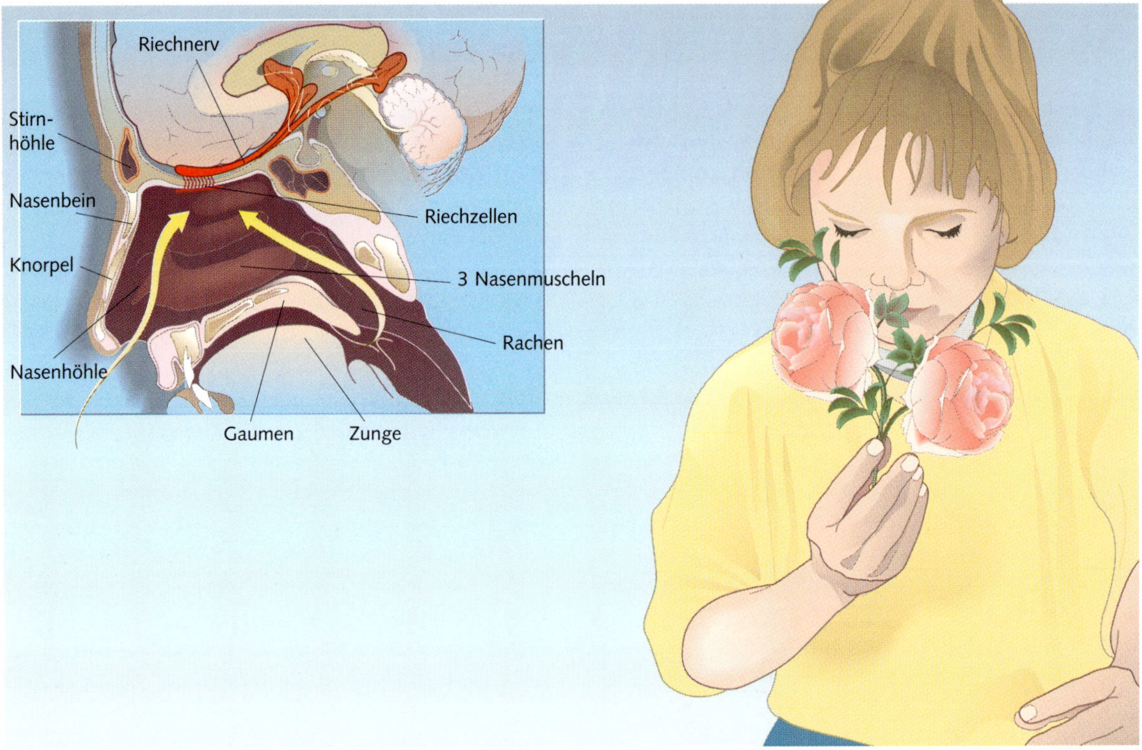


# Die Nase

- **Der Aufbau der Nase**
- **Die Atemfunktion der Nase**
- **Der Geruchssinn**

Von uns unbemerkt erfüllt die Nase viele wichtige Aufgaben: Sie feuchtet die eingeatmete Luft an, wärmt sie, fängt Staubteilchen und Krankheitserreger ab. Mit Hilfe des Geruchssinns prüft sie die Luft – Übelriechendes könnte gefährlich sein. Und wenn wir sprechen, läßt sie die Stimme kraftvoll schwingen.

## Die äußere Nase

Das Nasengerüst besteht aus Knochen und zu einem großen Teil aus beweglichem Knorpel. Es bildet die Form einer Pyramide. Die Nasenwurzel am Übergang zur Stirn, der Nasenrücken, die Nasenspitze und die rechts und links liegenden beiden Nasenflügel bilden die Hauptpartien der äußeren Nase.

## Das Naseninnere

Die Nasenhöhle ist ein kompliziert aufgebautes Hohlraumsystem. Nach unten wird es von der Gaumenplatte des Oberkiefers, seitlich von den Nasenwänden begrenzt, in der Mitte von der Scheidewand (Septum) in zwei Haupthöhlen unterteilt. Die Scheidewand besteht aus einem knorpeligen und einem knöchernen Teil. Der knorpelige Anteil ist die wichtigste Stütze für den Nasenrücken. Die Nasenwände unterteilen sich in je drei Nasenmuscheln, die von Nasenschleimhaut überzogen sind. Zwischen den Nasenmuscheln liegen je drei Nasengänge.

Die Nasenhöhle liegt über der Mundhöhle. Beide sind über die sogenannten hinteren Nasenlöcher und den Rachen, dessen oberster Teil Nasenrachen heißt, miteinander verbunden. Zum Ohr besteht ebenfalls eine Verbindung, da die Ohrtrompete (→ Das Mittelohr, Seite 166) in den Nasenrachen mündet.

## Die Nasenschleimhaut

Durchblutung und Schleimproduktion der Nasenschleimhaut werden vom vegetativen Nervensystem (→ Seite 187) gesteuert, das auch für den »Nasenzyklus« verantwortlich ist: Alle zwei bis fünf Stunden setzt es jeweils die Durchgängigkeit der linken oder rechten Nasenhöhle herab. In dieser Zeit kann sich die Schleimhaut der jeweils »geschlossenen« Nasenseite regenerieren.
Die Drüsen der Nasenschleimhaut produzieren täglich etwa 200 Gramm Schleim, aus dem die Atemluft Feuchtigkeit erhält und der zusammen mit den Flimmerhärchen, die die Schleimhaut bedecken, Staub und Krankheitserreger aus der Nase befördert.

## Die Nasennebenhöhlen

Als Nasennebenhöhlen bezeichnet man die Keilbeinhöhlen, Kiefer- und Stirnhöhlen sowie die vielen kleinen Siebbeinzellen. Sie bilden zusammen ein relativ großes System von luftgefüllten Hohlräumen, das Resonanzräume für die Stimme schafft. Die Nebenhöhlen sind mit einer Schleimhaut ausgekleidet. Kiefer- und Stirnhöhlen haben keinen direkten Zugang zur Nasenhöhle sondern sind mit ihr nur über die Siebbeinzellen verbunden.

## Atmen durch die Nase

Täglich durchströmen 10 000 bis 20 000 Liter Luft die Nase. Bei 10 Grad Celsius Außentemperatur erwärmt eine gesunde Nase die eingeatmete Luft in Bruchteilen von Sekunden auf über 30 Grad und feuchtet sie an. Beim Ausatmen wird über die Nase wieder Feuchtigkeit zurückgewonnen. Die Nase hat die Aufgabe, Krankheitserreger abzufangen, die sonst in die Luftwege und die Lunge gelangen würden.

## Der Geruchssinn

Der französische Feinschmecker Brillat-Savarin bemerkte 1826: »Ich bin versucht zu glauben, daß Geruch und Geschmack nur eine einzige Sinnesempfindung bilden, für die der Mund die chemische Werkstatt und die Nase der Kamin ist.« Er hatte recht, denn Feinschmecker sind im eigentlichen Sinn Feinriecher. Schmecken können wir mit der Zunge nur, ob etwas salzig, sauer, süß oder bitter ist. Die Feinheiten einer guten Küche oder eines edlen Tropfens werden mit dem Geruchssinn der Nase wahrgenommen.
Die Nase prüft, ob es sich lohnt, etwas hinunterzuschlucken oder lieber auszuspucken. Zehntausend verschiedene Geruchsstoffe können wir – auch bei äußerst geringer Konzentration – erkennen und unterscheiden.
Beim normalen Atmen gelangen etwa fünf Prozent der eingeatmeten Luft an die Riechschleimhaut im oberen Teil der Nase. Mit Schnüffeln läßt sich der Anteil auf etwa 20 Prozent steigern. Über das hintere Nasenloch gelangt beim Kauen der Geruchseindruck der Speise schnell zur Riechschleimhaut. Riechhärchen strecken ihre Fühler aus und leiten die eingefangenen Duftmoleküle an die Riechnerven weiter. Diese geben die Information schließlich zum Geruchszentrum im Gehirn weiter.

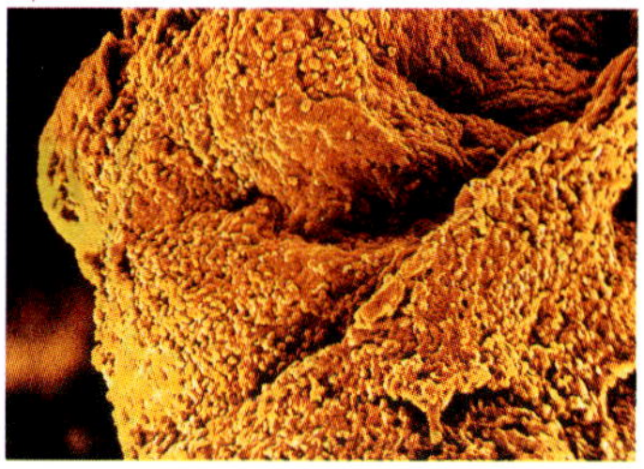

**In den Falten der Nasenschleimhaut wird die Atemluft erwärmt, befeuchtet und gefiltert.**

»Ich kann ihn nicht riechen« oder »Der stinkt mir gewaltig« drückt aus, was inzwischen wissenschaftlich belegt ist: Gerüche können unsere Stimmung beeinflussen, können Lust- wie Unlustgefühle, Sympathie oder Ablehnung erzeugen.
Ob wir einen Geruch mögen oder nicht, ist teilweise angeboren: Natur- und Blumendüfte gefallen uns, Verwesungsgeruch stößt uns ab. Doch gibt es auch kulturell unterschiedliche Vorlieben: Japaner mögen den Geruch von Soja lieber als den von Pizza, bei Europäern ist es umgekehrt.

## Die Nase beim Sprechen

Die Nasenhöhle bildet zusammen mit den Nebenhöhlen einen Resonanzraum für unsere Stimme. Sind wir verschnupft, so fehlt dieser »Verstärker«, und die Stimme klingt kraftlos. Wir können dann die sogenannten Nasenlaute m, n und ng, bei denen Luft in den Rachen gelangt und durch die Nase ausströmt, nicht korrekt sprechen. Kann der Rachen – zum Beispiel durch eine Gaumenspalte – nicht von der Mundhöhle abgeschlossen werden, gelangt also immer Luft in die Nase, kommt es zum sogenannten offenen Näseln.

# Notfälle

## Allgemein gilt

Bei einer Verletzung der Nase oder einer nicht zu stillenden Blutung sollten Sie auf jeden Fall einen Hals-Nasen-Ohren-Arzt aufsuchen.

## Nasenbeinbruch

▶ Symptome
- ➜ Schiefstand oder Einsinken der Nasenpyramide
- ➜ Schwellung und Bluterguß der Nase oder auch des Augenlides
- ➜ Nasenbluten

Als der am weitesten hervorstehende Teil des Gesichts kann die Nase leicht verletzt werden.
Das knöcherne Nasengerüst (→ Seite 178) ist bei stumpfen Verletzungen am häufigsten betroffen. Brüche des Nasenbeins oder der Nasenscheidewand können sich aber auch unter Schnitt-, Riß- und Bißwunden verbergen.
Bei Kindern sind Nasenbeinbrüche selten, da ihr Nasengerüst noch überwiegend aus beweglichem Knorpel besteht.

### Ärztliche Behandlung

Nach einer Verletzung der Nase mit den oben genannten Symptomen sollten Sie möglichst bald einen Hals-Nasen-Ohren-Arzt aufsuchen. Dieser kann sachverständig beurteilen, ob unter einer starken Schwellung oder einer Wunde der Nase eine zusätzliche Verletzung vorliegt.
Soweit notwendig, wird der Arzt das Nasengerüst in Kurznarkose wieder einrichten. Mit einer Tamponade der Nasenhöhlen und unter Umständen einer Gipsschale sorgt er dann dafür, daß die Nase in Normalstellung bleibt.
Bei nicht oder zu spät versorgten Nasenbeinbrüchen kann es zu einer Schief-, Breit- oder Sattelnase kommen. Die Form und oft auch die richtige Funktion der Nase können dann später nur noch schwer wiederhergestellt werden.

### Selbsthilfe

Ist nicht möglich.

## Nasenbluten

▶ Symptome
- ➜ einseitige oder beidseitige Blutung aus der Nase

In den meisten Fällen ist das Platzen eines Blutgefäßes in der Nasenscheidewand Grund des Nasenblutens (etwa durch Nasenbohren oder Schneuzen). Ursache kann auch eine Schädigung der Nasenschleimhaut durch Schnupfen, Schnupftabak oder Kokain sein. Aus den tieferen Bereichen der Nase kann es bei einem Nasenbeinbruch bluten. Auch Herz-Kreislauf-Erkrankungen oder Blutgerinnungsstörungen können Ursachen sein.

### Ärztliche Behandlung

Bei wiederholtem Nasenbluten, besonders wenn es einseitig ist, aber auch wenn die Selbsthilfe nicht ausreicht, um die Blutung zu stoppen, sollten Sie einen Facharzt aufsuchen. Er wird die Blutung mit einer Nasentamponade zum Stillstand bringen und die Ursachen abklären.

### Selbsthilfe

Zuerst putzen Sie die Nase vorsichtig, strecken dann den Kopf nach vorn und pressen die Nasenflügel mit den Fingern zusammen, um durch den Druck die Blutung zu stillen. Gut ist, einen Lappen mit kaltem Wasser zu tränken, auszuwinden und in den Nacken zu legen.
Ist jemand bewußtlos und hat Nasenbluten, so sollte sein Oberkörper aufrecht gelagert werden, damit kein Blut nach hinten in den Nasenrachen fließt und in die Lunge gelangt (→ stabile Seitenlage, Seite 780).

**Bei Nasenbluten: Kopf nach vorn und Nasenflügel zusammendrücken!**

# Spezielle Untersuchungen

In der Regel sieht der Arzt die Nase zuerst von außen an. Anschließend betastet er sie und prüft das knorpelige und das knöcherne Nasengerüst (→ Seite 178) auf Beweglichkeit, Schwellung und Schmerz bei Druck. Außerdem tastet er die Austrittspunkte des Trigeminusnervs (→ Seite 209) an Stirn und Wange ab, um das Ausmaß einer Verletzung oder Entzündung abzuschätzen.

## Prüfung der Luftdurchgängigkeit

Da jede Behinderung der Nasenatmung krankhafte Folgen nach sich ziehen kann, ist die Beurteilung der Luftdurchgängigkeit von großer Bedeutung. Am einfachsten, aber relativ ungenau wird diese geprüft, indem eine kühle Metallplatte (zum Beispiel ein Spiegel) beim Ausatmen vor die Nasenlöcher gehalten wird.

Genaue Auskunft über die Atemfunktion der Nase erhält der Arzt mit Hilfe der Rhinomanometrie, bei der die Menge der Atemluft oder der Strömungswiderstand der Nase mit Hilfe von Sensoren gemessen wird.

## Riechprüfung

Bei dieser Prüfung werden erst verschiedene Stoffe, die die Riechschleimhaut reizen (wie Vanillin, Lavendelöl, Kaffeepulver), jeweils vor eines der beiden Nasenlöcher gehalten. Danach wird geprüft, ob Stoffe, die den Trigeminus, den Empfindungsnerv der Nase, reizen (zum Beispiel Essigsäure), wahrgenommen werden (→ Seite 209). Schließlich werden Stoffe, die auch über den Geschmackssinn erkannt werden (zum Beispiel Likoressenzen), getestet. Bei einem Ausfall des Riechvermögens werden die zuerst geprüften Stoffe überhaupt nicht wahrgenommen, die anderen beiden Gruppen aber zumindest gespürt oder geschmeckt. Zur Geschmacksprüfung werden Lösungen der vier Geschmacksqualitäten süß, sauer, salzig und bitter auf die Zunge geträufelt.

## Ultraschall

Mit Hilfe der Ultraschalldiagnostik lassen sich Schleimhautschwellungen, Sekretbildungen, Zysten und Tumoren der Nasennebenhöhlen ergänzend zu einem Röntgenbild erkennen. Diese Methode wird, um wiederholte Röntgenuntersuchungen zu vermeiden, zur Kontrolle bei entzündlichen Nebenhöhlenerkrankungen angewandt und bei Schwangeren und Kindern in der Diagnostik bevorzugt.

## Rhinoskopie

Bei der vorderen Rhinoskopie wird die Nasenhöhle durch die Nasenlöcher, die mit einem speziellen Nasenspreizer weit geöffnet werden, ausgeleuchtet. Bei der hinteren Rhinoskopie wird die Zunge mit einem Mundspatel niedergedrückt und der Nasenrachen mit einem abgewinkelten Spiegel betrachtet. Reichen diese Verfahren nicht aus, um den Nasenraum zu beurteilen, wird heute auch mit Nasen-Endoskopen untersucht.

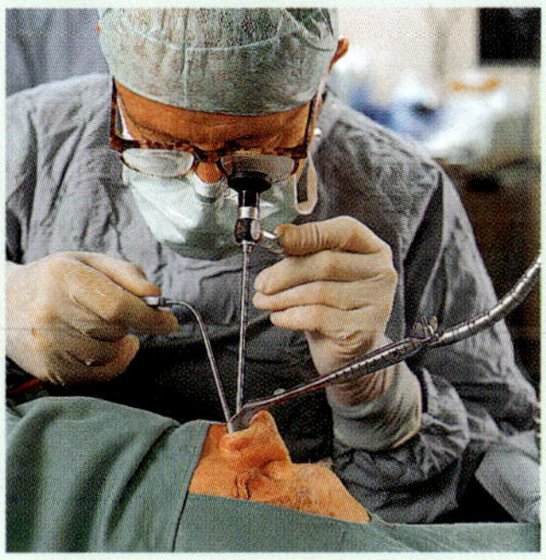

**Die Rhinoskopie ermöglicht schonende Operationen durch das Nasenloch.**

## Entfernung von Nasenpolypen

Bei der operativen Behandlung von Nasenpolypen (→ Seite 182) hat sich in den letzten Jahren ein entscheidender Wandel vollzogen. Die früher üblichen radikalen Operationsmethoden durch den Mund oder von außen sind durch Verfahren, die die Schleimhäute schonen, ersetzt worden. Zunächst wird mit einer Computertomographie festgestellt, welche Nasennebenhöhlen betroffen sind. Die Polypen werden dann mit einem sogenannten Polypenschnürer direkt durch die Nase entfernt. Nach der Operation ist eine mehrwöchige Nachbetreuung nötig, bei der Verwachsungen gelöst werden und die Schleimhaut gereinigt wird.

## Schnupfen/ Nebenhöhlenentzündung

**► Symptome**
- ➜ Niesreiz
- ➜ gerötete, geschwollene Nasenschleimhaut
- ➜ wässriger, später schleimiger Ausfluß
- ➜ Abgeschlagenheit, Kopfschmerzen, Fieber

Zahlreiche Virusarten können eine Entzündung der Nasenschleimhaut – Schnupfen oder Rhinitis genannt – auslösen. Sie kann bei einer Erkältung (→ Seite 245) oder einer Grippe (→ Seite 542) auftreten, dauert im allgemeinen sieben bis zehn Tage und heilt meist folgenlos aus. Manchmal hält sie aber auch länger an, weil sich auf der durch die Viren geschädigten Schleimhaut zusätzlich Bakterien vermehren, was sich an einem gelben, eitrigen Ausfluß aus der Nase erkennen läßt.
Aus einem Schnupfen kann sich aber auch eine Entzündung der Schleimhaut in den *Nasennebenhöhlen*, eine Sinusitis, entwickeln. Es kommt dann zu starken, klopfenden Schmerzen und Druckgefühl hinter den Augen, den Backenknochen oder über der Stirnmitte. Auch eine akute Mittelohrentzündung (→ Seite 173) kann einem Schnupfen folgen. Schnupfen und Nebenhöhlenentzündung können chronisch werden!

### Ärztliche Behandlung

Eine ursächliche Behandlung der Virusinfektion ist nicht möglich. Abschwellende oder schleimlösende Medikamente wirken lindernd. Nasentropfen sollten Sie allerdings nicht länger als 2 oder 3 Tage nehmen, weil sich sonst nach dem Absetzen die Schwellung der Schleimhäute verstärkt. Bakterielle Infektionen können mit Antibiotika behandelt werden. In schwereren Fällen der Nebenhöhlenentzündung kann der Arzt eine Spülung vornehmen.

### Selbsthilfe

Dampfinhalationen mit Kamillenblüten, Thymiankraut und Salbei oder mit ätherischen Ölen (zum Beispiel einer Mischung aus Latschenkiefer-, Eukalyptus- und Thymianöl) bringen Erleichterung. Sie sollten den Dampf alle vier Stunden, jeweils frisch angesetzt, durch den Mund tief einatmen und durch die Nase wieder ausatmen (→ Seite 732). Auch mehrmals täglich angewandte Nasenspülungen mit Emser Salz, Koch- oder Meersalz sind zu empfehlen. Bei Kindern löst Fencheltee, bei Erwachsenen Lindenblütentee den Schleim sehr gut.

## Heuschnupfen

Ausführliche Informationen zum Heuschnupfen/allergischen Schnupfen finden Sie auf Seite 524.

## Nasenpolypen

**► Symptome**
- ➜ behinderte Nasenatmung
- ➜ Riechstörungen
- ➜ Näseln
- ➜ Kopfschmerzen

Polypen sind traubenförmige Gebilde aus geschwollener Schleimhaut, die aus den Nebenhöhlen in die Nasenhöhle hineinragen. Ursachen sind vor allem chronische Entzündungen wie Schnupfen und Allergien. Zusammenhänge bestehen auch mit der Unverträglichkeit von Schmerzmitteln (sogenannte Pseudo-Allergie), Asthma (→ Seite 525) und Mukoviszidose (→ Seite 255).

### Ärztliche Behandlung

Nasenpolypen müssen in den meisten Fällen operativ beseitigt werden (→ Entfernung von Nasenpolypen, Seite 181).

### Selbsthilfe

Ist nicht möglich.

## Fremdkörper in der Nase

**► Symptome**
- ➜ einseitiger, eitriger Schnupfen
- ➜ unangenehm riechender Ausfluß aus der Nase
- ➜ Behinderung der Nasenatmung
- ➜ Kopfschmerzen

Kinder stecken sich oft aus Versehen kleine Gegenstände wie Erbsen, Glaskugeln oder Perlen in die Nase.

### Ärztliche Behandlung

Sie sollten mit dem Kind sofort zum Hals-Nasen-Ohren-Arzt gehen, denn es besteht die

Gefahr, daß der Fremdkörper durch die Nase in den Rachen und dann in die Lunge gelangt.

### Selbsthilfe

Ist nicht möglich. Sie sollten auf keinen Fall versuchen, den Fremdkörper selbst zu entfernen, da er dabei noch tiefer in die Nase oder in den Nasenrachen abrutschen kann.

## Nasengewächs (Rhinophym)

### ▶ Symptome

- knollenartige Geschwulst an der Nasenspitze
- blaßbläuliche Verfärbung der Haut

Die Ursache der gutartigen Geschwulst, die durch wuchernde Talgdrüsen an der Nase entsteht, ist unbekannt. Das unschöne Nasengewächs, das leider nur allzuoft Anlaß zu Hänseleien ist, kommt fast ausschließlich bei älteren Männern vor. Daß Alkoholgenuß die Ursache des Rhinophyms ist, ist nur eine Legende.

### Ärztliche Behandlung

Die Geschwulst wächst sehr langsam, über mehrere Jahre oder Jahrzehnte. Bei besonders großen Gewächsen können die Naseneingänge überdeckt werden, so daß die Atmung behindert wird. Rhinophyme können mit gutem kosmetischen Erfolg operativ entfernt werden. Das überflüssige Gewebe wird »abgeschält«; die Wundfläche verheilt wieder.

### Selbsthilfe

Ist nicht möglich.

## Nasenfurunkel

### ▶ Symptome

- gerötete, schmerzhafte, druckempfindliche Schwellung an Nasenspitze oder Naseneingang

Furunkel entstehen in kleineren Rissen am Naseneingang oder durch Entzündung von Haarbälgen am Naseneingang. Erreger sind Bakterien (→ Staphylokokken, Seite 541). Diese häufige Erkrankung verläuft bei richtiger Behandlung in der großen Mehrzahl harmlos, es können aber von Nasen- und Oberlippenfurunkeln unter Umständen Bakterien über eine Vene ins Schädelinnere gelangen. Es besteht dann die Gefahr eitriger Gerinnsel in den Hirnvenen der Schädelbasis oder einer Gehirnhautentzündung (→ Seite 192 und Seite 199).

### Ärztliche Behandlung

Mit einem Nasenfurunkel sollten Sie unbedingt zum Arzt gehen. Ist er auf Naseneingang oder Nasenspitze beschränkt, dann werden antibiotische Salben aufgetragen und die Nase möglichst nicht bewegt (nicht sprechen, nicht stark kauen). Bei Fieber müssen Sie Antibiotika nehmen. Schwillt der Furunkel stärker an, so daß er die Nasenwurzel, den Nasen-Augen-Winkel oder das Unterlid erreicht, dann sollten Sie sofort ein Krankenhaus aufsuchen.

### Selbsthilfe

Einen Furunkel niemals selbst ausdrücken!

### Moderne Nasenchirurgie

Grundsätzlich kann jede Nase chirurgisch korrigiert werden. Eine Operation sollte allerdings nicht vor dem 17. Lebensjahr durchgeführt werden, weil erst dann das Nasenwachstum abgeschlossen ist.
Bei einer Höckernase wird der überflüssige Knorpel und Knochen des Nasenrückens abgetragen. Bei einer Sattelnase wird der Nasenrücken mit körpereigenem Knorpel aus der Rippe aufgefüllt. Bei einer Schiefnase muß das knöcherne Nasengerüst wieder in der Mittellinie eingerichtet werden.
Nach der Operation wird die Nase innen geschient und außen mit einem Nasengips stabilisiert. Wie die Nase in ihrer Endform aussieht, läßt sich erst nach neun bis zwölf Monaten beurteilen. Bis dahin sollte man die Nase pflegen und intensive Sonneneinstrahlung meiden.

## Tumoren der äußeren Nase

Sie sollten immer abklären, ob eine Hautveränderung gut- oder bösartig ist. Informationen zum Basalzellenkrebs (→ Seite 477), zum Stachelzellenkrebs (→ Seite 476) und zum schwarzen Hautkrebs (→ Seite 477) finden Sie im Kapitel »Haut und Haare«.

# Nervensystem und Psyche

Das Gehirn ist ein Rechenzentrum, das, programmiert von der Psyche, alle Vorgänge in unserem Körper steuert. So versuchen Hirnforscher, den rätselvollen Zusammenhang zwischen unserer Gehirntätigkeit und den Prozessen, die wir Psyche nennen, zusammenzufassen. Aber auch wenn die Naturwissenschaft keinen »Ort der Seele« im Gehirn lokalisieren kann, ist unumstritten, daß die Psyche unsere Gesundheit beeinflußt, ebenso wie Krankheiten von Gehirn und Nervensystem auf sie einwirken.

## Inhalt



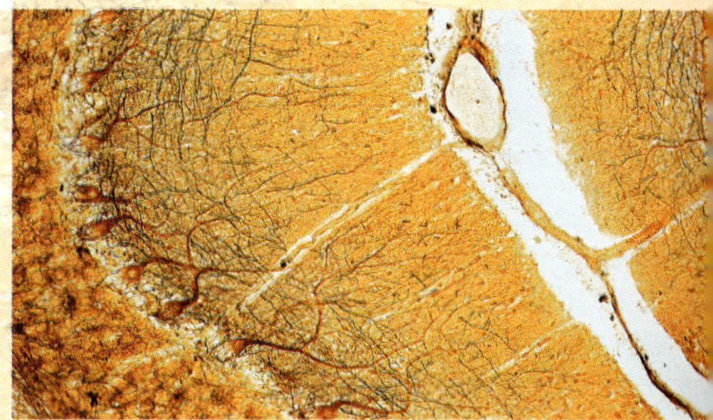

Gehirnrinde

# Wissenswertes über das Nervensystem

Unser Nervensystem steuert Körperfunktionen und Reflexe, nimmt Sinneswahrnehmungen auf, ermöglicht uns Gedanken, Gefühle und Handlungen. Sein Zentrum, das Gehirn, ist auf das engste mit der Psyche (→ Seite 214) verbunden – wie, das weiß man bisher noch nicht genau.
Man unterscheidet das Zentralnervensystem (→ Seite 188), das aus Gehirn und Rückenmark besteht, vom peripheren Nervensystem, den langen Nervensträngen, die den Körper durchziehen (→ Seite 208).

## Wer steuert wen?

Gehirn und Rückenmark bilden quasi die Regierung des Körpers, die peripheren Nerven sind mit Sendboten vergleichbar, die Befehle verbreiten und Nachrichten aus dem ganzen Land zurückbringen, damit die Regierung Entscheidungen treffen kann.
Es gibt zwei unterschiedlich arbeitende Teile des Nervensystems: das Willkürnervensystem, das von uns willentlich beeinflußt werden kann, und das vegetative (auch autonom genannte) Nervensystem, das ohne unser Zutun Vorgänge wie zum Beispiel die Bewegung der inneren Organe, Bildung und Abgabe von Körperflüssigkeiten und die Blutversorgung des Körpers regelt.

## Das Willkürnervensystem

Dieser Teil des Nervensystems dient vor allem der Auseinandersetzung mit der Welt, dem Wahrnehmen, Denken und Handeln. Aber nur ein kleiner Teil dieser Arbeit geschieht bewußt. So kann man zum Beispiel »automatisch« Bewegungen ausführen, Gesichter erkennen oder seine Muttersprache verstehen. Außerdem wird Wichtiges von Unwichtigem unterschieden. Registriert wird vor allem, was im Augenblick von Bedeutung ist.

## Das Bewußtsein

Eine Vielzahl von Prozessen läuft gleichzeitig in verschiedenen Gehirnzentren ab, doch unser Bewußtsein ist nicht gespalten (→ Seite 215). Soweit man heute weiß, gibt es kein anatomisch festzulegendes

**Dank unseres hochentwickelten Gehirns sind wir fähig zu komplizierten Gedankengängen.**

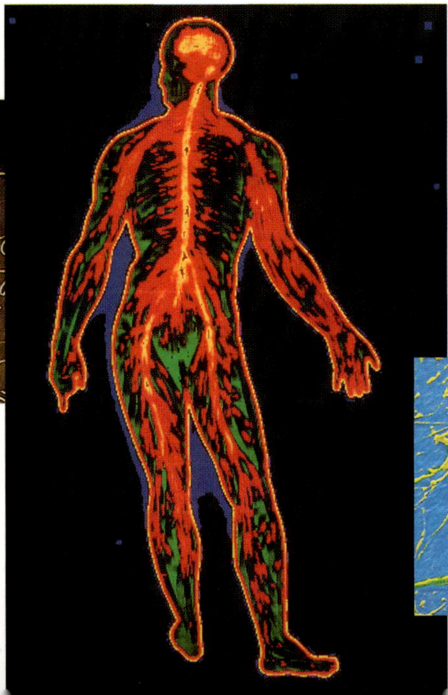

**Gehirn und Rückenmark sind über die peripheren Nerven mit allen Körperteilen verbunden.**

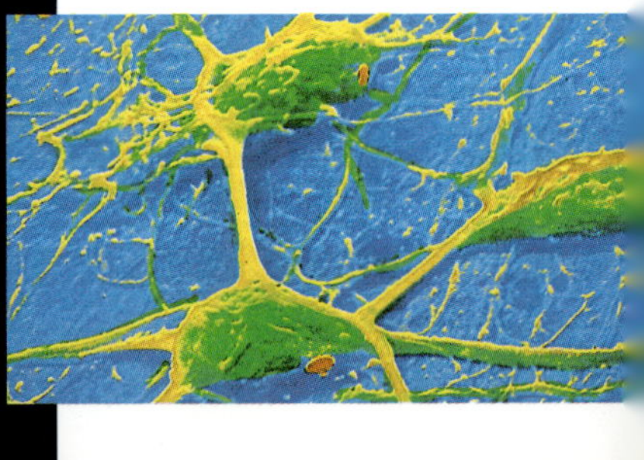

**Nervenzellen haben viele Ausläufer, mit denen sie untereinander quervernetzt sind.**

»Bewußtseinszentrum« – das Gehirn als Ganzes scheint es zu erschaffen. Um viele Informationen schnell verarbeiten zu können, werden einzelne Eindrücke zu »Bildern«, Tätigkeiten zu Bewegungsmustern zusammengefaßt.
Nervenzellen, die eine gemeinsame Aufgabe haben, liegen häufig in sogenannten Zentren zusammen. Sie sind über Leitungsbahnen mit anderen Zentren verbunden, damit deren Aufgaben aufeinander abgestimmt werden und gleichzeitig erfolgen können.

## Das vegetative Nervensystem

Dieser Teil des Nervensystems hält Atmung, Körpertemperatur, Blutdruck, Blutzucker, Hormonhaushalt und andere lebenswichtige Körperfunktionen im Gleichgewicht und paßt sie der jeweiligen Situation an. Seine Steuerungstätigkeiten laufen unbewußt ab und sind willentlich fast nicht zu beeinflussen. Zwei Untersysteme arbeiten im vegetativen Nervensystem als »Gegenspieler«: das sympathische und das parasympathische Nervensystem. Ersteres läßt zum Beispiel das Herz schneller schlagen, letzteres verzögert den Herzschlag.

## Die Nervenzelle

Jede Nervenzelle hat viele kleine Ausläufer, über die sie Informationen von anderen Nervenzellen empfangen kann. Außerdem besitzt sie einen besonders langen Ausläufer, über den sie Signale weitergeben kann. In der Nervenzelle liegen der Kern und die »Organe« der Zelle, die Baustoffe produzieren und Stoffwechselschlacken entgiften. Nervenzellen können sich nach der embryonalen Entwicklung nicht mehr teilen. Normalerweise reicht der bis zur Geburt entstandene »Vorrat« ein Leben lang aus; nur bei Krankheiten gehen mehr Zellen zugrunde, als das Nervensystem verkraften kann.

## Zusammenarbeit der Nervenzellen

Nervenzellen sind über Tausende von Ausläufern miteinander verbunden. Wo sich zwei von diesen treffen, liegt eine sogenannte Synapse. Das ist ein feiner Spalt, in den die sendende Zelle chemische Botenstoffe freisetzt, die die empfangende Zelle aufnimmt. Einige Botenstoffe aktivieren eine Nervenzelle, andere hemmen sie.
Das menschliche Gehirn besitzt 100 Milliarden Nervenzellen. Diese ungeheure Zahl ermöglicht uns die Steuerung aller Körpervorgänge ebenso wie die kompliziertesten Denkprozesse.

Seit alters gilt das Auge als »Spiegel der Seele«, dieses immer noch rätselhaften Kerns menschlichen Erlebens und Handelns.

Unser Gehirn wird von mehreren Arterien gleichmäßig mit sauerstoffreichem Blut versorgt.

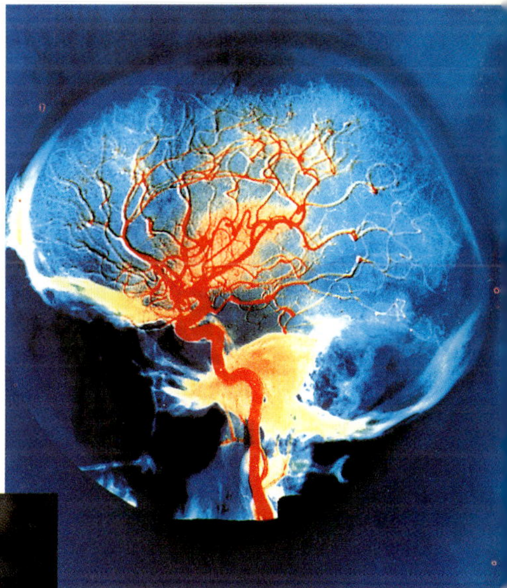

Wie entsteht Melancholie? Und wie ein Glücksgefühl? Auch heute noch offene Fragen.

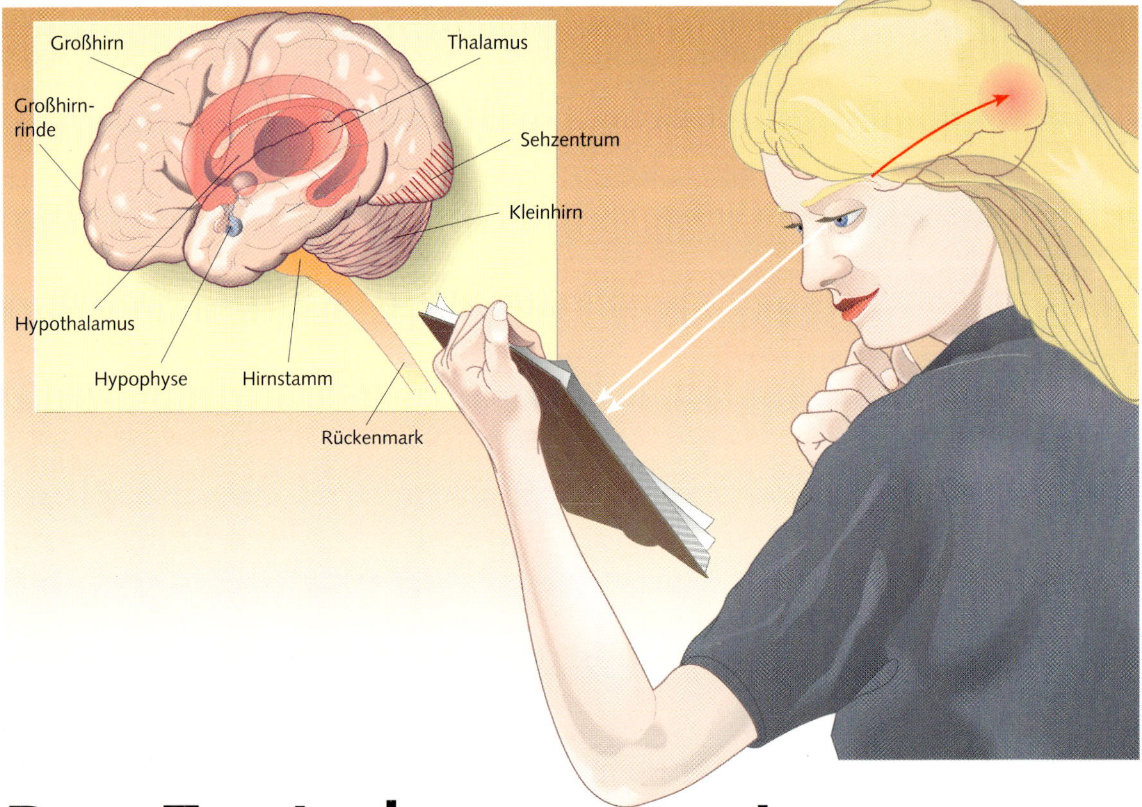


# Das Zentralnervensystem

- **Das Gehirn**
- **Das Rückenmark**
- **Der Schutz der »Körperzentrale«**

Gehirn und Rückenmark bilden zusammen das Zentralnervensystem (→ Seite 186). Sie sind mit dem Rest des Körpers durch das periphere Nervensystem verbunden und können daher in alle Körperbereiche Signale aussenden und von überall her Signale empfangen. Ausführliche Informationen zum peripheren Nervensystem finden Sie ab Seite 208.

Das Gehirn besteht aus einer Reihe spezialisierter, höchst komplizierter Teile. Über ihren Aufbau und ihre Funktion weiß man heute viel mehr als noch vor 50, 60 Jahren, doch ein »Ende der Erkenntnis« ist nicht abzusehen. Immer wieder wird mit spektakulären Entdeckungen das Bild vom rätselhaftesten Organ des menschlichen Körpers verändert.

## Das Großhirn

Das Großhirn überwölbt wie ein Mantel alle anderen Teile des Gehirns. Seine Oberfläche, die *Großhirnrinde*, ist in zahlreiche Windungen und Furchen gefaltet. In ihr laufen alle Informationen der Sinnesorgane zusammen; sie ermöglicht die bewußte Wahrnehmung der Welt und unserer selbst. Hier werden die Körperbewegungen ausgelöst, und höhere geistige Fähigkeiten wie planendes Denken, Sprechen und Schreiben haben hier ihren Ursprung.

Das Großhirn teilt sich in zwei Hälften, die durch Verbindungsbahnen wie den sogenannten Balken zusammenarbeiten können. Die Nervenbahnen, die Körper und Gehirn verbinden, kreuzen sich überwiegend. Daher kontrolliert die linke Großhirnhälfte die rechte Körperseite und umgekehrt.

Einen Teil der Großhirn-Funktionen übernehmen beide Hälften, ein Teil wird vor allem von einer Hälfte erfüllt. Jede Seite hat also ihre »Talente«. Die linke

Großhirnhälfte ist beispielsweise auf Sprache und logisches Denken spezialisiert, die rechte auf musische Fähigkeiten, räumliches Vorstellungsvermögen sowie die Wahrnehmung von Gefühlen.

## Das Zwischenhirn

In der Tiefe des Großhirns liegt das Zwischenhirn, dessen wichtigste Zentren der *Thalamus* und der Hypothalamus sind. Der Thalamus ist die »Schaltstelle« zwischen Sinnesorganen und Großhirn. Der *Hypothalamus* steuert das vegetative Nervensystem (→ Seite 186); unter ihm liegt die Hirnanhangdrüse, die die Hormonproduktion im Körper lenkt (→ Seite 488) Am Rand des Großhirns zum Zwischenhirn liegt das *limbische System*, ein »alter« Teil des Gehirns, der im wesentlichen das Gefühlsleben bestimmt und mit dem Hypothalamus verbunden ist.

## Der Hirnstamm

Der Hirnstamm hat mehrere Aufgaben: Er »weckt« das Bewußtsein im Großhirn, reguliert zentrale Körperfunktionen wie Atmung, Kreislauf, Körpertemperatur und Schlaf-Wach-Rhythmus und ist »Verteilerstation« für die Nervenbahnen zu Groß- und Kleinhirn. Außerdem ist er Ursprung der meisten *Hirnnerven* (→ Das periphere Nervensystem, Seite 186).

## Das Kleinhirn

Das Kleinhirn liegt im Bereich des Hinterkopfes unter dem Großhirn, mit dem es über den Hirnstamm verbunden ist. Seine Hauptaufgaben sind die Koordination von Bewegungen und die Gleichgewichtsregulation. Dafür bekommt es unter anderem Informationen von den Augen, dem Gleichgewichtsorgan im Ohr (→ Seite 167), den Muskeln und Sehnen. Aufgrund dieser Daten gibt es den Bewegungen das richtige Maß und die richtige Kraft.

## Das Rückenmark

An den Hirnstamm schließt sich das in der Wirbelsäule liegende Rückenmark an, das beim Erwachsenen ungefähr 45 Zentimeter lang und 1 Zentimeter dick ist. Es leitet in Nervenbahnen Informationen zwischen Gehirn und Körper hin und her. Sogenannte Rückenmarksnerven treten in 31 Paaren aus dem Wirbelkanal aus. In ihnen liegen Nervenfasern, die Bewegungen steuern, und Nervenfasern, die die Reize der Sinnessysteme (→ Seite 146) aufnehmen. Sinnes-Informationen können vom Rückenmark blitzschnell beantwortet werden – so entstehen die *Reflexe*. Greifen wir beispielsweise aus Versehen auf eine heiße Herdplatte, so hat das Rückenmark Hand und Arm bereits zurückgezogen, bevor der Schmerz das Gehirn und damit das Bewußtsein erreicht hat (→ Schmerz als Warnsignal, Seite 212).

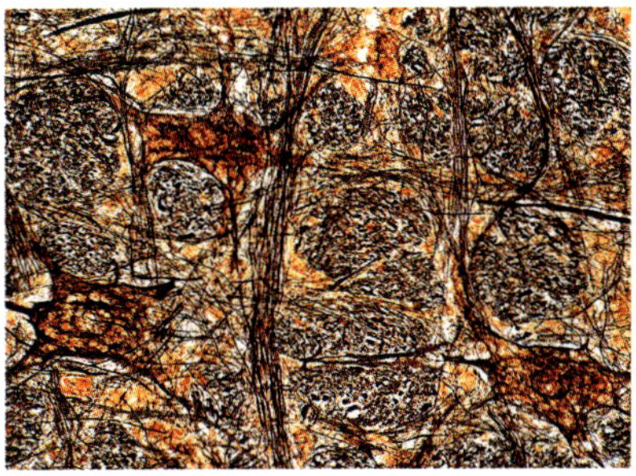

**Die Nervenzellen des Gehirns bilden ein kompliziertes Netzwerk.**

## Gut geschützt

Gehirn und Rückenmark werden vor Gewalteinwirkungen von außen auf dreifache Weise geschützt: durch den Schädelknochen bzw. die Wirbelsäule, durch 3 Häute (Meningen) und durch das Nervenwasser (Liquor).
Die äußere der Häute, die harte Gehirnhaut (Dura mater), kleidet das Innere des Schädels und den Rückenmarkkanal aus; zwischen den beiden anderen Häuten fließt das Nervenwasser, das in den inneren Nervenwasserräumen (Ventrikel) der beiden Großhirnhälften gebildet wird.
Der Schädelknochen läßt allerdings dem Gehirn keine Möglichkeit, bei einer Blutung, einer Geschwulst oder einem Eiterherd auszuweichen. Außerdem reagiert das Gehirn auf Verletzungen, Entzündungen und andere Schädigungen, indem es Wasser einlagert und schwillt. Steigt der Druck im Schädel an, kann das lebensbedrohliche Folgen haben.
Gegen den Rest des Körpers bildet die sogenannte Blut-Hirn-Schranke eine Barriere. Viele Giftstoffe, Medikamente oder Krankheitserreger werden hier abgewehrt, während Sauerstoff und Nährstoffe hindurchtreten können.
Sinkt der Blutdruck, so wird die Durchblutung des Gehirns bis zuletzt aufrechterhalten. Der Körper schützt seine »Zentrale« so gut wie möglich. Das bedeutet aber auch: Wenn die Schutzmechanismen nicht mehr ausreichen, ist Eile geboten!

# Notfälle

## Allgemein gilt

Bei schlagartig einsetzenden oder sich rasch entwickelnden Gefühls-, Sprach-, Bewußtseinsstörungen oder Lähmungen den Notruf veranlassen!

## Schlaganfall

▶ Symptome
- ➜ plötzlich einsetzende Lähmung oder Gefühlsstörung, meist auf eine Körperhälfte beschränkt
- ➜ Seh-, Sprach- oder Schluckstörung
- ➜ manchmal Bewußtseinsstörung

### Ärztliche Behandlung

Veranlassen Sie sofort den Notruf. Je schneller behandelt werden kann, desto größer ist die Chance, bleibende Folgen zu verhindern! Veranlassen Sie den Notruf auch, wenn die Symptome wieder abklingen – sie können Vorboten eines Schlaganfalls sein (→ Seite 198).

### Selbsthilfe

Lassen Sie den Kranken nicht allein. Sollte er bewußtlos sein, sorgen Sie dafür, daß er frei atmen kann und bringen ihn in die stabile Seitenlage (→ Erste Hilfe, Seite 780).

## Epileptischer Anfall

▶ Symptome
- ➜ plötzliches Hinstürzen
- ➜ Verkrampfung, dann Zuckungen am ganzen Körper
- ➜ häufig Biß auf die Zunge
- ➜ häufig Einnässen

Ein epileptischer Anfall sieht beängstigend aus, geht aber meist nach einigen Minuten von selbst vorbei (→Epilepsie, Seite 202).

### Ärztliche Behandlung

Veranlassen Sie auf jeden Fall den Notruf, wenn zum ersten Mal ein Krampfanfall auftritt, bei bekanntem Anfallsleiden der Kranke nach Abklingen der Symptome nicht erweckbar ist oder wenn mehrere Anfälle nacheinander auftreten.

### Selbsthilfe

Verhindern Sie, daß der Kranke sich während des Anfalls verletzt. Öffnen Sie Kleidungsstücke, die ihn am Hals beengen könnten. Lassen Sie ihn nicht allein; bringen Sie ihn nach dem Anfall in die stabile Seitenlage (→ Seite 780). Versuchen Sie nicht, den Anfall zu unterbrechen, zuckende Gliedmaßen festzuhalten oder – um Bißverletzungen zu vermeiden – gewaltsam den Mund zu öffnen oder etwas hineinzustecken.

## Schädel-Hirn-Verletzungen

▶ Symptome
- ➜ oft blutige Wunde oder Bluterguß am Kopf
- ➜ manchmal Blutung und Ausfluß von Nervenwasser aus Nase und Ohren
- ➜ sofort oder später Kopfschmerzen, Erbrechen, Müdigkeit, Verwirrtheit, Bewußtlosigkeit
- ➜ Funktionsstörungen wie Lähmungen oder Ausfall von Sinneswahrnehmungen

### Ärztliche Behandlung

Veranlassen Sie den Notruf, wenn der Verletzte unter einer Bewußtseinsstörung leidet, bei oben genannten Funktionsstörungen oder stark blutender Kopfwunde! Bei leichter Blutung oder großem Bluterguß sollte er in die Klinik gebracht werden. Auch bei geringer Verletzung unbedingt in den nächsten Tagen auf die oben genannten Symptome achten! Besondere Vorsicht bei Kindern: Veranlassen Sie den Notruf, wenn ein deutlicher Bluterguß zu sehen oder zu fühlen ist, das Kind über Schmerzen klagt, erbricht, sehr unruhig oder besonders müde ist.

### Selbsthilfe

Kalte Kompressen oder Eisbeutel lindern den Bluterguß. Verzichten Sie auf Schmerzmittel, sie können Warnsymptome verschleiern!

# Spezielle Untersuchungen

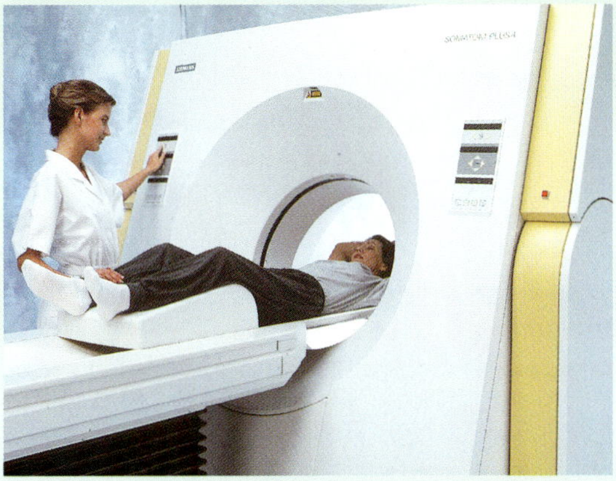

**Zur Computertomographie (CT) wird der Kopf des Patienten in eine Art Röhre hineingeschoben.**

## Neurologische Untersuchung

Untersucht werden die einzelnen Funktionen des Nervensystems (→ Seite 186 und 617):

- Wahrnehmung: Sehen, Hören, Riechen, Schmekken, Gleichgewichtssinn, Tastsinn, Temperatur- und Schmerzempfindung werden geprüft.
- Bewegung: Kraft, Geschwindigkeit, Geschicklichkeit und Zielgenauigkeit der Bewegungen werden geprüft.
- Reflexe: Mit dem Reflexhammer klopft der Arzt an bestimmten Stellen auf die Sehnen, dann spannen sich die Muskeln ruckartig an. Reflexe werden bei Schäden der peripheren Nerven schwächer, bei den meisten Schäden im Gehirn aber stärker.
- Bewußtseinslage, Orientiertheit, Konzentrations- und Merkfähigkeit, Gedächtnis, Sprachvermögen und -verständnis, Stimmung und psychisches Allgemeinbefinden sind ebenfalls Themen der Untersuchung.

## Messung der Hirnströme

Die Signalübertragung im Gehirn geht mit elektrischen Vorgängen in den Nervenzellen einher. Diese sogenannten Hirnströme werden beim EEG (Elektroenzephalogramm) gemessen und ausgewertet. Die unterschiedliche Wellenform der Hirnströme gibt Aufschluß darüber, ob das Gehirn normal arbeitet oder eine Schädigung vorliegt.

## Bildgebende Verfahren

Computer- (CT) und Kernspintomographie (NMR) ermöglichen, das Gehirn bildlich darzustellen. Die Computertomographie arbeitet mit Röntgenstrahlen, die Kernspintomographie mit elektromagnetischen Wellen (→ Seite 623).

## Gefäßdarstellungen

Bei der Angiographie wird ein Kontrastmittel eingespritzt und dessen Weg durch die Gehirngefäße in einer Reihe von Röntgenbildern festgehalten.
Bei der Myelographie wird ein Kontrastmittel in den Nervenwasserraum um das Rückenmark gespritzt. Aus der Verteilung des Kontrastmittels kann man zum Beispiel Rückschlüsse auf Engstellen im Rückenmark ziehen.

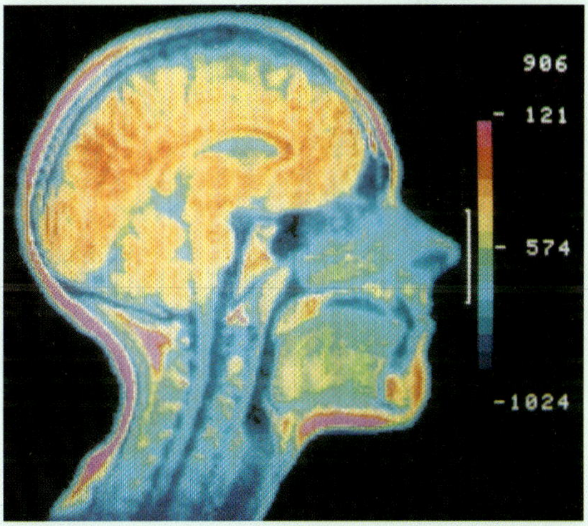


**Eine moderne Methode zur Darstellung des Schädelinneren ist die Kernspintomographie (NMR).**

## Entnahme von Nervenwasser

Die Entnahme von Nervenwasser, die sogenannte Lumbalpunktion, ist kaum schmerzhafter als eine Blutentnahme. Der Arzt sticht an der unteren Lendenwirbelsäule zwischen zwei Wirbelkörper und entnimmt eine kleine Menge Nervenwasser. Auf dieser Höhe der Wirbelsäule liegt kein Rückenmark mehr, sondern nur noch bewegliche Nervenwurzeln, die der Nadel ausweichen.

## Gehirnhautentzündung (Meningitis)

**▶ Symptome**
- → Kopfschmerzen, Nackensteifigkeit und Fieber
- → Überempfindlichkeit gegenüber Licht und Schmerzreizen
- → Übelkeit und Erbrechen
- → Bewußtseinstrübung

Eine Entzündung der Gehirnhäute kann durch eine Vielzahl von Erregern hervorgerufen werden.
Sie erreichen das Gehirn auf dem Blut- oder dem Lymphweg, von benachbarten Entzündungen, zum Beispiel im Bereich der Ohren und der Nase, oder durch direkte Einwanderung nach Schädelverletzungen. Eine Gehirnhautentzündung kann sich auf das Gehirngewebe, die Gehirngefäße oder das Rückenmarksgewebe ausbreiten.
Die akute eitrige Gehirnhautentzündung wird von Bakterien hervorgerufen; sie zeigt sehr schwere, sich schnell verstärkende Symptome. Die Gehirnhautentzündung durch Tuberkelbakterien (→ Seite 534) verläuft langsam und mit anfangs untypischen, dann aber sehr schweren Symptomen. Der Verlauf einer durch Viren verursachten Gehirnhautentzündung ist meist leichter und ähnelt einer Grippe.

### Ärztliche Behandlung

Suchen Sie sofort einen Nervenarzt auf! Er wird den Erreger durch Untersuchung von Nervenwasser und Blut feststellen. Behandelt werden muß eine Gehirnhautentzündung fast immer in der Klinik. Bei eitrigem Nervenwasser (Hinweis auf eine bakterielle Infektion) müssen Sie schnellstens Antibiotika erhalten, damit die Bakterien abgetötet werden können. Sind Viren die Ursache, so werden lediglich die Symptome behandelt.

### Selbsthilfe

Ist nicht möglich. – Vorbeugung: Sie sollten Mittelohr- und Nasennebenhöhlenentzündungen immer vollständig ausheilen. Kinder können gegen Haemophilus influencae, den häufigsten Erreger der akuten eitrigen Gehirnhautentzündung bei ihnen, geimpft werden (→ Impfungen, Seite 611). Bei engem Kontakt zu einer Person mit offener Tuberkulose können Sie sich anstecken; lassen Sie sich vom Arzt untersuchen bzw. über eine Impfung beraten.

## Gehirnentzündung (Enzephalitis)

**▶ Symptome**
- → Fieber und grippeähnliche Symptome
- → einige Tage später wieder Fieber, Kopfschmerzen und Nackensteifigkeit
- → Verwirrtheit, Bewußtseinstrübung, Sprachstörungen, epileptische Anfälle, Lähmungen

Eine Gehirnentzündung ist in den meisten Fällen Folge einer Virusinfektion. Erreger kann unter anderen auch das Herpes-simplex-Virus sein, das als Ursache von Lippenbläschen bekannt ist.

### Ärztliche Behandlung

Suchen Sie bei den beschriebenen Symptomen sofort eine Klinik auf! Die Behandlung muß so früh wie möglich begonnen werden, nur dann ist eine Heilung zu erreichen.

### Selbsthilfe

Ist nicht möglich. – Es ist absolut unnötig, jedes Lippenbläschen mit Cremes zu behandeln, die das Herpes-simplex-Virus abtöten. Vielmehr befürchten viele Ärzte, daß es dadurch unempfindlich gegen Medikamente werden könnte, die bei Behandlung der Enzephalitis eingesetzt werden.

## Gehirnabszeß

**▶ Symptome**
- → Kopfschmerzen, Erbrechen
- → zunehmende Bewußtseinsstörung
- → häufig epileptische Anfälle

Ein Eiterherd (Abszeß) im Gehirn entsteht meist infolge eines Infekts der Ohren oder der Nasennebenhöhlen. Er drückt auf das Gehirn, was zu oben genannten Symptomen führt.

### Ärztliche Behandlung

Suchen Sie sofort einen Arzt auf – ein Gehirnabszeß ist eine lebensbedrohliche Erkrankung! Der Eiterherd wird operativ entfernt oder über eine Nadel von außen abgesaugt, ferner sind Antibiotika nötig.

### Selbsthilfe

Ist nicht möglich.

## Frühsommer-Meningoenzephalitis (FSME)

**▶ Symptome**

- ➜ erste Phase: Kopf-, Gliederschmerzen und Fieber
- ➜ zweite Phase: einige Tage später Symptome der → Gehirnhautentzündung
- ➜ selten Lähmungen

Die Frühsommer-Meningoenzephalitis ist eine Erkrankung, die die Gehirnhäute, das Gehirn und das Rückenmark befallen kann. Das auslösende Virus wird auf den Menschen durch den Biß einer Zecke übertragen. Infiziert ist ein Teil der Zecken in sogenannten Endemiegebieten vor allem im süddeutschen Raum, in Österreich, in Südosteuropa und in Südschweden.

Nach einer ersten, grippeähnlichen Phase ist für die meisten die Erkrankung ausgestanden. In etwa einem Drittel der Fälle kommt es einige Tage später zur zweiten Phase.

### So schützen Sie sich vor Zecken

Tragen Sie im Garten oder im Wald geschlossene Schuhe, Strümpfe, lange Hosen und langärmlige Hemden. Verwenden Sie Abwehrmittel gegen Insekten und Zecken – absoluter Schutz ist dadurch allerdings nicht möglich. Suchen Sie zu Hause Ihren Körper sorgfältig nach Zecken ab. Haben Sie eine Zecke mitgebracht, so entfernen Sie sie möglichst schnell. Am besten ist eine gebogene Pinzette, mit der Sie das Insekt am Körper fassen und mit einer leichten Drehung herausziehen. Der Zeckenleib darf dabei nicht zerquetscht werden. Versuchen Sie nicht, die Zecke mit Öl, Creme oder Klebstoff zu ersticken.

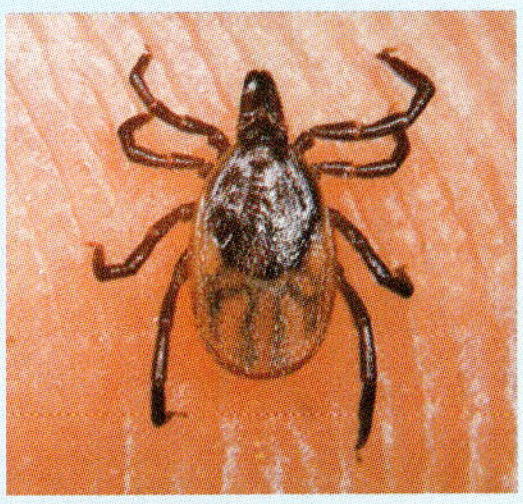

**Durch Zeckenbisse können die Erreger von FSME und Lyme-Borreliose übertragen werden.**

### Ärztliche Behandlung

Fragen Sie nach einem Zeckenbiß den Arzt, ob ein Risiko besteht. Sie können sich dann innerhalb von 72 Stunden impfen lassen und dadurch das Erkrankungsrisiko sehr stark herabsetzen. Sind Sie bereits an einer FSME erkrankt, so können lediglich die Symptome behandelt werden.

### Selbsthilfe

→ So schützen Sie sich vor Zecken. Wenn Sie in einem Risikogebiet leben oder in ein solches verreisen, können Sie sich impfen lassen (→ Seite 613).

## Lyme-Borreliose

**▶ Symptome**

- ➜ erste Phase: langsam wachsende, randbetonte Hautrötung an der Bißstelle der Zecke (Erythema migrans)
- ➜ zweite Phase: heftige Schmerzen, besonders nachts, Lähmungen im Gesicht und an den Gliedmaßen, Herzbeschwerden möglich
- ➜ dritte Phase: chronische Gelenksentzündungen, Hautveränderungen möglich, sehr selten sind auch Symptome ähnlich wie bei Multipler Sklerose möglich (→ Seite 195)

Häufiger als die → Frühsommer-Meningoenzephalitis wird durch einen Zeckenbiß eine Lyme-Borreliose ausgelöst. Erreger ist in diesem Fall ein Bakterium, dessen Vorkommen nicht auf einzelne geographische Gebiete begrenzt ist.

Hervorgerufen werden bei einem kleinen Teil der Infizierten chronische Entzündungen an Haut, Herz, Gelenken und Nervensystem; Symptome der zweiten und dritten Phase können Monate bis Jahre nach der Infektion auftreten.

### Ärztliche Behandlung

Bei Lähmungen sollten Sie sofort einen Arzt aufsuchen! Er wird durch Untersuchung von Nervenwasser und Blut feststellen, ob eine akute Borreliose vorliegt, und diese mit Antibiotika behandeln.

### Selbsthilfe

→ So schützen Sie sich vor Zecken. – Lassen Sie sich nach einem Zeckenbiß untersuchen!

## Wundstarrkrampf (Tetanus)

**▶ Symptome**

- ➜ Spannungsgefühl in Hals- und Gesichtsmuskeln, Schluckstörungen
- ➜ zunehmende Muskelkrämpfe am ganzen Körper
- ➜ schließlich Atemstörung, Kreislaufversagen

Die Sporen der Bakterien (→ Seite 534), die die Erkrankung verursachen, dringen meist durch eine verschmutzte Hautverletzung in den Körper ein und bilden zunächst unbemerkt über Tage oder Wochen ein Gift, das Tetanus-Toxin. Dieses bindet sich an Nervenzellen und führt zu einer andauernden Übererregung mit Muskelkrämpfen. Ein Viertel der Erkrankten stirbt, Überlebende erholen sich nur langsam.

### Ärztliche Behandlung

Besteht kein Impfschutz bzw. liegt die letzte Auffrischung mehr als 10 Jahre zurück, sollten Sie sich nach Hautverletzungen umgehend impfen lassen. Suchen Sie bei oben genannten Symptomen sofort eine Klinik auf; eine Behandlung auf der Intensivstation ist notwendig!

### Selbsthilfe

Ist nicht möglich. Vorbeugung: Lassen Sie Ihre Kinder und sich selbst impfen; achten Sie auf eine Auffrischimpfung alle 10 Jahre.

## Tollwut

**▶ Symptome**

- ➜ zunächst Kopfschmerzen, Übelkeit, Depressionen
- ➜ dann Übererregtheit, Schluckbeschwerden und Muskelkrämpfe
- ➜ schließlich fortschreitende Lähmungen

Tollwut ist eine Viruserkrankung, die durch Biß oder Speichel eines infizierten Tieres (Hunde oder Wildtiere, zum Beispiel Füchse und Dachse) auf den Menschen übertragen wird. 10 Tage bis 8 Monate nach dem Kontakt mit dem Tollwut-Virus kann es zum Ausbruch der Erkrankung kommen. Sie führt unbehandelt zum Tod.

**Nehmen Sie beim Waldspaziergang diese Schilder ernst, denn mit Tollwut ist nicht zu spaßen.**

### Ärztliche Behandlung

Lassen Sie sich bei Verdacht auf eine Tollwut-Infektion sofort impfen! Bricht die Erkrankung aus, so besteht nur bei einer intensivmedizinischen Behandlung Hoffnung auf Überleben.

### Selbsthilfe

Ist nicht möglich. Lassen Sie sich impfen, wenn Sie im Wald oder mit Tieren arbeiten.

## Kinderlähmung (Poliomyelitis)

**▶ Symptome**

- ➜ Vorstadium ähnlich einer »Darmgrippe«
- ➜ erneuter Fieberanstieg und seltener Zeichen der Gehirnhautentzündung (→ Seite 192)
- ➜ Lähmungen am ganzen Körper, mitunter auch der Atemmuskulatur

Kinderlähmung (oft Polio genannt) wird von Mensch zu Mensch übertragen. Verläuft die Krankheit schwer, so greift das Virus Gehirn und Rückenmark an. Lähmungen sind die Folge. In der Regel bilden sich diese teilweise oder ganz zurück, jedoch können auch schwere Behinderungen bleiben. Der größere Teil der Infizierten wird ohne neurologische Symptome lebenslang immunisiert. Kinderlähmung tritt in Europa und Nordamerika infolge der konsequenten Impfung kaum mehr auf.

Ausführliche Informationen zu Behandlung und Selbsthilfe finden Sie auf Seite 558.

## Folgen von AIDS am Nervensystem

Bei einem Drittel aller AIDS-Kranken kommt es zu Störungen des Nervensystems. Das AIDS-Virus selbst kann durch Befall des Gehirns geistigen Abbau verursachen. Infektionen des Gehirns sind häufig. AIDS-Kranke leiden häufiger als Gesunde ihres Alters an Schlaganfällen (→ Seite 198) und Polyneuropathien (→ Seite 211).
Ausführliche Informationen zu AIDS finden Sie auf Seite 304.

## Multiple Sklerose

### ▶ Symptome

- ➜ Lähmungen mit schmerzhafter Muskelstarre
- ➜ Empfindungsstörungen (Taubheit, Ameisenlaufen)
- ➜ Gleichgewichtsstörungen
- ➜ »Schleier« vor einem Auge, Doppelbilder
- ➜ Blasenstörungen

Die Multiple Sklerose (häufig abgekürzt MS) ist eine chronische Entzündung von Gehirn und Rückenmark. Sie befällt bevorzugt junge Erwachsene, Frauen häufiger als Männer. Man nimmt an, daß es sich um eine Autoimmunerkrankung handelt, bei der der Körper das eigene Nervengewebe angreift. Die Krankheit verläuft meist in Schüben. Ein Schub dauert Tage bis Wochen, dann erfolgt eine teilweise oder vollständige Rückbildung der Symptome. Die Multiple Sklerose kann über Jahre stetig fortschreiten und dann zu schweren Behinderungen führen. In der Hälfte der Fälle verläuft sie jedoch leichter.

### Ärztliche Behandlung

Entzündungshemmende Mittel wie zum Beispiel Kortison beschleunigen die Rückbildung der Symptome. Die Beta-Interferon-Therapie reduziert die Häufigkeit von Schüben ist jedoch nebenwirkungsreich. Da man bis heute die Entstehungsursache der Krankheit nicht kennt, ist es nicht möglich, sie zu verhindern oder auszuheilen.
Die häufige Muskelstarre kann durch Medikamente und Krankengymnastik gelindert werden. Blasenstörungen lassen sich durch Training und Hilfsgriffe bessern. Konsequente, auf die speziellen Probleme abgestimmte Krankengymnastik ist sinnvoll.

### Selbsthilfe

Die Diagnose »Multiple Sklerose« löst Angst und Unsicherheit aus: Wieso gerade ich? Wie wird die Krankheit bei mir verlaufen? Ist ein Leben im Rollstuhl unausweichlich?
Nimmt die Krankheit einen schweren Verlauf, so ist mit ihr zu leben eine Aufgabe, die dazu zwingt, unabhängig von der allgemeinen Leistungsorientiertheit ein neues Selbstwertgefühl aufzubauen.
Sie sollten sich auf jeden Fall darüber informieren, was den Verlauf der Krankheit positiv oder negativ beeinflussen kann.

**Auch bei schweren Verläufen der Multiplen Sklerose ist ein erfülltes Berufs- und Privatleben möglich.**

Einige allgemeine Ratschläge: Ballaststoffreiche Kost hilft bei Darmträgheit, einem häufigen Problem von MS-Kranken. Hitze (Sauna, Sonnenbäder) kann Ihren Zustand vorübergehend verschlechtern. Sie können Reisen oder Sport treiben, wenn auch besser keinen Hochleistungssport. Schwangerschaften beeinflussen den Krankheitsverlauf nicht.
Es gibt in vielen Städten Selbsthilfegruppen, ihre Adressen erhalten Sie bei der Multiple- Sklerose-Gesellschaft (→ Seite 798).

## Gehirnerschütterung/Gehirnprellung

► Symptome
- ➜ Gehirnerschütterung: Kopfschmerzen, Übelkeit, Schwindel, Leistungsminderung für einige Tage
- ➜ Gehirnprellung: Bewußtseinsstörung, Lähmungen, Sprach- oder Sehstörungen, eventuell bleibende geistige Behinderung

Bei einer *Gehirnerschütterung* kommt es trotz einer kurzen Bewußtseinsstörung zu keiner Verletzung des Gehirns und daher nie zu Dauerschäden: Kopfschmerzen, Übelkeit und Schwindel klingen nach wenigen Tagen ab.
Schwerere Unfälle können eine sogenannte *Gehirnprellung* verursachen, bei der das Gehirn einen nachweisbaren Schaden – eine Schwellung oder Einblutung – erleidet. Sie führt zu längerer Bewußtlosigkeit und den genannten Symptomen.

### Ärztliche Behandlung

Leidet eine Person nach einem Unfall an Bewußtseinsstörungen, veranlassen Sie den Notruf (→ Erste Hilfe, Seite 777)! Bei der Gehirnerschütterung genügen einige Tage Ruhe. Bei der Gehirnprellung ist eine Behandlung auf der Intensivstation notwendig; größere Blutungen werden operativ entfernt, um den Hirndruck zu senken. Kortisonpräparate und bestimmte Beatmungsformen dienen ebenfalls diesem entscheidenden Ziel. Die Bewußtseinslage des Kranken muß fortlaufend beobachtet werden.

### Selbsthilfe

Ist nicht möglich.

## Blutung über der harten Gehirnhaut

► Symptome
- ➜ meist kurze Bewußtlosigkeit direkt nach einem Unfall, Sturz oder Schlag auf den Kopf
- ➜ nach Stunden oder Tagen Kopfschmerzen, Erbrechen, Müdigkeit
- ➜ zunehmende Bewußtseinstrübung, halbseitige Lähmungen, Gefühlsstörungen

Durch Verletzung einer Arterie bildet sich ein Bluterguß zwischen Schädelknochen und harter Gehirnhaut, durch den der Druck im Schädelinneren steigt. Da es oft eine gewisse Zeit dauert, bis sich dieses sogenannte epidurale Hämatom ausgedehnt hat, kann man sich umittelbar nach dem Unfall gesund fühlen. Die Möglichkeit einer solch »heimtückischen« Blutung ist der Grund, warum man Patienten mit Schädelverletzungen zur Sicherheit möglichst für einige Tage in der Klinik behält.

### Ärztliche Behandlung

Bei Beschwerden, die auf eine Blutung über der harten Gehirnhaut hinweisen, suchen Sie sofort eine Klinik auf! Das Hämatom muß so schnell wie möglich operiert werden; je mehr Zeit vergeht, desto schlechter sind die Heilungsaussichten.

### Selbsthilfe

Ist nicht möglich.

## Blutung zwischen den Gehirnhäuten

► Symptome
- ➜ Persönlichkeitsveränderungen mit Leistungsabfall und Konzentrationsstörungen
- ➜ weitere Symptome wie bei der → Blutung über der harten Gehirnhaut, aber langsamerer Verlauf

Infolge eines oft leichten Unfalls, an den man sich nach einiger Zeit kaum mehr erinnert, kann es durch Verletzung einer Vene zu einem Bluterguß kommen, der zwischen den Gehirnhäuten langsam an Größe zunimmt, einem sogenannten subduralen Hämatom.
Die beschriebenen Symptome können manchmal über Monate langsam zunehmen. Ein erhöhtes Risiko zu einem Bluterguß zwischen den Gehirnhäuten besteht bei Gerinnungsstörungen, Alkoholismus und im hohen Lebensalter.

### Ärztliche Behandlung

Sie sollten bei beginnenden Symptomen auf jeden Fall den Arzt aufsuchen. – Die Blutung zwischen den Gehirnhäuten muß meistens operativ entfernt werden.

### Selbsthilfe

Ist nicht möglich.

## Querschnittslähmung

### ▶ Symptome

- ➜ Lähmungen an Beinen oder Armen und Beinen
- ➜ nach einiger Zeit Muskelstarre (Spastik)
- ➜ Störung der Entleerung von Blase und Darm

Ursache der Querschnittslähmung ist eine Schädigung des Rückenmarks, durch die die Verbindung zwischen Gehirn und Teilen des Körpers gestört oder unterbrochen ist. Ist das Rückenmark in Höhe des Halses betroffen, sind Arme und Beine gelähmt. Bei Schädigung in Höhe des Brustkorbes sind Teile des Rumpfes und die Beine gelähmt, in Höhe der unteren Lendenwirbelsäule sind beide Beine betroffen.
Das Rückenmark stimuliert, wenn es den Kontakt zum Gehirn verliert, die Muskulatur selbst leider zu stark: Die Muskeln ziehen sich unwillkürlich heftig zusammen. Diese sogenannte Spastik kann unbehandelt zur Versteifung gelähmter Gliedmaßen führen.
Hauptursache für eine Schädigung des Rückenmarks sind Unfälle, ferner können auch Osteoporose (→ Seite 428), bakterielle Knochenentzündungen (→ Seite 429), Knochentumoren (→ Seite 429), schwere Bandscheibenvorfälle (→ Seite 436), Durchblutungsstörungen und andere Erkrankungen des Zentralnervensystems eine Querschnittslähmung hervorrufen.

### Ärztliche Behandlung

Wenn nach Unfällen Lähmungen oder Gefühlsstörungen bestehen, so wenig wie möglich bewegen! Je schneller die Ursache erkannt und behandelt wird, desto besser sind wenigstens in einem Teil der Fälle die Heilungsaussichten.
Wurden die Nervenbahnen nicht durchtrennt, sondern drückt etwas auf das Rückenmark, so muß es durch eine sofortige Operation entlastet werden. Nach der in jedem Fall nötigen längeren Behandlung im Krankenhaus beginnt die langsame Erholung in einer Spezialklinik.
Sehr wichtig ist konsequente Krankengymnastik: Sie verbessert Restbewegungen in teilweise gelähmten Gliedmaßen und verhindert Versteifungen. Die erhöhte Muskelspannung in den Beinen kann in manchen Fällen ermöglichen, zu stehen und (mit Unterstützung, Krücken) zu gehen. Durch sogenannte funktionelle Elektrostimulation – elektrische Impulse, die die Nervenimpulse nachahmen – hofft man gelähmte Muskeln in absehbarer Zukunft so gut steuern zu können, daß selbst komplexe Aufgaben wie Greifen oder freies Gehen möglich sind.

**Aktive Behindertensportler zeigen uns, daß Querschnittslähmung nicht Bewegungslosigkeit bedeutet.**

### Selbsthilfe

Eine Querschnittslähmung verändert das ganze Leben. Besonders wichtig ist deshalb die bewußte Auseinandersetzung mit dieser Form der Behinderung. Es ist eine schwierige persönliche Aufgabe, sich weder in Resignation zurückzuziehen, noch unrealistische Ziele anzustreben.
Das Alltagsleben können zahlreiche Hilfsmittel erleichtern: Rollstühle, spezielle Fahrräder, Autos und Einrichtungsgegenstände. Bei Lähmung an Armen und Beinen kann durch elektrische Geräte, die vom Kopf (bald auch durch Sprache!) oder durch Restbewegungen der Finger zu steuern sind, noch ein hohes Maß an Selbständigkeit erreicht werden. Selbsthilfegruppen (→ Adressen, Seite 798) und Spezialkliniken können Sie in vielen Bereichen unterstützen.

## Schlaganfall

Ein Schlaganfall (auch Apoplex oder Hirninsult genannt) ist eine plötzlich auftretende Durchblutungsstörung des Gehirns, die zu länger anhaltenden Beschwerden führt. »Den« Schlaganfall gibt es nicht, es müssen nach Ursache und Ausdehnung verschiedene Formen unterschieden werden: Rund 80 Prozent aller Schlaganfälle sind → ischämische Gehirninfarkte, rund 15 Prozent gehen auf → Gehirnblutungen zurück, rund 5 Prozent auf → Blutungen unter die weiche Gehirnhaut und weniger als 1 Prozent auf eine → Hirnvenenthrombose.

## Ischämischer Gehirninfarkt

### ▶ Symptome

- ➜ plötzlich einsetzende Lähmung von Gesicht, Armen oder Beinen, meist auf eine Körperhälfte beschränkt
- ➜ Sehstörungen (ein Teil des Gesichtsfeldes »fehlt« plötzlich)
- ➜ Verlust der Sprechfähigkeit
- ➜ eventuell Störung des Bewußtseins

Ursache für den ischämischen Gehirninfarkt ist eine plötzliche Verminderung der Durchblutung des Gehirns. Sie kann ausgelöst werden durch Blutgerinnsel, die aus dem Herzen oder von den Halsschlagadern in Richtung Gehirn geschwemmt werden und Gefäße verschließen (→ Embolie, Seite 285), sowie durch Veränderungen an den Gehirngefäßen selbst bei Arteriosklerose (→ Seite 267) oder Gefäßentzündungen.
Wenn ein Gefäß verschlossen bleibt, geht der nicht mehr durchblutete Teil des Gehirns zugrunde. Verschließen sich allmählich viele kleine Gefäße, so entwickelt sich mit der Zeit das, was der Volksmund als »Verkalkung« bezeichnet.

### Ärztliche Behandlung

Bei genannten Symptomen sofort den Notruf veranlassen (→ Erste Hilfe, Seite 777)! Je schneller in einer Klinik die Diagnose gestellt werden kann, desto höher ist die Wahrscheinlichkeit, daß bleibende Folgen verhindert werden können. Die Behandlung zielt darauf ab, Gerinnsel schnellstmöglich aufzulösen und weitere zu verhindern.

Bleiben nach dem Gehirninfarkt Lähmungen, Bewegungs- oder Sprachstörungen zurück, so hilft eine möglichst bald begonnene Rehabilitation mit Krankengymnastik, Gehschule, Sprachtherapie und Schulung in Alltagsverrichtungen.

### Selbsthilfe

Sie können durch regelmäßiges »Training« eine deutliche Besserung Ihrer Beschwerden erreichen, aber Sie brauchen Geduld! Vielleicht werden Sie vor allem am Anfang große Probleme mit dem Sprechen haben. Denken Sie daran, daß es auch andere Möglichkeiten gibt, sich mitzuteilen: Berührung, Gesichtsausdruck, Gesten oder einfach Anwesenheit.
Nach heutigem Kenntnisstand gibt es eine Reihe von Risikofaktoren, die man versuchen kann zu bekämpfen. Zu den wichtigen Schritten gehören: Blutdruck senken, sich vollwertig und fettarm ernähren, bei Zuckerkranken den Blutzucker optimal einstellen, mit dem Rauchen aufhören, als Frau auf die Antibabypille verzichten. Tips zur Vermeidung von Arteriosklerose finden Sie auf Seite 265.
Eine Reihe von Selbsthilfeverbänden bietet Ihnen Rat und Unterstützung (→ Adressen Seite 798).

**Intensive Rehabilitation nach einem Schlaganfall bewirkt die Rückbildung der Behinderungen.**

## Gehirnblutung

**▶ Symptome**
- ➜ Symptome wie → ischämischer Gehirninfarkt
- ➜ Kopfschmerzen, Übelkeit
- ➜ Bewußtseinsstörung

Das Zerreißen eines Gefäßes führt wie ein Verschluß zu einer Durchblutungsstörung. Außerdem drückt das ausströmende Blut das Hirngewebe zusammen. Ursache ist meist eine Schädigung der Gefäßwand durch anhaltend zu hohen Blutdruck, seltener Gefäßmißbildungen.

### Ärztliche Behandlung

Veranlassen Sie sofort den Notruf (→ Erste Hilfe, Seite 777)! Der Blutdruck muß normalisiert und der Druck im Schädelinneren gesenkt werden. Manchmal muß das Blut operativ abgesaugt werden. Wird die Zeit, bis der Druck des ausgetretenen Blutes auf das Gehirn nachläßt, überstanden, erholt sich das Gewebe wieder, so daß die Heilungschancen höher als beim → ischämischen Gehirninfarkt sind.

### Selbsthilfe

→ ischämischer Gehirninfarkt. – Zur Vorbeugung: Lassen Sie Ihren Blutdruck untersuchen und gegebenenfalls behandeln.

## Blutung unter die weiche Gehirnhaut

**▶ Symptome**
- ➜ schlagartige, heftigste Kopfschmerzen und Nackensteifigkeit
- ➜ Übelkeit, oft Erbrechen
- ➜ Abnahme der Wachheit bis zur tiefen Bewußtlosigkeit

Rund 5 Prozent aller Schlaganfälle gehen auf eine Blutung unter die weiche Gehirnhaut zurück. Ursache sind Gefäßfehlbildungen an größeren Schlagadern, die an der Oberfläche des Gehirns entlangziehen. Wenn die Adern zerreißen, strömt das Blut in den mit Nervenwasser gefüllten Raum, in welchem das Gehirn liegt. Die Abbauprodukte des Blutes können nach einiger Zeit die Gefäße reizen, so daß diese sich zusammenkrampfen. Es kommt zu einer Durchblutungsstörung des Gehirns.

### Ärztliche Behandlung

Veranlassen Sie sofort den Notruf (→ Erste Hilfe, Seite 777)! Ist die Blutungsquelle gefunden, muß schnell operiert werden, um eine weitere Blutung, die in vielen Fällen tödlich endet, zu verhindern. Gestautes Nervenwasser muß abgeleitet werden, Medikamente verringern die Gefäßkrämpfe und schützen so vor einem Schlaganfall.

### Selbsthilfe

Ist nicht möglich.

## Hirnvenenthrombose

**▶ Symptome**
- ➜ Kopfschmerzen, Müdigkeit
- ➜ Symptome wie beim → ischämischen Gehirninfarkt, jedoch eher schleichend
- ➜ epileptische Anfälle

Erhöhte Gerinnungsneigung des Blutes kann zur Bildung langsam wachsender Blutgerinnsel (→ Thrombosen, Seite 285) in den Hirnvenen führen (durch Schwangerschaft, Wochenbett, Einnahme der Antibabypille, angeborene Gerinnungsstörungen. Entzündungen im Kopfbereich können auf benachbarte Venen übergreifen, welche in direkter Verbindung mit den Hirnvenen stehen. Der Verschluß einer Hirnvene bewirkt, daß das Blut aus dem Gehirn nicht mehr richtig abfließen kann. Folge: verminderte Durchblutung des Gehirns, kleine Blutungen und erhöhter Hirndruck. Etwa 1 Prozent aller Schlaganfälle geht auf eine Hirnvenenthrombose zurück.

### Ärztliche Behandlung

Das Blut wird durch Infusion gerinnungshemmender Medikamente verdünnt. Gleichzeitig wird nach der Grunderkrankung gesucht und behandelt. Über einige Monate wird mit gerinnungshemmenden Medikamenten weiterbehandelt.

### Selbsthilfe

An Furunkeln im Gesicht sollten Sie nicht herumdrücken (→ Seite 183). Nasennebenhöhlenentzündungen und Entzündungen der Ohren sollten immer ausheilen! Eine auffällige Häufung von Venenverschlüssen (bei Ihnen selbst oder Blutsverwandten) sollte der Arzt erfahren.

# Alkohol schadet dem Nervensystem

Die Leber und das Nervensystem des Menschen reagieren besonders empfindlich auf Alkohol. Für die Leber kann man angeben, welche Mengen an Alkohol sie auf die Dauer »verträgt« (→ Seite 357), für das Nervensystem gibt es keine Grenze, bis zu der Alkohol unschädlich ist. Durch jeden noch so kleinen Rausch gehen unwiderruflich Nervenzellen zugrunde.

Trinkt jemand über längere Zeit große Mengen, so wird die verheerende Wirkung des Alkohols sichtbar: Merkfähigkeit, Aufmerksamkeit und Gedächtnis lassen nach, die Gedanken kreisen oft lange um einen Gegenstand, starke Stimmungsschwankungen und Angst beginnen. Am Ende dieser Entwicklung steht eine dramatische Veränderung der Persönlichkeit.

## Was passiert im Rausch?

Alkohol wirkt auf den Gehirnstoffwechsel: Man ist guter Stimmung, locker und gelöst, redet gern und viel, Ängste und Sorgen lassen nach. Jetzt ist man überzeugt von der eigenen körperlichen und geistigen Leistungsfähigkeit. Das fatale ist, daß in Wirklichkeit Reaktionsvermögen, Urteils- und Konzentrationsfähigkeit nachlassen. Nimmt der Alkoholgehalt im Blut weiter zu, kommt es zu Bewußtseinsstörungen. Nur in seltenen Fällen ist eine Alkoholvergiftung tödlich. Viel größer ist die Gefahr, unter Alkoholeinfluß einen schweren Verkehrsunfall zu verursachen.

## Wer ist besonders gefährdet?

Das Gehirn des ungeborenen Kindes reagiert sehr empfindlich auf Alkohol. Während der Schwangerschaft sollten Frauen daher völlig auf Alkohol verzichten. Kinder von Alkoholikerinnen kommen mit körperlichen und geistigen Schäden zur Welt, weil sie im Mutterleib »mittrinken« müssen. Kinder sollten auf keinen Fall Alkohol zu sich nehmen – auch nicht in Süßspeisen, Soßen oder Medikamenten.

Menschen mit Erkrankungen des Nervensystems vertragen Alkohol schlechter als Gesunde.

**Lassen Sie sich durch die gute Stimmung nicht verführen: Was die Leber gerade noch verkraftet, schadet bereits dem Nervensystem.**

## Alkoholdelir

### ▶ Symptome

- ➜ Zittern, Schwitzen
- ➜ Herzjagen
- ➜ Angst, Unruhe, Erregbarkeit
- ➜ Halluzinationen, oft in Form kleiner Tiere
- ➜ epileptische Anfälle

Alkohol wirkt dämpfend auf das Gehirn. Trinkt man jahrelang sehr viel und dann plötzlich nichts mehr, so kann es nach einigen Tagen zu den oben genannten Zeichen lebensbedrohlicher Übererregung kommen.

### Ärztliche Behandlung

Sofort zum Arzt, bei einem epileptischen Anfall den Notruf veranlassen (→ Erste Hilfe, Seite 777)! Das Delir muß in der Klinik, manchmal auf einer Intensivstation überwacht und behandelt werden; die Symptome werden mit einem dämpfenden Medikament gelindert. Nach einigen Tagen klingt das Delir ab, dann sollte sich auf jeden Fall eine Entwöhnungsbehandlung anschließen (→ Seite 568).

Selbsthilfe

→ Geistiger Abbau durch Alkoholmißbrauch.

## Geistiger Abbau durch Alkoholabhängigkeit

▶ Symptome

➜ Abbau der geistigen Leistungsfähigkeit
➜ Persönlichkeitsveränderungen
➜ Entwicklung von Wahnvorstellungen

Der Abbau der geistigen Leistungsfähigkeit durch langen und starken Alkoholkonsum hat oft mehrere zusammenwirkende Ursachen. Zum einen zerstört Alkohol Nervenzellen, zum anderen wird oft außer alkoholischen Getränken (die ja sehr kalorienreich sind) kaum noch etwas anderes zu sich genommen; daher entwickeln sich schwere Mangelerscheinungen, die wiederum Schäden am Nervensystem hinterlassen. Schließlich wird bei einer Leberzirrhose (→ Seite 356) die Entgiftungsfunktion der Leber gestört, was ebenfalls das Gehirn schädigen kann.

Ärztliche Behandlung

Bei völliger Abstinenz können sich Symptome in der ersten Zeit noch zurückbilden. Je eher Sie eine Entwöhnungsbehandlung beginnen, desto besser sind die Heilungsaussichten (→ Seite 568).

Selbsthilfe

Suchtberatungsstellen helfen Ihnen, eine geeignete Therapie in die Wege zu leiten. In Selbsthilfegruppen finden Sie Unterstützung (→ Adressen, Seite 798). Ausführliche Informationen zu diesem Thema finden Sie auf Seite 570.

## Weitere Folgen des Alkoholmißbrauchs am Nervensystem

→ Schädigung des Kleinhirns, Seite 206
→ Vitamin-$B_{12}$-Mangel, Seite 205
→ Polyneuropathien, Seite 211

## Wernicke-Enzephalopathie

▶ Symptome

➜ Angst, Erregung, kann in Apathie münden
➜ Doppelbilder, Pupillenstarre
➜ taumelnde, unsichere Bewegungen

Diese schwere Krankheit beruht auf einem Mangel an Vitamin $B_1$ (Thiamin). Sie ist häufig die Folge von Mangelernährung bei langandauerndem Alkoholmißbrauch. Magen-Darm-Krankheiten und Tumorleiden können ebenfalls Ursachen der Erkrankung sein. Durch den Vitaminmangel kommt es zu Ernährungsstörungen der Nervenzellen und zu Blutungen aus kleinen Gehirngefäßen.

Ärztliche Behandlung

So schnell wie möglich müssen Infusionen mit Vitamin $B_1$ gegeben werden, eine vollständige Heilung ist jedoch selten.

Selbsthilfe

Ist nicht möglich.

## Korsakow-Psychose

▶ Symptome

➜ schwerste Störung des Gedächtnisses und der Lernfähigkeit
➜ Fabulieren, um die Gedächtnislücken zu überspielen
➜ Orientierungsstörungen

Auch diese Erkrankung beruht vermutlich auf andauerndem Vitamin-$B_1$-Mangel. Sie kommt bei langem Alkoholmißbrauch als Folge der Mangelernährung vor, häufig im Anschluß an ein → Alkoholdelir oder die → Wernicke-Enzephalopathie.

Ärztliche Behandlung

Sofort ins Krankenhaus! Durch Infusionen mit Vitamin $B_1$ wird versucht, den Zustand zu bessern. Heilungen sind leider selten, meist bleibt der Kranke auf Dauer verwirrt und ist nicht mehr in der Lage, sich selbst zu versorgen.

Selbsthilfe

Ist nicht möglich.

## Epilepsie

### ▶ Symptome

- ➜ großer Krampfanfall → Seite 190
- ➜ kleine Krampfanfälle: viele verschiedene Symptome möglich wie starrer Blick, Innehalten über einige Sekunden ohne Reaktion auf Ansprache (Absence), Bewußtseinstrübung, rhythmische Zuckungen, ruckartige Bewegungen eines oder mehrerer Körperteile

Bei einem epileptischen Anfall kommt es durch eine elektrische Entladung von Nervenzellen zur ungehemmten Erregung eines bestimmten Gehirnbereichs (Krampfherd).

Beim sogenannten großen Krampfanfall breitet sich die Erregung auf das gesamte Gehirn aus. Er beginnt manchmal mit sogenannten Prodromen (»Vorboten«) wie zum Beispiel einer Aura, einem kurzen eigenartigen Empfinden oft wie »Übelkeit«, unmittelbar bevor der Anfall das Bewußtsein löscht.

Kleine Anfälle sind zum Teil unauffällig und werden daher oft für eine persönliche Schrulligkeit oder einen Tick gehalten.

Epileptische Anfälle können durch zahlreiche Gehirnerkrankungen oder Gehirnschädigungen verursacht werden (unter anderem durch Gehirntumor, Gehirnentzündung, Gehirnabszeß, Schädel-Hirn-Verletzungen, Alkoholentzug, Vergiftung). Kann die zugrundeliegende Krankheit oder Störung beseitigt werden, treten oft keine weiteren Anfälle auf. Erst wenn Anfälle immer wiederkehren, spricht man von einer Epilepsie. Eine vererbte Veranlagung kann eine Rolle spielen.

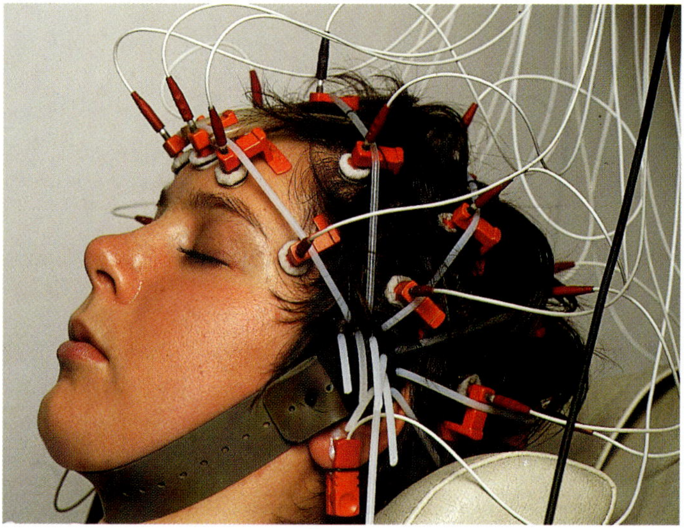

**Eine EEG-Untersuchung hilft bei Epilepsie, die Ursachen der Anfälle aufzuklären und so die richtige Behandlung zu finden.**

### Ärztliche Behandlung

Veranlassen Sie auf jeden Fall den Notruf (→ Erste Hilfe, Seite 777), wenn zum ersten Mal ein großer Krampfanfall auftritt, wenn mehrere Anfälle nacheinander stattfinden oder der Kranke nach Abklingen der Symptome nicht erweckbar ist.

EEG, Kernspintomogramm und Nervenwasseruntersuchung klären oft die Anfallsursache. In vielen Fällen kann dann die zugrundeliegende Krankheit behandelt werden, und es treten keine Anfälle mehr auf. Liegt eine Epilepsie vor, gelingt es in den meisten Fällen, mit Medikamenten, die die Krampfbereitschaft des Gehirns herabsetzen, Anfallsfreiheit oder zumindest eine Abnahme der Anfallshäufigkeit zu erreichen. Die Medikamente müssen allerdings sehr regelmäßig eingenommen werden. Zur Überprüfung des Behandlungserfolges ist es sinnvoll, einen Anfallskalender zu führen.

### Selbsthilfe

Meiden Sie Alkohol, Schlafmangel und Flakkerlicht (Stroboskoplicht in Diskotheken!) – sie können Anfälle auslösen. Ärzte, die Sie behandeln, sollten über Ihr Leiden informiert sein; auch Angehörige und Freunde sollten, wenn Sie häufiger Anfälle haben, auf jeden Fall Bescheid wissen, um sich richtig verhalten zu können (→ Seite 190). Tragen Sie einen Notfallausweis bei sich.

Seien Sie nicht überängstlich, aber versuchen Sie, Situationen zu umgehen, die im Anfall verhängnisvoll sein könnten. Sie dürfen selbst nur Auto fahren, wenn Sie mindestens zwei Jahre keinen Anfall gehabt haben (ärztliches Attest nötig).

Adressen von Selbsthilfegruppen erhalten Sie bei der Liga gegen Epilepsie (→ Adressen Seite 798).

## Gehirn- und Rückenmarkstumoren

### ▶ Symptome

- ➜ Gehirntumoren: Kopfschmerzen, Erbrechen, Müdigkeit, Sehstörungen, epileptische Anfälle; abhängig von Lage und Größe des Tumors auch Funktionsstörungen wie Lähmungen
- ➜ Rückenmarkstumoren: Schmerzen, zunehmende Lähmung, Sensibilitätsstörungen, Störungen der Blasen- und Darmkontrolle

Hinter den genannten Symptomen verbirgt sich nur in den seltensten Fällen ein Tumor; denn es gibt kein Zeichen, das dafür wirklich typisch wäre.
Tumoren im Gehirn haben einen anderen Verlauf und andere Heilungschancen als Tumoren in den restlichen Körperregionen: Zwei Drittel sind zwar gutartig, das heißt sie wachsen nicht in das Gewebe hinein und streuen auch nicht.
Aber man kann im Gehirn nicht mit großzügigem Sicherheitsabstand zum kranken Gewebe operieren wie in anderen Körperregionen. Deshalb ist ein Teil der eigentlich gutartigen Gehirntumoren aufgrund seiner Lage unheilbar.
Tumoren können prinzipiell von allen Strukturen des Gehirns, der Gefäße und der Gehirnhäute ausgehen. Sie bilden so gut wie nie Tochtergeschwülste in anderen Organen. Auf der anderen Seite entstehen sowohl Gehirn- als auch Rückenmarkstumoren recht häufig durch Streuung von Tumoren anderer Organe. Bei 20 Prozent aller Hirntumoren handelt es sich um Metastasen. Vor allem Lungen- und Brustkrebs sowie der schwarze Hautkrebs neigen dazu, Tochtergeschwülste im Gehirn zu bilden.

**Tumorarten des Gehirns**

*Astrozytome:* Langsam wachsende, oft durch Operation und Bestrahlung heilbare Tumoren im mittleren Lebensalter. Epileptische Anfälle sind häufig!
*Meningeome:* Gutartige Tumoren der Gehirnhäute in höherem Alter. Sie sind fast immer operativ heilbar.
*Glioblastome:* Bösartige, rasch wachsende Tumoren, die nur begrenzt behandelbar und so gut wie nicht heilbar sind.
*Tumoren der Hirnanhangsdrüse:* Gutartige Tumoren, die Seh- und Hormonstörungen verursachen und den Hormonhaushalt durcheinanderbringen können. Sie sind meist gut zu operieren und heilbar.

### Ärztliche Behandlung

Je schwerer die Symptome sind, desto rascher sollten Sie den Arzt aufsuchen! Computer- und Kernspintomographie stellen den Tumor und seine verdrängende Wirkung auf das Gehirn oder Rückenmark dar. Die genaue Klassifikation von Gehirntumoren ist oft erst durch operative Entnahme einer Gewebeprobe möglich. Abhängig von Art, Größe und Lage des Tumors wird der Arzt zu Operation, Bestrahlung, medikamentöser Therapie oder einer Kombination dieser Verfahren raten. Epileptische Anfälle und Schmerzen lassen sich durch Medikamente beherrschen, Kortison senkt den Druck im Schädelinneren.

### Selbsthilfe

Ist nicht möglich.

## Operationen an Gehirn und Rückenmark

Der Neurochirurg muß absolute Maßarbeit leisten: Nervenzellen können sich nach der embryonalen Entwicklung nicht mehr vermehren; der bis zur Geburt entstandene »Vorrat« muß also ein Leben lang reichen. Außerdem können durchtrennte Nervenbahnen im Gehirn und im Rückenmark (anders als die → peripheren Nerven, Seite 208) nicht mehr auswachsen.
Das Gewebe in Gehirn und Rückenmark verträgt weder Zug noch Druck, da es nicht durch festes Bindegewebe gestützt wird, man muß also sehr vorsichtig sein, will man es zur Seite schieben. Erschwerend kommt hinzu, daß wichtige Strukturen sehr klein sind. So beträgt zum Beispiel der Durchmesser des Rückenmarks nur etwa einen Zentimeter.
Dank zweier Entwicklungen sind heute jedoch schonende Operationen möglich: Erstens sind die bildgebenden Verfahren (→ Seite 623) so weit verbessert worden, daß der Neurochirurg genau weiß, wo der Schaden sitzt und wie er am besten dorthin kommt, ohne das umgebende gesunde Gewebe zu zerstören. Zweitens werden drei Viertel aller Eingriffe mikrochirurgisch ausgeführt, das heißt unter einem Operationsmikroskop mit feinsten Instrumenten.

### Was ist eine Demenz?

Als Demenz wird der Verlust geistiger Fähigkeiten (Gedächtnis, Denken, Lernfähigkeit, Orientierung) bezeichnet. Stärker als früher wird heute einbezogen, daß eine Demenz auch zu krankhaften Veränderungen des Gefühlslebens führen kann. Demenzen können bei vielen Krankheiten auftreten, zum Beispiel bei wiederholten Schlaganfällen, bei der → Alzheimer-Krankheit, bei der → Parkinson-Krankheit und der → Huntington-Krankheit sowie bei Gehirnschäden durch Sauerstoffmangel (Unfälle). Bei Demenzen gibt es nur selten eine Heilung. Die Symptome können jedoch durch Gedächtnistraining gelindert werden.

## Alzheimer-Krankheit

### ▶ Symptome

- → in der Anfangsphase unter anderem Probleme, sich in neuen Situationen und ungewohnter Umgebung zurechtzufinden
- → Nachlassen des Kurzzeitgedächtnisses
- → Schwierigkeiten bei Alltagstätigkeiten wie Anziehen, Sprechen, Lesen
- → weitere Symptome → im folgenden Text

Bei der Alzheimer-Krankheit kommt es aus noch unbekannten Gründen zu krankhaften Eiweißansammlungen im Gehirn und zum fortschreitenden Absterben von Nervenzellen. Die Krankheit kann bereits im 5. Lebensjahrzehnt beginnen, wird aber in zunehmendem Alter immer häufiger. Welche Rolle die Vererbung spielt, ist noch nicht endgültig geklärt. Durchschnittlich nach 6 bis 8 Jahren endet die Alzheimer-Krankheit mit dem Tod.
Die oben beschriebenen Symptome verstärken sich im Krankheitsverlauf und werden um neue ergänzt: Auch das Langzeitgedächtnis läßt immer mehr nach, die Sprachprobleme werden immer größer, Alltagsverrichtungen können nicht mehr bewältigt werden. In der letzten Phase ist fast keine sprachliche Verständigung mehr möglich, Antrieb und Interesse an der Umwelt sind kaum mehr spürbar, die Körperbeherrschung nimmt immer weiter ab, der Kranke ist dauerhaft ans Bett gefesselt.

### Ärztliche Behandlung

Die Diagnose kann nur nach genauer Untersuchung gestellt werden: Gedächtnis und Konzentration werden getestet; EEG, Kernspintomogramm und weitere Verfahren schließen andere Krankheiten aus.
Bis heute kann die Alzheimer-Krankheit nicht geheilt werden. Lediglich die Symptome können durch Medikamente, Gedächtnistraining und Krankengymnastik gelindert werden. Immer wieder ist von »Sensationserfolgen« mit neuen Behandlungsmethoden zu hören – in den allermeisten Fällen können sie leider einer Nachprüfung nicht standhalten.

### Selbsthilfe

(Selbst-)Hilfe kann nur bedeuten, so lange wie möglich ein selbständiges Leben zu führen. Geistiges und körperliches Training, Tricks für die Bewältigung des Alltags und (gemeinsame) Aktivitäten tragen zur Lebensfreude bei. Immer wieder wird die Frage gestellt werden müssen, ob und in welcher Form die Familie den Betroffenen versorgen, pflegen und begleiten kann.
Auskunft über Selbsthilfe- und Angehörigengruppen, soziale Dienste und Tageskliniken gibt die Alzheimer-Gesellschaft (→ Adressen, Seite 798).

**Alzheimer-Kranke brauchen in ihrer Hilflosigkeit die liebevolle Zuwendung ihrer Familie.**

## Parkinson-Krankheit

**▶ Symptome**

- ➜ rhythmisches Zittern (»Pillendrehen« der Hände, wenn sie ruhig gehalten werden)
- ➜ vorgebeugtes Gehen mit kleinen Schritten
- ➜ verlangsamte Bewegungen und Kraftlosigkeit
- ➜ gleichförmige Sprechweise, maskenhaftes Gesicht
- ➜ Verlangsamen der Gedankenführung, Anteilnahme und Antrieb fehlen

Bei der Parkinson-Krankheit stirbt eine bestimmte Gruppe von Gehirnzellen ohne erkennbare Ursache ab. Dadurch fehlt der von diesen Gehirnzellen beim Gesunden freigesetzte Botenstoff Dopamin, eine Behinderung der Bewegungen am ganzen Körper ist die Folge. Die Krankheit beginnt meist zwischen dem 40. und 60. Lebensjahr.

### Ärztliche Behandlung

Mit Medikamenten kann der fehlende Botenstoff Dopamin ersetzt bzw. das gestörte Gleichgewicht der Botenstoffe im Gehirn verbessert werden; Krankengymnastik sollte diese Behandlung ergänzen. Neue neurochirurgische Behandlungsverfahren werden derzeit entwickelt und bereits bei Patienten in fortgeschrittenen Erkrankungsstadien eingesetzt. Der Krankheitsverlauf kann gemildert, ihr Fortschreiten aber nicht verhindert werden.

### Selbsthilfe

Beobachten Sie genau, wie gut Sie auf die verordneten Medikamente ansprechen. Die richtige Dosis des richtigen Medikaments kann entscheidend für Ihr Wohlbefinden sein.

Sie werden feststellen, daß es gute (oft am Morgen) und schlechte Tageszeiten gibt, planen Sie Ihren Tag entsprechend. Lernen Sie Tricks, mit denen Sie die »Starthemmung« bei Bewegungen lindern können. Viele kleine Hilfen können die Alltagsverrichtungen erleichtern, zum Beispiel Klettverschlüsse, Schuhe zum Hineinschlüpfen, große Lichtschalter, Gehhilfen, Spezialbestecke und Haltegriffe.

Sie sollten auf jeden Fall versuchen, so lang wie möglich selbständig und aktiv zu leben; je weiter die Krankheit allerdings voranschreitet, desto mehr Hilfe von anderen werden Sie brauchen. Die Parkinson-Vereinigung mit einer Vielzahl von Kontaktstellen bietet Rat und Unterstützung für Patienten und Angehörige (→ Adressen, Seite 798).

## Morbus Wilson

**▶ Symptome**

- ➜ Bewegungsstarre, grobes Zittern
- ➜ verwaschene Sprache, Schluckstörungen
- ➜ Gefühlsschwankungen, Konzentrationsstörungen

Bei dieser seltenen Erbkrankheit fehlt dem Körper das Eiweiß für die Kupferausscheidung. Es wird daher in Leber und Gehirn angesammelt und führt zu Nervenschäden und Leberzirrhose (→ Seite 356).

### Ärztliche Behandlung

Der Arzt wird eine kupferarme Diät verordnen sowie ein Medikament, das zur Ausscheidung von Kupfer führt und damit die Krankheit zum Stillstand bringt.

### Selbsthilfe

Einzig mögliche Selbsthilfe ist, die notwendige Behandlung mit eiserner Disziplin ein Leben lang durchzuhalten.

## Vitamin-$B_{12}$-Mangel

**▶ Symptome**

- ➜ Kribbeln oder Brennen in den Füßen
- ➜ Taubheit in Händen und Füßen
- ➜ Lähmungen vor allem an den Beinen

Vitamin $B_{12}$-Mangel führt zunächst zu Blutarmut (→ Seite 293). Ohne ausreichende Versorgung mit Vitamin $B_{12}$ gehen die Nervenzellen im Rückenmark langsam zugrunde.

### Ärztliche Behandlung

Regelmäßige Vitamin-$B_{12}$-Spritzen führen zur Besserung der Symptome.

### Selbsthilfe

Ausgewogene Ernährung wirkt bei gesundem Magen-Darm-Trakt vorbeugend. Reich an Vitamin $B_{12}$ sind Eier, Milchprodukte, Fisch und Fleisch.

## Muskelschwund
(Amyotrophe Lateralsklerose)

**▶ Symptome**
- ➜ zunehmende Muskelschwäche, beginnend an Händen und Unterschenkeln mit leichten Muskelzuckungen
- ➜ zunehmende Schluckstörungen
- ➜ verwaschene Sprache

Die Erkrankung tritt in höherem Lebensalter häufiger auf. Sie führt oft nach wenigen Jahren zum Tod, es gibt aber auch sehr viel langsamere Verlaufsformen. Aus unbekannter Ursache sterben die Nervenzellen in Gehirn und Rückenmark, die die Muskeln steuern, ab. Betroffen ist die gesamte Willkürmuskulatur mit Ausnahme der Augen, also auch die Atemmuskulatur. Die geistigen Fähigkeiten bleiben unberührt.

### Ärztliche Behandlung
Um andere Krankheiten, die ähnliche Symptome zeigen (zum Beispiel Verengung des Wirbelkanals im Halsbereich, Erkrankungen der peripheren Nerven, → Seite 210) auszuschließen, sind viele Untersuchungen notwendig.
Aufhalten kann man das Fortschreiten der Erkrankung bislang nicht. Lediglich die Symptome können mit Medikamenten, verschiedenen technischen Hilfsmitteln zur Unterstützunge der Atmung und Krankengymnastik gelindert werden.

### Selbsthilfe
Wichtig ist eine rechtzeitige und vorausschauende Planung der häuslichen Pflege.

## Huntington-Krankheit

**▶ Symptome**
- ➜ ausfahrende Bewegungen am ganzen Körper
- ➜ Verzerrungen des Gesichts
- ➜ Verlust der geistigen Fähigkeiten
- ➜ seelische Veränderungen, Depression

Kinder von Kranken haben ein Risiko von 50 Prozent, in mittlerem Lebensalter selbst zu erkranken. Ursache der Krankheit, die auch Chorea Huntington oder erblicher Veitstanz genannt wird, ist der Untergang von bestimmten Zellgruppen des Gehirns.

### Ärztliche Behandlung
Medikamente können die Symptome lindern, ein Heilung der Huntington-Krankheit, die durchschnittlich nach 15 bis 20 Jahren mit dem Tod endet, ist nicht möglich. Krankengymnastik, Beschäftigungstherapie, Sprechtherapie, Psychotherapie und regelmäßige Kuraufenthalte in Rehabilitationskliniken sind wichtige begleitende Behandlungen.

### Selbsthilfe
Ausschlaggebend für die Bewältigung dieser schweren Krankheit ist das Engagement aller Familienmitglieder! Unterstützung und Rat finden Sie bei der Deutschen Huntington-Hilfe (→ Adressen, Seite 798), die Ihnen auch Kontakt zu Selbsthilfeorganisationen vermitteln kann.

## Schädigung des Kleinhirns

**▶ Symptome**
- ➜ unsicherer, breitbeiniger Gang
- ➜ Schwanken im Stehen und Sitzen
- ➜ grobes Zittern bei dem Versuch, einen Gegenstand zu ergreifen
- ➜ undeutliche Sprache

Eine Schädigung des Kleinhirns kann viele Ursachen haben: Durchblutungsstörungen, Entzündungen, Vergiftungen, Medikamenten- und Alkoholmißbrauch (→ Seite 570). Ein Rausch, bei dem es zeitweilig zu Funktionsstörungen des Kleinhirns kommt, zeigt, wie empfindlich dieses auf Alkohol reagiert.
Bei den verschiedenen, zum Teil erblichen Formen des Kleinhirnschwunds (Atrophien) sind oft auch andere Teile des Zentralnervensystems betroffen. In diesen Fällen kann es zu schweren Gefühlsstörungen an den Beinen, einem Parkinson-Syndrom (→ Seite 205) oder dem Verlust der geistigen Fähigkeiten kommen.

### Ärztliche Behandlung
Je nach Ursache kommen unterschiedliche Behandlungen in Betracht; sie können hier leider nicht besprochen werden.

### Selbsthilfe
Intensive Krankengymnastik verbessert die Koordination der Bewegungen.

## Creutzfeldt-Jakob-Krankheit

**▶ Symptome**

- ➜ zunächst uncharakteristische Zeichen wie starke Stimmungsschwankungen, Depression, Ermüdbarkeit, Vergeßlichkeit, Reizbarkeit und Kopfschmerzen
- ➜ dann rasch fortschreitende Demenz bis zum Erlöschen aller seelischen und geistigen Regungen
- ➜ verschiedene Störungen der Bewegungsfähigkeit

Diese seltene Erkrankung tritt meist im 6. Lebensjahrzehnt auf und führt innerhalb von einigen Monaten bis wenigen Jahren zum Tod. Manche Menschen erkrankten, nachdem sie Transplantate (Augenhornhaut, harte Gehirnhaut) oder Wachstumshormone erhalten hatten. Bei der Krankheit kommt es zur Verformung eines Eiweißes in den Nervenzellen, höchstwahrscheinlich verursacht durch infektiöse Eiweißmoleküle, sogenannte Prionen.

### Ärztliche Behandlung

Der Verlauf der Krankheit kann bisher durch keinerlei Behandlung beeinflußt werden. Lediglich die Symptome können in einigen Fällen gelindert werden.

### Selbsthilfe

Ist nicht möglich. – Im normalen täglichen Umgang ist die Erkrankung nicht ansteckend, dennoch sollte man bei der Pflege eines Kranken zur Sicherheit Handschuhe tragen.

## Wie gefährlich ist die Rinderkrankheit BSE?

Seit 1985 kennt man in England die Rinderseuche BSE, die bovine spongiforme Enzephalopathie. Sie entstand durch Übertragung der Scrapie, einer Nervenkrankheit von Schafen und Ziegen, auf Rinder. Prionen, »krankhafte« Eiweißmoleküle, sind aller Wahrscheinlichkeit nach die Erreger – sie verursachen höchstwahrscheinlich auch die → Creutzfeldt-Jakob-Krankheit.

Obwohl nicht ausgeschlossen werden konnte, daß BSE auf den Menschen übertragbar ist, wurden nach Bekanntwerden der Krankheit möglicherweise infizierte Rinder zu Nahrungsmitteln und Kosmetika verarbeitet. Anfang 1996 berichteten englische Wissenschaftler dann von einer neuen tödlichen Gehirnerkrankung des Menschen, die durch Übertragung von BSE verursacht sein könnte. Diese neue Krankheit beginnt oft mit Depressionen, Schlafstörungen, Verfolgungswahn und Gefühlsstörung. Bewegungsstörungen wie bei der Creutzfeldt-Jakob-Krankheit kommen später hinzu. In schwerer geistiger Umnachtung sterben die Kranken innerhalb von 2 Jahren.

**BSE wurde durch die Verfütterung von infiziertem Tiermehl auf Rinder übertragen. Wenn Rinder lebenslang nur Pflanzenfutter erhalten haben, bleiben sie gesund.**

Aufgrund der unklaren Lage können zum jetzigen Zeitpunkt keine definitiven Ratschläge gegeben werden. Ungeklärt ist bislang sowohl die Größe der Infektionsgefahr für den Menschen, als auch, welche Rinder tatsächlich infiziert sind. Inwieweit Sie auf den Verzehr von Rindfleisch verzichten, müssen Sie vorerst selbst entscheiden.

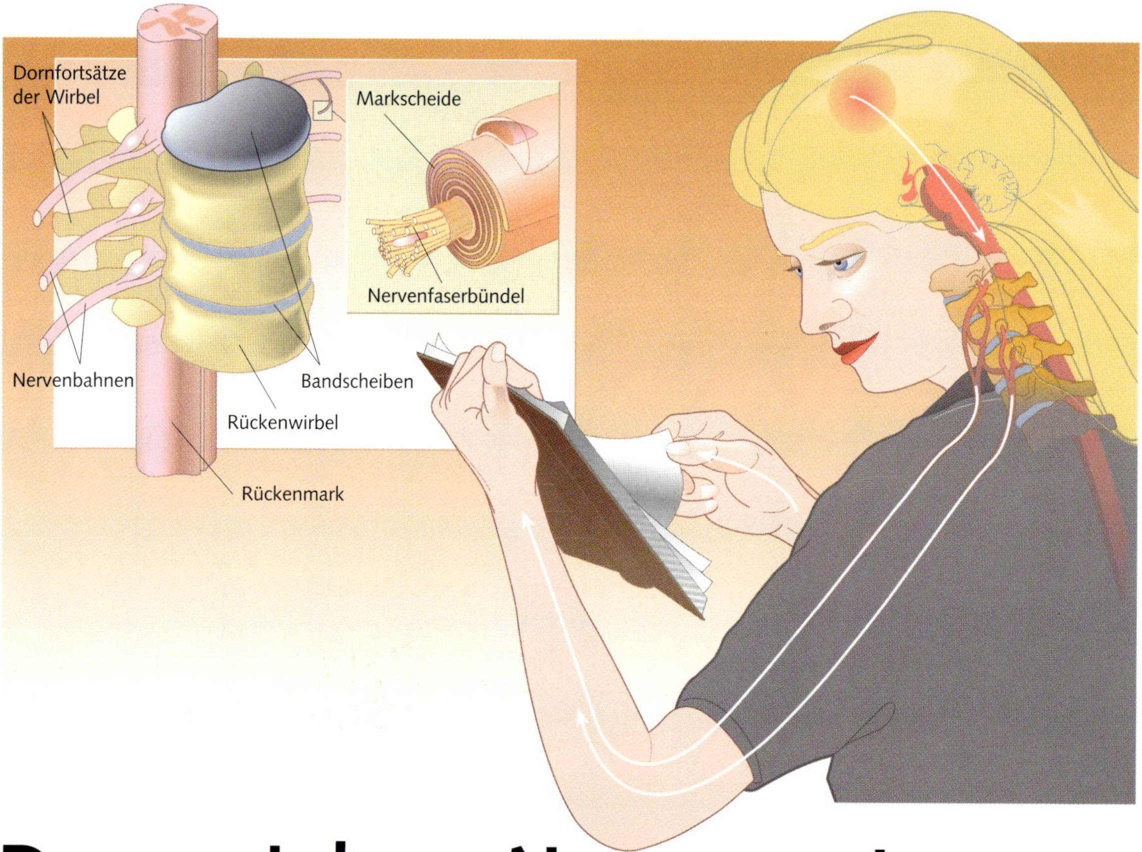


# Das periphere Nervensystem

- **Der Weg durch den Körper**
- **Die Regenerationskraft der Nerven**
- **Die Nerven von Kopf und Hals**

Als peripheres Nervensystem wird die Gesamtheit der Nerven bezeichnet, die das Zentralnervensystem (→ Seite 188) mit dem Körper verbinden. 31 Nervenpaare entspringen dem Rückenmark, 12 Nervenpaare, die sogenannten Hirnnerven, dem Gehirn.
Die Nervenfasern des *Willkürnervensystems* (→ Seite 186) führen zu Augen, Nase, Ohren und Haut, zu Muskeln und Gelenken. Sie können über einen Meter lang werden. Da ihnen knöcherne Hüllstrukturen fehlen, können sie leicht verletzt werden.
Die Nervenfasern des *vegetativen Nervensystems* (→ Seite 186) verlaufen zusammen mit den Nervenfasern des Willkürnervensystems und den Gefäßen. Sie regeln ganz oder teilweise unbewußte Körperfunktionen. Auch dumpfe Schmerzempfindungen verlaufen über sie.
Die Nervenzellen des vegetativen Nervensystems finden sich nicht nur im oder nahe am Zentralnervensystem, sondern liegen auch innerhalb von Nervengeflechten, zum Beispiel im sogenannten Sonnengeflecht im Oberbauch.

## Regeneration von peripheren Nerven

Anders als Nervenbahnen im Zentralnervensystem können sich periphere Nerven nach Verletzungen wieder regenerieren: Der von der Nervenzelle getrennte Teil der Nervenfasern geht zwar zugrunde, aber der mit ihr verbundene Teil kann wieder auswachsen. Einen Millimeter am Tag, im Monat also ungefähr drei Zentimeter beträgt die Wachstumsgeschwindigkeit. Bei einem langen Nerv, der bis zu den Zehen oder den Fingerspitzen ziehen muß, kann die Heilung Jahre dauern.

## Die Hirnnerven

Kopf und Hals werden auf jeder Seite von je 12 Hirnnerven versorgt, die überwiegend aus dem Hirnstamm austreten.
Wegen ihrer besonderen Bedeutung sollen sie im folgenden ausführlicher beschrieben werden (wie allgemein üblich mit römischen Ziffern durchnumeriert). Auf die Symptome der jeweiligen Nervenschädigung wird kurz eingegangen; die zahlreichen möglichen Ursachen können leider nur zum Teil erwähnt werden.
**I. Riechnerv:** Dieser Nerv führt von der Nase zum Gehirn. Schädigungen führen zum Verlust des Geruchssinns, und zu einer Störung des Geschmacksempfindens, denn ohne es zu merken, »schmecken« wir mit der Nase (→ Seite 179).
**II. Sehnerv:** Er ist eigentlich kein peripherer Nerv, sondern ein »vorgewachsener« Teil des Gehirns; deshalb kann er nach Verletzungen nicht heilen. Der Sehnerv erkrankt häufig bei Multipler Sklerose (→ Seite 195) und ist anfällig gegenüber Giftstoffen.
**III., IV. und VI. Nerven für Augenbewegung und Pupillenreaktion:** Die Einstellung der beiden Augen auf ein Blickziel ist ein sehr komplizierter Vorgang, für den bei jedem Auge drei Nerven erforderlich sind. Werden diese zum Beispiel bei einer Gehirnhautentzündung (→ Seite 192) oder durch erhöhten Hirndruck geschädigt, ist das Zusammenspiel der Augen gestört.
**V. Trigeminusnerv:** Dieser dreigeteilte Nerv leitet das Gefühl vom Gesicht, der Nasen- und der Mundhöhle zum Gehirn und steuert die Kaubewegungen. Von ihm geht häufig ein Nervenschmerz aus (→ Seite 212), die sogenannte Trigeminusneuralgie. Sie äußert sich durch heftigste, sekundenlange, elektrisierende Schmerzattacken, welche durch Berührungen (manchmal reicht ein kalter Luftzug) und Bewegungen ausgelöst werden. Häufigste Ursachen sind Gefäßschlingen, die auf den Nerv drücken, aber auch Entzündungen und Tumoren können eine Trigeminusneuralgie bewirken.
**VII. Fazialisnerv:** Dieser Nerv versorgt die Muskeln des Gesichts und überträgt einen Teil des Geschmackssinns ans Gehirn. Die Fazialislähmung ist häufig. Sie ist nicht nur entstellend, weil eine Seite des Gesichts dadurch verzerrt ist und die Mimik fehlt, sondern auch unangenehm: Da das mitbetroffene Auge nicht richtig geschlossen werden kann, trocknet dessen Hornhaut aus (→ Seite 153).
**VIII. Hör- und Gleichgewichtsnerv:** Dieser Nerv versorgt die Sinnesorgane im Innenohr. Ein Ausfall, wie er zum Beispiel bei einer Gehirnhautentzündung oder einem Bruch des Schläfenbeins auftreten kann, führt zur Hörminderung und zu heftigem Drehschwindel. Am Hör- und Gleichgewichtsnerven sind gutartige Tumoren häufig, sogenannte Akustikusneurinome (→ Seite 175).
**IX. Zungen- und Rachennerv:** Er steuert die Bewegung des Rachens und leitet das Geschmacksempfinden des hinteren Zungenbereichs zum Gehirn weiter. An diesem Nerv treten manchmal Nervenschmerzen mit heftigen Attacken im Bereich des Rachens und Gaumens auf.

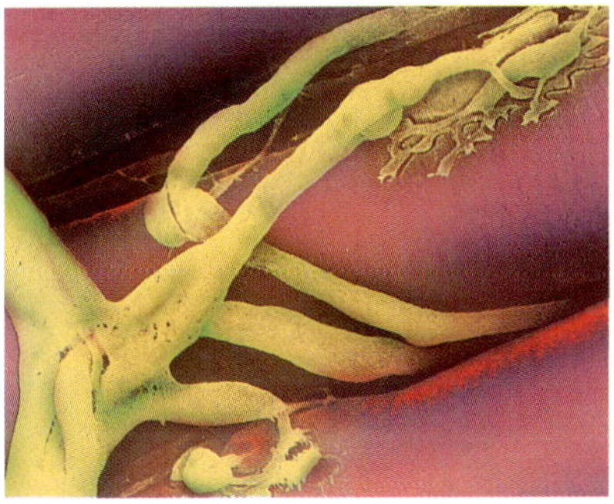

**Ein Nerv endet an einer Muskelfaser. Hier gibt er seine Impulse an den Muskel weiter.**

**X. Vagusnerv:** Der zehnte Hirnnerv hat viele verschiedene Funktionen. Ein Teil seiner Zweige versorgt Rachen und Speiseröhre sowie den Kehlkopf mit Bewegungs- und Gefühlsfasern. Ein anderer Teil gehört zum vegetativen Nervensystem und zieht zu Herz, Lunge und Verdauungsorganen. Eine einseitige Verletzung führt zu Heiserkeit; die vegetative Regulation wird dann vom zweiten Nerv dieses Paares übernommen.
**XI. Bewegungsnerv an Hals und Schultern:** Bei einer Schädigung dieses Nervs ist die Haltung und Drehung des Kopfes sowie die Schulterbewegung gestört.
Die drei zuletzt genannten Nerven werden oft gemeinsam geschädigt, da sie nahe zusammen aus dem Schädel austreten.
**XII. Zungennerv:** Eine einseitige Schädigung dieses Nervs ruft kaum Ausfälle hervor; bei beidseitiger Störung sind Sprechen und Schlucken jedoch sehr behindert.

## Schädigung einzelner Nerven

▶ Symptome
- ➜ erst Reizerscheinungen: Schmerzen, Kribbeln, Ameisenlaufen
- ➜ dann Ausfallerscheinungen: Taubheit, Schwäche oder Lähmung, Abnahme der Muskeln

Die Symptome, die im jeweiligen Versorgungsgebiet eines Nervs auftreten, sind immer gleich, unabhängig von der Ursache der Schädigung. Kurzzeitige Ausfälle werden schon durch Druck oder verminderte Durchblutung beim Sitzen oder Liegen verursacht: Der Nerv »schläft ein«; etwa eine Minute nach Änderung der Körperhaltung erholt er sich wieder.
Eine häufige Ursache für schwerere Nervenschädigungen sind Unfälle: Zum Beispiel können Nerven bei Brüchen durch Knochensplitter durchtrennt werden; an der Hand sind sie durch Schnittverletzungen besonders gefährdet.

### »Engpässe« für Nerven

An bestimmten Stellen des Körpers geraten die Nerven häufig in Bedrängnis:
Beim Karpaltunnel-Syndrom wird ein Nerv an der Innenseite des Handgelenks geschädigt. Symptome treten vorwiegend nachts an Daumen, Daumenballen, Zeige- und Mittelfinger auf. Die Schmerzen können bis in das Schultergelenk ziehen, typischerweise bessern sie sich beim Ausschütteln von Arm und Handgelenk.
Beim Sulkus-ulnaris-Syndrom kann am Ellenbogen, besonders bei starker Beugung zum Beispiel bei langem Telefonieren, der Ulnar-Nerv in seinem dünnen Knochenkanal am »Musikantenknochen« gedehnt werden. Beschwerden bestehen an kleinem Finger und Ringfinger, bis zum Ellenbogen ziehend.
Bei der Peroneus-Lähmung ist ein Nerv am Bein gefährdet, der sich nah am Knochen unterhalb des Knies um das Wadenbein herumwindet. Durch langes Sitzen mit übereinandergeschlagenen Beinen, enge Motorradstiefel oder Gipsverbände kann er so geschädigt werden, daß ein »Fallfuß« auftritt: Die Fußspitze hängt nach unten, man bleibt oft hängen und stolpert.

Ärztliche Behandlung

Je schneller die Lähmung zunimmt, desto rascher sollten Sie einen Arzt aufsuchen! Orthopädische Schienen oder eine operative Entlastung des Nervs helfen in der Regel.
Gehen Sie sofort zum Arzt, wenn eine Lähmung infolge eines Unfalls auftritt; machen Sie ihn auf Gefühlsstörungen aufmerksam. Wird die Nervenverletzung rechtzeitig erkannt, ist die Heilungschance bei glatter Durchtrennung gut: Die Nervenenden werden aneinandergenäht.

Selbsthilfe

Nerven heilen langsam. Konsequente Krankengymnastik und viel Geduld sind nötig.

## Spritzenlähmung des Ischiasnervs

▶ Symptome
- ➜ kurze Zeit nach einer Spritze in das Gesäß heftige Schmerzen, ausstrahlend ins Bein
- ➜ eventuell Gefühlsstörungen und Lähmungen in Fuß und Unterschenkel

Durch falsche Injektion in den Gesäßmuskel bei sehr schmächtigen Muskeln kann die Spritze in oder zu nahe an den Ischiasnerv gesetzt werden. Es kommt zu einer heftigen Abwehrreaktion mit Schmerzen.

Ärztliche Behandlung

Äußern Sie die Beschwerden sofort! Der Arzt kann Schmerzmittel geben. Manchmal muß das eingespritzte Medikament bei einer Operation herausgespült und der Nerv später von Narben befreit werden.

Selbsthilfe

Feuchte Wärme (Fangopackungen, Bäder) und Ruhe können die Schmerzen lindern.

## Nervenschmerzen (Neuralgien)

▶ Symptome
- ➜ heftigste, elektrisierende, stechende Schmerzen im Versorgungsgebiet eines Nervs

Nervenschmerzen sind, von der Trigeminusneuralgie abgesehen, glücklicherweise selten. Ein brennend-bohrender Dauerschmerz am Rumpf kann nach einer

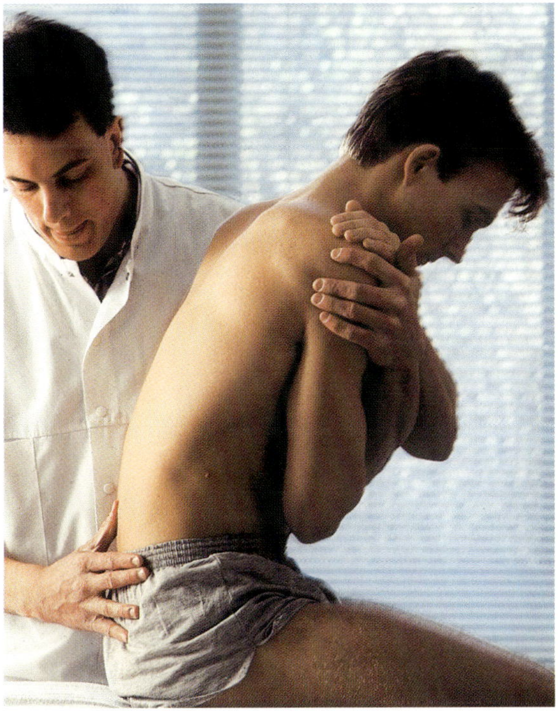

**Ein eingeklemmter Nerv kann von einem Chiropraktiker mit geschicktem Griff wieder befreit werden.**

Gürtelrose (→ Seite 457) auftreten. Erwähnt werden soll außerdem der Phantomschmerz nach einer Amputation (→ Seite 435).

### Ärztliche Behandlung

Nervenschmerzen sprechen meist gut auf Medikamente an, die gegen die Übererregung von Nervenzellen bei Epilepsien (→ Seite 202) gegeben werden. Phantomschmerzen sind oft schwer zu behandeln, Erfolge zeigt die elektrische Nervenstimulation.

### Selbsthilfe

Ist nicht möglich.

## Polyneuropathien

**▶ Symptome**

- wie bei → Schädigung einzelner Nerven, aber an mehreren Stellen gleichzeitig
- nächtliches Brennen in den Füßen und Unruhegefühl in den Beinen

Nervenbahnen sind sehr empfindlich. Die Enden der längsten Nerven in Hand und Fuß sind besonders gefährdet. Häufig führen Diabetes (→ Seite 501) und Alkoholmißbrauch (→ Seite 570) zu einer Polyneuropathie. Andere Ursachen sind Nieren- und Schilddrüsenerkrankungen, Vitamin-Mangel sowie Vergiftungen durch Schwermetalle und Medikamente.

### Ärztliche Behandlung

Je schneller die Symptome zunehmen, desto rascher sollten Sie einen Arzt aufsuchen! So vielfältig wie die möglichen Ursachen sind die möglichen Behandlungsmethoden.

### Selbsthilfe

Ist nicht möglich.

## Guillain-Barré-Syndrom

**▶ Symptome**

- häufig grippeähnliche Symptome einige Tage vorher
- Schwäche, rasch fortschreitende Lähmungen am ganzen Körper einschließlich des Gesichts
- ziehende Schmerzen

Durch einen noch weitgehend unbekannten Vorgang, an dem Antikörper beteiligt sind, kann es nach Infektionskrankheiten (besonders am Magen-Darm-Trakt und an der Leber) zu Mitreaktionen der Nerven kommen. Meist tritt die akute, selten die chronische Form der Erkrankung auf.

### Ärztliche Behandlung

Bei rasch sich verschlimmernden Symptomen sollten Sie schnellstmöglich den Arzt aufsuchen. Je nach Schwere der Krankheit sind entzündungshemmende Mittel oder eine Art Blutwäsche oder – wegen möglicher Herzrhythmusstörungen und Atemnot – eine Behandlung auf der Intensivstation erforderlich. Eine Rehabilitation mit Krankengymnastik schließt sich an. Die Heilungsaussichten sind sehr gut, bis zur völligen Genesung können aber Monate vergehen.

### Selbsthilfe

In schweren Fällen ist die seelische Belastung durch die plötzliche Hilflosigkeit sehr groß. Aber: Dieser Zustand hält nicht an, haben Sie Geduld!

# Was ist Schmerz?

Schmerz ist Ausdruck eines Leidens. Klugerweise unterscheidet die Alltagssprache nicht zwischen seelischem und körperlichem Schmerz: Immer sind Körper und Seele beteiligt. Streß oder schlechte Stimmung können sich in »unerträglichen« Kopfschmerzen widerspiegeln.
Auch empfinden Menschen Schmerz auf unterschiedliche Weise – und nicht in jeder Kultur liegt die Schwelle, ab der etwas als Schmerz empfunden wird, gleich hoch.

## Schmerz als Warnsignal

Körperliche Schmerzen treten auf, wenn Organe oder Gewebe geschädigt werden. Dann werden Schmerzrezeptoren (sogenannte Nozizeptoren) aktiviert. Sie leiten Signale zum Rückenmark, dort werden reflexartige Reaktionen ausgelöst – zum Beispiel das Zurückzucken der Hand von einer heißen Herdplatte. Vom Rückenmark gelangt die Schmerzbotschaft ins Gehirn, im Großhirn wird der Schmerz bewußt erlebt. Haben wir uns das Fußgelenk verstaucht, werden wir es möglichst nicht bewegen – der Schmerz »zwingt« uns, das Richtige zu tun: den Fuß zu schonen.
Vom Gehirn wird der Schmerz nicht unbedingt immer dort geortet, wo er entsteht, sondern auch in anderen Regionen, die von der schmerzleitenden Nervenbahn durchlaufen werden – der Schmerz strahlt aus.
Welchen Charakter der Schmerz hat, liegt an der Art der Nervenfaser, die gereizt wird: Nervenschmerzen zum Beispiel sind stechend, Schmerzen aus den inneren Organen dumpf und oft schlecht zu orten bzw. zu beschreiben.
Leider warnt Schmerz nicht bei allen Krankheiten. Krebs, Bluthochdruck und der Diabetes bleiben deshalb häufig lange Zeit unbemerkt.
Rasch auftretende Schmerzen sind immer ein Grund, zum Arzt zu gehen. Wenn Schmerzen über Stunden zunehmen, sollten Sie nicht warten, bis sie unerträglich sind! Ebenso sollten Sie bei Schmerzen, die mit Fieber, Atemnot, schwerem Krankheitsgefühl, heftigen Durchfällen oder Lähmungen einhergehen, oder bei ungewöhnlich lang anhaltenden Schmerzen (zum Beispiel tagelange Kopf- und Rückenschmerzen) den Arzt aufsuchen oder um einen Hausbesuch bitten.

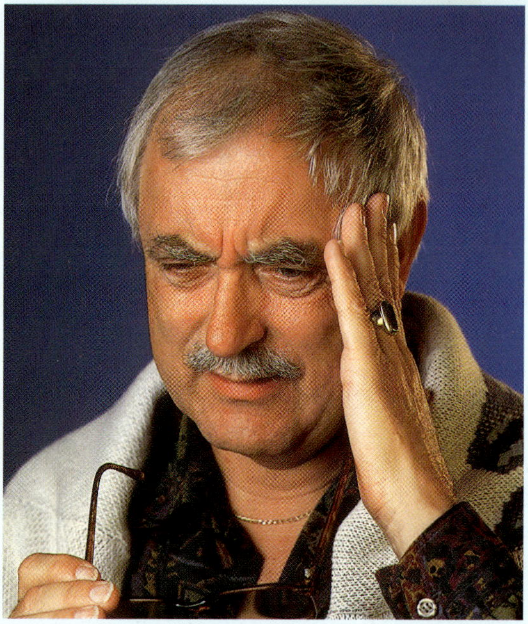

**Bei länger anhaltenden Schmerzen sollten Sie immer einen Arzt aufsuchen, um die Ursache abzuklären.**

## Wenn der Arzt keine Ursache findet

Es kann sein, daß der Arzt auch nach gründlicher Untersuchung keine organische Ursache für die Schmerzen findet. Sie deuten dann unter Umständen auf seelische Konflikte hin: Das »Kreuz, das einer zu tragen hat«, kann wie ein Bandscheibenschaden Rückenschmerzen verursachen. Es kommt vor, daß bei einem körperlich Gesunden Arzt um Arzt irgendwo eine geringe Störung oder Schädigung findet, die letztlich aber nichts mit den Schmerzen zu tun hat. Unnötige Medikamente oder gar Operationen sind oft die Folge.
Wenn Sie also unter »unerklärlichen« Schmerzen leiden, suchen Sie einen Psychotherapeuten oder Psychiater auf (→ Seite 654). Vielleicht eröffnet sich dort für Sie ein sinnvoller Weg der Schmerzbehandlung.

## Schmerztherapien

- **Entspannung:** Schmerzen werden häufig durch Muskelverspannungen verursacht. Viele Möglichkeiten, diese zu beheben, bieten sich an. Entspannungstechniken wie Autogenes Training (→ Seite 690) oder Progressive Muskelrelaxation (→ Seite 689), regelmäßige gymnastische Übungen, Feldenkrais (→ Seite 691) und Massage helfen, den Teufelskreis »Schmerz – Muskelverspannung – Schmerz« zu durchbrechen.
- **Kälte und Wärme:** Kälte lindert vor allem akute Schmerzen bei Gelenk- und Muskelverletzungen, Wärme eher chronische Schmerzen, vor allem durch Muskelverspannungen.
- **Arzneimittel** gegen leichte bis mittelschwere Schmerzen: Medikamente mit den Wirksubstanzen Azetylsalizylsäure und Parazetamol sowie viele entzündungshemmende Mittel sind hier zu nennen. Die meisten sind zwar nicht verschreibungspflichtig, aber keineswegs harmlos (→ Seite 638).
- **Opiate:** vermindern die Schmerzwahrnehmung im Zentralnervensystem. Sie unterliegen der strengsten Rezeptpflicht und dürfen nur bei schwersten Schmerzen eingesetzt werden. Sie können abhängig machen und sollten daher nur nach einem festen Zeitschema genommen werden (→ Seite 638).
- **Nervenstimulation:** Ein Schmerz wird weniger stark empfunden, wenn andere Reize aus der gleichen Körperregion im Zentralnervensystem eintreffen. Bei chronischen Schmerzen können spezielle Stimulationsgeräte, die mechanische oder kleine elektrische Reize setzen, helfen.
- **Akupunktur:** Diese Behandlungsmethode der chinesischen Medizin (→ Seite 668) beruht vermutlich auf einem ähnlichen Prinzip wie die Nervenstimulation. Das Gehirn wird vom Schmerz »abgelenkt«. Bei chronischen Schmerzen kann in vielen Fällen eine erstaunliche Besserung erreicht werden.
- **Nervenblockaden und operative Methoden:** Bei schweren, anders nicht zu beherrschenden Schmerzen kann die kurzzeitige Blockade eines Nervs oder die dauerhafte Durchtrennung Erleichterung bringen.

## Kopfschmerz/Spannungskopfschmerz

### ▶ Symptome

→ dumpf-drückender Schmerz
→ oft mit Verspannung der Nacken- und Schultermuskeln

Ursachen von Kopfschmerzen können Muskelverspannungen, Veränderungen der Halswirbelsäule, Augenkrankheiten, Entzündungen im Kopfbereich, Neuralgien, Bluthochdruck und Erkrankungen des Gehirns sein. Auslöser sind oft auch psychische Anspannung und Streß, Wetterumschwung oder einfach Hunger. Die Beschwerden nehmen im Lauf eines Tages oft zu und verschwinden meist über Nacht.

### Ärztliche Behandlung

Wenn der Kopfschmerz sehr häufig auftritt oder tagelang anhält, sollten Sie zum Arzt gehen.

### Selbsthilfe

Reiben Sie die Schläfen und den Nacken mit Pfefferminzöl ein. Vorbeugen können Sie durch regelmäßige Entspannungsübungen.

## Migräne

### ▶ Symptome

→ über Stunden oder Tage anhaltende, oft halbseitige Kopfschmerzen
→ Sehstörungen, Übelkeit, Erbrechen
→ Überempfindlichkeit gegen Licht und Geräusche

Gefäßkrämpfe sind wahrscheinlich zusammen mit anderen Faktoren die Ursache für die Migräne. Die Anlage kann vererbt werden. Auslöser von Migräneattacken können Streß, Nahrungsmittel (Käse, Schokolade) und Hormonschwankungen sein.

### Ärztliche Behandlung

Bei starken oder häufigen Beschwerden sollten Sie zum Arzt gehen. Er kann Ihnen Schmerzmittel verschreiben oder Mittel zur Vorbeugung.

### Selbsthilfe

Trinken Sie ganz zu Beginn der Attacke Kaffee! Finden Sie die Auslöser der Attacken heraus.

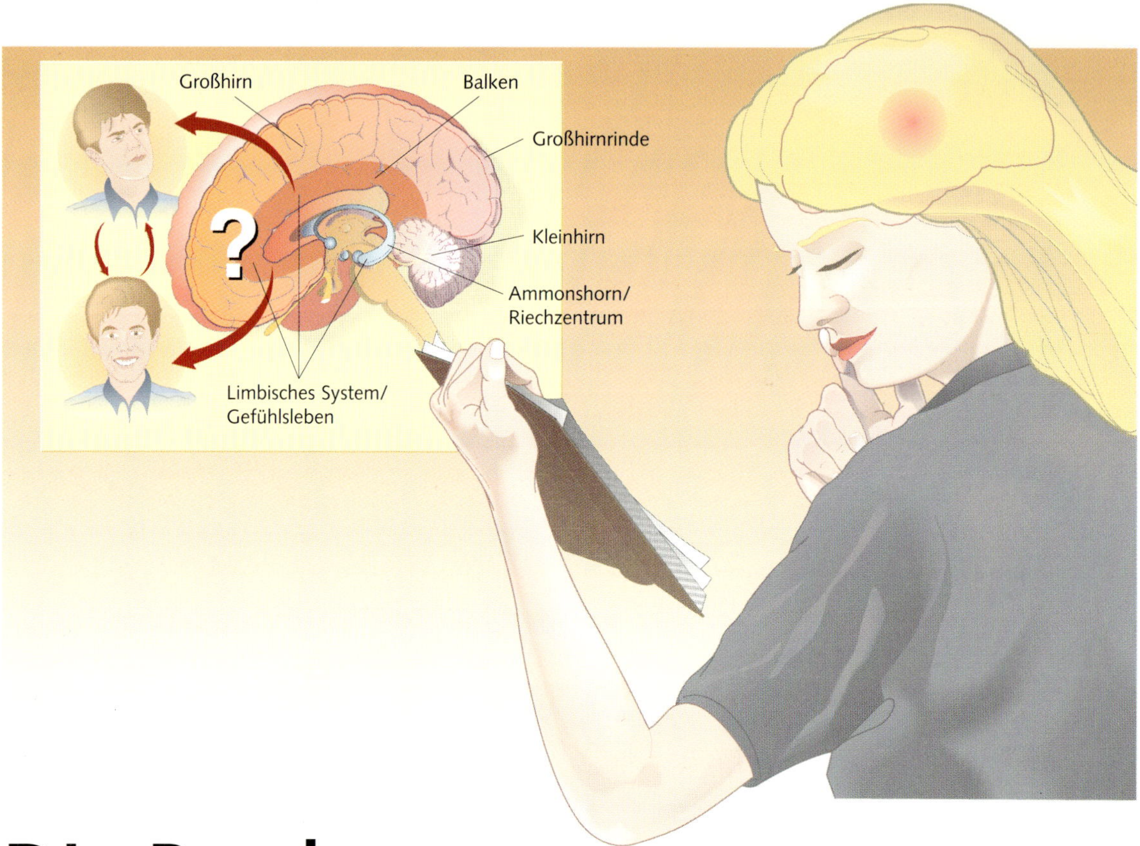


# Die Psyche

- **Zwischen Glaube und Forschung**
- **Psyche und Körper**
- **Psychische Vorgänge**

Was die Seele sei, hat Menschen immer beschäftigt: Die alten Kulturen stellten sie sich als Atem oder Hauch, Schatten oder Tier vor, Philosophen dachten sie als Erfahrung der eigenen Existenz. Als nicht in Zweifel zu ziehenden und doch kaum greifbaren Teil unserer Person erleben wir sie alle.

Seit Jahrhunderten erforscht der Mensch sich selbst und versucht festzustellen, was der Kern des Erlebens und Handelns ist. Bald, so frohlocken Wissenschaftler, wird es möglich sein, zu erklären, wie unser Gehirn die Summe dessen, was wir Seele nennen, »hervorbringt« – doch was die einen hoffen, erschreckt die anderen: Wer kann dann noch an eine Existenz jenseits des Körperlichen oder an einen selbstbestimmten Kern der eigenen Person glauben? Um sich von religiösen und philosophischen Vorstellungen zu lösen, wird in der Medizin der griechische Begriff »Psyche« statt des Ausdrucks »Seele« benutzt; daher die Bezeichnung »Psychiater« für »Seelenarzt«.

*Daß* die Psyche mit dem Körper eine untrennbare Einheit bildet und mit der Tätigkeit des Gehirns auf das engste verknüpft ist, wird heute nicht mehr bestritten (→ Das Zusammenspiel von Psyche und Körper, Seite 221). *Wie* das Zusammenspiel funktioniert, weiß man bisher nur zu einem Teil.

## Psyche und Gehirn

Unüberschaubar viele chemische Stoffe sind im Gehirn wirksam und beeinflussen sich gegenseitig. Dieser sogenannte Gehirnstoffwechsel steht in Beziehung zu Erleben, Verhalten und Denken.

Ist der Mensch gesund, so befindet sich der Gehirnstoffwechsel im Gleichgewicht. Gerät dieses ins

Wanken, so kommt es zu psychischen Störungen. Nach heutiger Erkenntnis ist die Veränderung des Gehirnstoffwechsels zwar nur einer von mehreren Krankheitsfaktoren – beispielsweise für eine Schizophrenie (→ Seite 230). Trotzdem können mit Medikamenten, die auf den Gehirnstoffwechsel wirken, sogenannten Psychopharmaka (→ Seite 637), psychische Prozesse beeinflußt werden. Zum Teil wird allerdings die günstige Veränderung, die solche Medikamente hervorrufen, mit Nebenwirkungen erkauft, denn auch andere als die angesteuerten Stoffwechselvorgänge im Gehirn werden beeinflußt und damit ins Ungleichgewicht gebracht.

## Die Psyche verstehen

Einige Begriffe sind für das Verständnis psychischer Vorgänge und das Zustandekommen psychischer Krankheiten von besonderer Bedeutung. Sie sollen im folgenden kurz erläutert werden.

### Das Bewußtsein

Der Mensch ist sich seines Seins bewußt – zumindest, solange er wach ist. Ist das Bewußtsein gestört, so kann er mit anderen Menschen keinen Kontakt aufnehmen. In der Medizin werden verschiedene Arten von Bewußtseinsstörungen unterschieden: *Bewußtseinseinschränkungen* von der Benommenheit bis zum Koma (der vollständigen Bewußtlosigkeit) und *Bewußtseinsveränderungen* wie die Eintrübung (Verwirrung), die Verengung oder die Erweiterung.
Ins Bewußtsein gelangt nur ein Bruchteil von dem, was an Sinneseindrücken und Erlebnissen tatsächlich vom Gehirn erfaßt wird, der weitaus größere Teil bleibt im Unbewußten.

### Das Unbewußte

Das Unbewußte nimmt alle Sinneseindrücke und Erlebnisse auf. Außerdem steuert es eine Reihe von Handlungen: Während man beispielsweise einer Musik aufmerksam zuhört, kann man, ohne bewußt darüber nachdenken zu müssen, eine Jacke anziehen, tanzen oder Auto fahren.
Einige Inhalte gelangen aus dem Unbewußten »an die Oberfläche«, ins Bewußtsein. Andere beeinflussen unerkannt Fühlen und Handeln. Auch können bewußt wahrgenommene Vorgänge ins Unbewußte verdrängt werden – ein Schutzmechanismus, der besonders bei unangenehmen und belastenden Ereignissen häufig in Kraft tritt. Einfluß auf das Handeln behalten verdrängte Inhalte allerdings weiterhin, auch wenn ganze Phasen aus dem Leben eines Menschen »gestrichen« und nur mit größter Mühe und unter Schmerzen wieder bewußtgemacht werden (→ Psychoanalyse, Seite 657) können.

### Affektivität und Antrieb

Unter der sogenannten Affektivität wird die Gesamtheit der Gefühle, Stimmungen und Affekte (kurzzeitige, intensive Gefühlsabläufe) verstanden. Bei affektiven Psychosen (→ Seite 228) ist die Affektivität eines Menschen grundlegend gestört.
Als Antrieb wird eine vom Willen weitgehend unabhängige Kraft bezeichnet, die vorantreibt, Energie und Lebendigkeit erzeugt. Gehemmt ist der Antrieb zum Beispiel bei der Depression (→ Seite 228).

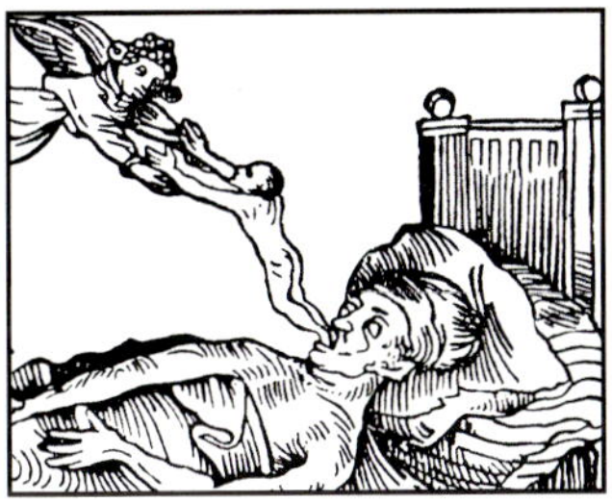

**So stellte man sich früher die Seele vor: als ein Wesen, das den Körper bewohnt und ihn nach dem Tod verläßt.**

### Das Ich-Erleben

»Das bin ich« kann scheinbar jeder mit größter Selbstverständlichkeit sagen. Doch der Satz drückt vielschichtige Empfindungen aus: sich eins zu fühlen mit dem Menschen, der man vor Jahren war, genauso wie mit dem, der man jetzt ist, eine klare Grenze ziehen zu können zwischen sich und anderen.
Bei psychischen Krankheiten wie beispielsweise der Schizophrenie (→ Seite 230) kann das Erleben des eigenen Ichs gestört sein.

### Die Persönlichkeit

Die Grundlage der Persönlichkeit ist angeboren. Im Lauf von Kindheit und Jugend entwickelt sie sich und ist auch im weiteren Leben stetem Wandel unterworfen. Bestimmte Züge der Persönlichkeit bleiben jedoch zeitlebens erhalten.
Treten psychische Merkmale der Persönlichkeit so stark hervor, daß der Betroffene oder seine Umgebung stark darunter leiden, spricht man von einer Persönlichkeitsstörung (→ Seite 229).

# Notfälle

## Allgemein gilt

Verändern sich Verhalten, Sinneswahrnehmung oder Erleben einer Person plötzlich und stark, so sollten Sie diese nicht allein lassen, beruhigen und gegebenenfalls einen Arzt oder eine Klinik aufsuchen oder den Notruf veranlassen.

## Erregungszustand

**▶ Symptome**

- ➜ zu Beginn starre Haltung oder Gesichtsausdruck, Kurzatmigkeit, Herzrasen, Schwitzen
- ➜ Schimpfen, Herumlaufen mit Drohgebärden, Treten gegen Tische und Stühle, um sich Schlagen, Tätlichkeiten

Überforderung und Überlastung, verschiedene körperliche Störungen, aber auch psychische Erkrankungen können zu einem Erregungszustand führen (→ Manie, Seite 229; → paranoide Schizophrenie, Seite 230; → Alkoholvergiftung, Seite 566; → Alkoholdelir, Seite 200).

### Ärztliche Behandlung

Gelingt es nicht, den Aufgeregten zu beruhigen, sollte man den Notruf veranlassen.

### Selbsthilfe

Beruhigen Sie den Betroffenen. Lassen Sie sich von Angriffen in Wort und Tat nicht beeindrucken, denken Sie aber an Ihre Sicherheit.

## Akute Psychose

**▶ Symptome**

- ➜ Denkstörungen mit Wahnerleben
- ➜ ungewöhnlich veränderte Stimmung
- ➜ körperliche Unruhe, Schlaf- und Appetitlosigkeit
- ➜ Verhalten: bizarr, laut, aufgeregt oder plötzlich überaktiv, theatralisch und unangemessen
- ➜ Traurigkeit, Verzweiflung, Selbstmordgedanken

Eine Reihe von körperlichen Erkrankungen können die Tätigkeit des Gehirns beeinträchtigen und eine akute Psychose auslösen: Unterzuckerungszustände (→ Seite 503), Entzündungen oder Verletzungen des Gehirns (→ Seite 190, 192, 196). Auch eine plötzlich einsetzende Schizophrenie (→ Seite 230), Manie (→ Seite 229) oder Depression (→ Seite 228) können Ursache sein.

### Ärztliche Behandlung

Sofort zum Arzt! Die Behandlung richtet sich nach der Ursache, die gefunden wurde.

### Selbsthilfe

Versuchen Sie, den Betroffenen zu beruhigen. Lassen Sie ihn auf keinen Fall allein.

## Suizidgefährdung (Selbsttötungsabsicht)

**▶ Symptome**

- ➜ Gefühl der Ausweglosigkeit, Verzweiflung
- ➜ Äußerungen wie »Morgen springe ich von der Brücke«, danach Erleichterung
- ➜ konkrete Pläne und Vorbereitungen

Wenn die Lebenssituation als völlig aussichtslos empfunden wird, kann Selbstmord (Suizid) als letzter Ausweg erscheinen. Oft ist der Versuch der Selbsttötung aber auch ein Hilfeschrei, in dem sich der Wunsch nach Errettung ausdrückt.

### Ärztliche Behandlung

Ein erfahrener Arzt (Psychiater) kann in dieser Situation Hilfe leisten. Je nach Ursache für die Krise können verschiedene Medikamente das akute Leid mildern, aber nur eine langfristige Betreuung mit psychosozialer Hilfe kann die Gefährdung abbauen.

### Selbsthilfe

Sprechen Sie mit dem Betroffenen über seine Gefährdung. Bieten Sie an, ihn zu einem Arzt oder einer Vertrauensperson zu begleiten und Möglichkeiten der Hilfe für ihn zu suchen.

# Spezielle Untersuchungen

## Das Gespräch

Bei einer psychischen Erkrankung ist das ausführliche Gespräch mit dem Arzt, in der Regel einem Nervenarzt oder einem Psychiater, ganz besonders wichtig. Zunächst wird er fragen, was Sie zur Zeit belastet und veranlaßt hat zu kommen.

### Lebensgeschichte und Lebenssituation

Der Arzt stellt Fragen zur Familie, zur Lebensgeschichte und zur beruflichen und privaten Situation. Gegebenenfalls spricht er, wenn man zustimmt, auch mit Angehörigen. Dabei kann er viel über die Beziehung zwischen den Familienmitgliedern und über mögliche Probleme erfahren.

### Der psychopathologische Befund

Mit speziellen Fragen und Tests erkundet der Arzt, welche Störungen vorliegen. Er prüft:

- ob das Bewußtsein (→ Seite 215) gestört ist,
- ob die Orientierung über Zeit, Ort und die eigene Person fehlt,
- ob Aufmerksamkeit und Gedächtnis gestört sind,
- ob man unter Störungen des Denkablaufs leidet. Anzeichen dafür können zögerliches Sprechen oder Abbrechen mitten im Satz sein, Kreisen um ein Thema oder nicht zu bremsende Gedankenketten.
- ob man unter inhaltlichen Denkstörungen leidet. Anzeichen dafür können sein, daß die Gedankengänge für andere nicht mehr nachvollziehbar sind und man Dinge, Begebenheiten oder Menschen als fremd oder bedrohlich wahrnimmt (Wahnvorstellungen).
- ob Wahrnehmungen ohne entsprechende Sinnesreize erlebt (Halluzinationen) oder Wahrnehmungen verfälscht werden (Illusionen),
- ob das Ich-Erleben (→ Seite 215) gestört ist, ob das Ich als von außen gesteuert empfunden wird und das Gefühl vorhanden ist, daß die eigenen Gedanken von anderen gelesen werden können,
- ob Gefühle und Stimmungen sich gegenüber früher verändert haben. Ob man sich ratlos, deprimiert, hoffnungslos, ängstlich, gereizt, euphorisch oder innerlich unruhig fühlt. Ob man ein Gefühl der Gefühllosigkeit hat und unfähig ist, Freude oder Trauer zu spüren. Ob man grundlos zu weinen oder zu lachen beginnt.
- ob Eigeninitiative und Energie gegenüber früher verstärkt oder verringert sind oder ganz fehlen,
- wie die Einstellung zur eigenen Krankheit ist.

**Psychologische Tests in spielerischer Form können aufzeigen, wo Probleme sind.**

## Psychologische Tests

Psychologen entwickeln laufend neue Tests mit speziellen Fragen oder Aufgaben. Am bekanntesten sind Intelligenztests. Es gibt aber auch Tests zur Untersuchung der Aufmerksamkeit, der Konzentration und der Merkfähigkeit sowie Fragebogen zur Beurteilung der eigenen Persönlichkeit und zu einzelnen Erkrankungen wie Depression oder Alkoholabhängigkeit.

## Ausschluß organischer Ursachen

Bevor man sicher sein kann, daß eine psychische Krankheit vorliegt, müssen andere Ursachen ausgeschlossen werden. Psychische Symptome können häufig körperlich bedingt sein.
Deswegen muß in der Regel eine genaue körperliche und neurologische Untersuchung (→ Seite 191) durchgeführt werden, Nervenwasser entnommen (→ Seite 191), das Blut untersucht und ein Computertomogramm (→ Seite 623) des Kopfes gemacht werden.

# Wenn die Psyche krank ist

Jede Erkrankung der Psyche hat etwas Bedrohliches: Sie ist nicht sichtbar wie eine Schwellung, nicht ein für allemal erklärbar wie eine Entzündung. Sie entzieht sich unserer Vorstellung, und nicht selten kann, wer selbst betroffen ist, sie nicht erkennen.

Wer psychisch krank ist, äußert Dinge, die andere nicht verstehen, fühlt nicht »wie alle«, verhält sich ungewöhnlich, manchmal sogar aggressiv. Anderen Menschen fällt es schwer, diese Veränderungen zu verstehen; ein psychisch Kranker fühlt sich daher oft unverstanden und zieht sich zurück.

## Wer ist gesund, wer ist krank?

Nicht selten ist eine psychische Erkrankung eine sogenannte Psychose (→ Neurose oder Psychose?, Seite 228). Handeln und Fühlen sind dann gleichermaßen stark betroffen. Das Gehirn, mit dem der Mensch seine Umwelt und sich selbst erfaßt und versteht, mit dessen Hilfe er sich anderen mitteilt, arbeitet in diesen Fällen anders als normalerweise (→ Psyche und Gehirn, Seite 214).

Aber nicht jede Erkrankung der Psyche muß derart dramatische Veränderungen im Leben eines Menschen hervorrufen. Zwischen Gesundheit und Krankheit gibt es fließende Übergänge – ganz abgesehen davon, daß es im Bereich des Psychischen besonders schwer ist, zu sagen, wo die Gesundheit endet und die Krankheit beginnt.

In der Medizin werden daher nur die psychischen Veränderungen als Krankheit bezeichnet, unter denen der Betroffene oder seine Umgebung stark leiden und die das Zusammenleben erheblich erschweren. Ausschlaggebend dafür, daß eine psychische Befindlichkeit als Krankheit bezeichnet wird, ist also nicht ein *Symptom*, sondern das empfundene *Leiden*.

Eben weil das Leiden eines psychisch kranken Menschen nicht für jeden sichtbar und »beweisbar« ist, wird es häufig als Krankheit nicht ernst genommen. Der Verlust des Antriebs oder eine depressive Verstimmung beispielsweise werden mit Bequemlichkeit oder Starrsinn, mit fehlendem Interesse oder gar Dummheit gleichgesetzt.

## Die Krankheit verstehen

Menschen im Umfeld des Kranken fällt oft zuerst auf, daß sich dessen Verhalten verändert hat: Jemand, der ruhig und zurückhaltend war, ist jetzt vielleicht wortstark und reizbar, jemand, der immer fröhlich und lebenslustig schien, ist auf einmal antriebslos und kann sich an nichts mehr freuen. Der Kranke leidet unter diesen Veränderungen, auch wenn er es oft nicht äußern kann.

Der psychisch Kranke hat keinen Gips oder Verband, der laufend auf sein Leiden hinweist, und er ist häufig sehr viel länger krank als bei körperlichen Störungen üblich. So kann es beispielsweise in der Familie zu Diskussionen kommen, ob er überhaupt willens ist, gesund zu werden.

Um dem psychisch Kranken zu helfen, ist es daher besonders wichtig, daß auch Angehörige mit dem behandelnden Arzt oder Psychologen Kontakt halten und durch seine Beratung lernen, Verlauf und Charakter der Krankheit zu verstehen und damit richtig umzugehen.

## Psychiatrische Einrichtungen

In psychiatrischen Einrichtungen bemüht man sich heute verstärkt um einen offenen, verständnisvollen Umgang mit dem psychisch Kranken und seinen Angehörigen. Psychiatrische Krankenhäuser werden wieder kleiner, und neue Häuser entstehen in Stadtnähe, um die Patienten nicht völlig aus ihrer gewohnten Umgebung zu reißen. Auch wird versucht, die Aufenthaltsdauer im Krankenhaus zu verkürzen. Zahlreiche Tageskliniken und ambulante psychiatrische Dienste sind daher entstanden.

## Psychiatrische Behandlung heute

Bis vor etwa 40 Jahren konnte man psychisch kranken Menschen nicht wirklich helfen. Die meisten der damals üblichen »Therapien« erscheinen uns heute menschenverachtend. Die Entdeckung neuer Medikamente (→ Psychopharmaka, Seite 637) brachte – trotz aller berechtigten Vorbehalte – eine deutliche Wende in der Behandlung.

**Das vertrauensvolle Gespräch mit dem Psychotherapeuten ist ein Grundpfeiler der Behandlung.**

Heute versucht man, psychisch kranken Menschen auf verschiedenen Wegen zu helfen: Sind Stoffwechselstörungen im Gehirn die Ursache für Psychosen, können sie heute oft mit Medikamenten behandelt werden (→ Psychopharmaka, Seite 637).

In einer Psychotherapie (→ Seite 654) können psychische Konflikte verarbeitet und Verhaltensänderungen trainiert werden.

In der künstlerischen und handwerklichen Beschäftigungstherapie, in der Arbeits- und Musiktherapie können Konzentration und Ausdrucksvermögen gestärkt werden.

Darüber hinaus gibt es ambulante Einrichtungen, sozialpsychiatrische Dienste, Beratungsstellen und Selbsthilfegruppen (→ Leben mit einer schweren psychischen Krankheit, Seite 231).

## Wer arbeitet in der Psychiatrie?

Psychiater – Ärzte mit einer speziellen Ausbildung in der Diagnose und Therapie psychischer Krankheiten – planen und überwachen die Behandlung.

Klinische Psychologen führen Intelligenz- und Persönlichkeitstests (→ Seite 217), Gruppen- und Einzeltherapien durch (→ Seite 654).

Sozialpädagogen koordinieren die Zusammenarbeit des Krankenhauses mit Sozial- oder Arbeitsamt und Kostenträgern.

Ergotherapeuten führen die spezielle Beschäftigungs- und Arbeitstherapie durch.

Schwestern und Pfleger sind vielfältig in die Patientenbetreuung mit eingebunden.

Als Psychotherapeuten werden Ärzte oder Psychologen mit einer mehrjährigen Zusatzausbildung bezeichnet. Sie arbeiten im Krankenhaus, einer Therapieeinrichtung oder haben eine eigene Praxis (→ Seite 656).

## Angst vor psychisch Kranken

Viele haben Angst vor psychisch kranken Menschen, weil sie glauben, ihr Verhalten sei »unberechenbar«. Natürlich gibt es immer wieder Kranke, die sich oder andere in Gefahr bringen – Vorfälle dieser Art werden nur allzu gern als Sensationsmeldungen von den Medien aufgegriffen, sind aber sehr selten.

Befindet sich ein Mensch in höchster Erregung und gefährdet in dieser Situation sich selbst oder andere, so hat allerdings laut Gesetz die Polizei die Befugnis, ihn auch gegen seinen Willen in ein psychiatrisches Krankenhaus zu bringen.

Dort wird er von einem Psychiater untersucht und in begründeten Fällen auf eine Station eingewiesen. Innerhalb von 24 Stunden muß ein Amtsrichter ihn angehört haben, der dann entscheidet, ob er weiter auf einer – geschlossenen – Station bleiben und sich behandeln lassen muß.

Diese Situation zu durchleben ist für den Betroffenen beängstigend – auch wenn er letztlich selbst weiß, daß er Hilfe braucht. Dieses Verfahren der sogenannten Zwangseinweisung wird deshalb vor allem von Gruppen von Laienhelfern immer wieder ins Gespräch gebracht.

## Erlebnisreaktionen

So viele Möglichkeiten es gibt, eine Situation zu erleben, so viele Möglichkeiten gibt es auch, auf sie zu reagieren: Mit Freude, Erleichterung oder aber mit Wut, Enttäuschung und Trauer.
Jede Gesellschaft hat ihre eigenen Vorstellungen darüber, wie lange und heftig man gerade auf belastende Erlebnisse wie den Tod eines geliebten Menschen, den Verlust der Arbeit oder der Heimat, die Kränkung der eigenen Person oder die ständige Überforderung im Beruf reagieren sollte. Zeigt jemand stärkere und längere Reaktionen, als den allgemeinen Vorstellungen entspricht, so bringen ihm andere Menschen häufig Unverständnis und Ablehnung entgegen.
Eine Erlebnisreaktion, die unerwartet stark und lange anhält und zu Gesundheitsstörungen führt, wird in der Medizin als abnorm bezeichnet. Eine abnorme Erlebnisreaktion liegt nur dann vor, wenn ein Auslöser mit dem Leidenserlebnis in Zusammenhang zu bringen ist.

**Tiefe Trauer über einen Verlust führt oft zu Einsamkeit, die alleine nicht überwunden werden kann.**

## Schockerlebnis

### ▶ Symptome

- ➜ teilnahmslos und äußerlich distanziert vom Erlebnis oder panisch aufgeregt
- ➜ später: chronische Angstzustände mit Wiedererleben der ausweglosen Situation, Alpträume
- ➜ Leistungsschwäche, Depression, Neigung zum Weinen
- ➜ Gefühl der Minderwertigkeit

Extreme Erfahrungen wie Verfolgung, Geiselnahme, Überfall, Vergewaltigung, Feuer, Explosion können einen Schock hervorrufen. Vielen Menschen ist es nicht möglich, ein solches Erlebnis zu vergessen bzw. zu verarbeiten. In manchen Fällen treten dann die oben genannten Symptome in unterschiedlichem Ausmaß auf.

### Ärztliche Behandlung

Schockerlebnisse erfordern einen speziell ausgebildeten Fachmann. Häufig können die Polizei oder der Weiße Ring (→ Seite 798) erfahrene Ärzte und Psychologen nennen. Verschiedene Formen der Psychotherapie – der humanistischen und später der tiefenpsychologisch orientierten Richtung – können helfen (→ Seite 657, 659). Sinnvoll ist häufig auch eine familiäre oder soziale Veränderung.

### Selbsthilfe

Ganz besonders wichtig ist in dieser Situation der Halt in der Familie oder in der Partnerschaft. Er kann etwas von dem Vertrauen zurückgeben, das durch das Erlebnis verlorenging.

## Abnorme Verlustreaktion

### ▶ Symptome

- ➜ gedrückte Stimmung, »Versteinerung«
- ➜ Isolation, Selbstanklage, geringe Belastbarkeit
- ➜ Magenschmerzen, Herzstolpern, Kopfschmerzen

Jeder Mensch, der eine Zeit der Trauer erlebt hat, kennt oben beschriebene »Symptome«. Entscheidend sind Dauer und Heftigkeit: Im Fall der abnormen Verlustreaktion können Situationen wie eine unheilbare Krankheit, der Tod einer nahestehenden Person

## Das Zusammenspiel von Psyche und Körper

Körper und Psyche sind untrennbar miteinander verbunden; darüber hat es in vielen Kulturen nie Zweifel gegeben. In Europa allerdings wurde von der Wissenschaft, die sich mit Beginn der Neuzeit entwickelte, die Wechselwirkung zwischen Körper und Psyche in Frage gestellt: Den Körper konnte man untersuchen, an die Psyche mußte man glauben – das taten allenfalls Priester oder Philosophen. Wie konnte man da das Zusammenspiel beider beweisen?
Die Vorstellung von Körper und Psyche als zwei getrennte Seinsbereiche des Menschen blieb bis in unser Jahrhundert erhalten, erst dann begann sich – nun durch moderne wissenschaftliche Forschung bestätigt – wieder die Meinung durchzusetzen, daß beide miteinander verbunden sind.

### Die Psyche wirkt auf den Körper

Körperliche Krankheiten werden dann psychosomatisch genannt, wenn für ihr Verständnis und ihre Behandlung die Einbeziehung psychischer Faktoren notwendig ist (psyche = griechisch Seele; soma = griechisch Körper).
Zu den klassischen psychosomatischen Krankheiten zählt das (nichtallergische) Asthma bronchiale (→ Seite 247). Gerade an diesem Beispiel zeigt sich die auch heute noch unterschiedliche Auffassung der medizinischen Richtungen: Der Internist sieht im Asthma eine körperliche Krankheit, die entsprechend mit Medikamenten behandelt werden muß. Der psychosomatisch orientierte Arzt hingegen sieht im Asthma eine körperliche Krankheit mit psychischen Wurzeln, für ihn ist die Psychotherapie die Behandlung der Wahl. Wahrscheinlich haben beide recht: Man sollte den Körper und gleichzeitig die Psyche behandeln.

Ein anderes Beispiel: Angst kann sich in heftigen körperlichen Symptomen (→ Seite 222) äußern. Tritt sie längere Zeit immer wieder auf, können Verdauungsstörungen entstehen, aber auch Schwindel, Schmerzen oder Ohrensausen – Störungen, deren Zusammenhang mit der Angst nicht ohne weiteres nachweisbar ist.
Jedes psychische Erleben kann sich im körperlichen Befinden niederschlagen. Zu körperlichen Störungen kommt es besonders dann, wenn Wünsche nicht geäußert und Konflikte nicht ausgetragen werden. Die Umwandlung von psychischen Konflikten in körperliche Symptome wird Konversionsstörung genannt. Typisch sind Beschwerden wie Lähmungen, Stimmverlust oder Blindheit, für die es keine körperliche Erklärung gibt.

### Der Körper wirkt auf die Psyche

Jede körperliche Störung kann das psychische Befinden beeinträchtigen. Es gibt auch Krankheiten, die sich auf das Gehirn und damit direkt auf die Psyche auswirken: Viele Erkrankungen des Nervensystems (→ Seite 192–209), aber auch Infektionskrankheiten (→ Seite 536–560) oder rheumatische Krankheiten (→ Seite 431) führen zu psychischen Symptomen wie Niedergeschlagenheit, Müdigkeit und fehlendem Antrieb.

### Die Suche nach der Ursache

Zum Können eines Arztes gehört es, festzustellen, ob eine körperliche Krankheit vorliegt, durch deren Behandlung auch die psychischen Symptome verschwinden, oder ob umgekehrt die Psyche krank ist und sich eine körperliche Störung entwickelt hat, die erst verschwindet, wenn die Psyche wieder gesund ist.

oder die Kündigung des Arbeitsplatzes nicht mit Trauerarbeit (→ Seite 86) bewältigt werden.

### Ärztliche Behandlung

Eine Gesprächstherapie mit Blick auf das auslösende Ereignis (→ Seite 659) sowie eine kognitive Verhaltenstherapie (→ Seite 658) können helfen.

### Selbsthilfe

Wichtig ist, zu verstehen, warum die Trauer so lange anhält. Dann kann es Ihnen gelingen, die Situation auch als Chance für Veränderungen zu sehen und neuen Lebensmut zu schöpfen. Für Angehörige und Freunde gilt: Lassen Sie den Trauernden in seinem Kummer nicht allein.

## Was ist Angst?

Angst drückt sich aus im Gefühl der Beklemmung, Unsicherheit und Unruhe. Zahlreiche körperliche Zeichen wie die sprichwörtlichen »weichen Knie«, Schwindel, Atemnot, Schweißausbruch, Herzklopfen oder trockener Mund sind möglich.
Viele Situationen werden als bedrohlich empfunden und lösen Angst aus: ein Auftritt in der Öffentlichkeit oder eine Prüfung genauso wie tatsächliche Lebensgefahr. Angst warnt, fordert zum Handeln auf, schärft die Sinne, ist also Teil des gesunden Lebens.
Menschen reagieren unterschiedlich auf eine Situation: Die einen sind begeistert von einem Fallschirmsprung, anderen stellt schon der bloße Gedanke die Haare zu Berge. Auch die Angstneigung ist individuell verschieden: Manche Menschen sind immer entspannt, andere stehen dauernd »unter Strom«.
Angst kann auch bei körperlichen Krankheiten auftreten und ist bei psychischen Erkrankungen manchmal das hervorstechende Symptom. Sie kann panikartig auftreten oder dauernd vorhanden sein.

## Panikattacken

### ▶ Symptome

- ➜ anfallsartige Angst, verrückt zu werden, zu sterben oder etwas Unkontrolliertes zu tun
- ➜ Gefühl der Hilflosigkeit, des Ausgeliefertseins
- ➜ Herzrasen, Atemnot, Benommenheit, Schwindel, Kribbeln in Händen oder Füßen bis zu »Lähmungen«
- ➜ zusätzlich Herzschmerzen und Engegefühl in der Brust (→ Herzneurose, Seite 270)

Panikattacken steigern sich zu einem Höhepunkt und dauern meist einige Minuten. Was zu ihnen führt, ist weitgehend unklar. Nach einigen Malen kann Angst vor der unvorhersehbar wiederkehrenden Angst beginnen. Männer mittleren Alters neigen besonders zu Panikattacken mit ausgeprägten Herzbeschwerden (→ Seite 270).

### Ärztliche Behandlung

Bei häufigen Panikattacken und großem Leidensdruck sollten Sie einen Arzt aufsuchen. Er wird nach einer Ursache fahnden. Im Notfall kann die Einnahme eines angstlösenden Mittels sinnvoll sein.

## Wie wir Streß erleben

In beengenden oder beängstigenden Situationen stellt sich unser Körper auf Flucht oder Kampf ein: Durch die sogenannte Streßreaktion werden die Hormone Adrenalin und Noradrenalin (→ Streß, Seite 497) ausgeschüttet, Blutdruck und Pulsschlag steigen, die Muskeln spannen sich, die Aufmerksamkeit steigt.
In der heutigen Zeit steht unser Körper häufig auch dann unter Hochspannung, wenn wir keiner direkten Gefahr ausgesetzt sind: Zeitdruck, Leistungsanforderung und Konkurrenz begleiten uns und fordern Flexibilität und Ausdauer – wir sind »im Streß«.
In gewissem Maß empfinden wir Streß als angenehm (Eustreß): Er kann unsere Leistungsfähigkeit steigern und gibt uns, wenn wir ihn bewältigen, das Gefühl, dem Leben gewachsen zu sein.
Häufiger jedoch werden Körper und Psyche überfordert, besonders, wenn die streßfreien Ruhepausen als zu kurz empfunden werden (Distreß). Wer Distreß erlebt, kann oft nicht klar genug nein sagen und bürdet sich mehr Arbeit auf, als er eigentlich bewältigen kann und will.
Tatsächlich nicht vermeidbarem Streß kann man mit Übungen zur Entspannung wie Autogenem Training (→ Seite 652, 690) oder Meditation (→ Seite 693) begegnen.

Zubereitungen aus den Heilpflanzen Hopfen, Baldrian, Johanniskraut, Kava-Kava, Melisse, Passionsblume oder niedrig dosierte Antidepressiva (→ Seite 638) bringen Erleichterung. Langfristig sollten Sie Entspannungsübungen (→ Seite 687) trainieren. In einer Verhaltenstherapie (→ Seite 658) können Sie lernen, mit der Angst umzugehen und sie somit allmählich verlieren.

### Selbsthilfe

Schon Kinder kennen Angst und sollten lernen, sie als normalen Bestandteil des Lebens anzunehmen und auszuhalten. Erwachsene neigen oft dazu, Angst zu bekämpfen oder ihren Auslöser zu meiden, statt sie zuzulassen. Angst kann Ihnen helfen, sich selbst besser zu verstehen und unbewußte Wünsche zu erkennen (→ Seite 680).

## Generalisierte Angststörung
(Angstneurose)

### ▶ Symptome

- ➜ dauernde, grundlose (generalisierte) Angst
- ➜ Gedanken sind auf die Angst eingeengt
- ➜ kalter Schweiß, zugeschnürte Kehle, Durchfall
- ➜ Haß, Ärger, Wut äußern sich im Gegenteil: in Mitleid, Gewissenhaftigkeit, Freundlichkeit
- ➜ sozialer Rückzug

Von einer generalisierten Angststörung spricht man, wenn die Angsterlebnisse über ein halbes Jahr hinweg andauern und an den meisten Tagen der Woche auftreten. Konflikte, die nie verarbeitet wurden, sind häufig Ursache für die Erkrankung.

### Ärztliche Behandlung

Der Arzt wird zunächst klären, ob die Angst eventuell Ausdruck einer anderen Krankheit ist. Im Notfall kann ein angstlösendes Mittel sinnvoll sein.

**Eindrucksvoll hat ein Patient mit Angststörung seine Gefühle in einer Zeichnung festgehalten.**

Die Angst selbst kann mit Verhaltenstherapie (→ Seite 658), Progressiver Muskelrelaxation (→ Seite 652, 689) oder Autogenem Training (→ Seite 652, 690) »verlernt« oder mit einer psychoanalytischen Therapie (→ Seite 657) verarbeitet werden.

### Selbsthilfe

Werden Sie mit immer wiederkehrenden Angsterlebnissen konfrontiert, so stellt sich die Frage, ob Sie sie lediglich »loswerden« oder auch ihre Ursachen finden wollen: Am Symptom Angst zu arbeiten, bringt meist schnell Erfolge, die Ursache zu beseitigen, ist weitaus schwieriger. Manchmal lohnt sich jedoch der Weg in die Tiefe der eigenen Psyche, auch wenn er anfangs schmerzhaft sein kann und sich erst später ein Gefühl der Erleichterung einstellt.

## Phobien

### ▶ Symptome

- ➜ anfallsartig auftretende Angst, die sich auf ein Objekt (Spinne, Schlange) oder auf eine Situation bezieht (geschlossene Räume, Höhe, Fliegen)

Wenn Angst auf eine bestimmte Situation begrenzt oder auf einen Gegenstand gerichtet ist, spricht man von einer Phobie. Die Angst verschwindet wieder, wenn man dem Auslöser ausweichen kann. Er wird deshalb zwanghaft gemieden, auch wenn das beträchtliche Einschränkungen zur Folge hat. Häufig steht dabei die Angst davor, daß man durch die Reaktion in Verlegenheit gebracht werden könnte, im Vordergrund.

### Ärztliche Behandlung

Bei starker Einschränkung des eigenen oder des Lebens anderer Menschen sollte man den Arzt aufsuchen. Im Rahmen einer Verhaltenstherapie (→ Seite 658) kann man die schrittweise Annäherung an das gefürchtete Objekt oder die Situation trainieren.

### Selbsthilfe

Ist die Phobie nicht sehr stark ausgeprägt, kann es Ihnen gelingen, sich vorsichtig an die gefürchtete Situation anzunähern. So können Sie sich immer häufiger an den Auslöser heranwagen, die Angst wird mit der Zeit wieder geringer werden.

## Zwangsstörungen

► Symptome
- → sich ständig wiederholende Zwangsgedanken, -impulse und -handlungen,
- → die sich aufdrängen und nicht vermieden werden können,
- → die als zum Ich gehörend, aber dennoch als unsinnig und beschämend empfunden werden

Zwänge und ritualisierte Handlungen gehören zu jedem Leben. Pünktlichkeit, Sauberkeit oder eine Sammelleidenschaft können mitunter zwanghaften Charakter annehmen. In bestimmten Berufen sind genau diese Fähigkeiten gefragt und fördern das Fortkommen. Als krankhaft werden zwanghaft wiederholte Gedanken, Impulse oder Handlungen bezeichnet, die den betroffenen Menschen isolieren und ihm keinen normalen Tagesablauf mehr ermöglichen. Dem Zwang können Unsicherheit, Zweifel, Angst vor Fehlern oder davor, die Kontrolle über sich zu verlieren,zugrunde liegen. Zu den Ursachen gibt es verschiedene Theorien: Unnachgiebiger Erziehungsstil mit frühem Saubersein, Störungen im Gehirnstoffwechsel oder aber die sich verfestigende Erfahrung, daß befürchtete Ereignisse durch ein Ritual abgewendet werden können, werden angenommen. Mit dem Befolgen eines Zwangs werden Ängste abgebaut oder verhindert. Wird ihm nicht nachgegeben, so steigern sich die Ängste unerträglich. Angehörige müssen häufig ebenfalls Rituale befolgen, was Familienbeziehungen beträchtlich belasten kann.

### Formen des Zwangs

- **Zwangsgedanken:** Das Denken kreist immer wieder um Themen wie Schmutz, Gesundheit oder die Symmetrie von Gegenständen.
- **Zwangsimpulse:** Es wird der Zwang verspürt, bestimmte Handlungen, vor deren Verwirklichung man Angst hat, auszuführen.
- **Zwangshandlungen:** Immer wieder wird kontrolliert, ob beispielsweise alle Fenster geschlossen oder alle Elektrogeräte ausgeschaltet sind. Die Hände werden immer wieder gewaschen, die Wohnung geputzt oder Gegenstände symmetrisch geordnet.

### Ärztliche Behandlung

Bei dem Gefühl, dem Zwang ausgeliefert zu sein, sollte unbedingt ein Arzt aufgesucht werden. Die zugrunde liegenden Ängste müssen gemeinsam mit einem Therapeuten aufgedeckt werden. Schrittweise kann dann in einer Verhaltenstherapie (→ Seite 658) erlernt werden, sie zuzulassen und auszuhalten. Es ist meist wichtig, auch die Angehörigen mit einzubeziehen.

### Selbsthilfe

Das ständige Bemühen, den Zwang zu unterdrücken, verstärkt ihn leider nur. Versuchen Sie stattdessen, Ihre Aufmerksamkeit auf andere Dinge, zum Beispiel auf eine sportliche oder künstlerische Betätigung, zu lenken.
Angehörige können dem Betroffenen nicht helfen, wenn sie ihn von seinem Zwang abhalten wollen. Den Zwang nicht aktiv zu unterstützen ist die beste Hilfe. Loben Sie kleine Fortschritte und signalisieren Sie, daß Sie sich nur vom Verhalten, nicht von der Person zurückziehen.

## Magersucht (Anorexia nervosa)

► Symptome
- → Untergewicht bis zur völligen Abmagerung mit kritischen Phasen: Schwäche, Herzrhythmusstörungen, verlangsamter Puls und Atem
- → schlechte Zähne, brüchige Haare und Nägel, Blutarmut mit Blässe
- → bei Frauen: Ausbleiben der Regel

Hinter der Pubertätsmagersucht verbergen sich tiefe Ängste vor der Erwachsenenrolle. Die Ablehnung von Essen ist Ausdruck einer aktiven Verweigerung. Verzicht auf Nahrung bzw. alle Mittel, sie schnellstmöglich wieder loszuwerden, sind aus der Sicht der oder des Betroffenen Zeichen von Selbständigkeit und freiem Willen. Trotz Magerkeit ist daher die Angst groß, dicker zu werden: Eine Gewichtszunahme bedeutet den Verlust von Kontrolle über das eigene Leben. Bei der Magersucht können Familienangehörige wie bei einer Drogensucht co-abhängig werden (→ Seite 565).
Die Krankheit tritt meist zu Beginn der Pubertät auf – heute nicht mehr nur bei Mädchen und Frauen,

sondern auch bei Jungen und Männern. Bei Berufsgruppen wie Fotomodellen, Schauspielern oder Tänzern, bei denen gute Figur und Schönheit Berufskapital sind, ist die Magersucht gehäuft auch in späterem Lebensalter zu finden.

Wird im Rahmen einer Therapie wieder mehr gegessen, muß sich der Körper, der sich im sogenannten Hungerstoffwechsel befindet, erst wieder umstellen. Nach einigen Wochen arbeitet der Stoffwechsel jedoch wieder wie vorher, und der Körper erreicht ein stabiles Gewicht.

Magersüchtige können ohne Behandlung wieder gesund werden. Einige leben über lange Zeit an der kritischen Gewichtsgrenze, sind sehr leistungsfähig und voll Lebenswillen, einige allerdings verlieren den Kampf um das Gewicht und sterben an den Folgen der Entkräftung.

### Ärztliche Behandlung

Je früher ein erfahrener Arzt aufgesucht wird, um so besser sind die Heilungschancen. Immer muß er zuerst abklären, ob der Abmagerung nicht eine andere Ursache zugrunde liegt.

In therapeutischen Gruppen spezialisierter Kliniken steht das Eßverhalten im Mittelpunkt: Eßprotokolle werden geführt und das Wahrnehmen von Hunger und Sättigung neu erlernt. Das »Kaloriendenken« wird schrittweise abgebaut, indem »verbotene« Nahrungsmittel wie Schokolade gezielt immer häufiger auf den Speiseplan kommen. Wichtig ist, die tieferen Ursachen der Magersucht aufzudecken und zu lernen, ein selbständiges Leben zu führen.

### Selbsthilfe

Die Pubertätsmagersucht bestimmt das Leben einer ganzen Familie. Sinnvoll ist es deshalb, wenn sich alle gemeinsam bereit erklären, einen Weg aus dem Diktat von Kalorien und Gewicht zu gehen. Offene Auseinandersetzung mit dem eigenen Verhalten und Denken ist für jedes Familienmitglied wünschenswert. Wichtig ist, zu versuchen, das Kind bzw. das Geschwister loszulassen, ihm ein eigenes Leben zu »erlauben«.

Erkundigen Sie sich, ob es an Ihrem Wohnort eine Selbsthilfegruppe gibt (→ Seite 798). Dort treffen Sie andere Menschen mit ähnlichen Problemen.

**Bulimiker verschlingen während ihrer Heißhungeranfälle große und häufig fettreiche Mengen an Nahrungsmitteln.**

## **Eß-Brech-Sucht** (Bulimie)

▶ Symptome
- → Anfälle von Heißhunger: Essen ohne jede Kontrolle bis zum totalen Völlegefühl, dann Erbrechen, und starke Schuldgefühle
- → Untergewicht möglich, aber nicht zwingend
- → schlechte Zähne, depressive Verstimmung

Betroffen von der Eß-Brech-Sucht sind Mädchen und junge Frauen. Die Krankheit fällt häufig lange Zeit nicht auf, weil sie ihr Eßverhalten vor anderen Menschen geheimhalten.

Zunächst wird das Erbrechen nach besonders reichhaltigem Essen selbst herbeigeführt, später gewinnt es reflexartige Züge. Die Symptome können auch bei einer → Magersucht auftreten.

### Ärztliche Behandlung

Je früher ein erfahrener Arzt aufgesucht wird, desto besser sind die Heilungschancen. Im Vordergrund aber steht eine Behandlung des Eßverhaltens im Rahmen einer Gruppen- oder Familientherapie (→ Seite 660).

### Selbsthilfe

Die Isolation zu durchbrechen ist das erste Ziel: Sprechen Sie über Ihr Problem, tragen Sie es nicht länger als Geheimnis mit sich herum. Selbsthilfegruppen (→ Seite 798) für Frauen mit Eßstörungen gibt es inzwischen an vielen Orten.

# Der normale Schlaf

Im Schlaf erholen sich Körper und Psyche – neue Kräfte werden gesammelt und im Traum Erlebnisse verarbeitet.

Der Schlaf-Wach-Rhythmus, dem unser Körper folgt, wirkt als »biologische Uhr«: Nach einer gewissen Dauer des Wachseins werden wir müde, unsere Leistungsfähigkeit läßt nach, Körpertemperatur, Atem- und Pulsfrequenz senken sich. Nach Mitternacht sind wir am wenigsten leistungsfähig; Unfälle auf der Straße oder an Maschinen häufen sich dann. Wechseln wir in eine andere Zeitzone, etwa bei einem langen Flug, so folgt unser Körper zunächst noch dem gewohnten Rhythmus. Pro Stunde Zeitverschiebung benötigt er daher einen Tag Gewöhnung an die neuen Zeitverhältnisse (Jet lag).

Die Schlafdauer des erwachsenen Menschen beträgt etwa 6 bis 9 Stunden. Im Alter schläft man nicht unbedingt kürzer, der Schlaf ist jedoch oberflächlicher und leichter störbar.

## Untersuchungen im Schlaflabor

Zu Testzwecken, bei hartnäckigen Schlafstörungen oder dauerhafter Tagesmüdigkeit verbringen Menschen eine oder mehrere Nächte im sogenannten Schlaflabor. Temperatur, Herzschlag, Puls, Sauerstoffgehalt im Blut, Atemfluß und Atembewegungen des Brustkorbs, Augenbewegungen, Muskelaktivität der Beine und die Gehirnströme werden während des Schlafs aufgezeichnet (Polysomnographie).

Die Gehirnströme (→ EEG, Seite 621) zeigen die verschiedenen Schlafstadien: Tiefschlaf, oberflächlichen Schlaf, Phasen mit schnellen Augenbewegungen unter den geschlossenen Lidern (nach dem englischen Ausdruck »rapid eye movement« als REM-Schlaf bezeichnet). Besonders im REM-Schlaf wird geträumt – nach Mitternacht eher auf das Tagesgeschehen bezogen, zum Morgen hin eher bizarr und gefühlsbetont.

## Schlafstörungen

### ▶ Symptome

- → gestörtes Einschlafen oder Durchschlafen, frühes Erwachen
- → tagsüber müde, abgeschlagen, kraftlos, reizbar, Aufmerksamkeit und Konzentration verringert

Persönliche und berufliche Belastungen, Streß (→ Seite 222), Depression (→ Seite 228), Angst (→ Seite 222) und Schlafapnoe (→ Seite 227) können Schlafstörungen hervorrufen. Auch zuviel Kaffee oder Tee, aufregende Filme oder Bücher am Abend, Lärm, Licht, schlechte Luft, durchgelegene Matratzen, zu hohe oder zu flache Kissen können Ursachen sein. Leidet man häufig unter Schlafstörungen, so kann sich Angst vor der Schlaflosigkeit einstellen, die das Problem zur Krankheit macht.

### Ärztliche Behandlung

Bei oben genannten Symptomen – vor allem wenn sie über längere Zeit andauern – sollte auf jeden Fall nach einer Ursache gesucht werden, auch wenn häufig Arzt und Patient das Verschreiben eines Medikamentes als einfachste Lösung empfinden.

Für kurze Zeit können Benzodiazepine (→ Seite 637), Antidepressiva (→ Seite 638) oder bestimmte Neuroleptika (→ Seite 638) verordnet werden, jedoch sollten sie nicht auf Dauer genommen werden, da sie die Ursache der Schlafstörung nicht beseitigen und zum Teil süchtig machen können (→ Seite 571).

Das Hormon Melatonin wird derzeit als mögliches Schlafmittel diskutiert, da es wahrscheinlich Körperfunktionen auf die »biologische Uhr« abstimmt. Als Medikament ist es in Deutschland allerdings nicht zugelassen.

Hilfreich sein kann das Erlernen des Autogenen Trainings (→ Seite 652), der Progressiven Muskelrelaxation (→ Seite 652) sowie eine Verhaltenstherapie (→ Seite 658).

### Selbsthilfe

Versuchen Sie, oben genannte Ursachen zu vermeiden und sich auf das abendliche Schlafen vorzubereiten: Beenden Sie alle Tätigkeiten eine halbe

Stunde vor dem Zubettgehen und machen Entspannungsübungen (→ Seite 686–697), trinken einen Schlaftee (→ Seite 729), eine warme Milch oder nehmen ein Bad mit Zusätzen von Melisse, Baldrian und Lavendel. Trinken Sie keinen Alkohol und lesen oder fernsehen Sie nicht im Bett.

## Schlafapnoe

### ▶ Symptome

- in der Nacht immer wieder eintretende Atempausen, zum Teil mit Erwachen
- am Tag Einnicken
- schwere, chronische Schlafstörungen
- Schnarchen

Durch Zurücksinken der Mundbodenmuskulatur (vor allem der Zunge) im Tiefschlaf entsteht das Schnarchen. Erschlafft die Muskulatur noch stärker, wird der Atemweg verschlossen – es kommt zum kurzzeitigen Atemstillstand (Apnoe). Dabei sinkt der Sauerstoffgehalt im Blut beträchtlich, Gehirn und andere Organe werden nicht mehr ausreichend versorgt.

Der Stillstand kann bis zu 2 Minuten dauern, dann holt man wieder tief Luft, wobei sich die Schlaftiefe verringert und man aufwachen kann. Die Atemstillstände können mehrmals in der Nacht auftreten, zum Teil bis zu 500mal pro Nacht. Am Morgen bleibt das Gefühl, nicht geschlafen zu haben. Gehäuft tritt die Schlafapnoe bei Männern mittleren Alters mit Übergewicht auf.

### Ärztliche Behandlung

Bei ausgeprägter Tagesmüdigkeit und oben genannten Symptomen oder bei entsprechenden Aussagen des Bettnachbars, auch wenn man selbst sich vielleicht nicht an die Atemstillstände erinnern kann, sollte man den Arzt aufsuchen. Mit einer Untersuchung im Schlaflabor kann die Diagnose gesichert werden.

Der erste und wichtigste Schritt ist die Reduktion des Gewichts. In schweren Fällen kann ein spezielles Gerät die Atemwege offenhalten, indem es nie alle Luft entweichen läßt und dadurch einen leichten Gegendruck aufbaut. Manchen Betroffenen hilft eine Operation am Gaumenzäpfchen, die heute auch mit dem Laser durchgeführt werden kann.

### Selbsthilfe

Bemühen Sie sich, Gewicht abzunehmen. Meiden Sie Schlafmittel und Alkohol, da diese den nächtlichen Atemantrieb verringern. In leichten Fällen hilft eine Änderung der gewohnten Schlafhaltung: von der Rückenlage auf die Seite.

## Erschöpfung (Burn out)

### ▶ Symptome

- Abgespanntheit, verstärkte Ermüdbarkeit, Lustlosigkeit
- Konzentrationsschwäche, Schreckhaftigkeit
- Kopfschmerzen, Appetit- und Schlafstörung, Herzstolpern, Potenzstörung

Der Weg in die Erschöpfung führt oft über eine jahrelange, schleichende Entwicklung. Betroffen sind häufig Menschen, die eine mehrfache Belastung, zum Beispiel durch Haushalt, Kinder und Beruf, bewältigen müssen. Die Arbeitskraft wird immer weiter gesteigert, irgendwann machen sich dann die ersten Anzeichen der Erschöpfung bemerkbar. Ausschlaggebend ist die Einstellung zu Arbeit und Pflicht: Beide werden als oberstes Gebot angesehen und mit Perfektion ausgeführt.

Die Erschöpfung der Energiereserven führt zu einem Zustand, in dem man sich »ausgebrannt« fühlt. Die englische Bezeichnung dafür – »burn out« – wird auch bei uns häufig verwendet.

### Ärztliche Behandlung

Die körperlichen Symptome von Erschöpfungszuständen mit Medikamenten zu behandeln kann kurzzeitig sinnvoll sein, eine Dauerlösung ist es nicht. Mit einer psychotherapeutischen Behandlung (→ Seite 654) kann versucht werden, das psychische Kernproblem zu erkennen und einen Weg aus der Dauerbelastung zu finden.

### Selbsthilfe

Versuchen Sie, Neinsagen zu lernen, wenn Ihnen Arbeit und Pflicht zuviel werden. Sie werden vielleicht anfangs auf Unverständnis stoßen, aber Sie haben das Recht, auch an sich selbst zu denken. Niemand ist nur für andere da.

In entsprechenden Kursen können Sie Entspannungstechniken lernen (→ Seite 687).

## Neurose oder Psychose?

Eine Neurose bezeichnet eine psychische Störung, deren Ursache lebensgeschichtlich bedingt ist oder in der Auseinandersetzung mit einem ungelösten, oft unbewußten frühen Konflikt liegt.

Von ihr wird die Psychose unterschieden, die durch körperliche Störungen oder solche des Gehirnstoffwechsels verursacht werden kann. Eine Psychose äußert sich in grundlegend verändertem Erleben und Verhalten und ist geprägt durch eine gestörte Vorstellung von der Realität.

Der Begriff Neurose wird in der Medizin heute gern vermieden, da er eher Vorurteile schafft, als dazu dienen kann, Krankheiten zu beschreiben. Auch ist eine Unterscheidung zwischen Neurose und Psychose oft schwierig. Deswegen geht man dazu über, die vorrangigen Symptome bei der Bezeichnung einer Krankheit zu verwenden. So spricht man heute beispielsweise statt von einer neurotischen Depression von einer anhaltenden depressiven Verstimmung.

Bei einer sogenannten affektiven Psychose sind Stimmung und Gefühle abnorm verändert. Jeder Mensch kennt »gute« und »schlechte« Stimmungen, doch hier zeigen sich extreme Ausprägungen. Man unterscheidet Depression, Manie sowie Depression und Manie im Wechsel.

**Melancholie und Einsamkeit sprechen aus der Zeichnung eines Patienten mit Depressionen.**

## Depression

### ► Symptome

- ➜ Verlust von Lebensfreude, Gefühl der Gefühllosigkeit
- ➜ Grübeln über Themen wie Schuld und Verarmung
- ➜ Störung von Konzentration, Ausdauer, Antrieb, schlechter Schlaf und Appetit, Angst und Unruhe
- ➜ eventuell Gedanken an Selbstmord

Depressionen kommen gehäuft im frühen Erwachsenenalter und im 5. und 6. Lebensjahrzehnt vor, Frauen sind öfter betroffen als Männer. Depressionen treten in Phasen auf, die wiederkehren und Wochen bis Monate dauern können.

Zur Entstehung können endogene Faktoren beitragen (→ Neurose oder Psychose?): Depressionen in der Familie, Veränderungen des Gehirnstoffwechsels, verschiedene Krankheiten des Gehirns und anderer Organe. Außerdem können Drogen, Alkohol und Medikamente Ursache sein. Auslöser einer Depression kann Streß (→ Seite 222) durch berufliche Belastung oder ein einschneidendes Lebensereignis sein.

### Ärztliche Behandlung

Bei starkem Leiden und Beeinträchtigung des Alltagslebens sollte ein Arzt aufgesucht werden; entlastend wirkt oft schon das Gespräch über die Krankheit. Bei einer depressiven Verstimmung können Johanniskraut, aber auch andere pflanzliche Mittel wie Kava-Kava oder Melisse helfen. In der Akutphase einer Depression sind schlaffördernde Mittel, Benzodiazepine oder Neuroleptika (→ Seite 638) sinnvoll. Längerfristig werden Antidepressiva oder Johanniskraut verordnet. Neben der Arzneimitteltherapie sollte immer eine psychotherapeutische Behandlung (→ Seite 654) begonnen werden. Hilfreich kann auch eine spezielle Lichttherapie sein sowie Schlafentzug, bei dem man entweder die ganze Nacht wach bleibt oder um ein Uhr morgens geweckt wird und erst am folgenden Abend wieder schläft.

### Selbsthilfe

Schwere Symptome der Depression hindern den Betroffenen meist daran, selbst irgend etwas gegen die Krankheit zu tun. Angehörige sind daher besonders gefordert: Begegnen Sie dem Kranken mit Verständnis und Liebe, auch wenn er Ihnen träge und unwillig, wortkarg und halsstarrig erscheint. Er braucht Ihre Zuwendung gerade jetzt.

## Manie

**▶ Symptome**

- ➜ gehobene Stimmung, Taten- und Rededrang, kaum Schlafbedürfnis und Hunger
- ➜ Denken beschleunigt, verworren, Größenideen: Gefühl alles schaffen zu können, leichtsinnige Geldausgaben
- ➜ enthemmt, reizbar, ungeduldig

Die Manie tritt meist im Wechsel mit der Depression auf, selten allein. Für die Entstehung gilt dasselbe wie bei der Depression.

### Ärztliche Behandlung

Wegen fehlender Krankheitseinsicht muß die ärztliche Behandlung häufig gegen den Willen des Betroffenen im Krankenhaus durchgeführt werden. Meist sind Neuroleptika (→ Seite 638) wirksam.

### Selbsthilfe

Der Betroffene kann meist selbst nicht erkennen, daß er krank ist. Sachliches Argumentieren mit ihm über die Unsinnigkeit seiner Unternehmungen hilft daher in der akuten Phase der Erkrankung wenig – für Angehörige eine leidvolle Erfahrung. Wenden Sie sich daher vertrauensvoll an einen niedergelassenen Psychiater.

## Depression und Manie im Wechsel

**▶ Symptome**

- ➜ abwechselnd Zeichen der → Depression oder der → Manie

Depressive und manische Phasen wechseln ab. Frauen und Männer sind gleich häufig betroffen; die erste Krankheitsphase tritt meist um das 30. bis 35. Lebensjahr auf.

### Ärztliche Behandlung

Der Arzt sollte in den unter → Depression und → Manie genannten Situationen aufgesucht werden. Weitere Krankheitsphasen können mit Medikamenten, die den Gehirnstoffwechsel regulieren (zum Beispiel Lithiumpräparate), verhindert oder zumindest Dauer und Stärke verringert werden.

### Selbsthilfe

Siehe unter → Depression und → Manie.

## Persönlichkeitsstörungen

**▶ Symptome**

- ➜ vom Durchschnitt abweichendes Verhalten, durch das der Betroffene »aneckt«, keine Freunde findet, Probleme am Arbeitsplatz hat, wenig leistungsfähig ist, sich einsam und nicht verstanden fühlt
- ➜ dauerhaft einer oder mehrere der folgenden Persönlichkeitszüge stark ausgeprägt: zwanghaft, selbstunsicher, depressiv, empfindlich, mißtrauisch, theatralisch, emotional kühl

Die genannten Persönlichkeitszüge zeigen einige der vielen Möglichkeiten menschlichen Verhaltens. Als krank wird ein Mensch nur dann bezeichnet, wenn er und/oder andere unter der starken Ausprägung eines oder mehrerer dieser Züge seiner Persönlichkeit leiden.
Menschen, deren Wohlbefinden durch eine Persönlichkeitsstörung stark eingeschränkt ist, mißbrauchen häufig Suchtmittel wie Alkohol, Drogen und Medikamente (→ Seite 570–575).

### Ärztliche Behandlung

In einer Gruppen- oder Familientherapie kann die Wirkung des eigenen Verhaltens in Rollenspielen erfahren und neue Verhaltensformen eingeübt werden.

### Selbsthilfe

Betroffene erleben immer wieder, daß man sich über sie beklagt oder ihnen mit Aggression begegnet. Dadurch verbessert sich nichts – im Gegenteil, der Umgang miteinander wird auf die Dauer immer schwieriger. Daher sollten Betroffene wie Angehörige versuchen, das Verhalten unter fachlicher Betreuung zu verändern.

## Was ist Schizophrenie?

Als Schizophrenie (wörtlich »gespaltene Seele«) wird in der Medizin nicht, wie umgangssprachlich gemeint, eine Spaltung der Persönlichkeit, sondern eine Spaltung des Erlebens und Wahrnehmens bezeichnet: Neben der tatsächlichen Welt existiert für den Betroffenen eine zweite, eine Wahnwelt, in der Wahrnehmungen wie das Hören von Stimmen, ungewöhnliche Körpergefühle und Gerüche sowie Verfolgungsideen durchlebt werden. Sein inhaltliches und formales Denken (→ Seite 217), sein Ich-Erleben (→ Seite 215) und sein Kontakt zu anderen Menschen sind durch die Krankheit gestört.

Viele Kranke sind unfähig, einen Entschluß in die Tat umzusetzen. Ihre Stimmung schwankt häufig und paßt nicht immer zur Situation. In einer akuten Krankheitsphase haben sie oft keine Einsicht in ihr Leiden, gehen aber eher zum Arzt als zur Polizei, wenn sie sich beispielsweise verfolgt fühlen (→ paranoide Schizophrenie).

**Der Verlauf von Schizophrenien**

Schizophrenien, die in allen Kulturen und unabhängig von äußeren Bedingungen auftreten, beginnen meist im jungen Erwachsenenalter; etwa einer von hundert Menschen erkrankt. Die Erkrankung verläuft in Schüben; manche Menschen werden nach einem Schub nicht mehr ganz gesund, sondern zeigen sogenannte *Residualsymptome*: Verarmung des Gefühlslebens, innere Leere, Depression, wenig Eigeninitiative, Rückzug aus dem sozialen Leben und andere.

Kommt es im Lauf der Zeit zu mehreren Schüben, so können sich diese immer mehr verstärken, eine medikamentöse Dauerbehandlung ist dann nötig.

**Frühwarnsymptome**

Bei wiederholtem Auftreten von Schüben können jedoch sogenannte *Frühwarnsymptome* vom Betroffenen wahrgenommen werden. Bevor ein Schub zum vollständigen Ausbruch kommt, kann er mit wesentlich geringeren Dosen von Medikamenten, als im sogenannten Vollbild nötig wären, abgefangen werden. Frühwarnsymptome können innere Unruhe, Nervosität, Schlaflosigkeit, verminderte Konzentrationsfähigkeit, unerklärliche Angst, Mißtrauen oder auch Gereiztheit sein.

## Paranoide Schizophrenie

### ▶ Symptome

- ➜ allgemeine Symptome → Was ist Schizophrenie?
- ➜ zusätzlich: Gefühl, von Organisationen wie der Mafia, einem Geheimdienst oder Außerirdischen verfolgt zu werden, von Abhörgeräten, Telefonleitungen oder Stromkabeln beeinflußt zu werden

Zentral ist bei dieser Form der Schizophrenie das Gefühl, verfolgt zu werden; das Wahndenken (paranoides Denken) ist stark ausgeprägt.

Entgegen der Befürchtung, schizophrene Menschen seien aggressiv und unberechenbar, sind sie nicht öfter an Gewalttaten beteiligt als der Durchschnitt der Bevölkerung – sie sind im Gegenteil meist auf der Flucht vor ihren vermeintlichen Verfolgern.

### Ärztliche Behandlung

Die Symptome dieser Form der Schizophrenie quälen die Kranken erheblich. Viele suchen daher den Arzt auf. Ist im akuten Schub keine Krankheitseinsicht vorhanden, muß der Betroffene in manchen Fällen gegen seinen Willen in ein Krankenhaus eingewiesen werden, um ihm dort durch eine Behandlung helfen zu können (→ Seite 219).

Nach wie vor bilden die Neuroleptika (→ Seite 638) den wesentlichen Baustein der Therapie. Aller Kritik zum Trotz sind sie die einzige Möglichkeit, schnell eine Besserung der Beschwerden zu erreichen. Die benötigte Menge richtet sich nach der Krankheitsphase: Im akuten Schub werden häufig hohe, zur Langzeitbehandlung meist wesentlich niedrigere Dosen gebraucht. Begleitet wird die Therapie immer von Beschäftigungs- oder Arbeitstherapie sowie von Psychotherapie in Einzel- und Gruppensitzungen (→ Seite 654).

### Selbsthilfe

Im akuten Schub ist keine Selbsthilfe möglich (Frühwarnsymptome → Was ist Schizophrenie?). Vielen Kranken hilft es, zu malen, zu schreiben oder Sport zu treiben. Eine feste Tagesstruktur empfinden sie meist als große Stütze. Selbsthilfegruppen bieten Angehörigen die Möglichkeit, sich über Probleme und Belastungen auszutauschen (→ Seite 798).

## Hebephrene Schizophrenie

### ▶ Symptome

- ➜ allgemeine Symptome → Was ist Schizophrenie?
- ➜ unangebracht heiter, läppisch, ohne wirklich fröhlich zu wirken, selbstzufriedenes Lächeln
- ➜ Verhalten erscheint ziellos, verantwortungslos
- ➜ Antrieb ist reduziert

Diese Form der Schizophrenie beginnt meist bereits in der Jugend. Auffällig sind die oben genannten Ausdrucksstörungen im Verhalten des Kranken.

### Ärztliche Behandlung und Selbsthilfe

Wie → paranoide Schizophrenie

## Katatone Schizophrenie

### ▶ Symptome

- ➜ allgemeine Symptome → Was ist Schizophrenie?
- ➜ Schwanken zwischen Bewegungsdrang und völliger Bewegungslosigkeit
- ➜ Grimassen schneiden, eintönige Bewegungen

Antriebs- und Bewegungsstörungen können bei allen Formen der Schizophrenie vorkommen, stehen hier aber im Vordergrund. Phasen starker Erregung wechseln mit völliger Starrheit (Stupor).

### Ärztliche Behandlung und Selbsthilfe

Wie → paranoide Schizophrenie

## Leben mit einer schweren psychischen Krankheit

Eine psychische Krankheit wie beispielsweise die Schizophrenie kann dazu führen, daß der Betroffene seine Ausbildung abbrechen muß, nicht mehr zur Arbeit gehen kann, nicht mehr in der Lage ist, allein zu wohnen und zu leben. Die Beeinträchtigung kann so stark sein, daß eine Anerkennung als Schwerbehinderter erfolgen muß.

Ein psychisch schwer erkrankter Mensch benötigt deshalb Hilfe und Unterstützung:

- **Arbeit:** Es sollte festgestellt werden, ob der Kranke den Anforderungen seines alten Arbeitsplatzes noch gewachsen ist. Wenn nicht, kann eine Umschulung erfolgen. Kommt auch sie nicht mehr in Frage, bietet sich das Arbeiten in einer *beschützten Werkstätte* an, in der mit Unterstützung von Fachpersonal handwerkliche Produkte hergestellt werden. Ebenfalls unter Anleitung findet die *Arbeitstherapie* statt. Sie ist meist in ein psychiatrisches Krankenhaus integriert; die Tätigkeit besteht meist in einfachen industriellen Fertigungen oder in Büroarbeit.
- **Wohnen:** Mittlerweile gibt es viele verschiedene Formen des *betreuten Wohnens* – die Möglichkeiten reichen von leichter Unterstützung bis zu einer von Sozialpädagogen ständig betreuten Wohngemeinschaft.
- **Geld:** Wenn er über kein regelmäßiges Arbeitseinkommen verfügt, kann der Kranke finanzielle Hilfen wie Wohngeldzuschuß, Erwerbsunfähigkeitsrente, Ermäßigungen durch den Schwerbehindertenausweis und Sozialhilfe in Anspruch nehmen.
- **Freizeit und soziale Kontakte:** Sozialpsychiatrische Dienste bieten Freizeitaktivitäten wie Gesprächsgruppen, Patientenclubs, Urlaubsfahrten und Selbsthilfegruppen an; Angehörige werden oft eingebunden.
- **Betreuung:** Kann der Kranke seine Angelegenheiten nicht mehr selbst regeln, so kann ihm ein Betreuer zur Seite gestellt werden.

Es gibt verschiedene Bereiche, für die jeweils getrennt eine Betreuung beantragt werden muß: zum Beispiel für die Regelung des Aufenthalts, für Finanzen und Gesundheit. Betreuungen müssen vom zuständigen Richter auf der Basis eines ärztlichen Gutachtens genehmigt werden. Betreuer kann ein Angehöriger oder eine nicht verwandte Person sein.

Abweichende Rechtssituationen und Regelungen sind in einzelnen Bereichen in Österreich und der Schweiz möglich. Bitte informieren Sie sich bei den zuständigen Stellen (→ Adressen, Seite 798).

## Tics bei Kindern

**▶ Symptome**
- ➜ plötzliche Bewegungen, Zuckungen oder Laute, zum Beispiel Blinzeln, Kopfwerfen, Grimassen schneiden, Räuspern
- ➜ die Verhaltensweisen treten wiederholt auf, ohne sichtbaren Zweck
- ➜ können kurzfristig unterdrückt werden

Bei Kindern treten Tics häufig auf, besonders wenn sie in Streßsituationen sind (→ Seite 222). Tics sind meist harmlos und vergehen wieder. Sie sind kein Zeichen geistiger Behinderung.

### Ärztliche Behandlung

Länger dauernde (über ein Jahr), sehr störende Formen bedürfen einer Behandlung. Tics können oft mit einer Verhaltenstherapie (→ Seite 658) wieder »verlernt« werden.

### Selbsthilfe

Meist stört der Tic die Familie mehr als das Kind selbst. Die Situation wird erträglicher, wenn man versucht, den Tic zu ignorieren.
Als Eltern sollten Sie Ihre Ansprüche an die Leistungen des Kindes hinterfragen und klären, ob es hohe Schulbelastungen bewältigen muß; sie können den Tic verstärken.

## Stottern

**▶ Symptome**
- ➜ Unterbrechung des Redeflusses durch häufige Wiederholung oder Dehnung von Lauten, Silben oder Wörtern
- ➜ häufiges Innehalten beim Sprechen

Kinder, die sprechen lernen, »stolpern« häufig über die eigenen Worte. Etwa ab dem 4. Lebensjahr gibt sich dies jedoch normalerweise. Wenn Ihr Kind auch danach noch Schwierigkeiten hat, Wörter und Sätze flüssig »herauszubringen« (→ Seite 70), so sollte es auf körperliche oder seelische Störungen hin untersucht werden.
Jungen stottern wesentlich häufiger als Mädchen, die Ursache ist nicht bekannt. Aufregung verstärkt das Stottern.

### Ärztliche Behandlung

Meist verschwindet das Stottern von allein wieder. Wenn auch nach längerer Zeit keine Besserung eintritt, sollte ein Arzt das Kind untersuchen, um körperliche Ursachen auszuschließen. Verhaltenstherapie (→ Seite 658) und Entspannungsübungen (→ Seite 687) zeigen häufig Erfolg. Manchmal bleibt das Stottern bis ins Erwachsenenalter bestehen.

### Selbsthilfe

Atemübungen, logopädische Redeübungen und Singen helfen dem Kind, den freien Umgang mit der Sprache zu erlernen. Eltern sollten die Kinder während des Sprechens nicht unter Druck setzen, sondern zum langsamen Fortfahren ermutigen.

## Das Kind in der Familie

Die ersten Lebensjahre verbringen die meisten Kinder im engen Familienkreis. Hier bekommen sie Anregungen für ihre Entwicklung, lernen, indem sie Eltern und Geschwister nachahmen und die Reaktionen auf das eigene Verhalten wahrnehmen.
Wichtig für das gesunde Heranwachsen von Kindern ist, einen Mittelweg zu finden zwischen ihrer Entfaltung und den Bedürfnissen der Menschen ihres Umfelds (→ ab Seite 64).

**Zeitweilige oder dauerhafte Trennung**

Besonders schwer haben es Kinder, die zeitweilig oder dauerhaft von den Eltern getrennt werden. Fehlen den Kindern deren Fürsorge und Liebe, so kann es passieren, daß sie in ihrer Entwicklung gegenüber Gleichaltrigen zurückbleiben.
Muß ein Kind für längere Zeit ins Krankenhaus (→ Seite 599), so kann es auch bei Kontakt zu den Eltern zu sogenannten Hospitalismus-Symptomen wie Schreien, Gewichtsverlust, Teilnahmslosigkeit, starrer Gesichtsausdruck oder Körperwippen kommen.
Solche Symptome entstehen nicht, wenn die Eltern versuchen, das Kind regelmäßig zu besuchen oder ein Elternteil in der Klinik bleibt (sogenanntes → Rooming-in, Seite 599). Bei Frühgeborenen ist der Körperkontakt besonders wichtig für eine normale Entwicklung.

## Lernschwierigkeiten

▶ Symptome
- ➜ das Kind erreicht in einzelnen Lernbereichen nicht den Altersdurchschnitt, möglich sind:
- ➜ Schwierigkeiten beim Verstehen und Sprechen (nur einfache, kurze Sätze möglich)
- ➜ beim Lesen: Verwechseln (b und d, c und o) oder Verdrehen von Buchstaben
- ➜ Rechenschwäche
- ➜ Probleme, beim Schreiben und Lesen einzelne Buchstaben und Wortganzes zueinander in Bezug zu setzen (Legasthenie)

Das Lernproblem liegt nicht an der falschen oder mangelnden Schulung des Kindes, sondern ist im körperlichen oder psychischen Bereich zu suchen.

### Ärztliche Behandlung

Im Vorschulalter holen viele Kinder auch ohne fremde Hilfe wieder auf und können normal eingeschult werden. Im Rahmen der Vorsorgeuntersuchungen (→ Seite 607) wird, falls die Schwierigkeiten gravierend sind, auch nach körperlichen Ursachen gefahndet. Bleibt eine Störung auch in der Schule bestehen, sollte ein Arzt aufgesucht werden.
Trotz Schwierigkeiten kann das Kind lernen – es geht nur etwas langsamer und bedarf spezieller Lehrtechniken. Einzeln oder in Lerngruppen können die Schwächen systematisch trainiert werden.

### Selbsthilfe

Überfordern Sie das Kind nicht durch falschen Ehrgeiz. Ein gleichaltriges kann eventuell schon besser sprechen als Ihr Kind, dafür hat es aber vielleicht in anderen Bereichen Schwierigkeiten.
Lesen Sie zur kindlichen Entwicklung das Kapitel »Die Lebensphasen« ab Seite 64.

## Hyperaktivität (»Zappelphilipp«)

▶ Symptome
- ➜ Mangel an Ausdauer und Konzentration
- ➜ Bewegungsdrang: Zappeln, Hüpfen, Rennen
- ➜ häufig Reibereien und Streit, weil familiäre oder schulische Regeln übertreten werden
- ➜ wenig Zutrauen zu sich selbst

**Lernschwächen haben oft psychische Ursachen. Mit geeigneten Lerntechniken können sie behoben werden.**

Jungen sind weitaus häufiger betroffen als Mädchen, meist schon vor dem 5. Lebensjahr. Über die Ursachen der Hyperaktivität herrscht noch Unklarheit; phosphathaltige Ernährung, verschiedene Umweltfaktoren oder Konservierungsstoffe könnten sie eventuell mit verursachen.
Es stellt sich die Frage, ob Hyperaktivität überhaupt als Krankheit bezeichnet werden kann oder nicht viel eher den allgemeinen Vorstellungen von beherrschtem und »gesittetem« Verhalten widerspricht.

### Ärztliche Behandlung

Bei Problemen in der Schule und im Umgang mit anderen sollte ein Arzt aufgesucht werden. Wichtig ist, daß Kind und Eltern von der Frage entlastet werden, wer schuld ist. Verhaltenstherapien (→ Seite 658) haben Erfolg, Medikamente entlasten kurzfristig, dürfen aber nur unter ärztlicher Überwachung eingenommen werden.

### Selbsthilfe

Sportliche Aktivitäten wie Reiten oder Tanzen kommen dem natürlichen Bewegungsdrang des Kindes entgegen und lehren den bewußten Umgang mit dem eigenen Körper. Außerdem kann das hyperaktive Kind beim Sport Erfolgserlebnisse verbuchen, die es dringend braucht.

## Frühkindlicher Autismus

▶ Symptome

➜ kaum Kontakt oder Reaktionen auf die Umwelt
➜ Veränderungen in der gewohnten Umgebung verängstigen das Kind, es reagiert wütend
➜ Sprechen, Lernen erschwert oder nicht möglich
➜ möglicherweise in einzelnen Bereichen ganz besonders begabt (schnelles Rechnen, Auswendiglernen)

Autismus bezeichnet in der Medizin Rückzug und Abkapselung von der Umwelt. Der frühkindliche Autismus besteht von Geburt an oder prägt sich in den ersten 2 bis 3 Lebensjahren aus. Autistische Kinder sind immer mit sich beschäftigt und können die Barriere zwischen reichem Innenleben und Außenwelt nur unter ganz bestimmten Bedingungen, quasi in »ritualisierter Form«, durchbrechen.
Jungen sind öfter als Mädchen betroffen. Häufig besteht gleichzeitig eine → Intelligenzminderung oder eine Epilepsie (→ Seite 202). Im Lauf des Lebens können sich die Symptome bessern, Kontaktschwierigkeiten bleiben jedoch meist bestehen.

**Bei Kindern mit Intelligenzminderung wird in spielerischen Tests die Lernfähigkeit geprüft.**

### Ärztliche Behandlung

Eine körperliche Ursache sollte vom Arzt ausgeschlossen werden. Sinnvoll sind Verhaltenstherapie (→ Seite 658) und Spieltherapie: Ausgebildete Therapeuten spielen mit Kindern und versuchen vorsichtig, ihr Verhalten anzusprechen. Dabei erfährt das einzelne Kind, wie es Gefühle ausdrückt.

### Selbsthilfe

Reiten, Musik und Förderung der Kreativität helfen manchen Kindern aus ihrer Isolation.

## Intelligenzminderung

▶ Symptome

➜ geistige Fähigkeiten unter dem normalen Durchschnitt, geringe Selbständigkeit
➜ Störung von Sprache, Bewegungen, Anpassungsfähigkeit und sozialem Verhalten

Von einer Intelligenzminderung wird gesprochen, wenn ein Mensch von Geburt an oder seit der Kindheit an einer Geistesschwäche leidet.
Früher schätzte man die geistigen Fähigkeiten eines Menschen ausschließlich nach der Höhe des im Test gemessenen Intelligenzquotienten ein, heute werden individuelle Entwicklungsmöglichkeiten und Verhalten mit einbezogen und die Einteilung »lernfähig«, »trainierfähig« und »pflegebedürftig« verwendet.
Die Ursachen sind vielfältig: Rötelninfektion oder Alkoholmißbrauch während der Schwangerschaft (→ Seite 543), Sauerstoffmangel während der Geburt, Schilddrüsenunterfunktion (→ Seite 512), Gehirnentzündung (→ Seite 192), Kopfverletzungen (→ Seite 190), Down-Syndrom (→ Seite 408), Phenylketonurie (→ Seite 513) und anderes.

### Ärztliche Behandlung

Wichtig sind Vorsorgeuntersuchungen bei Schwangeren und Kindern (→ Seite 606). Die Behandlung richtet sich nach der Ursache. Erfolg haben heil- und sonderpädagogische Maßnahmen sowie Sprach- und Musiktherapie.

### Selbsthilfe

Ganz besonders wichtig ist, das Kind trotz seiner Behinderung ernst zu nehmen und ihm, wo es nur geht, Erfolgserlebnisse zu ermöglichen.

# Das Schweigen brechen: Gewalt in der Familie

Immer wieder wird in den Medien über Mißhandlung oder Mißbrauch von Kindern berichtet. Grausame Taten schrecken die Öffentlichkeit auf und entfachen Diskussionen über Bestrafung oder Therapie der Täter.
In den meisten Fällen kommen solche Vorfälle allerdings nie ans Tageslicht. Gerade der Mißbrauch von Kindern gehört zu den bestgehüteten Geheimnissen, wird vertuscht oder jahrelang »übersehen«. Täter sind fast immer nächste Verwandte – für das Kind eine fast ausweglose Situation, weil es mit den Menschen, die ihm am nächsten stehen, nicht über seine Situation sprechen kann.

## Der Teufelskreis

Die Ursachen für Mißhandlung und Mißbrauch sind meist schwerwiegendste psychische und soziale Probleme: Eltern waren oft als Kinder selbst Opfer und haben nie gelernt, Bedürfnisse und Gefühle zu äußern oder Konflikte im sachlichen Gespräch zu lösen. Die Bestrafung von Kindern durch körperliche oder psychische Gewalt erscheint ihnen der einzige Weg, sich durchzusetzen.
Auch sexueller Mißbrauch, alle Situationen also, die Kindern in sexueller Hinsicht Schaden zufügen, in denen sie genötigt werden, etwas zu tun, das sie aus eigenem Antrieb nie tun würden, wird in fast allen Fällen von engsten Verwandten begangen; Opfer sind zum größten Teil Mädchen. Sexueller Mißbrauch ist strafbar. Wird er angezeigt, so muß die Polizei ermitteln, und das Jugendamt wird hinzugezogen. Kommt es überhaupt je zu diesem Schritt in die »Öffentlichkeit«, so leiden die Kinder oft an starken Schuldgefühlen, wenn die Eltern ihretwegen bestraft oder sie von ihnen getrennt werden.

**Mißhandelte Kinder leiden unter einer unerträglichen seelischen Last.**

## Zeichen und Folgen

Kinder verletzen sich beim Spielen und Toben recht häufig, meist an sichtbaren Stellen wie Stirn und Unterschenkeln. Verletzungen an Gesicht, Gesäß, Beinen, Oberkörper und im Intimbereich sowie ungewöhnlich oder unpassend wirkende Erklärungen zu diesen können die Vermutung nahelegen, daß ein Kind mißhandelt oder mißbraucht wurde. Körperliche Gewalt wirkt auch auf die psychische Verfassung eines Kindes ein: Alpträume, mangelndes Selbstvertrauen, Überanpassung, ein Gefühl von Wertlosigkeit bis hin zu Selbstmordgedanken können die Folge sein.

## Wer kann helfen?

Verständnis und echter Wille zu helfen sind das Beste für ein Kind, dem körperliche oder psychische Gewalt widerfahren ist. Häufig sind die Eltern mit ihren beruflichen und häuslichen Aufgaben überfordert und lassen deshalb Angst und Ärger am schwächsten Familienmitglied aus. Hilfe von Außenstehenden kann sie entlasten – so zum Beispiel das Angebot, das Kind regelmäßig für eine bestimmte Zeit in Obhut zu nehmen.
Der entscheidende und mutigste Schritt für die direkt Betroffenen – Eltern wie Kinder – ist, das Schweigen zu brechen und Hilfe für ihre persönlichsten Probleme zu suchen. Erfahrene Ärzte oder Therapeuten können ihnen zum Beispiel in einer Familientherapie (→ Seite 660) helfen, einen Weg aus dem Teufelskreis zu finden.
Vielerorts gibt es Zentren des Kinderschutzbundes und von Pro Familia, die auch telefonisch beraten, sowie Frauenhäuser, an die sich Mädchen wenden können (→ Adressen, Seite 798) .

# Die Atmung

Ohne Luft gäbe es kein Leben, wir brauchen jeden Atemzug. Wenn wir ruhig atmen, strömt ein halber Liter Luft in Bronchien und Lunge, bei Anstrengung mehr. Dort wird der Sauerstoff über Millionen kleiner Lungenbläschen ans Blut abgegeben und auf die Reise geschickt durch den ganzen Körper im Austausch gegen das »Abgas« Kohlendioxid, das wieder ausgeatmet werden muß. Unsere Atmungsorgane müssen tagtäglich vielen Keimen und Reizen trotzen. Doch nicht immer sind sie dafür stark genug.

## Inhalt

Blütenpollen

# Wissenswertes über den Atem

Durchschnittlich atmet ein Erwachsener 15mal pro Minute und versorgt so seinen Körper ständig mit Sauerstoff, dem lebenswichtigen »Brennstoff«, den alle Zellen für die Energiegewinnung brauchen (→ Der Stoffwechsel, Seite 508). Das Grundprinzip der Atmung kannten schon die Ärzte der Pharaonen, die ihr bemerkenswertes Wissen über die menschliche Anatomie der Praxis der Mumifizierung verdankten. So heißt es im Papyrus Ebers aus dem 16. Jahrhundert vor Christus: »Was die Atemluft anbetrifft, die in die Nase eintritt: Sie tritt weiter ein zu Herz und Lunge; diese beiden sind es, die (sie) weiterleiten zum gesamten Leibesinnern« – und zwar über ein eigenes Luftgefäßsystem, dessen Mittelpunkt das Herz sei. Als Austrittspforte der Luft sahen die alten Ägypter den After an, aber auch den Mund.

Daraus entwickelten die Griechen später ihre medizinische Pneumalehre: Nach deren Vorstellung gelangt die eingeatmete Luft (Pneuma) über lufthaltige Lungengefäße zur blutleeren linken Herzkammer, wo sie die »eingepflanzte Wärme«, ohne die kein Leben möglich ist, aufrechterhält.

## Der Atem und die Seele

Um die Mitte des ersten Jahrhunderts nach Christus gründete der griechische Arzt Athenaios die Ärzteschule der Pneumatiker, für die die Atemluft das Lebensprinzip schlechthin war – eine Interpretation, die ihre Entsprechung hat in der geistigen Pneumalehre, wie wir sie aus dem Neuen Testament kennen. Dort nämlich meint Pneuma den Heiligen Geist, Gottes immaterielle Einwirkung auf die Welt. Derselbe Gott, der den ersten Menschen zum Leben erweckte, indem er ihm den Lebensatem in die Nase blies – und ihm damit die Seele einhauchte.

Die Deutung des Atems als Lebensprinzip und als Seele wird ganz besonders in den östlichen Religionen betont. Im Hinduismus bezeichnet Atman (dasselbe Wort wie unser Atem) ebenso die Seele des einzelnen, wie das den Kosmos durchwaltende Lebensprinzip. Im chinesischen Universismus bedeutet Chi (Qi) die Lebensenergie schlechthin, die durch die Atem- und Bewegungsübungen des Tai Chi und Qigong (→ Seite 694) »geweckt« werden kann.

**Für ein Saxophon braucht man starke Lungen und einen langen Atem.**

**Wenn wir uns in ein anderes Medium begeben, brauchen wir Atemhilfen, um zu überleben.**

**Mit bewußter Atemtechnik kann man sich und seinen Körper zur Ruhe bringen.**

## Vom Perlentauchen und Meditieren

Tag für Tag, Stunde um Stunde atmen wir – ohne uns darüber Gedanken zu machen. Erst wenn uns sprichwörtlich »die Luft ausgeht«, beim Sprint nach dem Omnibus oder wenn wir beim Schwimmen mit dem Kopf im Wasser untertauchen, dann werden wir uns unserer Atmung bewußt. Wann einem Menschen die Luft ausgeht, das hängt nicht zuletzt vom Training ab. Der geübte Jogger atmet gleichmäßig und ruhig, dabei schont er die Muskulatur, der Sauerstoff gelangt trotz Anstrengung in ausreichender Menge in die Lunge. Auch das Tauchen ohne Atemmaske kann geübt werden. Bis zur Perfektion beherrschen dies die Perlentaucherinnen der Südsee. In einer Tiefe bis zu 20 Meter brechen sie die Muscheln mit dem kostbaren Inhalt von den Meeresfelsen.

Aufregung und Streß beschleunigen die Atmung ebenso wie Angst, denn der Körper stellt sich auf Kampf oder Flucht ein – Vorgänge, für die er mehr Energie und damit mehr Sauerstoff braucht. Doch das Befinden spiegelt sich nicht nur in der Atmung, es kann umgekehrt auch über sie beeinflußt werden. Das machen sich von jeher östliche Meditationsschulen zunutze, die über die Technik der bewußten Atembetrachtung den Geist »anschirren« (das Sanskritwort Yoga ist dem deutschen Joch verwandt) und zur Ruhe bringen wollen (→ Yoga, Seite 692). Auch im Westen gibt es mittlerweile regelrechte Atemschulen, die durch gezielte Atemtechniken Einfluß nehmen wollen auf den Körper und sein Befinden. Doch auch ganz ohne Schulung und Übungsprogramm: Ein langer, tiefer Atemzug läßt ruhiger werden, bringt wohltuende Entspannung.

## Das Wunder des Sprechens

Atmen ist auch verbunden mit Riechen (→ Der Geruchssinn, Seite 179) und mit Sprechen. Üble Gerüche lassen den Atem stocken, Düfte veranlassen uns zum genüßlichen Schnuppern und tiefen Einatmen. Die Luft gelangt von der Nase über den Rachen in die Luftröhre, wo sie zunächst an den Stimmlippen vorbeiströmt. Beim Einatmen entsteht hier noch kein Ton. Doch beim Ausatmen kann der Luftstrom mit Hilfe der Stimmbandmuskulatur im Kehlkopf so gebremst und dosiert werden, daß Töne entstehen. Die Stimmhöhe ist abhängig von der Länge und Spannung der Stimmbänder. Doch der Kehlkopf liefert nur die Stimme. Die Laute, die diese Töne zu Sprache werden lassen, werden mit der Zunge, dem Gaumen, den Lippen und Zähnen gebildet.

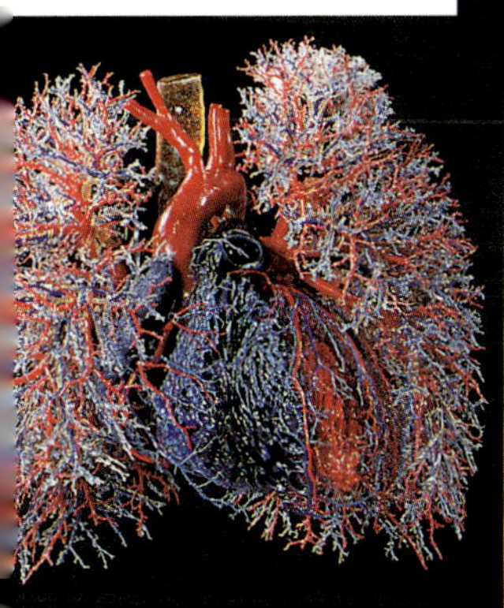

Wie ein umgekehrter Baum wirken die feinen und feinsten Verästelungen der Bronchien und Lungenbläschen.

Luft ist unsichtbar. Doch für Kinder läßt sie sich in der schillernden Haut einer Seifenblase einfangen.

Anders als beim kurzen Sprint kommt man beim gleichmäßigen Joggen nie außer Atem.

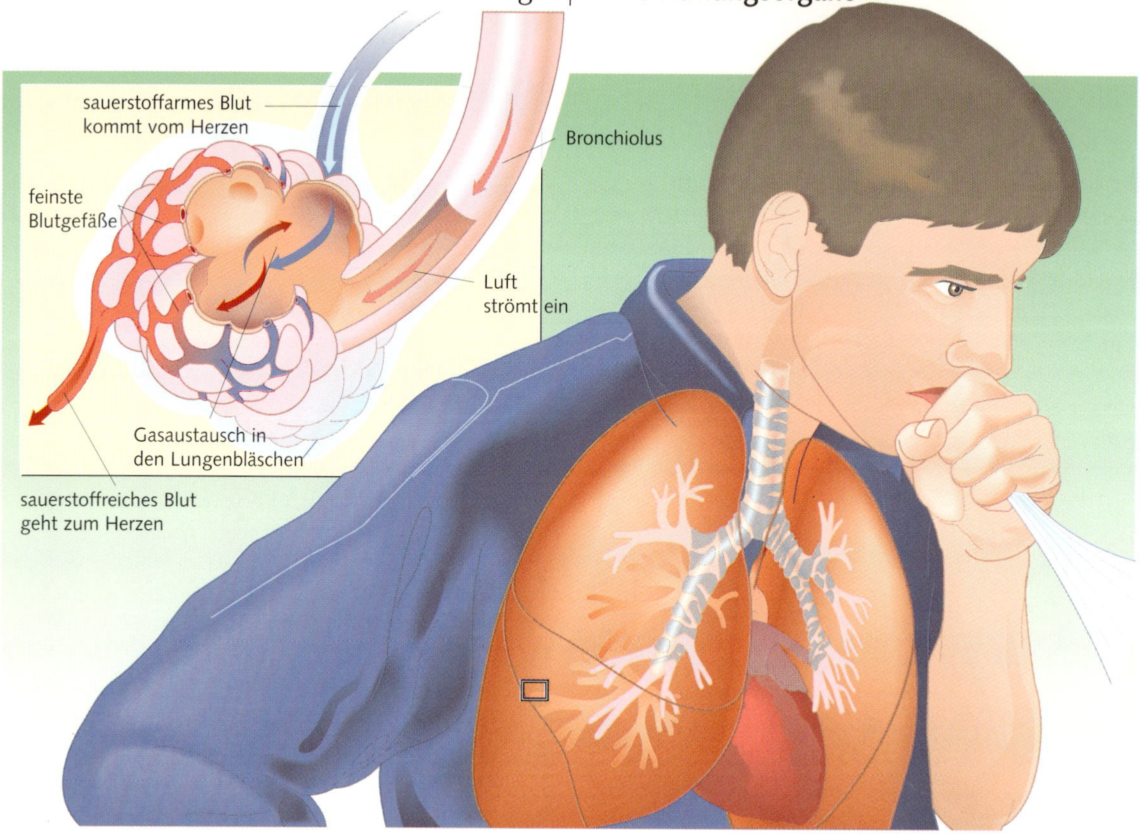


# Die Atmungsorgane

- **Die Atmung**
- **Die Atemwege**
- **Der Gasaustausch**

Auf Nahrung können wir im Notfall wochenlang verzichten, auf Wasser maximal drei Tage. Doch ohne Luft überleben wir höchstens einige Minuten. Nichts anderes kann uns das Eingebundensein des menschlichen Organismus in die Biosphäre, die Lebenswelt Erde, so bewußtmachen wie die Atmung. Bekommen wir nur eine kurze Zeit nicht genügend Luft oder ist sie im wahrsten Sinne des Wortes nicht rein, läuten sofort die Alarmglocken: Herz-Kreislauf- und Immunsystem arbeiten auf Hochtouren, um einem drohenden Sauerstoffmangel oder einer Infektion vorzubeugen. Es ist ein »luftiger« Faden, an dem unser Leben hängt, doch die Atmungsorgane sind perfekt an die Umweltbedingungen angepaßt.

## Atmung – was ist das?

Atmung, das ist die Versorgung des Organismus mit Sauerstoff und die Entsorgung von Kohlendioxid, das als Abgas dabei entsteht (→ Der Stoffwechsel, Seite 508). Beim Einatmen holen wir uns den Sauerstoff in die Lunge, beim Ausatmen befördern wir das Kohlendioxid wieder aus dem Körper hinaus. Die Mediziner unterscheiden jedoch noch genauer in:

- *die äußere Atmung*, den Transport von Sauerstoff und Kohlendioxid in und aus dem Körper, und
- *die innere Atmung* oder *Zellatmung*, bei der die einzelnen Zellen des Organismus den Sauerstoff aufnehmen und das Kohlendioxid abgeben.

## Der Weg der Atemluft …

Es ist ein ausgeklügeltes System von Röhren und Schleusen, das die Atemluft passieren muß, um in die Lunge zu gelangen. Von der Nase (→ Seite 178), wo

sie erwärmt und angefeuchtet wird, kommt sie in den Rachen, vorbei am Kehlkopf in die Luftröhre, die Bronchien und schließlich in die Lunge.
Der *Rachen* ist sowohl Teil der Verdauungsorgane (→ Eine sensible Schleuse, Seite 321) als auch eine wichtige Station auf dem Weg des Atems. Die Mandeln und andere lymphatische Gewebe machen ihn zu einem der Stützpunkte des Immunsystems, die dafür sorgen, daß Keime in der Atemluft abgefangen werden und nicht in den Körper eindringen können. Außerdem kreuzen sich im Rachen Luft- und Speiseröhre, und nur dem Kehlkopf im »Untergeschoß« des Rachenraums ist es zu verdanken, daß wir so selten etwas in den »falschen Hals« bekommen: Er schiebt sich beim Schlucken automatisch nach oben, und der Kehlkopfdeckel verschließt die Luftröhre.
Der *Kehlkopf* besteht aus beweglichen Knorpelteilen und beherbergt die *Stimmbänder,* zwei von Schleimhautfalten bedeckte Muskelstränge. Beim Ausatmen können sie den Luftstrom drosseln, so daß sie dadurch in Schwingungen versetzt werden, die wir als Töne hören (→ Das Wunder des Sprechens, Seite 239).

## ... in die beiden Lungenflügel

Die etwa zehn bis zwölf Zentimeter lange *Luftröhre* verbindet den Kehlkopf mit den Bronchien. Damit sie sich verschiedenen Luftmengen anpassen kann, aber bei geringem Druck nicht zusammengepreßt wird, ist sie einerseits dehnbar, andererseits aber durch hufeisenförmige Knorpelspangen verstärkt. An ihrem unteren Ende gabelt sie sich in zwei große Äste: den rechten und den linken *Hauptbronchus.* Diese führen jeweils in einen Flügel der Lunge, wo sie sich auffächern in immer kleinere Äste und Ästchen, die *Bronchien* und *Bronchiolen.*
Die Endäste eines jeden Bronchialbaums gehen über in die mikroskopisch kleinen *Lungenbläschen,* die Alveolen. In ihnen mischt sich frische und verbrauchte Luft. Sie wird ausgetauscht über die zarten Gewebswände der Lungenbläschen und die haarfeinen Blutgefäße, die diese wie ein Netz umspinnen (→ Kapillare, Seite 276). Austausch heißt: Der Sauerstoff wird von den Lungenbläschen in die Kapillaren und in den Blutkreislauf transportiert (→ Seite 276); umgekehrt wird das Kohlendioxid mit der Atemluft über die Bronchien wieder ausgeatmet.
Rund 300 Millionen solcher Bläschen gibt es in den Lungenflügeln oder wie die Mediziner sagen: in den beiden Lungen. Ausgebreitet brächten sie es auf eine Fläche von 100 bis 140 Quadratmetern!
Die *Lungen* füllen große Teile des Brustkorbs, von den Schlüsselbeinen bis zum Zwerchfell. Die linke Lunge teilt sich den Raum mit dem Herzen, die rechte wird unter dem Rippenbogen von der Leber begrenzt. Die Trennwand zwischen Brustkorb und Bauchraum bildet das kuppelförmige Muskelband des Zwerchfells. Brustkorb und Lunge sind bedeckt von den feinen Häuten des Brustfells, gegeneinander verschiebbar durch einen Flüssigkeitsfilm.
Wie die Luftröhre sind die Bronchien durch Knorpelspangen stabilisiert, nur die Endäste des Bronchialbaums sind knorpelfrei und werden von elastischen Fasern offengehalten. Auf der Schleimhaut von Luftröhre und Bronchien befinden sich die *Flimmerhärchen,* die eingeatmete Staubpartikel zusammen mit Schleim wieder nach draußen befördern – wenn nötig, unterstützt durch den Hustenreflex.

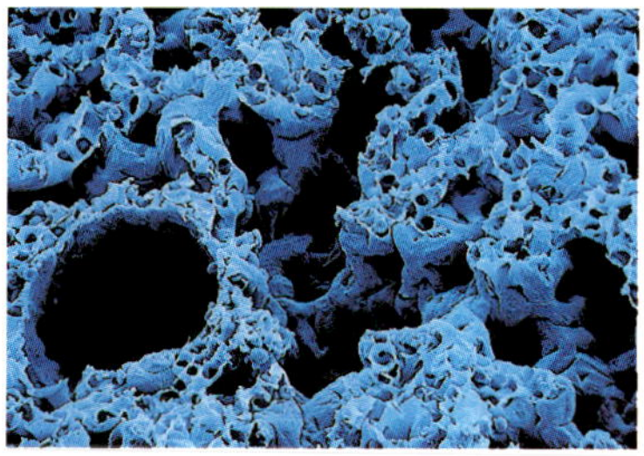

**Durch die unzähligen, kleinen Lungenbläschen gelangt der eingeatmete Sauerstoff ins Blut.**

## Zug um Zug im Rhythmus des Atems

Normalerweise atmen wir etwa bei jedem Atemzug einen halben Liter Luft ein und wieder aus, nur zwei Drittel davon gelangen in die Lungenbläschen, der Rest bleibt ungenutzt. Das maximale Luftvolumen der Lunge sind 6 Liter – Luftreserven inklusive.
Beim Einatmen hebt die Atemmuskulatur den Brustkorb, während sich das Zwerchfell nach unten senkt: Dadurch vergrößert sich der Lungenraum, und wie beim Zurückziehen des Kolbens einer Luftpumpe gelangt Luft in die Lungen.
Das Ausatmen hingegen ist ein passiver Vorgang: Die Atemmuskeln entspannen sich, und die Luft strömt aus dem Körper. Gesteuert wird die Atmung vom sogenannten Atemzentrum im Hirnstamm (→ Seite 189). Es wird durch Rezeptoren (→ Seite 146) ständig über den Sauerstoff- und Kohlendioxidgehalt des Blutes und gleichzeitig den aktuellen Sauerstoffbedarf der Körperzellen informiert.

# Notfälle

## Allgemein gilt

Blutiger Auswurf und schwere Atemnot sind immer ein Grund für einen Notruf! Sie können verschiedene Ursachen haben, bei Atemnot kann es auch ein Herzinfarkt sein (→ Seite 266). Hinweise für die Erste Hilfe finden Sie auf den Seiten 784 und 788.

## Einatmen von Fremdstoffen/»Verschlucken«/Ersticken

▶ Symptome

- ➜ Atemnot, Ringen nach Luft, Husten- oder Würgeanfall, pfeifender Atem
- ➜ Blaufärbung von Haut und Lippen
- ➜ Angst, Unruhe

Damit nichts anderes als Luft in die Atemwege gelangt, verschließt der Kehldeckel beim Schlucken die Luftröhre. Wenn das einmal nicht richtig funktioniert, zum Beispiel weil wir gleichzeitig schlucken und reden, »verschlucken« wir uns. Das löst einen heftigen Hustenreiz aus. Dadurch sollen die Atemwege von eingedrungenen – »verschluckten« oder eingeatmeten – Fremdstoffen gereinigt werden. Größere Nahrungsbestandteile (auch Erbrochenes) können Rachen und Luftröhre so blockieren, daß es zum Ersticken kommt.

### Ärztliche Behandlung

Sind die Atemwege nicht anders frei zu bekommen, wird der Arzt einen Luftröhrenschnitt machen und einen Schlauch zur Beatmung in die Luftröhre schieben (Intubation). Danach können Fremdkörper mit Hilfe einer langen Zange entfernt bzw. Flüssigkeiten mit einer speziellen Kochsalzlösung aus den Atemwegen gespült und abgesaugt werden.

### Selbsthilfe

Beugen Sie sich kopfüber, das erleichtert das Aushusten. Eine andere Person kann unterstützend zwischen die Schulterblätter klopfen. Wichtige Hinweise für die Erste Hilfe finden Sie auf Seite 788.

## Kehldeckelschwellung (Glottisödem)

▶ Symptome

- ➜ zunehmende Atemnot, pfeifender Atem
- ➜ starke Schluckbeschwerden, Heiserkeit, Fieber

Der Kehldeckel kann als Folge einer allergischen Reaktion ganz zuschwellen (→ Akute Gefäßschwellung, Seite 522), ebenso bei schweren Infektionskrankheiten (→ Epiglottitis, Seite 557). Häufigste Ursache ist jedoch ein Insektenstich im Rachen. In jedem Fall besteht akute Erstickungsgefahr!

### Ärztliche Behandlung

Der Arzt gibt abschwellende Mittel, eventuell sind ein Luftröhrenschnitt und künstliche Beatmung nötig.

### Selbsthilfe

Ist nicht möglich.

## Bluthusten

▶ Symptome

- ➜ Aushusten von schaumigem, frisch rotem oder bräunlich verfärbtem Blut

Ursache des Bluthustens sind geplatzte Blutgefäße in den Atemwegen, meist als Folge einer Infektion (→ Bronchitis, Seite 247, → Lungenentzündung, Seite 248, → Lungentuberkulose, Seite 252). Es kann auch durch ein Herzleiden, eine Lungenembolie (→ Seite 250) oder Atemwegstumoren ausgelöst werden. Bluthusten ist oft nicht von Bluterbrechen zu unterscheiden (→ Blutung von Krampfadern in der Speiseröhre, Seite 322; → Magen-Darm-Blutung, Seite 332).

### Ärztliche Behandlung

Die Therapie richtet sich nach der Ursache.

### Selbsthilfe

In der stabilen Seitenlage (→ Seite 780) kann das Blut abfließen, ohne die Atmung zu behindern.

# Spezielle Untersuchungen

## Körperliche Untersuchung

Bei Erkrankungen der Atmungsorgane können allein die Gesichtsfarbe und die Form oder Beweglichkeit des Brustkorbs dem Arzt wichtige Hinweise geben. Da Entzündungen und Wasseransammlungen in der Lunge oder der Ausfall eines Lungensegments charakteristische Geräusche erzeugen, kann er außerdem häufig durch Abklopfen von Brust und Rücken und Abhören mögliche Krankheiten recht genau eingrenzen.

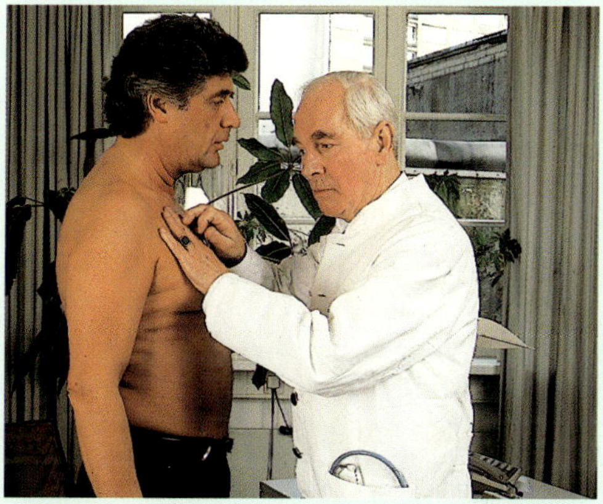

**Das Geräusch beim Abklopfen gibt dem Arzt Auskunft über die Beschaffenheit der Lungen.**

## Lungenfunktionstest (Spirometrie)

Bei dieser Untersuchung wird gemessen, welche Luftmenge Sie in einer bestimmten, festgesetzten Zeit ein- bzw. ausatmen. Die sogenannte Ein-Sekunden-Kapazität ist die Luftmenge, die in 1 Sekunde maximal ausgeatmet werden kann. Sie ist bei Asthma deutlich verringert. Das größte Volumen, das ausgeatmet werden kann, heißt Vitalkapazität. Ist der Wert niedriger als fünf Liter, deutet dies darauf hin, daß die Lunge nicht mehr in ihrer gesamten Ausdehnung genutzt wird, zum Beispiel bei einer Lungenverhärtung (→ Seite 251).

## Laboruntersuchungen

Um bei einer Infektion der Atmungsorgane das richtige Arzneimittel einsetzen zu können, müssen vorher die Erreger identifiziert werden (→ Bakterien und Viren auf der Spur, Seite 538). Dazu kann man zum Beispiel Auswurf oder Gewebeproben von einem Rachenabstrich benutzen.
Mit Hilfe der sogenannten Blutgasanalyse kann man den Sauerstoff- und Kohlendioxidgehalt des Blutes ermitteln. Dazu entnimmt man sauerstoffreiches Blut aus einer Arterie, meist am Handgelenk oder in der Leiste. Die Blutgasanalyse gibt Aufschluß darüber, ob genügend Sauerstoff ins Blut gelangt oder eventuell zuviel Kohlendioxid im Blut zurückbleibt. Außerdem kann man damit den Säuregehalt des Blutes bestimmen. Er steht in direktem Zusammenhang mit den Atemgasen und anderen Stoffwechselvorgängen und reagiert empfindlich auf kleinste Veränderungen.

## Röntgenuntersuchung, Computertomographie und Szintigraphie

Um Veränderungen der Größe, Lage und Struktur der Atmungsorgane zu erkennen, ist man auf bildgebende Verfahren angewiesen. An erster Stelle steht die Röntgenaufnahme, mit der Tumoren oder eine Tuberkulose (→ Seite 252) früh diagnostiziert werden können. Die Computertomographie (→ Seite 632) ermöglicht eine noch genauere räumliche Bestimmung von verdächtigen Strukturen wie Geschwülsten. Mit der Szintigraphie (→ Seite 623) kann man die Luft- und Blutverteilung in der Lunge darstellen und nicht durchblutete oder belüftete Bereiche ausfindig machen.

## Kehlkopf- und Bronchienspiegelung (Laryngoskopie/Bronchoskopie)

Während der Blick in den Kehlkopf auch mit einem Spiegel, der gegen die Rachenwand gehalten wird, möglich ist, benutzt man zur Untersuchung der größeren Bronchien eine starre oder flexible Sonde mit einer Lichtquelle und einer Miniaturkamera an der Spitze (→ Endoskop, Seite 621). Sie ist auch erforderlich, wenn man tiefere Regionen des Kehlkopfs begutachten will. Durch das Endoskop können kleine Instrumente zur Entnahme von Gewebe geschoben werden, das anschließend im Labor untersucht wird.

## Nebenhöhlenentzündung (Sinusitis)

Die Entzündung der Nebenhöhlen der Nase gehört zu den klassischen Krankheitsbildern einer → Erkältung. Meist tritt sie zusammen mit einem Schnupfen auf (→ Seite 182).

## Angina

▶ Symptome
- ➜ Halsschmerzen, Schluckbeschwerden
- ➜ in die Ohren ausstrahlender Schmerz, Hustenreiz
- ➜ starker Speichelfluß, dunkel geröteter Rachen
- ➜ eventuell gelbe Beläge an der Rachenhinterwand
- ➜ Kopfschmerzen, Fieber, Abgeschlagenheit

Angina heißt zunächst nichts anderes als Enge. Wenn damit eine Erkältungskrankheit gemeint ist – es gibt auch die Herzkrankheit Angina pectoris (→ Seite 264) –, beschreibt das sehr treffend die schmerzhafte Enge im Hals, die das Sprechen und Schlucken so schwer macht. Sie wird dadurch verursacht, daß die Schleimhäute der Gaumenbögen in der Übergangszone von der Mundhöhle zum Rachen entzündet und stark angeschwollen sind. Dort liegen an sich auch die Mandeln, weshalb eine Mandelentzündung (→ Seite 254) auch Angina genannt wird. Wenn die Mandeln jedoch schon im Kindesalter entfernt wurden (→ Pro und contra Mandeloperation, Seite 254), entzünden sich meist die sogenannten Seitenstränge an der hinteren Rachenwand. Diese Seitenstränge sind Streifen lymphatischen Gewebes, das heißt, sie enthalten wie die Mandeln Abwehrzellen, um den Körper vor eindringenden Keimen zu schützen. Ausgelöst wird eine Angina fast immer durch Bakterien (→ Streptokokkeninfektionen, Seite 540).

### Ärztliche Behandlung

Bei schweren Halsentzündungen sollten Sie immer einen Arzt aufsuchen, da eine verschleppte Angina auch auf Herz und Gelenke übergreifen kann (→ Gelenkentzündung bei Infektionskrankheiten, Seite 432; → Entzündung der Herzinnenhaut, Seite 272). Der Arzt wird Ihnen Bettruhe und Penizillin verordnen, wodurch die Erkrankung meist nach etwa fünf Tagen wieder abklingt.

### Selbsthilfe

Halten Sie die Bettruhe ein! Dadurch unterstützen Sie Ihren Körper bei der Abwehr der Krankheitserreger. Probieren Sie aus, ob Ihnen warme oder kalte Halswickel (→ Seite 736) angenehmer sind. Spülen und Gurgeln mit lauwarmer Kochsalzlösung, Salbei- und Kamillentee lindern die Halsschmerzen, ebenso Lutschtabletten oder Tropfen aus Salbeiextrakt, Kampfer und Pfefferminzöl (→ Seite 636). Weitere Tips finden Sie bei → Erkältung.

## Rachenentzündung (Pharyngitis)

▶ Symptome
- ➜ rauher, kratzender, brennender Hals
- ➜ Schluckbeschwerden, Halsschmerzen, die bis in die Ohren ausstrahlen können
- ➜ Hustenreiz, manchmal Fieber

Bei Erkältungskrankheiten und Schnupfen (→ Seite 182) entzündet sich meist auch die Rachenschleimhaut, ist trocken, rot, gereizt und geschwollen. Dann sind die Übeltäter meist Viren. Oft kommt dazu jedoch noch eine Zweitinfektion mit Bakterien, die sich die Abwehrschwäche zunutze machen. Eine besondere Form der bakteriellen Rachenentzündung ist die Seitenstrangangina (→ Angina).
Neben dieser akuten Rachenentzündung gibt es auch eine chronische Form. Sie wird verursacht durch eine dauernde Reizung der Schleimhaut durch Staub, Rauch, Alkohol, durch vergrößerte Rachenmandeln oder durch ständige Mundatmung (zum Beispiel wegen einer krummen Nasenscheidewand oder bei chronischer Nasennebenhöhlenentzündung).

### Ärztliche Behandlung

Bei einer akuten Entzündung kommt es auf die Erreger an: Bei Viren hilft nur Ausruhen, Bakterien können hingegen mit einem Antibiotikum behandelt werden. Bei einer chronischen Entzündung wird man versuchen, das zugrundeliegende Übel zu beseitigen: durch eine Operation an Mandeln (→ Seite 254) oder Nase, eine Behandlung der Nebenhöhlenentzündung (→ Seite 182) und vor allem durch das Vermeiden von Reizstoffen.

### Selbsthilfe

Wie unter → Angina und → Erkältung

## Alle Jahre wieder: Die Erkältung

Regen, Matschwetter, nasse Füße: eine Kombination, bei der sich ganz gewiß keiner wundert, wenn am nächsten Tag die Nase läuft und der Hals kratzt. Egal ob Sommer oder Winter, eine Erkältung droht immer dann, wenn man zu lange in der Kälte steht, friert und womöglich noch naß wird.

Doch das stimmt nur halb. Denn die Ursache einer Erkältung ist nicht Kälte, sondern sind Viren. Allerdings können sie leichter eindringen, wenn der Körper ausgekühlt ist. Denn dann kommt es zu einer verminderten Durchblutung der Schleimhäute, und der äußere Schutzwall des Immunsystems wird durchlässiger.

Schnupfenwetter – Erkältungsviren haben jetzt leichtes Spiel.

### Der grippale Infekt

Die »Erkältungsviren« werden durch Tröpfchen übertragen: beim Atmen, Sprechen oder Niesen. Ob man sich ansteckt, hängt nicht zuletzt von der Menge ab. Eine genügend große Anzahl verursacht eine Infektion. Oder genauer: einen grippalen Infekt. So nämlich nennen die Mediziner unsere einfache Erkältung und grenzen sie damit deutlich von der »echten« Grippe ab (→ Seite 542), einer schweren Virusinfektion, die sich auch heute noch zu einer lebensbedrohlichen Krankheit entwickeln kann.

Die Erkältung macht sich durch Kitzeln, Brennen oder Jucken in der Nase bemerkbar. Durch häufiges heftiges Niesen sollen die Erreger wieder hinausgeschleudert werden, später hilft dabei der Fließschnupfen. Im Verlauf der Infektion schwellen die Nasenschleimhäute und die Verbindungsöffnungen zu den Nasennebenhöhlen zu. Wenn alles »gutgeht«, bleibt es beim Schnupfen (→ Seite 182). Doch oft kommt eine sogenannte Zweitinfektion dazu – diesmal mit den allgegenwärtigen Bakterien –, von der meist Kehlkopf, Luftröhre und Bronchien betroffen sind: Die Stimme wird heiser, der Hals brennt, das Schlucken und Atmen fällt schwer. Damit es jedoch erst gar nicht soweit kommt, sollten Sie schon versuchen, sich zu schonen, sobald Sie spüren, daß sich eine Erkältung anbahnt.

### Hauptsache, es ist schön warm

Die einen schwören auf heiße Milch mit Honig, andere auf ein heißes Bad. Alle Hausmittel aber haben eines gemeinsam: Sie regen die Durchblutung an, erwärmen den Körper und unterstützen dadurch die Abwehrkräfte im Kampf gegen die Erreger – getreu dem Vorbild, das uns der Körper selbst gibt. Er antwortet mit Fieber auf eine Infektion, und das sollten Sie normalerweise nicht unterdrücken. Schwitzen ist besonders in den ersten vier Tagen der Erkältung günstig. Schweißtreibend sind Lindenblüten- und Holundertee (→ Hausmittel, Seite 722). Beim Gurgeln, Inhalieren oder etwas Heißes Trinken bleiben außerdem Substanzen auf der Schleimhaut zurück, die die Keime direkt angreifen. So wirken die Inhaltsstoffe des Honigs und Heilpflanzen wie Thymian oder Salbei hemmend auf Bakterien, wodurch sich diese nicht mehr so gut vermehren können. Viren können allerdings bisher mit keinem Mittel wirkungsvoll bekämpft werden, hier hilft nur Schonung. Sollten Ihre Beschwerden trotz allem länger als eine Woche anhalten oder hohes Fieber, Schüttelfrost, starke Schmerzen, Schwindel auftreten, müssen Sie unbedingt einen Arzt aufsuchen.

**Salbei ist als Teeaufguß oder zum Gurgeln ein bewährtes Hausmittel gegen Erkältungen.**

## Kehlkopfentzündung (Laryngitis)

► Symptome
- ➜ Heiserkeit bis Stimmverlust, Husten
- ➜ Trockenheitsgefühl, Kitzeln, Brennen im Hals
- ➜ eventuell Halsschmerzen, Unwohlsein

Eine akute Kehlkopfentzündung tritt häufig zusammen mit anderen Beschwerden einer Erkältung auf (→ Seite 245), meist ist dabei auch der Rachen entzündet (→ Seite 244). Auslöser sind dann Viren oder seltener Bakterien. Sie kann jedoch auch allergisch bedingt sein (durch Arzneimittel, Pollen) oder durch Substanzen, die die Schleimhaut reizen.
Eine chronische Kehlkopfentzündung kann durch eine übermäßige Beanspruchung der Stimmbänder (Lehrer, Sänger), durch Tabakrauch oder durch eine dauernde Reizung mit Steinstäuben, Mehl oder Benzindämpfen entstehen.

### Ärztliche Behandlung

Eine Virus-Laryngitis heilt in der Regel mit etwas Schonung von selbst ab. Sind schleimhautreizende Substanzen die Ursache, sollten Sie versuchen, sie zu meiden. Bei längerer → Heiserkeit müssen Sie in jedem Fall einen Hals-Nasen-Ohren-Arzt aufsuchen, um andere Erkrankungen auszuschließen. Er kann Ihnen entzündungshemmende Mittel geben, bei einer bakteriellen Infektion auch ein Antibiotikum.

### Selbsthilfe

Wichtig ist ein feuchtes Raumklima. Das erreichen Sie auch ohne Luftbefeuchter mit Wasserbehältern oder feuchten Tüchern an den Heizkörpern. Die Beschwerden können durch heiße Getränke wie Tees (→ Seite 729), Inhalationen mit Salbei oder Kamille (→ Seite 732) und Halswickel (→ Seite 736) gelindert werden.

### Heiserkeit

Heiserkeit kann ein harmloses Zeichen von Überlastung der Stimmbänder sein: Zu langes Sprechen, die falsche Artikulationstechnik oder eine Erkältung können die Stimme vorübergehend zum Versagen bringen. Dauert die Heiserkeit jedoch ohne ersichtlichen Grund länger als drei Wochen an, sollten Sie unbedingt einen Facharzt aufsuchen! Sie kann dann auch ein Hinweis auf einen → Tumor im Kehlkopf oder an der Schilddrüse sein (→ Seite 496).

## Kehlkopftumoren

► Symptome
- ➜ länger andauernde Heiserkeit, Räusperzwang
- ➜ Reizhusten
- ➜ eventuell Druckgefühl im Kehlkopfbereich, Schluckbeschwerden, Schwierigkeiten beim Atmen

Zumeist an den Stimmlippen, aber auch an anderen Stellen des Kehlkopfs können sich Wucherungen bilden. Das können gutartige Geschwülste sein wie Polypen oder »Sängerknötchen«, die bei Überbeanspruchung und durch eine falsche Atemtechnik entstehen, es kann aber auch Krebs sein. Von Tumoren sind meist ältere Männer betroffen, als Ursache wird das im Zigarettenrauch enthaltene Benzpyren angesehen. Im Kehlkopf können sich auch Warzen bilden, ähnlich denen auf der Haut (→ Seite 456).

### Ärztliche Behandlung

Zur Diagnose macht der Arzt eine Kehlkopfspiegelung, bei der unter Betäubung verdächtiges Gewebe entnommen wird. Bösartige Wucherungen werden operativ entfernt, dabei können eventuell die Stimmbänder geschont werden, so daß Sprechen auch danach noch möglich ist.
Wurde der Tumor jedoch erst in einem fortgeschrittenen Stadium entdeckt – zum Beispiel wenn er nicht direkt auf den Stimmbändern sitzt –, muß oft der ganze Kehlkopf entfernt werden. Eventuell folgt auf die Operation eine Bestrahlung.

### Selbsthilfe

Nach der Entfernung des Kehlkopfs ist es möglich, mit viel Übung wieder sprechen zu lernen. Eine Hilfe kann auch ein elektronisches Sprachgerät sein. Unschätzbare praktische und psychische Unterstützung bieten die Selbsthilfegruppen von ebenfalls Betroffenen, die im Bundesverband der Kehlkopflosen organisiert sind (→ Adressen, Seite 798). Allgemeine Informationen zu einer Krebserkrankung finden Sie ab Seite 576.

## Bronchitis

### ▶ Symptome

- ➜ akute Brochitis: schmerzhaftes Husten mit spärlichem Auswurf, Wundgefühl hinter dem Brustbein, allgemeine Symptome einer Erkältung (→ Seite 245)
- ➜ chronische Bronchitis: Husten mit viel Auswurf, Atemnot, »brummender« Atem, über einen Zeitraum von insgesamt mindestens drei Monaten in zwei aufeinanderfolgenden Jahren

Husten ist nicht gleich Bronchitis – er kann auch andere Ursachen haben. Aber jede Bronchitis ist mit Husten verbunden. Damit versuchen die Atemwege, sich von Staub, Schmutz, Keimen und Fremdkörpern zu befreien, der Schleim, den sie darum bilden, hilft ihnen dabei. Die *akute Bronchitis* tritt meist im Rahmen einer Erkältung auf, manchmal ist es sogar der Husten – und nicht wie üblich der Schnupfen –, der die Erkältung ankündigt. Auch andere Infektionen, vor allem die »klassischen Kinderkrankheiten« wie Masern, Windpocken, Scharlach oder Diphtherie (→ ab Seite 556), können mit einer Entzündung der Schleimhaut in den Bronchien beginnen, beim Keuchhusten (→ Seite 557) sind auch Luftröhre und die kleinen Bronchien, die Bronchiolen, betroffen. Auslöser für eine akute Bronchitis können auch Reizstoffe wie Staub und Gase (Ozon) sein, bei manchen Menschen ist sie allergisch bedingt.

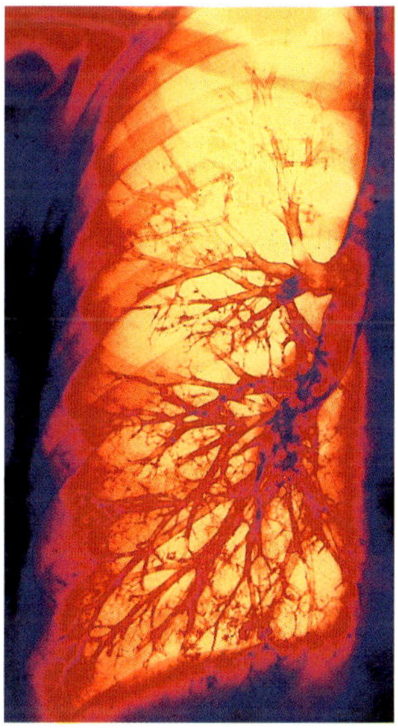

**Man sieht die Verästelung der Bronchien in der Lunge.**

Von einer *chronischen Bronchitis* sind vorwiegend langjährige Raucher betroffen. Umweltfaktoren wie Staub oder feuchtkaltes Klima begünstigen die Entwicklung der Erkrankung ebenfalls. Bei der chronischen Bronchitis kommt es immer zu einer Lähmung der Flimmerhärchen der Bronchialschleimhaut, so daß der Schleim nicht mehr nach draußen befördert werden kann. Die Folgen sind eine erschwerte Atmung und eine starke Belastung des Herzens, das gegen den Widerstand der durch die Krankheit veränderten Lunge anpumpen muß. Das kann zur Rechtsherzschwäche (→ Seite 270) führen.

### Ärztliche Behandlung

Bei der akuten Bronchitis sind bewährte Hausmittel sehr hilfreich (→ Selbsthilfe), der Hustenreiz sollte nicht unterdrückt, sondern mit schleimlösenden Mitteln unterstützt werden (→ Seite 636). Nur bei schweren bakteriellen Infektionen ist ein Antibiotikum nötig. Bei einer chronischen Bronchitis ist das oberste Gebot: Sofort und am besten für immer das Rauchen einstellen! Der Arzt wird Ihnen schleimlösende Medikamente geben, eventuell Antibiotika sowie Medikamente, die auch bei der Therapie von Asthma (→ Seite 525) eingesetzt werden.

### Selbsthilfe

Trinken Sie so viel wie möglich, das löst den Schleim. Gut geeignet sind Kräutertees aus Thymian, Lindenblüten, Sonnentau oder Primelwurzeln, aber auch Holunderbeertee und -saft, ein selbst zubereiteter Hustentee (→ Seite 629) oder Honigmilch. Zusätzlich helfen Inhalationen mit Kräuterzusätzen oder Brustwickel (→ Seite 732 und 736); bei chronischer Bronchitis fragen Sie bitte vorher Ihren Arzt. Besonders bei chronischer Bronchitis ist eine Klopfmassage zur Lockerung des Schleims sinnvoll, die täglich mehrmals durch sanftes Beklopfen des Brustkorbs von vorn und hinten ausgeführt wird.

## Asthma bronchiale

Asthma bronchiale ist eine entzündliche Erkrankung der Bronchien, die als anfallsartige, quälende Atemnot mit starkem Hustenreiz und Erstickungsangst erlebt wird. In vielen Fällen ist die Ursache eine Allergie. Es kann aber auch durch eine Infektion der Bronchien mit Bakterien und Viren, durch entzündungshemmende Medikamente oder durch chemische und physikalische Reize ausgelöst werden. Die Therapie ist, unabhängig von der Ursache, dieselbe wie beim allergischen Asthma bronchiale (→ Seite 525).

## Lungenblähung (Lungenemphysem)

▶ Symptome
- ➜ Atemnot bei Belastung, später auch in Ruhe
- ➜ trockener Reizhusten oder Husten mit Auswurf
- ➜ »faßförmiger« Brustkorb mit waagerecht stehenden Rippen

Die Vergrößerung (Überblähung) der Lunge bzw. der Lungenbläschen entsteht meist als Folge einer chronischen Bronchitis (→ Seite 247) oder eines Asthma bronchiale (→ Seite 247).
Die Entzündungsvorgänge, vor allem aber der ständige Druck durch den Husten und die erschwerte Atmung führen zu einer Überdehnung der Lungenbläschen, die schließlich einreißen und mit benachbarten Alveolen zu größeren Blasen verschmelzen. Dadurch wird die Fläche für den Sauerstoffaustausch immer kleiner. Es kommt zu Kurzatmigkeit und Atemnot, langfristig zur Rechtsherzschwäche (→ Seite 270). Besonders schädlich wirkt sich auch hier das Rauchen aus.

### Legionärskrankheit – was ist das?

Nach einem Treffen des Verbandes amerikanischer Kriegsveteranen (American Legion) im Jahr 1976 erkrankten 180 Teilnehmer an einer schweren Lungenentzündung, 29 starben daran. Bei Untersuchungen konnte eine Bakterienart als Ursache identifiziert werden, die man Legionellen nannte. Sie finden in feuchtwarmem Milieu optimale Bedingungen. Häufige Infektionsquellen sind deshalb Klimaanlagen mit infiziertem Wasser, Warmwasserbereitungsanlagen, die nicht über 60 °Celsius erhitzt werden, oder Duschen. Meist verläuft eine Infektion grippeähnlich und heilt folgenlos ab. Bei Menschen mit geschwächter Abwehr (Diabetiker, ältere Menschen) kann es jedoch unter Umständen zu einem schweren Verlauf kommen. Vorbeugung ist der beste Schutz: Duschen, die längere Zeit nicht benutzt wurden (Hotelzimmer), vor der Benutzung laufen lassen und dabei das Bad kurz verlassen. Bei Warmwasseranlagen regelmäßig die Temperatur über 60 °Celsius hochfahren.

### Ärztliche Behandlung

Da die Erkrankung nicht heilbar ist, müssen Sie, um ein weiteres Fortschreiten zu verhindern, alles vermeiden, was die Lunge reizt. Die Therapie richtet sich auf die zugrundeliegenden Erkrankungen der Bronchien und auf neu auftretende Atemwegsinfektionen. Dafür können Antibiotika nötig sein, oft auch eine Langzeitbehandlung mit Sauerstoff. Wichtig sind Atemgymnastik und die Kontrolle von Folgeerkrankungen wie der Rechtsherzschwäche.

### Selbsthilfe

Geben Sie das Rauchen auf! Vermeiden Sie Staub und trockene Luft. Eine Klimatherapie (→ Seite 648) kann hilfreich sein.

## Lungenentzündung

▶ Symptome
- ➜ Schüttelfrost und hohes Fieber
- ➜ Husten, Atemnot, rostbrauner Auswurf
- ➜ Schmerzen in der Brust, eventuell in den Bauch, bei Kindern bis in den Unterbauch ausstrahlend

Eine Entzündung der Lunge kann begrenzt sein oder das ganze Organ betreffen. Verursacht wird sie durch verschiedene Bakterien, meist Pneumokokken oder Legionellen (→ Legionärskrankheit), Viren, Pilze und Parasiten. Je nach Erreger kann die Krankheit auch weniger ausgeprägte Symptome haben, langsam einsetzen, mit mäßigem Fieber und ohne Schüttelfrost. Auch Fremdkörper, »verschluckte« Flüssigkeiten, Metalldämpfe oder Atemgifte können eine Lungenentzündung auslösen.
Gefürchtet ist sie als Komplikation bei Erkrankungen, die mit langer Bettlägerigkeit verbunden sind. Durch das Liegen wird die Belüftung der Lunge verringert, so daß die Selbstreinigung nicht mehr richtig funktioniert: Wird zu flach oder zu wenig geatmet, kann der Schleim nicht mehr hinausbefördert werden, er sammelt sich, und die Lungenbläschen entzünden sich. Eine Minderbelüftung kann auch die Folge einer Durchblutungsstörung der Lunge sein (→ Lungenembolie, Seite 250; → Linksherzschwäche, Seite 270). Das Risiko, an einer Lungenentzündung zu erkranken, steigt bei allgemeiner Abwehrschwäche und bei AIDS (→ Seite 304).

### Ärztliche Behandlung

Fast immer ist ein Röntgenbild nötig, um das Ausmaß und die Verteilung der Entzündung zu sehen. Die Behandlung richtet sich nach der Ursache. Sind Bakterien die Erreger, wird der Arzt Antibiotika verschreiben, bei Viren meist nur Bettruhe. Eine leichte Lungenentzündung heilt im allgemeinen nach 2 bis 3 Wochen folgenlos aus; höheres Lebensalter, eine begleitende Herzerkrankung oder Abwehrschwäche können die Behandlung erschweren.

### Selbsthilfe

Luftbefeuchtung (→ Selbsthilfe bei Kehlkopfentzündung, Seite 246), viel trinken und Bettruhe sind das Beste, was Sie für sich tun können.
Atemübungen (→ Seite 688) und Inhalationen sind wirkungsvoll, sollten aber mit dem Arzt abgesprochen werden.

## Entzündung der Lungenbläschen (Alveolitis)

▶ Symptome

- ➜ *akut:* Husten, Atemnot, Fieber
- ➜ *chronisch:* schleichender Beginn mit Husten, Luftnot, eventuell bläulichen Lippen

Durch Infektionen, Atemgifte oder im Rahmen einer Autoimmunerkrankung wie beispielsweise der chronischen Polyarthritis (→ Seite 431) kann es zu einer Entzündung der Lungenbläschen kommen. Häufig ist die Ursache aber eine allergische Reaktion auf eingeatmete Schimmelpilzsporen (→ Schimmelpilzallergie, Seite 530) oder den feinen Staub von Vogelkot und Federn. Da besonders Landwirte (Arbeit mit feuchtem Heu, nicht ausgereiftem Kompost) oder Vogelhalter betroffen sind, nennt man diese Krankheit auch Farmer- oder Vogelzüchterlunge. Langfristig führt sie zur Lungenverhärtung (→ Seite 251) und zur Rechtsherzschwäche (→ Seite 270).

### Ärztliche Behandlung

Eine Entzündung der Lungenbläschen wird meist mit Kortison behandelt. Gehören Sie zu einer Risikogruppe, sollten Sie den Arzt bei Grippesymptomen darauf hinweisen! Eine Allergie kann durch den Nachweis von Antikörpern und durch Tests (→ Seite 523) diagnostiziert werden.

**Züchter von Tauben und Wellensittichen erkranken häufig an einer allergischen Alveolitis.**

### Selbsthilfe

Ist die Ursache eine Allergie, sollten Sie den Auslöser meiden. Berufsgenossenschaft und Arbeitsamt helfen weiter bei Fragen der Anerkennung als Berufskrankheit bzw. der Umschulung.

## Staublungenkrankheit

▶ Symptome

- ➜ Atemnot bei Belastung, später in Ruhe

Die »Staublunge« entsteht durch feine Stäube, die jahrelang eingeatmet und in der Lunge gespeichert werden. Es bilden sich Knötchen und Schwielen, die Funktion der Lunge wird beeinträchtigt. In der Folge können gehäuft → Lungenentzündungen und Bronchitis (→ Seite 247) auftreten; es kann zum → Lungenemphysem, zur Rechtsherzschwäche (→ Seite 270) und zur Lungenverhärtung (→ Seite 251) kommen, bei Asbest auch zu Lungenkrebs (→ Seite 252).

### Ärztliche Behandlung

Die einzige Therapie ist das Meiden der Stäube. Da über viele Jahre hinweg keine Beschwerden bestehen, ist bei Risikogruppen eine regelmäßige Kontrolluntersuchung der Lunge wichtig!

### Selbsthilfe

Tragen Sie einen Atemschutz! Bei berufsbedingter Erkrankung informieren Berufsgenossenschaft und Arbeitsamt über die Anerkennung als Berufskrankheit und Umschulungsmöglichkeiten.

## Lungenembolie

**▶ Symptome**

➜ Atemnot und beschleunigte Atmung
➜ Angst und Beklemmungsgefühl
➜ Schmerzen im Brustkorb
➜ beschleunigter Puls, Husten

Die Ursache einer Lungenembolie ist fast immer eine Thrombose (→ Thrombose und Embolie, Seite 285), meist in den Bein- und Beckenvenen (→ Beinvenenthrombose, Seite 284). Dabei verschließt ein Blutgerinnsel, das über den Blutstrom angeschwemmt wird, eine oder mehrere Lungenarterien. In seltenen Fällen kann der Verschluß auch durch Luft oder Fettstoffe verursacht werden, die bei Verletzungen, zum Beispiel bei offenen Knochenbrüchen, in die Blutbahn gelangen. Auch Fruchtwasser, das bei der Geburt in den Blutkreislauf der Mutter übertreten kann, kommt als Auslöser in Frage.
Die Beschwerden und die Gefährlichkeit einer Lungenembolie hängen von der Größe des verschleppten Pfropfs ab. Sie setzen schlagartig ein, besonders nach körperlicher Anstrengung, und ähneln denen eines Herzinfarkts (→ Seite 266)! Sind größere Teile des arteriellen Gefäßsystems der Lunge verstopft, steigt der Druck in der rechten Herzkammer stark an, was zu einer akuten Rechtsherzschwäche (→ Seite 270) führen kann. Gefahr droht auch durch eine Mangeldurchblutung der Lunge, wodurch einzelne Bereiche der Lunge absterben können (Lungeninfarkt). Unbehandelt kommt es zu wiederholten Embolien.
Die Risikofaktoren für eine Lungenembolie sind naturgemäß dieselben wie für eine Thrombose (→ Tabelle, Seite 284), vor allem Übergewicht, Krampfadern, langes Stehen und Sitzen, lange Bettlägerigkeit und Rauchen in Kombination mit der Einnahme der Antibabypille.

### Ärztliche Behandlung

Wenn Sie die beschriebenen Symptome haben, sollten Sie sofort einen Notruf veranlassen! Im Krankenhaus wird man Blutuntersuchungen und eine Szintigraphie der Lunge machen, außerdem ein EKG, um die Belastung des rechten Herzens zu erkennen. Bei leichteren Embolien werden Medikamente zur Blutverdünnung eingesetzt. Sie müssen dann auch über einen längeren Zeitraum zur Vorbeugung eines Rückfalls genommen werden. In schweren Fällen wird der Pfropf mit speziellen Medikamenten aufgelöst werden, eventuell müssen große Lungenarterien auch operativ wieder durchgängig gemacht werden.

### Selbsthilfe

Beugen Sie vor, damit es nicht (ein zweites Mal) zu einer Embolie kommt:

- Da Krampfadern ein wichtiger Risikofaktor für Thrombosen sind, sollten Sie etwas für Ihre Beine tun (→ Selbsthilfe bei Krampfadern, Seite 282).
- Bewegen Sie sich regelmäßig zwischendurch, wenn Sie lang stillsitzen müssen (Büroarbeit, Flug-, Autoreisen), und trinken Sie dabei viel (Wasser, Tee).
- Nach Operationen ist es wichtig, schnell wieder auf die Beine zu kommen! Bei längerer Bettruhe sollten Sie die Beine mit einer elastischen Binde bandagieren oder Kompressionsstrümpfe tragen.
- Geben Sie das Rauchen auf!

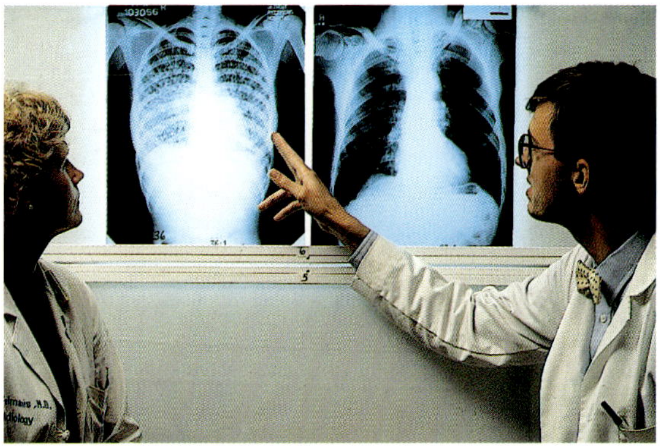

**Die gesunde Lunge (rechts) erscheint schwarz auf dem Röntgenbild, die kranke Lunge (links) ist hell.**

## Lungenödem

**▶ Symptome**

➜ zunehmende Atemnot, auch im Liegen, die sich in aufrechter Haltung bessert
➜ Husten, schaumiger Auswurf
➜ rasselndes, pfeifendes Geräusch beim Atmen

Ein Lungenödem ist eine Wasseransammlung in der Lunge, die entsteht, weil aus den kleinen Blutgefäßen Flüssigkeit in die Lungenbläschen und in das Zwischengewebe übertritt. Das kann verschiedene Ursachen haben, zum Beispiel eine Linksherzschwäche

(→ Seite 270), bei der es zu einem Rückstau von Blut in der Lunge kommt, oder eine Nierenschwäche, die zu einer Überwässerung der Lunge führt. Ein Lungenödem kann auch durch eine unnatürliche Durchlässigkeit der Blutgefäße entstehen, ausgelöst beispielsweise durch Entzündungen, allergische Reaktionen, eingeatmete Reizgase (Rauch, Chlor) oder »verschluckte« Flüssigkeiten.

### Ärztliche Behandlung

Wenn Sie Anzeichen eines Lungenödems bemerken, sollten Sie sofort einen Arzt aufsuchen, bei schwerer Atemnot einen Notruf veranlassen! Das gilt auch, wenn Sie giftige Dämpfe oder Rauch (bei einem Brand) eingeatmet haben und noch keine schwerwiegenden Symptome aufgetreten sind! Ein Lungenödem kann dabei auch mit einer mehrstündigen Verzögerung auftreten. Der Arzt kann meist schon aufgrund der Vorgeschichte und durch Abhören der Lunge die Diagnose stellen. Als erste Maßnahme wird er Sauerstoff verabreichen, entwässernde Mittel (→ Diuretika, Seite 635) und eventuell bronchienerweiternde Medikamente geben. Bei einer Herzüberlastung hilft Nitroglyzerin (→ Nitrate, Seite 637), bei Dämpfen oder Rauch ein Kortisonspray.

### Selbsthilfe

Bei schwerer Atemnot bis zum Eintreffen des Arztes aufrecht und mit hängenden Beinen sitzen!

## **Lungenkollaps** (Pneumothorax)

### Symptome

- → stechende Schmerzen in einer Brustkorbseite
- → Atemnot, Hustenreiz

Beim Lungenkollaps sammelt sich Luft im Brustfellraum zwischen Rippen und Lunge. Das Brustfell überzieht Lunge und Brustkorb mit feinen Hautschichten, dazwischen sorgt eine Gleitflüssigkeit dafür, daß sich nichts aneinanderreibt. Tritt nun Luft in diesen Zwischenraum des Brustfells (Pleuraspalt) ein, verliert der dazwischenliegende Flüssigkeitsfilm seine »Haltefunktion«, der betroffene Lungenflügel schnurrt zusammen. Die Ursache ist häufig das Platzen eines vergrößerten Luftbläschens, was meist bei jungen, schlanken Männern vorkommt. Verletzungen, ärztliche Eingriffe wie Punktionen (→ Seite 619) oder Operationen im Bereich des Brustkorbs können den Spalt treffen. Dadurch kann immer mehr Luft in ihn eindringen, ohne daß sie eine Möglichkeit hat zu entweichen. Dieser sogenannte Spannungspneumothorax ist gefährlich, weil schließlich nicht nur einer, sondern beide Lungenflügel und das Herz durch die vermehrte Luft bedrängt werden.

### Ärztliche Behandlung

Kleine Luftansammlungen können vom Körper selbst abgebaut werden. Bei größeren muß vom Arzt eine sogenannte Saugdrainage gelegt werden. Sie saugt langsam und dauernd Luft ab, bis der Pleuraspalt wieder klein ist. Verletzungen müssen vom Chirurgen versorgt werden.

### Selbsthilfe

Ist nicht möglich.

## **Lungenverhärtung** (Lungenfibrose)

### ▶ Symptome

- → Atemnot bei Belastung, später auch in Ruhe
- → schnelle, oberflächliche Atmung
- → trockener Reizhusten

Jede Dauerreizung der Lunge führt längerfristig dazu, daß das Gewebe sich verändert und vernarbt. Dabei wird es von unelastischen Fasern ersetzt, die nicht am Gasaustausch teilnehmen können. Die Folge ist, daß der Körper zu wenig Sauerstoff bekommt. Im schlimmsten Fall wird die Lunge funktionsunfähig. Mögliche Ursachen sind eine Entzündung der Lungenbläschen (→ Seite 249), die Staublungenkrankheit (→ Seite 249), eine Sarkoidose (→ Seite 252), Mukoviszidose (→ Seite 255) oder eine Linksherzschwäche (→ Seite 270), durch die sich das Blut in der Lunge zurückstaut.

### Ärztliche Behandlung

Mit dem Lungenfunktionstest läßt sich ermitteln, wie stark die Lunge beeinträchtigt ist. Im Röntgenbild zeigen sich typische Veränderungen. Die Therapie richtet sich nach der Ursache.

### Selbsthilfe

Atemübungen (→ Seite 688) können eventuell dem Fortschreiten entgegenwirken.

## Lungentuberkulose

► Symptome
- ➜ Husten, Nachtschweiß, Appetitlosigkeit
- ➜ erhöhte Temperatur
- ➜ eventuell Schmerzen beim Atmen
- ➜ eventuell blutiger Auswurf

Die Tuberkulose ist eine schwere Infektionskrankheit (→ Seite 546), die normalerweise die Lunge befällt, seltener auch in anderen Organen auftreten kann. Bei der Erstinfektion gelangen die Erreger, die Tuberkelbakterien, mit der Atemluft in die Lunge. Beim Kampf mit dem Immunsystem (→ Seite 298) werden sie dort nach etwa sechs Wochen mit den umliegenden Abwehrzellen zu einem Zellhaufen verbacken (Granulom). Die Zellen im Inneren eines Granuloms sterben nach einer Weile ab, es verkalkt. Die Erreger können nun zwar nicht mehr hinaus, doch einige überleben trotzdem.
Bei einer Schwächung der körpereigenen Abwehr kann dieses Granulom aufbrechen und einen neuen Infektionsschub auslösen (Reaktivierung). Zur Erkrankung mit Beschwerden kommt es jedoch erst, wenn eine große Anzahl aktiver Tuberkelbakterien vorhanden ist. Die sogenannte *offene Tuberkulose* entsteht, wenn bei einer reaktivierten Tuberkulose Granulome bzw. die in ihrem Innern durch das Absterben von Zellen entstandenen Höhlen (Kavernen) in einen großen Bronchialast (Bronchus) hinein aufbrechen: Dabei können die Erreger ausgehustet werden, der Patient ist sehr ansteckend. Häufig zeigt sich die Erstinfektion mit den Tuberkelbakterien als Entzündung des Rippenfells, der feinen Hautschicht des Brustfells, das die Rippen bedeckt.

### Ärztliche Behandlung

In Auswurf, Magensaft und in dem bei einer Bronchoskopie gewonnenen Sekret können die Erreger nachgewiesen werden. Im Röntgenbild der Lunge können die verkalkten Granulome und die Kavernen erkennbar sein. Einen möglichen (aber nicht hundertprozentigen) Nachweis bietet der Tuberkulintest. Dazu spritzt man eine Flüssigkeit mit inaktivierten Erregern in die Haut. Bei einer bestehenden Infektion kommt es zu einer starken Hautreaktion. Der Test fällt jedoch auch positiv aus nach einer überstandenen Erstinfektion oder nach einer Impfung, da der Körper in beiden Fällen Antikörper gegen die Bakterien gebildet hat. Er wird vom Gesundheitsamt von Personen verlangt, die Kontakt mit einem Tuberkulose-Kranken hatten.
Die Tuberkelbakterien haben eine wachsähnliche Schutzschicht, die sie enorm widerstandsfähig gegen Angriffe von außen macht. Deshalb ist die Therapie auch heute noch sehr langwierig und aufwendig. Früher wurden Liegekuren im Gebirgsklima als wichtige Therapiemaßnahme angesehen.
Die offene Tuberkulose muß im Krankenhaus behandelt werden. Um die Bakterien ausreichend zu treffen, werden mindestens drei Antituberkulotika (speziell gegen die Tuberkelbakterien wirkende Antibiotika) kombiniert. Im kürzesten Fall dauert die Behandlung sechs Monate.

### Selbsthilfe

Es gibt eine Impfung gegen Tuberkulose, die jedoch nur für Risikogruppen, zum Beispiel medizinisches Personal, empfohlen wird (→ Seite 613).

## Sarkoidose

Reizhusten und Atemnot bei Belastungen können auch auf eine Sarkoidose hinweisen, eine Erkrankung, die sich über den ganzen Körper ausbreitet und fast immer auch die Lunge betrifft. Die Ursachen sind unbekannt, die Symptome meist wenig ausgeprägt. Deutlicher zeigen sie sich oft an der Haut (→ Seite 481) als blaurote Knötchen. Auch in der Lunge bilden sich Knoten. Meist klingt sie ohne Behandlung ab, wird sie jedoch chronisch, kann es langfristig zu einer Lungenverhärtung (→ Seite 251) kommen.

## Lungenkrebs (Bronchialkrebs)

► Symptome
- ➜ Husten, Atemnot, Schmerzen im Brustkorb
- ➜ nicht enden wollende Erkältungsbeschwerden

Ein Lungenkrebs betrifft meist die Bronchien und macht sehr lang keine besonderen Beschwerden. Bei Männern ist der Bronchialkrebs der häufigste bösartige Tumor. Die Ursache sind krebserregende Stoffe, die eingeatmet werden, in den meisten Fällen Inhaltsstoffe des Tabakrauchs (→ Verursacht Rauchen Krebs?), daneben auch Arbeitsstoffe wie Asbest.

# Verursacht Rauchen Krebs?

Jeder kennt sie: die Geschichte von der Großmutter oder dem Großvater, die – hoch in den Neunzigern und nach einem gar nicht so gesunden Leben mit mindestens einer Schachtel Zigaretten täglich – immer noch recht fit sind. So gefährlich kann dann das Rauchen nicht sein!

Doch die medizinischen Statistiken sprechen eine andere Sprache: Das Risiko, an Mundhöhlen-, Kehlkopf-, Speiseröhren, Lungen-, Blasenkrebs zu erkranken, liegt bei Rauchern um ein Vielfaches höher als bei Nichtrauchern (→ Lebensstil und Ernährung, Seite 581). Außerdem ist Nikotin ein Gefäßgift und damit einer der wichtigsten Risikofaktoren für Arteriosklerose (→ Seite 267) und ihre Folgeerkrankungen (→ Herzinfarkt, Seite 266; → Durchblutungsstörungen, Seite 286).

Die Nikotinabhängigkeit (→ Seite 572) beginnt bei den meisten Rauchern bereits in der Jugend, und schon früh kommt es gehäuft zu Atemwegserkrankungen (→ Bronchitis, Seite 247). Der ständige Reiz durch den Tabakrauch lähmt die Flimmerhärchen in Luftröhre und Bronchien und zerstört sie schließlich. Dadurch können mit der Atemluft aufgenommene Keime und Schmutz nicht mehr abtransportiert werden. Ein übriges tun die Inhaltstoffe des Tabakrauchs: neben Nikotin und dem giftigen Kohlenmonoxid stark krebserregende Stoffe wie Nitrosamine, Benzpyren, Naphtylamin, Teer und Arsen.

Doch vom Rauch werden nicht nur Raucher, sondern auch Nichtraucher krank – und das in wesentlich größerem Ausmaß als bisher angenommen. Der ausgeatmete Rauch enthält unter Umständen sogar noch mehr gesundheitsschädliche Stoffe als der inhalierte. Vor allem Kinder und Kranke leiden unfreiwillig darunter. Auch das ist ein guter Grund, das Rauchen aufzugeben. Je früher Sie damit beginnen, desto besser: Die Lebenserwartung steigt mit jedem rauchfreien Tag langsam wieder an! Tips »zum Abgewöhnen« finden Sie unter dem Stichwort Nikotinabhängigkeit auf Seite 572.

**Zigarettenrauch enthält auch noch viele Giftstoffe für unfreiwillige Mitraucher.**

## Ärztliche Behandlung

Bei jedem Husten, der länger als drei Wochen dauert, sollten Sie einen Arzt aufsuchen. Bei Verdacht auf Lungenkrebs wird nach einer Röntgenaufnahme eine Spiegelung der Bronchien gemacht, bei der verdächtiges Gewebe entnommen und anschließend untersucht wird. Wird die Krebserkrankung rechtzeitig erkannt, kann der betroffene Teil der Lunge entfernt werden. Im Anschluß daran folgen Bestrahlung und Chemotherapie (→ Seite 587). Oft ist es jedoch bereits zu spät für eine effektive Behandlung. Die Lebenserwartung ist abhängig von der Lage des Tumors, dem Gewebetyp, dem Stadium der Erkrankung und dem allgemeinen Gesundheitszustand.

## Selbsthilfe

Beugen Sie vor und geben Sie das Rauchen auf (→ Entwöhnungsmethoden, Seite 572). Beachten Sie beim Umgang mit krebserregenden Arbeitsstoffen alle Arbeitsschutzmaßnahmen! Allgemeine Informationen zu einer Krebserkrankung, wichtige Ratschläge und Hinweise finden Sie ab Seite 576.

## Mandelentzündung

### ▶ Symptome

➜ Halsschmerzen
➜ Schluckbeschwerden, beim Schlucken stechende Schmerzen, bis ins Ohr ziehend
➜ Fieber, Abgeschlagenheit, Kopfschmerzen

Die Gaumenmandeln spielen als Bestandteil des lymphatischen Systems (→ Stützpunkte des Immunsystems, Seite 299) eine wichtige Rolle bei der Abwehr von Krankheitserregern und sind deshalb – vor allem bei Kindern – häufig entzündet. Meist sind es Streptokokkenbakterien (→ Seite 540), die eine Mandelentzündung – oft auch Angina genannt (→ Seite 244) – auslösen: Die Mandeln röten sich, schwellen an und sind mit kleinen gelben Punkten belegt. Die Bakterien werden durch Tröpfcheninfektion (Niesen, Husten) übertragen. Ohne oder ohne ausreichende Behandlung kann eine Mandelentzündung auf die Gelenke übergreifen (→ Gelenkentzündung bei Infektionskrankheiten, Seite 432) und zu schweren Komplikationen an Herz (→ Entzündung der Herzinnenhaut, Seite 272) und Nieren führen. Achten Sie deshalb auf andauernde unterschwellige Zeichen einer Entzündung. Letztere macht sich zwar nicht oder nur kaum durch Schluckbeschwerden bemerkbar, aber durch Mundgeruch, einen »schlechten Geschmack« im Mund und das Gefühl, einen Kloß im Hals zu haben.

### Ärztliche Behandlung

Das Wichtigste ist zunächst Bettruhe. Falls die Beschwerden länger andauern oder sich verstärken, wird der Arzt Ihrem Kind Penizillin geben – vorausgesetzt die Erreger waren Bakterien. Außerdem können leichte Schmerzmittel wie Paracetamol (→ Seite 638) und kreislaufstabilisierende Medikamente angezeigt sein. Die Entfernung der Mandeln ist von ganz bestimmten Voraussetzungen abhängig und sollte daher gründlich überlegt werden (→ Pro und contra Mandeloperation).

## Pro und contra Mandeloperation

Früher war es ein vielpraktizierter Routineeingriff, und als Belohnung versprach man den Kindern große Portionen Eis. Heute ist man sehr viel zurückhaltender geworden, wenn es um die Mandeloperation geht. Man weiß inzwischen, daß die Mandeln besonders in der frühen Kindheit eine wichtige Funktion bei der Entwicklung der körpereigenen Abwehr spielen. Andererseits ist man sich aber nach wie vor der gravierenden Folgen bewußt, die eine verschleppte Mandelinfektion auf Herz und Nieren haben kann. Auch wenn man versucht, den Kindern die Gaumenmandeln so lang wie möglich zu erhalten, gibt es eine Reihe wichtiger Kriterien, die für eine Operation sprechen: An erster Stelle steht die chronische schwere Entzündung der Mandeln, denn dann können selbst Antibiotika keine ausreichende Wirkung mehr entfalten. Chronisch bedeutet, daß die Entzündung mehrmals pro Jahr auftritt. Weitere Gründe für eine Operation sind ein Mandelabszeß, stark vergrößerte oder geschwürige Mandeln.

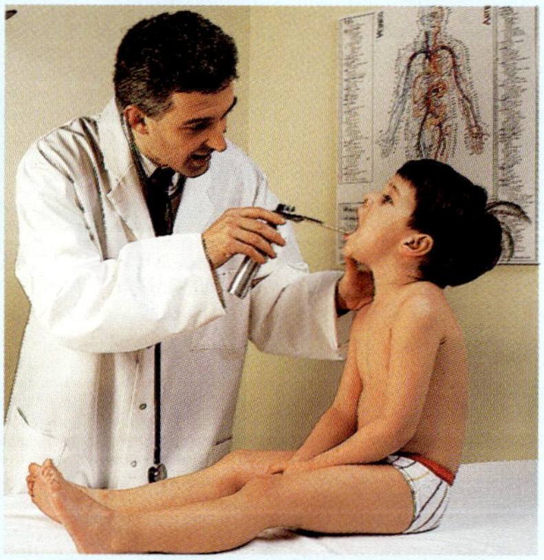

**Sorgfältig untersucht der Arzt Größe und Farbe der Rachenmandeln.**

Der Eingriff erfolgt bei Kindern (möglichst erst nach dem vierten Lebensjahr) in Vollnarkose, bei Erwachsenen auch in örtlicher Betäubung. Nach der Operation können die übrigen lymphatischen Gewebe im Rachenraum die Funktion der Mandeln weitgehend ersetzen. Doch zuerst einmal gibt es immer noch ein großes Eis: zum Kühlen der Wunde und weil es im frisch operierten Hals besser rutscht als feste Nahrung.

### Selbsthilfe

Warme Halswickel können Linderung bringen, ebenso Mundspülungen und Gurgeln mit Kamillen- und Salbeitee (→ Bewährte Hausmittel, Seite 722). Die kleinen Patienten sollten viel trinken, allerdings keine Fruchtsäfte, die durch ihren Säuregehalt die Rachenschleimhaut noch stärker reizen können.

## Keuchhusten

→ Seite 557

## Pseudokrupp

→ Seite 557

## Epiglottitis

→ Seite 557

## Mukoviszidose (Zystische Fibrose)

### ▶ Symptome

- → Gedeihstörungen bei Neugeborenen
- → Bauchkrämpfe, Erbrechen (→ Darmverschluß, Seite 340)
- → chronische Durchfälle, Bauchschmerzen
- → intensiv salziger Schweiß
- → häufig wiederkehrende Infekte der Luftwege, dauernder Reizhusten mit Auswurf

Mukoviszidose (»zäher Schleim«) ist die häufigste vererbte Stoffwechselkrankheit der weißen Bevölkerung Europas und der USA. Aufgrund eines Gendefekts produzieren alle flüssigkeitsbildenden Drüsen des Körpers einen dicken, zähen Schleim, der Bronchien und Lunge, Bauchspeicheldrüse, Darm und Gallengänge verklebt und ein guter Nährboden für Krankheitserreger ist. Das führt zu häufigen Atemwegsinfektionen und schweren Verdauungsstörungen. Eine Reihe von kranken Kindern wird bereits mit einem Darmverschluß geboren, der durch einen Pfropf von verschleimtem, klebrigem Kindspech, dem Darminhalt des Ungeborenen, verursacht ist. Da das zähe Sekret nur schlecht abfließt, bildet sich leicht ein Rückstau, der wiederum das Gewebe der Organe und Drüsen schädigt und zu Entzündungen führen kann. Die Diagnose wird heutzutage meist frühzeitig gestellt, da ein Routinetest nach der Geburt den ersten Hinweis auf die Erkrankung liefert. Mukoviszidose ist nicht heilbar, doch dank des medizinischen Fortschritts steigt die Lebenserwartung der betroffenen Kinder von Jahr zu Jahr, so daß heute etwa 80 Prozent das Erwachsenenalter erreichen.

### Ärztliche Behandlung

Die Diagnose kann mit Hilfe des sogenannten Schweißtests gestellt werden, da der Salzgehalt bei Mukoviszidose-Kranken um das Zwei- bis Fünffache erhöht ist. Bisher ist die eigentliche Ursache nicht behandelbar, deshalb muß man sich in der Therapie auf die Symptome und die begleitend auftretenden Infektionen beschränken. Im Zentrum der Behandlung stehen Bronchien und Lunge. Durch Inhalationen und schleimlösende Medikamente (Mukolytika) versucht man, den Schleim zu verflüssigen, so daß er abgehustet werden kann. Das wird unterstützt durch Klopfmassagen des Brustkorbs und Atemgymnastik, die bei kleinen Kindern von erfahrenen Krankengymnasten oder – nach Anleitung – auch von den Eltern durchgeführt werden. Größere Kinder lernen Techniken, um sich selbst helfen zu können, vor allem die sogenannte autogene Drainage. Einen wichtigen Bestandteil der Behandlung stellen auch die Haltungs- und Bewegungsschulung dar. Die Unterfunktion der Bauchspeicheldrüse wird durch Präparate mit Verdauungsenzymen behandelt. Wichtig ist auch eine kalorien-, eiweiß- und vitaminreiche Kost sowie reichlich Kochsalz und eine große Trinkmenge (wegen des vermehrten Schwitzens). Wenn die Schädigung der Bauchspeicheldrüse im Lauf der Jahre fortschreitet, kann sich ein Diabetes mellitus (→ Seite 501) ausbilden, der Insulingaben nötig macht. Große Hoffnungen setzt man in die neue Behandlungsmöglichkeit der Gentherapie.

### Selbsthilfe

Mukoviszidose-Kranke sind immer auf ärztliche Betreuung, Medikamente und Krankengymnastik angewiesen. Das nimmt viel Zeit in Anspruch und kostet viel Kraft, Kinder und Eltern gleichermaßen. Unterstützung und Beratung können in vielen Städten Selbsthilfegruppen bieten (→ Adressen, Seite 798), die zum einen speziell auf die Probleme der Eltern eingehen, zum anderen auch Gruppenveranstaltungen für die Kinder anbieten.

# Herz und Kreislauf

Hunderttausendmal schlägt das Herz pro Tag und pumpt unentwegt Blut in das fein verzweigte Adernetz unseres Kreislaufsystems. Dabei versorgt das »flüssige Organ« Blut den Körper mit Sauerstoff und Nährstoffen und entsorgt zugleich all das, was nicht gebraucht wird. Unterstützt wird es dabei von spezialisierten Zellen des Immunsystems, die den Organismus gegen Fremdstoffe und Krankheitserreger verteidigen. Wenn in diesem System etwas »aus dem Takt« gerät, ist unser Lebenszentrum bedroht.

## Inhalt



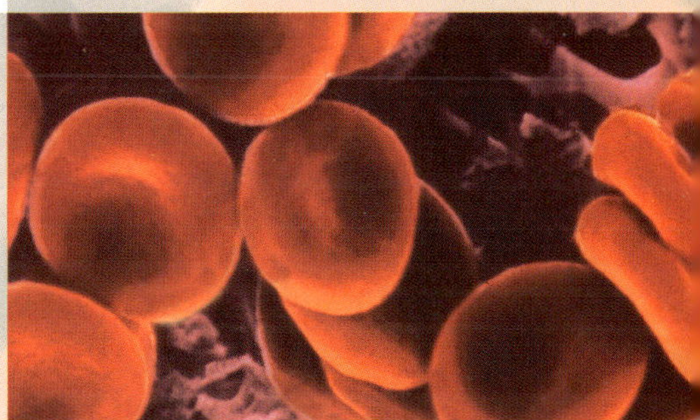

Rote Blutkörperchen

# Wissenswertes über Herz und Kreislauf

Auch im Zeitalter von High-Tech und Internet hat das Herz nichts von seiner Symbolkraft verloren. Heute wie zur Zeit der alten Ägypter gilt es als Mittelpunkt des Menschen, als Lebenszentrum und Sitz der Gefühle, als Symbol für Vertrauen, Freundlichkeit und Zuwendung. Man kann das Herz eines anderen Menschen gewinnen oder sein Herz verschenken, sein Herz öffnen, ein schweres oder ein gutes Herz haben, aber auch sich ein Herz nehmen, etwas zu tun, oder etwas beherzigen. Doch das Herz ist nicht nur Sinnbild für Liebe und Zuneigung, Freude und Leid, sondern auch für den – guten oder schlechten – Charakter, für Mut, Beständigkeit und Ehrlichkeit. Es gibt kein anderes Organ, für das die Sprache so viele Bilder hervorgebracht hat wie für das Herz. Nichts sonst symbolisiert so eindringlich Leben. Denn wenn das Herz aufhört zu schlagen, bedeutet es den Tod.

## Eine etwas andere »Luftpumpe«

Aus medizinischer Sicht sieht das alles etwas nüchterner aus: Anatomisch betrachtet ist das Herz ein etwa faustgroßer Muskel im Zentrum unseres Kreislaufsystems, der durch sein rhythmisches Zusammenziehen Blut durch die Adern pumpt und so dafür sorgt, daß unser Körper mit Sauerstoff und Nährstoffen beliefert wird (→ Seite 260).
Auch ein großes Herz bedeutet – medizinisch gesprochen – keineswegs Güte und Großzügigkeit. Vielmehr vergrößert sich das Herz bei gesunden Menschen, wenn sie Leistungssport betreiben und für ihre Muskelarbeit sehr viel Energie benötigen. Diese kann nur mit einer großen Menge Blut angeliefert werden, weshalb die erweiterten, muskulösen Herzkammern eines Sportlers mit jedem Herzschlag viel mehr Blut in den Kreislauf befördern als das kleine Herz eines untrainierten Zeitgenossen.

**Ausdauersportler haben ein großes, kräftiges Herz, das den Muskeln schnell Energie zuführt.**

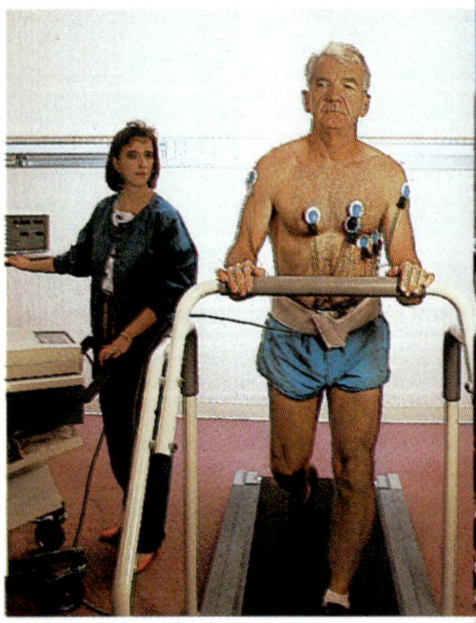

**Das Belastungs-EKG auf dem Laufband zeigt, wie gesund das Herz ist.**

**Wie ein Kranz umgeben viele kleine Arterien das Herz und versorgen es mit Blut und Sauerstoff.**

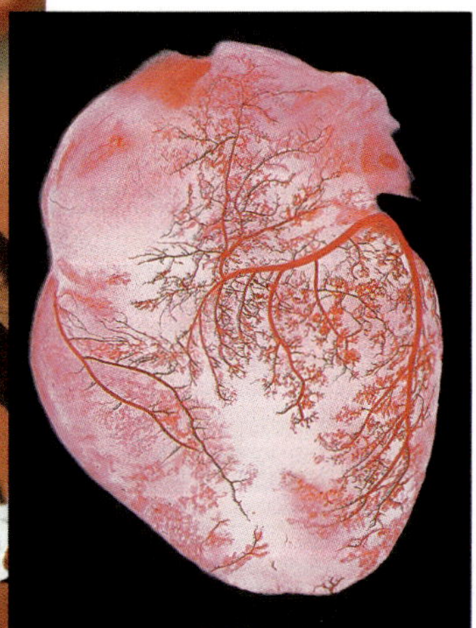

## Ein geschlossenes System

Damit das Blut auch überall dort hinkommt, wo seine Inhaltsstoffe gebraucht werden, besitzt der Mensch – ebenso wie alle höheren Tiere – einen in sich geschlossenen Blutkreislauf (→ Seite 276). Innerhalb dieses Systems aus kleinen und großen Adern zirkuliert das Blut tagaus, tagein. Nur die vom Gewebe benötigten Bestandteile können den Blutstrom über winzige Öffnungen in den kleinsten Blutgefäßen, den Kapillaren, verlassen.
Um das Blut ständig in Bewegung zu halten, muß in den Adern ein bestimmter Blutdruck herrschen, der nicht zu hoch und nicht zu niedrig sein sollte (→ Vom Druck hängt alles ab, Seite 277).

## Der Saft fürs Leben

Daß Blut ein Saft ist, der es in sich hat (→ Seite 288), ist lebenswichtig für die Versorgung unseres Organismus. Unermüdlich schickt das Herz Tag und Nacht rote Blutkörperchen auf die Reise durch den Körper, um an jede noch so entfernte Stelle Sauerstoff hin- und Kohlendioxid wieder abzutransportieren. Begleitet werden die roten Blutkörperchen, die dem »flüssigen« Organ Blut seine Farbe geben, von verschiedenen weißen Blutkörperchen. Sie stehen im Dienst des Immunsystems (→ Seite 298) und schützen unseren Körper rund um die Uhr vor Krankheitserregern und Fremdkörpern. Und schließlich kommen noch die Blutplättchen dazu, die allzeit bereit sind, bei einer Verletzung Erste Hilfe zu leisten. Dann ballen sie sich zusammen und bilden einen Blutpfropf, der die Wunde verschließt.
Außerdem befördert das Blut die Nährstoffe, die mit der Nahrung aufgenommen werden, an ihren jeweiligen Bestimmungsort – natürlich in mikroskopisch verkleinerter Form. Vor allem die Muskeln benötigen für ihre Arbeit nicht nur Sauerstoff, sondern auch große Mengen Zucker. Und unser Gehirn braucht ebenfalls »Brennstoff«, wenn es »rauchen« soll.
Mit dem Blut schwimmen auch Hormone und Enzyme zu den Organen und regen sie an, eine bestimmte Funktion aufzunehmen. Zum Beispiel signalisieren sie dem Eierstock, daß es Zeit für den Eisprung ist.
Auch die Abfallstoffe, die bei den verschiedensten Prozessen entstehen, können nur mit dem Blut die Ausscheidungsorgane Niere und Leber erreichen. Und gäbe es das unerhört flexible Transportmittel Blut nicht, dann würde der Wirkstoff einer Schmerztablette nie den Kopf erreichen.

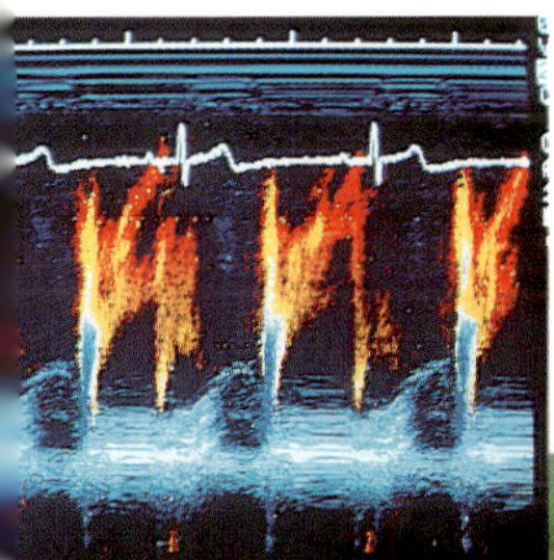

**Modernste Technik: Mit dem Computer läßt sich der Blutfluß durch das Herz darstellen.**

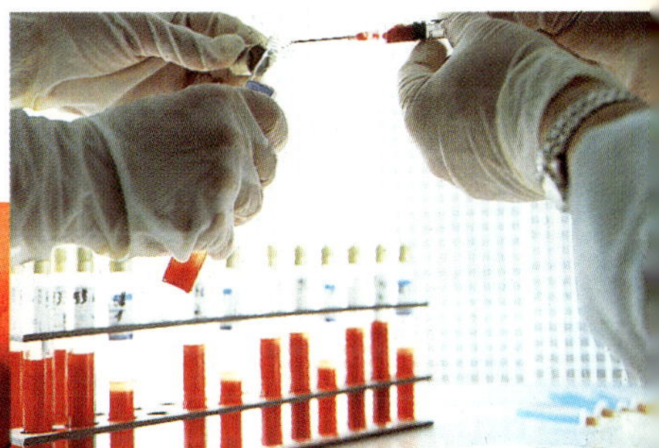

**Die Untersuchung der Blutbestandteile im Labor gibt wichtige Hinweise auf mögliche Erkrankungen.**

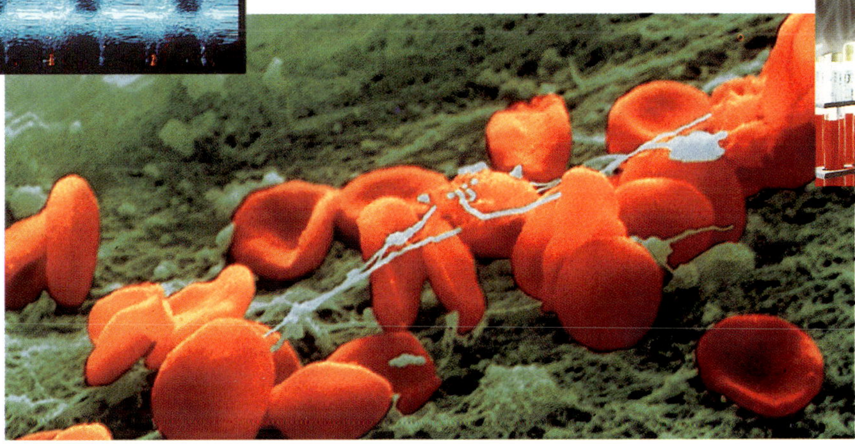

**Die Hauptaufgabe der roten Blutkörperchen ist es, den Sauerstoff auch bis in den letzten Winkel des Körpers zu transportieren.**

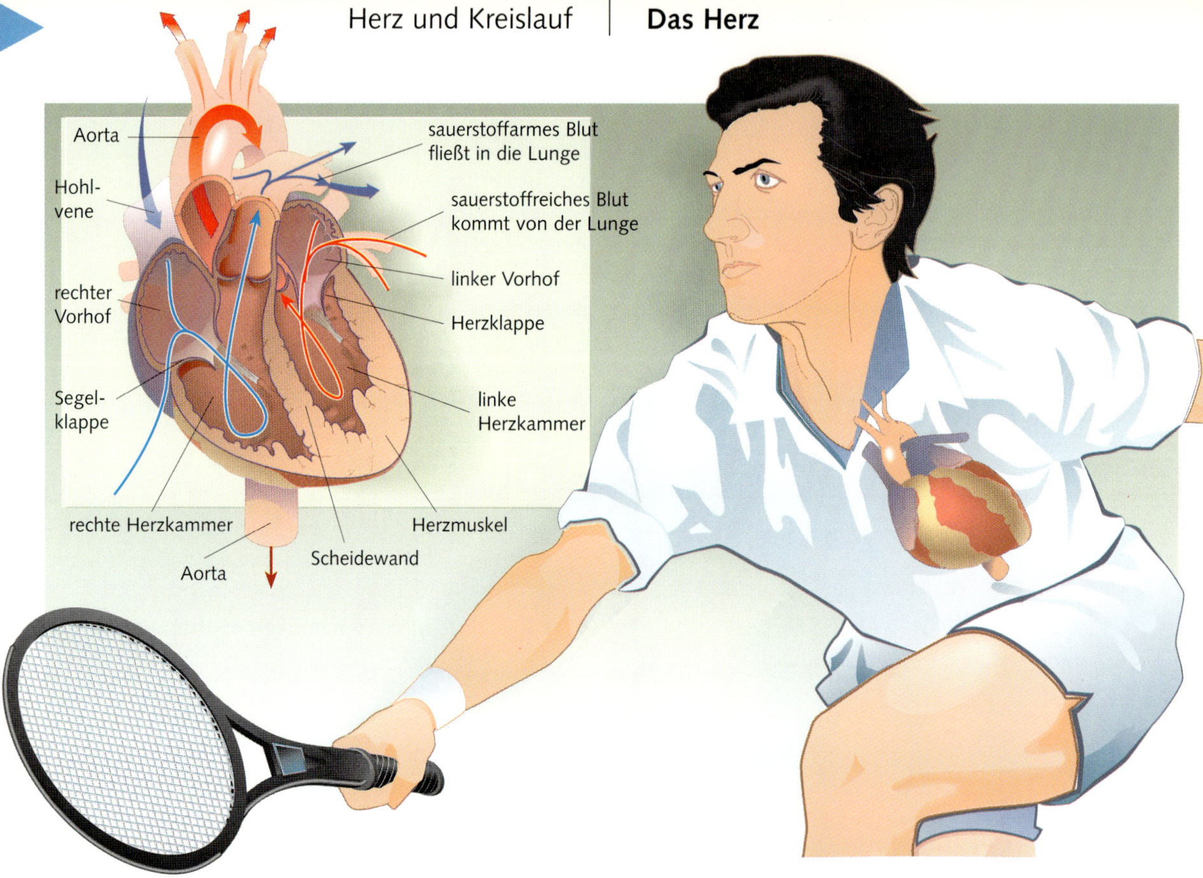


# Das Herz

- **Der Aufbau des Herzens**
- **Die Herztätigkeit**
- **Das kranke Herz**

Es hat keine zwei Rundungen oben und keine Spitze unten, und es sieht dem Gebilde, das in vielen Kulturen als Symbol der Liebe gilt, wenig ähnlich: unser Herz, das 100000mal pro Tag schlägt. Kaum größer als eine geballte Faust ist die rund 300 Gramm schwere »Pumpe« das Zentrum des Blutkreislaufs (→ Seite 276) und sorgt dafür, daß der Körper mit Sauerstoff und Nährstoffen versorgt wird.

## Zwei Herzen in einem

Leicht schräg liegt das Herz zwischen den beiden Lungenflügeln hinter dem Brustbein; zwei Drittel ragen in die linke Brusthälfte, ein Drittel in die rechte. Der größte Teil besteht aus dem *Herzmuskel* (Myokard), der innen hohl ist. Durch eine *Scheidewand* (Septum) wird dieser Hohlraum in zwei Hälften unterteilt, die man auch linkes und rechtes Herz nennt. Jede dieser Herzhälften setzt sich zusammen aus einer *Herzkammer* (Ventrikel) und einem *Vorhof* (Atrium), die jeweils durch *Herzklappen* voneinander getrennt sind. Beide Herzkammern und Vorhöfe sind mit einer dünnen Haut ausgekleidet, der *Herzinnenhaut* (Endokard), aus der auch die Herzklappen geformt sind.

Wegen ihrer charakteristischen Form nennt man die Klappen zwischen Vorhöfen und Herzkammern *Segelklappen,* die zwischen Herzkammern und den beiden darin entspringenden Arterien (→ Seite 276) *Taschenklappen.* Sie sorgen dafür, daß das Blut immer nur in eine Richtung fließt und verschließen die Herzkammern je nach Bedarf.

Von außen ist der Herzmuskel vom *Herzbeutel* (Perikard) umgeben. Dieser Herzbeutel besteht aus zwei Schichten, zwischen denen sich eine geringe Menge (Gleit-)Flüssigkeit befindet. Die innere Schicht (Epikard) ist direkt mit dem Herzmuskel verwachsen, während die äußere den eigentlichen Beutel bildet, der das Herz wie ein geschlossener Sack umhüllt. Er sorgt dafür, daß sich der Herzmuskel bei seiner ständigen Bewegung im Brustkorb nicht an seinen Nachbarorganen, Lunge und Zwerchfell, reibt.

Das Herz ist jedoch nicht nur der Versorgungsmotor für den Körper, es muß sich auch selbst mit Sauerstoff und Nährstoffen aus dem Blut »beliefern«. Das geschieht über die *Herzkranzgefäße* (Koronar- oder Herzkranzarterien), die von der Aorta (→ Arterien, Seite 276) unmittelbar hinter ihrem Ursprung aus der linken Herzkammer abzweigen und kranzförmig auf dem Herzmuskel verlaufen – daher der Name.

## Es schlägt und schlägt

Damit das Blut ständig im Umlauf bleibt, pumpt das Herz es in gleichmäßigem Rhythmus durch die Blutgefäße (→ Kreislauf, Seite 276). Dabei arbeitet es wie eine Druck-Saug-Pumpe, die durch das Zusammenziehen (Systole) des Herzmuskels das Blut aus den Herzkammern hinausdrückt und beim Erschlaffen (Diastole) Blut aus den Vorhöfen ansaugt. Im einzelnen geht das etwa so vor sich:

Das mit Sauerstoff angereicherte Blut aus der Lunge sammelt sich im linken Vorhof. Beim Erschlaffen des Herzmuskels öffnet sich die linke Segelklappe (Mitralklappe), und das Blut kann vom Vorhof in die linke Herzkammer fließen. Wenn der Herzmuskel sich zusammenzieht, schließt sich auch die Segelklappe wieder. Sobald der Druck durch die extreme Anspannung des Herzmuskels groß genug ist, wird die linke Taschenklappe zur Aorta (Aortenklappe) aufgestoßen und das Blut durch die Körperschlagader in den Körperkreislauf gepumpt. Sind Sauerstoff und Nährstoffe verteilt, kehrt das verbrauchte, nun mit Kohlendioxid angereicherte Blut über die große Hohlvene zurück zum Herzen, diesmal allerdings in die rechte Herzhälfte. Von dort wird es – mit Hilfe der gleichen Pump- und Klappentechnik – weiterbefördert in die Lunge, wo es das Kohlendioxid abgibt, neuen Sauerstoff aufnimmt und zum linken Vorhof fließt. Damit der Kreislauf reibungslos funktioniert, müssen jedoch beide Herzhälften gleichzeitig die gleiche Menge Blut pumpen. Sonst käme es irgendwo im Körper zu einem Stau.

## Wer gibt den Takt?

Wie schnell das Herz schlägt – bei Aufregung schneller, im Schlaf langsamer – und wie stark dadurch Muskeln und Organe durchblutet werden, bestimmt im Normalfall das vegetative Nervensystem (→ Seite 187). Das Kommando für seinen Rhythmus erhält das Herz jedoch über ein eigenes, unabhängiges Erregungsleitungssystem aus spezialisierten Muskelfasern: Durchschnittlich 70mal pro Minute breitet sich vom Sinusknoten, dem natürlichen Schrittmacher des Herzens im rechten Vorhof, ein elektrischer Impuls zunächst über beide Vorhöfe aus und wird dann über den sogenannten AV-Knoten (Atrioventrikularknoten) auf die Herzkammern übergeleitet. Dort verzweigen sich die Fasern des Erregungsleitungssystems und lösen das gleichmäßige Zusammenziehen der Muskelfasern beider Herzkammern aus. Die Ausbreitung der Erregung im Herzen kann man durch das EKG sichtbar machen (→ Seite 263).

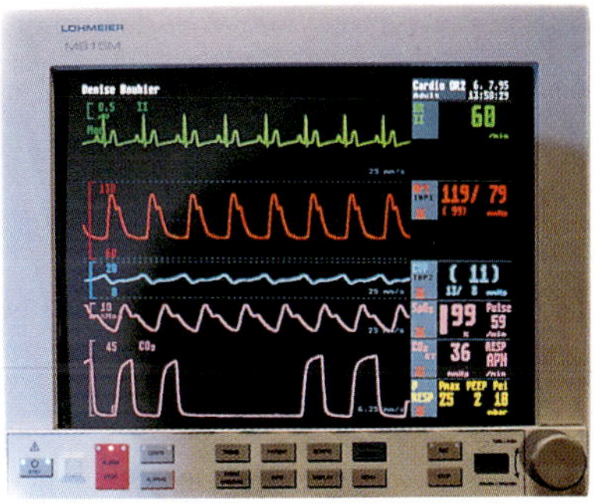

**Auf dem Monitor sieht der Fachmann alle Herzfunktionen auf einen Blick.**

## Das kranke Herz

Wenn das Herz krank ist, treten meist Schmerzen und Atemnot auf, auch wenn die Ursachen verschieden sind. Besonders häufig sind die Herzkranzgefäße betroffen. Ihr Durchmesser beträgt nur etwa 3 bis 4 Millimeter, sind sie durch Arteriosklerose (→ Seite 267) verengt, können sie den Herzmuskel nicht mehr ausreichend mit Sauerstoff versorgen. Die Folge ist die koronare Herzkrankheit, die sich äußert in Angina pectoris (→ Seite 264), Herzinfarkt (→ Seite 266) und Herzschwäche (→ Seite 270). Oft lassen sich die Krankheitsbilder nur schwer voneinander abgrenzen, gehen ineinander über, ist die eine Erkrankung des Herzens die Vorstufe zu einer anderen. In jedem Fall ist der ganze Mensch betroffen, wenn der Lebensmotor nicht mehr richtig läuft.

# Notfälle

## Allgemein gilt

Wenn Sie schlagartig Beschwerden haben, die vom Herzen ausgehen könnten, veranlassen Sie am besten sofort einen Notruf. Warten Sie nicht zu lang darauf, daß die Schmerzen von allein wieder vergehen: Bei einer Herzattacke zählt jede Minute!

## Angina pectoris/Herzinfarkt

► Symptome
- ➜ anfallsartiges Gefühl der Brustenge
- ➜ Druck, Brennen hinter dem Brustbein
- ➜ Atembeklemmung, Atemnot
- ➜ eventuell Ausstrahlen des Schmerzes in Hals, Unterkiefer, Schultern und Arme, selten auch in Bauch oder Rücken
- ➜ Schweißausbruch, Übelkeit, Erbrechen
- ➜ Vernichtungsgefühl, Todesangst

Die wichtigsten Anzeichen für einen Herzinfarkt sind anfallsartige Brustschmerzen wie beim Angina-pectoris-Anfall (→ Seite 264). Wenn – bei bekannter Angina pectoris – die Beschwerden jedoch auch nach Einnahme Ihres Nitropräparates nicht vergehen, handelt es sich sehr wahrscheinlich um einen Herzinfarkt (→ Seite 266).

### Ärztliche Behandlung

Bei rund einem Fünftel aller Betroffenen sind die Beschwerden nicht ausgeprägt, insbesondere bei Diabetikern. Wer innerhalb der nächsten zwei bis vier Stunden ins Krankenhaus kommt, hat gute Überlebenschancen. Durch EKG und Blutuntersuchungen wird festgestellt, ob bereits ein Herzinfarkt stattgefunden hat oder (noch) nicht. Bei einem Infarkt, der nicht älter als sechs Stunden ist, kann man das Blutgerinnsel mit Medikamenten auflösen.

### Selbsthilfe

Sofort hinsetzen oder hinlegen. Wenn vorhanden, zwei Hübe Nitrospray nehmen oder eine Nitrokapsel zerbeißen und zusätzlich eine Tablette Azetylsalizylsäure 500 mg einnehmen. Lösen Sie beengende Kleidung, sorgen Sie für frische Luft.

## Schwere Herzrhythmusstörungen

► Symptome
- ➜ Herzklopfen, Herzstolpern
- ➜ sehr schneller oder sehr langsamer Herzschlag
- ➜ Benommenheit, Schwindel, Ohnmacht
- ➜ mitunter Atemnot, Brustenge

Häufige und anhaltende Herzrhythmusstörungen (→ Seite 268) sind meist Zeichen einer ernstzunehmenden (Herz-)Krankheit. Für Menschen mit einem vorgeschädigten Herzen sind sie gefährlich, da es zum Kreislaufstillstand kommen kann.

### Ärztliche Behandlung

Die Behandlung richtet sich nach der Art und Ursache der Herzrhythmusstörungen.

### Selbsthilfe

Sofort hinsetzen oder hinlegen. Trinken Sie bei Herzjagen (→ Seite 268) ein Glas kaltes, sprudelndes Mineralwasser und versuchen Sie, in Rückenlage den Atem in den Bauch zu pressen.

## Akute Herzschwäche

► Symptome
- ➜ Atemnot im Liegen, Herzjagen
- ➜ Brustschmerzen, Reizhusten
- ➜ Blaufärbung der Lippen, Finger und Zehen
- ➜ geschwollene Knöchel und Beine

Je nachdem ob Ihren Beschwerden eine Schwäche des linken oder rechten Herzens zugrunde liegt, müssen nicht alle Symptome auftreten (→ Herzschwäche, Seite 270).

### Ärztliche Behandlung

Die akute Herzschwäche muß im Krankenhaus behandelt werden, je nach Ausgangskrankheit mit herzstärkenden, gefäßerweiternden und entwässernden Mitteln.

### Selbsthilfe

→ Angina pectoris/Herzinfarkt.

# Spezielle Untersuchungen

## Abhören des Herzens (Auskultieren)

Beim Abhören mit dem Stethoskop achtet der Arzt darauf, ob das Herz gleichmäßig und in der richtigen Geschwindigkeit schlägt. Die Art der Herztöne zeigt an, ob die Herzklappen normal arbeiten. Zusätzliche Herzgeräusche liefern Hinweise auf Erkrankungen von Herzklappen oder Herzbeutel.

## Blutuntersuchungen

Wenn bei einem Herzinfarkt oder einer Herzmuskelentzündung ein Teil der Herzmuskelzellen zugrunde geht, werden spezielle Stoffe, vor allem Enzyme, freigesetzt, deren Aktivität man in einer Blutprobe messen kann. Diese Enzymaktivität steigt kurz nach dem Infarkt im Blut an und eignet sich zur Frühdiagnose.

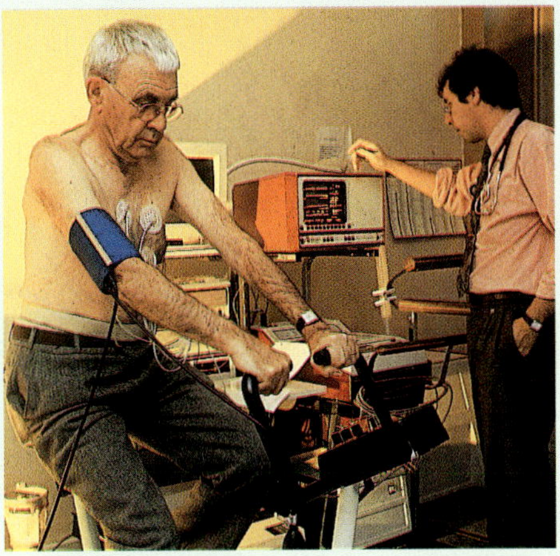

**Beim Belastungs-EKG auf dem Fahrrad wird die Leistungsfähigkeit getestet.**

## Elektrokardiographie (EKG)

Mit Hilfe der Elektrokardiographie (→ auch Seite 620) kann man die schwachen Herzströme aufzeichnen, die bei jedem Herzschlag fließen. Dazu werden Elektroden, kleine Metallplättchen, auf der Brust sowie an den Hand- und Fußgelenken festgemacht. Sie sind über Drähte mit dem Meßgerät verbunden und zeichnen ein Bild vom Verlauf der Herzströme, das Elektrokardiogramm, auf. Beim sogenannten *Belastungs-EKG* lassen sich Durchblutungsstörungen des Herzmuskels erkennen, die durch körperliche Anstrengungen hervorgerufen werden können. Dazu muß man auf einem Spezialfahrrad gegen einen ständig steigenden Widerstand in die Pedale treten, während die Herzströme, Puls und Blutdruck gemessen werden. Herzrhythmusstörungen zeigen sich meist nur durch ein *Langzeit-EKG*. Dabei wird mit Hilfe eines kleinen Gerätes, das an einem Gürtel befestigt ist, 24 Stunden ein EKG aufgezeichnet.

## Echokardiographie

Echokardiographie ist die Untersuchung des Herzens mit Ultraschall (→ Seite 620). Sie beruht darauf, daß die Strukturen des Herzens den Ultraschall besonders gut reflektieren. Dadurch kann der Arzt die Größe der einzelnen Herzkammern und Vorhöfe, die Herzklappen und die Häute des Herzens darstellen und ihre Funktion beurteilen. Um die Strömung des Blutes zu untersuchen, bedient man sich einer speziellen Ultraschall-Untersuchung, die nach dem Entdecker des zugrundeliegenden Prinzips meist einfach »Doppler« genannt wird. Moderne Geräte zeigen Strömungsrichtung und -geschwindigkeit farbig an.

## Herzkatheter

Bei einer Herzkatheter-Untersuchung spritzt man über einen dünnen Kunststoffschlauch, der meist über eine Schlagader in der Leiste (manchmal auch am Arm) eingeführt wird, ein Kontrastmittel ins Herz. Dadurch lassen sich Ort und Ausmaß von Verengungen der Herzkranzgefäße, aber auch Funktionsstörungen des Herzmuskels und Klappenfehler auf einem Röntgenfilm sichtbar machen. So ist der Herzkatheter-Befund ausschlaggebend für die Entscheidung darüber, ob verengte Herzkranzgefäße mit einem Ballon aufgedehnt oder durch einen Bypass überbrückt werden sollen (→ Seite 265).

## Szintigraphie

Für diese Untersuchung (→ auch Seite 623) wird ein radioaktiver Stoff in eine Vene gespritzt und seine Verteilung im Herzen in Ruhe und unter Belastung gemessen. Dadurch läßt sich feststellen, ob tatsächlich eine Minderdurchblutung des Herzens vorliegt.

## Angina pectoris

### ▶ Symptome

- ➜ Druck, Brennen und Gefühl der Enge in der Brust
- ➜ Atembeklemmungen, Atemnot, Angst
- ➜ eventuell Ausstrahlen des Schmerzes in Hals, Unterkiefer, Schultergegend und Arme
- ➜ selten auch Beschwerden in der Magengegend oder im Rücken

Angina pectoris (lateinisch für Brustenge) ist das klassische Beschwerdebild der → koronaren Herzkrankheit, einer Erkrankung der Herzkranzgefäße. Meist werden die anfallsartig einsetzenden Schmerzen durch körperliche Anstrengung wie zum Beispiel Treppensteigen und/oder seelische Belastung ausgelöst. Sie können aber auch durch das Einatmen kalter Luft verursacht werden. Lassen die Schmerzen schnell nach, wenn man sich ausruht oder ins Warme kommt, handelt es sich um eine *stabile Angina pectoris.* Werden die Anfälle im Lauf der Zeit immer schwerer, länger und treten auch in Ruhe auf, sprechen die Mediziner von einer *instabilen Angina pectoris.* Sie ist immer ein ernstzunehmender Vorbote eines Herzinfarkts!

Die Ursache ist ein Mißverhältnis zwischen Sauerstoffbedarf und Sauerstoffangebot im Herzmuskel. Bei Anstrengungen braucht das Herz eine bis zu viermal größere Menge Blut als normal, um seinen gesteigerten Sauerstoffbedarf zu decken. Für gesunde Herzkranzgefäße ist das kein Problem: Sie sind elastisch und können sich dementsprechend ausdehnen. Bei Angina-pectoris-Patienten sind sie »verkalkt« und stark verengt. Deshalb kann durch die Herzkranzgefäße nicht mehr genug Blut fließen und damit nicht mehr genug Sauerstoff zum Herzmuskel transportiert werden. Diese Verengung der Gefäße wird verursacht durch die *Arteriosklerose* (→ Seite 267). Sie entwickelt sich im Lauf von Jahrzehnten, doch erst im fortgeschrittenen Stadium macht sie Beschwerden. Allerdings können die typischen Symptome, besonders bei zuckerkranken Menschen (→ Diabetes mellitus, Seite 501–503), auch gänzlich fehlen. Sie sind deshalb besonders gefährdet, ohne die Vorwarnung der Angina-pectoris-Beschwerden einen Herzinfarkt oder den plötzlichen Herztod zu erleiden.

## Koronare Herzkrankheit

Mit diesem Begriff faßt man Krankheitsbilder zusammen, die durch eine Verengung der Herzkranzgefäße, der sogenannten Koronararterien, verursacht werden:

- Angina pectoris
- Herzinfarkt (→ Seite 266)
- Herzschwäche (→ Seite 270)

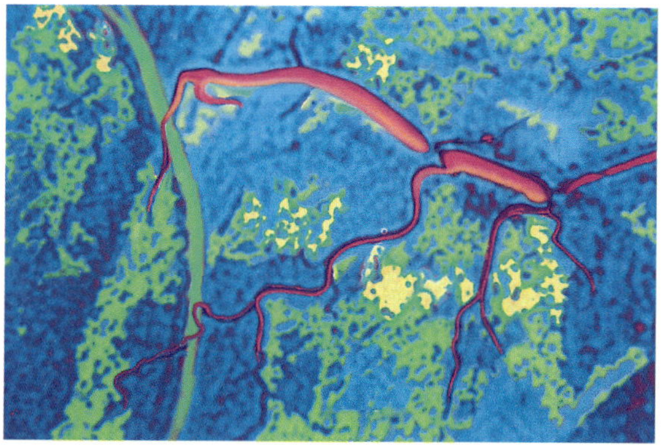

**Wenn verengte Herzkranzgefäße nicht genug Sauerstoff an den Herzmuskel lassen, so versagt er.**

### Ärztliche Behandlung

Wenn Sie Angina-pectoris-Symptome haben, sollten Sie so bald wie möglich einen Arzt aufsuchen. Treten die Schmerzen auch in Ruhe auf, müssen Sie sofort ins Krankenhaus (→ Notfälle, Seite 262).

Mit einem Belastungs-EKG kann der Arzt feststellen, wie Ihr Herz bei Anstrengungen reagiert. Eindeutig feststellen lassen sich die Verengungen der Herzkranzgefäße jedoch nur mit Hilfe des Herzkatheters. Die Angina pectoris kann »konservativ« therapiert werden, das heißt mit Medikamenten, die die Sauerstoffversorgung verbessern und die Gerinnselbildung verhindern (→ Herzmittel, Seite 637). Beim Angina-pectoris-Anfall helfen Nitrate (die man, um sie rasch zum Wirken zu bringen, in den Mund sprüht oder in Kapselform zerbeißt). Tragen Sie Ihr Nitrospray oder die -kapseln deshalb immer bei sich! Eine andere Möglichkeit der Behandlung ist, die diagnostizierte(n) Engstelle(n) in den Herzkranzgefäßen mit einem Ballonkatheter aufzudehnen, oder aber eine »Umleitung« um die verengten Gefäße herum zu legen: den sogenannten Bypass.

### Selbsthilfe

Eine bewußte Lebensgestaltung kann viel dazu beitragen, daß die Arteriosklerose nicht zu schnell fortschreitet. Ein paar Regeln sollten Sie dabei im wahrsten Sinn des Wortes beherzigen:

- Geben Sie unbedingt das Rauchen auf (→ Seite 572), versuchen Sie, Ihr Idealgewicht zu erreichen (→ Seite 510), und achten Sie darauf, daß Sie keinen zu hohen Blutdruck haben (→ Seite 280).
- Bevorzugen Sie eine vitaminreiche, fettarme, möglichst vollwertige Ernährung (→ Seite 712). Damit können Sie zu hohe Cholesterinwerte senken, die zu den Hauptrisikofaktoren einer Arteriosklerose gehören. Eine altes »Hausmittel« für eine gute Durchblutung ist Knoblauch (auch in Kapselform). Verschiedene Vitamine (vor allem Vitamin C, Vitamin E und Betakarotin) sollen die Arteriosklerose ebenfalls günstig beeinflussen.
- Nehmen Sie sich am besten jeden Tag eine halbe Stunde Zeit für leichten Ausdauersport wie zum Beispiel Radfahren oder Spazierengehen. Besonders empfehlenswert ist die Teilnahme an einer Herzsportgruppe, wo neben gymnastischen auch Entspannungsübungen und Beratungen angeboten werden. Sie können daran teilnehmen, wenn Sie einige Risikofaktoren für Arteriosklerose haben.
- Versuchen Sie Streß zu vermeiden, und gönnen Sie sich regelmäßige Ruhephasen zum Ausspannen. Lernen Sie Entspannungstechniken: Sie sind eine große Hilfe bei der Streßbewältigung (→ Seite 686).

## Ballondilatation oder Bypass-Operation?

Ist die Verengung der Herzkranzgefäße so weit fortgeschritten, daß sich die Sauerstoffversorgung des Herzens nicht mehr durch Medikamente sicherstellen läßt, stehen heute vor allem zwei Methoden zur Wahl: die sogenannte Ballondilatation oder eine Bypass-Operation. Die Aufdehnung verengter Herzkranzgefäße mit einem Ballon ist für den Patienten ein vergleichsweise »leichter« Eingriff, denn das Verfahren gleicht einer Untersuchung mit dem Katheter (→ Seite 263) und erfordert nur eine örtliche Betäubung an der Stelle der Körperschlagader, an der die Sonde eingeführt wird (meist von der Leiste aus). Sobald der Ballon das verengte Gefäß erreicht hat, wird er mit hohem Druck aufgeblasen, und die arteriosklerotischen Ablagerungen werden mit Druck in die Gefäßwand verschoben. Zusätzlich kann ein *Rotablator* zum Einsatz kommen, ein Bohrkopf, der das verengte Gefäß mit 180000 Drehungen pro Minute ausfräst. Dasselbe versucht man mit Laserkathetern oder mit dem *Atherektomiekatheter*, bei dem die Verkalkungen mit einem winzigen rotierenden Messer abgeschnitten werden. Obwohl die Ballondilatation in über 90 Prozent aller Fälle erfolgreich ist, verengen sich innerhalb eines halben Jahres bei rund einem Drittel der Patienten die aufgedehnten Engstellen wieder. Sie können allerdings mit guten Erfolgen noch einmal aufgedehnt werden.

Mit einer mikroskopisch kleinen Fräse macht man Adern wieder frei.

Eine deutlich geringere Rückfallquote hat die Bypass-Operation, die bei komplizierten Fällen oder bei zahlreichen Verengungen der Herzkranzgefäße angewendet wird. Während der mehrstündigen Operation am offenen Herzen wird der Kreislauf des Patienten über eine Herz-Lungen-Maschine aufrechterhalten. Mit Hilfe einer Unterschenkelvene oder einer kleinen Arterie aus dem Brustbereich schlägt man eine Brücke – manchmal auch mit mehreren Bögen – von der Aorta über die verengte(n) Stelle(n). Dadurch wird der Herzmuskel wieder ausreichend mit Sauerstoff versorgt. Während sich viele Patienten bereits kurz nach einer Ballondilatation wieder relativ gesund fühlen, muß man bei einer Bypass-Operation mit einer Genesungszeit von einigen Wochen rechnen.

## Herzinfarkt

### ► Symptome

- ➜ anfallsartiges Gefühl der Brustenge
- ➜ Druck, Brennen hinter dem Brustbein
- ➜ eventuell Ausstrahlen des Schmerzes in Hals, Unterkiefer, Schultern und Arme, selten auch in Bauch und Rücken
- ➜ Atemnot, Vernichtungsgefühl, Todesangst
- ➜ Schweißausbruch, Übelkeit, Erbrechen

Der Herzinfarkt stellt die schwerste Form der koronaren Herzkrankheit (→ Seite 264) dar und ist die häufigste Todesursache in den Industrienationen. Die Symptome sind zunächst die eines schweren Angina-pectoris-Anfalls (→ Seite 264), gefolgt von Übelkeit und Todesangst. Im Gegensatz zur Angina pectoris verschwinden die Beschwerden trotz Nitrospray oder -kapseln nicht. Bei einem Fünftel aller Betroffenen, vor allem bei Diabetikern (→ Diabetes mellitus, Seite 501–503), sind die Beschwerden nicht so ausgeprägt, so daß die Gefahr besteht, daß der Herzinfarkt nicht erkannt wird. In den allermeisten Fällen ist die Ursache der vollständige Verschluß eines Herzkranzgefäßes durch ein Blutgerinnsel. Dadurch wird der Teil des Herzmuskels, zu dem das verstopfte Gefäß führt, nicht mehr mit Sauerstoff versorgt und stirbt langsam ab. Nur wenn der Blutpfropf innerhalb der nächsten Stunden beseitigt werden kann, ist noch Rettung möglich.

### Ärztliche Behandlung

Beim geringsten Verdacht auf einen Herzinfarkt sollten Sie einen Notruf veranlassen. Warten Sie auf keinen Fall ab, ob die Schmerzen nicht doch von allein vergehen: Die ersten Stunden nach dem Herzinfarkt sind die gefährlichsten und gleichzeitig für die Behandlung die wichtigsten! Bei richtiger medizinischer Hilfe können vier von fünf Herzinfarkt-Patienten überleben! Die Auflösung des Blutgerinnsels durch Medikamente, die die Ausdehnung des Herzinfarktes und damit die spätere Leistungseinbuße des Herzens entscheidend begrenzen kann, ist nur in den ersten Stunden nach einem Infarkt möglich. Alternativ kann man auch versuchen, die Verschlußstelle mit einem Ballonkatheter (→ Seite 265) wieder zu öffnen. Auf der Intensivstation wird der Infarktpatient rund um die Uhr betreut und überwacht. So kann man gefährlichen Komplikationen begegnen wie zum Beispiel dem Kammerflimmern, einer Herzrhythmusstörung, bei der die Herzschläge so schnell aufeinanderfolgen, daß kein Blut mehr transportiert wird.

Nach dem Aufenthalt im Krankenhaus besteht für Sie das Angebot einer sogenannten Anschlußheilbehandlung in einer Rehabilitationsklinik. Hier wird das vertieft, was im Krankenhaus begonnen wurde: die genaue Aufklärung über Art und Entstehung einer koronaren Herzkrankheit, über die Rolle der Risikofaktoren und die Möglichkeiten, sie zu reduzieren, über die Wirkung der Medikamente und Maßnahmen zur Stabilisierung der Gesundheit. Eine ausgewählte und ärztlich kontrollierte Bewegungstherapie hilft Ihnen, die eigene Leistungsfähigkeit neu einschätzen zu lernen und die Furcht vor körperlicher Belastung abzubauen. Psychotherapeutische Gespräche und sozialmedizinische Beratungen können Wege aufzeigen, wie Sie Ihren Alltag in Zukunft meistern können.

Fast alle Herzinfarktpatienten bekommen für eine längere Zeit, meist für das ganze weitere Leben lang Medikamente, auch wenn keine Beschwerden auftreten. Diese Medikamente sollen vor einem weiteren Herzinfarkt schützen. Dazu zählen im wesentlichen die drei Substanzen Azetylsalizylsäure, Betablocker und die sogenannten ACE-Hemmer (→ Herzmittel, Seite 637).

### Selbsthilfe

Ein überstandener Herzinfarkt ist für viele Menschen ein Neuanfang im Leben, der schön und schwierig zugleich ist. Selbsthilfe heißt hier Vorbeugen und Nachsorgen zugleich. Vorbeugen, um zu verhindern, daß die koronare Herzkrankheit weiter fortschreitet und es noch einmal zum Herzinfarkt kommt, und nachsorgen, um den Schock dieser lebensbedrohlichen Situation zu verarbeiten und körperlich wieder zu Kräften zu kommen. Das Wichtigste aber ist, daß Sie wieder Lebensmut gewinnen – vielleicht auch mit der Hilfe eines Psychotherapeuten. Die vollständige Wiederherstellung der körperlichen Gesundheit ist bei einer schweren koronaren Herzkrankheit nicht möglich. Doch wenn Sie selbst aktiv werden, können Sie viel tun für die Verbesserung der Lebensqualität und für Ihre Leistungssteigerung (→ Angina pectoris, Selbsthilfe, Seite 265).

# Arteriosklerose – was ist das?

Bis heute sind die genauen Ursachen der Arteriosklerose (»Schlagaderverkalkung«) und damit indirekt auch der koronaren Herzkrankheit nicht eindeutig geklärt. Zahlreiche Forschungsergebnisse weisen jedoch darauf hin, daß Fettstoffwechselstörungen (→ Seite 510) eine zentrale Rolle bei der Entstehung der Krankheit spielen.

## Übeltäter Cholesterin?

Cholesterin ist ein Fettstoff, der in jeder menschlichen Zelle enthalten ist und viele wichtige Aufgaben im Körper erfüllt. Er wird zum größten Teil in der Leber gebildet, zusätzlich nehmen wir ihn auch mit der Nahrung zu uns in Form von tierischen Fetten (Milch, Fleisch, Eier). Das bedeutet, daß wir bei zu fetter Ernährung eine Überdosis davon abbekommen. Doch Cholesterin an sich ist noch nicht schlecht: Ob es den Gefäßen schadet oder ihnen nützt, ist von seinem »Transportmittel« abhängig, den sogenannten Lipoproteinen. Diese Eiweißstoffe sind nötig, um mit der Nahrung aufgenommene Fette im Blut zu transportieren. Je nach ihrer Zusammensetzung unterscheidet man »gute« Lipoproteine (mit hoher Dichte, abgekürzt HDL – High Density Lipoproteins) und »schlechte« Lipoproteine (mit niedriger Dichte, abgekürzt LDL – Low Density Lipoproteins). Sind LDL-Cholesterin-Partikel in großer Konzentration im Blut vorhanden, dringen sie in die Gefäßwände ein und rufen dort eine Entzündung hervor. Die Innenwand verdickt sich, im Lauf der Zeit lagern sich mehr Fettstoffe und Kalksalze (Kalzium) ab, die ehedem elastischen Gefäße verhärten und werden zunehmend enger.

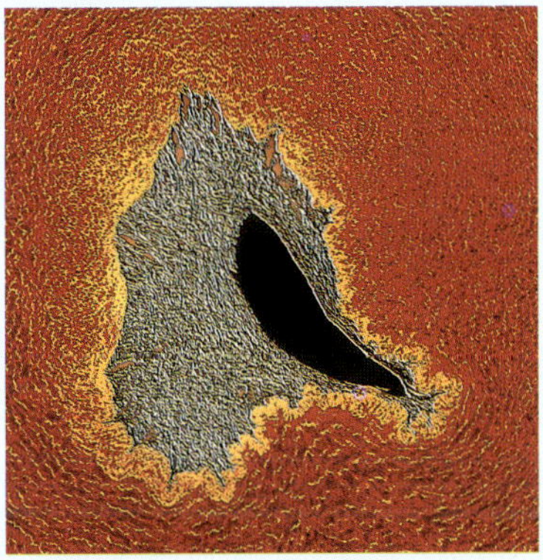

Die Ablagerungen lassen innen nur einen schmalen Durchgang frei.

## Wenn der Sauerstoff knapp wird

Beschwerden macht all dies jedoch erst, wenn die Verengung eines Blutgefäßes über 50 Prozent ausmacht. Doch nicht allein die Weite der Gefäße, auch ihre nachlassende Elastizität spielt eine wesentliche Rolle. Denn wenn der Körper mehr Sauerstoff und deshalb eine größere Menge Blut braucht, zum Beispiel bei körperlicher Anstrengung oder seelischer Belastung, können sich diese Gefäße nicht mehr ausdehnen. Dadurch entsteht ein Sauerstoffmangel, der als typisches Symptom am Herzen die Brustenge, die Angina pectoris (→ Seite 264), hervorrufen kann.
Platzt dann noch die Oberfläche einer solchen arteriosklerotischen Gefäßveränderung (Plaque) auf, lagern sich Blutgerinnsel darauf ab. Die Folgen dieses Mechanismus, der eigentlich dazu dient, die verletzte Gefäßwand zu reparieren, können fatal sein: Das Blutgerinnsel verengt das Gefäß noch stärker oder verstopft es schließlich ganz – es kommt zum Infarkt oder zum Schlaganfall (→ Seite 198).

## Die Risikofaktoren

Neben dem erhöhten Cholesterinspiegel begünstigen eine Reihe anderer Faktoren die Arteriosklerose. Dazu zählen zum Beispiel das Alter, das männliche Geschlecht oder eine erbliche Belastung.
Nach ihrer Wichtigkeit unterscheiden die Mediziner Risikofaktoren erster und zweiter Ordnung. Zu denen erster Ordnung zählen zu hohe Cholesterinwerte, Bluthochdruck (→ Seite 280), Stoffwechselerkrankungen (→ Seite 510) und Diabetes mellitus (→ Seite 501–503) – und das Zigarettenrauchen! Risikofaktoren zweiter Ordnung sind Übergewicht, Bewegungsmangel, Streß und Ehrgeiz. Wer zwei Risikofaktoren erster Ordnung aufweist, ist bereits viermal so stark gefährdet wie eine Person ohne diese Risiken.
Tips, wie Sie selbst aktiv gegen Arteriosklerose vorbeugen können, finden Sie unter Angina pectoris im Abschnitt Selbsthilfe (→ Seite 265).

## Herzstolpern (Extrasystolen)

▶ Symptome

→ Herzklopfen, unregelmäßige Herzschläge
→ eventuell Schwindel, Kollaps

Zusätzliche Herzschläge (Extrasystolen) bzw. scheinbare Aussetzer des Herzschlags entstehen dadurch, daß einem verfrühten Impuls an den Herzmuskel meist eine Pause folgt, um die durchschnittliche Herzschlagzahl konstant zu halten (→ Wer gibt den Takt?, Seite 261). Bei gesunden Menschen ist dieses Herzstolpern meist harmlos. Ursache können Nervosität, Alkohol, Nikotin oder Koffein sein. Es kann aber auch als Begleitsymptom von Herzkrankheiten oder einer Schilddrüsenüberfunktion (→ Seite 495) auftreten und führt manchmal zum → Herzjagen.

### Ärztliche Behandlung

Wenn gehäuft Extraschläge auftreten, sollten Sie einen Arzt aufsuchen. Mit einem Langzeit-EKG kann man überprüfen, ob die Art und Anzahl der Extraschläge ein Risiko darstellen oder nicht. Eine Behandlung ist nur bei bedrohlichen Rhythmusstörungen (→ Herzjagen, → Herzblock) notwendig.

### Selbsthilfe

Meiden Sie Genußmittel, die Herzrhythmusstörungen hervorrufen können, wie Zigaretten, Alkohol, Kaffee oder koffeinhaltige Limonaden.

### Das Herz kommt aus dem Takt

Normalerweise schlägt das Herz durchschnittlich 70mal pro Minute, Abweichungen von diesem Rhythmus werden oft gar nicht bemerkt, oder man empfindet sie als → Herzstolpern. Manchmal aber schlägt das Herz insgesamt viel zu schnell (→ Herzjagen, ab über 100 Schlägen pro Minute) oder viel zu langsam (→ Herzblock, mit unter 60 Schlägen pro Minute). Das läßt sich meist auf körperliche oder seelische Belastungen bzw. auf eine tiefgreifende Anspannung zurückführen. Tritt ein zu schneller oder zu langsamer Herzschlag jedoch unabhängig von solchen Situationen auf, kann eine Herzkrankheit oder eine andere Krankheit zugrunde liegen.

## Herzjagen (Tachykardie)

▶ Symptome

→ Herzklopfen, sehr schneller Herzschlag
→ Schwindel, Ohnmacht
→ häufiges Wasserlassen während oder nach einem anfallsartigen Herzjagen
→ mitunter Atemnot, Brustenge

Meist ist das Herzjagen (über 100 Herzschläge pro Minute) harmlos und wird durch Aufregungen oder körperliche Anstrengungen verursacht. Für Menschen mit einem vorgeschädigten Herzen ist es jedoch nicht ungefährlich, da es zu einem akuten Sauerstoffmangel im Herzen kommen kann. Herzjagen kann durch → Extrasystolen des Herzens eingeleitet werden oder aber völlig überraschend anfallsartig als *paroxysmale Tachykardie* auftreten. Es kann ein paar Minuten, Stunden, manchmal sogar Tage dauern. Im schlimmsten Fall führt es zum lebensbedrohlichen *Kammerflimmern* mit bis zu 500 unkoordinierten Herzschlägen pro Minute, bei dem der Kreislauf zum Stillstand kommt. Die Ursache liegt in einer Störung der Erregungsbildung (→ Wer gibt den Takt?, Seite 261).

- Die *Sinustachykardie* geht vom Sinusknoten, dem natürlichen »Herzschrittmacher« im rechten Vorhof, aus und ist meist eine normale Erhöhung des Pulses bei körperlicher oder seelischer Belastung.
- Die *supraventrikuläre Tachykardie* tritt meist in psychischen oder physischen Belastungssituationen auf. Sie kann aber auch durch eine Überlastung der Vorhöfe bei Herzschwäche (→ Seite 270), Herzentzündungen (→ Seite 272) oder als Reaktion auf eine Überdosierung von Digitalis (→ Herzmittel, Seite 637) verursacht werden.
- Eine relativ häufige Herzrhythmusstörung ist das sogenannte *Vorhofflimmern*, das bei fast jeder chronischen Herzkrankheit auftreten kann. Dabei schlagen die Vorhöfe durchschnittlich 450mal pro Minute, während sich die Herzkammern nur noch unregelmäßig zwischen 80- und 160mal pro Minute zusammenziehen. Dadurch ist die Sauerstoffversorgung des Körperkreislaufs um 20 bis 25 Prozent reduziert, und da sich in den flimmernden Vorhöfen leicht Blutgerinnsel bilden können, besteht die Gefahr einer Embolie (→ Seite 285) oder eines Schlaganfalls (→ Seite 198).

### Ärztliche Behandlung

Wenn Ihr Herz ohne erkennbaren Grund des öfteren viel zu schnell schlägt oder Sie einen regelrechten Anfall von Herzjagen haben, sollten Sie sofort einen Arzt aufsuchen (→ Notfälle, Seite 262). Da die Diagnose der unterschiedlichen Formen des Herzjagens mitunter schwierig ist, kann ein Klinikaufenthalt nötig sein.
In vielen Fällen kann man die Rhythmusstörungen mit Medikamenten unterdrücken – meist mit Betablockern, Digitalis oder Kalziumantagonisten (→ Herzmittel, Seite 637). Da jedoch fast alle Medikamente gegen Rhythmusstörungen als Nebenwirkung selbst Herzrhythmusstörungen hervorrufen können, setzt man sie nur in besonderen Fällen ein. Sie müssen deshalb unter allen Umständen regelmäßig eingenommen werden und dürfen niemals eigenmächtig abgesetzt werden. Häufig wird das Herzjagen mit Hilfe eines Herzkatheters (→ Seite 263) beseitigt. Vorhofflimmern kann – wenn es erst seit kurzem besteht – oft durch die sogenannte Defibrillation (Kardioversion), die Verabreichung eines kurzen Stromstoßes, beendet werden.

### Selbsthilfe

Bei leichteren Herzrhythmusstörungen können Selbsthilfemaßnahmen etwas bewirken:
- tief einatmen und wie beim Stuhlgang pressen
- ein Glas kalten Sprudel trinken
- das Gesicht mit kaltem Wasser waschen
- seelischen und körperlichen Streß vermeiden
- kein Tee, Kaffee, Alkohol und Nikotin.

## Herzblock/Reizleitungsstörungen

### ▶ Symptome
- → verlangsamter Herzschlag, Herzstolpern
- → Blässe, Schwindel, Benommenheit
- → Atemnot, Brustenge
- → kurzzeitige Bewußtlosigkeit

Beim Herzblock treten Blockierungen in den elektrischen Leitungsbahnen des Herzens auf, wodurch es zu einer Verlangsamung oder sogar zum Aussetzen des Herzschlages kommen kann. Die Ursache kann eine entzündliche Schädigung des Erregungsleitungssystems sein, die bei allen Herzkrankheiten auftreten kann, aber auch bei Digitalis-Überdosierung (→ Herzmittel, Seite 637), rheumatischem Fieber (→ Seite 433) oder Syphilis (→ Seite 546). Beim erstmaligen Herzblock kann die Herztätigkeit einige Sekunden bis Minuten aussetzen, schlimmstenfalls droht der Kreislaufstillstand.

### Der Herzschrittmacher

Wenn das Herz nicht mehr in der Lage ist, einen regelmäßigen Herzschlag aufrechtzuerhalten, kann ein künstlicher Schrittmacher diese Aufgabe übernehmen. Dazu pflanzt man ein elektronisch gesteuertes Gerät in die Brust- oder Bauchwand ein, das den Herzmuskel – entweder dauernd oder nach Bedarf – durch leichte Stromstöße dazu anregt, sich im richtigen Rhythmus zusammenzuziehen. Für den Eingriff reicht eine örtliche Betäubung. Alle sechs Monate sollte die Funktion des Schrittmachers kontrolliert werden. Ein Wechsel der Batterie im Innern des Gerätes ist in der Regel nur alle paar Jahre nötig. Mit einem Herzschrittmacher können Sie wieder ein völlig normales Leben führen.

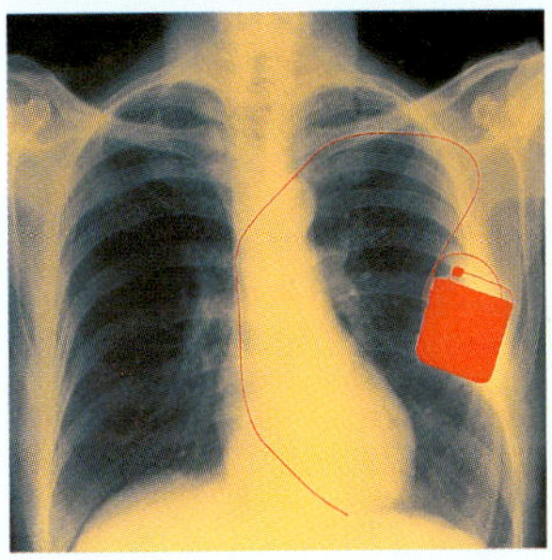

**Über ein dünnes Kabel sendet der Herzschrittmacher elektrische Impulse direkt ins Herz.**

### Ärztliche Behandlung

Wenn Ihr Herz sehr langsam schlägt und sich der Puls bei Belastung nicht erhöht, sollten Sie so bald wie möglich einen Arzt aufsuchen. Bei einem Ohnmachtsanfall muß der Notarzt verständigt werden, da es zum Kreislaufstillstand kommen kann. Der Herzblock läßt sich eindeutig durch ein EKG bestätigen. Häufig ist es nötig, einen künstlichen → Herzschrittmacher einzupflanzen.

### Selbsthilfe

Ist nicht möglich.

## Herzschwäche (Herzinsuffizienz)

### ▶ Symptome

*Linksherzschwäche:*

- ➜ leichte Ermüdbarkeit, Schwäche
- ➜ Atemnot bei körperlicher Anstrengung, später auch in Ruhe, besonders im Liegen
- ➜ nächtlicher Reizhusten
- ➜ Herzjagen, feuchte Hände
- ➜ Blauverfärbung der Lippen, Finger und Zehen
- ➜ häufiges nächtliches Wasserlassen

*Rechtsherzschwäche:*

- ➜ geschwollene Knöchel und Beine
- ➜ Oberbauchschmerzen, Appetitlosigkeit
- ➜ manchmal gelblich verfärbte Haut

Unter Herzschwäche versteht man die Unfähigkeit des Herzens, den Körper mit genug Blut – und damit mit Sauerstoff – zu versorgen. Je nachdem welche Herzkammer betroffen ist, spricht man von Rechts- oder Linksherzschwäche. Eine über längere Zeit bestehende Schwäche des linken Herzens geht meist auch mit einer Rechtsherzschwäche einher.

Das Blut fließt bei Herzschwäche langsamer, so daß mehr Sauerstoff ausgeschöpft wird. Dadurch entsteht die Blaufärbung der Lippen, eventuell auch von Fingern und Zehen. Da das schwache Herz weniger Blut als ein gesundes pumpt, staut sich das Blut vor dem linken Herzen in der Lunge, was zu Atemnot, Reizhusten und in schweren Fällen auch zum Lungenödem (→ Seite 250) führt. Im weiteren Krankheitsverlauf staut sich das Blut dann auch in den großen Blutkreislauf zurück und ruft Schwellungen in den Beinen hervor. Beim Liegen in der Nacht gelangt diese Flüssigkeit wieder in den Kreislauf zurück und kann über die Niere ausgeschieden werden. Deshalb muß der Patient mit Herzschwäche nachts häufig Wasser lassen.

In den westlichen Industrieländern ist die Herzschwäche zu 90 Prozent die Folge einer Erkrankung der Herzkranzgefäße oder des chronischen Bluthochdrucks.

**Aus dem Fingerhut gewinnt man die Digitalis-Wirkstoffe.**

### Ärztliche Behandlung

Wenn Sie die typischen Symptome einer Herzschwäche haben, sollten Sie umgehend Ihren Arzt aufsuchen. Eine unbehandelte Herzschwäche kann zum lebensbedrohlichen Lungenödem, zu schweren Herzrhythmusstörungen (→ Seite 268) oder zu Organschäden führen.

Sobald eine Herzschwäche erste Beschwerden verursacht, wird sie medikamentös behandelt. Als besonders wirksam haben sich die sogenannten ACE-Hemmer erwiesen, gefäßerweiternde Mittel, die nicht nur die Symptome lindern , sondern auch das Fortschreiten der Herzschwäche verlangsamen. Digitalis-Präparate stärken das Herz. Sie müssen – um Nebenwirkungen zu vermeiden – sehr genau dosiert werden. Bei Überdosierung kann es zu Brechreiz, Durchfall, Herzstolpern und Sehstörungen kommen. Bilden sich Wasseransammlungen im Gewebe, gibt man zusätzlich zu Digitalis oder ACE-Hemmern ein Diuretikum, ein entwässerndes Medikament (→ Herzmittel, Seite 637).

Bettlägerige Patienten sollten zum Schutz vor einer Thrombose Kompressionsstrümpfe tragen und eventuell täglich eine Spritze zur Gerinnungshemmung erhalten, da der verlangsamte Blutfluß infolge der Herzschwäche Venenthrombosen (→ Seite 284) und Lungenembolien (→ Seite 250) begünstigt. Die akute Verschlechterung des Zustandes, zum Beispiel Wasseransammlung in der Lunge, Kollaps, massive Gewichtszunahme und Wasser in den Beinen, erfordern die Behandlung in der Klinik. Wenn die medikamentöse Therapie im fortgeschrittenen Stadium keine Besserung bringt, gibt es noch die Möglichkeit einer Herztransplantation (→ Die Transplantation, Seite 300). Die Prognosen sind heutzutage gut, mehr als drei Viertel aller Patienten leben mit dem Spenderherzen länger als fünf Jahre. Um eine Abstoßungsreaktion auf das Fremdgewebe zu verhindern, müssen sie nach der Operation immer Medikamente einnehmen, die die Immunabwehr unterdrücken. Das bringt als unerwünschte Nebenwirkung jedoch auch eine größere Anfälligkeit für Infektionskrankheiten mit sich.

**Ursachen einer Herzschwäche:**

- Bluthochdruck (→ Seite 280)
- koronare Herzkrankheit (→ Seite 264)
- Herzklappenfehler (→ Seite 274)
- Herzmuskelentzündungen (→ Seite 273)
- Herzmuskelerkrankungen (→ Seite 273)
- Lungenembolie (→ Seite 250)

### Selbsthilfe

Wenn Sie ein schwaches Herz haben, sollten Sie sich generell schonen und schwere körperliche Anstrengungen meiden. Leichte körperliche Aktivitäten sind jedoch sinnvoll, um eine gute Durchblutung der Muskulatur aufrechtzuerhalten. Versuchen Sie abzunehmen, wenn Sie übergewichtig sind (→ Seite 510). Informationen, was Sie gegen Bluthochdruck und – bei einer koronaren Herzkrankheit – zur Vorbeugung gegen die Arteriosklerose tun können, finden Sie auf den Seiten 265 (Selbsthilfe) und 281. Bei Wassereinlagerungen sollte Ihr Speisezettel leichte, salzarme Gerichte und kaliumreiche Nahrungsmittel wie Bananen oder Obstsäfte enthalten. Erdbeeren und Spargel wirken entwässernd, ein Reistag ab und an ebenfalls. Trinken Sie abends wenig, und legen Sie so oft wie möglich die Beine hoch. Langes Sitzen und Stehen schadet der Durchblutung.

## Herzneurose

**▶ Symptome**

- ➜ Druck, Brennen und Gefühl der Enge in der Brust
- ➜ Herzjagen, Atemnot und Übelkeit
- ➜ Schweißausbruch, panikartige Angst
- ➜ das Gefühl, verrückt zu werden.

Der Brustschmerz bei einer Herzneurose läßt sich meist kaum von einer Angina pectoris (→ Seite 264) unterscheiden. Im Gegensatz dazu tritt er unabhängig von körperlichen Belastungen, oft auch nachts, auf und läßt sich in den Untersuchungen nicht auf eine organische Herzkrankheit zurückführen. Die Herzneurose oder auch Herzphobie wird heute zu den Angst- bzw. Panikerkrankungen (→ Seite 222) gezählt. Bei Angsterkrankungen kommt es häufig zu überschießenden Reaktionen des Kreislaufs mit starkem Anstieg von Puls und Blutdruck in belastenden Situationen. Die als bedrohlich empfundenen Herzsymptome gehen also einher mit realen körperlichen Vorgängen, obwohl die Untersuchungen keine organische Ursache für die Beschwerden ergeben – ein Faktum, das die Angst verstärkt, weil eine Therapie und damit eine Besserung der Beschwerden nicht in Aussicht steht. Häufig liegt der Herzneurose ein unbewußter seelischer Konflikt zugrunde, zum Beispiel der Wunsch, sich von einer nahestehenden Person zu trennen, sie andererseits aber nicht ganz verlieren zu wollen. Im weiteren Verlauf der Krankheit versucht der Kranke, die angstauslösenden Situationen zu meiden, er beobachtet sich immer stärker selbst, wobei er den Herzbeschwerden und allen weiteren Symptomen zunehmend Bedeutung einräumt. Durch dieses Verhalten, das in der Umwelt kaum auf Verständnis stößt, kommt es oft zur Vereinsamung.

### Ärztliche Behandlung

Wenn Sie an einer Herzneurose leiden, ist es das Wichtigste, daß Sie einen Arzt Ihres Vertrauens finden, bei dem Sie für längere Zeit in Behandlung bleiben. Bei diesem Arzt sollten Sie das Gefühl haben, daß er Ihre Beschwerden ernst nimmt, auch wenn alle Untersuchungen bisher keine organische Ursache Ihrer Schmerzen ergaben. Gemeinsam mit ihm können Sie versuchen herauszufinden, welche Ereignisse Sie so in Ihrem Lebenszentrum treffen, daß sich buchstäblich Ihr Herz zusammenzieht. Bei der Überwindung Ihrer Beschwerden kann auch eine Kombination aus einem leichten, behutsam gesteigerten Bewegungstraining und einer Psychotherapie, insbesondere die Verhaltenstherapie (→ Seite 658), hilfreich sein. Setzen Sie mit der Unterstützung Ihres Therapeuten alles daran, wieder in ein normales Privat- und Arbeitsleben zurückzufinden.

### Selbsthilfe

Vermeiden Sie alles, was heftige Kreislaufreaktionen begünstigt: Trinken Sie keinen oder nur koffeinfreien Kaffee, rauchen Sie nicht. Wenn Sie Beschwerden bekommen, nehmen Sie keine Beruhigungsmittel, es sei denn, Ihr Arzt hat Ihnen welche verschrieben. Empfehlenswert sind grundsätzlich Übungen zur Steigerung des Körperbewußtseins und zur Entspannung (→ Seite 686).

## Entzündung der Herzinnenhaut (Endokarditis)

**▶ Symptome**

- ➜ Fieber, Schüttelfrost, Atemnot, Herzjagen
- ➜ Hautblutungen, rote, schmerzhafte Knötchen an den Fingern und Zehen

Eine Entzündung der Innenhaut des Herzens, speziell der Herzklappen, wird durch Bakterien oder andere Mikroorganismen ausgelöst und endet unbehandelt meist tödlich. Man unterteilt sie nach ihren Ursachen in eine *rheumatische Endokarditis,* die als Folge des rheumatischen Fiebers (→ Seite 433) entstehen kann, und eine *bakterielle Endokarditis.* Besonders anfällig sind Menschen mit bereits vorgeschädigten Herzklappen (→ Erworbene Herzfehler, Seite 274), da sich eindringende Bakterien dort gut vor der körpereigenen Abwehr »verstecken« und vermehren können. Gelangen große Bakterienmengen ins Blut, zum Beispiel nach schweren Operationen, durch unsaubere Injektionsnadeln bei Drogenabhängigen oder wenn die Abwehr geschwächt ist, kann sich eine *akute Endokarditis* mit heftigen Symptomen und hohem Fieber entwickeln. Schon nach kurzem Verlauf zerstört sie die Herzklappen und kann schwere Schädigungen an Herz, Niere und Nervensystem hervorrufen. Bei geringer Bakterienzahl und normaler Abwehr verläuft die Krankheit dagegen schleichend *(Endokarditis lenta).* Sie ist nicht weniger gefährlich und kommt insgesamt etwas häufiger vor, zum Beispiel nach Zahnextraktionen. Die Symptome sind eher unspezifisch und grippeähnlich.

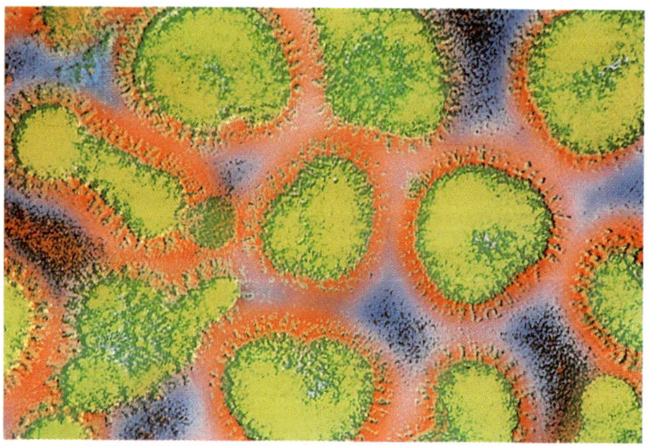

**Mit Grippeviren ist nicht zu spaßen. Sie können auch das Herz angreifen und dort Entzündungen hervorrufen.**

### Ärztliche Behandlung

Wenn der Verdacht auf eine Endokarditis besteht, müssen Sie sofort ins Krankenhaus! Die Bakterien werden durch eine Blutuntersuchung nachgewiesen, Veränderungen an den Herzklappen mit dem Ultraschall. So früh wie möglich werden hochdosierte Antibiotika-Infusionen gegeben. Falls die Herzklappen bereits durch die Bakterien zerstört sind, müssen sie operativ entfernt und durch künstliche Herzklappen (→ Seite 275) ersetzt werden.

### Selbsthilfe

Wenn Sie bereits geschädigte Herzklappen haben, sollten Sie nach Rücksprache mit Ihrem Arzt vor jedem (auch kleinerem) Eingriff, bei dem Bakterien ins Blut gelangen könnten, vorbeugend ein Antibiotikum nehmen. Außerdem sollten Sie bei Fieber und bei jeder Infektion einen Arzt aufsuchen.

## Entzündung des Herzbeutels (Perikarditis)

**▶ Symptome**

- ➜ anfänglich starker, stechender Brustschmerz, besonders im Liegen und beim tiefen Atmen
- ➜ Fieber, schneller Puls, schneller Atem
- ➜ später Atemnot, geschwollene Halsvenen
- ➜ Wasseransammlungen in den Beinen und am Bauch

Eine Entzündung der Schutzhülle des Herzens, des Herzbeutels, wird meist durch Viren, seltener durch Bakterien – vor allem durch Tuberkelbakterien – ausgelöst. Aber auch bei Allergien, Nierenerkrankungen und im Anschluß an einen Herzinfarkt kann eine Entzündung des Herzbeutels auftreten. Die Gefahr besteht darin, daß sich im Lauf der Entzündung ein Erguß bildet, das heißt, daß sich eine große Menge Flüssigkeit zwischen den beiden Schichten des Herzbeutels (→ Seite 260) ansammelt und so die Herzhöhlen – Vorhöfe und Herzkammern – von außen zusammendrückt. Dadurch kann das Herz nur wenig Blut aufnehmen, und es kann zu einer lebensbedrohlichen Situation kommen. Bilden sich bei der Heilung der Herzbeutelentzündung Narben, dann nimmt die Dehnbarkeit der Herzkammern und gleichzeitig die Herzleistung ab, in seltenen Fällen verhärtet sich der Herzmuskel zum »Panzerherz«.

### Ärztliche Behandlung

Wenn bei einem Infekt Brustschmerzen, Pulsunregelmäßigkeiten oder Zeichen einer Herzschwäche (→ Seite 270) auftreten, sollten Sie sofort zum Arzt gehen. Bei einer Herzbeutelentzündung lassen sich am EKG typische Veränderungen erkennen, Ultraschall und Röntgenbild zeigen eine charakteristische Herzvergrößerung (»Bocksbeutelherz«). Einerseits muß, wenn möglich, die Grundkrankheit behandelt werden, zum Beispiel eine bakterielle Infektion mit Antibiotika. Zum anderen werden entzündungshemmende, schmerzlindernde und bei zunehmender Flüssigkeitsansammlung im Herzbeutel auch entwässernde Mittel gegeben. Drückt die Flüssigkeit im Herzbeutel zu stark auf die Herzkammern, muß man mit einer langen Nadel die Flüssigkeit aus dem Herzbeutel herausziehen.

### Selbsthilfe

Ist nicht möglich.

## Entzündung des Herzmuskels (Myokarditis)

**▶ Symptome**

- Schwäche, Müdigkeit, Leistungsknick
- Herzstolpern, Herzklopfen, schneller Puls
- Kurzatmigkeit, Brustschmerzen
- eventuell Symptome einer Herzschwäche (→ Seite 270)

Die Entzündung des Herzmuskels tritt als Komplikation bei Infektionskrankheiten auf. Die Ursache sind meist Viren – selbst einfache Schnupfenviren –, selten Bakterien oder andere Mikroorganismen. Auch das rheumatische Fieber (→ Seite 433) oder nichtinfektiöse Krankheiten wie Bindegewebserkrankungen, sogenannte Kollagenosen (→ Seite 478), können eine Myokarditis hervorrufen. Oft zeigt sie keine typischen Symptome und heilt wieder aus. In Einzelfällen kann eine Herzmuskelentzündung jedoch auch bei jungen, bisher gesunden Menschen schwere Schäden hinterlassen.

### Ärztliche Behandlung

Wenn Sie sich von einem Infekt nicht richtig erholen, sollten Sie Ihren Arzt aufsuchen. Er kann die Diagnose meist anhand typischer Veränderungen im EKG und einer Erhöhung der Herzmuskelenzyme (→ Blutuntersuchungen, Seite 263) stellen. Die wichtigste Therapiemaßnahme ist eine mehrwöchige Bettruhe – zu Beginn im Krankenhaus – mit regelmäßigen Kontrolluntersuchungen (EKG, Herzultraschall, Blutuntersuchung).

### Selbsthilfe

Nehmen Sie sich genug Zeit, damit die Grundinfektion ausheilen kann, und vermeiden Sie körperliche Anstrengungen, solange Sie noch nicht wieder ganz gesund sind.

## Herzmuskelerkrankungen (Kardiomyopathien)

**▶ Symptome**

- Müdigkeit, Leistungsschwäche
- Atemnot, eventuell Gefühl der Brustenge
- Herzrhythmusstörungen, manchmal verbunden mit Schwindel und Kollaps
- Wasseransammlungen in den Beinen

Mit dem Begriff Kardiomyopathie werden verschiedene, meist schwere Erkrankungen des Herzmuskels zusammengefaßt. Als Auslöser kommen unter anderem Infektionen, Stoffwechselstörungen und Vergiftungen (zum Beispiel durch Alkohol) in Frage, oft ist die Ursache jedoch unbekannt. Die häufigste Herzmuskelerkrankung ist die *dilatative Kardiomyopathie,* bei der das Herz stark vergrößert ist und die Herzkammern mit verminderter Kraft pumpen. Die Folge ist eine Herzschwäche (→ Seite 270).

### Ärztliche Behandlung

Deutlich sieht man das vergrößerte Herz im Röntgenbild und bei der Ultraschall-Untersuchung (→ Echokardiographie, Seite 263). Die Herzschwäche wird vor allem mit Digitalis, ACE-Hemmern und Entwässerungsmitteln behandelt (→ Herzmittel, Seite 637). In schweren Fällen kann auch eine Herztransplantation nötig werden (→ Die Transplantation, Seite 300).

### Selbsthilfe

Ist nicht möglich. Wenn Sie unter einer alkoholbedingten Herzmuskelerkrankung leiden, sollten Sie auf keinen Fall Alkohol trinken.

## Angeborene Herzfehler

### ▶ Symptome

- ➜ Atemnot
- ➜ häufige Lungenentzündungen
- ➜ mitunter Wachstumsstörungen
- ➜ eventuell Blaufärbung der Haut

Mit dem Begriff Herzfehler faßt man angeborene und erworbene anatomische Abweichungen der Herzklappen, der Scheidewand und der großen Blutgefäße des Herzens zusammen. Weniger als ein Prozent aller Neugeborenen kommen mit einem angeborenen Herzfehler zur Welt. Gemeinsam ist ihnen fast allen die Atemnot und eine Neigung zu Lungenentzündungen, die Blaufärbung der Haut, die sogenannte Blausucht, kommt nur manchmal vor. Die genauen Ursachen der angeborenen Herzfehler sind meist nicht bekannt, manchmal ist eine Rötelninfektion (→ Seite 560) in der Schwangerschaft nachweisbar.
Die meisten angeborenen Herzfehler beruhen auf einer fehlerhaften Trennung des rechten und des linken Herzens. Am häufigsten sind Löcher in der Herzscheidewand, dem Septum (→ Zwei Herzen in einem, Seite 260), entweder zwischen den Vorhöfen *(Vorhofseptumdefekt)* oder zwischen den beiden Herzkammern *(Ventrikelseptumdefekt)*. Es kann auch vorkommen, daß die Aorta aus der rechten statt aus der linken Herzkammer entspringt oder daß die Aorta verengt ist. Relativ häufig ist eine mangelhafte Rückbildung des Ductus Botalli, eines Blutgefäßes, das vor der Geburt die für das Kind im Mutterleib notwendige Verbindung zwischen Aorta und Lungenschlagader herstellt. Daneben gibt es noch zahlreiche andere, seltenere Herzmißbildungen, zum Beispiel Herzklappenfehler (→ Erworbene Herzfehler). Sie können in unterschiedlicher Schwere und in wechselnden Kombinationen auftreten.
Angeborene Herzfehler können bewirken, daß sauerstoffarmes Blut in den großen Körperkreislauf (→ Seite 276) gepumpt wird bzw. sich mit sauerstoffreichem Blut aus der Lunge vermischt. Dadurch werden Herzmuskel und Körper schlechter mit Sauerstoff versorgt, und es kommt zu einer Blaufärbung der Haut (Zyanose). Besteht die »Blausucht« länger, können sich sogenannte Trommelschlegelfinger, unnatürlich aufgetriebene Finger, bilden. Leichte Herzfehler machen in der Regel kaum Beschwerden.

### Ärztliche Behandlung

Angeborene Herzfehler werden meist bereits bei den Routineuntersuchungen für Säuglinge (→ Seite 560) erkannt, da sie typische Herzgeräusche verursachen. Schwere Herzfehler müssen operiert werden, in der Regel geschieht dies zwischen dem 2. und 8. Lebensjahr. Alle Patienten mit Herzfehlern – auch mit leichten – sollten bei Infektionskrankheiten, vor operativen Eingriffen und vor Zahnbehandlungen den Arzt aufsuchen. Sie haben ein wesentlich höheres Risiko, eine Herzentzündung zu bekommen (→ Seite 272), und sollten zur Vorsorge immer Antibiotika nehmen.

### Selbsthilfe

Ist nicht möglich. Da eine Rötelninfektion in der Schwangerschaft zu Mißbildungen am Herzen führen kann, sollten sich alle Mädchen so früh wie möglich dagegen impfen lassen!

## Erworbene Herzfehler

### ▶ Symptome

- ➜ Herzklopfen, unregelmäßiger Puls
- ➜ Atemnot, Brustenge
- ➜ nächtlicher Husten
- ➜ geschwollene Beine
- ➜ Blaufärbung der Lippen, Finger und Zehen
- ➜ rasche Ermüdbarkeit

Erworbene Herzfehler sind in der Regel Defekte an den Herzklappen (→ Zwei Herzen in einem, Seite 260). Je nachdem um welche Klappen es sich handelt, variieren die oben aufgeführten Symptome. Grundsätzlich sind zwei Formen von Herzklappenfehlern möglich: Entweder öffnen sich die Klappen nicht ausreichend (Klappenstenose), oder sie schließen nicht dicht (Klappeninsuffizienz) – oder beides zusammen. Das bedeutet immer, daß sie ihre Aufgabe als Ventile im Herzen nicht mehr richtig ausführen können. Die Folge ist, daß der Herzmuskel wesentlich mehr Pumpleistung erbringen muß, was im Lauf der Zeit zu Überforderung der Herzmuskulatur und Herzschwäche (→ Seite 270) führt. Treten Beschwerden wie Atemnot und Beinschwellungen zunächst bei stärkeren körperlichen Belastungen auf, so kommt es im fortgeschrittenen Stadium bereits in Ruhe zu solchen Symptomen.

Ursachen der erworbenen Herzklappenfehler können eine Entzündung der Herzinnenhaut (→ Seite 272), ein Herzinfarkt (→ Seite 266) oder eine Verkalkung des Klappengewebes (→ Sklerodermie, Seite 478) sein. Meist sind die Klappen des linken Herzens, die Mitral- und Aortenklappe, betroffen.
Ein sehr häufiger Herzklappenfehler ist der *Mitralklappenprolaps,* eine leichte Ausbuchtung der Segelklappe zwischen linkem Vorhof und linker Herzkammer. In der Regel ist keine Behandlung nötig, allerdings kann er die Vorstufe einer *Mitralklappeninsuffizienz* sein. Wenn die Klappe zwischen linkem Vorhof und linker Herzkammer nicht mehr ganz schließt, strömt während der Entleerung der linken Herzkammer nicht nur Blut in den großen Körperkreislauf, sondern ein Teil davon auch wieder zurück in den linken Vorhof. Diese Schlußunfähigkeit der Klappe kann im weiteren Verlauf ähnliche Symptome wie eine *Mitralklappenstenose* haben oder auch mit ihr einhergehen. In diesem Fall ist die Mitralklappe verengt. Dadurch staut sich Blut vor dem linken Herzen in der Lunge, später kommt es auch zur Rechtsherzschwäche (→ Seite 270) mit Wasseransammlungen im gesamten Körper. Ist die Aortenklappe verengt *(Aortenklappenstenose),* gelangt weniger sauerstoffreiches Blut in die große Körperschlagader und damit in den gesamten Kreislauf. Die Folge ist eine unzureichende Sauerstoffversorgung des Herzens und des Gehirns. Außerdem muß die linke Herzkammer dabei gegen den erhöhten Widerstand der Aortenklappe pumpen, so daß sich der Herzmuskel krankhaft vergrößern kann. Bei einer Schlußunfähigkeit der Aortenklappe *(Aorteninsuffizienz)* fließt ein Teil des Blutes, das beim Zusammenziehen des Herzmuskels in die große Körperschlagader gepumpt worden ist, wieder in die linke Herzkammer zurück.

### Ärztliche Behandlung

Wenn Sie unter Atemnot oder dem Gefühl der Brustenge leiden, sollten Sie so bald wie möglich einen Arzt aufsuchen. Je nach Schweregrad des Klappenfehlers werden zunächst Medikamente eingesetzt, die der Herzschwäche entgegenwirken. Außerdem müssen die Klappen bei Fieber, Infektionen und jedem (zahn-)ärztlichen Eingriff durch Antibiotika geschützt werden. Stark verengte Klappen kann man eventuell wie ein Herzkranzgefäß mit einem Ballonkatheter (→ Seite 265) erweitern. Eine undichte Klappe läßt sich chirurgisch abdichten. Sind die Klappen bereits schwer geschädigt, können sie durch → künstliche Herzklappen ersetzt werden.

### Selbsthilfe

Vermeiden Sie körperliche Belastungen.

## Herzklappen kann man ersetzen

Wenn die Schädigung der Herzklappen so weit fortgeschritten ist, daß die Beschwerden immer gravierender werden (immer und schwerere Anfälle von Atemnot auch in Ruhe oder Schwindel), wird Ihnen der Arzt zu einer Herzklappenoperation raten. Während der 2- bis 4stündigen Operation am offenen Herzen übernimmt eine Herz-Lungen-Maschine die Aufgabe, den Kreislauf aufrechtzuerhalten. Als Ersatz für die geschädigte(n) Klappe(n) gibt es heute zahlreiche Modelle aus Metall oder Kunststoff sowie biologische Prothesen aus tierischem oder körpereigenem Gewebe bzw. Transplantate vom Schwein oder vom Menschen. Die künstlichen Klappen haben eine Haltbarkeitsdauer zwischen sieben und zwölf Jahren und müssen dann ersetzt werden. Bei künstlichen, aber auch bei einem Teil der biologischen Herzklappen besteht die Gefahr, daß sich darauf Blutgerinnsel ablagern. Dem kann aber erfolgreich mit gerinnungshemmenden Medikamenten entgegengewirkt werden.

**Heute beinahe eine Routine-Operation: das Einsetzen künstlicher Herzklappen.**

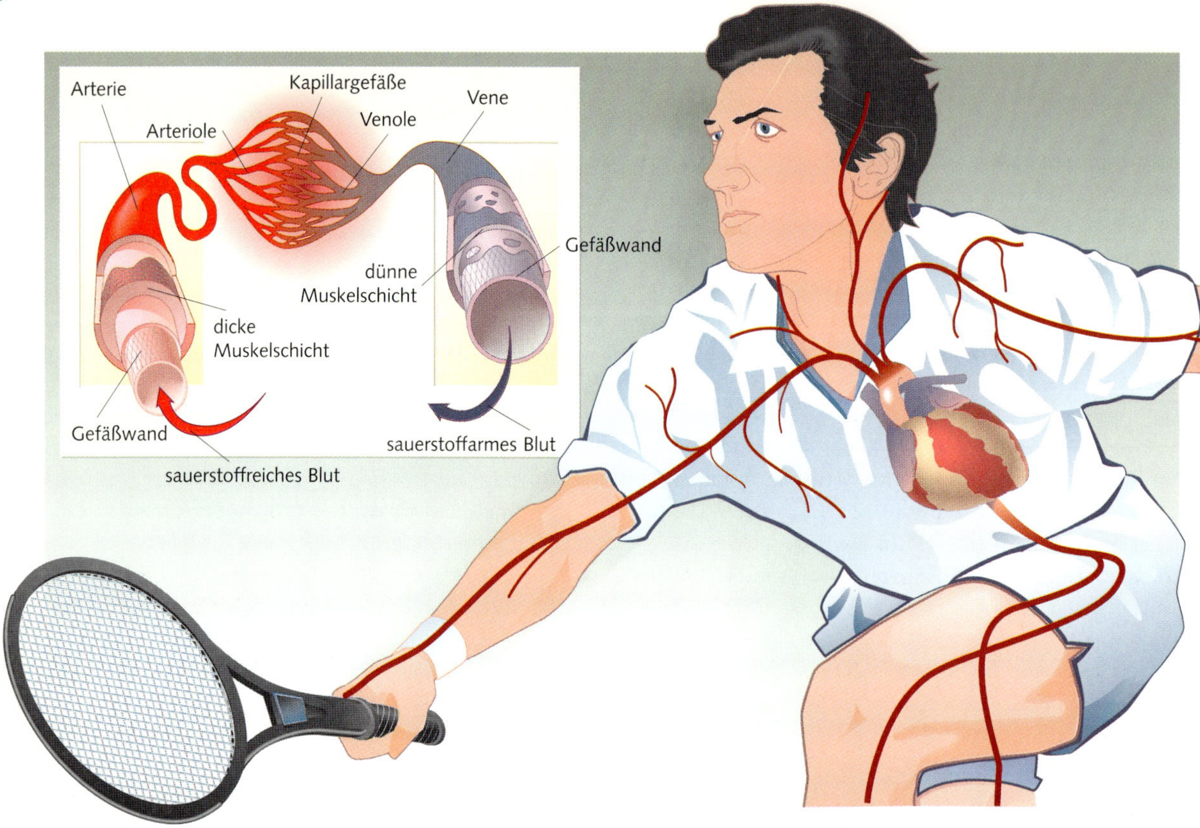


# Der Kreislauf

- **Arterien und Venen**
- **Der große und der kleine Kreislauf**
- **Der Blutdruck**

Wir können nur dadurch leben, daß alle Organe und Gewebe unseres Körpers ständig mit Sauerstoff und Nahrung versorgt werden. Zu diesem Zweck sind sie mit einem dichten Netz von Blutgefäßen durchzogen, in denen das »flüssige Organ« Blut (→ Seite 288) sowohl als Transportmittel für Sauerstoff und Nährstoffe als auch für die Abbauprodukte der Energieversorgung zirkuliert.

Dafür, daß das Blut unaufhörlich durch die Adern strömt, sind Herz und Blutgefäße gemeinsam verantwortlich. Sie bilden das Kreislaufsystem: eine Art geschlossenes »Schlauchsystem«, in dem die Flüssigkeit, das Blut, durch eine zentrale Pumpe, das Herz, ständig in Umlauf gehalten wird.

## Große und kleine »Schläuche«

Je nach ihrer Aufgabe im System unterscheidet man mehrere Arten von Blutgefäßen:

- *Arterien* sind Schlagadern, in denen das Blut vom Herzen wegfließt. Die größte Arterie ist die Aorta, die aus der linken Herzkammer entspringt. Von ihr zweigen andere Arterien ab. Sie fächern sich auf in
- *Arteriolen*, kleine Schlagadern, die übergehen in
- *Kapillaren*, ein Netz von hauchdünnen »Haargefäßen«. In ihnen findet der Stoffaustausch hauptsächlich statt: Sauerstoff und Nährstoffe werden vom Blut ans Gewebe abgegeben, umgekehrt werden Abbauprodukte aufgenommen. Von den Kapillaren fließt das Blut wieder zurück zum Herzen, über die
- *Venolen*, kleine Venen, die sich vereinigen zu den
- *Venen*, den großen Blutgefäßen, die wieder im Herzen (im rechten Vorhof) münden. Damit das Blut in ihnen nur in einer Richtung (zum Herzen hin) fließen

kann, sind in den Venen Klappen eingebaut, die den Rückstrom des Blutes verhindern. In den Venen, in denen sich das verbrauchte Blut sammelt, ist der Druck naturgemäß nicht mehr so hoch wie in den Arterien, über die das Blut vom Herzen ins Gewebe gepumpt wird. Deshalb sind die Gefäßwände der Venen im allgemeinen dünner und weniger elastisch als die der Arterien, und deshalb sind sie auch anfällig dafür, sich zu Krampfadern zu »krümmen« (→ Seite 282). Die elastischeren Arterien hingegen sind von der Verkalkung und Verengung durch Arteriosklerose (→ Seite 267) bedroht.

## Runde um Runde: Alles im Fluß

Obwohl immer von »dem« Kreislauf die Rede ist, handelt es sich eigentlich um zwei, miteinander verbundene Kreisläufe: den »großen« oder Körperkreislauf und den »kleinen« Lungenkreislauf.

Der *Körperkreislauf* beginnt stets in der linken Herzkammer und endet im rechten Vorhof (→ Seite 260). Dabei fließt sauerstoffreiches Blut von der linken Herzhälfte in die Aorta, die auf ihrem Weg durch den Körper über mehrere große Arterien Organe, Muskeln und Gewebe mit Sauerstoff und Nährstoffen »beliefert«. Wenn die Zellen des Körpers daraus Energie gewinnen, entsteht als »Abgas« Kohlendioxid. Und dieses wird vom Blut über die Venen, die sich zur großen Hohlvene vereinigen, wieder zum rechten Herzen transportiert.

Dort schließt sich das zweite, kleinere System an: der *Lungenkreislauf.* Das verbrauchte Blut wird nun über die Lungenarterien in die beiden Lungenflügel gepumpt. Nach dem Austausch von Kohlendioxid gegen frischen Sauerstoff kehrt das regenerierte Blut über die Lungenvenen zum linken Herzen zurück – und dort beginnt die nächste »Runde«.

## Sonderling erwünscht

Unter den verschiedenen Versorgungsbahnen der Organe hat das *Pfortadersystem* eine Sonderstellung. Denn in der sogenannten Pfortader, einem etwa sechs Zentimeter langen Blutgefäß im Bauchraum, sammelt sich alles Blut, nachdem es bereits die Kapillaren von Magen, Darm und Milz durchflossen hat, und strömt erst dann über die Leber zum Herzen zurück. Dadurch wirkt die Leber als Filter für Schadstoffe und als Speicher für die im Darm aufgenommenen Nährstoffe, die sie in körpereigene Stoffe umwandelt.

## Vom Druck hängt alles ab

Ohne Druck könnte das Blut in den Adern nicht fließen. Wie hoch er ist, wird bestimmt von der Pumpleistung des Herzens und dem Durchmesser der Blutgefäße. Der Druck entsteht, wenn sich der Herzmuskel zusammenzieht, um das Blut in die Arterien zu pressen (→ Seite 261). Je nachdem ob sich der Herzmuskel in der Anspannungs- (Systole) oder Entspannungsphase (Diastole) befindet, ist der Blutdruck in den Gefäßen höher oder niedriger. Deshalb ergeben sich bei der Blutdruckmessung immer zwei Werte, die in Millimetern (mm) auf einer Quecksilbersäule (Hg) angegeben werden.

Als Richtwerte für den Blutdruck gelten:

| | |
|---|---|
| • Kinder bis 10 Jahre | 90/60 mmHg |
| • Erwachsene | 120/80 bis 140/90 mmHg |
| • niedriger Blutdruck | unter 105/60 mmHg |
| • erhöhter Blutdruck | 140/90 bis 160/95 mmHg |
| • hoher Blutdruck | über 160/95 mmHg |

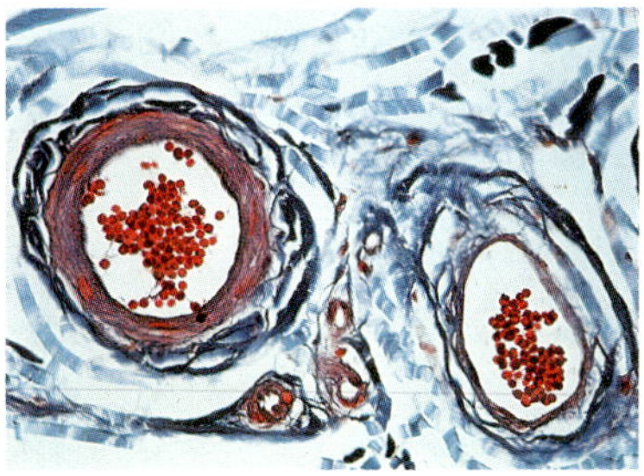

**Die Arterie (links) ist größerem Druck ausgesetzt. Deshalb ist sie »dicker« als die Vene rechts.**

Die vom Herzen ausgelöste Blutdruckwelle kann man als Puls an verschiedenen Stellen im Körper tasten, besonders gut ist sie am Handgelenk spürbar. Im Lauf eines Tages verändert sich der Blutdruck viele Male. Ob wir schlafen, körperlich arbeiten oder uns aufregen: Immer ist der Sauerstoff- und damit der Blutbedarf ein anderer. Dazu ist ein fein abgestimmtes Steuersystem nötig, das die Blutmenge, die das Herz pro Minute pumpt, bestimmt und so gezielt die Verteilung des Blutes über die Gefäße und den Blutdruck reguliert.

Die Steuerzentralen befinden sich im Gehirn (→ Seite 188). Sie werden durch Meßfühler (Druckrezeptoren) an der Halsschlagader, in der Aorta und in den Nierenarterien über den aktuellen Blutdruck »informiert« und veranlassen über das vegetative Nervensystem (→ Seite 187), daß das Herz und die Gefäße sich dem veränderten Bedarf anpassen.

# Notfälle

## Allgemein gilt

Wenn jemand in Ihrem Beisein Zeichen einer Bewußtseinstrübung zeigt oder plötzlich ohnmächtig wird, müssen Sie sofort einen Notruf veranlassen (→ Erste Hilfe, Seite 785).

## Hochdruckkrise

▶ Symptome
- ➜ Herzklopfen, Schwindel, Ohrensausen
- ➜ Verwirrtheit, Bewußtlosigkeit
- ➜ Kopfschmerzen
- ➜ Sehstörungen, Lähmungen
- ➜ Atemnot, Brustschmerz

Unbehandelt kann die plötzliche Entgleisung eines bis dahin nur mäßig erhöhten Blutdrucks zu lebensbedrohlichen Situationen führen.

### Ärztliche Behandlung

Im Krankenhaus wird man die Ursache abklären und den Blutdruck medikamentös senken.

### Selbsthilfe

Keine blutdrucksenkenden Medikamente bei Sprachstörungen oder Lähmungen!

## Akuter peripherer Gefäßverschluß

▶ Symptome
- ➜ plötzlicher, starker Schmerz im Arm/Bein
- ➜ fahle Haut, eventuell Kribbeln
- ➜ Bewegungsunfähigkeit von Arm/Bein

Meist ist die Ursache eine Embolie, ein verschlepptes Blutgerinnsel, das das betroffene Gefäß verstopft (→ Thrombose und Embolie, Seite 285).

### Ärztliche Behandlung

Nach genauer Lokalisation wird das Gerinnsel medikamentös aufgelöst oder bei einer Operation entfernt.

### Selbsthilfe

Arm/Bein tieflagern und gut polstern, weder Eisbeutel noch Wärmflasche auflegen!

## Schock

▶ Symptome
- ➜ Schwindel, Schwäche, Ohnmacht
- ➜ fahle, feucht-kalte Haut, Frösteln
- ➜ flache, hastige Atmung

Wenn Organe und Gewebe nicht mehr oder nur noch ungenügend durchblutet werden, zum Beispiel durch großen Blutverlust bei einem Unfall, Versagen des Herzmuskels, durch eine allergische Reaktion (→Anaphylaktischer Schock, Seite 522) oder eine Blutvergiftung (→ Seite 537), kommt es zum Kreislaufschock.

### Ärztliche Behandlung

Im Krankenhaus werden Infusionen zum Flüssigkeitsausgleich, eventuell eine Bluttransfusion und Sauerstoff gegeben. Die weitere Therapie richtet sich nach der Schockursache.

### Selbsthilfe

Lagern Sie bis zum Eintreffen des Arztes die Beine des Betroffenen hoch, stillen Sie eventuelle Blutungen, geben Sie ihm nichts zu essen oder zu trinken (→ Erste Hilfe, Seite 792).

## Kreislaufstillstand

▶ Symptome
- ➜ Bewußtlosigkeit, Atemstillstand
- ➜ kein tastbarer Puls, weite Pupillen

Wenn diese Symptome kurz nacheinander auftreten, ist der Kreislauf zusammengebrochen, und das Herz hat aufgehört zu schlagen.

### Ärztliche Behandlung

Wiederbelebungsmaßnahmen (→ Erste Hilfe, Seite 7.1.) werden noch an Ort und Stelle durchgeführt, im Krankenhaus wird die Ursache abgeklärt und dementsprechend behandelt.

### Selbsthilfe

Beginnen Sie sofort mit Herzmassage und Mund-zu-Mund-Beatmung (→ Seite 780).

# Spezielle Untersuchungen

## Pulsuntersuchung

Neben den Blutdruckwerten (→ Seite 277) liefert der Puls wichtige Anhaltspunkte für die Diagnose von Kreislauferkrankungen. Ist er zu schnell, kann das ein Hinweis auf ein Herzleiden (→ Herzjagen, Seite 268), aber auch auf eine Anämie (→ Seite 292), eine Überfunktion der Schilddrüse (→ Seite 495) oder eine Infektion sein. Ältere Menschen haben oft einen langsamen Puls (weniger als 60 Schläge/Minute). Eine krankhafte Verlangsamung kann durch eine Blockierung in den elektrischen Leitungsbahnen des Herzens (→ Herzblock, Seite 269), durch Erkrankungen des Gehirns, eine Schilddrüsenunterfunktion (→ Seite 495) oder durch Medikamente verursacht sein. Ein »harter«, kräftiger Puls weist unter Umständen auf einen erhöhten Blutdruck hin. Durch Tasten der Pulse an beiden Handgelenken, auf beiden Seiten der Leiste, in den Kniekehlen, den Innenknöcheln und am Fußrist vergleicht der Arzt die beiden Körperseiten und kann Verengungen oder Verschlüsse von Gefäßen diagnostizieren.

## Langzeit-Blutdruckmessung

Wenn Sie bei einer Blutdruckmessung zu hohe Werte hatten, bedeutet das noch nicht, daß Sie unter Bluthochdruck leiden. Erst eine Serie von Meßwerten oder eine 24-Stunden-Messung erlauben eine exakte Diagnose. Dabei bläst sich eine am Arm angelegte Manschette in regelmäßigen Abständen selbst auf, der so gemessene Blutdruck wird auf einem Bandgerät aufgezeichnet, das Sie am Körper tragen. Um objektive Werte zu erhalten, sollten Sie während der Messung Ihrem normalen Tagesablauf nachgehen.

**Eine Blutdruckmessung über 24 Stunden liefert die verläßlichsten Ergebnisse.**

## Schellong-Test

Mit diesem Test kann der Arzt feststellen, ob Schwindelanfälle oder kurze Bewußtseinsverluste durch Blutdruckschwankungen bei Lageveränderungen bedingt sind. Dazu legen Sie sich zunächst zehn Minuten lang ruhig hin, stehen dann plötzlich wieder auf und bleiben zehn Minuten lang stehen. Währenddessen werden jede Minute Puls und Blutdruck gemessen.

## Sonographie (Doppler)

Um beurteilen zu können, ob das Blut gleichmäßig und ungehindert durch die Gefäße strömt, benutzt man eine bestimmte Art der Ultraschall-Untersuchung, die sogenannte Doppler-Untersuchung. Sie wird auch bei der Diagnose von Herzerkrankungen angewendet (→ Echokardiographie, Seite 263) und ist besonders dafür geeignet, Engstellen oder Blutgerinnsel in den Gefäßen nachzuweisen.

## Röntgen-Kontrastaufnahme (Angiographie)

Um festzustellen, an welchen Stellen Blutgefäße verengt oder unnatürlich erweitert sind bzw. wie groß diese Engstellen oder Aussackungen sind, wird ein spezielles Röntgenverfahren eingesetzt, die sogenannte Angiographie. Dazu wird – wie bei der Herzkatheter-Untersuchung (→ Seite 263) – ein Kontrastmittel über einen dünnen Schlauch in die Armvene, in einigen Fällen auch direkt in die betroffene Schlagader gespritzt. Mit Hilfe von Röntgenaufnahmen können die Adern, in denen das Kontrastmittel zirkuliert, sichtbar gemacht und ihr Durchmesser beurteilt werden (→ Untersuchungen mit Kontrastmittel, Seite 622).

## Bluthochdruck (Hypertonie)

### ▶ Symptome

- ➜ morgendliche Schmerzen im Hinterkopf
- ➜ Schwindel, Ohrensausen, innere Unruhe
- ➜ Herzklopfen, Nasenbluten
- ➜ Brustschmerz, Atemnot bei Belastung

Mindestens jeder siebte (über 65 Jahre bereits jeder vierte) Mensch in den Industrienationen hat zu hohen Blutdruck, der nach Übereinkunft der Experten schon bei Werten über 140/90 mmHg beginnt (→ Seite 277). Zu hoher Blutdruck tut jedoch (leider) meist nicht weh, im Gegenteil: Viele Menschen fühlen sich durch den Bluthochdruck besonders aktiv und unternehmungslustig. Deshalb wird er meist auch nur zufällig bei einer Routine-Blutdruckmessung entdeckt. Doch obwohl der Bluthochdruck – anders als zu → niedriger Blutdruck – oft keine Beschwerden verursacht, dürfen Sie ihn nicht auf die leichte Schulter nehmen! Hoher Blutdruck, auch wenn er nur leicht erhöht ist, ist einer der wichtigsten Risikofaktoren für Arteriosklerose (→ Seite 267), die gefürchtete Verengung der Schlagadern, die zu Durchblutungsstörungen (→ Seite 286) und zum Herzinfarkt (→ Seite 266) oder zum Schlaganfall (→ Seite 198) führen kann. Außerdem kann ein lange Zeit unbehandelter Bluthochdruck eine Herzschwäche (→ Seite 270), irreparable Schäden an den Nieren und gefährliche Aussackungen der Hauptschlagader (→ Aneurysma, Seite 283) verursachen.

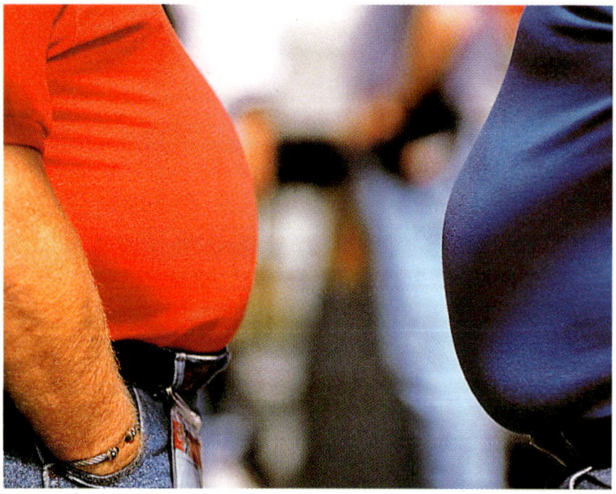

**Der Bauch als Zeichen für Wohlergehen? Übergewicht ist ein starker Risikofaktor für Bluthochdruck.**

In rund 90 Prozent aller untersuchten Fälle findet man keine Ursache für den hohen Blutdruck. Bei vielen Menschen besteht jedoch eine erbliche Veranlagung. Wenn dazu Risikofaktoren wie Übergewicht, regelmäßiger Alkoholkonsum, Bewegungsmangel und Dauerstreß kommen, entwickelt sich daraus fast immer Bluthochdruck. Bei weniger als zehn Prozent aller Betroffenen lassen sich als Ursache Nierenerkrankungen, selten auch hormonelle Störungen oder eine Verengung in der Hauptschlagader ermitteln. Gefährdet sind vor allem auch Diabetiker, jeder zweite von ihnen leidet an Bluthochdruck (→ Seite 501–503).

### Ärztliche Behandlung

Wenn sich durch mehrere Messungen über verschiedene Tage bestätigt, daß Ihr Blutdruck zu hoch ist, gibt es zwei Möglichkeiten der Behandlung. Bei einer leichteren Hypertonie (zwischen 140/90 und 160/95 mmHg) kann bereits eine Änderung des Lebensstils zur Normalisierung des Blutdrucks führen. Gelingt dies jedoch innerhalb eines Vierteljahres nicht oder liegen die Werte dauerhaft darüber, muß der Blutdruck mit Medikamenten gesenkt werden. Die meisten Mittel werden auch zur Therapie von Herzkrankheiten eingesetzt: Diuretika, Betablocker, Kalziumantagonisten, ACE-Hemmer (→ Herzmittel, Seite 637). Bei schwer zu senkendem Bluthochdruck können auch zwei oder drei Mittel miteinander kombiniert werden. Während der medikamentösen »Einstellung« des Blutdrucks müssen Sie regelmäßig zu Kontrolluntersuchungen zum Arzt. Anfangs treten oft Beschwerden wie Müdigkeit und Antriebsarmut auf. Sie sind Folge des ungewohnt niedrigeren Blutdrucks und verschwinden nach einer Gewöhnungszeit wieder.

### Selbsthilfe

Viele Menschen können mit einigen gezielten Veränderungen ihrer Lebensweise ihren Hochdruck so in den Griff bekommen, daß eine Therapie mit Medikamenten überflüssig ist. Aber auch wenn Sie Medikamente einnehmen müssen, sind ergänzende Maßnahmen notwendig.

In jedem Fall ist es günstig, wenn Sie Ihren Blutdruck zur Kontrolle selbst messen. Die »altmodischen« Geräte ohne teure und reparaturanfällige Elektronik ergeben durchaus korrekte Meßergebnisse.

## Neun-Punkte-Programm bei Bluthochdruck

Die Diagnose Bluthochdruck ist immer ein Signal dafür, daß Sie Ihren Lebensstil ändern sollten. Beginnen Sie am besten gleich heute damit, denn auch wenn Ihre Blutdruckwerte nur leicht erhöht sind, ist die Gefahr einer vorzeitigen Verkalkung der Gefäße um ein Vielfaches erhöht (→ Arteriosklerose, Seite 267).

- Achten Sie auf Ihr Gewicht, und specken Sie, wenn nötig, ab. Ein Kilo Übergewicht weniger senkt den Blutdruck etwa um 3 mmHg.
- Ernähren Sie sich vollwertig (→ Seite 712) und fettarm. Das hilft Ihnen, Ihr Idealgewicht zu halten (oder zu erreichen).
- Essen Sie weniger Fleisch. Tierische Fette erhöhen den Cholesterinspiegel und damit auch das Risiko einer Arteriosklerose.
- Finden Sie heraus, ob Sie »salzempfindlich« sind. Jeder dritte Hochdruckpatient kann durch Reduzierung des Salzkonsums den Blutdruck senken: pro Gramm etwa um 3 mmHg!
- Schränken Sie Ihren Alkohol- und Kaffeekonsum ein. Ein Täßchen Kaffee oder ab und an ein Glas Wein schaden in der Regel nicht. Doch im Übermaß genossen, sind Koffein und Alkohol Gift für den Blutdruck.
- Fahren Sie Rad, schwimmen und wandern Sie: Regelmäßige Bewegung ist gut für den Blutdruck und für den gesamten Organismus.
- Geben Sie das Rauchen auf. Es schadet den Gefäßen und damit der Durchblutung.
- Bauen Sie Ihren beruflichen Streß ab.
- Nehmen Sie sich genügend Zeit zum Erholen.

Informationen zum Thema Bluthochdruck und Adressen von Selbsthilfegruppen erhalten Sie bei der Deutschen Liga zur Bekämpfung des Bluthochdrucks in Heidelberg (→ Adressen, Seite 798).

## **Niedriger Blutdruck** (Hypotonie)

### ▶ Symptome

- → morgendliche Antriebsschwäche, Müdigkeit
- → Konzentrationsstörungen, Kopfschmerzen
- → flaues Gefühl im Magen, Erschöpfung
- → innere Unruhe, Schlafstörungen, Verstimmungen
- → Herzklopfen, Beklemmungsgefühl
- → Schwindel, Schwarzwerden vor den Augen beim Aufstehen aus dem Sitzen oder Liegen, Kollaps

Wenn der Blutdruck zu niedrig ist, ist der Rückfluß von den Beinvenen zum Herzen gestört, und Kreislaufbeschwerden bis hin zum Kollaps sind die Folge. Meist ist die Anlage zur Hypotonie vererbt, oft sind junge, große und schlanke Frauen betroffen. Niedriger Blutdruck tritt außerdem oft auf bei Krampfadern (→ Seite 282), langer Bettlägerigkeit, großem Flüssigkeitsverlust bei Fieber und Durchfällen, bei Infektionskrankheiten, Anämie (→ Seite 292), Herz- und Nervenerkrankungen, Nierenleiden sowie Krankheiten hormonbildender Drüsen (→ Diabetes mellitus, Seite 501–503).

### Ärztliche Behandlung

Nur im Ausnahmefall wird der Arzt blutdrucksteigernde Medikamente einsetzen. Die wichtigste Therapie ist die → Selbsthilfe.

### Selbsthilfe

Wenn Ihnen schwindlig wird, sollten Sie sich hinlegen und die Beine hochlagern! Lassen Sie nach einem Kollaps vom Arzt abklären, ob eine Herz- oder Gefäßerkrankung der Auslöser gewesen ist.

Das Hauptproblem aber ist der alltägliche Kampf, um den Blutdruck anzukurbeln. Gönnen Sie sich deshalb morgens etwas Anlaufzeit. Eine Tasse Tee oder Kaffee, die Sie sich abends in der Thermoskanne ans Bett stellen, und kleine gymnastische Übungen, die Sie morgens im Bett machen können, regen den Kreislauf an: Räkeln und Strecken, Kreisen mit den Füßen, »Radfahren« und mit den Armen rudern.

Um Ihren »müden« Kreislauf längerfristig richtig auf Trab zu bringen, sollten Sie regelmäßig Sport treiben (schwimmen, radeln), kneippen (→ Seite 724), viel trinken und – ganz im Gegensatz zu Bluthochdruck-Patienten – reichlich salzen!

## Krampfadern (Varizen)

### ▶ Symptome

- ➜ vor allem abends schwere, brennende Beine, geschwollene Knöchel und Füße
- ➜ bläulich-rote Äderchen, Besenreiser
- ➜ erweiterte, knotige, geschlängelte Venen
- ➜ manchmal stechende oder krampfartige Schmerzen in den Waden
- ➜ Hautrötungen, weiße Flecken und bräunliche Verfärbungen im Knöchelbereich

Krampfadern sind Zeichen einer Venenerkrankung, die – rechtzeitig erkannt und behandelt – nicht zu einem schweren Venenleiden werden müssen. Ein wichtiges Frühwarnsymptom sind Besenreiser an den Beinen, Netze blau-roter Äderchen, die oft als rein kosmetisches Problem unterschätzt werden. In Wirklichkeit sind es bereits »Minikrampfadern«. Sichtbar sind nur oberflächliche Krampfadern, tiefliegende Krampfadern können Sie nicht sehen!
Eine Venenschwäche ist meist vererbt, zusätzlich fördern mangelnde Bewegung, langes Stehen oder Sitzen, Rauchen, Übergewicht und hormonelle Veränderungen durch eine Schwangerschaft oder die Antibabypille die Ausbildung von Krampfadern.
Aufgabe der Beinvenen ist es, das Blut gegen die Schwerkraft zum Herzen zurückzubefördern. Der Motor dieses Bluttransports ist das Herz, aber verschiedene andere Mechanismen sind auch daran beteiligt: zum Beispiel die Bauchatmung, die dabei hilft, das Blut »anzusaugen«, und die sogenannte Muskelpumpe. Beim Gehen, Laufen oder bei Bewegungen der Zehen pressen die Beinmuskeln die Venen zusammen und schieben das Blut nach oben. Um zu verhindern, daß es wieder zurückfließt, gibt es in den Venen Klappen, die sich bei Bedarf öffnen und schließen wie die Tore einer Schleuse. Funktionieren sie jedoch nicht mehr richtig, sackt ein Teil des Blutes in die Beine zurück und verursacht Schwellungen. Meist sind Menschen mit einer (ererbten) Bindegewebsschwäche betroffen. Ihre Venen dehnen sich unter dem Druck des Blutes so sehr auf, daß die Venenklappen nicht mehr dicht schließen und das Blut zurückfließt.
Auch durch eine Venenentzündung (→ Seite 284) können die Venenklappen teilweise zerstört werden. Durch den Rückstau des Blutes entstehen im Lauf der Zeit immer mehr aufgedehnte Krampfadern, in denen immer mehr Blut versackt – ein Teufelskreis.
Krampfadern können sich auch an anderen Stellen des Körpers bilden, zum Beispiel in der Speiseröhre (→ Ösophagusvarizen, Seite 322) oder am Darmausgang (→ Hämorrhoiden, Seite 349).

### Ärztliche Behandlung

Je früher Sie zum Arzt gehen, desto besser! Er wird untersuchen, ob nur die oberflächlichen oder auch tiefe Venen krankhaft verändert sind. Sind die tiefen Venen durchgängig, ist es möglich, oberflächliche Krampfadern operativ zu entfernen oder zu veröden. Beim Veröden wird ein Medikament in die betroffene Vene gespritzt, wodurch diese sich schließt. Die wichtigste Therapie ist – neben den Maßnahmen zur → Selbsthilfe – die Kompression. Durch das konsequente Tragen von Stützstrümpfen werden die äußeren Venen zusammengedrückt, so daß das Blut über die tiefen Venen abfließen kann.

### Selbsthilfe

Sie können Krampfadern zwar nicht wegzaubern, aber Sie können viel dafür tun, daß sie sich nicht vermehren und verschlimmern.

- Langes Sitzen und Stehen ist schlecht – nicht nur für die Venen. Stehen Sie öfter auf, gehen Sie ein paar Schritte umher und wippen auf den Zehen.
- Vermeiden Sie alles, was auf die Venen preßt (schweres Heben, Pressen beim Stuhlgang).
- Zügiges Gehen und Wandern, sogenanntes Venenwalking, hält Ihre Venen in Schwung.
- Joggen ist weniger empfehlenswert, da sich dabei Thrombosen (→ Seite 285) bilden können.
- Planen Sie täglich ein paar Minuten Venengymnastik ein (→ Seite 707).
- Lagern Sie die Beine so oft wie möglich (auch nachts beim Schlafen) hoch.
- Muten Sie Ihren Beinen nicht zuviel Gewicht zu: Ein paar Pfunde weniger sind auch für die Venen gut.

**Beine hoch und die Füße kreisen lassen, das kräftigt die Venen.**

- Steigern Sie die Elastizität Ihrer Venen durch Kältebehandlungen (kalte Füße vorher anwärmen!), zum Beispiel durch Wassertreten oder Knie- und Beingüsse (→ Seite 725).
- Schwimmen und Radfahren sind ein ausgezeichnetes Training für die Beinmuskulatur und aktivieren die Muskelpumpe.
- Atemübungen (→ Seite 688) verbessern die Kreislauffunktion insgesamt.
- Im Frühstadium können Medikamente aus Roßkastanienextrakten und Vitamin E sinnvoll sein.

## Unterschenkelgeschwür (Offenes Bein)

### ▶ Symptome

➜ schmerzhaftes, schlecht abheilendes Geschwür (meist) an der Innenseite des unteren Unterschenkels

Ein Unterschenkelgeschwür, im Volksmund »offenes Bein« genannt, ist meist die Folge von → Krampfadern oder Durchblutungsstörungen (→ Seite 286), durch die das Gewebe nicht ausreichend mit Sauerstoff versorgt wird. Auch bei Diabetes (→ Seite 501–503) kommt es häufiger zu offenen Beinen. Kleine Verletzungen heilen dabei nur schlecht ab und weiten sich zu den oft tief ins Gewebe reichenden Geschwüren aus.

### Ärztliche Behandlung

Der Arzt entfernt eitrige Beläge und abgestorbene Hautareale. Salben und Bäder fördern die Bildung neuen Gewebes. Ist die Ursache der offenen Beine der Blutrückstau in den Krampfadern, sollten diese verödet oder operativ entfernt werden. Außerdem sollten Sie einen Kompressionsverband und (langfristig) Kompressionsstrümpfe tragen. Bei Geschwüren, die durch arterielle Durchblutungsstörungen bedingt sind, sind oft Medikamente und Maßnahmen zur Erweiterung der Gefäße nötig.

### Selbsthilfe

(Nicht zu heiße) Bäder mit Zusätzen von Eichenrinde oder Thymian und Umschläge mit Traubenzuckerpulver, Weizenkeimöl, Eichenrinde oder Wein fördern die Heilung. Tips zur Vorbeugung finden Sie unter Selbsthilfe bei → Krampfadern.

## Aussackungen von Arterien (Aneurysma)

### ▶ Symptome

➜ *Brustschlagader-Aneurysma:* plötzlich starke Schmerzen in der Brustmitte oder im Rücken, die wandern oder in den Bauch ausstrahlen können

➜ *Bauchschlagader-Aneurysma:* heftige, plötzlich einsetzende Bauchschmerzen, eventuell starke Rücken- und Beinschmerzen

Aussackungen geschädigter Arterien nennt man auch Aneurysma. Sie treten meist bei Arteriosklerose (→ Seite 267) und Bluthochdruck (→ Seite 280) auf, können jedoch auch angeboren sein oder durch Verletzungen entstehen. Sie bilden sich, wenn die Gefäßwand einer Arterie so geschwächt ist, daß der Druck des Blutstroms eine ballon- oder sackartige Ausbeulung verursachen kann. Beschwerden treten meist nur dann auf, wenn die Arterienwand einreißt (Dissektion) und sich das Blut zwischen der inneren und äußeren Wandschicht der Arterie einen Kanal gräbt. Aneurysmen im Gehirn sind meist angeboren. Sie können aber platzen und eine Gehirnblutung (→ Seite 198) auslösen. Zu lebensgefährlichen inneren Blutungen kann das Einreißen eines Aneurysmas im Bereich der Hauptschlagader führen.

### Ärztliche Behandlung

Bei akuten heftigen Brust- oder Bauchschmerzen müssen Sie immer einen Notruf veranlassen! Ist die Ursache ein Aneurysma, kann nur die sofortige Operation den Betroffenen am Leben erhalten. Dabei wird die Gefäßaussackung durch eine Prothese aus Kunststoff überbrückt. Wichtig ist eine dauerhafte Senkung des Bluthochdrucks, beschwerdefreie Aussackungen (zum Beispiel der Bauchschlagader) müssen regelmäßig kontrolliert werden. Bei einem Durchmesser eines Bauchschlagader-Aneurysmas von über fünf Zentimeter sollte die Aussackung entfernt und durch eine Gefäßprothese ersetzt werden, um dem Einreißen vorzubeugen.

### Selbsthilfe

Setzen Sie sich möglichst keinen körperlichen Anstrengungen aus. Vermeiden Sie alles, was eine Arteriosklerose (→ Seite 267) begünstigt.

## Venenentzündung

**▶ Symptome**
- ➜ druckempfindlicher, schmerzender, harter Venenstrang am Bein
- ➜ keine Schwellung des Beins
- ➜ darüberliegende Hautpartie ist heiß und gerötet

Blutstauungen in den Beinen, zum Beispiel durch langes Sitzen bei Autofahrten oder Flugreisen, können der Auslöser für eine schmerzhafte Entzündung der oberflächlichen Venen sein. Besonders anfällig dafür sind Krampfadern (→ Seite 282). Als Ursache kommen aber auch andere Reizungen der Gefäßwände vor, zum Beispiel kleine Verletzungen (durch Spritzen und Infusionsnadeln) oder eine Infektion. In der entzündeten Vene kann sich ein Blutgerinnsel bilden, das aber, anders als der Blutpfropf bei der Thrombose der tiefen Beinvenen, so gut wie nie die lebensgefährliche Lungenembolie (→ Seite 250) verursacht.

### Ärztliche Behandlung

Lassen Sie Ihr Bein unbedingt vom Arzt untersuchen, um festzustellen, ob neben der oberflächlichen Venenentzündung auch tiefe Venen betroffen sind. Während bei einer → Beinvenen-Thrombose strikte Bettruhe nötig ist, dürfen und sollen Sie sich bei einer Venenentzündung bewegen. Ein Kompressionsverband, den Sie Tag und Nacht tragen müssen, ist ebenso wichtig wie Hochlagerung des betroffenen Beins, auch beim Schlafen. Eventuell wird der Arzt Ihnen auch niedrig dosiertes Heparin spritzen, ein Wirkstoff, der die Blutgerinnung und damit die Bildung von Gerinnseln hemmt.

### Selbsthilfe

Alkoholumschläge lindern die Beschwerden. Tun Sie auch während der Venenentzündung etwas für Ihre Beine: Tips finden Sie unter Selbsthilfe bei Krampfadern (→ Seite 282).

### Risikofaktoren für eine Thrombose

- Alter (ab dem 40. Lebensjahr)
- Schwangerschaft und Geburt
- Mangel an Hemmstoffen der Blutgerinnung
- zu geringe Flüssigkeitsaufnahme oder entwässernde Medikamente (→ Diuretika, Seite 637)
- lange Bettlägerigkeit, Ruhigstellung eines Beins oder Arms im Gipsverband
- langes Sitzen mit angewinkelten Beinen (bei längeren Reisen im Auto, Bus oder Flugzeug)
- Antibabypille und Rauchen
- Krampfadern (→ Seite 282) und starkes Übergewicht (→ Seite 510)
- heißes Klima und hohe Temperaturen (Sonne, Sauna, heiße Bäder).

## Beinvenen-Thrombose

**▶ Symptome**
- ➜ fast immer einseitige Schwellung und Überwärmung der Wade bzw. des Oberschenkels
- ➜ bläulich-rötliche Verfärbung der Haut
- ➜ Spannungs- und Schweregefühl, ziehende Schmerzen im Bereich der betroffenen Vene, besonders beim Husten
- ➜ eventuell Schmerzen beim Druck auf die Wade oder auf die Fußsohle

In vielen Fällen läßt sich auch heute noch nicht mit Sicherheit sagen, was die Ursache einer Thrombose der tiefen Beinvenen ist. Es gibt jedoch eine Reihe von Faktoren, die die Bildung eines solchen gefährlichen Blutpfropfs in den Venen begünstigen können (→ Kasten links unten).

### Ärztliche Behandlung

Bei Verdacht auf eine Thrombose der tiefen Beinvenen müssen Sie sofort einen Notruf veranlassen. Bei einer Thrombose der tiefen Beinvenen ist die Gefahr sehr groß, daß sich ein Gerinnsel löst und eine lebensbedrohliche Lungenembolie (→ Seite 250) verursacht. Und diese Gefahr nimmt mit jeder (auch noch so kleinen) körperlichen Anstrengung zu. Deshalb müssen Sie strikte Bettruhe einhalten.
Im Krankenhaus wird man versuchen, den Blutpfropf mit Medikamenten aufzulösen oder bei einer Operation zu entfernen. Um zu verhindern, daß sich weitere Gerinnsel bilden, behandelt man mit Heparin, einem Wirkstoff, der die Blutgerinnung hemmt. Zur Vorbeugung einer neuen Thrombose müssen Sie außerdem drei bis sechs Monate lang ein gerinnungshemmendes Medikament einnehmen.

### Selbsthilfe

Wenn Sie bereits eine Thrombose haben, können Sie selbst nichts für die Heilung tun. Hier ist die Kunst der Ärzte gefragt. Sie selbst können und sollten jedoch vorbeugen, so daß es gar nicht so weit kommt, vor allem, wenn Sie einige der bekannten → Risikofaktoren für eine Thrombose haben. Ganz besonders wichtig ist: Versuchen Sie das Rauchen aufzugeben! Und pflegen Sie Ihre Venen. Tips dazu finden Sie im Abschnitt Selbsthilfe bei Krampfadern auf Seite 282.

## Thrombose und Embolie

Wenn ein Blutgerinnsel eine Vene oder Arterie ganz oder teilweise verschließt, bezeichnet man das als Thrombose. Ein solcher Blutpfropf, der sogenannte Thrombus, kann aus verschiedenen Gründen entstehen. Häufig bildet er sich an verletzten oder vorgeschädigten Gefäßwänden, zum Beispiel bei Arteriosklerose (→ Seite 267) oder Entzündungen. Auch die Verlangsamung der Strömungsgeschwindigkeit des Blutes kann die Ursache für ein Gerinnsel sein: Immer wenn das Blut zu träge fließt, ist die Gefahr besonders groß, daß das Blut »klumpt«. Das ist zum Beispiel bei langer Bettlägerigkeit der Fall oder wenn das Blut in den Windungen von Krampfadern (→ Seite 282) und Gefäßaussackungen (→ Seite 283) Wirbel bildet.

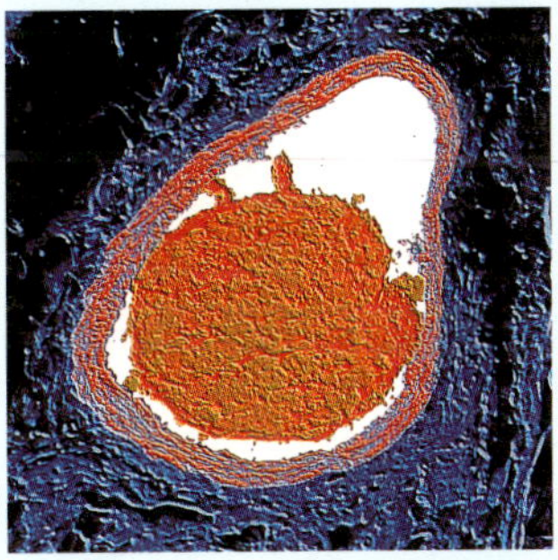

**Wenn ein Blutpfropf eine Ader blockiert, kann das lebensgefährliche Folgen haben.**

Und schließlich kann eine Veränderung der Zusammensetzung des Blutes, zum Beispiel eine zu hohe Zahl von Blutplättchen (→ Ein Saft, der es in sich hat, Seite 288), ebenfalls eine Thrombose verursachen; Eiweiße und bestimmte Stoffe, die die Gerinnung des Blutes fördern oder hemmen, spielen dabei eine wichtige Rolle.

### Ursache vieler Krankheiten

Wenn man von einer Thrombose spricht, ist meist die Venenthrombose gemeint. Sie betrifft fast immer die tiefen Bein- und Beckenvenen, selten auch Arme und Schultern. Doch davon abgesehen, kann die Thrombose auch Krankheiten an Organen auslösen: So wird der Herzinfarkt (→ Seite 266) durch einen Blutpfropf in einem Herzkranzgefäß verursacht. Und eine Thrombose im Gehirn ist eine der vielen Ursachen für einen Schlaganfall (→ Seite 198).

### Von der Thrombose zur Embolie

Ein Blutgerinnsel klebt meist ganz oder teilweise an der Gefäßwand fest. Im günstigsten Fall löst es sich von selbst wieder auf. Eine große Gefahr ist jedoch, daß das Gerinnsel (oder ein Teil davon) mit dem Blutstrom an eine andere Stelle im Körper geschwemmt wird und dort eine Ader verstopft. Solch einen verschleppten Blutpfropf nennt man Embolus (vom griechischen embalein = hineinwerfen), den dadurch verursachten Gefäßverschluß Embolie. In den meisten Fällen wird eine Embolie durch ein Blutgerinnsel ausgelöst, doch auch angeschwemmte Gewebepartikel, Bakterien, Fremdkörper oder Luftbläschen können ein Gefäß blockieren.

Meist werden bei einer Embolie Schlagadern (Arterien) so verstopft, daß die Sauerstoffversorgung der betroffenen Region unterbrochen ist. Eine besonders schwere Form ist die Lungenembolie (→ Seite 250), die als Folge einer → Beinvenen-Thrombose entstehen kann. Auch der Schlaganfall wird häufiger durch ein verschlepptes Gerinnsel ausgelöst als durch einen Blutpfropf, der direkt im Gehirn gebildet wird. Meist ist der Ursprungsort einer solchen Embolie im Gehirn der Vorhof des linken Herzens. Ein Blutpfropf, der sich von dort losgerissen hat, kann auch einen Gefäßverschluß in den Beinen (→ Seite 278) verursachen, selten auch in den Armen oder in Darm und Nieren.

## Durchblutungsstörungen der Beine
(Schaufensterkrankheit, Raucherbein)

▶ Symptome
- ➜ Schmerzen beim Gehen, die zu regelmäßigem Stehenbleiben zwingen
- ➜ Schmerzen auch in Ruhe, besonders nachts
- ➜ Absterben und Schwarzfärbung des nicht mehr durchbluteten Gewebes

Schaufensterkrankheit nennt man das Frühstadium der Durchblutungsstörungen der Beine, einer schweren Erkrankung der Arterien, die schlimmstenfalls bis zur Amputation führt. Sie zeigt sich daran, daß nach kurzen Gehstrecken Schmerzen in den Beinen auftreten, die beim Ausruhen (bei Stadtgängen häufig vor Schaufenstern, um nicht aufzufallen) wieder vergehen. Im nächsten Stadium treten die Schmerzen auch in Ruhe auf, und schließlich werden die Durchblutungsstörungen so stark, daß das Gewebe nicht mehr ausreichend mit Blut versorgt wird und teilweise abstirbt. Fast immer ist die Ursache eine hochgradige Arteriosklerose (→ Seite 267), durch die die Becken- und/oder Beinschlagadern »verkalkt« sind. Betroffen sind vor allem ältere Männer, der wichtigste Risikofaktor ist das Rauchen (weshalb man die Krankheit im fortgeschrittenen Stadium auch oft »Raucherbein« nennt). Besonders gefährdet sind Menschen mit zu hohen Cholesterinwerten, Bluthochdruck, Gicht und Diabetes, Übergewicht und Bewegungsmangel. Problematisch ist, daß die Beschwerden erst auftreten, wenn der Durchmesser einer Arterie um zwei Drittel verengt ist!

### Ärztliche Behandlung

Sobald Sie erste Anzeichen einer Durchblutungsstörung bemerken, sollten Sie einen Arzt aufsuchen. Durch einfaches Tasten der Pulse an beiden Beinen kann er feststellen, an welchen Stellen die Arterien verengt sind. Zur Bestätigung der Diagnose wird meist eine Ultraschall-Untersuchung, manchmal eine Röntgen-Kontrastaufnahme gemacht.

Durch gezieltes Bewegungstraining läßt sich die schmerzfreie Gehstrecke deutlich verlängern; Aderlässe (→ Seite 672) können eine Verbesserung der Durchblutung bewirken, und die Einnahme von Azetylsalizylsäure verhindert die Ablagerung von Gerinnseln in verengten Blutgefäßen.

Wenn sich die Beschwerden trotz allem nicht bessern, gibt es noch die Möglichkeit, die Arterien mit Hilfe eines Ballonkatheters aufzudehnen oder die Engstelle operativ mit einem Venenbypass oder einer Gefäßprothese aus Kunststoff zu überbrücken. Das Verfahren ist im Prinzip das gleiche, das bei einer Verengung der Herzkranzgefäße angewendet wird (→ Ballondilatation oder Bypass-Operation? Seite 265). Ist keine dieser Maßnahmen mehr möglich, droht die Amputation eines Beines.

### Selbsthilfe

Damit die Krankheit nicht fortschreitet, sollten Sie alles tun, um die Arteriosklerose aufzuhalten. Ausführliche Ratschläge zur Vorbeugung finden Sie unter Selbsthilfe bei Angina pectoris (→ Seite 265) und im Abschnitt → Die Durchblutung anregen.

## Durchblutungsstörung des Gehirns

▶ Symptome
- ➜ Gedächtnisstörungen, Verlust der Orientierung
- ➜ manchmal Unruhe, Aggressivität, Depression
- ➜ vorübergehende Seh- und Sprachstörungen
- ➜ vorübergehende halbseitige Lähmungen von Gesichts- und Armmuskulatur

Durch Arteriosklerose (→ Seite 267) verengte Blutgefäße im Gehirn führen von Gedächtnisstörungen bis zu Lähmungen, Sprachstörungen und Orientierungslosigkeit. Während sich die Symptome anfänglich noch innerhalb von 24 Stunden vollständig wieder zurückbilden, bleiben sie mit dem Fortschreiten der Krankheit immer länger bestehen, und es kommt unbehandelt schließlich zum Schlaganfall (→ Ischämischer Gehirninfarkt, Seite 198) und zu bleibenden Schäden.

### Ärztliche Behandlung

Wenn Sie erste Anzeichen einer Durchblutungsstörung des Gehirns an sich bemerken, sollten Sie sofort einen Arzt aufsuchen. In den Frühstadien ist es möglich, mit einer durchblutungsfördernden Therapie mit Medikamenten wie Azetylsalizylsäure, dem gezielten Senken des Bluthochdrucks (→ Seite 280) und einer bewußten Lebensführung (→ Selbsthilfe) einen nachhaltigen Erfolg zu erzielen.

### Selbsthilfe

Körperliche und geistige Aktivität schützen vor einem frühzeitigen »Einschlafen« der Hirnfunktionen. Ernähren Sie sich vollwertig, überwiegend vegetarisch und vitaminreich – das gehört zu den Grundpfeilern der Vorbeugung gegen Arteriosklerose (→ Selbsthilfe bei Angina pectoris, Seite 265). Und versuchen Sie unbedingt, das Rauchen aufzugeben, denn Nikotin verengt die Gefäße.

## Raynaud-Syndrom

▶ **Symptome**

- anfangs Weißfärbung eines oder mehrerer Finger
- später bläuliche Verfärbung
- zuletzt Rötung der betroffenen Finger
- oft begleitet von Kribbeln, Brennen, Taubheitsgefühl

Beim Raynaud-Syndrom treten anfallsweise Durchblutungsstörungen in den Fingern, seltener in den Zehen auf. Die Ursache sind Gefäßkrämpfe, die zum Beispiel durch Kälte, Vergiftungen oder starke Belastungen ausgelöst werden können. Man unterscheidet zwei Formen: die relativ harmlose *Raynaud-Krankheit*, von der überwiegend junge Frauen betroffen sind, und das *Raynaud-Phänomen,* das als Symptom anderer Krankheitsbilder vorkommt, wie zum Beispiel der Arteriosklerose (→ Seite 267) oder der Sklerodermie (→ Seite 478), einer schweren rheumatischen Erkrankung. Bei Personen, die mit dem Preßlufthammer oder anderen vibrierenden Geräten arbeiten, ist das Raynaud-Phänomen eine anerkannte Berufskrankheit. Wenn die Durchblutungsstörung der Finger über eine lange Zeit besteht, kann es zu Spätschäden an den Gefäßwänden und zum Absterben von Gewebe (→ Gangrän, Seite 480) kommen.

### Ärztliche Behandlung

Bei der Raynaud-Krankheit ist normalerweise keine spezielle Behandlung notwendig, gelegentlich werden gefäßerweiternde Mittel verordnet. Die Behandlung des Raynaud-Phänomens richtet sich in erster Linie nach der Grunderkrankung.

### Selbsthilfe

Die wichtigste Therapie ist Wärme: Halten Sie Hände und Füße warm. Geben Sie das Rauchen auf, Ihre Durchblutung wird sich sofort verbessern!

## Die Durchblutung anregen

Kälte- und Wärmereize – im richtigen Maß und unter Beachtung einiger Regeln – sind das beste Training für die Gefäße. Durch Wärme wird die Durchblutung angeregt, Kältereize bringen die Gefäße dazu, sich zusammenzuziehen und als Gegenreaktion wieder zu dehnen. Dadurch werden nicht nur die Gefäße trainiert, sondern die Durchblutung insgesamt angeregt. Besonders einfach läßt sich all das durch Wasseranwendungen erreichen: mit kalten Güssen, Fußbädern oder Wechselduschen (→ Seite 723).

Diese Hydrotherapie (→ Seite 642) hat der Bad Wörishofener »Wasserdoktor« Pfarrer Kneipp zwar nicht erfunden, aber seine Art der Wassertherapie ist heute noch maßgeblich.

Ähnlich wie das »Kneippen« bewirkt auch die trockene heiße Luft in der Sauna zusammen mit der anschließenden Abkühlung ein Gefäßtraining.

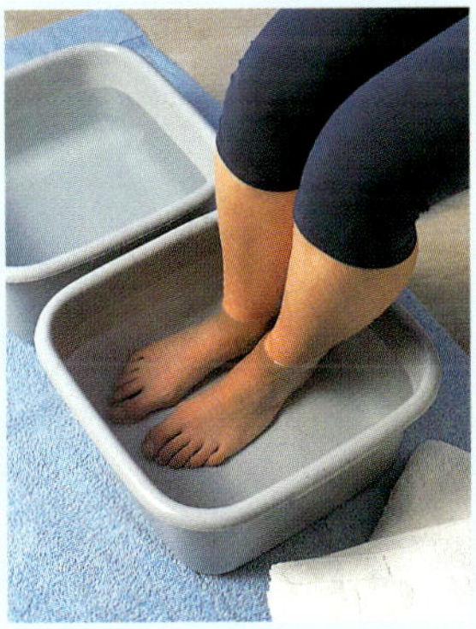

**Wechselfußbäder bringen den Kreislauf auf Trab.**

Allerdings ist sie nicht für jedermann geeignet. Sprechen Sie also vorher mit Ihrem Arzt darüber, ob er Ihnen zum Saunabesuch raten kann oder nicht.

Keine Hinderungsgründe gibt es für regelmäßige Bewegung. Sie ist das A und O für eine gute Durchblutung: vom leichten Ausdauersport (→ Seite 701) bis zur gezielten Beinarbeit, durch die Sie die Wadenmuskeln so kräftigen, daß auch Wanderungen wieder Freude machen.

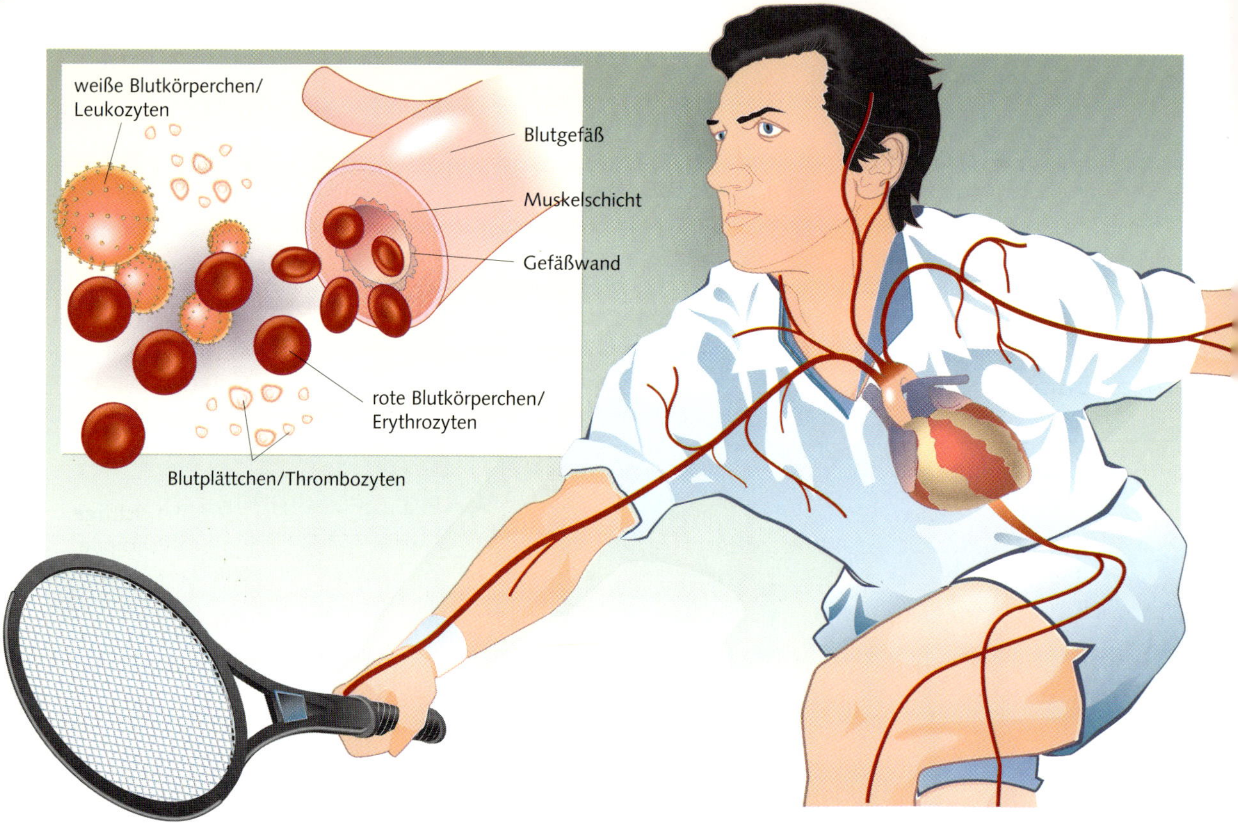


# Das Blut

- **Aufgaben und Eigenschaften**
- **Blutkörperchen und Blutgruppen**
- **Die Blutstillung**

Etwa fünf bis sechs Liter Blut zirkulieren ständig im Körper eines Erwachsenen – angetrieben vom Lebensmotor Herz, kanalisiert in den geregelten Bahnen des Kreislaufsystems. Ähnlich wie ein Förderband transportiert dieses »flüssige« Organ pausenlos verschiedene Stoffe von dem Ort, wo sie aufgenommen, verarbeitet oder produziert werden, zu den Regionen im Körper, wo sie gerade gebraucht werden oder für die sie bestimmt sind. Zu- und abgeladen wird überall, die »Umschlaggüter« sind Sauerstoff und sein Abfallprodukt Kohlendioxid, Nährstoffe (Kohlenhydrate, Fette, Eiweiße, Mineralien) und deren nicht mehr verwertbare Schlacken, Wirkstoffe (Hormone, Enzyme, Vitamine) und Abwehrstoffe.

## Nachschub – kein Problem

Normalerweise braucht das Blut für eine Umlaufbahn etwa eine Minute, das heißt, das Herz pumpt pro Tag im Durchschnitt 7000 Liter! Dafür, daß alles seinen richtigen Gang geht, das Fließband niemals stillsteht und keine Versorgungslücken auftreten, dafür sorgen die Steuerzentralen des Kreislaufs (→ Vom Druck hängt alles ab, Seite 277) und verschiedene andere Regulationssysteme. So ist zum Beispiel Durst ein Mittel, um die Blutmenge konstant zu halten: Wenn wir stark schwitzen, trinken wir anschließend viel und gleichen dadurch den Flüssigkeitsverlust wieder aus.

## Ein Saft, der es in sich hat

Fast die Hälfte des Blutes besteht aus festen Bestandteilen, den Blutzellen, der Rest ist eine eiweißreiche Flüssigkeit, das Blutplasma. Unter den Blutzellen sind die *roten Blutkörperchen* (Erythrozyten) die Spitzenreiter: 4,6 bis 5 Millionen von ihnen zählt man in einem Kubikmillimeter (!) Blut eines gesunden Erwachsenen neben 4000 bis 10000 *weißen Blutkörperchen* (Leukozyten) und 150000 bis 400000 *Blutplättchen* (Thrombozyten).

Das *Blutplasma* besteht zu 90 Prozent aus Wasser, zu 8 Prozent aus verschiedenartigen Eiweißkörpern und zu 2 Prozent aus Mineralien und Salzen. Darin schwimmen die Substanzen, die das Blut transportiert, viele von ihnen »huckepack« auf Eiweißkörpern, andere, zum Beispiel Zucker, in gelöster Form. Neben den Transporteiweißen gibt es auch Eiweiße, die zusammen mit den Blutplättchen für die Gerinnung wichtig sind. Läßt man Blut eine Weile in einem Gefäß stehen, setzen sich die festen Teile mit Hilfe dieser sogenannten Gerinnungsfaktoren wie gestockte Milch am Boden ab, und darüber steht eine gelbliche Flüssigkeit, das *Blutserum.*

## Von roten und weißen Körperchen

Die roten Blutkörperchen sind winzige, in der Mitte eingedellte Scheiben, die sich so verformen können, daß sie sogar durch kleinste Blutgefäße passen. Das ist wichtig, denn sie werden überall gebraucht: als Zulieferer von Sauerstoff und zum Abtransport von Kohlendioxid.

Die eigentliche Transportaufgabe hat ein wichtiger Bestandteil der roten Blutkörperchen, das *Hämoglobin.* Dieser eisenhaltige Stoff ist es auch, der dem Blut die Farbe verleiht – je nach »Zuladung« allerdings in unterschiedlicher Intensität. Wenn die roten Blutkörperchen Sauerstoff im Gepäck haben, ist das Blut hellrot; transportieren sie Kohlendioxid, ist es dunkelrot bis braunschwarz.

Anders als die roten Blutkörperchen findet man ihre weißen Vettern nicht nur im Blut, sondern auch im Gewebe. Die Aufgabe dieser Blutkörperchen ist die Abwehr von Keimen und anderen unerwünschten Fremdkörpern (→ Das Immunsystem, Seite 298).

Die Zahl der im Blut zirkulierenden Blutzellen ist nicht immer und nicht bei allen Menschen gleich. So haben Männer mehr rote Blutkörperchen als Frauen, und die Anzahl der weißen Blutkörperchen ist erhöht, wenn der Körper eine Infektion bekämpft.

Die »Fabrik« der Blutzellen ist das rote Knochenmark. Dort entstehen alle drei Zellarten des Blutes aus einer einzigen Sorte von »Mutterzellen«. Diese sogenannten Stammzellen verwandeln sich über mehrere Vorstufen in rote und weiße Blutkörperchen sowie Blutplättchen. Am Ende ihrer Lebenszeit (bei roten Blutkörperchen etwa 120 Tage, bei Blutplättchen 7 bis 10 Tage) werden sie in der Milz abgebaut.

## Blut ist nicht gleich Blut

Nicht nur die Zahl der Blutplättchen kann schwanken, auch die Eigenschaften des Blutes sind – sowohl von Mensch zu Mensch als auch innerhalb großer Gruppen – verschieden. Man kennt über hundert vererbte Blutmerkmale, die sich zu bestimmten Blutgruppen zusammenfassen lassen. Die wichtigsten davon sind A, B, AB und 0 sowie das Rhesussystem.

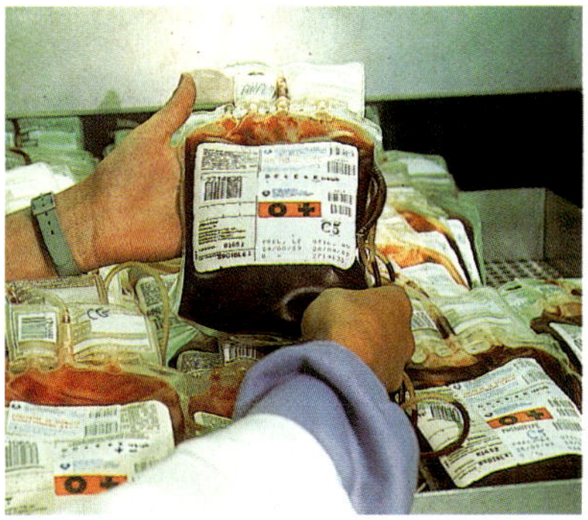

**Die richtige Blutgruppe muß es sein! Dann kann eine Bluttransfusion Leben retten.**

Blut verschiedener Blutgruppen kann man nicht beliebig mischen. Das spielt vor allem bei Bluttransfusionen (→ Seite 301) eine Rolle, beim Rhesussystem auch in der Schwangerschaft (→ Blutgruppenunverträglichkeit, Seite 397). Eine Abwehrreaktion gegen das Spenderblut führt zum Verklumpen des Blutes, schlimmstensfalls zum Tod.

## Wenn das Blut stockt

Damit das Blut seiner Aufgabe als universelles Transportmittel immer gerecht werden kann, gibt es einen Reparaturmechanismus, der größere Blutverluste verhindern soll: die Blutgerinnung. Sie läßt sich gut an äußeren Wunden beobachten.

Nach einer Verletzung werden als erstes die Blutplättchen aktiv: Sie heften sich an die Wunde und verschließen sie mit einem Pfropf. Gleichzeitig zieht sich das verletzte Gefäß zusammen, und die Gerinnungsfaktoren spinnen ein Netz aus Eiweißfäden, in das sie die Blutplättchen verstricken und das die Wundränder zusammenzieht. Schließlich dichten die Bindegewebszellen die Wunde mit einer Narbe ab, und das Gerinnsel löst sich auf.

# Notfälle

## Allgemein gilt

Nehmen Sie blutende Verletzungen immer ernst! Auch über eine (noch so kleine) Wunde können Erreger in das Blut und dadurch in den ganzen Körper gelangen und schwere Infektionen wie eine Blutvergiftung (→ Seite 537) auslösen. Jede über 2 Zentimeter lange Wunde sollte ärztlich versorgt werden, ebenso kleinere Wunden, wenn sie verschmutzt sind (→ Tetanus, Seite 194) oder sich in der Nähe der Augen, des Mundes oder der Nase befinden (→ Hirnvenenthrombose, Seite 199).

## Blutungen/Blutergüsse

▶ Symptome
- ➜ heftig blutende Wunde(n)
- ➜ großflächige Blutergüsse
- ➜ Blässe, Schwindel, Ohnmacht
- ➜ feucht-kalte Haut, schneller, flacher Atem

Stark blutende Wunden müssen so schnell wie möglich gestillt werden, da ein Blutverlust von 1 Liter zum Schock (→ Seite 278), von 2 Litern bereits zum Tod führen kann. Ein Bluterguß ist meist harmlos, denn bei allen Verletzungen zerreißen (kleine) Blutgefäße und bluten in das umliegende Gewebe ein – mit dem bekannten blauen Fleck als Resultat. Je nach Ort und Menge des ausgetretenen Blutes können Blutergüsse jedoch auch lebensgefährlich sein, vor allem im Gehirn (→ Seite 196 und 199). In Armen und Beinen können große Blutergüsse die Durchblutung derartig beeinträchtigen, daß Muskeln und Nerven absterben (→ Kompartment-Syndrom, Seite 424) Innere Blutungen treten nach stumpfen Verletzungen oder durch starke Beschleunigung bzw. heftiges Abbremsen bei Autounfällen auf. Ursache einer inneren Blutung kann auch das Aufplatzen einer Gefäßaussackung sein (→ Aneurysma, Seite 283).

### Ärztliche Behandlung

Stark blutende Wunden können durch Kompression und Druckverband zum Stillstand gebracht werden, im Krankenhaus wird die Verletzung je nach Ausmaß und Ursache weiterversorgt. Bei großen Blutverlusten ist gleichzeitig eine Schockbehandlung nötig (→ Seite 278). Die Wunden werden – wenn nötig unter Lokal- oder Vollnarkose – gesäubert und desinfiziert, kleinere mit einem Spezialkleber geklebt, größere genäht.

### Selbsthilfe

Bei größerem Blutverlust oder dem Verdacht auf innere Blutungen dürfen Sie auf keinen Fall allein zum Arzt gehen oder fahren, auch wenn Sie sich noch ganz »standfest« fühlen! Maßnahmen zur Ersten Hilfe finden Sie auf Seite 786.

## Blutvergiftung

Was Sie beim Verdacht auf eine Blutvergiftung im Notfall tun können, finden Sie auf Seite 537. Zur Vorbeugung sollten Sie stets auf ausreichenden Impfschutz gegen Tetanus achten (→ Seite 612).

## Kugelzellenanämie

▶ Symptome
- ➜ Schwäche, Müdigkeit, Leistungsminderung
- ➜ Blässe, eventuell Gelbfärbung der Haut
- ➜ Fieberschübe, Bauch- und Rückenschmerzen

Diese Form der Blutarmut ist in unseren Breiten die häufigste erbliche Anämie (→ Seite 292). Durch eine Fehlbildung der Zellhülle nehmen die roten Blutkörperchen zuviel Wasser auf und blähen sich zu runden Zellen. Deshalb werden sie in der Milz schneller als normale rote Blutkörperchen aufgelöst. Durch diese gesteigerte Abbautätigkeit vergrößert sich jedoch die Milz und zerstört im Laufe der Zeit immer mehr Zellen.

### Ärztliche Behandlung

Veranlassen Sie bei starken Beschwerden sofort einen Notruf! Durch die Entfernung der Milz (→ Seite 303) kann die Lebensdauer der roten Blutzellen erhöht werden.

### Selbsthilfe

Ist nicht möglich.

# Spezielle Untersuchungen

## Was sagen die Blutwerte?

Blutuntersuchungen sind nicht nur von Bedeutung, wenn es um Blutkrankheiten geht. Das Blut ist der Spiegel vieler Prozesse, die im Körper stattfinden, und kann so auch wertvolle Hinweise auf Erkrankungen liefern. Zum Beispiel läßt sich an der Menge von einzelnen Bestandteilen des Blutes und an ihrem Verhältnis zueinander ablesen, ob unser Immunsystem gerade damit beschäftigt ist, eindringende Krankheitserreger abzuwehren. Um diese Informationen deuten zu können, vergleicht man sie mit Werten, die als »normal«, also als gesund gelten (→ Seite 618).

## Die Blutabnahme

Das Blut, das untersucht werden soll, wird meist aus der Fingerkuppe oder aus einer Armvene gewonnen. Da die Tageszeit und das, was man zu sich genommen hat, die Werte beeinflussen, nimmt man das Blut in der Regel morgens ab. Für die Untersuchungen, wie Blutbild, Blutsenkung, die Bestimmung der Blutgerinnung und der im Blut gelösten Stoffe, wird jeweils ein anderes Röhrchen verwendet, wovon einige bereits Chemikalien enthalten, die zur genaueren Analyse dienen.

## Blutbild

Zu den häufigsten Untersuchungen zählt das sogenannte kleine Blutbild. Dazu genügt ein Tropfen Blut, in dem mit Hilfe eines elektronischen Teilchenzählers die Anzahl der roten und weißen Blutkörperchen sowie der Blutplättchen bestimmt wird. Für ein großes Blutbild wird zusätzlich ein Blutstropfen auf einem Glasplättchen verstrichen, gefärbt und unter dem Mikroskop begutachtet. Dabei wird auch das Mengenverhältnis der einzelnen Typen von Blutkörperchen sowie ihre Form unterschieden. Bei Leukämien (→ Seite 294) findet man eventuell sehr viele weiße Blutkörperchen, bei Anämien (→ Seite 292) sind die roten Blutkörperchen meist reduziert, blaß und charakteristisch geformt. Erhöhte Werte für verschiedene weiße Blutkörperchen deuten auf Infektionen und Entzündungen hin.

## Blutsenkung

Diese Untersuchung heißt genau Blutkörperchensenkung (abgekürzt BKS). Gemessen wird die Geschwindigkeit, mit der die roten Blutkörperchen in einer (ungerinnbar gemachten) Blutprobe nach unten sinken. Dazu füllt man das Blut in ein genormtes Röhrchen; nach 1 und nach 2 Stunden wird abgelesen, welche Strecke (in Millimetern) sie zurückgelegt haben. Die Senkungsgeschwindigkeit ist erhöht bei Entzündungen, Infektionen, rheumatischen Erkrankungen und Tumoren; sie ist verlangsamt unter anderem bei Lebererkrankungen.

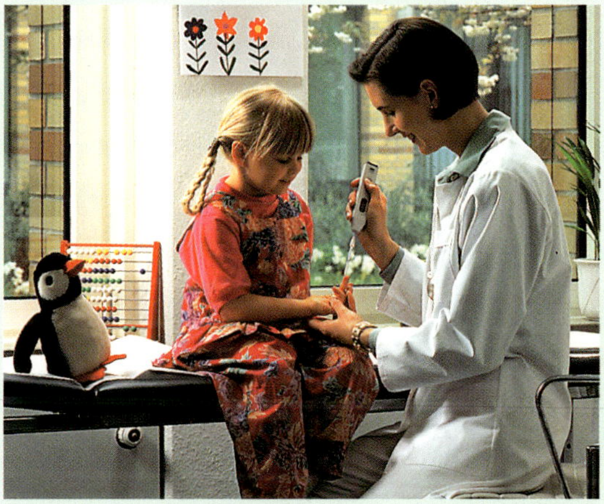

**Es piekst nur ein kleines bißchen: Für viele Blutuntersuchungen reicht ein Tropfen aus dem Finger.**

## Blutgerinnungstest (Quicktest)

Bei diesem Test wird die Gerinnungszeit des Blutes gemessen. Der Meßwert drückt in Prozent aus, um wieviel das untersuchte Blut vom Durchschnittswert abweicht.

Dieser nach dem US-amerikanischen Arzt Armand J. Quick benannte Test muß regelmäßig als Kontrolluntersuchung durchgeführt werden, wenn Sie bestimmte Medikamente einnehmen müssen, die die Gerinnungszeit des Blutes verlangsamen sollen, zum Beispiel zur Behandlung verschiedener Herzkrankheiten oder um einer Embolie vorzubeugen (→ Seite 285).

## Was ist eine Anämie?

Anämie, Blutarmut, bedeutet nicht, daß zuwenig Blut in den Adern fließt, sondern fast immer, daß es zuwenig rote Blutkörperchen und damit zuwenig roten Blutfarbstoff enthält. Das kann verschiedene Gründe haben. Die häufigsten sind Störungen bei der Blutbildung, meist ausgelöst durch den Mangel an einem wichtigen Baustoff (→ Eisenmangelanämie, → Anämie durch Vitamin- $B_{12}$- und Folsäuremangel). Andererseits kann aber auch der zu schnelle Abbau des Blutes bzw. der roten Blutkörperchen zu einer Blutarmut führen. Dann spricht man von einer hämolytischen Anämie. Sie ist oft vererbt (→ Kugelzellenanämie, Seite 290), kann aber auch als Reaktion auf eine Transfusion mit dem Blut einer unverträglichen Blutgruppe (→ Seite 289), auf verschiedene Chemikalien, Medikamente oder bei Infektionen wie Malaria (→ Seite 554) auftreten.

Oft ist eine Anämie jedoch kein abgegrenztes Krankheitsbild, sondern die Begleiterscheinung einer anderen Erkrankung. Unabhängig von den auslösenden Faktoren verursacht sie jedoch im Prinzip immer die gleichen Beschwerden, die durch eine Unterversorgung mit Sauerstoff bedingt sind.

Form, Größe und Anzahl der Blutkörperchen lassen sich am besten mit einem Blutausstrich analysieren.

Der rote Blutfarbstoff, das Hämoglobin, ist nämlich das Transportmittel für den Sauerstoff, der in der Lunge aufgenommen und über den Kreislauf (→ Seite 276) an alle Organe und Gewebe verteilt wird. Deshalb bedeutet ein Mangel an Hämoglobin immer auch einen Sauerstoffmangel.

Jedes Organ reagiert darauf auf seine spezielle Art: Haut und Schleimhäute sind blaß, weil das Blut, das sie durchströmt, wenig roten Farbstoff enthält und der Sauerstoff zur Regeneration fehlt. Das Herz versucht, den Sauerstoffmangel auszugleichen, indem es pro Minute mehr Blut in den Kreislauf pumpt; dadurch wird der Puls schneller. Bei körperlicher Anstrengung steigert sich der Sauerstoffbedarf zusätzlich, so daß die Lungen das mit einer beschleunigten Sauerstoffzufuhr wettmachen müssen: Die Folge ist Atemnot. Auch das Immunsystem ist in seiner Leistungsfähigkeit eingeschränkt, und dementsprechend ist die Infektanfälligkeit größer.

## Eisenmangelanämie

**► Symptome**

- ➜ Blässe, schneller Puls, Müdigkeit
- ➜ Atemnot bei körperlicher Belastung
- ➜ Kopfschmerzen, Reizbarkeit
- ➜ brüchige Fingernägel
- ➜ brennende Zunge, Schluckbeschwerden
- ➜ entzündete Mundwinkel, spröde Haut

Die häufigste Form der Blutarmut ist die Eisenmangelanämie. Eisen ist ein wichtiges Element für die Bildung von Hämoglobin, an das auch der größte Teil (fast 70 Prozent) des im Körper befindlichen Eisens gebunden ist. Der Rest »lagert« hauptsächlich in den Eisenspeichern von Leber, Milz und Knochenmark. Wird das Eisen knapp, braucht der Körper zunächst seine Reserven auf. Danach kann er jedoch nicht mehr genug Hämoglobin produzieren und wird deshalb nicht ausreichend mit Sauerstoff versorgt.

Die Ursachen für einen Eisenmangel sind vor allem Blutverluste, zum Beispiel durch starke Regelblutungen (80 Prozent aller Patienten mit Eisenmangelanämie sind Frauen) oder durch (oft auch unbemerkte) Blutungen bei Magen-Darm-Erkrankungen. Eine eisenarme Ernährung wirkt sich vor allem in Zeiten erhöhten Eisenbedarfs negativ aus, zum Beispiel während Schwangerschaft und Stillzeit sowie im Wachstum.

### Ärztliche Behandlung

Wenn Sie Symptome einer Anämie haben, sollten Sie einen Arzt aufsuchen. Anhand des Blutbilds kann er feststellen, ob Sie einen Eisenmangel haben. Danach wird er die Ursache des Eisenmangels abklären, das heißt vor allem nach einer möglichen Blutungsquelle suchen. Zusätzlich zur Behandlung der Grundkrankheit müssen die leeren Eisenspeicher wieder aufgefüllt werden. Dies ist über eine eisenreiche Nahrung allein kaum möglich, daher verordnet der Arzt Eisenpräparate. Da die Tabletten besonders bei empfindlichen Menschen zu Magenbeschwerden führen können, sollten sie während oder nach dem Essen eingenommen werden.

### Selbsthilfe

Der Eisenbedarf wird beim gesunden Menschen über die Nahrung gedeckt. Einem Eisenmangel vorbeugen kann man mit einer ausgewogenen Mischkost. Sie ist besonders wichtig für Jugendliche, menstruierende Frauen und Schwangere. Eisen aus Fleisch und Fisch kann der Körper sehr gut verwerten, aber auch Eier enthalten leicht verwertbares Eisen. Vegetarier, die ausreichend Vollkorn- und Milchprodukte, Hülsenfrüchte und Blattgemüse zu sich nehmen, brauchen eine Unterversorgung mit Eisen nicht zu befürchten.

## Anämie durch Vitamin-$B_{12}$- und Folsäuremangel

**▶ Symptome**

- ➜ Schwäche, Müdigkeit, Leistungsminderung
- ➜ Zungenbrennen
- ➜ eventuell chronische Magenschmerzen
- ➜ schmerzhafte Empfindungsstörungen in Händen und Füßen, Kribbeln
- ➜ unsicherer Gang (nur bei Vitamin-$B_{12}$-Mangel)

Vitamin $B_{12}$ und Folsäure, wasserlösliche Vitamine des Vitamin-B-Komplexes, sind für die Reifung der roten Blutkörperchen erforderlich. Stehen sie dem Körper nicht ausreichend zur Verfügung, bildet er weniger und dafür überdimensional große rote Blutkörperchen.

Normalerweise nehmen wir so viel Vitamin $B_{12}$ mit der Nahrung auf, daß der Überschuß in der Leber gespeichert werden kann. Damit der Körper das Vitamin $B_{12}$ verwerten kann, muß ein bestimmtes Protein in der Magenschleimhaut vorhanden sein, der sogenannte Intrinsic-Faktor. Fehlt er, zum Beispiel nach einer Magenoperation oder bei einer chronischen Magenschleimhautentzündung, kommt es zur Blutarmut (perniziöse Anämie). Da der Speicher in der Leber relativ groß ist, treten Mangelerscheinungen in der Regel erst nach Jahren auf, die perniziöse Anämie meist erst nach dem 45. Lebensjahr.

Vitamin-$B_{12}$-Mangel ist im Vergleich zum Folsäuremangel etwas häufiger, beide können auch zusammen vorkommen. Da es für Folsäure keine Speicher im Körper gibt, muß sie regelmäßig über die Nahrung aufgenommen werden. Die Ursache für einen Folsäuremangel ist deshalb meist eine Fehlernährung, wie sie bei Alkoholikern, strengen Vegetariern, die keinerlei tierische Produkte zu sich nehmen, oder bei alten alleinlebenden Menschen vorkommt. Um den hohen Bedarf in Schwangerschaft und Stillzeit auszugleichen, verschreibt der Arzt ein Folsäure-Präparat, da ein Mangel schwere Entwicklungsstörungen beim Kind hervorrufen kann.

### Ärztliche Behandlung

Durch eine Blutuntersuchung stellt der Arzt fest, welche Art von Vitaminmangel besteht. Soweit möglich müssen zugrunde liegende Ursachen ausgeschaltet werden. Vitamin-$B_{12}$-Mangel wird durch eine Spritzenkur behandelt. Bei Folsäuremangel genügen Tabletten.

### Selbsthilfe

Vitamin $B_{12}$ wird von Mikroorganismen hergestellt und findet sich deshalb nur in tierischen Produkten (Fleisch, Fisch, Eier, Milchprodukte) oder in milchsauer fermentierten Gemüsen (zum Beispiel Sauerkraut). Eine Vorbeugung ist nur möglich, wenn die Ursache der Anämie nicht das Fehlen des Intrinsic-Faktors ist. Bei Folsäuremangel sollte man auf Alkohol verzichten und dafür viel Blattgemüse, Milchprodukte, Leber und Hefe zu sich nehmen.

## Was ist eine Leukämie?

Leukämie, »weißes Blut«, ist der Oberbegriff für Blutkrebserkrankungen, die durch die überschießende Vermehrung weißer Blutkörperchen gekennzeichnet sind. Sie befinden sich im Knochenmark, den Lymphknoten, der Milz und – über die Blutbahn – im ganzen Körper und stören – sobald sie in zu großer Zahl vorhanden sind – nicht nur die Blutbildung, sondern auch die Funktion von Organen.
Es gibt zwei Hauptformen der Leukämie, die jeweils akut oder chronisch verlaufen können: Die *myeloische Leukämie* entwickelt sich aus einer einzigen entarteten weißen Blutzelle im Knochenmark (griechisch myelos = Mark). Die *lymphatische Leukämie* wird durch die bösartige Veränderung einer bestimmten Art von weißen Blutkörperchen, den Lymphozyten, hervorgerufen. Während die *akute lymphatische Leukämie* (→ Seite 297) der häufigste Krebs bei Kindern ist, kommen die anderen Formen überwiegend bei Erwachsenen vor, die → *chronisch lymphatische Leukämie* sogar ausschließlich.
Die Ursachen der Leukämie sind bisher nicht geklärt. Man vermutet jedoch, daß es einige Risikofaktoren gibt, zum Beispiel Chemikalien, wie das im Benzin enthaltene Benzol, radioaktive Strahlen oder krebserregende Viren, eventuell ist die Anlage dazu erblich.
Eine Gefahr bei allen Leukämien stellt die erhöhte Infektanfälligkeit dar, doch hat man in der Behandlung der Leukämie durch die Weiterentwicklung der Chemotherapie (→ Seite 587) große Fortschritte gemacht, vor allem bei Kindern sind die Heilungsaussichten gut. (Ab Seite 578 finden Sie Hintergrundinformationen zu Krebserkrankungen sowie wichtige Ratschläge und Hinweise.)

## Akute myeloische Leukämie

### ▶ Symptome

- → Fieber, Nachtschweiß, Schwäche
- → Blässe, Müdigkeit, Atemnot
- → häufige bakterielle Infekte und Pilzerkrankungen
- → Neigung zu blauen Flecken und Hautblutungen
- → eventuell Lymphknotenschwellungen, Vergrößerung von Leber und Milz

Bei dieser Form der Leukämie finden sich im Blut vor allem unreife Vorstufen der weißen Blutkörperchen, sogenannte Blasten. Sie verdrängen die normalen Zellen der Blutbildung im Verlauf der Krankheit immer mehr aus dem Knochenmark. Unbehandelt führt die Krankheit jedoch innerhalb einiger Wochen bis Monate zum Tod.

### Ärztliche Behandlung

Die Diagnose wird mit Hilfe von Blutbild und Knochenmarksuntersuchung gestellt. Als erstes versucht man, mit einer hochdosierten Chemotherapie so viele kranke Blutzellen wie möglich abzutöten. Da dabei niemals alle kranken Zellen erreicht werden, wiederholt man die Behandlung mehrere Male und führt dann einige Jahre lang eine sogenannte Erhaltungstherapie durch. Das ermöglicht 20 bis 40 Prozent der Betroffenen mindestens fünf Jahre lang ein weitgehend beschwerdefreies Leben. Zur Heilung führt die Chemotherapie leider meist nicht, eine Chance bietet eine → Knochenmarkstransplantation.

### Selbsthilfe

Ist nicht möglich.

## Chronisch myeloische Leukämie

### ▶ Symptome

- → Müdigkeit, Leistungsminderung, Nachtschweiß
- → Druckgefühl im linken Oberbauch durch Milzvergrößerung

Meist wird die Krankheit zufällig entdeckt. Durchschnittlich drei Jahre danach tritt ein Blastenschub ein, bei dem unreife Vorstufen der weißen Blutkörperchen (Blasten) in großer Zahl ins Blut geschwemmt werden. Ab dann verläuft die Krankheit wie die → akute myeloische Leukämie.

### Ärztliche Behandlung

Durch eine Chemotherapie lassen sich zwar die Leukozyten verringern, nicht aber die bösartigen Stammzellen abtöten. Eine → Knochenmarkstransplantation kann oft viele Lebensjahre mehr bedeuten.

### Selbsthilfe

Ist nicht möglich.

## Chronisch lymphatische Leukämie

▶ Symptome
- ➜ Leistungsminderung, Nachtschweiß
- ➜ vergrößerte Lymphknoten
- ➜ Juckreiz, Ekzeme, Gürtelrose, Hauttumore
- ➜ häufige Infekte

Diese Leukämie tritt meist erst ab dem 50. Lebensjahr auf und verkürzt die Lebenserwartung in vielen Fällen glücklicherweise nicht. Auch sie wird oft nur zufällig bei einem Bluttest entdeckt.

### Ärztliche Behandlung

Bei milden Formen ist keine Behandlung nötig, größere Beschwerden werden mit Zytostatika, Medikamenten, die das Krebswachstum hemmen, behandelt. Bei jüngeren Menschen wird auch eine → Knochenmarkstransplantation durchgeführt.

### Selbsthilfe

Ist nicht möglich.

## Bluterkrankheit (Hämophilie)

Die seltene Bluterkrankheit ist erblich und tritt bereits im Kindesalter auf. Ausführliche Informationen finden Sie auf Seite 296.

## Verminderung der Zahl der Blutplättchen (Thrombopenie)

▶ Symptome
- ➜ punktförmige Hautblutungen, Hautausschlag
- ➜ lange Blutungen nach Verletzungen
- ➜ Nasenbluten, verlängerte Monatsblutungen

Blutplättchen (Thrombozyten) spielen eine wichtige Rolle bei der Gerinnung des Blutes. Zirkulieren zu wenige davon im Blut, kommt es leicht zu Blutungen bzw. lassen sich diese schwer stillen. Das kann verschiedene Ursachen haben: Blutbildungsstörungen im Knochenmark, vermehrte Speicherung der Thrombozyten in einer vergrößerten Milz, Zerstörung der Thrombozyten durch künstliche Herzklappen oder durch Antikörper, die sich besonders bei Kindern im Anschluß an eine Infektion bilden können (→ Akute Werlhof-Krankheit, Seite 296).

### Knochenmarkstransplantation

Die Übertragung von gesundem Knochenmark spielt bei der Behandlung von Leukämie und anderen Erkrankungen, bei denen die Blutbildung stark geschädigt ist, eine große Rolle. Es wird von einem Spender mit einem sehr ähnlichen Gewebetyp (am besten von einen Blutsverwandten) oder vom Patienten selbst gewonnen (→ Biologische Markenzeichen, Seite 300).
Um Abstoßungsreaktionen vorzubeugen und um alle Krebszellen zu eliminieren, wird zunächst das Knochenmark des Erkrankten durch Chemotherapie und Bestrahlung völlig zerstört. Dann entnimmt man das Knochenmark des Spenders aus dessen Becken und überträgt es dem Empfänger in Form einer Infusion. Verwendet man das Knochenmark oder die Blutstammzellen vom Patienten selbst, wird es in einer Behandlungsphase gewonnen, in der keine Krebszellen nachweisbar sind, und einem speziellen Reinigungsverfahren unterzogen. Die Stammzellen siedeln sich sofort in den Markhöhlen der Knochen an und beginnen zu wachsen.
In den ersten Monaten nach der Transplantation ist das Risiko einer Infektion besonders groß. Deshalb müssen die Patienten nicht nur prophylaktisch Antibiotika einnehmen, sie werden auch unter strengsten Hygienemaßnahmen und isoliert gepflegt. Eine weitere Komplikation ist die Abstoßung des Transplantats (→ Abwehr unerwünscht, Seite 300), die sich nur ausschließen läßt, wenn körpereigenes Knochenmark oder das eines eineiigen Zwillings übertragen wird.

### Ärztliche Behandlung

Bei anhaltenden Blutungen oder kleinen Blutergüssen ohne erkennbaren Grund sollten Sie einen Arzt aufsuchen. In schwereren Fällen gibt man Immunglobuline oder Kortison, bei Milzvergrößerung kann eine operative Entfernung helfen (→ Seite 303). Starke Blutungen lassen sich manchmal nur durch eine Transfusion von Thrombozyten stoppen.

### Selbsthilfe

Ist nicht möglich.

### Blutbildung bei Kindern

In den ersten beiden Lebensmonaten des ungeborenen Kindes werden die Blutkörperchen im Mutterkuchen gebildet. Dann setzt bereits die Blutbildung in der Leber des Embryos, geringer auch in der Milz ein. Ab dem fünften Monat übernimmt das Knochenmark diese Aufgabe. Während der ersten Lebenswoche nimmt die anfänglich hohe Konzentration des roten Blutfarbstoffs langsam ab. Damit fällt viel Eisen an, das – in der Leber gespeichert – einen Vorrat für die ersten Lebensmonate bildet. Da die Babynahrung wenig Eisen enthält, sind die Eisenspeicher jedoch bald erschöpft. Gegen Ende des ersten Lebensjahres bildet sich deshalb meist ein Eisenmangel aus. Er normalisiert sich im zweiten Lebensjahr jedoch in der Regel von allein.

## Eisenmangelanämie

Im Kindesalter kommt es oft zu einer Anämie (→ Seite 292), meist durch Eisenmangel. Durch das Wachstum ist der Eisenbedarf erhöht, außerdem führen häufige Infekte zu einem Eisenmangel, denn dann wird das Eisen vermehrt an die Zellen der Abwehr gebunden und deshalb der Blutbildung entzogen. Die bei Erwachsenen typischen Symptome spröde Haut, Entzündungen der Mundwinkel, Zungenbrennen und Schluckbeschwerden treten bei Kindern nicht auf, alle anderen Beschwerden wie Blässe, Atemnot bei körperlichen Anstrengungen, Herzklopfen und Schwindel haben Kinder ebenso. Auch die Behandlung ist die gleiche wie bei den Erwachsenen (→ Seite 292).

## Bluterkrankheit (Hämophilie)

▶ Symptome

➜ flächige Hautblutungen und Blutergüsse schon bei geringsten Einwirkungen von außen
➜ häufig Nasenbluten
➜ schmerzhafte Blutungen in den Gelenken (besonders in den Knie-, Ellenbogen- und Sprunggelenken)

Die Bluterkrankheit ist eine erblich bedingte Störung der Blutgerinnung. Die Ursache ist ein Mangel an bestimmten Gerinnungsfaktoren, meist Faktor VIII, seltener Faktor IX. Je niedriger die Konzentration des jeweiligen Faktors im Blut ist, desto schwerer sind die Symptome. Die Anlage zur Bluterkrankheit können sowohl Männer als auch Frauen weitervererben, es erkranken jedoch fast ausschließlich Männer. Die Blutungen treten normalerweise erst nach dem sechsten Lebensmonat auf, die Blutungsneigung ist im Kindesalter und in der Pubertät am größten. Auch wenn die Medizin heute große Fortschritte in der Behandlung der Bluterkrankheit gemacht hat, ist sie ein schweres Schicksal, denn sie bedeutet die lebenslange Abhängigkeit von ärztlicher Betreuung. Schwere Verletzungen stellen immer noch eine Lebensgefahr dar.

Ärztliche Behandlung

Eine genaue Diagnose ist nur dadurch möglich, daß man die Konzentration der Gerinnungsfaktoren VIII und IX im Blut bestimmt. Schwere Blutungen lassen sich nur durch Infusionen mit einem Blutplasmakonzentrat stillen, in dem der erniedrigte bzw. fehlende Gerinnungsfaktor enthalten ist. Eingeblutete Gelenke werden ruhiggestellt, äußere Blutungen erfordern eine sorgfältige Blutstillung. Auch wenn die Plasmakonserven insgesamt sehr sorgfältig und speziell auf das AIDS-Virus (→ AIDS, Seite 304) getestet werden, ist eine Transfusion immer mit einem gewissen Infektionsrisiko verbunden und wird nur im Notfall angewandt.

Selbsthilfe

Ist nicht möglich.

## Akute Werlhof-Krankheit

▶ Symptome

➜ Nasenbluten und kleinfleckige Hautblutungen, die nach einem Infekt der Atemwege oder einer Darmgrippe auftreten

Wenn zuwenig Blutplättchen im Blut zirkulieren, kommt es vermehrt zu Blutungen. Ursache dieser häufigsten Blutungskrankheit im Kindesalter (→ Verminderung der Blutplättchen, Seite 295) ist eine allergische Reaktion auf Blutplättchen, an die sich Antikörper angeheftet haben. Sie tritt in der Regel im Alter zwischen zwei und sechs Jahren auf, meist nach einem Virusinfekt. Selten dauern die Blutungen länger als zwei Wochen, und die Zahl der Blutplättchen normalisiert sich in den meisten Fällen nach vier bis acht Monaten. Die chronische Form ist eine Autoimmunerkrankung, deren Ursache man nicht kennt. Sie tritt nur selten vor dem zehnten Lebensjahr auf.

### Ärztliche Behandlung

Die Blutungsneigung läßt sich durch Kortison oder hohe Dosen von Immunglobulinen verringern, die jedoch keinen Einfluß auf die Dauer der Grundkrankheit haben.

### Selbsthilfe

Ist nicht möglich.

## Akute lymphatische Leukämie

### ▶ Symptome

- anfangs Blässe, Schwindel, Appetitmangel
- häufige fieberhafte Infekte
- eventuell Knochenschmerzen
- Nasenbluten und kleinere Blutungen, vor allem an den Beinen
- Vergrößerung von Lymphknoten
- eventuell Kopfschmerzen, Übelkeit, Erbrechen, Lichtempfindlichkeit, psychische Veränderungen

Die akute lymphatische Leukämie ist die häufigste Krebserkrankung im Kindesalter. Dabei vermehren sich Vorläufer von Lymphozyten (Lymphoblasten) und dringen in großen Mengen in Knochenmark, Lymphknoten, Milz und Leber und in die Blutbahn ein. Erste Symptome machen sich zwischen dem dritten und fünften Lebensjahr bemerkbar.

### Ärztliche Behandlung

Wenn gehäuft Infekte auftreten, sich Lymphknotenschwellungen nicht zurückbilden, Ihr Kind zu Blutungen neigt oder psychische Auffälligkeiten zeigt, sollten Sie mit ihm zum Arzt gehen. Mit einer hochdosierten Chemotherapie (→ Seite 587) versucht man, möglichst alle bösartigen Zellen zu zerstören. Danach sollen mit unterschiedlichen Kombinationen von Zytostatika die verbliebenen Krebszellen zerstört werden. Eine Dauertherapie mit dem Ziel, den neuerlichen Ausbruch der Krankheit zu verhindern, schließt sich an. Insgesamt dauert die Behandlung etwa zwei Jahre.

### Selbsthilfe

Verlieren Sie nicht die Hoffnung, auch wenn die lange Therapie sehr anstrengend ist. Die Heilungschancen sind gerade bei Kindern heutzutage sehr gut. Nach sechs Jahren leben noch 70 Prozent der kleinen Patienten. Allgemeine Informationen, Ratschläge und Hinweise zu Krebserkrankungen finden Sie ab Seite 576. Besonders wichtige psychische und auch praktische Unterstützung bieten die Selbsthilfegruppen von Eltern leukämiekranker Kinder. Adressen bekommen Sie über die Deutsche Krebshilfe (→ Adressen, Seite 798).

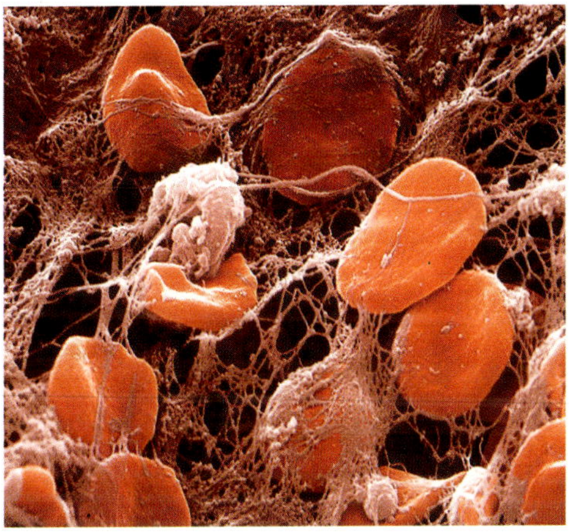

**Bei der Blutgerinnung spinnen Eiweißfäden die roten Blutkörperchen ein. Sie ist bei Blutern gestört.**

## Akute myeloische Leukämie

### ▶ Symptome

- wie bei der → akuten lymphatischen Leukämie
- Leber- und Milzschwellung

Diese Form der Leukämie kommt auch bei Kindern, häufiger aber bei Erwachsenen vor (→ Seite 294). Die Behandlung ist ähnlich der der → akuten lymphatischen Leukämie, allerdings sind die Heilungschancen etwas weniger hoch. Nach sechs Jahren leben noch etwa 40 Prozent der erkrankten Kinder.

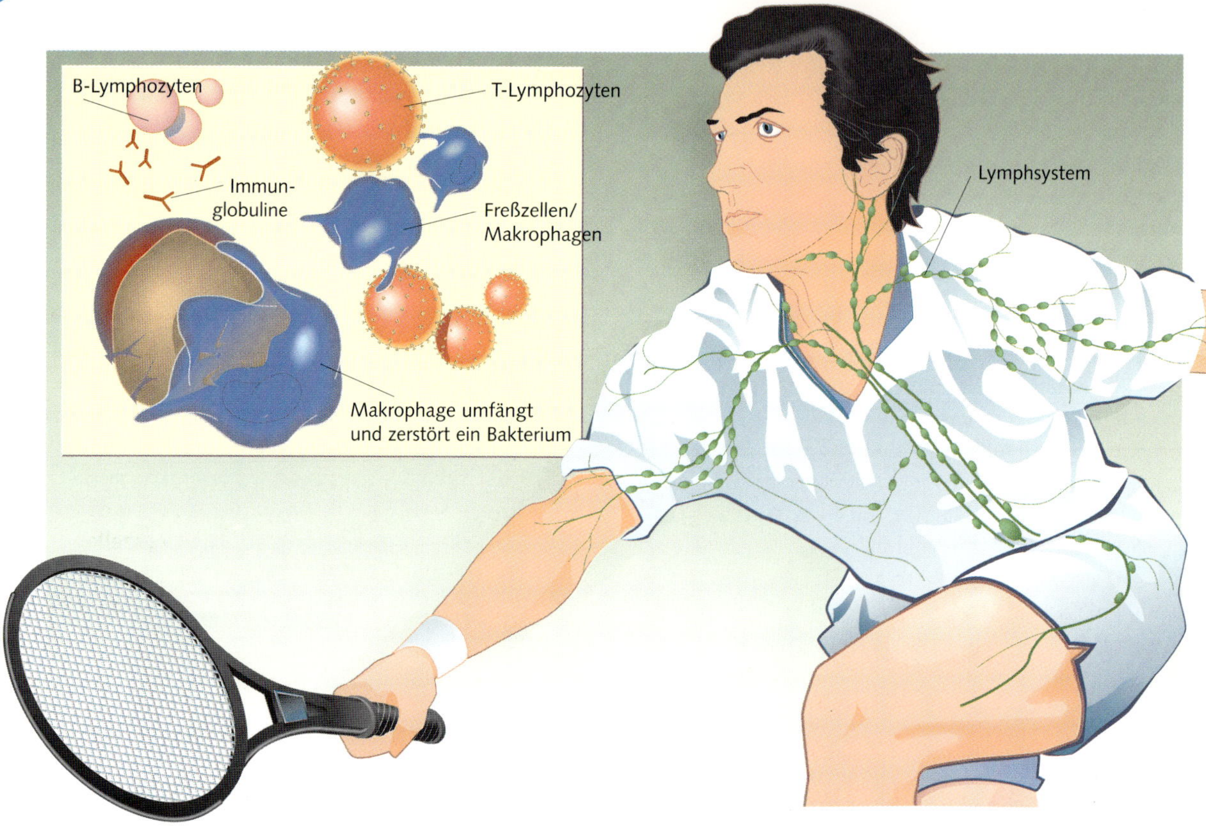


# Das Immunsystem

- **Die allgemeine Abwehr**
- **Die spezifische Abwehr**
- **Das lymphatische System**

Leben ist immer auch Kampf: Ständig muß der Körper sich mit Kleinstlebewesen wie Bakterien, Viren, Pilzen und Parasiten auseinandersetzen, die versuchen, in den Organismus einzudringen. Denn dort finden sie optimale Bedingungen, um zu wachsen und sich zu vermehren. Dagegen gilt es sich zu wappnen.

## Eine gut geschützte Festung

Einen ersten Schutzwall gegen Eindringlinge bilden Haut und Schleimhäute. Die Haut ist für Mikroorganismen fast wie eine undurchdringliche Wand (→ Schutz nach außen und innen, Seite 451). Gefahrenzonen sind jedoch die Körperöffnungen Augen, Nase, Mund, Ohren, After, Harnröhre und Vagina. Auch kleinste Verletzungen öffnen den Mikroorganismen ein Tor, um in den Körper zu gelangen.

Ist es den Krankheitserregern erst einmal gelungen, die Haut zu durchdringen, stellt sich ihnen eine zweite Verteidigungslinie entgegen: Körpersekrete, Schleim, Speichel, Verdauungssäfte, Schweiß und Tränenflüssigkeit befördern Keime wieder nach draußen oder töten sie mit Hilfe eines Enzyms, des Lysozyms, ab. Die, die auch diese Barriere überwinden, treffen auf gut organisierte Systeme von Zellen und Eiweißen, deren einzige Funktion die Abwehr von Fremdkörpern ist.

Das ganze Immunsystem arbeitet nach einem Zwei-Stufen-Plan: Die *allgemeine Abwehr* richtet sich gegen alles Fremde und Kranke ohne Unterschied, während die *spezifische Abwehr* sich jeweils gegen einen bestimmten Feind wendet, den sie bei einer ersten Begegnung kennengelernt hat und den sie bei seinem erneuten Eindringen gezielt bekämpft.

## Freßzellen und andere »Killer«

Jeder gesunde Mensch verfügt von Geburt an über eine allgemeine Abwehr. Abgesehen von den Schutzmechanismen Haut, Schleimhaut, Körperflüssigkeiten und Abwehrstoffe besteht sie aus Freßzellen und Killerzellen. Freßzellen (Phagozyten) sind verschiedene Arten von weißen Blutkörperchen. Ihre Aufgabe ist es, alles, was dem Körper schaden könnte, seien es Keime, Staub, Abfallprodukte von Zellen oder auch Krebszellen, »aufzufressen«, indem sie es in den Zelleib aufnehmen und zerstören. Wo sie gebraucht werden, das erfahren sie durch chemische Lockstoffe, Substanzen, die beim Zerfall geschädigter Körperzellen entstehen. »Futter« liefern ihnen auch die »natürlichen Killerzellen«, die die Fähigkeit haben, unerwünschte Zellen zu töten.
Der wohl wichtigste Typ der Freßzellen sind die sogenannten Makrophagen. Sie beseitigen nicht nur Eindringlinge oder deren Überreste, sondern alarmieren auch eine Gruppe von »Spezialisten« des Immunsystems: die T-Lymphozyten.

## Spezialisten im Einsatz

Wenn die Mechanismen der allgemeinen Abwehr nicht ausreichen, kommen die Spezialeinheiten des Immunsystems zum Zug. Sie bilden die spezifische Abwehr, die – anders als die angeborene allgemeine Abwehr – erst im Laufe der Zeit erworben wird.
Diese spezifische Abwehr stützt sich auf einen bestimmten Typ von weißen Blutkörperchen, die Lymphozyten. Dabei unterscheidet man zwei Hauptgruppen: die T-Lymphozyten und die B-Lymphozyten, auch T- und B-Zellen genannt. Beide werden im Knochenmark gebildet, doch im Gegensatz zu den B-Zellen reifen die T-Zellen erst im Thymus zu funktionsfähigen Zellen heran. Dabei entstehen mehrere Unterarten: Die *T-Helferzellen* unterstützen andere Zellen bei der Abwehr. Die *T-Killerzellen* töten fremde Zellen direkt, während die *T-Unterdrückerzellen* die Abwehr im Zaum halten, damit kein körpereigenes Gewebe angegriffen wird.
Die zweite große Gruppe, die B-Lymphozyten, bildet als Abwehrreaktion auf körperfremde Substanzen riesige Mengen von Antikörpern, sogenannte Immunglobuline (abgekürzt Ig). Diese Eiweiße halten die Eindringlinge fest, damit sie anschließend von Freßzellen verschlungen werden können.

## Freund oder Feind?

Alle Lymphozyten können körpereigene und körperfremde Substanzen an der charakteristischen Struktur ihrer Oberfläche unterscheiden. Allerdings ist jeder Lymphozyt auf ein einziges, ganz bestimmtes Merkmal spezialisiert. Trifft er dieses sogenannte Antigen, vermehrt er sich und bekämpft es auf seine Weise – die B-Lymphozyten durch Antikörper, die T-Lymphozyten greifen den Feind direkt an oder bringen andere dazu, ihn zu vernichten.

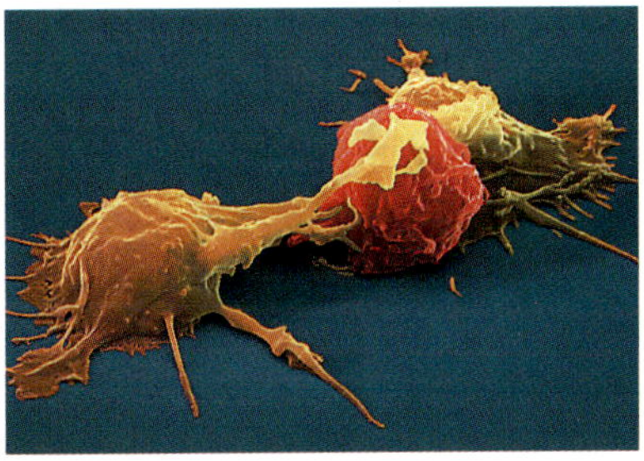

**Zwei T-Lymphozyten greifen eine Krebszelle an, um sie zu zerstören.**

Aber nicht alle Lymphozyten sind am Kampfgeschehen beteiligt; einige verwandeln sich in »Gedächtniszellen«, die monate- und jahrelang als Wachpatrouille im Körper kreisen. Taucht der gleiche Feind noch einmal auf, erkennen sie ihn sofort und können ihn sehr viel schneller als bei der ersten Begegnung zerstören.

## Stützpunkte des Immunsystems

Eine wichtige Rolle für die spezifische Abwehr spielt das lymphatische System, in dessen Organen die Lymphozyten entstehen und von denen aus sie sich auf ihre Wanderschaft durch den Körper begeben.
Die »primären« lymphatischen Organe sind das Knochenmark, wo alle Blutzellen gebildet werden, und der Thymus (»Bries«), das kleine Organ hinter dem Brustbein, wo die T-Zellen ausreifen. Danach besiedeln die Lymphozyten die »sekundären« lymphatischen Organe: Mandeln, Milz und Lymphknoten. In diesen »Filteranlagen« des Lymphgefäßsystems gibt es eigene Bereiche für die Lymphozyten, die dort in großer Zahl zu finden sind, um Bakterien und andere Eindringlinge unschädlich zu machen.
Die Bahnen des Lymphgefäßsystems durchziehen den Körper wie ein Netz und befördern die Lymphe, die Gewebsflüssigkeit, zu den Blutgefäßen des Kreislaufsystems.

# Die Transplantation

Rund dreißig Jahre ist es her, daß der südafrikanische Chirurg Christiaan Barnard weltweit Aufsehen erregte mit der ersten erfolgreichen Herzverpflanzung. Seitdem hat die Transplantationsmedizin große Fortschritte gemacht und vielen Menschen das Leben gerettet. Verpflanzt werden Nieren, Herz, Leber, manchmal auch Lunge und Bauchspeicheldrüse. Mittlerweile hat auch die Transplantation von Knochenmark (→ Seite 295) einen hohen Stellenwert bei der Behandlung von schweren Bluterkrankungen. Besonders erfolgreich ist man bei der Verpflanzung von Haut, Augenhornhaut und Ohrknöchelchen.

## Abwehr unerwünscht

Das Immunsystem reagiert auf die Einpflanzung von körperfremdem Gewebe natürlicherweise mit Abwehr, denn es ist ja seine Aufgabe, »Eindringlinge« zu erkennen und zu vernichten. Aus noch nicht völlig geklärten Gründen ist diese Abstoßungsreaktion je nach Organ unterschiedlich stark ausgeprägt, am stärksten ist sie nach einer Knochenmarkstransplantation, am schwächsten nach einer Leberverpflanzung. Bei der Transplantation von Augenhornhaut und Gehörknöchelchen findet sie gar nicht statt, weil diese Gewebe nicht durchblutet sind und deshalb mit dem Blut des Empfängers nicht in Kontakt kommen.

Um die Abstoßungsreaktionen so gering wie möglich zu halten, ist die Unterdrückung des Immunsystems neben der chirurgischen Maßarbeit die wichtigste Aufgabe der Transplantationsmedizin. Das geschieht während und nach der Transplantation (meist lebenslang) durch Medikamente. Die wichtigste Maßnahme vor der Operation ist die »Typisierung«, also die genaue Klassifizierung aller Gewebemerkmale des Empfängers, die mit denen des Spenders so weit wie möglich übereinstimmen sollten.

## Biologische Markenzeichen

Zur Typisierung bestimmen die Ärzte die sogenannten biologischen Marker, die Markenzeichen des Gewebes. Das sind an die Oberfläche von Zellen gebundene Eiweiße, die als Antigene (→ Freund oder Feind?, Seite 299) wirken und eine Abwehrreaktion bei einer Transplantation auslösen können.

Je größer die Übereinstimmung der biologischen Marker von Spender und Empfänger ist, desto geringer ist die Gefahr, daß der Körper des Empfängers das gespendete Organ wieder abstößt. Eine völlige Übereinstimmung der Gewebemerkmale besteht nur bei eineiigen Zwillingen, auch enge Verwandte haben oft zueinander passende Typen.

## Gezielte Unterdrückung

Nicht nur der sorgfältigen Gewebe-Verträglichkeitsprüfung ist es zu verdanken, daß die Transplantationsmedizin einen großen Aufschwung genommen hat. Ganz wesentlich tragen auch Medikamente dazu bei, die die körpereigene Abwehr unterdrücken.

Der wichtigste Wirkstoff bei der medikamentösen Blockade des Immunsystems (Immunsuppression) ist heute das aus Pilzen gewonnene Cyclosporin A. Im Gegensatz zu älteren Medikamenten schränkt es nämlich nicht das Immunsystem insgesamt ein, sondern verhindert gezielt die Aktivierung von T-Zellen (→ Spezialisten im Einsatz, Seite 299), die eine wichtige Rolle bei der Zerstörung des übertragenen Gewebes spielen. Damit kann man eines der Hauptprobleme der Immunsuppression abmildern: die gesteigerte Anfälligkeit für Infekte. Denn ein künstlich geschwächtes Immunsystem ist in seiner Wirksamkeit nicht nur eingeschränkt, wenn es um die körperfremden Zellen des Transplantats geht, sondern auch bei der Abwehr »echter« Feinde wie Bakterien, Viren und Pilze.

## Bluttransfusionen zur Vorbeugung?

Abgesehen von der Gewebetypisierung setzt man neuerdings auch auf eine andere Maßnahme zur Vorbeugung gegen eine Organabstoßung: die Bluttransfusion. Je mehr Blutübertragungen vor einer Transplantation erfolgen, desto besser sind die Überlebenschancen für das Transplantat. Warum das so ist, weiß man bisher noch nicht.

Im Grunde ist jedoch auch die Übertragung von Blut eine Transplantation und mit der Gefahr einer Abstoßungsreaktion verbunden, wenn die Blutgruppen nicht zusammenpassen. Neben den »klassischen« Blutgruppen A, B, AB und 0 sind es vor allem die sogenannten Rhesusfaktoren, die bei einer Blutübertragung eine gefährliche Abwehrreaktion auslösen können. Deshalb dürfen Menschen mit dem häufigen Faktor Rhesus-positiv (85 Prozent) kein Rhesus-negatives Blut erhalten und umgekehrt. Eine (Rhesus-)Blutgruppenunverträglichkeit spielt auch in der Schwangerschaft eine große Rolle (→ Seite 397). Jeder Mensch, gleichgültig welche »klassische« Blutgruppe er hat, darf Blut der Gruppe 0 erhalten; ein Träger der Blutgruppe AB kann Blut aller Gruppen empfangen. Man überträgt heute jedoch grundsätzlich nur gruppengleiches Blut.

## Wer kann ein Organ spenden?

Bei Hauttransplantationen muß, bei Knochenmarkstransplantationen kann das verpflanzte Gewebe vom Patienten selbst entnommen werden. Diese Art der Verpflanzung nennt man autolog oder autogen. Sie hat den Vorteil, daß dabei keine Abstoßungsreaktion auftritt.

Nur ein kleiner Teil der allogenen (körperfremden) Organtransplantate stammt von lebenden Spendern (Eltern und Geschwister), die überwiegende Zahl kommt von hirntoten Menschen, die zu Lebzeiten ihre Bereitschaft zur Organspende erklärt haben und wenn möglich auch durch einen Organspenderausweis dokumentiert haben. Einen solchen Ausweis erhalten Sie kostenlos bei Ihrem Arzt oder Apotheker oder über den Arbeitskreis Organspende in Neu-Isenburg (→ Adressen, Seite 798).

Ein Organspender sollte im Idealfall nicht über 60 Jahre alt sein, Infektionskrankheiten bzw. Erkrankungen der transplantierten Organe müssen selbstverständlich ausgeschlossen sein.

**Das heute am häufigsten transplantierte Organ ist die Niere.**

## Vom Spender zum Empfänger

In Deutschland gibt es heute 34 Transplantationszentren. Sie arbeiten eng mit dem Kuratorium für Dialyse und Nierentransplantation und der Deutschen Stiftung Organtransplantation (→ Adressen, Seite 798) zusammen. Für die Verteilung der Spenderorgane ist jedoch eine Dachorganisation im holländischen Leiden zuständig: die Eurotransplant Foundation, der die Bundesrepublik Deutschland, Holland, Belgien, Luxemburg und Österreich angeschlossen sind. Sie ist die zentrale Sammelstelle für alle medizinisch wichtigen Daten von Patienten, die auf ein Organ warten. Wird aus einem der Mitgliedsländer ein Spender gemeldet, vermittelt der Computer von Eurotransplant in kürzester Zeit die geeigneten Empfänger.

Voraussetzung für eine Organspende ist der Hirntod des Spenders, der von zwei voneinander unabhängigen Ärzten nach strengen Kriterien diagnostiziert werden muß. Erst dann dürfen die Organe entnommen werden. Nach der Gewebeuntersuchung der Organe wird Eurotransplant informiert. Der Computer vergleicht die Daten mit denen von Patienten, die unter einem verschlüsselten Code auf der Warteliste aufgeführt sind, und teilt die Organe anonym zu.

Ausschlaggebend ist nicht allein die Gewebeübereinstimmung, sondern auch die Wartezeit, die geographische Entfernung zwischen Spender und Empfänger (um die Zeit, in der die Spenderorgane ohne Blutversorgung sind, möglichst gering zu halten) und ein Zuteilungsschlüssel, der dafür sorgt, daß kein Land benachteiligt wird. Dadurch ist gewährleistet, daß auch Patienten mit selteneren Gewebemerkmalen berücksichtigt werden.

## Lymphome

Lymphom ist eine Sammelbezeichnung für eine Vergrößerung von Lymphknoten. Es gibt gutartige Schwellungen, wie zum Beispiel Infektionskrankheiten, aber auch bösartige Erkrankungen des lymphatischen Gewebes (→ Stützpunkte des Immunsystems, Seite 299). Letztere werden je nach Vorhandensein eines bestimmten Zelltyps in zwei Hauptgruppen unterteilt: das → Hodgkin-Lymphom und die Non-Hodgkin-Lymphome, zu denen auch die chronisch lymphatische Leukämie (→ Seite 294) oder die → Kahler-Krankheit gehören. In jüngerer Zeit treten bösartige Lymphome häufiger in Zusammenhang mit AIDS (→ Seite 304) auf.
Während das Hodgkin-Lymphom relativ gute Heilungschancen hat, sind sie bei den Non-Hodgkin-Erkrankungen sehr unterschiedlich. Paradoxerweise sind es gerade die weniger bösartigen Formen (wie die chronisch lymphatische Leukämie), die durch eine Chemotherapie nicht geheilt, sondern allenfalls vorübergehend gebessert werden. Dagegen ist die Heilung bei manchen sehr bösartigen Formen möglich. Allgemeine Informationen, Ratschläge und Hinweise zu Krebserkrankungen finden Sie ab Seite 576.

## Kahler-Krankheit (Plasmozytom)

▶ Symptome
- ➜ Knochenschmerzen, eventuell Knochenbrüche ohne erkennbaren Anlaß
- ➜ Abgeschlagenheit, Nachtschweiß, Fieber
- ➜ Gewichtsverlust

Die krebsartige Vermehrung von Plasmazellen (einer Art von B-Lymphozyten) im Knochenmark führt zur Bildung großer Mengen eines Immunglobulins, das jedoch – anders als beim gesunden Menschen – keine Abwehrfunktion hat. Im fortgeschrittenen Stadium verhindern die bösartigen Zellen zunehmend die normale Blutbildung im Knochenmark. Es kommt zu Blutarmut, Infektanfälligkeit, Gerinnungsstörungen und Nierenschäden. Die durchschnittliche Lebenserwartung liegt auch bei Chemotherapie (→ Seite 587) selten über vier Jahren.

### Ärztliche Behandlung
Im fortgeschrittenen Stadium läßt sich durch Zytostatika, krebshemmende Medikamente, eine Verbesserung der Symptome erzielen. Große Knochendefekte kann man zum Schutz vor Brüchen bestrahlen. Neuerdings wird auch eine sogenannte Hochdosistherapie mit anschließender Gabe von Knochenmarks- und Blutstammzellen durchgeführt.

### Selbsthilfe
Ist nicht möglich.

## Hodgkin-Krankheit/Hodgkin-Lymphom (Lymphogranulomatose)

▶ Symptome
- ➜ Lymphknotenschwellungen, häufig im Halsbereich, wobei meist mehrere Lymphknoten zu »Paketen« zusammenbacken
- ➜ eventuell Fieber, Nachtschweiß, Gewichtsverlust
- ➜ manchmal Juckreiz

Diese bösartige Erkrankung des lymphatischen Gewebes geht vermutlich von Lymphozyten aus (→ Spezialisten im Einsatz, Seite 299). Die eigentliche Ursache ist jedoch unbekannt, eventuell handelt es sich um Viren. In der Regel sind Lymphknoten und die Milz betroffen, aber auch jedes andere Organ kann befallen sein.

### Ärztliche Behandlung
Bei jeder länger bestehenden Lymphknotenschwellung sollten Sie einen Arzt aufsuchen. Er wird den/die Lymphknoten entfernen und das Gewebe untersuchen lassen. Steht die Diagnose fest, muß der ganze Körper nach weiterem Befall durch die Krankheit abgesucht werden. Sind nur wenige Lymphknotenbereiche betroffen, führt bereits die Bestrahlung (→ Seite 586) in 90 Prozent aller Fälle zur Heilung. Bei Befall mehrerer Lymphknotengruppen und eines Organs kombiniert man die Strahlen- mit einer Chemotherapie (→ Seite 587). Auch bei fortgeschrittener Erkrankung kann damit noch etwa jeder zweite Patient geheilt werden. Allerdings kann durch die Behandlung zu einem späteren Zeitpunkt eine neue Krebserkrankung entstehen.

### Selbsthilfe
Ist nicht möglich.

## Immundefekte

Bei manchen Menschen ist die Leistungsfähgkeit des Immunsystems so gestört, daß sie extrem anfällig für bestimmte Krebsarten und Infektionen sind. Diese sogenannten opportunistischen Infektionen äußern sich meist als Entzündungen der Atemwege und Pilzerkrankungen, die ungewöhnlich häufig auftreten oder ungewöhnlich schwer verlaufen und von Erregern ausgelöst werden können, die bei Menschen mit einem gesunden Immunsystem keine Beschwerden verursachen.
Ein Immundefekt kann angeboren oder im Laufe des Lebens erworben sein. Erworbene Immundefekte können durch Krankheiten wie Krebs und die HIV-Infektion (→ AIDS, Seite 304) oder durch eine → Entfernung der Milz entstehen. Sie können aber auch die Folge einer beabsichtigten Schwächung des Immunsystems durch Medikamente sein, wie sie bei Transplantationen (→ Gezielte Unterdrückung, Seite 300) oder zur Behandlung von Autoimmunerkrankungen gegeben werden.

## Di-George-Syndrom

### ▶ Symptome
➜ häufige Infektionen und Hautkrankheiten

Das Di-George-Syndrom ist eine angeborene Entwicklungsstörung des Thymus, durch die Kinder mit diesem Defekt keine oder nur wenige T-Zellen besitzen (→ Spezialisten im Einsatz, Seite 299). Zusätzlich können andere Störungen auftreten wie ein abnorm kleiner Oberkiefer und eine Kieferspalte. Häufig tritt auch das Kaposi-Sarkom auf, ein ansonsten sehr seltener Krebs der Haut und der Schleimhäute.

### Ärztliche Behandlung
Wenn Ihr Baby schlecht gedeiht und sehr häufig unter Infektionen leidet, kann das durch einen Immundefekt bedingt sein. Ein Hoffnungsschimmer bei der Behandlung ist die Knochenmarkstransplantation (→ Seite 295) von Spendern aus der Familie oder gewebeverträglichen Fremdspendern. Die meisten Kinder mit diesem Defekt sterben früh.

### Selbsthilfe
Ist nicht möglich.

## Schwerer kombinierter Immundefekt

### ▶ Symptome
➜ schwere Infektionen aller Art
➜ Durchfall
➜ Lungenentzündung

Der schwere kombinierte Immundefekt (häufig einfach SCID genannt, nach der englischen Bezeichnung Severe Combined Immunodeficiency)ist einer der häufigsten Immundefekte. Bei dieser erblichen Erkrankung ist entweder die Produktion oder die richtige Arbeit von B-Zellen und T-Zellen gestört (→ Spezialisten im Einsatz, Seite 299). Thymus und Lymphknoten sind stark unterentwickelt, in manchen Fällen ist gar kein Thymus vorhanden. Zwischen drittem und sechstem Lebensmonat zeigen sich die ersten Symptome, unbehandelt sterben die meisten Kinder im ersten Lebensjahr.

### Ärztliche Behandlung
Wenn Sie den Verdacht haben, daß Ihr Baby an einem Immundefekt leidet, müssen Sie sofort mit Ihrem Kinderarzt darüber sprechen. Die Übertragung von Knochenmark (→ Seite 295) bietet eine realistische Chance für eine Heilung.

### Selbsthilfe
Ist nicht möglich.

### Die Entfernung der Milz

Ein wichtiges Organ des Immunsystems ist die Milz, die – normalerweise nicht fühlbar – im linken Oberbauch liegt. Sie besteht aus zwei Gewebearten: der sogenannten roten und der weißen Pulpa. Im roten Gewebeteil werden die roten Blutkörperchen (→ Seite 289) abgebaut, das weiße enthält lymphatisches Gewebe mit eigenen Bezirken für die B- und T-Zellen. Bei krankhaft veränderten Blutzellen, Tumoren, Abszessen oder bei Verletzungen kann es nötig sein, die Milz zu entfernen. Gegen die gesteigerte Infektanfälligkeit versucht man bereits vor der Operation mit Impfungen vorzubeugen, zum Beispiel gegen das Bakterium Haemophilus influenzae (→ Seite 612) und gegen Pneumokokken.

## HIV-Erkrankung/AIDS

### ▶ Symptome

- ➜ *Stadium I:* Meist treten keine besonderen Beschwerden auf; manchmal Lymphknotenschwellungen und grippeartige Symptome ähnlich denen des Pfeiffer-Drüsenfiebers (→ Seite 543)
- ➜ längere, meist mehrjährige beschwerdefreie Zeit
- ➜ *Stadium II:* Mögliche Anzeichen einer beginnenden Immunschwäche sind Hautausschläge, Gürtelrose (→ Seite 457), Fieber, Gewichtsverlust, Durchfälle, geschwollene Lymphknoten, Pilzinfektionen in Mund und Rachen (→ Mundsoor, Seite 325), Müdigkeit, Abgeschlagenheit, Kopfschmerzen
- ➜ *Stadium III:* Den Ausbruch des eigentlichen Immundefektsyndroms AIDS kann eine schwere Lungenentzündung mit Atemnot, trockenem Husten und Fieber anzeigen. Weitere mögliche Symptome sind schwere Durchfälle, Schluckbeschwerden bei einer Pilzerkrankung der Speiseröhre, chronische Herpes-simplex-Infektionen (→ Fieberbläschen, Seite 457; → Herpes genitalis, Seite 547), Sehstörungen, (Non-Hodgkin-)-Lymphome (→ Seite 302), Hautkrebs (Kaposi-Sarkom), Tuberkulose, Persönlichkeitsveränderungen, Erkrankungen von Gehirn und Rückenmark, Verlust der geistigen Fähigkeiten

AIDS ist die Abkürzung für den englischen Begriff **A**cquired **I**mmune **D**eficiency **S**yndrome, zu deutsch erworbenes Immundefektsyndrom. Damit bezeichnen die Wissenschaftler das letzte Stadium der HIV-Erkrankung, die durch das menschliche Immundefekt-Virus, abgekürzt HIV (vom englischen **H**umane **I**mmunodeficiency **V**irus), ausgelöst wird. AIDS ist kein fest umrissenes Krankheitsbild, sondern ein schwerer Immundefekt (→ Seite 303). Er führt dazu, daß die Betroffenen lebensbedrohliche Infektionskrankheiten, bösartige Tumoren oder beides zusammen bekommen, an denen sie nach unterschiedlich langer Krankheitsdauer sterben.

Eine Infektion mit HIV ist jedoch nicht gleichbedeutend mit AIDS! Von der Ansteckung bis zum Ausbruch der Erkrankung können Jahre vergehen, 20 Prozent aller Infizierten sind nach zehn Jahren noch beschwerdefrei. In dieser Zeit sind die Betroffenen zwar HIV-positiv (→ rechts) und können den Erreger an andere weitergeben, aber sie fühlen sich meist gesund.

### Die Entwicklung der Epidemie

Bekannt ist die Erkrankung seit 1981, wahrscheinlich gab es jedoch bereits früher Fälle von AIDS. Im Jahr 1983 entdeckten französische und US-amerikanische Forscher fast gleichzeitig den AIDS-Erreger, der in zwei Formen, HIV-1 (überwiegend in Europa und Nordamerika) und HIV-2 (vor allem in Zentral- und Ostafrika), auftritt.

Mitte der 90er Jahre waren weltweit etwa 1 Million AIDS-Fälle, in der Bundesrepublik Deutschland etwa 7000 gemeldet. Schätzungen zufolge liegt die Zahl der HIV-Infizierten jedoch bei weltweit 11 bis 13 Millionen, in der BRD bei 60000. Dank umfassender Aufklärung hat sich die Epidemie in Europa bisher nicht so schnell ausgebreitet wie befürchtet.

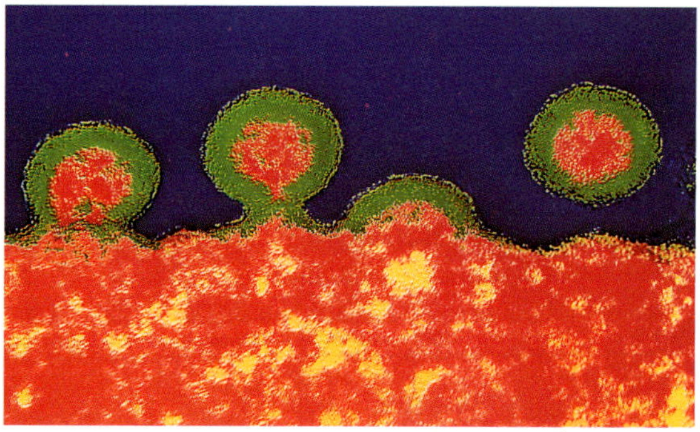

**Hier lösen sich AIDS-Viren gerade aus einer Zelle, in der sie sich vermehrt haben, um die nächsten zu befallen.**

### Wie entsteht AIDS?

Das HI-Virus befällt Zellen des menschlichen Immunsystems, vor allem T-Helferzellen (→ Spezialisten im Einsatz, Seite 299), und schädigt damit genau jene Zellen, die eine zentrale Rolle bei der körpereigenen Abwehr spielen. Zunächst baut das Virus sein Erbgut in das der menschlichen Zelle ein. In diesem Zustand können Virus und Zelle monate-, ja jahrelang bleiben, ohne daß etwas passiert. Erst wenn sich die infizierte Zelle zu teilen beginnt, produziert sie neue Viren und geht schließlich daran zugrunde.

Im Laufe einer fortschreitenden HIV-Erkrankung sinkt die Zahl der T-Helferzellen. Sind in 1 Kubikmillimeter Blut eines Gesunden 800 bis 1000 T-Helferzellen enthalten, so findet man bei Menschen, die infiziert, aber beschwerdefrei sind, noch über 500. Unterschreitet die Zahl der T-Helferzellen die Schwelle von 200 pro Kubikmillimeter, bedeutet das nach Definition der Weltgesundheitsorganisation den Beginn der Krankheit AIDS. Durch die Zerstörung der für die Abwehr so wichtigen Zellen entwickelt sich eine zunehmende Immunschwäche, so daß es leicht zu sogenannten opportunistischen Infektionen durch Erreger kommt, die für ein intaktes Immunsystem relativ harmlos wären. Diese Infektionen sowie bösartige Tumoren des Lymphgewebes und der Haut stellen die eigentliche Bedrohung für die Kranken dar.

**Wie wird HIV übertragen?**

Das HIV ist kein hochinfektiöses Virus, man kann sich nicht leicht damit anstecken. Übertragen wird es nur durch Sperma, Blut, Scheidensekret und durch Muttermilch. In Speichel, Schweiß und Tränenflüssigkeit sind die Viren zwar auch nachgewiesen worden, doch scheint es keine Fälle zu geben, in denen die Ansteckung auf diesem Weg stattfand.

Meist wird das Virus durch Geschlechtsverkehr mit einem infizierten Partner übertragen, es ist aber auch durch den Kontakt mit infiziertem Blut möglich. Risikogruppen sind Homosexuelle, Menschen mit wechselnden Sexualpartnern, Drogenabhängige, die gemeinsam Injektionsnadeln benutzen, medizinisches Personal und Menschen, die Transfusionen von Blut oder Blutprodukten benötigen (→ Bluterkrankheit, Seite 296). Durch die strenge Kontrolle von Blutkonserven ist dieser Ansteckungsweg heute so gut wie ausgeschlossen. HIV-positive Mütter können das Virus über die Nabelschnur, während der Geburt oder beim Stillen übertragen. Man rechnet dabei mit einer Ansteckungsrate von 20 Prozent.

Keine Infektionsgefahr besteht hingegen bei alltäglichen Kontakten wie Händeschütteln oder Umarmen, dem gemeinsamen Benutzen von Geschirr, Kleidung, Wäsche oder anderen Gegenständen. Auch in öffentlichen Schwimmbädern oder gemeinsam benutzten Sanitäranlagen (Toilette, Duschen) besteht kein Risiko. Ebenso kann das Virus nicht über eine Tröpfcheninfektion (Anhusten, Anniesen) oder durch Mückenstiche übertragen werden.

**Der Test: HIV-positiv?**

Es gibt prinzipiell zwei Wege, um eine HIV-Infektion festzustellen: den direkten Nachweis des Virus und den indirekten Nachweis von Antikörpern, die der Körper gegen das Virus gebildet hat (→ Der Nachweis von Antikörpern, Seite 539). Der direkte Virusnachweis ist mit Hilfe einer Methode möglich, bei der Teile des Erbmaterials des Virus vervielfältigt und sichtbar gemacht werden können. In der Regel wird aber ein technisch weniger aufwendiger Standardtest auf Antikörper verwendet. Erbringt er das Ergebnis HIV-positiv, muß es durch einen Kontrolltest bestätigt werden. Problematisch ist, daß die Antikörper erst einige Wochen nach der Infektion nachweisbar sind, so daß der Test im Zweifelsfall wiederholt werden sollte. HIV-Tests dürfen generell nur mit Ihrer Zustimmung gemacht werden!

## Ärztliche Behandlung

Wenn Sie den Verdacht haben, sich mit HIV angesteckt zu haben, sollten Sie sich an einen Arzt Ihres Vertrauens oder an die nächstgelegene Beratungsstelle der AIDS-Hilfe (→ Adressen, Seite 798) wenden und einen Bluttest machen lassen.

Mit guter medizinischer Betreuung und richtiger Behandlung kann eine HIV-Infektion zwar nicht geheilt, jedoch günstig beeinflußt werden. Es gibt inzwischen wirkungsvolle Medikamente, die die Vermehrung der Viren sehr verlangsamen können, wenn sie frühzeitig eingesetzt werden. Auch die Vorbeugung gegen opportunistische Infektionen spielt eine wichtige Rolle in der AIDS-Therapie. Dadurch kann nicht nur die Lebensdauer, sondern auch die Lebensqualität beträchtlich erhöht werden. Eine Impfung gibt es bisher noch nicht.

## Selbsthilfe

Das Wichtigste ist die Vorbeugung. Wenn Sie Ihre(n) Sexualpartner noch nicht lange kennen, sollten Sie immer Kondome benutzen.

Unterstützung und Information für Betroffene und ihre Angehörigen bieten die zahlreichen Beratungsstellen der AIDS-Hilfe, auch telefonisch und anonym (→ Adressen, Seite 798).

# Die Verdauung

»Essen und Trinken hält Leib und Seele zusammen.« Doch es kommt nicht nur darauf an, daß wir uns ernähren, sondern auch wie. Damit ist nicht nur die Qualität der Lebensmittel gemeint, sondern auch, ob wir in Ruhe genießen können oder hastig schlingen und – nicht zu vergessen – ob wir genügend Flüssigkeit zu uns nehmen. Der erste, der unter schlechten Eßgewohnheiten zu leiden hat, ist immer der Magen. Über kurz oder lang trifft es auch andere Organe – und nicht nur die des Verdauungstrakts.

# Inhalt



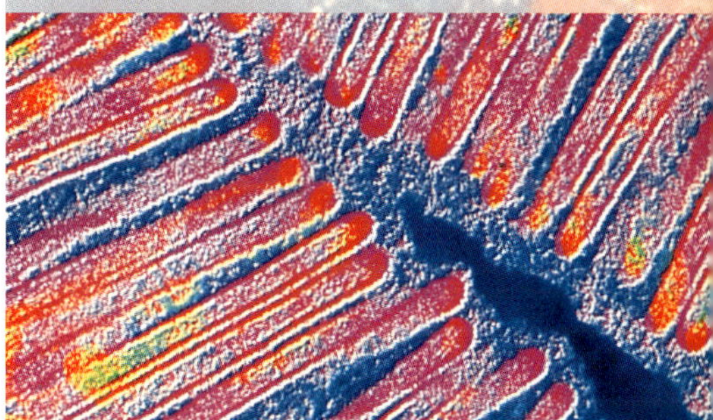

Darmwand

# Wissenswertes über Essen und Trinken

Ein gemütliches Frühstück, ein Zwischenimbiß mit einem Glas Saft und belegten Broten, ein hastiges Mittagessen in der Kantine oder aber ein Festmahl im Freundeskreis – zahllose Möglichkeiten gibt es, Hunger und Durst, zwei Grundbedürfnisse unseres Körpers, zu stillen. Seit Menschengedenken ist Essen und Trinken eingebunden in soziale Kontakte, und noch heute wird in vielen Kulturen die Rangfolge in einer Gesellschaft an der Tischordnung erkennbar.
Was allerdings mit Speis und Trank geschieht, wenn die Geschmacksknospen auf der Zunge und im Gaumen ihren Genuß gehabt haben, interessiert meist nur die Ärzte. Eine Geschichte mit Fortsetzungen wird daraus, wenn man die Nahrung auf ihrem Weg durch den Körper verfolgt, wo sie in dem rund 7 Meter langen dehnbaren Rohr des Verdauungstrakts so lange geschoben und geknetet, durchmengt und gespült wird, bis alles in immer kleinere Bausteine zerlegt ist, die der Organismus schließlich weiterverwerten kann.

## Eine kleine Fabrik

Kaum haben wir einen Bissen im Mund, beginnt das Mahlwerk unserer Zähne (→ Seite 310), ihn zu zerkleinern. Gut eingespeichelt, wird er geschluckt und von der Speiseröhre (→ Seite 321) in den Magen (→ Seite 330) befördert, mit Hilfe des salzsauren Magensaftes zersetzt und häppchenweise an den Darm (→ Seite 338) abgegeben. Gleich am Anfang des Darms, im Zwölffingerdarm, kommen noch Galle und Bauchspeichel dazu, die Verdauungssäfte von Leber und Pankreas (→ Seite 350). Und jetzt kann der Hauptteil der Verdauungsarbeit beginnen: Die Nährstoffe werden von winzigen »Tentakeln« auf der Dünndarmschleimhaut, den Zotten (→ Seite 339), aufgesogen, über zahllose kleine Blutgefäße in die Pfortader (→ Sonderling erwünscht, Seite 277) geschleust und zur Leber weitertransportiert. Dort werden sie in Formen umgebaut, die der Körper verwerten kann, Überschüssiges wird gespeichert und

**Süßigkeiten sind gut für die Stimmung, aber schlecht für die Zähne.**

**Ein gutes Abendessen mit Freunden in schöner Umgebung kann ein purer Genuß sein.**

**Schnell und preiswert, aber nicht besonders gesund: Fast food hat nicht nur die Jugend erobert.**

Schädliches zum größten Teil abgebaut. Weiter geht die Reise auf der »Ringstraße« des Blutkreislaufs (→ Seite 276) über Herz und Lunge zu den Nieren (→ Seite 360), wo die wasserlöslichen Endprodukte des Stoffwechsels herausgefiltert werden. Zum guten Ende wird all das, was dem Organismus schaden könnte und was nicht mehr gebraucht wird, ausgeschieden: über die Blase das Flüssige und über den Mastdarm, wo der zwischenzeitlich eingedickte unverdauliche Speisebrei ankommt, das Feste.

## Ein bewährter Bauplan

Damit alles gut »rutscht«, ist fast der ganze Verdauungstrakt nach dem gleichen Muster aufgebaut: Innen sind die Verdauungsorgane mit einer Schleimhaut ausgekleidet, deren Sekret den Speisebrei gleitfähig macht. Außen sind sie mit einem glatten, feuchten Überzug versehen, der verhindert, daß sie an den umgebenden Organen reiben, wenn sie sich bewegen. Dazwischen finden sich zwei Muskelschichten, eine innere mit ringförmig angeordneten Muskelfasern und eine äußere mit längsgerichteten Fasern, mit deren Hilfe der Inhalt des Rohres in alle Richtungen bewegt wird – was für die gute Durchmischung der Nahrung mit den Verdauungssäften wichtig ist. Diese Muskelbewegung, die wir manchmal spüren können, heißt in der Fachsprache Peristaltik.

## Kein überflüssiger Ballast

Ob eine Speise besonders lang oder nur relativ kurze Zeit durch unser Verdauungssystem wandert, hängt sowohl von ihrer Zusammensetzung als auch von ihrer Zerkleinerung ab. Ein fetter Schweinebraten erfordert eine lange Arbeitszeit, das Gläschen Schnaps dazu und manche Medikamente passieren dagegen im Nu den Magen. 1 bis drei Stunden nach dem Essen erreicht die Nahrung den Darm, bis sie ausgeschieden ist, dauert es 24 Stunden und länger. Nicht alles ist brauchbar, was wir unseren Verdauungsorganen vorsetzen. Doch das ist gut so, denn die Verdauung kommt erst richtig in Schwung, wenn genügend Masse in Form von Ballaststoffen den Darm füllt. Und das ist keineswegs nur überflüssiger Ballast, wie man früher glaubte. Im Gegenteil: Sie regen den Darm erst so richtig zur Verdauung an und helfen dadurch mit, daß wir gesund bleiben.

Mamas Pausebrot schmeckt, ist gesund und sollte nicht durch Süßigkeiten ersetzt werden.

Frisches Obst ist eine der Säulen einer gesunden, vitaminreichen Ernährung.

Viele Menschen trinken zu wenig, dabei sind eineinhalb bis zwei Liter pro Tag wichtig für unseren Körper.

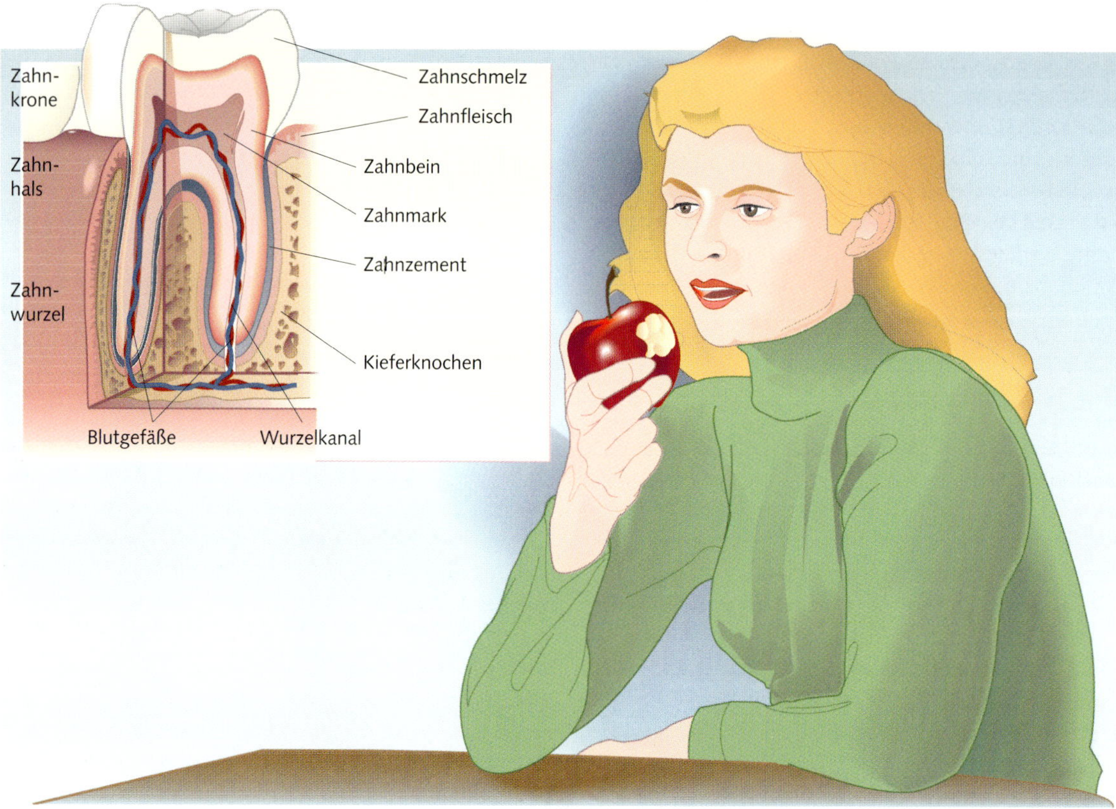


# Die Zähne

- **Der Kauvorgang**
- **Das Gebiß**
- **Aufbau eines Zahns**

Wie wichtig unsere Zähne sind, wird einem erst klar, wenn man den Blick aufs Ganze richtet: Ohne sie sind wir kaum in der Lage, ein einfaches Butterbrot in maßvollen Portionen Richtung Magen zu befördern, ohne sie würden wir sicher nicht verhungern, aber bestimmt mit wesentlich weniger Genuß und unter großer Anstrengung essen und verdauen (→ Seite 308). Und fallen uns im Alter die Zähne aus, so fühlen wir uns – nicht ohne Grund – hilflos.

## Kauen ist Schwerarbeit

In abgestimmtem Wechselspiel arbeiten Zähne, Zunge, Gaumen, Kaumuskeln, Ober- und Unterkiefer zusammen. Sie alle sorgen dafür, daß wir unsere Nahrung in gleichmäßigen Schneide- und Mahlbewegungen zerkleinern können. Dies würde nicht so reibungslos gehen, wenn obere und untere Zahnreihe nicht ganz genau ineinanderpassen würden. Die Zähne leisten dabei die Schwerarbeit: Sie zerbeißen in ihrem durchschnittlich 60 Jahre langen Leben ungefähr 18 Tonnen Nahrung, das entspricht etwa einem Brotlaib von 4,5 Kilometer Länge.

## Mit den Jahren wechseln die Zähne

Die Zähne werden lange vor der Geburt gebildet; beim Neugeborenen liegen sie dann in den sogenannten Zahnbläschen im Kieferknochen. Nach etwa sechs Monaten beginnen sie sich nach oben zu bewegen; meist brechen die unteren mittleren Schneidezähne zuerst durch, dann die oberen. Nach einiger Zeit werden die seitlichen Schneidezähne, die ersten Backenzähne, die Eckzähne und zu guter Letzt die hinteren Backenzähne sichtbar (→ Zahnen, Seite 318).

So wachsen bis zum Alter von etwa zwei Jahren zehn Milchzähne im Unterkiefer und zehn im Oberkiefer heran. Aber bereits ab dem sechsten Lebensjahr beginnen die endgültigen Zähne von unten nachzurücken, und erst zwischen dem 12. und 14. Lebensjahr kehrt Ruhe ein im Mund. Dann kommen nur noch irgendwann die Weisheitszähne, mit denen das Gebiß endlich komplett ist: 32 Zähne.

## Jeder Zahn ist Maßarbeit

Jeder Zahn besteht aus einer Zahnkrone, einem Zahnhals und einer oder mehreren Zahnwurzeln. Die *Krone* ist der sichtbare Teil des Zahns oberhalb des Zahnfleischs (Gingiva); sie wird umschlossen von festem Zahnschmelz, der das darunterliegende Zahnbein (Dentin) und das Zahnmark (Pulpa), in dem Nerven, Blut- und Lymphgefäße laufen, schützt: vor übermäßigem Druck bei Kaubewegungen, vor Wärme- und Kältereizen, vor der Wirkung beispielsweise von Säuren und natürlich vor Bakteriengiften.
Der Zahnschmelz wird gehärtet durch Mineralstoffe wie Kalzium, Phosphor und Fluoride. Er besitzt keine Blutgefäße und keine Nerven. Karies verursacht deshalb erst dann Schmerzen, wenn sie im Zahnbein angelangt ist, denn dieses wird durchzogen von feinen, mit Flüssigkeit gefüllten Kanälchen, in die feinste Nervenenden aus dem Zahnmark hineinragen.
Im Bereich der *Zahnwurzel* wird das Zahnbein vom sogenannten Zement umschlossen, einer gefäßlosen knochenähnlichen Substanz. An ihm und am umliegenden Kieferknochen ist die Wurzelhaut befestigt, mit der der Zahn gehalten wird. Sie besteht aus feinstem Bindegewebe und gibt dem Zahn eine gewisse Beweglichkeit in seinem Zahnfach. Durch diesen anatomischen »Trick« können Druck- und Zugkräfte beim Kauen und Schlucken ausgeglichen werden. Zement, Wurzelhaut und Zahnfach bilden zusammen den sogenannten Zahnhalteapparat (Parodontium, Zahnbett).
An der Wurzelspitze schließlich befindet sich eine kleine Öffnung, durch die die Gefäße und Nerven des Zahnmarks treten und jeden Zahn mit den Blut- und Nervenbahnen des Körpers verbinden.
Normalerweise wird der Bereich, in dem die Zahnkrone in die Zahnwurzel übergeht, von Zahnfleisch bedeckt. Weicht es zurück, so ist dieser sogenannte *Zahnhals* nicht mehr geschützt und daher sehr empfindlich. Unangenehm zu spüren bekommt man das, wenn kalte oder heiße Speisen dorthin gelangen. Unter anderem deshalb ist es wichtig, das Zahnfleisch gesund zu erhalten. Im Normalfall ist es straff und sieht hellrosa aus; es schmerzt nicht und blutet auch beim Zähneputzen nicht. Zwischen Zahnfleisch und Zahn liegt die Zahnfurche; ist sie tiefer als zwei Millimeter, so spricht man von einer Zahnfleischtasche. In ihr können sich Zahnbelag und Zahnstein festsetzen und Entzündungen verursachen (→ Zahnfleisch-/Zahnbetterkrankungen, Seite 316).

## Jeder Zahn hat seine Aufgabe

Es gibt verschiedene Formen von Zähnen; ihre ganz spezielle »Architektur« ergibt sich aus der jeweiligen Aufgabe: So dienen die scharfkantigen Schneidezähne dazu, Nahrungsstücke abzubeißen, die Eckzähne halten das Essen fest, und die vorderen und hinteren Backenzähne zermahlen die einzelnen Bissen. Die vorderen Backenzähne haben ein bis zwei, die hinteren zwei bis drei Wurzeln und eine breite Kaufläche mit mehreren Höckern und Grübchen.

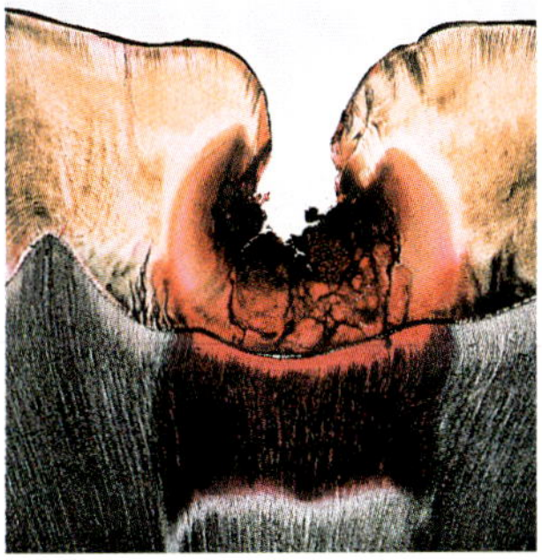

**Karies beginnt zuerst unbemerkt. Wenn wir Schmerzen verspüren, ist sie schon weit in das Innere des Zahns vorgedrungen.**

## Welcher Zahn ist gemeint?

Damit in der Zahnarztpraxis und im Labor jeder genau weiß, von welchem Zahn die Rede ist, wird allen eine Nummernkombination zugeordnet: Das Gebiß wird in vier Quadranten eingeteilt. Die Trennlinien werden senkrecht in der Mitte zwischen den oberen und unteren Schneidezähnen und waagerecht zwischen den beiden Kiefern gedacht.
Der rechte Oberkiefer ist Quadrant 1, der linke Quadrant 2, der linke Unterkiefer Quadrant 3, der rechte Quadrant 4. Die Zähne jedes Quadranten werden vom vordersten Schneidezahn (1) bis zum Weisheitszahn (8) durchnumeriert. Im Kindergebiß werden die Quadranten nach demselben Prinzip mit V, VI, VII und VIII benannt.

# Notfälle

## Allgemein gilt

Zahnschmerzen treiben früher oder später jeden zum Arzt; umgekehrt gilt jedoch nicht, daß was nicht schmerzt, auch nicht behandelt werden muß!

## Zahnschmerzen

▶ Symptome

- ziehender Schmerz auf Heißes/Kaltes, Süßes/Saures; Dauerschmerz im Zahn (→ Karies, Seite 314)
- bohrender, klopfender Schmerz, der schwer auf einen Zahn zurückzuführen ist und weit ausstrahlen kann (→ Entzündung des Zahnmarks, Seite 314; → Entzündung an der oder um die Zahnwurzel, schwere Entzündung des Zahnfleischs, Seite 316)
- Schmerzen der Kieferbögen bei Kindern im vierten bis achten Lebensmonat (→ Zahnen, Seite 318)
- Schmerzen, wenn ein Weisheitszahn durchbricht
- »wandernder« Zahnschmerz, der kommt und geht, durch nächtliches Zähneknirschen (→ Seite 316)
- Zahnschmerz nach einer zahnärztlichen Behandlung oder dem Ziehen eines Zahns
- Zahnschmerzen durch → Verlust oder Verletzung eines Zahns

Zahnschmerzen sind immer ein Warnsignal, auch wenn nicht immer eine Erkrankung die Ursache ist, sondern sich »nur« eine momentane Überreizung, zum Beispiel durch Streß, dahinter verbirgt.

### Ärztliche Behandlung

Suchen Sie rasch Ihren Zahnarzt auf. Die Ursache für die Schmerzen muß geklärt und behandelt werden. Als Soforthilfe können Sie ein spezielles Schmerzmittel erhalten.

### Selbsthilfe

Sie sollten auf keinen Fall versuchen, Zahnschmerzen ohne Abklärung und gegebenenfalls Behandlung des Zahnarztes zu kurieren!

Sinnvoll als »Erste Hilfe« bis zum Termin sind einige einfach zu nutzende Mittel: Bei Entzündungen können Sie mit starkem Salbeitee gurgeln oder spülen; ein Wattebausch mit Nelkenöl kann Schmerzen lindern; dem zahnenden Kind tut ein Beißring mit Kühlflüssigkeit gut; ein kalter Umschlag hilft bei einer dicken Backe.

## Verlust oder Verletzung eines Zahns

▶ Symptome

- ein Zahn kann an- oder abbrechen, einen Riß bekommen, ganz herausgeschlagen, verdreht, gelockert oder in den Kiefer hineingedrückt werden
- eine rötliche Verfärbung deutet auf eine Blutung im Zahnmark hin, eine graubraune Verfärbung zeigt an, daß der Zahn abgestorben ist
- blutet es aus einem abgebrochenen Zahn, so ist das Zahnmark eröffnet

Ursache für Zahnverletzungen können Stürze, Stöße oder Schläge auf das Gesicht sein; dabei kann auch der Kieferknochen verletzt werden.

### Ärztliche Behandlung

Suchen Sie schnellstmöglich Ihren Zahnarzt oder einen Notdienst auf. Ein ausgeschlagener Zahn kann wieder in den Kiefer eingesetzt werden, wenn der Unfall nicht länger als im Höchstfall zwei Stunden zurückliegt und der Zahn entweder in einer Kochsalzlösung (1 Teelöffel auf 1 Liter Wasser) oder im Mund aufbewahrt wurde. Auch abgebrochene Ecken und Risse können in vielen Fällen so versorgt werden, daß man keine Veränderung des Gebisses bemerkt.
Verliert Ihr Kind einen Milchzahn, so sollte ein »Platzhalterzahn« eingesetzt werden, sonst schieben sich nebenstehende Zähne in die Lücke und verschließen sie; tote oder angeschlagene Milchzähne sollten deshalb nicht gezogen werden.

### Selbsthilfe

→ Wenn ein Zahn gezogen wurde, Seite 316

# Spezielle Untersuchungen

## Die Routineuntersuchung

Die regelmäßige Untersuchung der Zähne sollte zu Ihrer persönlichen Gesundheitsvorsorge gehören. Jedes halbe Jahr sollte daher ein Zahnarztbesuch in Ihrem Terminkalender stehen.
Bei der Routineuntersuchung geht der Zahnarzt mit Sonde und Spiegel alle Zähne gründlich durch; er prüft, ob es zu Karies (→ Seite 314) oder Erkrankungen des Zahnfleischs (→ Seite 316) gekommen ist und ob Füllungen, Kronen, Brücken oder Prothese (→ Seite 317) korrekt sitzen. Der Spiegel ermöglicht ihm dabei den Blick auf die »Rückseite« der Zähne. Außerdem macht er sich ein Bild vom Zustand des Zahnfleischs, betrachtet die Mundschleimhaut und den Gaumen, die Beschaffenheit der Zunge sowie der Lippen. Anschließend entfernt er Zahnstein, fest gewordenen, »verkalkten« Zahnbelag. Auch Zahnspange und Aufbißschiene sollten Sie zur Routineuntersuchung mitbringen.

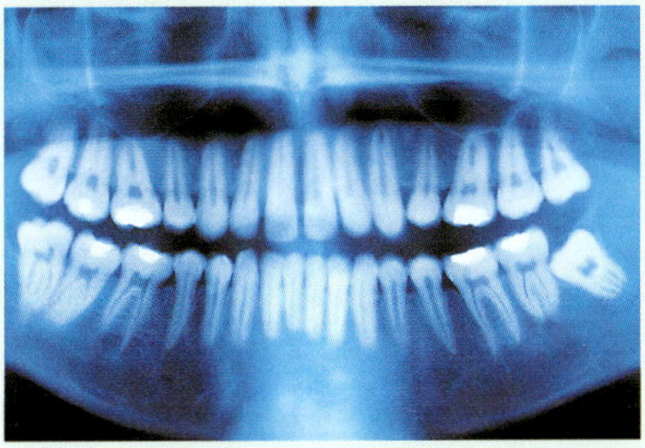

**Die Panorama-Röntgenaufnahme zeigt das ganze Gebiß von einer Seite zur anderen.**

## Speicheltest

Karies (→ Seite 314) und Entzündungen von Zahnfleisch oder Zahnbett (→ Seite 316) werden von Bakterien verursacht. Mit einem Speicheltest kann der Zahnarzt prüfen, ob diese Bakterien in der Mundhöhle vorhanden sind. So kann er ersehen, wie groß die Wahrscheinlichkeit der Erkrankung ist (zur Kostenübernahme fragen Sie bitte Ihre Krankenkasse).

## Untersuchung des Zahnfleischs

Mit einer speziellen Sonde mit Millimeterskala kann der Zahnarzt messen, wie tief die Zahnfleischfurche, also der freie Raum zwischen Zahnfleisch und Zahn, ist. Zwei Millimeter gelten als normal; ist die Zahnfleischfurche tiefer, so spricht man von einer Zahnfleischtasche. In ihr können sich Zahnbelag und Zahnstein sammeln (→ Zahnfleisch-/Zahnbetterkrankungen, Seite 316). Aufschluß über die Stärke einer Entzündung gibt, wie sehr das Zahnfleisch blutet. Es wird dazu mit der Sonde leicht berührt.

## Röntgenaufnahmen

Mit der Röntgenaufnahme eines Zahns kann der Arzt prüfen, ob dessen Wurzel geschädigt ist, ob Wurzel oder Knochen entzündet sind oder ob eine von außen – zum Beispiel wegen einer Krone oder Füllung – nicht sichtbare Karies vorliegt.
Auch kann er mit einer Röntgenaufnahme kontrollieren, ob eine Wurzelbehandlung (→ Entzündung des Zahnmarks, Seite 314) erfolgreich war oder wie die Wurzeln beispielsweise eines zu ziehenden Weisheitszahns verlaufen.
Die Panorama-Aufnahme zeigt beide Kiefer von Gelenk zu Gelenk. Mit dieser Röntgenaufnahme können Zahn- und Kieferfehlstellungen (→ Seite 319) dargestellt werden, und der Zahnarzt kann prüfen, ob Zähne unter dem Milchgebiß nicht oder doppelt angelegt sind oder wie dick der Kieferknochen ist.
Das Röntgen ist eine einfache und schnelle Untersuchungsmethode – es sollte jedoch aus gesundheitlichen Gründen auf jede überflüssige Aufnahme verzichtet werden.

## Untersuchung der Kiefergelenke

Mit einem speziellen Gerät können die Bewegungen der Kiefergelenke sowie der Kiefer zueinander geprüft werden. So werden Fehlhaltungen festgestellt, die Verspannungen der Kau-, Gesichts- und Nackenmuskulatur oder eine Behinderung der Mundöffnung hervorrufen können. Diese Untersuchung wird häufig vor einer kieferorthopädischen Behandlung (→ Zahn- und Kieferfehlstellungen, Seite 319) durchgeführt.

## **Karies** (Zahnfäule)

▶ Symptome

- ➜ zu Beginn weiße, später braune oder schwarze Flecken; bevorzugt in den Zahnzwischenräumen, auf den Kauflächen und am Zahnfleischrand
- ➜ Schmerz, wenn der Zahn mit Kaltem oder Heißem, Süßem oder Saurem in Berührung kommt
- ➜ Mundgeruch
- ➜ Dauerschmerz im Zahn

Damit sich eine Karies entwickelt, müssen mehrere Dinge zusammenkommen: Werden Zähne längere Zeit nicht geputzt, so bildet sich auf ihnen der sogenannte *Zahnbelag* (Plaque) aus Speiseresten sowie Abbauprodukten von Speichel und Schleim. In ihm gedeihen Bakterien – besonders gut, wenn sie mit Zucker und Stärke (→ Der Stoffwechsel der Kohlenhydrate, Seite 509) »gefüttert« werden, also beispielsweise mit Süßigkeiten, süßem Obst, Kuchen oder Weißbrot. Bakterien wie Streptococcus mutans, dem die Entstehung von Karies vor allem zugeschrieben wird, können von einem Menschen auf den anderen übertragen werden – zum Beispiel von Eltern auf ihr Kind, wenn sie den Schnuller oder einen Löffel ablecken. Die Bakterien des Zahnbelags vergären mit Zucker zu Säuren. Diese entziehen erst dem Zahnschmelz, dann dem Zahnbein Mineralstoffe wie Kalzium, Phosphat und Fluoride und zerstören (»erweichen«) nach und nach den ganzen Zahn. Entmineralisierte Bereiche im Zahnschmelz sind zunächst weiß; wenn die Karies das Zahnbein erreicht, stellt sich Schmerz ein. Schlimmstenfalls dringt sie bis ganz ins Innere, ins Zahnmark und zur Zahnwurzel vor.

### Ärztliche Behandlung

Unabhängig von Beschwerden sollten Sie zweimal im Jahr zur Routineuntersuchung (→ Seite 313) Ihrer Zähne gehen. Bemerken Sie eines der oben genannten Symptome, so sollten Sie sofort Ihren Zahnarzt aufsuchen. Hat die Karies eine bestimmte Größe erreicht, so muß er sie zunächst gründlich entfernen, also ausbohren. Reicht sie bis nahe ans Zahnmark heran, so kann dafür eine örtliche Betäubung nötig sein. Anschließend muß das Loch gefüllt (plombiert) werden. Zur Auswahl stehen plastische Füllungsmaterialien wie Amalgam und Kunststoffgemische oder Einlagefüllungen (Inlays) aus Gold oder Keramik (→ Seite 317). Womit das Loch gefüllt wird, hängt von der Stelle, an der es liegt, und Ihrer »Finanzlage« ab. Zur Kostenübernahme von Einlagefüllungen fragen Sie bitte Ihre Krankenkasse.

### Selbsthilfe

Beste Vorbeugung ist → die richtige Zahnpflege und eine zuckerarme Ernährung. Bei einer beginnenden Entmineralisierung des Zahnschmelzes können noch konsequente Hygiene und Behandlung mit Fluoriden helfen: Lassen Sie sich von Ihrem Arzt beraten. → Karies der Milchzähne, Seite 319.

## Entzündung des Zahnmarks

▶ Symptome

- ➜ bohrender, klopfender Zahnschmerz, der immer stärker wird und über die gesamte Wange ausstrahlen kann

Wird eine Karies nicht rechtzeitig behandelt, so kann sie bis in das Zahnmark vordringen. Im weiteren Verlauf der Entzündung beginnt dort ein Fäulnisprozeß; das Gewebe in der Zahnmarkhöhle und im Wurzelkanal geht zugrunde – und damit auch der schmerzleitende Nerv. In diesem Stadium klingen die Schmerzen ab. Der Entzündungsprozeß kann sich jedoch an der Wurzelspitze fortsetzen und sogar auf den Kieferknochen übergreifen. Es können sich ein Eiterherd in Kiefer- oder Mundhöhle und/oder ein Kanal, durch den der Eiter austritt, bilden.

### Ärztliche Behandlung

Suchen Sie sofort Ihren Zahnarzt auf. Er muß eine Wurzelbehandlung durchführen: Unter örtlicher Betäubung bohrt er den Zahn auf und entfernt das erkrankte oder abgestorbene Zahnmark. Danach füllt er den Wurzelkanal mit einer Paste oder einem speziellen Stift und versorgt den aufgebohrten Zahn mit Füllung oder Krone (→ Seite 317). Liegt eine Entzündung an der Wurzelspitze vor oder tritt trotz gründlicher Wurzelbehandlung ein, muß eventuell die Wurzelspitze des Zahns entfernt werden.

### Selbsthilfe

Siehe Kasten → Die richtige Zahnpflege

# Die richtige Zahnpflege

• **Die Zahnbürste** ist das wichtigste Instrument der Pflege und sollte daher mit Sorgfalt ausgesucht werden. Sie sollte einen kurzen Kopf (etwa 25 Millimeter lang) aus Kunststoffborsten mittlerer Stärke haben. Diese sollten dicht stehen und eine ebene Fläche bilden; die Enden der einzelnen Borsten sollten abgerundet sein. Der Stiel sollte gut »in der Hand liegen«. Die Zahnbürste sollte immer gründlich gereinigt werden, nach jedem Gebrauch trocknen können und spätestens nach zwei Monaten durch eine neue ersetzt werden.

• **Eine elektrische Zahnbürste** säubert die Zähne nicht besser, nur vielleicht angenehmer. Vor dem Kauf sollten Sie sich genau über die Reinigungseigenschaften des Gerätes informieren.

• **Zahnseide** hilft, die Zahnzwischenräume zu säubern. Sie sollten einmal täglich mit vorsichtigen, »sägenden« Bewegungen zwischen die Zähne fahren, die Zahnseide einige Male hin und her bewegen und nach oben wieder herausziehen.

• **Die Zahncreme** unterstützt in erster Linie die Putzarbeit der Zahnbürste. Sie sollten eine fluoridierte Zahncreme benutzen, da Sie damit den Zahnschmelz bis zu einem gewissen Grad remineralisieren (→ Karies) können.

• **Die richtige Putztechnik** ist das A und O der Zahnpflege: Beginnen Sie im Oberkiefer, putzen die Zähne von vorn nach hinten und wieder zurück, außen und innen, dann die Kaufläche. Halten Sie die Bürste dabei im 45-Grad-Winkel zum Zahn, so daß die Borsten zum Zahnfleisch weisen, und setzen Sie sie am Übergang vom Zahnfleisch zum Zahn an. Putzen Sie mit leichtem Druck und kleinen kreisenden Bewegungen. Achten Sie darauf, daß Sie immer vom Zahnfleisch weg »wischen«, damit Sie die Beläge nicht in Zahnfleischtaschen schieben. Putzen Sie auf keinen Fall »quer« und nicht mit zu hohem Druck, sonst schädigen Sie den Zahnschmelz. Schenken Sie den Zwischenräumen, vor allem der hinteren Zähne, besondere Aufmerksamkeit.

• **Mindestens zweimal am Tag** nach dem Frühstück und vor dem Ins-Bett-Gehen, idealerweise nach jeder Mahlzeit sollten Sie zur Zahnbürste greifen. Auch Zahnersatz und Spangen müssen täglich gereinigt werden. Ist nach einer Zwischenmahlzeit absolut keine Zeit zum Putzen, so sollten Sie einen zuckerfreien Kaugummi kauen.

**Ein großes Sortiment hilft uns bei der richtigen Zahnpflege – wir müssen es nur regelmäßig tun.**

• **Während der Schwangerschaft** ist eine konsequente Zahnpflege ganz besonders wichtig, denn Zähne und Zahnfleisch sind in dieser Zeit anfälliger als sonst für Entzündungen und Karies.

• **Kinder** sollten von klein auf lernen, ihre Zähne richtig zu pflegen und vor Karies zu schützen (→ Kinderzähne richtig pflegen, Seite 318).

## Die bewußte Ernährung

Eine ausgewogene, vollwertige Ernährung ist wichtig für den ganzen Körper (→ Seite 712) – und »nebenbei« auch ein Beitrag zur Zahnpflege. Zum Besten Ihrer Zähne sollten Sie außerdem auf folgende Dinge achten:

• Nehmen Sie Lebensmittel, die Zucker enthalten, und Brot, Gebäck und Kuchen aus weißem Mehl nur in Maßen zu sich, und denken Sie danach ganz besonders ans Zähneputzen. Achten Sie auch auf »versteckten« Zucker, zum Beispiel in Getränken, Ketchup, Senf, Fruchtjoghurts. Verzichten Sie möglichst auf Süßigkeiten.

• Vermeiden Sie stark säurehaltige Lebensmittel. Auch Fruchtsäfte und Obst enthalten leider Säuren, die für die Zähne schädlich sind. Wieder ist konsequentes Zähneputzen nötig – allerdings bitte erst eine halbe Stunde nach dem Essen.

### Wenn ein Zahn gezogen wurde

Ein Zahn kann durch einen Unfall verlorengehen, infolge einer Parodontitis ausfallen oder wird, was häufiger ist, vom Zahnarzt gezogen. Jeder verlorene Zahn hinterläßt eine große Wunde. Wer Bluter ist, Mittel zur Blutverdünnung nimmt, am Herz operiert worden ist, künstliche Herzklappen hat, ist in dieser Situation gefährdet; er muß seinen Zahnarzt über die Erkrankung informieren.
Folgende Punkte sollten Sie beachten:

- fahren Sie in den ersten Stunden nach dem Ziehen eines Zahns kein Auto (Spritzenwirkung)
- essen Sie kein rohes Obst oder Gemüse, Vollkornbrot oder Müsli (Infektionsgefahr)
- nehmen Sie bei Schmerzen kein Aspirin; es verdünnt das Blut, verlängert also die Blutung
- spülen Sie den Mund nicht aus, sonst entfernen Sie den Blutpfropf, der die Wunde schließt
- meiden Sie körperliche Anstrengungen
- schlafen Sie mit erhöhtem Kopf
- keine starke Wärme, kein Alkohol, Kaffee oder Nikotin mindestens einen Tag lang!

## Zahnfleisch-/Zahnbetterkrankungen

▶ Symptome

→ das Zahnfleisch schwillt zwischen den Zähnen an, blutet und schmerzt leicht (Gingivitis)
→ das Zahnfleisch wird tiefrot und schwammartig, schwillt an und blutet; es bilden sich (eitrige) Zahnfleischtaschen, die Zähne lockern sich (Parodontitis)
→ Zahnfleisch und Knochen bilden sich zurück, die Zahnhälse liegen frei, die Zähne haben keinen Halt mehr (Parodontose)

Hauptursache für die Entzündung des Zahnfleischs (Gingivitis) ist wie bei der Karies Zahnbelag (→ Seite 314) bzw. daraus entstehender Zahnstein. Bakterien, die sich in beiden ansammeln, können unter den Zahnfleischsaum gelangen und zur Entzündung des Zahnfleischs führen. Löst sich dabei das Zahnfleisch vom Zahnhals, so entstehen »Taschen«, in denen sich Zahnbelag und -stein festsetzen und die Entzündung weiter verstärken können. Wird die Gingivitis nicht behandelt, so kann sich eine Entzündung des Zahnhalteapparates entwickeln (Parodontitis).
Unter Parodontose versteht man hingegen einen nicht-entzündlichen Schwund des Zahnhalteapparates. Die Ursachen dieses Prozesses sind noch weitgehend ungeklärt; begünstigend wirken anscheinend mangelnde Zahnpflege, Zahnstein, Fremdkörper am Zahnfleischrand und nächtliches Zähneknirschen.

### Ärztliche Behandlung

Jede Behandlung des entzündeten Zahnfleischs/Zahnhalteapparates ist aufwendig: Der Zahnarzt muß die Zähne von Belag und Zahnstein reinigen sowie abgestorbenen Zahnzement, entzündetes oder abgestorbenes Gewebe entfernen. Bei einer Parodontose kann eventuell eine Aufbißschiene helfen (→ Zähneknirschen).

### Selbsthilfe

Nötig sind die richtige Zahnpflege (→ Seite 315) zur Vorbeugung und Nachsorge von Entzündungen und regelmäßige zahnärztliche Untersuchungen.

## Zähneknirschen

▶ Symptome

→ Schleifspuren an den Zähnen
→ Zahnschmerzen, Schmerzen und Knacken im Kiefer, Kopfschmerzen, Verspannungen der Gesichts- und Nackenmuskulatur
→ Parodontose → Zahnbetterkrankungen

Ursache für nächtliches Zähneknirschen können psychische Belastungen sein, Zahnfehlstellungen, vorstehende Zahnfüllungen oder eine schlechtsitzende Prothese. Der Betroffene selbst merkt meist nicht, daß er nachts »die Zähne zusammenbeißt«.

### Ärztliche Behandlung

Der Zahnarzt kann nach einem Abdruck des Gebisses eine Kunststoffschiene (Aufbißschiene) anfertigen lassen, die die Zähne in der Nacht schützt.

### Selbsthilfe

Vermindern Sie Streß und psychische Belastungen. Entspannungsübungen wie Autogenes Training können Ihnen helfen (→ Seite 690).

# Plombe, Krone, Implantat: Füllungen und Zahnersatz

• **Plastische Füllungsmaterialien:** Ist ein Zahn von Karies (→ Seite 314) befallen und muß ausgebohrt werden, so ist es am einfachsten, ihn mit einem plastischen Füllungsmaterial zu versorgen. Gebräuchlich ist auch heute noch Amalgam, eine quecksilberhaltige Metallmischung. Immer noch nicht ganz geklärt ist, in welchem Maß Amalgam den Körper belastet; die größte Gefahr scheint beim Einsetzen neuer und beim Herausbohren alter Amalgamfüllungen zu bestehen.

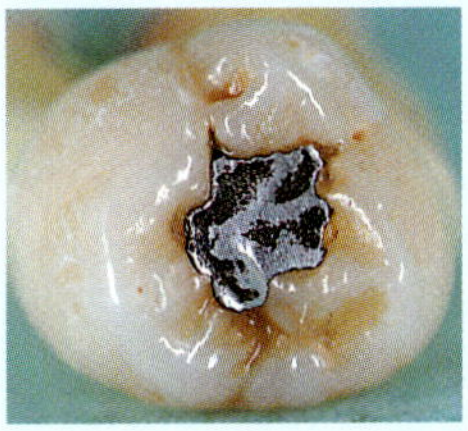

**Amalgam ist preiswert, aber umstritten.**

Daneben werden Füllungen aus Kunststoffgemischen (Compositefüllungen) und Zement-Kunststoff-Mischungen (Glasionomer-Zement) verwendet. Die Haltbarkeit schwankt zwischen 1 bis 2 Jahren (Glasionomer-Zement) und 8 bis 10 Jahren (Amalgam).

• **Einlagefüllungen:** Einlagefüllungen werden ebenfalls eingesetzt, wenn ein ausgebohrter Zahn versorgt werden muß. Für sie ist immer ein Abdruck erforderlich; bis das sogenannte Inlay hergestellt ist, muß eine provisorische Füllung getragen werden. In Frage kommen als Materialien Gold, Silber, Platin, Palladium oder Kupfer, Keramik oder Kunststoff. Sie müssen mit Zement oder einem Spezialkleber befestigt werden und sind zwischen 4 bis 6 Jahren (Kunststoff) und 10 bis 15 Jahren (Gold) haltbar.

• **Kronen:** Ist ein Zahn sehr stark von Karies befallen (→ Seite 314), muß also ein großer Teil entfernt oder sogar eine Wurzelbehandlung vorgenommen werden (→ Entzündung des Zahnmarks, Seite 314), so wird auf den verbleibenden Stumpf eine künstliche Zahnkrone aufgesetzt. Möglich sind eine sogenannte Vollgußkrone aus Metall (für Backenzähne), eine Verblendkrone mit einem Metallkern und einer zahnfarbenen Keramikummantelung oder eine Vollkeramikkrone.

• **Brücken:** Gehen ein oder mehrere Zähne durch Unfall oder Krankheit verloren, so kann die Lücke mit künstlichen Zähnen »überbrückt« werden. Voraussetzung ist, daß rechts und links von ihr Zähne sind, an denen die Konstruktion befestigt werden kann. Brücken werden aus Metall gefertigt und sind zum Teil mit Keramik verblendet.

• **Implantate** sind künstliche Zahnwurzeln; sie werden operativ in den zahnlosen Kieferbereich eingepflanzt. Ihr Grundgerüst – meist Schrauben oder Stifte – wächst in das umgebende Knochengewebe des Kiefers dauerhaft ein. Der obere Teil, der aus dem Zahnfleisch herausragt, dient zur Verankerung des Zahnersatzes: einer Krone oder Brücke. Voraussetzung für eine erfolgreiche Implantation sind ein gesunder Kieferknochen, gesundes Zahnfleisch und gute allgemeine Gesundheit. Nach der Implantation sind äußerst sorgfältige Zahnpflege und regelmäßige Kontrollen beim Zahnarzt unerläßlich.

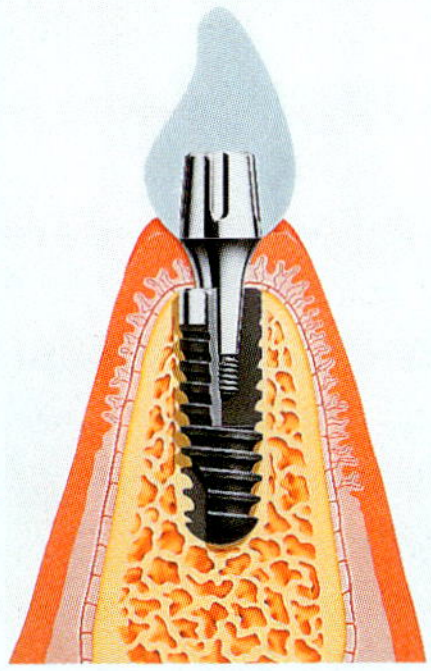

**Schraube und Krone eines Implantats.**

• **Prothesen:** Teilprothesen können auf viele verschiedene Arten an den verbliebenen Zähnen befestigt werden. Sie sehen zum Teil leider nicht besonders ansprechend aus und können Karies und Parodontitis begünstigen.

Eine Vollprothese anzufertigen, anzupassen und gegebenenfalls nachzukorrigieren ist aufwendig, teuer und kann einige Zeit dauern – damit sich der Aufwand lohnt, sollte sie auch wirklich gut sitzen. An eine Teil- oder Vollprothese muß man sich erst langsam gewöhnen: Druckstellen, Geschmacksveränderungen, Sprachprobleme und das Gefühl, die Prothese mit den Gesichtsmuskeln festhalten zu müssen, sind am Anfang häufig. Prothesen müssen täglich gereinigt und regelmäßig vom Zahnarzt kontrolliert werden.

• Zur Kostenübernahme aller Arten von Zahnfüllungen und Zahnersatz fragen Sie bitte Ihre Krankenkasse.

## Zahnen

**▶ Symptome**

- ➜ das Kind weint viel
- ➜ Rötung und Schwellung des Zahnfleischs
- ➜ auffallend starker Speichelfluß
- ➜ Durchfall und Fieber möglich

Zwischen dem vierten und achten Lebensmonat brechen die ersten der 20 Milchzähne durch, meist die unteren Schneidezähne. Zwischen dem 20. und 30. Lebensmonat vervollständigen in der Regel die hinteren Backenzähne das Milchgebiß. Bei vielen Babys spannen die Kieferbögen schmerzhaft; meist macht das Zahnen darüber hinaus keine Probleme.

### Ärztliche Behandlung

Wenn das Zahnfleisch sehr stark geschwollen ist, Ihr Kind Fieber und stärkeren Durchfall hat, sollten Sie abklären lassen, ob eine Infektion vorliegt. Wenn sich nach 12 Monaten noch kein Zahn zeigt oder das Gebiß nach 33 Monaten nicht vollständig ist, sollten Sie Ihren Zahnarzt aufsuchen.

### Selbsthilfe

Gegen die Kieferschmerzen können Ihrem Kind beispielsweise mit Flüssigkeit gefüllte Beißringe, Brotkanten, Apfel- oder Mohrrübenschnitze helfen. Veilchenwurzeln aus der Apotheke sind sehr unhygienisch, daher also nicht geeignet; auch sogenannte Zahnungsmittel sollten Sie nicht verwenden.

## Zahnwechsel

**▶ Symptome**

- ➜ Auseinanderrücken der Milchzähne
- ➜ Zahnschmerzen und Blutungen
- ➜ Weisheitszähne: stärkere Zahnschmerzen über längere Zeit und Entzündungen möglich

Vom sechsten Lebensjahr an brechen die 28 Zähne des Dauergebisses durch, zuerst zwei der hinteren Backenzähne, die sogenannten Sechs-Jahr-Molaren. Bis etwa zum 14. Lebensjahr ist der Zahnwechsel beendet. Ab dem 17. Lebensjahr können dann die vier Weisheitszähne durchbrechen. Sie haben allerdings bei vielen Menschen keinen Platz und liegen häufig gekippt oder verkeilt am Ende der Zahnreihe.

### Ärztliche Behandlung

Wenn die Zahnschmerzen länger andauern oder stärkere Blutungen auftreten, wenn lange nach dem sechsten Lebensjahr noch alle Milchzähne da sind, der Zahnwechsel plötzlich ins Stocken gerät oder neue Zähne sich übereinanderschieben, sollten Sie Ihren Zahnarzt aufsuchen. Er wird prüfen, ob alle Zähne angelegt sind und Platz haben. Weisheitszähne müssen häufig gezogen werden; das kann sehr schmerzhaft sein und manchmal zu vorübergehenden Gefühlsstörungen in einem Teil des Mundes führen, wenn beim Ziehen Nerven verletzt werden.

## Kinderzähne richtig pflegen

Wenn beim Baby der erste Zahn kommt, ist das für alle Eltern ein ganz besonderer Moment. Daß damit eine lebenslange Aufgabe beginnt, daran denken die wenigsten.

Jedoch sollten Sie schon den allerersten Zahn nach jeder Mahlzeit reinigen, mit einem Wattestäbchen oder einem weichen Tuch. Damit gewöhnt sich das Kind auch früh daran, daß nach dem Essen das Zähneputzen kommt. Sind mehrere Zähne durchgebrochen, so empfehlen Zahnärzte, Babyzahnbürsten mit weichen Borsten, kurzem Kopf und dickem, runden Stiel zu verwenden. Erst wenn das Kind etwa 3 Jahre alt ist, sollten Sie eine (fluoridierte) Kinderzahncreme benutzen; vorher würde es sie eher verschlucken als ausspucken.

Die richtige Zahnputztechnik und umsichtige Zahnpflege (→ Seite 315) können Kinder frühzeitig lernen – auch wenn die Eltern noch lange Zeit nachputzen müssen. Auch wenn Milchzähne wieder ausfallen, sollten sie doch gründlich gereinigt werden, denn sind sie krank, beeinflußt das immer auch die nachrückenden Zähne. Ab dem dritten Lebensjahr sollten Sie regelmäßig mit Ihrem Kind zum Zahnarzt gehen.

**Das lustige Putzmännchen mit der Sanduhr hilft Kindern beim Zähneputzen.**

### Selbsthilfe

Mit sauberem Finger darf einem Wackelzahn vorsichtig nachgeholfen werden. Spülungen mit Kamillentee oder anderen entzündungshemmenden Mitteln können das gereizte Zahnfleisch beruhigen.

## Karies der Milchzähne

### ▶ Symptome

- ➜ erste Anzeichen sind weiße Flecken, besonders an den Schneidezähnen, oder weißliche Flächen
- ➜ schreitet die Karies voran, so verfärben sich die Zähne bräunlich, werden immer kürzer, schlimmstenfalls bleiben nur braunschwarze Zahnstummel übrig

Nuckelt ein Baby ständig an Tees oder Säften, die Zucker oder Honig enthalten, so hat die Karies leichtes Spiel: Stundenlang kann das süße Getränk Zähne und Zahnfleisch »umspülen« (→ Karies, Seite 314). Mediziner sprechen daher vom Nursing-Bottle-Syndrom: Karies, die mit der Saugflasche, englisch der »nursing bottle«, verursacht wird. Später sind vor allem Limonaden, süße Fruchtsäfte und Süßigkeiten aller Art Ursache für eine Karies der Milchzähne.

### Ärztliche Behandlung

Der Zahnarzt kann versuchen, die Karies aufzuhalten, indem er die befallenen Stellen mit einem Lack überzieht. Der Erfolg ist allerdings nur mäßig.

### Selbsthilfe

Sie können Karies vermeiden, wenn Sie auf eine »zahnfreundliche« Ernährung Ihres Kindes und die richtige Mundhygiene achten: Geben Sie Ihrem Baby keine gesüßten Tees oder Fruchtsäfte in der Nuckelflasche; bieten Sie später statt Coca-Cola und anderen süßen Limonaden frisch gepreßte Fruchtsäfte und Tees an. Achten Sie darauf, daß das Essen von Anfang an »bißfest« ist, also gründlich gekaut werden muß. Machen Sie Ihrem Kind herzhaftes Essen und keine Süßspeisen »schmackhaft«.
Damit es aber nicht ganz auf Süßes verzichten muß, können Sie gutgemeinte Mitbringsel in einer speziellen Schublade sammeln, aus der als Nachtisch zur Hauptmahlzeit etwas ausgesucht werden darf. Anschließend werden die Zähne gründlich geputzt! Süßwaren mit Zuckerersatzstoffen, die keine Karies verursachen, erkennen Sie an dem Zahnmännchen auf der Packung. Trockenobst und Rosinen enthalten zwar Nährstoffe, leider aber auch Zucker; Müsli mit Früchten und Nüsse sind für eine Zwischenmahlzeit besser geeignet (Zähneputzen nicht vergessen!).

## Zahn- und Kieferfehlstellungen

### ▶ Symptome

- ➜ schiefstehende, kippende Zähne
- ➜ große Abstände, vor allem zwischen den Schneidezähnen
- ➜ der Ober- oder der Unterkiefer steht vor
- ➜ obere und untere Zahnreihe beißen »über Kreuz« aufeinander

Fehlstellungen der bleibenden Zähne und der Kiefer sind kein rein kosmetisches Problem – sie können dauerhafte Schäden an den Zähnen, dem Zahnhalteapparat, dem Zahnfleisch und den Kiefergelenken verursachen sowie Kauen und Sprechen behindern.

**Auch mit Zahnspange fröhlich zu lachen, ist für viele Kinder nicht ganz einfach.**

### Ärztliche Behandlung

Ein Kieferorthopäde kann Sie beraten, ob und wann eine Regulierung der Fehlstellung sinnvoll ist. Gegebenenfalls kann er eine herausnehmbare oder festsitzende Zahnspange anfertigen. Zu bedenken ist, daß eine Zahnregulierung meist ein sehr langwieriger Prozeß ist. Außerdem kann eine Spange beim Essen und Sprechen stören und zu Hänseleien führen.

### Selbsthilfe

Lassen Sie sich genau darüber informieren, ob die Regulierung notwendig ist. Auch Ihr Kind sollte den Sinn der Zahnspange verstehen und sich für ihre sorgfältige Pflege verantwortlich fühlen.

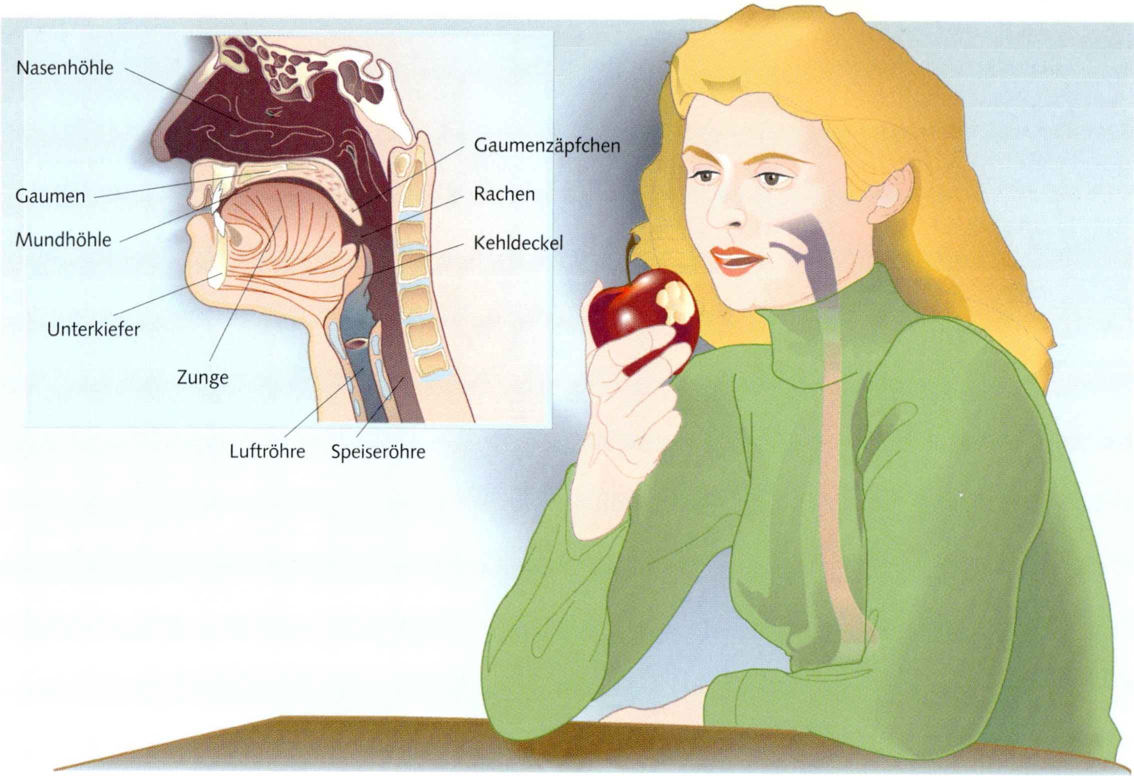


# Mund und Speiseröhre

- **Mundhöhle und Zunge**
- **Rachen und Speiseröhre**
- **Der Schluckakt**

Ein schön gedeckter Tisch mit lecker zubereiteten Speisen – ein Blick genügt, und schon läuft uns das Wasser im Mund zusammen: Unsere Speicheldrüsen beginnen zu arbeiten. Sie produzieren täglich etwa einen halben bis eineinhalb Liter Speichel. Bis zu 99 Prozent davon sind Wasser, doch das restliche Prozent hat es in sich: Seine Inhaltsstoffe machen die Speisen gleitfähig, lösen Geschmacksstoffe und töten in geringem Maße schädliche Bakterien ab. Enzyme spalten bereits in der Mundhöhle einen Teil der Kohlenhydrate in der Nahrung auf.

Die Mundhöhle besteht aus dem sogenannten Vorhof, dem Raum zwischen Zähnen und Lippen, und der eigentlichen Mundhöhle innerhalb der Zahnreihen. Mit Ausnahme der Zähne ist sie überall mit einer Schleimhaut ausgekleidet. Die Sekrete aller Speicheldrüsen und eine Reihe hilfreicher Bakterien bilden zusammen die Mundflora, die für die Infektabwehr wichtig ist.

## Das Vielzweckorgan: die Zunge

Selten ist uns bewußt, was wir alles nicht könnten, wenn wir keine Zunge hätten. Mit ihrer Hilfe tasten, saugen, schmecken und schlucken wir. Außerdem ist sie ein wichtiges Instrument der zwischenmenschlichen Kommunikation. Denn ohne Zunge könnten wir nicht sprechen – und uns auch nicht innig küssen. Und wer möchte sie schon missen als Gradmesser dafür, ob Speisen schmackhaft zubereitet, ob sie eßbar oder verdorben sind. Zusätzlich sorgt sie durch ihre kräftigen Bewegungen dafür, daß die Nahrung zum gründlichen Kauen zwischen die Zahnflächen transportiert und gut mit Speichel vermischt wird.

Auf dem Rücken dieses überaus beweglichen Muskels finden sich unzählige feine Schleimhauterhebungen, die Zungenpapillen. Überwiegend seitlich angeordnet liegen die Geschmacksknospen: Ganz vorn schmecken wir Süßes, dahinter empfinden wir Salziges, und vor dem wulstigen Zungenrücken nehmen wir Saures wahr; von ganz hinten in der Mitte wird der Geschmack von Bitterstoffen an das Gehirn weitergeleitet. Und dennoch ist die Zunge nur für eine Grobeinschätzung zuständig. Die feinen Geschmacksnuancen eines Gerichts, die Vielfalt von Aromen und Gewürzen nimmt nur die Nase wahr – mit dem Geruchssinn, der fast mit dem gleichen Recht auch Geschmackssinn heißen könnte (→ Seite 179).

## Eine sensible Schleuse: der Rachen

Ist das Essen gut durchgekaut und eingespeichelt, erreicht es den ersten kritischen Punkt auf seiner weiten Reise durch den Verdauungstrakt: den Rachen, wo sich die Luftröhre und die Speiseröhre kreuzen. Hätten wir selbst die Entscheidung zu treffen, welche Richtung eingeschlagen werden muß, käme es wahrscheinlich oft zu Fehlleitungen. Aber das Schlucken ist ein Reflex, das heißt, wir haben auf den Vorgang keinen Einfluß.

Berührt ein Bissen den hinteren Teil des Gaumens und den Zungengrund, dann läuft der Schluckreflex automatisch ab. Der Kehlkopf bewegt sich, von außen tastbar, nach oben, so daß der Kehldeckel die Luftröhre verschließt. Gleichzeitig schiebt sich das Gaumensegel, die weiche Fortsetzung des harten Gaumens, nach hinten, und die hintere Rachenwand wölbt sich etwas nach vorn. So wird der Zugang zur Nase verschlossen, damit der Speisebrei nicht versehentlich einen falschen Weg nehmen kann. Nun wird der Bissen durch die Mundbodenmuskeln und die Zunge in den Schlund geschoben. Dabei setzt die Atmung kurzzeitig aus.

## Immer flexibel: die Speiseröhre

Ist es nicht verblüffend, wie eine Giraffe aus einem See trinken kann, wie sie das Wasser durch den langen Hals nach oben befördert? Auch wir Menschen schaffen solche Kunststücke, selbst im Kopfstand können wir gegen die Schwerkraft schlucken. Zu verdanken haben wir das einem raffinierten Bewegungsablauf in der Speiseröhre. Dieser etwa 30 Zentimeter lange Muskelschlauch verbindet den Rachen mit dem Magen. Er ist innen mit Schleimhaut ausgekleidet, dehnbar und kann sich der Form der angebotenen Nahrungsportionen anpassen.

Die Speiseröhre schiebt den zähflüssigen Brei vorwärts, indem die Ringmuskeln der Speiseröhrenwand *vor* jedem Bissen erschlaffen. Dadurch wird die Speiseröhre weit; *hinter* einem Bissen ziehen sie sich zusammen. Dann kommt die Längsmuskulatur zum Einsatz, und in einer wellenförmigen Bewegung werden die Nahrungsportionen in Richtung Magen transportiert – mit einer Geschwindigkeit von vier Zentimetern pro Sekunde.

**Vergrößert sehen sie wie kleine Kegel aus: die Papillen auf unserer Zunge.**

## Wenn ein Bissen im Hals steckt

Es empfiehlt sich, das Essen gut durchzukauen und einzuspeicheln und Tabletten mit reichlich Flüssigkeit zu schlucken. Denn in den Engpässen der Speiseröhre können besonders große oder trockene Bissen oder verschluckte Fremdkörper hängenbleiben, was sich meist durch heftige Schmerzen in der Brust bemerkbar macht. Meist genügt ein kräftiger Schluck Wasser, um den eingekeilten Bissen wieder »flottzumachen«.

## Ankunft erwartet

Bis der Nahrungsbrei endlich im Magen anlangt, ist dieser auf seine Ankunft vorzüglich vorbereitet. Denn schon wenn der erste Speichel beim Anblick der Speisen fließt, fangen auch die Magendrüsen an zu arbeiten und Magensaft zu bilden.

Ein kräftiger Ringmuskel unterhalb des Zwerchfells verschließt den Eingang des Magens, damit der saure Mageninhalt nicht in die empfindliche Speiseröhre zurückfließen kann. Drückt der ankommende Speisebrei von oben auf diesen Ringmuskel, öffnet er sich; sobald der Bissen im Magen angekommen ist, schließt er sich wieder hinter ihm. Und nun beginnt die Verdauungsarbeit des Magens (→ Seite 330).

# Notfälle

## Allgemein gilt

Verletzungen im Mund sollten immer von einem Arzt untersucht werden! Bei Verätzungen im Rachen oder in der Speiseröhre sofort mit viel Flüssigkeit, zum Beispiel Wasser oder Tee, nachspülen, um die Säure oder Lauge zu verdünnen.

## Verletzungen von Gaumen, Zunge oder Speiseröhre

▶ Symptome
- ➜ Blutung, Schmerzen im betroffenen Bereich

Kinder stecken beim Spielen gern Bleistifte oder kleine Gegenstände in den Mund. Wenn sie damit stolpern, kann sich die Spitze in den noch weichen Gaumen bohren und unter Umständen eine wichtige Arterie verletzen, die den Kopf mit Blut versorgt. Es besteht aber auch die Gefahr, daß sie den Gegenstand verschlucken und er am Anfang der Speiseröhre hängenbleibt. Daß ein Fremdkörper, zum Beispiel eine Fischgräte, in der Speiseröhre festsitzt, kann auch Erwachsenen passieren – vor allem wenn sie großflächige Zahnprothesen tragen, die das Gefühl für den Speisebrei im Mund beeinträchtigen. Verletzungen der Zunge sind oft die Folge eines epileptischen Anfalls (→ Seite 190).

### Ärztliche Behandlung

Der Arzt wird den Fremdkörper – eventuell mit einem Endoskop – entfernen und kontrollieren, ob ein Blutgefäß verletzt ist. Wenn die Wunde im Gaumen weit klafft, muß sie vernäht werden. Die Zunge heilt sehr gut, so daß nur selten eine Naht erforderlich ist.

### Selbsthilfe

Ist nicht möglich.

## Verätzungen

▶ Symptome
- ➜ Schmerzen, starkes Brennen im Mund
- ➜ Schluckbeschwerden, Atemnot
- ➜ eventuell Bewußtlosigkeit

Durch (versehentliches) Trinken von Laugen oder Säuren wird die Schleimhaut von Mund, Rachen und Speiseröhre geschädigt. Laugen dringen tiefer in die Schleimhaut ein als Säuren.

### Ärztliche Behandlung

Trinken Sie bei einer frischen Verätzung viel Wasser oder Tee, um die Säure oder Lauge zu verdünnen. Durch Kortison (→ Seite 635) wird die überschießende Entzündung eingedämmt. In der Klinik wird mit einer Endoskopie das Ausmaß der Schleimhautzerstörung festgestellt, eventuell wird die ätzende Flüssigkeit mit einem entsprechenden Schlauch aus dem Magen abgesaugt.

### Selbsthilfe

Provozieren Sie keinesfalls Erbrechen, damit nicht beim Zurückfließen des ätzenden Mageninhalts noch mehr Schaden in der Speiseröhre angerichtet wird! Geben Sie die Flasche mit der Säure/Lauge dem Arzt, damit er die Konzentration bestimmen kann.

## Blutung von Krampfadern in der Speiseröhre (Ösophagusvarizen)

▶ Symptome
- ➜ Erbrechen von meist dunklem Blut

Im unteren Teil der Speiseröhre können sich Krampfadern (→ Seite 282) als Folge einer Leberzirrhose (→ Seite 356) ausbilden. Blutungen aus diesen Adern müssen sofort gestillt werden, da sie sonst tödlich sein können.

### Ärztliche Behandlung

Zur Blutstillung werden die Adern entweder mit Hilfe eines Ballonkatheters vorübergehend abgedrückt (→ Seite 265) oder durch Medikamente, die über ein Endoskop eingespritzt werden, verödet. Bei starkem Blutverlust ist eine Bluttransfusion nötig.

### Selbsthilfe

Ist nicht möglich.

# Spezielle Untersuchungen

Mund- und Rachenhöhle kann der Arzt mit dem bloßen Auge ausreichend inspizieren. Für die Untersuchung der uneinsehbaren Speiseröhre hat er eine Reihe von modernen technischen Instrumenten und Geräten zur Verfügung.

## Röntgenuntersuchung mit Kontrastmittel

Verlauf und Innenauskleidung der Speiseröhre können mit einer Röntgenaufnahme gut sichtbar gemacht werden, wenn Sie vorher ein sogenanntes Kontrastmittel (→ Seite 622) geschluckt haben. Damit kann man anatomische Veränderungen wie starke Einengungen oder Aussackungen der Speiseröhre (→ Seite 329), Geschwüre und Krebsgeschwülste nachweisen. »Feinere« Schleimhauterkrankungen sind allerdings nicht sicher zu erkennen, dazu ist eine → Spiegelung der Speiseröhre nötig. Durch Filmaufnahmen kann der Ablauf des Schluckaktes registriert werden.

## Spiegelung der Speiseröhre (Ösophagus-Endoskopie)

Mit Hilfe modernster elektronischer Bildübermittlung kann der Arzt die Oberfläche der Speiseröhre sehr genau in Augenschein nehmen. Dazu wird ein flexibler Schlauch (→ Das Endoskop, Seite 621) in die Speiseröhre eingeführt. Eine Narkose ist dabei nicht erforderlich. Der Arzt erkennt damit feinste Veränderungen der Schleimhaut und Tumoren. Gleichzeitig können mit demselben Instrument Proben aus dem Gewebe zur Untersuchung entnommen werden.

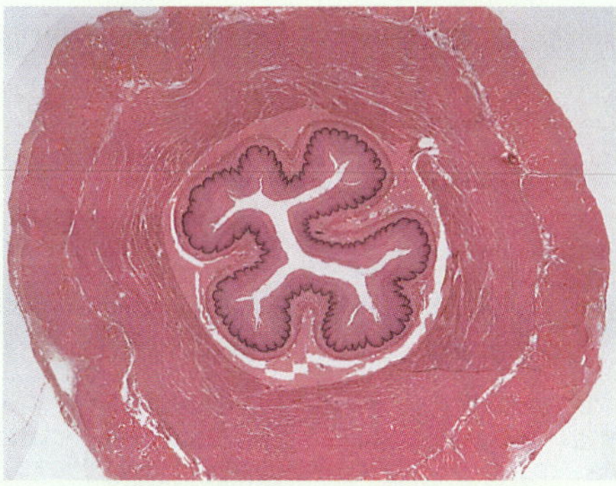

**Auch große Bissen müssen hier durch: Querschnitt der Speiseröhre.**

## Säuremessung

Mit einer dünnen biegsamen Sonde, die über die Nase eingeführt wird, wird der Säuregrad in der Speiseröhre gemessen. Das Gerät kann dort längere Zeit verbleiben. Häufigkeit und Menge von aufgestoßenem Mageninhalt (Reflux) und die Dauer der Übersäuerung werden sehr genau mit einem tragbaren oder feststehenden Aufzeichnungsgerät registriert.
Der Rückfluß des Mageninhalts kann auch durch bestimmte Bewegungen wie Bücken oder Husten provoziert werden. Die Schwankungen des Wertes werden mit denen gesunder Menschen verglichen, denn auch bei ihnen tritt manchmal Magensaft in die Speiseröhre über.

## Druckmessung beim Schlucken (Manometrie)

Um Störungen beim Schluckablauf festzustellen, wird mit Hilfe einer dünnen Sonde der Druck in der Speiseröhre gemessen. Diese Untersuchung gibt Aufschluß über die Muskelbewegungen der Speiseröhre beim Schlucken, über eventuelle Krämpfe und die Kraft des Magenschließmuskels am unteren Ende der Speiseröhre. Sie wird durchgeführt, wenn Sie häufig unter Sodbrennen (→ Seite 328) und/oder Schluckbeschwerden leiden oder wenn Sie starke Brustschmerzen haben, die nicht vom Herzen ausgehen (→ Angina pectoris, Seite 264).

## Szintigraphie der Speiseröhre

Um zu testen, ob und wie weit der Mageninhalt in die Speiseröhre zurückfließt, müssen Sie eine leicht radioaktive Substanz schlucken. Danach wird ihr Weg mit Hilfe einer Spezialkamera beobachtet. Das Bild, das dabei entsteht, das sogenannte Szintigramm (→ Die Szintigraphie, Seite 623), zeigt die Verteilung der Substanz in der Speiseröhre und ihren Weitertransport und erlaubt damit Rückschlüsse auf die Funktionsfähigkeit der Speiseröhre.

## Veränderungen der Zungenoberfläche

**▶ Symptome**

- ➜ Furchen und Risse in der Zunge
- ➜ Zungenbeläge von weiß über grau bis braun
- ➜ dunkle, haarartige Verlängerungen der Zungenpapillen
- ➜ trockener Belag, knotige Verdickungen

Furchen und Risse sind meist Zeichen von Verletzungen der Zunge, selten Ausdruck einer Infektion oder einer Geschwulst. Beläge auf der Zungenoberfläche bestehen aus abgeschilferten Zellen, Speiseresten und Schleim. Ein normaler Belag ist grau, gelblich oder braun, er kann das Geschmacksempfinden beeinträchtigen. Bei Fieber oder Flüssigkeitsmangel kann sich ein trockener Belag bilden, weil dann zu wenig Speichel zur Reinigung der Zunge zur Verfügung steht. Haarartige Verlängerungen der Papillen, der feinen Hauterhebungen auf dem Zungenrücken, entstehen, wenn zu wenig feste Nahrung beim kräftigen Kauen die Papillen abschleift; eine solche »Haarzunge« kann sich auch nach einer Veränderung der Mundflora, zum Beispiel nach einer Antibiotikatherapie, bilden.

### Ärztliche Behandlung

Sie sollten zum Arzt gehen, wenn ein harter Knoten auf oder in der Zunge fühlbar ist, wenn ein Geschwür oder ein größerer Riß nach zwei Wochen nicht verheilt ist oder wenn die Beläge nicht dauerhaft entfernt werden können. Bei Verdacht auf eine Geschwulst wird der Arzt eine Gewebsprobe aus dem Knoten oder dem nicht verheilenden Geschwür entnehmen. Wenn es sich um einen bösartigen Tumor handelt, muß er so schnell wie möglich operiert werden (→ Krebs in der Mundhöhle, Seite 327).

### Selbsthilfe

Putzen Sie Ihre Zähne immer sehr sorgfältig (→ Seite 315), und spülen Sie den Mund nach dem Essen gut aus. Stärkere Beläge können Sie mit der Zahnbürste entfernen. Eine »Haarzunge« sollten Sie mit einer konzentrierten Lösung aus doppeltkohlensaurem Natron abbürsten (so viel Natron in ein Glas Wasser einrühren, bis sich nichts mehr löst). Wenn Sie einen trockenen Belag haben, hilft viel trinken.

## Zungenentzündung (Glossitis)

**▶ Symptome**

- ➜ glatte, gerötete Zungenoberfläche
- ➜ eventuell schmerzhafte Schwellung der Zunge
- ➜ Zungenbrennen

Die Zungenentzündung kann mechanisch – durch schlechtsitzende Zahnprothesen oder scharfkantige Zähne – bedingt sein, aber auch durch scharfe Gewürze, Nikotin oder Alkohol. Häufig tritt sie in Verbindung mit einer Entzündung der Mundschleimhaut (→ Seite 326) bei Infektionskrankheiten auf, außerdem bei Abwehrschwäche, → Mundsoor sowie bei Vitamin $B_{12}$- und Eisenmangel.

### Ärztliche Behandlung

Wenn die Beschwerden nach mehreren Tagen nicht nachlassen, sollten Sie einen Arzt aufsuchen. Können mechanische Ursachen und Infektionskrankheiten ausgeschlossen werden, wird das Blut auf einen Mangel an Vitamin $B_{12}$ und Eisen untersucht, der entsprechend behandelt wird (→ Eisenmangelanämie, Seite 292; → Anämie durch Vitamin-$B_{12}$- und Folsäuremangel, Seite 293).

### Selbsthilfe

Wichtig sind gründliche Mund- und Zahnhygiene und eine eventuelle Kontrolle der Zahnprothese. Spülungen mit Kamillen- oder Salbeitee, einer dreiprozentigen Wasserstoffperoxidlösung oder eine Tinktur aus Teebaumöl lindern die Beschwerden.

**Tinkturen aus Pflanzenölen helfen bei Entzündungen im Mundraum.**

## **Mundsoor** (Candidiasis)

### ▶ Symptome

- leuchtendweiße Pünktchen und Flecken auf der Mundschleimhaut, die bluten, wenn man sie ablöst
- weiße Schleimhauterhebungen an den Zungenrändern
- Brennen in Mund und Rachen
- Schluckbeschwerden

Soor ist eine Infektion mit dem Hefepilz Candida albicans, die meist durch eine Veränderung der Mundflora entsteht, beispielsweise nach einer Therapie mit Antibiotika, Kortison-Inhalationen (→ Allergisches Asthma bronchiale, Seite 525) oder wenn Ihr Immunsystem geschwächt ist, zum Beispiel bei Diabetes, AIDS oder während einer Krebstherapie (→ Warum machen Pilze krank?, Seite 552). Die Pilze können sich im ganzen Verdauungstrakt ausbreiten, unter Umständen greifen sie auch auf andere innere Organe wie Herz und Lunge über.

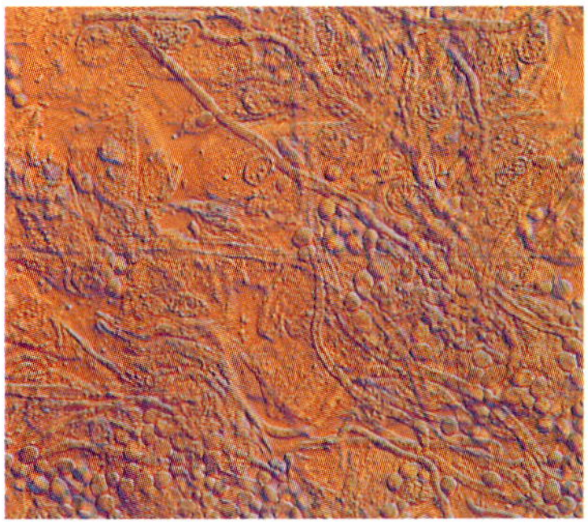

**In einem Abstrich von der Mundschleimhaut findet sich oft ein Candida-Pilz.**

### Ärztliche Behandlung

Wenn weiße Flecken auf der Mundschleimhaut nur unter Blutung abgelöst werden können, sollten Sie einen Arzt aufsuchen. Er entnimmt eine Probe aus den Belägen. Durch eine Laboruntersuchung kann der Pilz identifiziert werden. Mundspülungen und Pinselungen mit einem Antipilzmittel oder einem desinfizierenden Farbstoff führen im allgemeinen zur Heilung, sofern die Pilze sich noch nicht weiter ausgebreitet haben. Ist auch der Darm befallen, sollte die medikamentöse Behandlung mit einer Sanierung des Darms und einer Diät kombiniert werden, um den Erreger aus dem gesamten Darmtrakt zu entfernen (→ Symbioselenkung – was ist das?, Seite 553).

### Selbsthilfe

Versuchen Sie, soweit es abhängig von Grunderkrankungen möglich ist, die Ursachen, die zur Veränderung Ihrer Mundflora geführt haben, zu beseitigen. Eine gute Mund- und Körperhygiene ist bei Pilzerkrankungen generell sehr wichtig. Achten Sie darauf, keine scharfen Speisen zu essen, die die Schleimhaut reizen könnten. Ihr Immunsystem können Sie durch Bewegung, frische Luft und eine gesunde vollwertige Ernährung stärken.

### Wenn ein Kloß im Hals sitzt

Wer kennt es nicht, dieses Gefühl, einen Kloß im Hals zu haben, den man hinunterschlucken möchte und nicht kann. Das kann verschiedene Ursachen haben, denn der Schluckakt ist ein sehr komplizierter Vorgang, dessen Ablauf zum einen vom gesunden Zustand des Rachens, der Speiseröhre und des Mageneingangs abhängt, und zum anderen aber auch von der richtigen Funktion des Gehirns, der Nerven und der Muskeln. Wenn das Engegefühl im Hals länger anhält, kann es ein Anzeichen ganz unterschiedlicher Erkrankungen sein und die verschiedensten Therapien nötig machen. Es ist aber in jedem Fall ein Grund, einen Arzt aufzusuchen!
Schluckbeschwerden gehen oft mit Atemnot, Heiserkeit, Halsschmerzen, Erbrechen oder Fieber einher. Aus solchen Symptomen kann der erfahrene Arzt oft schon auf die Ursache schließen. Ein Schlaganfall (→ Seite 198) kann ebenso Schluckstörungen auslösen wie ein Fremdkörper oder Aussackungen in der Speiseröhre (→ Seite 329), infektiöse Rachenerkrankungen oder andere Allgemeinerkrankungen. Häufige Ursache für Schluckbeschwerden im Alter über 45 Jahre, vor allem wenn es darum geht, feste Speisen zu schlucken, ist ein Speiseröhrenkrebs (→ Seite 329).
Erst wenn alle körperlichen Ursachen mit Hilfe von Röntgenaufnahmen und Endoskopie ausgeschlossen sind, ist es zulässig, eine psychische Ursache anzunehmen. Der »Kloß im Hals« kann Ausdruck von Angst oder Trauer sein und deutet vielleicht in der Sprache Ihres Körpers darauf hin, daß Sie etwas nicht verarbeiten können.

## Mundschleimhautentzündung (Stomatitis)

**▶ Symptome**

- ➜ gerötete Mundschleimhaut
- ➜ Brennen, Schmerzen im Mund
- ➜ vermehrter Speichelfluß
- ➜ Bläschen, die später aufplatzen
- ➜ eventuell Fieber und schmerzhaft geschwollene Lymphknoten am Hals
- ➜ Mundgeruch

Eine Entzündung der Mundschleimhaut kann verschiedenste Ursachen haben. Sie kann ausgelöst werden durch Schäden an den Zähnen, durch Chemikalien, durch Wärme- und Kältereize oder durch Gifte wie Quecksilber oder Wismut. Aber auch Bakterien, Viren oder Pilze (→ Mundsoor, Seite 325), die sich im Mund ansiedeln, können zu der Erkrankung führen. Schwere Blutkrankheiten wie Leukämie (→ Seite 294) oder Blutvergiftung (→ Seite 536), Tuberkulose (→ Seite 252) oder Syphilis (→ Seite 546) gehen manchmal ebenfalls mit einer Stomatitis einher. Häufig tritt die Entzündung der Mundschleimhaut in Verbindung mit einer Zahnfleischentzündung auf (→ Seite 316), besonders bei Diabetikern (→ Seite 501).
Ein gesundes Immunsystem (→ Seite 298) wird mit schädlichen Bakterien und Viren in der Mundhöhle normalerweise schnell fertig. Dazu ist es jedoch auf eine gesunde Mundflora, das heißt eine ausgewogene Bakterienzusammensetzung im Speichel, angewiesen. Ist diese Mundflora nicht intakt, kommt es leicht zu Infektionen. Der Grund dafür können andere Erkrankungen sein, mangelhafte Mundhygiene oder Medikamente, zum Beispiel Antibiotika oder Arzneimittel, die die körpereigene Abwehr unterdrücken (→ Abwehr unerwünscht, Seite 300).

### Ärztliche Behandlung

Wenn sich die Symptome über mehrere Tage hinziehen, sollten Sie einen Arzt aufsuchen. Er wird als erstes die zugrundeliegende Ursache oder Krankheit ermitteln und diese behandeln. Dank der ausgezeichneten Heilungstendenz im Mund sind die Beschwerden im allgemeinen schnell vorüber, sobald die Ursache beseitigt ist. Die Heilung kann unterstützt werden, indem die Mundhöhle mit einer desinfizierenden Lösung, zum Beispiel fünfprozentiger Chromsäurelösung, eventuell sogar mit einem Antibiotikum ausgewischt wird. Kranke Zähne müssen behandelt, Zahnstein entfernt werden. Sollte eine erkrankte Stelle der Schleimhaut nicht abheilen, muß eine Probe entnommen und untersucht werden, damit ein Tumor rechtzeitig erkannt wird.

### Selbsthilfe

Achten Sie besonders auf Mundhygiene; regelmäßige Spülungen mit dreiprozentiger Wasserstoffperoxidlösung, Salbei- oder Kamillentee beugen einer Entzündung der Mundschleimhaut vor.

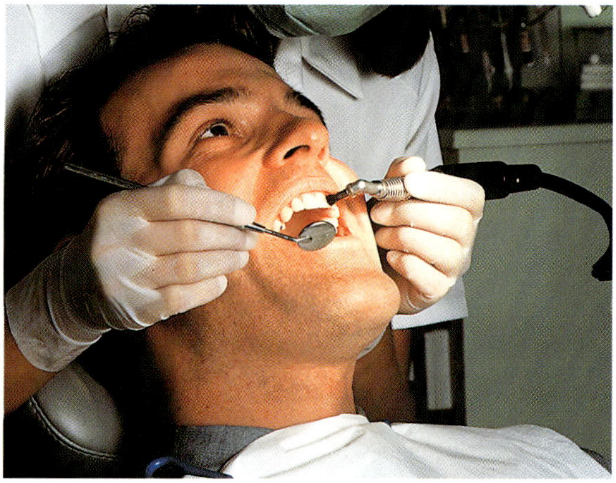

**Lassen Sie sich regelmäßig den Zahnstein entfernen, das beugt Entzündungen der Mundschleimhaut vor.**

## Mundfäule (Herpes-simplex-Erstinfektion)

**▶ Symptome**

- ➜ Fieber, Abgeschlagenheit, Übelkeit
- ➜ Schluckbeschwerden
- ➜ schmerzhafte, platzende Bläschen, vor allem im vorderen Mundbereich
- ➜ Wundstellen auf der Schleimhaut mit rotem Hof
- ➜ starker Speichelfluß, fauliger Mundgeruch
- ➜ geschwollene Lymphknoten am Unterkiefer

Mundfäule wird vom Herpes-simplex-Virus hervorgerufen, dem Virus, das auch für die Fieberbläschen am Mund (→ Seite 457) verantwortlich ist. Die Erstinfektion mit dem Herpes-Virus verläuft in 99 Pro-

zent aller Fälle unbemerkt. Nur bei einem sehr kleinen Teil der Betroffenen kommt es zu einer ausgeprägten Entzündung des Zahnfleisches, des Gaumens, der Wangenschleimhaut, der Zunge und des Rachens. Selten kommen Bläschen an den Augen dazu. In der Regel erkranken Kinder zwischen sieben Monaten und sechs Jahren, seltener junge Erwachsene. Übertragen wird das Virus meist von infizierten Eltern durch direkten Kontakt, durch einen Kuß, durch einen Löffel, der abgeleckt wurde.
Die anfänglichen Bläschen platzen, die Wundstellen der Schleimhaut fließen zusammen, es bilden sich dicke, weißliche Auflagerungen.

### Ärztliche Behandlung

Bei schmerzhaften Veränderungen im Mund sollten Sie mit Ihrem Kind einen Arzt aufsuchen. Die Erkrankung heilt im allgemeinen innerhalb von 14 Tagen ab. Eine Spülung mit einer Chlorhexidin-Lösung kann einer zusätzlichen Infektion mit Bakterien vorbeugen. Wenn die Schmerzen sehr stark sind, wird der Arzt Schmerzmittel verschreiben.

### Selbsthilfe

Besonders sorgfältige Mundpflege ist bei Mundfäule unerläßlich. Spülen Sie den Mund regelmäßig mit lauwarmem Wasser, Kamillentee oder einer Kamillenlösung, und betupfen Sie Bläschen und Wundstellen mit austrocknenden Tinkturen wie Myrrhe. Achten Sie darauf, daß Ihr Kind viel trinkt.

## Krebs in der Mundhöhle

### Symptome

- weiße Flecken mit rauher Oberfläche auf der Schleimhaut
- kleine Knoten, die eventuell wund werden
- anfangs schmerzlose Verhärtung auf der Zunge
- nichtheilende Wunde auf der Zunge, die manchmal schmerzhaft sein kann

Geschwülste im Mund können an den Lippen, im Mundboden, an der Wangen-, Gaumen- und Zahnschleimhaut und auf der Zunge wachsen. Ihre Ursache ist nicht genau bekannt, sicher wird aber ihre Entwicklung durch Tabakkonsum und hochprozentigen Alkohol unterstützt. Je nach ihrer Lokalisation und Ausdehnung können sie in den Kieferknochen einbrechen. Tochtergeschwülste bilden sich in den Lymphknoten und eventuell auch im ganzen Körper.

### Ärztliche Behandlung

Bei Verdacht auf Krebs wird der Arzt sofort eine mikroskopische Untersuchung des erkrankten Gewebes veranlassen. Eine Geschwulst im Mund sollte so früh wie möglich entfernt werden, da sie unter Umständen sehr schnell wächst. Daran anschließend sind eventuell Bestrahlungen und/oder eine Behandlung mit Zytostatika zur Verhinderung des Zellwachstums nötig (→ Seite 586).

### Selbsthilfe

Allgemeine Informationen zu Krebserkrankungen sowie wichtige Ratschläge und Hinweise finden Sie ab Seite 576.

## Speicheldrüsenerkrankungen

### Symptome

- schmerzhafte Schwellung der Speicheldrüsen
- Schluckbeschwerden, eventuell Fieber

Eine Entzündung der Speicheldrüsen kann an der Ohrspeicheldrüse auftreten (→ Mumps, Seite 559) oder durch Steine in den Speichelgängen ausgelöst werden, vor allem in den Unterkieferdrüsen. Anfangs schwillt die Drüse nur beim Essen an. Wenn das Sekret gar nicht mehr abfließen kann, entzündet sie sich, der Speichel wird flockig und schmeckt salzig.

### Ärztliche Behandlung

Wenn die Speicheldrüsen immer wieder schmerzhaft geschwollen sind bzw. die Schwellungen sich nicht zurückbilden, sollten Sie einen Arzt aufsuchen. Bei Mumps genügt meist Bettruhe, wegen eventueller Komplikationen muß die Krankheit jedoch beobachtet werden. Speichelsteine können manchmal unter der Zunge getastet werden; die genaue Lage wird mit Ultraschall oder einer Röntgenaufnahme erkundet. Führt ein Stein zu einer chronischen Drüsenentzündung, wird der Gang entweder aufgedehnt, oder der Stein wird operativ entfernt.

### Selbsthilfe

Ist nicht möglich.

## Sodbrennen/Aufstoßen (Reflux)

▶ Symptome
- ➜ brennender Schmerz hinter dem Brustbein und im Magen, vor allem nach dem Essen
- ➜ Luftaufstoßen, Schluckbeschwerden, Heiserkeit
- ➜ saures Aufstoßen von Magensaft und Speisebrei
- ➜ Beschwerden verstärken sich in Rückenlage, beim Bücken und Pressen

Sodbrennen entsteht, wenn der Schließmuskel am unteren Ende der Speiseröhre den Magen nicht fest verschließt. Dann können der saure Magensaft und der Speisebrei zurück in die Speiseröhre fließen und dort die empfindliche Schleimhaut schädigen. Das kann durch einen → Zwerchfellbruch oder durch Druck auf den Bauchraum ausgelöst werden, etwa bei einer Schwangerschaft, oder durch Übergewicht, aber auch mit Asthma (→ Seite 525) oder Angina pectoris (→ Seite 264) zusammenhängen.

Sodbrennen und Aufstoßen müssen behandelt werden, wenn die Beschwerden sehr häufig auftreten, denn dann droht eine Entzündung der Speiseröhre (Ösophagitis). Die Magensäure greift die Speiseröhre im Lauf der Zeit so sehr an, daß Defekte an der Schleimhaut entstehen. Am Mageneingang können sich Geschwüre bilden, die beim Abheilen Narben hinterlassen und dadurch die Speiseröhre verengen.

**Kaffee und Zigaretten sind tabu, wenn Sie häufig unter Sodbrennen leiden. Sie schaden den Schleimhäuten in Magen und Speiseröhre.**

### Ärztliche Behandlung

Zunächst wird der Arzt durch eine Spiegelung feststellen, ob und wie weit die Schleimhaut der Speiseröhre geschädigt ist. Dabei entnimmt er eine Gewebeprobe, um einen Tumor auszuschließen. Durch eine Langzeit-Säuremessung kann die Dauer und Häufigkeit des Aufstoßens registriert werden, um eine Refluxkrankheit von einem normalen, nicht behandlungsbedürftigen Sodbrennen abzugrenzen. Bei leichter Krankheit wird die Säure durch Antazida, Medikamente, die die Magensäure binden, neutralisiert. Wenn dies nicht ausreicht, wird die Säurebildung mit Wirkstoffen wie den sogenannten H2-Blockern oder mit Omeprazol gebremst.

### Selbsthilfe

Nehmen Sie häufiges Sodbrennen nicht auf die leichte Schulter, und behandeln Sie sich nicht über längere Zeit selbst mit Antazida. Sie können einiges tun, um Ihre Beschwerden zu lindern und einer Speiseröhrenentzündung vorzubeugen:

- Meiden Sie Kaffee, Fruchtsäfte, Süßigkeiten und Alkohol, besonders Schnäpse und Weißwein.
- Geben Sie das Rauchen auf.
- Alles, was Druck auf den Bauchraum ausübt, begünstigt das Aufstoßen. Tragen Sie deshalb keine zu enge Kleidung, und versuchen Sie abzunehmen.
- Bücken Sie sich nicht kopfüber, sondern gehen Sie mit aufgerichtetem Oberkörper in die Hocke.
- Ein Spaziergang nach dem Essen ist besser für Ihre Verdauung als ein Mittagsschläfchen.
- Essen Sie lieber fünf kleinere Mahlzeiten am Tag als drei große, und verzichten Sie auf fette Speisen.
- Zu heiße Speisen und Getränke reizen die Schleimhaut der Speiseröhre.
- Essen Sie nicht zu spät zu Abend (mindestens drei Stunden vor dem Schlafengehen).
- Stellen Sie das Kopfende Ihres Bettes hoch.
- Versuchen Sie, Streßsituationen zu vermeiden.

## Entleerungsstörung der Speiseröhre (Ösophagus-Achalasie)

Symptome
- ➜ zunehmende Schluckbeschwerden
- ➜ Aufstoßen von Speisen, Würgereiz
- ➜ Völlegefühl hinter dem Brustbein

Wenn der Schließmuskel der Speiseröhre am Mageneingang sich nicht öffnet, kann die Nahrung nicht in den Magen gelangen. Sie staut sich im unteren Teil der Speiseröhre. Ursache ist die Degeneration eines Nervengeflechtes in der Speiseröhrenwand, meist im mittleren Lebensalter. Die Krankheit entwickelt sich normalerweise über eine lange Zeit.

### Ärztliche Behandlung

Zur Diagnose wird eine Röntgenaufnahme mit Kontrastmittel gemacht. Zusätzlich untersucht man mit einer Spiegelung, ob ein Tumor den Verschluß der Speiseröhre verursacht. Außerdem wird der Druck in der Speiseröhre gemessen. Eine Erleichterung wird mit drucksenkenden Medikamenten erreicht. Auf Dauer muß der Schließmuskel mit dem Ballonkatheter (→ Seite 265) gedehnt oder operativ erweitert werden.

### Selbsthilfe

Ist nicht möglich.

## Aussackungen der Speiseröhre (Ösophagus-Divertikel)

▶ Symptome
- → Schluckbeschwerden, Glucksen beim Sprechen
- → Druckgefühl in der Speiseröhre
- → Rückfluß der Speisen, auch nachts im Schlaf

Wenn die Wand der Speiseröhre Ausstülpungen bildet, können darin Speisen hängenbleiben. Im allgemeinen verursachen nur große Divertikel Beschwerden. Es besteht die Gefahr, daß sich die Schleimhaut des gefüllten Sacks entzündet, daß sich ein Kanal (Fistel) zur nahegelegenen Lunge bildet und daß zurückfließende Speisereste in die Luftröhre gelangen und eine Lungenentzündung hervorrufen.

### Ärztliche Behandlung

Mit einer Röntgenaufnahme mit Kontrastmittel und einer Spiegelung kann der Arzt die Aussackungen diagnostizieren. Divertikel, die Beschwerden verursachen, werden operativ entfernt.

### Selbsthilfe

Ist nicht möglich.

## Speiseröhrenkrebs

Die Symptome einer gutartigen Speiseröhrenerkrankung – Schluckbeschwerden, Sodbrennen, Aufstoßen – können auch auf eine Krebserkrankung der Speiseröhre hinweisen. Wodurch sie verursacht wird, ist letztlich nicht geklärt. Starkes Rauchen und hoher Alkoholkonsum scheinen sie zu begünstigen, zu heißes Essen und Trinken könnten ebenfalls eine wichtige Rolle spielen. Die Therapie besteht in Operation und/oder Bestrahlung und Chemotherapie (→ Seite 586). Da Speiseröhrenkrebs oft erst spät festgestellt wird und er über die Lymphbahn besonders schnell Tochtergeschwülste bildet, sind die Heilungschancen vergleichsweise schlecht. Fünf Jahre nach einer Krebstherapie lebt nur noch jeder Fünfte der Betroffenen.

## Zwerchfellbruch mit Magenverlagerung (Hiatushernie)

▶ Symptome
- → eventuell Aufstoßen, Sodbrennen
- → eventuell Druckgefühl in der Herzgegend

Das Zwerchfell bildet die Trennwand zwischen Brust- und Bauchraum; eine kleine Lücke ermöglicht den Übergang von der Speiseröhre zum Magen. In höherem Alter kommt es vor, daß sich diese Lücke erweitert und der Magen sich teilweise in den Brustraum verlagert. Meist macht das keine größeren Beschwerden; es kann jedoch zu → Sodbrennen und zu einer Entzündung der Speiseröhre kommen.

### Ärztliche Behandlung

Für die Röntgenaufnahme mit Kontrastmittel wird der Kopf tiefer gelegt und gleichzeitig Druck auf den Bauch ausgeübt. Eine Operation, durch die der Magen in seine normale Lage gebracht wird, ist nur selten nötig.

### Selbsthilfe

Nehmen Sie die Tips, die Sie unter Selbsthilfe bei → Sodbrennen finden, als Anregung, um einer Speiseröhrenentzündung vorzubeugen.

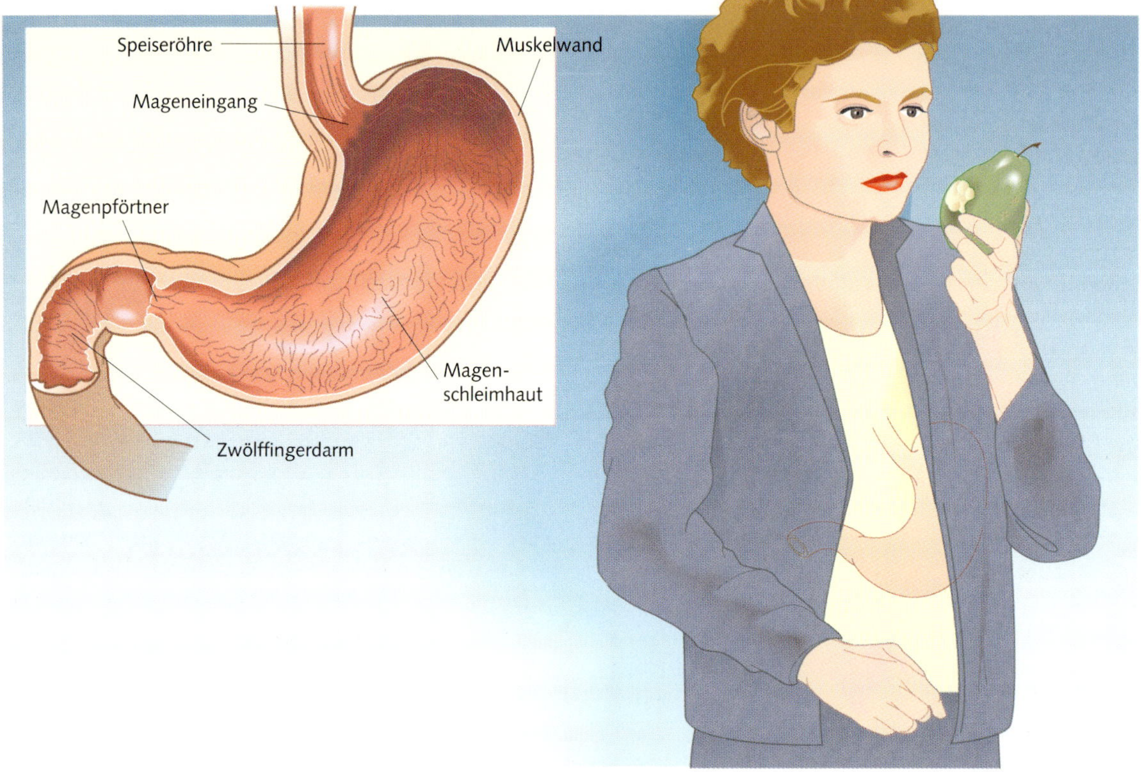


# Der Magen

- **Verdauungs- und Speicherorgan**
- **Der Magensaft**
- **Hunger und Sättigung**

Er murrt und knurrt, wenn er sich vernachlässigt fühlt, und er ächzt und zieht, wenn er überlastet ist: der Magen, der Sammelbehälter für Speis und Trank, den sicher schon jeder einmal zu fühlen bekommen hat. Links oben im Bauch, unter dem Rippenbogen gelegen, von der Lunge größtenteils nur getrennt durch das dünne Zwerchfell – und dementsprechend auch bei starker Füllung die Ausdehnung der Atmungsorgane spürbar einschränkend. Leer sieht der gekrümmte Schlauch des Magens fast aus wie ein großes J, gefüllt ähnelt er einem Boxhandschuh. Eineinhalb Liter Nahrung kann er auf einmal aufnehmen und verarbeiten – individuelle Unterschiede sind von Größe, Alter und Eßgewohnheiten abhängig.

## Alles wird gut durchgeknetet

Je oberflächlicher wir kauen, um so mehr hat der Magen zu tun. Denn – abgesehen davon, daß er die Nahrung vorübergehend speichert, bevor er sie in kleinen Mengen an den Darm abgibt – ist er für die weitere Zerkleinerung der Speisen zuständig. Sobald die Magenwand von der ankommenden Nahrung berührt wird, beginnen sich ihre Muskeln rhythmisch zu bewegen, mindestens dreimal in einer Minute. Sie kneten den Mageninhalt so lange durch und vermischen ihn mit viel Magensaft, bis ein gleichmäßiger Speisebrei, der Chymus, entstanden ist.
Aber auch wenn wir nichts essen, hat die Muskulatur des Magens keine Ruhe. Kaum ist er leer, beginnen wieder schwache Bewegungen, die im Laufe von Stunden zunehmen. Wenn sich der Magen immer stärker zusammenzieht, spüren wir diese Bewegungen – und haben Hunger.

## Ein gefährlicher Saft

Wer kennt es nicht, das Sodbrennen (→ Seite 328), das Aufstoßen von saurem Magensaft nach einem umfangreichen Mahl oder nach zu viel Alkohol. Dann ist der Schließmuskel zwischen Magen und Speiseröhre nur unzureichend geschlossen, und die zurückfließende Magensäure reizt die empfindliche Schleimhaut der Speiseröhre. Die Folge ist: Sie brennt, denn der Magensaft ist sehr sauer. Das muß so sein, denn der Magen dient nicht nur als »Vorratsbeutel«, hier wird der Speisebrei auch gründlich desinfiziert. Im sauren Milieu des Magens können Bakterien, die mit der Nahrung in den Körper gelangen, normalerweise nicht lange überleben. Nur ein einziger Krankheitserreger, Helicobacter pylori genannt, ist bisher bekannt, der sich hier wohl fühlt (→ Helicobacter mag es sauer, Seite 335).

Salzsäure, Verdauungsstoffe wie das eiweißspaltende Enzym Pepsin und Schleim sind die wichtigsten Bestandteile dieses gefährlichen Saftes, von dem die zahllosen Drüsen der Magenschleimhaut tagtäglich 2 bis 3 Liter bilden.

Doch wo so aggressive Stoffe am Werk sind, muß es auch Schutzmechanismen geben. Andernfalls bestünde die Gefahr, daß die Magenschleimhaut gleich mitverdaut wird. Aus diesem Grund produzieren besondere Drüsen in der Schleimhaut einen zähen Schleim, der sich über die gesamte Innenauskleidung des Magens legt. Er bindet die Salzsäure, so daß sie die Magenwand nicht erreicht. Zudem macht er den Speisebrei gleitfähig. Allerdings kann eine mangelhafte Durchblutung, zum Beispiel bei Rauchern, diese Schleimproduktion erheblich einschränken, so daß sich schmerzhafte Geschwüre in die Magenschleimhaut (→ Seite 336) fressen können.

## Passage frei?

Ölsardinen, die wir am Abend gegessen haben, liegen uns noch in den frühen Morgenstunden schwer im Magen. Eine leichte Reismahlzeit mit gekochtem Fisch dagegen spüren wir schon nach kurzer Zeit nicht mehr. Wie lange Speisen im Magen verweilen, hängt davon ab, ob die Grundstoffe leicht oder schwer verdaulich sind, wie die Speisen zubereitet sind und wie gut zerkleinert sie bereits im Magen ankommen. Im Durchschnitt dauert die Passage durch den Magen etwa 4 Stunden.

Beschleunigt wird die Verdauungsarbeit des Magens, wenn die Speisen bereits »angedaut« sind, zum Beispiel Fleischextrakt, oder wenn der Magen überfüllt ist. Verlangsamt wird sie durch sehr kalte Speisen oder durch körperliche Anstrengung direkt nach dem Essen. Denn dann wird das Blut, das eigentlich die Verdauungsorgane für ihre Arbeit benötigen würden, für Herz und Muskeln gebraucht.

Feste Nahrungsbestandteile, vor allem Fett, das erst im Dünndarm verarbeitet wird, bleiben im Magen in Warteposition: Berühren sie die Magenschleimhaut direkt vor dem Magenausgang, wird dieser zunächst verschlossen. Erst wenn im anschließenden Zwölffingerdarm, dem ersten Abschnitt des Dünndarms, wieder genug Platz ist, können kleine Portionen den Schließmuskel passieren. Gesteuert wird dieser Vorgang durch Hormone aus dem Dünndarm, dem Teil des Verdauungstrakts, in dem der Speisebrei so aufbereitet wird, daß die Inhaltsstoffe über das Blut zur Versorgung an alle Organe und Gewebe geliefert werden können (→ Der Darm, Seite 338).

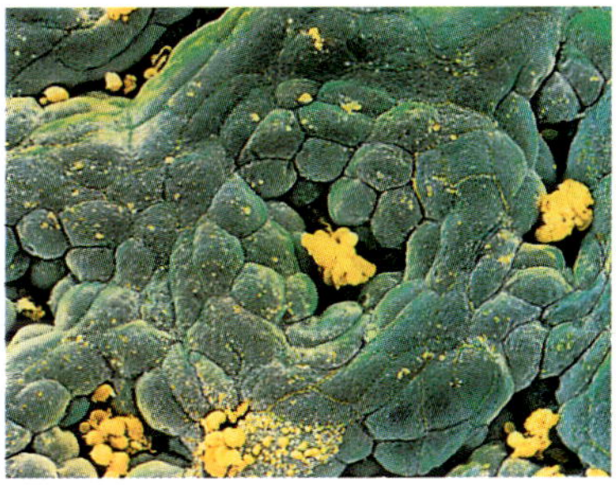

**In der Magenschleimhaut sitzen Tausende von Drüsen, die den Magensaft produzieren.**

## Hunger entsteht im Kopf

Das hohle Gefühl im Bauch, das wir als Hunger interpretieren, ist eigentlich eine Meldung aus dem Gehirn. Denn dort wird der Blutzuckerspiegel überprüft. Sinkt er ab, verlangt der Körper knurrend nach Nahrung. Meistens stimmt diese Empfindung mit dem Füllungszustand des Verdauungstraktes überein. Allerdings kann auch die Gewohnheit eine Rolle spielen, und der Hunger stellt sich zur üblichen Zeit ein, obwohl der Magen noch halb voll ist.

Das Gefühl, satt zu sein, stammt dagegen immer direkt aus dem Magen. Wenn er ausreichend gefüllt ist, meldet er seine Dehnung – ein Mechanismus, der allerdings nicht funktioniert, wenn wir zu hastig essen. Wer also ohne zu hungern gern weniger essen, sprich schlank werden möchte, sollte sich Zeit lassen.

# Notfälle

## Allgemein gilt

Anzeichen für eine ernste Magenerkrankung sind vor allem Erbrechen und heftige Schmerzen im Bauch. Wichtig ist, daß Sie dem Arzt genau beschreiben können, was und wann Sie zuletzt gegessen haben und in welchem zeitlichen Abstand und in welcher Weise die Symptome aufgetreten sind.

## Erbrechen

► Symptome
- ➜ Übelkeit, Erbrechen von Speisebrei, Schleim oder Galle

Erbrechen ist oft harmlos, kann aber auch Ausdruck einer Vielzahl von Erkrankungen im Magen-Darm-Trakt, in den Nieren und im Kreislauf sein und zeigt eventuell Stoffwechselstörungen (→ ab Seite 510) und Störungen im Gehirn an. Psychische Erkrankungen wie die Magersucht (→ Seite 224) oder die Eß-Brech-Sucht (→ Seite 225) können zu langanhaltendem, immer wiederkehrendem Erbrechen führen.

### Ärztliche Behandlung

Sie sollten einen Notruf veranlassen, wenn der Brechreiz nicht nachläßt, insbesondere wenn mehrere Personen ähnliche Beschwerden haben (→ Vergiftung, Seite 795) und wenn das Erbrochene blutig ist. Erbrechende Kleinkinder müssen immer zum Arzt (→ Seite 370)!

### Selbsthilfe

Nichts essen! Vorsichtig trinken: Kräutertee, schluckweise Cola mit etwas Kochsalz vermischt oder Mineralwasser ohne Kohlensäure.

## Magen-Darm-Blutung

► Symptome
- ➜ Blässe, Schwäche, Schwindel
- ➜ eventuell Erbrechen von hellrotem oder kaffeesatzfarbenem Blut
- ➜ schwarzer Stuhl oder rotes Blut auf dem Stuhl

Im gesamten Verdauungstrakt kann es zu plötzlichen heftigen oder anhaltend sickernden Blutungen kommen. Meistens liegt die Blutungsquelle in der Speiseröhre, im Magen oder Zwölffingerdarm. Dann kann rotes oder kaffeesatzfarbenes Blut erbrochen werden. Durchläuft das Blut aber den Verdauungstrakt, färbt es den Stuhl wie Schuhcreme schwarz und glänzend (»Teerstuhl«).

### Ärztliche Behandlung

Die Ursache der Blutung muß so schnell wie möglich gefunden werden, damit sie zum Stillstand gebracht werden kann. Bei starkem Blutverlust kann eine Bluttransfusion nötig sein.

### Selbsthilfe

Ist nicht möglich.

## Akuter Bauch

► Symptome
- ➜ heftige, plötzlich einsetzende Bauchschmerzen mit Angstgefühl
- ➜ gespannte Bauchdecke
- ➜ Erbrechen, oberflächliche Atmung

Heftige Bauchschmerzen sind meist Zeichen einer lebensbedrohlichen Erkrankung. Mögliche Ursachen sind: Durchbruch eines Geschwürs durch die Magen- oder Darmwand (→ Magen- und Zwölffingerdarmgeschwüre, Seite 336), akute Blinddarmentzündung (→ Seite 340), Entzündung der Bauchspeicheldrüse (→ Seite 352), eine Gallenkolik (→ Seite 352), Harnabflußstörungen (→ Seite 366), aber auch ein Herzinfarkt (→ Seite 266) und vieles mehr.

### Ärztliche Behandlung

Der Notarzt spritzt eventuell ein Schmerzmittel, zur Diagnose und Therapie müssen Sie ins Krankenhaus.

### Selbsthilfe

Nichts essen und nichts trinken! Hinweise zur Ersten Hilfe finden Sie auf Seite 784.

# Spezielle Untersuchungen

## Röntgenuntersuchung mit Kontrastmittel

Wie bei der Röntgenuntersuchung der Speiseröhre (→ Seite 323) kann auch der Magen mit Hilfe eines Kontrastmittels (→ Seite 622) im Röntgenbild gut sichtbar gemacht werden. Dabei erkennt man die Form und die Beschaffenheit der Magenwand. Auch eventuelle Veränderungen an der Magenschleimhaut lassen sich so feststellen, doch kann der Arzt dabei nicht sicher zwischen Narben, einem Geschwür und einer Krebsgeschwulst unterscheiden. Deshalb müssen Sie eventuell zusätzlich zu dem Kontrastmittelbrei eine Brausetablette schlucken. Dadurch bildet sich Gas im Magen, das deutlichere Kontraste im Röntgenbild ergibt. Mit einer Röntgenkontrastaufnahme ist es auch möglich, zu sehen, wie der Magen sich füllt und wieder entleert.

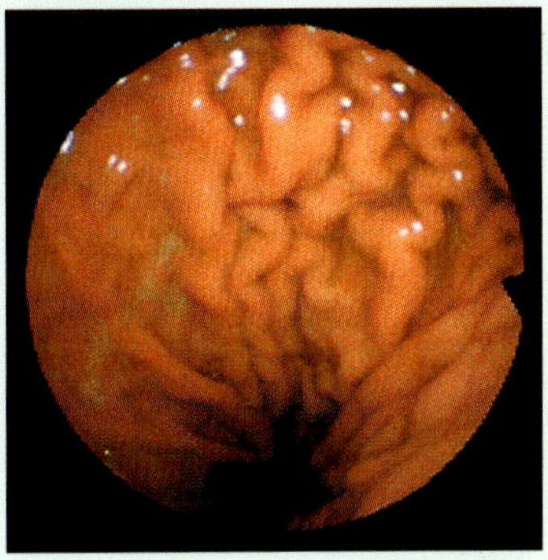

**Blick in den leeren Magen: Jetzt hat die Magenwand viele Falten.**

## Magenspiegelung (Gastroskopie)

Noch zuverlässigere Untersuchungsergebnisse liefert die Magenspiegelung, bei der Sie einen Schlauch schlucken müssen, mit dessen Hilfe auf elektronischem Weg Bilder vom Inneren Ihres Magens übertragen werden können (→ Das Endoskop, Seite 621). Da die Instrumentenspitze sehr beweglich ist, kann der Arzt jeden Winkel des Magens betrachten. Gleichzeitig kann mit dem Endoskop auch eine Gewebeprobe aus der veränderten Magenschleimhaut entnommen werden. Das Gewebe, das von verschiedenen Stellen in der Magenwand stammt, wird dann unter dem Mikroskop auf bösartig veränderte Zellen untersucht. Für eine Magenspiegelung bekommen Sie vorher ein leichtes Beruhigungsmittel. Sie sollte bei allen über 50jährigen Menschen mit anhaltenden oder erstmalig aufgetretenen, heftigen Magenbeschwerden durchgeführt werden.

## Tests auf Helicobacter pylori

Helicobacter pylori ist das einzige Bakterium, das im sauren Milieu des Magens überleben kann und das für mehrere Magenerkrankungen mitverantwortlich gemacht wird (→ Helicobacter mag es sauer, Seite 335). Mit verschiedenen Tests kann man nachweisen, ob eine Infektion besteht. So läßt sich durch eine Blutuntersuchung feststellen, ob das Immunsystem Antikörper gegen Helicobacter gebildet hat (→ Der Nachweis von Antikörpern, Seite 539). Um ganz sicherzugehen, sind weitere Tests nötig, meist verbunden mit der Entnahme einer Gewebeprobe.

### Urease-Schnelltest

Urease ist ein Enzym, das in Pflanzen und einigen Bakterien, unter anderem dem Helicobacter-Bakterium, vorkommt und das in der Lage ist, Harnstoff zu spalten. Um festzustellen, ob sich das Bakterium in der Magenschleimhaut angesiedelt hat, benötigt man eine Gewebeprobe, die zuvor bei einer → Magenspiegelung entnommen wurde. Sie wird auf einem Nährboden, der Harnstoff enthält, bebrütet (→ Nährböden zur Bakterienanzucht, Seite 538); und bereits nach kurzer Zeit zeigt sich, ob das Gewebe der Magenschleimhaut mit dem Helicobacter-Bakterium infiziert ist.

### $C_{13}$-Atemtest

Für diesen Test müssen Sie einen Saft oder Tabletten einnehmen, die einen speziellen Kohlenstoff, das (nicht radioaktive) $C_{13}$, und Harnstoff enthalten. Wenn Helicobacter den Harnstoff durch das Enzym → Urease abgebaut hat, findet man nach einiger Zeit von beiden Stoffen nur noch $C_{13}$. Da mit diesem Test keine Veränderungen der Magenschleimhaut erfaßt werden, wird er vor allem nach einer Helicobacter-Therapie eingesetzt, um den Erfolg zu überprüfen.

## Nervöser Magen (Reizmagen)

▶ Symptome
- → Magendrücken, Völlegefühl, Blähungen
- → Sodbrennen, Aufstoßen (→ Seite 328)
- → manchmal Übelkeit, Erbrechen
- → von leichten, eher dumpfen bis zu heftigen, krampfartigen Schmerzen in der Magengegend

Jeder kennt es, wenn der Magen rebelliert, weil man zuviel, zu fett oder zu schnell gegessen hat. Wenn Ihr Magen jedoch auch in anderen Situationen immer wieder »gereizt« reagiert, ohne daß der Arzt eine organische Ursache für Ihre Beschwerden finden kann, spricht man vom »nervösen Magen« oder einer Dyspepsie, zu deutsch Verdauungsstörung. Die Beschwerden werden hervorgerufen durch eine übermäßige Produktion von Magensäure und durch eine gesteigerte Beweglichkeit des Magens. Dahinter stehen oft beruflicher Streß und Hetze, aber auch Ereignisse, die einem im wahrsten Sinn des Wortes »auf den Magen schlagen«, wie Ängste, Schwierigkeiten am Arbeitsplatz oder Probleme in der Partnerschaft. Ein Reizmagen kann allerdings auch als Nebenwirkung von manchen Medikamenten wie Antibiotika, Eisenpräparaten, Schmerz- oder Rheumamitteln auftreten.

### Ärztliche Behandlung

Wenn Ihre Magenbeschwerden immer wieder auftreten, sollten Sie zum Arzt gehen, denn aus einem anhaltenden Reizmagen können sich Magen- und Zwölffingerdarmgeschwüre (→ Seite 336) entwikkeln. Wenn organische Ursachen ausgeschlossen werden können, wird Ihnen der Arzt zur Behandlung des nervösen Magens eventuell Medikamente geben, um die Magensäure zu neutralisieren, oder ein leichtes Beruhigungsmittel. Damit können jedoch nur die Symptome und nicht die Ursache beeinflußt werden.

### Selbsthilfe

Wenn Sie akute Beschwerden haben, können eine Wärmflasche oder ein warmer Bauchwickel (→ Seite 738) und eine Tasse Kräutertee wohltuend und entspannend wirken. Kamille ist krampflösend, Pfefferminze lindert Blähungen, Süßholzwurzel hilft bei einer Übersäuerung des Magens, und Melisse beruhigt (→ Heilpflanzen für Tees, Seite 729).

### Fünf-Punkte-Programm für den kranken Magen

- Versuchen Sie alles einzuschränken, besser noch zu vermeiden, was die Magenschleimhaut reizt und die Magensäureproduktion anregt, vor allem Alkohol, Kaffee und stark gewürzte Speisen.
- Gewöhnen Sie sich das Rauchen ab.
- Essen Sie in Ruhe und pro Tag lieber mehrere kleinere Mahlzeiten als zwei oder drei große.
- Bevorzugen Sie leichtverdauliche Kost: Statt fettreichen, verfeinerten Gerichten sollte lieber viel frisches Obst und Gemüse, Gedünstetes und Getreide auf Ihren Tisch kommen (→ Gesund essen mit Genuß, Seite 712).
- Bauen Sie ihren beruflichen Streß und Ihre Alltagshetze ab. Dabei können Ihnen auch Entspannungsübungen helfen (→ Seite 686).

## Akute Entzündung der Magenschleimhaut (Akute Gastritis)

▶ Symptome
- → Appetitlosigkeit, Übelkeit, Erbrechen
- → Aufstoßen
- → Druckgefühl und Druckschmerz im Oberbauch

Die akute Magenschleimhautentzündung ist meistens Zeichen einer Vergiftung, zum Beispiel durch Alkohol, Giftpilze oder Medikamente, die die Magenschleimhaut reizen wie Azetylsalizylsäure, Kortison oder Zytostatika (→ Arzneimittel, Seite 634). Aber auch verdorbene Lebensmittel können solche Symptome hervorrufen (→ Lebensmittelvergiftung, Seite 536), ebenso eine Nahrungsmittelallergie (→ Seite 528) oder eine Überempfindlichkeit auf Kaffee oder scharfe Gewürze.
Auch eine extreme seelische Anspannung, zum Beispiel nach Verletzungen, Verbrennungen oder einem Schock, kann zu derartigen Symptomen führen. Bei Streß wird die Magensäureproduktion angekurbelt, während weniger Schleim produziert wird. Die Entzündung kann so tief ins Gewebe reichen, daß die Schleimhaut blutet; das Blut wird erbrochen oder schwarz verfärbt mit dem Stuhl ausgeschieden.

### Ärztliche Behandlung

Wenn Sie Blut erbrechen, der Stuhl schwarz verfärbt ist oder bei Verdacht auf eine Pilzvergiftung müssen Sie sofort zum Arzt! Um schwere Erkrankungen des Magen-Darm-Trakts, der Gallenblase und der Bauchspeicheldrüse auszuschließen, wird der Magen endoskopisch untersucht und eine Gewebeprobe der Schleimhaut entnommen. Die Beschwerden lassen schnell nach, wenn Sie das, was die Krankheit ausgelöst hat, kennen und meiden. Eine medikamentöse Behandlung ist meist nicht nötig.

### Selbsthilfe

Hinweise zur Ersten Hilfe bei Vergiftungen finden Sie auf Seite 795, Tips zur Vorbeugung unter Selbsthilfe bei → Nervösem Magen.

## Chronische Entzündung der Magenschleimhaut (Chronische Gastritis)

▶ **Symptome**
- ➜ Schmerzen in der Magengegend nach dem Essen
- ➜ Druck- und Völlegefühl nach dem Essen
- ➜ Blähungen

Über die Hälfte aller Menschen über 50 haben eine chronische Gastritis, die in den meisten Fällen keine Beschwerden verursacht. Dabei ist in der Regel die Magenschleimhaut zurückgebildet, und in Gewebeproben läßt sich häufig das Bakterium Helicobacter pylori nachweisen. Im Verlauf der Erkrankung kann die degenerierte Schleimhaut ihrer Aufgabe nicht mehr nachkommen, in ausreichender Menge Magensäure und den zur Aufnahme von Vitamin $B_{12}$ wichtigen Stoff, den Intrinsic-Faktor, zu bilden. Dadurch kommt es zu einem Mangel an Vitamin $B_{12}$ und in der Folge zu einer Anämie (→ Seite 293).

### Ärztliche Behandlung

Um die Diagnose sicher stellen zu können, wird eine Schleimhautprobe entnommen. Meistens wird die Erkrankung jedoch zufällig bei einer Magenspiegelung, die aus einem anderen Grund durchgeführt wurde, entdeckt. Das Helicobacter-Bakterium wird durch ein Antibiotikum abgetötet. Bei einer gleichzeitigen Vitamin-$B_{12}$-Mangelanämie sollte der Magen jährlich kontrolliert werden, da das Magenkrebsrisiko (→ Seite 336) zu erkranken, erhöht ist.

### Selbsthilfe

Wie unter → Nervöser Magen.

## Helicobacter mag es sauer

Bis vor wenigen Jahren galt der Magen als bakterienfrei, da in seinem extrem sauren Milieu kein Leben vorstellbar war. Inzwischen wurde ein Bakterium entdeckt, Helicobacter pylori, das perfekt auf die Umgebung im Magen eingerichtet ist. Je älter ein Mensch ist, um so größer ist das Risiko, daß sein Magen von diesem Mitbewohner besiedelt ist. Und je dichter die Besiedlung ist, um so leichter reagiert die Magenschleimhaut darauf mit einer Entzündung. Helicobacter muß keine Beschwerden verursachen, aber er wird für eine Reihe von Erkrankungen im Magen und im Zwölffingerdarm – meist im Zusammenhang mit anderen krankheitsauslösenden Faktoren – verantwortlich gemacht: Das gilt zum Beispiel für die → chronische Entzündung der Magenschleimhaut, Magen- und Zwölffingerdarmgeschwüre (→ Seite 336) und Magenkrebs (→ Seite 336).

**Helicobacter kann im sauren Magen überleben (links). Er ernährt sich von Zellen der Magenschleimhaut (Mitte), die er durch seine Ausscheidungen zerstört (rechts).**

## Magen- und Zwölffingerdarm-geschwüre

### ▶ Symptome

- *Magengeschwür:* Schmerzen in der Magengegend direkt nach dem Essen; eventuell Übelkeit, Bluterbrechen; mitunter blutiger, schwarzer, auffallend riechender Stuhl
- *Magendurchbruch:* stechende Bauchschmerzen, Schweißausbrüche, sehr schneller Puls, Kreislaufschwäche
- *Zwölffingerdarmgeschwür:* Schmerzen zwischen Nabel und rechtem Rippenbogen; Nüchtern- bzw. Hungerschmerz (oft nachts); Besserung der Schmerzen nach dem Essen; neuerliche Schmerzen frühestens 3 Stunden nach den Mahlzeiten

Ein Geschwür (Ulkus) im Magen tritt häufig zusammen mit einem Geschwür im direkt anschließenden Zwölffingerdarm auf. Sie sind Zeichen eines gestörten Verhältnisses zwischen den aggressiven Faktoren in Magen und Darm wie Salzsäure, dem wichtigen Verdauungsenzym Pepsin, Galle und den Schutzmechanismen der Schleimhaut. Diese Art der Geschwüre zerstören die Schleimhaut und auch die darunter liegende Muskelschicht; sie können plötzlich bluten, die gesamte Wand des Magens durchbrechen und so eine Bauchfellentzündung verursachen. Oft sind mehrere Geschwüre gleichzeitig vorhanden, die abheilen und an anderer Stelle wieder aufbrechen. Ihre Narben können Einengungen hervorrufen, die vor allem am Magenausgang die normale Entleerung in den Zwölffingerdarm behindern. Eine Veranlagung, diese Art der Geschwüre zu entwickeln, ist ererbt, doch Streß, Nikotin und viele Medikamente (zum Beispiel verschiedene Schmerz- und Rheumamittel) tun das ihre dazu. Außerdem spielt die Besiedlung der Magenschleimhaut mit Helicobacter-pylori-Bakterien eine wichtige Rolle. Schwere Unfälle oder Operationen führen manchmal innerhalb weniger Stunden zu einem tiefen Geschwür, einem sogenannten Streßulkus.

### Ärztliche Behandlung

Wenn Sie Beschwerden haben, die auf ein Magen- oder Zwölffingerdarmgeschwür hindeuten, sollten Sie umgehend einen Arzt aufsuchen, bei Symptomen eines Magendurchbruchs müssen Sie sofort einen Notruf veranlassen. Magenspiegelung und eine Gewebeprobe sichern die Diagnose, das Bakterium wird mit Hilfe eines Urease-Schnelltests (→ Spezielle Untersuchungen, Seite 333) nachgewiesen. Zur Therapie werden Medikamente eingesetzt, die die Magensäure binden oder ihre Produktion in der Schleimhaut vermindern bzw. die Schleimhaut schützen. Das Bakterium wird gezielt mit Antibiotika bekämpft.

Eine → Magenoperation, bei der das Geschwür entfernt wird, ist angezeigt, wenn es blutet oder durchgebrochen ist, wenn es immer wiederkehrt oder wenn es nach drei Monaten trotz intensiver Therapie nicht abgeheilt ist; hier besteht Tumorverdacht. Beim Zwölffingerdarmgeschwür kann ein Nervenast durchtrennt werden, der die Säureproduktion reguliert; danach produziert der Magen nur noch etwa halb so viel Säure.

### Selbsthilfe

Tips zur Vorbeugung finden Sie unter Selbsthilfe bei nervösem Magen (→ Seite 334).

## **Magenkrebs** (Magenkarzinom)

### ▶ Symptome

- Druck- und Völlegefühl
- Symptome des nervösen Magens (→ Seite 334)
- später Appetitlosigkeit, Gewichtsabnahme
- Widerwillen gegen Fleisch
- eventuell Erbrechen von Blut, blutiger Stuhl

Ein hoher Nitratgehalt in getrockneten, geräucherten und gesalzenen (gepökelten) Nahrungsmitteln, eine chronische Magenschleimhautentzündung (→ Seite 335) und wahrscheinlich auch der Befall mit dem Bakterium Helicobacter pylori (→ Seite 335) erhöhen das Risiko, an Magenkrebs zu erkranken. Weitere wichtige Risikofaktoren sind auch hier Rauchen und Alkoholmißbrauch. Außerdem tritt Magenkrebs häufiger bei Menschen mit der Blutgruppe A als bei Personen mit anderen Blutgruppen auf.

Ein Magenkarzinom kann erhaben auf der Schleimhaut und flächig im Gewebe wachsen oder die Magenwand durchbrechen. Wichtig ist die frühzeitige Diagnose, da eine Operation dann noch eine vollständige Ausheilung bewirken kann.

### Ärztliche Behandlung

Wenn die Beschwerden des nervösen Magens oder einer Magenschleimhautentzündung länger als drei Wochen anhalten, sollten Sie einen Arzt aufsuchen. Die Magenschleimhaut wird mit dem Endoskop untersucht, wobei Gewebeproben daraus entnommen werden. Ein Magenkarzinom muß meist mit dem ganzen Magen operativ entfernt werden. Ist es dafür bereits zu spät, gibt es noch die Möglichkeit der Chemotherapie (→ Seite 587), die aber keine Heilung, sondern nur eine Linderung bewirkt.

### Selbsthilfe

Allgemeine Informationen zu einer Krebserkrankung sowie wichtige Ratschläge und Hinweise finden Sie ab Seite 576.

## Die Magenoperation

Bei Magengeschwüren, die bluten, nicht abheilen oder immer wiederkehren, beim Durchbruch eines Geschwürs durch den Magen oder bei Magenkrebs ist eine Operation nicht zu umgehen. Obwohl es sich dabei um einen schweren Eingriff handelt, erholen sich die Betroffenen nach der Operation im allgemeinen sehr gut.
Jede Krebsgeschwulst im Magen muß tief aus dem gesunden Gewebe herausgeschnitten werden, da es die Neigung hat, sich weit in die Umgebung auszubreiten. Je nach Größe des Geschwürs oder Tumors werden entweder große Teile des Magens oder aber das ganze Organ mit den angrenzenden Lymphknoten entfernt. Oft müssen auch die benachbarte Milz und eventuell ein Teil der Bauchspeicheldrüse entnommen werden, um zu verhindern, daß sich die Krebszellen weiter im Körper verteilen. Muß der Magen vollständig entfernt werden, wird er durch einen Schlauch aus dem Dünndarm oder dem Dickdarm ersetzt.

### Und danach?

Eine Magenoperation schränkt – nach einer Übergangszeit – das Leben nicht wesentlich ein. Sie können alles essen, was Ihnen schmeckt, doch lieber in kleinen Portionen (→ Fünf-Punkte-Programm für den kranken Magen, Seite 334). Bei Teilentfernung können wegen der zu schnellen Entleerung des Magenstumpfes Leibschmerzen, Brechreiz und Durchfall kurz nach dem Essen einsetzen. Bei der Nachsorge wird kontrolliert, ob dem Körper noch ausreichend Vitamin $B_{12}$ zur Verfügung steht, da die Magenschleimhaut das zu seiner Aufnahme nötige Enzym nicht mehr bilden kann. Durch eine rechtzeitige Therapie kann verhindert werden, daß sich daraus eine Anämie durch Vitamin-$B_{12}$-Mangel entwickelt (→ Seite 293). Nach einer Teilentfernung sind spätestens zehn Jahre nach einer Operation regelmäßige endoskopische Kontrolluntersuchungen nötig.

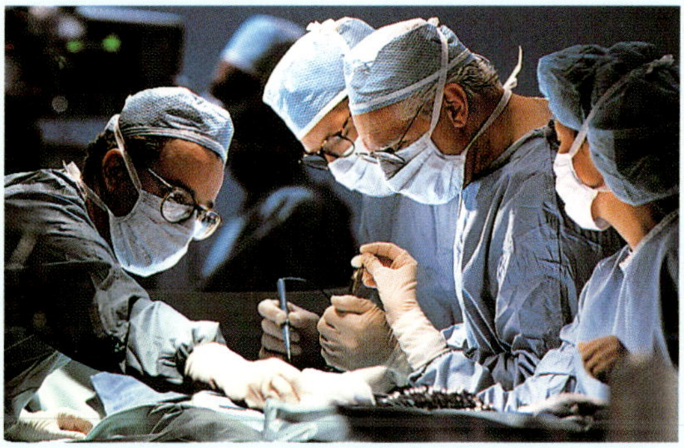

**Bei einer Magenoperation muß meist ein großer Teil des Magens entfernt werden.**

### Die Vagotomie

Magen- und Zwölffingerdarmgeschwüre können durch eine teilweise Durchtrennung des Vagusnervs (→ Das periphere Nervensystem, Seite 208) gebessert werden. Damit werden bestimmte Äste dieses Nervs, die die Säurebildung der Magenschleimhaut beeinflussen, ausgeschaltet, so daß weniger Säure produziert wird. Andere Funktionen des Magens bleiben erhalten. Völlegefühl, Aufstoßen und Reflux kurz nach der Operation vergehen meist von selbst. Auch nach einer Vagotomie besteht ein erhöhtes Krebsrisiko, so daß bei neuerlichen Beschwerden oder zehn Jahre nach der Operation ebenfalls Kontrolluntersuchungen nötig sind.

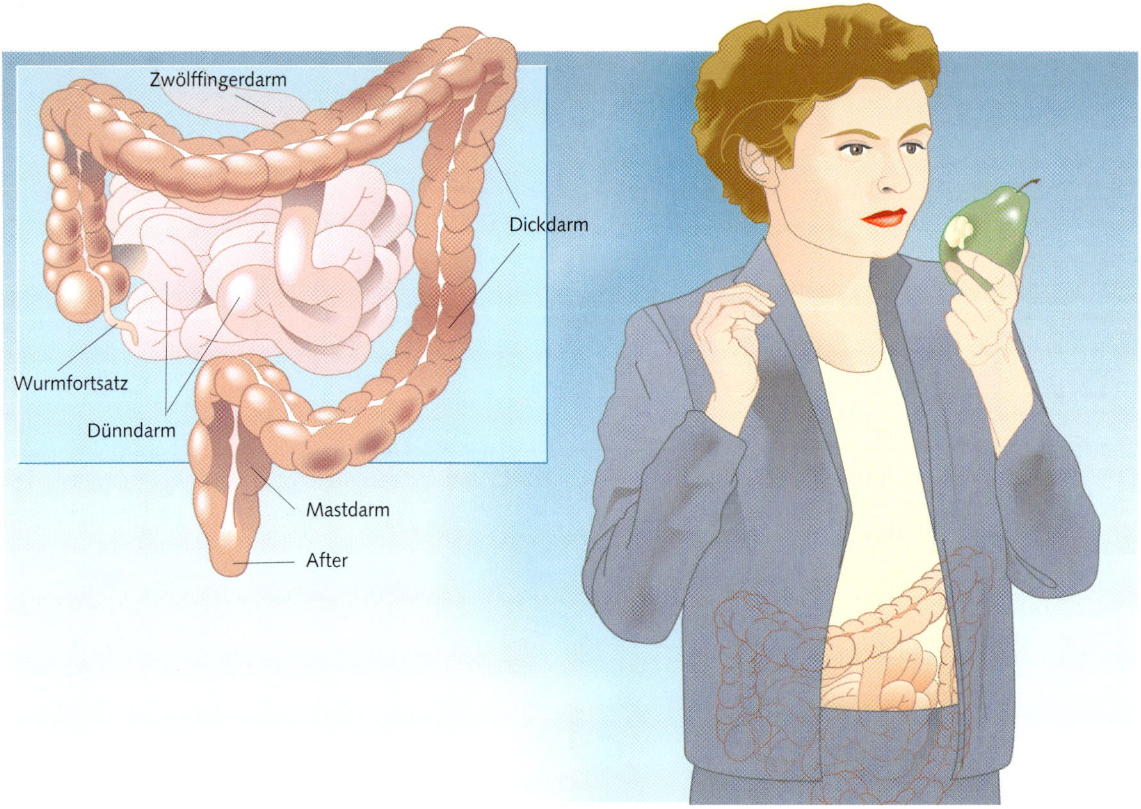


# Der Darm

- **Dünndarm und Dickdarm**
- **Verdauung und Nährstoffabgabe**
- **Ausscheidung**

Manchmal rumort und kneift es im Bauch, begleitet von einem Gurgeln, dann wieder entspannt sich alles. So macht sich unser Darm bemerkbar, dieser fast sieben Meter lange Schlauch, der den Bauch vom Magen bis zum After ausfüllt. Damit er immer weich gleitet und sich nirgendwo reibt, ist er überzogen von dem feucht-glänzenden Bauchfell.

Der Darm ist das zentrale Organ unserer Verdauung: Im Dünndarm wird die zerkleinerte Nahrung endgültig in ihre Nährstoffe zerlegt und an das Versorgungsnetz der Blutgefäße weitergegeben; im Dickdarm (Kolon) wird der verbleibende Speisebrei »eingedickt«, ihm wird das Wasser entzogen, und er wird schließlich ausgeschieden.

## Fast so groß wie ein Fußballfeld

Eigentlich können wir uns kaum vorstellen, wie in unserem Bauch eine Fläche von 300 Quadratmetern Platz hat. Diese ungeheure Ausdehnung hätte die Oberfläche unserer Dünndarmschleimhaut tatsächlich, würden wir sie ausbreiten. Denn die Schleimhaut des etwa vier Meter langen Dünndarms ist nicht nur in zahlreiche Falten gelegt, sondern auch mit Millionen von Zotten besetzt, die ihre Oberfläche um ein Vielfaches vergrößern. 2000 bis 3000 dieser winzigen »Fingerchen« stülpt die Dünndarmschleimhaut auf einem Quadratzentimeter aus.

Sauren Speisebrei bietet der Magen seinem Nachfolger, dem Dünndarm, an – so sauer, daß dessen Schleimhaut zerstört würde. Aber der erste Abschnitt des Dünndarms, der etwa 30 Zentimeter lange Zwölffingerdarm, ist gut gerüstet: Erst wenn ausreichend alkalischer Verdauungssaft aus der in ihn mündenden

Bauchspeicheldrüse (→ Seite 351) dazugeflossen ist, öffnet sich der Magenausgang, und der Speisebrei wird portionsweise aufgenommen.
Nun beginnt die Hauptarbeit: die gründliche Durchmischung mit den Verdauungssäften, so daß alle Nahrungsbestandteile in ihre Bausteine zerlegt werden können. Erst dann können die Nährstoffe von der Schleimhaut aufgenommen werden und von dort in die Blutbahn gelangen. Die Muskelschichten des Darms ziehen sich zusammen und entspannen sich, mischen den Brei und kneten ihn. Damit er noch geschmeidiger wird, produzieren Drüsen in der Schleimhaut noch etwa eineinhalb Liter Verdauungssaft, so daß der Speisebrei letztlich mit insgesamt bis zu acht Litern Flüssigkeit versetzt wird.

## Wunderwerk Zotten

Bis zu einem Millimeter sind sie nur groß, aber sie enthalten ein ausgeklügeltes Transportsystem: Jede Zotte hat in ihrem Zentrum ein eigenes Lymphgefäß und darum herum ein feines Blutgefäßgeflecht aus Arterien und Venen. Sind die Blutgefäße gefüllt, streckt sich die Zotte und nimmt die Nährstoffe aus dem Darminnern auf. Dann zieht sie sich mit Hilfe kleinster Muskelfasern zusammen, pumpt damit das Blut in ein zur Leber führendes größeres Blutgefäß und füllt sich erneut mit frischem Blut. Dieser Vorgang wiederholt sich vier- bis sechsmal in der Minute. Auf diese Weise gelangen die Abbauprodukte aus Eiweiß und Kohlenhydraten, wasserlösliche Vitamine, Spurenelemente und auch Arzneiwirkstoffe in den Blutkreislauf (→ Seite 276). Die in kleinste Tröpfchen zerlegten Fette werden von dem Lymphgefäß in der Mitte der Zotten aufgenommen und fließen mit der Lymphflüssigkeit über ein Sammelgefäß durch Bauch- und Brustraum, ehe sie in den Blutkreislauf gelangen.

## Wo die Darmflora »blüht«

Hin und her gehen die Bewegungen des Dünndarms, bis fast alle verdaulichen Nahrungsbestandteile in die Blut- und Lymphbahn übergetreten sind. Beinahe flüssig ist der Darminhalt, wenn er dann den etwa eineinhalb Meter langen Dickdarm rechts im Unterbauch erreicht. Drückt er dort auf eine Schleimhautfalte, die den Dickdarm vom Dünndarm trennt, öffnet sie den Zugang – wieder nur für kleine Portionen. Die Einmündung des Dünndarms liegt jedoch nicht am Anfang des Dickdarms, sondern etwas versetzt. Dadurch entsteht eine »Sackgasse«, der Blinddarm. An ihm hängt wie ein Regenwurm der etwa sieben Zentimeter lange Wurmfortsatz, der eigentliche »Übeltäter« bei der Blinddarmentzündung.
Im Dickdarm muß all die zugesetzte Flüssigkeit wieder entzogen werden, ebenso Mineralstoffe, Salze und Vitamine. Im Gegensatz zum Dünndarm siedeln hier außerdem zahlreiche Bakterien, die Darmflora. Ihre Aufgabe ist es, bisher noch unverdaute Speisereste zu vergären und Vitamin K und Folsäure zu bilden. Am Ende bleibt ein halbfester Darminhalt, der von den Abbauprodukten der Gallensäuren braun gefärbt ist. Eingehüllt von zähem Schleim aus Drüsen der Schleimhautfalten wird er in den letzten Abschnitt des Dickdarms, den Mastdarm, transportiert.

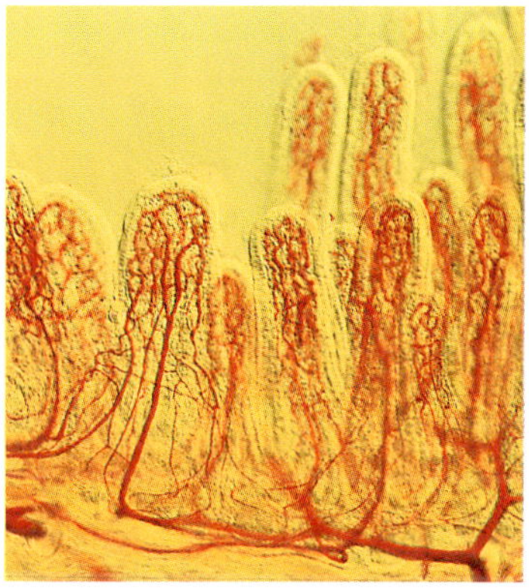

**Die Darmzotten sind von feinen Blutgefäßen durchzogen, die die Nährstoffe aus dem Darm aufnehmen und abtransportieren.**

## Ein doppelt gesichertes System

Der Mastdarm (Rektum) ist wie der Magen ein Speicherorgan mit großem Fassungsvermögen. Dort sammelt sich der ankommende Stuhl, die Fäzes, wie in der Harnblase der Urin. Verschlossen ist er vom After (Anus), der aus zwei Schließmuskeln besteht.
Der innere Muskel, den wir nicht willentlich bewegen können, öffnet sich, wenn der Mastdarm gedehnt wird. Wir spüren das als Stuhldrang. Wenn wir diesem Gefühl nachgeben, öffnet sich auch der äußere, durch unseren Willen beeinflußbare Schließmuskel. Der Mastdarm zieht sich in Längsrichtung zusammen und entleert so seinen Inhalt nach außen, eventuell unterstützt durch die Bauchpresse.
Ein gesunder Mensch sollte normalerweise einmal täglich Stuhlgang haben – mit ballaststoffreicher Nahrung kein Problem. Denn dann dauert die Reise durch den Darm nur etwa einen Tag, während die verfeinerte Kost bis zu 60 Stunden braucht!

# Notfälle

## Allgemein gilt

Plötzliche heftige anhaltende Bauchschmerzen oder Blut im Stuhl sind Notfälle, deren Ursache möglichst schnell vom Arzt geklärt werden muß. Leidet ein Kleinkind unter Durchfall, muß umgehend der Flüssigkeits- und Mineralstoffverlust ausgeglichen werden, um eine lebensbedrohliche Austrocknung zu vermeiden (→ Seite 370).

## Akute Blinddarmentzündung (Akute Appendizitis)

▶ Symptome
- ➜ plötzliche Schmerzen in der rechten unteren Bauchhälfte, die sich beim Husten und Niesen verstärken
- ➜ harte Bauchdecke
- ➜ Übelkeit, Erbrechen und Fieber

Betroffen ist nicht der Blinddarm selbst, sondern der an seinem Pol hängende Wurmfortsatz (Appendix vermiformis).
Wenn sein Ausgang zum Darm hin verstopft ist oder durch ein Geschwür in der Schleimhaut blockiert, kann er sich entzünden und eitrig werden. Wenn dieser eitrige Abszeß in die Bauchhöhle aufbricht, spricht man von einem Blinddarmdurchbruch, und es besteht die Gefahr einer lebensbedrohlichen Bauchfellentzündung. Nach dem Durchbruch können die Schmerzen vorübergehend nachlassen, werden später aber um so heftiger. Eventuell haben die Patienten schon vorher Symptome einer chronischen Blinddarmentzündung (→ Seite 344).

### Ärztliche Behandlung

Bei einer akuten Blinddarmentzündung muß sofort operiert und der Wurmfortsatz entfernt werden.

### Selbsthilfe

Eventuell lindert ein Eisbeutel vorübergehend die Schmerzen. Keine Schmerzmittel einnehmen, nichts essen oder trinken, da Sie möglicherweise operiert werden müssen.

## Darmverschluß (Ileus)

▶ Symptome
- ➜ krampfartige Bauchschmerzen mit schmerzfreiem Intervall, weiche Bauchdecke
- ➜ eventuell nur Völlegefühl
- ➜ Erbrechen

Ein Darmverschluß kann verschiedene Ursachen haben: Er kann mechanisch bedingt sein, zum Beispiel durch unverdaute Nahrungsmittel, Kotballen, einen großen Fremdkörper, ein Wurmknäuel oder eine Geschwulst. Auch Polypen (→ Seite 346), Gallensteine (→ Seite 358) oder Verwachsungen (→ Seite 347) können den Darm so blockieren, daß der Darminhalt nicht mehr weitertransportiert wird. Außerdem kann ein Stück Darm in einen Bruchsack eingeklemmt sein, zum Beispiel in der Leiste (→ Hernie, Seite 439). Ebenso wie ein mechanisches Hindernis kann eine Lähmung des Darms zum gefährlichen Ileus führen. Sie kann als Folge einer Operation oder einer Entzündung auftreten, zum Beispiel einer → Blinddarmentzündung. Durch die Hemmung der Darmbewegungen kommt es zur örtlichen Überdehnung der Darmwand bzw. zu Durchblutungsstörungen mit letztlich lebensbedrohlichen Folgen bis hin zum Kreislaufstillstand (→ Seite 278).

### Ärztliche Behandlung

Bei Darmverschluß müssen Sie sofort ins Krankenhaus. Dort werden Sie entweder operiert (bei mechanisch bedingtem Darmverschluß muß das Hindernis entfernt werden) oder man wird den Darminhalt beseitigen und Ihnen Medikamente geben, die die Darmbewegung anregen. Außerdem müssen Sie viel Flüssigkeit zu sich nehmen, eventuell über eine Infusion.

### Selbsthilfe

Ist nicht möglich.

## Blutungen im Darm

→ Magen-Darm-Blutung, Seite 332.

# Spezielle Untersuchungen

Ebenso wie beim Magen können auch beim Darm Bewegungen sowie der Zustand der Schleimhaut mit Röntgenaufnahmen und mit Hilfe einer Spiegelung mit dem Endoskop sichtbar gemacht werden. Durch Stuhlproben, die im Labor untersucht werden, kann man die Darmflora und die Zusammensetzung des Stuhls beurteilen sowie schädliche Bakterien und Parasiten nachweisen. Im Rahmen der Krebsfrüherkennung (→ Seite 609) sollten alle über 45jährigen jährlich eine Untersuchung auf verstecktes Blut machen lassen, für alle über 50jährigen ist außerdem eine Spiegelung des Mastdarms in bestimmten Abständen wichtig.

## Röntgenuntersuchung mit Kontrastmittel

Die magennahen Abschnitte des Darms können am besten durch Röntgenaufnahmen dargestellt werden, nachdem Sie ein Kontrastmittel (→ Seite 622) geschluckt haben. Damit läßt sich der Weg des Kontrastmittels durch den Körper auf dem Röntgenschirm verfolgen. Der Arzt sieht dabei den Bewegungsablauf des Organs, Hindernisse, Einengungen oder Erweiterungen, aber auch den Zustand der Schleimhaut des Darms. Wie bei der Röntgenuntersuchung des Magens (→ Seite 333) werden die Aufnahmen kontrastreicher und deutlicher, wenn sich Gas im Darm bildet. Um das letzte längere Darmstück, Dickdarm und Mastdarm darzustellen, ist es einfacher, einen Einlauf mit dem Kontrastmittel zu machen.

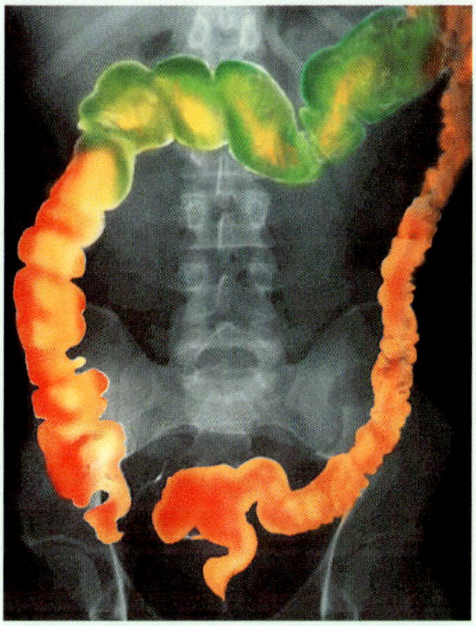

**Dickdarm und Mastdarm, im Röntgenbild mit Kontrastmittel sichtbar gemacht.**

## Darmspiegelung (Enteroskopie)

Bei einer Darmspiegelung kann zwar nicht der gesamte Darm erfaßt werden, doch das Instrument, mit dem der Arzt in Ihr Körperinneres sehen kann (→ Das Endoskop, Seite 621), hat auch Zusatzvorrichtungen, um Gewebeproben zu entnehmen, eine Blutung zu stillen oder kleinere Geschwülste zu entfernen.
Je nachdem welcher Darmabschnitt untersucht wird, kommen andere Verfahren zum Einsatz. Der Zwölffingerdarm kann bei einer Magenspiegelung (→ Seite 333) mit begutachtet werden, das heißt, Sie müssen dazu einen Schlauch schlukken. Bei der Untersuchung des Dickdarms und der anschließenden Dünndarmabschnitte wird ein starres oder bewegliches Endoskop in den After eingeführt und unterschiedlich weit vorgeschoben, von etwa zwölf Zentimetern bis zu einem Meter. Voraussetzung ist, daß der Darm leer und sauber ist. Das bedeutet, daß Sie – abhängig davon, welcher Darmabschnitt untersucht wird – eine bestimmte Zeit vorher nichts essen dürfen, eventuell Abführmittel nehmen und mehrere Liter trinken müssen sowie direkt vor der Untersuchung einen Einlauf bekommen, der Kotreste wegspült.
Die Untersuchung ist vielen Menschen unangenehm, weil sie einen Eingriff in die Intimsphäre darstellt. Wenn Sie sich dabei entspannen können, ist sie jedoch nicht sehr schmerzhaft. Dazu können Ihnen Entspannungsübungen helfen (→ Seite 686). Scheuen Sie sich nicht, sich vom Arzt ein Beruhigungsmittel geben zu lassen.

## Ultraschall-Untersuchung

Verdickungen der Darmwand oder Abszesse, zum Beispiel bei Darmentzündungen, lassen sich mit Ultraschall gut darstellen (→ Seite 620). Das Instrument wird dabei wie ein Endoskop durch den After eingeführt.

## Durchfall (Diarrhoe)

▶ Symptome
- ➜ mehr als drei Darmentleerungen pro Tag
- ➜ ungeformter, wäßriger oder breiartiger Stuhl
- ➜ Stuhlmenge vermehrt

Durchfall kann sehr verschiedene Ursachen haben. Infektionen mit Bakterien (→ Lebensmittelvergiftung, Seite 536), Viren (→ Schwere Magen-Darm-Infektion, Seite 537) oder Parasiten (→ Amöbenruhr, Seite 555) und manche Medikamente wie Abführmittel oder Antibiotika rufen eine akute Diarrhoe hervor, ebenso psychische Belastungen wie Streß, Angst, Konflikte. Dauert der Durchfall jedoch länger als drei bis vier Wochen, dann liegen ihm entweder chronische Darmerkrankungen zugrunde oder eine Zöliakie, eine Allergie gegen den Getreideeiweißstoff Gluten (→ Nahrungsmittelallergie, Seite 528).

### Ärztliche Behandlung

Wenn Blut, Schleim, Eiter oder Fett im Stuhl sind und/oder wenn der Durchfall mehr als drei Tage anhält, sollten Sie einen Arzt aufsuchen. Der Stuhl wird auf Krankheitserreger, Blut- oder Schleimbeimengungen untersucht. Eventuell ist auch eine Darmspiegelung angezeigt. Das Wichtigste ist jedoch zunächst der Ausgleich des Flüssigkeits- und Mineralstoffverlusts, eventuell auch in Form einer Infusion. Bei Kindern sowie bei alten und geschwächten Menschen kann dies lebensrettend sein. Außerdem wird die Ursache des Durchfalls gesucht und behandelt.

### Selbsthilfe

Solange der Durchfall andauert: nichts essen, aber viel trinken! Weitere Hinweise finden Sie auf Seite 545 (→ Was tun bei Durchfall?).

## Verstopfung (Obstipation)

▶ Symptome
- ➜ weniger als drei Darmentleerungen pro Woche
- ➜ harter Stuhl

Die Zahl der Stuhlgänge ist individuell sehr verschieden und hängt vor allem auch von Ihrer Lebensweise und Ernährung ab. Häufigste Ursachen einer Verstopfung sind ballaststoffarme Kost, zu wenig Flüssigkeit, Bewegungsmangel und Unterdrückung des Darmentleerungsreizes. Krankheiten des Darms, Operationen und zahlreiche Medikamente wie Schlaf- und Beruhigungsmittel oder kodeinhaltige Hustenmittel können ebenfalls zur Verstopfung führen. Auch auf Reisen kommt es oft zu Verstopfungen, bis die Darmflora sich an die ungewohnte Kost und das andere Klima angepaßt hat.

### Ärztliche Behandlung

Bei anhaltender Verstopfung oder einer plötzlichen Änderung Ihrer üblichen Darmentleerung sollten Sie einen Arzt aufsuchen. Eventuell müssen Medikamente, die die Verstopfung verursachen können, durch andere ersetzt werden. Nehmen Sie Abführmittel nur kurzfristig ein, da auch sie zu erneuter Verstopfung führen können.

### Selbsthilfe

Gegen Verstopfung helfen ballaststoffreiche Kost, eineinhalb bis zwei Liter Flüssigkeit pro Tag und viel Bewegung. Ein Glas warmes Wasser vor dem Frühstück löst den Entleerungsreiz aus. Achten Sie auf diesen Reiz! Und verzichten Sie auf stopfende Nahrungsmittel wie Bananen oder Schokolade.

## Blähungen (Flatulenz)

▶ Symptome
- ➜ vermehrtes Aufstoßen und Abgehen von Winden, aufgeblähter Bauch
- ➜ krampfartige Schmerzen im Bauch

Blähungen sind nur selten ein Zeichen einer Darmerkrankung, meist bestehen die Gase im Verdauungstrakt aus beim Essen oder Sprechen verschluckter Luft. Bei der Zersetzung schwerverdaulicher Kohlenhydrate wie sie in Hülsenfrüchten, manchen Kohlarten oder Wurzelgemüsen enthalten sind, werden von den Bakterien im Dickdarm verstärkt Gase gebildet, die als Winde abgehen.

### Ärztliche Behandlung

Wenn Sie nicht nur Blähungen, sondern auch Symptome einer anderen Darmerkrankung haben, sollten Sie einen Arzt aufsuchen.

### Selbsthilfe

Bei Blähungen tun Entspannung, Ruhe, eine Tasse Anis-, Fenchel-, Kümmel- oder Kamillentee und eine Wärmflasche auf dem Bauch gut. Essen Sie keine blähenden Speisen (zum Beispiel Zwiebeln, Knoblauch, Lauch, Kohl, Hülsenfrüchte), und »verkneifen« Sie die Winde – wenn möglich – nicht.

## Laktasemangel

▶ **Symptome**

→ Durchfälle, Blähungen und Darmkrämpfe nach Milchgenuß

Wenn Sie auf Milch mit Verdauungsproblemen reagieren, kann es sein, daß in Ihrer Darmschleimhaut ein Verdauungsstoff fehlt, der Milchzucker abbaut, das Enzym Laktase. Bei vielen Menschen, vor allem bei der schwarzen und orientalischen Bevölkerung, ist dieser Mangel angeboren, er kann sich jedoch auch später entwickeln, zum Beispiel als Folge einer Zöliakie (→ Nahrungsmittelallergie, Seite 528).

### Ärztliche Behandlung

Um eine sichere Diagnose stellen zu können, wird ein sogenannter Laktose-Toleranztest gemacht: Dazu müssen Sie auf nüchternen Magen ein Getränk, das Milchzucker (Laktose) enthält, trinken. Durch mehrere Blutuntersuchungen in kurzem zeitlichen Abstand stellt man fest, ob und wie Ihr Blutzuckerspiegel daraufhin ansteigt. Bei Laktasemangel erhöht er sich nur sehr gering, da der Milchzucker nicht in den Körper aufgenommen werden kann. Mit einer Untersuchung der Dünndarmschleimhaut wird der Mangel am Enzym Laktase direkt nachgewiesen.

### Selbsthilfe

Sie sollten keine Milch oder Milchprodukte aus unvergärter Milch, zum Beispiel Milchspeisen oder Eis, zu sich nehmen. Vergärte Milchprodukte wie Joghurt dürfen Sie hingegen essen. Wenn Ihre Darmschleimhaut noch eine geringe Menge an Laktase bildet, können die Speisen eventuell mit laktosearmer Milch hergestellt werden; dazu setzt man der normalen Milch vor der Verarbeitung Laktase zu.

## Wege zu einer gesunden Verdauung

Körperliches Wohlbefinden ist auch davon abhängig, wie regelmäßig Ihr Darm arbeitet. Sie können viel dafür tun, ihm das Leben zu erleichtern – in erster Linie durch die notwendigen »Zutaten«. So braucht er viel Flüssigkeit, mindestens 1 1/2 bis 2 Liter täglich, am besten Wasser oder Früchtetee. Die Darmmuskulatur wird zur Peristaltik (den Wellenbewegungen) und damit zur Entleerung angeregt, wenn der Darm gut gefüllt ist. Das erreichen Sie mit Ballaststoffen, die in Gemüse, Obst, Salaten und Vollkornprodukten enthalten sind.

Gesund essen kann man mit Genuß (→ Seite 712). Als besonders gut hat sich dabei die Vollwerternährung erwiesen (→ Seite 716), die schon längst aus ihrem einstigen Schattendasein als langweilige »Körnerdiät« getreten ist. Unterstützen Sie die Darmtätigkeit mit körperlicher Bewegung, Bauchdeckenmassagen und Übungen zur Kräftigung der Bauchmuskeln (→ Seite 706).

Der Darm kann auch erzogen werden: Nehmen Sie sich für den Stuhlgang eine feste Zeit vor, zu der Sie ungestört sind. Regen Sie im Bedarfsfall die Entleerung mit einem Glas warmen Wasser an, morgens auf nüchternen Magen.

Sollte Ihr Darm trotzdem zur Verstopfung neigen, können Sie zu natürlich abführenden Nahrungsmitteln greifen, wie Rhabarber oder getrockneten Datteln, Pflaumen oder Feigen.

**Vollkornbrot, frische Äpfel, Feigen und Trockenfrüchte regen die Darmtätigkeit an.**

## Nervöser Darm (Reizdarm)

▶ Symptome
- ➜ Verstopfung, eventuell im Wechsel mit Durchfall
- ➜ leichte krampfartige Schmerzen im Unterbauch
- ➜ Blähungen, Völlegefühl

Ein gereizter Darm ist eine harmlose Reaktion des Verdauungstraktes auf psychische Belastungen. Die Beschwerden verstärken sich oft bei Ärger und Streß.

### Ärztliche Behandlung

Wenn die Beschwerden nicht nachlassen, sollten Sie einen Arzt aufsuchen, um abklären zu lassen, daß es sich nicht um eine andere Erkrankung handelt. Oft kann bereits das Gespräch mit einem Arzt helfen, eine bestehende Anspannung zu lösen und einen neuen Blick auf persönliche Probleme zu bekommen.

### Selbsthilfe

Ballaststoffreiche Mischkost ist immer ein erster Schritt zu einer gesunden Verdauung (→ Seite 343). Wenn Sie wissen, welche Speisen Ihnen Beschwerden bereiten, sollten Sie sie für eine Weile von Ihrem Speisezettel streichen. Tees aus Fenchel, Kümmel oder Anis bringen Erleichterung bei Blähungen und Bauchkrämpfen.

## Chronische Blinddarmentzündung

▶ Symptome
- ➜ wiederkehrende Bauchschmerzen im rechten Unterbauch, schmerzfreie Intervalle

Eine mild verlaufende oder fälschlich durch Antibiotika behandelte Entzündung des Wurmfortsatzes am Blinddarm kann ohne Behandlung wieder abheilen. Allerdings besteht die Gefahr, daß sie wieder aufflammt und zu einer lebensgefährlichen akuten Blinddarmentzündung (→ Seite 340) werden kann.

### Ärztliche Behandlung

Wenn wiederholt Schmerzen im rechten Unterbauch auftreten, sollten Sie einen Arzt aufsuchen, damit die Ursache abgeklärt wird. Durch eine Röntgenuntersuchung mit einem Kontrastmittel kann er feststellen, ob der Blinddarm entzündet ist. Die einzige nachhaltige Therapie besteht in der Entfernung des Wurmfortsatzes.

### Selbsthilfe

Ist nicht möglich.

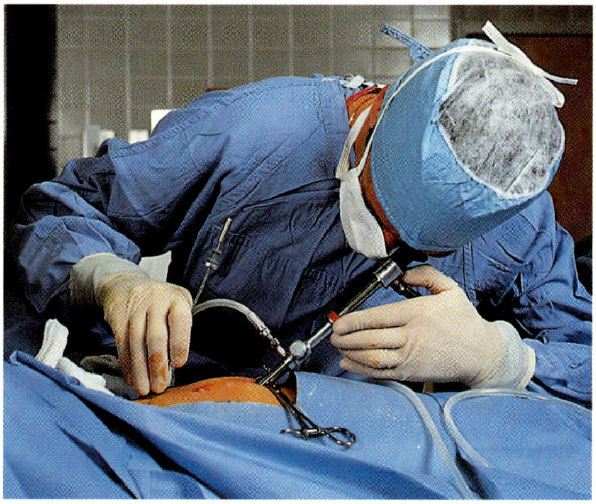

**»Sanfte« Operation ohne Skalpell: Der Blinddarm kann heute oft mit dem Endoskop entfernt werden.**

## Divertikelentzündung (Divertikulitis)

▶ Symptome
- ➜ Schmerzen im Unterbauch, meist links
- ➜ Wechsel zwischen Verstopfung und Durchfall
- ➜ eventuell schmerzhafte »Walze« im Bauch tastbar, meist links

Mit zunehmendem Alter bilden sich bei vielen Menschen Aussackungen der Schleimhaut durch den äußeren Muskelmantel des Darms. Diese sogenannten Divertikel oder Taschen können sehr schmerzhaft und auch gefährlich werden, wenn sich die Schleimhaut und das umliegende Gewebe unter dem Druck des in den Divertikeln angestauten Kots entzünden. In der Folge kann der Darm bluten, zur Bauchhöhle durchbrechen oder sich verschließen (→ Darmverschluß, Seite 340).

### Ärztliche Behandlung

Wenn die Bauchschmerzen nicht nachlassen und/oder wenn Sie Blut im Stuhl haben, sollten Sie sofort einen Arzt aufsuchen. Die Divertikel lassen sich nach einem Einlauf mit einem Kontrastmittel gut im Röntgenbild erkennen, ebenso bei einer Darmspiegelung. Bei starken Beschwerden ist ein Krankenhausaufenthalt notwendig. Gegen die Infektion müssen Antibiotika eingesetzt werden. Ist diese Behandlung nicht erfolgreich, ist eine Operation nötig. Dabei wird der erkrankte Darmabschnitt entfernt. Bei sehr schweren Umgebungsentzündungen muß vorübergehend ein künstlicher Darmausgang angelegt werden (→ Seite 347).

### Selbsthilfe

Eine ballaststoffreiche, vollwertige Ernährung und regelmäßige Stuhlentleerung schützen am besten vor der Entzündung der Divertikel.

## Geschwürige Dickdarmentzündung (Colitis ulcerosa)

**▶ Symptome**

- blutig-schleimige Durchfälle
- heftige Bauchschmerzen und Krämpfe

Diese meist chronisch und schubweise verlaufende Entzündung beginnt im Mastdarm und breitet sich von dort über den ganzen Dickdarm aus. Die Schleimhaut blutet ständig leicht und wird auf Dauer zerstört; hoher Blutverlust kann zu einer Anämie (→ Seite 292) führen. Die Ursache der Erkrankung ist nicht bekannt.

### Ärztliche Behandlung

Durch eine Darmspiegelung und Röntgenaufnahmen mit Kontrastmittel wird die Diagnose gestellt. Mit Medikamenten kann die Krankheit unter Kontrolle gehalten werden, bei schweren Schüben ist zusätzlich Kortison nötig.
Der Dickdarm muß mit dem Mastdarm entfernt werden, wenn die Entzündung sehr schwer verläuft. Das gilt auch, wenn die Gefahr eines Geschwürdurchbruchs durch die Darmwand besteht und nach langjähriger Erkrankung, da dann das Risiko, an Dickdarmkrebs (→ Seite 346) zu erkranken, erhöht ist.

### Selbsthilfe

Das Leben mit einer chronischen Darmerkrankung ist eine große psychische Belastung und mit wiederkehrenden Schmerzen verbunden. Unterstützung und Hilfe können Sie bei einem erfahrenen Psychotherapeuten und in einer Selbsthilfegruppe mit anderen Betroffenen finden. Informationsmaterial, wichtige Ratschläge und Adressen bekommen Sie über den Bundesverband für entzündliche Erkrankungen des Verdauungstraktes oder die Österreichische Morbus Crohn – Colitis ulcerosa Vereinigung (→ Adressen, Seite 798).
Eine spezielle Diät gibt es nicht, doch eine Umstellung auf Vollwerternährung (→ Seite 716) ist eine sinnvolle Ergänzung der ärztlichen Behandlung.

## Crohn-Krankheit (Morbus Crohn)

**Symptome**

- krampfartige Bauchschmerzen rechts unten
- Durchfälle, eventuell mit Blut vermischt
- leichte Fieberschübe, Gewichtsabnahme
- Entleerung von eitrigem Sekret aus kleinen Öffnungen im Bereich des Afters (→ Analfisteln, Seite 349)

Von dieser chronischen Entzündung sind meist die Endabschnitte des Dünndarms und der Dickdarm befallen, sie kann sich aber auch über den gesamten Verdauungstrakt – vom Mund bis zum After – ausbreiten.
Die Krankheit verläuft in Schüben, dazwischen liegen Ruhephasen, die Monate oder Jahre anhalten können. Oft bilden sich Fisteln in der Darmwand, die zu einengenden Narben und zum Verkleben mit angrenzenden Organen führen. Die Ursache der Erkrankung ist nicht bekannt.

### Ärztliche Behandlung

Wenn Analfisteln auftreten, sollten Sie einen Arzt aufsuchen, sie sind oft das erste Symptom dieser Krankheit. Durch Röntgenaufnahmen mit Kontrastmittel oder mit dem Endoskop werden die erkrankten Darmabschnitte begutachtet, mit dem Endoskop eventuell auch Gewebeproben entnommen. Wenn der Darm stark verengt ist oder bei großer Abszeß- oder Fistelbildung müssen die betroffenen Teile des Darms operativ entfernt werden,.

### Selbsthilfe

Wie bei → Geschwürige Dickdarmentzündung

## Erweiterter Dickdarm (Megakolon)

▶ Symptome
➜ aufgeblähter Bauch, Verstopfung
➜ schmerzhafte Darmentleerung

Ein erweiterter Dickdarm ist oft angeboren und macht sich schon bald nach der Geburt durch Verstopfung und Entwicklungsstörungen bemerkbar. Bei Kindern mit dieser Krankheit fehlt die Nervenversorgung an einem Abschnitt des Dickdarms, so daß er seinen Inhalt nicht weiterbefördern kann und der Darminhalt sich staut. In späteren Jahren kann sich ein Megakolon ausbilden, wenn ein Engpaß im Mastdarm besteht, zum Beispiel durch einen verkrampften Schließmuskel. Manchmal ist die Ursache der Darmveränderung allerdings nicht erkennbar.

### Ärztliche Hilfe

Wenn Sie oder Ihr Kind häufig unter Verstopfung leiden, sollten Sie einen Arzt aufsuchen. Zur Diagnose werden eine Röntgenkontrastaufnahme des Dickdarms und eine Darmspiegelung gemacht. In manchen Fällen besteht die Therapie darin, den Darm zu erziehen, das heißt, eine normale Entleerung zu trainieren. Dies wird unterstützt durch schlackenreiche Kost und die vorübergehende Einnahme von Abführmitteln. Ein verengter Schließmuskel muß gedehnt oder operativ erweitert werden. Oft muß auch ein Teil der geschädigten Darmwand chirurgisch entfernt werden.

### Selbsthilfe

Ballaststoffreiche Ernährung! Der Drang zur Darmentleerung sollte nicht unterdrückt werden.

## Polypen im Dickdarm

▶ Symptome
➜ manchmal Blut und Schleim im Stuhl

Darmpolypen sind gutartige Geschwüre, überwiegend im Dickdarm gelegen. Meist werden sie zufällig entdeckt, denn sie machen oft keine Beschwerden. Sie können jedoch bluten und so groß werden, daß sie den Darm verschließen (→ Darmverschluß, Seite 340). Adenome, eine Art von Darmpolypen, entwickeln sich leicht zu bösartigen Tumoren.

### Ärztliche Behandlung

Wenn Sie Blut und Schleim im Stuhl haben, sollten Sie einen Arzt aufsuchen. Bei der Untersuchung des Mastdarms mit dem Endoskop können einzelne Polypen mit einer Schlinge abgetragen werden. Ist ein Adenom darunter, muß der gesamte Dickdarm auf weitere Polypen abgesucht werden, die alle entfernt werden müssen. Danach sind regelmäßige Kontrolluntersuchungen wichtig, damit eventuell nachwachsende Polypen frühzeitig erkannt werden.

### Selbsthilfe

Ist nicht möglich.

## Dickdarmkrebs

▶ Symptome
➜ Blut im Stuhl
➜ plötzliche Änderung der Stuhlgewohnheiten, häufige Verstopfung oder Durchfälle
➜ Austritt von Stuhl, wenn Winde abgehen
➜ Leistungsminderung, Müdigkeit

Dickdarmkrebs ist die zweithäufigste Krebsart, beim Mann nach dem Lungenkrebs, bei der Frau nach dem Brustkrebs. Je nachdem ob der Hauptteil des Dickdarms (Kolon) oder der letzte Abschnitt, der Mastdarm (Rektum), betroffen ist, unterscheidet man in Kolon- und Rektumkarzinom. Vieles spricht dafür, daß eine Ernährung, die reich an tierischen Fetten und zugleich ballaststoffarm ist, eine wichtige Rolle bei der Entstehung des Dickdarmkrebses spielt. Risikofaktoren sind außerdem Adenome, eine bestimmte Art von → Darmpolypen und die geschwürige Dickdarmentzündung (→ Seite 345). Hinzu kommt eine familiäre Veranlagung.

### Ärztliche Behandlung

Wenn Sie Blut im Stuhl feststellen, sollten Sie unbedingt einen Arzt aufsuchen. Ein Teil der Tumoren kann mit dem Finger getastet werden; die Endoskopie sichert die Diagnose auch in höheren Darmbereichen. Erkrankte Darmabschnitte müssen auf jeden Fall mit den zugehörigen Lymphknoten großzügig entfernt werden. Vor allem in den ersten beiden Jahren nach der Operation wachsen häufig neue Tumoren, die wieder operiert werden müssen. Daher sind regelmäßige Nachuntersuchungen wichtig.

### Selbsthilfe

Da der Ernährung bei der Entstehung von Dickdarmkrebs eine große Bedeutung zukommt, ist die Umstellung auf eine ballaststoffreiche Vollwerternährung (→ Gesund essen mit Genuß, Seite 712) ein Mittel zur Vorbeugung. Nehmen Sie außerdem die Untersuchungen zur Krebsfrüherkennung regelmäßig wahr (→ Seite 609).
Allgemeine Informationen zu Krebserkrankungen sowie wichtige Hinweise und Ratschläge finden Sie ab Seite 576.

## Verwachsungen am Darm (Briden)

### ▶ Symptome

- unklare Schmerzen im Bauch, immer wieder an der gleichen Stelle
- eventuell Erbrechen und Anzeichen eines Darmverschlusses (→ Seite 340)

Nach Operationen im Bauchraum oder nach Entzündungen, zum Beispiel am Blinddarm oder den Eierstöcken, verkleben manchmal über Jahre die den Darm überziehenden Hautschichten miteinander: Der Darm kann sich nicht mehr frei bewegen. Er kann dabei so tief eingeschnürt werden, daß der Darminhalt nicht mehr passieren kann, es kommt zum lebensbedrohlichen Darmverschluß.

### Ärztliche Behandlung

Wenn Sie immer wieder unklare Schmerzen im Bauch haben, sollten Sie einen Arzt aufsuchen, bei den Symptomen des Darmverschlusses sofort einen Notruf veranlassen! Die Verwachsungen erkennt man im Röntgenbild oder mit Hilfe des Ultraschalls. Bei starken Einengungen des Darms müssen die Verklebungen operativ gelöst werden.

### Selbsthilfe

Ist nicht möglich.

## Künstlicher Darmausgang

Die Verdauung ist Schwerstarbeit für den Darm. Da bleibt ihm manchmal keine Möglichkeit, eine Krankheit auszuheilen. Die Chirurgen können ihm jedoch dabei helfen, indem sie geschädigte Darmabschnitte vorübergehend von der Verdauung »ausklammern« und so die Schleimhaut entlasten. Dazu wird der Darm oberhalb der erkrankten Stelle durchtrennt und in eine künstliche Öffnung (Stoma) in der Bauchwand eingenäht. Durch diese Öffnung entleert sich der Darminhalt nach außen in einen Beutel aus Kunststoff. Ist die Erkrankung ausgeheilt, kann der Darm wieder in den Bauch zurückverlegt und die Öffnung in der Bauchdecke geschlossen werden. Nur wenn Mastdarm und Darmausgang ganz oder teilweise entfernt werden, zum Beispiel wegen eines Krebsgeschwürs, muß der künstliche Darmausgang dauerhaft angelegt werden.

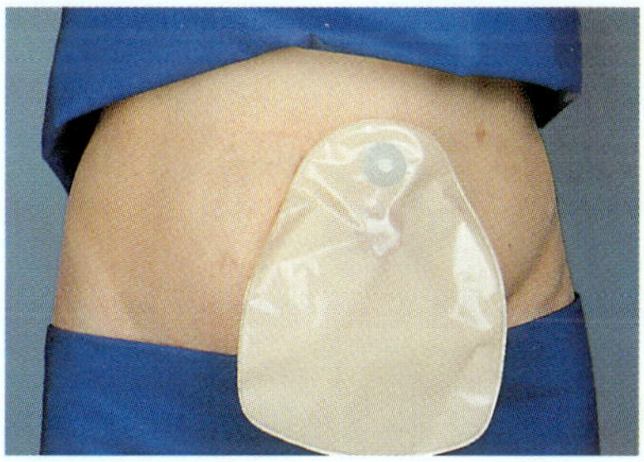

**Ein künstlicher Darmausgang ist hygienisch und geruchsfrei.**

Aber auch diese Maßnahme hat mittlerweile einiges von ihrem Schrecken verloren. Die modernen Kunststoffbeutel, die den Kot auffangen, sind so dicht, daß kein Geruch mehr nach außen dringt. Außerdem lernt der Darm innerhalb eines halben Jahres, sich auch durch den künstlichen Ausgang zu regelmäßigen Zeiten zu entleeren. Dadurch weiß man im voraus, wann der Beutel gewechselt werden muß.
Vor der Entlassung aus der Klinik werden Sie genau unterwiesen, wie man mit dem künstlichen Darmausgang umgeht. In allen größeren Städten haben sich Selbsthilfegruppen gebildet, die praktische und psychische Unterstützung bieten. Informationen und Adressen bekommen Sie beim Dachverband der Stoma-Träger, der Deutschen Ileostomie-Colostomie-Urostomie Vereinigung, abgekürzt ILCO (→ Adressen, Seite 798).

## Würmer

### ▶ Symptome

- ➜ unklare Bauchschmerzen, grippeartige Beschwerden bei Spulwürmern
- ➜ Bauchschmerzen, Durchfälle bei starkem Befall mit Peitschenwürmern
- ➜ Juckreiz am After, eventuell Scheidenentzündung bei Madenwürmern
- ➜ Abmagerung, unklare Störungen des Allgemeinbefindens bei Bandwürmern

Würmer sind Parasiten (→ Pilze und Parasiten, Seite 550), die einen tierischen oder menschlichen Wirt brauchen, um leben und sich vermehren zu können. Die wichtigste Ansteckungsquelle für Spul-, Peitschen- und Madenwürmer sind verunreinigte Lebensmittel wie fäkaliengedüngtes Gemüse oder Salat. Man kann sich jedoch auch über Erde oder Staub, die wurmhaltigen (Tier-)Kot enthalten, infizieren.

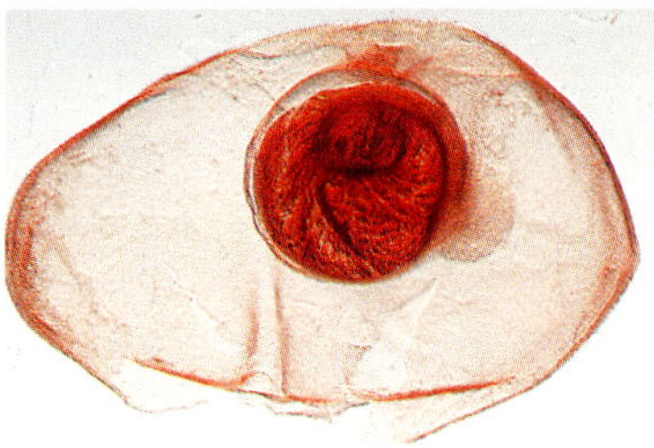

**Wurmfinnen im Schweinefleisch kommen in Europa nur noch selten vor.**

Hat man sich einmal angesteckt, können die Wurmeier durch Kratzen am After (Juckreiz) unter die Fingernägel gelangen und von dort wieder in den Mund. Dies ist besonders bei Madenwürmern ein Problem, da die Weibchen ihre Eier nachts in den äußeren Falten des Afters ablegen. Vor allem Kinder infizieren sich sehr leicht mit Madenwürmern.
Ungewaschene Waldbeeren, die in Bodennähe wachsen (Heidelbeeren), oder Waldpilze können mit den Eiern des Fuchs- oder Hundebandwurms verunreinigt sein. Sie entwickeln sich im Menschen zu Larven (Finnen) weiter und wandern in die Lunge beziehungsweise in die Leber (Fuchsbandwurm) ein. Dabei bilden sich flüssigkeitsgefüllte Hohlräume in den Organen (Zysten), die in der Lunge operativ entfernt werden können, bei einem ausgeprägten Befall der Leber jedoch meist nicht mehr zu behandeln sind.
Rohes oder nicht durchgebratenes Fleisch von Schweinen, Rindern oder Fischen kann in sehr seltenen Fällen lebende Bandwurmlarven enthalten, die sich im menschlichen Körper zu einem Wurm von bis zu zehn Meter Länge auswachsen können.

### Ärztliche Behandlung

Wenn Sie Würmer oder Wurmeier im Stuhl erkennen und/oder die beschriebenen Symptome haben, sollten Sie einen Arzt aufsuchen. Bringen Sie am besten gleich eine Stuhlprobe mit, damit können Würmer und Wurmeier nachgewiesen werden. Je nach Wurmart werden unterschiedliche Wurmmittel verschrieben, die die Würmer abtöten und aus dem Darm entfernen. Bei Madenwürmern sollte die ganze Familie behandelt werden.

### Selbsthilfe

Bei einer Wurminfektion sollten Sie ganz besonders auf Hygiene achten: Reinigen Sie nach dem Stuhlgang After und Hände, einschließlich Fingernägel, sorgfältig mit Wasser und Seife, um eine Neuinfektion zu verhindern. Wechseln Sie Bettwäsche, Handtücher, Unterwäsche und Schlafanzug während der Infektion am besten täglich und kochen Sie alles aus. Ein paar Tips zur Vorbeugung sind:
Waschen Sie Gemüse und Salat immer sehr gründlich, bevor Sie es essen. Wenn Sie vermuten, daß es mit Fäkalien gedüngt wurde, sollten Sie besser darauf verzichten. Waldpilze und niedrig wachsende Waldbeeren müssen wegen des Fuchsbandwurms besonders gut gereinigt, tiefgefroren oder gekocht werden. In unseren Breiten ist der Rinder- und Schweinebandwurm sehr selten geworden, in Ländern mit weniger strenger Fleischbeschau sollten Sie kein rohes oder halbgares Fleisch essen.

**Regel Nummer eins zur Vorbeugung gegen Wurminfektionen: Gemüse, Obst und Salate dürfen nur gut gewaschen auf den Tisch.**

## Hämorrhoiden

### ▶ Symptome

- ➜ Schmerzen beim Stuhlgang
- ➜ hellrotes Blut auf dem Stuhl
- ➜ Juckreiz am After
- ➜ eventuell schleimiges Sekret
- ➜ dumpfes Druckgefühl, Brennen und Schmerzen im Mastdarm

Dicht oberhalb des Afterschließmuskels, in der Übergangszone zwischen Darmausgang und Mastdarm, liegt ein Geflecht von Blutgefäßen. Wenn es prall mit Blut gefüllt ist, wirkt es wie ein Polster und unterstützt den Schließmuskel. Knotenförmige Erweiterungen dieser Adern werden als *innere Hämorrhoiden* bezeichnet. Sie können den Darmausgang verengen, nach außen gepreßt und vom Schließmuskel schmerzhaft eingeklemmt werden; ist die Gefäßwand entzündet, platzen sie leicht, so daß frisches, hellrotes Blut auf dem Stuhl erscheint. Sehr schmerzhaft ist es, wenn sich in dem Gefäßgeflecht ein Blutgerinnsel bildet. Solche Blutpfropfen kommen auch in den Venen rund um den Anus vor. Reißen diese Venen ein, kommt es zu schmerzhaften Blutergüssen, den sogenannten *äußeren Hämorrhoiden.*

Die Ursache für Hämorrhoiden ist oft eine angeborene Bindegewebeschwäche. Außerdem können sie ausgelöst werden durch langes Stehen oder Sitzen, erhöhten Druck auf den Bauchraum durch Schwangerschaft oder Übergewicht, chronische Verstopfung, häufigen Gebrauch von Abführmitteln (→ Arzneimittel, Seite 634), aber auch durch eine Leberzirrhose (→ Seite 356). Als Folge längerer Blutungen kann es zu einer Eisenmangelanämie (→ Seite 292) kommen.

### Ärztliche Behandlung

Wenn die Beschwerden immer wiederkehren, sollten Sie einen Arzt aufsuchen. Um innere Hämorrhoiden sicher diagnostizieren zu können und auszuschließen, daß es sich um eine andere, schwerwiegendere Erkrankung handelt, wird eine endoskopische Untersuchung des Mastdarms gemacht. Eine entzündungshemmende Salbe lindert die Schmerzen, darf jedoch niemals über längere Zeit angewendet werden. Sie enthält meist Kortison, das auf Dauer erhebliche Schäden an der empfindlichen Schleimhaut verursachen kann!

Im Anfangsstadium können Sie mit → Selbsthilfemaßnahmen viel erreichen. Bei wiederkehrenden Beschwerden kann man die Hämorrhoiden durch eine Spritzenkur veröden, durch eine Kältebehandlung (örtliche Anwendung sehr großer Kälte) zum Schrumpfen bringen, durch Gummibänder abbinden oder chirurgisch entfernen.

### Selbsthilfe

Versuchen Sie, langes Sitzen oder Stehen zu vermeiden, und verwenden Sie nach dem Stuhlgang besondere Sorgfalt auf Ihre Analhygiene. Darüber hinaus sollten Sie bei Hämorrhoiden alles beherzigen, was zu einer gesunden Verdauung (→ Seite 343) führt.

## Analfissuren, Analfisteln

### ▶ Symptome

- ➜ Juckreiz am After
- ➜ blutende, schmerzhafte Einrisse am After
- ➜ Entleerung von eitrigem Sekret aus kleinen Öffnungen im Afterbereich

Analfissuren sind kleine Einrisse in der Haut des Afters, die durch zu harten Stuhl und häufiges Pressen verursacht werden. Sie sind sehr schmerzhaft, reißen immer wieder auf und bluten leicht. Hefepilze (→ Seite 552) finden hier ideale Bedingungen.

Analfisteln entstehen meist in kleinen Drüsen am Übergang von der äußeren Haut zur Schleimhaut des Mastdarms. Sie enden meist in der äußeren Haut in der Umgebung des Afters. Oft sind die Fisteln eine Folge von Stoffwechselerkrankung oder der Crohn-Krankheit (→ Seite 345).

### Ärztliche Behandlung

Bei anhaltendem Juckreiz, Blutungen und dauerndem Nässen (Eiter) sollten Sie einen Arzt aufsuchen. Die Fisteln können im Röntgenbild dargestellt werden. Sie müssen gespalten werden, damit der Eiter abfließen und die Drüse ausheilen kann. Bei sehr schmerzhaften Fissuren muß unter Umständen ein kleiner chirurgischer Eingriff gemacht werden.

### Selbsthilfe

Ballaststoffreiche Kost und viel Flüssigkeit machen den Darminhalt weich und beugen den Einrissen rund um den After vor.

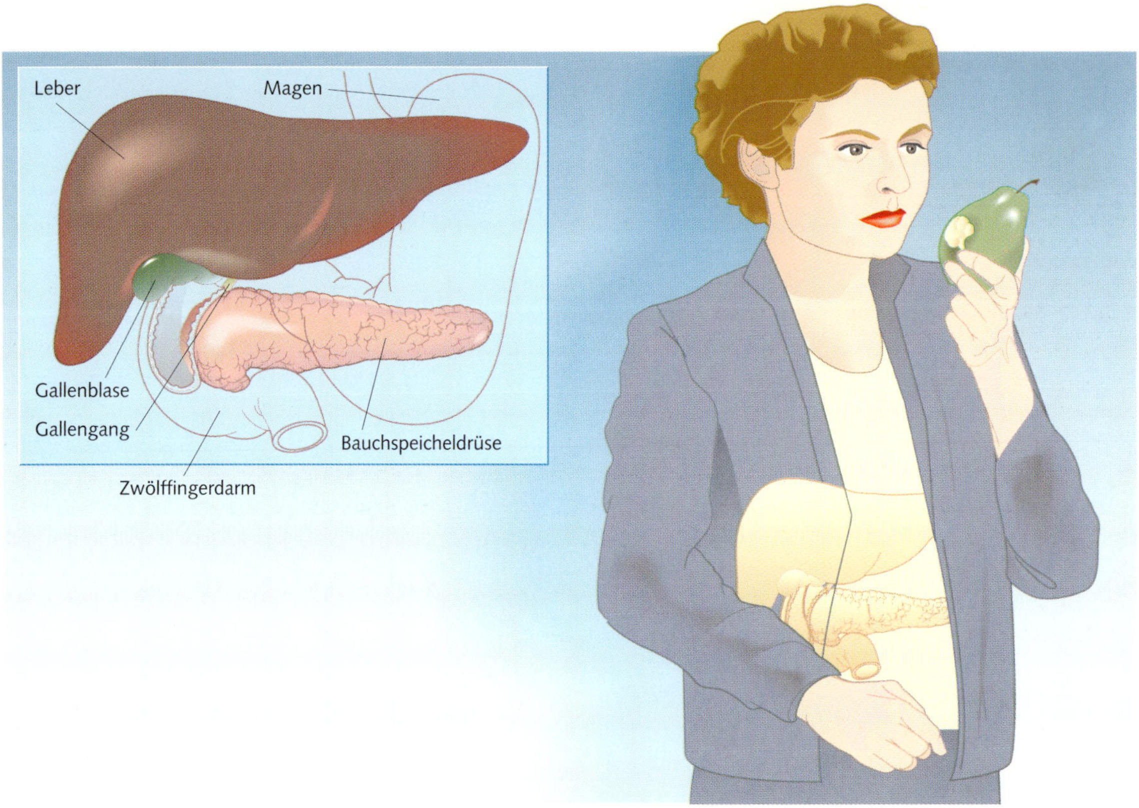


# Leber, Galle und Bauchspeicheldrüse

- **Aufbau und Eigenschaften**
- **Verdauung und Speicheraufgaben**
- **Entgiftung und Fettstoffwechsel**

Mit glatter, glänzender Oberfläche liegt die Leber im rechten Oberbauch, wo sie sich über die Hälfte des Bauchraums ausbreitet. Doch sie ist nicht nur raumgreifend, sie ist auch schwer: Mit dem stattlichen Gewicht von eineinhalb Kilogramm ist die Leber das größte innere Organ des menschlichen Körpers.
Sosehr sie von außen wie »aus einem Guß« aussieht, so wenig einheitlich ist sie von innen: Unzählige stecknadelkopfgroße Läppchen aus jeweils mehreren hundert Leberzellen vereinigen sich zu großen Leberlappen. Jede einzelne Zelle steht in Berührung mit einem zuführenden Blutgefäß, das der Pfortader entspringt, die das Blut vom Darm bringt. Abführende Blutgefäße sammeln dann das Blut mit den aufbereiteten Nährstoffen wieder ein und führen es über die Lebervene der Hohlvene und dem Herzen zu.
Außer von der Pfortader bezieht die Leber ihr Blut noch aus einem zweiten Blutgefäß, der Leberarterie. Sie bringt sauerstoffreiches Blut von der Lunge, damit genügend »Treibstoff« für die chemischen Arbeitsgänge zur Verfügung steht.

## Volle Speicher für magere Zeiten

Wie ein riesiges chemisches Labor arbeitet diese größte Drüse in unserem Körper. Sie speichert Zucker und Vitamine, reguliert den Fettstoffwechsel, verarbeitet Eiweiß, baut Schadstoffe ab und produziert einen wichtigen Verdauungssaft, den Gallensaft. Die Kohlenhydrate in unserer Nahrung werden durch Fermente von Speichel, Bauchspeicheldrüse und Darmzotten in Traubenzucker (Glukose) gespalten. Dieser Zucker wird von allen Zellen des Körpers zur Energiegewinnung genutzt. Die Leber sorgt dafür, daß im Blut immer eine gleichbleibende Menge von Traubenzucker, dem Blutzucker, zur Verfügung steht, beim gesunden Menschen sind das 70 bis 120 Milligramm in 100 Milliliter Blut. Außerdem können wir auch auf große Vorräte an Vitaminen in der Leber zurückgreifen: Vitamin A reicht für ein ganzes Jahr, die Vitamine $B_{12}$ und D für vier Monate und auch Vitamin C kommt reichlich vor.

Werden bei den Mahlzeiten viel Zucker bzw. viele Kohlenhydrate aufgenommen, verwandeln die Leberzellen diese in einen Speicherzucker, das Glykogen. Und sie speichern es, bis der Bedarf an Zucker steigt, zum Beispiel bei sportlicher Betätigung oder bei geistiger Anstrengung.

Sind jedoch zu viele Kohlenhydrate im Essen, können nicht mehr alle als Glykogen in der Leber gespeichert werden. Sie werden umgewandelt in Fett und in den Fettspeichern abgelagert. In Hungerzeiten stehen sie dem Körper wieder zur Verfügung, nachdem sie in der Leber zum Energiespender Traubenzucker zurückverwandelt wurden.

## Die Entgiftungszentrale

Viel muten wir unserer Leber zu mit den »Genußmitteln«, die wir uns gönnen. Alkohol und Nikotin sind die Spitzenreiter unter den Giftstoffen, mit denen wir das Organ belasten. Hinzu kommen chemische Zusatzstoffe in unserer Nahrung, Gifte aus verdorbenen Nahrungsmitteln und Medikamente. All diese Stoffe werden in der Leber gespalten, möglichst in eine wasserlösliche Form gebracht oder an andere Substanzen gekoppelt, damit sie später über Niere oder Darm wieder ausgeschieden werden können. Zudem werden körpereigene Hormone in der Leber inaktiviert und unschädlich gemacht.

## Fett – Aufbau und Abbau

Eine der wichtigen Aufgaben im Zentrallabor Leber ist der Fettstoffwechsel. Dazu gehören die Herstellung und Umwandlung von Fetten und die Produktion von Gallensaft. Zum Beispiel Cholesterin: Wir nehmen es mit dem Essen auf, doch die Leber stellt es auch selbst her. Die Cholesterinmenge im Blut ist deshalb nicht allein von unserer Nahrung abhängig (→ Übeltäter Cholesterin?, Seite 267).

Cholesterin ist außerdem in der Galle enthalten, dem goldgelben Saft, von dem die Leber täglich etwa einen Liter bildet. Die Galle dient der Fettverdauung im Darm, zu dem sie über ein eigenes Kanalsystem transportiert wird – zunächst in ein feines Netz von Gallenkanälchen, das in immer größer werdende Gänge übergeht und schließlich als einheitlicher Gallengang in den Zwölffingerdarm (→ Der Darm, Seite 338) mündet. Während der Verdauungsruhe ist die Einmündung verschlossen. Dann wird die Galle in einer birnenförmigen Aussackung des Gallengangs, der Gallenblase, gespeichert. Sie liegt in einer kleinen Grube auf der Rückseite der Leber. Wird aber ein Bissen in den Mund gesteckt, lockert sich der Verschluß des Gallengangs im Zwölffingerdarm, und sobald Fett die Darmwand berührt, gibt die Gallenblase ihren Inhalt ab.

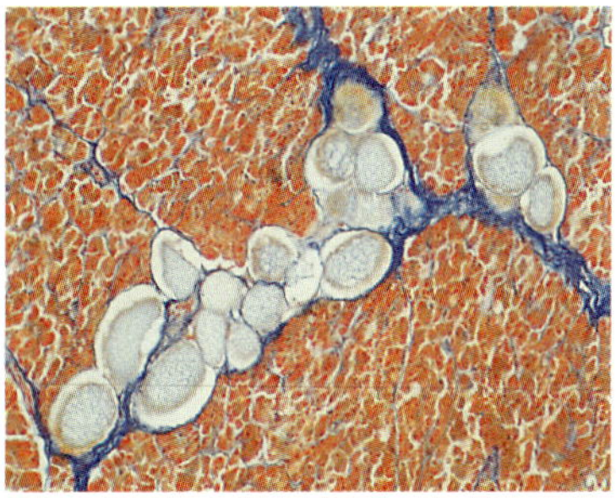

**In den Drüsenzellen der Bauchspeicheldrüse wird ein hochwirksamer Verdauungssaft produziert.**

## Organ mit Doppelfunktion

Die Bauchspeicheldrüse (auch Pankreas genannt) ist tatsächlich eine Speicheldrüse, mit etwa 15 Zentimetern Länge die größte, die unser Körper zu bieten hat. Täglich produziert sie ein bis zwei Liter eines hochwirksamen Verdauungssaftes, der dabei hilft, vor allem Eiweiß, aber auch Fette und Kohlenhydrate in kleinste Bausteine zu zerlegen. Sie liegt hinter dem Magen, zwischen Zwölffingerdarm und Milz. Ihren Saft gibt sie über einen Gang ab, der zusammen mit dem Gallengang in den Zwölffingerdarm mündet.

Der Bauchspeichel ist jedoch nicht das einzige Produkt des Pankreas. Lebenswichtig sind die beiden Hormone Insulin und Glukagon, die er in besonderen Zellen, den verstreut eingebetteten Inselzellen, herstellt. Eine Schädigung des Inselapparates führt zu Diabetes mellitus (→ Seite 501).

# Notfälle

## Allgemein gilt

Alle plötzlichen heftigen Beschwerden, die auf Erkrankungen der Bauchspeicheldrüse oder der Leber hindeuten, müssen umgehend in einer Klinik diagnostiziert und behandelt werden.

## Akute Bauchspeicheldrüsenentzündung (Akute Pankreatitis)

▶ Symptome

- ➜ heftige Bauchschmerzen, die nach allen Seiten, auch bis in die Brust ausstrahlen
- ➜ Übelkeit, Erbrechen von galligem Magensaft
- ➜ Fieber, gerötetes Gesicht
- ➜ schneller Puls, Herzjagen

Die akute Entzündung der Bauchspeicheldrüse wird in der Hälfte aller Fälle durch Erkrankungen der Gallenwege hervorgerufen, zum Beispiel durch Gallensteine (→ Seite 358) oder einen Verschluß der Gallengangseinmündung in den Zwölffingerdarm. Das liegt daran, daß der Bauchspeicheldrüsengang und der Gallengang gemeinsam in den Zwölffingerdarm münden. Eine Pankreasentzündung kann aber auch ausgelöst werden durch Entzündungen im Zwölffingerdarm, die dazu führen, daß die Verdauungssäfte der Bauchspeicheldrüse gestaut werden und das eigene Drüsengewebe angreifen. Eine andere sehr häufige Ursache ist Alkoholmißbrauch, der auch einer der Hauptgründe für eine chronische Entzündung der Bauchspeicheldrüse (→ Seite 359) ist.

### Ärztliche Behandlung

Wenn Sie die beschriebenen Symptome haben, müssen Sie sofort einen Notruf veranlassen. Eine unbehandelte Entzündung der Bauchspeicheldrüse kann in schweren Fällen zum Tod führen.

Blut- und Urinuntersuchungen zeigen die Tätigkeit der Bauchspeicheldrüse an. Mit Ultraschall und Röntgenaufnahmen kann der Arzt sehen, in welchem Zustand das erkrankte Organ ist. Die akute Pankreatitis muß häufig in der Intensivstation behandelt werden. Der Patient wird so lange künstlich ernährt, bis die Beschwerden nachlassen. Hindernisse in den Gallengängen müssen beseitigt werden.

### Selbsthilfe

Nach Auftreten der Beschwerden dürfen Sie auf keinen Fall etwas essen oder trinken!

## Gallenkolik

▶ Symptome

- ➜ krampfartige Schmerzen im rechten Oberbauch, oft ausstrahlend in Brust, Schulter und Rücken
- ➜ Erbrechen von Galle
- ➜ oft Schüttelfrost

Eine Gallenkolik wird meist durch Gallensteine (→ Seite 358) hervorgerufen, die jahrelang in der Gallenblase liegen können, ohne Beschwerden zu verursachen. Sie kann auch Folge einer Gallengangs- oder Gallenblasenentzündung (→ Seite 358) sein. Ausgelöst wird sie möglicherweise durch eine fette Mahlzeit oder psychischen Streß.

### Ärztliche Behandlung

Bei anhaltenden Schmerzen sollten Sie sofort einen Notruf veranlassen. Der Arzt muß eine Gallenkolik vor allem von einer → akuten Bauchspeicheldrüsenentzündung, einem Magengeschwür (→ Seite 336) und einem Herzinfarkt (→ Seite 266) abgrenzen, die teilweise ähnliche Symptome haben. Die Schmerzen werden mit einem krampflösenden Mittel gelindert, bei Verdacht auf eine Infektion in der Gallenblase wird der Arzt Ihnen ein Antibiotikum geben. Zunächst dürfen Sie 24 Stunden lang nichts essen, danach keine fetten und gebratenen Speisen. Meist muß die Gallenblase nach einer Entzündung und bei Nachweis von Steinen entfernt werden.

### Selbsthilfe

Halten Sie die vom Arzt verordnete Diät strikt ein! Sonst droht ein Rückfall.

# Spezielle Untersuchungen

Zunächst wird bei Verdacht auf eine Erkrankung der Leber nach Veränderungen wie Verfärbungen der Haut, der Nägel und der Schleimhäute gesucht. Durch Abtasten kann der Arzt Druckempfindlichkeit, Form- und Lageveränderungen des Organs feststellen. Manchmal ist es auch möglich zu fühlen, daß die Gallenblase gestaut ist.

## Laboruntersuchungen

Da Leber und Bauchspeicheldrüse eine Vielzahl verschiedener Stoffe produzieren, wird eine Schädigung in erster Linie an einem Mangel oder an einem Überschuß dieser Substanzen erkannt. Deshalb geben Untersuchungen des Blutes und des Urins – manchmal über 24 Stunden – deutliche Hinweise auf die Art der Erkrankungen. Wichtig ist auch die Kontrolle von Blutgerinnungsfaktoren (→ Quicktest, Seite 291). Denn wenn die Leber krank ist, kann sie diese Eiweißstoffe nicht mehr in ausreichender Menge produzieren.

Die Messung des Blutzuckerspiegels und des Insulinwertes im Blut erfolgt bei Verdacht auf Diabetes mellitus (→ Seite 501).

Eine Infektion mit Hepatitis-Viren (→ Leberentzündung, Seite 354) wird ebenfalls im Blut erkannt: Die Antikörper, die der Körper gegen die Erreger gebildet hat, geben Auskunft darüber, wie lange eine Infektion besteht und ob sie akut oder chronisch verläuft (→ Der Nachweis von Antikörpern, Seite 539). Außerdem läßt sich im Blut untersuchen, ob die Infektion noch ansteckend ist.

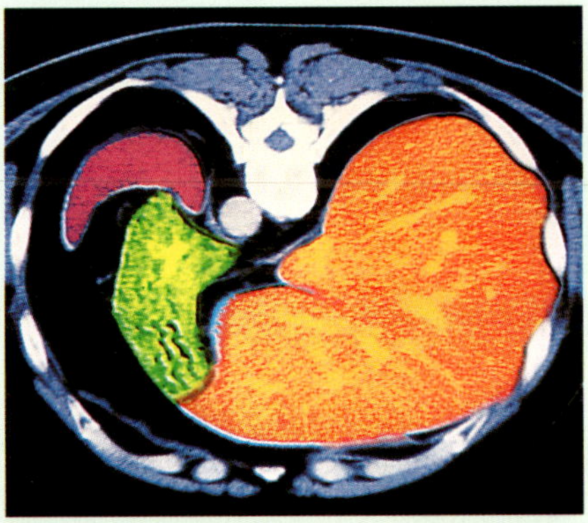

Das CT zeigt den Bauchraum im Querschnitt: rechts die große Leber.

## Ultraschall-Untersuchung

Das wichtigste Verfahren, um Leber, Gallenwege und Bauchspeicheldrüse abzubilden, ist die Untersuchung mit dem Ultraschall. Damit können Lage, Form, Größe und Blutversorgung der Organe dargestellt werden, ebenso Veränderungen im Gewebe wie Zysten, Verkalkungen, Tumoren oder Fettablagerungen. Auch Gallensteine, die im Röntgenbild meist nicht sichtbar sind, werden so erkannt. Außerdem kann die Entleerung der Gallenblase auf diese Weise kontrolliert werden. Wenn nötig wird die Ultraschall-Untersuchung durch die Computertomographie (→ CT, Seite 623) ergänzt.

## ERCP (Endoskopisch-retrograde Cholangio-Pankreatikographie)

Eine ERCP ist im Grunde nichts anderes als eine Röntgenuntersuchung mit Kontrastmittel. Damit werden die Gallengänge innerhalb und außerhalb der Leber, die Gallenblase und der Gang der Bauchspeicheldrüse dargestellt. Dazu wird ein Endoskop über Mund, Speiseröhre und Magen in den Zwölffingerdarm eingeführt und ein Kontrastmittel – sozusagen auf dem gegenläufigen Weg (retrograd) – in die Gallengänge bzw. in den Pankreasgang gespritzt. Auf dem Röntgenschirm können dann der Verlauf der Gangsysteme verfolgt und Unregelmäßigkeiten oder Verschlüsse, zum Beispiel durch Gallensteine, genau lokalisiert werden.

## Biopsie der Leber (Leberpunktion)

Um den Zustand des Lebergewebes, zum Beispiel bei einer Leberentzündung, zu untersuchen, benötigt man eine kleine Gewebeprobe. Dazu führt man unter Kontrolle durch den Ultraschall eine Hohlnadel ein und entnimmt von einer beliebigen Stelle Gewebe. Oder man benutzt ein Endoskop, mit dem es möglich ist, sich »unter Sicht« eine bestimmte Stelle des erkrankten Organs auszusuchen. Für beide Methoden ist nur eine örtliche Betäubung nötig. Unter dem Mikroskop wird dann das Gewebe beurteilt.

## Gelbsucht

Gelbsucht (Ikterus) ist keine Krankheit, sondern ein Symptom verschiedener Erkrankungen, meist der Leber oder der Gallengänge. Die Gelbfärbung der Augenbindehaut, der Schleimhäute und der Haut wird durch vermehrten Gallenfarbstoff im Blut hervorgerufen. Manchmal kommt auch Juckreiz dazu. Die Gelbsucht kann bei einer Blutarmut auftreten (→ Anämie, Seite 292); sie kann (muß aber nicht) vorkommen bei einer → Leberentzündung oder einer Leberzirrhose (→ Seite 356). Sie kann aber auch auf eine Entzündung der Gallengänge, auf Gallensteine (→ Seite 358), Tumoren in der Leber (→ Seite 356) und in der Galle oder auf Parasiten (→ Würmer, Seite 348) hinweisen. Die Behandlung richtet sich dementsprechend nach der Grundkrankheit.

## Leberentzündung (Hepatitis)

### ▶ Symptome

- ➜ grippeähnliche Beschwerden
- ➜ Appetitlosigkeit, Übelkeit mit Widerwillen gegen Fett, Alkohol und Nikotin
- ➜ Druckschmerz und -empfindlichkeit unter dem rechten Rippenbogen
- ➜ eventuell Dunkelfärbung des Urins
- ➜ eventuell Entfärbung des Stuhls
- ➜ eventuell Gelbsucht und Juckreiz

Eine Leberentzündung kann verschiedene Ursachen haben, meist sind es Viren, sie kann jedoch auch durch Alkohol, verschiedene Medikamente, Bakterien oder Parasiten ausgelöst werden. Bisher sind fünf verschiedene Viren bekannt, die mit den ersten Buchstaben des Alphabets bezeichnet werden: Hepatitis-A- bis Hepatitis-E-Virus, abgekürzt HAV bis HEV. Sie verursachen anfänglich alle ungefähr die gleichen Beschwerden; zwei Drittel der Infektionen heilen ohne sichtbare Zeichen ab.

- **Das Hepatitis-A-Virus** wird durch verunreinigte Nahrungsmittel oder Wasser, überwiegend in Ländern mit niedrigem Hygienestandard, übertragen (sogenannte Reisehepatitis). Die Krankheit bricht 14 bis 45 Tage nach der Infektion aus.
- **Das Hepatitis-B-Virus** muß in die Blutbahn gebracht werden, um sich einzunisten, es genügen kleinste Hautverletzungen, in die infizierter Speichel, Urin, Blut oder Samenflüssigkeit eindringt. Die Gefahr, sich an Bluttransfusionen oder Medikamenten aus Blut zu infizieren, ist gering, da Blutkonserven auf HBV untersucht werden. Bis die Krankheit ausbricht, dauert es bis zu einem halben Jahr.
- **Das Hepatitis-C-Virus** wird ebenfalls überwiegend direkt in die Blutbahn eingeschleust. Das größte Infektionsrisiko besteht daher für Dialyse-Patienten, Empfänger von Transplantaten und für Drogenabhängige, die nicht ausreichend gereinigtes Besteck zum Spritzen oder gemeinsame Injektionsnadeln benutzen. Auch beim Tätowieren besteht eine Gefahr. Bis die ersten Krankheitszeichen erkennbar werden, dauert es sechs bis zwölf Wochen.
- **Das Hepatitis-D-Virus** tritt immer zusammen mit dem HBV auf, ist in Deutschland jedoch sehr selten.
- **Das Hepatitis-E-Virus** wird mit verunreinigter Nahrung aufgenommen, kommt aber nur außerhalb Europas, vor allem in Nordafrika, dem Mittleren Osten, Süd- und Zentralasien vor.

In der Regel dauert die Krankheit zwölf Wochen, sie kann aber auch chronische Formen annehmen. Das geschieht selten bei Hepatitis B, jedoch bei der Hälfte der Hepatitis-C-Infizierten. Diese chronische Leberentzündung kann entweder milde verlaufen, eventuell nur mit geringer Leistungsminderung, Gelenkbeschwerden und Muskelschmerzen verbunden. Es gibt aber auch schwere Verlaufsformen, die die Leber sehr angreifen. Dabei sind die Druckschmerzen deutlich stärker, im entzündlichen Schub tritt eine → Gelbsucht auf, bei Frauen kommt es zu Störungen der Monatsblutung, bei Männern zu Verlust der männlichen Sekundärbehaarung und Hodenrückbildung.

Auf Dauer wird die Leber durch eine chronische Entzündung so sehr geschädigt, daß sich eine Leberzirrhose (→ Seite 356) entwickeln kann, die wiederum das Risiko für einen Lebertumor (→ Seite 356) erheblich ansteigen läßt.

Eine akute Leberentzündung kann in seltenen Fällen zum massiven Zerfall von Leberzellen und innerhalb weniger Wochen zum Tod führen.

### Ärztliche Behandlung

Sobald Sie den Verdacht haben, an einer Leberentzündung erkrankt zu sein, sollten Sie einen Arzt aufsuchen. Für die Diagnose ist auch wichtig, daß Sie ihn auf die Vorgeschichte und damit auf mögliche Ansteckungsquellen hinweisen. Um das Virus

**Vor Reisen in exotische Länder sollten Sie sich unter anderem gegen Hepatitis A impfen lassen.**

identifizieren zu können, wird Ihr Blut auf Antikörper gegen den Krankheitserreger und zum Teil auch auf den Krankheitserreger selbst untersucht (→ Der Nachweis von Antikörpern, Seite 539). In den meisten Fällen heilt eine akute Virushepatitis gut aus, wenn Sie Bettruhe und Alkoholverbot einhalten und zur Entlastung der Leber keine Medikamente einnehmen – selbstverständlich abgesehen von solchen, auf die Sie zur Behandlung einer anderen Krankheit nicht verzichten können und dürfen.

### Selbsthilfe

Halten Sie unbedingt die Bettruhe ein, da Schonung dem ganzen Organismus eine Ruhepause verschafft und die Heilung fördert. Gegen Hepatitis A, B und D kann man sich impfen lassen. Anders als früher wird eine Hepatitis-B-Impfung heute nicht mehr ausschließlich für Risikogruppen, sondern für alle Menschen empfohlen, sie gehört mittlerweile auch zum festen Impfplan für Säuglinge (→ Impfungen, Seite 611).

## Fettleber

### ▶ Symptome

- → eventuell Schmerzen im rechten Oberbauch
- → selten Appetitlosigkeit, Völlegefühl
- → tastbar vergrößerte Leber

In den meisten Fällen wird eine Fettleber durch übermäßigen Alkoholkonsum verursacht, seltener auch durch Diabetes mellitus (→ Seite 501), Fehlernährung (Übergewicht!), verschiedene Chemikalien (Lösungsmittel wie Tetrachlorkohlenstoff, Chloroform und Benzol) oder Medikamente wie Kortison oder Tetrazykline (→ Antibiotika, Seite 634), wenn Sie sie über lange Zeit einnehmen müssen. Wenn die Ursache ausgeschaltet werden kann, bildet sich die Fettleber vollständig zurück. Ansonsten geht sie in eine Leberzirrhose (→ Seite 356) über. Das Problem ist, daß die Beschwerden meist erst auftreten, wenn bereits über die Hälfte der Leberzellen verfettet ist, weil die Zufuhr der Fette den Abbau übertrifft. Ist bereits eine Zirrhose vorhanden, besteht die Gefahr des Leberversagens und des Bluthochdrucks in den Leberadern.

### Ärztliche Behandlung

Wenn Sie den Verdacht haben, an einer Fettleber erkrankt zu sein, sollten Sie so bald wie möglich einen Arzt aufsuchen. Da es keine Medikamente gegen eine Fettleber gibt, besteht die einzige Möglichkeit zur Heilung – und auch die nur bei rechtzeitiger Diagnose – im Ausschalten der Ursache. Das bedeutet immer Alkoholverzicht, auch dann, wenn andere Faktoren die Fettleber ausgelöst haben! Handelt es sich um Chemikalien, müssen Sie versuchen, den Kontakt damit zu vermeiden oder die entsprechenden Schutzbestimmungen strikt befolgen. Medikamente können – in Absprache mit dem Arzt – eventuell durch andere ersetzt werden.

### Selbsthilfe

Trinken Sie keinen Alkohol, und bauen Sie – falls nötig – Übergewicht ab! Zuviel Fett, zu viele Kohlenhydrate, zuviel Eiweiß führen ebenfalls dazu, daß sich Fett in der Leber ablagert. Eine fettarme Ernährung ohne Alkohol bekommt dem ganzen Organismus gut und ermöglicht der Leber, die Fettbläschen in ihren Zellen wieder abzubauen.

## Leberzirrhose (Leberschrumpfung)

▶ Symptome

- spinnenartige Blutgefäße direkt unter der Haut (»Spinnennävi«)
- Hautrötungen an Händen und Füßen
- eventuell Gelbsucht und Juckreiz
- Verlust der männlichen Behaarung, Hodenrückbildung, Potenzstörungen
- Störungen der Monatsblutung

Als Folge von Entzündungen oder Vergiftungen gehen Leberzellen zugrunde, und es bilden sich Narben. Bei der Zirrhose vernarbt die Leber zunehmend und wird dadurch kleiner. Dadurch ist sie nur noch eingeschränkt funktionsfähig. Außerdem ist die Strombahn der Pfortader verengt, die das nährstoffreiche Blut aus dem Magen-Darm-Trakt zur Leber transportiert. Daraus können sich gefährliche Folgeerkrankungen entwickeln:
In der Pfortader entsteht durch die Verengung ein Bluthochdruck, der zu druckempfindlichen Flüssigkeitsansammlungen in der Bauchhöhle führt, vor allem aber zu Krampfadern in der Speiseröhre, die lebensgefährlich bluten können (→ Seite 322). Wenn die Leber ihrer Entgiftungsaufgabe nicht mehr nachkommen kann, sind Schäden im Gehirn möglich (hepatische Enzephalopathie), begleitet von schweren Bewußtseinseinschränkungen und Angstzuständen. Außerdem kann aus der Leberzirrhose ein → Lebertumor entstehen.
Eine Leberzirrhose ist in der Hälfte aller Fälle durch Alkoholmißbrauch verursacht, 40 Prozent sind Folge einer Leberentzündung durch ein Virus, nur wenige Krankheitsfälle werden durch eine Stoffwechselerkrankung, Medikamente, Chemikalien oder tropische Infektionskrankheiten hervorgerufen.

### Ärztliche Behandlung

Beim ersten Anzeichen einer Lebererkrankung sollten Sie sofort zum Arzt, denn nur in frühen Stadien können die Veränderungen am Lebergewebe rückgängig gemacht werden.
Die Leberenzyme im Blut geben Aufschluß über die akute Schädigung des Organs. Außerdem werden Größe und Aussehen der Leber mit Ultraschall und einem Endoskop untersucht, wobei gleichzeitig eine Gewebeprobe entnommen werden kann.
In erster Linie müssen die Ursachen der Erkrankung wie Alkohol oder schädigende Medikamente soweit möglich beseitigt werden. Eine Virushepatitis (→ Leberentzündung, Seite 354) muß gedämpft, wenn möglich ausgeheilt werden. Krampfadern in der Speiseröhre sollten nach einer Blutung eventuell verödet werden. Als letzte Möglichkeit kann eine Lebertransplantation (→ Seite 300) in Frage kommen.

### Selbsthilfe

Meiden Sie Alkohol – auch wenn er nicht die Ursache Ihrer Erkrankung sein sollte!

## Lebertumor

▶ Symptome

- im fortgeschrittenen Stadium Gewichtsverlust
- eventuell Druckschmerz im rechten Oberbauch

Gutartige Tumoren in der Leber verursachen meist keine Beschwerden und werden in der Regel zufällig entdeckt. Sie sind überwiegend bei Frauen zu beobachten und werden zum Teil durch die Antibabypille hervorgerufen.
Bösartige Lebertumoren sind in Europa relativ selten; sie entwickeln sich dreimal so oft bei Männern wie bei Frauen. Meist sind sie die Folge einer Infektion mit dem Hepatitis-B- oder -C-Virus (→ Leberentzündung, Seite 354) oder einer → Leberzirrhose. Aber auch Aflatoxine, die Gifte eines bestimmten Schimmelpilzes (→ Seite 553), der auf Nahrungsmitteln wächst, können wahrscheinlich die Krankheit auslösen. Der Leberkrebs bildet frühzeitig Tochtergeschwülste in anderen Organen, die nur schwer entdeckt und entfernt werden können.

### Ärztliche Behandlung

Zur Diagnose wird eine Ultraschall-Untersuchung, eventuell auch eine Computertomographie der Leber (→ Seite 623) gemacht. Die Untersuchung einer Gewebeprobe zeigt, ob es sich um eine gutartige oder bösartige Geschwulst handelt. Gutartige Tumoren, die sich durch die Antibabypille entwickelt haben, bilden sich unter Umständen zurück, wenn das Mittel abgesetzt wird. Andernfalls sollten sie eventuell operativ entfernt werden, damit es nicht zu Komplikationen, zum Beispiel Blutungen, kommt.

Da Leberkrebs erst sehr spät Beschwerden verursacht, kann er meist nicht mehr erfolgreich behandelt werden. Ist sein Wachstum allerdings noch auf einen einzelnen Leberlappen beschränkt, kann dieser operativ entfernt werden.

### Selbsthilfe

Allgemeine Informationen zu einer Krebserkrankung, Ratschläge und Hinweise finden Sie ab Seite 576. Kontakt zu Selbsthilfegruppen vermittelt die Deutsche Krebshilfe (→ Adressen, Seite 798).

## Die Dosis macht das Gift

Alkoholische Getränke haben in vielen Kulturen seit alters her einen hohen Stellenwert: sei es im Kult oder in gesellschaftlichen Bräuchen. Auch heute gehören für viele Menschen zu einem guten Essen oder einer Feier eine besondere Flasche Wein, ein Glas Sekt oder ein »gepflegtes« Bier.

In Maßen genossen, ist dagegen auch aus medizinischer Sicht nichts einzuwenden – allerdings immer unter der Voraussetzung, daß Sie eine gesunde Leber haben und daß mäßig nicht gleich regelmäßig bedeutet. Die Gefahr des Alkohols liegt in der Menge, die man zu sich nimmt und die man verträgt. Und das ist nicht nur individuell verschieden (zum Beispiel abhängig von Größe und Gewicht), sondern auch von der Situation und vom Geschlecht abhängig.

Früher war das fast »reine Männersache«: ein regelmäßiger Rausch, in höherem Alter beginnende Leberbeschwerden und später die → Leberzirrhose. Mittlerweile hat sich das geändert. Die Trinkgewohnheiten der Frauen haben sich denen der Männer weitgehend angeglichen, so daß nun beide Geschlechter gleichermaßen von den Folgen des übermäßigen Alkoholgenusses betroffen sind. Allerdings machen sich die Auswirkungen bei Frauen früher bemerkbar. Denn die Fähigkeit der weiblichen Leber, Alkohol abzubauen, ist um etwa die Hälfte bis zwei Drittel geringer als beim Mann. Wird täglich getrunken, dann erschöpfen bereits 60 Gramm Alkohol beim Mann oder 20 bis maximal 30 Gramm bei der Frau die Kapazität des Organs. Und dabei spielt es keine Rolle, ob man Bier, Wein oder Schnäpse trinkt.

**Je hochprozentiger das Getränk, desto vorsichtiger sollten Sie sein.**

### Wieviel Alkohol verträgt die Leber?

- 1 Liter Bier enthält etwa 40 Gramm Alkohol
- ½ Liter Wein enthält etwa 20 bis 25 Gramm
- 1 Glas Sekt (0,1 Liter) enthält etwa 10 Gramm Alkohol
- 1 Gläschen Schnaps (0,02 Liter) enthält etwa 7 Gramm Alkohol.

Aber auch wenn die Richtwerte nicht überschritten werden, braucht die Leber Ruhepausen und sollte nicht täglich durch Alkohol strapaziert werden. Oft kommt zum Alkohol auch die Belastung mit einer fetten Mahlzeit. Dann muß die Leber Prioritäten setzen und lagert das Fett erst einmal in den Zellen ab, um zunächst den Alkohol zu verdauen – erstes deutliches Zeichen einer langfristigen Überforderung ist die Fettleber (→ Seite 355).

Bevor sich ein Leberschaden bemerkbar macht, vergehen jedoch meist fünf Jahre regelmäßigen Alkoholmißbrauchs (→ Seite 570). Oft zeigt sich eine Erkrankung erst an den Folgeschäden wie Bauchwassersucht, Krampfadern in der Speiseröhre (→ Seite 322), Gehirnschäden (→ Alkohol schadet dem Nervensystem, Seite 200) oder einer chronischen Bauchspeicheldrüsenentzündung (→ Seite 359). Dann allerdings ist es oft für eine Heilung der geschädigten Organe zu spät.

## Gallensteine

▶ Symptome

➜ Druckempfindlichkeit unterhalb des rechten Rippenbogens
➜ Blähungen, vor allem nach Kaffee, kalten Getränken und fetten, gebratenen Speisen
➜ eventuell krampfartige Schmerzen im rechten und mittleren Oberbauch, bis in die Schulter und den Rücken ausstrahlend

Gallensteine bilden sich bei Veränderungen des Stoffwechsels in der Leber, vor allem bei einer Übersättigung der Galle mit dem Fettstoff Cholesterin (→ Übeltäter Cholesterin?, Seite 267). Betroffen sind überwiegend Frauen, in höherem Alter nimmt die Häufigkeit zu. Die meisten Steine liegen in der Gallenblase und verursachen keine Beschwerden. Sie können jedoch zu einer → Gallenblasenentzündung führen und erhöhen vermutlich das Risiko eines Gallengangs- oder Gallenblasenkrebses. Wenn die Steine wandern, können sie auf dem Weg zum Darm steckenbleiben und eine schmerzhafte Kolik (→ Seite 352) oder eine Gelbsucht (→ Seite 354) verursachen.

### Ärztliche Behandlung

Bei immer wiederkehrenden Beschwerden sollten Sie einen Arzt aufsuchen. Am besten werden Gallensteine mit Ultraschall nachgewiesen. Mit einer Röntgenaufnahme werden nur kalkhaltige Steine (etwa zehn Prozent) sichtbar; mit Röntgenkontrastmittel und ERCP (→ Seite 353) werden Verschlüsse in den Gallengängen dargestellt, die auf einen steckengebliebenen Stein hinweisen. »Stumme« Gallensteine, die keine Beschwerden hervorrufen, müssen nicht entfernt werden, im Gegensatz zu schmerzhaften Steinen, die einen dauernden Reiz auf die Gallenblase ausüben. Je nach Beschaffenheit und Größe werden sie aufgelöst, zertrümmert oder operiert (→ Auflösen oder zertrümmern?).

### Selbsthilfe

Meiden Sie Nahrungsmittel, nach deren Genuß Sie Beschwerden haben.
Als Vorbeugung gegen weitere Steine sollten Sie wenn nötig Übergewicht abbauen und eine cholesterinarme (also arm an tierischen Fetten) und ballaststoffreiche Diät einhalten.

### Auflösen oder zertrümmern?

Bei der Behandlung von Gallensteinen gibt es verschiedene Verfahren: In bestimmten Fällen können sie medikamentös aufgelöst werden. Voraussetzung ist jedoch , daß sie keine Verkalkungen aufweisen und kleiner als einen Zentimeter im Durchmesser sind. Dazu nimmt man – häufig über einen langen Zeitraum – ein Präparat aus Gallensäure ein.
Größere Steine können – ähnlich wie Nierensteine – auch durch Stoßwellen von außen zertrümmert werden (extrakorporale Stoßwellenlithotripsie), um dann entweder auf natürlichem Wege ausgeschieden oder ebenfalls mit Gallensäure aufgelöst zu werden. Nach diesen Verfahren bilden sich jedoch in den folgenden fünf Jahren bei mindestens einem Drittel der Patienten erneut Gallensteine.
Einzelne Steine, die im Gallengang vor der Einmündung in den Zwölffingerdarm stecken, können außerdem mit Instrumenten, die an der Spitze eines Endoskops befestigt sind, zerkleinert und entfernt werden. Auf demselben Weg ist es auch möglich, die Gallensteine mit Hilfe einer Spülung aufzulösen.
Das sicherste Verfahren ist die Entfernung der ganzen Gallenblase und die Reinigung der Gallengänge; danach ist die Gefahr, daß sich erneut Steine bilden, minimal.

## Gallenblasenentzündung

▶ Symptome

➜ Schmerzen im rechten Oberbauch
➜ vorübergehend Gelbsucht
➜ wechselndes Fieber
➜ Fettunverträglichkeit

Gallenblasenentzündungen sind meistens die Folge eines Gallensteinleidens. Hinzu kommen Infektionen mit verschleppten Bakterien aus dem Darm, aus der Leber oder in seltenen Fällen aus anderen infizierten Organen des Körpers über die Lymphbahnen.
Eine immer wiederkehrende Gallenblasenentzündung kann auf Dauer die Gallenblasenwand stark

verändern und eventuell auch brüchig machen, so daß Steine direkt in den benachbarten Dünndarm oder in die Bauchhöhle gelangen und dort eine lebensgefährliche Bauchfellentzündung auslösen können.

### Ärztliche Behandlung

Bei heftigen Schmerzen sollten Sie umgehend einen Arzt aufsuchen. Zur Diagnose geht er wie bei → Gallensteinen vor. Entzündet sich die Gallenblase immer wieder, sollte sie – nach Abklingen der akuten Beschwerden – entfernt werden. Bei Infektionen ist eine Behandlung mit Antibiotika notwendig.

### Selbsthilfe

Ist nicht möglich.

## Chronische Bauchspeicheldrüsenentzündung (Chronische Pankreatitis)

### ▶ Symptome

- → immer wiederkehrende Bauchschmerzen, die Stunden oder Tage dauern können und bis in den Rücken ausstrahlen
- → Übelkeit, Erbrechen nach fetten Speisen

Die Schmerzen einer chronischen Pankreasentzündung können sich über Jahre hinziehen. Die Erkrankung wird fast immer durch Alkoholmißbrauch ausgelöst. Aus einer solchen jahrelangen Unterfunktion des Organs können Diabetes mellitus (→ Seite 501) oder ein → Krebs der Bauchspeicheldrüse entstehen. Da bei einer chronischen Pankreatitis die Verdauungsenzyme für Fette und Eiweiße nicht mehr in ausreichender Menge produziert werden, kommt es zu einer Mangelernährung, die sich erst bemerkbar macht, wenn bereits 90 Prozent des Drüsengewebes zerstört sind.

### Ärztliche Behandlung

Bei den beschriebenen Beschwerden sollten Sie sofort einen Arzt aufsuchen. Zur Diagnose wird die Menge der Pankreasenzyme im Blutserum und im Urin ermittelt. Mit einer Ultraschall- oder Röntgenuntersuchung wird die Bauchspeicheldrüse kontrolliert; so können Vergrößerungen, Abszesse, Verkalkungen und Gallensteine erkannt werden. Unregelmäßigkeiten in den Pankreasgängen werden mit der ERCP (→ Seite 353) sichtbar gemacht.

Bei chronischer Pankreatitis ist Alkohol streng verboten. Das Essen sollte auf mehrere kleine, möglichst fettfreie Mahlzeiten verteilt werden. Zusätzlich müssen Sie wegen der Zerstörung des Drüsengewebes Pankreasenzyme einnehmen. Wenn es immer wieder zu Entzündungen kommt, kann eine Entfernung der Bauchspeicheldrüse notwendig sein. Danach muß lebenslang Insulin gespritzt werden (→ Seite 501).

### Selbsthilfe

Ein Leben ohne Bauchspeicheldrüse bedeutet eine große Umstellung – nicht nur der Ernährungsgewohnheiten. Information und Unterstützung bieten Selbsthilfegruppen von Menschen, deren Pankreas entfernt wurde (→ Adressen, Seite 798).

## Krebs der Bauchspeicheldrüse

### ▶ Symptome

- → Schmerzen im Oberbauch und Rücken
- → Appetitverlust, Übelkeit, Erbrechen
- → eventuell Gelbsucht

Ein Pankreaskarzinom ist nach Dickdarm- und Magenkrebs die dritthäufigste Krebserkrankung im Verdauungstrakt; seine Heilungschancen sind außerordentlich gering, da die Geschwulst meist zu spät entdeckt wird. Die Ursache des Pankreaskarzinoms ist unbekannt, seine Entwicklung wird durch eine → chronische Pankreatitis, möglicherweise auch durch Nikotin- und Kaffeekonsum begünstigt.

### Ärztliche Behandlung

Bei den beschriebenen Symptomen sollten Sie sofort einen Arzt aufsuchen! Es können auch Zeichen einer akuten Entzündung der Bauchspeicheldrüse sein (→ Seite 352). Die Diagnose wird mit Ultraschall, Computertomographie und ERCP (→ Seite 353) gestellt. Die einzige Behandlungsmöglichkeit ist die Operation, bei der der erkrankte Teil des Pankreas, eventuell auch der Zwölffingerdarm und die benachbarten Lymphknoten entfernt werden.

### Selbsthilfe

Allgemeine Informationen zu einer Krebserkrankung, Ratschläge und Hinweise finden Sie ab Seite 576. Kontakt zu Selbsthilfegruppen vermittelt die Deutsche Krebshilfe (→ Adressen, Seite 798).

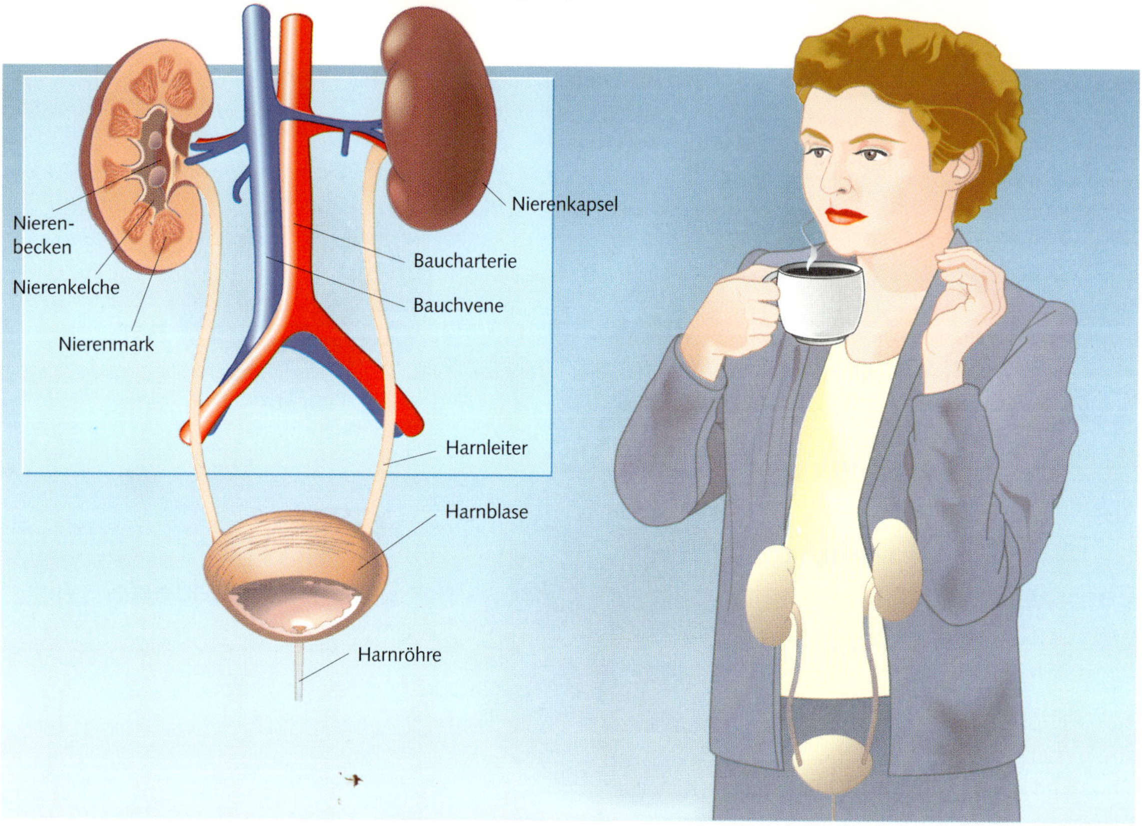


# Niere und Blase

- **»Klärwerk« Niere**
- **Die Nierenkörperchen**
- **Sammelorgan Blase**

Wie oft ist es uns lästig: Schon wieder müssen wir eine Toilette aufsuchen, weil sich die gefüllte Blase meldet. Und wie oft nehmen wir uns vor, weniger zu trinken, wenn wir unterwegs sind, um nicht ständig von dieser Notwendigkeit beeinträchtigt zu werden.

Das Trinken einzuschränken wäre allerdings ein fataler Fehler für unseren Körper. Denn das hieße, das »Klärwerk« unseres Organismus, die Nieren, stillzulegen. Dieses Klärwerk, das nicht nur das Blut filtert und alle löslichen Schadstoffe aus unserem Körper ausschwemmt, sondern auch für die Regulierung des Salz- und Wasserhaushalts zuständig ist und noch zahlreiche andere Funktionen erfüllt. Besonders wichtig ist auch ein Enzym, das in den Nieren gebildet wird und den Blutdruck beeinflußt, das Renin. Schädigungen des Nierengewebes wirken sich deshalb immer auf den ganzen Körperkreislauf aus. Einen entscheidenden Vorteil haben die Nieren jedoch gegenüber einem echten Klärwerk: Das Endprodukt, der Urin, ist beim Gesunden absolut keimfrei.

## Klein, aber lebenswichtig

Gemessen an ihren Aufgaben sind die zwei zuständigen Organe eigentlich winzig, durchschnittlich jeweils nur zwölf mal sechs Zentimeter groß und nur etwa 150 Gramm schwer. Sie liegen eingebettet im sogenannten Nierenlager unterhalb der Leber an der Wirbelsäule, die rechte Niere etwas tiefer als die linke. Auf ihrem oberen Pol sitzen lebenswichtige Hormondrüsen, die Nebennieren (→ Seite 497), die unter anderem das Kortison produzieren. Zusammen mit den Geschlechtsorganen bilden Nieren und Blase den sogenannten Urogenitaltrakt.

Gespeist werden die Nieren mit Blut, das über die kräftige Nierenarterie aus der Hauptschlagader kommt. Nachdem das Blut in den Nierenkörperchen (→ Eine Million Filterstationen) gereinigt wurde, fließt es über die Nierenvene wieder in den Körperkreislauf zurück.
Jede Niere ist von einer Fett- und Bindegewebskapsel umschlossen und gliedert sich in die drei Zonen Rinde, Mark und Nierenbecken. Im Nierenbecken wird der Urin, der in den Nierenkörperchen in der Nierenrinde gebildet wird, aufgefangen und über einen Harnleiter in die Harnblase geleitet. Da ständig Nachschub kommt, muß für einen schnellen Abtransport gesorgt sein. Dafür sind feinste Muskeln in der Wand der Harnleiter zuständig. Ein- bis fünfmal in der Minute schieben sie mit einer Wellenbewegung (Peristaltik) den ankommenden Harn aus den Nierenbecken weiter in die Blase.

## Eine Million Filterstationen

In jeder Niere gibt es über eine Million winziger Funktionseinheiten, die sogenannten Nephronen. Und jedes Nephron setzt sich wieder zusammen aus einem Nierenkörperchen und einem Nierenkanälchen. In den Nierenkörperchen wird das Blut gefiltert und ein erster Harn, der Primärharn, »gepreßt«. Dieser wird dann über das Nierenkanälchen abgeleitet und zum größten Teil wieder an den Blutkreislauf zurückgegeben. Nur das, was wirklich nicht mehr gebraucht wird, wird als sogenannter Endharn über die Blase ausgeschieden.
Im einzelnen muß man sich das so vorstellen: Jedes Nierenkörperchen besteht aus einer Kapsel. In diese Kapsel führt ein kleines Blutgefäß hinein und – direkt daneben – ein anderes wieder hinaus. Diese Miniaturblutgefäße, die Kapillaren (→ Seite 276), liefern das Blut an bzw. bringen das gereinigte Blut wieder in den Körperkreislauf zurück. Im Innern der Kapsel aber verlaufen sie nicht geradlinig, sondern bilden ein Gefäßknäuel, den sogenannten Glomerulus.
Während das Blut durch die Schlingen des Gefäßknäuels fließt, wird eine Flüssigkeit in den Hohlraum der Kapsel gefiltert. Das ist der Primärharn. Er fließt aus der Kapsel des Nierenkörperchens in das mehrere Millimeter lange Nierenkanälchen. Um diesen sogenannten Tubulus winden sich wiederum feinste Blutgefäße, die 99 bis 99,5 Prozent des Primärharns wieder aufnehmen und dem Blutkreislauf zuführen. Dadurch wird dem Körper nicht nur Flüssigkeit zurückgegeben, sondern auch viele wichtige Stoffe, die im Primärharn gelöst sind.
Der Restharn (Sekundärharn) fließt auf gewundenen Wegen weiter durch ein System von Kanälchen, wo er nochmals eingedickt wird, in ein Sammelrohr. Dieses mündet in den Nierenpapillen, und von dort tropft der Harn in die Kelche des Nierenbeckens. Über die Harnleiter wird er in die Blase geführt, dort gesammelt und schließlich ausgeschieden. Pro Tag kommen auf diese Weise ungefähr ein bis eineinhalb Liter Urin zustande, während die Nierenkörperchen in derselben Zeit 180 Liter Primärharn bilden!

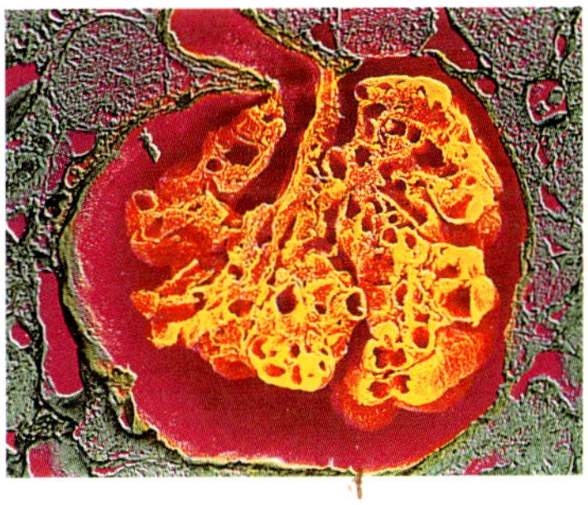

**In Tausenden von winzigen Nierenkörperchen wird das Blut gereinigt.**

## Kontrolle will gelernt sein

Einer der ersten »Dressurakte«, den Kinder lernen müssen, ist die Beherrschung der Blasenentleerung. Ein schwieriges Unterfangen, denn viele verschiedene Komponenten müssen dabei koordiniert werden. Vor allem haben wir nur einen sehr begrenzten Einfluß darauf, denn nur den Schließmuskel der Harnröhre können wir willentlich steuern – und auch das nur bis zu einem bestimmten Füllungszustand. Alles andere wird von Reflexen bestimmt.
Gut geschützt von den Knochen des Beckens und in unmittelbarer Nachbarschaft der Geschlechtsorgane liegt die Harnblase hinter dem Schambein. Innen mit einer Schleimhautschicht ausgekleidet, ist sie außen wie die 30 bis 35 Zentimeter langen Harnleiter von unterschiedlich ausgerichteten Muskeln umgeben. Wenn die Blase gefüllt ist, ziehen sie sich zusammen, um den Inhalt auszupressen. Diese Muskelbündel umfassen auch einen Teil der Harnröhre, über die der Urin schließlich nach außen abgegeben wird.
Ist die Blase beim Erwachsenen mit 0,4 Liter gefüllt, ist es bereits höchste Zeit, eine Toilette aufzusuchen – auch wenn das maximale Fassungsvermögen erst mit etwa 0,8 Litern erreicht ist.

# Notfälle

## Allgemein gilt

Veränderungen im Bereich des Harntrakts, die die Produktion des Harns oder dessen Abfluß einschneidend behindern, können sehr schnell zu Vergiftungen im gesamten Organismus führen und dramatische Kreislaufprobleme verursachen. Deshalb: sofort zum Arzt bei starken Schmerzen oder Blutungen!

## Nierensteinkolik

► Symptome
- ➜ einseitiger, wellenförmig verlaufender, heftiger Schmerz in der Flanke, oft bis zur Blase ausstrahlend
- ➜ Übelkeit, Erbrechen
- ➜ Schweißausbruch, Blutdruckabfall

Bei einer Kolik wird ein Harnleiter plötzlich durch einen abgehenden Nierenstein verschlossen. Heftige Bewegungen der Harnleitermuskulatur lösen den Schmerz aus.

### Ärztliche Behandlung

Aus der Schmerzausstrahlung kann der Arzt oft die Lage des Steins erkennen. Nach Ultraschall, Röntgenaufnahme und Urinuntersuchung wird ein krampflösendes und schmerzlinderndes Mittel gegeben. Oft wird der Stein dann von dem nachkommenden Urin weitergeschoben.

### Selbsthilfe

Ist nicht möglich.

## Sichtbares Blut im Urin/ blutgefüllte Blase (Blasentamponade)

► Symptome
- ➜ Blutung beim Wasserlassen

Zu massiven Blutungen in die Blase kann es kommen bei Nieren- und Blasentumoren (→ Seite 368), seltener bei einer gutartigen Prostatavergrößerung (→ Seite 416) oder einer ausgeprägten Blasenentzündung (→ Seite 365). Das Blut kann in der Blase gerinnen, so daß ein Blutkuchen das Organ ganz ausfüllt; in diesem Fall spricht man von einer Blasentamponade. Der Harn kann dann nicht mehr in der Blase gesammelt werden.

### Ärztliche Behandlung

Das Blutgerinnsel wird aus der Blase ausgespült oder ausgeräumt. Danach wird die Blutungsquelle gesucht und gestillt.

### Selbsthilfe

Ist nicht möglich.

## Fehlende Urinausscheidung (Anurie)/ Harnverhalt (Ischurie)

► Symptome
- ➜ *Anurie:* weniger als 0,1 Liter Urin pro Tag
- ➜ *Ischurie:* Entleerungsunfähigkeit der Blase

Gründe für extrem geringe Urinmengen oder ein vollständiges Versiegen des Harnflusses sind:
- zu wenig Blut, das durch die Nieren strömt, zum Beispiel wegen eines hohen Blutverlusts
- die Zerstörung der Filtereinheiten (→ Entzündung der Filtereinheiten der Nieren, Seite 368)
- Steine (→ Seite 366) oder Tumoren (→ Seite 368), die den Harnabfluß verhindern.

Harnverhalt wird meist durch eine Einengung im Blasenbereich verursacht, bei Männern in den meisten Fällen durch eine gutartige Prostatavergrößerung (→ Seite 416).

### Ärztliche Behandlung

Mit Ultraschall wird eine erste Diagnose gestellt. Bei Behinderungen des Abflusses durch einen eingeengten Harnleiter wird entweder ein Katheter durch die Bauchwand in die Niere eingeführt, um den Harn aus dem Nierenbecken abzuleiten, oder der betroffene Harnleiter wird, wenn möglich, von dem Hindernis befreit. Die übervolle Blase bei Harnverhalt muß durch einen Blasenkatheter entleert werden.

### Selbsthilfe

Ist nicht möglich.

# Spezielle Untersuchungen

Der Arzt kann bereits an vielen äußeren Zeichen eine Nierenerkrankung erkennen. Das Abtasten von Nieren, gefüllter Blase und den dazugehörigen Lymphknoten gibt Aufschluß über Vergrößerungen und Formveränderungen, das Abklopfen der Nierenlager zeigt die Schmerzempfindlichkeit der Organe. Besonders wichtig ist aber auch die Untersuchung des Urins im Labor.

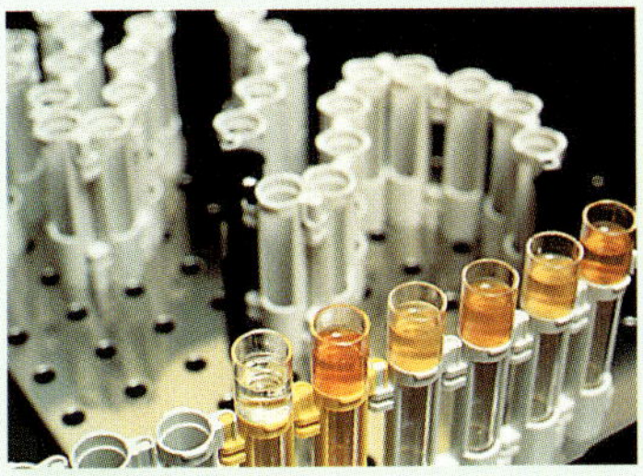

**Die Laborwerte geben wichtige Hinweise auf Erkrankungen, da im Urin viele Stoffe enthalten sind.**

## Urinabnahme

Um Urin beim Wasserlassen aufzufangen gibt es in der Apotheke spezielle Gefäße. Halten Sie ein solches in den Urinstrahl, nachdem Sie etwas Wasser gelassen haben, denn zur Untersuchung wird nur der sogenannte Mittelstrahlurin verwendet. Diese Methode ist vor allem für Männer gut geeignet, da die Penisspitze vorher desinfiziert werden kann, so daß keine Verunreinigungen von außen in den Harn gelangen können. Bei Frauen ist sie nur wirklich aussagekräftig, wenn der Befund negativ ist: Entzündungszellen, Blut oder Bakterien im Mittelstrahlurin können ebensogut aus der Scheide oder der Gebärmutter stammen. Daher wird bei ihnen der Urin auch häufig mit einem Katheter gewonnen.

## Laboruntersuchungen

Im Labor kann festgestellt werden, ob und in welchem Bereich die Nieren ihre Aufgaben erfüllen. Bei Infektionen findet man Krankheitserreger und Entzündungszellen; Erkrankungen im Nierengewebe führen zur Eiweißausscheidung, Traubenzucker im Urin zeigt einen Diabetes mellitus (→ Seite 501), eine Erkrankung der Nebennieren (→ Seite 497) oder der Nieren an, Verfärbungen des Urins können durch Blutungen, Medikamente – oder aber nur durch Farbstoffe in Lebensmitteln hervorgerufen sein.

## Ultraschall- und Röntgenuntersuchung

Mit Ultraschall können Veränderungen in allen Bereichen des Harntrakts – außer in den Harnleitern – genau diagnostiziert werden. Bei der Röntgenuntersuchung wird beobachtet, wie ein vorher in die Vene gespritztes Kontrastmittel abfließt und ausgeschieden wird. Dadurch testet man die Funktionsfähigkeit der Nieren. Harnröhre, Blase, Harnleiter und das Nierenbecken können auch mit Kontrastmittel gefüllt werden, das von der Harnröhre her eingespritzt wird.

## Blasen- und Nierenspiegelung

Mit dem Endoskop (→ Seite 621) kann der Arzt nicht nur Harnröhre und Blase untersuchen, sondern durch die feinen Harnleiter bis in das Nierenbecken vordringen. Die Spiegelung ist besonders wichtig, um einen Blasentumor zu erkennen oder auszuschließen.

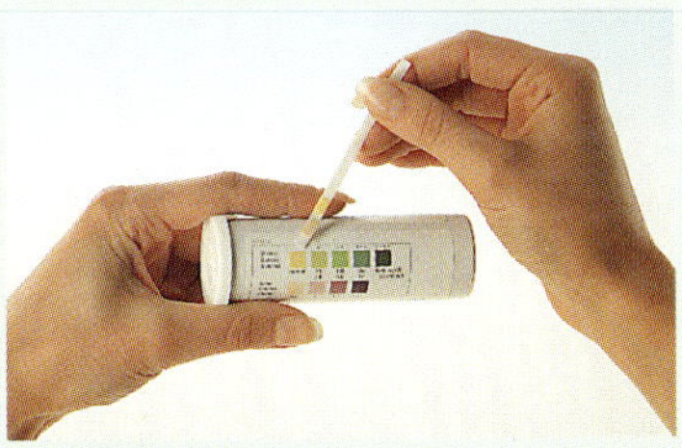

**Die Farbe führt zum schnellen Ergebnis: Urinuntersuchung mit dem Teststreifen.**

## Druck- und Fluß-Messungen

Bei diesen Messungen wird ein flexibler Schlauch (Katheter) in den unteren Harntrakt eingeführt. Mit der *Harnflußmessung* wird der Ablauf der Blasenentleerung dargestellt. Die *Zystometrie* zeigt das Verhalten der Blasenmuskulatur bei zunehmendem Füllungsgrad bzw. bei der Entleerung. Ein *Harnröhren-Druckprofil* wird bei Streßinkontinenz (→ Blasenschwäche, Seite 364) erstellt. Die *Druck-Fluß-Messung* gibt Aufschluß über den Druck der Blasenmuskulatur und den Harnfluß.

## Reizblase

**▶ Symptome**

➜ häufiger Harndrang bei kleinen Urinmengen
➜ leichte Schmerzen im Unterbauch

Die Symptome einer Reizblase sind denen einer → Blasenentzündung ähnlich, jedoch oft nicht ganz so ausgeprägt. Trotz der Beschwerden lassen sich keine Erreger einer Infektion nachweisen. Die Reizblase ist die Folge von »Falschmeldungen« der Blase an das Gehirn, dem sie »mitteilt«, sie sei gefüllt. Das führt zu einer erhöhten Anspannung der Blasenmuskulatur, und es kommt zum starken und häufigen Harndrang, obwohl die Blase oft fast leer ist.

### Ärztliche Behandlung

Wenn Sie die genannten Blasenbeschwerden haben, sollten Sie in jedem Fall einen Arzt aufsuchen, um untersuchen zu lassen, ob Sie eine Blasenentzündung haben oder ob eventuell Nachbarorgane entzündet sind.
Entkrampfende Medikamente helfen die Blase zu entspannen, eine gute Wirkung zeigen auch pflanzliche Mittel wie Kürbiskerne.

### Selbsthilfe

Trinken Sie viel und trainieren Sie Ihre Blase auf längere Zeitabstände zwischen den Entleerungen. Warme Sitzbäder, Entspannungsübungen wie Autogenes Training (→ Seite 690) und Beckenbodengymnastik (→ Seite 391) tun der Reizblase gut.

**Bei Blasenbeschwerden helfen pflanzliche Blasentees, Kürbiskerne und natürlich: viel trinken!**

## Blasenschwäche (Harninkontinenz)

**▶ Symptome**

➜ *Streßinkontinenz:* unkontrollierter Harnabgang beim Husten, Lachen oder Bücken
➜ *Dranginkontinenz:* nicht unterdrückbarer Harndrang und -verlust, oft bei nur teilweise gefüllter Blase
➜ *Überlaufinkontinenz:* unkontrollierbarer Harnabgang, weil die Blase nie ganz entleert werden kann
➜ *komplette Inkontinenz:* die Harnblase kann überhaupt nicht verschlossen werden

Etwa die Hälfte aller über 50jährigen Frauen leiden unter unfreiwilligem Harnabgang, Männer wesentlich seltener, dann meist unter einer sogenannten Überlaufinkontinenz.
Bei einer *Streß- oder Belastungsinkontinenz* lösen Husten, Niesen oder Lachen einen solchen Druck auf die Harnblase aus, daß die Verschlußmechanismen nicht mehr richtig funktionieren. Bei manchen Menschen genügen bereits geringe Belastungen wie Aufstehen oder Gehen. Grund dafür ist eine schwache Beckenbodenmuskulatur, die die Blase nicht mehr stützt, so daß der Urin nicht mehr zurückgehalten werden kann.
Bei der *Dranginkontinenz* (auch Urge-Inkontinenz genannt) spüren die Betroffenen zwar den Harndrang, erreichen aber die Toilette nicht mehr rechtzeitig. Schuld daran ist die Blasenmuskulatur. Entweder führen Nervenschädigungen, auch im Gehirn oder Rückenmark, oder eine Überreizung der Muskulatur in der Blasenwand dazu, daß sich die Blase entleert, ohne daß man dies verhindern kann.
Die Ursache einer *Überlaufinkontinenz* ist eine Behinderung des Harnabflusses. Bei Männern liegt es meist an einer Vergrößerung der Prostata (→ Seite 416), es können aber auch Harnröhrenverengungen, Blasensteine oder angeborene Mißbildungen der Harnröhre sein. Die Folge der mechanischen Behinderung ist ein Urinrückstau in der Blase. Fließt dann aus den Nieren Harn nach, läuft die Blase über.

### Ärztliche Behandlung

Wenn immer wieder unkontrolliert Harn abgeht, sollten Sie einen Arzt aufsuchen. Mit Röntgen- und Ultraschall-Untersuchung sowie soge-

## Hilfen bei Inkontinenz

Trotz ihrer Häufigkeit ist Harninkontinenz noch immer ein Tabuthema und wird, solange der Leidensdruck nicht zu groß ist, oft selbst dem Arzt verschwiegen. Dabei gibt es durchaus Möglichkeiten, dem Problem zu begegnen.
Gegen *Streßinkontinenz* hilft oft ein Beckenbodentraining, das die Muskulatur wieder kräftigt (→ Seite 391). Sie können Ihren Schließmuskel auch jederzeit unauffällig trainieren, indem Sie bei der Entleerung immer wieder versuchen, den Harnstrahl durch Muskelanspannung zu unterbrechen. Zusätzlich kann die Verschlußmuskulatur des Blasenhalses mit Medikamenten, bei der Frau zum Beispiel mit Östrogenen, gestärkt werden. Wenn dies alles nicht hilft, können die Muskulatur und die Bänder am Beckenboden operativ gespannt werden. Sofern eine Überreizung der Blasenmuskulatur zur *Dranginkontinenz* führt, kann mit entkrampfenden Medikamenten eine Besserung erzielt werden. Veränderungen, die die normale Entleerung der Blase verhindern, wie Tumoren am Blasenausgang (→ Seite 368), eine Vergrößerung der Prostata oder Mißbildungen, müssen chirurgisch entfernt werden.

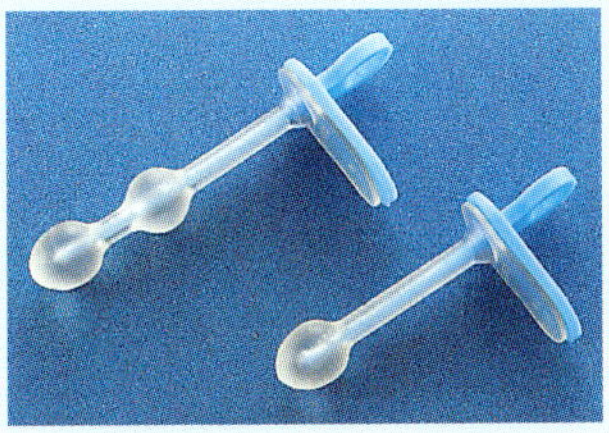

**Moderne Inkontinenzhilfen für Frauen sind kleine »Plastikstöpsel«, die den Harnverlust verhindern.**

Eine große Hilfe sind nach wie vor die »konservativen« Methoden: So können Frauen Einlagen tragen, die den Harn aufsaugen und den Geruch neutralisieren. Für Männer gibt es eine Art Kondom, das über den Penis gestülpt wird und den Harn in einen Beutel ableitet.
Außerdem sollten Sie Ihre Blase durch häufiges und regelmäßiges Entleeren erziehen.

nannten urodynamischen Messungen kann er die Ursache der Beschwerden feststellen. Je nachdem muß unterschiedlich behandelt werden.

### Selbsthilfe

Siehe Kasten → Hilfen bei Inkontinenz

## Blasenentzündung (Zystitis)

**▶ Symptome**

- Brennen und Stechen beim Wasserlassen
- häufiger Harndrang bei geringen Urinmengen
- Schmerzen oberhalb des Schambeins

Bei einer Blasenentzündung ist meist die Schleimhaut der Harnblase, in schweren Fällen die gesamte Blasenwand betroffen. In der Regel wird sie durch von außen eindringende Bakterien, Pilze oder Viren verursacht, sie kann aber auch die Folge einer »absteigenden« Infektion von Nieren und Harnleitern sein. Die Erreger können sich aus verschiedenen Gründen ansiedeln, zum Beispiel wenn die Blase durch eine zu geringe Trinkmenge nicht ausreichend durchspült wird, bei Harnabflußstörungen (→ Seite 366), Lageveränderungen der Blase, einer Vergrößerung der Prostata (→ Seite 416) oder nach Einführung eines Blasenkatheters. Bei Frauen begünstigt auch Geschlechtsverkehr eine Blasenentzündung, denn dabei geraten leicht vermehrt Keime in Harnröhre und Blase. Wird die Infektion nicht behandelt, besteht die Gefahr, daß sie zu den Nieren aufsteigt und dort eine Nierenbeckenentzündung (→ Seite 367) auslöst.

### Ärztliche Behandlung

Die Erreger werden durch eine Urinprobe nachgewiesen, Bakterien mit Antibiotika, Pilze mit einem Antipilzmittel bekämpft.

### Selbsthilfe

Die beste Vorsorge gegen Blasenentzündungen ist, viel zu trinken. Dadurch wird die Blase gut durchspült. Unterstützen können Sie die Wirkung durch Nieren- und Blasentees aus der Apotheke oder Tees aus Brennesseln, Birken- oder Bärentraubenblättern. Geben Sie Ihrem Harndrang, wann immer möglich, nach.

## Harnabflußstörungen

► Symptome
- ➜ Schmerzen im Nierenbereich, ausstrahlend in Rücken, Unterbauch und Geschlechtsorgane
- ➜ Übelkeit, Erbrechen

Harnabflußstörungen können ein- oder beidseitig sein, plötzlich einsetzen oder länger bestehen. Ausgelöst werden sie meist durch Nierensteine, die sich in einem oder beiden Harnleitern eingeklemmt haben, manchmal auch durch angeborene Mißbildungen an der Einmündung des Nierenbeckens in die Harnleiter oder der Harnleiter in die Blase, durch Tumoren in den Harnwegen (→ Seite 368) oder Druck von außen, zum Beispiel während der Schwangerschaft. Kann der Harn nicht abfließen, so steigt der Druck in den Nieren an. Sie werden nicht mehr richtig durchblutet, so daß das Blut nicht mehr gefiltert und Nierengewebe zerstört wird. Sind beide Nieren betroffen, werden Schadstoffe und Wasser im Blut und Gewebe zurückgehalten. Schließlich kommt es zum Nierenversagen (→ Seite 368).

### Ärztliche Behandlung

Im akuten Stadium ist zunächst die Harnentleerung über einen Katheter oder eine Nierenfistel (eine Verbindung vom Nierenbecken direkt nach außen) erforderlich, bis das Hindernis endgültig operativ beseitigt werden kann.

### Selbsthilfe

Ist nicht möglich.

## Nierensteine

► Symptome
- ➜ plötzliche ziehend-stechende Schmerzen, beginnend am Rücken unter dem Rippenbogen, über Stunden oder Tage weiterwandernd bis in die Leiste
- ➜ manchmal sichtbares Blut im Urin
- ➜ eventuell Übelkeit, Erbrechen

Bei vermehrter Kalzium- oder Oxalsäureausscheidung, bei Säuregradveränderungen (pH-Wert) im Urin oder bei Entzündungen im Harntrakt können verschiedene chemische Substanzen zu kleinsten Steinchen zusammenklumpen; im Extremfall wird das Nierenbecken mit einem einzigen Stein »ausgegossen«. Solange die Steine im Nierenbecken liegen, verursachen sie meist keine Beschwerden. Erst wenn sie zur Blase wandern, werden die Harnleiter schmerzhaft gedehnt, es kommt zur Kolik (→ Seite 362). Harnstauungen und Harnwegsinfektionen unterstützen die Steinbildung, ebenso eine zu geringe Trinkmenge und die Zusammensetzung der Nahrung. Außerdem gibt es Krankheiten, die zu einer veränderten Blut- und damit auch Urinzusammensetzung führen, so daß sich Steine bilden können: Eine Überfunktion der Nebenschilddrüse (→ Seite 496) ruft erhöhte Kalziumwerte hervor, Gicht (→ Seite 432) einen Anstieg der Harnsäurewerte.
Den vielen Ursachen entsprechen verschiedene Steinarten. Am häufigsten findet man Kalziumoxalat und Kalziumphosphatsteine, seltener Urat-, Tripelphosphat- oder Zystinsteine.

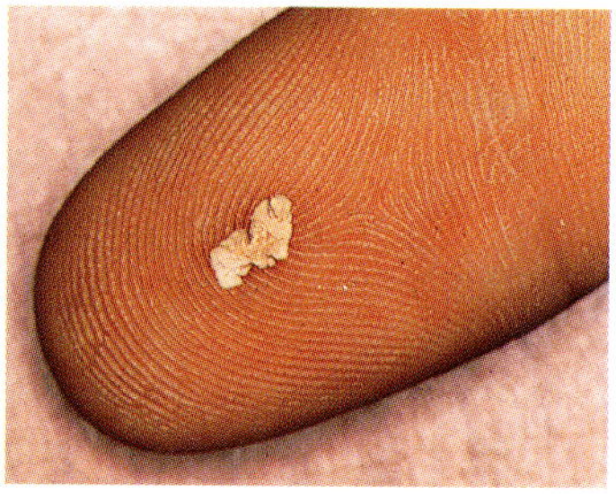

**Selbst ein so kleiner Nierenstein verursacht beim Abgang durch den engen Harnleiter große Schmerzen.**

Ist ein Nierenbecken über lange Zeit mit einem großen Stein ausgefüllt, so schädigt die dadurch bedingte Harnstauung das Nierengewebe ganz erheblich. Harnwegsinfektionen, die schlimmstenfalls bis zu einer Blutvergiftung (→ Seite 536) führen können, werden begünstigt.

### Ärztliche Behandlung

Bei den beschriebenen Symptomen sollten Sie sofort einen Arzt aufsuchen. Die Diagnose wird durch eine Urin- und Blutuntersuchung gestellt, eventuell abgegangene Steine werden analysiert, die Nieren mittels Ultraschall kontrolliert. In der Röntgenaufnahme erkennt der Arzt Oxalat- und Phosphatsteine, mit Kontrastmittel auch Urat- und die seltenen Zystinsteine. Bis zur Erbsengröße können Nierensteine den Harnleiter passieren. Dies kann mit viel Flüssigkeit und krampflösenden Mitteln unterstützt werden. Harnsäuresteine können mit

Medikamenten aufgelöst werden. Oxalat- und Phosphatsteine werden mit Ultraschallwellen von außen durch den Körper hindurch zertrümmert (extrakorporale Stoßwellen-Lithotripsie, ESWL).

### Selbsthilfe

Bewegung und reichliche Flüssigkeitszufuhr sind die wichtigsten Vorbeugemaßnahmen. Trinken Sie Früchte- und Kräutertee, Wasser, verdünnten Saft, etwa 2,5 Liter pro Tag – an heißen Tagen, wenn Sie schwitzen, entsprechend mehr. Aber trinken Sie nicht alles auf einmal, sondern gleichmäßig über den ganzen Tag verteilt! Wenn Sie wissen, zu welcher Steinart Sie neigen, sollten Sie einige Diätvorschläge beherzigen:

- kalziumhaltige Steine: nur wenig Milch, Milchprodukte und Salz, nur kalziumarmes Mineralwasser (bis 250 mg pro Liter)
- Oxalatsteine: kein Spinat, Mangold oder Rhabarber, statt dessen viel magnesiumreiche Nahrung (zum Beispiel Bananen, Haferflocken, Naturreis)
- Uratsteine: eiweißarme Kost.

## Zysten in den Nieren

### ▶ Symptome

→ eventuell Schmerzen im Rücken oder Bauch

Durch eine Kapsel abgeschlossene Hohlräume (Zysten) in den Nieren sind angeboren. Sind sie nur vereinzelt ausgebildet, verursachen sie im allgemeinen keine Beschwerden und werden nur zufällig entdeckt. Sind dagegen die Nieren von zahlreichen Zysten durchsetzt (Zystennieren), dann ruft die Erkrankung meist im dritten Lebensjahrzehnt Beschwerden wie Bluthochdruck (→ Seite 280) und Harnwegsinfektionen hervor und kann langfristig zum Nierenversagen (→ Seite 368) führen.

### Ärztliche Behandlung

Bei Beschwerden sollten Sie einen Arzt aufsuchen. Einzelne, symptomlose Zysten erfordern meist keine Behandlung. Bei Zystennieren müssen Folgeerkrankungen wie Bluthochdruck und Harnwegsinfektionen therapiert werden.

### Selbsthilfe

Ist nicht möglich.

## Nierenbeckenentzündung

### ▶ Symptome

→ Fieber, eventuell Schüttelfrost
→ Schmerzen beim Wasserlassen
→ Rückenschmerzen im Nierenbereich
→ Brechreiz, Leibschmerzen
→ Kopfschmerzen

Ausgelöst wird eine Nierenbeckenentzündung (die trotz ihrer Bezeichnung auch immer eine Entzündung des Nierengewebes ist) von Bakterien, die in den meisten Fällen über die Harnröhre und die Blase bis in die Nieren aufsteigen. Begünstigt werden kann sie durch häufige Blasenentzündungen (→ Seite 365), → Harnabflußstörungen, → Nierensteine sowie eine Vergrößerung der Prostata (→ Seite 416). Besonders gefährdet sind Säuglinge und Kleinkinder, Schwangere und Männer im höheren Alter; bei Kindern muß bei Fieber ohne einen ersichtlichen Grund immer auch an eine Nierenbeckenentzündung gedacht werden.

Eine Nierenbeckenentzündung kann auch chronisch werden. Die Krankheit äußert sich in diesem Fall in Abgeschlagenheit, häufig auftretenden Kopfschmerzen, Brechreiz, dumpfen Schmerzen im Rücken oder immer wiederkehrenden Fieberschüben ohne einen erkennbaren Grund.

Wird die Nierenbeckenentzündung nicht behandelt, können sich eitrige Abszesse (sogenannte Nierenkarbunkel), eine lebensbedrohliche Blutvergiftung (→ Seite 536) oder – bei chronisch gewordener Nierenbeckenentzündung – ein Nierenversagen (→ Seite 368) entwickeln.

### Ärztliche Behandlung

Bei Symptomen einer Nierenbeckenentzündung müssen Sie sofort zum Arzt. Er wird Blut und Urin auf Krankheitserreger untersuchen und die Nieren mit Ultraschall oder Röntgenaufnahmen kontrollieren. Die Infektion muß mit Antibiotika bekämpft werden; eventuelle → Harnabflußstörungen müssen beseitigt werden.

### Selbsthilfe

Trinken Sie möglichst viel, da sich die Bakterien bei guter Durchspülung der Harnwege schlechter festsetzen können.

## Entzündung der Filtereinheiten der Nieren (Glomerulonephritis)

▶ Symptome
- ➜ Blut im Urin
- ➜ eventuell Bluthochdruck (→ Seite 280)
- ➜ manchmal Wasseransammlungen im Gewebe, vor allem morgens geschwollene Lider

Die Glomerulonephritis ist eine Fehlreaktion des Immunsystems, die die Filtereinheiten der Nieren schädigt (→ Eine Million Filterstationen, Seite 361). Sie tritt selten akut auf und dann meist nach einer Streptokokkeninfektion (→ Seite 540). Andere Formen, deren Ursachen verschieden sind, können rasch zum → Nierenversagen führen. Bei der chronischen Entzündung mit schleichendem Krankheitsbeginn verstopfen verklebte Eiweißbausteine die Filterkanälchen in der Niere so, daß Eiweiß und rote Blutkörperchen nicht mehr zurück ins Blut übertreten können; sie werden dann mit dem Harn ausgeschieden. Die Folge sind Bluthochdruck, Ödeme und auf Dauer ebenfalls ein Nierenversagen.

### Ärztliche Behandlung

Sind Streptokokken die Auslöser der Erkrankung, ist eine Antibiotika-Therapie nötig, zusätzlich können Kortison und/oder andere Medikamente zur Unterdrückung des Immunsystems hilfreich sein. Ödeme und Bluthochdruck (→ Seite 280) müssen mit Medikamenten behandelt werden.

### Selbsthilfe

Zusätzlich zur medikamentösen Therapie und in Absprache mit Ihrem Arzt sollten Sie eine eiweiß- und bei Bluthochdruck kochsalzarme Diät einhalten.

## Tumoren von Niere oder Blase

▶ Symptome
- ➜ Blut im Urin
- ➜ eventuell Schmerzen wie bei Nierensteinen

Tumoren in Niere und Blase machen sich erst in einem relativ späten Stadium bemerkbar, sehr oft werden sie zufällig bei einer Ultraschall-Untersuchung oder im Rahmen der Krebsfrüherkennung entdeckt. Bei einer starken Blutung eines Nierentumors können größere Blutgerinnsel im Harnleiter steckenbleiben und dieselben krampfartigen Schmerzen bereiten wie Nierensteine (→ Seite 366). Rauchen begünstigt das Wachstum von Blasentumoren.

### Ärztliche Behandlung

Wenn Sie Blut im Urin haben, sollten Sie sofort einen Arzt aufsuchen. Bei einer Harnblutung muß immer eine Blasenspiegelung erfolgen, um festzustellen, ob es sich um einen Tumor handelt. Zusätzlich geben Ultraschall, Computertomographie und Röntgenuntersuchungen Aufschluß über den Zustand der Nieren. Die Tumoren müssen umgehend chirurgisch entfernt werden, eine befallene Niere wird entnommen, ebenso die zugehörigen Lymphknoten. Im Frühstadium kann die Niere erhalten werden. Ist es nötig, die Blase ganz zu entfernen, wird ein künstlicher Harnausgang angelegt, durch den sich der Urin in einen Beutel entleert. Aber auch der Ersatz der Blase durch Darm ist möglich. Wird eine Krebserkrankung in den Harnwegen frühzeitig entdeckt, kann sie mit Hilfe einer Operation, Bestrahlungen und Medikamenten geheilt werden.

### Selbsthilfe

Allgemeine Informationen und Ratschläge zu Krebserkrankungen finden Sie ab Seite 576. Wenn Sie mit einem künstlichen Blasenausgang leben müssen, kann eine Selbsthilfegruppe eine große Unterstützung sein. Adressen erfahren Sie über die Deutsche Ileostomie-Colostomie-Urostomie-Vereinigung, kurz ILCO (→ Adressen, Seite 798).

## Nierenversagen (Niereninsuffizienz)

▶ Symptome
- ➜ vermehrtes nächtliches Wasserlassen
- ➜ gelbbraune Hautverfärbung
- ➜ Schwäche, Kopfschmerzen, Müdigkeit
- ➜ Übelkeit, vor allem morgens, Erbrechen
- ➜ eventuell auffallend wenig Urin

Ein akutes Nierenversagen wird meist sehr plötzlich durch einen Kreislaufschock (→ Seite 278) hervorgerufen. Wegen der mangelhaften Durchblutung kann kein Urin mehr gebildet werden, Schadstoffe bleiben im Blut. Wird der Schock erfolgreich behandelt, können die Nieren in den meisten Fällen wieder normal arbeiten. Häufiger ist das Nierenversagen eine Folge der → Glomerulonephritis oder einer anderen Nierenerkrankung mit zunehmender Zerstörung des Nierengewebes, die sich über Jahre entwickelt. Krankheitserscheinungen werden erst sichtbar, wenn die Filtermöglichkeit der Niere auf ein Sechstel des Normalen geschrumpft ist. Die daraus resultierende Harnvergiftung (Urämie) zeigt sich in Leistungsabfall, Wasseransammlungen im Gewebe, Erbrechen, Ausbleiben der Monatsblutung, Impotenz und zahlreichen anderen allgemeinen Beschwerden.

### Ärztliche Behandlung

Die Diagnose wird anhand von Blut- und Urinuntersuchungen sowie mit Hilfe des Ultraschalls und Gewebeproben gestellt. Damit das Nierenversagen nicht fortschreitet, muß neben der Grunderkrankung auch der dabei auftretende Bluthochdruck (→ Seite 280) behandelt werden. Außerdem müssen Sie eine strenge eiweißarme Diät einhalten (maximal 40 Gramm Eiweiß pro Tag). Unter ärztlicher Kontrolle wird die Trinkmenge auf 2,5 Liter am Tag gesteigert, gleichzeitig sind entwässernde Medikamente (→ Diuretika, Seite 635) nötig. Treten Vergiftungssymptome auf, bleibt als Möglichkeit nur eine sogenannte Nierenersatztherapie (→ Ausweg künstliche Niere?) oder die Transplantation einer Niere (→ Seite 300).

### Selbsthilfe

Halten Sie sich ganz strikt an die Diätvorschriften des Arztes!

## Ausweg künstliche Niere?

Ist das Nierengewebe durch eine Erkrankung so weit zerstört, daß es weitgehend funktionsuntüchtig ist, besteht die Gefahr, daß der Körper vergiftet wird. Die Schadstoffe müssen deshalb auf anderem Weg aus dem Blut gefiltert werden. Dafür gibt es grundsätzlich zwei Möglichkeiten: die Hämodialyse und die Peritonealdialyse.

Bei der Hämodialyse übernimmt ein Gerät, eine sogenannte künstliche Niere, die Aufgabe des kranken Organs. Dort werden Schadstoffe, Stoffwechselprodukte und Wasser gefiltert und von einer anderen Flüssigkeit, dem Dialysat, aufgenommen. Das »gewaschene« Blut wird zurückgepumpt. Dieser Vorgang dauert vier bis fünf Stunden und muß dreimal wöchentlich wiederholt werden – meist in einem Dialysezentrum; wenn ein Angehöriger das Gerät bedienen kann, kann die Behandlung auch zu Hause stattfinden.

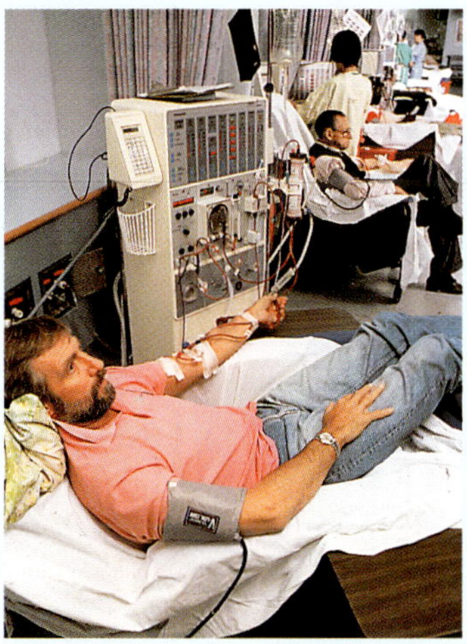

**Ein Gerät reinigt das Blut und leitet es zum Körper zurück.**

Bei der Peritonealdialyse wird das Bauchfell (Peritoneum), das die Bauchhöhle auskleidet und alle Organe überzieht, als Filtermembran genutzt; die »Waschlösung«, das Dialysat, fließt von einem Plastikbeutel über einen Katheter direkt in die Bauchhöhle und nach Aufnahme der Stoffwechselschlacken einige Stunden später wieder zurück. Diese Art der Blutreinigung kann man selbständig durchführen, der Beutel wird normalerweise viermal pro Tag gewechselt. Der Vorteil dieser kontinuierlichen Peritonealdialyse (abgekürzt CAPD) ist vor allem der größere Bewegungsspielraum, ihr Nachteil die Infektionsgefahr über den Katheter.

Die größte Unabhängigkeit ist sicherlich mit einer erfolgreichen Transplantation (→ Seite 300) verbunden. Solange jedoch nicht genügend Spendernieren zur Verfügung stehen, bleibt die Dialyse die lebensrettende (Zwischen-)Lösung.

Informationen, Unterstützung und Adressen von Selbsthilfegruppen erhalten Sie über die Dachverbände der Dialysepatienten und Nierentransplantierten (→ Adressen, Seite 798).

## Erbrechen bei Kindern

**▶ Symptome**
- ➜ Erbrechen
- ➜ eventuell Gewichtsverlust oder vergleichsweise langsame Gewichtszunahme

Je kleiner die Kinder sind, um so häufiger spucken sie. Ein »explosionsartiges« Erbrechen während oder nach jeder Mahlzeit kommt bei ein bis fünf Wochen alten Babys vor, wenn sie einen Krampf im Schließmuskel des Magenausgangs haben. Säuglinge erbrechen ebenfalls leicht, wenn sie zuviel auf einmal getrunken haben, die Fertigmilchnahrung nicht die richtige Zusammensetzung hatte oder bei einer Nahrungsmittelallergie (→ Seite 528). Infektionen, auch an anderen Organen als dem Magen-Darm-Trakt, lösen auch Erbrechen aus, ebenso eine Bauchfell- oder Blinddarmentzündung (→ Seite 372) oder ein Darmverschluß (→ Seite 340). Sehr selten ist eine Gehirnhautentzündung (→ Seite 192) die Ursache. Ältere Kinder erbrechen oft beim Autofahren (Reisekrankheit). Selten ist das sogenannte ketonämische Erbrechen, das immer wieder ohne erkennbaren Grund auftritt und meist über zwei bis vier Tage anhält. Die Beschwerden hören normalerweise spätestens im zehnten Lebensjahr auf.

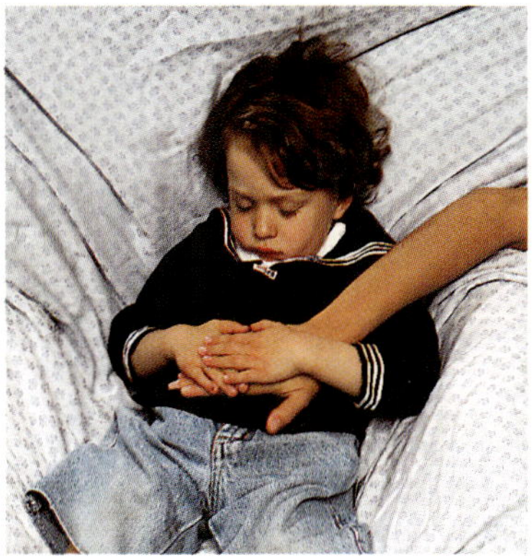

**Mamas Hand ist bei Bauchweh manchmal die beste Medizin. Wenn das nichts hilft, könnte es jedoch was Ernsteres sein.**

### Ärztliche Behandlung

Bei länger anhaltendem Erbrechen sollten Sie einen Arzt aufsuchen. Je kleiner das Kind ist, desto größer ist die Gefahr der Austrocknung. Daher muß der Flüssigkeits- und Mineralverlust so schnell wie möglich gestoppt bzw. ausgeglichen werden. Die anschließende Therapie richtet sich nach der Ursache.

### Mein Kind hat etwas verschluckt!

Wenn Sie entdecken, daß Ihr Kind aus Versehen etwas verschluckt hat (meist Tabletten), können Sie Erbrechen künstlich mit einer konzentrierten Kochsalzlösung auslösen. Dazu geben Sie Ihrem Kind ein Glas lauwarmes Wasser zu trinken, dem Sie so viel Kochsalz zugesetzt haben, bis sich die Kristalle nicht mehr lösen. Das dürfen Sie jedoch keinesfalls tun, wenn es etwas Ätzendes wie Putzmittel getrunken hat. Dann hilft nur viel trinken (→ Verätzungen, Seite 322 und 794).

### Selbsthilfe

Geben Sie Ihrem Kind etwas zu trinken, um den Flüssigkeitsverlust auszugleichen.

## Durchfall bei Kindern

**▶ Symptome**
- ➜ Verdrießlichkeit, Nahrungsverweigerung
- ➜ plötzliches Erbrechen, meist Bauchschmerzen
- ➜ wäßrige bis breiige Durchfälle

Meist ist eine Infektion mit Viren, seltener mit Bakterien die Ursache von Durchfall bei Kindern. Oft sind sie vorher bereits abwehrgeschwächt durch andere Infekte. Ein bis zwei Prozent aller akuten Durchfälle bei Säuglingen werden durch eine Kuhmilchallergie ausgelöst. Der Wasser- und Mineralstoffverlust kann bei anhaltendem Durchfall zu schwersten Kreislaufstörungen führen.

### Ärztliche Behandlung

Mit Säuglingen sollten Sie sofort zum Arzt gehen, mit größeren Kindern, wenn der Durchfall am zweiten Tag nicht nachläßt. Das Wichtigste ist, die Austrocknung zu verhindern. Dazu muß Ihr Kind viel Flüssigkeit (mit Mineralien) bekommen, notfalls über eine Magensonde. Nach 12 bis 24 Stunden kann es wieder anfangen zu essen, nach vier bis sechs Tagen sollte die normale Nahrungsmenge erreicht sein.

### Selbsthilfe

Geben Sie Ihrem Kind so viel wie möglich zu trinken.

## Verstopfung bei Kindern

▶ Symptome

➜ zu fester und zu wenig Stuhl nach einer Stuhlgangspause von mehren Tagen
➜ schmerzhafte Darmentleerung

Wenn Ihr Kind nicht täglich Stuhlgang hat, ist das noch kein Zeichen von Verstopfung. Zu einer akuten Verstopfung kann es beim Säugling kommen, wenn er bei Fieber oder extremer Hitze zuwenig trinkt. Chronische Verstopfung entsteht im allgemeinen durch Ernährungsfehler: zuwenig Ballaststoffe, zuviel Schokolade und zuwenig Flüssigkeit. Dadurch wird der Stuhl hart, und es schmerzt beim Stuhlgang. Oft kommt es zu Analfissuren (→ Seite 349). Die Folge ist, daß die Kinder den Stuhldrang aktiv unterdrücken. Mögliche Ursache einer chronischen Verstopfung sind jedoch auch psychische Probleme.

### Ärztliche Behandlung

Wenn Ihr Kind über mehrere Tage keinen bzw. dann nur unter Schmerzen wenig und sehr festen Stuhlgang hatte, sollten Sie einen Arzt aufsuchen. Ein verstopfter Mastdarm ist durch die Bauchdecke zu fühlen. Er muß ausgeräumt werden, eventuell mit Hilfe milder abführender Zäpfchen beim Säugling, mit Einläufen beim größeren Kind.

### Selbsthilfe

Geben Sie Ihrem Kind viel zu trinken, aber üben Sie keinen Druck aus, damit es seinen Darm häufiger entleert. Um den Darm anzuregen, sollten Kinder vor den Hauptmahlzeiten Früchte essen (Birnen, Pflaumen, Feigen). Eine ballaststoffreiche Kost kann auch Kindern gut schmecken!

## Dreimonatskolik

▶ Symptome

➜ Schreien, Krümmen, Strampeln nach fast jeder Mahlzeit, besonders am frühen Abend

Die Ursache dieser Beschwerden in der vierten bis 14. Lebenswoche, von denen überwiegend Jungen gequält werden, ist nicht bekannt. Eventuell schlucken die Kinder beim Trinken zuviel Luft. Nach dem dritten Monat sind die Beschwerden vorbei.

### Ärztliche Behandlung

Ein Arztbesuch ist nicht unbedingt erforderlich, trotzdem ist es besser, Sie lassen abklären, ob es sich nicht um eine ernstere Erkrankung handelt.

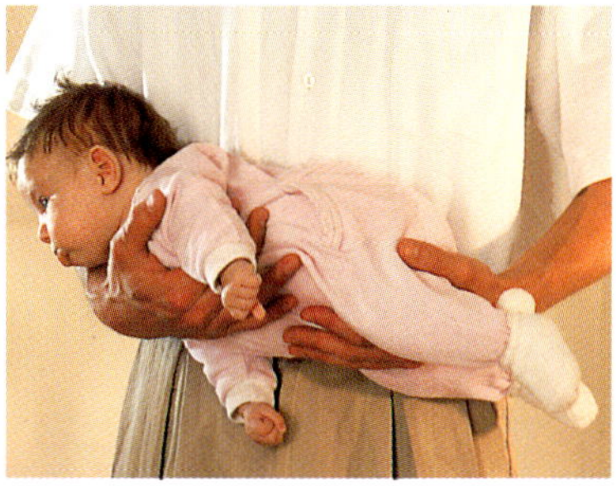

**Die »Fliegerhaltung« und eine warme Hand auf dem Bauch lösen die Verkrampfung und beruhigen das Baby.**

### Selbsthilfe

Wichtig ist eine ruhige Atmosphäre beim Füttern. Wenn Sie bereits abgestillt haben, sollte das Saugerloch der Milchflasche so eng sein, daß die Milch bei senkrecht gehaltener Flasche nur langsam tropft. Der Sauger darf nicht zu tief in den Babymund gesteckt werden. Lassen Sie das Kind nicht während der Mahlzeit, sondern erst danach aufstoßen!
Wenn Sie noch stillen, sollten Sie auf alle Nahrungsmittel verzichten, die Blähungen verursachen.

## Nabelkolik

▶ Symptome

➜ anfallsartige Schmerzen in der Nabelgegend

Als Nabelkolik bezeichnet man plötzliche Darmkrämpfe, die überwiegend bei Mädchen zwischen dem vierten und zwölften Lebensjahr auftreten. Wenige Minuten bis zwei Stunden können die Schmerzen anhalten, täglich wiederkehren oder erst nach Monaten; ausgelöst werden sie durch Aufregungen, Ängste oder freudige Erwartung.

### Ärztliche Behandlung

Treten die Beschwerden häufig auf, sollte kontrolliert werden, ob die Organe in Ordnung sind. Eventuell kann ein Psychologe weiterhelfen.

### Selbsthilfe

Eine liebevolle Bauchmassage und eine nicht zu heiße, mit einem feuchten Tuch umwickelte Wärmflasche wirken entspannend und beruhigend.

# Hilfe, mein Kind ißt nicht

Eine Sorge plagt fast alle Mütter, vor allem bei ihrem ersten Kind: Bekommt mein Kind genug zu essen? Vergleiche werden angestellt mit Gleichaltrigen, das Gewicht wird ständig kontrolliert. Zeigt sich dann der Sprößling appetitlos, verweigert er gar das Essen, dann ist die Katastrophe da. Um ihrem Kind Gutes zu tun, greift die besorgte Mutter schon einmal zu Zwangsmaßnahmen – die das »verstockte« Verhalten des Kindes jedoch nur verstärken. Dabei brauchen schon Säuglinge unterschiedlich viel Nahrung.

## Warum tun sie das?

Es gibt zahlreiche Gründe, warum ein Kind nicht essen will. Dahinter können möglicherweise organische Schäden stehen, zum Beispiel chronische Krankheiten wie Mukoviszidose (→ Seite 255) und Zöliakie (→ Nahrungsmittelallergie, Seite 528) oder Entzündungen der Nasennebenhöhlen (→ Seite 182), des Mittelohrs (→ Seite 173), verschiedene Infektionen der Harnwege oder angeborene Herzfehler (→ Seite 274).

Meist gibt es jedoch andere Ursachen für die Nahrungsverweigerung. So sind Säuglinge sehr empfindsam für nervöse Spannungen der Mutter, sie trinken dann hastiger, verschlucken sich, erbrechen und wollen schließlich gar nicht essen. Bei größeren Kindern fängt manchmal alles ganz harmlos an, zum Beispiel mit einem fieberhaften Racheninfekt oder einer Mundschleimhautentzündung; das Essen schmeckt nicht, das Schlucken tut weh, also ißt das Kind schlecht. Die Mutter macht sich Sorgen um die vorgegebene Gewichtszunahme und zwingt zum Essen, das löst den Widerstand des Kindes aus – ein unglückseliger Kreislauf beginnt, bei dem jeden Tag ein Kampf gegen das vermeintliche Verhungern geführt wird.

## So schmeckt das Essen wieder

Mit ein paar Kniffen läßt sich die Lage wieder entspannen. Das Wichtigste ist, daß die Kinder lernen: Essen macht Spaß! Dazu verhilft ein appetitlich zugerichteter Teller mit einer kleinen Menge, die nicht aufgegessen werden muß; kochen Sie Ihrem Kind öfter mal seine Lieblingsspeisen, und verlangen Sie nicht von ihm, etwas zu essen, was es nicht mag. Lassen Sie Ihr Kind möglichst früh allein Löffel und Gabel gebrauchen – auch wenn ein bißchen was danebengeht. Kinder lieben es, selbständig zu essen. Wenn Sie Ihr Kind noch stillen, sollten Sie es lieber häufiger an die Brust legen, auch abgestillte Säuglinge sollten besser mehrmals am Tag kleinere Mahlzeiten essen. Führen Sie ein genaues Protokoll darüber, was Ihr Kind ißt und trinkt. Sie werden sehen, daß die Mengen ausreichen. Denn beispielsweise in Getränken sind meist viel mehr Kalorien enthalten, als man annimmt.

**Haben Sie Geduld: Der Appetit kommt meist genauso schnell wieder, wie er vergangen ist.**

Ein abwechslungsreicher Speisezettel erhöht im übrigen auch bei kleinen Kindern den Appetit. Was der enthalten soll, unterscheidet sich im Grunde nicht vom Menüplan der »Großen«: viel frisches Obst und Gemüse, Milch- und Getreideprodukte – am besten aus vollem Korn. Mit Phantasie lassen sich daraus gesunde Mahlzeiten zaubern, die auch Kinder gern essen, vor allem, wenn im Mittelpunkt die heißgeliebten Nudeln stehen.

## Blinddarmentzündung bei Kindern

▶ Symptome
- ➜ anfallsartige Bauchschmerzen, anfangs an Magen und Nabel, später besonders im rechten Unterbauch
- ➜ Brechreiz, Fieber
- ➜ Durchfall oder Verstopfung
- ➜ Schmerzen beim Wasserlassen

Bei Kindern entzündet sich der Blinddarm wesentlich häufiger als bei Erwachsenen (→ Seite 340 und 344). Die Erkrankung verläuft oft viel stürmischer und dramatischer, es besteht die Gefahr, daß der Blinddarm schon am zweiten oder dritten Tag in die Bauchhöhle durchbricht! Begleitet wird die Blinddarmentzündung oft von einer Mandelentzündung, einem grippalen Infekt oder Durchfall.

### Ärztliche Behandlung

Wenn Ihr Kind über heftige Bauchschmerzen klagt, sollten Sie sofort mit ihm zum Arzt! Eine frühzeitige Operation schützt vor einem Durchbruch in die Bauchhöhle. Erscheint eine Operation nicht notwendig, muß das Kind spätestens nach fünf Stunden nochmals untersucht werden. Während dieser Zeit darf es nichts essen.

### Selbsthilfe

Ist nicht möglich.

## Mukoviszidose

→ Seite 255

## Einnässen/Bettnässen

▶ Symptome
- ➜ Blasenentleerung im Schlaf
- ➜ unkontrollierte Blasenentleerung tagsüber

Von Einnässen kann erst gesprochen werden, wenn ein Kind mindestens vier Jahre alt ist, vorher sind unkontrollierte Blasenentleerungen normal! Treten die Beschwerden tagsüber auf (überwiegend bei Mädchen), liegt meist eine Harnwegsentzündung vor. Nächtliches Einnässen bei vorher trockenen Kindern deutet auf psychische Konflikte hin.

### Ärztliche Behandlung

Wenn die Beschwerden über längere Zeit anhalten, sollten Sie einen Arzt aufsuchen, um abklären zu lassen, ob Ihr Kind keine Harnwegsinfektion hat. Oft geht das Einnässen von selbst vorüber, weil die Blasenkontrolle erlernt wird. Die Blase wird trainiert, indem sie tagsüber immer möglichst spät entleert wird. Wenn alle Versuche versagen, bleibt die Möglichkeit eines Klingelhöschens oder der Klingelmatratze: Wenn Urin aus der Blase läuft, wird das Kind geweckt, es lernt die Blase zu kontrollieren und nur willentlich zu entleeren. So werden bei 70 bis 80 Prozent der Kinder Erfolge erzielt.

### Selbsthilfe

Ein Protokoll über trockene Nächte oder den Zeitpunkt der Blasenentleerung, das das Kind selbst führt, erhöht die Verantwortlichkeit und damit das Selbstwertgefühl. Einschränkende Maßnahmen wie das Verbot von Getränken am Abend bringen keinen Erfolg.

## Wilms-Tumor (Nephroblastom)

▶ Symptome
- ➜ Geschwulst im Bauch sichtbar und tastbar
- ➜ Bauchschmerzen mit und ohne Fieber
- ➜ Erbrechen, Durchfall, Gewichtsverlust

Dieser bösartige Tumor der Niere wächst bei ein- bis fünfjährigen Kindern sehr schnell. Wenn die Diagnose gestellt wird, sind bei vielen schon Tochtergeschwülste (Metastasen) in der Lunge vorhanden. Wird die Geschwulst frühzeitig entdeckt und entfernt, ist die Aussicht auf Heilung sehr gut.

### Ärztliche Behandlung

Eine Ultraschall-Untersuchung und das Computertomogramm sichern die Diagnose. Eine Röntgenaufnahme der Lunge zeigt, ob bereits Tochtergeschwülste vorhanden sind. Der Tumor wird entfernt, ebenso einzelne Lungenmetastasen. Der Operation folgt eine Chemo- und/oder eine Strahlentherapie. So werden über 80 Prozent der erkrankten Kinder auf Dauer geheilt.

### Selbsthilfe

Ist nicht möglich.

# Frau und Mann

Natürlich sind es die Chromosomen, die dem einen Menschen einen weiblichen, dem anderen einen männlichen Körper geben – aber dann? Wie groß »die Macht der Gene« ist, zählt zu den zentralen Fragen moderner Forschung: Wo endet die Biologie, wo beginnt der Einfluß von Gesellschaft und Umwelt? Daß Körperbau und Körperrhythmus von Frauen und Männern sich unterscheiden, ist heute gut erforscht. Beide haben zwar ganz eigene Gesundheitsprobleme, sie sollten aber auch den jeweils anderen angehen.

# Inhalt



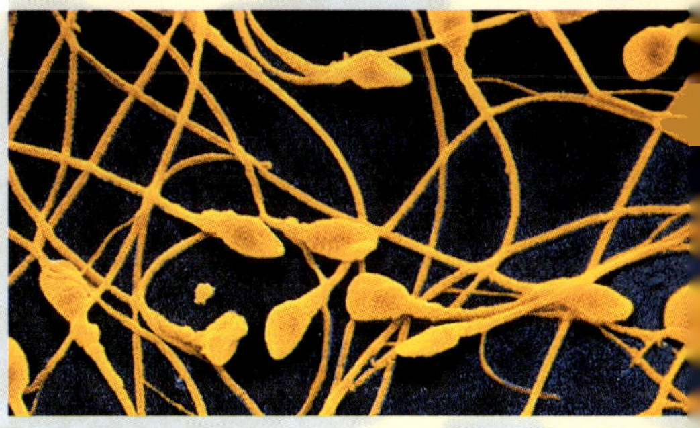

Samenzellen

# Wissenswertes über Frau und Mann

Jede(r) weiß: Der »kleine Unterschied« macht die Verschiedenheit. Das ist Klischee und wahr zugleich. Zwar ist der Penis ein Teil der Verschiedenheit zwischen Männern und Frauen, doch macht er sie nicht aus und bedeutet auch kein »Mehr« für die Männer und kein »Weniger« für die Frauen. Aber bleibt man schon beim Feilschen um Haben oder Nichthaben, so gehört auch den Frauen ihr »Mehr«, nämlich die Brüste. Und sie können Kinder gebären. Was Psychoanalytiker lange Zeit nur den Frauen nachsagten, plagt (meist unbewußt) auch die Männer: Neid. Wenn schon Penisneid, dann auch Gebärneid.

## Angeboren oder anerzogen?

Natürlich unterscheiden sich Frauen und Männer in vielen körperlichen Eigenschaften und Fähigkeiten. Frauen haben beispielsweise mehr Fettgewebe im Verhältnis zur Muskelmasse als Männer. Damit können sie, wenn es sein muß, auch ohne zusätzliche Nahrung »zwei« ernähren. Männer können dank kräftigerem Körperbau, größerem Herzen und höherem Fassungsvermögen der Lunge körperliche Leistungen vollbringen, zu denen Frauen im Normalfall nicht fähig sind. So könnte man Dutzende von Beispielen aufzählen.

Über viele Menschheitsgenerationen waren die sichtbaren Unterschiede zwischen Männern und Frauen Ausgangspunkt für die Vorstellung von der »Rangordnung« der Geschlechter: Männer als die Größeren, Schwereren, Massigeren galten als das höherstehende Geschlecht – »mehr« wurde mit »besser« gleichgesetzt.

Bis in unsere Tage hält sich die Phantasie, daß das kleinere Gehirn der Frauen ein anatomischer Beweis ihrer mangelnden Geisteskräfte sei; tröstend wird ihnen dafür mehr Emotionalität zugestanden. Seit

Samenzellen im Wettlauf, welche als erste zur großen Eizelle (oben) gelangt.

Das erste Kind bedeutet für jedes Paar spannende Vorbereitung auf die neue Rolle als Eltern.

Der Papa, der das Baby füttert, ist heute keine Seltenheit mehr.

neuestem ist neben dem fragwürdigen Intelligenzquotienten von einem Quotient der Emotionalität die Rede. Dieser »EQ« soll bei Frauen höher sein; angeblich Folge ihrer relativ größeren rechten Gehirnhälfte, die nach Erkenntnissen der Neurobiologen eher auf Gefühle als auf logisches Denken spezialisiert ist.
Doch für engagierte Sozialforscher(innen) ist seit langem klar, daß »die Biologie« nur allzu oft begründen soll, was in Wirklichkeit von Menschen geprägt wurde. Salopp ausgedrückt: Als Frau/Mann wird man nicht nur geboren, man wird auch dazu gemacht.
Natürlich beeinflußten anatomische Unterschiede die Rollenverteilung zwischen Männern und Frauen, als Kraft und körperliche Ausdauer noch entscheidend waren, um eine Familie zu ernähren. Doch die Zeiten der »Jäger und Sammler« sind lange vorbei.
Trotzdem mußte die Emanzipationsbewegung der Frauen erst mühsam beweisen, daß es keine Argumente mehr dafür gibt, daß Frauen nur das tun dürfen, was die gesellschaftliche Tradition ihnen zugesteht. Seitdem hat sich in Europa und Nordamerika einiges verändert: Frauen übernehmen zwar in der Regel immer noch die häuslichen Tätigkeiten samt Kindererziehung, üben aber meist auch einen Beruf aus; »moderne« Männer engagieren sich neben der Arbeit auch in der Familie.

## Gegensätze ziehen sich an

Ob Klischees nun der Wirklichkeit entsprechen oder nicht – sie verdeutlichen, was Männer und Frauen voneinander erwarten. Zwar wird heute »männlich« im allgemeinen nicht mehr mit groß, stark, verstandesbetont, durchsetzungsfähig, grob und laut gleichgesetzt, »weiblich« nicht mehr mit klein, schwach, gefühlsbetont, zurückhaltend, zart und leise, doch sind die alten Bilder unbewußt nach wie vor lebendig. Auf der Suche nach dem Lebensglück streben die meisten Menschen denn auch die Ergänzung durch den Partner oder die Partnerin an. Was man selbst nicht hat, sucht man im anderen. Doch »gleich und gleich gesellt sich gern«: Immer mehr Menschen stellen fest, wie wichtig für eine stabile Beziehung zumindest gleiche Grundvorstellungen und gleiche Interessen sind.

## Einflüsse erkennen

Selbstverständlich beeinflussen nicht ausschließlich die gesellschaftlichen Verhältnisse und die gegenseitigen Bilder unser Leben als Frau und Mann; »die Biologie« hat unbestritten ihre Folgen, auch wenn sie in unserem Kulturkreis kein Schicksal mehr ist.
Nutzen wir die Chance und lernen den eigenen Körper kennen, so können wir selbst ein Stück weit beurteilen, wo die biologischen Einflüsse enden und die gesellschaftlichen beginnen.

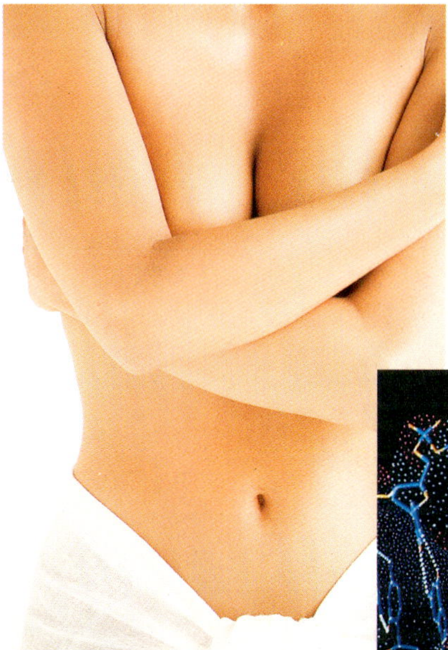

Sanfte Formen – Frauen haben weniger Muskelmasse als Männer.

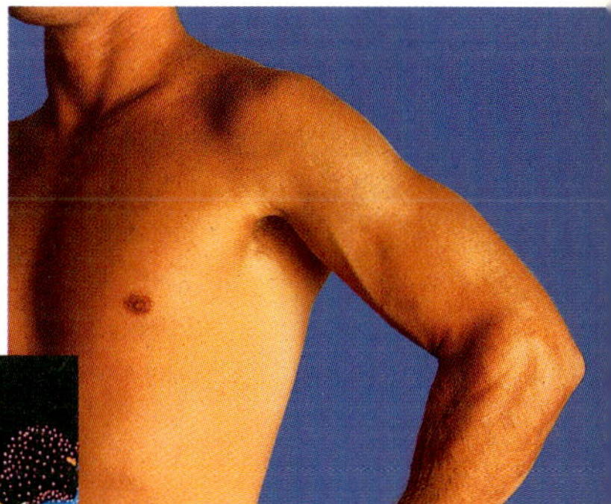

Breite Schultern – Männer sind meist kräftiger gebaut, größer und schwerer als Frauen.

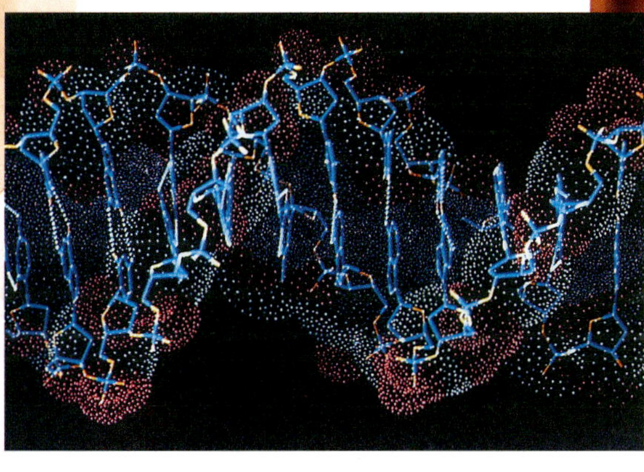

Wie eine gedrehte Strickleiter sieht unsere Erbsubstanz DNS aus. Sie liegt im Inneren der Zellen und trägt unsere Gene.

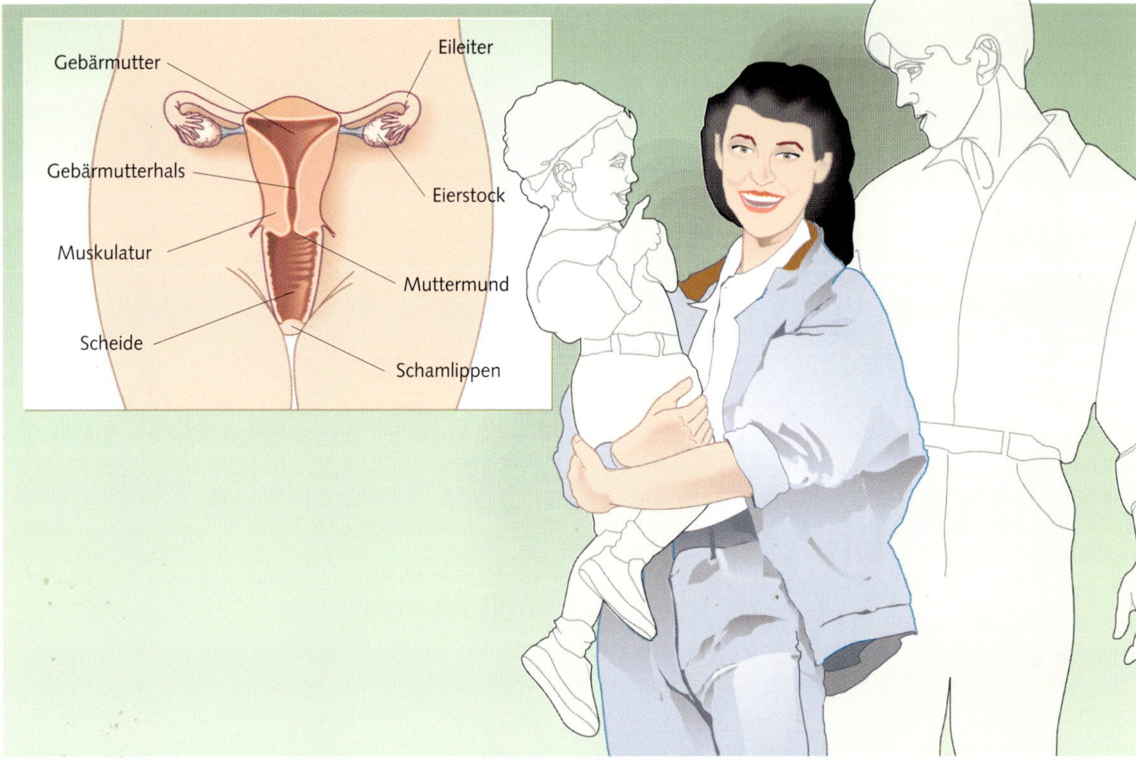


# Der weibliche Körper

- **Aufbau der Geschlechtsorgane**
- **Die Rolle der Hormone**
- **Phasen der Veränderung**

Das harmonische Zusammenspiel von Seele und Körper ist entscheidend für Gesundheit und Wohlbefinden des Menschen – diese nur scheinbar einfache Erkenntnis ist Frauen vertrauter als Männern: Im Laufe ihres Lebens erfahren sie immer wieder, daß ihre Gefühle und Gedanken aufs engste verbunden sind mit Veränderung und Rhythmus ihres Körpers.

## Der weibliche Körperbau

Frauen haben weichere Körperformen als Männer, denn sie besitzen im Verhältnis zur Muskelmasse mehr Fettgewebe. Die Taille ist schmal, die Beckenknochen sind weich gerundet und ausladend, um in der Schwangerschaft das Kind halten zu können. Der Beckenboden stützt die inneren Organe nach unten ab; während der Entbindung kann er sich weit dehnen, danach aber wieder straff zusammenziehen.

## Die äußeren Geschlechtsorgane

Der Eingang zur Scheide (Vagina) wird von den großen und kleinen Schamlippen bedeckt. Sie schützen auch den Kitzler (Klitoris) und die Harnröhrenöffnung. Auf der Innenseite der kleinen Schamlippen münden die Bartholin-Drüsen, die mit ihrem Sekret den Scheideneingang vor allem beim Geschlechtsverkehr befeuchten. Die äußeren Geschlechtsorgane der Frau heißen medizinisch Vulva.

## Die inneren Geschlechtsorgane

**Die Scheide**

Die Scheide ist etwa zehn Zentimeter lang. Ihr Eingang ist bei jungen Mädchen durch das dehnbare Jungfernhäutchen (Hymen) halb verschlossen. Die

Scheidenwände bestehen aus elastischen Muskeln und einer Schleimhaut. Die Feuchtigkeit der Scheide ist vom Östrogenspiegel (→ Die Eierstöcke, Seite 506) abhängig. Die Scheidenflüssigkeit enthält Bakterien, die Milchsäure bilden und damit der Besiedlung durch Krankheitskeime entgegenwirken. Ein gesundes, »saures« Scheidenmilieu ist die beste Vorbeugung gegen Infektionen (→ Seite 388 und 390).

### Die Gebärmutter

Das untere Ende der Gebärmutter (Uterus) mit dem Muttermund (Portio) ist in der Scheide als Vorwölbung tastbar. Daran schließt sich der enge, von einem Schleimpfropf verschlossene Gebärmutterhals (Zervix) an. Die Gebärmutter hat die Form einer abgeflachten Birne. Ihr Innenraum ist mit einer dicken Schleimhaut (Endometrium) ausgekleidet, die sich im Laufe jedes Menstruationsszyklus verdickt. In der Gebärmutterwand liegen scherengitterartig verflochtene Muskelstränge, die sich in der Schwangerschaft um ein Vielfaches ausdehnen können.

### Eileiter und Eierstöcke

Von den beiden oberen »Ecken« der Gebärmutter gehen die Eileiter (Tuben) und die beiden Eierstöcke (Ovarien) ab. Beim Eisprung wölbt sich ein Eibläschen (Follikel) aus dem Eierstock vor, die äußere Haut reißt auf, die in ihm gereifte Eizelle wird frei, von einem Eileitertrichter aufgefangen und durch die Eileiter in die Gebärmutter transportiert.

## Die weibliche Brust

Die Brüste der Frau bestehen aus weichem Fettgewebe und Milchdrüsen, die unzählige kleine Bläschen enthalten. Diese münden in die Milchgänge, die sich ihrerseits in der Brustwarze (Mamille) bündeln. Wenn die Brustwarze berührt wird, zieht sie sich durch feine Muskeln zusammen und richtet sich auf – ein Reflex, der auf das Saugen des Kindes antworten soll. Nach einer Entbindung werden zwei Hormone freigesetzt, um das Stillen zu ermöglichen: Prolaktin und Oxytozin (→ Seite 62 und 504).

## Im Rhythmus der Hormone

Mit 9 bis 14 Jahren kommen Mädchen in die Pubertät (→ Seite 74 und 401). Gesteuert vom Hypothalamus bildet nun die Hirnanhangsdrüse Hormone, die die Ausschüttung von Östrogenen und Gestagenen – den weiblichen Geschlechtshormonen – bewirken (→ Seite 506). Unter dem Einfluß der Östrogene beginnen sich weibliche Körperformen auszubilden. Von jetzt an lenkt das genau abgestimmte Zusammenspiel der Hormone den Zyklus von Eireifung, Eisprung und Monatsblutung (→ Seite 504).

Nicht immer ist es eine leichte Aufgabe, Einklang mit dem Rhythmus der Hormone zu finden. Für viele Frauen sind denn auch »die Tage« eine schwierige Zeit (→ Seite 382). Nicht wenige haben auch davor mit körperlichen und psychischen Beschwerden zu kämpfen (→ Prämenstruelles Syndrom, Seite 382).

**Das Hormon Östrogen bewirkt die Ausbildung der weiblichen Geschlechtsmerkmale in der Pubertät.**

## Fruchtbarkeit und Sexualität

Die Geschlechtsorgane haben eine doppelte Aufgabe: Sie dienen der Fortpflanzung und verschaffen sexuelle Lust (→ ab Seite 34). Sexualität und Kinderwunsch müssen aber nicht miteinander verknüpft sein; die Verhütung einer Schwangerschaft (→ ab Seite 42) ist für die meisten Frauen über viele Jahre ihres Lebens ein schwieriges Thema. Zum Problem wird aber auch der unerfüllte Kinderwunsch (→ Seite 46).

Schwangerschaft und Entbindung sind beglückende, jedoch auch mit Beschwernissen und Schmerzen verbundene Erfahrungen (→ ab Seite 46). Medizinische Vorsorge und Behandlung (→ Seite 394–399 und Seite 607) sowie ärztliche Hilfe bei der Entbindung (→ Seite 58) sind dazu da, Mutter und Kind größtmögliche Sicherheit zu geben.

## Die Wechseljahre

Ab dem 45. Lebensjahr verlangsamen die Eierstöcke allmählich die Bildung der Östrogene, und zu einem individuell unterschiedlichen Zeitpunkt hören die Monatsblutungen auf. Der Körper verändert sich in dieser Lebensphase, die für viele Frauen körperliche und psychische Beschwerden mit sich bringt, noch einmal stark.

# Notfälle

## Allgemein gilt

Rufen Sie bei starken Unterbauchschmerzen immer eine Ärztin/einen Arzt oder veranlassen Sie den Notruf.

## Überstarke Monatsblutung

▶ Symptome
- ➜ starke Blutung mit mehr als drei vollgesogenen Binden/Tampons stündlich
- ➜ krampfartige Schmerzen im Unterbauch
- ➜ Schwindel, Übelkeit, Kreislaufkollaps

Meist wird eine überstarke Blutung durch eine vorübergehende Hormonstörung ausgelöst, doch auch eine Fehlgeburt (→ Seite 394), Gebärmutter(hals)krebs (→ Seite 391), Myome (→ Seite 391), das Tragen einer Spirale zur Verhütung, Entzündungen, Endometriose (→ Seite 389) oder Gerinnungsstörungen können der Grund sein.

### Ärztliche Behandlung

Bei starken Symptomen sollten Sie umgehend eine Ärztin/einen Arzt rufen, bei Kollapsneigung muß sofort der Notruf veranlaßt werden. Die Blutung wird mit Hormonen oder durch eine Ausschabung zum Stillstand gebracht. Im Anschluß muß die Ursache genau abgeklärt werden.

### Selbsthilfe

Gegen Schmerzen helfen Wärme und Ruhe (→ Schmerzhafte Monatsblutung, Seite 382).

## Eileiterschwangerschaft

▶ Symptome
- ➜ sechs bis acht Wochen nach der letzten Monatsblutung leichte bis starke Unterbauchschmerzen, eventuell Schwindel und Kollapsneigung
- ➜ Schmierblutung
- ➜ nicht immer positiver Schwangerschaftstest

Wenn eine befruchtete Eizelle sich im Eileiter verfängt und dort anwächst, kommt es zur sogenannten Eileiterschwangerschaft. Sie tritt gehäuft auf, wenn der Eileiter nach Entzündungen (→ Seite 388) verengt oder verwachsen ist, bei Endometriose (→ Seite 389) und bei Verhütung mit einer Spirale (→ Seite 44).

### Ärztliche Behandlung

Suchen Sie sofort eine Ärztin/einen Arzt auf; bei Kollapsneigung muß der Notruf veranlaßt werden. Eine Eileiterschwangerschaft erfordert meist einen operativen Eingriff; im frühen Stadium ist eine medikamentöse Therapie möglich.

### Selbsthilfe

Ist nicht möglich.

## Vergewaltigung

Jeder erzwungene Geschlechtsverkehr ist eine Vergewaltigung – auch in Partnerschaft und Ehe. Drohungen und Einschüchterungen sind genauso wie körperliche Demütigung Ausdruck von Gewalt.
Zurück bleibt ein tiefer seelischer Schock; viele Frauen leiden noch lange nach einer Vergewaltigung an Ängsten, an Furcht und Ekel vor jeder sexuellen Begegnung mit einem Mann (→ Schockerlebnis, Seite 220).

### Hilfe und ärztliche Behandlung

Der örtliche Frauennotruf oder der Weiße Ring (→ Adressen, Seite 798) informieren Sie über Hilfsmöglichkeiten und praktische Unterstützung in dieser Notsituation.
Suchen Sie ein Krankenhaus auf, um Verletzungen oder Schmerzen ärztlich behandeln zu lassen – Sie sind in keiner Weise verpflichtet, den Hergang der Vergewaltigung zu beschreiben.
Im Krankenhaus können auch Sperma- und Blutproben entnommen und Spuren gesichert werden, die zur Aufklärung der Tat beitragen können. Wenn es Ihnen möglich ist bzw. sinnvoll erscheint, sollten Sie bei der Polizei Anzeige erstatten.
Versuchen Sie, mit Menschen Ihres Vertrauens über die erlebte Gewaltsituation zu sprechen. Frauengruppen oder eine erfahrene Psychotherapeutin können Ihnen dabei helfen.

# Spezielle Untersuchungen

## Untersuchung mit dem Spekulum

Zur frauenärztlichen Untersuchung nehmen Sie auf einem speziellen Stuhl Platz. Mit einem löffelförmigen Instrument, dem sogenannten Spekulum, wird als erstes die Scheide gespreizt und der Muttermund auf Veränderungen angesehen. Mit einem Wattestäbchen wird ein Abstrich genommen, der auf Krebszellen, aber auch auf Bakterien und Pilze untersucht werden kann.

### Wichtige Fragen des Arztes

- Wann hatten Sie Ihre allererste Monatsblutung? Wann Ihre bisher letzte?
- Wie stark, lang und regelmäßig ist Ihre Monatsblutung? Haben Sie Beschwerden?
- Haben Sie Kinder? Haben Sie mit Kaiserschnitt geboren? Hatten Sie Fehlgeburten oder Abtreibungen? Gab es im Anschluß daran Probleme?
- Welche Frauenkrankheiten oder anderen Erkrankungen, Unfälle und Operationen hatten Sie?
- Nehmen Sie Medikamente?
- Benutzen Sie Verhütungsmittel? Welche?
- Haben Sie Ausfluß, Schmerzen oder Zwischenblutungen?
- Haben Sie sexuelle Probleme?

## Tastuntersuchung

Lage, Größe, Form und Schmerzempfindlichkeit von Gebärmutter und Eierstöcken können von der Ärztin/dem Arzt ertastet werden: Ein bis zwei Finger der einen Hand werden in die Scheide eingeführt und in Richtung Gebärmutterhals vorgeschoben, die andere Hand tastet dann Gebärmutter und Eierstöcke von der Bauchdecke aus.

## Ultraschall-Untersuchung

Die Ultraschall-Untersuchung wird vor allem eingesetzt, wenn die → Tastuntersuchung keinen eindeutigen Befund erbracht hat, zur Feststellung des Eisprungs (→ Gestörte Fruchtbarkeit, Seite 384) und bei Vorsorgeuntersuchungen während der Schwangerschaft (→ Seite 395). Entweder von der Bauchdecke aus oder durch die Scheide werden die Organe des Unterbauchs mit Schallwellen untersucht (→ Seite 620).

## Brustuntersuchung

Die Brüste werden gründlich auf Knoten und Schwellungen abgetastet (→ Seite 745). Daneben können sie auch mit Ultraschall untersucht werden; die Befunde sind aber nicht so verläßlich wie bei der Mammographie, bei der die Brüste einzeln zwischen zwei Platten gelegt und geröntgt werden.

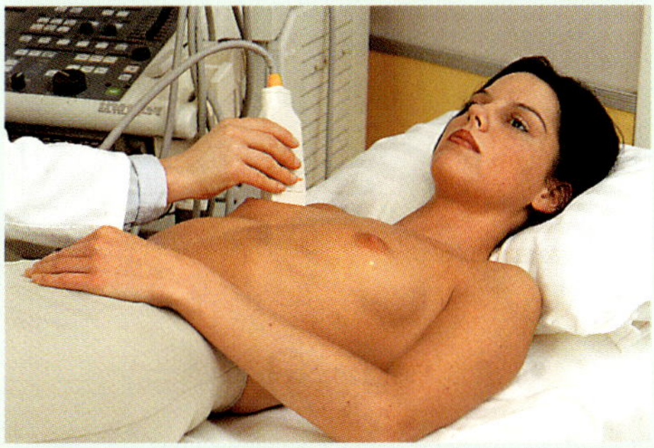

**Bei einer Ultraschall-Untersuchung sieht man das Gewebe der Brust auf dem Bildschirm.**

## Hormontest

Am zehnten Tag nach Beginn der Monatsblutung und etwa zehn Tage später werden Blutproben entnommen, um die Menge der Geschlechtshormone sowie des Milchbildungshormons Prolaktin und manchmal auch der Schilddrüsenhormone zu bestimmen (→ Seite 490, 504 und 506).

## Ausschabung

In Kurznarkose wird die oberste Schicht der Gebärmutterschleimhaut und der Schleimhaut im Gebärmutterhals zur mikroskopischen Untersuchung abgeschabt.

## Krebsfrüherkennung

Informationen zur Untersuchung auf Brust- und Genitalkrebs finden Sie auf Seite 609.

## Die Monatsblutung

Für viele Frauen ist die Monatsblutung eine anstrengende, manchmal sogar gefürchtete Zeit. Auch körperliche oder psychische Beschwerden *vor* der Regel belasten viele (→ Prämenstruelles Syndrom). Vorbeugend helfen sportliche Bewegung, ausgewogene Ernährung, Entspannung, lustvolles Sexualleben, regelmäßige Ferien und Kuren. Während der Monatsblutung sollte das eigene Ruhebedürfnis wichtiger sein als Erledigungen, Pflichten und Wünsche anderer.

## Prämenstruelles Syndrom (PMS)

▶ Symptome

➜ häufigste Beschwerden vor der Monatsblutung: Wassereinlagerungen vor allem in Brüsten, Händen, Füßen, Bauch; Rückenschmerzen; Kopfschmerzen; Schlafstörungen; Verstopfung; Blähungen; Heißhunger; ausgeprägte Stimmungsschwankungen mit Niedergeschlagenheit, Reizbarkeit und Unruhe

Viele Frauen sind ein bis zwei Tage vor der Monatsblutung von Symptomen des prämenstruellen Syndroms betroffen; Beschwerden können aber auch bereits nach dem Eisprung einsetzen. Grund für das PMS ist ein Ungleichgewicht der Geschlechtshormone, deren Zusammenspiel unter anderem von der psychischen Verfassung beeinflußt wird.

### Ärztliche Behandlung

Suchen Sie Ihren Frauenarzt auf, um andere Gründe für die Beschwerden auszuschließen. Er kann Sie über sinnvolle Selbsthilfe sowie medizinische Unterstützungsmöglichkeiten beraten.

### Selbsthilfe

Versuchen Sie, berufliche und familiäre Belastungen abzubauen und den eigenen Bedürfnissen mehr als bisher zu folgen. Sportliche Bewegung, regelmäßige Entspannungsübungen, vollwertige, salzarme Ernährung (→ Seite 716) und eine Reihe von gezielt eingesetzten Heilpflanzen können die Beschwerden lindern.

## Schmerzhafte Monatsblutung

▶ Symptome

➜ ziehende Schmerzen und Krämpfe im Unterbauch, die bis ins Kreuz und die Beine ausstrahlen können

➜ häufig Blähungen, Verstopfung oder Durchfall

➜ Schwächegefühl, Schwindel, Müdigkeit

Vor allem bei jungen Mädchen und Frauen, die mit der Spirale verhüten (→ Seite 44), können stärkere oder schmerzhafte Monatsblutungen auftreten. Weitere Ursachen können eine Endometriose (→ Seite 389), eine Gebärmutterentzündung (→ Seite 390) oder Myome (→ Seite 391) sein. Die seelische Befindlichkeit spielt ebenfalls eine Rolle. Junge Mädchen wachsen langsam in das Frausein hinein, müssen ein weibliches Selbstwertgefühl erst aufbauen. Es kann weh tun, sich von der Kindheit zu verabschieden. Psychische Belastungen können den Hormonhaushalt stören und dadurch Schmerzen verursachen.

### Ärztliche Behandlung

Eine ärztliche Untersuchung ist in jedem Fall sinnvoll. Die Behandlung richtet sich nach den oben genannten Ursachen; in vielen Fällen kann → Selbsthilfe die Beschwerden lindern oder beseitigen.

**Hilfreiche Heilpflanzen bei schmerzhafter Monatsblutung sind Gänsefingerkraut (im Bild), Baldrian, Borretsch, Frauenmantel und Mönchspfeffer.**

### Selbsthilfe

Ruhe, Entspannung (→ ab Seite 686) und die gute alte Wärmflasche können helfen. Lassen Sie sich nicht von herabsetzenden Bemerkungen über die »Wehleidigkeit« der Frauen beeinflussen, sondern gönnen Sie sich, was Sie brauchen. Eine Reihe von Heilpflanzen lindern die Beschwerden.

## Ausbleiben der Monatsblutung (Amenorrhoe)

**▶ Symptome**
- ➜ trotz Pubertät keine Monatsblutung
- ➜ die Monatsblutung bleibt länger als drei Monate aus

Handelt es sich um eine sogenannte primäre Amenorrhoe, so ist nie eine Blutung eingetreten, handelt es sich um eine sekundäre Amenorrhoe, so kommt es nach anfänglicher Regelmäßigkeit zu keiner Blutung mehr. Ein ganz natürlicher Grund für das Ausbleiben der Regel ist die Schwangerschaft. Ursache können aber auch Hormonstörungen und Schilddrüsenerkrankungen, Diabetes mellitus (→ Seite 501) sowie Eierstockzysten (→ Seite 388), Funktionsstörungen der Eierstöcke (→ Seite 388) oder der Nebennieren sein. Meist ist der Grund jedoch seelischer Natur: Belastungen – aber auch freudige Unruhe – wirken sich auf den Hormonhaushalt aus.
Außerdem haben Magersüchtige (→ Seite 224) sowie Hochleistungssportlerinnen fast immer eine Amenorrhoe. Auch zu Beginn der Wechseljahre, nach Absetzen der »Pille«, bei Einnahme von Medikamenten gegen psychische Erkrankungen und bei einer Chemotherapie kann die Blutung ausbleiben.

### Ärztliche Behandlung

Sie sollten die Ursache immer abklären lassen. Gegen streßbedingte Amenorrhoe helfen körperliche und psychische Entspannung sowie spezielle Pflanzenmittel (Mönchspfeffer, Schlangenkraut).

### Selbsthilfe

Ruhephasen und Entspannungsübungen unterstützen Körper und Seele (→ ab Seite 686).

## Zwischenblutungen

**▶ Symptome**
- ➜ bräunliche Schmierblutungen zwischen zwei regulären Monatsblutungen

Zwischenblutungen können durch Absinken des Östrogenspiegels zur Zeit des Eisprungs auftreten sowie als Vor- oder Nachblutungen. Vorblutungen sind meist Zeichen dafür, daß der Gelbkörper zu wenig Progesteron (→ Seite 504) bildet – was bei Kinderwunsch zum Problem werden kann. Nachblutungen können mit Entzündungen zusammenhängen. Bei niedrig dosierter Antibabypille sind Zwischenblutungen häufig, ebenso zu Beginn der Wechseljahre.

### Ärztliche Behandlung

Wenn die Zwischenblutungen sich wiederholen, sollten Sie sich untersuchen lassen. Meist sind sie harmlos, weshalb mit einer Behandlung abgewartet und ein mit mehreren Messungen über den Zyklus verteilter Hormontest vorgenommen wird.

### Selbsthilfe

Sind die Zwischenblutungen streßbedingt, so helfen Ruhe und Entspannung (→ ab Seite 686).

## Schwache oder starke Blutungen

**▶ Symptome**
- ➜ schwache Blutungen: Schmierbluten, kürzer als drei Tage, weniger als zwei Binden/Tampons pro Tag
- ➜ starke Blutungen: länger als sieben Tage, mehr als sechs vollgesogene Binden/Tampons pro Tag, Schwindel und Schwächegefühl, Kollapsneigung
- ➜ überstarke Blutungen → Notfälle, Seite 380

Schwache Blutungen sind meist harmlos. Sie können Folge der »Pille« sein, Zeichen eines fehlenden Eisprungs, einer Frühschwangerschaft, der beginnenden Wechseljahre oder psychisch bedingt sein.
Starke Blutungen hingegen können auftreten, wenn Frauen mit der Spirale verhüten. Außerdem können sie auf eine Gebärmutterentzündung (→ Seite 390) und Myome (→ Seite 391), Endometriose (→ Seite 389) und eine Krebserkrankung der Gebärmutter (→ Seite 391) hinweisen. Auch starke Blutungen können psychische Ursachen haben.

### Ärztliche Behandlung

Sie sollten auf jeden Fall Ihren Frauenarzt aufsuchen; die Behandlung hängt von der Ursache ab.

### Selbsthilfe

Bei psychischen Ursachen lindern Ruhe und Entspannung (→ Seite 686) die Beschwerden.

## Gestörte Fruchtbarkeit

▶ Symptome

➜ nach sechs bis zwölf Monaten trotz regelmäßigem Geschlechtsverkehr im Alter von 20 bis 40 Jahren keine Schwangerschaft

Die Gründe für ungewollte Kinderlosigkeit liegen in etwa der Hälfte der Fälle beim Mann (→ Seite 414); sind sie in den anderen Fällen nicht bei der Frau festzustellen, so bleiben sie ungeklärt. Oft sind die tieferen Ursachen für die gestörte Fruchtbarkeit psychischer Natur (→ Seite 47). Auch die Wirkung verschiedener Umwelteinflüsse wird diskutiert.

Schwierig oder unmöglich ist das Zustandekommen einer Schwangerschaft, wenn bei der Frau Teile der Geschlechtsorgane fehlen oder fehlgebildet sind, wenn die Funktion der Eierstöcke gestört ist (→ Seite 388), wenn die Monatsblutung ausbleibt (→ Seite 383), wenn sich zahlreiche kleine Zysten an den Eierstöcken gebildet haben (→ Seite 388), wenn der Transport der Eizelle durch die Eileiter erschwert oder unmöglich ist (→ Eileiter- und Eierstockentzündung, Seite 388), bei einer Endometriose (→ Seite 389), wenn die Einnistung des befruchteten Eis mißlingt (→ Eileiterschwangerschaft, Seite 380) oder männliche Samenzellen und Muttermundschleim sich nicht »vertragen«.

# Künstliche Befruchtung

Für viele Paare ist die künstliche Befruchtung der letzte Weg zum eigenen Kind. Trotzdem – oder gerade deshalb – dürfen die Chancen, daß eine Schwangerschaft auf diese Weise zustande kommt und bis zur normalen Geburt führt, auf keinen Fall überschätzt werden. Die seelische Belastung ist in dieser Situation für beide Partner groß – und offen ist, mit welchen seelischen Problemen sich das Kind später auseinandersetzen muß.

Möglich ist in Deutschland die künstliche Befruchtung *im* Mutterleib (Insemination) oder *außerhalb* des Mutterleibs (In-vitro-Fertilisation).

## Befruchtung im Mutterleib

Wenn beispielsweise Muttermundschleim und die männlichen Samenzellen sich nicht »vertragen« (→ Gestörte Fruchtbarkeit) oder der Samenerguß des Mannes nur wenig bewegliche Samenzellen enthält, die die Eileiter auf normalem Weg kaum erreichen würden, können die Samenzellen in die Gebärmutter hineingespritzt werden.

## Befruchtung außerhalb des Mutterleibs

Vor allem wenn beide Eileiter der Frau verschlossen und der Eisprung zusätzlich erschwert ist, kann die sogenannte *In-vitro-Fertilisation* zu einem Kind verhelfen. Mit Hilfe einer Hormonbehandlung werden mehrere Eibläschen zur Reifung gebracht, dann mittels einer Bauchspiegelung bis zu drei Eizellen aus den Eierstöcken entnommen und im Reagenzglas mit dem Samen des Mannes vereinigt. Im Extremfall ist es sogar möglich, eine Samenzelle direkt in eine der Eizellen hineinzuspritzen.

Nach einigen Tagen im Brutschrank werden die befruchteten Eizellen in die Gebärmutter eingepflanzt. Wenn sie anwachsen, kommt es zur Schwangerschaft – häufig dann mit Zwillingen oder Drillingen. Mehrlingsschwangerschaften sind immer mit einem höheren Risiko für Mutter und Kinder verbunden; häufig kommt es zur Frühgeburt (→ Seite 394). Deshalb sollten auf keinen Fall mehr als drei Eizellen aus den Eierstöcken entnommen und befruchtet werden.

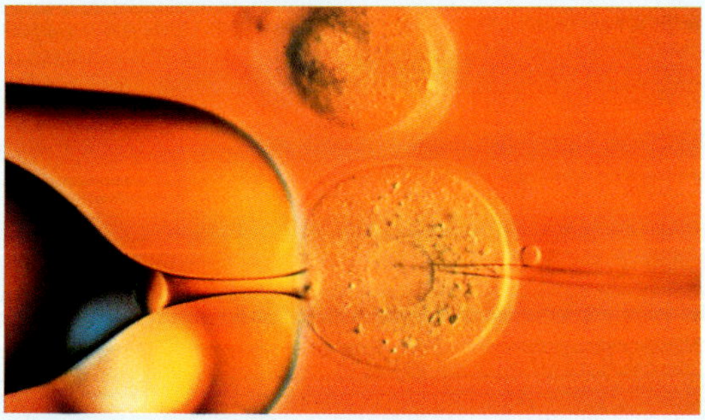

**Befruchtung unter dem Mikroskop: Mit Präzision wird die Samenzelle in die Eizelle eingeführt.**

### Ärztliche Behandlung

In mehreren Schritten wird nach der eigentlichen Ursache der Kinderlosigkeit geforscht: Der Mann sollte in jedem Fall seinen Samen untersuchen lassen (→ Seite 413). Bei der Frau sollte nach einer körperlichen Untersuchung ein Hormontest vorgenommen werden. Im Ultraschallbild lassen sich die Reifung der Eibläschen und der Eisprung beobachten. Der Muttermundschleim kann im Reagenzglas mit Samenzellen des Mannes zusammengebracht und festgestellt werden, ob der Samen den Schleim durchdringen kann. Bei einer Bauchspiegelung werden Gebärmutter, Eileiter und Eierstöcke untersucht, die Durchgängigkeit der Eileiter mit Hilfe einer Farbflüssigkeit geprüft und Verwachsungen an Eileitern und Eierstöcken gegebenfalls gelöst.
Bleibt der Eisprung aus, so hat dies meist hormonelle Gründe. Behandelt wird dann mit Hormonen, die zur Eireifung oder zum Eisprung verhelfen.
Immer sollte auch nach psychischen Ursachen gefragt werden: Belastet der Beruf? Ist die Beziehung unglücklich oder brüchig und soll durch ein Kind »gekittet« werden? Gibt es wirklich Zeit und inneren Raum für ein Kind? Eine psychotherapeutische Behandlung kann helfen, unbewußte Konflikte und Ängste zu erkennen und mit ihnen umzugehen.

### Selbsthilfe

Das Nachdenken und Sprechen über psychische Ursachen für die Kinderlosigkeit, vielleicht auch das Erwägen einer Adoption, können entlasten und so eine Schwangerschaft ermöglichen.

## Beschwerden der Wechseljahre

Die Wechseljahre sind für jede Frau eine schwierige Lebensphase, in der sie den Prozeß des Älterwerdens sehr bewußt erlebt (→ Seite 82):

- Durch die nachlassende Östrogenproduktion der Eierstöcke (→ Seite 506) verändert sich ihr Körper; die Monatsblutung kommt seltener, schließlich gar nicht mehr. Hitzewallungen, Schlafstörungen, Gereiztheit, Nervosität sind in dieser Zeit häufig. Vermuten Sie, daß Ihre Beschwerden durch den Beginn der Wechseljahre bedingt sind, so sollten Sie Ihren Frauenarzt aufsuchen, um andere Ursachen auszuschließen.
- Die Heilpflanzen Mönchspfeffer und Schlangenkraut können vielfältig helfen; beide haben hormonähnliche Wirkungen. Salbei mildert und verringert Schweißausbrüche, Baldrian vertieft den Schlaf und beruhigt, ebenso Melisse und Hopfen. Das Gespräch über die eigenen Probleme, zum Beispiel in der Selbsthilfegruppe eines Frauen(gesundheits)zentrums, kann die psychischen Probleme verringern.
- Nur bei starken und nicht anders zu behebenden Beschwerden ist eine Kombinationstherapie mit Östrogenen und Gestagenen nötig.
- Wichtig sind für Sie in dieser Lebensphase neue Aufgaben und Ziele, aber auch Entspannung (→ ab Seite 686). Regelmäßige sportliche Bewegung (→ Seite 698) und ausgewogene, vollwertige Ernährung (→ Seite 712) tragen zum Wohlbefinden bei.
- Frauen nach den Wechseljahren sind besonders häufig von Osteoporose betroffen; lassen Sie sich rechtzeitig untersuchen, damit Sie vorbeugen können (→ Seite 428).

## Sterilisation der Frau

Vielen Paaren, die endgültig wissen, daß sie keine Kinder mehr bekommen wollen, stellt sich die Frage einer dauerhaften, zuverlässigen und die Gesundheit der Frau nicht beeinträchtigenden Verhütungsmethode (→ ab Seite 42). Sowohl Frauen als auch Männer (→ Seite 414) können sich sterilisieren lassen, also eine Unfruchtbarkeit künstlich herbeiführen.
In jedem Fall sollten Sie sich für diesen Entschluß ausreichend Zeit lassen, denn der Eingriff ist (bei Frau und Mann) nicht in allen Fällen und nur unter sehr hohem Aufwand wieder rückgängig zu machen. Manchen Menschen wird erst Jahre später klar, daß sie eine verfrühte Entscheidung getroffen haben.

Bei der Sterilisation der Frau werden die Eileiter während einer Bauchspiegelung verschweißt oder durchtrennt. In seltenen Fällen kann es trotz Sterilisation zu einer Bauchhöhlenschwangerschaft kommen (→ Seite 380). Deshalb sollten sterilisierte Frauen vorsichtshalber einen Schwangerschaftstest machen, wenn die Monatsblutung ausbleibt. Der Hormonspiegel und das Lustempfinden werden von der Operation nicht beeinflußt.

## Scheidenkrampf (Vaginismus)

► Symptome
- ➜ beim Geschlechtsverkehr Schmerzen und Krämpfe im Unterbauch
- ➜ Angst vor dem Eindringen des Penis, vor Verletzungen und Schmerzen

Eine leichte Verkrampfung der Scheide beim Geschlechtsverkehr ist bei jungen Frauen nicht ungewöhnlich; ein Scheidenkrampf jedoch kann das Einführen des Penis (wie auch eines Fingers oder Tampons) im Extremfall unmöglich machen.
Nicht wenige Frauen haben Angst vor der sexuellen Begegnung mit einem Mann. Oft fürchten sich besonders junge Frauen und solche mit wenig Erfahrung unbewußt vor der Hingabe und empfinden sie als Ausgeliefertsein; auch spielt die Furcht vor einer Schwangerschaft eine nicht unbedeutende Rolle.
Oft hat die Angst auch einen ganz konkreten lebensgeschichtlichen Hintergrund: Frauen, die körperliche und seelische Gewalt durch Mißbrauch oder Vergewaltigung (→ Seite 235 und 380) erfahren mußten, können nur schwer ein Vertrauensverhältnis zu einem männlichen Partner aufbauen – das Erlebnis scheint zwar »verarbeitet«, doch weisen die körperlichen Beschwerden des Vaginismus auf (noch) unbewußte Konflikte hin.

### Ärztliche Behandlung

Sie sollten auf jeden Fall Ihre Frauenärztin/Ihren Frauenarzt aufsuchen. Als erstes sollte von ihr/ihm abgeklärt werden, daß keine körperlichen Ursachen vorliegen, beispielsweise ein extrem enger Scheideneingang oder eine Infektion, die den Geschlechtsverkehr schmerzhaft behindert.
Liegen die Gründe im psychischen Bereich, so sollten Sie einen erfahrenen Sexualtherapeuten aufsuchen – eventuell auch zusammen mit Ihrem Partner.

### Selbsthilfe

Die meisten Frauen, die an Vaginismus leiden, sprechen nur mit größter Überwindung über ihre Probleme, schämen sich oftmals, halten sich für nicht »normal«. Versuchen Sie, sich vorsichtig Ihrem Partner oder einer Vertrauensperson zu öffnen. Spezielle Selbsthilfegruppen in Frauen(gesundheits)zentren können Ihnen dabei helfen.

## Juckreiz an den Schamlippen

► Symptome
- ➜ Jucken und Brennen, verstärkt bei Wärme
- ➜ schmerzhaftes Nässen und Rötung der Haut, weißliche Auflagerungen

Meist wird der Juckreiz durch eine Infektion mit Pilzen (Genitalsoor), Bakterien oder Viren hervorgerufen. Er kann aber auch psychisch bedingt sein. Vor allem sexuell unbefriedigte Frauen leiden daran.

### Ärztliche Behandlung

Suchen Sie bei Beschwerden möglichst frühzeitig Ihren Frauenarzt auf, denn liegt eine Entzündung vor, so kann diese zur Gebärmutter (→ Seite 390) und zu den Eileitern und Eierstöcken (→ Seite 388) weitergetragen werden. Ob es sich um eine Entzündung handelt, wird mit Hilfe eines Abstrichs geklärt; behandelt werden kann mit speziellen Salben. Gegebenenfalls muß auch Ihr Partner untersucht werden. Ist der Juckreiz psychisch bedingt, so kann eine Psychotherapie sinnvoll sein (→ Seite 654); es sollte auf jeden Fall verhindert werden, daß die Beschwerden chronisch werden.

### Selbsthilfe

Lauwarme Sitzbäder mit Zusatz von gerbsäurehaltigen Heilpflanzen, zum Beispiel Eichenrinde, mildern den Juckreiz. Vorbeugen können Sie einer Infektion, indem Sie die natürlichen Abwehrkräfte des Scheidenmilieus durch Milchsäurebakterien (Fertigpräparate, Joghurt) stärken.

## Hautveränderungen der Schamlippen

► Symptome
- ➜ weißliche, schuppende, schmerzfreie, manchmal juckende Hautveränderungen
- ➜ Knoten oder Geschwür mit oder ohne Fieber

Hautveränderungen der Schamlippen sind vor allem bei Frauen über 70 Jahren immer krebsverdächtig; oft werden sie leider zu spät bemerkt.
Ein schmerzhafter Knoten an einer Schamlippe weist auf eine Entzündung einer der sogenannten Bartholin-Drüsen hin. Ursache ist eine Infektion der Drüse, meist mit Darmkeimen.

### Ärztliche Behandlung

Suchen Sie sofort Ihren Frauenarzt zur Abklärung auf. Wenn die Veränderungen nicht durch eine Entzündung verursacht wurden, ist es sinnvoll, eine kleine Hautprobe zu nehmen und auf Krebszellen zu untersuchen. Handelt es sich um eine Krebserkrankung, so ist eine Operation von Schamlippen, Scheideneingang und Leistenlymphknoten notwendig. Oft muß eine Strahlenbehandlung folgen. Die Entzündung einer Bartholin-Drüse wird mit Teersalbe (Zugsalbe) behandelt, bis sich eine Eiterzyste (Abszeß) bildet, die zur vollständigen Abheilung operativ eröffnet wird.

### Selbsthilfe

Sitzbäder mit desinfizierenden (Kaliumpermanganat) oder gerbsäurehaltigen (Eichenrinde) Mitteln können im Frühstadium helfen.

## Ausfluß aus der Scheide (Fluor)

### ▶ Symptome

- ➜ weißlicher, säuerlich riechender Ausfluß, der zur Zyklusmitte hin flüssiger wird (Weißfluß)
- ➜ ungewöhnlich veränderter, verstärkter Ausfluß
- ➜ verfärbter, unangenehm riechender Ausfluß

Der sogenannte Weißfluß ist bei Frauen in der Geschlechtsreife Zeichen für ein gesundes Scheidenmilieu mit ausreichend Milchsäurebakterien. Sexuelle Lust und psychische Anspannung verstärken ihn. Während des Eisprungs sowie vor und nach der Monatsblutung ist er ebenfalls stärker. Junge Frauen haben meist mehr Weißfluß als ältere; nach den Wechseljahren wird die Scheide häufig trockener.

Verfärbter, starker oder unangenehm riechender Ausfluß ist die Folge von Infektionen mit Bakterien oder Pilzen (Genitalsoor), die beim Geschlechtsverkehr, bei ärztlichen Eingriffen wie Ausschabung, Schwangerschaftsabbruch oder Einlegen einer Spirale oder aus dem Darm übertragen werden können.

Bei jedem neuen Sexualpartner muß sich erst eine neue Scheidenflora bilden, deshalb sind Entzündungen zu Beginn einer Beziehung häufig. Bei geschwächter Abwehr und unbehandelt können Krankheitserreger durch die Gebärmutter (→ Seite 390) in Eileiter (→ Seite 388) und Eierstöcke steigen.

### Ärztliche Behandlung

Suchen Sie Ihren Frauenarzt auf. Mit Hilfe eines Abstrichs werden die Keime im Ausfluß bestimmt und gezielt Antibiotika oder Antimykotika (Pilzmittel) in Zäpfchen-, Salben- oder Tablettenform eingesetzt. Um sich nicht wieder gegenseitig anzustecken, sollte Ihr Partner mit behandelt werden.

### Selbsthilfe

Vorbeugung wie → Juckreiz an den Schamlippen. Scheidenspülungen sind unsinnig und schädlich: Klares Wasser und Reinigung von »vorn nach hinten« nach dem Stuhlgang ist hygienisch genug.

### Sexuell übertragbare Krankheiten

Eine Reihe von Krankheiten können beim Geschlechtsverkehr übertragen werden. Dazu zählen »klassische« Geschlechtskrankheiten wie Tripper (→ Seite 548) und Syphilis (→ Seite 548), AIDS (→ Seite 304), aber auch unspezifische Infektionen der Harn- und Geschlechtsorgane (→ Seite 548), Pilzerkrankungen (→ Juckreiz an den Schamlippen, → Ausfluß aus der Scheide), Parasiten (→ Läuse, Krätze, Seite 460, 461), Herpes genitalis (→ Seite 549) und Feigwarzen (→ Seite 456). Sorgfältig verwendete Kondome können vor der Übertragung von Krankheitserregern schützen. Haben Sie eine sexuell übertragbare Erkrankung, so sollte Ihr Partner unbedingt mit behandelt werden; andernfalls können Sie sich bei ihm wieder anstecken. Wenn Sie mit Antibiotika behandelt werden müssen, sollten Sie begleitend Ihre Darm- und Scheidenflora stärken, denn Antibiotika töten nicht nur Krankheitserreger (→ Symbioselenkung – was ist das?, Seite 553).

**Kondome schützen – nicht nur vor einer Schwangerschaft, sondern auch vor Krankheiten.**

## Funktionsstörungen der Eierstöcke

► Symptome
- ➜ die Monatsblutungen sind unregelmäßig oder bleiben ganz aus (→ Amenorrhoe, Seite 383)
- ➜ gestörte Fruchtbarkeit (→ Seite 384)
- ➜ männlicher Haarwuchs
- ➜ Milchbildung ohne Schwangerschaft

Die Eierstöcke bilden weibliche Geschlechtshormone (→ Seite 506) und stellen befruchtungsfähige Eizellen bereit. Durch psychische Belastungen, Erkrankungen der Hirnanhangsdrüse, der Schilddrüse oder durch hormonbildende → Eierstockzysten kann der Regelkreis der Hormone und damit auch die Funktion der Eierstöcke gestört werden.

### Ärztliche Behandlung

Suchen Sie zur Abklärung der Ursachen auf jeden Fall Ihren Frauenarzt auf. Mit einem Hormontest werden die weiblichen, männlichen sowie das Milchbildungshormon, manchmal auch die Schilddrüsenhormone überprüft. Je nach Befund wird mit pflanzlichen Mitteln, die den Hormonhaushalt harmonisieren (Mönchspfeffer, Schlangenkraut), Hormonen oder sogenannten Hormonblockern behandelt. Bei psychischen Problemen kann eine Psychotherapie sinnvoll sein (→ Seite 654).

### Selbsthilfe

Alle Maßnahmen, die Streß vermindern und Entspannung fördern, sind hilfreich (→ Seite 686).

## Eileiter- und Eierstockentzündung

► Symptome
- ➜ ein- oder beidseitige, starke Unterbauchschmerzen, die in Rücken und Beine ziehen
- ➜ verstärkter und veränderter Ausfluß möglich
- ➜ Fieber, allgemeines Krankheitsgefühl

Durch eine Infektion der Scheide oder der Gebärmutter (→ Seite 386 und 390) können Keime in Eileiter und Eierstöcke gelangen. Sie breiten sich schnell aus und führen meist zu akuten Beschwerden. Unbehandelt verkleben die Eileiter, es entstehen Verwachsungen auf den Eierstöcken. Folgen können Unfruchtbarkeit (→ Seite 384) und chronische Schmerzen sein.

### Ärztliche Behandlung

Eine Entzündung kann gezielt mit Antibiotika behandelt werden. Bettruhe und Schonung beschleunigen die Gesundung. Bei wiederholten Entzündungen oder schwerem Verlauf muß eine Krankenhausbehandlung erfolgen.

### Selbsthilfe

Sie können einer Entzündung der Eileiter und Eierstöcke vorbeugen, indem Sie die Abwehrkräfte des Scheidenmilieus durch Milchsäurebakterien (Fertigpräparate, Joghurt) unterstützen und Scheideninfektionen (→ Seite 386) möglichst frühzeitig behandeln lassen.

## Eierstockzysten

► Symptome
- ➜ meist einseitiges Drücken und Ziehen im Unterbauch
- ➜ manchmal plötzliche, stechende Schmerzen, danach keine Beschwerden mehr
- ➜ Zwischenblutungen oder Ausbleiben der Monatsblutung möglich

Als Zysten werden ganz allgemein Hohlräume, die mit einer Flüssigkeit gefüllt sind, bezeichnet. In den Eierstöcken bilden sich diese gutartigen Geschwülste meist aus nicht aufgesprungenen Eibläschen (→ Eileiter und Eierstöcke, Seite 379); sie können mit der Zeit wachsen, aber auch von selbst eintrocknen. Ursache für die Bildung von Zysten in den Eierstöcken sind häufig Hormonschwankungen durch Streß oder aus anderen Gründen. Bei zu hohen männlichen Geschlechtshormonen kommt es zu zahlreichen kleinen Zysten in der Eierstockrinde (polyzystische Ovarien), die zur Unfruchtbarkeit (→ Seite 384) führen können. Zysten nach den Wechseljahren sind immer ein Grund zur Aufmerksamkeit: Sie können auf einen → Eierstockkrebs hinweisen und sollten vorsorglich entfernt werden.

### Ärztliche Behandlung

Oft sind Zysten ein Zufallsbefund, und man kann abwarten, ob sie sich nach der nächsten Periode von selbst wieder zurückbilden. Nur wenn sich Zysten im Lauf weniger Wochen vergrößern und starke Beschwerden auslösen, sollte behandelt wer-

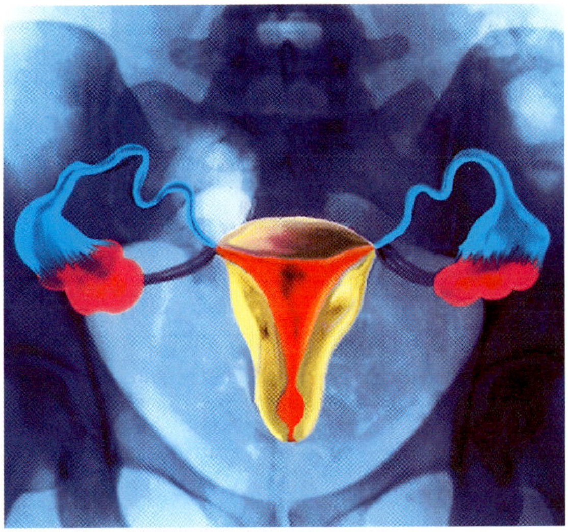

**Infektionen können über Scheide und Gebärmutter (Mitte) in die Eierstöcke und Eileiter aufsteigen.**

den. Pflanzliche Mittel bieten sich an (Mönchspfeffer, Schlangenkraut). Wirken diese auch nach längerer Zeit nicht, so kann eine Antibabypille den Hormonhaushalt regulieren. Große Zysten sollten operativ entfernt werden. Polyzystische Ovarien werden mit Mitteln behandelt, die die Wirkung männlicher Geschlechtshormone hemmen.

### Selbsthilfe

Alle Maßnahmen, die Streß vermindern und Entspannung (→ Seite 686) fördern, sind hilfreich, wenn die Zysten psychische Ursachen haben. Wärme und körperliche Ruhe unterstützen die Rückbildung.

## Eierstockkrebs (Ovarialkarzinom)

### ▶ Symptome

- ➜ Druckgefühl und Unterbauchschmerzen
- ➜ aufgetriebener Leib bei gleichzeitiger Gewichtsabnahme und Schwäche

Krebs an den Eierstöcken bleibt lange Zeit unbemerkt, denn erst wenn die Geschwulst schon die Nachbarorgane Blase und Darm einengt, kommt es zu Schmerzen. Wenn der Krebs fortschreitet, wächst er schnell in Bauchfell, Darm und Blase hinein und bildet große Mengen an Flüssigkeit (Bauchwasser). Frauen über 60 Jahre sind besonders gefährdet.

### Ärztliche Behandlung

Mit Hilfe von Tastuntersuchung und Ultraschallbild läßt sich eine sogenannte Verdachtsdiagnose stellen, die durch Bauchspiegelung und Untersuchung einer Gewebeprobe gesichert werden muß. Handelt es sich um einen Krebs, so müssen Eierstöcke und Gebärmutter operativ entfernt werden. Im Anschluß ist fast immer eine Chemotherapie nötig. Ab Seite 576 finden Sie Hintergrundinformationen zu Krebserkrankungen sowie wichtige Ratschläge und Hinweise.

### Selbsthilfe

Ist nicht möglich. Regelmäßige Untersuchungen ermöglichen die Früherkennung (→ Seite 609).

## Endometriose

### ▶ Symptome

- ➜ Schmerzen einige Tage vor Beginn der Monatsblutung, die stark und schmerzhaft ist
- ➜ unerfüllter Kinderwunsch

Bei der Endometriose siedelt sich Gebärmutterschleimhaut (Endometrium) auch außerhalb der Gebärmutter an, so zum Beispiel in den Eileitern und in oder auf den Eierstöcken, aber auch auf Nachbarorganen wie der Blase und dem Darm. Diese »Inseln« von Gebärmutterschleimhaut reagieren auf den Hormonzyklus so, als lägen sie in der Gebärmutter, und bluten bei jeder Periode mit. Dadurch können blutgefüllte Zysten (Schokoladenzysten) entstehen, die stark spannen und schmerzen. Sie können im Extremfall aufreißen und in den Bauchraum bluten. Liegen die Zysten in oder an den Eileitern, so verhindern sie die Befruchtung und den Transport der Eizelle in die Gebärmutter.

### Ärztliche Behandlung

Kleine Herde können bei einer Bauchspiegelung »verschweißt« oder herausoperiert werden. Mit Hilfe von Hormonen können größere Endometriose-Herde »ausgetrocknet« werden. Nach der Behandlung können eventuell übriggebliebene Endometriose-Zellen allerdings wieder anwachsen.

### Selbsthilfe

Ist nicht möglich.

## Gebärmutterentzündung

▶ Symptome
- ➜ akute Unterbauchschmerzen, Druckgefühl
- ➜ Ausfluß, Fieber und Schwäche
- ➜ Zwischenblutungen, starke Monatsblutungen

Die Gebärmutter entzündet sich relativ selten, denn der Schleim im Gebärmutterhals wirkt als Barriere gegen Krankheitskeime. Fremdkörper in der Gebärmutter (Spirale), Tampons, die länger als zwölf Stunden liegen, Abwehrschwäche oder ein → Gebärmutterkrebs erhöhen die Infektionsgefahr. Unbehandelt greift die Infektion auf Eileiter und Eierstöcke über.

### Ärztliche Behandlung

Die Tastuntersuchung der Gebärmutter ist bei einer Entzündung meist sehr schmerzhaft – damit steht die Diagnose schon fast fest. Im Abstrich wird nach Bakterien gesucht und eine gezielte Behandlung mit Antibiotika begonnen. Bei einem Abszeß kann es nötig sein, den Gebärmutterhals zu weiten, um den Eiter ablaufen zu lassen. Nach Abklingen der Akutphase erfolgt bei Krebsverdacht eine Ausschabung.

### Selbsthilfe

Beugen Sie vor, indem Sie Tampons öfter wechseln und Scheideninfektionen frühzeitig behandeln lassen.

## Muttermundpolypen

▶ Symptome
- ➜ Schmierblutungen, besonders nach dem Geschlechtsverkehr, sowie schleimiger Ausfluß

Polypen sind gutartige Schleimhautwucherungen, die am Muttermund entstehen. Sie können Folge einer Virusinfektion sein; meist bleibt die Ursache unklar.

### Ärztliche Behandlung

Immer genau untersucht werden sollte, ob es sich bei den Wucherungen (nur) um Polypen handelt. Mit einem kleinen operativen Eingriff oder bereits bei der Untersuchung können sie entfernt werden.

### Selbsthilfe

Ist nicht möglich.

## Gebärmuttersenkung

▶ Symptome
- ➜ Druckgefühl im Unterbauch mit Ziehen nach unten, besonders beim Pressen
- ➜ Rückenschmerzen tief im Kreuz
- ➜ Druckgefühl in der Scheide
- ➜ häufiges Wasserlassen in nur kleinen Mengen
- ➜ chronische Verstopfung

Im Alter, bei sitzender oder schwerer körperlicher Arbeit und nach mehreren Geburten können die straffen Bänder, die die Gebärmutter halten, sowie die Beckenbodenmuskulatur, die die inneren Organe nach unten abstützt, erschlaffen. Die Gebärmutter sinkt dann durch die Scheide nach unten.

### Ärztliche Behandlung

Als erste Maßnahme wird der Frauenarzt Ihnen tägliche → Beckenbodengymnastik für etwa ein halbes Jahr verordnen.
Tritt keine Besserung ein, so kann eine Operation in Frage kommen: Die Gebärmutter wird entfernt oder gehoben, Blasenboden und Mastdarmwand gestrafft. Lassen Sie sich vor einer Operation ausführlich von mehreren Ärzten beraten und stimmen Sie erst nach reiflicher Überlegung zu.
Alternativ kann ein Ring aus Kunststoff oder Gummi (Pessar) helfen, der so tief in die Scheide eingeführt wird, daß er oberhalb der Beckenbodenmuskeln die Gebärmutter stützt. Das Pessar muß spätestens alle sechs Wochen gesäubert werden, weil es verstärkt zu Ausfluß führt. Solange dieser nicht unangenehm riecht oder verfärbt ist, besteht kein Grund zur Sorge. Eventuelle Druckstellen in der Scheide können mit Salben behandelt werden. Auch mit Pessar können Sie Geschlechtsverkehr haben.

### Selbsthilfe

Die beste Vorbeugung, aber auch Behandlung im Frühstadium ist die Kräftigung der Beckenbodenmuskulatur durch regelmäßige Übungen. Nach einer Geburt sollten Sie die Beckenbodenmuskulatur wieder »trainieren«. Rückenschmerzen bessern sich durch häufiges Wechseln der Körperhaltung. Große körperliche Anstrengungen und starkes Pressen sollten Sie vermeiden. Ungünstig wirken sich auch Verstopfung und Übergewicht aus.

## Gymnastik für den Beckenboden

Diese Gymnastik können Sie ohne Aufwand täglich durchführen. Jede Übung sollten Sie 5mal wiederholen: Halten Sie die Spannung etwa 10 Sekunden, atmen Sie dabei tief und regelmäßig ein und aus. Danach ruhen Sie mindestens 10 Sekunden aus. Beckenbodengymnastik ist übrigens auch eine sinnvolle Ergänzung, wenn Bauch- und Rückenmuskeln gekräftigt werden sollen, um Rückenschmerzen zu lindern.

- Versuchen Sie, beim Sitzen auf der Toilette den Harnstrahl willentlich zu unterbrechen.
- Spannen Sie im Sitzen oder Stehen die Muskeln des Beckenbodens an, ziehen ihn leicht nach oben und kneifen das Gesäß fest zusammen.
- Setzen Sie sich auf einen Stuhl oder legen Sie sich auf den Rücken, spannen die Beckenbodenmuskeln an und drücken mit angewinkelten Knien ein gerolltes Handtuch fest zusammen.
- Spannen Sie, ebenfalls auf dem Rücken liegend, den Beckenboden an und heben langsam das Becken hoch, bis Oberschenkel und Rumpf eine Gerade bilden.

**Spannen Sie die Muskeln an und drücken das Handtuch ganz fest zusammen!**

## Myome in der Gebärmutter

▶ Symptome

➜ verstärkte, verlängerte, schmerzhafte Monatsblutungen
➜ Druckgefühl im Unterbauch mit Harndrang, Verstopfung oder Kreuzschmerzen

Myome sind gutartige Geschwülste aus überschießend wachsenden Muskelzellen. Sie entstehen unter dem Einfluß der Östrogene und in der Schwangerschaft; nach den Wechseljahren bilden sie sich von selbst zurück. Sie vergrößern die Gebärmutter tastbar und wachsen entweder in ihrer Wand oder wölben sich nach innen oder außen vor.

### Ärztliche Behandlung

Myome müssen nur bei Beschwerden behandelt werden: mit Mitteln, die Östrogenen entgegenwirken, einer Antibabypille oder operativ. Einzelne Myome können über eine Bauchspiegelung entfernt werden; größere erfordern einen Bauchschnitt. Nur wenn zahlreiche Myome große Beschwerden verursachen, ist die Entfernung der Gebärmutter nötig.

### Selbsthilfe

Ist nicht möglich.

## Gebärmutterhalskrebs/ Gebärmutterkrebs

▶ Symptome

➜ ungewöhnlich lange, starke, unregelmäßige Monatsblutungen mit Schmierblutungen
➜ Blutungen nach Abschluß der Wechseljahre
➜ Blutungen beim Geschlechtsverkehr

Gebärmutterhalskrebs wird unter anderem von einer frühen Erstschwangerschaft, Rauchen und von häufigem Partnerwechsel begünstigt. Wahrscheinlich spielen menschliche Papillomaviren eine Rolle bei der Entstehung. Gebärmutterhalskrebs kann bei der Früherkennungsuntersuchung (→ Seite 609) bereits im Anfangsstadium erkannt werden.
Gebärmutterkrebs entsteht unter Östrogeneinfluß und tritt gehäuft bei kinderlosen und übergewichtigen Frauen über 60 Jahre oder nach langdauernder Östrogen-Einnahme ohne Gestagenzusatz auf.

### Ärztliche Behandlung

Bei allen Blutungen, die nicht hormonbedingt sind, sollten Sie unbedingt die Ursachen abklären lassen. Bei einem Gebärmutterhalskrebs im Anfangsstadium reicht es oft aus, einen Gewebekegel zu entnehmen. Im fortgeschrittenen Stadium und bei Gebärmutterkrebs muß die Gebärmutter entfernt werden. Eine Nachbehandlung durch Bestrahlung kann notwendig sein. Ab Seite 576 finden Sie Hintergrundinformationen zu Krebserkrankungen sowie wichtige Ratschläge und Hinweise.

### Selbsthilfe

Bei wechselndem Geschlechtsverkehr sollten Sie Kondome benutzen.

## Entzündung der Brust

### ▶ Symptome

- ➜ Druckschmerz, Schwellung, Überwärmung und Rötung meist einer Brust
- ➜ Absonderung von Flüssigkeit oder Eiter aus der Brustwarze
- ➜ Anschwellen der Lymphknoten in der gleichseitigen Achsel
- ➜ erhöhte Temperatur oder Fieber, Schüttelfrost

Eine Entzündung der Brust tritt am häufigsten in der Stillzeit auf (→ Erkrankungen im Wochenbett, Seite 399); die Milch staut sich in den Milchgängen, durch kleine Hautverletzungen an der Brustwarze können Bakterien eindringen und die Entzündung verursachen. Doch auch außerhalb des Wochenbettes kann sich die Brust entzünden, besonders wenn eine → Mastopathie oder eine Krebsgeschwulst (→ Brustkrebs) vorhanden ist.

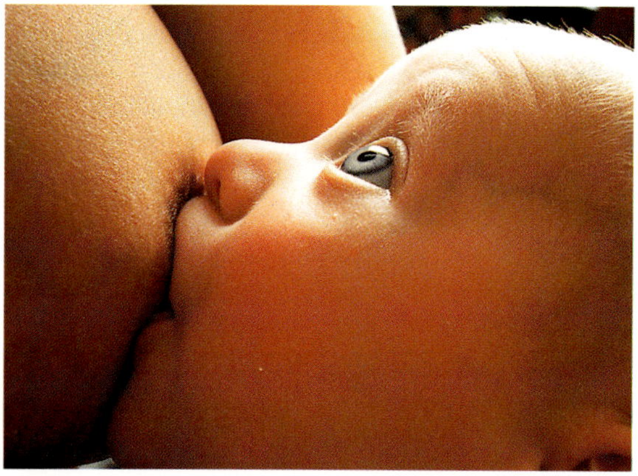

**Entzündungen der Brustwarzen sind ein häufiges Problem in der Stillzeit, wenn die Milch sich staut.**

### Ärztliche Behandlung

Die Entzündung kann durch Kühlung eingedämmt werden. Häufig entsteht dann eine abgekapselte Eiterhöhle (Abszeß), die nach der akuten Entzündungsphase operativ eröffnet wird. Bei hohem Fieber müssen Antibiotika bis mindestens drei Tage nach dem Abklingen der Symptome eingenommen werden.

In der Stillzeit können Präparate eingesetzt werden, die das Baby verträgt, oder es muß für einige Zeit mit der Flasche ernährt werden.

### Selbsthilfe

Achten Sie zur Vorbeugung immer auf sorgfältige Hygiene der Brustwarzen, vor allem während der Stillzeit. Zu Beginn der Entzündung können Umschläge mit essigsaurer Tonerde oder Quark sowie Auflagen mit Heilpflanzen (beispielsweise gelber Steinklee, Petersilienblätter, Wallwurz, Leinsamen, Bockshornklee) helfen.

Ist die Behandlung nach ein bis zwei Tagen nicht erfolgreich, so ist die Einnahme von Antibiotika oft unumgänglich. Wird das Baby auf die Flasche umgestellt, so werden Sie wahrscheinlich etwas Geduld haben müssen, wenn es sich danach wieder an die Brust gewöhnen muß.

## Veränderungen der Brustwarze

### ▶ Symptome

- ➜ Rötung und Schuppung, Juckreiz und Brennen
- ➜ Absonderung von heller Flüssigkeit, Milch, Blut oder Eiter aus der Warze

Rötung, Schuppung, Jucken und Brennen ähnlich wie bei einem Ekzem sowie blutige oder eitrige Flüssigkeitsabsonderung können auf den seltenen Paget-Krebs hindeuten.

Tritt (meist beidseitig) ausschließlich Flüssigkeit aus, so kann eine zu hohe Produktion des Milchbildungshormons Prolaktin (→ Überproduktion von Prolaktin, Seite 505) die Ursache sein.

### Ärztliche Behandlung

Zur Abklärung wird ein Hormontest vorgenommen; ergänzend ist eine Mammographie nötig. Im Zweifelsfall sollte außerdem eine Gewebeprobe aus der Brustwarze entnommen und untersucht werden. Handelt es sich um einen Paget-Krebs, so ist eine operative Behandlung nötig.

Ein erhöhter Prolaktingehalt im Blut kann mit einem speziellen Hemmstoff behandelt werden. Allerdings sollte auf jeden Fall eine Röntgenuntersuchung des Kopfes durchgeführt werden, da ein gutartiger Tumor in der Hirnanhangsdrüse die Ursache für das erhöhte Prolaktin sein könnte.

### Selbsthilfe

Ist nicht möglich.

## Schwellungen und Knoten der Brust (Mastopathie)

▶ Symptome

- ➜ vor der Blutung Spannungsgefühl und Schmerzen in einer oder beiden Brüsten
- ➜ ein oder mehrere weiche oder harte, verschiebbare oder festsitzende Knoten

Die Mastopathie ist eine gutartige Veränderung der Brust. Kleinere und größere Knoten, die sich von selbst wieder zurückbilden, treten ebenso wie Flüssigkeitseinlagerungen bei fast jeder Frau vor der Monatsblutung auf. Nur selten entwickelt sich aus einer Mastopathie ein → Brustkrebs.

### Ärztliche Behandlung

Sie sollten sich auf jeden Fall untersuchen lassen. Wenn Mammographie und Ultraschall offenlassen, ob es sich (nur) um eine Mastopathie handelt, müssen eine Gewebeprobe und Flüssigkeit untersucht werden. Die Beschwerden können mit pflanzlichen Mitteln (Mönchspfeffer, Schlangenkraut) sowie mit Hormonen behandelt werden. Eine ärztliche Kontrolle alle sechs Monate ist sinnvoll.

### Selbsthilfe

Untersuchen Sie Ihre Brust regelmäßig selbst, am besten direkt nach der Monatsblutung (→ Seite 745). Gehen Sie bei Veränderungen lieber einmal zuviel zum Arzt.

## Brustkrebs (Mammakarzinom)

▶ Symptome

- ➜ ein oder mehrere schmerzlose, nicht verschiebbare Knoten oder Verhärtungen in der Brust
- ➜ eingezogene Brustwarze
- ➜ Hautveränderungen: Verziehungen und Eindellungen, Rötung
- ➜ angeschwollene Lymphknoten in der gleichseitigen Achsel
- ➜ Flüssigkeitsabsonderung der Brustwarze

Brustkrebs ist die häufigste Krebserkrankung von Frauen in Westeuropa: Jede zehnte ist betroffen. Inzwischen weiß man, daß eine Veranlagung zum Brustkrebs vererbt werden kann. Die genauen Ursachen der Erkrankung sind heute jedoch noch unbekannt – wahrscheinlich wirken mehrere Faktoren zusammen. Außerdem scheinen eine chronische Schwächung des Immunsystems – etwa durch eine anhaltende körperliche oder psychische Belastung, durch Rauchen oder Alkoholkonsum – , fettreiche Ernährung und Übergewicht sowie Umweltgifte die Enstehung zu begünstigen.
Ab Seite 576 finden Sie Hintergrundinformationen zu Krebserkrankungen sowie wichtige Ratschläge und Hinweise.

### Ärztliche Behandlung

Jeder verdächtige Knoten muß so früh wie möglich entfernt werden. Bei Veränderungen, die kleiner als zwei Zentimeter sind, reicht es fast immer aus, die Geschwulst mit einem Saum gesunden Gewebes zu entnehmen. Wird in der Gewebeuntersuchung festgestellt, daß es sich tatsächlich um einen Brustkrebs handelt, so müssen auch die Lymphknoten in der gleichseitigen Achsel entfernt werden, weil über sie der Krebs streuen (metastasieren) kann; nach der Operation muß eine Strahlenbehandlung der Brust folgen.
Bei einer größeren Krebsgeschwulst kann es leider unumgänglich sein, die Brust abzunehmen. Eine Prothese oder ein chirurgischer Wiederaufbau der Brust sind in diesem Fall möglich. Je nach Gewebeart der Geschwulst muß eine Chemotherapie oder eine Behandlung mit sogenannten Östrogenblockern bzw. mit Hormonen angeschlossen werden.

### Selbsthilfe

Beugen Sie vor, indem Sie regelmäßig nach der Monatsblutung Ihre Brust abtasten – auf Seite 745 finden Sie dazu eine genaue Anleitung – und die Untersuchung zur Krebsfrüherkennung (→ Seite 609) nutzen. Nicht bei jeder Veränderung der Brust müssen Sie sich Sorgen machen. Je früher jedoch ein Brustkrebs erkannt wird, desto besser sind die Heilungschancen.
Nach der Diagnose »Krebs« kann die gegenseitige Unterstützung in einer Selbsthilfegruppe sehr wertvoll sein (→ Adressen, Seite 798). Verleugnen Sie Ihre Krankheit nicht, auch nicht in Partnerschaft und Familie. Bei starker psychischer Belastung kann eine Psychotherapie helfen.

# Notfälle / Schwangerschaft

## Allgemein gilt

Suchen Sie bei jeder Art von Blutung sowie bei ziehenden oder krampfartigen Schmerzen im Unterbauch unbedingt Ihren Frauenarzt auf. Lassen Sie sich lieber einmal zu viel untersuchen, damit nicht eine wichtige Behandlung versäumt wird.

## Fehlgeburt

**▶ Symptome**
- ➜ erste Zeichen: Schmierblutung, Ziehen im Unterbauch
- ➜ nachfolgend meist starke Blutung mit oder ohne krampfartige Schmerzen im Unterbauch

Die Geburt eines Kindes mit einem Gewicht unter 500 Gramm und ohne Lebenszeichen wird medizinisch als Fehlgeburt bezeichnet, da das Kind trotz aller technisch möglichen Hilfe nicht überleben kann (→ Frühgeburt).

Ursachen für eine Fehlgeburt können Infektionskrankheiten, schwere Allgemeinerkrankungen (→ Diabetes in der Schwangerschaft, Seite 396), Vergiftungen mit Medikamenten, Einnahme von Drogen, Rauchen, Umweltgifte (Schwermetalle) oder Krankheiten des Ungeborenen, beispielsweise genetische Störungen, sein. Auch ein Mangel am schwangerschaftserhaltenden Hormon Progesteron kann – allerdings selten – zu einer Fehlgeburt führen. Das Risiko einer Fehlgeburt steigt mit dem Alter der Schwangeren.

### Ärztliche Behandlung

Suchen Sie bei ersten Zeichen einer Fehlgeburt unbedingt Ihren Frauenarzt auf. Grund zur Sorge besteht nicht von vornherein; wenn der Muttermund sich öffnet, wird die Situation allerdings kritisch. Strikte Bettruhe und Schonung können eine Fehlgeburt verhindern. Progesterontabletten oder -spritzen sind nur bei Hormonmangel sinnvoll. Kommt es zur Fehlgeburt, muß immer eine Ausschabung folgen, um eventuelle Reste des Mutterkuchens zu entfernen und damit Entzündungen vorzubeugen.

### Selbsthilfe

Meiden Sie starke körperliche Belastungen; verzichten Sie auf das Rauchen und auf Medikamente (→ Seite 52) in der Schwangerschaft.

## Frühgeburt

**▶ Symptome**
- ➜ Wehen vor der 37. Schwangerschaftswoche (→ Vorzeitige Wehen, Seite 398)
- ➜ Blasensprung, Blutungen vor der 37. Woche

Eine Frühgeburt kann viele Ursachen haben: Muttermundschwäche, Scheideninfektionen (→ Seite 396), eine schwere Erkrankung, psychische und körperliche Überlastung. Auch kommt es bei Mehrlingen meist zu einer verfrühten Geburt.

### Ärztliche Behandlung

Suchen Sie sofort Ihren Frauenarzt auf. Kündigt sich tatsächlich eine Frühgeburt an, so müssen Sie in eine Klinik mit spezieller Frühgeborenenstation (→ Seite 629).

Bestehen keine weiteren Risiken, sollte das Kind auf »normalem« Weg zur Welt gebracht werden; andernfalls muß ein Kaiserschnitt (→ Seite 59) erfolgen. Nach der Geburt wird das Kind sofort untersucht und in den warmen Brutkasten gelegt. Viele Frühgeborene haben Schwierigkeiten mit der Atmung, denn die Lunge ist erst nach der 36. Schwangerschaftswoche völlig ausgereift. Mit bestimmten Medikamenten kann der Lungenreife nachgeholfen werden, doch muß oft zusätzlich künstlich beatmet werden. Die Kreislauf- und Stoffwechselfunktionen sowie der Immunhaushalt des zu früh geborenen Kindes sind noch nicht voll entwickelt, es braucht daher intensive medizinische Betreuung. Noch mehr als andere Babys braucht es aber die seelische und körperliche Zuwendung der Mutter (→ Seite 64).

### Selbsthilfe

Vermeiden Sie Belastungen am Ende der Schwangerschaft (→ Seite 56).

# Spezielle Untersuchungen / Schwangerschaft

## Medizinische Betreuung

Zu den auf Seite 381 beschriebenen Untersuchungen kommen während der Schwangerschaft noch einige spezielle Untersuchungen für Mutter und Kind. Sie werden zum Teil im Rahmen der Schwangerenvorsorge durchgeführt.
Ausführliche Informationen über Erst- und Kontrolluntersuchungen im Rahmen der Schwangerenvorsorge finden Sie auf Seite 607.

## Untersuchungen von Fruchtwasser und Mutterkuchen

Im Fruchtwasser finden sich schon ab der 14. Schwangerschaftswoche abgeschilferte Zellen des Kindes. Sie geben Aufschluß über sein Erbgut (→ Seite 403). Bei der sogenannten Amniozentese wird durch die Bauchdecke mit einer dünnen Hohlnadel Fruchtwasser abgesogen, gefärbt und untersucht. Zum selben Zweck kann auch zwischen der 8. und 10. Schwangerschaftswoche durch die Scheide oder die Bauchdecke eine winzige Probe aus der Anlage des Mutterkuchens entnommen werden (Chorionzotten-Biopsie).
Beide Untersuchungen werden eingesetzt, wenn begründeter Verdacht auf Risiken (beispielsweise Erbkrankheiten, bereits eine Fehlgeburt, schädigende Umwelteinflüsse, Alter) besteht und ein Schwangerschaftsabbruch in Erwägung gezogen werden muß (→ Seite 43).

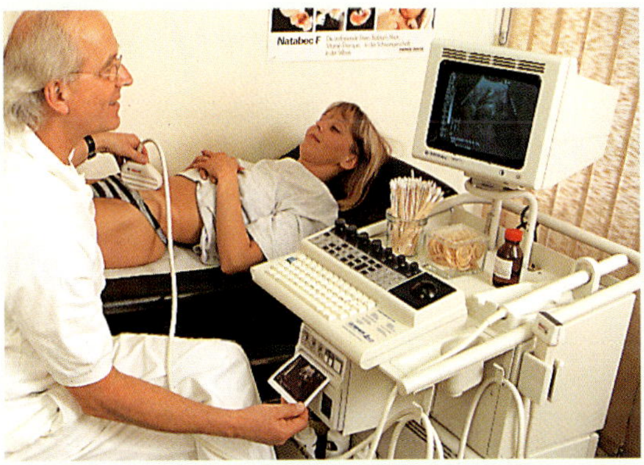

**In der Schwangerschaftsvorsorge zeigen Ultraschallbilder Lage und Körperformen des Kindes.**

## Ultraschall-Untersuchung

Im Verlauf einer jeden gesunden Schwangerschaft werden heute drei Ultraschall-Untersuchungen (→ Seite 620) als Vorsorge durchgeführt. Um die 20. Schwangerschaftswoche herum können mit diesem Verfahren eventuelle Fehlbildungen von Herz, Nieren, Wirbelsäule, Gehirn und Gliedmaßen des Ungeborenen erkannt sowie Wachstum und Lage, Mutterkuchen und Fruchtwassermenge beurteilt werden. Mehrlinge können zu diesem Zeitpunkt noch gut gesehen werden, weil die Kinder klein genug sind. Später verdecken sie sich oft gegenseitig.

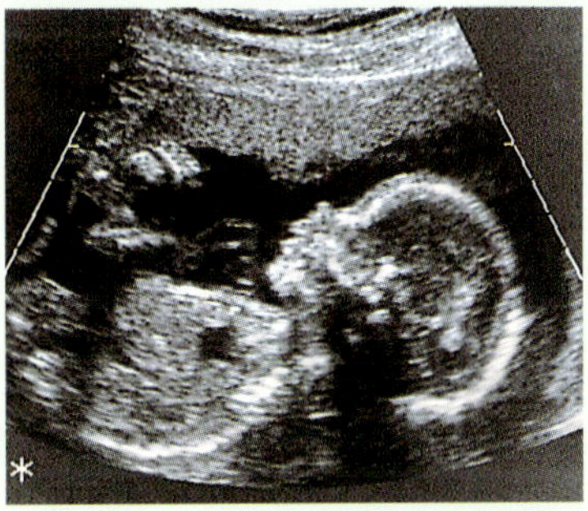

**Blick ins Innere mit dem Ultraschall: In der 20. Woche ist das Baby bereits gut zu erkennen.**

Der sogenannte *Doppler-Ultraschall* ist eine Spezialuntersuchung, mit welcher der Blutfluß im Mutterkuchen und im kindlichen Kreislauf gemessen wird. Eine Mangelversorgung oder ein Herzfehler werden so erkannt, und das Kind kann früher entbunden oder nach der normalen Geburt sofort behandelt werden.

## Herzton-Wehen-Aufzeichnung

Die Herzton-Wehen-Aufzeichnung (Kardiotokographie) wird in den letzten vier Wochen der Schwangerschaft zur Vorsorge eingesetzt, aber vor allem während der Entbindung.
Ein Gerät zeichnet die von der Bauchdecke abgeleiteten Wehen und die Herztöne des Kindes in zwei nebeneinander verlaufenden Kurven auf. So kann man sehen, wie das Baby die Wehen verträgt – ob sich beispielsweise die Herztöne bei einer Wehe auffällig verlangsamen. Auf diese Weise können Notsituationen erkannt werden.

## Infektionen in der Schwangerschaft

Infektionen der Mutter können das Ungeborene vor allem in den ersten drei Schwangerschaftsmonaten schwer schädigen (→ Infektionen während der Schwangerschaft, Seite 543).
Hatten Sie als Kind keine *Röteln* (→ Seite 560), so sollten Sie testen lassen, ob Sie Antikörper gegen die Erkrankung im Blut haben. Wenn nicht, sollten Sie sich mindestens drei Monate vor einer geplanten Schwangerschaft impfen lassen bzw. während der Schwangerschaft möglichst nicht mit erkrankten Kindern in Kontakt kommen.
Ebenfalls sollten Sie testen lassen, ob Sie gegen *Toxoplasmose* (→ Seite 555) immun sind. Wenn nicht, sollten Sie sich während der Schwangerschaft von Katzen fernhalten und kein halbgares oder rohes Fleisch essen.

## Scheiden- und Blaseninfektionen

▶ Symptome
- → Jucken und Brennen an Schamlippen und Scheide
- → ungewöhnlich riechender, verfärbter, verstärkter Ausfluß
- → häufiger Harndrang mit oder ohne Schmerzen und Brennen beim Wasserlassen

Da das Gewebe in der Schwangerschaft mehr durchblutet wird, das Immunsystem nicht so stark wie sonst ist und der Ausfluß aus der Scheide sich verstärkt, kann es leichter zu Infektionen mit Bakterien und Pilzen kommen.

### Ärztliche Behandlung

Suchen Sie zur Abklärung der Ursache sofort Ihren Frauenarzt auf. Behandelt werden Scheiden- und Blaseninfektionen genauso wie außerhalb der Schwangerschaft.
Sie dürfen nicht alle Medikamente benutzen, doch Penizillin und Mittel gegen Pilze sind unbedenklich.
Weitere Informationen zu Scheideninfektionen finden Sie auf den Seiten 386 und 387; zu Blaseninfektionen auf Seite 365.

### Selbsthilfe

Wie auf den → Seiten 386 und 387

## Diabetes mellitus (Zuckerkrankheit) in der Schwangerschaft

▶ Symptome
- → starke Gewichtszunahme
- → starke Zunahme des Bauchumfangs

Ausführliche Informationen zu Behandlung und Selbsthilfe bei Diabetes finden Sie auf Seite 501 bis 503. In der Schwangerschaft kann sich die Anlage zum Diabetes erstmals zeigen, da die Versorgung »für zwei« die Bauchspeicheldrüse stärker fordert. Daher wird bei allen Terminen der Schwangerenvorsorge auf den Blutzuckerspiegel und die Ausscheidung von Zucker mit dem Urin geachtet.
Frauen, die bereits vor der Schwangerschaft an Diabetes erkrankt sind, sollten auf jeden Fall von Anfang an auf eine optimale Einstellung der Blutzuckerwerte achten, bei Harnwegsinfektionen (→ Seite 365), Nierenbeckenentzündung (→ Seite 367) und → Schwangerschaftshochdruck sofort einen Arzt aufsuchen und zu regelmäßigen Kontrolluntersuchungen gehen.
Schwankt der Blutzuckerspiegel stark oder ist dauerhaft erhöht, führt das zum Übergewicht bei Mutter und Kind, zu vermehrter Fruchtwasserbildung und beim Baby zu starker Infektanfälligkeit. Im schlimmsten Fall kann es bei chronischer Überzuckerung zur Fehlgeburt (→ Seite 394) kommen.

### Ärztliche Behandlung

Diabetikerinnen sollten sich frühzeitig über die notwendige Diät und Medikamente beraten lassen. Der Insulinbedarf wechselt in den verschiedenen Phasen der Schwangerschaft; tägliche Selbstkontrollen des Blutzuckerspiegels sind notwendig.
Tritt der Diabetes erst während der Schwangerschaft auf, so wird zunächst mit Diät und eventuell mit Insulinspritzen behandelt. Blutzuckersenkende Tabletten sollten auf keinen Fall eingenommen werden.

### Selbsthilfe

Als Diabetikerin sollten Sie während der Schwangerschaft ganz besonders auf Ihre Ernährung achten und deren Zucker- und Kohlehydratanteil gut kennen, damit Sie Ihren Insulinbedarf genau einschätzen können. Körperliche Bewegung ohne Leistungsdruck hält den Zuckerhaushalt stabil.

**Regelmäßige körperliche Bewegung in der Schwangerschaft hält Kreislauf und Blutzuckerspiegel stabil.**

## Schwangerschaftshochdruck (Gestose)

### ▶ Symptome

- ➜ starke Gewichtszunahme mit ausgeprägten Wassereinlagerungen in Beinen und Händen, verminderte Urinausscheidung
- ➜ der Bauchumfang bleibt relativ klein
- ➜ Kopfdruck, Kopfschmerzen, Ohrensausen, Flimmern vor den Augen

Bluthochdruck in der Schwangerschaft führt zu denselben Beschwerden wie in anderen Fällen (→ Seite 280), jedoch mit viel dramatischeren und schnelleren Folgen. Die genaue Ursache ist unbekannt; Risikofaktoren sind unter anderem Übergewicht, erbliche Veranlagung und Diabetes mellitus (→ Seite 501). Der Schwangerschaftshochdruck geht damit einher, daß die Nieren nicht normal arbeiten: Sie scheiden wichtiges Körpereiweiß aus und behalten überschüssige Flüssigkeit zurück, die sich im Körpergewebe ansammelt. Gleichzeitig verdickt sich der Blutfluß, weshalb die Gefahr einer Thrombose (→ Seite 285) besteht. Wird die Erkrankung nicht behandelt, so sinken Durchblutung des Mutterkuchens und Fruchtwassermenge. Das Kind bleibt in seiner Entwicklung zurück, schlimmstenfalls stirbt es. Auch für die Schwangere ist die Erkrankung gefährlich und kann unbehandelt durch einen Krampfanfall oder eine Hirnblutung (→ Seite 199) tödlich enden. Durch die Vorsorgeuntersuchungen (→ Seite 607) ist ein dramatischer Verlauf des Schwangerschaftshochdrucks jedoch sehr selten geworden.

### Ärztliche Behandlung

Erforderlich ist auf jeden Fall die Blutdrucksenkung. Eiweißreiche Ernährung und Bettruhe verbessern die Durchblutung des Mutterkuchens. Wirken diese Maßnahmen nicht, muß mit blutdrucksenkenden Mitteln, Magnesium und Infusionen zur Blutverflüssigung behandelt werden. Häufig ist eine vorzeitige Entbindung nötig. Danach bilden sich die Beschwerden meist in kurzer Zeit zurück.

### Selbsthilfe

Ist nicht möglich.

## Unverträglichkeit der Blutgruppen von Mutter und Kind

### ▶ Symptome

- ➜ die Schwangere nimmt keine Symptome wahr, das Kind kann schwer geschädigt werden

Eine Unverträglichkeit der Blutgruppen A, B, AB und 0 ist möglich, aber sehr selten. Größer ist die Gefahr einer sogenannten Rhesus-Inkompatibilität (→ Seite 289): Wird eine Frau mit Rhesus-negativem Blut von einem Rhesus-positiven Mann schwanger, so wird das Kind Rhesus-positiv. Findet auch nur ein geringer Blutaustausch zwischen Mutter und Kind statt, dann bildet die Mutter Antikörper gegen das Rhesus-positive Blut des Kindes.
In jeder folgenden Schwangerschaft reagiert ihr Körper mit Immunabwehr auf das Ungeborene. Ohne Behandlung kann das Kind schwer geschädigt werden: Wassereinlagerungen (Ödeme), Gelbsucht, hämolytische Anämie (→ Seite 292), geistige Behinderung, Bewegungsstörungen und Krampfleiden treten auf. Im schlimmsten Fall kommt es zum Tod des Kindes noch im Mutterleib.

### Ärztliche Behandlung

Bei schwerem Verlauf muß eine Bluttransfusion über die Nabelschnur erfolgen. Die Geburt muß meist frühzeitig eingeleitet werden.

### Selbsthilfe

Sind Sie Rhesus-negativ, so sollten Sie nach Schwangerschaft, Abbruch oder Fehlgeburt unbedingt eine Behandlung erhalten, die der Immunabwehr vorbeugt.

## Veränderungen am Mutterkuchen

▶ Symptome

➜ erst länger andauernde Veränderungen lösen spürbare Symptome aus: Der Bauch bleibt relativ flach, das Gewicht steigt nur wenig an

Der Mutterkuchen hat ausschließlich in der Schwangerschaft eine Aufgabe; daß er rasch »altert«, ist daher normal. Bluthochdruck (→ Seite 397), Diabetes mellitus (→ Seite 396) und Rauchen lassen ihn allerdings frühzeitig »verkalken« (→ Arteriosklerose, Seite 267). Dadurch wird die Blutversorgung des Kindes eingeschränkt; verzögertes Wachstum und weniger Fruchtwasser sind die Langzeitfolgen.

### Ärztliche Behandlung

Bei den Vorsorgeuntersuchungen wird auch auf Veränderungen des Mutterkuchens geachtet. Seine Durchblutung verbessert sich im Liegen, als erstes wird deshalb Bettruhe verordnet – zunächst zu Hause, später häufig in der Klinik. Eine vorzeitige Entbindung kann nötig sein.

### Selbsthilfe

Ist nicht möglich.

## Vorzeitige Wehen

▶ Symptome

➜ Ziehen und Krämpfe im Unterbauch: vor der 32. Schwangerschaftswoche häufiger als 6mal am Tag, nach der 32. Schwangerschaftswoche häufiger als 2mal in der Stunde

➜ rhythmisches Hartwerden des Unterbauches mit oder ohne Rückenschmerzen

Vorzeitige Wehen sind meist Folge körperlicher und psychischer Belastungen. Sind diese ausgestanden, vergehen die Wehen meist folgenlos von selbst. Manchmal allerdings können sie den Muttermundverschluß schwächen oder vorzeitig öffnen.

### Ärztliche Behandlung

Suchen Sie zur Abklärung sofort Ihren Frauenarzt auf. In vielen Fällen hilft »Langsamertreten« schon aus, um die Wehen zu stoppen. Magnesiumtabletten entspannen die Muskulatur der Gebärmutter. Reicht dies nicht aus oder öffnet sich der Muttermund, dann sind wehenhemmende Medikamente sinnvoll. Sie haben allerdings Nebenwirkungen: Herzklopfen, Zittrigkeit und Angstgefühle. Öffnet sich der Muttermund vor der 36. Schwangerschaftswoche, so kann er mit einem Gummiring (Pessar) gehalten werden; nur selten muß er bis zur Geburt operativ verschlossen werden.

### Selbsthilfe

Eine Schwangerschaft bedeutet für jede Frau zusätzliche Belastungen. Viele verkennen dies und meinen, alles wie zuvor oder noch perfekter schaffen zu müssen.

Setzen Sie sich diesem Streß nicht aus! Für berufstätige Schwangere sieht der Gesetzgeber Ruhezeiten vor – eine Hausfrau hat nicht weniger Anspruch auf Erholung und Entspannung.

## Vorzeitiger Blasensprung

▶ Symptome

➜ tröpfchenweise oder im Schwall abgehende klare, milchige, hellrosa oder grünliche Flüssigkeit, die nicht angehalten werden kann

Ein Blasensprung vor der 36. Schwangerschaftswoche und ohne Wehen bedeutet Infektionsgefahr für Mutter und Kind. Ein kleiner Riß in der Fruchtblase verklebt bei strenger Bettruhe von selbst.

### Ärztliche Behandlung

Suchen Sie zur Abklärung sofort Ihren Frauenarzt auf. Nach der 36. Schwangerschaftswoche wartet man zunächst ab, ob Wehen einsetzen. Ist dies nicht der Fall, so wird nach 12 bis 24 Stunden die Geburt eingeleitet.

Vor der 36. Schwangerschaftswoche ist die Lunge des Kindes noch unreif; die Geburt wäre verfrüht (→ Frühgeburt, Seite 394). Unter Antibiotikabehandlung und mit wehenhemmenden Medikamenten wird versucht, die 36. Schwangerschaftswoche zu erreichen. Gelingt dies nicht, wird die Geburt eingeleitet.

### Selbsthilfe

Chronische Scheideninfektionen (→ Seite 396) machen die Fruchtblase anfällig für Einrisse; lassen Sie Infektionen deshalb immer frühzeitig behandeln.

## Steißlage (Beckenendlage)

**▶ Symptome**

- ➜ der Kopf des Kindes ist unter dem Rippenbogen kugelig vorgewölbt tastbar
- ➜ Kindsbewegungen im Unterbauch

Nur etwa fünf Prozent aller Kinder bleiben bis zur Entbindung in der sogenannten Steißlage – mit dem Kopf nach oben – liegen. Die meisten drehen sich noch rechtzeitig nach unten und werden mit dem Kopf voran geboren.

### Ärztliche Behandlung

Bei jedem Vorsorgetermin wird die Lage des Kindes überprüft. Bis zur 38. Schwangerschaftswoche kann bei einem normal großen Kind noch unter Wehenhemmern eine äußere Wendung versucht werden. Die Entbindung dauert aus der Steißlage länger. Deshalb wird bei erstgebärenden Frauen zur Verkürzung häufig ein Kaiserschnitt vorgenommen; bei einem großen Kind, einer Risikoschwangerschaft (zum Beispiel Diabetes, Schwangerschaftshochdruck) oder verzögertem und problematischem Geburtsverlauf ist er auf jeden Fall nötig.

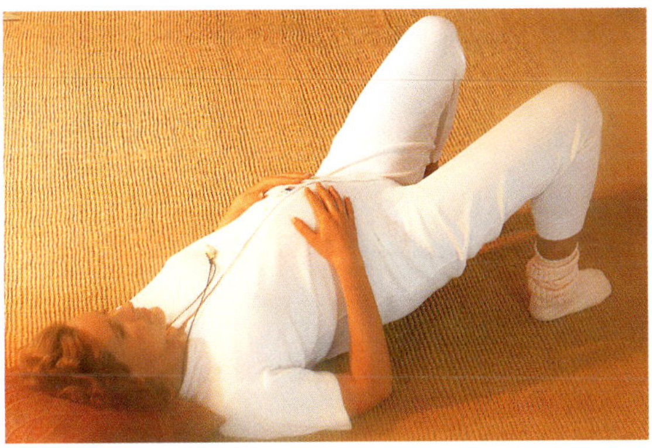

**Durch Übungen, wie das Hochheben des Beckens, dreht sich das Kind oft von selbst in die richtige Lage.**

### Selbsthilfe

Durch die »indische Brücke« bringen Sie das Baby in die Enge: Legen Sie sich 2- bis 3mal täglich für 5 Minuten auf den Boden und schieben sich zwei dicke Kissen unter das Kreuz. Der Bauch wölbt sich nach oben, die Schultern liegen und die Füße stehen auf dem Boden. Atmen Sie ruhig.

### Geburt aus der Steißlage

Nicht immer ist gleich ein Kaiserschnitt (→ Seite 59) nötig, wenn das Baby »verkehrt herum« liegt. Allerdings kann es kritische Momente geben: Der relativ kleine Po dehnt Muttermund und Scheide nicht so stark wie der dickere Kopf, deshalb dauert die Austreibungsphase der Geburt, während der ein Sauerstoffmangel möglich ist, länger. Und da der Kopf zuletzt folgt, kann er die Nabelschnur zusammendrücken, die noch am Mutterkuchen hängt und das Baby mit Blut versorgt. Zunächst treten Steiß und Beinchen hervor, und das Baby wird bis zum Nabel geboren. Dann folgen Brust und Schultern. Um hochgeschlagene Arme nicht zu verrenken, müssen sie ganz vorsichtig herausgezogen werden. Zuletzt kommt der Kopf.

## Erkrankungen im Wochenbett

**▶ Symptome**

- ➜ Ausbleiben des Wochenflusses (→ Seite 60) schon nach wenigen Tagen, Fieber und Unterbauchschmerzen
- ➜ Rötung, schmerzhafte Spannung, Überhitzung der Brüste
- ➜ Rötung und Druckschmerz der Waden
- ➜ anhaltende Niedergeschlagenheit und Gereiztheit

Erkrankungen im Wochenbett sind meist Infektionen der Gebärmutter (→ Seite 390) oder der Brüste (→ Seite 392), aber auch Thrombosen (→ Seite 285) können auftreten. Ausführliche Informationen zur sogenannten Wochenbettdepression, einem seelischen Tief, das viele Frauen nach der Geburt erleben, finden Sie auf Seite 60.

### Ärztliche Behandlung

Informationen zur jeweiligen Behandlung der Erkrankung finden Sie auf den oben genannten Seiten.

### Selbsthilfe

Achten Sie im Wochenbett auf die Hygiene der Brustwarzen und des Scheidenbereichs.

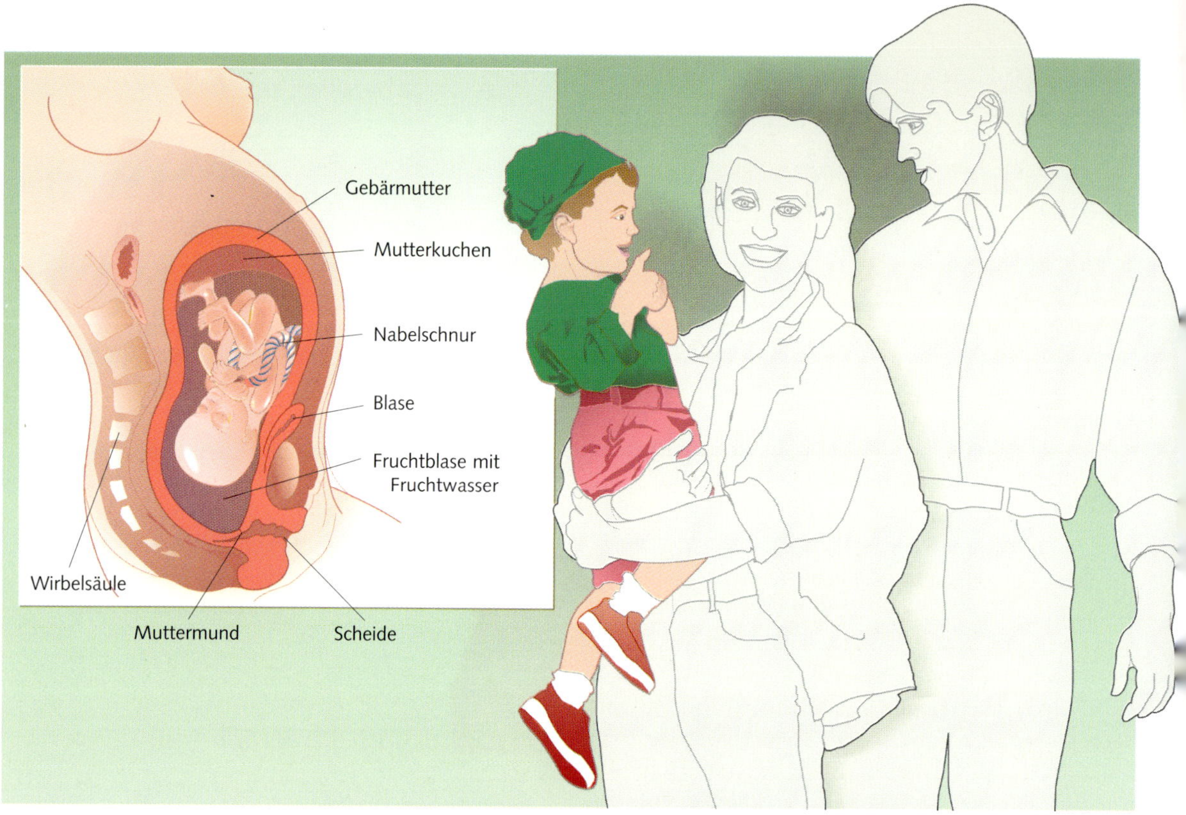


# Die sexuelle Entwicklung des Kindes

- **Kindliches Lustempfinden**
- **Die Phasen der Reife**
- **Geschlechtsidentität**

Den meisten Erwachsenen bereitet es Probleme, mit kindlicher Sexualität ungehemmt umzugehen: Moral und Konvention stehen im Weg, und es fällt schwer, die Situation nicht aus dem eigenen Blickwinkel zu sehen, sondern sich in das unbefangene Erleben des Kindes hineinzuversetzen.
Das Vorhandensein kindlicher Sexualität zu leugnen kann sicher keine Lösung sein. Sie zu bejahen als einen wichtigen Teil der kindlichen Entwicklung hilft beiden Seiten. Sie zu »verwechseln« mit dem sexuellen Verlangen eines Erwachsenen verbietet sich.

## Das Lustempfinden des Kindes

Im Kindesalter ist sexuelles Empfinden zunächst von anderen lustvollen Körperwahrnehmungen nicht zu unterscheiden. Ausschlaggebend ist nicht, daß ein bestimmter Körperbereich bzw. die Geschlechtsorgane berührt werden, sondern das Kind reagiert auf jede Körperberührung.
Es ist in seinem Lustempfinden nicht nach außen gerichtet, sondern ganz auf sich bezogen. Begierig nimmt es überall Reize auf: an der Brust der Mutter, bei Liebkosungen, beim lustvollen Entleeren von Darm und Blase, beim Nuckeln am Finger, beim Berühren von Penis oder Kitzler.
Auch Selbstbefriedigung im frühen Kindesalter ist ein völlig normales Verhalten. Belegt ist, daß schon bei vier Monate alten Säuglingen eine lustvolle Reizauf-

lösung, ein Orgasmus, möglich ist. Erst mit zunehmenden Alter verblaßt das umfassende Lustempfinden. Andere Wahrnehmungsformen nehmen Raum ein, ohne jedoch die körperliche Reizbereitschaft ganz verdrängen zu können.

## Die kindliche Neugier

Ein Kind erforscht sich und seine Umwelt ohne Scheu und Scham; moralische Vorbehalte sind ihm fremd. Sie werden erst später eingeübt und sind von Kultur zu Kultur äußerst verschieden.

So ist es nach den traditionellen Vorstellungen von Bewohnern der Südsee, den Melanesiern, ungewöhnlich, wenn ein Mädchen oder ein Junge mit fünf Jahren noch keinen Geschlechtsverkehr hatte.

In unserem Kulturkreis dagegen werden sexuelle Aktivitäten von Kindern mit Befremden aufgenommen. An Mama-und-Papa-Spielen nimmt man nur deshalb keinen Anstoß, weil sie »geschlechtsneutral« zu sein scheinen, und die Erkundung des Körpers bei Onkel-Doktor-Spielen wird gern als sachlicher, quasi naturwissenschaftlicher »Forscherdrang« interpretiert. Lustvolles Erkunden des Körpers in der Kindheit ist jedoch ein wichtiger Entwicklungsschritt zu einer liebesfähigen Persönlichkeit.

Zwischen dem 3. und 5. Lebensjahr erreicht die sexuelle Neugier einen Höhepunkt. Wird Kindern die entsprechende Freiheit gegeben, so üben sie in sexuellen Rollenspielen, was sie sich in ihrer Phantasie als Welt der Erwachsenen vorstellen. Allerdings gibt es die deutliche Tendenz, diese Spiele nur mit gleichgeschlechtlichen Freunden zu spielen, vielleicht aus dem Bestreben, zuerst die eigene Geschlechtsrolle zu festigen.

## Zwischen Körper und Seele

Die sexuelle Entwicklung des Kindes bzw. des Jugendlichen muß in zwei Bereiche unterschieden werden: in den körperlichen und den psychischen. Beide sind nur locker miteinander verbunden. Dies wird heutzutage besonders deutlich, da die Geschlechtsreife immer früher eintritt, während der Zeitpunkt, an dem die seelische Reife für eine enge Beziehung zu einem anderen Menschen erreicht wird, sich eher nach hinten verschiebt.

Der erste Geschlechtsverkehr ist daher nicht oder sehr selten mit der biologischen Fortpflanzungsreife verbunden. Er hängt vielmehr von der gefühlsmäßigen Bereitschaft, aber auch vom sozialen und kulturellen Umfeld ab. Wird sexuelle Aktivität hoch bewertet, so ist der »Erwartungsdruck« für die Jugendlichen größer, als wenn andere Ziele im Vordergrund stehen. Hormonelle Veränderungen und seelischer Reifungsprozeß haben also wenig miteinander zu tun. Kinder, die vorzeitig in die Pubertät kommen, verlieben sich nicht früher als solche mit einer verzögerten Pubertät.

## Die Geschlechtsrollen

Kinder lernen durch ihre Eltern Verhaltens- und Empfindungsmöglichkeiten ihres eigenen, aber auch des anderen Geschlechts kennen. Was sie am gleichgeschlechtlichen Elternteil nachahmen, am gegengeschlechtlichen beobachten, wird ihre Vorstellungswelt und damit ihr Verhalten als Erwachsene prägen.

**Unbefangen und ohne Hemmungen: Kinder erkunden mit großer Neugier die Geheimnisse des Körpers.**

Die Anlage der geschlechtlichen Identität erfolgt in der frühen Kindheit: Wer in seiner frühen Kindheit als Junge erzogen wurde, identifiziert sich zeit seines Lebens mit männlichen Verhaltensweisen, wer als Mädchen erzogen wurde, mit weiblichen. Diese Identifikation mit einer Geschlechtsrolle ist jedoch keine notwendige Folge des biologischen Geschlechts, sie kann im Gegenteil gegenläufig zu diesem verlaufen.

## Die Haltung der Eltern

Die freie und selbstbewußte sexuelle Entwicklung eines Kindes setzt eine gelassene und bejahende Haltung der Eltern voraus, denn Neugier und kindliches Lustempfinden kennen keine moralischen und kulturellen Tabus.

Natürlich tragen Eltern aber auch die Verantwortung dafür, daß ihr Kind sich später in den Konventionen und Möglichkeiten seiner Zeit und Kultur zurechtfindet. Zwischen diesen beiden Polen zu vermitteln ist keine leichte Aufgabe.

# Die Vererbung

Vererbung ist die Weitergabe der Gene, der Erbinformation also, von einer Generation zur nächsten. Bereits im Moment der Befruchtung ist in der winzigen Eizelle der »Bauplan« für das neue Leben vorhanden, und in neun Monaten kann dank der Gene ein Mensch entstehen. Seine Eigenschaften werden von vielen äußeren Einflüssen, aber auch von seinen Erbinformationen bestimmt.

**Das Wunder der Vererbung über Generationen: Von den Großeltern über die Eltern zu den Kindern.**

## Die Chromosomen

Die Gene sind wie Perlen in fadenförmigen Gebilden, den Chromosomen, aufgereiht. Ihr Träger dort ist die Desoxyribonukleinsäure (DNS), die wie eine gedrehte Strickleiter aussieht.

Im Kern jeder Zelle des menschlichen Körpers befinden sich 46 Chromosomen, darunter zwei für die Geschlechtsbestimmung und -entwicklung, die ihrer Form nach als X- bzw. Y-Chromosom bezeichnet werden. Jede gesunde Frau hat zwei X-Chromosomen, jeder gesunde Mann ein Y- und ein X-Chromosom. Mit Ausnahme des X- und des Y-Chromosoms beim Mann sind sich jeweils zwei Chromosomen ähnlich; es können daher 23 Chromosomenpaare gebildet werden.

## Der Vorgang der Zellteilung

Teilt sich eine Zelle, so muß sie immer erst ihre Chromosomen verdoppeln, damit aus ihr zwei Tochterzellen mit derselben Erbinformation hervorgehen können (Mitose).

Die Zellteilung zur Reifung von Geschlechtszellen – Eizellen bei der Frau und Samenzellen beim Mann – verläuft etwas anders. Denn hätten beide Geschlechtszellen jeweils 46 Chromosomen, so würde, wenn sie bei der Befruchtung verschmelzen, eine Zelle mit 92 Chromosomen entstehen. Deswegen wird bei der Bildung von Ei- und Samenzellen der Chromosomensatz zwar verdoppelt, dann aber auf vier Zellen verteilt (Meiose). Jede der nun entstandenen reifen Geschlechtszellen enthält demnach nur den halben Chromosomensatz. Die befruchtete Eizelle wird also 23 Chromosomen vom Vater und 23 von der Mutter enthalten; je ein mütterliches und ein väterliches Chromosom werden ein Paar bilden.

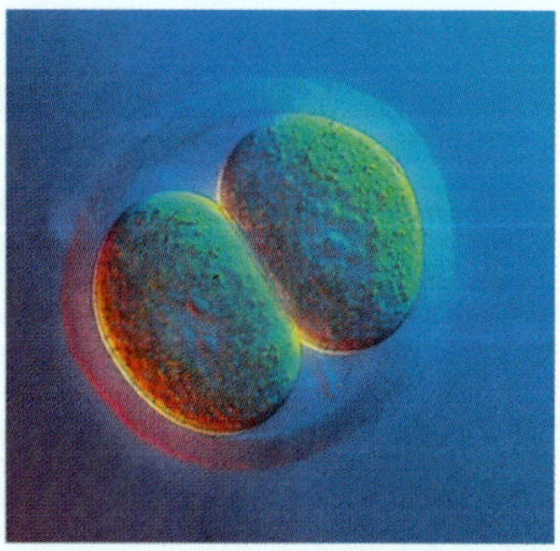

**Die befruchtete Eizelle teilt sich das erste Mal – die Entwicklung zum Menschen kann beginnen.**

## Die Regeln der Vererbung

In den zwei Chromosomen eines Paares befinden sich nun Gene zu jeweils denselben Eigenschaften. Diese Gene können entweder zusammenwirken, oder das eine Gen kann das andere »unterdrücken«. Das »stärkere« Gen wird als dominant, das andere als rezessiv bezeichnet.

Ein Beispiel: Jeder Mensch besitzt eine der Blutgruppen A, B, AB oder 0. Die Anlagen für die Blutgruppen A oder B sind dominant, die Anlage für die Blutgruppe 0 rezessiv. Überträgt der Vater das Gen für Blutgruppe A, die Mutter für Blutgruppe B, so wirken die Gene kodominant: Das Kind erhält die Blutgruppe AB. Gibt der Vater das Gen für Blutgruppe 0 weiter, so wird das Kind

die Blutgruppe B ausbilden, da sich B dominant zu 0 verhält. Nur wenn beide Elternteile ihm die Information für die Blutgruppe 0 mitgeben, erhält das Kind auch die Blutgruppe 0.
Ein Leiden wird dann dominant vererbt, wenn bereits ein Elternteil daran erkrankt ist. Bei einem rezessiven Erbleiden wird das krankmachende Gen von dem Gen des gesunden Partners überdeckt. Nur wenn beide Elternteile das krankmachende rezessive Gen besitzen, kann das Kind mit einem Risiko von 25 Prozent erkranken. Die Wahrscheinlichkeit, daß sich zwei Partner mit der gleichen, rezessiv vererbbaren Krankheit finden, ist allerdings gering.

## Veränderungen der Gene

Sprunghaft auftretende Veränderungen in der Erbinformation werden Mutationen genannt. Die evolutionäre Entwicklung des Menschen und die immer bessere Anpassung an die umgebende Lebenswelt basieren auf »erfolgreichen« Mutationen. Veränderungen der Gene können aber auch zu Krankheiten führen.
Substanzen, die Mutationen begünstigen, werden als Mutagene bezeichnet. Es sind dies beispielsweise verschiedene Viren, Chemikalien, Röntgenstrahlen oder radioaktive Strahlung. Auch von vielen krebserregenden Substanzen wird angenommen, daß sie als Mutagene wirken.
Mutationen können harmlos sein, aber auch zu starken Zellveränderungen führen. Röntgenstrahlen können zum Beispiel zu einem völlig anderen Zellverhalten führen. Oft werden diese Zellen von unserem Abwehrsystem als fremd erkannt und abgetötet. Bleiben sie unbemerkt, so können sie Krankheiten auslösen. Mutationen können aber auch nur ganz kleine Stellen in einem Gen betreffen. In vielen Fällen kann eine solche Veränderung von der Zelle rückgängig gemacht werden.
Die Auswirkung einer Mutation hängt davon ab, welche Zelle betroffen ist: Handelt es sich um eine »normale« Zelle des Körpers, so bleibt die Veränderung auf eine Körperregion beschränkt. Ist eine Ei- oder Samenzelle betroffen, so hat die Mutation Folgen für den gesamten Organismus des daraus entstehenden Kindes.

## Chromosomenanalyse während der Schwangerschaft

Besteht der Verdacht, daß ein Kind an einem Erbleiden erkranken oder mit einer Behinderung geboren werden könnte, so kann während der Schwangerschaft eine Chromosomenanalyse vorgenommen werden. Auch Frauen über 35 Jahre sollten sich eine derartige Untersuchung überlegen, da bei ihnen das Risiko, ein Kind mit Down-Syndrom (→ Seite 408) zur Welt zu bringen, bereits erhöht ist. Immer sollten sich beide (Ehe-)Partner vor der Untersuchung mit dem möglichen Ergebnis und den eventuellen Konsequenzen auseinandersetzen. Zellen für die Analyse können aus dem Fruchtwasser, dem Mutterkuchen oder dem Blut des ungeborenen Kindes (aus der Nabelschnur) gewonnen werden.

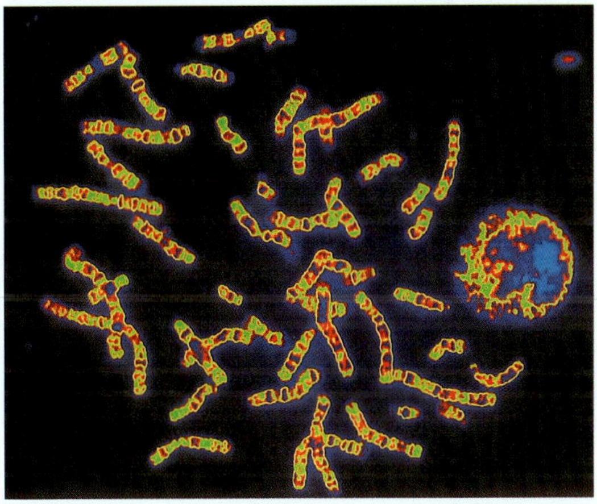

**46 Chromosomen hat normalerweise jeder Mensch in jeder Zelle, auch das Kind vor der Geburt.**

Die Zellen werden dabei so präpariert, daß die Chromosomen einzeln nebeneinanderliegen. Dann werden diese eingefärbt, mikroskopisch fotografiert und zu Paaren geordnet. Ob Anzahl, Form, Größe, Struktur der Chromosomen normal sind, kann so festgestellt werden. Anhand der X- und Y-Chromosomen kann das Geschlecht des ungeborenen Kindes bestimmt werden. Moderne Techniken erlauben heute, selbst kleinste Veränderungen in den Chromosomen nachzuweisen.

## Der normale Wachstumsprozeß

Unter Wachstum werden alle Vorgänge verstanden, die zu einer Zunahme von Länge, Größe, Gewicht und Reife des kindlichen bzw. jugendlichen Körpers führen. Diese Vorgänge werden von der Erbinformation (→ Seite 402), aber auch von Ernährung, allgemeinem Gesundheitszustand oder familiärem Umfeld beeinflußt. Wachstums- und Geschlechtshormone (→ Seite 504) spielen ebenfalls eine wichtige Rolle.
Die Wachstumsgeschwindigkeit ist in den einzelnen Phasen des Kindes- und Jugendalters unterschiedlich hoch: Im ersten Lebensjahr legt ein Kind etwa 25 Zentimeter zu, im Schulalter nur noch 5 Zentimeter pro Jahr; in der Pubertät findet dann ein richtiger »Wachstumsspurt« statt. Da die Pubertät bei Mädchen früher einsetzt, überragen sie gleichaltrige Jungen eine Zeitlang. Mit der Körperlänge steigt auch das Gewicht, und die Körperproportionen verändern sich: Im Verhältnis zum Kopf, der bereits bei der Geburt 65 Prozent seines Endumfangs besitzt, wird der Körper größer, Arme und Beine länger.
In unserer Bevölkerung werden gesunde Mädchen heute im Mittel 166 Zentimeter und gesunde Jungen 178 Zentimeter groß.

## Familiärer Minderwuchs

▶ Symptome

➜ die Körpergröße liegt erheblich unter dem Durchschnitt, die Körperproportionen sind jedoch normal

Als familiärer Minderwuchs wird bezeichnet, wenn die Körpergröße eines Menschen erheblich unter dem Durchschnitt bleibt und seine Eltern ebenfalls klein sind. Erbliche Faktoren spielen eine Rolle, organische oder hormonelle Störungen liegen nicht vor.

### Ärztliche Behandlung

Es sollte unbedingt ausgeschlossen werden, daß eine andere Erkrankung den Minderwuchs verursacht. Eine medikamentöse Beeinflussung des Wachstumsprozesses ist nicht möglich.

### Selbsthilfe

Ist nicht möglich.

## Familiärer Großwuchs

▶ Symptome

➜ die Körpergröße liegt erheblich über dem Durchschnitt, die Körperproportionen sind jedoch normal

Übermäßiges Wachstum im Kindes- und Jugendalter und damit eine weit über dem Durchschnitt liegende endgültige Körpergröße weisen häufig auf eine erbliche Störung hin; Mädchen können heutzutage über 185 Zentimeter, Jungen über zwei Meter erreichen. Vor allem bei Mädchen kann die überdurchschnittliche Körpergröße zu psychischen und sozialen Problemen führen.

### Ärztliche Behandlung

Die Ursache für das übermäßige Wachstum sollte unbedingt abgeklärt werden. Ist eine extrem über dem Durchschnitt liegende Endgröße zu erwarten, so können im Kindesalter Geschlechtshormone (→ Seite 506) gegeben werden. Eine psychotherapeutische Behandlung kann sinnvoll sein.

### Selbsthilfe

Ist nicht möglich.

**Nicht alle Kinder wachsen gleich schnell. Ein paar Zentimeter weniger sind kein Grund zur Sorge!**

## Vorzeitige Pubertät

▶ Symptome

➜ vorzeitige Entwicklung der Geschlechtsorgane und beschleunigtes Wachstum

Aufgrund einer erhöhten Bildung von Geschlechtshormonen (→ Seite 506) kann es zu einer um mehrere Jahre vorgezogenen sexuellen Reifung (Pubertas praecox) kommen. Mädchen erkranken 6mal häufiger als Jungen. Neben erblichen Faktoren können hirnorganische Störungen wie Tumoren Ursache der vermehrten Bildung von Geschlechtshormonen sein.

Ärztliche Behandlung

Die Ursache für die vorzeitige Pubertät sollte auf jeden Fall abgeklärt werden. Die Behandlung kann mit Mitteln, die die Bildung oder Wirkung von Geschlechtshormonen hemmen, erfolgen.

Selbsthilfe

Ist nicht möglich.

## Unterfunktion der Schilddrüse (Hypothyreose) bei Kindern

Ausführliche Informationen zu dieser Störung, die Antriebsschwäche, rasche Erschöpfbarkeit, verzögertes Wachstum und verzögerte geistige Entwicklung bewirkt, finden Sie auf Seite 512.

## Konstitutionelle Entwicklungsverzögerung

▶ Symptome

➜ verzögertes Wachstum, verzögerte Pubertät und Kindlichkeit

Von einer konstitutionellen Entwicklungsverzögerung wird gesprochen, wenn die Pubertät erst zwei bis vier Jahre später als normal einsetzt (→ Seite 74/75) und die gesamte körperliche Entwicklung verzögert ist, so daß beispielsweise das Längenwachstum erst nach dem 20. Lebensjahr abgeschlossen wird. Möglicherweise beruht diese Abweichung auf einer Störung der Bildung von Wachstumshormonen (→ Seite 504). Oft findet sich bereits bei einem der Elternteile eine verzögerte Entwicklung.

Ärztliche Behandlung

Auf jeden Fall sollte die Ursache für die Entwicklungsverzögerung abgeklärt werden. Von großer Bedeutung sind die psychischen Auswirkungen: Die betroffenen Jugendlichen fühlen sich häufig minderwertig; Schulversagen, Depression oder Aggression sind die Folgen. Das Wissen darum, daß die Verzögerung zeitlich begrenzt ist, also keine bleibende »Krankheit«, und eine psychotherapeutische Begleitung (→ Seite 654) können ihnen helfen. Nur bei sehr starken psychischen Problemen sollte eine Behandlung mit Hormonen oder mit Mitteln, die den Muskelaufbau fördern, erwogen werden.

Selbsthilfe

Ist nicht möglich.

### Die normale Entwicklung

Jeder Mensch bildet im Lauf seiner Entwicklung vom Kind zum Erwachsenen eine Reihe von individuellen körperlichen, geistigen, emotionalen und sozialen Fertigkeiten aus (→ ab Seite 64).
Die einzelnen Fähigkeiten entwickeln sich zu unterschiedlichen Zeitpunkten, wann genau, variiert von Mensch zu Mensch. Bildet ein Kind eine Fähigkeit später als andere aus, muß es noch lange nicht »zurückgeblieben« sein. Vielleicht hat es seine Zeit anders genutzt und bereits etwas gelernt, was erst später »auf dem Programm steht«.
Von großer Bedeutung für die Entwicklung eines Kindes sind liebevolle Zuwendung und Verständnis auch in kritischen Lebensphasen sowie Förderung der individuellen Fertigkeiten durch Eltern, Familie und Schule (→ Seite 232).
Dies bestätigen die zahlreichen Entwicklungsstörungen, die als Folge mangelnder Hinwendung zu einem Kind auftreten. Angeborene Entwicklungsstörungen sind, insbesondere im geistigen Bereich, hingegen eher selten.
Sie können beispielsweise durch Stoffwechselerkrankungen, das Down-Syndrom (→ Seite 408), vorgeburtliche Infektionen (→ Seite 543) und schädigende Einflüsse während der Schwangerschaft (→ Alkohol, Medikamente, Seite 55) hervorgerufen werden.

## Hypospadie

**▶ Symptome**

- ➜ die Harnröhre mündet nicht wie normal auf der Eichel, sondern bereits vorher
- ➜ abgelenkter Harnstrahl
- ➜ eventuell schürzenförmig herabhängende Vorhaut und gekrümmter Penis

Die Hypospadie ist eine Fehlbildung, bei der je nach Form die Harnröhre nicht auf, sondern nur nahe der Eichel, am Penisschaft oder, in sehr schweren Fällen, nahe dem Hodensack mündet.

### Ärztliche Behandlung

Die Hypospadie kann durch eine Operation meist im Alter von ein bis zwei Jahren korrigiert werden. Hierbei wird der Penis gestreckt und eine Röhre aus Haut eingesetzt, die als neue Harnröhre dient und bis an die Penisspitze reicht. Die Operation verläuft in der Regel erfolgreich und beeinträchtigt weder Wasserlassen noch spätere sexuelle Betätigung.

### Selbsthilfe

Ist nicht möglich.

## Hodenhochstand

**▶ Symptome**

- ➜ ein oder beide Hoden sind zeitweise/dauerhaft im Leistenkanal und daher nicht im Hodensack tastbar

Der Hoden wird normalerweise zunächst in der Bauchhöhle des Ungeborenen ausgebildet und sinkt im Lauf der Schwangerschaft, spätestens des ersten Lebensjahres durch den Leistenkanal in den Hodensack ab. In manchen Fällen bleibt der Hoden aber im Leistenkanal stecken. Auch ein Hoden, der bis in den Hodensack abgesunken ist, kann infolge zu großer Beweglichkeit zeitweise in den Leistengang hinaufsteigen (Pendelhoden). Die Absenkung des Hodens bis spätestens zum Ende des ersten Lebensjahres ist außerordentlich wichtig für die spätere Zeugungsfähigkeit. Auch ist das Risiko, später einen bösartigen Hodentumor (→ Seite 415) zu bekommen, bei Kindern mit einem Hodenhochstand um ein Vielfaches höher als im Normalfall.

### Ärztliche Behandlung

Eine mehrwöchige Hormontherapie und/oder eine Operation, bei der der Hoden an die richtige Stelle im Hodensack gebracht wird, sind möglich.

### Selbsthilfe

Der Erfolg der Behandlung kann durch regelmäßiges Ertasten des Hodens überprüft werden.

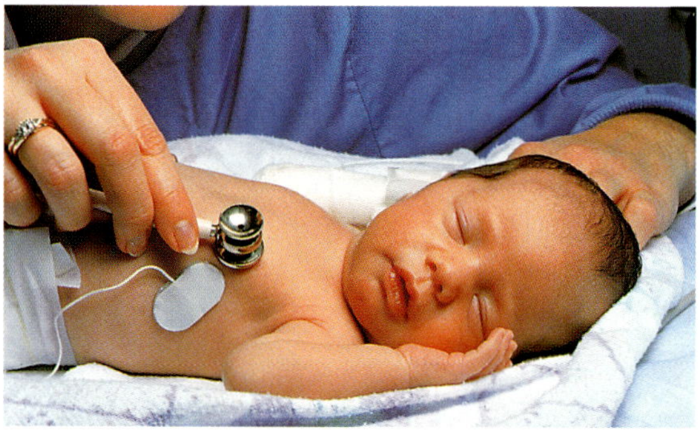

**Zur Vorsorge wird jedes Baby gleich nach der Geburt und nochmals einige Tage später genau untersucht.**

## Phimose (Vorhautenge)

**▶ Symptome**

- ➜ die Penisvorhaut kann nicht über die Eichel zurückgeschoben werden
- ➜ dünner Harnstrahl, aufgeblähte Vorhaut beim Wasserlassen

Bei der echten Phimose ist die Vorhaut zu eng, um über die Eichel zurückgeschoben werden zu können. Sie ist zu unterscheiden von der physiologischen Phimose, bei der Vorhaut und Eichel des Babys verklebt sind; die Vorhaut löst sich in diesem Fall meist bis zum Ende des dritten Lebensjahres von selbst.

### Ärztliche Behandlung

Bei einer einfachen Operation wird die Vorhaut unter Betäubung ringförmig beschnitten. Dadurch wird auch das Risiko gesenkt, später an einem Peniskrebs (→ Entzündung/Geschwülste am Penis, Seite 414) zu erkranken oder bei der Partnerin Gebärmutterkrebs zu verursachen (→ Seite 391).

### Selbsthilfe

Ist nicht möglich.

## Spina bifida (Spaltwirbel)

▶ Symptome
- ➜ Störungen vom Hinken bis hin zur Querschnittslähmung sind möglich
- ➜ Blasen- und Nierenprobleme

Die Wirbelkörper haben sich bei dieser Fehlbildung während der Entwicklung des Kindes im Mutterleib nicht vollständig um das Rückenmark (→ Seite 189) geschlossen. Bei der häufigsten Form, der Spina bifida occulta, ist ein Teil der Wirbelsäule offen, das Rückenmark jedoch nicht mißgebildet. Von außen ist oft nichts zu erkennen. Bei der Myelozele, der schwersten Form, wölbt sich das Rückenmark unbedeckt nach außen. Kinder mit einer Myelozele sind häufig an Beinen oder Füßen gelähmt. Hinzu treten oft eine übermäßige Flüssigkeitsansammlung im Gehirn (Wasserkopf) und Störungen der Nieren. Die Fehlbildung kann viele Gründe haben; seltene Ursachen sind die Behandlung mit Zytostatika in der Frühschwangerschaft oder Veränderungen der Chromosomen.

### Ärztliche Behandlung

In vielen Fällen ist eine Operation in den ersten Lebenstagen notwendig. Das Nervengewebe wird dabei vorsichtig in den Rückenmarkskanal verlagert und dieser verschlossen. Entwickelt sich ein Wasserkopf, so muß die Flüssigkeit abgesaugt oder abgeleitet werden, um einen Hirnschaden zu vermeiden. Kinder mit einer Bein- oder Fußlähmung bedürfen orthopädischer Behandlung.

### Selbsthilfe

Ist nicht möglich.

## Lippen-Kiefer-Spalte (Hasenscharte)

▶ Symptome
- ➜ vertikale Spaltung der Lippe und des Kiefers
- ➜ Trink-, Sprech- und Atemprobleme

Die Lippen-Kiefer-Spalte tritt ein- oder beidseitig auf; sie kann mit einer Gaumenspalte verbunden sein (Wolfsrachen). Durchschnittlich eines von tausend Neugeborenen ist betroffen; in einem Viertel der Fälle ist die Störung vererbt.

### Ärztliche Behandlung

Die kieferorthopädische Korrektur einer Gaumenspalte beginnt bereits in der ersten Lebenswoche mit dem Einsetzen einer Gaumenplatte. Eine Lippenspalte wird im Alter von zwei bis drei Monaten operiert; eine Kiefer- oder Gaumenspalte zwischen dem ersten und dritten Lebensjahr. Es werden meist einwandfreie kosmetische Ergebnisse erzielt. Nach Zahnbehandlung und Sprachtherapie erinnert kaum noch etwas an die ursprüngliche Fehlbildung.

### Selbsthilfe

Ist nicht möglich.

## Fehlbildung des Fußes (Klumpfuß)

▶ Symptome
- ➜ Ferse einwärts gedreht
- ➜ Fuß nach unten innen gekrümmt
- ➜ häufig Fehlbildung des Schienbeins und unterentwickelte Wadenmuskulatur

Hinter dem Namen Klumpfuß verbergen sich verschiedene Fehlbildungen des Fußes. Betroffen ist unter tausend Neugeborenen durchschnittlich eines, Jungen doppelt so oft wie Mädchen. Die Ursache eines angeborenen Klumpfußes ist unklar. In einem Fünftel der Fälle treten Fehlbildungen des Fußes in der Familie gehäuft auf.

Durch übermäßig starken Druck auf die Füße eines Kindes in der Spätschwangerschaft kann eine ähnliche Fehlhaltung entstehen (»Klumpfußhaltung«), die sich jedoch meist in kurzer Zeit und ohne Therapie normalisiert.

### Ärztliche Behandlung

Die Behandlung beginnt meist am ersten Lebenstag, da dann das Fußskelett und die Bänder noch formbar sind. Die Korrektur der Fußstellung erfolgt von da an stufenweise, um eine Schädigung des Gewebes zu vermeiden. Ab dem vierten Lebensmonat ist auch eine Verlängerung der Sehnen und Bänder möglich. Fußschienen und krankengymnastische Übungen unterstützen die Veränderung der Fußstellung.

### Selbsthilfe

Ist nicht möglich.

## Down-Syndrom

**▶ Symptome**

- ➜ körperliche und geistige Entwicklungsverzögerung, Intelligenzminderung (→ Seite 234)
- ➜ Herzfehler möglich, hohe Infektanfälligkeit
- ➜ flaches Gesicht, weit auseinander liegende Augen mit schräg gestellten Lidspalten, Hautfalte im inneren Augenwinkel (»Mongolismus«)
- ➜ kurze Finger, breiter Handteller

Normalerweise enthält jede Zelle des menschlichen Körpers 46 Chromosomen, von denen je zwei sich ähneln und ein Paar bilden (→ Seite 402). Beim Down-Syndrom hat jede Zelle jedoch drei statt zwei Chromosomen der Nummer 21 (daher auch der Name Trisomie 21). Die Ursache ist überwiegend eine Fehlverteilung der Chromosomen bei der Reifung der mütterlichen Eizelle. Mit dem Alter der Mutter nimmt die Wahrscheinlichkeit einer Fehlverteilung zu: Ist sie 36 Jahre alt, übersteigt die Wahrscheinlichkeit bereits ein Prozent und erreicht bei einem Alter von 44 Jahren etwa zehn Prozent. Deswegen wird Frauen über 35 Jahre eine Analyse der Chromosomen ihres ungeborenen Kindes empfohlen (→ Seite 403). Auf 600 bis 800 Neugeborene kommt ein Kind mit dem Down-Syndrom.
Das Mißverhältnis in der Erbinformation, das durch die Fehlverteilung der Chromosomen entsteht, beeinträchtigt die geistige und körperliche Entwicklung des Kindes. Die Sterblichkeit von Menschen mit dem Down-Syndrom ist in jedem Lebensalter erhöht, nur acht Prozent werden älter als 40 Jahre.

### Ärztliche Behandlung

Kinder mit Down-Syndrom können geistig und körperlich durch eine Vielzahl von Maßnahmen gefördert werden (→ Förderung ist das A und O). Körperliche Beeinträchtigungen können durch

## Förderung ist das A und O: Kinder mit Down-Syndrom

Die Entwicklung von Kindern mit Down-Syndrom wird wesentlich durch ihre Lebensbedingungen bestimmt: Liebevolle Zuwendung, Einbeziehung in das Familienleben und frühzeitig begonnene Förderungsprogramme ermöglichen es ihnen, sich über die Erwartungen hinaus zu entfalten. Fühlen sich die Kinder geliebt und geborgen, so wachsen sie zu warmherzigen, fröhlichen Menschen heran. Sie bejahen ihr Leben und sind in ihrer Welt glücklich – auch wenn andere Menschen sie häufig mit Ablehnung und Geringschätzung, bestenfalls mit Mitleid bedenken.
Unbedingt unterstützt werden sollte das meist ausgeprägte Musik- und Rhythmusverständnis der Kinder. Die körperliche Passivität kann mit frühzeitig begonnener Krankengymnastik abgebaut werden. Die sprachliche Entwicklung ist verzögert; eine spezielle Sprachtherapie kann helfen. Diese schafft zusammen mit speziellen Lernprogrammen die Grundlage für eine gute Verständigung. Gezielt gefördert, können Menschen mit Down-Syndrom selbständige Arbeiten übernehmen, auch wenn sie zeitlebens hilfsbedürftig bleiben. Kinder mit Down-Syndrom werden von »normalen« Kindern gern als Spielpartner akzeptiert. Auch hat sich gezeigt, daß sie sich in öffentlichen Schulen sehr gut entwickeln; leider wird ihnen jedoch der Zutritt sehr erschwert. Dies ist nur einer von vielen Gründen dafür, daß eine gezielte Aufklärung der Gesellschaft unerläßlich ist für die Akzeptanz und Förderung von Kindern mit Down-Syndrom.

**Die Gemeinschaft mit Gesunden ist für die Entwicklung von Kindern mit Down-Syndrom sehr wichtig.**

Operationen korrigiert werden. Durch rechtzeitige Impfungen sollte man den aufgrund des schwachen Abwehrsystems häufigen Infektionen vorbeugen.

### Selbsthilfe

Siehe Kasten → Förderung ist das A und O. Rat und Hilfe finden Sie beim bundesweiten Arbeitskreis Down-Syndrom (→ Adressen, Seite 798).

## Klinefelter-Syndrom

### ▶ Symptome

- → kleine Hoden, Ausbildung einer weiblichen Brust, Fehlen der männlichen Behaarung
- → überdurchschnittliche Körpergröße
- → in der Regel Unfruchtbarkeit

Normalerweise befinden sich in jeder Zelle des männlichen Körpers ein Y- und ein X-Chromosom (→ Die Chromosomen, Seite 402). Beim Klinefelter-Syndrom tritt daneben noch ein weiteres X-Chromosom. Dies ist die Folge einer Fehlverteilung der Geschlechtschromosomen bei der Bildung von elterlicher Ei- oder Samenzelle. Das überzählige »weibliche« Chromosom stört die Funktion der männlichen Keimdrüsen. Deshalb werden weniger männliche Geschlechtshormone (→ Seite 506) gebildet, wodurch die Entwicklung der männlichen Geschlechtsmerkmale beeinträchtigt ist. Unter 1000 Jungen werden ein bis zwei mit dem Klinefelter-Syndrom geboren.

### Ärztliche Behandlung

Der Mangel an männlichen Geschlechtshormonen kann durch die Verabreichung von Testosteron (→ Seite 506) ausgeglichen werden. Durch die Hormonbehandlung kann eine bessere Ausbildung von Bart, männlicher Körperbehaarung und tiefer Stimme erreicht werden. Unfruchtbarkeit, kleine Hoden und eher weibliche Körperformen bleiben jedoch erhalten. Gelegentlich machen Verhaltensstörungen eine psychotherapeutische Behandlung erforderlich. Eventuell auftretende Lernschwierigkeiten können meist durch eine spezielle Förderung ausgeglichen werden.

### Selbsthilfe

Ist nicht möglich.

## Ullrich-Turner-Syndrom

### ▶ Symptome

- → Minderwuchs
- → keine Brustentwicklung, keine Scham- und Achselbehaarung
- → keine Monatsblutung, Unfruchtbarkeit
- → Mißbildungen der inneren Organe möglich

Das Ullrich-Turner-Syndrom beruht auf einem »Irrtum« bei der Zellteilung kurz vor oder nach der Empfängnis: Bei ungefähr der Hälfte der Betroffenen ist statt der üblichen zwei nur ein X-Chromosom vorhanden (→ Seite 402), bei der anderen Hälfte gibt es zwar zwei X-Chromosomen, jedoch ist eines in seiner Struktur verändert.

In fast allen Fällen werden so starke Fehlbildungen bewirkt, daß die Kinder bereits im Mutterleib sterben. Die geborenen Kinder hingegen (etwa eines auf 2500 Mädchengeburten) können ein annähernd normales Leben führen.

Die Eierstöcke sind jedoch in aller Regel durch bindegewebige Stränge ersetzt; Unfruchtbarkeit ist die Folge. Eileiter, Gebärmutter und die äußeren weiblichen Geschlechtsorgane sind normal angelegt. Ohne Behandlung bleibt in der Pubertät der normale Wachstumsschub aus; ebenso die Ausbildung der Brust sowie der Scham- und Achselbehaarung. Die geistige Entwicklung verläuft in der Regel normal.

### Ärztliche Behandlung

Wenn das Ullrich-Turner-Syndrom bereits vor der Pubertät erkannt wird, kann das Körperwachstum durch eine längere Behandlung mit Substanzen, die den Muskelaufbau verstärken (Anabolika), eventuell in Kombination mit einem Wachstumshormon, gefördert werden. Ab dem 14. Lebensjahr werden über mehrere Monate hinweg weibliche Geschlechtshormone (→ Östrogene, Seite 506) gegeben, damit sich die Brust entwickelt und die Gebärmutter an Größe zunimmt. Danach wird eine regelmäßige Behandlung mit Östrogenen und Progesteron durchgeführt. Damit können Monatsblutungen ausgelöst werden, allerdings bleiben die Betroffenen fast immer unfruchtbar.

### Selbsthilfe

Ist nicht möglich.

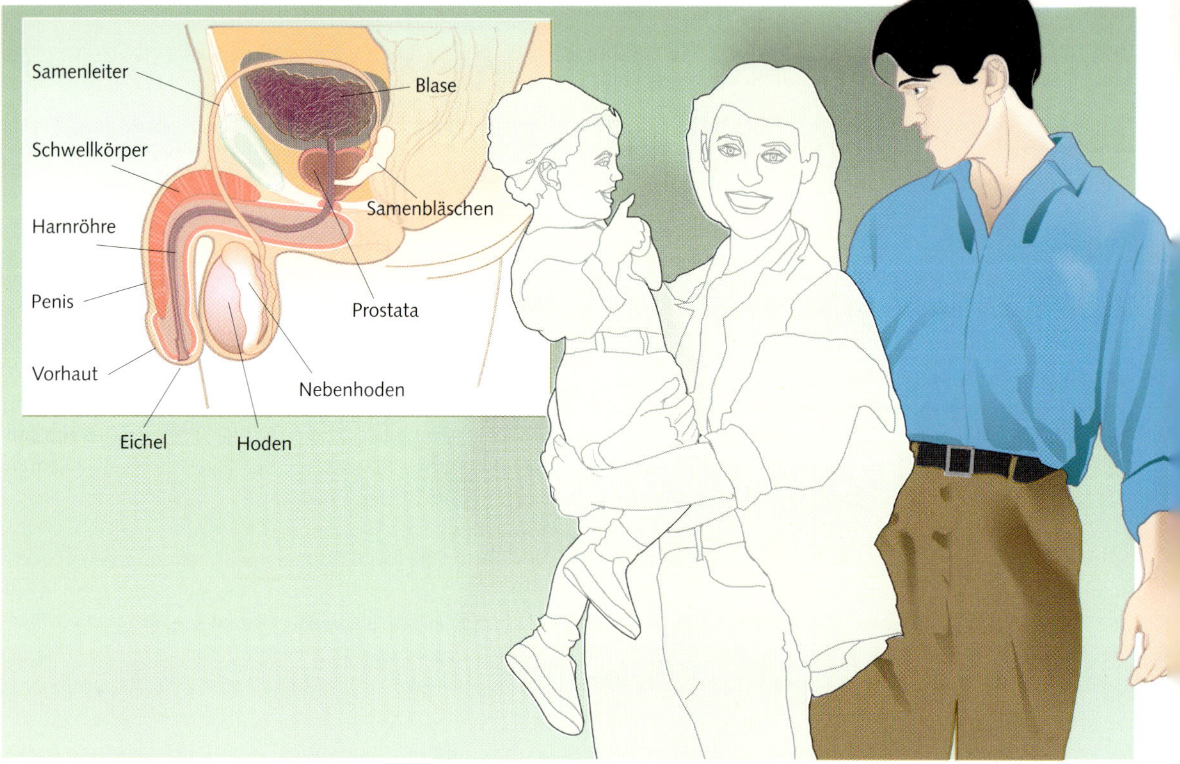


# Der männliche Körper

- **Aufbau der Geschlechtsorgane**
- **Die Rolle der Hormone**
- **Zeugungsfähigkeit des Mannes**

Der Penis und mit ihm die männliche Zeugungsfähigkeit gelten in fast allen Kulturen als Symbole der Schöpfungskraft und der Macht. Auch bei uns wird Selbstbewußtsein mit beidem verbunden: Wird das »sexuelle Leistungsziel« nicht erreicht, dann ist die Männlichkeit in Frage gestellt. Gedankliche und gefühlsmäßige Beschäftigung mit der eigenen Sexualität kann jedoch helfen, sich von Klischees zu lösen und persönliche Freiheit zu erlangen (→ Seite 38/39).

## Der männliche Körperbau

Im Durchschnitt sind Männer größer und schwerer als Frauen, haben einen massiveren Knochenbau und im Verhältnis zum Fettgewebe sehr viel mehr Muskelmasse. Ein schmales Becken und die sprichwörtlichen breiten Schultern gehören zu ihrer Statur – aber Ausnahmen bestätigen die Regel: Auch Männer können klein und rundlich sein.

## Die äußeren Geschlechtsorgane

Die beiden äußeren Geschlechtsorgane des Mannes sind das männliche Glied (Penis) und der Hodensack, in dem die beiden Hoden, die Nebenhoden und Teile der Samenleiter liegen.

### Der Penis

Der Penis besteht aus dem Schaft und der Eichel (Glans). An der Unterseite des Schaftes liegt die Harnröhre, die von der Harnblase und der Prostata (Vorsteherdrüse) kommt und an der Penisspitze mündet. Außerdem enthält der Penisschaft die Schwellkörper, die die Erektion ermöglichen. Die Eichel ist von der sogenannten Vorhaut bedeckt. Sie kann verengt sein, man spricht dann von einer Phimose (→ Seite 406), einer Vorhautenge. Keinesfalls sollte man bei einem neugeborenen Jungen, der eine Phimose hat, versuchen, die Vorhaut mit (»sanfter«) Gewalt zurückzuziehen. Durch eine kleine Operation kann die Vorhaut entfernt werden.

### Die Erektion des Penis

Wenn Penis und Hodensack durch Druck und Reiben gereizt werden und wenn der Mann sexuell erregt ist, werden spezielle Nervenzentren im Rückenmark stimuliert. Blut strömt vermehrt in die Schwellkörper ein; sie versteifen, und der Penis richtet sich auf. Er kann jetzt in die weibliche Scheide eindringen und mit dem Samenerguß (Ejakulation) die Samenzellen (Spermien) in die Nähe des Gebärmuttereingangs bringen. Nach dem Samenerguß fließt das Blut aus den Schwellkörpern ab, und der Penis erschlafft.

### Der Hodensack

Der Hodensack besteht aus Haut, Muskeln und verschiedenen bindegewebigen Schichten, die um die Hoden und Nebenhoden herum liegen. Normalerweise hängt die eine Seite des Hodensacks etwas tiefer als die andere. Daß die Hoden »außerhalb« des Körpers liegen, ist außerordentlich wichtig: Nur hier herrscht die für ihre normale Funktion richtige (etwas kühlere) Temperatur.

## Die inneren Geschlechtsorgane

Zu den inneren Geschlechtsorganen rechnet man die Hoden, die Nebenhoden und die Samenleiter sowie die Prostata und die Samenblasen.

### Hoden, Nebenhoden und Samenleiter

Die Hoden dienen der Produktion von Testosteron, dem wichtigsten männlichen Geschlechtshormon (→ Seite 506), sowie der Bildung und Reifung der männlichen Samenzellen. Diese Vorgänge beginnen in nennenswertem Ausmaß erst mit der Pubertät; sie werden von der Hirnanhangsdrüse gesteuert (→ Seite 504).
Gespeichert werden die Samenzellen vor allem im Nebenhoden, der eine Fortsetzung des Gangsystems des Hodens ist. Beim Samenerguß werden die Samenzellen vom Nebenhoden durch die Samenleiter bis zur Prostata hinauf und von dort durch die Harnröhre wieder hinunter, in den Penis, transportiert.

### Prostata und Samenblasen

Prostata und Samenblasen (Bläschendrüsen) gehören zu den Geschlechtsdrüsen des Mannes. Die länglichen Samenblasen liegen oberhalb der Prostata und münden in die Samenleiter. Sie sondern ein Sekret ab, das Fruchtzucker enthält und den Samenzellen als Energiequelle dient; es macht den Hauptanteil der Flüssigkeit beim Samenerguß aus.
Die Prostata, die aus 30 bis 50 einzelnen Drüsen besteht, ist ungefähr so groß wie eine Kastanie. Sie sitzt unter der Harnblase und umschließt einen Abschnitt der Harnröhre, mit der sie durch eine Reihe von Ausführungsgängen verbunden ist. Beim Samenerguß stellt sie ein dünnflüssiges, schwach saures Sekret her, das bewegungsfördernd auf die Samenzellen wirkt und den typischen Geruch der Samenflüssigkeit ausmacht.

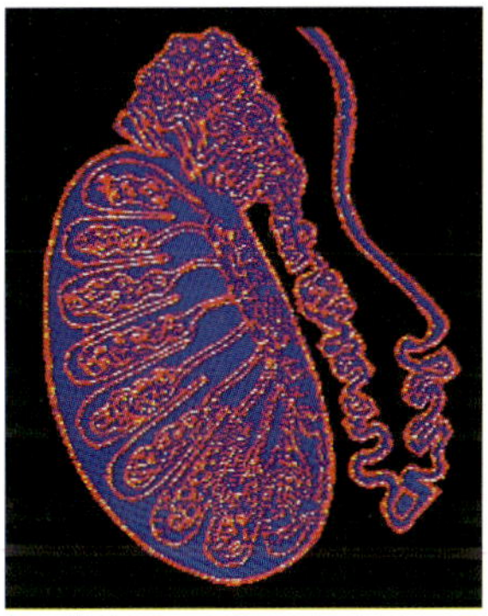

**Die im Hoden gebildeten Samenzellen werden im Nebenhoden (oben) gespeichert. Beim Samenerguß gelangen sie über den Samenleiter zur Prostata und von dort in den Penis.**

## Fruchtbarkeit und Sexualität

Während der Kindheit bilden die Hoden nur geringe Mengen des Geschlechtshormons Testosteron und noch keine funktionsfähigen Samenzellen.
Zwischen 10 und 16 Jahren setzt beim Jungen die Pubertät ein (→ Seite 74 und 401), in der die Geschlechtsorgane sich vollends entwickeln. Zeichen der Pubertät sind der Stimmbruch, die männliche Behaarung und die Veränderung der Statur.
Zwischen dem 20. und 30. Lebensjahr erreicht die Hodenfunktion ihre Höchstgrenze. Im Alter werden die Hoden wieder etwas kleiner, die Bildung von Testosteron und reifen Samenzellen – und damit die Zeugungsfähigkeit – bleibt jedoch meist bis ins hohe Alter erhalten.
Ein junger Mann kann Erektion und Orgasmus sehr schnell und häufig erreichen, im Lauf des Lebens verlängert sich die Phase bis zum Samenerguß.

# Notfälle

## Allgemein gilt

Suchen Sie bei starken Schmerzen im Hodenbereich und/oder Unterbauch sowie bei Verletzungen der Geschlechtsorgane schnellstmöglich einen Arzt auf.

## Hodenschwellung

▶ Symptome

➜ starke Schmerzen im Hodenbereich und Unterbauch; manchmal Übelkeit, Erbrechen, Fieber, Schweißausbrüche, Kreislaufreaktionen; Haut des Hodensacks gespannt

Sich rasch entwickelnde Schmerzen im Hodenbereich sind immer ein Alarmsignal. Wegen der Gefahr bleibender Schäden (Unfruchtbarkeit) müssen sie unbedingt vom Hausarzt oder Urologen abgeklärt werden. Neben anderem können Entzündungen und Abszesse des Hodens und Nebenhodens Ursache sein sowie Störungen des Blutflusses (Hodendrehung): Durch Drehung des Hodens im Hodensack können, vor allem bei Säuglingen und in der Pubertät, der Samenstrang und seine Blutgefäße abgeklemmt werden.

### Ärztliche Behandlung

Entzündungen werden meist mit Antibiotika behandelt. Bei einer Hodendrehung kann unter örtlicher Betäubung die Rückdrehung des Hodens mit der Hand versucht werden, ansonsten muß rasch operiert werden.

### Selbsthilfe

Kühlende Umschläge und Hochlagerung des Hodens lindern bei Entzündungen die Schmerzen und beschleunigen die Heilung.

## Spanischer Kragen (Paraphimose)

▶ Symptome

➜ schmerzhaftes Anschwellen der Eichel

Vor allem bei Kindern und Männern mit einer angeborenen Vorhautenge (→ Phimose, Seite 406) kann es nach einer Erektion oder Zurückstreifen der Vorhaut zu einem Schnürring kommen, der die Eichel schmerzhaft anschwellen läßt. Wird der Zustand nicht behandelt, kann es durch Durchblutungsstörungen zum Absterben der Eichel kommen.

### Ärztliche Behandlung

Der Arzt kann durch sanften Druck versuchen, die Vorhaut wieder vorzuschieben; führt dies nicht zum Erfolg, so muß der Schnürring operativ durchtrennt werden. Um ein erneutes Auftreten zu vermeiden, kann eine Vorhaut-Beschneidung sinnvoll sein.

### Selbsthilfe

Durch Fingerdruck auf die Eichel und leichte Massage können Sie versuchen, die Vorhaut wieder vorzuschieben; gelingt dies nicht, so sollten Sie schnellstmöglich einen Arzt aufsuchen.

## Dauererektion (Priapismus)

▶ Symptome

➜ akut auftretende, sehr schmerzhafte Dauererektion des männlichen Gliedes

Eine Dauererektion wird dadurch verursacht, daß die Funktion der zuständigen Nerven und Blutgefäße gestört ist. Auslösende Ereignisse sind Blutkrankheiten, manche Medikamente sowie Schädigungen des Nervensystems. Unbehandelt nimmt die Erektion nach etwa zwei bis drei Wochen wieder ab; durch Narbenbildung kommt es jedoch zur Impotenz.

### Ärztliche Behandlung

Behandelt wird durch Punktion (→ Seite 619) der Penisschwellkörper, Ablassen des Blutes und spezielle Medikamente; manchmal ist ein operativer Eingriff notwendig.

### Selbsthilfe

Ist nicht möglich. Dauert die Erektion länger als zwei Stunden, so sollten Sie unbedingt einen Urologen aufsuchen.

# Spezielle Untersuchungen

## Ein Rat vorweg

Der Gang zum Urologen wird von vielen Männern gemieden, da der Arzt einerseits in einen sehr intimen Lebensbereich eindringt, andererseits manche Untersuchung unangenehm sein kann. Je eher jedoch eine Erkrankung erkannt wird, desto besser sind die Heilungschancen – abzuwarten, bis die Beschwerden von selbst wieder vergehen, ist eine kurzsichtige »Lösung« des Problems.

## Äußere Untersuchung

Penis und Hoden werden vom Arzt auf krankhafte Veränderungen hin betrachtet und abgetastet. Schmerzlose Knoten und Schwellungen der Hoden können auf einen Tumor (→ Seite 415) hinweisen. Daher sollten Sie selbst die Hoden regelmäßig abtasten (→ Selbsthilfe, Seite 744).

## Ultraschall-Untersuchung

Mit dem Ultraschallgerät (→ Seite 620) können Nieren, Blase, Prostata und Hoden untersucht werden. So werden zum Beispiel Informationen über eine Prostatavergrößerung und deren Folgen (Restharn, Steine in der Blase) gewonnen.

## Untersuchung des Leistenkanals

Der Leistenkanal stellt die Verbindung zwischen Bauchhöhle und Hodensack dar. Normalerweise ist er so eng, daß nur der Samenstrang hindurchtreten kann, aber in manchen Fällen kann er sich auch erweitern, und ganze Darmschlingen können in den Hodensack gelangen. Diese als Leistenbruch oder Leistenhernie (→ Muskellücke mit Bruch, Seite 439) bezeichnete Erkrankung ist bei Männern häufig, kann aber durch die Untersuchung des Leistenkanals bereits frühzeitig erkannt werden: Der Arzt tastet dazu beim stehenden Mann mit dem Zeigefinger den Hodensack ab. Die äußere Öffnung des Leistenkanals ist dabei problemlos und ohne Schmerzen auszumachen. Hustet der Untersuchte, so kann der Arzt, wenn der Leistenkanal erweitert ist, Darmschlingen fühlen, die sich infolge des nun erhöhten Drucks im Bauchraum durch den Leistenkanal schieben.

## Untersuchung der Samenflüssigkeit

Kommt es trotz regelmäßigem Geschlechtsverkehr nicht zur Erfüllung eines Kinderwunsches, so kann eine Untersuchung der Samenflüssigkeit über die prinzipielle Zeugungsfähigkeit des Mannes Auskunft geben. Menge, Farbe und chemische Zusammensetzung eines Samenergusses sowie Zahl, Aussehen und Beweglichkeit der Samenzellen werden dabei untersucht. Mit speziellen Tests kann sogar die Befruchtungsfähigkeit der Samenzellen geprüft werden.

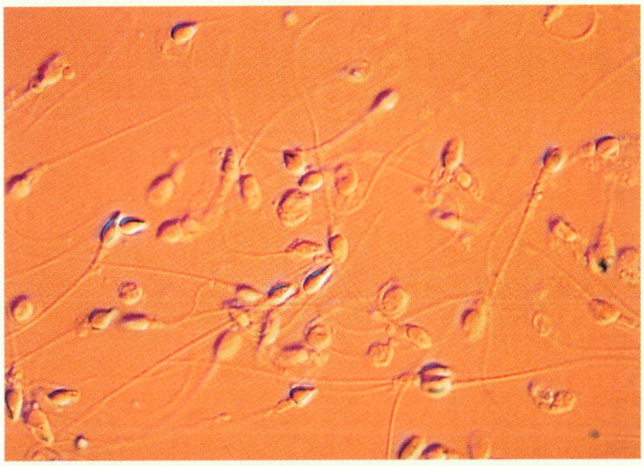

**In der Samenflüssigkeit werden Menge, Beweglichkeit und Reife der Spermien untersucht.**

## Abtasten der Prostata

Die Prostata sitzt unterhalb der Blase und ist am einfachsten durch Abtasten über den Enddarm zu untersuchen. Dazu führt der Arzt beim vorgebeugten oder knienden Mann den Zeigefinger (mit Handschuh und Gleitmittel) in den Enddarm ein und tastet die etwa kastaniengroße Drüse ab. Dies kann zwar etwas unangenehm sein, bereitet in der Regel aber keine Schmerzen. Auch Veränderungen des End- und Dickdarms (gut- und bösartige Geschwülste, Hämorrhoiden) können mit der Untersuchung erkannt werden.

## Krebsfrüherkennung

Informationen zur Untersuchung auf Krebs der Geschlechtsorgane, der Prostata und des Darms finden Sie auf Seite 609.

## Erektionsstörungen

► Symptome

➜ keine Erektion bei sexueller Erregung

Mangelnde Erektionsfähigkeit ist beim jungen Mann vorwiegend auf psychische, beim älteren am ehesten auf organische Ursachen zurückzuführen. Eine gewisse Rolle spielen Verletzungen, gelegentlich auch hormonelle Störungen.

### Ärztliche Behandlung

Es gibt medikamentöse Therapien, Operationen und mechanische Hilfen; auch eine sexualtherapeutische Beratung kann sinnvoll sein. Führt all das nicht zum Erfolg, so ist eine Penisprothese möglich.

### Selbsthilfe

Die potenzfördernde Wirkung einer Reihe pflanzlicher und tierischer Mittel ist umstritten.

## Gestörte Fruchtbarkeit

► Symptome

➜ trotz regelmäßigem Geschlechtsverkehr keine Schwangerschaft der Partnerin

In etwa der Hälfte der Fälle liegen die Gründe für die ungewollte Kinderlosigkeit beim Mann; er sollte sich aufgrund der aufwendigeren Abklärung bei der Frau (→ Seite 384) zuerst untersuchen lassen (→ Untersuchung der Samenflüssigkeit, Seite 413). Unfruchtbarkeit kann durch Störungen von Samenbildung oder Samentransport (Verletzungen; Entzündungen der Hoden, Nebenhoden, Samenblasen oder der Prostata) sowie durch psychische Faktoren verursacht werden (→ Seite 47).

### Ärztliche Behandlung

Je nach Ursache kann mit Hormontherapien oder operativen Maßnahmen behandelt werden. Auch eine Psychotherapie kann sinnvoll sein. Ist auf keinem dieser Wege Hilfe möglich, so kann eine künstliche Befruchtung erwogen werden (→ Seite 384).

### Selbsthilfe

Wie bei Frauen (→ Seite 385).

### Sterilisation des Mannes

Für Paare, die sicher wissen, daß sie keine Kinder mehr bekommen wollen, bietet sich als Verhütungsmethode die Sterilisation an. Sie ist sowohl beim Mann als auch bei der Frau (→ Seite 385) möglich. Der Eingriff kann beim Mann ambulant und unter einer örtlichen Betäubung vorgenommen werden.

Die Samenleiter im Hodensack des Mannes werden durch einen kleinen Schnitt freigelegt und durchtrennt. Das hormonelle System wird vom Eingriff nicht berührt, sexuelles Verlangen und die Fähigkeit zum Geschlechtsverkehr bleiben erhalten. Eine spätere Wiedervereinigung der Samenleiter ist möglich.

Die Wahrscheinlichkeit, daß die Fruchtbarkeit wiederhergestellt werden kann, nimmt mit dem zeitlichen Abstand von der ersten Operation ab.

## Entzündung/Geschwülste am Penis

► Symptome

➜ Juckreiz und Schmerzen unter der Vorhaut

➜ eventuell geschwürige oder blumenkohlartige Hautveränderungen und gerötete Schleimhaut an Eichel und Vorhaut

Vor allem durch mangelnde Hygiene, aber auch durch eine Vorhautverengung (→ Seite 406) kann es zu einer Entzündung von Eichel und Vorhaut kommen. Alle nicht abheilenden entzündlichen Veränderungen können auf Peniskrebs hinweisen!

### Ärztliche Behandlung

Eine Vorhautverengung sollte vorbeugend vom Arzt entfernt werden. Entzündungen heilen bei guter Hygiene meist von selbst ab.

Bei einem Peniskrebs hat eine frühzeitige Behandlung (Bestrahlung und operative Entfernung) die besten Chancen auf Erfolg.

### Selbsthilfe

Waschen Sie den Penis und insbesondere die Spitze jeden Tag gründlich. Dies schützt auch Ihre Partnerin vor Infektionen.

## Wasserbruch (Hydrozele)

▶ Symptome
➜ schmerzlose Geschwulst im Hodensack

Eine Hydrozele ist ein flüssigkeitsgefüllter Hohlraum, der im Hoden liegt. Diese gutartige Veränderung kann nach Entzündungen und Verletzungen auftreten. Aber auch hoher Druck im Bauchraum bei bestimmten Erkrankungen kann unter Umständen zu einer Hydrozele führen.

### Ärztliche Behandlung
Bei zunehmender Größe ist eine Punktion (→ Seite 618) oder Operation sinnvoll.

### Selbsthilfe
Ist nicht möglich.

## Krampfaderbruch (Varikozele)

▶ Symptome
➜ weiche, im Hodensack strangförmig tastbare Geschwulst; ziehende, ausstrahlende Schmerzen

Unter einer Varikozele versteht man eine Erweiterung und Verlängerung des Venengeflechtes im Hodensack. Auf Dauer kommt es zu einer Verkleinerung des betroffenen Hodens, auch die Zahl und Qualität der Samenzellen nimmt ab.

### Ärztliche Behandlung
Bei Beschwerden oder Kinderwunsch sollte eine Varikozele behandelt werden. Dies kann durch eine Krampfaderverödung oder einen kleinen operativen Eingriff geschehen.

### Selbsthilfe
Ist nicht möglich.

## Hodenentzündung

→ Hodenschwellung, Seite 412

## Sexuell übertragbare Krankheiten

→ Seite 387

## Nebenhodenentzündung

▶ Symptome
➜ Schwellung des Hodensacks, starke Schmerzen, oft in die Leiste und den Unterbauch einstrahlend

Eine Entzündung des Nebenhodens ist recht häufig. Ursache sind vor allem Infektionen der unteren Harnwege, die über die Samenleiter weitergegeben werden. Ein Dauerkatheter kann die Entstehung einer Entzündung begünstigen.

### Ärztliche Behandlung
Behandelt wird mit Antibiotika, meist in Verbindung mit fiebersenkenden, entzündungshemmenden Mitteln. Im akuten Stadium ist Bettruhe nötig.

### Selbsthilfe
Begleitend zur ärztlichen Behandlung können Sie den Hodensack hochlagern und kühlen.

## Hodentumoren

▶ Symptome
➜ schmerzlose Schwellung oder ein tastbarer derber Knoten im Hodensack; hormonelle Störungen

Hodentumoren sind meistens bösartige Veränderungen, die vor allem im jüngeren Erwachsenenalter auftreten. Die genauen Ursachen sind unbekannt; Kinder mit einem angeborenen Hodenhochstand (→ Seite 406) haben ein erhöhtes Risiko für einen bösartigen Hodentumor.

### Ärztliche Behandlung
Lassen Sie auch eine gutartige Veränderung, eine Hodendrehung (→ Hodenschwellung, Seite 412) oder eine → Nebenhodenentzündung immer vom Urologen abklären. Bösartige Hodentumoren müssen operativ entfernt werden und/oder bestrahlt bzw. medikamentös behandelt werden.

### Selbsthilfe
Untersuchen Sie Ihren Hoden regelmäßig selbst (→ Seite 744) und nehmen die Früherkennungsuntersuchungen in Anspruch (→ Seite 609).

## Akute Entzündung der Prostata

▶ Symptome
- ➜ häufiges und schmerzhaftes Wasserlassen
- ➜ Schmerzen im Dammbereich und beim Stuhlgang
- ➜ Fieber (eventuell mit Schüttelfrost)

Bei Infektionen der Harnröhre, der Blase oder der Samenwege kann es auch zu einer bakteriellen Entzündung der Prostata kommen.

### Ärztliche Behandlung

Die Diagnose wird durch das Abtasten der Prostata sowie den Nachweis von Bakterien und Eiter im Urin gestellt. Um zu verhindern, daß sich ein Abszeß ausbildet oder eine → chronische Entzündung entsteht, wird die akute Entzündung der Prostata mit Antibiotika behandelt. Ergänzend werden meist entzündungshemmende Medikamente gegeben.

### Selbsthilfe

Bettruhe, milde Abführmittel und kühlende Umschläge sind ergänzend zur ärztlichen Behandlung sinnvoll. Auf Geschlechtsverkehr und körperliche Betätigung sollten Sie bis zur Abheilung der Entzündung verzichten.

## Chronische Entzündung der Prostata

▶ Symptome
- ➜ häufiges und schmerzhaftes Wasserlassen, Blasenkrämpfe, möglicherweise trüber, blutiger oder übelriechender Urin
- ➜ Beschwerden im Damm- und Afterbereich (Druckgefühl, Darmkrämpfe, Stuhlunregelmäßigkeit)
- ➜ häufig Potenzstörungen und Verlust des sexuellen Verlangens aufgrund von Schmerzen beim Geschlechtsverkehr

Wird eine → akute Entzündung der Prostata nicht ausreichend behandelt, so kann sich eine chronische Entzündung entwickeln.
Die genannten Symptome treten auch bei der sogenannten Prostatopathie auf, einer vegetativen Störung (→ Das vegetative Nervensystem, Seite 187) ohne organische Veränderungen.

### Ärztliche Behandlung

Bei bakterieller Ursache ist eine Behandlung mit Antibiotika erfolgversprechend. Eine Prostatopathie kann mit beruhigenden und durchblutungsfördernden Mitteln, Sitzbädern und milder Hydrotherapie (→ Seite 722) behandelt werden.

### Selbsthilfe

Je nach den im Vordergrund stehenden Beschwerden sind kühle Umschläge, eher warme Sitzbäder sowie die Einnahme krampflösender oder schmerzstillender Zäpfchen hilfreich; der Stuhlgang sollte weich sein.

## Vergrößerung der Prostata / Prostata-Adenom

▶ Symptome
- ➜ »Startschwierigkeiten« beim Wasserlassen, Unterbrechung des Harnstrahls
- ➜ unvollständige Blasenentleerung, Harntröpfeln
- ➜ häufiges Wasserlassen, nächtlicher Harndrang

Die kastaniengroße Prostata (Vorsteherdrüse) liegt unter der Blase und umgibt einen Teil der Harnröhre. Bei Männern über 50 Jahre wächst sie infolge gutartiger Wucherungen oft bis zur Größe eines Tennisballs an, vermutlich durch Veränderungen des Hormonhaushalts im höheren Lebensalter. Beschwerden beim Wasserlassen treten auf, der Abstand zwischen den Blasenentleerungen wird immer kleiner, auch nachts muß der Betroffene häufiger zum Wasserlassen aufstehen. Vereinzelt kann es zu einem schmerzhaften Harnverhalt und Blut im Urin kommen. Wegen der Gefahr der Harnsteinbildung sowie aufsteigender Niereninfektionen sollte man bei genannten Beschwerden unbedingt zum Arzt gehen. Die Vergrößerung der Prostata ist durch eine Tastuntersuchung und eine Ultraschallaufnahme meist problemlos festzustellen, eine Gewebsentnahme dient dem Ausschluß eines (manchmal auch gleichzeitig vorliegenden) → Prostatakrebses.

### Ärztliche Behandlung

Die Behandlung richtet sich nach dem Stadium der Vergrößerung. Ist das Adenomleiden noch nicht sehr ausgeprägt, so können Medikamente und pflanzliche Mittel (Roggenpollen, Brennessel, Kürbissamen, Beta-Sitosterine) helfen. Ist die Vergrößerung vorangeschritten, so kann ein operativer Eingriff die Beschwerden bessern.

**Kürbiskerne sind ein gutes pflanzliches Mittel zur Vorbeugung und Behandlung von Prostata-Leiden.**

### Selbsthilfe

In frühen Stadien können verschiedene Selbsthilfemaßnahmen die Beschwerden lindern; eine Verkleinerung der Prostata kann man jedoch nicht erreichen. Scharf gewürzte Speisen, überreichlich Kaffee und Alkohol sollte man meiden. Zusätzlich kann man Sitzbäder, heiße und kalte Umschläge, oben genannte pflanzliche Mittel sowie wassertreibende Tees anwenden. Eine geregelte Darmtätigkeit, reichliche körperliche Bewegung und Schutz vor Auskühlung des Unterkörpers gelten als hilfreich.

## Prostatakrebs

### ▶ Symptome

- ➜ Beschwerden beim Wasserlassen wie beim → Prostata-Adenom
- ➜ Blut im Urin (selten)
- ➜ bei Tochtergeschwülsten Schmerzen in Wirbelsäule (»Ischias«, »Kreuzschmerzen«) und Becken

Prostatakrebs ist bei Männern im höheren Lebensalter häufig. Er wächst langsam und macht sich meist erst spät durch körperliche Beschwerden bemerkbar. Neben anderen Risikofaktoren spielt fettreiche, ballaststoffarme Ernährung eine Rolle – Vegetarier erkranken selten an Prostatakrebs.

### Ärztliche Behandlung

Da der Krebs in der Außenzone der Prostata wächst, ist er über den Enddarm tastbar; durch eine Gewebsentnahme und Laboruntersuchungen wird die Diagnose abgesichert. Liegt tatsächlich ein Krebs vor, so sollte die Prostata entfernt werden.

### Selbsthilfe

Besonders wichtig ist die jährliche Untersuchung zur Krebsfrüherkennung (→ Seite 609). Eine ausgewogene, fettarme, vitamin- und ballaststoffreiche Ernährung sowie der Verzicht auf Alkohol und Nikotin können den Krebs allein zwar nicht heilen, aber in Ergänzung mit der ärztlichen Behandlung die Selbstheilungskräfte des Körpers stärken.

## Die Operation der Prostata

Um Wucherungen bei einem → Prostata-Adenom zu entfernen, gibt es zwei Möglichkeiten: die heutzutage in den meisten Fällen angewandte Operation durch die Harnröhre (transurethrale Prostatektomie) oder die bei sehr stark vergrößerter Prostata durchgeführte offene Operation mit Hilfe eines Bauchdeckenschnitts.

- Bei der transurethralen Prostatektomie wird ein dünnes Rohr, ein sogenanntes Resektoskop, in die Harnröhre eingeführt. Das Gewebe, das entfernt werden soll, wird Stück für Stück mit einem heißen Draht abgetragen und durch das Resektoskop ausgespült. Die Potenz ist in der Regel nach der Operation unverändert, die Zeugungsfähigkeit bleibt jedoch nicht erhalten; Inkontinenz ist eine seltene Komplikation.
- Bei der offenen Operation wird das überschüssige Gewebe ausgeschält, die Prostatakapsel bleibt erhalten. Auch hier ist die Potenz in der Regel unverändert, die Zeugungsfähigkeit bleibt jedoch nicht erhalten.
- Bei einem → Prostatakrebs müssen die ganze Drüse und die Samenblasen sowie ein kleiner Teil der Blase und der Harnröhre entfernt werden. Auch hier ist die wesentliche, wenn auch nicht sehr häufige Komplikation die Inkontinenz. In fortgeschrittenen Fällen müssen Nervenfasern, die für die Erektion wichtig sind, durchtrennt werden, so daß es zur Impotenz kommt.

# Muskeln und Knochen

Leben ist Bewegung, ob im Kleinen oder Großen: Alles dreht sich, verändert sich, bewegt sich. Wie – das hängt vom »Bauplan« ab, und der ist beim Menschen davon bestimmt, daß er auf zwei Beinen läuft. Knochen und Muskeln, Sehnen und Bänder sorgen für die nötige Stütze und ein harmonisches Zusammenspiel. Doch schon mancher hat leidvoll erfahren, daß sie dieser Aufgabe nicht immer gewachsen sind. Umso wichtiger ist es, etwas für seine Beweglichkeit zu tun, denn: Jeder ist so jung wie seine Gelenke!

# Inhalt

Knochenstruktur

# Wissenswertes über Muskeln und Knochen

Bewegung ist ein Kennzeichen alles Lebendigen. Selbst Organismen, die nur aus einer Zelle bestehen, haben oft »Organe«, die ihnen eine einfache Fortbewegung ermöglichen. Und sogar Pflanzen, die fest verwurzelt an immer der gleichen Stelle stehen, bewegen sich – zwar anders als Menschen und Tiere, aber auch Wachsen, Blühen und Vergehen sind mit Bewegung verbunden.
Die Reichweite der Bewegung bzw. der Fortbewegung von höheren Lebewesen ist abhängig von verschiedenen Faktoren. Ein ganz wesentlicher ist der Aufbau des Bewegungsapparates, also der Knochen, Gelenke und Muskeln. Einzigartig im ganzen Tierreich ist die Fortbewegungsstrategie, die wir Menschen entwickelt haben: nämlich immer aufrecht und auf nur zwei Beinen durchs Leben zu gehen. Das hat Vor- und Nachteile. Zum einen war das Aufrichten des Körpers im Laufe der Evolution zweifellos eine der Voraussetzungen dafür, daß das Gehirn sich weit über das von verwandten Menschenaffen hinaus entfalten konnte. Zum anderen aber haben wir im Vergleich mit unseren gelenkigen Vettern einiges an Beweglichkeit eingebüßt, wenn auch – zumindest in unseren Augen – an Eleganz gewonnen. Typisch menschlich sind die Art der Kopfhaltung, der sanfte Doppelschwung der Wirbelsäule, das breite Becken und die gestreckten Beine. Aber auch Füße und (trotz aller anatomischen Ähnlichkeit) Hände unterscheiden sich deutlich von denen anderer Primaten: Der Fuß wurde – angepaßt an seine neue Hauptaufgabe – vom Greiffuß zum Standfuß umgestaltet; und die grazile, geschickte Hand des Menschen ist nicht nur ein vollendetes Greiforgan und Ausdrucksmittel der Körpersprache, sondern auch Sinnesorgan, mit dessen Hilfe wir die Welt im Wortsinn be-greifen.

## Ein Spiel mit festen Regeln

Bewegung ist ein äußerst komplexer Vorgang, bei dem immer drei Systeme zusammenwirken: Das *Willkürnervensystem* (→ Seite 186) steuert die Bewegung, indem es Reize an die Muskeln gibt. Die *Muskeln* sind der dynamische Teil des Bewegungsapparats. Indem sie sich auf Befehl des Gehirns an- und entspannen, führen sie Bewegungen in den

Muskeln sind ein Symbol für Gesundheit und Attraktivität – zumindest beim Mann.

Die quergestreifte Muskulatur gibt unserem Skelett den nötigen Halt.

Ausdauersport stärkt die Muskeln durch stetige gute Durchblutung.

Gelenken herbei. Das *Skelettsystem* – Knochen, Gelenke und Bänder – bildet den statischen Teil des Bewegungsapparates. Es gibt dem Körper die nötige Stabilität, um sich aufrecht zu halten, und ermöglicht ihm im Zusammenspiel mit der Muskulatur zugleich seine Beweglichkeit.

Jede Bewegung muß irgendwann bewußt erlernt und trainiert werden. Danach führt man sie »automatisch« aus und ist dazu in der Lage, seine Aufmerksamkeit gleichzeitig auch auf etwas anderes zu richten. Zum Beispiel kann man Fahrrad fahren und sich dabei unterhalten.

Die Muskeln sind so angeordnet, daß sie das Gelenk nicht nur zur Bewegung veranlassen, sondern gleichzeitig stabilisieren. Das bedeutet: Bei Beugung spannen sich die Beugemuskeln an, während sich gleichzeitig die Streckmuskeln entspannen. Tun sie das nicht oder nicht ausreichend, weil etwa der Bandapparat nicht mehr intakt ist oder weil das Gehirn bei Gelenkschmerzen dieses eigentlich ruhigstellen will, ist die Folge ein instabiles »Schlottergelenk«.

Das harmonische Zusammenspiel der verschiedenen Muskelgruppen ist die Grundvoraussetzung für gezielte Bewegungen. Besonders wichtig ist dies, wenn die Bewegung in Richtung Schwerkraft erfolgt, zum Beispiel wenn wir uns bücken. Dann leiten Beugemuskeln die Bewegung ein, die ab einem bestimmten Zeitpunkt von den Streckmuskeln gebremst werden muß, damit wir nicht zu Boden stürzen.

## Lebenslange Belastung

Die Kräfte, die auf Knochen und Gelenke einwirken, sind hoch. Zum Beispiel ruht unser ganzes Körpergewicht beim Stehen auf einer Fläche von nur wenigen Quadratzentimetern in den Sprunggelenken des Fußes. Beim Laufen und Springen vervielfacht sich der Belastungsdruck. Der Körper versucht, die Abnutzung so gering wie möglich zu halten, indem er die Gelenkfläche gleichmäßig auslastet und sie paßgenau aufeinanderstellt. Abweichungen von den bestmöglichen Körperachsen können angeboren, aber auch durch Unfälle oder falsche Körperhaltung bedingt sein. Was bei Kindern oder Jugendlichen mit Bewegungsmangel und schlechter Haltung anfängt, endet beim Erwachsenen mit Muskelverspannung und Bandscheibenvorfall. Vorbeugen ist besser als heilen, und deshalb heißt das medizinische Fachgebiet, das sich mit den Erkrankungen des Bewegungsapparates befaßt, Orthopädie, »Erziehung zu aufrechter Haltung«.

**Kinder haben einen ständigen natürlichen Bewegungsdrang, den man nicht unterdrücken sollte.**

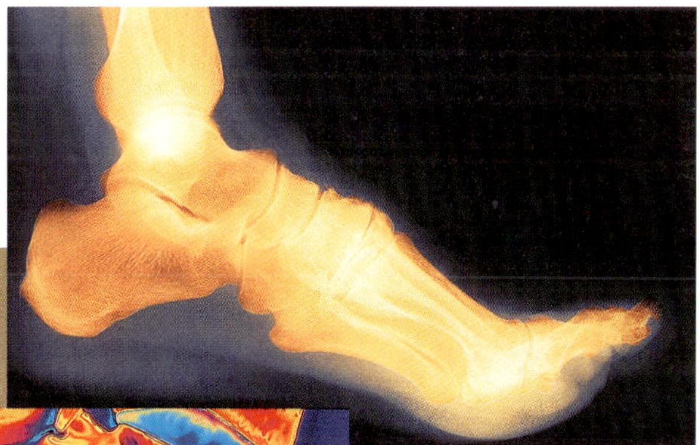

**Ein Wunderwerk der Statik sind unsere Füße, die auf so wenig Fläche so viel Gewicht tragen.**

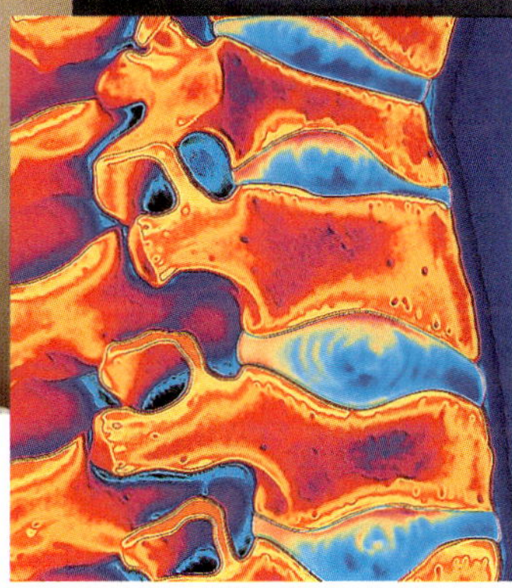

**Beweglich und stabil zugleich – die Wirbelsäule ist unsere Körperachse.**

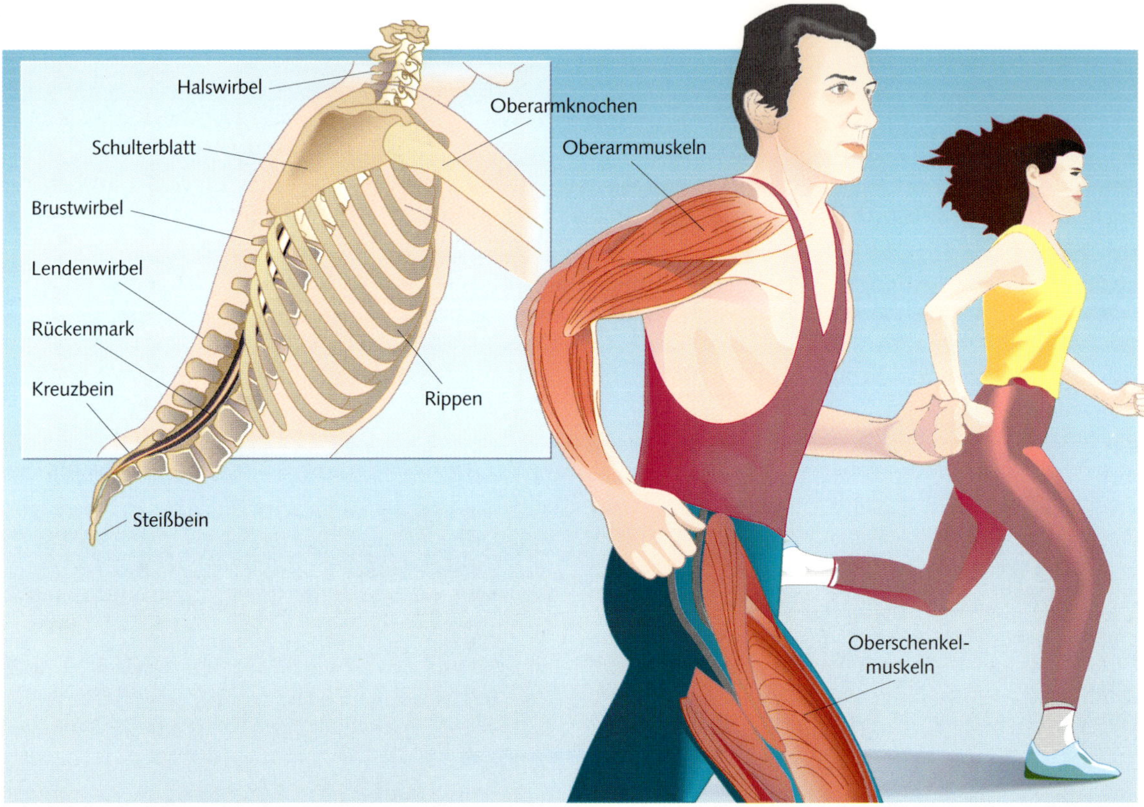


# Der Bewegungsapparat

- **Der Aufbau des Skeletts**
- **Knochen, Gelenke und Bänder**
- **Muskeln und Sehnen**

Das Skelett ist das Knochen- und Knorpelgerüst des Körpers, bestehend aus Schädel, Wirbelsäule, Brustkorb, Schulter- und Beckengürtel sowie den Gliedmaßen. Seine Aufgabe ist es nicht nur, dem Menschen eine stabile Form zu geben, sondern vor allem die Organe, Gehirn und Rückenmark zu schützen. Zusammen mit der Muskulatur bildet das Skelett den Bewegungsapparat des Menschen.

## Die Wirbelsäule

Das tragende Element des Skeletts ist die doppelt S-förmig geschwungene Wirbelsäule. Sie setzt sich aus 32 bis 34 Wirbeln zusammen: 7 bilden die Halswirbelsäule, 12 die Brustwirbelsäule und 5 die Lendenwirbelsäule. 5 weitere Wirbel sind zum eigentlichen »Kreuz«, dem Kreuzbein verschmolzen ebenso wie die 3 bis 5 Steißbeinwirbel.

Die einzelnen Wirbel haben die Form einer dicken Scheibe, dem Wirbelkörper, mit einer Art »Henkel«, dem Wirbelbogen. Die Wirbelbögen sind über kleine Gelenke miteinander verbunden, zu denen die Fortsätze gehören, die man spürt, wenn man mit dem Finger über die Wirbelsäule fährt. Doch nicht nur diese Gelenke sorgen für die Beweglichkeit der Wirbelsäule, sondern auch die Bandscheiben. Diese liegen als »Pufferzone« jeweils zwischen zwei Wirbelkörpern, mit denen sie verwachsen sind. Sie bestehen aus einem festen Faserring rund um einen gallertartigen Kern.

Die »übereinandergetürmten« Wirbelbögen bilden einen Kanal, in dem das Rückenmark geschützt liegt. Zwischen den Wirbeln zweigen aus dem Rückenmark Nerven ab, die zum Beispiel Bewegungsimpulse an die Arm- und Beinmuskulatur weiterleiten.

## Die Gliedmaßen

Arme und Beine des Menschen sind prinzipiell gleich aufgebaut. Unterschiedliche Funktionen haben jedoch im Laufe der Evolution zu Abwandlungen des gemeinsamen Bauplans geführt. Während bei den Armen Beweglichkeit und Geschicklichkeit im Vordergrund stehen, ist es bei den Beinen die Stabilität. Die Gelenke des Beins haben deshalb einen geringeren Bewegungsspielraum als die des Arms, die Knochen und Muskeln sind um einiges dicker.
Besonders deutlich aber wird der Unterschied, wenn man Hände und Füße vergleicht. Beide bestehen zwar aus je 26 Knochen, doch die Beweglichkeit der einzelnen Knochen zueinander und damit die Geschicklichkeit beim Tasten und Greifen ist bei den Füßen weitgehend zurückgebildet. Sie garantieren vor allem unsere Standfestigkeit.
Die grundsätzliche Ähnlichkeit sieht man am deutlichsten noch an der Grundstruktur von Arm und Bein: Bei beiden ist je ein langer Röhrenknochen über ein Scharniergelenk mit zwei kleineren Knochen verbunden – einmal am Ellenbogen, das andere Mal am Knie. Unterschiedlich aber sind bereits die großen Gelenke: Der Oberschenkelkopf sitzt im Hüftgelenk fest in der tiefen knöchernen Pfanne der Beckenknochen. Der Oberarmkopf hingegen liegt am Schulterblatt in einer recht flachen Gelenkpfanne.

## Knochen und Gelenke

Je nach ihrer Aufgabe haben Knochen eine andere Form: Lange, grazile Röhrenknochen sind dort geeignet, wo Beweglichkeit wichtig ist, wie an den Fingern; kurze, oft würfelförmige Knochen formen elastische Gewölbe wie am Fuß, an der Handwurzel oder der Wirbelsäule. Plattenknochen umgeben schützend das Gehirn oder, wie am Becken, die Eingeweide.
Unabhängig von der Form ist der Aufbau jedoch immer der gleiche: Umhüllt von der von vielen Nerven durchzogenen, sehr schmerzempfindlichen Knochenhaut liegt der Knochen. Er besteht aus einer kompakten Rindenschicht und der sogenannten Bälkchensubstanz, in deren feinen Hohlräumen das blutbildende Knochenmark liegt.
Das Knochengewebe selbst besteht zu zwei Dritteln aus Kalksalzen wie Kalzium und zu einem Drittel aus Knochenzellen und den von diesen gebildeten Kollagenfasern. Die Kalkeinlagerung macht den Knochen hart, das Netz aus Kollagenfasern verleiht ihm Elastizität und erhöht seine Belastbarkeit. Die Knochenzellen sind sehr aktiv, das Balkenwerk wird ständig erneuert und an die Belastung angepaßt.
Knochen können unbeweglich miteinander verbunden sein, wie zum Beispiel die Schädelknochen, oder durch ein Gelenk, in dem die Knochenenden zusammenpassen wie Mörser und Stößel. Die Beweglichkeit zwischen den Gelenkflächen wird durch einen glatten Überzug aus Knorpelgewebe und einen Schmierfilm, den die Gelenkinnenhaut produziert, erreicht. Die Stabilität der Gelenke wird durch straffe Bänder und Gelenkkapseln aus relativ unelastischem Bindegewebe gewährleistet sowie durch die Muskulatur.

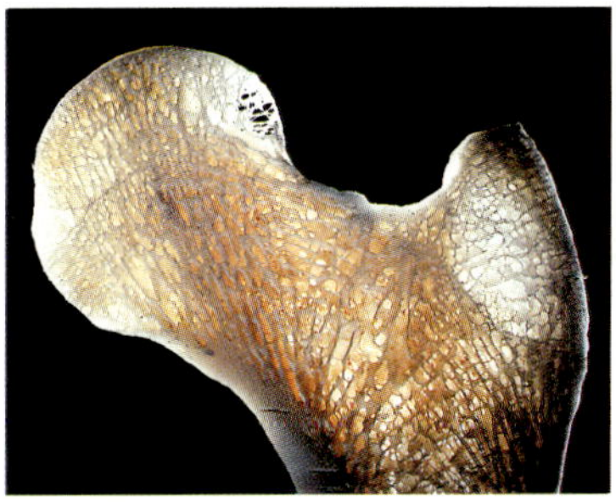

**Die vielen Bälkchen in einem gesunden Knochengerüst bewirken die enorme Belastbarkeit.**

## Muskeln und Sehnen

Muskeln sind der aktive Teil des Bewegungsapparates. Wir haben rund 700 davon. Wenn sie sich zusammenziehen, ziehen sie die Knochen, an denen sie über die Sehnen fest verankert sind, in ihre Richtung. Die Sehnen – straffe, wenig elastische Faserbündel – gleiten in einer lockeren Hülle, der Sehnenscheide, von der aus sie ernährt werden. Sie bestehen fast nur aus Kollagenfasern, die in die Knochenhaut übergehen und Muskeln und Knochen wie über zahllose winzige Seile miteinander verbinden.

## Das »Kreuz« mit dem Kreuz

Wer rastet, der rostet. Das gilt für den Bewegungsapparat in besonderem Maße. Das ist auch das beste Rezept für die Volkskrankheit Rückenschmerz – ganz gleichgültig, ob er der »Fluch des aufrechten Gangs« ist oder das Resultat von alltäglichem Streß und Anspannungen. Denn Muskeln verkümmern, Bänder verkürzen sich und Gelenke werden steif, wenn sie nicht gebraucht werden. Doch zuviel Sport verursacht Abnutzungserscheinungen an den Gelenken; es kommt wie immer auf das richtige Maß an.

# Notfälle

## Allgemein gilt

Veranlassen Sie einen Notruf, wenn Sie nach einem Unfall heftige Schmerzen haben, Ihre Bewegungsfähigkeit eingeschränkt ist oder ein Körperteil eine sichtbare Fehlstellung aufweist.

## Muskelzerrung/Muskelfaserriß/Muskelriß

**► Symptome**

- ➜ plötzlicher heftiger Schmerz in einem angespannten Muskel, auch als Folge eines Schlags/Tritts
- ➜ Schwellung, Bluterguß, tastbare Delle

Durch direkte Gewalteinwirkung oder durch sehr starkes, aktives Anspannen der Muskulatur (zum Beispiel beim Sport) kann ein Muskel überdehnt und gezerrt werden oder sogar einreißen (Muskelfaserriß). Selten reißt der Muskel ganz durch.

### Ärztliche Behandlung

Bei Verdacht auf eine Muskelzerrung, einen Muskel(faser)riß sollten Sie sofort zum Arzt. Durch Ultraschall kann eindeutig festgestellt werden, ob der Muskel bzw. wie weit er eingerissen ist. Die Therapie besteht aus Schonung des verletzten Muskels, Kühlung und entzündungshemmenden Schmerzmitteln. Krankengymnastik hilft, bleibende Muskelschäden zu verhindern.

### Selbsthilfe

Muskelzerrungen und Muskelfaserrisse zählen zu den häufigsten Sportverletzungen. Machen Sie immer Aufwärm- und Dehnübungen, bevor Sie mit dem Sport beginnen!

## Knochenbruch

**► Symptome**

- ➜ Schmerzen, Schwellung im Bereich des Bruchs
- ➜ Fehlstellung des gebrochenen Körperteils
- ➜ das verletzte Glied kann kaum bewegt werden

Knochenbrüche (→ Seite 426) ereignen sich meist bei Verkehrs-, Sport- oder Haushaltsunfällen. Bei älteren Menschen kann selbst geringe Gewalteinwirkung einen Bruch verursachen!

### Ärztliche Behandlung

Bei offenen Brüchen, bei denen der Knochen durch die Haut kommt, und bei Verletzungen der Wirbelsäule sollte der Transport unbedingt mit dem Krankenwagen erfolgen. Im Krankenhaus wird der Bruch geröntgt. Je nach Bruchart und Bruchstelle werden die Knochen, eventuell auch im Verlauf einer Operation, wieder eingerichtet und ruhiggestellt.

### Selbsthilfe

Bei der Erstversorgung ist es vor allem wichtig, den betroffenen Körperteil ruhig zu lagern. Wichtige Hinweise für Maßnahmen zur Ersten Hilfe finden Sie auf Seite 790.

## Kompartment-Syndrom

**► Symptome**

- ➜ unerträgliche Schmerzen im Bereich des Unterschenkels, selten des Unterarms
- ➜ meist sind die Schmerzen die Folge eines Unfalls, selten auch einer Überbelastung

An Unterschenkel und Unterarm sind die Muskeln in straffe Bindegewebshüllen eingebettet. Bei einer Blutung oder Schwellung engen diese Bindegewebshüllen die Muskulatur ein, um so mehr, wenn von außen ein straffer Gips dagegen drückt. Die Folge ist eine Minderdurchblutung, die zu einem Absterben des Muskelgewebes führen kann.

### Ärztliche Behandlung

Die straffe Bindegewebshülle muß bei Verdacht auf das Kompartment-Syndrom so schnell wie möglich operativ durchtrennt werden, andernfalls sterben Muskeln und Nerven ab.

### Selbsthilfe

Zur Erstversorgung kühle Umschläge.

# Spezielle Untersuchungen

## Die orthopädische Untersuchung

Bei der orthopädischen Untersuchung werden zunächst Stellung und Bewegungsumfang von Gelenken geprüft. Dann wird das Skelett untersucht, ob die Wirbelsäule gerade gewachsen ist, die Schultern gleich hoch stehen oder ob es Abweichungen von den normalen Körperachsen (X- oder O-Beine) gibt. Neben der Beweglichkeit muß auch die Stabilität von Gelenken untersucht werden (→ Der Bewegungsapparat, Seite 616).

## Bildgebende Verfahren

Auf *Röntgenbildern* sieht man Form und Struktur der Knochen und den sogenannten Gelenkspalt, den Raum zwischen den Knochen, der weitgehend von Knorpel ausgefüllt ist. Knorpel und Weichteile (zum Beispiel das Bandscheibengewebe), die Röntgenstrahlen fast ungehindert durchlassen, werden jedoch dadurch nicht abgebildet. Röntgenbilder sind bei der Diagnose von Knochenveränderungen (Brüche, Entzündungen, Tumoren) unverzichtbar. Verletzungen von Bändern oder Gelenkkapseln zeigen sich indirekt durch eine vermehrte Beweglichkeit der Knochen, wenn diese bei der sogenannten gehaltenen Aufnahme durch ein Gewicht auseinandergezogen werden. Der Nachteil der Röntgenaufnahmen ist – abgesehen von der Strahlenbelastung –, daß Weichteile und Knorpel nicht dargestellt werden können. Eine Sonderform ist die *Arthrographie,* die Röntgenaufnahme eines Gelenks mit Hilfe eines Kontrastmittels (→ auch Seite 622).

Die *Computertomographie,* kurz CT (→ Seite 623), ist eine Weiterentwicklung der Röntgenaufnahme, die es erlaubt, den Körper in feinen »Scheiben« zu untersuchen und neben Knochen auch die Weichteile darzustellen. So erkennt man im CT, ob ein Bandscheibenvorfall auf Rückenmark oder Nervenwurzeln drückt. Ferner mißt man damit die Knochendichte, also den Kalkgehalt des Knochens, um den Verlauf einer Osteoporose (→ Seite 428) zu beurteilen.

Die *Kernspin- oder Magnetresonanztomographie* (→ Seite 623) arbeitet nicht mit Röntgenstrahlen, sondern mit elektromagnetischen Feldern und ist besonders geeignet, Rückenmark, die Innenräume von Gelenken und Bandscheiben darzustellen.

Bei der *Sonographie* lassen sich Weichteile wie Sehnen, der knorpelige Hüftkopf eines Säuglings oder Gelenkergüsse mit Hilfe des Ultraschalls gut abbilden, eine Aussage über Knochenstrukturen ist allerdings nicht möglich.

Die *Skelettszintigraphie* basiert darauf, daß sich bestimmte radioaktive Stoffe dort im Knochen anreichern, wo dieser aufgrund von Entzündungen, Verletzungen oder Tumoren umgebaut wird (→ Die Szintigraphie, Seite 623).

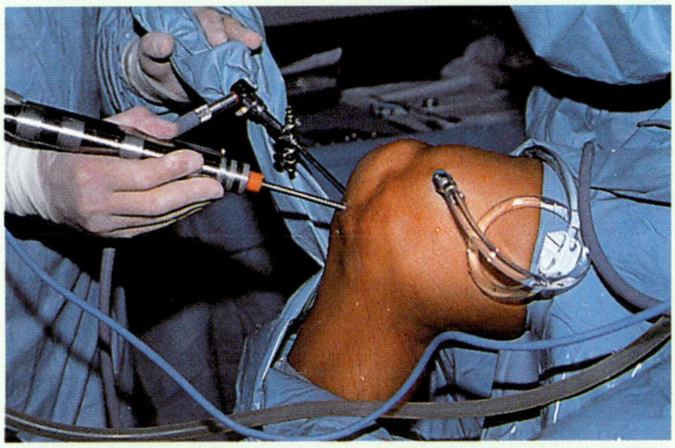

**Feine optische Instrumente ermöglichen bei einer Arthroskopie den Blick ins Innere des Knies.**

## Untersuchungen direkt im Gelenk

Bei einer *Gelenkpunktion* wird mit einer feinen Nadel Gelenkflüssigkeit aus der Gelenkhöhle entnommen und auf Entzündungen hin untersucht. Mit derselben Methode entfernt man bei Gelenkerguß die Flüssigkeit oder kann Medikamente direkt ins erkrankte Gelenk einbringen.

Bei der *Arthroskopie,* der Gelenkspiegelung, wird ein optisches Instrument in das Gelenkinnere eingeführt. So ist eine genaue Betrachtung von Gelenkflächen, Bändern oder Menisken und oft auch eine schonende Behandlung möglich. Dabei werden Muskeln, Bänder und Gelenkkapseln nicht durchtrennt, was die Heilung nach dem Eingriff erleichtert. Der Nachteil aller Verfahren, bei denen das Gelenk eröffnet wird, ist das Infektionsrisiko.

## Knochenbruch (Fraktur)

► Symptome
- ➜ Schmerzen, Schwellung
- ➜ sichtbare Fehlstellung des betroffenen Körperteils
- ➜ das verletzte Glied kann kaum bewegt werden

Knochen brechen, wenn sie einer auf sie einwirkenden Belastung nicht standhalten können. Das kann durch direkte oder indirekte Gewalt geschehen: bei einem Sturz, einem Unfall oder beim Sport. Wenn die Festigkeit der Knochen geschwächt ist, zum Beispiel durch Osteoporose (→ Seite 428), genügt oft schon eine leichte Überbeanspruchung. Bei älteren Menschen kann bereits ein an sich harmloser Sturz einen Bruch verursachen, meist am Oberschenkelhals! Von einem offenen Bruch spricht man, wenn der verletzte Knochen die Haut durchstoßen hat. Das kommt häufig bei Unterschenkelbrüchen vor, weil dort die Haut direkt über dem Knochen liegt.

### Ärztliche Behandlung

Wenn Schmerzen und die Unbeweglichkeit der betroffenen Gliedmaßen auf einen Bruch hinweisen, sollten Sie sofort zum Arzt. Das gilt bei älteren Menschen nach einem Sturz auch dann, wenn sie nur leichte Schmerzen im Bereich der Hüfte, des Oberschenkels oder der Wirbelsäule haben.
Die Behandlung eines Bruchs richtet sich nach der Bruchstelle und dem Schweregrad der Verletzung, den der Arzt anhand von Röntgenbildern genau beurteilen kann. Wenn möglich, wird »konservativ« behandelt, das heißt die Knochen werden ohne Narkose (aber mit örtlicher Betäubung) so zueinander eingerichtet, daß sie – bei gleichzeitiger Ruhigstellung durch Gips oder Schiene – wieder zusammenwachsen können. Bei schwierigen, eventuell auch gesplitterten Brüchen ist jedoch eine Operation nötig, um die Knochen wieder in die richtige Stellung zu bringen. (→ Nicht nur Gips und Schiene).
So bald wie möglich wird mit der Krankengymnastik begonnen, um Folgeschäden wie eine Verkürzung von Bändern und Sehnen, Muskelschwund oder eine Schrumpfung der Gelenkkapseln zu verhindern.

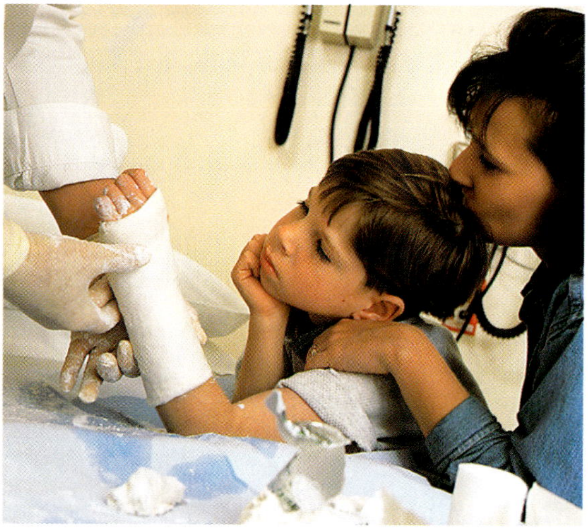

**Bei Kindern heilen Knochenbrüche doppelt so schnell wie bei Erwachsenen.**

In der Regel heilen Knochenbrüche gut, doch können sich auch Komplikationen ergeben, zum Beispiel wenn durch den Unfall, durch scharfe Knochensplitter oder durch einen zu straffen Gipsverband gleichzeitig Gefäße oder Nerven verletzt wurden. Wenn Sie einen Gips haben, sollten Sie bei Schmerzen und/oder Gefühlsstörungen an Zehen oder Fingern umgehend den Arzt aufsuchen, denn eine Schwellung des verletzten Körperteils unter dem Gips kann Gefäße und Nerven abklemmen.
Vor allem nach Unterschenkel- und Unterarmbrüchen kann es zum *Kompartment-Syndrom* (→ Seite 424) kommen, das – unbehandelt – zum Absterben von Muskeln und Nerven führt.
Eine andere Komplikation nach Knochenbrüchen, die vor allem bei älteren Frauen auftritt, ist das *Sudeck-Syndrom*, eine Durchblutungs- und Stoffwechselstörung im Bereich des Bruchs. Dadurch wird das Gewebe nicht mehr richtig versorgt, und es kommt in diesem Bereich zum Schwund von Muskeln, Knochen und Haut.

### Die häufigsten Bruchstellen

- Speiche über dem Handgelenk
- Schlüsselbein
- Oberarm – bei Kindern meist kurz über dem Ellenbogen, bei Erwachsenen unter der Schulter
- Unterschenkel
- Oberschenkelhals

Bei offenen Knochenbrüchen besteht verstärkt die Gefahr einer Knochenentzündung (→ Seite 429). Wenn sich der Bruchspalt durch ein Gelenk zieht oder die Knochen in einer anderen als ihrer natürlichen Form zusammenwachsen, kann auch ein vorzeitiger Gelenkverschleiß (→ Arthrose, Seite 434) die Folge sein. Knochenbrüche bei Kindern können ein vermindertes Knochenwachstum nach sich ziehen. Manchmal wachsen die Knochen jedoch aufgrund der gesteigerten Durchblutung stärker. In beiden Fällen kann daraus eine Beinlängendifferenz (→ Seite 444) oder eine Verbiegung der Beine resultieren.

### Selbsthilfe

Bei der Erstversorgung ist es vor allem wichtig, den verletzten Körperteil ruhig zu lagern. Dazu können Sie den Arm am Oberkörper oder das kranke Bein am gesunden mit einem Tuch schienen. Versuchen Sie nicht, den Bruch gerade zu richten, auch wenn er noch so schlimm aussieht, dabei könnten Gefäße und Nerven geklemmt werden. Außerdem verursacht es unnötige Schmerzen. Bei offenen Wunden sollten Sie einen sterilen Verband darüberlegen (nicht herumwickeln). Wichtige Hinweise für Maßnahmen zur Ersten Hilfe finden Sie auf Seite 790.

## Nicht nur Gips und Schiene

Knochenbrüche heilen nur, wenn jede Bewegung an der Bruchstelle verhindert werden kann. Zu diesem Zweck wird der betroffene Körperteil ruhiggestellt: entweder durch einen rundum geschlossenen Gips oder durch eine offene Gipsschiene. Dabei muß der Gips weit über die gebrochene Stelle hinausreichen, meistens schließt er die beiden benachbarten Gelenke mit ein. Neben dem klassischen Gips gibt es auch Kunststoffverbände, die leichter und wasserfest sind, aber leider auch wesentlich teurer.

Manchmal ist ständiger Zug an den gebrochenen Knochen erforderlich, damit die Knochenenden nicht von der Muskulatur in eine falsche Stellung gezogen werden. Dazu legt man dem Patienten eine sogenannte Extension an, eine Art Streckkonstruktion mit Gewichten.

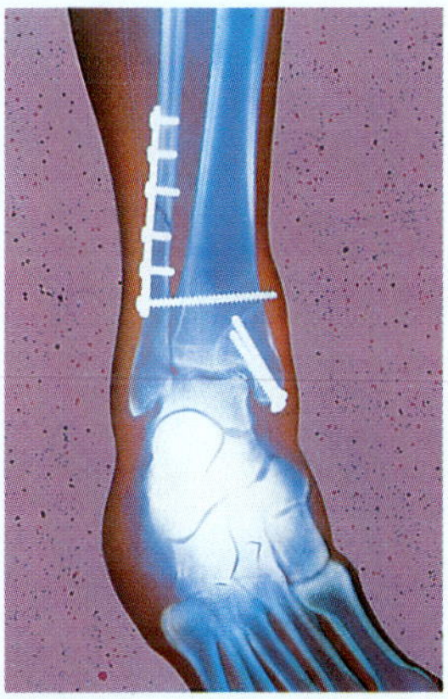

**Schrauben stabilisieren Waden- und Schienbein.**

### »Verschraubte« Knochen

Wie lange es bis zur Heilung dauert, hängt vor allem vom Ort des Bruchs ab: Fingerknochen wachsen in etwa drei Wochen zusammen, am Oberschenkel dauert dies mindestens drei Monate, bei komplizierten Splitterbrüchen noch wesentlich länger. Da bei langer Ruhigstellung Folgeschäden wie Gelenkversteifung oder Muskelabbau drohen, werden Knochen, die zur Heilung viele Monate brauchen würden, mit metallischen Schrauben, Nägeln und Platten zusammengefügt. Oft sind diese Konstruktionen so stabil, daß sie sofort belastet werden können, zumindest sind leichte Bewegungen möglich – ein großer Vorteil vor allem auch für ältere Menschen, die sonst nur schwer »wieder auf die Beine kämen«. Ein weiteres Plus ist, daß Bruchstücke von Knochen bei einer Operation unter Sicht optimal wiedereingerichtet werden können.

Wenn im Bereich des Bruchs gleichzeitig ausgedehnte Weichteilverletzungen bestehen, die Wunde infiziert ist oder ganze Knochenteile entfernt werden mußten, ist ein sogenannter Fixateur externe notwendig. Dabei werden über und unter der Bruchstelle lange Schrauben in den Knochen gedreht, die mit Hilfe eines Metallgestells außerhalb des Körpers verbunden werden und so den Bruch stabilisieren. Dadurch wird das Gewebe an der Bruchstelle selbst geschont.

Einen Nachteil aber hat die operative Methode: Fast alle verwendeten Metallteile müssen einige Zeit später in einer zweiten Operation wieder entfernt werden, weil sie langfristig zu Abbauprozessen an den Knochen führen können. Nach dieser zweiten Operation muß die Bruchstelle noch mal für einige Tage geschont werden.

## Knochenschwund (Osteoporose)

**▶ Symptome**

➜ Rückenschmerzen, besonders im Bereich der Wirbelsäule
➜ Ausbildung eines Rundrückens
➜ Knochenbruch ohne größere Einwirkung von außen

Die allmähliche Abnahme der Knochendichte, die Osteoporose, ist an sich ein natürlicher Prozeß: Ab dem 35. bis 40. Lebensjahr kommt es bei jedem Menschen zum langsamen Knochenabbau, der bis ins hohe Alter keine krankhaften Ausmaße annehmen muß. Erst wenn – begünstigt durch verschiedene Risikofaktoren – eine kritische Grenze unterschritten wird, treten Beschwerden auf, oft verbunden mit Brüchen an Wirbelsäule, Handgelenk und Oberschenkel. Die körperlichen und seelischen Beeinträchtigungen sind dann jedoch oft beträchtlich, besonders wenn chronische Schmerzen hinzukommen. Für alte Menschen kann ein Knochenbruch, vor allem der häufige Oberschenkelhalsbruch, bedeuten, daß sie zum Pflegefall werden und sich nie mehr selbständig versorgen können.

Besonders gefährdet sind Frauen nach den Wechseljahren, weil der Mangel an Geschlechtshormonen den Knochenabbau beschleunigt. Schlanke Frauen trifft es häufiger als rundliche, vor allem extrem schlanke Frauen, die in ihrer Jugend magersüchtig waren und deshalb zu wenig Kalzium aufgenommen haben. Eine höhere Osteoporose-Neigung haben auch Frauen, die keine Kinder geboren haben, spät in die Pubertät und früh in die Wechseljahre kamen.

### Risikofaktoren für Osteoporose

- Bewegungsmangel, lange Bettlägerigkeit
- unzureichende Versorgung mit Kalzium, zum Beispiel durch Ernährung, bei verschiedenen Krankheiten des Verdauungstrakts, Stoffwechselerkrankungen und bei Nierenschwäche
- starkes Rauchen, regelmäßiger (hoher) Alkohol- und Kaffeekonsum
- helle Haut, graziler Skelettbau
- Auftreten von Osteoporose in der Familie
- Langzeittherapie mit Kortison

**Wassergymnastik ist gut gegen Osteoporose, denn im Wasser müssen die Knochen weniger Gewicht tragen.**

### Ärztliche Behandlung

Wenn Sie ständig Rückenschmerzen haben und einige der Risikofaktoren für Sie zutreffen, sollten Sie mit Ihrem Arzt darüber sprechen. Röntgenbild und Knochendichtemessung (→ Seite 425) zeigen den Zustand der Knochen bzw. im Verlauf einer Therapie, ob der Verlust der Knochenmasse fortschreitet oder sich sogar zurückbildet. Die wesentlichen Ziele der medikamentösen Behandlung sind: Schmerzlinderung und Verlangsamung des Knochenabbaus bzw. die Neubildung von Knochenmasse. Dazu gibt man je nach Stadium der Krankheit Hormone wie Östrogen oder Kalzitonin, bestimmte Phosphorverbindungen und Fluoride. Als Basistherapie gelten Kalzium und Vitamin D. Die Medikamente zeigen jedoch nur Wirkung, wenn Knochen und Muskulatur gleichzeitig durch Krankengymnastik gekräftigt werden. Sind Wirbelkörper gebrochen oder geschädigt, verordnet der Orthopäde vorübergehend ein Stützkorsett.

### Selbsthilfe

Wer sich bereits in der Jugend durch Sport und kalziumreiche Ernährung einen Vorrat an Knochenmasse zugelegt hat, hat ein geringeres Osteoporose-Risiko. Trotzdem: Selbst wenn Sie bereits an Osteoporose leiden, können Sie mit körperlicher Bewegung und gesunder Ernährung eine wesentliche Besserung erzielen. Es ist nie zu spät! Täglich etwas Gymnastik, ein zügiger Spaziergang und 1- bis 2mal in der Woche ins Schwimmbad kräftigen die Muskulatur und regen

dadurch den Knochenaufbau an. Achten Sie aber auch darauf, daß Sie genügend Kalzium mit der Nahrung aufnehmen. Erwachsene benötigen 1000 Milligramm pro Tag, das sind zum Beispiel 100 Gramm Hartkäse oder 1 Liter Milch (Magermilch ist besser für Ihren Cholesterinspiegel).
Eine überaus wertvolle Unterstützung bieten die mittlerweile zahlreichen Osteoporose-Selbsthilfegruppen. Adressen vermittelt das Kuratorium für Knochengesundheit (→ Seite 798).

## Knochenerweichung (Osteomalazie)

### ▶ Symptome

- ➜ Knochenschmerzen, besonders im Bereich von Becken, Gesäß (im Sitzen) und Fersen (beim Gehen)

Ursache der Knochenerweichung ist die ungenügende Einlagerung von Kalzium in die Knochen infolge eines Vitamin-D-Mangels oder vermehrter Kalziumausscheidung über die Nieren. Ausgelöst wird sie durch eine chronische Erkrankung des Darms, der Leber oder Nieren. Bei Kindern heißt diese heute bei uns sehr seltene Erkrankung Rachitis (→ Seite 513).

### Ärztliche Behandlung

Bei anhaltenden Knochenschmerzen sollten Sie Ihren Arzt aufsuchen. Er wird nach der auslösenden Grundkrankheit suchen und diese behandeln. Die Basistherapie ist aber in jedem Fall ein Vitamin-D-Präparat zur Härtung der Knochen.

### Selbsthilfe

Eine Vitamin-D- und kalziumreiche Ernährung (Milchprodukte, Fisch, Lebertran, Eier, Pilze) unterstützt die medikamentöse Behandlung.

## Knochentumor

### ▶ Symptome

- ➜ Knochenschmerzen
- ➜ Schwellungen

Tumoren, die von Knochen oder Knorpel ausgehen, sind in der Regel gutartig, bösartige Geschwülste sind eher selten. Bei Kindern tritt ein Knochenkrebs, das *Osteosarkom,* vor allem im Bereich des Knies auf. Bei Erwachsenen sind Knochentumoren oft Tochtergeschwülste von Brust-, Prostata-, Lungen-, Schilddrüsen- oder Nierenkrebs.

### Ärztliche Behandlung

Bei Kindern sind Knochenschmerzen immer ein Warnsymptom, denn »Wachstumsschmerzen« gibt es nicht. Tumoren werden meist operativ entfernt, bei bösartigen Knochen- oder Knorpeltumoren ist eventuell sogar eine Amputation nötig (→ Gelenkersatz und Prothesen, Seite 435). Durch die Kombination von Operation und Chemotherapie können etwa zwei Drittel der Kinder mit Osteosarkom geheilt werden. Liegt eine Metastase vor (→ Die Krankheit Krebs, Seite 578), wird die Behandlung auf die zugrundeliegende Krebserkrankung abgestimmt.

### Selbsthilfe

Ist nicht möglich.

## Knochenentzündung (Osteomyelitis)

### ▶ Symptome

- ➜ Schmerzen und Schwellung am Knochen
- ➜ eventuell Fieber, allgemeines Unwohlsein
- ➜ manchmal Eiterabfluß aus der Haut (Fisteln)
- ➜ Gelenkerguß an benachbarten Gelenken

Die Erreger einer Osteomyelitis können über eine Wunde, zum Beispiel bei offenen Knochenbrüchen (→ Seite 426), oder bei einer Operation am Knochen eindringen. Besonders bei Kindern oder abwehrgeschwächten Menschen können Keime auch auf dem Blutweg von anderen Entzündungsherden im Körper in den Knochen geschwemmt werden. Eine schleichend verlaufende Sonderform ist die Knochentuberkulose (→ Seite 548), die zur Querschnittslähmung (→ Seite 197) führen kann.

### Ärztliche Behandlung

Für die Therapie einer akuten Osteomyelitis reichen oft hohe Antibiotikadosen. Bei chronischem Verlauf muß der Entzündungsherd operativ gesäubert werden. Die Therapie ist langwierig, manchmal sind mehrere Operationen nötig.

### Selbsthilfe

Ist nicht möglich.

## Verstauchung (Distorsion)

Eine Verstauchung, die schmerzhafte Überdehnung eines Gelenks, geht immer einher mit einer Bänderzerrung oder einem Bänderriß (→ Seite 440).

## Verrenkung (Luxation)

▶ Symptome
- ➜ starke Schmerzen im betroffenen Gelenk
- ➜ Bewegungsunfähigkeit des Gelenks
- ➜ sichtbare Fehlstellung, Schwellung

Wenn der normale Bewegungsradius eines Gelenks gewaltsam überschritten wird, kann es »auskugeln«. Dabei werden die Knochen im Gelenk so gegeneinander verdreht, daß die Gelenkflächen keinerlei Kontakt mehr haben. Meist zerreißen dabei Bänder, Sehnen und Gelenkkapseln. Häufig betroffene Gelenke sind Schulter-, Ellenbogen- und Sprunggelenk. Wiederkehrende Verrenkungen können auch ohne Unfall auftreten, wenn Gelenkkapseln und Bänder »ausgeleiert«, das heißt durch frühere Verletzungen oder Entzündungen vorgeschädigt sind.

### Ärztliche Behandlung

Das Gelenk muß so schnell wie möglich von einem Arzt oder Orthopäden eingerenkt werden – meist in Narkose. Ist das Gelenk nach der Einrenkung instabil, muß operiert werden. Anschließend wird das Gelenk ruhiggestellt, später krankengymnastisch trainiert. Bei der wiederkehrenden Luxation kann das Gelenk durch eine operative Straffung von Kapsel und Bändern stabilisiert werden.

### Wenn das Gelenk dick wird

Ein Erguß im Gelenk ist keine eigenständige Krankheit, sondern ein Symptom, das viele Ursachen haben kann: Überlastung, Verschleiß, Verstauchungen, Verrenkungen oder entzündliche Erkrankungen des Gelenks. Die Schwellung ist oft schmerzhaft und empfindlich auf Berührungen, und das Gelenk ist in seiner Beweglichkeit eingeschränkt. Wenn sie nicht durch Hochlagern des Gelenks und kalte Umschläge zurückgeht, müssen Sie unbedingt zum Arzt!

**Nicht nur auf dem Fußballfeld: Eine Verstauchung des Kniegelenks ist immer sehr schmerzhaft.**

### Selbsthilfe

Versuchen Sie nie, das Gelenk selbst einzurenken, das kann weitere Verletzungen verursachen.

## Meniskusschäden

▶ Symptome
- ➜ Schmerzen am Kniegelenkspalt, die durch Bewegung verstärkt werden
- ➜ manchmal Streck- oder Beugehemmung
- ➜ Schonhaltung mit leichter Beugung des Knies

Die Menisken, halbmondförmige Knorpelscheiben, sind die »Stoßdämpfer« des Kniegelenks. Wenn sie durch Abnutzung vorgeschädigt sind, können sie bei einer starken Drehbewegung ein- oder auch abreißen.

### Ärztliche Behandlung

Leichte Risse des Meniskus können mit Eispackungen und Verbänden behandelt werden. Ist der Knorpel jedoch tiefer ein- oder gar abgerissen, müssen die entsprechenden Teile entfernt werden, da es sonst zu einer Entzündung oder zum Verschleiß des Gelenks kommt. Nur bei Jugendlichen ist es möglich, abgerissenen Knorpel wieder anzunähen. Danach sollte das Gelenk geschont, aber nicht ganz ruhiggestellt werden. Die Krankengymnastik beginnt bereits wenige Tage nach dem Eingriff.

### Selbsthilfe

Stellen Sie das Knie ruhig. Kühle Umschläge lindern Schwellungen und Schmerzen.

## Chronischer Gelenkrheumatismus (Polyarthritis)

▶ Symptome
- ➔ allgemeines Unwohlsein, Müdigkeit
- ➔ Schmerzen, Schwellung, (Morgen-)Steifigkeit in mehreren Gelenken gleichzeitig, vor allem in den Fingern, Händen, Füßen und in der Halswirbelsäule
- ➔ zunehmende Unbeweglichkeit der Gelenke

Die Polyarthritis ist eine Autoimmunerkrankung, deren Ursache unbekannt ist. Man weiß nur, daß – aber nicht warum – sich das Immunsystem (→ Seite 298) gegen den eigenen Körper wendet und Antikörper gegen körpereigene Strukturen bildet. Die Folge ist eine chronische Entzündung der Gelenkinnenhaut, die zuviel Gelenkflüssigkeit absondert. Im Laufe der Zeit wird dadurch der schützende Gelenkknorpel zerstört, schließlich das Gelenk selbst, das sich immer mehr verformt und versteift. Charakteristisch für die Polyarthritis ist der schubweise Verlauf. Neben leichteren Formen, die jahrelang nur mit geringen Gelenkveränderungen einhergehen, gibt es sehr schwere, bei denen die Gelenke in wenigen Monaten zerstört sind. Die Entzündung kann jedes Organ mit einbeziehen, besonders häufig Nieren, Lunge und – vor allem bei Kindern – Augen (→ Gelenkrheuma bei Kindern, Seite 445). Es ist nur möglich, die Krankheit zu lindern, nicht, sie zu heilen.

### Ärztliche Behandlung

Bei Gelenkbeschwerden, die nicht innerhalb einiger Tage vergehen, sollten Sie einen Arzt aufsuchen. Der Nachweis des Rheumafaktors (Antikörper gegen körpereigene Eiweißstoffe) kann einen Hinweis auf die Krankheit geben. Zur exakten Diagnose ist aber auch eine Röntgenuntersuchung nötig. Die Behandlung muß individuell abgestimmt werden und gehört in schwereren Fällen in die Hand eines Rheumatologen, eines Spezialisten mit einer Zusatzausbildung. Im akuten Stadium werden entzündungshemmende Medikamente gegeben. Daneben gibt es Arzneimittel, die die Entzündung auf zum Teil ungeklärtem Wege langfristig abmildern: Goldsalze, Penizillamin, Antimalariamittel und solche, die das Immunsystem hemmen wie Kortison. Sie können jedoch schwere Nebenwirkungen haben, und nicht jeder Patient spricht auf sie an. Im Frühstadium führt die Entfernung der entzündeten Gelenkinnenhaut oft zur Heilung eines Gelenks, später kann der Gelenkersatz (→ Seite 435) Schmerzen und Behinderungen vermindern. Krankengymnastik hilft, die Beweglichkeit zu erhalten ebenso wie Ergotherapie, bei der Sie praktische Arbeitsweisen für den Alltag erlernen. Dickere Griffe an Besteck, Schreib- und Haushaltsgeräten erleichtern den steifen Fingern das Greifen, orthopädische Schuhe entlasten die schmerzenden Gelenke. Übungen im Bewegungsbad, Wärme- oder Kälteanwendungen sind Teil der Behandlung.

### Selbsthilfe

Chronische Krankheit verändert das Leben, besonders wenn Sie ständig schmerzhaft an sie erinnert werden. Versuchen Sie, nicht zu resignieren, gönnen Sie sich während der Entzündungsschübe die nötige Ruhe, aber liefern Sie sich der Krankheit nicht völlig aus. Versuchen Sie herauszufinden, was Ihnen hilft oder einfach wohltut. Eine Umstellung auf Vollwertkost (→ Seite 712) und der Verzicht auf Schweinefleisch bringen vielen Rheumatikern eine Besserung, ohne daß es wissenschaftlich erklärbar ist. Selbsthilfeorganisationen bieten praktische Hilfe und psychische Unterstützung. Adressen vermittelt die Deutsche Rheumaliga (→ Seite 798).

### Rheuma – was ist das?

Nicht eine, sondern viele Krankheiten sind es, für die der Oberbegriff Rheuma angewandt wird, der jedoch in Medizinerkreisen als ungenau und veraltet gilt. Sie nennen den Beschwerdenkreis, der sich in schmerzenden Gelenken, steifen Gliedern und Muskelschmerzen äußert, rheumatische Erkrankungen und zählen mehr als hundert Krankheiten dazu. Gemeinsam ist ihnen allen, daß die Gelenke und das sie umgebende Stütz- und Bindegewebe betroffen sind, sowie der ziehende, auch reißende Schmerz, der sich zum schweren Schmerzanfall steigern kann. Die Ursachen sind allerdings verschieden. Sie können mit der Abnutzung der Gelenke zu tun haben wie bei der Arthrose (→ Seite 434) oder mit Entzündungen wie bei der → chronischen Polyarthritis und der Gicht (→ Seite 432).

## Gicht

### ▶ Symptome

- ➜ heftigste Schmerzen, fast stets auf ein Gelenk (am großen Zeh, Fuß, Knie, seltener Daumen) beschränkt
- ➜ blaurot verfärbtes, heißes, geschwollenes Gelenk

Der erste Gichtanfall tritt überraschend und vorwiegend nachts oder frühmorgens auf. Bei Behandlung flaut er bald wieder ab. Es können weitere Anfälle folgen, bei einem Teil der Patienten wird die Gicht jedoch ohne Anfälle chronisch. Durch die ständige Entzündung werden die Gelenke allmählich zerstört und verformt. Häufige Spätfolgen sind Schädigungen der Niere, Nierensteine (→ Seite 366), Bluthochdruck (→ Seite 280) und Arteriosklerose (→ Seite 267).

Gicht ist eine ernährungsbedingte Stoffwechselkrankheit, bei der auskristallisierte Harnsäure in den Gelenken Schmerzen verursacht. Harnsäure fällt an, wenn Purin, eine Substanz in den Zellkernen, abgebaut wird. Normalerweise wird sie über die Nieren ausgeschieden. Wenn sich aber zuviel Harnsäure im Blut befindet, sind die Nieren überfordert, und Harnsäurekristalle lagern sich in den Gelenken an. Meist produziert der Körper zuviel Harnsäure, wenn die Ernährung zu reichhaltig, zu fett und zu eiweißreich ist, selten kann auch ein Tumor die Ursache sein.

Der erste Gichtanfall tritt häufig nach einem zu üppigen Essen mit viel Fleisch und Alkohol auf, der die Harnsäureausscheidung hemmt. »Gefährlich« sind deshalb Festgelage oder die Weihnachtsfeiertage. Männer erkranken wesentlich häufiger an Gicht als Frauen, die Anlage dazu ist erblich.

### Ärztliche Behandlung

Die Schmerzen bei einem Gichtanfall werden Sie zwingen, umgehend einen Arzt aufzusuchen. Eine gründliche Untersuchung, die Bestimmung des Harnsäurewertes im Blut und manchmal auch Röntgenaufnahmen des Gelenks führen zur Diagnose. Zur Behandlung des Gichtanfalls werden Medikamente wie Kolchizin (der Extrakt der Herbstzeitlose), Kortison und andere entzündungshemmende Mittel eingesetzt. Um weiteren Anfällen und den chronischen Folgeschäden der Gicht vorzubeugen, ist eine Verminderung der Harnsäuremenge im Blut nötig. Dazu dienen Medikamente, die die Harnsäureproduktion im Körper hemmen oder die Ausscheidung über die Niere erhöhen.

### Selbsthilfe

Beim Gichtanfall sind Ruhe und Schonung wichtig. Ihre Schmerzen können Sie mit kalten Umschlägen lindern. Langfristig aber ist die beste Selbsthilfe die Umstellung der Ernährung, die gleichzeitig zur nötigen Gewichtsabnahme beiträgt.

## Ernährung bei Gicht

Gichtkranke sollten ganz verzichten auf:

- Erbsen, Linsen, Bohnen
- Innereien, Hühner- und Gänsefleisch
- Fischkonserven, gebratenen Fisch, Kaviar
- fettreiche Milchprodukte
- Zucker und Süßes jeder Art
- Alkohol, Limonade, Fruchtsaftgetränke

Nur in kleinen Mengen empfehlenswert sind:

- Pilze, Spinat, Schwarzwurzeln
- Bananen, Trockenfrüchte, Nüsse
- mageres, gedünstetes (Puten-)Fleisch
- Fischfilet, Meeresfrüchte
- Kaffee, Schwarztee, Kakao

**Auch mageres Fleisch und Fisch sind reich an Purinen, die die Harnsäurewerte steigen lassen.**

Das wichtigste ist, daß Ihre Ernährung eiweißarm ist, Milchprodukte und Eier sind allerdings erlaubt. Essen Sie jedoch nicht zuviel davon, denn Gicht ist ein ernstzunehmender Risikofaktor für Arteriosklerose (→ Seite 267), Sie sollten deshalb auch auf Ihre Cholesterinwerte achten. Ansonsten gilt: Eine ausgewogene, fleischarme Ernährung mit viel frischem Obst und Gemüse (von wenigen Ausnahmen abgesehen) ist auch bei Gicht das beste. Trinken Sie viel (mindestens 2 Liter pro Tag), vor allem Früchtetees und natriumarmes Mineralwasser. Vorsicht mit Alkohol! Alkoholgenuß kann einen Gichtanfall auslösen. Wenn Sie nicht ganz auf Fleisch verzichten wollen, legen Sie mindestens vier vegetarische Tage pro Woche ein.

## Bakterielle Gelenkentzündung

### ▶ Symptome

- → gerötetes, schmerzhaft geschwollenes Gelenk
- → Bewegungseinschränkung im Gelenk
- → allgemeines Unwohlsein, Fieber

Gelenke können durch Verletzungen, eine Operation oder Gelenkpunktion (häufigste Ursache!) mit Keimen infiziert werden. Manche Erreger wie die der Tuberkulose (→ Seite 546) und Gonorrhoe (→ Seite 548) gelangen auch über das Blut in die Gelenke. Bakterien finden dort günstige Bedingungen vor: Die Gelenkhöhle ist mit nährstoffhaltiger Flüssigkeit gefüllt, und es befinden sich kaum Abwehrzellen dort. Deshalb können sich die Keime besonders schnell vermehren, bis die Abwehrreaktion des Körpers einsetzt. Die Entzündung, mit der sie vom Körper bekämpft werden, führt jedoch auch zur Zerstörung von Knorpel und Gelenkkapsel, die Gelenke werden verformt und versteifen bis zum völligen Funktionsverlust.

### Ärztliche Behandlung

Wenn Sie schmerzende Gelenkschwellungen haben, sollten Sie immer sofort einen Arzt aufsuchen. Eine Röntgenuntersuchung und insbesondere eine Gelenkspiegelung zeigen, ob bzw. wie sehr die Gelenke geschädigt sind. Um die Gelenkzerstörung zu verhindern, sind hochdosierte Antibiotikagaben nötig sowie die Spülung und manchmal operative Entfernung der Gelenkinnenhaut. Danach wird das Gelenk nur kurz ruhiggestellt, da die Gefahr der Versteifung groß ist. Bei rechtzeitiger Behandlung ist eine vollständige Heilung möglich, sonst droht ein bleibender Gelenkschaden (→ Arthrose, Seite 434).

### Selbsthilfe

Ist nicht möglich.

## Gelenkentzündung bei Infektionskrankheiten

### ▶ Symptome

- → Harnwegs-, Hals- oder Darminfekt
- → mehrere schmerzhaft geschwollene Gelenke
- → in schweren Fällen gleichzeitig offene Stellen im Mund- und im Afterbereich, Bindehautentzündung

Gelenke reagieren ebenso wie Muskeln bei Infektionen mit, ohne daß sie direkt von Keimen befallen sind. Meist vergehen die Beschwerden nach wenigen Tagen von selbst, in manchen Fällen müssen sie jedoch behandelt werden. Das *Reiter-Syndrom* beginnt mit einer Harnwegsentzündung, eine Magen-Darm-Infektion kann daran beteiligt sein. Danach folgen eine Bindehautentzündung (→ Seite 154) und eine Entzündung der Gelenke, vor allem der Fuß- und Kniegelenke.
Vorwiegend bei Kindern und Jugendlichen kann es nach einer Angina (→ Seite 254) zum heute eher seltenen *Rheumatischen Fieber* kommen, das schlimmstenfalls auch auf das Herz übergreifen kann (→ Endokarditis, Seite 272).

### Ärztliche Behandlung

Bei stark schmerzenden Gelenkschwellungen – bei Kindern in Verbindung mit einer Halsentzündung – sollten Sie sofort einen Arzt aufsuchen. Die zugrundeliegenden Infektionen werden mit Antibiotika behandelt, zur Beruhigung der Gelenkinnenhaut werden entzündungshemmende Medikamente, in schweren Fällen auch Kortison gegeben. Bei Kindern muß nach einer eitrigen Angina oder auch nach Scharlach (→ Seite 556) kontrolliert werden, ob eine Herz- und Nierenschädigung eingetreten ist.

### Selbsthilfe

Kühle Umschläge lindern meist den Schmerz in den geschwollenen Gelenken.

## Arthrose

### ▶ Symptome

- ➜ zunächst Morgensteifigkeit in den Gelenken und typischer »Anlaufschmerz« nach längerer Ruhepause
- ➜ später auch Schmerzen bei Belastung der Gelenke
- ➜ schließlich Dauerschmerz
- ➜ geschwollene Gelenke, Druckschmerz
- ➜ zunehmende Unbeweglichkeit im Gelenk
- ➜ Gangunsicherheit bei Kniegelenkarthrose
- ➜ Schmerzen in der Leiste und Schonhinken bei Hüftgelenkarthrose

Arthrose – damit bezeichnet man den Verschleiß der Gelenke, die mechanische Abnutzung der knorpeligen Gelenkflächen, die alle älteren Menschen betrifft. Ob sie sich zur schmerzhaften Krankheit entwickelt, ist jedoch abhängig von der erblichen Anlage und der (Über-)Belastung der Gelenke. Der Gelenkverschleiß beginnt zunächst mit einer Rauhigkeit des Gelenkknorpels. Dies führt zum allmählichen Abrieb an der Gegenseite, der Knorpel wird aufgebraucht. Neben übermäßiger Beanspruchung des Gelenks (zum Beispiel des Kniegelenks bei bestimmten Berufen) spielen weitere Faktoren eine Rolle.

### Risikofaktoren für Arthrose

- Übergewicht
- angeborene Fehlstellungen der Hüfte oder der Beine mit ungleichmäßiger Gelenkbelastung
- Leistungssport
- Knochenbrüche in Gelenknähe
- Gelenkentzündungen
- Meniskusschäden
- Bänderrisse
- lange Ruhigstellung eines Gelenks

Die Schädigung von Knorpelzellen ruft eine Entzündung hervor, die man daran erkennt, daß das betroffene Gelenk geschwollen ist. Die Entzündung beschleunigt den Knorpelabbau. Fehlt schließlich die schützende, glatte Knorpelschicht über dem Knochen, wird dieser selbst abgetragen. Sobald dabei die Knochenmarksräume eröffnet werden, wandern von dort Zellen ins Gelenk ein, die neuen, allerdings wenig belastbaren Knorpel bilden. Diese Selbstheilungskräfte des Körpers können von außen unterstützt werden.

Die häufigsten Gelenkerkrankungen sind die Kniegelenkarthrose und die Hüftgelenkarthrose, denn beide Gelenke müssen einen großen Teil des Gewichts tragen. Beim Laufen (Joggen) und Springen müssen im Kniegelenk Stöße aufgefangen werden, die ein Vielfaches des Körpergewichts abfedern. Während der krankhafte Verschleiß des Kniegelenks sich meist bereits ab dem 50. Lebensjahr bemerkbar macht, ist die Hüftgelenkarthrose eine typische Alterskrankheit, die Männer und Frauen erst im Alter von über 60 Jahren befällt. Manchmal kann aber auch eine angeborene Fehlstellung der Hüfte (→ Seite 443) oder eine Durchblutungsstörung des Hüftkopfes die Ursache sein.

### Ärztliche Behandlung

Bei anhaltenden Beschwerden sollten Sie bald Ihren Arzt aufsuchen. Symptome und Untersuchungsbefund sind für die Diagnose entscheidend. Leichte Veränderungen auf dem Röntgenbild sind wenig aussagekräftig: Ab dem 60. Lebensjahr hat fast jeder Zeichen der Arthrose, aber keineswegs Beschwerden!

Zur Schmerzlinderung werden Medikamente eingesetzt, sogenannte Antirheumatika, die die Entzündung hemmen und die Schwellungen zum Abklingen bringen; außerdem verschiedene Mittel zum Einreiben. Bei einer akuten Entzündung des Gelenks helfen Kältepackungen. Wärmeanwendungen sind bei chronischen Beschwerden geeignet.

Der Verbesserung der Gelenkfunktion dient vor allem die Krankengymnastik (→ Seite 646). Ziel ist die Kräftigung von Muskelgruppen, die das Gelenk entlasten bzw. in seine natürliche Stellung ziehen, und die Dehnung verkürzter Gelenkkapseln.

Zur Beseitigung Arthrose-auslösender Faktoren trägt an erster Stelle die → Selbsthilfe bei. Es können aber auch Operationen nötig werden, durch die das betroffene Gelenk in eine weniger belastete Stellung gebracht oder die chronisch entzündete Gelenkhaut entfernt wird, um die Entzündung einzudämmen. Eventuell werden auch die Nerven, die den Schmerz weiterleiten, durchtrennt.Wenn all diese Maßnahmen nicht ausreichen, um Funktion und Schmerzfreiheit wiederherzustellen, bleiben noch zwei weitere Möglichkeiten: der → Gelenkersatz oder die operative Versteifung des Gelenks. Bei letzterer wird die Knorpelschicht auf den Gelenkflächen entfernt und diese miteinander verschraubt. Dies führt zu Schmerzfreiheit und zur Stabilisierung des Gelenks.

### Selbsthilfe

Wie bei jeder chronischen Krankheit brauchen Sie bei der Arthrose viel Geduld und Ausdauer. Mit Krankengymnastik können Sie sehr viel bewirken, wichtig ist, daß Sie die erlernten Übungen zu Hause weiterführen. Sie werden feststellen, daß Ihr Zustand schwankt, oft sind die Gelenke besonders »wetterfühlig«. Aber Vorsicht: Manches ist Zufall. Die Ernährung hat – abgesehen von Übergewicht – keinen wissenschaftlich nachgewiesenen Einfluß auf den Krankheitsverlauf. Die Umstellung auf eine fleischarme Vollwertkost (→ Seite 712) wird aber oft positiv erlebt. Knorpelpräparate zum Aufbau des Gelenkknorpels sind in ihrer Wirkung umstritten. Gute Erfolge in der Schmerzbekämpfung zeigt hingegen die Akupunktur (→ Seite 669).

Wenn es knackt in den Gelenken, ist das noch kein Grund, sich Sorgen zu machen. Damit aber aus dem normalen altersbedingten Gelenkverschleiß nicht eines Tages eine schmerzhafte Arthrose wird, sollten Sie folgende Tips beherzigen:

- Achten Sie auf Ihr (Ideal-)Gewicht.
- Regelmäßige Bewegung hält die Gelenke jung.
- Schränken Sie Sportarten und Bewegungen ein, die die Gelenke belasten.
- Versuchen Sie Stöße im Gelenk abzumildern.
- Tragen Sie beim Sport gute Schuhe, und laufen Sie möglichst auf weichem Untergrund.
- Vermeiden Sie Belastung in Beuge- oder Hockhaltung. Lernen Sie entsprechende Hebetechniken, und nehmen Sie sich zur Gartenarbeit einen Hocker.
- Stellen Sie Ihren Fahrradsattel so hoch, daß Sie mit geradem Rücken radeln können.
- Machen Sie beim Treppensteigen oder Bergaufgehen lieber zwei kleine Schritte als einen großen.

## Gelenkersatz und Prothesen

Rheumatische Erkrankungen, Arthrosen, aber auch Unfälle können es nötig machen, ein Kunstgelenk einzusetzen, um die Schmerzen zu lindern oder wenigstens einen Teil der natürlichen Beweglichkeit wiederherzustellen. Dies wird vor allem an der Hüfte, in kleinerem Umfang auch am Knie und den kleinen Fingergelenken gemacht. Implantate aus Metall, Kunststoff und Keramik gibt es heute für fast alle Gelenke. Eventuell kann es auch besser sein, ein Gelenk in günstiger Stellung operativ zu versteifen. Bedenken Sie vor einem Eingriff grundsätzlich: Kunstgelenke können die natürliche Funktion nur nachahmen, und sie sind leider nur begrenzt haltbar – beim Hüftgelenk durchschnittlich zehn bis fünfzehn Jahre.

Bei sehr schweren Verletzungen oder bei sehr schlechter Durchblutung (→ »Raucherbein«, Seite 286; → Diabetes mellitus, Seite 501–503) oder bösartigen Tumoren kann eine Amputation eines Arms oder eines Beins lebensrettend sein. In diesem Fall versucht man mit künstlichen Gliedmaßen Aussehen und Funktion des amputierten Körperteils wiederherzustellen. Mit Fuß- und Beinprothesen gelingt dies relativ gut, die meisten Patienten können mit der Prothese laufen. Die vielfältigen feinen Bewegungen der Hand können jedoch nur ansatzweise durch »myoelektrische« Prothesen nachgeahmt werden, bei denen die Bewegungen vom Oberarm aus gesteuert werden, was langer Gewöhnung bedarf. Ein großes Problem für alle Prothesenträger ist das veränderte Körpergefühl, es kann viele Jahre dauern, sich damit abzufinden.

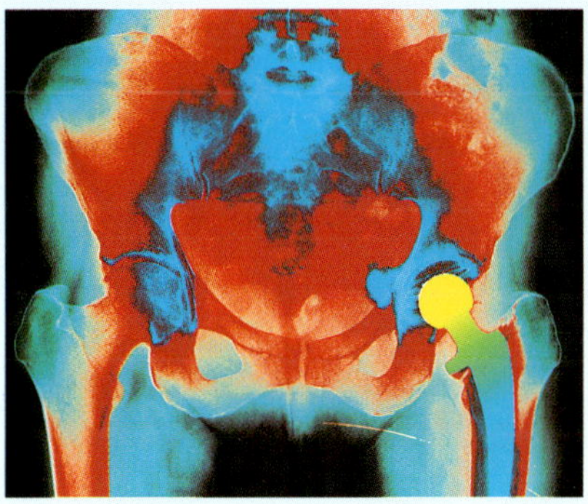

**Ein künstliches Hüftgelenk befreit viele ältere Menschen von Schmerzen.**

## Abnutzung der Wirbelsäule/ Bandscheibenvorfall

### ▶ Symptome

- ➜ Morgensteifigkeit mit Rückenschmerzen bei Bewegung, aber auch in Ruhe
- ➜ Gefühl, »in der Mitte durchzubrechen«
- ➜ schmerzbedingte Schonhaltung
- ➜ Nachlassen der Beschwerden im Laufe des Tages
- ➜ wiederholt auftretender → Hexenschuß
- ➜ Verspannungen in der Halswirbelsäule
- ➜ Ausstrahlen der Schmerzen auf Arme und Beine
- ➜ Taubheitsgefühl und Lähmungen

Die Abnutzung der Wirbelsäule, der Bandscheiben und Wirbel, ist ein natürlicher Alterungsprozeß, der etwa ab dem 40. Lebensjahr einsetzt. Das ist der »Preis für den aufrechten Gang«: Die Bandscheiben müssen das Gewicht des Körpers tragen und Erschütterungen abfedern. Im Laufe der Jahre verlieren sie ihre Elastizität und schrumpfen. Dann liegt mehr Druck auf den kleinen Wirbelgelenken, was zur Arthrose und damit zu Beschwerden führen kann. Haltungsschwäche und Fehlstellung der Wirbelsäule beschleunigen diesen Prozeß; es treten Schmerzen auf. Diese führen zu Muskelverspannungen (→ Seite 438) und Schonhaltung. Wenn die Bandscheibe dem Druck nicht mehr standhält, dehnt sich der Bandscheibenring, und der gallertartige Kern wölbt sich vor. Die *Bandscheibenvorwölbung* (Protrusion) muß keine Beschwerden machen. Wenn sie jedoch auf einen Nerv drückt, kommt es zum schmerzhaften Hexenschuß. Ruhe und Schonung der Wirbelsäule bewirken meist, daß die Vorwölbung wieder zurückgeht. Sie kann allerdings auch die Vorstufe eines *Bandscheibenvorfalls* (Prolaps) sein, bei dem der Faserring einreißt und der Gallertkern austritt. Dadurch entsteht Druck auf das Rückenmark und die austretenden Nervenwurzeln. Die Folge sind in der Regel starke Schmerzen, die in die Beine ausstrahlen. Dazu kommt oft ein Taubheitsgefühl, manchmal Lähmungen (→ Ischias).

### Ärztliche Behandlung

Wenn Sie öfter unter Rückenschmerzen leiden oder plötzlich starke Schmerzen, Gefühlsstörungen und Lähmungen haben, sollten Sie sofort einen Arzt aufsuchen. Er wird nach Prüfung von Beweglichkeit und Nervenfunktion bei starken Beschwerden Röntgenaufnahmen oder eine Computertomographie veranlassen. Im akuten Stadium ist das Ziel der Behandlung, Schmerzen und Muskelverspannung durch Ruhigstellung und Medikamente zu lindern. Auch Bandscheibenvorfälle können sich zurückbilden. Bei hartnäckigen Schmerzen und Lähmungen muß die Bandscheibe allerdings entfernt werden. Nicht immer bedeutet dies eine große Operation, kleine endoskopische Eingriffe reichen oft. Bedenken Sie aber: Die Operation beseitigt den Bandscheibenvorfall, nicht die Ursache dafür! Dazu muß im Anschluß an die Therapie oder Operation Krankengymnastik folgen. Fango und Massagen bringen Schmerzlinderung.

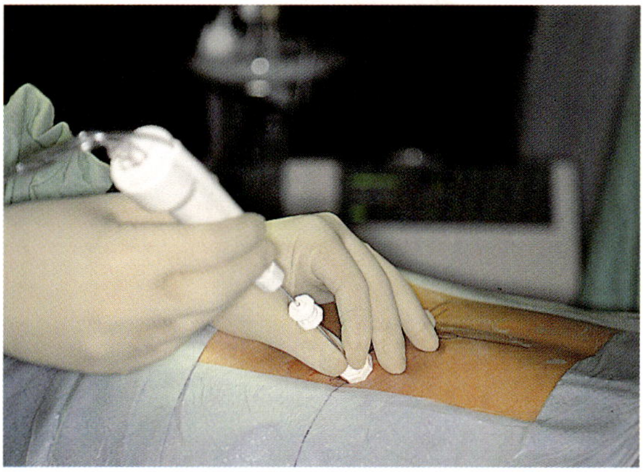

**Für eine endoskopische Bandscheibenoperation reicht ein millimetergroßer Stich durch die Haut.**

### Selbsthilfe

Auch wenn an Ihrer Wirbelsäule Abnutzungserscheinungen festgestellt worden sind, können Sie durch konsequente Gymnastik Ihren Zustand wesentlich beeinflussen. Für die »Rückenschule« ist es nie zu spät: Krankenkassen und Volkshochschulen bieten ein ausgearbeitetes Trainingsprogramm an, das Ihnen zeigt, wie Sie mit gezielten Übungen Ihren Rücken stärken und den Alltag rückenfreundlich gestalten können. Sehr wichtig ist auch, daß Sie erkennen, wie sich Streß und seelische Belastung auf Ihre »Haltung« auswirken. Versuchen Sie loszulassen, wenn Sie merken, daß Ihr »Päckchen« zu schwer wird und es Sie zu sehr niederdrückt.

## Hexenschuß und Ischias

Aus heiterem Himmel trifft er einen: der Hexenschuß, der in der Fachsprache akute Lumbalgie heißt. Der stechende Rückenschmerz in der Lendenwirbelsäule kann so intensiv werden, daß man sich nicht mehr bewegen kann. Hauptursache ist die → Abnutzung der Wirbelsäule, speziell der Bandscheiben. Sind diese erst einmal »ausgeleiert«, können die Wirbel bei einer unbedachten Bewegung leicht gegeneinander kippen und auf die Rückenmarksnerven drücken. Als Reaktion auf den Schmerz zieht sich die Rückenmuskulatur zusammen. Doch dadurch wird alles noch viel schlimmer: Die Wirbelgelenke werden zusammengedrückt und verkippen noch mehr, die Schmerzen werden stärker. So schmerzhaft der Hexenschuß ist, Lähmungen und Empfindungsausfälle in den Beinen löst er nicht aus. Das ist typisch für das sogenannte Ischias, das den Bandscheibenvorfall begleiten kann. Die Schmerzen sind denen einer Entzündung des Ischiasnervs, des Hauptnervs im Bein, sehr ähnlich – daher der Name (→ Seite 210). Je nachdem welche Nerven durch den Bandscheibenvorfall zusammengedrückt werden, sind die Schmerzen im Fuß, am Unterschenkel, an der Rückseite des Oberschenkels oder im Gesäß stärker.

## Skoliose

▶ Symptome
- → Verkrümmung der Wirbelsäule
- → Schiefhaltung des Rumpfes
- → in schweren Fällen sichtbarer Buckel

Seit die Rachitis (→ Knochenerweichung, Seite 513) in Europa wirksam bekämpft wird, sind schwere Wirbelsäulenverkrümmungen selten – anders als leichte Formen, die meistens in der Pubertät auftreten. Ein gestörtes Muskelgleichgewicht führt zu schiefem Knochenwachstum. Dadurch stehen die Wirbelkörper nicht mehr optimal aufeinander. Die Folge sind eine verstärkte Beanspruchung der Muskulatur, Rückenschmerzen und Arthrosen an den Wirbelgelenken.

### Ärztliche Behandlung

Während des Wachstums kann die Skoliose meist durch Krankengymnastik eventuell in Kombination mit einem Stützkorsett ausgeglichen werden. Erfolgt die Behandlung zu spät, ist eine Operation manchmal unumgänglich. Dabei wird die Wirbelsäule mit Hilfe von Metallkonstruktionen aufgerichtet.

### Selbsthilfe

Die Vorbeugung beginnt im Säuglingsalter mit der Rachitisprophylaxe und der abwechselnden Lagerung des Babys auf beide Körperseiten. Später ist ein Schulranzen, der gleichmäßig von beiden Schultern getragen wird, wichtig.

## Bechterew-Krankheit

▶ Symptome
- → Beginn mit Rückenschmerzen, wobei die Schmerzen in der zweiten Nachthälfte oft so heftig werden, daß die Kranken aufstehen und herumlaufen
- → Schmerzen über Sitz- und Fersenbein
- → nach einigen Jahren Versteifung der Wirbelsäule in gebückter Haltung

Aus ungeklärter Ursache kommt es – häufiger bei Männern als bei Frauen – zu einer Entzündung an den Wirbelgelenken und am Kreuzbein. Die Zerstörung von Gelenkknorpel und -kapsel bewirkt, daß die Knochen direkt zusammenwachsen, Wirbelsäule und Brustkorb werden unbeweglich. Die Entzündung kommt erst nach einigen Jahren zum Stillstand.

### Ärztliche Behandlung

Wenn Sie starke Rückenschmerzen haben, sollten Sie baldmöglichst einen Arzt aufsuchen. Die Diagnose stützt sich auf ein bestimmtes Gewebsmerkmal, das sogenannte HLA-B27. Entzündungshemmende Schmerzmittel mildern den Krankheitsverlauf und ermöglichen die notwendige intensive Krankengymnastik, um die Beweglichkeit der Gelenke zu erhalten.

### Selbsthilfe

Krankengymnastik und Sport (vor allem Schwimmen) wirken der Einsteifung des Rumpfes entgegen, bis die Krankheit zum Stillstand kommt.

## Muskelverspannungen

▶ Symptome

- ➜ Spannungsgefühl in der Muskulatur
- ➜ tastbare Verhärtung der Muskeln (»Hartspann«)
- ➜ Muskelschmerzen bei Druck bzw. Bewegung

Schmerzen führen dazu, daß der Körper versucht, den schmerzenden Bereich ruhigzustellen, dazu spannen sich die Muskeln an. Diese Verspannung führt jedoch ihrerseits zu Schmerzen und weiterer Fehlbelastung. Jede Gelenkerkrankung kann diesen Mechanismus in Gang setzen, aber auch eine konstante Fehlhaltung, zum Beispiel bei der Arbeit, oder seelische Anspannung. Besonders häufig ist der sogenannte Muskelhartspann im Bereich von Schultern und Hals bzw. Lendenwirbelsäule als Folge schlechter Haltung, untrainierter Muskulatur und Abnutzung der Wirbelsäule (→ Seite 436).

### Ärztliche Behandlung

Wenn die Schmerzen trotz → Selbsthilfe nicht vergehen, sollten Sie einen Arzt aufsuchen. Bei akuten Beschwerden wie dem Hexenschuß (→ Seite 437) kann er mit muskelentspannenden Medikamenten Linderung verschaffen und damit den Teufelskreis Schmerz – Anspannung – Schmerz unterbrechen. Eine dauerhafte Besserung erreichen Sie jedoch nur durch konsequentes Muskeltraining und eine bewußte Korrektur der Körperhaltung.

### Muskelkater

Wenn die Muskeln nach dem Sport schmerzen, ist das kein Anzeichen für ein besonders effektives Training, sondern dafür, daß Sie etwas falsch gemacht haben! Plötzliche Überanstrengung von ungenügend aufgewärmten, wenig trainierten Muskeln führt nicht nur zu → Muskelverspannungen, sondern auch zu einer Ansammlung von unerwünschten Stoffwechselprodukten wie Milchsäure. Bleibende Schäden brauchen Sie beim Muskelkater nicht zu befürchten. Trotzdem: Wärmen Sie sich beim Sport anfangs durch leichte (Dehn-)Übungen auf und trainieren Sie lieber öfter mit langsam steigender Belastung.

### Selbsthilfe

Probieren Sie aus, ob Ihnen bei akuten Beschwerden Wärme oder Kälte besser bekommt. Je nachdem bringen ein heißes Bad oder kalte Umschläge Erleichterung. Feldenkrais-Übungen (→ Seite 691) sind eine gute Ergänzung zum Krafttraining der Muskulatur, denn damit lernen Sie auf sanfte Art, Fehlhaltungen zu erkennen und zu korrigieren.

## Muskelkrämpfe

▶ Symptome

- ➜ schlagartig einsetzende, sehr heftige Muskelschmerzen, die entweder bei Belastung oder häufig auch nachts auftreten

Treten Muskelkrämpfe häufiger auf, kann eine behandlungsbedürftige Krankheit die Ursache sein, zum Beispiel eine Polyneuropathie (→ Seite 211). Sie sind auch typisch für das Beschwerdebild der »ruhelosen Beine«, zu dem vor allem nächtliches Brennen und Spannungsgefühl der Beine gehören. Oft hilft nur Hin- und Hergehen oder ein Fußbad. Magnesiummangel löst in der Regel lediglich bei Dialysepatienten und in der Schwangerschaft häufiger Muskelkrämpfe aus.

### Ärztliche Behandlung

»Ruhelose Beine« kann man mit Medikamenten kurieren. In der Schwangerschaft ist eventuell eine Behandlung mit Magnesium angezeigt.

### Selbsthilfe

Muskelkrämpfe treten bevorzugt bei Kälte auf bzw. wenn Muskeln vor dem Sport nicht durch leichtere Übungen aufgewärmt wurden. Bei einem Krampf bringt die Dehnung des Muskels Erleichterung.

**Ziehen Sie bei einem Wadenkrampf die Fußspitze nach oben in Richtung Knie.**

## Muskelschwund

Wenn die Muskeln immer schwächer werden und verkümmern, ist das keine einzelne Krankheit, sondern ein Symptom, dem eine Vielzahl verschiedener Leiden zugrunde liegen kann, zum Beispiel Autoimmunerkrankungen (→ Myasthenie), Hormonstörungen, Vergiftungen, Herz- und Nervenerkrankungen (→ Seite 206), aber auch lange Bettlägerigkeit oder Bewegungsmangel. Angeborene Krankheiten, die zu fortschreitender Muskelschwäche bzw. Muskelschwund führen, sind die sogenannten Muskeldystrophien, die meist im Kindes- und Jugendalter auftreten.

## Muskelzerrung/Muskel(faser)riß

→ Seite 424

## Muskellücke mit Bruch (Hernie)

### ▶ Symptome

- ➜ eindrückbare weiche Schwellung an Nabel, Leiste oder Oberschenkel
- ➜ tritt meist beim Heben, Husten, oder Pressen (Stuhlgang) auf
- ➜ bei »eingeklemmten« Brüchen starke Schmerzen

An bestimmten Schwachstellen bzw. Lücken der Muskulatur können sich Eingeweide aus dem Bauch heraus verlagern. Wenn sie eingeklemmt werden, kommt es zu einer gefährlichen Minderdurchblutung. Eine typische Bruchpforte ist der Leistenkanal, wo es meist bei Männern zum Leistenbruch kommt. Andere Schwachstellen liegen am Oberschenkel, am Nabel oder am Oberbauch. Auch Narbengewebe auf der Bauchdecke kann »brechen«.

### Ärztliche Behandlung

Wenn Sie starke Schmerzen haben, sollten Sie sofort einen Notruf veranlassen: Ein eingeklemmter Bruch muß innerhalb kürzester Zeit operiert werden. Läßt sich der Bruch jedoch immer noch zurückschieben, wird der Arzt je nach Lage und Größe des Bruchs bestimmen, ob die Muskellücke operativ verschlossen wird oder ob allein schon durch Muskeltraining eine Besserung zu erzielen ist.

### Selbsthilfe

Oft gelingt es, den Bruch im warmen Bad vorübergehend zurückzudrängen. Sie sollten den Bruch jedoch lieber zu einem günstigen Zeitpunkt operieren lassen, als einen eingeklemmten Bruch oder eine Bauchfellentzündung zu riskieren. Bruchbänder sind medizinisch wirkungslos.

## Myasthenie (Myasthenia gravis)

### ▶ Symptome

- ➜ belastungsabhängige Schwäche der Muskeln, die im Verlauf des Tages zunimmt
- ➜ Beginn der Krankheit oft mit Augensymptomen: die Augenlider hängen herab, nach längerem Lesen oder Blick nach oben treten Doppelbilder auf
- ➜ Schwierigkeiten, den Mund zu schließen oder den Kopf hochzuhalten

Die Myasthenie ist eine Autoimmunerkrankung, bei der die Reaktion der Muskeln auf die Nervensignale gestört ist. Die Antikörper, die der Körper gegen sich selbst richtet, werden zu Beginn häufig von Zellen in der Thymusdrüse (→ Stützpunkte des Immunsystems, Seite 299) gebildet.
Die Krankheit kann plötzlich oder allmählich beginnen, sie kann einen leichten Verlauf haben und wieder vergehen. Tritt aber eine Lähmung der Atemmuskulatur ein, ist sie tödlich.

### Ärztliche Behandlung

Bei Anzeichen einer Myasthenie müssen Sie sofort zu einem Neurologen! Im Frühstadium kann die Entfernung der Thymusdrüse zur Heilung führen. Ferner helfen Medikamente, die die Erregungsübertragung von den Nerven zu den Muskelzellen verbessern, und Kortison, das das Immunsystem unterdrückt; manchmal ist eine Blutwäsche (→ Ausweg künstliche Niere, Seite 369) zur Entfernung der Antikörper nötig.

### Selbsthilfe

Beratung und Unterstützung bietet die Deutsche Myasthenie Gesellschaft (→ Seite 798).

## Halswirbelzerrung/Schleudertrauma

**▶ Symptome**
- ➜ schmerzhafte Bewegungseinschränkung der Halswirbelsäule nach einem Unfall
- ➜ Muskelverspannungen an Hals und Schultern
- ➜ Kopfschmerzen, Übelkeit, Schwindel

Das Schleudertrauma tritt häufig nach Autounfällen, jedoch auch nach Stürzen oder bei Sportverletzungen auf. Rasche, gewaltsame Bewegungen des Kopfes führen zu Stauchungen und Zerrungen an der Halswirbelsäule. Dabei werden Bänder zwischen den Wirbeln verletzt, die Schmerzen führen sofort oder auch erst nach einigen Stunden zur schmerzhaften Muskelverspannung (→ Seite 438).

### Ärztliche Behandlung

Wenn Sie nach einem Unfall Beschwerden im Bereich der Halswirbelsäule haben, sollten Sie sofort einen Arzt aufsuchen. Um Wirbelbrüche auszuschließen, muß Ihr Hals geröntgt werden. Die Behandlung besteht in kurzer Ruhigstellung mit einer sogenannten Halskrawatte sowie muskelentspannenden Schmerzmitteln. Beginnen Sie so bald wie möglich mit leichter Krankengymnastik.

### Selbsthilfe

Stellen Sie die Kopfstützen im Auto so ein, daß sie bei einem Unfall den Kopf wirklich abfedern.

**Kopfstütze und Airbag im Test: Beim Aufprall schützen sie vor Schleuderverletzungen.**

## Bänderzerrung/Bänderriß

**▶ Symptome**
- ➜ Schmerzen im Gelenk, Schwellung
- ➜ Bewegungseinschränkung
- ➜ eventuell Bluterguß über dem Gelenk

Durch eine schwere Verstauchung eines Gelenks kommt es zu einer schmerzhaften Überdehnung bzw. Zerrung und zum Riß eines oder mehrerer Bänder, die das Gelenk stabilisieren. Solche Verletzungen entstehen häufig am Sprunggelenk oder am Knie.

### Ärztliche Behandlung

Bänderzerrungen heilen durch Ruhigstellen des Gelenks. Bänderrisse müssen manchmal genäht oder durch Sehnentransplantate erneuert werden. Danach wird das Gelenk bis zu sechs Wochen ruhiggestellt – mit einem Gipsverband oder, beim Sprunggelenk, durch spezielle orthopädische Schuhe.

### Selbsthilfe

Kühlung lindert Schmerzen und Schwellung.

## Sehnenzerrung/Sehnenriß

**▶ Symptome**
- ➜ starke Schmerzen nach einer heftigen Bewegung
- ➜ peitschenschlagartiges Geräusch beim Riß einer großen Sehne wie der Achillessehne an der Ferse

Wenn das Gewebe (zum Beispiel zu Beginn des Sports) schlecht durchblutet ist, kann eine Sehne bei Überlastung oder durch einen Sturz überdehnt und gezerrt werden. Nur vorgeschädigte Sehnen reißen.

### Ärztliche Behandlung

Eine Sehnenzerrung heilt durch Ruhigstellung. Bei einem Riß der großen Sehnen des Beins ist eine Operation unumgänglich. Um die volle Beweglichkeit wieder zu erreichen, ist die anschließende Krankengymnastik sehr wichtig.

### Selbsthilfe

Hochlagern und Kühlen des verletzten Körperteils unterstützen die Heilung.

## Sehnenscheidenentzündung

▶ Symptome

- Schmerzen an der Hand, am Unterarm oder Unterschenkel, die bei Bewegung zunehmen
- Hautrötung, Schwellung, oft auch Fieber
- manchmal hörbares »Knirschen« der Sehnen

Durch Überlastung, an der Hand häufig auch durch Bakterien, die durch kleine Wunden eindringen, kommt es zu Sehnenscheidenentzündungen.

### Ärztliche Behandlung

Beim Verdacht auf eine Sehnenscheidenentzündung müssen Sie sofort zum Arzt. Sind Ihre Beschwerden eine Reaktion auf Überlastung, reichen Ruhigstellung und Kühlung, kombiniert mit entzündungshemmenden Medikamenten. Sind jedoch Bakterien die Ursache, droht die Zerstörung von Sehnen und Sehnenscheiden! Um das zu verhindern, ist eine Operation nötig, bei der der Entzündungsherd gesäubert wird. Danach wird mit Antibiotika behandelt.

### Selbsthilfe

Versuchen Sie einseitige Belastungen auszugleichen. Schonen Sie den entzündeten Körperteil.

## Schleimbeutelentzündung

▶ Symptome

- Hautrötung, Schwellung und Schmerzen im Bereich eines Gelenks
- starke Beeinträchtigung der Gelenkbeweglichkeit
- »Schneeballknirschen« beim Betasten

Schleimbeutel sind »Polster« – überall dort, wo von aufragenden Knochen bzw. Gelenken Druck auf Weichteile ausgeübt wird, zum Beispiel an Knie, Schulter und Ellenbogen. Meist durch Überlastung, manchmal auch durch Bakterien entzünden sie sich.

### Ärztliche Behandlung

Bei anhaltenden Beschwerden sollten Sie den Arzt aufsuchen. Kalte Umschläge, entzündungshemmende Medikamente und Schonung führen normalerweise zur Heilung. Bei wiederkehrenden Entzündungen wird der Schleimbeutel entfernt.

### Selbsthilfe

Versuchen Sie dauerhafte Überlastung zu vermeiden. Wenn das berufsbedingt nicht möglich ist, sollten Sie zwischendurch Pausen einlegen.

## »Tennisarm« (Epikondylitis)

▶ Symptome

- Schmerzen bei Druck und Bewegung am Ellenbogen, die bei Belastung zunehmen und bis in Handgelenk und Schulter ausstrahlen

Chronische Überlastung führt – nicht nur bei Leistungssportlern – zu schmerzhaften Entzündungen der Sehnenansätze am Unterarm.

### Ärztliche Behandlung

Schonung und Salbenverbände führen normalerweise zur Heilung, manchmal ist eine Ruhigstellung im Gips, selten eine Operation nötig.

### Selbsthilfe

→ Schleimbeutelentzündung

## Entzündung der Schulter

▶ Symptome

- Beschwerden im Arm, besonders beim Anheben
- häufig nachts sehr intensive Schmerzen

Weiträumige Bewegungen des Arms gehen mit einer entsprechend hohen Beanspruchung der Sehnen und der sie schützenden Schleimbeutel einher. Überlastungsreaktionen sind daher nicht selten. Ebenso wie beim → Tennisarm können Nervenreizungen aus der Halswirbelsäule die Ursache für eine Entzündung der Schulter sein.

### Ärztliche Behandlung

Gehen Sie bei anhaltenden Beschwerden zum Arzt. Zur Therapie verordnet er entzündungshemmende Schmerzmittel und Krankengymnastik.

### Selbsthilfe

Stellen Sie niemals in Eigeninitiative ohne Rücksprache mit einem Arzt das Schultergelenk ruhig – es versteift innerhalb weniger Wochen!

# Wenn die Füße schmerzen

Das ganze Gewicht eines Menschen lastet auf der vergleichsweise kleinen Fläche der Füße, von denen ein jeder aus einem kompliziert aufgebauten System von Knochen, Knöcheln, Muskeln, Bändern und Sehnen besteht. Den idealen Fuß hat wohl niemand, doch von Fußdeformitäten spricht man erst, wenn eine Fehlstellung Schmerzen verursacht. Die Ursache ist keine Verformung der Knochen, sondern immer eine Schwäche des Halteapparates, also der Muskeln und Bänder.

## Auf die Stellung kommt es an

Fehlstellungen des Fußes können angeboren oder im Laufe des Lebens erworben sein. Angeboren sind zum Beispiel *Klumpfuß* (der Fuß ist nach innen und oben verzogen) und *Sichelfuß* (die Zehen weisen sichelförmig nach innen). Während beim Klumpfuß (→ Seite 407) eine Gipsbehandlung mit allmählicher Korrektur der Stellung, manchmal auch eine Operation notwendig ist, reicht bei Sichelfüßen oft eine Massagetechnik, die die Eltern nach Anleitung selbst durchführen können.

Viel häufiger als angeborene sind jedoch erworbene Fehlstellungen. Sowohl beim *Spreizfuß*, der häufigsten Fußdeformation, als auch beim *Plattfuß* ist das Fußgewölbe eingesunken. Ein gesunder Fuß hat zwei Gewölbe: ein Längsgewölbe, dessen Bogen von der Ferse zu den Zehen läuft (fehlt beim Plattfuß), und ein Quergewölbe mit Wölbung zwischen dem inneren und äußeren Fußrand (beim Spreizfuß abgeflacht).

Sinken diese Bögen ein, wird der Fuß falsch belastet. Das verursacht zunehmend Schmerzen und Schwielen, zum Beispiel unter dem Fußballen oder seitlich am Ballen des großen Zehs. Beim *Knickfuß* stehen die Knöchel nach innen vor, gleichzeitig liegt der innere Rand des Fußes am Boden auf.

**Barfußlaufen am Strand, das ist gut für die Füße – und für die Seele!**

## Behandlung von kranken Füßen

Individuell angepaßte Einlagen oder orthopädische Schuhe, die das Fußgewölbe in seiner natürlichen Form stützen, können beim Erwachsenen die Beschwerden lindern und das Fortschreiten der Deformierung bremsen. Selten sind Operationen wie zum Beispiel das Verkleinern des Großzehenballens notwendig, um Schmerzen und kosmetische Probleme zu beheben.

## Was hält den Fuß gesund?

Fehlstellungen der Füße sind Zivilisationskrankheiten: Barfußgehen auf unebenem Untergrund, das natürliche Training für die Fußmuskeln, ist für Stadtbewohner kaum mehr möglich. Schuhe nehmen dem Fuß nicht nur einen Teil seiner Arbeit ab, sondern zwingen ihn oft in eine unnatürliche Lage, etwa durch hohe Absätze oder eine spitz zulaufende Form. Wer seinen Füßen etwas Gutes tun möchte, sollte so oft wie möglich barfuß laufen, täglich ein paar Minuten Fußgymnastik treiben (Zehenspitzen- und Fersengang, Greifübungen mit den Zehen), auf hohe Absätze und enge Schuhe verzichten. Ein orthopädisches Fußbett ist bei gesunden Füßen unnötig, doch eine Fußmassage löst Verspannungen – nicht nur in der Muskulatur der Füße (→ Seite 644).

## Fehlstellungen der Hüfte

### ▶ Symptome

- ➜ die Beine können nicht richtig abgespreizt werden
- ➜ die Beine scheinen ungleich lang

Fehlstellungen der Hüfte zählen zu den häufigsten angeborenen Skelettdeformitäten. Ursachen können sein: Platzmangel in der Gebärmutter (bei Zwillingen oder bei geringer Fruchtwassermenge), erbliche Anlage, selten auch Erkrankungen des Nervensystems oder Knochenaufbaustörungen. Bei der *Hüftgelenkdysplasie* steht der Hüftkopf nicht in der Mitte der schlecht ausgebildeten Gelenkpfanne, sondern etwas verschoben. Bei der *Hüftgelenkluxation* rutscht er sogar aus der Pfanne heraus.

### Ärztliche Behandlung

Bei den Vorsorgeuntersuchungen nach der Geburt bzw. im ersten Lebensjahr wird die Fehlstellung erkannt (→ Seite 607). Die Dysplasie kann durch eine spezielle Wickeltechnik bzw. eine Spreizhose in die richtige Stellung gebracht werden. Ohne Behandlung besteht jedoch die Gefahr, daß die Dysplasie sich zur Hüftgelenkluxation oder zur Arthrose mit bleibenden Schäden entwickelt.
Wird eine Hüftgelenkluxation bereits kurz nach der Geburt behandelt, sind die Aussichten gut. Zuerst wird das Gelenk im Krankenhaus gedehnt, um die Entwicklung der Gelenkpfanne anzuregen. Danach wird für einige Wochen bis Monate ein Gips, später eine Spreizhose angelegt.

### Selbsthilfe

Weisen Sie den Arzt darauf hin, wenn es in der Familie bereits solche Fehlstellungen gegeben hat! Sollte eine längere Ruhigstellung des Gelenks nötig sein, ist die Bewegungseinschränkung für jedes Kind schwierig. Wenn es sich aber geliebt und umsorgt fühlt, wird es dadurch keinen Schaden nehmen.

## Rachitis

Durch prophylaktische Gabe von Vitamin D an alle Kinder im ersten Lebensjahr ist die Rachitis, die oft zu entstellenden Verwachsungen führte, in Europa selten geworden (→ Knochenerweichung, Seite 513).

## X- und O-Beine

### ▶ Symptome

- ➜ sichtbare Fehlstellung der Beine

Dieses Krankheitsbild ist eher als kosmetisches Problem bekannt. Nur die wenigsten wissen, daß es dabei zum erhöhten Gelenkverschleiß (→ Arthrose, Seite 434) kommt. Die Ursache ist eine Wachstumsstörung der Unterschenkelknochen, manchmal infolge eines Unfalls oder einer Entzündung, meistens jedoch ohne erkennbaren Grund.

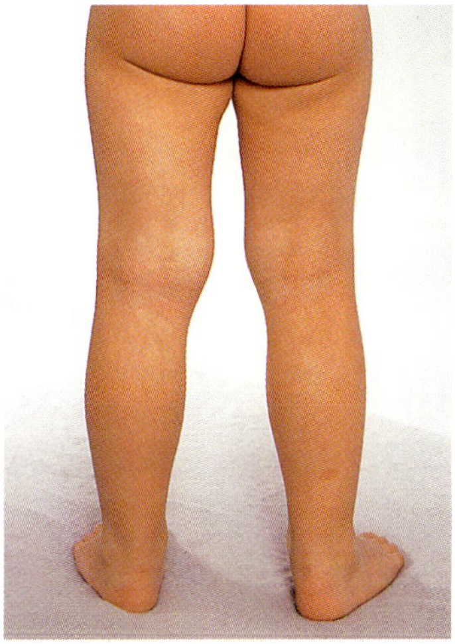

**X-Beine sind normal, aber nur wenn Ihr Kind noch keine zehn Jahre alt ist und ihm die Knie nicht weh tun.**

### Ärztliche Behandlung

Wenn Sie Fehlstellungen der Beine bei Ihrem Kind beobachten, sollten Sie auf jeden Fall mit dem Kinderarzt darüber sprechen. Wenn die Abweichungen geringfügig sind, reichen für die Therapie Einlagen, Schuhranderhöhung und Krankengymnastik. Manchmal kann eine Operation mit Begradigung des Knochens notwendig sein.

### Selbsthilfe

Sorgen Sie sich nicht unnötig: Gesunde Kinderbeine stehen bis zum zweiten Lebensjahr in O-Stellung, danach bis zum zehnten Lebensjahr in X-Stellung. Wenn Sie unsicher sind, fragen Sie den Arzt! Falls Ihr Kind über Schmerzen im Knie klagt, führen Sie das nie auf die Fehlstellung zurück, die Schmerzen können Anzeichen einer Knochenentzündung (→ Seite 429) oder eines Knochentumors (→ Seite 429) sein – gehen Sie zum Arzt!

## Beinlängendifferenz

### ▶ Symptome
- ➜ in leichten Fällen nur Rückenschmerzen
- ➜ Schulter und Becken stehen schief
- ➜ das Gangbild kann schaukelnd oder hinkend sein

Selten sind die Beine eines Menschen exakt gleich lang, Längenunterschiede bis zu einem Zentimeter werden leicht verkraftet. Ist der Unterschied größer, weil zum Beispiel nach einem Knochenbruch die Beine unterschiedlich wachsen, führt dies dazu, daß alle Gelenke vom Sprunggelenk bis hinauf zur Halswirbelsäule falsch belastet und allmählich verformt werden, was Schmerzen verursacht.

### Ärztliche Behandlung
Wenn Sie vermuten, daß Ihr Kind unterschiedlich lange Beine hat, sollten Sie mit ihm zum Arzt gehen. Der Längenausgleich erfolgt in leichten Fällen durch Einlegen eines Fersenkeils in den Schuh, durch Erhöhung der Schuhsohlen am kürzeren Bein, in schweren Fällen auch durch eine Operation.

### Selbsthilfe
Ist nicht möglich.

## Wachstumsstörungen

Wenn Ihr Kind im Vergleich zu seinen Altersgenossen deutlich kleiner oder größer ist, ist das in der Regel kein Grund zur Sorge (→ Seite 404). Um ganz sicherzugehen, sollten Sie einen Kinderarzt zu Rate ziehen. Manchmal können auch chronische Erkrankungen oder hormonelle Störungen (→ Seite 505) die Ursache für ein ungewöhnliches Wachstum sein.

## Haltungsschäden (Hohlkreuz und Rundrücken)

### ▶ Symptome
- ➜ die normale S-Form des Rückens ist verstärkt
- ➜ das Becken kippt nach vorn
- ➜ der Bauch wölbt sich vor
- ➜ der obere Rücken bildet einen runden Buckel
- ➜ die Schultern hängen nach vorn

Durch mangelndes Training der Muskeln des Rumpfes erlahmen diese; schlechte Körperhaltung ist die unmittelbare, Rückenschmerzen die langfristige Folge. Die Ursache ist oft Bewegungsmangel: Vormittags sitzen viele Kinder in der Schule, nachmittags vor dem Computer oder dem Fernsehapparat!

### Ärztliche Behandlung
Um eine Wirbelsäulenverkrümmung (→ Skoliose, Seite 437) auszuschließen, sollten Sie mit Ihrem Kind zum Arzt gehen. Die beste (und einzige) Therapie bei Hohlkreuz und Rundrücken ist mehr Bewegung, anfangs sinnvollerweise angeleitet durch einen Krankengymnasten.

### Selbsthilfe
Treiben Sie gemeinsam mit Ihrem Kind Sport! Schwimmen macht auch »Bewegungsfaulen« Spaß und ist ein besonders gutes Training für die Muskulatur von Brust und Rücken. Die Aufforderung »Halt dich gerade!« bewirkt meist das Gegenteil. Vielleicht können Sie Ihre Tochter oder Ihren Sohn bei der Eitelkeit packen: Mit einer schlechten Haltung macht niemand eine »gute Figur«!

## Scheuermann-Krankheit

### ▶ Symptome
- ➜ Ausbildung eines Rundrückens, manchmal Rückenschmerzen

Bei einem Viertel aller Schulkinder tritt diese Wachstumsstörung der Wirbelkörper auf, bei der sich die Brustwirbelsäule zum typischen Rundrücken wölbt. Es kommt zu kleinen Einbrüchen an den Wirbeln, was Schmerzen hervorrufen kann.

### Ärztliche Behandlung
Wenn Ihr Kind über Rückenschmerzen klagt, sollten Sie mit ihm zum Arzt gehen. Im Vordergrund der Behandlung steht die Krankengymnastik, in schweren Fällen kann eine Operation nötig sein.

### Selbsthilfe
Sportarten, die mit starken Erschütterungen einhergehen (zum Beispiel Sprungübungen, Reiten, Krafttraining), belasten die gerundete Wirbelsäule zu sehr. Gut ist hingegen Schwimmen oder Rudern.

## Brauchen Kinder Krankengymnastik?

Kinder sind Weltmeister in der Vermeidung von Schmerzen – und deshalb ist rechtzeitige Krankengymnastik bei Fehlhaltungen und rheumatischen Erkrankungen für sie besonders wichtig. Denn nur durch Bewegungstherapie und gezielte Vorbeugung während des Wachstums können Schäden im Erwachsenenalter verhindert werden.
Krankengymnastik ist für Kinder so spielerisch wie möglich aufgebaut. Oft findet sie auch in kleinen Gruppen statt, was den Kindern mehr Spaß macht. Spezielle Therapien gibt es für Frühgeborene und für Kinder, die aufgrund von Sauerstoffmangel während der Geburt winzige Hirnschäden davongetragen haben und in ihrer Entwicklung behindert sind. Ihnen kann auch dann durch die Übungen wesentlich geholfen werden, wenn zusätzlich eine geistige Behinderung vorliegt (was übrigens bei Kindern mit spastischen Lähmungen keineswegs die Regel ist). In jedem Fall aber ist eines wichtig: Dauerhaften Erfolg zeigen die Übungen nur, wenn sie zu Hause wiederholt werden. Machen Sie täglich mindestens fünf bis zehn Minuten Gymnastik mit Ihrem Kind – vielleicht tut es Ihnen selbst ja auch gut.

**Das gibt starke Rückenmuskeln! Mit dem großen Ball wird jede Gymnastikübung zum Spiel.**

## Gelenkrheuma bei Kindern

### ▶ Symptome

- ➜ geschwollene, schmerzende Gelenke
- ➜ Morgensteifigkeit, Schonhaltungen
- ➜ manchmal Fieber, starkes Unwohlsein
- ➜ Blässe, entzündete Augen

Diese Autoimmunkrankheit entspricht der chronischen Polyarthritis beim Erwachsenen (→ Seite 431). Zur Entzündung der Gelenke können Entzündungen innerer Organe kommen. Bei Kindern heilt sie oft nach einigen Jahren wieder aus, allerdings bleiben manchmal Schäden an den Gelenken zurück.

### Ärztliche Behandlung

Wenn Ihr Kind eine schmerzhafte Gelenkschwellung hat, sollten Sie möglichst noch am gleichen Tag mit ihm zum Arzt gehen. Um eine Infektion mit Bakterien (→ Bakterielle Gelenkentzündung, Seite 433) auszuschließen, wird die Gelenkflüssigkeit untersucht. Auch wenn das erkrankte Gelenk schmerzt, wird die Ruhigstellung möglichst vermieden, Krankengymnastik soll zusätzlich das Einsteifen verhindern. Kälte und entzündungshemmende Schmerzmittel helfen meist gut. Bei schwerkranken Kindern wird wie bei Erwachsenen eine Therapie gewählt, die das Immunsystem unterdrückt.

### Selbsthilfe

Gelenkrheuma ist eine schwere Belastung für Ihr Kind und damit für die gesamte Familie. Versuchen Sie, ihm trotz der oft starken Schmerzen ein ausgefülltes Leben zu ermöglichen. Unterstützen Sie es bei der Krankengymnastik, und denken Sie daran, daß liebevolle Eltern das beste Schmerzmittel und der wichtigste Trost für den kleinen Patienten sind. Eine große Unterstützung sind Selbsthilfegruppen. Adressen und einen Rheuma-Ratgeber für Eltern gibt es bei der Deutschen Rheumaliga (→ Seite 798).

# Haut und Haare

Als Schutz für den menschlichen Körper gibt es nichts Perfekteres als unsere Haut. Sie verhindert das Eindringen von Bakterien, Viren und Pilzen, hält chemische Stoffe ab, läßt Kälte, Wärme und Sonnenstrahlen nicht vordringen. Doch ist sie kein undurchdringlicher Mantel, sie »atmet« und kann auf diese Weise unsere Körpertemperatur genauestens regulieren. Daß sie jedoch nicht nur eine vielseitige Hülle, sondern auch ein Teil unseres Körpers ist, lassen uns Krankheit und Verletzung der Haut schnell spüren.

## Inhalt



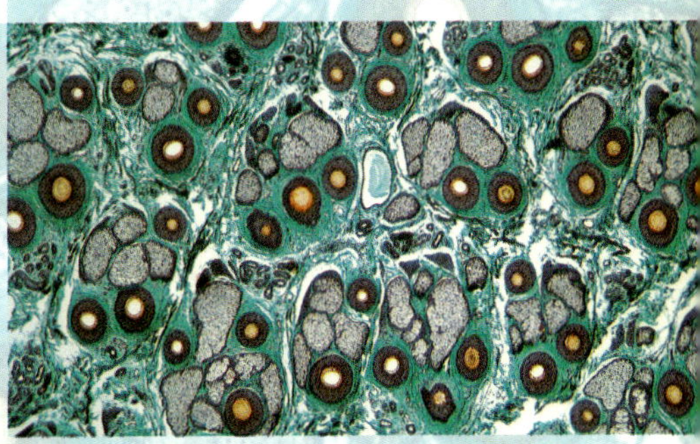

Kopfhaut

# Wissenswertes über die Haut

Daß unsere Haut mehr ist als eine praktische »Verpackung«, ist uns meistens nicht bewußt. Vor allem sauber soll sie sein und nicht zu trocken, im Sommer – Ozonloch hin, Ozonloch her – doch lieber braun statt blaß und immer ohne Schweißgeruch.
Aber schon wer sich den Finger an der heißen Herdplatte verbrennt, den Arm aufschürft oder eine harmlose Entzündung hat, muß schmerzhaft erfahren, daß die Haut nicht nur eine funktionslose Hülle ist. Und ein Mensch, der einen Teil seiner Haut verloren hat, etwa durch eine schwere Verbrennung, ist lebensbedrohlich krank.

## Was uns unter die Haut geht

Wir können nicht aus unserer Haut, uns ist nicht wohl in unserer Haut, wir möchten gern aus der Haut fahren – in vielen Redewendungen sagen wir Haut und meinen Gefühl. Und tatsächlich ist die Haut Spiegel unserer Seelenlage, aber auch unserer körperlichen Verfassung: Wir erröten vor Scham und werden kreidebleich vor Angst, blaß schauen wir mit Grippe in den Spiegel, mit rosigen Wangen kehren wir von einem Spaziergang heim.

## Wie sich unsere Haut verändert

Schlafmangel, unausgewogene Ernährung, Rauchen, psychische Probleme, zuviel Sonne – die Liste all dessen, was Spuren auf der Haut hinterlassen kann, ist lang. Im Lauf des Lebens durchläuft unsere Haut aber auch einen natürlichen Veränderungsprozeß: Sie wird dünner, Wasser- und Fettgehalt nehmen ab, die Elastizität läßt nach, Falten entstehen. Auch noch so vielversprechende Cremes und Lotionen können diesen Alterungsprozeß allenfalls verlangsamen.

## Unsere Hautfarbe

Ob unsere Haut und unsere Haare hell oder dunkel sind, wird bestimmt durch den Farbstoff Melanin, der von den sogenannten Pigmentzellen gebildet wird. Melanin kommt in zwei Formen vor: Eumelanin ruft die braunen und schwarzen Farbschattierungen hervor, Phäomelanin findet sich in roten Haaren. Dun-

**Eine frühe Glatze ist meist erblich bedingt – da hilft nur ein gutes Selbstbewußtsein.**

**Ob unsere Haare hell oder dunkel sind, hängt vom Farbstoff Melanin ab, der in den Zellen der Haarwurzeln enthalten ist.**

**Die vier Typen menschlicher Haut unterscheiden sich durch Pigmentzellen und die von ihnen gebildeten Farbstoffe.**

kelhäutige Menschen haben nicht mehr Pigmentzellen als hellhäutige, sie sind bei ihnen jedoch größer und bilden mehr Farbstoff. Sonnenbestrahlung regt die Produktion von Melanin an, denn das Pigment kann tiefergelegene Hautschichten schützen, indem es die gefährliche UV-Strahlung der Sonne aufnimmt und in harmlosere Infrarot-(=Wärme-)Strahlung umwandelt.

## Unsere Haut ist nicht nackt

Haare, Nägel und Hautdrüsen, alle zusammen Hautanhangsgebilde genannt, münden auf der Oberfläche der Haut und schützen sie – kaum eine Stelle des Körpers ist also wirklich »nackt«.
Die wohl wichtigste Aufgabe kommt dem *Haar* auf dem Kopf zu, denn es muß das Gehirn vor zu starker Sonneneinstrahlung schützen.
Auch an anderen Stellen haben Haare eine wichtige Schutzfunktion: Die Brauen sorgen dafür, daß von der Stirn rinnender Schweiß nicht in die Augen gelangt, die Wimpern halten kleinere Fremdkörper von den Augen fern. Die Haare am Naseneingang verhindern, daß wir Schmutz oder Insekten einatmen. Anders als Tiere haben wir Menschen am Körper relativ wenige und meist feine Haare. Ihre ursprüngliche Aufgabe, vor Kälte zu schützen, können sie daher kaum mehr erfüllen.
Die *Nägel* schützen Finger- und Zehenspitzen und dienen als Werkzeug. Außerdem bieten sie den weichen Finger- bzw. Zehenkuppen eine Art Widerlager und ermöglichen so ein feineres Tastempfinden.
Die *Hautdrüsen* werden in Talg-, Schweiß- und Duftdrüsen unterschieden. Außerdem gibt es im äußeren Gehörgang spezielle Drüsen, die Ohrenschmalz (→ Seite 166) bilden.
*Talgdrüsen* liegen meist in unmittelbarer Nachbarschaft zu einem Haar. Ihr Sekret, der Talg, schützt die Haut vor dem Austrocknen.
*Schweißdrüsen* sind ein Teil der komplizierten Wärmeregulation des Körpers: Verdunstet der von ihnen abgesonderte Schweiß, so wird dem Körper Wärme entzogen (→ Wärmeregulation in der Haut, Seite 451). Sie finden sich in nahezu der gesamten Haut.
*Duftdrüsen* (abgewandelte Schweißdrüsen) bilden ab der Pubertät Duftstoffe. Sie finden sich vorwiegend in den Achselhöhlen, im Genital- und im Afterbereich. Die Duftdrüsen erzeugen den typischen Eigengeruch eines jeden Menschen.

**Die Haut wird im hohen Alter dünn, weil Wasser- und Fettgehalt zurückgehen.**

**Unsere Haare in Großaufnahme – etwa 100 000 davon hat jeder Mensch auf dem Kopf.**

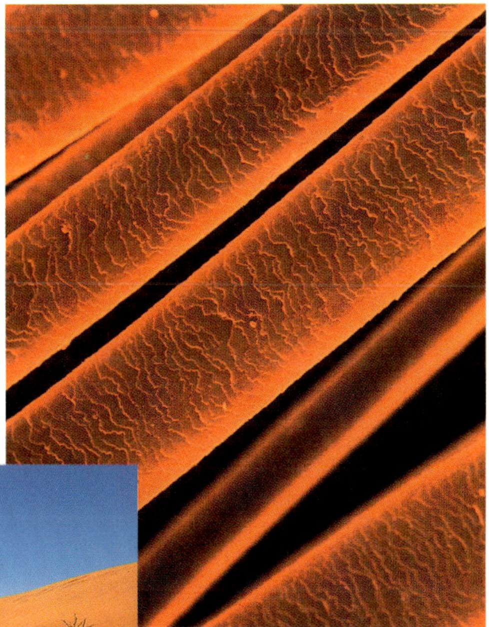

**So wie zu starke Sonne die Erde austrocknet, schadet sie auch unserer Haut.**

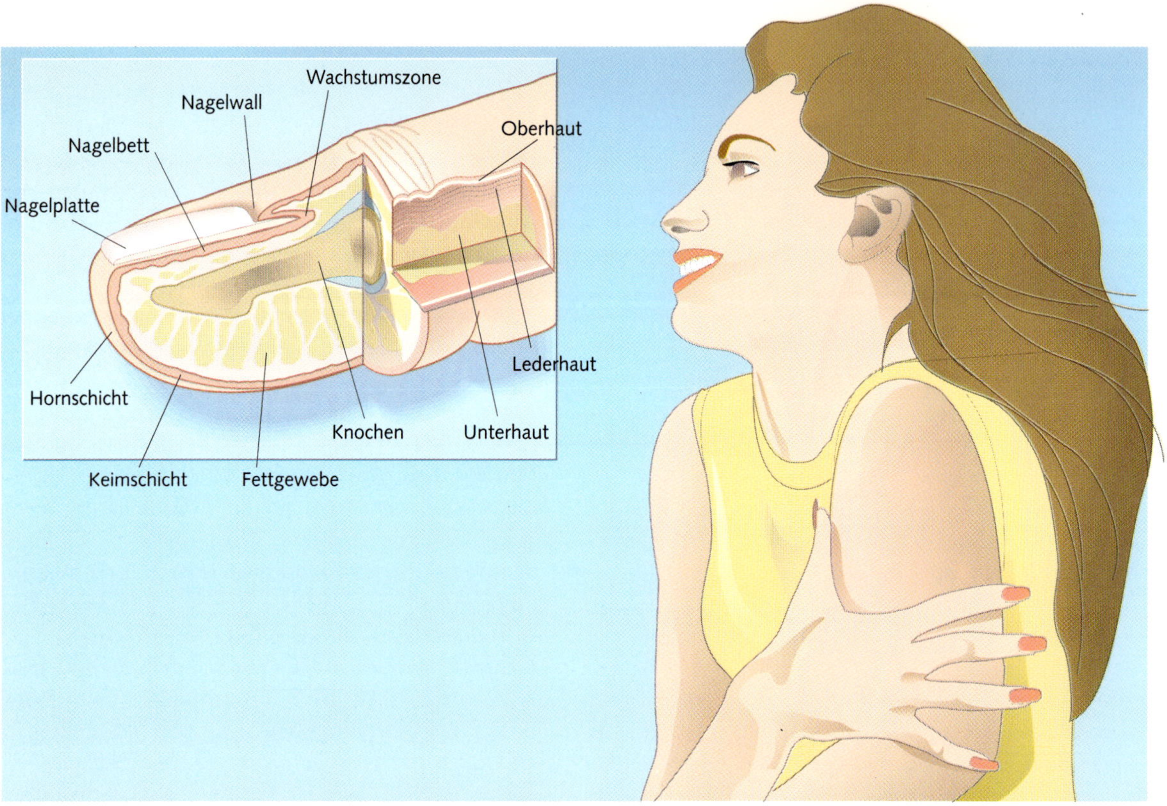


# Haut, Haare und Nägel

- **Die Haut – ein vielseitiges Organ**
- **Struktur und Wachstum der Haare**
- **Aufbau der Nägel**

In unserer Haut finden auf engstem Raum eine Unzahl von Sinneszellen, Drüsen und Gewebeteilen neben- und untereinander Platz. Zur Orientierung im komplizierten Aufbau der Körperhülle unterscheidet man Oberhaut, Lederhaut und Unterhaut.

Die *Oberhaut* besteht aus fünf Schichten. In einem ständigen Erneuerungsprozeß wandern Hautzellen von der tiefsten, der Basalschicht, an die Hautoberfläche, zur Hornschicht. Dort angelangt, werden sie als Schuppen abgestoßen. Der ganze Vorgang dauert etwa vier Wochen.

Neben den Hautzellen gibt es noch vier weitere Zellarten in der Oberhaut: Pigmentzellen (→ Unsere Hautfarbe, Seite 448), Langerhanszellen und T-Lymphozyten, beide Teil unseres Immunsystems (→ Seite 299), und die Merkelzellen, die Tastempfindungen vermitteln können.

Die *Lederhaut* besteht im wesentlichen aus Bindegewebe mit zugfesten und elastischen Fasern. Daneben enthält diese Hautschicht Blutgefäße, Nerven, Talgdrüsen und Gänge von Schweißdrüsen (→ Unsere Haut ist nicht nackt, Seite 449).

In der *Unterhaut* liegt neben Bindegewebe vor allem das sogenannte Unterhautfettgewebe, das aus einzelnen Fettkammern aufgebaut ist (→ Cellulite, Seite 473). Außerdem liegen hier die Schweißdrüsen und die Haarzwiebeln (→ Die Haare).

## Die Aufgaben der Haut

Mit einer durchschnittlichen Fläche von 1,8 Quadratmetern und einem Gewicht von 5 bis 10 Kilogramm ist die Haut eines der größten und vielseitigsten Organe des menschlichen Körpers.

### Schutz nach außen und innen

Die Haut schützt uns gegen die Wirkung physikalischer Kräfte wie Wärme, Kälte, Sonnenstrahlung und Druck, gegen chemische Stoffe und Krankheitserreger (→ Ein sensibler Schutzmantel, Seite 459). Außerdem verhindert sie das Ein- und Austreten von Flüssigkeiten. Wasser wird von der Haut nur gezielt zur → Wärmeregulation abgegeben; der Verlust von großen Flüssigkeitsmengen – zum Beispiel bei schweren Brandwunden – kann lebensbedrohlich sein. Das Unterhautfettgewebe dient als Pufferzone für die darunterliegenden Organe, als Kälteschutz und Fettspeicher.

### Vermittlung von Sinnesreizen

Die Haut versorgt uns über viele verschiedene Sinneszellen (Rezeptoren) mit Informationen über unsere Umwelt (→ Seite 146): Über Thermorezeptoren nehmen wir Wärme und Kälte wahr, verschiedene Arten von Mechanorezeptoren ermöglichen uns das Druck- und Tastempfinden, über Nozizeptoren spüren wir Schmerz. Diese Sinneswahrnehmung ist ganz besonders wichtig, denn Schmerz schützt uns, indem er uns »zwingt«, das Richtige zu tun – zum Beispiel sofort die Hand von der heißen Herdplatte zu nehmen (→ Was ist Schmerz?, Seite 212).

### Wärmeregulation in der Haut

Damit Organe wie Gehirn, Rückenmark, Herz, Nieren, Leber und Milz normal arbeiten können, muß unser Körper eine gleichmäßige Temperatur von rund 37 °Celsius haben. Unsere Körperwärme muß also trotz Schwankungen der Außentemperatur ständig konstant gehalten werden. Dieser Vorgang wird Wärmeregulation genannt.
Damit der Hypothalamus im Zwischenhirn (→ Seite 189) den Prozeß der Wärmeregulation steuern kann, erhält er von den Thermorezeptoren in der Haut und im Körperinneren Informationen über die Außen- und die Körpertemperatur. Noch bevor die Körpertemperatur unter das normale Niveau sinken kann, wird die Durchblutung der Haut gedrosselt, indem die Gefäße enggestellt werden. Dadurch wird die Wärmeabgabe des Körpers eingeschränkt. Droht umgekehrt die Körpertemperatur zu steigen, so wird die Durchblutung der Haut verstärkt, um Wärme an die Außenwelt abzugeben. Reicht das nicht aus, werden die Schweißdrüsen aktiviert.

## Die Haare

Der Teil eines Haares, der aus der Haut herausragt, wird Haarschaft genannt, der in der Haut gelegene Teil Haarwurzel. Letztere erweitert sich unten zur sogenannten Haarzwiebel. Im Kern der Zwiebel liegen die gefäßreiche Haarpapille, die für die Ernährung des wachsenden Haares sorgt, und die Zellschicht, von der neue Haarzellen gebildet werden. Neben jedem Haar liegt eine Talgdrüse in der Haut.
Haare wachsen nicht gleichmäßig, sondern jedes durchläuft einen aus drei Phasen bestehenden Haarzyklus: In der aktiven Wachstumsphase, die drei bis sechs Jahre dauert, werden sie pro Tag durchschnittlich 0,35 Millimeter länger. Nach einer kurzen Übergangsphase gelangen sie dann in die drei bis sechs Monate dauernde Ruhephase. Im Durchschnitt haben wir 100000 Kopfhaare, von denen sich normalerweise 15 bis 20 Prozent in der Ruhephase befinden. Täglich 70 bis 100 von diesen Haaren zu verlieren ist völlig normal. Haare haben an vielen Stellen des Körpers wichtige Schutzfunktionen (→ Seite 449).

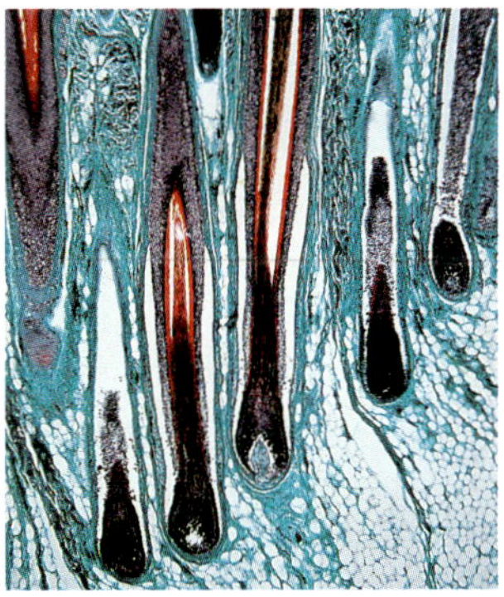

**Dicht nebeneinander liegen die Haarwurzeln in unserer Kopfhaut. Von hier aus wächst das Haar und wird mit Nährstoffen versorgt.**

## Die Nägel

Die gewölbte Platte eines Nagels wird von der sogenannten Nagelmatrix gebildet und schiebt sich auf dem Nagelbett nach vorn. Ein Teil der Nagelmatrix ist meist als weißer Halbmond am unteren Ende der Nagelplatte sichtbar. Umgeben ist die Nagelplatte vom Nagelwall. Im Gegensatz zu den Haaren wachsen die Nägel gleichmäßig – im Durchschnitt etwa 0,1 Millimeter pro Tag. Wurde ein Nagel entfernt, so kann also in etwa vier Monaten wieder ein neuer nachwachsen. Infektionen, Vergiftungen oder Hautkrankheiten können Veränderungen der Nägel (→ Seite 482) hervorrufen.

# Notfälle

## Allgemein gilt

Viele Hautveränderungen oder -verletzungen betreffen nicht nur die »Körperoberfläche«. Suchen Sie deshalb im Zweifelsfall den Arzt lieber einmal zuviel auf.

## Wundrose (Erysipel)

▶ Symptome
- ➜ schmerzhafte Rötung, Überwärmung und Schwellung eines Hautbereichs, oft mit zungenförmigen Ausläufern
- ➜ Kopfschmerzen, (hohes) Fieber, Schüttelfrost

Die Wundrose, eine Entzündung der Haut, wird durch Eitererreger hervorgerufen. Eintrittspforte für die Keime ist oft eine kleine Verletzung oder ein unbehandelter Fußpilz (→ Seite 458). Bei der Wundrose im Gesicht kann es zu einer lebensbedrohlichen Komplikation kommen, der Hirnvenenthrombose (→ Seite 199).

### Ärztliche Behandlung

Rufen Sie sofort einen Arzt. Die Wundrose muß mit einem Antibiotikum (meist als Infusion) behandelt werden; Bettruhe und Hochlagerung des betroffenen Körperteils sind nötig.

### Selbsthilfe

Bis der Arzt kommt, können Sie die Beschwerden mit feuchten Umschlägen lindern.

## Verbrennungen und Verätzungen

▶ Symptome
- ➜ Verbrennung 1. Grad: Rötung und Schwellung
- ➜ Verbrennung 2. Grad: Blasenbildung
- ➜ Verbrennung 3. Grad: graue, weiße oder schwarze Haut
- ➜ Verätzung: Symptome wie Verbrennung

Ob und wie eine Verbrennung vom Arzt behandelt werden muß, hängt vom Schweregrad und von der Ausdehnung der Verletzung ab: Kleine Verletzungen ersten oder zweiten Grades können Sie selbst versorgen (→ Seite 465), bei großflächigeren Verbrennungen ersten oder sogar zweiten Grades sollten Sie sofort einen Arzt aufsuchen oder den Notruf veranlassen. Kleinkinder sollten immer ärztlich behandelt werden. Bei großflächigen und schweren Verletzungen besteht Schockgefahr (→ Seite 792). Verätzungen sollten in jedem Fall von einem Arzt behandelt werden.

### Ärztliche Behandlung

Eine schwere Brandverletzung muß schnellstmöglich behandelt und vor Infektionen geschützt werden. Eine Infusionstherapie, die dem Flüssigkeitsverlust über die Wunde entgegenwirkt, kann nötig sein. Weitere Informationen finden Sie unter Ärztliche Behandlung von Verbrennungen (→ Seite 465) und auf Seite 794.

### Selbsthilfe

Spülen Sie die Verbrennung oder Verätzung sofort mit reichlich Wasser; tragen Sie keine Salbe, kein Öl, kein Mehl oder ähnliche Stoffe auf!

## Lyell-Syndrom

▶ Symptome
- ➜ Rötung, Brennen, Hitzegefühl, plötzliches Auftreten von Blasen, großflächige Ablösung der Haut, die dann »wie ein nasses Tuch« aufliegt
- ➜ hohes Fieber, schweres Krankheitsgefühl

Meist wird das Lyell-Syndrom durch Einnahme eines Arzneimittels verursacht. Bei Säuglingen, Kindern und Personen mit einer Abwehrschwäche kann aber auch eine Infektion mit Staphylokokken (→ Seite 541) zugrunde liegen.

### Ärztliche Behandlung

Das Lyell-Syndrom ist lebensbedrohlich und erfordert intensivmedizinische Betreuung.

### Selbsthilfe

Veranlassen Sie den Notruf.

# Spezielle Untersuchungen

## Das Gespräch

Bereits das Gespräch über Beginn, Verlauf und Charakter der Beschwerden kann Hinweise auf die Art der Erkrankung geben. Der Hautarzt (Dermatologe) wird daher immer fragen, seit wann die Hautveränderungen vorhanden sind und an welcher Körperstelle sie begonnen haben; ob sie sich durch Juckreiz oder Schmerz bemerkbar machen und wie das Allgemeinbefinden ist. Frühere Hautleiden, innere Erkrankungen und Erbkrankheiten sind für ihn ebenso von Interesse wie alle Medikamente, die Sie einnehmen.

## Betrachtung der Haut

Die wichtigste Untersuchungsmethode des Hautarztes ist die genaue Betrachtung der Haut. In der Regel wird er deshalb beim ersten Termin die gesamte Haut einschließlich der Haare und Nägel genauestens untersuchen. Dabei wird er auch auf Pigmentveränderungen achten, da sie auf Frühformen des schwarzen Hautkrebses hinweisen können (→ Seite 477).

Sichtbare Hautveränderungen werden Hautblüten (Effloreszenzen) genannt. Die wichtigsten sind:

- **der Fleck**, eine Farbveränderung der Haut ohne Erhebung oder Vorwölbung
- **die Papel**, ein aufragendes Knötchen
- **die Quaddel**, eine meist vorübergehende, oft beetartig erhabene Schwellung der Haut
- **das Bläschen**, eine Art Hohlraum zwischen zwei Hautschichten, der mit Flüssigkeit gefüllt ist
- **das Eiterbläschen** (Pustel). Wenn ein solches Bläschen platzt, tritt der Eiter aus, trocknet, und es entsteht eine Kruste.

## Mikroskopische Untersuchung

Reichen Gespräch und Betrachtung nicht aus, um die Erkrankung zweifelsfrei zu diagnostizieren, so wird in örtlicher Betäubung eine kleine Hautprobe entnommen und mikroskopisch untersucht.

Bei bösartigen Veränderungen der Haut (→ Seite 476) kann die sogenannte mikroskopisch kontrollierte Chirurgie angewendet werden: Der Tumor wird herausgeschnitten, die Wunde aber erst wieder verschlossen, nachdem durch mikroskopische Untersuchung gesichert worden ist, daß die Schnittränder aus gesundem Gewebe bestehen. Zwischenzeitlich wird die Wunde mit einer dünnen Lage sterilen Schaumstoffs abgedeckt.

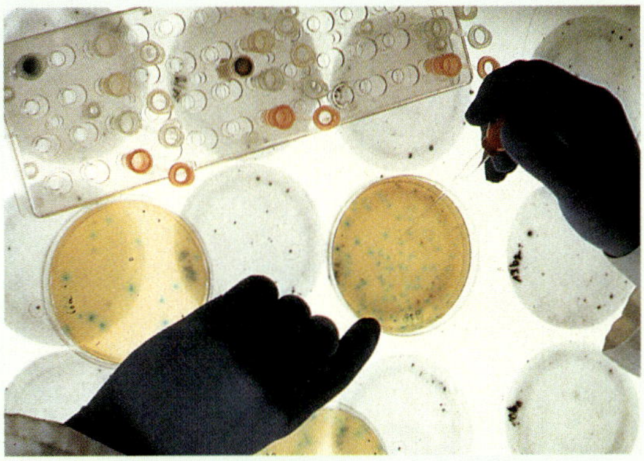

**Pilze vermehren sich auf Nährböden. Sie unterscheiden sich durch Wachstum, Form und Farbe.**

## Nachweis von Pilzen

Um Pilzerkrankungen der Haut nachweisen zu können, werden Schuppen von der betroffenen Hautregion abgeschabt und unter dem Mikroskop untersucht. Meist wird zusätzlich in einem Labor eine Pilzkultur angelegt, das heißt die Pilze werden auf einem speziellen Nährboden angezüchtet (→ Seite 539).

Bei Nagelpilz (→ Seite 482) wird ein kleines Stück des befallenen Nagels abgeschnitten oder abgeraspelt und wie bei der Untersuchung von Hautschuppen verfahren. Einige Erkrankungen lassen sich mit Hilfe des sogenannten Wood-Lichts erkennen, da die Pilze in einer bestimmten Farbe fluoreszierend aufleuchten.

## Haarwurzelstatus

Zur Abklärung bestimmter Haarkrankheiten wird ein Büschel von etwa 50 Haaren ausgezupft und mikroskopisch untersucht. Die Haare dürfen mindestens fünf Tage vor dieser Untersuchung nicht gewaschen worden sein, da das Ergebnis sonst verfälscht wird.

## Eiterflechte (Impetigo)

▶ Symptome
→ rote Flecken, rasch platzende Bläschen oder Blasen, honiggelbe Krusten

Die Eiterflechte ist eine überwiegend bei Kindern auftretende Hautkrankheit, die durch Bakterien hervorgerufen wird. Typisch sind honiggelbe Krusten am Kopf (vor allem im Gesicht), seltener auch am übrigen Körper. Die Veränderungen heilen narbenlos ab. Hin und wieder tritt im Gefolge eine Nierenerkrankung auf (Impetigonephritis).

Ärztliche Behandlung

Bei großflächigen Hautveränderungen sollten Sie sofort den Hautarzt aufsuchen. Da die Erkrankung unbehandelt länger dauert und damit auch die Gefahr einer Nierenbeteiligung steigt, ist eine ärztliche Behandlung immer zu empfehlen.
Krusten werden mit desinfizierenden Lösungen oder Cremes abgelöst. Bei ausgedehntem Befall oder einem atopischen Ekzem (→ Neurodermitis, Seite 526) kann ein Antibiotikum genommen werden.

Selbsthilfe

Da die Erkrankung für andere Kinder hochansteckend ist, sollten Sie auf peinliche Sauberkeit achten. Die Leib- und Bettwäsche sollten häufig gewechselt, die Haut sollte mit desinfizierenden Zubereitungen gereinigt werden.

## Haarbalgentzündung (Follikulitis), Furunkel, Karbunkel

▶ Symptome
→ Follikulitis: hellgelbe Pusteln
→ Furunkel: druckschmerzhafter, geröteter Knoten
→ Karbunkel: bretthartes, sehr schmerzhaftes Gebiet, eventuell Fieber, Lymphknotenschwellung

Eine oberflächliche Haarbalgentzündung (Follikulitis) zeigt sich durch meist zahlreiche, stecknadelkopfgroße Pusteln. Dringen die Erreger tiefer ein, so entsteht ein Furunkel, ein eitrig einschmelzender, entzündlich geröteter Knoten, der meist extrem druckschmerzhaft ist. Sind mehrere Haarbälge in unmittelbarer Nachbarschaft von dem Entzündungsprozeß betroffen, spricht man von einem Karbunkel.
Eine Furunkulose liegt vor beim gehäuften Auftreten von Furunkeln. Als Ursachen kommen Diabetes mellitus (→ Seite 501) oder eine Immunschwäche in Frage. Oft ist jedoch kein Grund erkennbar.

Ärztliche Behandlung

Bei einem Nasen- oder Oberlippenfurunkel sollten Sie sofort einen Arzt aufsuchen, da die Gefahr einer Hirnvenenthrombose besteht (→ Seite 183 und 199). Bei der Follikulitis werden die Pusteln nach gründlicher Desinfektion eröffnet und eine antibakterielle Lösung oder Creme aufgetragen. Bei Furunkeln und Karbunkeln muß meist ein Antibiotikum eingenommen werden.

Selbsthilfe

Bei einem Furunkel oder einem Karbunkel sollten Sie den betroffenen Körperteil ruhigstellen und – soweit möglich – hochlagern. Versuchen Sie auf keinen Fall, den Furunkel oder Karbunkel auszudrücken!

## Abszeß

▶ Symptome
→ Rötung, Schwellung
→ Schmerz, Überwärmung
→ Fieber, Abgeschlagenheit

Ein Abszeß ist ein Eiterherd, der in einer vor der Infektion nicht vorhandenen Höhle liegt. Abszesse können in jedem Körpergewebe entstehen. Die Eitererreger dringen von außen durch Verletzungen in die Haut ein oder gelangen auf dem Blutweg in innere Organe (Leber, Lunge, Gehirn).
Häufig treten Abszesse in den Achselhöhlen, in den Leisten und im Analbereich auf.

Ärztliche Behandlung

Bei Fieber und Abgeschlagenheit oder, wenn sich der Abszeß im Bereich von Nase oder Oberlippe befindet (→ Hirnvenenthrombose, Seite 199), sollten Sie rasch einen Arzt aufsuchen. Die wichtigste Maßnahme ist die sogenannte Abszeßspaltung durch einen Einschnitt. Sie sollte dann erfolgen, wenn der

Abszeß »reif« ist, das heißt, wenn sich sein Inhalt verflüssigt hat. Schwappt er hin und her (Tastgefühl wie bei einem Wasserkissen), ist der richtige Zeitpunkt gekommen. Unter Umständen muß zusätzlich ein Antibiotikum eingenommen werden.

### Selbsthilfe

Stellen Sie den betroffenen Teil des Körpers ruhig. Versuchen Sie auf keinen Fall, den Abszeß auszudrücken! In leichteren Fällen helfen feuchte Umschläge mit Kamille oder Zinnkraut.

## Phlegmone

**▶ Symptome**

➜ Rötung, Überwärmung, sehr schmerzhafte Schwellung, Fieber und Krankheitsgefühl

Die Phlegmone ist eine schwere eitrige Entzündung (meist mit Streptokokken (→ Seite 541), die zum raschen Fortschreiten in alle Richtungen neigt. Die sogenannte Hohlhandphlegmone kann mit einer Funktionseinschränkung der Finger oder sogar der ganzen Hand einhergehen.

### Ärztliche Behandlung

Suchen Sie sofort den Arzt auf. Zunächst wird er versuchen, die Entzündung konservativ, das heißt ohne Operation zu behandeln.
Wichtig ist hierbei die hochdosierte Gabe von Antibiotika, meist in Form von Infusionen. Führt dies nicht innerhalb von etwa zwei Tagen zum deutlichen Rückgang der Symptome, ist ein chirurgischer Eingriff notwendig.

### Selbsthilfe

Sie sollten den betroffenen Körperteil auf jeden Fall ruhigstellen und, falls möglich, hochlagern. Feuchte Umschläge können die Beschwerden etwas lindern – aber auf keinen Fall den Arztbesuch ersetzen!

## Körperpflege: Weniger ist mehr!

Wohl nach dem Motto »Viel hilft viel« geben die Deutschen jährlich etwa 15 Milliarden DM (pro Kopf 190 DM im Schnitt) für Körperpflege aus.
Natürlich kann mangelnde Pflege die Gesundheit beeinträchtigen, viel größeren Schaden jedoch richtet heutzutage in unseren Breiten ein Zuviel an. Durch übertriebenes Waschen, Duschen, Baden ausgelaugt, verliert die Haut ihren natürlichen Schutzfilm. Sie kann austrocknen, jucken und anfällig für Ekzeme, Infektionen und Pilzerkrankungen werden.

**Eincremen ist nicht immer nötig, für trockene Haut aber ein Muß!**

**Tips für die Körperpflege**

- Gegen tägliches Duschen oder Baden ist bei normaler Haut nichts einzuwenden. Mit Seife sollten Sie allerdings sparsam umgehen.
- Normale Haut braucht nach richtiger (= sanfter) Reinigung nicht immer Cremes oder Lotionen. Im Gegenteil kann sie dadurch ihre Fähigkeit zur Selbstregulation verlieren.
- Anders bei empfindlicher, trockener Haut: Zwar spricht auch hier in der Regel nichts gegen kurzes Duschen, Seife sollten Sie jedoch nicht jeden Tag benutzen (Alternative: rückfettende Ölbäder). Unmittelbar nach dem Duschen, wenn die Haut noch feucht ist, sollten Sie sich auf jeden Fall eincremen.
- Auch bei normaler, ganz besonders aber bei empfindlicher Haut sollten Sie den sogenannten Syndets gegenüber Seife den Vorzug geben.
- Ausreichend Schlaf und ausgewogene Ernährung (→ Seite 712) sind die Basis für eine gesunde Haut. Streß, Alkohol, Rauchen und zuviel Sonne sollten Sie meiden.

## Dellwarzen

► Symptome
- ➜ hautfarbene Papeln mit einer Delle in der Mitte
- ➜ stecknadelkopf- bis erbsengroß
- ➜ einzeln oder in Gruppen

Dellwarzen werden durch ein Virus der Pockengruppe hervorgerufen und kommen in der Hauptsache bei Kindern vor, insbesondere dann, wenn sie unter einem atopischen Ekzem (→ Neurodermitis, Seite 526) leiden.
Dellwarzen treten vor allem im Gesicht, am Hals, am Rumpf und in der Genitalregion auf. Die Übertragung erfolgt durch Schmierinfektion, Kleidungsstücke oder Handtücher.

### Ärztliche Behandlung

Wer unter einem atopischen Ekzem oder einer Immunschwäche leidet, sollte immer einen Hautarzt aufsuchen, da es in diesem Fall zur Aussaat sehr vieler Dellwarzen kommen kann.
Um die Ansteckung anderer zu verhindern, sollte auf jeden Fall eine Behandlung erfolgen. Diese besteht im Anritzen und Ausdrücken des breiartigen Inhalts oder im Abtragen der Dellwarzen mit einem sogenannten scharfen Löffel.

### Selbsthilfe

Versuchen Sie unbedingt, Kratzen zu vermeiden, da es dadurch zur Vermehrung der Dellwarzen kommen kann.

### Was ist dran am Warzenzauber?

Zwar sind sie wissenschaftlich (noch?) nicht erklärbar, zu helfen scheinen die sogenannten Suggestivtherapien – schlicht seit alters auch Warzenzauber genannt – trotzdem. Vor allem bei Kindern ist das Besprechen oder Wegbeten von gemeinen Warzen ebenso wie das Auftragen von »Schneckensaft« oder anderen »Heilmitteln« wirkungsvoll. Daß etwa zwei Drittel aller Warzen innerhalb von zwei Jahren ohnehin von selbst abheilen, muß nicht unbedingt gegen die Kraft des Warzenzaubers sprechen.

## Warzen

Diese Hautveränderungen werden durch humane Papillom-Viren (abgekürzt HPV) hervorgerufen. Die beiden wichtigsten Formen sind → gemeine Warzen und → Feigwarzen.

## Gemeine Warzen

► Symptome
- ➜ scharf begrenzte, graugelbliche Knötchen
- ➜ rauhe, zerklüftete Oberfläche

Gemeine Warzen sitzen bevorzugt an den Händen, vor allem in der Umgebung der Nägel. Betroffen sind überwiegend Kinder und Jugendliche. Eine besondere Form stellen gemeine Warzen an den Fußsohlen dar. Sie können schmerzhaft sein, weil sie durch das Körpergewicht in die Haut gedrückt werden und wie ein Dorn stechen können, daher auch der Name Dornwarzen.

## Feigwarzen

► Symptome
- ➜ hautfarbene, blumenkohl- oder hahnenkammartige Gebilde im Genital- und Analbereich

Feigwarzen entstehen in feuchter Umgebung und durch kleinste Verletzungen der Haut. Die Übertragung erfolgt meist durch Geschlechtsverkehr.

### Ärztliche Behandlung

Bei Feigwarzen sollten Sie immer einen Hautarzt aufsuchen, gemeine Warzen können oft auch von selbst abheilen. Behandelt werden können Feigwarzen mit einer Podophyllin-Lösung oder durch operative Entfernung, gemeine Warzen zum Beispiel mit Salizylsäure-Zubereitungen, durch Vereisung mit flüssigem Stickstoff oder operative Entfernung.

### Selbsthilfe

Bei Feigwarzen sollte man die betroffene Region »trockenlegen« (Leinenläppchen). Um einer erneuten Infektion vorzubeugen, ist eine gleichzeitige Partnerbehandlung wichtig. Wer gemeine Warzen hat, leidet häufig an kalten und/oder schwitzenden Händen/Füßen. Daher sind Hand- bzw. Fußwechsel-

bäder (→ Seite 726) und gymnastische Übungen empfehlenswert.
Gemeine Warzen kann man mit dem homöopathischen Arzneimittel Thuja occidentalis behandeln (3mal täglich 15 Tropfen $D_6$ einnehmen, oder die Warze mit Urtinktur bepinseln).

## **Gürtelrose** (Zoster)

▶ Symptome
- ➜ brennende Schmerzen
- ➜ juckende Bläschen auf gerötetem Grund, in halbseitiger, selten auch beidseitiger, »gürtelförmiger« Anordnung

Die Gürtelrose wird verursacht durch das Wiederaufleben einer Erstinfektion oder durch die Zweitinfektion mit dem Varizellen-Zoster-Virus. Die Erstinfektion führt zu Windpocken (→ Seite 558), danach ruht das Virus oft über viele Jahre oder Jahrzehnte im Körper. Die Gürtelrose kommt in fast jedem Lebensalter vor, besonders häufig aber zwischen dem 60. und 70. Lebensjahr.
Nicht selten gehen den Hautveränderungen brennende Schmerzen in dem betreffenden Gebiet voraus. Vor allem bei älteren Menschen können Nervenschmerzen noch lange Zeit nach dem Abheilen der Bläschen fortbestehen. Bei einer Gürtelrose in der Umgebung des Auges kann es zu einem Übergreifen auf dessen Hornhaut kommen, in der Umgebung des Ohres besteht die Gefahr einer Mitbeteiligung der Hörnerven.

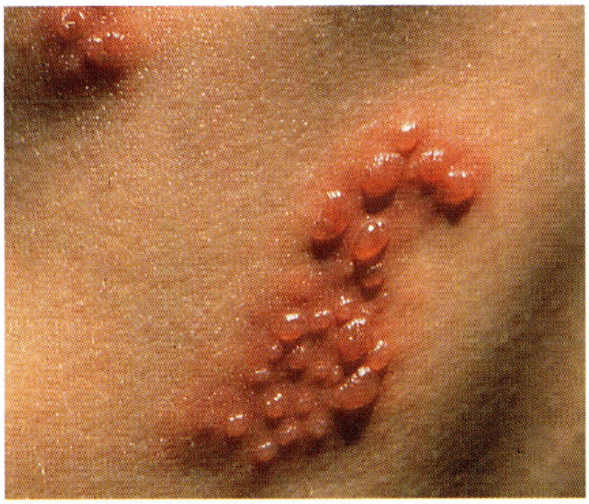

**Die Bläschen der Gürtelrose dürfen nicht aufgekratzt werden, sonst bleiben Narben zurück.**

### Ärztliche Behandlung

Bei einer Gürtelrose im Kopfbereich und bei schweren Verläufen sollten Sie den Arzt besonders rasch aufsuchen! Ein Medikament, das die Vermehrung der Viren hemmt (Virostatikum), kann in Form von Tabletten oder Infusionen gegeben werden. Auf die erkrankten Hautbereiche kann Zinkschüttelmixtur, eventuell mit einem desinfizierenden Zusatz, aufgetragen werden. Die schmerzlindernde Behandlung richtet sich nach der Stärke der Beschwerden.

### Selbsthilfe

Franzbranntwein (Vorsicht im Augenbereich!), 3mal täglich aufgetupft, beschleunigt das Eintrocknen der Bläschen.

## **Fieberbläschen** (Herpes simplex)

▶ Symptome
- ➜ Bläschen auf gerötetem Grund
- ➜ Juckreiz, Spannungsgefühl
- ➜ bräunliche Borken

Fieberbläschen sitzen häufig in der Mundregion (Herpes labialis). Sie sind Ausdruck einer Zweitinfektion mit dem Herpes-simplex-Virus oder bedingt durch das Aufleben einer ruhenden Herpes-Infektion; die Erstinfektion führt zur Mundfäule (→ Seite 326). Herpes kann aber auch am übrigen Körper auftreten, vor allem im Genitalbereich (→ Herpes genitalis, Seite 549). Zu den häufigsten Ursachen für das Wiederaufleben einer Herpesinfektion gehört intensive Sonnenbestrahlung. Viele Frauen leiden oft über lange Zeit vor oder während der Monatsblutung an Herpes. Aber auch eine fieberhafte Erkrankung oder zahnärztliche Eingriffe können sich auf eine »ruhende« Infektion auswirken.

### Ärztliche Behandlung

Bei schweren Verläufen und bei Kindern mit atopischem Ekzem (→ Neurodermitis, Seite 526) ist eine ärztliche Behandlung nötig. Es kann vom Arzt ein Virostatikum und/oder ein Antibiotikum gegeben werden.

### Selbsthilfe

Wenn Sie häufiger an Herpes erkranken, sollten Sie Ihre Abwehrkraft langfristig stärken.

## Pilzerkrankungen der Haut

Pilzerkrankungen, sogenannte Mykosen, sind sehr häufig – man könnte fast von einer »Volksseuche« sprechen. Unterschieden werden drei Gruppen von Erregern: Hautpilze (Dermatophyten), Hefepilze und Schimmelpilze (→ Warum machen Pilze krank?, Seite 552). Aber nicht jeder Kontakt mit ihnen führt gleich zu einer Pilzerkrankung.

**Was begünstigt Pilzerkrankungen?**

Pilze lieben es dunkel und feucht. Durch Feuchtigkeit aufgeweichte Haut bildet daher einen idealen Nährboden für sie. Deshalb leiden übergewichtige oder vermehrt schwitzende Menschen häufiger an Pilzerkrankungen. Aber auch hormonelle Veränderungen in der Schwangerschaft bzw. bei Einnahme der Antibabypille fördern die Entstehung von Mykosen, ebenso Kortisonpräparate (→ Seite 635), Antibiotika (→ Seite 634) und Mittel zur Krebsbekämpfung (→ Die Chemotherapie, Seite 587). Außerdem begünstigen Diabetes mellitus (→ Seite 501), Alter sowie eine Immunschwäche eine Pilzinfektion.

## Kleieflechte

▶ Symptome

- → gelblichbraune Flecken mit kleieartiger Schuppung
- → weißliche Flecken vorwiegend am Rumpf
- → meist kein Juckreiz

Die Kleieflechte tritt vor allem bei Menschen auf, die stark schwitzen, so zum Beispiel bei Sportlern oder Übergewichtigen. Auch Krankheiten, die mit vermehrter Schweißbildung einhergehen, können sie begünstigen (Tuberkulose, Diabetes, Schilddrüsenüberfunktion, AIDS). Neben den typischen linsen- bis zehnpfennigstückgroßen, gelblichbraunen Flecken können bei der sogenannten Alba-Form auch weißliche Herde auftreten.

### Ärztliche Behandlung

Da Beschwerden in der Regel fehlen, wird man einen Arzt wahrscheinlich nur aufsuchen, wenn die Flecken kosmetisch stören. Für die Behandlung gibt es Selendisulfid-Shampoos oder Cremes/Shampoos mit Antimykotika (Pilzmittel).

### Selbsthilfe

Kleidungsstücke, die nicht waschbar sind, sollten Sie nicht direkt am Körper tragen, weil die Erreger dort haften und damit immer wieder auf die Haut gelangen können. Körperlotionen oder Sonnencremes schaffen für die Pilze oftmals ideale Wachstumsbedingungen, verzichten Sie daher, wenn Sie an einer Kleieflechte erkrankt sind, auf beides.

## Fußpilz

▶ Symptome

- → Juckreiz, Rötung, Bläschen und nässende Stellen zwischen den Zehen
- → Schuppung, Einrisse und vermehrte Verhornung an den Fußsohlen

Fußpilz ist nicht nur die häufigste Pilzerkrankung, sondern in unseren Breiten die häufigste Hautkrankheit überhaupt. Besonders betroffen sind Sportler, deshalb auch die Bezeichnung »Athletenfuß«. Feuchte Holzroste und Badematten sind bei Schwimmern die Infektionsquelle, bei anderen Sportlern spielt das feuchtwarme »Klima« in wenig luftdurchlässigen Turnschuhen die wichtigste Rolle. Ebenso leiden Menschen, die durch ihren Beruf oft Gummistiefel tragen – zum Beispiel Landwirte oder Bergarbeiter –, häufig an Fußpilz. Auch das regelmäßige Tragen von Strümpfen oder Strumpfhosen aus synthetischem Material begünstigt Pilzerkrankungen.
Sind die Räume zwischen den Zehen betroffen, so stehen nässende und von Juckreiz begleitete Hautver-

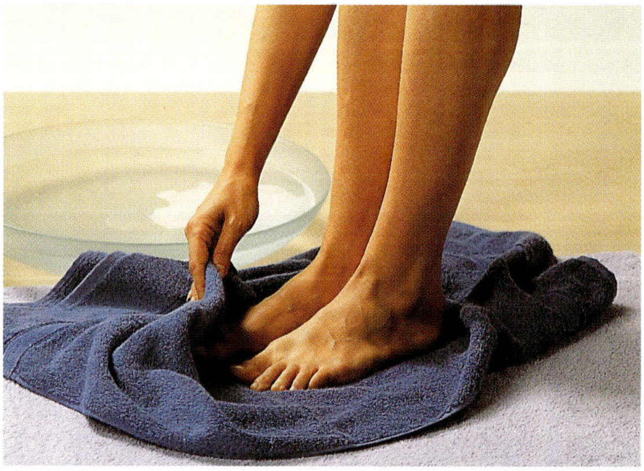

**Pilze mögen es feucht, trocknen Sie darum Ihre Füße immer gut ab und tragen Sie luftdurchlässige Schuhe.**

änderungen im Vordergrund. Sind dagegen die Fußsohlen befallen, so zeigen sich meist trockene, scharf begrenzte und schuppende Herde. Übrigens können gleichartige Hautveränderungen – wenngleich sehr viel seltener – auch an den Händen auftreten.

### Ärztliche Behandlung

Da durch Fußpilz unter anderem die Erreger der Wundrose (→ Notfälle, Seite 452) in den Körper eindringen können, sollten Sie immer einen Hautarzt aufsuchen. Für die Behandlung kommen Pilzmittel in Form von Lösungen oder Cremes in Frage. In einem hartnäckigen Fall kann die Einnahme von Tabletten notwendig sein.

### Selbsthilfe

Tragen Sie luftdurchlässige Schuhe, Socken aus Naturfasern und trocknen Sie nach dem Baden, Duschen oder Schwimmen die Zwischenräume der Zehen sorgfältig ab, dann können Sie Fußpilz vermeiden. Sie können zusätzlich Puder verwenden, um ein trockenes »Fußklima« zu schaffen.

## **Hautpilz am Körper** (Tinea corporis)

**▶ Symptome**

➜ runde bis ovale Herde, am Rand rot und erhaben, die schuppen und jucken

Kinder bekommen diese Form der Pilzerkrankung häufig, nicht selten durch Kontakt mit Tieren (meist Katzen) bei einem Urlaub im Mittelmeerraum. Bei Männern sind insbesondere die Innenseiten der Oberschenkel und die Leisten, bei Frauen ist oft die Hautfalte unter der Brust betroffen.

### Ärztliche Behandlung

Bei stark entzündlichen Veränderungen sollten Sie schnell einen Hautarzt aufsuchen. Die Behandlung erfolgt wie beim → Fußpilz.

### Selbsthilfe

Bei Aufenthalten in Mittelmeerländern sollten Sie selbst und vor allem Ihre Kinder Tiere nicht unbedingt streicheln. Tragen Sie vor allem auch luftdurchlässige und nicht zu enge Kleidung. Verwenden Sie Leinenstreifen, um die kritischen Hautfalten (siehe oben) »trockenzulegen«.

## **Candida-Infektion** (Hautkandidose)

**▶ Symptome**

➜ Juckreiz, Haut gerötet, nässend, schuppend, weißlich-gelbliche Pusteln

Candida albicans findet sich auch beim gesunden Menschen. Krankmachend ist der Pilz erst dann, wenn bestimmte begünstigende Faktoren vorliegen. Candida albicans kann zu zahlreichen Infektionen führen (→ Hefepilze, Seite 552; → Mundsoor, Seite 325; → Genitalsoor, Seite 386; → Nagelpilz, Seite 482; → Windeldermatitis, Seite 463). Häufig von der Hautkandidose betroffene Bereiche sind die Gesäßfalte, die Leistengegend und bei Frauen die Hautfalte unter der Brust.

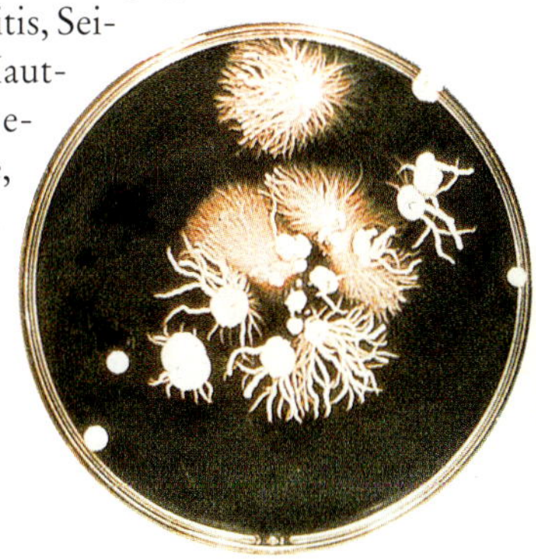

**Candida-Kultur mit den typischen Pilzfäden.**

### Ärztliche Behandlung

Sie sollten immer einen Hautarzt aufsuchen, damit die begünstigenden Faktoren gefunden und möglichst beseitigt werden können. Behandelt werden kann mit verschiedenen Pilzmitteln.

### Selbsthilfe

Tragen Sie luftdurchlässige Kleidung und reduzieren Sie, wenn notwendig, Ihr Gewicht. Selbsthilfegruppen bieten Rat und Hilfe bei Candida-Infektionen (→ Adressen, Seite 798).

### Ein sensibler Schutzmantel

Die gesunde, unversehrte Haut ist ein wirksamer Schutzmantel gegen Bakterien, Viren und Pilze. Aber bereits kleinste Verletzungen können eine Eintrittspforte bilden. Auch wenn die Haut durch längere Feuchtigkeit aufgeweicht ist, kann sie Erreger nicht mehr abwehren. Die normale Keimbesiedlung besonders der Schleimhäute wird durch Antibiotika gestört – Pilzinfektionen können die Folge sein.

## Hauterkrankungen durch Parasiten

Parasiten, die ihre Nahrung auf oder in der Haut des Menschen finden, können Erkrankungen auslösen (→ Einzeller, Würmer und Gliederfüßer, Seite 551). Zwar gehören Läuse und Wanzen in unseren Breiten schon lange nicht mehr zu den Alltagsplagen – ganz selten sind sie allerdings auch heute nicht.

**Kopfläuse kleben ihre Eier an die Haare, deshalb ist es so schwierig, sie vollkommen zu entfernen.**

### Läuse

**▶ Symptome**

- ➜ alle Läuse: Juckreiz, Nissen (festgeklebte Eier)
- ➜ Kopflaus: nässende Hautveränderungen mit Schuppen und Krusten (Läuseekzem)
- ➜ Kleiderlaus: Rötung, Quaddeln, Veränderungen der Hautfarbe
- ➜ Filzlaus: grau-blaue Flecken

*Kopfläuse* sitzen vor allem am Hinterkopf, gern hinter den Ohren. Hier legt das Weibchen seine Eier (Nissen) ab. Sie sind im Gegensatz zu Kopfschuppen nicht abstreifbar. Das sogenannte Läuseekzem (→ Symptome) tritt meist im Nacken auf.

*Kleiderläuse* halten sich nicht am Körper auf, sondern in der anliegenden Wäsche. Der starke Juckreiz verleitet zum Kratzen, bakterielle Infektionen und Pigmentstörungen sind oft die Folge.

*Filzläuse* werden durch engen körperlichen Kontakt übertragen, wohl aber auch durch Bettwäsche, Handtücher oder Kleidung. Sie sitzen bei Erwachsenen vor allem in der Scham- und Achselbehaarung, bei Kindern meist an den Augenbrauen und Wimpern.

**Ärztliche Behandlung**

Bei entzündlichen Veränderungen sollte die Behandlung rasch erfolgen. Zum Abtöten der Läuse können verschiedene Mittel verordnet werden; wenn Sie schwanger sind oder stillen, dürfen einige von ihnen jedoch nicht angewendet werden.

**Selbsthilfe**

Kleiderläuse werden abgetötet, indem man die Kleidungsstücke einige Wochen in einem verschlossenen Plastikbeutel aufbewahrt. Kopfläuse können Sie mit Essigwasser bekämpfen: Tragen Sie täglich zu gleichen Teilen mit Wasser verdünnten Haushaltsessig auf und lassen ihn eine Stunde einwirken, dann kämmen Sie die Haare aus.

### Flöhe

**▶ Symptome**

- ➜ heftiger Juckreiz, hellrote Flecken in Gruppen oder Reihen, zentraler Blutpunkt (Einstich)

Flohstiche finden sich meist an bedeckten Körperstellen (Rumpf, Beine). Auch Katzen-, Vogel- und Hundeflöhe befallen den Menschen.

**Ärztliche Behandlung**

Bei quälendem Juckreiz sollten Sie einen Hautarzt aufsuchen. Er verordnet mentholhaltige Zubereitungen, Zinklotion oder Kortisoncremes.

**Selbsthilfe**

Behandeln Sie auch Ihre Haustiere. Grundsätzlich sollten sie möglichst nicht ins Bett oder aufs Sofa, weil sich dort Flohlarven festsetzen können.

### Wanzen

**▶ Symptome**

- ➜ Juckreiz, Quaddeln, Papeln
- ➜ zentraler Blutpunkt (Einstich)
- ➜ selten Bläschen oder Blasen

Entgegen ihrem Namen halten sich die lichtscheuen Bettwanzen tagsüber hinter Tapeten, in Ritzen von Böden und Möbeln, hinter Bildern und Schränken auf. Nachts lassen sie sich von der Decke auf den Schlafenden fallen und saugen Blut.

### Ärztliche Behandlung

Bei Juckreiz oder Blasenbildung sollten Sie einen Hautarzt aufsuchen. Behandlung → Flöhe.

### Selbsthilfe

Wanzen können mit Insektenbekämpfungsmitteln vertrieben werden. Vielerorts gibt es auch heute noch professionelle Kammerjäger.

## **Krätzemilben** (Scabies)

**▶ Symptome**

- ➜ quälender Juckreiz, vor allem nachts
- ➜ Gänge in der Haut, Entzündungsherde

Die Weibchen der Krätzemilbe graben Gänge in die Haut und legen dort ihre Eier ab. Bei Erwachsenen werden vor allem Zwischenräume der Finger, Handgelenke, Brustwarzen und Genitalbereich befallen, bei Säuglingen meist Handteller, Fußsohlen, Knöchel, Fingerrücken und Gesäßregion. Die Übertragung erfolgt durch engen Körperkontakt.

### Ärztliche Behandlung

Bei entzündlichen Veränderungen sollten Sie schnell einen Hautarzt aufsuchen. Behandelt wird mit Zubereitungen, die die Krätzemilben abtöten.

### Selbsthilfe

Kochen Sie Handtücher, Leib- und Bettwäsche, lüften Sie nicht kochbare Wäsche aus.

## **Laufmilben** (Heu- oder Erntekrätze)

**▶ Symptome**

- ➜ starker Juckreiz, rote Flecken, Papeln, Quaddeln

Larven der Laufmilbe kann man auf Wiesen, im Gebüsch oder im Heu »aufsammeln«. Erntekrätze tritt von Juni bis September vor allem in Bayern, Thüringen und Tirol auf. Die Hautveränderungen finden sich anfangs an Stellen, die von Kleidung nicht geschützt sind, später gerade an Stellen, an denen die Kleidung besonders eng sitzt.

### Ärztliche Behandlung

Wie unter → Flöhe

### Selbsthilfe

Geschlossene Schuhe und Kleidung, die Arme und Beine bedeckt, können schützen.

## Zecken

In Wiesen, Wäldern und Gebüsch befallen Zecken den Menschen. Bemerkt man sie nicht, so bohren sie sich in die Haut, saugen mehrere Tage lang Blut und fallen dann wieder ab. Sie sollten sich unbedingt vor Zecken schützen bzw. sie schnellstmöglich entfernen (→ Seite 193), denn Zeckenbisse können nicht nur zu entzündlichen Reaktionen unterschiedlicher Heftigkeit führen, durch sie können auch das Virus der gefährlichen *Frühsommer-Meningoenzephalitis* (→ FSME, Seite 193) und der Erreger der *Lyme-Borreliose* (→ Seite 193) übertragen werden.
Auf der Haut zeigt sich letztere Erkrankung zuerst durch die sogenannte *Wanderröte* (Erythema migrans), die sich von der Bißstelle der Zecke aus langsam ausdehnt und in der Mitte verblaßt.
Beobachten Sie daher eine Zeckenbißstelle aufmerksam über mehrere Wochen. Bei Veränderungen sollten Sie rasch einen Arzt aufsuchen.

## Insektenstiche

**▶ Symptome**

- ➜ Wespe, Hummel, Biene, Hornisse: Rötung, Schwellung, Schmerzen
- ➜ Stechmücke, Stechfliege, Bremse: Juckreiz, Quaddeln, Papeln

Bei einer Insektenstichallergie (→ Seite 531) kann es durch Stiche von Wespen, Hummeln, Bienen und Hornissen zu schweren Allgemeinbeschwerden bis hin zum lebensbedrohlichen anaphylaktischen Schock (→ Seite 522) kommen.

### Ärztliche Behandlung

Bei Insektenstichallergie sofort zum Arzt, bei Zeichen des anaphylaktischen Schocks Notruf!

### Selbsthilfe

Mittel aus Mischungen ätherischer Öle bieten einen natürlichen Insektenschutz. Insektenstiche können Sie mit kühlen Umschlägen, essigsaurer Tonerde und Zwiebelsaft behandeln.

## **Hautentzündungen** (Ekzeme)

**▶ Symptome**

→ Hautrötung, Schwellung und Bläschenbildung
→ Nässen, Schuppen- und Krustenbildung
→ Hautverdickungen
→ starker Juckreiz

Es werden äußerlich (exogen) und innerlich (endogen) bedingte Ekzeme unterschieden. Das *endogene (atopische) Ekzem* ist auch als *Neurodermitis* bekannt. Diese Art der Hautentzündung ist eine allergische Erkrankung. Betroffen sind in erster Linie Kinder und junge Erwachsene.
Ausführliche Informationen zur Neurodermitis finden Sie auf Seite 526.

## Exogene Ekzeme

Zu den äußerlich bedingten Ekzemen gehören:

- das akute toxische Ekzem
- das Abnutzungsekzem
- das allergische Kontaktekzem.

Das *akute toxische Ekzem* tritt auf, wenn die Haut mit aggressiven Chemikalien (beispielsweise Säuren, Laugen, Verdünnungs- oder Lösungsmittel) in Kontakt kommt. Typischerweise bildet sich diese Form des Ekzems schon kurze Zeit nach Einwirkung der genannten Stoffe aus: Zunächst besteht eine Rötung und Schwellung der Haut, bald treten Bläschen auf, die platzen können. Im weiteren Verlauf finden sich Krusten und Schuppen.
Das *Abnutzungsekzem* (kumulativ toxisches Ekzem) ist Folge eines wiederholten Kontakts mit hautreizenden Stoffen wie Seifen, Shampoos, Haarfärbelösungen, Kühl- und Schmiermitteln oder Bohrmilch. Unter diesem Ekzem leiden häufig Menschen, die sogenannte Feuchtarbeiten verrichten, zum Beispiel Friseure, Reingungskräfte, Bau- und Metallarbeiter.
Beim *allergischen Kontaktekzem* ist die Haut überempfindlich geworden gegenüber einem oder mehreren Stoffen – beispielsweise gegenüber Metallen (Nickel), Pflanzen, Kosmetika, Arzneimitteln oder Chemikalien in Textilien. Schon der Kontakt mit Spuren dieser Stoffe reicht dann aus, um eine Hautentzündung hervorzurufen.
Ausführliche Informationen zum allergischen Kontaktekzem finden Sie auf Seite 526.

### Hautleiden als Berufskrankheit

Ein Großteil anerkannter Berufskrankheiten sind Hautleiden. Ist der Hautarzt der Meinung, daß die Erkrankung durch Ihre berufliche Tätigkeit verursacht worden ist, so erstellt er eine sogenannte Berufskrankheitenanzeige für die Berufsgenossenschaft des letzten Arbeitgebers, bei dem Sie die hautgefährdende Tätigkeit verrichtet haben. Die Berufsgenossenschaft untersucht, ob die Annahme Ihres Arztes zutrifft. Wird Ihr Hautleiden als Berufskrankheit anerkannt, so übernimmt sie gegebenenfalls die Kosten für Arbeitsplatz- oder Berufswechsel sowie für die ärztliche Behandlung.
Für die Anerkennung als Berufskrankheit muß es sich allerdings um eine »schwere oder wiederholt rückfällige« Hautkrankheit handeln, die »zur Aufgabe der bisherigen Tätigkeit geführt hat« (§ 551 der Reichsversicherungsordnung).

### Ärztliche Behandlung

Akute, nässende Ekzeme werden mit feuchten Umschlägen und stark wasserhaltigen Cremes bzw. Lotionen behandelt. Bei chronischen Beschwerden mit trockener, verdickter oder rissiger Haut werden dagegen fetthaltige Salben verwendet.
Gerade zu Beginn der Therapie ist der Einsatz von kortisonhaltigen Mitteln (→ Seite 635) oft unumgänglich. Der häufig quälende Juckreiz kann durch Antihistaminika (→ Seite 635) gelindert werden. Bei einem allergischen Kontaktekzem wird der Hautarzt versuchen, durch Tests den auslösenden Stoff herauszufinden (→ Seite 523).

### Selbsthilfe

Das akute toxische und das Abnutzungsekzem können Sie in der Regel durch Tragen von Handschuhen, Schutzkleidung oder durch Hautschutzcremes vermeiden.
Zum Teil gilt das auch für das allergische Kontaktekzem, aber die Schutzmaßnahmen sind in diesem Fall schwieriger, weil auch kleinste Mengen eines Stoffes Hautreaktionen auslösen können. Weitere Informationen zur Selbsthilfe bei allergischem Kontaktekzem finden Sie auf Seite 526.

## Windeldermatitis

▶ Symptome

➜ Rötung, Bläschen, Nässen, Krusten, Juckreiz im Hautbereich, der von Windeln bedeckt ist

Die Windeldermatitis ist eine nicht seltene Hauterkrankung bei Säuglingen. Sie entsteht, wenn nasse Windeln zu lange auf der Haut liegen und sich in der feuchten Wärme urinzersetzende Bakterien vermehren. Dabei entsteht Ammoniak, der die Haut angreift.

### Ärztliche Behandlung

Bei heftigem Juckreiz oder Fieber sollten Sie rasch einen Hautarzt aufsuchen. Behandelt wird mit austrocknenden Zubereitungen und wenn nötig kurzfristig (!) mit kortisonhaltiger Milch oder Creme. Bei bakterieller Besiedlung können desinfizierende Lösungen und bei Hefepilzbefall Pasten, die Antimykotika (Pilzmittel) enthalten, eingesetzt werden.

### Selbsthilfe

Häufiges Trockenlegen und nicht zu eng anliegende Windeln sind die beste Vorbeugung.

## Fremdkörpergranulome

▶ Symptome

➜ entzündliche Knötchen/Knoten

Fremdkörpergranulome sind Entzündungsreaktionen auf in die Haut eingedrungene, kleine Fremdkörper wie Kakteenstacheln, Kuhhaare (Melkergranulom), Menschenhaare (Friseurgranulom) oder Raupenhaare. Auch die Beißwerkzeuge einer Zecke, die bei der ungeschickten Entfernung des Tiers zurückbleiben (→ Seite 193), und vieles andere können zu dieser Abwehrreaktion führen.

### Ärztliche Behandlung

Bei einem Fremdkörpergranulom sollten Sie immer einen Hautarzt aufsuchen, da meist nur das Ausschneiden des Gewebes zur Ausheilung führt. Wenn Sie wegen einer frischen Wunde von einem Arzt behandelt werden, informieren Sie ihn darüber, daß Fremdkörper in die Wunde gelangt sein könnten.

### Selbsthilfe

Ist nicht möglich.

## Juckreiz – quälend und doch sinnvoll?

Als Juckreiz bezeichnen wir eine »unangenehme Empfindung, die Anlaß zum Kratzen gibt«; er entsteht durch Erregung der Schmerzrezeptoren (→ Schmerz als Warnsignal, Seite 212).
Juckreiz ist eine durchaus sinnvolle Einrichtung: Wir bemerken auf diese Weise Parasiten oder Fremdkörper auf der Haut und können sie durch Kratzen entfernen. Außerdem kann Juckreiz wie Schmerz ein Warnsignal sein, das auf eine körperliche Störung aufmerksam macht – viele Erkrankungen der Haut, aber auch innere Krankheiten wie beispielsweise Diabetes mellitus (→ Seite 501) können mit Juckreiz verbunden sein. Häufig aber verselbständigt sich der Juckreiz. Er ist dann nicht mehr sinnvolles Signal, sondern selbst quälendes Symptom.

**Wenn sich Ihr Kind sehr oft kratzt, beobachten Sie, ob nicht eine Hauterkrankung der Grund ist.**

# So wirkt Sonne auf die Haut

Sonne regt den Stoffwechsel und die Bildung von Hormonen an, stärkt das Immunsystem und fördert das Wohlbefinden (→ Heliotherapie, Seite 643). Auch kann Sonnenlicht Hautleiden wie Akne (→ Seite 466) und Schuppenflechte (→ Seite 470) lindern, und unter seiner Einwirkung bildet die Haut das für den Aufbau von Knochen und Knorpel wichtige Vitamin D.

## Gefahren der Sonnenbestrahlung

Schon nach kurzer Zeit tritt jedoch neben die wohltuende auch die schädigende Wirkung der Sonnenbestrahlung: Schnelleres Altern der Haut mit vermehrter Faltenbildung ist noch die harmlosere Folge, denn als erwiesen gilt heute, daß zuviel Sonne ein wesentlicher Faktor bei der Entstehung von Hautkrebs ist. Während beim schwarzen Hautkrebs (→ Seite 477) anscheinend die Zahl der Sonnenbrände entscheidend ist, spielt beim Stachelzellenkrebs (→ Seite 476) und Basalzellenkrebs (→ Seite 476) offensichtlich die Gesamtdosis des Sonnenlichts im Leben eine Rolle. Besonders gefährdet sind hellhäutige Menschen.

## Wie reagiert Ihre Haut auf Sonne?

Auf Sonnenbestrahlung reagieren Menschen je nach ihrem Hauttyp unterschiedlich:
*Hauttyp I:* sehr helle Haut, viele Sommersprossen, hellblonde oder rötliche Haare → immer Sonnenbrand, nie Bräunung.
*Hauttyp II:* helle Haut, helle Haare, einige Sommersprossen → ohne Schutz immer Sonnenbrand, mit Schutz gelegentlich Bräunung.
*Hauttyp III:* helle Haut ohne Sommersprossen → gelegentlich Sonnenbrand, mit Schutz immer Bräunung.
*Hauttyp IV:* hellbraune Haut ohne Sommersprossen, dunkelbraune bis schwarze Haare → nie Sonnenbrand, auch ohne Schutz immer Bräunung.
Lassen Sie sich von einem Hautarzt oder Apotheker beraten, wie lange Sie Ihrem Hauttyp entsprechend in der Sonne bleiben können und welchen Lichtschutzfaktor Sie bei der Sonnenschutzlotion wählen sollen.

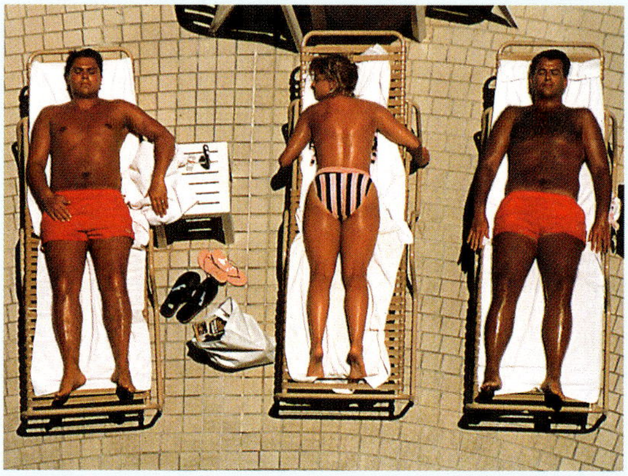

**Dunkelbraune Haut sollte kein Schönheitsideal sein, denn zu starke Sonnenbestrahlung schadet ihr sehr.**

## So vermeiden Sie Sonnenbrände

- Keine Sonnenbäder für Kinder unter einem Jahr! Ältere Kinder sollten nur Arme und Beine der Sonne aussetzen. Für sie gelten alle im folgenden aufgeführten Schutzmaßnahmen.
- Gewöhnen Sie die Haut langsam an Sonnenbestrahlung. So können Sie nicht nur Sonnenbrände, sondern auch eine Sonnenallergie vermeiden (→ Seite 529).
- Einige Arzneimittel können die Sonnenempfindlichkeit steigern – fragen Sie Ihren Arzt.
- Tragen Sie Sonnenschutzlotion eine halbe Stunde, bevor Sie in die Sonne gehen, auf und erneuern Sie sie, wenn Sie im Wasser waren. Benutzen Sie Sunblocker für die Lippen.
- Tragen Sie immer einen Sonnenhut.
- Ihre Augen sollten Sie mit einer Sonnenbrille, die UV-Licht absorbiert, schützen.
- Verbringen Sie die Zeit von 11 bis 15 Uhr im Schatten, dann ist die Strahlung am intensivsten.
- Vorsicht: Wind kühlt, daher warnt Sie in diesem Fall kein Hitzegefühl vor zuviel Sonne. Wasser und Sand verstärken die Strahlung durch ihre reflektierende Wirkung.
- Im Gebirge ist die Sonnenbestrahlung generell höher als im Flachland. Auch bei bedecktem Himmel gelangen noch 70 bis 80 Prozent der Strahlung auf die Haut.

## Verbrennungen

### ▶ Symptome

- ➜ Grad 1: Rötung und Schwellung
- ➜ Grad 2: Blasenbildung
- ➜ Grad 3: Tiefgehende Zerstörung des Gewebes

Neben dem Verbrennungsgrad (→ Symptome) bestimmt die Ausdehnung der Verbrennung die Schwere der Verletzung. Bereits wenn neun Prozent der Körperoberfläche – das entspricht etwa einem Arm – eine Verbrennung dritten Grades erlitten haben, besteht Schockgefahr, und der Betroffene muß stationär behandelt werden (→ Notfälle, Seite 452 und 794). Erster und zweiter Grad werden als oberflächliche Verbrennungen zusammengefaßt und den tiefen Verbrennungen (dritter Grad und schwere Formen des zweiten Grades) gegenübergestellt. Wie sich eine Verbrennung auf den gesamten Organismus auswirkt, hängt auch vom Lebensalter ab.
Ein Sonnenbrand mit schmerzhafter Rötung der Haut entspricht einer Verbrennung ersten Grades.

### Ärztliche Behandlung

Bereits bei großflächigen Verbrennungen ersten Grades sowie bei größeren Verbrennungen zweiten Grades sollten Sie schnellstmöglich einen Arzt aufsuchen oder den Notruf veranlassen! Kleinkinder sollten bei Verbrennungen (ebenso wie bei Verbrühungen mit kochendem Wasser oder Wasserdampf) grundsätzlich immer zum Arzt. Die Behandlung zielt darauf ab, die Wunde vor Infektionen zu schützen und der überschießenden Narbenbildung vorzubeugen. Im Extremfall kann eine Hauttransplantation nötig sein. Von besonderer Bedeutung ist bei größeren Verletzungen die Krankengymnastik, da durch sie Bewegungseinschränkungen vermieden werden können.

### Selbsthilfe

Nur kleinflächige Verbrennungen ersten oder zweiten Grades sollten Sie selbst behandeln: Halten Sie die verbrannte oder verbrühte Haut 10 bis 15 Minuten unter fließend kaltes Wasser. Tragen Sie danach jedoch keine Salbe, kein Mehl, Öl, Puder oder einen ähnlichen Stoff auf. Öffnen Sie keine Brandblasen.
Bei Sonnenbrand wirken feuchte Umschläge, auch mit Quark oder Joghurt, lindernd.

## Strahlenschäden der Haut

### ▶ Symptome

- ➜ akuter Strahlenschaden: entzündliche Hautrötung, Haarausfall, Bläschenbildung, tiefe Gewebeschädigung möglich
- ➜ chronischer Strahlenschaden: sogenanntes Röntgenoderm mit Gebieten vermehrter/verminderter Pigmentierung und feinen Äderchen oder Geschwür (Röntgenulkus)

Röntgenstrahlen sowie andere Strahlenarten, die zur Behandlung bösartiger Geschwülste eingesetzt werden oder früher eingesetzt wurden, können oben genannte Veränderungen hervorrufen. Der akute Strahlenschaden kann nach einigen Tagen auftreten; chronische Strahlenschäden noch nach Jahren.

### Ärztliche Behandlung

Der akute Strahlenschaden wird meist mit Puder behandelt. Chronische Strahlenschäden erfordern in der Regel eine operative Behandlung.

### Selbsthilfe

Ist nicht möglich.

## Erfrierung

### ▶ Symptome

- ➜ Grad 1: Haut blaß, gefühllos, nach Wiedererwärmung geschwollen, leichte Schmerzen, Juckreiz
- ➜ Grad 2: Bildung von Blasen
- ➜ Grad 3: Absterben von Gewebe

Vor allem betroffen sind Ohrmuscheln (→ Seite 170), Finger, Zehen und Nasenspitze.

### Ärztliche Behandlung

Bei Erfrierungen zweiten oder dritten Grades sollten Sie rasch einen Arzt aufsuchen. Behandlung → Ohrmuschel-Erfrierung, Seite 170. Ausführliche Informationen zur Behandlung und Selbsthilfe bei einer *Unterkühlung* finden Sie auf Seite 793.

### Selbsthilfe

Auf langen Winterspaziergängen Mütze, Handschuhe und dicke Socken nicht vergessen!

## Vermehrter Talgfluß (Seborrhoe)

► Symptome

➜ fette, glänzende Haut und fette, strähnige Haare

Talg ist ein fetthaltiges Sekret, das die Haut vor dem Austrocknen schützt. Die Arbeit der Talgdrüsen wird durch Sexualhormone gesteuert und ist im wesentlichen erblich festgelegt. In der Pubertät nimmt die Talgbildung erheblich zu. Vermehrter Talgfluß führt zu fettiger Haut und fettigen Haaren.

### Ärztliche Behandlung

Seborrhoe ist im eigentlichen Sinn keine Krankheit, die behandelt werden muß. Allerdings stellt die seborrhoische Haut einen günstigen Nährboden für Eiter- und Pilzerkrankungen (→ Seite 454 und 458) dar.

### Selbsthilfe

Naheliegend ist, die fette Haut »gründlich« waschen zu wollen – doch nur sanfte Reinigung ist sinnvoll. Am besten eignen sich, auch für die Kopfwäsche, milde Syndets (→ Körperpflege, Seite 455).

## Akne

► Symptome

➜ fette Haut an Stirn, Nase und Kinn

➜ »Mitesser« im Gesicht und am oberen Rücken

➜ entzündete rote oder eitrige Knoten

Nur wenige Jugendliche bleiben von der Akne ganz verschont, einer Hautkrankheit, die ausgerechnet in dem Lebensabschnitt auftritt, in dem das eigene Aussehen besonders wichtig ist für das Selbstbewußtsein. Hormonelle Veränderungen, die mit einer erhöhten Produktion von männlichen Geschlechtshormonen (bei Jungen und Mädchen) einhergehen, sind die Ursache. Es kommt zu vermehrter Talgbildung und zu übermäßiger Verhornung der Talgdrüsenausgänge. Dann bilden sich Pfröpfe (Mitesser). Entzünden sich die verstopften Talgdrüsen, so entstehen Pickel oder sogar eitrige Knoten.

### Ärztliche Behandlung

Bei mittelschwerer oder schwerer Akne mit entzündlich geröteten oder eitrigen Knoten sollten Sie auf jeden Fall einen Hautarzt aufsuchen, um der Bildung von Narben vorzubeugen. Bei leichteren

## Tätowierung und Piercing

Die Meinungen zu Tätowierung und Piercing sind naturgemäß geteilt; fest steht aber, daß es sich um jahrtausendealte Methoden der »Verschönerung« handelt, die in jüngster Zeit einen wahren Boom erlebt haben.

Der Entschluß zu einer Schmucktätowierung ist im wahrsten Sinne des Wortes eine »Entscheidung fürs Leben«. Mit keinem Verfahren – auch nicht mit Laser – läßt sich eine Tätowierung wieder spurlos entfernen. Zu unerwünschten Hautreaktionen kann es bei Tätowierungen durch unhygienisches Arbeiten, Unverträglichkeit der Farbpigmente oder durch mangelhafte Technik kommen. Bei der Wahl des Tätowierers sollten Sie darauf achten, daß er grundlegende Hygienemaßnahmen einhält: Schutzhandschuhe, sterile Nadeln, Hautdesinfektion, neuer Farbtopf für jeden Kunden. Wird nicht nach diesen Regeln gearbeitet, besteht die Gefahr von Wundinfektionen und der Übertragung von Infektionskrankheiten.

Auch beim Piercing ist auf Hygiene zu achten, sonst sind Wundinfektionen die Folge. Beim Stechen des Lochs sind Blutungen oder Nervenverletzungen möglich, aber selten. Um Hautreaktionen zu vermeiden, sollten die eingesetzten Schmuckringe aus Gold oder Chirurgenstahl sein.

**Ein Schmuck fürs Leben sind Tätowierungen auf der Haut.**

Formen reicht oft schon ein Schälmittel oder eine antibiotische Creme zur Behandlung. Bei ausgeprägten Pickeln und entzündlichen Knoten ist häufig die Einnahme eines Antibiotikums nötig.

### Selbsthilfe

Da die meisten Aknemittel oft erst nach Wochen oder Monaten Wirkung zeigen, sind Geduld und konsequente Anwendung besonders wichtig. Drücken Sie Pickel nicht mit den Fingern aus! Der Inhalt wird dadurch in die umgebende Haut hineingedrückt, und die Entzündung verschlimmert sich; Narben können die Folge sein. Zur täglichen Reinigung sollten Sie hautschonende Syndets, keine Seife verwenden (→ Körperpflege, Seite 455). Sie können danach »leichte«, feuchtigkeitsspendende Emulsionen auftragen, fettende Cremes oder Salben sollten Sie meiden. Zwei- bis dreimal pro Woche empfiehlt sich eine Intensivreinigung mit Peelingcremes.

## **Kupferfinne** (Kupferrose, Rosazea)

▶ Symptome
- → rote Flecken, Knötchen, Pusteln, Äderchen auf Wangen, Nase, Stirn und Kinn

Die Ursache dieser meist im dritten bis vierten Lebensjahrzehnt auftretenden Erkrankung ist unbekannt. Bei einem Teil der Betroffenen kommt es zu einer Mitbeteiligung der Augen (→ Bindehaut- und Hornhautentzündung, Seite 154). Eine Sonderform der Kupferfinne ist die Knollennase (→ Rhinophym, Seite 183).

### Ärztliche Behandlung

Bei stark entzündlichen Veränderungen und bei Augenbeteiligung sollten Sie rasch einen Hautarzt aufsuchen. Behandelt wird meist mit äußerlich wie innerlich angewendeten Antibiotika.

### Selbsthilfe

Meiden Sie Alkohol, heiße Getränke, scharfe Gewürze, Hitze, Kälte und starke Sonnenbestrahlung. Durch Anwendung milder Hautreinigungsmittel können Sie eine zusätzliche Reizung verhindern. Auf keinen Fall dürfen Sie Kortisonpräparate anwenden, da es nach deren Absetzen zu einer massiven Verschlechterung kommen kann.

## Hautentzündung um den Mund (periorale Dermatitis)

▶ Symptome
- → Rötung, Knötchen, Pusteln um den Mund
- → Spannungsgefühl, gelegentlich Juckreiz
- → Saum gesunder Haut um die Lippen

Vor allem Frauen mittleren Alters sind von dieser Erkrankung betroffen. Die Symptome zeigen sich zunächst um den Mund herum (perioral), können sich aber auch auf Stirn, Wangen, Kinn und Hals ausdehnen. Die Ursache der Erkrankung ist noch unklar.

### Ärztliche Behandlung

Bei starken entzündlichen Veränderungen sollten Sie rasch zum Hautarzt gehen. Behandelt wird äußerlich oder innerlich mit Antibiotika.

### Selbsthilfe

Benutzen Sie nur milde Hautreinigungsmittel und verzichten vor allem auf fetthaltige Kosmetika.

## Vermehrte Schweißbildung

▶ Symptome
- → vermehrtes Schwitzen (Achseln, Hände, Füße)

Betroffen sind meist schlanke, hochgewachsene Menschen, die emotional leicht erregbar sind. Ausgelöst durch Angst, Freude oder Lampenfieber und unterstützt durch Genußmittel wie Kaffee und Tabak kommt es zur vermehrten Bildung von Schweiß (emotionale Hyperhidrosis). Von dieser abzugrenzen ist die symptomatische Hyperhidrosis als Ausdruck anderer Erkrankungen (→ Diabetes, Seite 501; → Schilddrüsenüberfunktion, Seite 494).

### Ärztliche Behandlung

Bei vermehrter Schweißbildung der Hände und Füße hat sich die Anwendung von schwachen Gleichströmen in Wasserbädern bewährt. Auch für die innerliche Behandlung gibt es verschiedene Mittel.

### Selbsthilfe

Tragen Sie Kleidung, die luftdurchlässig ist und Feuchtigkeit aufnimmt (Baumwolle), sowie luftdurchlässige Schuhe.

## Wunden

Eine Verletzung der Haut wird als Wunde bezeichnet. Unterschieden werden mechanische Wunden, die durch äußere Gewalteinwirkung wie einen Schnitt, Stich oder Biß hervorgerufen werden, thermische Wunden, die durch Hitze (→ Notfälle, Seite 452; → Erste Hilfe, Seite 794) oder Kälte (→ Seite 465) entstehen, chemische Wunden, vor allem durch Verätzung (→ Notfälle, Seite 452), und strahlenbedingte Wunden durch ultraviolette oder ionisierende Strahlung (→ Röntgen, Seite 465).

Mechanische Wunden lassen sich nach Entstehung und Form in mehrere Gruppen unterteilen:

- Bei Schürfwunden wird nur die oberste Hautschicht verletzt (abgeschürft).
- Schnittwunden sind unterschiedlich tief und haben glatte Wundränder. Gefäße, Nerven, Sehnen und Muskeln können mit verletzt werden.
- Stichwunden haben ebenfalls glatte Wundränder. Sie können sehr tief sein, weshalb Begleitverletzungen möglich sind. Die Infektionsgefahr ist hoch.
- Platzwunden haben ausgefranste Wundränder, auch hier ist die Infektionsgefahr hoch.
- Kratz-/Rißwunden entstehen durch spitze, scharfe Gegenstände wie Krallen oder Nägel. Die Wundränder sind zerfetzt; die Infektionsgefahr ist hoch.
- Durch Bißwunden können eine Reihe von Infektionen übertragen werden (→ Tollwut, Seite 194).
- Schußwunden verursachen oft lebensgefährliche Verletzungen innerer Organe; hohe Infektionsgefahr.

### Ärztliche Behandlung

Wenn Sie nicht (mehr) gegen Tetanus (→ Seite 194) geimpft sind, sollten Sie auch bei kleinen Wunden sofort einen Arzt aufsuchen (Impfausweise mitnehmen!). Geringfügige Verletzungen werden mit Desinfektionsmitteln behandelt und mit einem Pflaster abgedeckt.

Genäht werden sollten größere Wunden nur, wenn sie weitgehend frei von Bakterien sind und in kurzen zeitlichen Abständen vom Arzt kontrolliert werden können. Für die verschiedenen Arten von Wunden gibt es jeweils passende Auflagen bzw. Verbände, die nicht nur vor Infektionen schützen, sondern auch den Heilungsprozeß günstig beeinflussen.

Wunden, die älter als sechs Stunden sind, und solche, bei denen aufgrund der Verletzungsart mit einer Keimverschleppung in die Tiefe gerechnet werden muß (Hieb-, Stich-, Biß-, Schußwunden), werden in der Regel offengelassen. Bei Platz- und Rißwunden wird der Arzt meist das zerfetzte Gewebe entfernen und die Wundränder glätten.

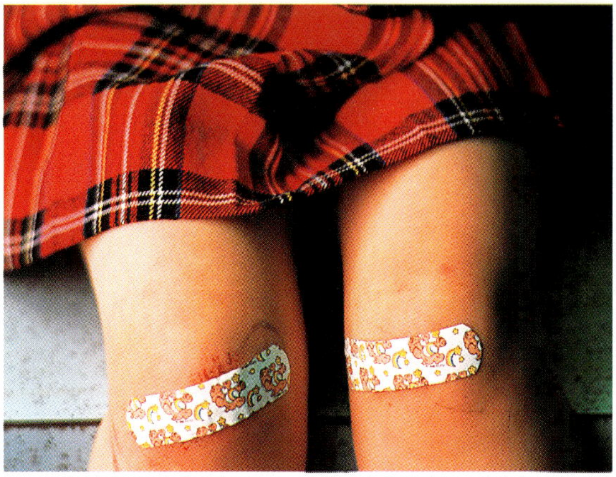

**Schürfwunden am Knie und anderswo gibt's in Kindertagen reichlich, deshalb: gegen Tetanus impfen!**

### Selbsthilfe

Sie sollten jede Wunde so schnell wie möglich mit einem keimfreien Verband abdecken, den Sie, auch wenn er durchgeblutet ist, nicht abnehmen, bis Sie beim Arzt sind. Haben Sie kein Verbandsmaterial zur Hand, so können Sie auch gekochte und heiß gebügelte Bettwäsche oder Handtücher verwenden. Achten Sie darauf, daß Sie die Wunde nicht mit bloßen Fingern berühren, und waschen Sie sie auf keinen Fall aus! Bei starker Blutung sollten Sie einen keimfreien Druckverband anlegen (→ Erste Hilfe bei Notfällen, Seite 787).

## Wundlaufen (Marschblasen)

**▶ Symptome**

➜ Blasen an Fußsohlen, Fersen oder Zehen

Ursache ist schlechtsitzendes, scheuerndes Schuhwerk auf längeren Wanderungen.

### Ärztliche Behandlung

Wenn schon bei geringer Belastung gehäuft Blasen auftreten, sollten Sie einen Hautarzt aufsuchen. In diesem Fall kann eine von verschiedenen vererbbaren Erkrankungen (sogenannten hereditären Epidermolysen) vorliegen. Die Marschblase wird vom Arzt eröffnet und die Flüssigkeit abgesaugt. Danach wird ein keimfreier Verband angelegt.

### Selbsthilfe

Achten Sie auf gutsitzendes Schuhwerk und ziehen Sie keine neuen Schuhe zu längeren Wanderungen an.

## **Wundliegen** (Dekubitus)

### ▶ Symptome

- → anfangs scharf begrenzte blau-rote Flecken
- → dann durch Absterben von Gewebe graue oder gelbliche Gebiete
- → schließlich Geschwüre

Eine wundgelegene Stelle entsteht, wenn die Haut durch länger anhaltenden Druck nicht mehr genügend durchblutet wird. Bei jedem Menschen, der durch Krankheit, Unfall, Operation oder Lähmung längere Zeit ans Bett gefesselt ist oder im Rollstuhl sitzen muß, kann es zum sogenannten Dekubitus kommen. Besonders betroffen sind alte Menschen, die infolge einer chronischen Krankheit oder Schwäche lange Zeit liegen müssen.
Auch unter zu engen oder schlechtsitzenden Gipsverbänden kann sich bereits innerhalb weniger Tage ein Dekubitus ausbilden. Wundgelegene Stellen treten vor allem dort auf, wo die Haut den Knochen direkt berührt, am häufigsten am Gesäß und in der Kreuzbeinregion.

### Ärztliche Behandlung

Bereits bei ersten Anzeichen sollten Sie einen Arzt kommen lassen. Die Behandlung ist langwierig und schwierig. Angewendet werden desinfizierende, entzündungshemmende und die Wundheilung fördernde Mittel. Von entscheidender Bedeutung sind druckentlastende Vorrichtungen wie Wasserkissen oder Dekubitusmatratze.

### Selbsthilfe

Das Sprichwort »Vorbeugen ist besser als Heilen« gilt ganz besonders bei dieser Erkrankung, denn die Ausheilung einer wundgelegenen Stelle ist äußerst langwierig und bedarf intensiver Behandlung und Pflege. Betreuen Sie einen für längere Zeit ans Bett gebundenen Kranken, so sollten Sie dem Wundliegen vorbeugen durch häufiges Verändern der Lage, Abreiben mit Franzbranntwein, leichte Klopfmassagen und, wenn möglich, durch Krankengymnastik. Wichtig ist außerdem, daß Unterlage und Kleidung ohne Falten liegen und die Haut auch beim Schwitzen und bei Inkontinenz (→ Seite 364) nicht für längere Zeit feucht ist. Treten unter einem Gipsverband Schmerzen auf, sollten Sie unverzüglich einen Arzt aufsuchen.

## **Narbenwucherung** (Keloid)

### ▶ Symptome

- → wulst-, strang- oder plattenartige Vermehrung des Bindegewebes
- → braunrot (frisch) bis blaßrosa (älter)
- → spiegelnde Oberfläche
- → krebsscherenartige Ausläufer

Aus ungeklärten Gründen kommt es bei manchen Menschen nach Verletzungen zur Vermehrung des Bindegewebes. Kinder und Jugendliche, Frauen sowie dunkelhäutige Menschen sind vor allem betroffen. Am häufigsten entstehen Narbenwucherungen am oberen Rumpf, insbesondere in der Gegend über dem Brustbein, aber auch im Gesicht und am Hals. Neben Verletzungen durch Einwirkung äußerer Gewalt können auch Verbrennungen, Verbrühungen, Akne oder Operationswunden Ausgangspunkt für Narbenwucherungen sein.

### Ärztliche Behandlung

Suchen Sie einen Arzt auf, wenn sich nach einer Verletzung oder Operation eine Gewebewucherung andeutet. Neben einer Kortisonbehandlung (in Form von Salben oder Einspritzungen) werden eine Kältebehandlung mit flüssigem Stickstoff und Druckverbände zur Behandlung eingesetzt. Auch Salben mit Pflanzeninhaltsstoffen können hilfreich sein. Wann eine Narbenwucherung herausgeschnitten werden sollte, kann nur der Arzt entscheiden, denn oftmals ist die Folge eine Wucherung noch größeren Ausmaßes.

### Selbsthilfe

Ist nicht möglich.

## Schuppenflechte (Psoriasis)

**▶ Symptome**

- ➜ scharf begrenzte, rundliche, gerötete Herde mit silbrig-weißen Schuppen, bevorzugt an Ellenbogen, Knien, behaartem Kopf und Rumpf
- ➜ grünlich-braune Verfärbungen der Nägel (»Ölflecken«), punktförmige Grübchen in der Nagelplatte (Tüpfelnägel)

Die Schuppenflechte ist – entgegen einem immer noch verbreiteten Vorurteil – nicht ansteckend, sondern erblich bedingt. Allerdings erkrankt nicht jeder, der die Erbanlage trägt. Etwa zwei Prozent der Bevölkerung leiden an der Schuppenflechte.
Die oben als Symptome aufgeführten Veränderungen sind Folge einer übermäßigen Verhornung der Haut. Auslöser dafür können kleine, oft unbemerkte Verletzungen (zum Beispiel durch Scheuern von Kleidungsstücken), bestimmte Medikamente, Alkohol, Infektionen, Streß und Übergewicht sein.
Die Schuppenflechte kann akut und chronisch auftreten. Bei der akuten (sogenannten eruptiven) Form schießen die Herde plötzlich und häufig im Gefolge einer Infektion auf. Die chronische Form ist gekennzeichnet durch lange bestehende und sich nur geringfügig verändernde Herde. Bei etwa fünf Prozent der Betroffenen kommt es zu einer Mitbeteiligung der Gelenke (Psoriasis arthropathica) in Form einer Arthritis (→ Seite 431). Selten treten bei einer Schuppenflechte auch Eiterbläschen auf (Psoriasis pustulosa).
Der Verlauf der Schuppenflechte ist kaum vorhersehbar. Während einige Betroffene nur einmal im Leben für mehrere Wochen oder Monate erkranken, leiden viele über Jahre hinweg an mehr oder minder stark ausgeprägten Hautveränderungen.

### Ärztliche Behandlung

Die jeweils geeignete Therapie sollte immer von einem Hautarzt festgelegt werden. Zu Beginn der Behandlung müssen die Schuppen abgelöst werden, da sie das Eindringen von Wirkstoffen behindern. Mit verschiedenen Salben kann dann der übermäßigen Verhornung der Haut entgegengewirkt werden.
Basierend auf der Beobachtung, daß sich die Schuppenflechte unter dem Einfluß von Sonnenlicht häufig bessert oder gar abheilt, wurden verschiedene Formen der Lichtbehandlung (→ Seite 643) entwickelt. Bei der sogenannten PUVA-Therapie wird die Haut zuerst mit einer Substanz , die innerlich oder örtlich angewendet werden kann, besonders lichtempfindlich gemacht und dann mit UV-A-Licht bestrahlt.

### Selbsthilfe

An der ererbten Neigung zur Schuppenflechte läßt sich nichts ändern. Sie können jedoch versuchen, Krankheitsschübe zu verhindern, indem Sie die eingangs erwähnten Auslöser (Alkohol, Übergewicht, Streß, Medikamente) soweit es geht meiden. Wichtig ist auch, daß die Haut nicht austrocknet. Sie sollten daher nicht zu häufig und/oder heiß duschen und die noch feuchte Haut mit einer Pflegesalbe eincremen.

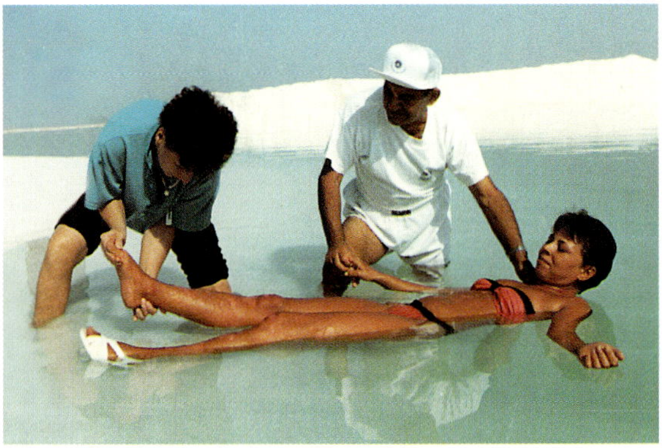

**Am Toten Meer lindern Sonne und der extrem hohe Salzgehalt die Beschwerden bei Schuppenflechte.**

Regelmäßige Sonnenbäder und Aufenthalte an der Nordsee oder im Hochgebirge, vor allem aber am besonders salzhaltigen Toten Meer können sehr zur Besserung der Hautveränderungen beitragen.
Vielerorts gibt es Selbsthilfegruppen, die Rückhalt und Rat bieten, um die häufig starken psychischen Probleme zu bewältigen (→ Adressen, Seite 798).

## Fischschuppenkrankheit (Ichthyosis)

**▶ Symptome**

- ➜ trockene Haut mit vermehrter Schuppung

Die Fischschuppenkrankheit ist eine erblich bedingte Verhornungsstörung. Je nach Vererbungsmuster werden verschiedene Formen unterschieden: Die häufigste ist die autosomal-dominante Ichthyosis vulgaris, bei der die Gelenkbeugen frei bleiben. Die ersten Symptome zeigen sich meist schon im ersten oder zweiten Lebensjahr. An zweiter Stelle steht die X-chromosomale Ichthyosis, die bereits kurz nach der Geburt auftritt, im Vergleich zur erstgenannten Ichthyosis gröbere Schuppen aufweist und auch die Gelenkbeugen befällt. Daneben gibt es noch weitere, seltene Formen. Aufgrund der verminderten Widerstandsfähigkeit trockener Haut neigen Menschen mit Ichthyosis zu Ekzemen (→ Seite 462).

### Ärztliche Behandlung

Die Basis der Behandlung ist die regelmäßige, rückfettende Hautpflege. Sehr gut eignen sich hierzu harnstoffhaltige Zubereitungen. Auch Bäder mit Zusatz von Kochsalz (etwa 1 bis 3 Kilogramm pro Vollbad) oder Badeöl sind hilfreich. Bei schweren Verläufen können Vitamin-A-Säure-Abkömmlinge eingenommen werden, die Besserung ist allerdings auf die Dauer der Einnahme beschränkt.

### Selbsthilfe

Bei der Berufswahl sollten Sie bedenken, daß Feuchtigkeit sowie hautbelastende oder entfettende Stoffe die Krankheit verschlimmern. Im Falle der X-chromosomalen Ichthyosis sollten Sie bei Kinderwunsch eine genetische Beratungsstelle aufsuchen.

## Recklinghausen-Krankheit (Neurofibromatose)

### ▶ Symptome

- weiche, hautfarbene oder bläuliche Knoten (Neurofibrome)
- hellbraune Pigmentflecken (Café-au-lait-Flecken)
- kleinfleckige Pigmentierung der Achselhöhlen und Leisten
- epileptische Anfälle (→ Seite 190), Hörminderung und Gleichgewichtsstörungen möglich (→ Akustikusneurinom, Seite 175)

Bei dieser erblich bedingten Systemerkrankung finden sich Neurofibrome – gutartige, von Nerven ausgehende Wucherungen – nicht nur in der Haut, sondern auch im zentralen Nervensystem (→ Gehirn und Rückenmark, Seite 188). Von den Café-au-lait-Flecken (→ Symptome) müssen mindestens fünf mit einem Durchmesser größer als 1,5 Zentimeter vorhanden sein, um die Diagnose der Recklinghausen-Krankheit stellen zu können. Selten ist die Ausbildung bösartiger Tumoren. Die Vererbung ist autosomal-dominant, das heißt statistisch wird die Krankheit an die Hälfte der Nachkommen weitergegeben.

### Ärztliche Behandlung

Regelmäßige ärztliche Kontrolluntersuchungen sind bei dieser chronisch fortschreitenden Krankheit unbedingt erforderlich. Die Ursache kann leider nicht behandelt werden; störende Neurofibrome sowie bösartige Tumoren können jedoch operativ entfernt werden.

### Selbsthilfe

Ist nicht möglich.

## Knötchenflechte (Lichen ruber)

### ▶ Symptome

- Haut: flach-erhabene, rötlich-bläuliche Knötchen, spiegelnde Oberfläche, Juckreiz
- Schleimhaut: feine weiße, netzförmige Zeichnung

Die Ursache dieser relativ häufigen Erkrankung ist unbekannt, allerdings scheinen psychische Einflüsse eine gewisse Rolle zu spielen. Auch bestehende Lebererkrankungen werden mit dem Auftreten der Knötchenflechte in Verbindung gebracht. Bevorzugt befallen werden die Beugeflächen der Handgelenke und Unterarme, die Gesäß- und Knöchelregion. Aber auch die Schleimhäute können betroffen sein.

### Ärztliche Behandlung

Nur ein Hautarzt kann die Knötchenflechte von anderen Hautkrankheiten sicher unterscheiden. Die Behandlung ist schwierig und meist auch langwierig. Kortison wird äußerlich und bei schweren Verläufen auch innerlich eingesetzt. Bewährt hat sich auch die PUVA-Therapie (→ Schuppenflechte). Bei quälendem Juckreiz können Antihistaminika (→ Seite 635) oder Beruhigungsmittel erforderlich sein.

### Selbsthilfe

Ist nicht möglich. Versuchen Sie, nicht zu kratzen, weil dadurch neue Herde entstehen können.

## Röschenflechte (Pityriasis rosea)

▶ Symptome

→ zuerst ein hellroter, rundlicher Herd mit Schuppenkrause, meist am seitlichen Rumpf (Primärplaque)

→ Tage bis Wochen später Ausschlag aus kleinen, rundlichen, schuppenden Herden am Rumpf und an den oberen Armen und Beinen

→ leichter Juckreiz möglich

Die Röschenflechte ist eine harmlose, nicht ansteckende Erkrankung jüngerer Menschen. Häufig tritt sie im Gefolge einer Infektion auf; ihre genaue Ursache ist jedoch nicht bekannt. Als erstes, charakteristisches Zeichen erscheint am Rumpf die sogenannte Primärplaque. Tage bis Wochen später tritt dann symmetrisch (= auf beiden Körperhälften) der Ausschlag auf. Nur gelegentlich kommt es zu stärkerem Juckreiz. Innerhalb von etwa ein bis zwei Monaten bilden sich die Hautveränderungen von selbst wieder zurück.

### Ärztliche Behandlung

Sie sollten einen Hautarzt aufsuchen, um abzuklären, daß es sich um keine andere Erkrankung mit ähnlichem Erscheinungsbild handelt. Da sich der Ausschlag von selbst zurückbildet, ist in der Regel keine Behandlung erforderlich. Bei stärkerem Juckreiz kann Zinkschüttelmixtur oder eine schwach wirksame Kortisoncreme angewendet werden.

### Selbsthilfe

Häufiges Baden oder Duschen mit Seife kann leicht zu einer Reizung der Haut führen; verwenden Sie besser Ölbäder. Auch starkes Schwitzen, Sauna und Massagen sollten Sie vermeiden.

## Albinismus

▶ Symptome

→ sehr helle Haut, weiße bis gelbliche Haare

→ »rote Augen«

Bei dieser Erbkrankheit produzieren die in normaler Zahl vorhandenen Pigmentzellen der Haut kein Melanin (→ Unsere Hautfarbe, Seite 448). Die deshalb betroffenen Menschen sind sehr blaß (lateinisch albus = weiß), lichtempfindlich und leiden unter verschieden stark ausgeprägten Sehstörungen.

### Ärztliche Behandlung

Regelmäßige hautärztliche Kontrollen sind zu empfehlen, da es bereits in jungen Jahren zu Lichtschäden, eventuell auch zu Hautkrebs (→ Seite 476/477) kommen kann. Eine ursächliche Behandlung der Erkrankung ist nicht möglich.

### Selbsthilfe

Schützen Sie sich konsequent vor Sonnenbestrahlung (→ Seite 464).

## Weißfleckenkrankheit (Vitiligo)

▶ Symptome

→ aufgehellte bis weiße Flecken oder Hautgebiete

Bei der Weißfleckenkrankheit kommt es zu einem Untergang der Pigmentzellen, die den Hautfarbstoff Melanin bilden (→ Unsere Hautfarbe, Seite 448). Die Ursache hierfür ist bislang unbekannt.
Die Erkrankung kann in jedem Lebensalter auftreten, meist beginnt sie jedoch zwischen dem zehnten und dreißigsten Lebensjahr. Die Neigung zur Weißfleckenkrankheit scheint vererbbar zu sein, da bei knapp der Hälfte der Patienten auch andere Familienangehörige betroffen sind.

### Ärztliche Behandlung

Da Menschen mit einer Vitiligo gehäuft an Schilddrüsenfunktionsstörungen (→ Seite 494) oder anderen hormonell bedingten Erkrankungen leiden, sollte man sich auf jeden Fall ärztlich untersuchen lassen. Leider gibt es bis heute keine zufriedenstellende Therapie. Als noch am wirksamsten gilt derzeit die PUVA-Therapie (→ Schuppenflechte, Seite 470); lokal können auch Kortisonpräparate versucht werden. Beides sollte allerdings nicht bei Kindern angewendet werden.

### Selbsthilfe

Sie können die Vitiligo-Herde mit speziellem, wasserfestem Make-up abdecken. Da die betroffenen Hautgebiete extrem lichtempfindlich sind, sollten Sie auf ausreichenden Sonnenschutz achten.

## Schwangerschaftsstreifen

**▶ Symptome**

- ➜ streifige »Verdünnung« der Haut
- ➜ anfänglich bläulich-rot, später weißlich

Entgegen ihrem Namen entstehen diese Hautveränderungen nicht nur bei Schwangeren, sondern auch bei über zwei Dritteln der Mädchen und gut einem Drittel der Jungen in der Pubertät. Eine weitere Ursache ist die äußerliche und innerliche Behandlung mit Kortisonpräparaten (→ Seite 635). Die »Pubertätsstreifen« sitzen meist am unteren Rücken und an den Oberschenkeln, die eigentlichen Schwangerschaftsstreifen an den seitlichen Bauchpartien, den Hüften, den Oberschenkeln und den Brüsten.

### Ärztliche Behandlung

Immer wenn oben beschriebene Streifen außerhalb der Schwangerschaft oder der Pubertät auftreten, sollten Sie einen Arzt aufsuchen. Ursache dafür könnte sein, daß zuviel Hormone von den Nebennierenrinden ins Blut abgegeben werden, vor allem Kortison und Hydrokortison (→ Cushing-Syndrom, Seite 498).
Eine erwiesen wirksame Behandlung für Schwangerschaftsstreifen gibt es leider nicht.

### Selbsthilfe

Ist nicht möglich. Vermeiden Sie jeden nicht wirklich unbedingt nötigen Gebrauch von Kortisonpräparaten.

## **Cellulite** (Orangenhaut)

**▶ Symptome**

- ➜ wellige Fettpölsterchen an Hüften, Oberschenkeln, Gesäß und Bauch
- ➜ gelegentlich Spannungsgefühl

Obgleich für viele Frauen ein erhebliches psychisches Problem, ist die Cellulite keine Krankheit, sondern eine durch die geschlechtsspezifische Hautstruktur bedingte Veränderung: Bei Frauen sind die Oberhaut und die Lederhaut, in der das zugfeste Bindegewebe liegt, dünner als beim Mann. Außerdem besteht das weibliche Fettgewebe aus größeren, nur locker vernetzten Fettkammern. Die sogenannte Orangenhaut entsteht, wenn sich die Fettkammern vergrößern oder vom Bindegewebe nicht mehr ausreichend »gestützt« werden können (anfangs nur sichtbar, wenn man einen Hautbereich zwischen zwei Fingern zusammenschiebt). Übergewicht und Bewegungsmangel begünstigen dieses Phänomen.
Der für die Gewebeveränderung auch gebräuchliche Name »Zellulitis« ist irreführend, da die Endung -itis im medizinischen Sprachgebrauch immer eine Entzündung bezeichnet – ein entzündlicher Prozeß liegt bei der Cellulite nicht vor.

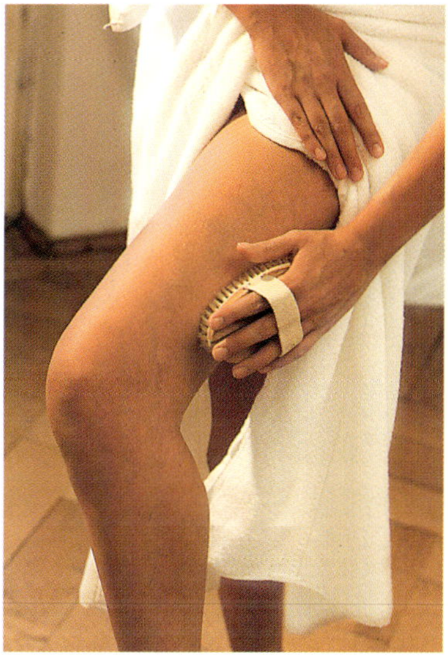

**Trockenbürstenmassagen verbessern die Durchblutung Ihrer Haut und fördern den Abtransport von unerwünschten Schlackenstoffen.**

### Ärztliche Behandlung

Lymphdrainage (→ Seite 645) und Bewegungstherapie (spezielle Übungen zur Stärkung von Beinmuskulatur und Bindegewebe, Wassergymnastik) können hilfreich sein.

### Selbsthilfe

Mit den vielen angebotenen Cremes und Ölen werden Sie zwar Ihr Geld, nicht aber die Cellulite los. Die einzige tatsächlich wirkungsvolle Behandlung besteht in Gewichtsreduktion durch eine ausgewogene, ballaststoffreiche Ernährung (→ Seite 712) und *regelmäßiger* sportlicher Betätigung. Radfahren, Laufen, Schwimmen, Wandern und Bewegungsübungen spezieller Gymnastikprogramme, die zur Kräftigung der Bauch-, Gesäß- und Beinmuskeln beitragen, sind geeignet. Unterstützend können Sie Trockenbürstenmassagen anwenden.

## **Leberflecken** (Pigmentnävi)

▶ Symptome

➜ hell- bis dunkelbraune Flecken, stecknadelkopf- bis über handflächengroß

Unter dem Begriff Leberfleck werden die pigmentierten Muttermale zusammengefaßt. Medizinisch verbergen sich dahinter eine Reihe verschiedener Hautveränderungen, meist Nävuszellnävi. Eine Sonderform bilden die angeborenen Riesenpigmentnävi. Sie sind meist stark behaart und großflächig. Knapp ein Drittel der schwarzen Hautkrebse (→ Seite 477) entwickelt sich aus einem oft seit vielen Jahren bestehenden Nävuszellnävus.

Ärztliche Behandlung

Suchen Sie rasch einen Hautarzt auf, wenn Sie oben genannte Veränderungen an einem Leberfleck entdecken. Da sich ein schwarzer Hautkrebs entwickelt haben könnte, muß das Muttermal operativ entfernt und mikroskopisch untersucht werden. Riesenpigmentnävi sollten wegen des erhöhten Risikos eines schwarzen Hautkrebses noch in der Kindheit entfernt werden.

Selbsthilfe

→ Muttermale – harmlos oder gefährlich?

### Muttermale – harmlos oder gefährlich?

Eine Vielzahl gutartiger Fehlbildungen der Haut werden als Muttermal oder Nävus bezeichnet. Je nach ihrem Ausgangspunkt (zum Beispiel Bindegewebe oder Blutgefäße) werden sie in mehrere Gruppen eingeteilt.

Muttermale sind in aller Regel harmlos. Trotzdem sollten Sie sie regelmäßig auf Veränderungen ansehen, denn aus einem → Leberfleck (Pigmentnävus) kann sich ein schwarzer Hautkrebs (→ Seite 477) entwickeln. Wenn ein Leberfleck sich vergrößert, die Farbe ändert, schuppig, rauh oder knotig wird, juckt, schmerzt, blutet, sich entzündet oder wenn sich plötzlich ein oder mehrere Muttermale neu bilden, sollten Sie rasch einen Hautarzt aufsuchen (→ Seite 744).

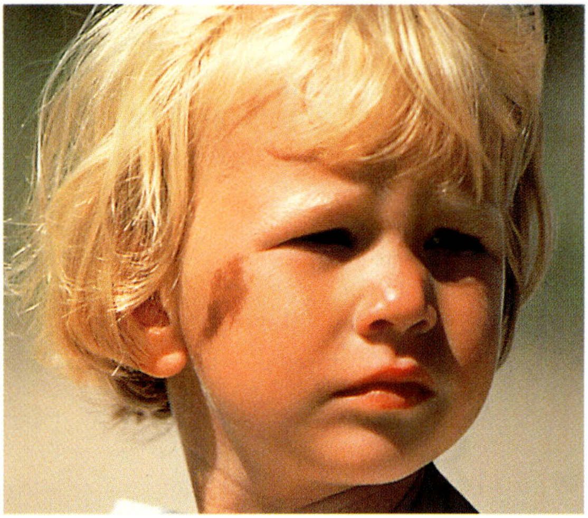

**Jeder hellhäutige Mensch hat kleinere oder größere Muttermale, das ist zunächst kein Grund zur Sorge.**

## **Spinnennävi** (Sternchenangiome)

▶ Symptome

➜ kleine, sternförmige Gefäße mit rotem Knötchen in der Mitte

Meist sind Spinnennävi nur ein kosmetisches Problem. Treten sie jedoch in großer Zahl auf, können Leberzirrhose (→ Seite 356) oder eine Kollagenose (→ Seite 478) Ursache sein.

Ärztliche Behandlung

Bei zahlreichen oder kosmetisch störenden Spinnennävi sollten Sie einen Hautarzt aufsuchen. Die Hautveränderungen werden mit Hilfe einer Elektronadel oder eines Laserstrahls verödet.

Selbsthilfe

Ist nicht möglich.

## **Alterswarzen** (seborrhoische Warzen)

▶ Symptome

➜ hellbraune bis schwarze Hautveränderung, flach oder erhaben, zum Teil mit zerklüfteter Oberfläche

Im Lauf ihres Lebens entwickeln die meisten Menschen mehrere bis zu Dutzenden dieser harmlosen

Hautveränderungen. Aus Alterswarzen entwickelt sich nie ein bösartiger Tumor, sie können allerdings gereizt werden, sich infizieren und leicht bluten.

### Ärztliche Behandlung

Eine Alterswarze kann einem schwarzen Hautkrebs (→ Seite 477) ähneln. Im Zweifelsfall sollten Sie daher immer einen Hautarzt aufsuchen. Liegt eindeutig eine Alterswarze vor, so kann sie mit einem löffelartigen Instrument, dem sogenannten scharfen Löffel, abgetragen werden. Andernfalls wird sie herausgeschnitten und mikroskopisch untersucht.

### Selbsthilfe

Ist nicht möglich.

## **Fettgewebsgeschwülste** (Lipome)

### ▶ Symptome

- prall-elastischer »Buckel« der Haut, einzeln oder zahlreich, gelegentlich druckschmerzhaft

Lipome sind gutartige Geschwülste des Fettgewebes. Sie treten meist am Rumpf oder an Armen und Beinen auf. Kleinere Lipome sind oft nur zu tasten, größere buckeln die Haut deutlich vor. In seltenen Fällen können Lipome Kindskopfgröße überschreiten. Treten sie zahlreich auf, so spricht man von einer Lipomatose. Nicht selten finden sich dann auch bei anderen Familienangehörigen Fettgewebsgeschwülste.

### Ärztliche Behandlung

Suchen Sie immer einen Hautarzt auf, da ein bösartiger Tumor ausgeschlossen werden muß. Kosmetisch störende oder schmerzhafte Lipome können operativ entfernt werden.

### Selbsthilfe

Ist nicht möglich.

## **Blutschwämmchen** (Hämangiome)

### ▶ Symptome

- weiche, schwammartige Gebilde, sattrot oder bläulich-violett

Blutschwämmchen sind gutartige, in den meisten Fällen schon bei der Geburt vorhandene oder in den ersten Lebenstagen vor allem am Kopf auftretende Fehlbildungen der Blutgefäße. Sie können erbsengroß sein, aber auch eine ganze Gesichtshälfte einnehmen; flächige Blutschwämmchen sind ebenso möglich wie geschwulstartige Formen.

### Ärztliche Behandlung

Obgleich sich bei fast drei Vierteln der Kinder die Veränderungen bis zum Schulalter von selbst zurückbilden, sollte rasch gehandelt werden. Ein Blutschwämmchen vergrößert sich nämlich vor allem in den ersten Lebenswochen. Je kleiner es aber ist, desto einfacher ist die Behandlung mit Kälte (→ Vereisung, Seite 641) oder Verödung und desto besser das kosmetische Ergebnis.

### Selbsthilfe

Ist nicht möglich.

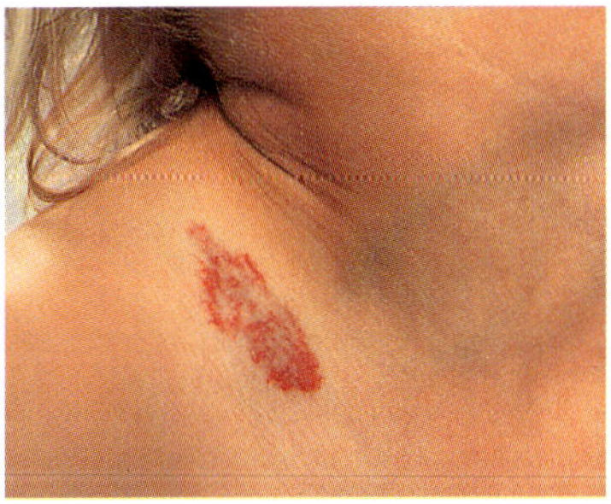

**Blutschwämmchen können sich überall am Körper bilden. Ihre Entfernung ist relativ einfach möglich.**

## **Rubinflecken** (senile Hämangiome)

### ▶ Symptome

- stecknadelkopf- bis linsengroße, sattrote, flach-erhabene Knötchen

Es handelt sich um harmlose und bei vielen älteren Menschen anzutreffende Hautveränderungen. Meist treten sie zahlreich auf, vor allem am Rumpf.

### Ärztliche Behandlung

Suchen Sie den Hautarzt auf, um auszuschließen, daß es sich um eine andere Erkrankung handelt. Falls aus kosmetischen Gründen gewünscht, können die Rubinflecken durch Herausschneiden oder mittels einer Laserbehandlung entfernt werden.

### Selbsthilfe

Ist nicht möglich.

## Hautkrebs

Bösartige Tumoren der Haut zählen zu den häufigsten Krebsarten des Menschen. Grund für das stetige Ansteigen der Hautkrebserkrankungen ist der ungebrochene »Bräunungskult«, denn erwiesen ist, daß Sonnenlicht bei der Entstehung von Hautkrebs eine wesentliche Rolle spielt (→ So wirkt Sonne auf die Haut, Seite 464). Mit statistisch etwa 20 (in sonnenreichen Ländern über 100) Erkrankungen auf 100 000 Einwohner steht der Basalzellenkrebs (→ Seite 477) an erster Stelle der bösartigen Hauttumoren, gefolgt vom schwarzen Hautkrebs (→ Seite 477) und vom → Stachelzellenkrebs mit jeweils etwa 8 bis 14 Erkrankungen auf 100 000 Einwohner.
Als Präkanzerosen (»Krebsfrühformen«) werden Erkrankungen wie die → aktinischen Keratosen bezeichnet, bei denen die bösartigen Zellen noch auf die Oberhaut beschränkt sind. Ausführliche Informationen zu Vorbeugung, Warnsignalen und Behandlungsmöglichkeiten von Krebserkrankungen finden Sie ab Seite 576.

## Aktinische Keratosen

▶ Symptome
- ➜ rauhe, leicht verletzliche Hornauflagerungen, gelbgrau bis bräunlich

Aktinische Keratosen (wörtlich »durch Strahlen bewirkte Verhornungen«) treten im Alter relativ häufig auf. Betroffen sind vor allem hellhäutige, sonnenempfindliche Menschen, die viel der Sonne ausgesetzt waren. Unbehandelt können aktinische Keratosen in einen → Stachelzellenkrebs übergehen.

### Ärztliche Behandlung

Suchen Sie einen Hautarzt auf, damit durch rechtzeitige Therapie der Übergang in einen Krebs verhindert wird. Behandelt werden kann mit chirurgischer Entfernung oder Kältetherapie (→ Seite 641), bei frühen Formen durch Auftupfen von Phenol oder eine Salbenbehandlung mit 5-Fluorouracil.

### Selbsthilfe

Beugen Sie aktinischen Keratosen durch konsequenten Schutz vor Sonnenbestrahlung vor (→ So wirkt Sonne auf die Haut, Seite 464).

## Stachelzellenkrebs (Spinaliom)

▶ Symptome
- ➜ warzige, bräunliche Krusten
- ➜ harter, meist schmerzloser Knoten
- ➜ später Zerfall des Hautgewebes (Geschwür)

Am häufigsten findet sich der Stachelzellenkrebs (auch Plattenepithelkarzinom genannt) auf Hautbereichen, die der Sonne sehr stark ausgesetzt sind wie Gesicht oder Handrücken, und an den Schleimhäuten (Zunge, Penis, Vulva, After). Er tritt überwiegend jenseits des 60. Lebensjahrs auf. Das Entstehen eines Stachelzellenkrebses wird vor allem durch Sonnenbestrahlung (→ Seite 464) begünstigt, aber auch durch Teer, Zigarettenrauch (Lippenkrebs), Arsen, straffe Narben, Virusinfektionen und mangelnde Hygiene (Peniskrebs). Vorstufen des Stachelzellenkrebses können die → aktinischen Keratosen sein. Unbehandelt »zerfrißt« der Tumor das umliegende Gewebe und macht auch vor Knorpel und Knochen nicht halt. Schließlich kommt es zur Absiedlung von Tochtergeschwülsten (Metastasen).

### Ärztliche Behandlung

Bei der Behandlung steht die Operation des Tumors an erster Stelle. Weiterhin kommen Kältetherapie, Strahlen- und Chemotherapie in Frage.

### Selbsthilfe

Schützen Sie sich vor intensiver Sonnenbestrahlung (→ So wirkt Sonne auf die Haut, Seite 464). Rauchen vergrößert nicht nur das Risiko, einen Stachelzellenkrebs der Lippen zu bekommen, sondern auch einen Lungenkrebs (→ Seite 252). Gute Hygiene vermindert das Risiko von Peniskrebs (→ Entzündung/Geschwülste am Penis, Seite 414).

## Basalzellenkrebs (Basaliom)

▶ Symptome
- ➜ wachsartige Geschwulst mit feinen Äderchen, umgeben von perlschnurartig aufgereihten Knötchen
- ➜ seltener narbenartig, flach

Der Basalzellenkrebs ist ein sogenannter semimaligner (»halbbösartiger«) Tumor, da er zwar wächst

und Gewebe zerstört, aber keine Tochtergeschwülste (Metastasen) ausbildet.
Am häufigsten tritt der Basalzellenkrebs im Gesicht auf und dort wiederum im Bereich oberhalb einer gedachten Verbindungslinie vom Mundwinkel zum unteren Ohransatz. Ähnlich wie beim Stachelzellenkrebs spielt auch bei der Entstehung des Basalzellenkrebses anscheinend die Gesamtdosis des Sonnenlichts im Leben eine entscheidende Rolle. Besonders gefährdet sind hellhäutige Menschen mit sonnenempfindlicher Haut (→ Typ I und II, Seite 464).

### Ärztliche Behandlung

Suchen Sie rasch einen Hautarzt auf. Je früher ein Basalzellenkrebs erkannt wird, desto kleiner ist der operative Eingriff. Weitere Verfahren der Behandlung sind Kältetherapie (→ Vereisung, Seite 641) und Strahlentherapie.

### Selbsthilfe

Beugen Sie vor durch konsequenten Schutz vor Sonnenbestrahlung (→ So wirkt Sonne auf die Haut, Seite 464).

## Schwarzer Hautkrebs (malignes Melanom)

▶ Symptome

→ braun-schwarzer Fleck oder Knoten

Der schwarze Hautkrebs zählt zu den bösartigsten Tumoren der Haut. Seine Gefährlichkeit liegt in der frühzeitigen Absiedlung von Tochtergeschwülsten (Metastasen). Die Verteilung von Tumorzellen im Körper kann über die Lymph- oder über die Blutbahnen erfolgen.
In den vergangenen Jahren hat die Häufigkeit des schwarzen Hautkrebses weltweit zugenommen. Als Ursache angenommen wird von Wissenschaftlern unter anderem eine stärkere Sonnenbelastung durch veränderte Freizeitgewohnheiten und das sich vergrößernde Ozonloch. Insbesondere ein heller Hauttyp (→ So wirkt Sonne auf die Haut, Seite 464) und Sonnenbrände in der Kindheit scheinen wichtige Faktoren bei der Entstehung von schwarzem Hautkrebs darzustellen.
Frauen sind in unseren Breiten etwa zweimal so häufig betroffen wie Männer. Bei ersteren sitzt der Krebs bevorzugt am Unterschenkel, bei letzteren am Rumpf. Grundsätzlich kann aber jede Hautstelle, auch die Schleimhäute (Genitalbereich, Mund), betroffen sein.
In knapp einem Drittel der Fälle entwickelt sich der schwarze Hautkrebs aus einem oft seit vielen Jahren bestehenden Leberfleck (→ Seite 474).

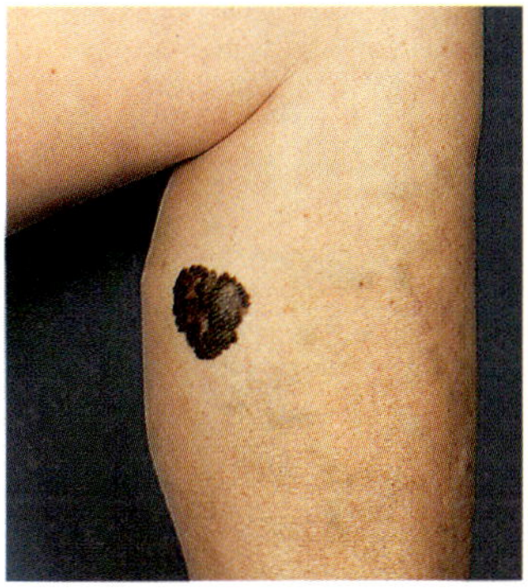

**Der schwarze Hautkrebs bildet sich oft am Unterschenkel; er sieht dunklen Leberflecken sehr ähnlich.**

### Ärztliche Behandlung

Sie sollten beim geringsten Verdacht sofort einen Hautarzt aufsuchen. Bei frühzeitiger Erkennung und Therapie hat der schwarze Hautkrebs gute Heilungschancen. Die Behandlung sollte durch eine Klinik erfolgen, die spezielle Erfahrung mit diesem Tumor hat. Therapie der Wahl ist das »großzügige« Herausschneiden des Tumors. Der Sicherheitsabstand (= Entfernung vom Tumor zum Schnittrand) richtet sich dabei nach der Eindringtiefe, der »Dicke« des Tumors, und kann bis zu drei Zentimeter betragen. Ebenfalls abhängig von der Tumordicke kann die Entfernung der örtlichen Lymphbahnen und Lymphknoten bei der Operation erforderlich sein. Hat der schwarze Hautkrebs schon Tochtergeschwülste gebildet, so wird derzeit mit verschiedenen Chemo- und Immuntherapien behandelt.

### Selbsthilfe

Untersuchen Sie Ihre Haut in regelmäßigen Abständen. Gehen Sie dabei sorgfältig und in Ruhe den ganzen Körper ab. Jede Veränderung eines bestehenden Muttermals sollte Anlaß sein, umgehend einen Hautarzt aufzusuchen (→ Muttermale – harmlos oder gefährlich?, Seite 474). Gehen Sie lieber einmal zu oft zum Arzt! Beugen Sie vor durch konsequenten Schutz vor Sonnenbestrahlung (→ So wirkt Sonne auf die Haut, Seite 464).

## Kollagenosen

Mit dem Oberbegriff Kollagenosen werden eine Reihe von Bindegewebserkrankungen bezeichnet, denen (wahrscheinlich) Autoimmunvorgänge, also Abwehrreaktionen gegenüber körpereigenem Gewebe, zugrunde liegen. Die wichtigsten die Haut betreffenden Kollagenkrankheiten sind die → Sklerodermie und der → Lupus erythematodes.

## Sklerodermie

### ▶ Symptome

- ➜ zirkumskripte Sklerodermie: anfänglich fleckförmige Rötung, gelblich-weißliche Verhärtungen mit fliederfarbenem Rand
- ➜ systemische Sklerodermie: anfallsartiges »Absterben« der Finger (→ Raynaud-Phänomen, Seite 287), Verhärtung und Straffung der Haut, Schluckstörungen, Atemnot, Husten, Heiserkeit, Schwächegefühl, Gelenk- und Muskelschmerzen

Es werden eine umschriebene (zirkumskripte), auf die Haut beschränkte Form der Sklerodermie und eine Form mit Beteiligung der inneren Organe und des Bewegungsapparates (systemische Sklerodermie) unterschieden. Vor allem bei der systemischen Sklerodermie kommt es in fortgeschrittenen Stadien zu einer zunehmenden Schrumpfung der Haut. Sie wirkt dann wie »gedörrt« (Darrsucht).
Von der zirkumskripten Sklerodermie sind meist Kinder und junge Erwachsene betroffen. Der Verlauf der Erkrankung ist unberechenbar, meist kommt sie aber von selbst zum Stillstand.
Die systemische Sklerodermie tritt im mittleren bis höheren Erwachsenenalter auf. Nachweisbar sind Autoantikörper gegen körpereigene Zellbestandteile; die Ursache der schweren Erkrankung ist aber letztlich unbekannt.

### Ärztliche Behandlung

Zirkumskripte Sklerodermie: Suchen Sie sofort einen Arzt auf, da nur er die Abgrenzung von der gefährlicheren systemischen Form der Krankheit treffen kann. Als äußerliche Behandlung ist derzeit die PUVA-Therapie (→ Schuppenflechte, Seite 470) am erfolgversprechendsten.
Systemische Sklerodermie: Welche Behandlung für Sie in Frage kommt, kann erst nach gründlicher Untersuchung festgelegt werden. Große Bedeutung hat auch die physikalische Therapie (Bewegungsübungen, Bäder, Massagen, Atemgymnastik).
Die systemische Sklerodermie ist eine schwere chronische Erkrankung, die der stetigen, vertrauensvollen Zusammenarbeit mit dem behandelnden Arzt bedarf.

### Selbsthilfe

Suchen Sie Kontakt zu einer Sklerodermie-Selbsthilfegruppe (→ Adressen, Seite 798).

**Wenn bei Sklerodermie nur bestimmte Hautabschnitte betroffen sind, so ist eine Therapie mit ultravioletter Strahlung sehr hilfreich.**

## Lupus erythematodes

### ▶ Symptome

- ➜ diskoider Lupus erythematodes (Schmetterlingsflechte): scheibenförmige (= diskoide), gerötete, berührungsempfindliche Herde, festhaftende Schuppen, Mundschleimhautveränderungen möglich
- ➜ systhemischer Lupus erythematodes: schmetterlingsförmige Rötung der Wangen, Gelenkbeschwerden, Kopfschmerzen, Haarausfall, Lymphknotenschwellungen, Blutbildveränderungen, Mundschleimhautveränderungen und viele andere Symptome

Unter dem Oberbegriff Lupus erythematodes werden verschiedene Krankheitsbilder zusammengefaßt (lateinisch lupus = Wolf, in der Medizin »fressende Flechte«). Das Spektrum reicht vom lediglich auf die Haut beschränkten diskoiden Lupus erythematodes

bis hin zum lebensbedrohlichen systemischen Lupus erythematodes. Frauen sind vom diskoiden Lupus erythematodes häufiger betroffen als Männer. Befallen werden vorwiegend die dem Sonnenlicht ausgesetzten Hautgebiete.
Der lebensbedrohliche systemische Lupus erythematodes ist typischerweise eine Erkrankung jüngerer Frauen. Sämtliche Organe des Körpers können betroffen sein, daher sind die Symptome sehr unterschiedlich. Als erstes Zeichen findet sich oftmals eine schmetterlingsförmige Rötung im Bereich der Wangen. Die Erkrankung verläuft meist in Schüben.

### Ärztliche Behandlung

Diskoider Lupus erythematodes: Suchen Sie sofort einen Arzt auf, da die gefährliche systemische Form ausgeschlossen werden muß. Einzelne Herde können mit Kortison, aber auch durch Kältetherapie behandelt werden. Innerlich wird das Anti-Malaria-Mittel Chloroquin eingesetzt.
Systemischer Lupus erythematodes: Suchen Sie sofort einen Arzt auf. Je nach Schwere der Erkrankung können Chloroquin oder Medikamente, die das Immunsystem dämpfen, eingesetzt werden.

### Selbsthilfe

Sonnenlicht kann zu einer Verschlechterung führen, schützen Sie sich daher ausreichend (→ So wirkt Sonne auf die Haut, Seite 464). Meiden Sie körperliche und seelische Belastungen bei akuten Schüben des systemischen Lupus erythematodes.

## Blasenbildende Erkrankungen

Unter diesem Begriff werden mehrere Hautkrankheiten zusammengefaßt; allen gemeinsam ist der chronische Verlauf und die Ausbildung von Blasen. Die beiden wichtigsten Erkrankungen sind der → Pemphigus vulgaris und das → bullöse Pemphigoid.

## Pemphigus vulgaris

### ▶ Symptome

- schmerzhafte Mundschleimhautveränderungen
- wasserklare, rasch platzende Blasen
- nässende Herde, Krusten

Der Pemphigus vulgaris ist eine seltene Erkrankung des mittleren und höheren Lebensalters. Leicht blutende, schmerzhafte Gewebsveränderungen der Mundschleimhaut können erste Anzeichen sein. Später treten schlaffe Blasen an beliebigen Hautstellen, oft am Kopf oder am Nabel, auf. Unbehandelt kann die Erkrankung tödlich verlaufen.

### Ärztliche Behandlung

Suchen Sie sofort einen Hautarzt auf. Neben Kortison werden auch andere Mittel, die das Immunsystem dämpfen, angewendet. Auf die betroffenen Hautstellen werden desinfizierende Zubereitungen aufgetragen. Die häufig langdauernde medikamentöse Behandlung hat Nebenwirkungen, die jedoch meist durch eine Änderung der Arzneimittelkombination verringert werden können.

### Selbsthilfe

Ist nicht möglich.

## Bullöses Pemphigoid

### ▶ Symptome

- prallgespannte Blasen
- nässende Herde, blutige Krusten
- eventuell Veränderungen der Mundschleimhaut

Diese vorwiegend nach dem 70. Lebensjahr auftretende Erkrankung hat im Vergleich zum → Pemphigus vulgaris einen weniger schweren Verlauf. Zumindest zu Beginn ist das Allgemeinbefinden meist nur wenig beeinträchtigt. Juckreiz kann dem Aufschießen der Blasen bereits Wochen oder Monate vorausgehen. Die Erkrankung verläuft chronisch über Monate oder Jahre mit akuten Schüben.

### Ärztliche Behandlung

Suchen Sie sofort einen Hautarzt auf. Die Erkrankung muß durch die Einnahme von Kortison behandelt werden; unter Umständen kann eine Kombination mit anderen Mitteln, die das Immunsystem dämpfen, nötig sein. Bei nur geringen Veränderungen reicht oft Kortison in Salbenform.

### Selbsthilfe

Ist nicht möglich.

## Hautveränderungen bei inneren Krankheiten

Verschiedene innere Krankheiten können mit Hautveränderungen einhergehen, die eine eigene Behandlung erfordern. Teils sind diese Hautleiden (vermeidbare) Komplikationen wie der → diabetische Fuß, teils ein Begleitsymptom der Grunderkrankung wie das Erythema nodosum der → Boeck-Krankheit.

## Diabetes mellitus (Zuckerkrankheit)

Relativ häufig bei Diabetes mellitus sind Hautinfektionen mit Bakterien (→ Haarbalgentzündung, Furunkel, Karbunkel, Seite 454; → Wundrose, Seite 452) und Pilzen (→ Seite 458/459). Eine besonders schwere Komplikation der Krankheit ist der sogenannte → diabetische Fuß. Ausführliche Informationen zu Diabetes mellitus finden Sie im Kapitel »Hormone und Stoffwechsel« ab Seite 501.

## Diabetischer Fuß (Gangrän)

### ▶ Symptome

- ➜ schwärzliche, lederartige Eintrocknung/ Schrumpfung des Gewebes (trockene Gangrän)
- ➜ Verflüssigung des Gewebes (feuchte Gangrän)
- ➜ Unterschenkelgeschwür (offenes Bein)

Bei Diabetes mellitus treten häufig Durchblutungsstörungen auf (→ Arteriosklerose – was ist das?, Seite 267). Besonders betroffen sind Fuß- und Beingefäße. Eine Folge kann das Absterben von Gewebe in Form der trockenen Gangrän sein (auch »trockener Brand« genannt) oder – bei Besiedlung mit Fäulnisbakterien – eine Verflüssigung von Gewebe (feuchte Gangrän/ »feuchter Brand«).
Außerdem kann sich schon aus einer kleinen Verletzung, die infolge der Durchblutungsstörung schlecht heilt, ein oft tief ins Gewebe reichendes Unterschenkelgeschwür entwickeln (Behandlung und Selbsthilfe → Seite 283).

### Ärztliche Behandlung

Suchen Sie auch bei kleinen Wunden rasch einen Arzt auf, damit keine Infektion entsteht. Die Verletzung kann desinfiziert werden; eventuell ist die Einnahme eines Antibiotikums notwendig. Hat sich eine Gangrän gebildet, ist in jedem Fall ein operativer Eingriff nötig, um das abgestorbene Gewebe zu entfernen. Im schlimmsten Fall ist eine Amputation unumgänglich.

### Selbsthilfe

Grundsätzlich sollten Sie darauf achten, daß Ihre Blutzuckerwerte immer so gut wie möglich eingestellt sind (→ Seite 502).
Ganz besonders wichtig zur Vorbeugung des diabetischen Fußes sind regelmäßige Kontrolle der Füße auf Verletzungen, → die richtige Fußpflege, gutsitzende Schuhe, regelmäßige Bewegung sowie Fuß- und Beingymnastik, um Durchblutungsstörungen vorzubeugen.

## Fettstoffwechselstörungen

Ausführliche Informationen zu Fettstoffwechselstörungen finden Sie im Kapitel »Hormone und Stoffwechsel« auf Seite 510/511.
An der Haut können sich Störungen des Fettstoffwechsels durch Ausbildung von Knoten oder Knötchen zeigen:

- durch gelbliche Einlagerungen im Bereich der Augenlider (Xanthelasmen)
- durch rasch aufschießende, anfänglich rötliche, später gelbliche Knötchen vor allem an Rücken, Gesäß sowie den Streckseiten der Arme und Beine (eruptive Xanthome)
- durch hautfarbene oder gelbliche Knoten, meist an den Ellenbogen und Knien (tuberöse Xanthome).

Xanthelasmen können auch harmlose Fehlbildungen sein, eruptive und tuberöse Xanthome sind dagegen fast immer Zeichen einer Fettstoffwechselstörung.
Störende Knötchen oder Knoten können operativ entfernt werden.

## Gicht

Die Gicht ist eine Stoffwechselstörung, bei der es zu erhöhten Harnsäurewerten im Blut und zur Ablagerung von Harnsäurekristallen in den Gelenken, der Haut oder den Nieren kommt.
Ausführliche Informationen zur Gichterkrankung finden Sie im Kapitel »Hormone und Stoffwechsel«, Seite 432. Die typischen gelben Gichtknötchen (auch

Gichtperlen, Tophi genannt) entstehen vor allem an den Ohrmuscheln und in der Nähe erkrankter Gelenke. Sie können operativ entfernt werden.

## Porphyrien

Als Porphyrien werden verschiedene Erkrankungen zusammengefaßt, die auftreten, wenn die Bildung von Häm gestört ist. Häm ist neben Globin der zweite Farbstoffanteil des Hämoglobins, des roten Blutfarbstoffs. Verläuft die Hämbildung nicht normal, so ist Überproduktion, Ansammlung oder vermehrte Ausscheidung von Porphyrinen, einer Gruppe von Farbstoffen, die Folge. Dadurch verursacht sind eine Reihe körperlicher Störungen möglich.

Sammeln sich die Porphyrine in der Haut an, so kommt es zu deren erhöhter Lichtempfindlichkeit. Je nach Erkrankungstyp treten Hautsymptome auf, die von einem ausgeprägten Sonnenbrand über Blasenbildung und Pigmentstörungen bis hin zu Geschwüren reichen können.

Die Basis jeder Behandlung kann nur konsequenter Schutz vor Sonnenbestrahlung sein (→ So wirkt Sonne auf die Haut, Seite 464). Außerdem sollte man Alkohol meiden.

## Sarkoidose (Boeck-Krankheit)

Die Sarkoidose ist eine Systemerkrankung unbekannter Ursache, bei der aufgrund einer Fehlreaktion im Immunsystem Entzündungen an verschiedenen Organen auftreten können. Vor allem die Lunge, aber auch die Lymphknoten, Leber, Milz, Augen, Herz, Haut, Knochen und Nervensystem können betroffen sein. Frauen erkranken etwas häufiger als Männer. Die Krankheit kann akut oder (weitaus häufiger) chronisch verlaufen.

Auf der Haut zeigt sich die Sarkoidose mit blau-roten Knötchen oder Knoten. Etwa ein Drittel der Betroffenen erkrankt außerdem an einem sogenannten Erythema nodosum, das sind druckschmerzhafte, flach-erhabene, hellrote Knoten an den Unterschenkelstreckseiten.

Da die Sarkoidose häufig von selbst heilt, kann eventuell mit einer Behandlung abgewartet werden. Wenn es nötig ist, können einzelne Hautherde operativ entfernt oder durch Einspritzung von Kortison behandelt werden. Bei schweren Verlaufsformen kann die Einnahme von Kortison erforderlich sein. Beim Erythema nodosum lindern Bettruhe und feuchte Umschläge die Beschwerden.

## Die richtige Fußpflege

Ihr Körpergewicht lastet Tag um Tag viele Stunden auf den Füßen. Sie sollten sie deshalb besonders aufmerksam – und regelmäßig – pflegen. Leiden Sie unter Durchblutungsstörungen der Beine und Füße, zum Beispiel weil Sie Diabetiker sind, so ist sorgfältige Fuß- und Nagelpflege ganz besonders wichtig (→ Diabetischer Fuß, Seite 480; → Die richtige Nagelpflege, Seite 482).

- Beginnen Sie mit einem Fußbad in lauwarmem Wasser. Zusätze sind nicht erforderlich, eine Handvoll Kochsalz reicht völlig aus.
- Trocknen Sie die Zwischenräume der Zehen besonders sorgfältig ab (→ Fußpilz, Seite 458).
- Beseitigen Sie Hornhaut mit einem speziellen Hobel oder besser mit einem Bimsstein. Dornwarzen (→ Gemeine Warzen, Seite 456) oder ähnliche Hautveränderungen sollten Sie auf keinen Fall selbst entfernen.
- Leiden Sie unter Durchblutungsstörungen, so lösen Sie Hornhaut besser mit Salizylvaseline. Außerdem sollten Sie Ihre Füße genauestens auf Verletzungen, Entzündungen, rissige Haut und andere Auffälligkeiten kontrollieren.
- Cremen Sie Ihre Füße abschließend gut ein. Bei dieser Gelegenheit können Sie die Fußreflexzonen leicht massieren (→ Seite 644).

**Bürste, Schere, Bimsstein: Wer seine Füße pflegen will, braucht auch das richtige Werkzeug.**

## Die richtige Nagelpflege

Das Mittelmaß ist wie so oft auch hier der richtige Weg: Die Nägel sollten nicht zu kurz sein, denn dann liegt die empfindliche Haut am Nagelende frei, aber auch nicht zu lang, denn dann reißen Fingernägel leicht ein, und Zehennägel reiben an den Schuhen.
Ganz besonders wichtig ist, daß die Ecken der Finger- und Zehennägel nicht zu stark ausgeschnitten werden, weil es dadurch zum einen zu Hautverletzungen, zum anderen, vor allem am großen Zeh, zu einem → eingewachsenen Nagel kommen kann. Beides kann zu Entzündungen führen.

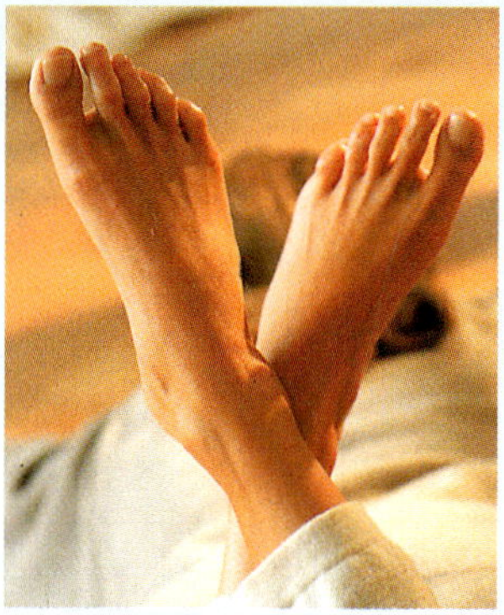

**Nagelpflege – nicht nur um der Schönheit willen.**

Wer durch Diabetes mellitus oder aus anderen Gründen an Durchblutungsstörungen der Beine und Füße leidet, sollte, wenn es ihm möglich ist, eine medizinische Fußpflege in Anspruch nehmen, da bei ihm auch kleinste Verletzungen nur schwer heilen und schlimmstenfalls zu einem Geschwür oder einer Gangrän führen können (→ Diabetischer Fuß, Seite 480).

## Nagelbett- und Nagelwallentzündung

► Symptome

- → Rötung und Schwellung in der Umgebung des Nagels, Ausbildung einer Blase möglich
- → klopfende Schmerzen möglich

Durch kleine Verletzungen im Bereich des Nagelwalls können Eiterbakterien in die Haut eindringen. Bei der akuten eitrigen Form kommt es zur Ausbildung einer festen Blase, die den ganzen Nagel umgreifen kann. Ist das Nagelbett mit betroffen, so kann sich der Nagel abheben.
Häufig verläuft die Erkrankung jedoch von Anfang an chronisch; eine nur wenig schmerzhafte Rötung und eine Schwellung im Bereich des Nagelfalzes sind dann typische Zeichen. Starke, klopfende Schmerzen dagegen weisen auf eine Ausdehnung der Entzündung in die Tiefe hin.

### Ärztliche Behandlung

Bei starken, klopfenden Schmerzen sollten Sie sofort einen Arzt aufsuchen. Meist ist die Einnahme eines Antibiotikums, unter Umständen auch ein chirurgischer Eingriff erforderlich. Leichtere Fälle können durch Bäder mit entzündungshemmenden Zusätzen (Zinnkraut, Kamille, Fertigpräparate) sowie mit Umschlägen oder Salben behandelt werden.

### Selbsthilfe

Vermeiden Sie Verletzungen an Finger- oder Zehennägeln durch → die richtige Nagelpflege.

## Nagelpilz

► Symptome

- → die Nägel verfärben sich gelb, braun oder grün und werden brüchig

Der Nagelpilz kommt häufiger an den Füßen als an den Händen vor. Er wird ganz überwiegend durch Hautpilze hervorgerufen; Infektionen durch Hefe- und Schimmelpilze finden sich dagegen nur selten. Begünstigende Faktoren sind Durchblutungsstörungen, Immunschwäche und Diabetes mellitus.

### Ärztliche Behandlung

Antimykotika (Pilzmittel) können als Lösung, als Nagellack oder Tabletten angewendet werden. Zum Ablösen befallener Nagelteile haben sich Harnstoff-Antimykotika-Pasten bewährt. Unbehandelt führt die Pilzinfektion zur Zerstörung des Nagels!

### Selbsthilfe

Nagelpilz ist oft sehr hartnäckig; deshalb sind Geduld und genaue Durchführung der verordneten Behandlung nötig. Informationen zur Vorbeugung finden Sie unter Selbsthilfe bei Fußpilz, Seite 458.

## Nagelverletzungen

▶ Symptome

➔ Bluterguß: bläulich-schwärzliche Blutansammlung unter dem Nagel, Schmerzen

➔ Fremdkörper: Rötung und Schwellung der Finger- oder Zehenspitze, Schmerzen

Ein Bluterguß unter einem Nagel ist Folge einer Quetschung der Finger- oder Zehenspitze (Hammerschlag, Autotür). Er ist meist überaus schmerzhaft, da sich die Blutung nicht ausdehnen kann und es dadurch zu einem Druckanstieg kommt. Auch ein Fremdkörper unter einem Nagel (zum Beispiel Holzsplitter) verursacht meist starke Schmerzen, denn es kommt rasch zu einer entzündlichen Rötung und Schwellung der Finger- oder Zehenspitze.

### Ärztliche Behandlung

Suchen Sie sofort einen Hautarzt auf. Beim Bluterguß wird zur Druckentlastung ein kleines Loch in den Nagel gebohrt. Eingespießte Fremdkörper werden zumeist in örtlicher Betäubung entfernt. Bei einer starken Entzündung ist eventuell die Entfernung des Nagels erforderlich. Anschließend müssen Hand oder Fuß ruhiggestellt und mit desinfizierenden Zubereitungen behandelt werden.

### Selbsthilfe

Ist die bläulich-schwarze Verfärbung eines Nagels nicht sicher auf eine Quetschung zurückzuführen, so könnte es sich um einen schwarzen Hautkrebs (→ Seite 477) handeln. Sie sollten daher rasch einen Hautarzt aufsuchen.

## Eingewachsener Nagel

▶ Symptome

➔ Rötung, Schwellung, Schmerzen, nässende Stelle im Bereich des Nagelrandes (Nagelfalz)

Zu einem eingewachsenen Nagel kommt es meist am großen Zeh. Ursache kann sein, daß man den Nagel an den Ecken zu stark ausgeschnitten hat oder zu enge Schuhe trägt. Im letzteren Fall kommt es durch beständigen seitlichen Druck zu einer zunehmenden Krümmung der Nagelplatte, durch die die seitlichen Nagelkanten in den Nagelfalz einschneiden. Die Folge ist eine chronische Entzündung am Nagelfalz mit zum Teil überschießender Gewebebildung.

### Ärztliche Behandlung

Vor allem, wer infolge von Diabetes mellitus (→ Seite 501) oder anderen Erkrankungen an Durchblutungsstörungen der Beine und Füße leidet, sollte umgehend einen Arzt aufsuchen (→ Diabetischer Fuß, Seite 480). Die akute Entzündung am Nagel kann durch desinfizierende Fußbäder und Salben erst einmal gemildert werden. Auf lange Sicht ist aber nur eine sogenannte Nagelteilexzision erfolgversprechend. Das ist ein kleiner Eingriff, bei dem ein Viertel bis ein Drittel des Nagels und des Nagelbettes zusammen mit dem Nagelfalz entfernt wird.

### Selbsthilfe

→ Die richtige Nagelpflege und »geräumige« Schuhe sind die einzig mögliche Vorbeugung.

## Veränderungen der Nägel

- Stecknadelkopfgroße Einsenkungen der Nagelplatte (sogenannte Tüpfelnägel oder Grübchen) treten besonders häufig bei Schuppenflechte (→ Seite 470), aber auch bei Ekzemen (→ Seite 462) und kreisrundem Haarausfall (→ Seite 484) auf. Vereinzelte Nageleinsenkungen sind kein Krankheitszeichen.
- Parallel laufende Längsrillen bzw. perlschnurartige Streifen sind typische Veränderungen der Nägel von alten Menschen. Eine Behandlung ist nicht nötig.
- Quer laufende helle Streifen (sogenannte Mees-Streifen) und quer laufende Rillen (Beau-Reil-Furchen): Durch Infektionen, Vergiftungen (Antimon, Arsen, Quecksilber, Thallium) oder akute Schübe von Hautkrankheiten kommt es zu vorübergehenden Wachstumsstörungen der Nägel, die Streifen bzw. Rillen hervorrufen. Mit der Zeit wachsen die Nagelveränderungen nach vorn und schließlich am freien Rand heraus.
- Weiße Flecken oder Streifen (Leukonychie) sind häufige Nagelveränderungen, die in der Regel kein Zeichen einer Krankheit sind. Kleinste Verletzungen (beispielsweise bei der Maniküre) werden als Ursache angesehen.

## Haarausfall hat viele Gründe

Etwa 70 bis 100 Haare pro Tag zu verlieren ist völlig normal. Erst wenn mehr Haare ausgehen, spricht man von Haarausfall. Es gibt viele Ursachen für den überdurchschnittlichen Verlust von Haaren: chronische Krankheiten, Entzündungen, Infektionen, hormonelle Umstellungsphasen, Mittel zur Krebsbekämpfung, Streß, Eisenmangel, Beanspruchung durch Färben oder Dauerwelle, Veranlagung.

## Kreisrunder Haarausfall

▶ Symptome

- ein oder mehrere runde Gebiete, meist der Kopfhaut, mit vollständigem Haarausfall
- in seltenen Fällen vollständiger Verlust der Kopf- oder der gesamten Körperhaare

Diese relativ häufige Form des Haarverlusts betrifft überwiegend Kinder und junge Erwachsene. Die Ursache ist letztlich unbekannt; möglicherweise handelt es sich um ein Autoimmungeschehen. Tritt die Krankheit nach der Pubertät auf, wachsen die Haare in etwa 80 Prozent der Fälle wieder nach, tritt sie vor der Pubertät auf, ist die Prognose deutlich schlechter.

### Ärztliche Behandlung

Zum Ausschluß anderer Erkrankungen sollten Sie immer einen Arzt aufsuchen. Eine ursächliche Behandlung gibt es nicht. Versucht werden kann eine Kortisonbehandlung, die PUVA-Therapie (→ Schuppenflechte, Seite 470) oder die Auslösung eines Kontaktekzems (→ Seite 462).

### Selbsthilfe

Ob ihm das Tragen einer Perücke hilft, muß jeder Betroffene selbst entscheiden.

## Haarausfall bei Männern

▶ Symptome

- Geheimratsecken, zunehmende Haarlichtung mit Betonung der Scheitelregion

Der erblich bedingte Haarausfall bei Männern ist keine Krankheit im eigentlichen Sinn, stellt aber in vielen Fällen eine psychische Belastung dar. Neben der ererbten Anlage spielen vor allen Dingen das Lebensalter, aber auch die erhöhte Empfindlichkeit der Haarbälge gegenüber männlichen Geschlechtshormonen eine wichtige Rolle. In manchen Familien tritt der Haarausfall bei Männern schon um das 20. Lebensjahr auf und führt oft rasch zur mehr oder minder vollständigen Glatze.

### Ärztliche Behandlung

Eine sinnvolle medikamentöse Behandlung des Haarausfalls gibt es leider nicht. Die Wirksamkeit der zahlreichen Haarwässer und -tinkturen auf das Haarwachstum ist nicht erwiesen. Sichtbare und in der Hand des Geübten auch kosmetisch gute Ergebnisse lassen sich mit der operativen Verpflanzung von Einzelhaaren erzielen. Der finanzielle Aufwand ist jedoch erheblich.

### Selbsthilfe

Wie unter → Kreisrunder Haarausfall

## Haarausfall bei Frauen

▶ Symptome

- Haarlichtung im Scheitelbereich mit Aussparung eines Streifens an der Stirn, selten Glatzenbildung

Wie beim Mann spielen ererbte Anlage, Lebensalter und männliche Geschlechtshormone auch bei den meisten Frauen, die unter Haarausfall leiden, eine ursächliche Rolle. Vorübergehend verstärkter Haarverlust ist nach einer Entbindung oder während der Wechseljahre möglich.

### Ärztliche Behandlung

Sie sollten immer einen Arzt aufsuchen, damit andere Ursachen ausgeschlossen werden können. In Zusammenarbeit von Haut- und Frauenarzt kann ein spezielles Medikament, das die Wirkung der männlichen Geschlechtshormone hemmt, eingesetzt werden. In über der Hälfte der Fälle zeigt sich daraufhin eine Besserung. Außerdem kann auch versucht werden, mit östrogen- und kortisonhaltigen Haarwässern zu behandeln.

### Selbsthilfe

Wie unter → Kreisrunder Haarausfall

## Vermehrte Körperbehaarung

▶ Symptome

➜ vermehrter Haarwuchs, örtlich begrenzt oder am ganzen Körper

Die Körperbehaarung jedes Menschen hängt ab von familiärer Anlage, Geschlecht, Alter und Rasse. Es gibt deshalb keine allgemeingültige Grenze zwischen normaler und vermehrter Behaarung. Nicht selten sind Medikamente Ursache für verstärkten Haarwuchs. Auch durch Krankheiten, nach langdauerndem Zug oder Druck sowie nach Hitzebelastung kann es zu verstärktem Wachstum kommen.

### Ärztliche Behandlung

Suchen Sie, um auszuschließen, daß es sich um eine Form von → Hirsutismus handelt, einen Arzt auf. Erworbene Formen des vermehrten Haarwachstums bilden sich oft nach Beseitigung der Ursache zurück. Vermehrte Körperbehaarung aus familiären oder rassischen Gründen läßt sich nicht beeinflussen.

### Selbsthilfe

Ist nicht möglich.

## Männlicher Behaarungstyp bei Frauen (Hirsutismus)

▶ Symptome

➜ verstärkte Behaarung an Oberlippe, Kinn, Wangen, Rumpf, Oberschenkeln

Unterschieden werden hormonell und nichthormonell bedingte Formen. Zu letzteren zählen der medikamentöse und der idiopathische Hirsutismus.
Zum hormonell bedingten Hirsutismus kommt es durch vermehrte Bildung von männlichen Geschlechtshormonen infolge von Erkrankungen der Nebennieren (→ Seite 497), der Eierstöcke oder der Hirnanhangsdrüse.

### Ärztliche Behandlung

Sie sollten immer einen Arzt aufsuchen, um die Ursachen abzuklären. Die Behandlung erfordert oft die Zusammenarbeit eines Hautarztes, eines Facharztes für innere Krankheiten und eines Frauenarztes.

### Selbsthilfe

Haare können entfernt werden durch Rasur, mit Pinzette oder mit Enthaarungscremes.

## Die richtige Haarpflege

- Achten Sie darauf, daß Ihre Kämme und Bürsten keine scharfen Ecken und Kanten haben, die Haar und Kopfhaut schädigen könnten.
- Kämmen Sie Ihr Haar nicht zu häufig und heftig, sonst kann es zu gespaltenen Spitzen (Spliß) kommen.
- Benutzen Sie keine scharfkantigen Lockenwickler aus Metall, da sie die Schuppenschicht (die äußere Ummantelung der Haarschäfte) angreifen. Die normalerweise dachziegelartig liegenden Schuppen spreizen sich dann ab, und das Haar wirkt stumpf.
- Am stärksten geschädigt wird das Haar durch chemische Behandlungen wie Färben oder Dauerwelle. Auch intensive Sonnenbestrahlung hinterläßt Spuren: Das Haar trocknet aus und wird brüchig.
- Wenn Sie milde Shampoos benutzen, können Sie sich täglich die Haare waschen. Auf zwei- bis dreimaliges Waschen pro Woche beschränken sollten Sie sich, wenn Sie trockenes Haar haben.
- Haarkuren können einmal entstandene Schäden leider nur zum Teil wiedergutmachen. Es gilt jedoch: Solange die Kopfhaut nicht entzündet ist, sind die Haarwurzeln nicht geschädigt, und es können gesunde Haare nachwachsen.

**Schützen Sie auch Ihr Haar vor zu viel Sonne, es trocknet sonst aus.**

# Hormone und Stoffwechsel

Hormone sind, neben den Signalen der Nerven, die »Boten« in unserem Körper. Sie sind dafür zuständig, daß das Zusammenspiel der Organe reibungslos funktioniert. Sie sorgen auch dafür, daß unser Körper alle Nährstoffe richtig verarbeitet. Gebildet werden sie meist in eigenen Hormondrüsen und über die Blutbahn werden sie zu ihren Bestimmungsorten transportiert. Wird von einem Hormon zuviel oder zu wenig ausgeschüttet, so gerät das genau abgestimmte Informationssystem des Körpers aus dem Gleichgewicht.

## Inhalt

Hormon Adrenalin

# Wissenswertes über Hormone

Wie in jedem System, das aus vielen verschiedenen Elementen besteht, muß auch im menschlichen Körper die Weitergabe von »Nachrichten« reibungslos funktionieren. Dazu hat die Natur drei Möglichkeiten geschaffen: die Übertragung von Informationen durch Hormone, durch Nervensignale oder durch das Immunsystem.

In allen Fällen wird von einem Ort eine »Botschaft« ausgesandt, an einem anderen empfangen und mit einer Reaktion beantwortet. Im Nervensystem werden Informationen als elektrische Impulse in Millisekunden an ausgewählte Zellen gegeben; Hormone hingegen gelangen über die Blutbahn in alle Teile des Körpers, werden aber nur von bestimmten Zellen »verstanden«. Diese Art der Signalübermittlung kann Sekunden, aber auch Stunden dauern.

Die Information, die ein Hormon übermittelt, kann nur von den Zellen »gelesen« werden, die eine besondere Bindungsstelle, einen Rezeptor, haben: In diese paßt das Hormon wie der Schlüssel ins Schloß. Verschiedene Zellarten haben Rezeptoren für ein und dasselbe Hormon; so erklärt sich, daß ein Hormon verschiedene Wirkungen gleichzeitig hat. Andererseits besitzt jede Zelle Rezeptoren für unterschiedliche Hormone; sie kann also zu verschiedenen, sogar gegensätzlichen Reaktionen gebracht werden.

## Die Bildung von Hormonen

Der menschliche Körper produziert etwa 200 Hormone. Diese chemischen Botenstoffe regeln unter anderem den Stoffwechsel (→ Seite 508), fördern Wachstum und Entwicklung, steuern die Keimdrüsen bei Frau und Mann (→ Seite 506), helfen dem Körper, Belastungssituationen auszuhalten (→ Seite 497), beeinflussen Verhalten und seelisches Befinden. Sie werden einesteils in speziellen Hormondrüsen gebildet, die mit dem Blut- und dem Lymphstrom verbunden sind und ihre Hormone durch den ganzen Körper »schicken«. Diese Hormondrüsen können gut abgrenzbare Organe sein wie die Schilddrüse (→ Seite 490), sie können aber auch als Zellverbände in andere Organe eingebettet sein wie die Inselzellen in der

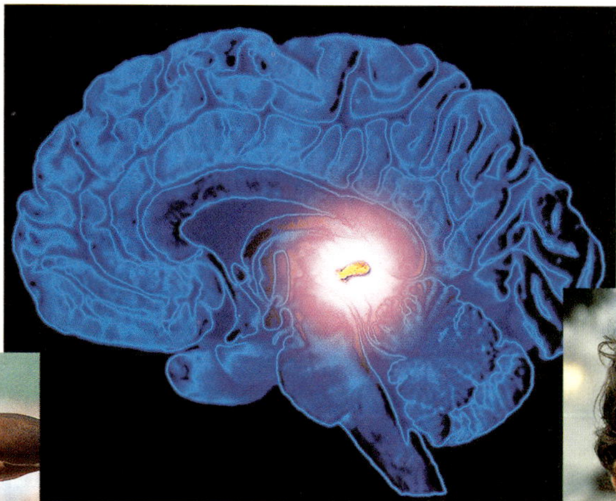

Wichtige Hormondrüsen sitzen im Gehirn: außer Hypothalamus und Hirnanhangsdrüse auch die Zirbeldrüse.

Wenn Leistung gefordert ist, werden alle Kräfte durch das Hormon Adrenalin mobilisiert.

In der Pubertät sorgt die Hormonumstellung für Stimmbruch, Pickel im Gesicht und ganz neue Gefühle.

Bauchspeicheldrüse (→ Seite 500), die Insulin und Glukagon bilden. Anderenteils werden Hormone in Körpergeweben gebildet, in denen sie gleichzeitig auch ihre Wirkung entfalten; man spricht dann von Gewebshormonen. So wird die Verdauung zum Beispiel durch eine Vielzahl von Gewebshormonen beeinflußt, die im Magen-Darm-Trakt gebildet werden.

## Ein System mit strenger Ordnung

Das »Steuerungszentrum« der meisten Hormondrüsen ist der Hypothalamus im Zwischenhirn (→ Seite 189), der seinerseits vom Zentralnervensystem beeinflußt wird. Er bildet eine Reihe sogenannter Freisetzungshormone (Releasinghormone), die er zur nächst untergeordneten Hormondrüse, der Hirnanhangsdrüse (Hypophyse), schickt. Die Hirnanhangsdrüse (→ Seite 504) schüttet »auf Befehl« der Freisetzungshormone sogenannte Steuerungshormone aus. Diese wiederum gelangen zu den peripheren, das heißt im Körper verteilten Hormondrüsen wie Schilddrüse (→ Seite 490), Nebennieren (→ Seite 497) oder Keimdrüsen (→ Seite 506). Diese setzen ihrerseits Hormone frei, die nun über die Blutbahn zu den Zielzellen getragen werden.

## Wer steuert wen?

Die Ausschüttung jedes Hormons muß genauestens reguliert werden, denn schon kleinste Veränderungen der Konzentration im Blut können tiefgreifende Folgen haben. »Steuerinstrumente« des Körpers sind die sogenannten Regelkreise: Der Hormonspiegel wird von Rezeptoren wahrgenommen, der Ist-Wert mit dem Soll-Wert verglichen und dann bestimmt, ob das Hormon freigesetzt werden soll oder nicht.
Die meisten Hormondrüsen werden über den Hypothalamus und die Hirnanhangsdrüse gesteuert; deshalb sind sie gemeinsam in einen Regelkreis integriert: Der Hypothalamus schüttet ein Freisetzungshormon aus, dadurch setzt die Hirnanhangsdrüse ein Steuerungshormon frei, welches eine periphere Hormondrüse aktiviert. Das von ihr ausgeschüttete Hormon erreicht auf dem Blutweg wiederum den Hypothalamus. Dort nehmen Rezeptoren wahr, daß sich der Hormonspiegel erhöht hat. Der Hypothalamus schüttet daher kein Freisetzungshormon mehr aus, also setzt die Hirnanhangsdrüse auch kein Steuerungshormon mehr frei, die Hormondrüse wird nicht mehr aktiviert, der Hormonspiegel im Blut sinkt wieder, was wiederum Rezeptoren des Hypothalamus messen – und so beginnt der ganze Prozeß von vorn.

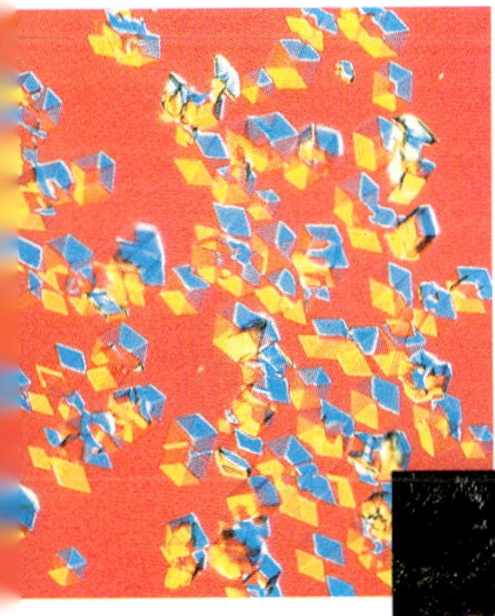

**Das Hormon Insulin senkt den Blutzuckerspiegel; den Diabetikern fehlt es.**

**Testosteron ist das wichtigste männliche Hormon; auch Frauen haben etwas davon.**

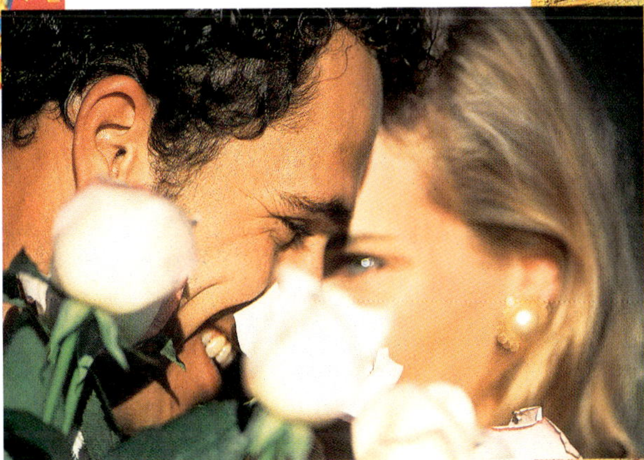

**Daß Verliebtheit durch Hormonausschüttung zustande kommt, tut der Romantik keinen Abbruch.**

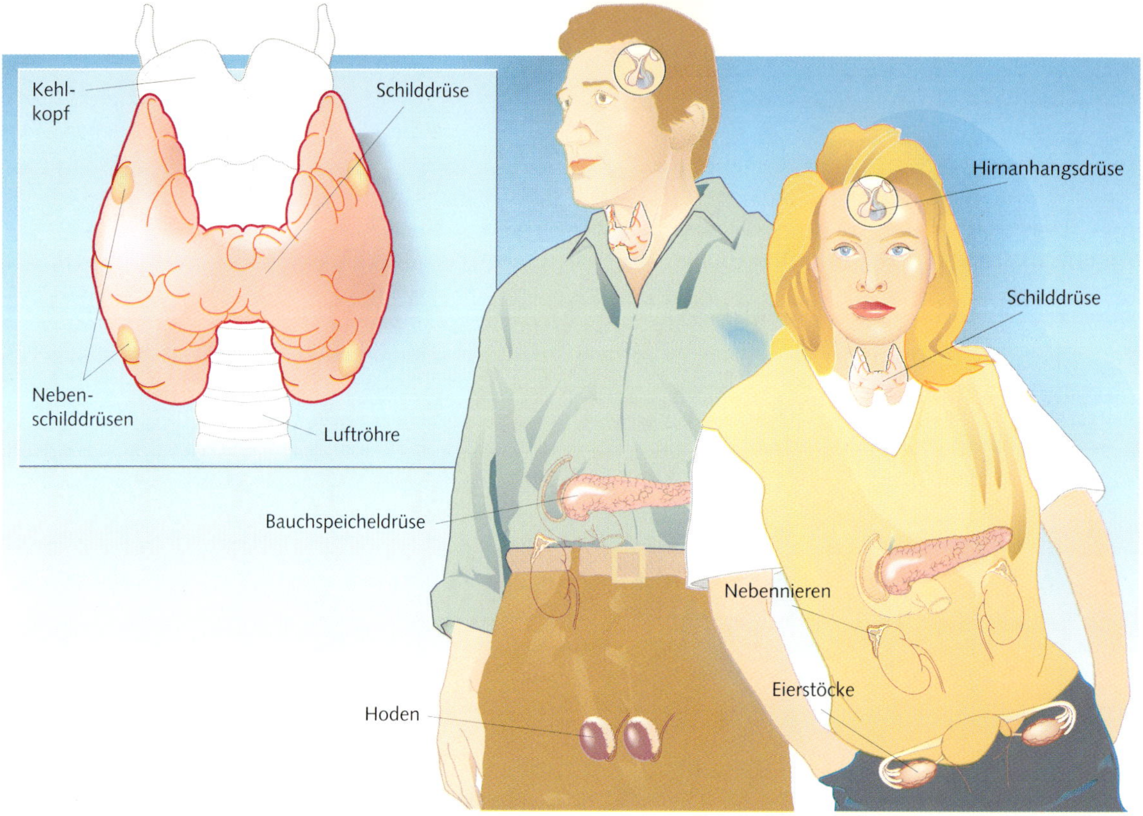


# Die Schilddrüse

- **Aufbau und Funktion**
- **Bildung der Schilddrüsenhormone**
- **Hormonausschüttung**

Die Schilddrüse (Glandula thyreoidea) hat ungefähr die Form eines Schmetterlings. Sie liegt direkt unterhalb des Kehlkopfs, die Luftröhre halbkreisförmig umfassend, ist von schwammartiger Beschaffenheit und im gesunden Zustand kaum zu tasten. Sie wird stark durchblutet, und nach jeweils eineinhalb Stunden hat die gesamte Blutmenge des Körpers die Schilddrüse durchströmt. Bei der Geburt wiegt die normale Schilddrüse etwa 2 Gramm, bei erwachsenen Frauen etwa 18 Gramm und bei erwachsenen Männern etwa 25 Gramm.

Die vier etwa linsengroßen → Nebenschilddrüsen liegen rückwärts an der Schilddrüse, auf der linken und auf der rechten Seite je eine oben und eine unten.

## Die Hormone der Schilddrüse

Das Gewebe der Schilddrüse besteht überwiegend aus kleinen Bläschen, den Follikeln. Zellen in den Wänden der Follikel bilden die Schilddrüsenhormone. Zwischen den Follikeln liegen die sogenannten C-Zellen, die das Hormon Kalzitonin bilden, das neben Parathormon und Vitamin D (→ Die Nebenschilddrüsen) auf den Kalziumstoffwechsel einwirkt.

In den Wandzellen der Follikel entstehen zwei Hormone: Thyroxin ($T_4$) und Trijodthyronin ($T_3$). Thyroxin enthält vier, Trijodthyronin drei Jodatome; ohne Jod können die beiden Hormone also nicht gebildet werden. Da dieses chemische Element vom Körper nicht produziert oder gespeichert werden kann, muß es mit der Nahrung aufgenommen werden. Auf Jodmangel reagiert die Schilddrüse mit Vergrößerung (→ Kropf, Seite 494). Die beiden Schilddrüsenhormone $T_3$ und $T_4$ steigern den Energieumsatz des Körpers, indem sie Herztätigkeit, Körpertemperatur sowie den Abbau von Glykogen (→ Volle Speicher für magere Zeiten, Seite 351) und Fetten erhöhen. Außerdem wirken sie aktivierend auf das Nervensystem.

In Kindheit und Jugend fördern die beiden Hormone Körperwachstum und Gehirnreifung. Eine angeborene Unterfunktion der Schilddrüse (→ Seite 512) hat daher schwerwiegende Folgen für die körperliche und geistige Entwicklung.

## Auf die richtige Menge kommt es an

Schilddrüse, Hirnanhangsdrüse (→ Seite 504) und Hypothalamus (→ Das Zwischenhirn, Seite 189) arbeiten in einem Regulationssystem zusammen: Die Schilddrüse bildet die Hormone $T_3$ und $T_4$ nicht »von selbst«, sondern nur unter der anregenden Wirkung eines Steuerungshormons der Hirnanhangsdrüse (Thyreoidea-stimulierendes Hormon, abgekürzt TSH). Dieses wird von der Hirnanhangsdrüse wiederum dann gebildet, wenn vom Hypothalamus ein Freisetzungshormon (Thyreotropin-Releasing-Hormon, abgekürzt TRH) ausgeschüttet wird.

Produziert die Schilddrüse zu wenig Hormone, so wird dies von Rezeptoren des Hypothalamus wahrgenommen (→ Wer steuert wen?, Seite 489). Daraufhin wird das Freisetzungshormon, dann das Steuerungshormon ausgeschüttet und die Schilddrüse aktiviert. Dadurch erhöht sich die Konzentration der Schilddrüsenhormone im Blut, was wiederum dem Hypothalamus »gemeldet« wird. Folge: Freisetzungs- und Steuerungshormon werden nicht mehr ausgeschüttet, die Schilddrüse nicht mehr aktiviert, der Blutspiegel der Hormone sinkt.

Daß die Schilddrüse die richtige Menge an Hormonen freisetzt, ist entscheidend für die Gesundheit. Sowohl eine Überfunktion (→ Seite 492 und 495) als auch eine Unterfunktion (→ Seite 495) stören das Gleichgewicht vieler Körpervorgänge erheblich.

## Die Nebenschilddrüsen

Die vier Nebenschilddrüsen haben mit der Schilddrüse außer der Nachbarschaft und der Funktion als Hormondrüse nichts gemein. Sie wurden erst vor etwa hundert Jahren entdeckt, als man begann, zur Kropfbehandlung die Schilddrüse zu entfernen. Entnahm man deren vorderen und hinteren Teil, so traten Muskelkrämpfe auf, die durch das Absinken des Kalziumspiegels im Blut verursacht wurden: Man hatte, ohne es zu merken, auch die Nebenschilddrüsen entfernt, deren Hormon eine wichtige Funktion in der Steuerung des Kalziumstoffwechsels hat. Heute weiß man, daß von den Nebenschilddrüsen das Parathormon gebildet wird, das den Kalziumgehalt des Blutes hebt, indem es den Kalziumabbau aus den Knochen fördert und die Ausscheidung von Kalzium über die Nieren hemmt.

### Einfluß von Vitamin D und Kalzitonin auf den Kalziumstoffwechsel

Der Kalziumstoffwechsel wird außer vom Parathormon auch von Vitamin D sowie vom Hormon Kalzitonin aus der Schilddrüse gesteuert.

**Vitamin D steuert zusammen mit Hormonen aus der Schilddrüse den Gehalt an Kalzium im Körper.**

Kalzium spielt an vielen Stellen des Körpers eine Schlüsselrolle, so zum Beispiel bei der Erregungsübertragung im Nervensystem oder beim Knochen- und Zahnaufbau. Ist zu wenig freies Kalzium im Blut vorhanden, so sind unter anderem schwere Krampfzustände die Folge; zuviel freies Kalzium führt hingegen zur Organverkalkung.

Vorstufen von Vitamin D werden mit der Nahrung aufgenommen und im Körper zu Vitamin D umgewandelt. Vitamin D fördert die Aufnahme von Kalzium im Darm und hebt daher – wie Parathormon – den Kalziumspiegel im Blut.

Kalzitonin stammt aus der Schilddrüse und wird ausgeschüttet, wenn der Kalziumspiegel des Blutes erhöht ist. Es führt dazu, daß die Kalziumfreisetzung aus den Knochen gehemmt und dadurch der Kalziumspiegel im Blut gesenkt wird. Auch bei der Aufnahme von Nahrung wird Kalzitonin freigesetzt. Es bewirkt dann, daß das enthaltene Kalzium in die Knochen gelangt. Gleichzeitig wird die Verdauung verlangsamt, wodurch gewährleistet wird, daß die Aufnahme von Kalzium ins Blut nicht zu schnell erfolgt und dessen Kalziumspiegel konstant bleibt.

# Notfälle

## Allgemein gilt

Leiden Sie an einer Über- oder Unterfunktion der Schilddrüse (→ Seite 495) oder der Nebenschilddrüsen (→ Seite 496), so sollte diese unbedingt ausreichend behandelt werden – auch um nachfolgend aufgeführte Notfallsituationen zu vermeiden.

## Thyreotoxische Krise

**▶ Symptome**

- ➜ Beschwerden wie bei schwerer Überfunktion der Schilddrüse (→ Seite 495); zusätzlich:
- ➜ Unruhe, Störungen des Bewußtseins, von Schläfrigkeit, Verwirrtheit bis zur Bewußtlosigkeit, schneller Pulsschlag, Fieber

Eine thyreotoxische Krise kann Folge einer nicht oder nicht ausreichend behandelten Schilddrüsen-Überfunktion sein. Auslöser sind beispielsweise Streßsituationen, Infektionen, Unfälle, Operationen oder die Aufnahme großer Mengen von Jod (jodhaltige Röntgenkontrastmittel).

### Ärztliche Behandlung

Veranlassen Sie sofort den Notruf: Eine thyreotoxische Krise ist lebensbedrohlich und erfordert unverzügliche Behandlung mit Mitteln, die die Hormonausschüttung der Schilddrüse senken, sowie intensivmedizinische Betreuung.

### Selbsthilfe

Ist nicht möglich.

## Tetanie (tetanischer Anfall)

**▶ Symptome**

- ➜ Kribbeln an Händen, Füßen, um den Mund
- ➜ schmerzhafte Muskelkrämpfe, Atemnot
- ➜ »Pfötchenstellung« der Hände
- ➜ Schwindelanfälle, Reizbarkeit

Eine Tetanie (= wörtlich ein »schmerzhafter Muskelkrampf«) ist Folge einer Übererregbarkeit von Nerven und Muskeln. Ein tetanischer Anfall kann infolge von Kalziummangel oder infolge sehr raschen Atmens auftreten (Hyperventilationstetanie). Dem tetanischen Anfall durch Kalziummangel liegt eine Störung des Kalziumstoffwechsels zugrunde, die meist durch eine versehentliche Entfernung oder Verletzung der Nebenschilddrüsen bei einer Schilddrüsenoperation verursacht wird (→ Die Nebenschilddrüsen, Seite 491): Wenn die Nebenschilddrüsen in ihrer Funktion gestört oder nicht mehr vorhanden sind, wird zu wenig oder kein Parathormon mehr gebildet (→ Seite 491), als Folge sinkt der Kalziumspiegel im Blut, Muskelkrämpfe treten auf.

Eine Hyperventilationstetanie hat im Prinzip den gleichen Grund, nämlich daß das freie Kalzium im Blut vermindert ist, allerdings durch andere Faktoren: Atmet ein Mensch sehr rasch, etwa weil er sich über etwas aufregt, wird aus dem Blut vermehrt Kohlendioxid entfernt. Unmittelbare Folge ist, daß der Gehalt an freiem Kalzium im Blut absinkt und die Bereitschaft für einen tetanischen Anfall steigt. Eine Hyperventilationstetanie kommt häufig bei sehr nervösen Menschen vor. Aufregung beschleunigt bei ihnen die Atmung, ein tetanischer Krampf entsteht, der sich durch die Nervosität noch verstärkt.

### Ärztliche Behandlung

Bei einem akuten Anfall ersterer Art spritzt der Arzt Kalzium in die Blutbahn. Daraufhin bessern sich die Beschwerden schnell. Im Anschluß müssen der Kalziumstoffwechsel überprüft und die Nebenschilddrüsen auf eine Unterfunktion untersucht werden, damit eine dauerhafte Behandlung begonnen werden kann (→ Seite 496).

### Selbsthilfe

Beim tetanischen Anfall durch Kalziummangel ist keine Selbsthilfe möglich.

Ein akuter Anfall von Hyperventilationstetanie klingt in der Regel rasch ab, wenn sich die Atmung wieder beruhigt. Kurzes Zuhalten des Mundes hilft oder Ein- und Ausatmen mit einer vor den Mund gehaltenen Plastiktüte – das vermindert den Kohlendioxidverlust. Setzt die Atmung kurzzeitig ganz aus, so hilft nur Ruhe bewahren.

# Spezielle Untersuchungen

## Das Gespräch

Neben den zahlreichen technischen Verfahren, die dem Arzt heutzutage zur Verfügung stehen, ist das Gespräch immer noch die wichtigste Untersuchungsmöglichkeit. Gerade Erkrankungen der Schilddrüse und der Nebenschilddrüsen machen sich nur in seltenen Fällen mit Schmerzen oder anderen Symptomen direkt am Organ bemerkbar, häufig jedoch mit allgemeinen, für den Laien schwer zu deutenden Krankheitszeichen wie Appetitverlust, Müdigkeit, Durst oder Verdauungsstörungen. Deshalb sollten alle Beschwerden ausführlich mit dem Arzt besprochen werden. Welche Untersuchungen folgen, hängt immer von den individuellen Umständen ab. Auf jeden Fall sollte sich an das Gespräch eine gründliche körperliche Untersuchung anschließen.

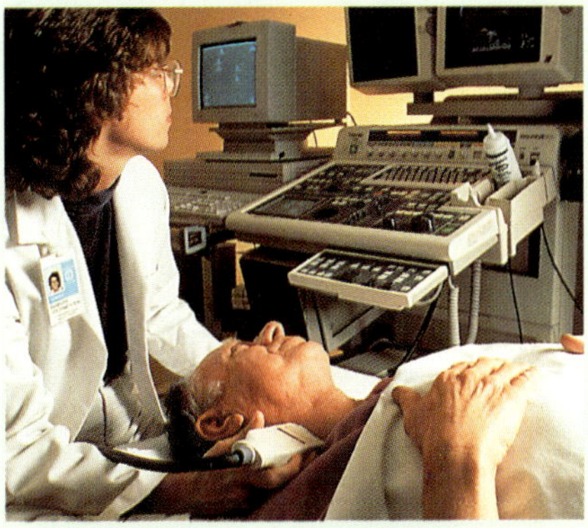

**Beim Ultraschall sind Form und Größe der Schilddrüse zu sehen.**

## Blut- und Urinuntersuchungen

Blut- und Urinuntersuchungen spielen heutzutage in der Diagnostik eine sehr wichtige Rolle. Mit ihrer Hilfe kann der Arzt feststellen, ob die Hormonausschüttung der Schilddrüse und der Nebenschilddrüsen normal ist oder ob eine Unter- bzw. Überfunktion vorliegt. Auch die Tätigkeit des Hypothalamus und der Hirnanhangsdrüse, die die Hormonausschüttung der Schilddrüse steuern, kann mit speziellen Tests untersucht werden.

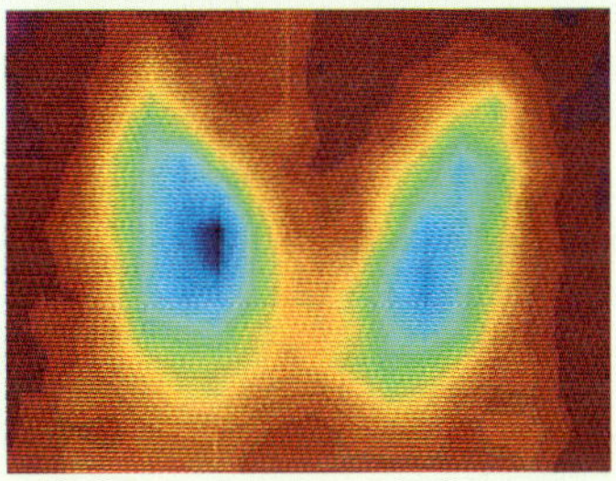

**Die gesunde Schilddrüse sieht im Szintigramm wie ein Schmetterling aus.**

## Bildgebende Untersuchungen

Größe, Lage und Struktur der Schilddrüse werden mit Hilfe des Ultraschalls (→ Seite 620) und/oder der Szintigraphie untersucht. Röntgenaufnahmen können diese Verfahren ergänzen.

Bei der Szintigraphie (→ Seite 623) wird eine kleine Menge radioaktiver Substanz (Jod oder jodähnlich) mit einer Halbwertzeit von nur wenigen Stunden in eine Vene gespritzt. Die Strahlenbelastung ist sehr gering; lediglich bei Schwangeren sollte diese Untersuchung möglichst nicht durchgeführt werden.

Die Substanz wird innerhalb kurzer Zeit von der Schilddrüse aufgenommen. Die nun von ihr ausgehende radioaktive Strahlung kann gemessen und bildlich dargestellt werden. Der Arzt kann so feststellen, ob der verabreichte Stoff gleichmäßig oder in bestimmten Bereichen verstärkt bzw. vermindert aufgenommen wurde.

Sogenannte heiße Knoten im Bild weisen auf Bereiche mit gesteigertem Jodstoffwechsel hin, sogenannte kalte Knoten auf Bereiche mit vermindertem Jodstoffwechsel. »Heiße« Knoten sind selbständig (autonom) arbeitende Schilddrüsenbereiche. Das bedeutet, daß das dortige Gewebe der Kontrolle der übergeordneten Regelzentren Hypothalamus und Hirnanhangsdrüse entzogen ist. Ein »kalter« Knoten bedeutet zunächst ebenfalls nur, daß ein nicht normal arbeitender Bereich von Schilddrüsengewebe vorliegt. In seltenen Fällen besteht auch der Verdacht auf eine bösartige Veränderung (→ Schilddrüsenkrebs, Seite 496). Eine weitere Klärung kann dann durch eine Untersuchung von Schilddrüsengewebe erfolgen, das mit einer dünnen Nadel entnommen, gefärbt und mikroskopisch untersucht wird. Den Einstich in den Hals empfinden die meisten nicht unbedingt als angenehm, er ist aber nicht schmerzhaft.

## Jodmangel – Ursache für den Kropf

»Überflüssig wie ein Kropf«, heißt es im Volksmund – aber mindestens jeder fünfte in Deutschland hat einen. Die Ursache dafür ist in den meisten Fällen Jodmangel.

Um die beiden Hormone, die den Energieumsatz des Körpers steuern (→ Seite 490), bilden zu können, braucht die Schilddrüse auf jeden Fall das chemische Element Jod. Da es nahezu keine Jodreserven im Körper gibt, muß es regelmäßig mit der Nahrung aufgenommen werden. Erhält die Schilddrüse Jod nicht in ausreichendem Maß, so vergrößert sie sich, um noch geringste Mengen aufnehmen zu können – das Ergebnis ist ein Kropf. Deutschland zählt zu den jodärmsten Ländern Europas. Ein Großteil der Bundesbürger hat daher eine vergrößerte Schilddrüse; Frauen sind öfter betroffen als Männer (→ Jodmangel in Schwangerschaft und Stillzeit, Seite 512). Die Häufigkeit des Kropfs nimmt von Norden nach Süden zu, weil der Jodmangel im Süden ausgeprägter ist.

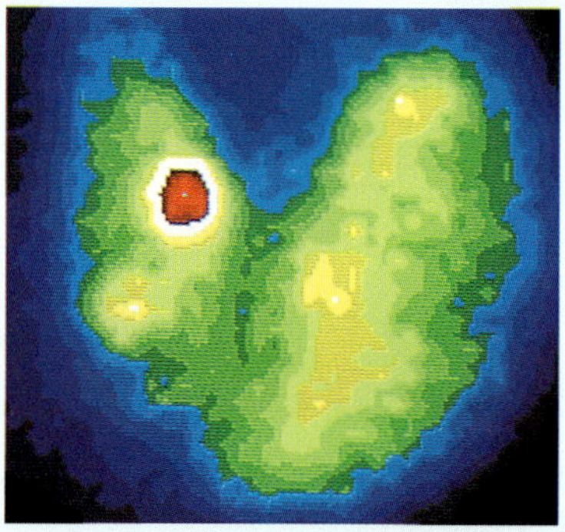

**Vergrößerte Schilddrüse im Szintigramm, links ein »heißer« Knoten.**

Damit die Schilddrüse eines Erwachsenen normal funktioniert, werden täglich 150 bis 250 Mikrogramm Jod benötigt. Die meisten nehmen hierzulande aber täglich nur etwa 30 bis 70 Mikrogramm mit Nahrung und Trinkwasser auf. Wie Erfahrungen in vielen Ländern, zum Beispiel in den Vereinigten Staaten und der Schweiz, gezeigt haben, kann Jodmangel über die Nahrung gut ausgeglichen werden. Seitdem man dort Fertignahrungsmitteln, zum Beispiel Backwaren, Jod hinzufügt, ist die Zahl der Kropfträger auf wenige Prozent zurückgegangen.

In Deutschland gibt es ein solches Vorsorgeprogramm bisher nicht. Viele Ärzte empfehlen daher, im Haushalt regelmäßig jodiertes Speisesalz zu verwenden. Wenn man davon ausgeht, daß pro Tag etwa 100 Mikrogramm Jod ergänzt werden müssen, so müßte man allerdings etwa 5 Gramm Salz (einen gehäuften Teelöffel) täglich zu sich nehmen, eine Menge, die durch bloßes Zusalzen nur schwer zu erreichen ist. Deshalb sollte man auch unbedingt darauf achten, regelmäßig jodreiche Lebensmittel zu essen. Besonders viel Jod enthalten Seefische wie Schellfisch, Seelachs, Scholle oder Kabeljau. Auch Milch und Milchprodukte sind etwas jodhaltiger als andere Nahrungsmittel.

## **Kropf** (Struma)

### ▶ Symptome

- ➜ dicker Hals
- ➜ Kloß- oder Druckgefühl
- ➜ eventuell Schluckbeschwerden, Atemnot

Jede tast- oder sichtbare Schilddrüsenvergrößerung wird als Kropf bezeichnet. Sie entsteht meist, weil dem Körper nicht in ausreichendem Maß Jod zugeführt wird (→ Jodmangel – Ursache für den Kropf). Meist beeinflußt ein Kropf die Funktion der Schilddrüse nicht; es kann aber auch zu einer → Über- oder → Unterfunktion des Organs kommen.

### Ärztliche Behandlung

Suchen Sie bei Schluckbeschwerden, Druckgefühl oder Vergrößerung des Halses auf jeden Fall einen Arzt auf. Bei einem kleinen Kropf werden Jodtabletten verordnet. Führt dies nach etwa einem halben Jahr nicht zum Erfolg, so können Schilddrüsenhormone eingenommen werden.

Ein großer Kropf muß meist operiert werden. Danach muß für eine Versorgung mit Jod bzw. Schilddrüsenhormonen gesorgt werden, da sonst wieder ein Kropf wachsen kann.

### Selbsthilfe

Siehe im Kasten → Jodmangel

## Überfunktion der Schilddrüse
(Hyperthyreose)

**▶ Symptome**

- ➜ Gewichtsverlust, »schnelle« Verdauung
- ➜ schneller Pulsschlag, Herzjagen
- ➜ Händezittern, innere Unruhe, Erregbarkeit, Rastlosigkeit, Konzentrationsschwäche

Bei einer Schilddrüsen-Überfunktion werden zuviel Schilddrüsenhormone gebildet. Alle Stoffwechselvorgänge im Körper laufen daher »auf Hochtouren«. Zu den Ursachen der Überfunktion zählen gutartige Geschwülste (Adenome), die nicht mehr unter Kontrolle der Hirnanhangsdrüse (→ Seite 504) arbeiten, und Entzündungen der Schilddrüse sowie die Basedow-Krankheit, eine Autoimmunerkrankung, bei der oft auch Augenbeschwerden auftreten: Die Augen jucken, brennen, tränen, sind lichtempfindlich, können hervortreten; die Lider schwellen an, und in schweren Fällen kommt es zum Sehen von Doppelbildern.

Die Symptome der Überfunktion können sich zu einer thyreotoxischen Krise, einer lebensbedrohlichen Erkrankung (→ Notfälle, Seite 492), steigern.

### Ärztliche Behandlung

Zur medikamentösen Therapie gibt es spezielle Präparate, sogenannte Thyreostatika, die die Hormonbildung in der Schilddrüse hemmen. Führt diese Behandlung nicht zum Erfolg, kann eine Radiojodtherapie durchgeführt werden: Radioaktives Jod wird in Kapselform eingenommen und reichert sich (ausschließlich) in der Schilddrüse an; die Strahlung zerstört hormonbildende Zellen, so daß die Funktion der Schilddrüse herabgesetzt wird. Die Schilddrüse kann auch durch eine Operation verkleinert oder entfernt werden.

### Selbsthilfe

Sie sollten in Ihrem Lebensrhythmus aktive Phasen und Ruhezeiten regelmäßig miteinander abwechseln. Ihre Ernährung sollte vitaminreich und jodarm sein. Trinken Sie viel, meiden Sie jedoch Alkohol und Koffein. Auf Saunabesuche und ausgedehnte Sonnenbäder sollten Sie verzichten. Ihr Gesundheitszustand sollte auf jeden Fall regelmäßig vom Arzt kontrolliert werden.

## Unterfunktion der Schilddrüse
(Hypothyreose)

**▶ Symptome**

- ➜ Appetitmangel, Verstopfung, Gewichtszunahme
- ➜ hoher Blutdruck, langsamer Pulsschlag
- ➜ allgemeine Verlangsamung, Müdigkeit, Konzentrations- und Gedächtnisschwäche

Bei einer Unterfunktion werden zu wenig oder keine Schilddrüsenhormone gebildet. Alle Stoffwechselvorgänge sind daher verlangsamt. Ursache können eine → Entzündung oder Funktionsstörungen durch Verkleinerung, Entfernung oder Radiojodtherapie sein. Eine Unterfunktion kann angeboren sein (→ Seite 512) oder sich im Lauf des Lebens entwickeln.

### Ärztliche Behandlung

Die körpereigenen Schilddrüsenhormone werden durch synthetische Hormone ersetzt.

### Selbsthilfe

Ist nicht möglich.

## Schilddrüsenentzündung

**▶ Symptome**

- ➜ zunächst ausgeprägtes allgemeines Krankheitsgefühl, Leistungsschwäche, Gliederschmerzen, Fieber
- ➜ dann Schmerzen, die bis zum Kiefer oder zum Ohr ausstrahlen können, Berührungsempfindlichkeit der Schilddrüse, Verhärtungen am Hals

Meist geht der Schilddrüsenentzündung im Abstand von drei Wochen bis etwa drei Monaten ein Virusinfekt voraus (obere Luftwege, Magen-Darm-Trakt).

### Ärztliche Behandlung

Eine Schilddrüsenentzündung muß rasch mit entzündungshemmenden Mitteln behandelt werden – in leichteren Fällen mit Rheumamitteln, in schwereren mit Kortisonpräparaten.

### Selbsthilfe

Ist nicht möglich.

## Chronische Schilddrüsenentzündung

▶ Symptome

➜ ziehende Schmerzen, Schwellungen, Vergrößerung der Schilddrüse

➜ im späteren Stadium: Beschwerden wie bei Unterfunktion der Schilddrüse (→ Seite 495)

Die häufig auftretende chronische Form der Schilddrüsenentzündung (Hashimoto) bleibt meist lange Zeit unbemerkt. Es handelt sich bei dieser Erkrankung um einen Autoimmunprozeß: Zellen der körpereigenen Abwehr greifen die Schilddrüse an.

### Ärztliche Behandlung

Die Unterfunktion der Schilddrüse muß mit Hormonen behandelt werden. Der Autoimmunprozeß selbst kann nicht beeinflußt werden.

### Selbsthilfe

Ist nicht möglich.

## Schilddrüsenkrebs

▶ Symptome

➜ schmerzlos wachsender, nicht verschiebbarer Knoten, Zunahme des Halsumfangs; Vergrößerung der Lymphknoten am Hals; Heiserkeit

Bösartige Veränderungen der Schilddrüse machen nur etwa ein Prozent aller Krebserkrankungen aus. Es gibt vier Arten von Schilddrüsenkrebs, die sehr unterschiedliche Verläufe und Heilungschancen haben. Warnende Beschwerden verursacht ein Schilddrüsenkrebs meist erst dann, wenn er relativ groß ist und eventuell schon Metastasen gebildet hat.

### Ärztliche Behandlung

Möglichst die gesamte Schilddrüse, eventuell auch die Lymphknoten am Hals müssen entfernt werden. Nach der Operation erfolgt eine Strahlenbehandlung mit radioaktivem Jod. Die körpereigenen Schilddrüsenhormone müssen dauerhaft durch synthetische Hormone in Tablettenform ersetzt werden.

### Selbsthilfe

Ist nicht möglich.

## Überfunktion der Nebenschilddrüsen

▶ Symptome

➜ starker Durst, häufiges Wasserlassen

➜ Übelkeit und Erbrechen

➜ Verstopfungen, Blähungen

➜ Knochenschmerzen

➜ depressive Verstimmungen

Einer Überfunktion der Nebenschilddrüsen liegt meist eine gutartige Wucherung des Gewebes (Adenom) zugrunde, die verstärkt Parathormon (→ Seite 491) produziert.
Dieses Hormon entzieht den Knochen Kalzium (Entkalkung), gleichzeitig verhindert es aber auch die Ausscheidung des Mineralstoffs durch die Nieren. Der Kalziumspiegel im Blut ist daher erhöht, und längerfristig lagert sich Kalzium in den Nieren, der Haut und anderen Organen ab.

### Ärztliche Behandlung

Die Gewebewucherung wird operativ entfernt. Eventuell muß eine nachfolgende → Unterfunktion der Nebenschilddrüsen behandelt werden.

### Selbsthilfe

Ist nicht möglich.

## Unterfunktion der Nebenschilddrüsen

▶ Symptome

➜ Anzeichen einer durch Kalziummangel bedingten Tetanie (→ Seite 492)

Häufigste Ursache einer Unterfunktion der Nebenschilddrüsen ist die versehentliche Entfernung oder Verletzung bei einer Schilddrüsenoperation. Mangel oder Ausfall von Parathormon läßt den Kalziumspiegel im Blut sinken und führt zu Muskelkrämpfen.

### Ärztliche Behandlung

Kurzfristig helfen Kalziumbrausetabletten. Parathormon kann bisher nicht ersetzt werden, daher müssen zur Normalisierung des Kalziumspiegels im Blut Kalzium und Vitamin D eingenommen werden.

### Selbsthilfe

Ist nicht möglich.

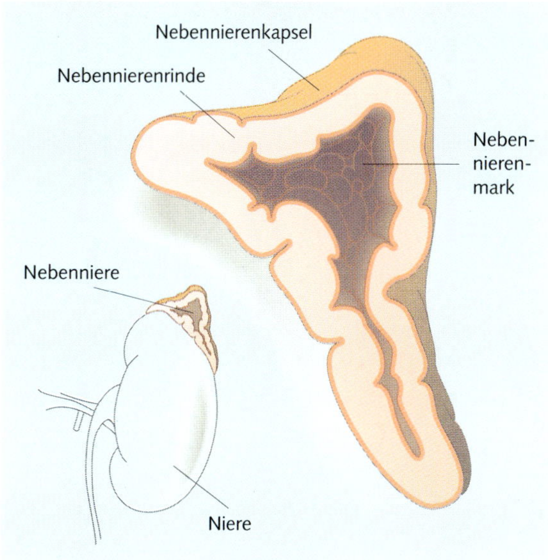


# Nebennieren

- **Aufbau und Funktion**
- **Die Hormone der Nebennieren**
- **Hormonausschüttung bei Streß**

Wie zwei Hütchen ohne Krempe sitzen die beiden Nebennieren auf den Nieren. Keineswegs sind sie nur ein Teil derselben, wie ihr Name vermuten ließe, sondern völlig unabhängig arbeitende Hormondrüsen.
Jede der beiden Nebennieren besteht aus zwei Teilen: der Rinde, die 80 bis 90 Prozent des Gesamtorgans ausmacht, und dem Mark. Rinde und Mark unterscheiden sich in Aufbau und Funktion, sind also im Grunde sogar zwei eigenständige Hormondrüsen.

## Die Hormone des Nebennierenmarks

Im Mark der Nebennieren werden Adrenalin und Noradrenalin gebildet. Ihre Ausschüttung wird nicht wie bei der Schilddrüse von einem Hormon der Hirnanhangsdrüse gesteuert, sondern vom Sympathikus, einem Teil des vegetativen Nervensystems (→ Seite 187). Deshalb entfalten die Hormone des Nebennierenmarks ihre Wirkung besonders schnell.
Adrenalin und Noradrenalin steigern die Muskeldurchblutung, lassen das Herz schneller schlagen, erhöhen Blutdruck und Blutzuckerspiegel, weiten die Bronchien und blockieren Denkvorgänge zugunsten von Reflexhandlungen – der Körper wird so in einen Zustand höchster Handlungsbereitschaft versetzt.

## Die Hormone der Nebennierenrinde

In der Nebennierenrinde werden eine Vielzahl chemisch verwandter Hormone gebildet. Sie werden nach ihrer Funktion in drei Gruppen unterteilt:
- Mineralokortikoide wie das Aldosteron regeln den Wasser- und Mineralstoffwechsel des Körpers.
- Glukokortikoide wie Kortisol und Kortison werden in lang andauernden Belastungssituationen ausgeschüttet. Sie beeinflussen vor allem den Stoffwechsel und wirken entzündungshemmend.
- Geschlechtshormone steuern die Ausbildung der Geschlechtsmerkmale sowie Entwicklung und Funktion der Geschlechtsorgane. Geschlechtshormone werden nur in geringer Menge in der Nebennierenrinde gebildet. Der überwiegende Teil wird bei der Frau in den Eierstöcken (→ Seite 379) und beim Mann im Hoden (→ Seite 411) produziert.

## Was geschieht in der Streßsituation?

Die rasche Anpassung an eine Streßsituation (→ Wie wir Streß erleben, Seite 222) erfolgt über das vegetative Nervensystem. Es regt das Nebennierenmark in Sekundenschnelle dazu an, Adrenalin und Noradrenalin freizusetzen.
In lang andauernden Streßsituationen reicht die Wirkung dieser Hormone jedoch nicht mehr aus, um den Körper an die Belastung anzupassen. Das Hormon Adrenalin verursacht dann die Ausschüttung eines Freisetzungshormons durch den Hypothalamus. Dieses bewirkt in der Hirnanhangsdrüse wiederum die Abgabe eines Steuerungshormons, und daraufhin beginnt die Nebennierenrinde mit der Produktion von Glukokortikoiden.
Diese Hormone können die Widerstandskraft des Körpers über Wochen und Monate hinweg aufrechterhalten, dann aber verstärken sich ihre negativen Wirkungen: So wird beispielsweise das Immunsystem geschwächt, weshalb Infektionen häufiger auftreten, das Schlafverhalten wird negativ beeinflußt, Lern- und Konzentrationsfähigkeit nehmen ab. Deswegen sollte man die eigenen Kräfte auf keinen Fall überschätzen, auch wenn man lange Zeit »einfach alles schafft«.

## Hyperaldosteronismus (übermäßige Freisetzung des Hormons Aldosteron)

► Symptome
- ➜ Müdigkeit, Durst, häufiges Wasserlassen
- ➜ Kopfschmerzen, Sehstörungen
- ➜ Muskelschwäche, Lähmungserscheinungen
- ➜ Wasseransammlungen im Gewebe

Unter Hyperaldosteronismus wird eine übermäßige Freisetzung des Aldosterons verstanden, das von der Nebennierenrinde gebildet wird. Das Hormon steuert das Gleichgewicht zwischen Natrium und Kalium im Körper; bei erhöhtem Aldosteronspiegel wird mehr Kalium, aber weniger Natrium als normalerweise ausgeschieden. Der Mangel an Kalium führt zu einer Muskelschwäche mit Lähmungserscheinungen, von der auch der Herzmuskel betroffen ist. Zu den Wasseransammlungen im Gewebe kommt es, weil Natrium im Körper zurückgehalten wird. Ursachen der Störung können eine Geschwulst in der Nebennierenrinde, Nierenerkrankungen, eine Herzschwäche (→ Seite 270) oder Leberzirrhose (→ Seite 356) sein. Langjähriger Gebrauch von Abführmitteln sowie übermäßiger Genuß von Lakritze können zum Pseudohyperaldosteronismus führen.

### Ärztliche Behandlung
Suchen Sie bei oben genannten Beschwerden sofort einen Arzt auf. Die Behandlung richtet sich ganz nach der jeweiligen Ursache der Erkrankung.

### Selbsthilfe
Ist nicht möglich.

## Adrenogenitales Syndrom

► Symptome
- ➜ bei Mädchen: tiefere Stimme, Entwicklung einer männlichen Behaarung, verstärkte Muskelausbildung, keine Monatsblutung
- ➜ bei Jungen: vorzeitige Pubertät

Ursache für das adrenogenitale Syndrom ist in den meisten Fällen ein vererbter Enzymdefekt, der bewirkt, daß die Bildung von Kortisol in der Nebennierenrinde gestört ist. Die Hirnanhangsdrüse setzt entsprechend dem Regelkreisprinzip (→ Wer steuert wen?, Seite 489) immer mehr Steuerungshormon frei, das die Nebennierenrinde zur Hormonproduktion anregen soll (→ Seite 497). Als Folge bildet die Nebennierenrinde zwar kein Kortisol, aber Androgene, männliche Geschlechtshormone, die sie normalerweise nur in sehr kleinen Mengen freisetzt.

### Ärztliche Behandlung
Das adrenogenitale Syndrom muß lebenslang mit Kortisol behandelt werden.

### Selbsthilfe
Ist nicht möglich.

## Cushing-Syndrom

► Symptome
- ➜ gesteigerter Appetit, deutliche Gewichtszunahme
- ➜ Fettansatz vor allem im Gesicht (»Vollmondgesicht«) und am Rumpf
- ➜ Muskelschwäche bis Muskelschwund
- ➜ »Schwangerschaftstreifen« an Bauch und Gesäß
- ➜ Bluthochdruck, Diabetes mellitus

Das Cushing-Syndrom entsteht durch einen erhöhten Spiegel von Hormonen der Nebennierenrinde, den Glukokortikoiden, im Blut (→ Seite 497). Ursache kann ein Tumor der Nebennierenrinde oder ein Tumor der Hirnanhangsdrüse sein. Aber auch die medikamentöse Behandlung mit größeren Mengen von Kortison, etwa bei Rheuma, Asthma oder nach Nierentransplantationen, kann der Grund sein.

### Ärztliche Behandlung
Die Symptome des Cushing-Syndroms sind so typisch, daß es so gut wie immer rechtzeitig erkannt und behandelt werden kann. Wurde die Störung durch Kortison ausgelöst, so wird der Arzt versuchen, dieses durch ein anderes Medikament zu ersetzen. Liegt der Erkrankung ein Tumor zugrunde, so muß er operativ entfernt werden. Die dann notwendige Einnahme von Hormonen ermöglicht ein nahezu beschwerdefreies Leben.

### Selbsthilfe
Ist nicht möglich.

**Das Hormon Kortisol schüttet der Körper in Streßsituationen aus; es wirkt außerdem entzündungshemmend.**

## Unterfunktion der Nebennierenrinde (Addison-Krankheit)

▶ Symptome
- ➜ ständige Abgeschlagenheit, zunehmende Müdigkeit trotz ausreichendem Schlaf
- ➜ mangelnder Appetit, Gewichtsabnahme und häufige Übelkeit
- ➜ die Haut verfärbt sich dunkel
- ➜ häufiger Schwindel (niedriger Blutdruck)

Die seltene Addison-Krankheit wird durch einen Mangel an Hormonen der Nebennierenrinde verursacht. Am stärksten macht sich der Ausfall der Mineralokortikoide (→ Seite 497) bemerkbar, durch den es zu schweren Störungen im Salz-Wasser-Haushalt mit Blutdruckabfall kommt. In den meisten Fällen wird die Krankheit durch ein Autoimmungeschehen ausgelöst: Das Abwehrsystem des Körpers richtet sich gegen Zellen der Nebennierenrinde und zerstört sie. Auch eine Dauerbehandlung mit Kortison kann zu einer Unterfunktion der Nebennierenrinde führen. Wie viele andere Hormonstörungen beginnt die Addison-Krankheit meist unbemerkt; im Lauf der Zeit entwickelt sich dann ein mehr oder weniger ausgeprägter Hormonmangel. Durch Belastungen wie fieberhafte Infekte oder körperliche Anstrengungen kann sich der Allgemeinzustand akut verschlechtern (→ Addison-Krise).

### Ärztliche Behandlung

Die Hormone der Nebennierenrinde müssen dauerhaft ersetzt werden. Die Tagesdosis wird meist auf zwei Portionen aufgeteilt: Eine größere morgens und eine kleinere am frühen Nachmittag. Werden die Hormone in ausreichender Menge zugeführt, ist ein normales Leben möglich.
Allerdings kann sich der Allgemeinzustand auch verschlechtern. Es kommt dann zur akuten Nebennierenschwäche, der → Addison-Krise.

### Selbsthilfe

Jeder Addison-Kranke sollte einen Notfallausweis bei sich haben. In ihm sind die notwendigen Medikamente und die üblichen Richtlinien der Behandlung vermerkt.

## Addison-Krise

▶ Symptome
- ➜ Blutdruckabfall
- ➜ Durchfall und Erbrechen
- ➜ Unterzuckerungszustände (→ Seite 503)
- ➜ Bewußtseinsstörungen
- ➜ lebensbedrohlicher Schock möglich

Die Addison-Krise ist eine akute Unterfunktion der Nebennierenrinden. Sie kann auftreten, wenn nach der Entfernung eines Tumors aus den Nebennieren die Hormone nicht ausreichend ersetzt wurden. Auch eine ungenügende Behandlung der → Addison-Krankheit kann eine Addison-Krise verursachen.
Ebenso können unzureichender Hormonersatz nach der Entfernung eines Tumors der Hirnanhangsdrüse, größere Blutverluste bei Frauen während einer Geburt, Thrombosen im Bereich der Nebennieren oder Infektionen und Vergiftungen Ursache sein.

### Ärztliche Behandlung

Bei den ersten Anzeichen einer Addison-Krise muß sofort der Notruf veranlaßt werden; die Erkrankung führt unbehandelt zum Tode. Der Arzt wird Hormone in die Blutbahn spritzen und für eine ausreichende Flüssigkeitszufuhr sorgen.

### Selbsthilfe

Wem ein Tumor der Nebenniere entfernt wurde oder wer an der Addison-Krankheit leidet, braucht bei Infektionen, großen körperlichen oder psychischen Anstrengungen eine höhere Dosis der medikamentös verabreichten Hormone, sonst droht die Gefahr einer Addison-Krise.

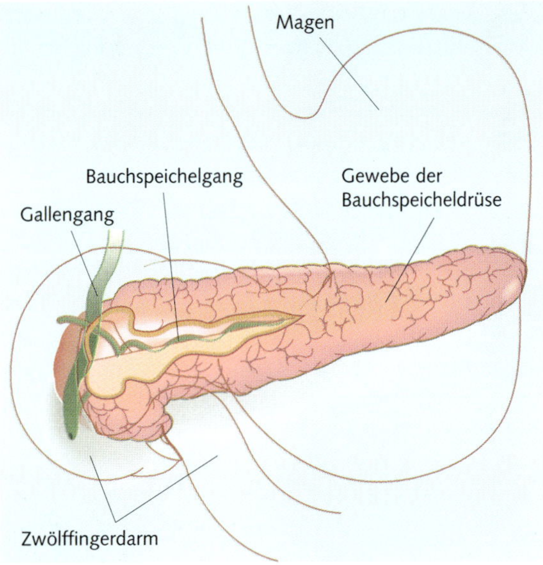


# Die Bauchspeicheldrüse

- **Aufbau und Funktion**
- **Steuerung des Stoffwechsels**
- **Wirkung von Insulin und Glukagon**

Die Bauchspeicheldrüse (Pankreas) ist die wichtigste Verdauungsdrüse des Menschen: Pro Tag bildet sie 1 bis 2 Liter Verdauungssaft, den sie in den Zwölffingerdarm abgibt (→ Seite 351).
Neben dem Gewebe, in dem der Verdauungssaft produziert wird, gibt es ein zweites System von Zellen in der Bauchspeicheldrüse: Diese Zellverbände liegen im ganzen Organ verstreut, insgesamt ein bis zwei Millionen kleine »Inseln« mit einem Gesamtgewicht von etwa 2 Gramm. Sie bilden die Hormondrüse des Pankreas und produzieren die Hormone Insulin und Glukagon, die den Kohlenhydratstoffwechsel im wesentlichen steuern. Zwei Zelltypen lassen sich unterscheiden: Die A-Zellen sind für die Bildung von Glukagon zuständig; die B-Zellen produzieren Insulin. Der Anteil der B-Zellen ist viermal höher als der der A-Zellen.

## Zucker liefert Energie

Die mit der Nahrung aufgenommenen Kohlenhydrate werden während der Verdauung in Traubenzucker (Glukose) umgewandelt, der ins Blut gelangt. Der Blutzuckerspiegel des gesunden Menschen beträgt 70 bis 120 Milligramm auf 100 Milliliter.
Traubenzucker wird von allen Zellen des Körpers zur Energiegewinnung genutzt. Werden jedoch mit dem Essen mehr Kohlenhydrate aufgenommen, als der Körper zu diesem Zeitpunkt braucht, so wird aus dem überschüssigen Traubenzucker in der Leber Speicherzucker (Glykogen) gebildet. Steigt der Zuckerbedarf, so kann der Speicherzucker wieder zu wirksamem Traubenzucker umgewandelt werden.
Werden mehr Kohlenhydrate aufgenommen, als in Form von Speicherzucker »zwischengelagert« werden können, so werden sie in Fett umgewandelt und im Leber- bzw. Fettgewebe gespeichert.

## Wie wirken Insulin und Glukagon?

Die Hormone Insulin und Glukagon sorgen dafür, daß sich der Blutzuckerspiegel immer im Bereich von 70 bis 120 Milligramm auf 100 Milliliter einpendelt: Insulin senkt den Blutzuckerspiegel, Glukagon erhöht gemeinsam mit anderen Hormonen wie Adrenalin und Kortisol den Blutzuckerspiegel.
Insulin kann den Blutzuckerspiegel durch verschiedene Wirkmechanismen senken: Es erhöht die Durchlässigkeit von Zellmembranen für Traubenzucker, fördert die Verwertung von Traubenzucker in den Zellen und die Umwandlung in Speicherzucker. Der nach der Nahrungsaufnahme erhöhte Blutzuckerspiegel wird so schnell wieder gesenkt.
Umgekehrt das Glukagon: Es sorgt dafür, daß Speicherzucker wieder in nutzbaren Traubenzucker umgewandelt wird und fördert die Gewinnung von Traubenzucker aus Fetten und Eiweißen.
Wenn Insulin nicht in ausreichendem Maß gebildet wird oder im Organismus nicht wirkt, kommt es zu einem Energiemangel (= Zuckermangel) in den Zellen bei gleichzeitigem Zuckerüberschuß im Blut – der sogenannten Zuckerkrankheit.
Wird Insulin überhaupt nicht oder kaum gebildet, liegt ein → Diabetes mellitus Typ I vor, wird Insulin nicht mehr in der benötigten Menge gebildet und kann von Zellen nicht mehr angenommen werden, liegt ein → Diabetes mellitus Typ II vor.

## Diabetes mellitus Typ I

▶ Symptome

- ➜ gesteigerter Trinkbedarf (über 4 Liter täglich)
- ➜ Ausscheidung großer Urinmengen
- ➜ Müdigkeit, Abgeschlagenheit, Gewichtsabnahme
- ➜ schlecht heilende Infekte, Juckreiz
- ➜ Begleiterkrankungen → Seite 502

Grund des Diabetes mellitus (wörtlich »honigsüßer Durchfluß«) ist ein erhöhter Blutzuckerspiegel. Übersteigt er den Wert von 180 Milligramm/100 Milliliter, so beginnen die Nieren, einen Teil des Zuckers über den Harn auszuscheiden. Der überschüssige Zucker kann aber nur in den Harn gelangen, wenn er in Wasser gelöst ist; dieses wird dem Körper entzogen – daher kommen die Ausscheidung großer (»honigsüßer«) Urinmengen und der starke Durst.
Beim Typ-I-Diabetes wird Insulin, das den Blutzuckerspiegel senkt, kaum oder überhaupt nicht mehr gebildet; es muß deshalb dauerhaft ersetzt werden. Der Typ-I-Diabetes kann im Kindes- und Jugendalter beginnen oder zwischen dem 30. und 50. Lebensjahr; Frauen sind häufiger betroffen. Eine ererbte Anlage kann, muß aber nicht zugrunde liegen. Bei absolutem Insulinmangel bzw. gesteigertem -bedarf kann es zum gefährlichen Koma kommen. Anfängliche Beschwerden sind Übelkeit, Erbrechen, Bauchschmerzen, Azetongeruch des Atems. Eine intensivmedizinische Behandlung ist unbedingt nötig.

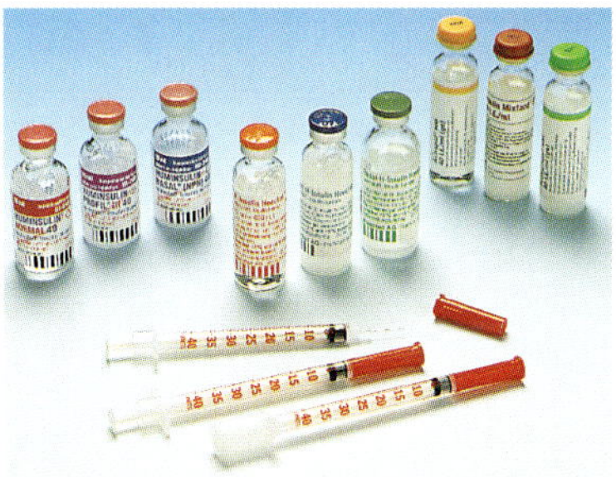

**Typ-I-Diabetiker müssen sich selbst täglich Insulin spritzen, man sagt, sie sind »insulinpflichtig«.**

### Ärztliche Behandlung

Ziel der Behandlung ist einerseits die Linderung der oben genannten Beschwerden, andererseits die Vermeidung von Begleiterkrankungen (→ Seite 502). Der Blutzuckerspiegel wird dem normalen Wert mit Insulingabe und Diät angenähert.

### Selbsthilfe

→ Leben mit Diabetes mellitus, Seite 502

## Diabetes mellitus Typ II

▶ Symptome

- ➜ seltener Symptome wie beim → Diabetes mellitus Typ I
- ➜ Übergewicht
- ➜ Begleiterkrankungen → Seite 502

Beim Typ-II-Diabetes sind die Freisetzung von Insulin und die Empfindlichkeit von Zellen auf das Hormon verringert. Die Wahrscheinlichkeit, an einem Typ-II-Diabetes zu erkranken, nimmt mit dem Alter zu. Die Erkrankung hat eine erbliche Grundlage. Überernährung spielt jedoch als Risikofaktor eine wichtige Rolle, denn sie führt zu einer ständigen Überforderung der Bauchspeicheldrüse, hat die Erschöpfung der insulinproduzierenden B-Zellen und die verminderte Ansprechbarkeit von Zellen, an denen Insulin wirken soll, zur Folge.
Liegen gleichzeitig Übergewicht (→ Seite 510), Bluthochdruck (→ Seite 280), erhöhte Blutfettwerte (→ Seite 510) und ein Diabetes Typ II vor, so spricht man vom Metabolischen Syndrom. Es kann schon lange vor der Diagnose des Diabetes Ursache für eine Gefäßverkalkung (→ Seite 267) sein, die wiederum das Risiko für Herzinfarkt, Schlaganfall und andere Erkrankungen stark erhöht.

### Ärztliche Behandlung

Beim Typ-II-Diabetes sind Gewichtsabnahme, dauerhafte Diät (→ Seite 502) und körperliche Aktivität die wichtigsten Behandlungsmaßnahmen. Wie beim Typ-I-Diabetes ist es auch in diesem Fall wichtig, Begleiterkrankungen zu vermeiden bzw. günstig zu beeinflussen (→ Seite 502).

### Selbsthilfe

Entscheiden Sie sich bewußt für die Veränderung Ihrer bisherigen Gewohnheiten: Geben Sie gesunder Ernährung (→ Seite 712) und körperlicher Aktivität (→ Seite 698) einen festen Platz in Ihrem Leben. Weitere Informationen → Seite 502.

# Leben mit Diabetes mellitus

Voraussetzung für eine erfolgreiche Behandlung des Diabetes – und damit für eine möglichst unabhängige Lebensführung – ist, daß Sie selbst als Betroffene(r) Sinn und Zusammenhang der Maßnahmen verstehen.

## Schulungen

Schulungen, in denen die Bedeutung des Blutzuckers und dessen richtige Einstellung erklärt sowie Ratschläge für den Umgang mit Diabetes in Beruf und Freizeit gegeben werden, sind für jeden Diabetiker hilfreich. Auch über die seelische Bewältigung und die Ziele von Selbsthilfegruppen (→ Adressen, Seite 798) wird dort informiert.

## Die richtige Ernährung

Wie alle anderen Menschen auch brauchen Sie, wenn Sie Diabetiker sind, eine ausgewogene Versorgung mit Kohlenhydraten, Fetten, Eiweißen, Vitaminen und Mineralstoffen.
Nur müssen Sie immer orientiert sein über die im Essen enthaltene Menge vor allem der Kohlenhydrate. Wichtig ist daher eine Diätberatung und ein persönlicher Diätplan. Dieser kann vom Arzt oder einer Diätassistentin für Sie erstellt und in ihm die Menge der »erlaubten« Kohlenhydrate festgelegt werden. Als Maßeinheit dient die Broteinheit (BE): Die Menge eines Nahrungsmittels, die 12 Gramm Kohlenhydrate enthält, entspricht einer Broteinheit. Sehr hilfreich bei der Zusammenstellung des Speiseplanes sind sogenannte Kohlenhydrat-Austauschtabellen.
Die Aufnahme von Kohlenhydraten sollten Sie auf viele kleine Mahlzeiten (sechs bis acht) verteilen. Bevorzugen sollten Sie Lebensmittel, aus denen Kohlenhydrate langsam aufgenommen und in Zucker umgesetzt werden können; stärkehaltige und ballaststoffreiche Nahrungsmittel wie Vollkornbrot, Kartoffeln oder Hülsenfrüchte sind ratsam. Auf Süßes müssen Sie nicht unbedingt verzichten, wenn Süßstoffe oder Zuckeraustauschstoffe verwendet werden.
Die Aufmerksamkeit darf sich aber nicht nur auf den Kohlenhydratanteil im Essen beschränken. Insbesondere bei Übergewicht müssen Sie auch auf den Fettanteil der Lebensmittel achten. Bei der Eiweißberechnung gelten dagegen (außer bei einer Nierenerkrankung) keine strengen Maßstäbe. Vergessen dürfen Sie auf keinen Fall, auch den Kohlenhydratanteil von Getränken in die Berechnung mit einzubeziehen. Alkohol sollten Sie nur sehr wenig zu sich nehmen.

## Mögliche Begleiterkrankungen

Starke Schwankungen und hoher Blutzuckerspiegel können auf Dauer die Blutgefäße schädigen und dadurch zu einer Reihe von Erkrankungen führen. Deshalb muß bei einem Diabetes der Zuckergehalt im Blut so gut wie möglich »eingestellt« werden, das heißt, er sollte so konstant wie möglich sein und so nah wie möglich am normalen Durchschnittswert liegen. Auf diese Weise können viele Erkrankungen umgangen oder günstig beeinflußt werden; gleichzeitig können damit auch das gefährliche Koma (→ Diabetes Typ I, Seite 501) auf der einen und → Unterzuckerungszustände auf der anderen Seite vermieden werden.

**Häufig sind bei Diabetes mellitus:**

- Zu hohe Blutfettwerte (→ Fettstoffwechselstörungen, Seite 510), Bluthochdruck (→ Seite 280) und Arteriosklerose (→ Seite 267), die zu Angina pectoris (→ Seite 264), Herzinfarkt (→ Seite 266), Herzschwäche (→ Seite 270) und Schlaganfall (→ Seite 198) führen können
- Durchblutungsstörungen der Füße und Beine (→ Seite 286), → Diabetischer Fuß (→ Seite 480), Unterschenkelgeschwür (→ Seite 283)
- Sehstörungen, Sehverschlechterung bis hin zum Erblinden (→ Seite 159 und 163)
- Erkrankung der Nerven (→ Polyneuropathien, Seite 211)
- Nierenerkrankung durch Schädigung der Nierenkörperchen, die bis zum Nierenversagen führen kann (→ Seite 369)
- Fettleber (→ Seite 355)
- Hautinfektionen (→ Seite 454–459)
- Potenzstörungen.

## Kontrolle des Blut- und Harnzuckers

Wichtig ist die Selbstkontrolle des Blut- und Harnzuckers. Mit Teststreifen bzw. Testgeräten können Sie sich über den Zuckerspiegel in Blut und Harn vergewissern. Das ersetzt allerdings nicht die regelmäßige Untersuchung beim Arzt!

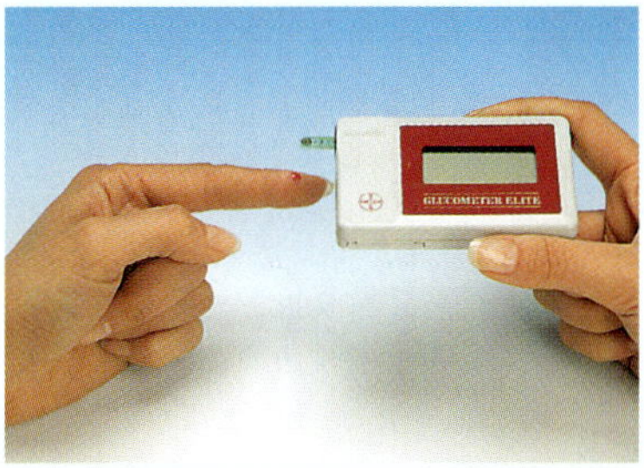

**Zur Bestimmung des Blutzuckers reicht ein Tropfen Blut aus der Fingerspitze.**

**Die Farbe des Teststreifens zeigt an, wie hoch der Zuckergehalt des Harns ist.**

## Bewegung und Sport

Regelmäßige körperliche Aktivität ist für jeden Diabetiker empfehlenswert: Sie steigert den Energiebedarf, wodurch der Zucker rasch in die Muskeln eingeschleust, also der Blutzuckerspiegel gesenkt wird. Um → Unterzuckerungszustände zu vermeiden, müssen Sie jedoch Insulingabe und sportliche Aktivität genau aufeinander abstimmen.

## Diabetes und Schwangerschaft

Als Diabetikerin können Sie heute ebenso ein gesundes Kind bekommen wie eine Frau mit normalem Stoffwechsel. Es besteht allerdings ein erhöhtes Risiko für Komplikationen (→ Seite 396) und Fehlgeburten (→ Seite 394).

Da die Schwangerschaft die gesamte Stoffwechsellage verändert, sind ein spezieller Diätplan, optimale Einstellung des Blutzuckerspiegels und Kontrolluntersuchungen unbedingt erforderlich.

## Behandlung mit Insulin

Wenn Insulin nicht oder kaum vom Körper gebildet werden kann (→ Diabetes mellitus Typ I, Seite 501), muß es von außen zugeführt werden. Verwendet werden heute fast ausschließlich sogenannte Humaninsuline.

Zu unterscheiden sind kurzwirkendes und langwirkendes Insulin: Kurzwirkendes Insulin fängt den hohen Blutzuckerspiegel nach dem Essen ab, langwirkendes Insulin (Verzögerungsinsulin) versorgt den Körper über einen längeren Zeitraum gleichmäßig mit einer geringen Hormonmenge.

Grundsätzlich gibt es zwei Behandlungsformen:

- Bei der starren Insulintherapie legt der Arzt fest, wieviel Insulin Sie täglich spritzen und wieviel, wie oft und wann Sie täglich essen.
- Bei der sogenannten intensivierten Insulintherapie lernen Sie selbst, die notwendige Insulinmenge zu bestimmen: Zweimal täglich spritzen Sie langwirkendes Insulin und vor jeder Hauptmahlzeit kurzwirkendes Insulin.

## Unterzuckerungszustände

Zeichen eines zu niedrigen Blutzuckerspiegels können Heißhunger, Schweißausbruch, Kopfschmerzen, Unruhe, Herzklopfen, Zittern, Angst, Seh-, Konzentrationsstörungen sein; sinkt der Zuckerspiegel sehr tief, so kann es zu Bewußtlosigkeit kommen. Unterzuckerungszustände können bei Diabetikern, die mit Insulin oder blutzuckersenkenden Medikamenten behandeln, auftreten – vor allem, wenn eine Mahlzeit ausgelassen wird, bei körperlicher Belastung, Alkoholgenuß, Erbrechen und Durchfall.

Auch Menschen, die einen normalen Stoffwechsel haben, können Unterzuckerungszustände bekommen. Ursachen sind Störungen bei den »Gegenspieler-Hormonen« des Insulins, Darmerkrankungen, Mineralienmangel, eine Nahrungsmittelallergie oder eine »überschießende« Insulinproduktion als Reaktion auf Weißbrot, Süßigkeiten, Kuchen oder andere an raffinierten Kohlenhydraten reiche Lebensmittel. Bei Anzeichen eines Unterzuckerungszustands sollten Sie sofort Traubenzucker essen.

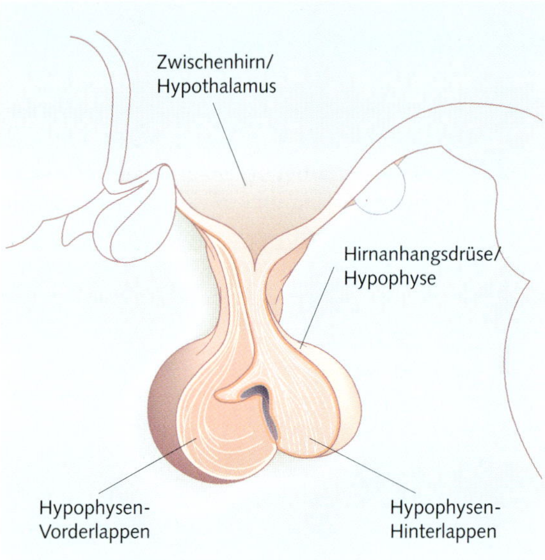


# Die Hirnanhangsdrüse

- **Aufbau und Funktion**
- **Bildung der Hormone**
- **Steuerfunktion**

Die Hirnanhangsdrüse (Hypophyse) wiegt weniger als ein Gramm und ist etwa so groß wie eine Bohne. Sie ist mit dem Hypothalamus, einem Teil des Zwischenhirns (→ Seite 189), über eine Gewebebrücke direkt verbunden. Trotz ihrer schwer zugänglichen Lage ist die Hirnanhangsdrüse den Anatomen schon seit 2000 Jahren bekannt. Ihre Funktion blieb jedoch lange Zeit rätselhaft.

## Die Hormone der Hirnanhangsdrüse

Heute ist bekannt, daß im Vorderlappen der Hirnanhangsdrüse eine große Zahl von Hormonen gebildet werden, und im Hinterlappen der Hirnanhangsdrüse zwei Hormone des Hypothalamus gespeichert werden. Die Hormone des Vorderlappens werden dann ausgeschüttet, wenn vom Hypothalamus sogenannte Freisetzungshormone gesandt werden.

Zwei Hormone wirken direkt auf die Zielzellen, die restlichen Hormone steuern die Arbeit anderer Hormondrüsen:

- Das Wachstumshormon beeinflußt das Skelettwachstum und andere Stoffwechselprozesse
- das adrenokortikotrope Hormon (ACTH) fördert die Freisetzung von Hormonen der Nebennierenrinde (→ Seite 497)
- das follikelstimulierende Hormon (FSH) wirkt auf die Hormonausschüttung der Keimdrüsen bei Frau und Mann (→ Seite 379 und 411)
- das luteinisierende Hormon (LH) fördert vor allem Eisprung und Gelbkörperbildung bei der Frau und Samenzellenreifung beim Mann
- Melanotropin (MSH) beeinflußt die Hautpigmentierung (→ Seite 448)
- Thyreotropin (TSH) stimuliert die Hormonbildung in der Schilddrüse (→ Seite 491)
- Prolaktin bewirkt bei der Frau das Brustwachstum und die Milchbildung in der Schwangerschaft.

Der Hinterlappen der Hirnanhangsdrüse speichert das Hormon Adiuretin, das den Wasserhaushalt regelt, und Oxytozin, das die Wehen bewirkt und für den Milchfluß während der Stillzeit sorgt.

## Der Monatszyklus der Frau

Hypothalamus und Hirnanhangsdrüse steuern den Monatszyklus der Frau: Der Hypothalamus sendet ein spezielles Freisetzungshormon, das in der Hirnanhangsdrüse die Ausschüttung von FSH und LH bewirkt. FSH sorgt in der ersten Hälfte des Zyklus für die Reifung der Eizelle und die Ausschüttung der Östrogene. Sie bewirken den Aufbau der Gebärmutterschleimhaut nach der Monatsblutung und die Ausschüttung von LH um die Zyklusmitte. LH führt dann zusammen mit FSH zum Eisprung und der Bildung des Gelbkörpers, der seinerseits in der zweiten Zyklushälfte Progesteron und in geringen Mengen Östrogene bildet. Progesteron bereitet den Körper auf eine Schwangerschaft vor. Bleibt die Eizelle unbefruchtet, beginnt es bremsend auf die Hirnanhangsdrüse zu wirken: Die Bildung von FSH und LH läßt nach, die Produktion von Östrogenen und Progesteron versiegt. Unter Einfluß des Hypothalamus steigt die FSH-Bildung wieder an, erneut werden Östrogene gebildet. Die Gebärmutterschleimhaut wird abgestoßen, es kommt zur Monatsblutung, und ein neuer Zyklus beginnt.

## Diabetes insipidus

### ► Symptome

- ➜ Ausscheidung von mehreren Litern Urin pro Tag
- ➜ starker Durst
- ➜ die Nachtruhe muß durch Trinken und Toilettengang mehrmals unterbrochen werden

Die Krankheit wird dadurch verursacht, daß Adiuretin im Hypothalamus nicht gebildet bzw. in der Hirnanhangsdrüse nicht gespeichert werden kann oder die entsprechenden Rezeptoren in der Niere nicht auf das Hormon reagieren. Ursachen sind Schädigungen des jeweiligen Organs durch Krankheit oder Verletzung. Ohne (wirksames) Adiuretin können die Nieren kein Wasser im Körper zurückhalten; es wird folglich überaus schnell ausgeschieden. (Diese Störung des Wasserhaushaltes hat nichts mit dem Diabetes mellitus, der Zuckerkrankheit, zu tun.)

### Ärztliche Behandlung

Suchen Sie bei den genannten Symptomen sofort einen Arzt auf. Diabetes insipidus ist nicht heilbar; die Beschwerden können jedoch mit künstlichem Adiuretin behoben werden. Das Hormon wird am besten in Form eines Nasensprays eingenommen. Liegt die Ursache bei den Nieren, so muß für einen ausreichenden Ersatz von Kortisol, eines Hormons der Nebennierenrinden, gesorgt werden. Kortisol ist notwendig, damit Adiuretin an den Nieren wirken kann.

### Selbsthilfe

Ist nicht möglich.

## Überproduktion von Prolaktin

### ► Symptome

- ➜ bei Frauen: Ausbleiben der Monatsblutung, Milchabsonderung der Brustdrüsen
- ➜ beim Mann: Wachstum der Brüste, Abnahme des Geschlechtstriebs
- ➜ Sehstörungen, Kopfschmerzen, Störungen der Fruchtbarkeit

Die Ursache für eine Überproduktion des Milchbildungshormons Prolaktin sind meist Prolaktinome, Geschwülste (Adenome) in der Hirnanhangsdrüse.

### Ärztliche Behandlung

Suchen Sie bei genannten Symptomen sofort einen Arzt auf. Sind die Adenome größer als ein Zentimeter, werden sie in der Regel operiert. Sie können vom Neurochirurgen durch die Nase entfernt werden. Sind sie nur einige Millimeter groß, so ist es häufig ausreichend, Medikamente einzunehmen, die die Prolaktinproduktion bremsen.

### Selbsthilfe

Ist nicht möglich.

## Riesenwuchs/Akromegalie

### ► Symptome

- ➜ Riesenwuchs: Erreichen überdurchschnittlicher Körpergröße im Kindes- und Jugendalter
- ➜ Akromegalie: Wachstum der Gesichtsknochen, der Hände und Füße, Vergrößerung von Zunge, Nase und Ohren im Erwachsenenalter; zunehmende Körperbehaarung, Schweißneigung, Sehstörungen, Kopfschmerzen

Fast immer liegen sowohl dem Riesenwuchs im Kindes- und Jugendalter als auch der Akromegalie im Erwachsenenalter gutartige Geschwülste (Adenome) der Hirnanhangsdrüse zugrunde, die eine überschießende Bildung von Wachstumshormon verursachen.

### Ärztliche Behandlung

Suchen Sie bei genannten Symptomen unbedingt einen Arzt auf. Mit Hilfe mikrochirurgischer Verfahren können die Geschwülste zumindest teilweise entfernt werden. Nach der Operation ist meist eine medikamentöse Therapie und/oder eine Strahlentherapie nötig, bei der in mehreren Sitzungen die Region der Hirnanhangsdrüse mit Röntgenstrahlen behandelt wird. Dadurch werden verbliebene Zellen, die Wachstumshormon bilden, zerstört. Leider ist diese Strahlentherapie nicht ohne Nebenwirkungen, weil die Hirnanhangsdrüse als ganzes geschädigt wird, was Auswirkungen auf Schilddrüse, Nebennierenrinde und Keimdrüsen hat, deren Hormone dann ersetzt werden müssen.

### Selbsthilfe

Ist nicht möglich.

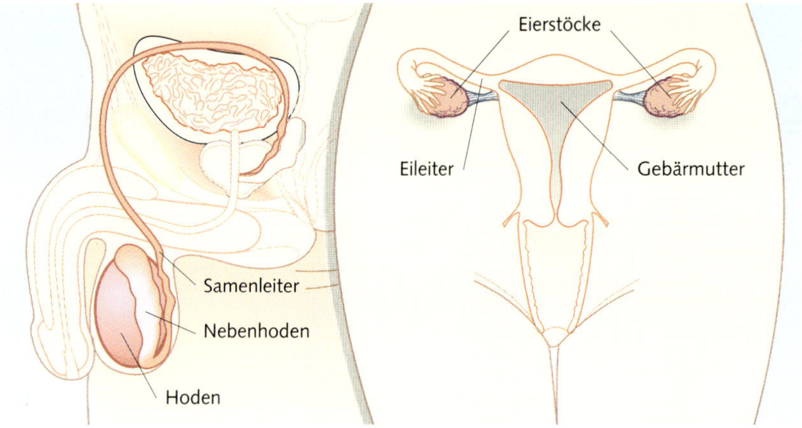


# Die Keimdrüsen

- **Aufbau und Funktion**
- **Die Hormone der Keimdrüsen**
- **Hormoneinfluß in der Pubertät**

Eierstöcke und Hoden, die Keimdrüsen des Menschen, haben eine doppelte Funktion: Sie bilden Geschlechtshormone und Ei- bzw. Samenzellen.

## Die Eierstöcke

Die beiden Eierstöcke der Frau liegen links und rechts von der Gebärmutter. In ihnen reifen die Eizellen heran. Jeweils eine befruchtungsfähige Eizelle wird beim Eisprung frei, gelangt in den Eileitertrichter und wird von dort in die Gebärmutter transportiert.
Die weiblichen Geschlechtshormone werden von den Granulosazellen, die die heranwachsenden Eizellen umgeben, gebildet. Östrogene fördern die Ausbildung der weiblichen Geschlechtsmerkmale, das Wachstum der Gebärmutterschleimhaut nach der monatlichen Blutung und ermöglichen die Befruchtung der Eizelle. Sie werden hauptsächlich in der ersten Hälfte des Zyklus gebildet.
Gestagene werden vor allem in der zweiten Zyklushälfte freigesetzt. Ihre Hauptaufgabe ist es, die Gebärmutterschleimhaut für die Aufnahme der befruchteten Eizelle vorzubereiten und Einnistung und Wachstum des Embryos zu sichern. Das wichtigste Gestagen ist das Progesteron; es wird vom Gelbkörper, der sich nach dem Eisprung aus dem Eibläschen bildet, hergestellt.
Die unterschiedlichen Funktionen der Eierstöcke werden von zwei Hormonen der Hirnanhangsdrüse gesteuert: dem follikelstimulierenden Hormon (FSH) und dem luteinisierende Hormon (LH), die wiederum durch ein Freisetzungshormon des Hypothalamus ausgeschüttet werden (→ Seite 504).

## Die Hoden

Die Hoden des Mannes liegen in einem Bindegewebssack an der Wurzel des männlichen Gliedes. In ihnen reifen die männlichen Samenzellen heran, und die männlichen Geschlechtshormone (Androgene) werden gebildet. Auch die Herstellung der männlichen Geschlechtshormone, deren wichtigstes das Testosteron ist, unterliegt dem Einfluß des luteinisierenden Hormons der Hirnanhangsdrüse. Sie werden jedoch nicht wie die Geschlechtshormone der Frau zyklisch, sondern ständig ausgeschüttet. Das Hormon Testosteron sorgt für die Ausbildung der Geschlechtsmerkmale, regt den Geschlechtstrieb und die Bildung der Samenzellen an.

## Entwicklung zur Geschlechtsreife

Die Entwicklung der Geschlechtsmerkmale und die Ausbildung der Fortpflanzungfähigkeit findet in der Pubertät (→ Seite 74) statt. In dieser Lebensphase beginnt der Hypothalamus ein Freisetzungshormon auszuschütten, das die Hirnanhangsdrüse zur Produktion ihrer Steuerungshormone anregt. Daraufhin fangen Eierstöcke und Hoden an mit der Bildung der Geschlechtshormone.
Die zunehmende Freisetzung weiblicher bzw. männlicher Geschlechtshormone verursacht typische Veränderungen: Der Körper »schießt in die Länge«, die Schambehaarung wächst, beim Mädchen entwickeln sich Brüste und weibliche Körperformen, beim Jungen vergrößern sich die Hoden, die männliche Statur wird sichtbar, die Stimme wird tiefer. Zeichen der Geschlechtsreife ist beim Mädchen die erste Monatsblutung, beim Jungen der erste Samenerguß.

## Transsexualität

▶ Symptome

➜ absolute Gewißheit, dem körperlich nicht gegebenen Geschlecht anzugehören
➜ Ablehnung der eigenen geschlechtsspezifischen Merkmale (Leben im »falschen« Körper)
➜ Verlangen nach Geschlechtswechsel

Die Ursachen der Transsexualität sind unbekannt. Sie kommt bei beiden Geschlechtern vor, jedoch sehr viel häufiger bei Männern als bei Frauen. Die Betroffenen empfinden sich in der Regel als heterosexuell – ein transsexueller Mann begehrt also, weil er sich als Frau fühlt, in der Regel als Sexualpartner einen Mann. Transsexualität ist in Deutschland als Krankheit anerkannt. Die Betroffenen erleben sich zwar nicht als »krank«, ihr seelischer und sozialer Leidensdruck ist häufig aber so groß, daß ihnen nur eine Geschlechtsumwandlung durch Hormonbehandlung und chirurgischen Eingriff dauerhaft helfen kann.

### Ärztliche Hilfe

Eine Geschlechtsumwandlung ist langwierig und bedarf der intensiven Vorbereitung, zu der beispielsweise ein mehrmonatiger »Alltagstest« gehört. In dieser Zeit versucht der Betroffene nach außen, in der angestrebten Geschlechtsrolle zu leben. Dadurch soll geklärt werden, ob der Geschlechtswechsel für ihn sowohl im privaten als auch im beruflichen Bereich wirklich möglich ist. Als nächster Schritt wird eine Behandlung mit den Hormonen des angestrebten Geschlechts begonnen. Nach etwa neun Monaten kann dann die plastisch-chirurgische Operation durchgeführt werden.
Bei der Mann-zur-Frau-Geschlechtsumwandlung erfolgt die operative Entfernung des Penis und der Hoden, dann werden Scheide und äußere Geschlechtsorgane angelegt und der plastische Aufbau der Brüste vorgenommen. Bei der Frau-zum-Mann-Geschlechtsumwandlung erfolgt die Entfernung der inneren Geschlechtsorgane und der Brüste, die Klitoris wird zu einer Art Penis umgebildet, die Hoden werden mit einer Prothese angelegt.

### Selbsthilfe

Vertrauen in die eigenen Gefühle; Vertrauen in Familie, Beziehungspartner(innen) und Freunde.

## Echtes Zwittertum

▶ Symptome

➜ Vorliegen männlicher und weiblicher Keimdrüsen
➜ die Geschlechtsorgane entwickeln sich in unterschiedlicher Ausprägung entgegen dem Geschlecht, das in den Chromosomen festgelegt ist

Beim echten Zwittertum handelt es sich um eine Fehlbildung, bei der Eierstock- und Hodengewebe vorliegen und sich Geschlechtsorgane sowie -merkmale nicht entsprechend der vorhandenen Geschlechtschromosomen (→ Seite 402) entwickeln.

### Ärztliche Behandlung

Mit Hilfe von mehreren Operationen im Kleinkindalter können die Geschlechtsorgane dem genetischen Geschlecht angepaßt werden.

### Selbsthilfe

Ist nicht möglich.

## Scheinzwittertum

Symptome

➜ es liegen männliche oder weibliche Geschlechtschromosomen vor, denen entsprechend Eierstöcke oder Hoden ausgebildet sind; die Geschlechtsorgane und -merkmale entwickeln sich jedoch gegengeschlechtlich

Das sogenannte Scheinzwittertum wird durch Störungen der Bildung bzw. Verarbeitung von Geschlechtshormonen verursacht.

### Ärztliche Behandlung

Die Behandlung kann durch eine Hormontherapie sowie durch eine Korrektur der Geschlechtsorgane mit Hilfe der plastischen Chirurgie erfolgen.

### Selbsthilfe

Ist nicht möglich.

Ausführliche Informationen zu *Klinefelter-Syndrom* und *Ullrich-Turner-Syndrom* finden Sie auf Seite 409, zum *Adrenogenitalen Syndrom* auf Seite 498.

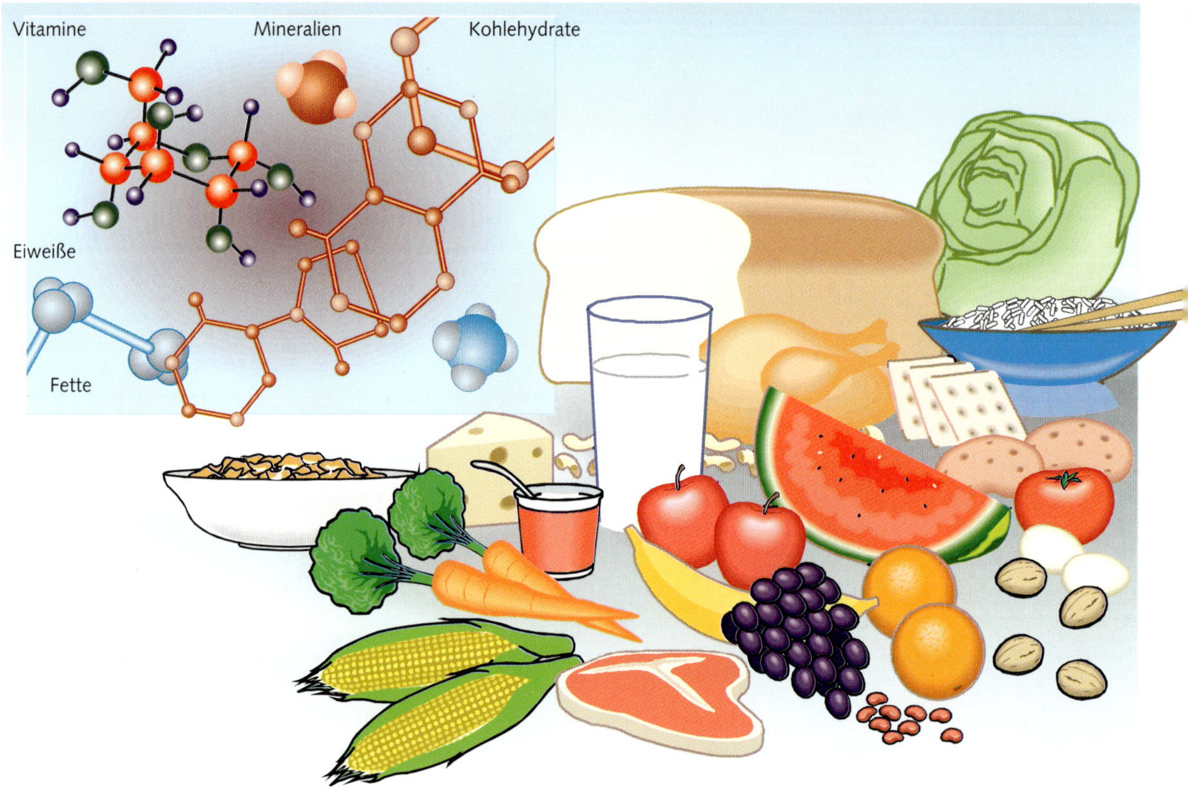


# Der Stoffwechsel

- **Die Rolle der Hormone und Enzyme**
- **Ablauf der Stoffwechselvorgänge**
- **Verwertung von Nährstoffen**

Unter Stoffwechsel wird die Gesamtheit der chemischen Umsetzungen in einem Organismus verstanden: Aufnahme und Verwertung von Nährstoffen, alle Auf- und Umbauvorgänge des Körpers, Ausscheidung von Schlackenstoffen. Zum Stoffwechsel des Menschen gehört die Aufnahme von Kohlenhydraten, Eiweißen und Fetten, von Vitaminen und Mineralstoffen, von Wasser und von Sauerstoff.

## Energie gewinnen und verbrauchen

Eine wichtige Rolle für den Ablauf des Gesamtstoffwechsels und die Steuerung einzelner Bereiche wie etwa des Kohlenhydratstoffwechsels spielen Hormone (→ Wie wirken Insulin und Glukagon?, Seite 500). So regulieren die Schilddrüsenhormone den Grundumsatz, also die Geschwindigkeit, mit der die Zellen im Ruhezustand aus Nahrung Energie herstellen und verbrauchen (→ Seite 490).
Bestimmte Eiweiße, die Enzyme, steuern Geschwindigkeit und Verlauf der einzelnen Stoffwechselvorgänge in der Zelle: Jedes Enzym ist spezialisiert auf einen bestimmten Stoff; es führt die chemische Reaktion mit ihm herbei, bleibt selbst aber unverändert.

### Betriebs- und Baustoffwechsel

Durch den Betriebsstoffwechsel wird die Energie bereitgestellt, die für alle Lebensvorgänge gebraucht wird. Sie wird erzeugt, indem vor allem Traubenzucker, der aus der Nahrung gewonnen wird, »verbrannt« wird (→ Zucker liefert Energie, Seite 500). Diese Art der Verbrennung (Oxidation) hat mit dem, was man normalerweise mit dem Wort verbindet, nur wenig zu tun: Chemisch gesehen meint Verbrennung,

daß eine Substanz sich mit Sauerstoff verbindet. Traubenzucker »verbrennt« zu Kohlendioxid und Wasser; dabei wird Energie freigesetzt. Der dazu benötigte Sauerstoff stammt aus der Atemluft.
Im Gegensatz zum Betriebsstoffwechsel verbraucht der Baustoffwechsel Energie. Er umfaßt die Umwandlung von Nährstoffen und körpereigenen Speicherstoffen in Substanzen, die der Erneuerung oder dem Wachstum dienen, also dem Aufbau von Molekülen, Zellen, Geweben oder während einer Schwangerschaft eines neuen Organismus.

## Die Verarbeitung der Nährstoffe

Kohlenhydrate, Eiweiße, Fette, Vitamine und Mineralstoffe werden zwar alle zusammen mit der Nahrung aufgenommen, gehen jedoch in den Stoffwechsel des Menschen auf unterschiedlichen Wegen ein.

### Der Stoffwechsel der Kohlenhydrate

Der Mensch nimmt verschiedene Arten von Kohlenhydraten auf: die sogenannten Einfachzucker (Traubenzucker, Fruchtzucker), Zweifachzucker (Rohrzucker, Rübenzucker, Milchzucker), »Vielfachzucker« (Stärke) und Zellulose. Alle Zucker kann er in ihre Bausteine zerlegen und als Traubenzucker (Glukose) zur »Energiegewinnung« nutzen.
Zellulose kann er nicht verdauen (= »zerlegen«), da er kein passendes Enzym besitzt. Sie wird daher zu den sogenannten Ballaststoffen gezählt, die zwar nicht zur Nährstoffversorgung des Körpers beitragen, sich aber positiv auf die Darmtätigkeit auswirken.
Traubenzucker, der nicht sofort gebraucht wird, wird in der Leber als Speicherzucker (Glykogen) »zwischengelagert«. Bei Bedarf kann der Speicherzucker wieder in Traubenzucker umgesetzt werden.

### Der Stoffwechsel der Eiweiße

Eiweiße gehören zu den wichtigsten Bausteinen des Körpers. Sie sind in tierischer und in pflanzlicher Nahrung enthalten. Bei der Verdauung werden sie von Enzymen in Aminosäuren zerlegt und in die Leber gebracht. Ein Teil von ihnen wird dort zu Bluteiweißen umgebaut. Der Hauptteil der Aminosäuren wird zur Herstellung körpereigener Eiweiße bei Auf- oder Umbauvorgängen an Zellen verwendet.

### Der Stoffwechsel der Fette

Zwar enthalten Fette mehr als doppelt soviel Energie wie Kohlenhydrate, sind aber wesentlich langsamer abbaubar; daher bevorzugt der Körper zur Energiegewinnung Kohlenhydrate. Der Mensch nimmt in der Regel tierische und pflanzliche Fette zu sich. Den weitaus größten Anteil von ihnen machen Gemische von Triglyzeriden (Neutralfette) aus. Sie werden bei der Verdauung in ihre Bausteine Glyzerin und Fettsäuren aufgespalten. Fettsäuren können den Zellen ähnlich wie Traubenzucker Energie liefern. Sogenannte mehrfach ungesättigte Fettsäuren sind für den Menschen lebenswichtig; er braucht sie für den Aufbau vieler körpereigener Stoffe.
Wichtig sind daneben Cholesterin und Phospholipide. Cholesterin ist nur in Produkten aus oder von Tieren enthalten, wird aber auch vom Körper selbst hergestellt; es ist wichtiger Bestandteil der Zellmembranen, kann aber auch zu gefährlichen Fettablagerungen in den Gefäßen führen (→ Seite 267).
Immer dann, wenn der Körper mehr Fett und Kohlenhydrate aufnimmt, als er braucht, speichert er sie. Fettdepots im Körper sind Energiereserven für »magere Zeiten«; größere »Vorräte« sind allerdings ein Gesundheitsrisiko (→ Übergewicht/Fettsucht, Seite 510; → Diabetes mellitus Typ II, Seite 501).

### Vitamine und Mineralstoffe

Für die Gesundheit ist eine ausreichende Versorgung mit Vitaminen und Mineralstoffen unerläßlich. Bei ausgewogener Ernährung ist die Gefahr von Mangelerscheinungen heute jedoch recht gering. Wichtig zu wissen ist, daß der Bedarf in manchen Lebensphasen erhöht ist, etwa im Säuglingsalter, während Schwangerschaft und Stillzeit (→ Seite 512).
Zu den Mineralstoffen zählen nicht nur Elemente wie Kalzium und Magnesium, die in vergleichsweise großen Mengen aufgenommen werden, sondern auch Spurenelemente, die nur in sehr geringer Menge vorkommen, aber zum Teil lebenswichtig wie etwa Jod (→ Seite 494) oder Eisen sind.

**Nicht immer gleich zu Vitamintabletten greifen – Obst schmeckt viel besser.**

## Übergewicht/Fettsucht (Adipositas)

**▶ Symptome**

➜ der Anteil des Fettgewebes am Körpergewicht liegt erheblich über dem Durchschnitt, damit einhergehend ist das Körpergewicht stark erhöht

Als übergewichtig gilt aus medizinischer Sicht, wer 10 Prozent über dem Normalgewicht liegt, als fettsüchtig, wer es um 20 Prozent überschreitet. Wer an starkem Übergewicht leidet, hat laut Statistik eine geringere Lebenserwartung als ein Normalgewichtiger, denn für ihn ist das Risiko gesteigert, eine Herz-Kreislauf-Erkrankung (→ Seite 260–287), Bluthochdruck (→ Seite 280), einen Schlaganfall (→ Seite 198), eine Thrombose oder Embolie (→ Seite 285), einen Diabetes mellitus (→ Seite 501) oder Gelenkarthrose (→ Seite 434) zu bekommen.
Von wenigen Ausnahmen abgesehen (→ Cushing-Syndrom, Seite 498; → Schilddrüsen-Unterfunktion, Seite 495) ist die Ursache von Übergewicht bzw. Fettsucht übermäßiges Essen. Ältere Menschen neigen stärker zum Übergewicht, da sich nach dem 50. Lebensjahr der Stoffwechsel verlangsamt und die körperliche Aktivität meist abnimmt. Ein während der Pubertät auftretendes, nicht allzu starkes Übergewicht ist meist wenig bedenklich.

**Echtes Übergewicht belastet den Körper stark und kann auf Dauer zu verschiedenen Erkrankungen führen.**

### Welches Gewicht ist normal?

Es gibt keine Formel, die das Normalgewicht eines jeden Menschen auf das Gramm genau errechnen könnte.
Einen Anhaltspunkt kann aber der sogenannte Broca-Index geben: Danach ist die Körperlänge in Zentimetern minus 100 das anzustrebende Normalgewicht von Männern, die Körperlänge minus 100 minus 10 Prozent das anzustrebende Normalgewicht von Frauen.

### Ärztliche Behandlung

Der Arzt kann eine Diät verordnen und Ratschläge für eine Veränderung der Eß- und Lebensgewohnheiten geben. Eine gründliche Untersuchung zur Feststellung Ihres Gesundheitszustands empfiehlt sich.

### Selbsthilfe

Der kürzeste Ratschlag könnte lauten: Essen Sie weniger, bewegen Sie sich mehr. Aber bloße »Hungerkuren« führen zu keiner Verbesserung; wichtig ist eine dauerhafte Umstellung der Ernährung auf ausgewogene Vollwertkost und regelmäßige körperliche Bewegung. Ratschläge und Anregungen finden Sie auf den Seiten 698 bis 721. Die Teilnahme an einer Selbsthilfegruppe (→ Adressen, Seite 798) kann Ihnen helfen, alte Gewohnheiten »aufzubrechen«.

## Fettstoffwechselstörungen

Störungen des Fettstoffwechsels führen meist zur Erhöhung der Blutfettwerte; man spricht von einer Hyperlipoproteinämie. Diese kann genetisch bedingt (primär) oder durch Erkrankungen von Leber, Nieren, Bauchspeicheldrüse, Schilddrüse, speziell durch Gicht (→ Seite 432), Diabetes (→ Seite 501) oder → Übergewicht verursacht werden (sekundär).
Es gibt verschiedene Arten von Fetten: Triglyzeride, sogenannte Neutralfette, stellen die überwiegende Menge der Fette dar, die wir mit pflanzlicher und tierischer Nahrung zu uns nehmen.
Das »berüchtigte« Cholesterin wird nicht nur mit der Nahrung aufgenommen, sondern auch vom Körper selbst, in der Leber, gebildet. Es ist lebensnotwendig für den Aufbau von Zellmembranen, aber auch für

Fettablagerungen in den Blutgefäßen verantwortlich (→ Seite 267), die zu Arteriosklerose und damit zu gefährlichen Herz-Kreislauf-Erkrankungen führen (→ Selbsthilfe, Seite 265).
Die primären Hyperlipoproteinämien werden in fünf Gruppen aufgeteilt, häufig sind Störungen der Gruppen II und IV:

## Hyperlipoproteinämie Typ II

### ▶ Symptome

➜ Xanthome/Xanthelasmen (→ Seite 480); grauweißer Ring am Rand der Augenhornhaut (→ Seite 149); häufig für den Betroffenen sonst keine Symptome erkennbar

Bei dieser Fettstoffwechselstörung handelt es sich um eine häufige, dominant vererbbare Erhöhung des Cholesterinspiegels im Blut. Das Risiko der Betroffenen, einen Herzinfarkt (→ Seite 266) zu erleiden, ist groß, da die Blutfette sich über lange Zeit in den Gefäßen ablagern und zu einer Arteriosklerose (→ Seite 267) der Herzkranzgefäße führen können.

### Ärztliche Behandlung

Zur Behandlung wird eine cholesterinarme Diät verordnet; Cholesterin ist vor allem in Eiern, Innereien und tierischen Fetten. Der Wert der Diät ist nicht unumstritten, weil das vom Körper selbst gebildete Cholesterin wesentlich zur Erhöhung des Blutfettspiegels beiträgt. Verschrieben werden außerdem Medikamente, die die Blutfettwerte senken.

### Selbsthilfe

Treiben Sie Sport, denn durch körperliche Bewegung erhöhen sich die »guten« Lipoproteine (HDL; → Übeltäter Cholesterin?, Seite 267), die wahrscheinlich vor Arteriosklerose schützen können.

## Hyperlipoproteinämie Typ IV

### ▶ Symptome

➜ außer Xanthomen (→ Seite 480) häufig für den Betroffenen keine Symptome erkennbar

Die Blutuntersuchung zeigt bei der Hyperlipoproteinämie vom Typ IV einen erhöhten Triglyzeridspiegel. Ursache sind nicht mit der Nahrung aufgenommene Fette, sondern vom Körper selbst gebildete Triglyzeride. Als Grundstoffe dienen ihm dazu Kohlenhydrate und Fettsäuren. Das Risiko einer Arteriosklerose (→ Seite 267) ist auch bei dieser Fettstoffwechselstörung hoch. Bei 60 bis 80 Prozent der von Typ IV der Hyperlipoproteinämie Betroffenen liegt auch ein Diabetes mellitus (→ Seite 501) vor; sie sind zudem meist übergewichtig.

### Ärztliche Behandlung

Der Arzt wird eine Diät verordnen, bei der die Kohlenhydrat- und Fettzufuhr verringert ist. Auch eine medikamentöse Behandlung ist möglich.

### Selbsthilfe

Beste Selbsthilfe ist die konsequente Ernährungsumstellung; meiden Sie außerdem Alkohol.

## Gaucher-Krankheit

### ▶ Symptome

➜ schmerzende, angeschwollene Gelenke; Knochenschmerzen; Störungen der Muskeltätigkeit
➜ ockerbraune Verfärbung der Haut

Ursache der Erkrankung ist wahrscheinlich ein erblicher Enzymdefekt. Er führt zur Anhäufung des Fettes Kerasin in Milz und Leber, in den Lymphknoten und im Knochenmark. Die Erkrankung kann zu einer Vergrößerung von Milz und Leber führen.

### Ärztliche Behandlung

Bei Beschwerden ist eventuell die operative Entfernung der vergrößerten Milz nötig.

### Selbsthilfe

Ist nicht möglich.

## Gicht

Ausführliche Informationen finden Sie auf Seite 432.

## Vitamin- und Mineralstoffmangel

Informationen zur Eisenmangelanämie finden Sie auf Seite 292 und 296, zur Anämie durch Vitamin-$B_{12}$- und Folsäuremangel auf Seite 293.

## Angeborene Unterfunktion der Schilddrüse

**▶ Symptome**

- ➜ das Kind trinkt langsam, bewegt sich nur wenig, schläft übermäßig viel und hat nur selten Stuhlgang
- ➜ es wächst langsam, später als die Altersgenossen lernt es greifen, sitzen und stehen
- ➜ die Haut des Kindes ist teigig, seine Zunge ungewöhnlich groß

Die Unterfunktion der Schilddrüse ist die bei Säuglingen häufigste Stoffwechselerkrankung. Deswegen wird jedem Kind bei der Vorsorgeuntersuchung U2 (→ Seite 607) in den ersten Lebenstagen etwas Blut abgenommen und geprüft, ob die Schilddrüse normal arbeitet. Bleibt eine Unterfunktion unbehandelt, so kommt es zu den genannten Krankheitszeichen, denn die Schilddrüse kann keine oder nicht genügend Hormone bilden, um den normalen Energieumsatz des Körpers zu erreichen, die Reifung des zentralen Nervensystems sowie das Körperwachstum zu fördern.
Normalerweise wandert die Schilddrüse des ungeborenen Kindes in den ersten Schwangerschaftswochen von der Gegend des Zungengrundes zu ihrem endgültigen Platz im Hals. Dieser »Ortswechsel« geht in manchen Fällen nicht vollständig vonstatten. Die Schilddrüse bleibt auf halbem Weg »stecken«, in einer Position, in der sie nicht normal arbeiten kann. Es kommt aber auch vor, daß die Schilddrüse von vornherein nur unvollkommen oder gar nicht angelegt ist. Eine dieser beiden Ursachen liegt meist vor, wenn von Geburt an zu wenig oder keine Hormone gebildet werden. Seltener beruht die Unterfunktion darauf, daß die Schilddrüse nicht fähig ist, Jod mit anderen

## Jodmangel in Schwangerschaft und Stillzeit

In der Schwangerschaft steigt der Bedarf des Körpers an Vitaminen und Mineralstoffen stark an. Die Nahrung sollte während dieser Zeit deshalb besonders viele Nährstoffe enthalten.
Neben Kalzium, Eisen, Folsäure, Eiweiß, Magnesium, Vitamin C und Vitamin $B_{12}$ ist auch das Spurenelement Jod besonders wichtig für die normale Entwicklung des ungeborenen Kindes.
Während der Erwachsene normalerweise 150 bis 250 Mikrogramm Jod mit der Nahrung täglich aufnehmen muß, benötigt eine schwangere Frau mindestens um die Hälfte mehr. Wird diese Menge nicht erreicht, so kann sich als äußeres Zeichen ein Schwangerschaftskropf (→ Kropf, Seite 494) entwickeln.
Die Schilddrüse des ungeborenen Kindes braucht etwa ab der zehnten bis zwölften Schwangerschaftswoche Jod, denn ab dann arbeitet sie bereits selbständig, ist also zur Bildung von Hormonen (→ Seite 490) auf ein ausreichendes Jodangebot angewiesen. Neugeborene benötigen für die Produktion von Schilddrüsenhormonen täglich 50 bis 80 Mikrogramm Jod. Die Brustmilch kann diesen Bedarf natürlich nur decken, wenn die Mutter selbst ausreichend mit Jod versorgt ist.
Einem Jodmangel in Schwangerschaft und Stillzeit kann man durch gezielte Ernährung, Jodsalz und regelmäßige Einnahme von Jodtabletten vorbeugen – eine Schilddrüsen-Unterfunktion des Kindes kann damit praktisch ausgeschlossen werden. Besonders viel Jod ist in Schellfisch, Seelachs, Scholle oder Kabeljau enthalten; auch Milch und Milchprodukte sind etwas jodhaltiger als andere Nahrungsmittel.

**Bei Jodmangel in der Schwangerschaft helfen Fisch und Milchprodukte.**

chemischen Bestandteilen zu den Hormonen zusammenzusetzen. Erhält die Schilddrüse der Mutter während der Schwangerschaft zu wenig Jod, um ihrerseits Schilddrüsenhormone zu bilden, kann auch dies zu einer Unterfunktion beim Kind führen.

### Ärztliche Behandlung

Die angeborene Unterfunktion der Schilddrüse erfordert eine lebenslange Behandlung. Die körpereigenen Schilddrüsenhormone werden durch synthetische Hormone in Tablettenform ersetzt. Rechtzeitig und konsequent behandelte Kinder entwickeln sich körperlich und geistig völlig normal.

### Selbsthilfe

Ist nicht möglich.

## **Knochenerweichung** (Rachitis)

▶ Symptome

- ➜ das Kind ist unruhig, schreckhaft, schwitzt viel (besonders am Kopf)
- ➜ es bewegt sich nur wenig und beginnt erst spät mit dem Krabbeln und Laufen
- ➜ die Zähne entwickeln sich verzögert
- ➜ die Bauchdecke ist schlaff (»Froschbauch«)
- ➜ es treten schmerzhafte Knochenveränderungen vor allem an Kopf, Brustkorb und Beinen auf; Entstehen von X- oder O-Beinen

Die sogenannte Knochenerweichung kommt zustande, wenn Kalzium und Phosphor nicht in genügendem Maß in die Knochen eingelagert werden können und diese daher nicht verhärten. Ursache der Störung ist ein Mangel an Vitamin D, denn dieses sorgt dafür, daß Kalzium und Phosphor in ausreichendem Maß im Darm aufgenommen werden können.
Für die Bildung von Vitamin D wiederum sind die ausreichende Aufnahme von Vitamin-D-Vorstufen über die Nahrung und Sonnenlicht nötig, da die Haut nur unter seiner Einwirkung wirksames Vitamin D produzieren kann.
Eine Rachitis zeigt sich meist zwischen dem zweiten und dritten Lebensmonat; aufgrund der heute meist üblichen Gabe von Vitamin D im ersten Lebensjahr ist die Erkrankung bei uns allerdings sehr selten geworden. Beim Erwachsenen führt dieselbe Stoffwechselstörung zur Osteomalazie (→ Seite 429).

### Ärztliche Behandlung

Treten die genannten Symptome auf, so sollten Sie möglichst schnell einen Arzt aufsuchen. Er wird mit Vitamin D behandeln, das entweder täglich eingenommen werden muß oder als sogenannte Stoßtherapie mehrmals im Abstand von einigen Wochen in hoher Dosis gegeben wird.

### Selbsthilfe

Achten Sie auf die ausgewogene Ernährung Ihres Kindes (→ Seite 720) und darauf, daß es genug draußen ist und »an die Sonne kommt«. Reich an Vorstufen von Vitamin D sind neben anderen Nahrungsmitteln See- und Süßwasserfisch, der altbewährte Lebertran, Milch, Pilze und Eier.
Muß Ihr Kind Vitamin D zur Vorbeugung oder zur Behandlung der Rachitis über längere Zeit einnehmen, so sollte dies sehr regelmäßig erfolgen.

## **Phenylketonurie**

▶ Symptome

- ➜ verzögerte geistige Entwicklung, Intelligenzminderung
- ➜ in den ersten Lebensjahren Krampfneigung

Ursache der erblichen Stoffwechselstörung ist das Fehlen des Enzyms Phenylalanin-Hydroxylase. Beim gesunden Menschen baut es die Aminosäure Phenylalanin in die Aminosäure Tyrosin um. Da das Enzym fehlt, entsteht giftige Phenylbrenztraubensäure. Sie schädigt unter anderem die Gehirnzellen.

### Ärztliche Behandlung

Es ist wichtig, die Krankheit möglichst frühzeitig zu erkennen, denn wenn die Phenylketonurie noch nicht weit fortgeschritten ist (etwa bis zum dritten Lebensjahr), kann sie durch eine phenylalaninarme Diät – beispielsweise mit Verzicht auf bestimmte Fleischsorten – noch zum Stillstand gebracht werden. Deshalb wird hierzulande inzwischen bei allen Säuglingen am vierten oder fünften Lebenstag der sogenannte Guthrie-Test durchgeführt, mit dem eine Phenylalanin-Erhöhung im Blut nachgewiesen werden kann.

### Selbsthilfe

Ist nicht möglich.

## Ahornsirupkrankheit

**▶ Symptome**
- ➜ Nahrungsverweigerung
- ➜ Teilnahmslosigkeit
- ➜ Krämpfe und Atemstörungen
- ➜ Muskelzuckungen
- ➜ der Urin riecht nach verbranntem Zucker

Die Ahornsirupkrankheit zeigt sich bereits in den ersten Lebenstagen des Säuglings. Es handelt sich um eine erbliche Stoffwechselerkrankung, bei der das Enzym Dekarboxilase nicht in genügender Menge vorhanden ist. Es kommt daher zu einer Störung des Abbaus der drei Aminosäuren Leuzin, Isoleuzin und Valin. Sie lassen sich stark vermehrt im Blut, im Urin und im Nervenwasser des Kindes nachweisen. Außerdem entstehen durch die Erkrankung verschiedene giftige Stoffwechselprodukte.

**Ärztliche Behandlung**

Suchen Sie bei genannten Symptomen sofort einen Arzt auf. Eine lebenslange Diät ist zur Behandlung unbedingt erforderlich, da die Aminosäuren Leuzin, Isoleuzin und Valin nur dem Minimalbedarf entsprechend aufgenommen werden dürfen.
Bei manchen Formen der Erkrankung wird mit einer eiweißarmen Diät oder Thiamin (Vitamin $B_1$) in hohen Dosen behandelt.

**Selbsthilfe**

Ist nicht möglich.

## Galaktosämie (Galaktose-Intoleranz)

**▶ Symptome**
- ➜ nach wenigen Lebenstagen kommt es zu Erbrechen und Durchfällen, Unterzuckerungszuständen und Krampfanfällen

Galaktose ist ein Bestandteil des Milchzuckers. Galaktosämie ist eine Sammelbezeichnung für vererbbare Störungen des Galaktosestoffwechsels, deren Ursache jeweils der Mangel eines Enzyms ist und die alle dazu führen, daß die mit Milch und Muttermilch aufgenommene Galaktose nicht normal verwertet werden kann. Sie reichert sich im Körper an und kann Leber, Milz und Nieren schädigen.

**Ärztliche Behandlung**

Die Erkrankung kann plötzlich einsetzen und lebensbedrohlich verlaufen. Suchen Sie, wenn genannte Symptome auftreten, daher schnellstmöglich einen Arzt auf. Er wird eine Diät verordnen, bei der Milch und milchhaltige Nahrung strikt gemieden und so weit als möglich durch andere Lebensmittel (zum Beispiel Sojaprodukte) ersetzt werden.

**Selbsthilfe**

Ist die Krankheit in Ihrer Familie bereits aufgetreten, so sollten Sie Ihr Kind auf jeden Fall sofort nach der Geburt auf die genannten Enzymdefekte untersuchen lassen.

**Leidet Ihr Kind unter einer Galaktosämie, so darf es weder Milch trinken noch milchhaltige Lebensmittel essen.**

## Glykogenosen (Glykogenspeicherkrankheiten)

**▶ Symptome**
- ➜ je nach Form der Glykogenose verschiedene Symptome
- ➜ in vielen Fällen Vergrößerung der Leber oder anderer Organe, Muskelschwäche, Minderwuchs

Während der Verdauung werden die aufgenommenen Kohlenhydrate nach und nach in Glukose (Traubenzucker) umgewandelt. Wird diese nicht als Energielieferant benötigt, so wird sie als Glykogen in der Leber und in der Skelettmuskulatur gespeichert.
Glykogenspeicherkrankheiten gehören zu den häufigsten vererbbaren Stoffwechselerkrankungen. Sieben verschiedene Formen werden unterschieden, die alle durch den Mangel bestimmter Enzyme, die am Auf- oder Abbau von Speicherzucker im Körper

beteiligt sind, hervorgerufen werden. Die Stoffwechselstörungen bewirken, daß überdurchschnittlich große Mengen Glykogen in vielen Organen gespeichert werden. Besonders Leber, Nieren, Herz, Muskulatur und das zentrale Nervensystem sind davon betroffen. Einige Formen der Glykogenosen verursachen nur geringe Beschwerden, bei anderen verläuft die Krankheit jedoch sehr schwer.

### Ärztliche Behandlung

Der Arzt wird bei Verdacht auf eine Glykogenspeicherkrankheit zunächst eine Gewebeprobe entnehmen, um festzustellen, um welchen Enzymdefekt es sich handeln könnte. Mit seiner Behandlung zielt er dann vor allem darauf, Unterzuckerungszustände (→ Seite 503) zu vermeiden. Sie drohen, weil Glykogen nicht in normaler Art und Weise in Glukose umgewandelt werden kann. Aus diesem Grund sind häufig kleine, kohlenhydratreiche Mahlzeiten während des Tages und eine Versorgung mit kalorienreicher Nahrung mittels einer Magensonde in der Nacht nötig.

### Selbsthilfe

Ist nicht möglich.

## Fruktose-Intoleranz (Fruktosämie)

### ▶ Symptome

- das Kind gedeiht nach dem Abstillen schlecht
- nimmt es beispielsweise mit Obst(säften) oder Milchprodukten Fruchtzucker (Fruktose) auf, so kann es anschließend unter Erbrechen, Durchfall, Fieber und Unterzuckerungszuständen (→ Seite 503) leiden
- später entwickelt das Kind eine starke Abneigung gegen Süßigkeiten und Obst

Ursache einer Fruktose-Intoleranz ist der ererbte Mangel eines bestimmten Enzyms in der Leber. Infolge dieser Störung kann der mit der Nahrung aufgenommene Fruchtzucker im Stoffwechsel nicht verwertet werden. Die Beschwerden beginnen in der Regel, wenn der Säugling erstmals Obstsäfte zu trinken bekommt.

Milz und Leber können bei der Erkrankung vergrößert sein; es kann zu schweren Funktionsstörungen der Leber kommen.

### Ärztliche Behandlung

Suchen Sie bei genannten Symptomen rasch einen Arzt auf. Läßt sich ein Enzymmangel in der Leber oder eventuell in der Dünndarmschleimhaut nachweisen, so wird er eine fruchtzuckerfreie oder -arme Diät verordnen, die lebenslang eingehalten werden muß (das bedeutet: kein Obst, keine Obstsäfte!). Einzig »erlaubte« Frucht ist die Zitrone; gesüßt werden muß mit Süßstoffen, jedoch darf kein Sorbit verwendet werden.

### Selbsthilfe

Halten Sie die vom Arzt verordnete Diät strikt ein und versuchen Sie, die normalerweise über Obst aufgenommenen Vitamine so weit wie möglich mit Gemüse zu ersetzen.

**Kann Ihr Kind durch einen angeborenen Enzymmangel Fruchtzucker nicht verdauen, dann darf es leider kein Obst essen und keine Obstsäfte trinken.**

## Kupferspeicherkrankheit

→ Morbus Wilson, Seite 205

## Diabetes mellitus

Zuckerkranke Kinder oder Jugendliche haben in so gut wie allen Fällen einen Diabetes mellitus vom Typ I (→ Seite 501). Nur ganz selten tritt eine Form auf, die dem Typ-II-Diabetes ähnelt. Wichtig ist, daß das Kind oder der Jugendliche von Anfang an lernt, in allen Lebenssituationen mit seiner Krankheit umzugehen.

Ausführliche Informationen zu Diabetes mellitus finden Sie auf den Seiten 501 bis 503.

# Sonderthemen: Allergie, Infektionen, Sucht, Krebs

Mit atemberaubender Geschwindigkeit gewinnt die moderne Medizin neue Erkenntnisse. Viele Krankheiten, die noch vor einer Generation unheilbar waren, sind heute »Routinefälle«. Doch großen Erfolgen stehen auch große Herausforderungen gegenüber: Mehr und mehr Menschen leiden unter Allergien; Infektionskrankheiten, die »besiegt« schienen, flackern wieder auf und bedrohliche neue Krankheiten entstehen. Und der Kampf gegen den gefürchteten Krebs ist noch lange nicht gewonnen.

## Inhalt



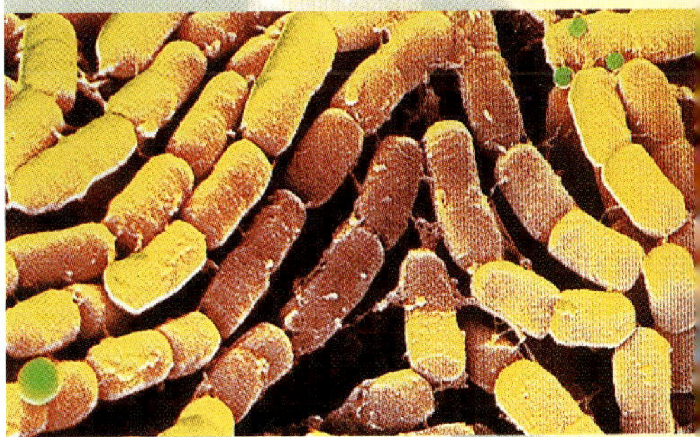

Bakterien

# Wissenswertes über Allergien

Wenn im Frühjahr die ersten Blüten die Wiesen bunt betupfen und Büsche und Bäume ausschlagen, dann beginnt für manche Menschen eine schwere Zeit. »Des einen Freud, des andern Leid« könnte das traurige Motto vieler Allergiker sein. Denn wenn andere sich an blühenden Wiesen, exotischen Früchten oder einem Glas Rotwein freuen, dann läuft bei ihnen die Nase, jucken Haut und Augen oder quält sie ein Hustenanfall. Denselben Preis müssen sie zahlen, wenn sie ein niedliches Kätzchen streicheln oder eine hübsche Halskette tragen. Die Liste ließe sich beliebig verlängern, doch zum Glück ist niemand auf alles gleichzeitig allergisch. Das persönliche Allergiemuster ist individuell – doch das macht es auch mitunter so schwierig, die »Übeltäter« ausfindig zu machen.

## Allergien auf dem Vormarsch?

Fast ein Drittel der Deutschen, rund zehn Prozent der Schweizer und mindestens ebenso viele Österreicher sind heutzutage von Allergien betroffen – mit steigender Tendenz. Warum das so ist, können die Wissenschaftler noch nicht eindeutig erklären. Die zunehmende Schadstoffbelastung in unserer Umwelt könnte ebenso daran beteiligt sein wie der Import exotischer Lebensmittel oder der Gebrauch chemischer Zusatzstoffe in der Lebensmittelverarbeitung. Immer mehr Menschen teilen ihr Leben mit Haustieren, und der Konsum verschiedenster Arzneimittel ist deutlich gestiegen. All das bringt das Immunsystem mit einer ständig zunehmenden Zahl von Stoffen in Berührung, auf die es eine Antwort finden muß – im Zweifelsfall ist es die falsche. Dann kann die menschliche Abwehr nicht mehr zwischen Freund und Feind unterscheiden und fährt schwerste Geschütze gegen harmlose Stoffe wie Blütenpollen, Nahrungsmittel, Tierhaare oder Metalle auf.

## Seele, Streß und Allergie

Im Volksmund heißt »allergisch gegen etwas sein«, daß man dies oder jenes nicht mag, und zwar ohne Wenn und Aber. Das zeigt noch immer, daß man Allergien lange Zeit für eine körperliche Äußerung der Psyche gehalten hat. Doch seelische Faktoren sind nie die Ursache einer allergischen Reaktion. Die psychische Verfassung eines Allergikers kann zwar einen akuten Krankheitsschub begünstigen oder die Symptome verstärken, aber nicht alleiniger Auslöser sein. So hat Streß – wie bei anderen Krankheitsbildern

Wenn reife Kornfelder das Ende des Sommers ankündigen, atmen Heuschnupfen-Geplagte auf.

Erdbeeren sind eine fruchtige Köstlichkeit, die aber so mancher Allergiker meiden muß.

Knabbern nicht ohne Folgen – leider zählen Nüsse zu den häufigsten Allergieauslösern.

auch – deutlich erkennbare Auswirkungen auf die Atembeschwerden bei Bronchialasthma oder die Hautsymptome von Neurodermitikern. Doch ohne die ererbte Überempfindlichkeit, die Bereitschaft, allergisch zu reagieren, käme es in den meisten Fällen nicht zum Ausbruch der Krankheit bzw. zum akuten Anfall. Bei nicht erblich bedingten Allergien, wie der Arzneimittel- und der Insektenstichallergie (→ Seite 528 und Seite 531) oder dem Kontaktekzem (→ Seite 526), steigert sich die Sensibilisierung im Lauf des Lebens durch die Häufigkeit, mit der man dem allergieauslösenden Stoff ausgesetzt ist.
Früher wurde viel darüber spekuliert, ob es einen typischen »Allergiker-Charakter« gebe, der die Ausbildung einer allergischen Sensibilisierung begünstige. Heute ist man der Meinung, daß gemeinsame Persönlichkeitsmerkmale – zum Beispiel von Asthmatikern – eher die Folge als die Ursache der allergischen Erkrankung sind. Das bedeutet, daß die zahlreichen krankheitsbedingten Einschränkungen und Leiden sowie Gefühle von Scham und Ausgeschlossensein gerade bei Langzeiterkrankungen die Persönlichkeit stark beeinflussen.

## Wundermittel Hyposensibilisierung?

Allergien sind chronische Krankheiten – das bedeutet jedoch nicht, daß sie unheilbar sind. Einige – wie die Neurodermitis – bilden sich meist im Erwachsenenalter zurück, andere »schlafen ein«, wenn die Ursache für die Allergie vermieden werden kann. Wo dies jedoch nicht möglich ist, kann die sogenannte Hyposensibilisierung ein Ausweg sein. Dabei wird der Patient mit dem verdünnten allergieauslösenden Stoff über einen längeren Zeitraum immer wieder »geimpft«. Dadurch gewöhnt sich das Immunsystem allmählich an den Stoff, und es kommt nicht mehr zu überschießenden, allergischen Reaktionen. Bei der Insektenstichallergie und bei Heuschnupfen sind die Erfolgsquoten hoch, bei anderen Krankheitsbildern niedriger. Eine solche Hyposensibilisierung erfordert viel Geduld, denn sie kann mehrere Jahre dauern. Gefährliche Nebenwirkungen sind sehr selten, aber nicht auszuschließen. Schlimmstenfalls droht ein gefährlicher anaphylaktischer Schock (→ Seite 522).

**Vorsicht, Schmusekatze: Eine Tierhaarallergie zeigt sich oft durch tränende Augen und Niesanfälle.**

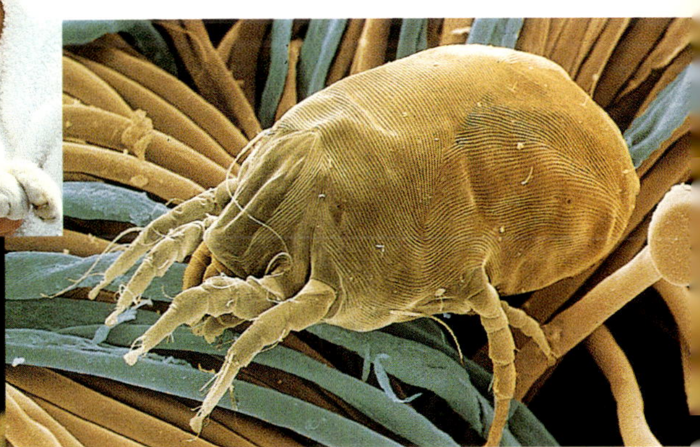

**Nicht Staub, sondern die Ausscheidungen einer winzigen Milbe sind verantwortlich für die Hausstauballergie.**

**Er kann unbeschwert über die Wiese laufen, doch mehr und mehr Kinder werden Allergiker.**

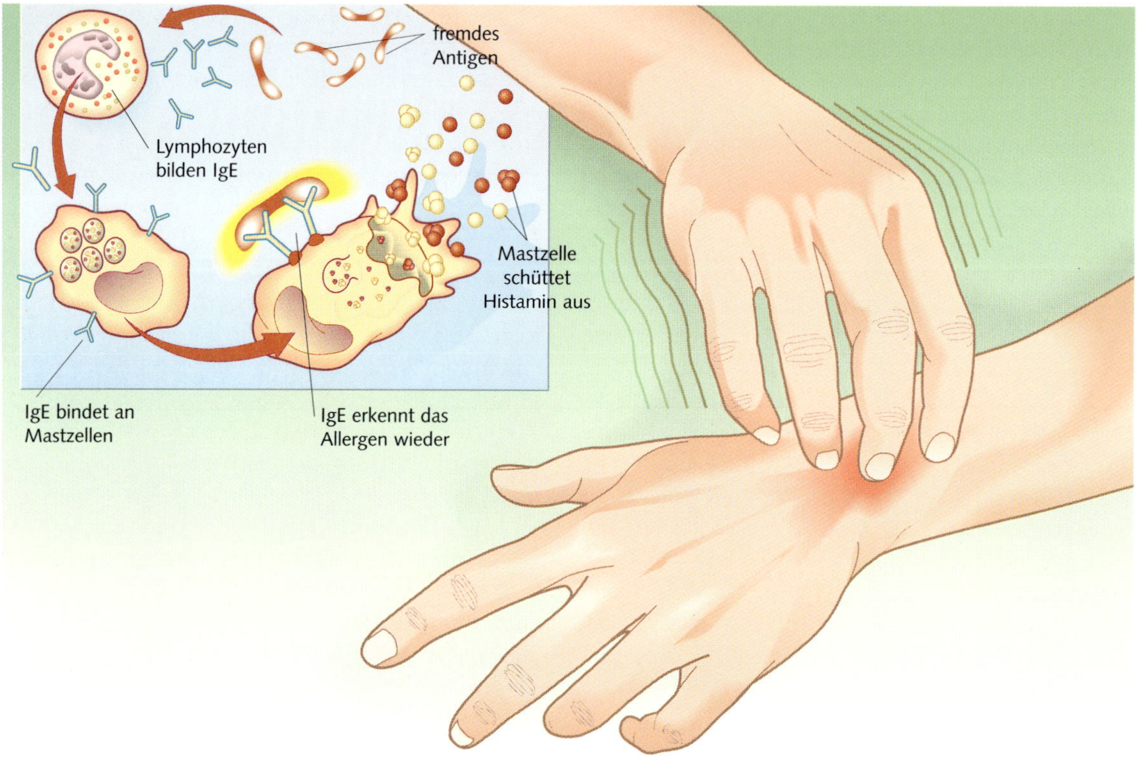


# Allergien

- **Das Immunsystem**
- **Die allergische Reaktion**
- **Die Symptome**

Allergien sind fehlgeleitete Reaktionen des Immunsystems (→ Seite 298) auf körperfremde, an sich harmlose Substanzen, die bei den meisten Menschen keinerlei Reizwirkung erzeugen. Der Grund dafür kann eine im Lauf des Lebens erworbene Überempfindlichkeit (Sensibilisierung) auf bestimmte Stoffe sein. Häufig spielt auch eine ererbte Neigung zur Allergie eine Rolle.

Krankheiten sind häufig dadurch gekennzeichnet, daß ein Organ oder ein Körpersystem schlecht oder gar nicht funktioniert. Bei Allergien ist es umgekehrt: Hier funktioniert das Immunsystem »zu gut« und schießt infolgedessen über sein Ziel hinaus. Bei der allergischen Reaktion werden körperfremde Substanzen nicht nur wie gefährliche Keime bekämpft, sondern das Immunsystem bildet weit mehr Antikörper, als bei einer normalen Abwehrsituation nötig wären. Dies führt zu einer Überempfindlichkeit gegen die betreffenden Substanzen statt zur Immunität wie nach einer Infektionskrankheit. Diese auslösenden Substanzen bezeichnet man als Allergene oder Antigene. Oft handelt es sich dabei um Stoffe aus unserer alltäglichen Umgebung wie Blütenpflanzen, Staub, Tierhaare, Nahrungsmittel, aber auch Chemikalien oder Arzneimittel.

## Das Immunsystem erinnert sich

Bei unserem Immunsystem handelt es sich normalerweise um einen hochwirksamen Schutz des Organismus. Körperfremde und schädliche Stoffe aus der Umwelt werden von spezialisierten Zellen unschädlich gemacht und über den Blutkreislauf entsorgt. Die tägliche Auseinandersetzung zwischen den verschiedensten Erregern und dem Immunsystem läuft beim gesunden Menschen in aller Stille und ohne spürbare krankhafte Beschwerden ab. Nicht so beim Allergiker. Der Körper produziert beim ersten Kontakt mit der vermeintlich schädlichen Substanz spezielle Antikörper, die man in der Medizin als Immunglobulin E (IgE) bezeichnet. Diese Antikörper lagern sich an den Mastzellen an, Zellen, die sich im Blut und im Körpergewebe befinden und abwehrend bei Entzündungsprozessen mitwirken. In dieser Sensibilisierungsphase sind für den Betroffenen noch keine Krankheitssymptome spürbar. Kommt es jedoch ein weiteres Mal zum Kontakt mit dem Allergen, »erinnert« sich das Immunsystem an den Eindringling und entsendet die zuvor gebildeten Antikörper zur Abwehr in die betroffenen Körperregionen. Während dieser Reaktionsphase wird aus den Mastzellen Histamin ausgeschüttet. Dieses Gewebshormon ist die Ursache für verschiedenste Symptome, vom Niesreiz übers Jucken bis zur Atemnot. Außerdem regt es die Schleimdrüsen zur Sekretbildung an, mit dem Ergebnis, daß die Nase trieft.

## Abwehr auf Irrwegen

Man unterscheidet allgemein vier Reaktionstypen des Immunsystems, denen alle bekannten allergischen Erkrankungen zugeordnet werden können:

- Typ I, die allergische Sofortreaktion, umfaßt die Mehrzahl aller Fälle. Die Symptome treten unmittelbar nach Kontakt mit dem Allergen auf. Ursache ist eine verstärkte Produktion von Antikörpern (IgE).
- Beim eher seltenen Typ II, der zellschädigenden Reaktion, binden sich körperfremde Teilchen an die Oberfläche von Blutzellen und machen dadurch die Zelle selbst zum Allergen. Vom Körper werden als Abwehrmaßnahme zellschädigende Enzyme ausgeschüttet, die allerdings auch das umliegende Gewebe angreifen und dadurch mit einigen Minuten Verzögerung eine allergische Reaktion auslösen.
- Bei Typ III können Allergene und Antikörper unter bestimmten Voraussetzungen mehrgliedrige Molekülkomplexe bilden. Enzyme, die in der Lage sind, diese sogenannten Immunkomplexe aufzulösen, schädigen zugleich das Gewebe. Dadurch rufen sie nach einigen Stunden allergische Symptome hervor.
- Bei Typ IV, der seinen Höhepunkt nach 24 bis 48 Stunden erreicht, reagieren nicht Antikörper auf die eindringenden Allergene, sondern eine spezielle Art weißer Blutkörperchen, die sogenannten T-Lymphozyten (→ Spezialisten im Einsatz, Seite 299), die bereits früher einmal sensibilisiert worden waren. Bei der Abwehr des Allergens setzen diese T-Lymphozyten Substanzen frei, die an der Hautkontaktstelle zu entzündlichen Reaktionen führen.

## Nicht nur Heuschnupfen

Im Prinzip kann jedes Organ von einer allergischen Reaktion betroffen sein – unabhängig vom auslösenden Allergen. Typische allergische Sofortreaktionen (Typ I) sind Schnupfensymptome (Niesreiz, Augenjucken, wässriger Fließschnupfen) und Atemnot. Wenn die Verdauungsorgane betroffen sind, produziert der Magen durch das freigesetzte Histamin mehr Magensäure, der Darm reagiert mit Krämpfen und Durchfall. Rötungen der Haut und Quaddeln werden ebenfalls durch Histamin hervorgerufen, während Kontaktekzeme in der Regel auf das Konto der entzündlich wirkenden T-Lymphozyten (Typ IV) gehen. Zellschädigende Reaktionen (Typ II und Typ III) können zur Zerstörung roter Blutkörperchen oder zu einer Entzündung der Lungenbläschen (→ Seite 249) führen.

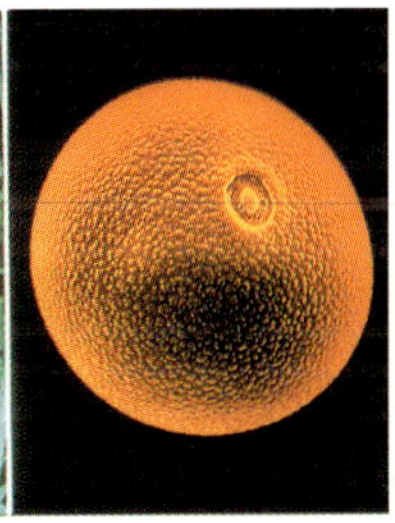

Die Pollen blühender Gräser sind oft die Auslöser für Heuschnupfen.

## Die Pseudo-Allergie

So manches, was aussieht wie eine Allergie, ist allerdings keine. Symptome und Krankheitsbild einer sogenannten Pseudo-Allergie sind nicht von denen einer »echten« Allergie zu unterscheiden, doch die biochemischen Vorgänge im Körper sind andere. Häufige Auslöser sind Arzneimittel, unter anderem Betäubungsmittel oder Röntgenkontrastmittel, aber auch Nahrungsmittel, die einen hohen Histamingehalt haben, wie zum Beispiel Fisch oder Käse. Im Unterschied zu echten Allergien treten solche pseudoallergischen Reaktionen bereits beim ersten Kontakt mit dem Antigen auf, da hier die Sensibilisierungsphase entfällt.

# Notfälle

## Allgemein gilt

Akute allergische Reaktionen sind zwar sehr unangenehm, aber meist nicht lebensbedrohlich. Bilden sie sich jedoch nicht nach kurzer Zeit zurück, sollten Sie sofort einen Arzt aufsuchen bzw. den Notarzt rufen.

## Schwerer Asthma-Anfall

▶ Symptome
- ➜ plötzlich auftretende, schwerste Atemnot
- ➜ große Schwierigkeit zu sprechen
- ➜ Angst, starkes Schwitzen, schneller Puls

Für einen schweren Asthma-Anfall (→ Seite 525) ist kennzeichnend, daß die Atemnot längere Zeit andauert und auch auf die üblichen, für Asthma verordneten Medikamente kaum anspricht.

### Ärztliche Behandlung

Der Arzt gibt krampflösende, bronchienerweiternde Medikamente und Kortison. Eventuell ist eine Sauerstoffgabe oder sogar künstliche Beatmung nötig.

### Selbsthilfe

Asthma-Kranke sollten ihre Medikamente immer bei sich tragen. Sie können auch beim schweren Anfall trotz eingeschränkter Wirkung eine leichte Linderung bringen.

## Akute Gefäßschwellung

▶ Symptome
- ➜ Anschwellen von Lippen, Zunge, Rachen und Augenlidern
- ➜ Hautrötung, stark juckende Quaddeln
- ➜ Atemnot

Schwellungen des Unterhautgewebes, die häufig zusammen mit Nesselfieber (→ Seite 527) auftreten, bezeichnet man auch als Angio- oder Quincke-Ödem. Akut lebensgefährlich sind sie im Mund-, Rachen- und Kehlkopfbereich, denn dann droht Erstickungsgefahr. Meist wird ein Angio-Ödem durch Nahrungsmittel oder Arzneimittel bzw. die darin enthaltenen Konservierungs- und Farbstoffe ausgelöst. In sehr seltenen Fällen ist die Ursache ein erblicher Enzymmangel.

### Ärztliche Behandlung

Verständigen Sie bei Atemnot und Schluckbeschwerden sofort einen Arzt. Er wird Adrenalin spritzen oder Kortison geben.

### Selbsthilfe

Informieren Sie den Arzt, wenn Sie an der angeborenen Form des Angio-Ödems leiden, da dies eine andere Behandlung erforderlich macht. Ein Notfallausweis kann lebensrettend sein!

## Anaphylaktischer Schock

▶ Symptome
- ➜ Beschleunigter Herzschlag, Angst
- ➜ Atemnot, Asthma-Anfall
- ➜ Übelkeit, Erbrechen
- ➜ Bauchkrämpfe, Urin- und Stuhlabgang
- ➜ Kreislaufkollaps, Bewußtlosigkeit

Ein anaphylaktischer Schock ist eine (seltene) schwere allergische Reaktion, die im Extremfall in wenigen Minuten zum Tod führen kann. Alarmsignale sind Zungenbrennen, Juckreiz an Händen und Füßen, Nase und Augen, Hautrötung, Quaddeln, Zuschwellen des Kehlkopfs und Atemnot. Die häufigste Ursache sind Arzneimittel, die in Form von Injektionen verabreicht wurden, selten auch Insektenstiche (→ Seite 531) und Nahrungsmittel (→ Seite 528).

### Ärztliche Behandlung

Als erstes spritzt der Arzt Adrenalin und Kortison, zusätzlich können Antihistaminika gegeben werden.

### Selbsthilfe

Gefährdete Allergiker sollten neben ihrem Allergiepaß immer ein Notfall-Set dabeihaben. Dazu gehört ein sogenannter Fastject-Injektor, um sich selbst Adrenalin zu spritzen.

# Spezielle Untersuchungen

## Hauttests

Die gebräuchlichsten Verfahren der Allergiediagnostik sind Hauttests, bei denen Allergenextrakte auf verschiedene Weise mit der Haut in Kontakt gebracht werden. Ist der Patient auf die getestete Substanz allergisch, bilden sich innerhalb von 15 bis 25 Minuten an der Kontaktstelle Quaddeln und Rötungen, die nach 1 bis 2 Stunden wieder abklingen.

Beim *Intrakutantest* wird der verdünnte Allergenextrakt in die oberste Schicht der Rükkenhaut oder der Innenseite des Unterarms gespritzt. Eine Variante davon ist der *Pricktest*, bei dem die gelöste Substanz auf die Innenseite des Unterarms getropft wird. Mit einer Nadel sticht der Arzt dann durch den Tropfen hindurch in die Haut, ohne daß dabei Blut austritt. Beim *Scratchtest* ritzt der Arzt die Innenseite der Unterarme an verschiedenen Stellen leicht an und tropft das Allergen auf.

**Epikutantest: Pflaster mit Testlösungen werden auf die Haut geklebt.**

Ein Verfahren für hochgradig sensibilisierte Patienten ist der *Reibtest*. Dabei wird die Testsubstanz auf der Innenseite des Unterarms hin und her gerieben. Beim Reibtest verwendet man natürliche Allergene, zum Beispiel Tierhaare, Nüsse oder gepreßte Frucht- und Gemüsesäfte. Beim *Epikutantest* (Läppchentest) werden die Allergenextrakte nicht unter, sondern mit Hilfe spezieller Pflaster auf die Haut aufgetragen. Das Ergebnis liest der Arzt nach 24, 48 und 72 Stunden ab.

## Provokationstests

Mit diesen Tests werden allergische Reaktionen direkt am betroffenen Organ »herausgefordert« (provoziert). Sie eignen sich besonders für den Nachweis von Allergenen, die über die Atemwege aufgenommen werden.

Beim *nasalen Provokationstest* wird ein allergenhaltiges Spray direkt auf die Nasenschleimhaut gesprüht. Bei entsprechend sensibilisierten Patienten kommt es unmittelbar danach zu den charakteristischen Reaktionen wie Niesreiz, Augentränen oder Anschwellen der Schleimhaut.

Die *bronchiale Provokation* wird eingesetzt, wenn sich die Beschwerden hauptsächlich in den unteren Atemwegen zeigen, wie bei Asthma-Anfällen. Dabei inhaliert der Patient das vermutete Allergen. Die Reaktion tritt in der Regel innerhalb der ersten halben Stunde ein, doch es kann auch zu Spätreaktionen nach 4 bis 8 Stunden kommen. Deshalb gilt die Regel: Nur ein Allergen pro Tag testen.

Bei der *oralen Provokation* schluckt der Patient eine verdünnte Allergenlösung, um die krankmachende Wirkung eines Mittels auf Magen und Darm zu testen. Sie wird aber auch bei anderen Symptomen wie Schnupfen, Asthma oder Hautausschlägen verwendet, wenn man vermutet, daß der Auslöser ein Nahrungs- oder Arzneimittel ist. Diese Untersuchungsmethode sollte am besten stationär durchgeführt werden, da es dabei auch zu schweren allergischen Reaktionen kommen kann.

## RAST-Test

Der Radio-Allergo-Sorbens-Test – so der vollständige Name – ist ein Bluttest, mit dem man spezifische Antikörper (IgE) gegen Allergene im Blut nachweisen kann. Damit werden bereits in Verdacht geratene Allergene gezielt getestet. Der RAST-Test wird eingesetzt, wenn andere Testverfahren nicht zu eindeutigen Ergebnissen geführt haben oder bei hochgradig sensibilisierten Patienten nicht durchgeführt werden können.

## Heuschnupfen
(Allergischer Schnupfen)

**▶ Symptome**
- ➜ Augentränen, Augenjucken
- ➜ Juckreiz in der Nase und im Mund
- ➜ Niesanfälle, wäßriger Fließschnupfen
- ➜ manchmal Husten, Atemnot

Hunderttausende von Menschen leiden jedes Jahr etwa um die gleiche Zeit unter Heuschnupfen, einer Spielart des allergischen Schnupfens. Die häufigste allergische Erkrankung trägt ihren Namen allerdings zu Unrecht: Sie entsteht nicht nur zur Heuernte, sondern während der ganzen Frühlings- und Sommermonate. Ausgelöst wird der Heuschnupfen durch den Blütenstaub (Pollen) von Bäumen, Sträuchern, Gräsern und Getreide, der in hoher Konzentration die Luft anreichert. Durchschnittlich 4000 bis 8000 feinste Pollenkörner atmet jeder Mensch täglich ein, für Allergiker sind 50 bereits zuviel.
Häufig sind Allergiker jedoch nicht nur gegen eine oder mehrere Pollenarten sensibilisiert, sondern reagieren auch überempfindlich auf Nahrungsmittel, die mit den Pollenträgern botanisch verwandt sind (Kreuzallergie). Wer auf Baumpollen allergisch ist, zeigt zum Beispiel oft auch Reaktionen auf Nüsse sowie Stein- und Kernobst.
Die Voraussetzung dafür, einen allergischen Schnupfen zu bekommen, ist die sogenannte Atopie. Darunter versteht man eine Überempfindlichkeit der Schleimhäute und der Haut, die dazu führen kann, daß man Heuschnupfen, aber auch allergisches Asthma und Neurodermitis (→ Seite 526) entwickelt. Manche Atopiker leiden im Lauf ihres Lebens an allen drei Krankheiten, mitunter sogar an allen gleichzeitig.
Für viele Patienten aber bringt das Ende der »Pollen-Saison« nicht das erhoffte Abklingen der Beschwerden: Sie leiden an einem allergischen Schnupfen, der das ganze Jahr über auftreten kann, schlimmstenfalls sogar ganzjährig akut ist. Er wird nicht nur von Pollen, sondern zusätzlich durch Hausstaubmilben, Schimmelpilze, Tierhaare oder sogar Nahrungsmittel hervorgerufen (→ Wichtige Allergene, Seite 528).

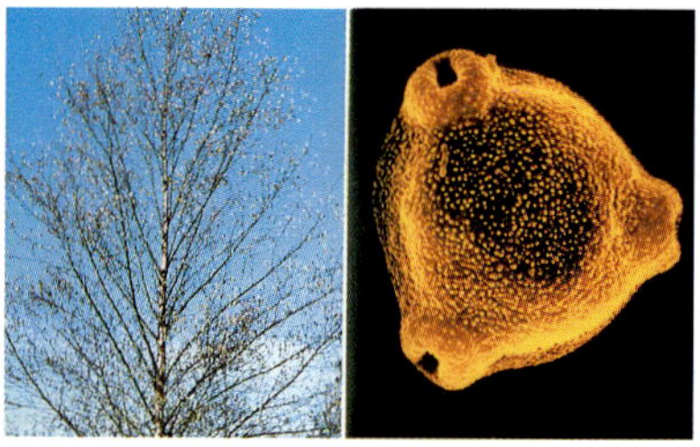

**Mit der Birkenblüte beginnt für viele Allergiker die Heuschnupfen-Saison.**

### Ärztliche Behandlung

Ein allergischer Schnupfen sollte möglichst frühzeitig ursächlich – durch Hyposensibilisierung – behandelt werden, denn bei über einem Drittel der Patienten verlagert sich die Krankheit sonst nach etwa fünf bis zehn Jahren auf die Bronchien und führt zu allergischem Asthma.
Zunächst wird der Arzt mit Hilfe von Hauttests feststellen, auf welche Pollen oder andere Allergene man reagiert (→ Seite 523).
Zur Linderung der Symptome können Antihistaminika und Kortison eingesetzt werden, doch die wichtigste Behandlungsmaßnahme ist die Hyposensibilisierung (→ Seite 519) gegen das auslösende Allergen. Erleichterung kann auch eine Klimatherapie (→ Seite 649) bringen, da die Pollendichte am Meer und im Hochgebirge sehr viel geringer ist.

### Selbsthilfe

Allergene, die über die Atemluft aufgenommen werden, lassen sich nur schwer ganz ausschalten. Einige Vorsichtsmaßnahmen im Alltag können dem Pollen-Allergiker jedoch beträchtliche Erleichterung bringen:
- Tragen Sie im Freien eine (Sonnen-)Brille. Dadurch können die Pollenkörner nicht so leicht in die Augenschleimhaut gelangen.
- Halten Sie sich an Tagen mit hoher Pollenbelastung soviel wie möglich im Haus auf. Über den Pollengehalt der Luft und den Pollenflug informieren die Medien und der Pollenflugdienst (→ Adressen, Seite 798) täglich.
- Duschen Sie vor dem Schlafengehen. Das verhindert, daß Pollen, die sich in den Haaren festgesetzt haben, nachts eingeatmet werden.
- Schlafen Sie bei geschlossenem Fenster.
- Häufiges Staubsaugen und Staubwischen kann hilfreich sein, sollte aber nach Möglichkeit nicht vom Betroffenen selbst durchgeführt werden, weil dabei auch viel Luft aufgewirbelt wird.
- Verzichten Sie auf Zigaretten, denn Nikotin greift die Schleimhäute an.
- Vermeiden Sie scharfe Putzmittel oder andere intensive Geruchsstoffe.

## Allergisches Asthma bronchiale

**▶ Symptome**

- ➜ Kurzatmigkeit, akute Atemnot, Erstickungsangst
- ➜ erschwerte Ausatmung mit Pfeifgeräuschen
- ➜ Husten, verstärkte Schleimabsonderung
- ➜ Gefühl der Brustenge

Asthma bronchiale äußert sich als anfallsartige Atemnot. Sie wird als quälender Lufthunger erlebt, beruht aber in Wirklichkeit auf einer Behinderung des Ausatmens. Die Ursache dafür ist eine entzündliche Verengung der Atemwege, die oft durch Allergene (→ ab Seite 528) wie Tierhaare, Hausstaub, Medikamente, Nahrungsmittel, Pollen oder Schimmelpilzsporen ausgelöst wird.
Daneben gibt es auch ein nicht-allergisches Asthma, das durch Infektionen oder eine chemisch-physikalische Reizung der Atemwege bedingt ist. Auch seelische Faktoren wie Streß und innere Erregung können die Entstehung dieser Krankheit begünstigen bzw. Dauer und Verlauf von Asthmaschüben mitbeeinflußen. Wie alle atopischen Erkrankungen (→ Heuschnupfen) kommt auch das allergische Asthma familiär gehäuft vor.

### Ärztliche Behandlung

Beim ersten Verdacht, unter Asthma zu leiden, sollten Sie sich an Ihren Arzt wenden, denn ohne Behandlung verschlimmert sich der Zustand im Lauf der Zeit immer mehr. Ein schwerer Asthma-Anfall ist lebensbedrohlich (→ Seite 522).
Bei einem Asthma-Anfall ebenso wie zur Prophylaxe gibt der Arzt Medikamente, die die Bronchien erweitern: sogenannte Beta-2-Sympathomimetika. Für die weitere Behandlung ist heute eine Stufentherapie üblich, bei der man Beta-2-Sympathomimetika mit Kortison gegen die Entzündung abwechselt.
Eine weitere wichtige Medikamentengruppe sind die Theophylline. Sie wirken ebenfalls bronchienerweiternd, entzündungshemmend und regen die Atmung an, müssen jedoch sehr genau dosiert werden, um die Nebenwirkungen niedrig zu halten. Eine Hyposensibilisierung (→ Seite 519) ist nur erfolgversprechend, wenn durch Provokationstests die Ursache für das Asthma nachgewiesen wurde. Die Behandlung dauert etwa drei Jahre.

### Pollenflugkalender

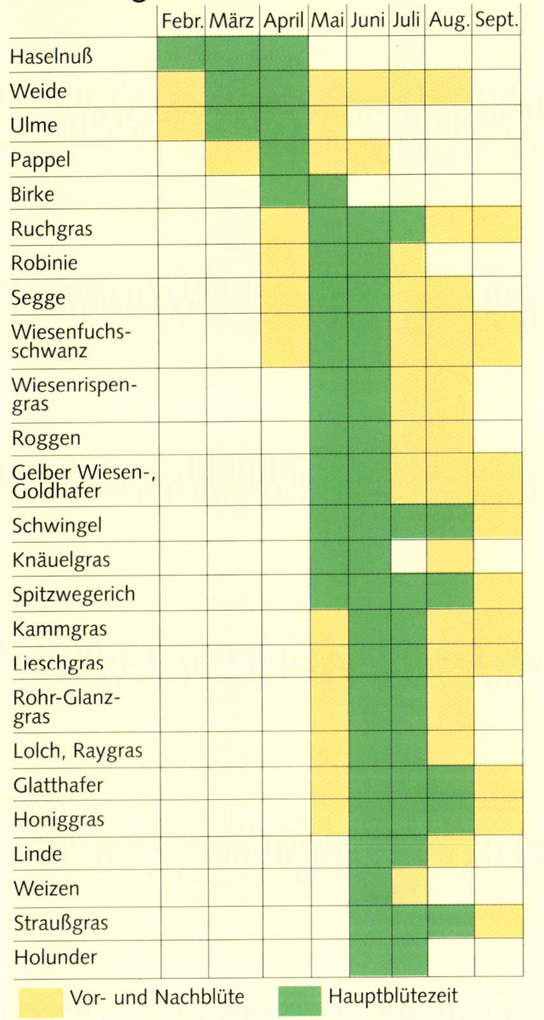


### Selbsthilfe

Tragen Sie die Medikamente, die der Arzt Ihnen für den Asthma-Anfall verschrieben hat, immer bei sich. Abgesehen von den Ihnen bekannten Allergenen sollten Sie alle Atemwegsreize vermeiden, wie zum Beispiel Zigarettenrauch, Staub oder kalte Luft. Wenn Sie Kortison inhalieren, sollten Sie hinterher den Mund gut ausspülen, da sonst das Wachstum von Candida-Pilzen begünstigt wird (→ Mundsoor, Seite 325). Durch Übungen, wie man sie in der Verhaltenstherapie (→ Seite 658) praktiziert, und durch eine spezielle Atemschulung können Sie lernen, mit Ihrer Krankheit bestmöglich umzugehen.

## Neurodermitis (Atopisches Ekzem)

▶ Symptome
- ➔ trockene, gerötete Haut
- ➔ Schuppen- und Knötchenbildung
- ➔ Hautverdickungen an Nacken, Ellenbogen und Kniekehlen
- ➔ starker Juckreiz

Vorwiegend Kinder und junge Erwachsene sind zunehmend von dieser quälenden, in Schüben auftretenden Hautentzündung betroffen, die – wie alle allergischen Erkrankungen – nicht ansteckend ist. Die Patienten leiden besonders unter dem starken, kaum zu unterdrückenden Juckreiz, der dazu führt, daß sie sich die Haut stellenweise völlig aufkratzen. Das birgt nicht nur die Gefahr von schweren Hautschäden, sondern auch von nachfolgenden Infektionen.

Die genauen Ursachen der Neurodermitis sind nicht bekannt, Voraussetzung aber ist wie beim Heuschnupfen (→ Seite 524) unter anderem eine ererbte Überempfindlichkeit der Schleimhäute und der Haut, die sogenannte Atopie (deshalb auch Atopisches Ekzem). Auslöser für den Ausbruch der Krankheit bzw. einen akuten Schub können verschiedenste Allergene sein, zum Beispiel Nahrungsmittel, Wasch- und Pflegemittel, Pollen, Milben oder Tierhaare. Auch psychische Faktoren können eine Rolle spielen, da bei Streß oder Angst unter anderem auch Histamine freigesetzt werden, die zu Juckreiz und Entzündungen beitragen.

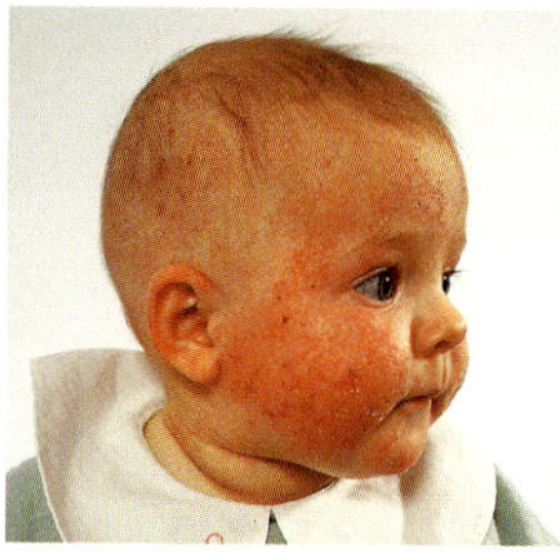

**Milchschorf ist eine bei Kleinkindern häufige Form der Neurodermitis.**

Meist beginnt die Neurodermitis bereits im Säuglingsalter als Milchschorf. Dieses sogenannte Säuglingsekzem zeigt sich oft in Form von schuppenden, gelblichen, zum Teil nässenden Flecken am Kopf und im Gesicht, die bei vielen Kindern im zweiten Lebensjahr wieder verschwinden. Später befällt die Krankheit mehr die Gelenkbeugen, Hals und Nakken, oft auch die Hände. Ab dem 30. Lebensjahr bildet sich die Neurodermitis oft ganz zurück.

### Ärztliche Behandlung

Wenn die Haut anfängt, stark zu jucken, sollten Sie schnell einen Arzt aufsuchen. Die Symptome können mit entzündungshemmenden Medikamenten, Kortison und Antihistaminika gelindert werden. Zur Basistherapie setzt der Arzt fettende Salben und Ölbäder ein. Dadurch kann sich die Haut erholen und weitgehend normalisieren. Eine Bestrahlung mit UV-Licht (→ Phototherapie, Seite 643) oder eine mindestens vierwöchige Klimatherapie, vor allem im Hochgebirge oder am Meer (→ Klimatherapie, Seite 649), können ebenfalls zu einer Besserung führen.

### Selbsthilfe

An erster Stelle steht die Vermeidung auslösender Allergene. Da sie für jeden Patienten individuell verschieden sind, gibt es auch keine bestimmte Neurodermitis-Diät. Um die Allergene herauszufinden, kann man in Absprache mit dem Arzt eine »Eliminationsdiät« probieren. Dabei werden abwechselnd bestimmte Nahrungsmittel für einige Zeit vom Speiseplan gestrichen und die Auswirkungen beobachtet. Besonders wichtig ist für alle Neurodermitis-Patienten – ob klein oder groß – eine intensive Hautpflege. Tragen Sie Wolle nie direkt auf der Haut. Bei einem akuten Krankheitsschub können zur Linderung der Symptome Wasseranwendungen (→ Kalte Güsse und Waschungen, Seite 722) ebenso beitragen wie nicht zu heiße Vollbäder mit Molke, Tee, Soja-, Kamillen- und Rosmarinöl oder Heilerdewickel (→ Seite 731). Entspannungstechniken (→ Seite 686) helfen vielen Neurodermitis-Kranken, mit ihrer Krankheit besser zurechtzukommen. Unterstützung und Anleitung finden Sie auch bei den zahlreichen Selbsthilfegruppen (→ Adressen, Seite 798).

## Allergisches Kontaktekzem

▶ Symptome
- ➔ Rötungen und Schwellungen der Haut
- ➔ Knötchen- und Bläschenbildung
- ➔ Schuppen und Krustenbildung
- ➔ Juckreiz

Ein allergisches Kontaktekzem entsteht in der Regel dadurch, daß die betroffene Hautpartie von einem Allergen berührt und eine Immunreaktion des Typs

IV (→ Seite 521) ausgelöst wurde. Über das Blut können sich auch an anderen Körperstellen sogenannte Streuekzeme bilden. Als Auslöser wirken oft Metalle (Nickel, Chrom, Kobalt) oder Pflanzen (vor allem Korbblütler wie Chrysanthemen, Kamille, Arnika und Beifuß), aber auch Kosmetika, Arzneimittel oder in Textilien enthaltene Chemikalien und Waschmittelreste. Weit verbreitet sind Kontaktekzeme durch Modeschmuck (→ Seite 530). Die chronische Form des Kontaktekzems entwickelt sich meist durch besondere Beanspruchung der Haut, wie man ihr zum Beispiel am Arbeitsplatz ausgesetzt ist (→ Gesundheitsrisiko Arbeitsplatz, Seite 529).

### Ärztliche Behandlung

Die Diagnose des allergischen Kontaktekzems ist oft nicht einfach, weil das Erscheinungsbild anderen Hauterkrankungen ähnelt oder man den Allergie-auslösenden Stoff lange Zeit gut vertragen hat. Zur Linderung des Juckreizes wird der Arzt ein Antihistaminikum verschreiben. Kühlende feuchte Umschläge und eine kortisonhaltige Salbe oder Lotion bringen das Ekzem zum Abheilen, eine echte Heilung wird aber nur erzielt, wenn das verursachende Allergen strikt gemieden wird.

### Selbsthilfe

Konsequente Hautpflege ist eine wichtige Voraussetzung für die Wiederherstellung der geschädigten Haut. Versuchen Sie jeden Kontakt mit hautreizenden Stoffen zu vermeiden. Vorsicht ist vor allem auch bei Kosmetika und Putzmitteln geboten.

## Nesselfieber (Urtikaria)

**▶ Symptome**
- Hautrötung
- stark juckende Quaddeln

Diese Hauterkrankung erhielt ihren Namen von der Brennessel (botanisch: Urtika), weil die auftretenden Hauterscheinungen den Rötungen und Schwellungen ähneln, die durch die Berührung dieser Pflanze entstehen. Häufig sind eine Nahrungsmittelunverträglichkeit oder bestimmte Medikamente die Ursache für die Nesselsucht, seltener auch Pollen, Insekten und Parasiten. Der Urtikaria muß aber keine Allergie zugrunde liegen, sie kann auch durch physikalische Reize (Kälte, Wärme, Druck) oder durch Kontakt mit giftigen Stoffen von Tieren oder Pflanzen (zum Beispiel Brennesseln) ausgelöst werden.
Eine Sonderform der Nesselsucht ist die Gefäßschwellung (Angio-Ödem), die mit starken Schwellungen im Kopfbereich einhergeht (→ Seite 522).

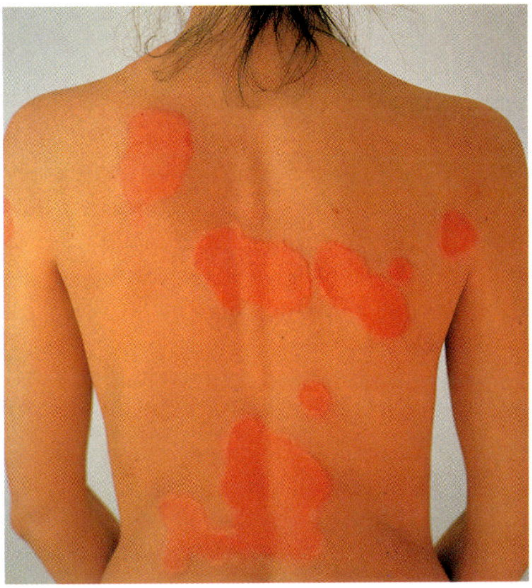

**Durch die Berührung von Brennesseln entstehen ähnliche Hautrötungen wie bei der Urtikaria.**

### Ärztliche Behandlung

Gegen die Beschwerden werden Antihistaminika, in schweren Fällen auch Kortison eingesetzt. Die Meidung des Allergens ist bei Nahrungsmitteln oft möglich. Wenn es sich um Allergene handelt, die mit dem Atem aufgenommen werden, ist eine Hyposensibilisierung (→ Seite 519) erfolgversprechend.

### Selbsthilfe

Psychische Erregung, körperliche Anstrengung, sehr heißes Duschen und jede Veränderung der Hautdurchblutung können die Symptome verschlimmern und sollten deshalb vermieden werden. Entspannungsübungen (→ Seite 686) sind eine gute Methode, sich in kurzer Zeit zu beruhigen, was einen positiven Effekt auf die Beschwerden hat.

## Allergische Bindehautentzündung

→ Bindehautentzündung, Seite 154.

## Nahrungsmittelallergie

► Symptome
- ➜ Übelkeit, Erbrechen, Durchfall, Migräne
- ➜ Atemnot, Asthma-Anfall
- ➜ Schwellungen im Mund- und Rachenbereich
- ➜ Kreislaufkollaps

Ob Milch, Eier, Brot, Obst, Gemüse, Fleisch oder Fisch – praktisch jedes Nahrungsmittel kann eine allergische Reaktion hervorrufen. Dazu kommen zahlreiche Lebensmittel-Zusatzstoffe und – im Zuge veränderter Eßgewohnheiten – viele importierte Nahrungsmittel. Dadurch ist das Immunsystem mit immer mehr möglichen Allergenen konfrontiert, die über den Verdauungstrakt ins Blut gelangen und die verschiedenartigsten Symptome auslösen können, selten auch einen anaphylaktischen Schock (→ Seite 522). Eine schwere Form der Nahrungsmittelallergie ist die Sprue, bei Kindern Zöliakie genannt. Dies ist eine Unverträglichkeit von Gluten, einem Eiweißstoff im Getreide. Dadurch wird der Darm so geschädigt, daß die Nährstoffaufnahme stark gestört ist. Wachstumsstörungen bei Kindern, Blutarmut und Knochenabbau sind die Folge.

### Ärztliche Behandlung

Um die Allergie-Auslöser herauszufinden werden zahlreiche »verdächtige« Nahrungsmittel ausgetestet, oft begleitet von einer Eliminationsdiät. Dabei werden nacheinander verschiedene Nahrungsmittel vom Speisezettel gestrichen, um festzustellen, wann sich die Symptome bessern. Zur Linderung akuter Beschwerden kann der Arzt Antihistaminika einsetzen.

**Auch exotische Früchte können Allergien auslösen.**

### Selbsthilfe

Eine große Hilfe für die Diagnostik ist es, wenn Sie mindestens zwei bis drei Wochen lang ein Ernährungsprotokoll führen. Darin sollten alle Nahrungs-, Genuß- und Arzneimittel sowie Getränke verzeichnet sein, die Sie zu sich genommen haben, und eventuell auffällige Reaktionen, die meist ein bis sechs Stunden nach der Nahrungsaufnahme eintreten. Wenn Sie wissen, auf welche Lebensmittelzusatzstoffe Sie allergisch reagieren, sollten Sie beim Einkaufen stets eine Liste der schädlichen Substanzen bei sich tragen und mit den entsprechenden Hinweisen auf den Verpackungen vergleichen. Glutenfreie Nahrungsmittel gibt es in Reformhäusern.

## Arzneimittelallergie

► Symptome
- ➜ Schwellungen, Rötung der Haut
- ➜ Hautausschläge, Nesselsucht
- ➜ punktförmige Blutungen aus kleinsten Gefäßen
- ➜ Fließschnupfen, Asthma-Anfälle

Die mit Abstand häufigsten Arzneimittelreaktionen sind Entzündungen oder Ausschläge der Haut. Bei Arzneimittel-Injektionen kann es in seltenen Fällen zum lebensgefährlichen anaphylaktischen Schock (→ Seite 522) kommen. Zu den häufigsten pharmakologischen Allergenen gehören Röntgenkontrastmittel, Penizillin und einige schmerzstillende Mittel. Auch Zusatz- und Hilfsstoffe können für die allergische Reaktion verantwortlich sein.

### Ärztliche Behandlung

Die Symptome bilden sich in der Regel bald zurück, sobald die allergieauslösenden Medikamente abgesetzt sind. Um Komplikationen auszuschließen, sollten Sie sich dennoch an einen Arzt wenden. Zur Linderung setzt er meist Antihistaminika, in schweren Fällen Kortison ein. Eine erwiesene, aber auch eine vermutete Allergie sollte im Allergiepaß vermerkt werden.

### Selbsthilfe

Weisen Sie Ihren Arzt oder Apotheker in jedem Fall – auch ungefragt – darauf hin, gegen welche Medikamente bei Ihnen eine Überempfindlichkeit besteht. Bei einer Untersuchung mit Röntgenkontrastmittel kann eventuell auch vorbeugend ein Kortisonpräparat oder Antihistaminikum verabreicht werden. Wenn der Arzt Ihnen eine Spritze geben will, fragen Sie, ob die gleiche Wirkung nicht auch in Tablettenform erzielt werden kann.

## Sonnenallergie (Photoallergische Reaktion)

### ▶ Symptome

- ➜ Rote Flecken, Knötchen
- ➜ Juckreiz, Schuppenbildung, Nässen

Die Sonnenallergie ist eine typische Erkrankung der ersten warmen Sonnentage, wenn die winterblasse Haut zum ersten Mal wieder einer intensiven Sonnenbestrahlung ausgesetzt ist. Man nimmt heute an, daß nicht die UV-A-Strahlen der Sonne allein für diese Hauterkrankung verantwortlich sind, sondern daß die Inhaltsstoffe von Sonnencremes (Emulgatoren), Kosmetika oder Parfüms durch die Lichteinwirkung zu Allergenen werden und an den lichtexponierten Hautpartien Entzündungen hervorrufen. Den gleichen Effekt können unter anderem auch manche Arzneimittel haben.

### Ärztliche Behandlung

Bei heftigem Juckreiz sollten Sie sofort den Arzt aufsuchen. Der Juckreiz kann durch die Einnahme von Antihistaminika oder eine Zinkschüttelmixtur gelindert werden. Im übrigen heilen die Hautveränderungen narbenlos ab, sobald man sich nicht mehr der Sonne aussetzt.

### Selbsthilfe

Menschen, die zu Sonnenallergie neigen, sollten sich langsam an die Sonne gewöhnen und fettfreie Sonnenschutzmittel mit UV-A-Filter ohne Emulgatoren verwenden.

## Gesundheitsrisiko Arbeitsplatz

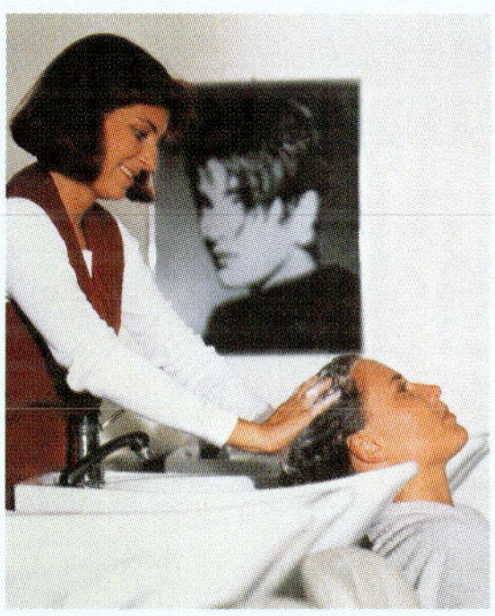

Wenn Sie über einen längeren Zeitraum während der Woche Schnupfen, Husten oder Ausschläge haben und sich am Wochenende oder im Urlaub plötzlich wesentlich besser fühlen, liegt der Verdacht auf eine allergisch bedingte Berufskrankheit nahe. Damit steht für viele Menschen nicht nur die berufliche Existenz auf dem Spiel, sondern auch Lebensinhalt und Selbstwertgefühl.

Besonders betroffen sind Autolackierer, Bäcker, Floristen, Friseure, Gärtner, holzverarbeitende Berufe, Köche, Maler, Maurer, Pflegepersonal in Krankenhäusern und Tierpfleger. Sie alle sind in ihrem beruflichen Alltag häufig mit chemischen Substanzen und Metallen, aber auch mit natürlichen Allergenen wie Tierhaaren, Holz- oder Mehlstaub konfrontiert. Die häufigsten Krankheitsbilder sind allergische Haut- und Atemwegserkrankungen.

Wenn sich die Hinweise auf eine allergiebedingte Berufskrankheit mehren, sollte man gemeinsam mit einem Arzt überlegen, ob und wie der Kontakt mit den als Allergene ermittelten Stoffen oder Arbeitswerkzeugen vermieden werden kann. Hilfreich sind zum Beispiel Handschuhe, ein Mundschutz oder eine Schutzkleidung. Die Empfindlichkeit der Haut kann durch intensive Pflege gemildert werden.

Medikamente stellen langfristig keine Lösung dar, wenn der Betroffene den Umgang mit dem allergieauslösenden Stoff nicht meiden kann. Als letzter Ausweg bleiben dann nur die Umschulung und ein Arbeitsplatzwechsel, vielleicht auch innerhalb der Firma. Unter welchen Bedingungen das möglich ist bzw. wann eine Allergie als Berufskrankheit anerkannt wird, darüber informieren die Berufsgenossenschaften.

## Schimmelpilzallergie

▶ Symptome
- ➜ wäßriger Dauerschnupfen
- ➜ Augenjucken, Augentränen
- ➜ Hautjucken
- ➜ Atemnot, Asthma-Anfälle
- ➜ Kopfschmerzen, Fieber, Frösteln, Durchfall

Schimmelpilze können die Ursache bzw. der Auslöser für alle allergischen Atemwegserkrankungen sein. Es gibt sie überall in der Natur und im Wohnbereich. Sie wachsen an feuchten Stellen hinter Tapeten, Kacheln und Schränken, in Klimaanlagen, an schattigen Mauern, in der Erde von Zimmerpflanzen, auf Komposthaufen oder in Biotonnen. Vor allem bei feuchtem Wetter werden mikroskopisch kleine Schimmelpilzsamen (Sporen) mit der Atemluft von unserer Lunge aufgenommen. Besonders gefährdet ist man in Räumen, die über einen längeren Zeitraum nicht gut gelüftet wurden. Auch in der Nahrung können zahlreiche Schimmelpilzallergene enthalten sein. Dies gilt nicht nur für so offensichtliche Schimmelpilzprodukte wie Gorgonzola, sondern auch für Essig, Wein, Orangensaft, Brot, Obst, Gemüse sowie Nuß- und Mandelprodukte (Marzipan), wo der Pilzbefall oft nicht mit bloßem Auge erkennbar ist.

### Ärztliche Behandlung

Zur Linderung vor allem der asthmatischen Beschwerden können Antihistaminika, bronchienerweiternde Medikamente und in schweren Fällen auch Kortison verordnet werden. Die Pilzsporenbelastung in Innenräumen läßt sich durch die Analyse von Staubproben messen. Da eine völlige Vermeidung des Allergens für den Schimmelpilz-Allergiker schwierig ist, sollte eine Hyposensibilisierung (→ Seite 519) erwogen werden.

### Selbsthilfe

Zur Vorbeugung ist es wichtig, stets ausreichend zu lüften und gefährdete Stellen regelmäßig zu reinigen. Entsprechende Mittel gibt es im Handel. In Feuchträumen (Bad, Toilette) sollten möglichst keine Holzverschalungen oder Tapeten angebracht sein. Mit Pilz befallene Lebensmittel sollten Sie generell wegwerfen, unbedingt aber Brot und Marmelade. Das Ausschneiden oder Abschöpfen der sichtbar befallenen Stellen nützt in den wenigsten Fällen, denn der Pilz sitzt wesentlich tiefer und breitet sich aus.

### Krank durch Modeschmuck?

Kontaktekzeme (→ Seite 526) durch Nickelschmuck sind im wahrsten Sinn des Wortes zur »Modekrankheit« und zum Spitzenreiter unter den allergischen Hauterkrankungen avanciert. Das einzige Gegenmittel mit Erfolgsgarantie ist aber bisher noch immer die Karenz, das heißt der Verzicht auf schmuckes Beiwerk aus nickelhaltigen Materialien (zum Beispiel Edelstahl). Wenn auch Sie empfindlich auf Nickel reagieren, fragen Sie beim Schmuckkauf nach dem Nickelgehalt und achten Sie darauf, daß die Knöpfe Ihrer Jeans nicht die bloße Haut berühren.

Nickel-Allergien können jedoch auch dadurch ausgelöst oder verstärkt werden, daß man das Metall über die Nahrung aufnimmt. Patienten mit einer Nickel-Allergie sollten deshalb zum Kochen kein Edelstahlgeschirr, sondern Emailletöpfe benutzen. Einen hohen Nickelgehalt haben auch Mandeln, Nüsse, Kakao, Haferflocken, Hülsenfrüchte und Sojabohnen.

## Hausstauballergie

▶ Symptome
- ➜ wäßriger Fließschnupfen
- ➜ Augenjucken, Augentränen
- ➜ Asthma-Anfälle, Nesselsucht

Hausstaub gehört zu den Allergenen, die mit der Atemluft aufgenommen werden. Eigentlicher Allergie-Auslöser ist der zu feinem Staub zerfallene Kot der Hausstaubmilben, mikroskopisch kleiner, spinnenartiger Tierchen. Sie halten sich bevorzugt in Betten, Matratzen, Polstermöbeln und Teppichen auf, sind aber auch in altem Käse, Trockenfrüchten, in Getreide oder Mehl, Kleidungsstücken und besonders auf abgelagertem Heu zu finden.

### Ärztliche Behandlung

Zur Linderung der Symptome verordnet der Arzt sogenannte Antihistaminika. Die wichtigste therapeutische Maßnahme ist jedoch die Bekämpfung der Ursache, also die Sanierung des Wohnraums (→ Selbsthilfe). Eine Hyposensibilisierung (→ Seite 519) ist in vielen Fällen erfolgversprechend.

### Selbsthilfe

Für Milben undurchlässige Matratzenüberzüge führen meist zu einer Besserung der Beschwerden. Bettbezüge, Kissen und Decken sollten bei 95 °Celsius waschbar sein. Teppiche und Polstermöbel sollten regelmäßig gesäubert werden, am Anfang der Sanierung mit speziellen Milben-tötenden Präparaten. Entfernen Sie »Staubfänger« (Vorhänge, Wandteppiche, offene Bücherregale) soweit möglich, vor allem aber aus dem Schlafzimmer.

## Tierhaarallergie

### ▶ Symptome

- ➜ Ausschlag, Nesselsucht
- ➜ Fließschnupfen, Niesanfälle, Asthma
- ➜ Augentränen

Bei Beschwerden, die durch Tiere ausgelöst werden, sind oft weniger deren Haare als vielmehr Hautschuppen, Speichelpartikel und Kot die Allergene. Sie werden über die Atemluft aufgenommen, können aber auch durch direkten Hautkontakt Rötungen und Ekzeme auslösen.
Pelzmäntel, Kamelhaardecken, Schafwollteppiche und andere Produkte tierischer Herkunft können grundsätzlich die gleichen Symptome hervorrufen wie lebende Tiere.

### Ärztliche Behandlung

Die wichtigste Therapiemaßnahme ist die Vermeidung des Allergens, was allerdings auch die Trennung von einem liebgewordenen Tier bedeuten kann. Die Hyposensibilisierung (→ Seite 519) gegen Katzen- und Hundehaare wird mittlerweile relativ häufig und mit Erfolg durchgeführt.

### Selbsthilfe

Kleidungsstücke aus Tierfell oder -haaren sollten Sie ebenso meiden wie lebende Tiere. Bei weniger schwerwiegenden allergischen Reaktionen brauchen Sie Ihr Haustier jedoch nicht unbedingt wegzugeben. Regelmäßiges Waschen oder feuchtes Abreiben des Fells hilft auch.

## Insektenstichallergie

### ▶ Symptome

- ➜ Quaddeln, Rötungen, Schwellungen
- ➜ Nesselsucht, Fließschnupfen
- ➜ Erbrechen, Krämpfe
- ➜ Asthma-Anfall, Atemnot
- ➜ Kreislaufkollaps

Der Stich einer Biene, Wespe, Hummel oder Hornisse löst bei entsprechend sensibilisierten Allergikern Reaktionen aus, deren Bandbreite von starken Schwellungen im Bereich der Einstichstelle bis zum lebensbedrohlichen anaphylaktischen Schock (→ Seite 522) reicht. Oft entwickelt sich die Sensibilisierung im Verlauf wiederholter Stiche, deshalb ist besondere Vorsicht geboten, wenn Ihre Reaktion von Stich zu Stich heftiger wird.

**Wespenstiche können bei Allergikern heftige Reaktionen auslösen.**

### Ärztliche Behandlung

Die Diagnose ist einfacher, wenn Sie wissen, von welchem Insekt Sie gestochen wurden. Die Hyposensibilisierung (→ Seite 519) zeigt gerade bei dieser Allergieform besonders gute Ergebnisse.

### Selbsthilfe

Im Gegensatz zu den von Natur aus freundlichen Bienen, sind Wespen und Hornissen aggressiver und stechen manchmal auch, wenn sie nicht provoziert werden. Für den Fall, daß Sie gestochen werden, sollten Sie Ihr Notfall-Set mit den wichtigsten Medikamenten dabeihaben. Mit einigen Vorsichtsmaßnahmen können sie das jedoch meist vermeiden:

- Laufen Sie im Freien nicht barfuß und halten Sie bei Gartenarbeiten Arme und Beine bedeckt.
- Vorsicht beim Picknicken: Essensreste ziehen Wespen und Bienen an.
- Verzichten Sie im Freien auf Parfüms, Rasierwasser und stark duftende Kosmetika. Insekten werden durch Düfte angelockt.
- Reiben Sie sich mit Insektenschutzmittel ein, bevor Sie ins Freie gehen. Es gibt mittlerweile auch wirksame Naturprodukte.

# Wissenswertes über Infektionen

Infektionskrankheiten sind weltweit immer noch die häufigste Todesursache, selbst wenn sie in den modernen Industrienationen durch Herz-Kreislauf-Erkrankungen von Platz eins dieser traurigen Statistik verdrängt wurden. Die Zeiten, in denen Cholera, Typhus, Pest und Pocken ganze Landstriche entvölkerten, liegen für die Bewohner der gemäßigten Klimazonen lang zurück. Manche Krankheiten, zum Beispiel die Pocken, gelten gar als ausgerottet (→ Was ist aus den Seuchen geworden?, Seite 548).

## Rückkehr der Seuchen?

Der Ausbruch der erworbenen Immunschwäche AIDS (→ Seite 304), die Zunahme von Diphtherie- und Tuberkulose-Erkrankungen oder die unheimliche Rinderseuche BSE: all das zeigt, daß die Infektionskrankheiten auch in den hygienisch perfekten, hochindustrialisierten Ländern immer noch Angst und Schrecken verbreiten können. Die Gründe für die Bedrohung durch neue und alte Seuchen sind vielfältig. Zu den wichtigsten zählen der weltweite Handel und Reiseverkehr, Verstädterung, Bevölkerungswachstum und Wanderbewegungen. Das läßt lokale Epidemien schnell zur globalen Gefahr werden, zumal die Erreger Verwandlungskünstler sind und so nicht nur dem Immunsystem, sondern auch der medizinischen Forschung ein Schnippchen schlagen. Bestes Beispiel dafür ist die Resistenz, die eine Reihe von Erregern gegen einst wirksame Medikamente entwickelt haben. So sind viele Bakterien heute gegen bestimmte Antibiotika unempfindlich – nicht zuletzt weil diese Wunderwaffe gegen bakterielle Infektionen oft unkritisch eingesetzt wurde und wird.

## Eine Infektion – was ist das?

Schon in der Antike erkannten die Menschen den Zusammenhang zwischen Ansteckung und Krankheit. Doch erst die Vergrößerung durch das Mikroskop machte es möglich, die Erreger wie Bakterien, einzellige Parasiten und Pilze sichtbar zu machen. Für Viren benötigt man sogar ein Elektronenmikroskop ebenso wie für Prionen und Eiweißmoleküle, die BSE und andere Nervenerkrankungen (→ Seite 207) auslösen können.

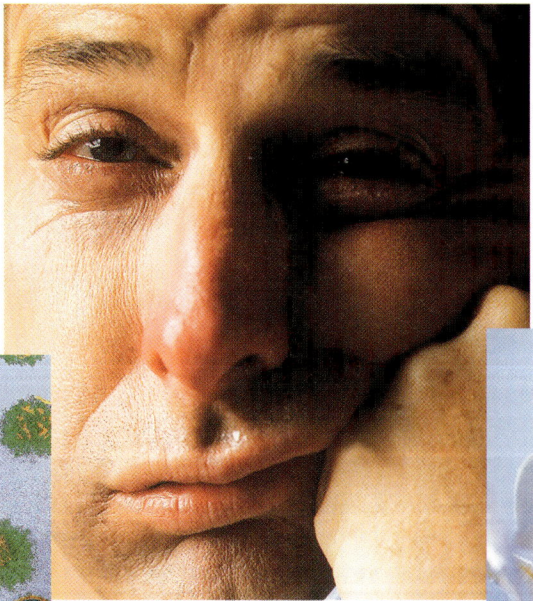

Alle Jahre wieder: Leicht fängt man sich eine Erkältung ein und wird sie nur schwer wieder los.

Viren verursachen eine Vielzahl von Krankheiten, vom harmlosen Schnupfen bis zur bedrohlichen Gehirnhautentzündung.

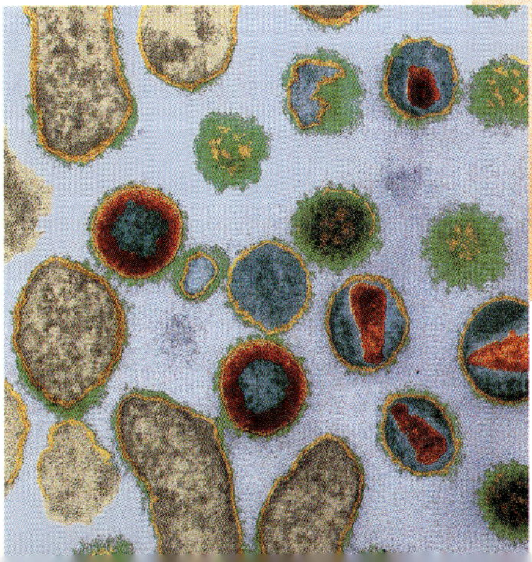

Vorsicht in heißen Ländern: Eiswürfel, verdünnte Säfte und Drinks können Bakterien enthalten.

Bei einer Infektion dringen die Erreger über Haut und Schleimhäute, Atem-, Verdauungs- und Harnwege in den Körper ein und vermehren sich. Von Krankheit spricht man erst, wenn Beschwerden auftreten. Das kann ein örtlich begrenzter, lokaler Infekt sein wie eine Blasenentzündung (→ Seite 365) oder eine »echte« (systemische) Infektionskrankheit, bei der sich die Erreger über Blut und Lymphe im ganzen Körper ausbreiten (→ Grippe, Seite 542).
Die Gefahr der Ansteckung besteht überall: beim direkten Kontakt mit infizierten Menschen und Tieren, durch verunreinigte Gegenstände, Nahrung und Wasser oder über das Blut, zum Beispiel bei Mückenstichen, Operationen oder Bluttransfusionen. Eine Übertragung von der Mutter auf ihr Kind kann über die Nabelschnur, während der Geburt oder über die Muttermilch stattfinden.
Die Symptome einer Infektion entstehen dadurch, daß die Erreger bzw. deren Giftstoffe Zellen und Gewebe zerstören, aber auch durch die Abwehrreaktion des Körpers (→ Das Immunsystem, Seite 298). Dabei kommt es zu den »klassischen« Entzündungszeichen: Rötung, Erwärmung, Schwellung und Schmerz in der betroffenen Körperregion. Oft tritt dabei auch Fieber auf (ab 37,8 ° bzw. 38,3 °Celsius, je nachdem ob in der Achselhöhle oder im Darm gemessen wird). Zu hohe Temperaturen können für den Organismus gefährlich sein. Deshalb ist es ab 38,5 °Celsius meist ratsam, das Fieber mit Medikamenten und/oder Wadenwickeln (→ Seite 738) zu senken.

## Infektionskrankheiten verhüten

Warum sich – unter den gleichen Bedingungen – ein Mensch infiziert und ein anderer nicht, ist immer noch nicht restlos geklärt. Eine zentrale Rolle dabei spielt das Immunsystem. Alles, wodurch es beeinträchtigt wird (Streß, chronische Krankheiten, bestimmte Medikamente und vieles mehr), begünstigt eine Infektion. Gesunde Ernährung, Sport und eine entspannte Lebenseinstellung helfen der Abwehr beim Kampf gegen die Erreger. Oft funktioniert sie so gut, daß wir eine Infektion gar nicht bemerken.
Zum kleinen Einmaleins der Verhütung von Infektionen gehört auch heutzutage die Hygiene, ganz besonders auf Fernreisen, wo der sorglose Umgang mit Nahrungsmitteln schon manche Urlaubsfreude getrübt hat (→ Durchfall auf Reisen, Seite 545). Die beste, mitunter die einzig wirksame Waffe aber bleiben vorbeugende Schutzimpfungen (→ Seite 610).

**Spurensuche im Labor: Auf Nährböden werden Bakterien vermehrt und dann genauer bestimmt.**

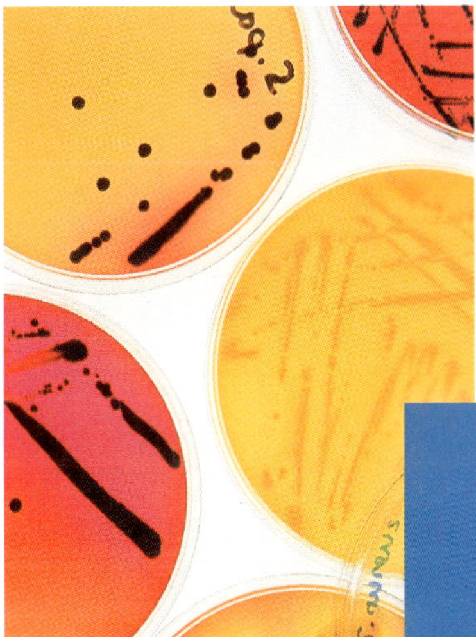

**Vor ungekochten Leckerbissen sollte man sich in fernen Ländern besser hüten.**

**Fernweh und Reiselust haben bei uns zur Zunahme seltener Infektionskrankheiten geführt.**

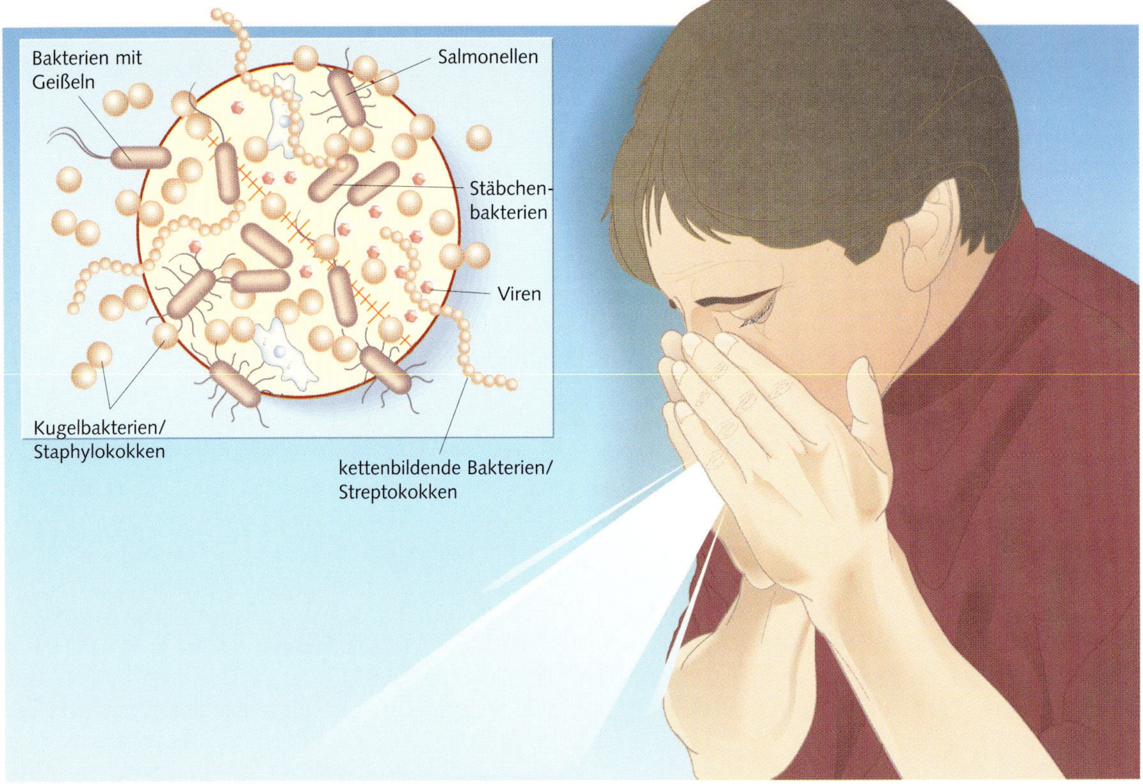


# Bakterien und Viren

- **Aufbau und Arten**
- **Lebensform**
- **Infektionen**

Bakterien sind mikroskopisch kleine, einzellige Organismen. Zusammen mit den Blaualgen bilden sie das Reich der sogenannten Prokaryonten, die als selbständige biologische Einheit neben dem Tier- und Pflanzenreich stehen.
Viren sind winzige Teilchen, die im Gegensatz zu den Bakterien keinen eigenen Stoffwechsel besitzen und deshalb zu ihrer Vermehrung fremde Zellen als Wirt benötigen.

## Bakterien – klein, aber stark

Die Bakterien stellen eine riesige, uneinheitliche Gruppe von Mikroorganismen dar. Diese Kleinstlebewesen (0,2 bis 5 Tausendstel Millimeter) kommen überall vor – in der Luft, im Boden und im Wasser – und haben erstaunliche Fähigkeiten, auch schwierigsten Umweltsituationen zu trotzen. So gibt es Bakterien, die ganz ohne Sauerstoff oder bei Extremtemperaturen leben können, andere bilden widerstandsfähige Dauerformen aus, die jahre- bis jahrhundertelang existieren können, bevor sie sich unter günstigeren Bedingungen wieder vermehren.
Während der weitaus größte Teil der Bakterien für den Menschen unschädlich oder ihm sogar nützlich ist, gibt es nur eine relativ kleine – aber wichtige – Gruppe, die in der Lage ist, Krankheiten auszulösen und Menschen, Tieren und Pflanzen zu schaden. Zu den Nützlingen zählen zum Beispiel die Bakterien, die die natürliche Darmflora des gesunden Menschen bilden oder bei der Herstellung von Nahrungsmitteln wie Joghurt, Käse oder Sauerkraut zum Einsatz kommen. Manche Bakterien entfalten auch eine gewisse Schutzfunktion gegenüber krankmachenden Kei-

men. Beim gesunden Menschen siedeln zahlreiche verschiedene Bakterien im Darmtrakt, aber auch auf behaarten oder feuchten Hautarealen und den Schleimhäuten der Mund- und Nasenhöhle. Ist die Abwehrkraft geschwächt, können sie – obwohl normalerweise unschädlich – auch Krankheiten auslösen.

## Kugeln, Stäbchen und Schrauben

Nach ihrer Form unterscheidet man drei Gruppen von Bakterien: Kugeln (Kokken), Stäbchen und Schrauben (Spirochäten). Die kugelförmige Bakterien können sich in Haufen- oder in Kettenform aneinanderlagern, man nennt sie dann Staphylokokken bzw. Streptokokken. Sie spielen zum Beispiel als Eitererreger bei vielen Krankheiten eine wichtige Rolle (→ Streptokokkeninfektionen, Seite 540; → Staphylokokkeninfektionen, Seite 540).
Zu den stäbchenförmigen Bakterien zählen viele Erreger von Darm- und Harnwegsinfekten (→ Seite 365 und 367). Schraubenförmige Bakterien verursachen zum Beispiel die durch Zeckenbiß übertragene Lyme-Borreliose (→ Seite 193) oder die Syphilis (→ Seite 546). Etwas aus dem Rahmen fallen die Chlamydien (→ Chlamydieninfektionen, Seite 541), die sich wie Viren nur in Wirtszellen vermehren, ansonsten aber Bakterien ähneln.
Ihr krankmachende (pathogene) Wirkung entfalten Bakterien durch Giftstoffe (Toxine), die sie entweder ausscheiden oder die beim Absterben der Bakterien entstehen. Diese Toxine können auch zu schweren Schädigungen des Herzmuskels, der Nieren und Leber sowie zu Lähmungen und anderen Komplikationen führen.

## Viren erobern die Zellen

Viren sind winzig kleine Krankheitserreger, die im Gegensatz zu allen anderen Mikroorganismen nur aus einer Eiweißhülle und einem Kern mit Erbsubstanz bestehen. Um lebensfähig zu sein, brauchen sie deshalb die Zellen anderer Organismen, denn nur dort können sie sich vermehren. Haben sie sich erst Zutritt zu ihren Wirtszellen verschafft, werfen sie ihre Eiweißhülle ab und setzen ihre Erbsubstanz in der »eroberten« Zelle frei. Dadurch wird die Wirtszelle gezwungen, Virusbestandteile in großen Mengen herzustellen, die dann zu fertigen Viren zusammengesetzt und ausgeschleust werden. Die befallenen Zellen können, müssen aber nicht zugrunde gehen. Bleiben sie am Leben, sichern sie damit oft für lange Zeit auch das Überleben des Virus. So können zum Beispiel Herpesviren viele Jahre lang in Nervenzellen verbleiben und immer wieder zu Beschwerden führen (→ Gürtelrose, Seite 457)

## Gibt es einen Schutz gegen Viren?

Das Eindringen eines krankmachenden Virus in den menschlichen Körper führt unter anderem dazu, daß das Immunsystem Antikörper bildet (→ Spezialisten im Einsatz, Seite 299). Dadurch kann eine natürliche Immunität gegen diese spezielle Krankheit entstehen; allerdings gibt es Viren, die ihre Form und ihre Eigenschaften so verändern, daß die bereits gebildeten Antikörper bei künftigen Infektionen keinen Schutz mehr bieten.

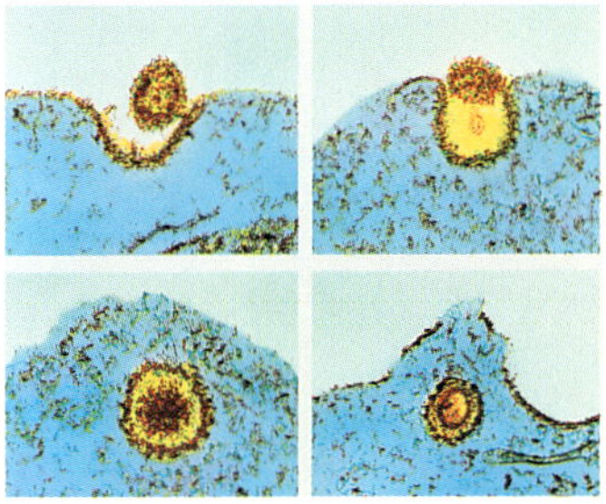

**Ein Virus bringt eine Zelle dazu, es aufzunehmen. Anschließend kann es sich in der Zelle vielfach vermehren.**

Viren können zahlreiche Krankheiten auslösen, von harmlosen Erkältungen (→ Seite 245) über die »klassischen« Kinderkrankheiten (→ ab Seite 556) bis hin zu lebensbedrohlichen Infektionen wie AIDS (→ Seite 304). Bestimmte Viren besitzen die Fähigkeit, die Entwicklung einer bösartigen Geschwulst zu fördern oder gar auszulösen. So kann ein Leberkrebs (→ Lebertumoren, Seite 356) durch Hepatitis-B-Viren verursacht werden, auch bei der Entstehung des Gebärmutterhalskrebses (→ Seite 391) sind Viren beteiligt.
Anders als bei bakteriellen Infektionen, die man wirksam mit Antibiotika (→ Seite 634) bekämpft, war gegen Viruserkrankungen bis vor nicht allzu langer Zeit »kein Kraut gewachsen«. Mittlerweile hat man sogenannte Virostatika entwickelt, die zumindest bei einigen Erkrankungen erfolgreich eingesetzt werden. Sie können zwar das Virus nicht abtöten, aber sein Wachstum hemmen, ohne dabei den Körper zu schädigen. Deshalb bleibt die beste Therapie bei Viruserkrankungen die Verhütung der Infektion, wenn möglich durch eine Impfung (→ Seite 610).

# Notfälle

## Allgemein gilt

Ist die natürliche Abwehr beeinträchtigt, so kann bei einer Infektion mit gefährlichen Bakterien und Viren schnell eine akut lebensbedrohliche Situation entstehen. Aber auch Menschen mit einem gut funktionierenden, gesunden Immunsystem (→ Seite 298) können durch eine Infektionskrankheit in ernste Gefahr geraten.

Anzeichen einer gefährlichen Infektion sind:

- anhaltendes oder immer wiederkehrendes Fieber, Schüttelfrost (nicht bloßes Kältegefühl oder Frösteln!), Kreislaufschwäche
- quälender Husten mit Atemnot, Erstickungsanfällen, Blaufärbung des Gesichts, rostfarbener oder blutiger Auswurf
- blutige Durchfälle, hartgespannter, schmerzender Bauch
- anhaltender Durchfall und Erbrechen bei Säuglingen und Kleinkindern
- starke Kopfschmerzen und Nackensteifheit, Benommenheit, Muskelkrämpfe und Lähmungserscheinungen.

## Lebensmittelvergiftung

▶ Symptome

- ➜ Übelkeit, Erbrechen und Durchfall
- ➜ schneller Puls
- ➜ auffällige, »stehende« Hautfalten
- ➜ manchmal Muskellähmungen

Seit der Verbesserung hygienischer Maßnahmen bei der Herstellung und Aufbewahrung von Lebensmitteln, wie der Pasteurisierung der Milch (kurzzeitiges Erhitzen auf über 70 °Celsius), der amtlichen Fleischbeschau, dem Tiefkühlen oder der keimfreien Konservierung, sind Lebensmittelvergiftungen selten geworden. In Einzelfällen stellen sie aber durchaus noch eine ernstzunehmende Bedrohung dar, vor allem für kleine Kinder und alte Menschen. Gefahrenquellen sind – vor allem bei längerer Aufbewahrung nach dem Zubereiten – hausgemachte Konserven (→ Botulismus, Seite 544), Milchprodukte, Mayonnaise, Speiseeis, Süßspeisen mit Milch und rohen Eiern (→ Salmonelleninfektionen, Seite 544), Fleisch- und Wurstwaren sowie Fische und Meeresfrüchte. Manchmal können auch Verwechslungen eßbarer mit giftigen Früchten oder Pilzen zu Vergiftungen führen.

### Ärztliche Behandlung

Wenn Sie innerhalb von ein paar Stunden (bei einer Salmonelleninfektion auch bis zu drei Tagen) nach dem Essen oder Trinken die oben beschriebenen Symptome haben, müssen Sie sofort einen Arzt aufsuchen! Dieser kann Ihnen Gegenmittel geben, falls nötig den Magen auspumpen und – je nach Ursache der Vergiftung – die weitere Behandlung, vielleicht auch im Krankenhaus, veranlassen.

### Selbsthilfe

Bitte kein Erbrechen auslösen! Verdächtige Lebensmittel aufheben und mit zum Arzt nehmen.

## Blutvergiftung (Sepsis)

▶ Symptome

- ➜ eventuell rötlich-bläuliche Streifen an Armen oder Beinen
- ➜ hohes Fieber, Schüttelfrost, bei Kleinkindern auch Fieberkrämpfe
- ➜ Verwirrtheit, Benommenheit
- ➜ Erbrechen und Durchfall

Auch über kleine Wunden können krankmachende Bakterien in die Haut eindringen. Über die Lymphbahnen werden sie zu den nächstgelegenen Lymphknoten transportiert, was im Falle einer Lymphgefäßentzündung die typischen Streifen an Armen oder Beinen verursachen kann. Sie sind oft das erste Anzeichen einer Blutvergiftung, müssen aber nicht auftreten. Das Gift (Toxin) einer bestimmten Art von Staphylokokken kann in seltenen Fällen bei Frauen, die Tampons benutzen, eine gefährliche Blutvergiftung hervorrufen.

### Ärztliche Behandlung

Bei obigen Beschwerden müssen Sie sofort zum Arzt! Er wird Ihnen Blut abnehmen, um den

# Notfälle

Erreger zu bestimmen. Bei einer Blutvergiftung wird ein Antibiotikum (meist als Infusion) gegeben.

### Selbsthilfe

Säubern Sie jede (auch noch so kleine) Wunde und desinfizieren Sie sie mit Alkohol oder Jod. Wadenwickel helfen, hohes Fieber zu senken. Frauen sollten ihre Tampons häufig wechseln.

## Wundstarrkrampf (Tetanus)

Die Erreger des Wundstarrkrampfs sitzen überall in der Erde. Über Hautschürfungen und Wunden können sie ins Gewebe gelangen und eine lebensgefährliche Infektion verursachen (→ Seite 194).

## Schwere Atemwegsinfektion

**▶ Symptome**

- ➜ hohes Fieber (bis 40 °Celsius), Schüttelfrost
- ➜ stechende Schmerzen in der Brust
- ➜ eitriger oder rostfarbener Auswurf
- ➜ quälender Husten, Atemnot, Erstickungsanfälle, Blaufärbung des Gesichts
- ➜ schneller Puls, Benommenheit

Während die meisten Virusinfektionen der Atemwege harmlos sind, kann es bei einer Influenza-Epidemie (→ Grippe, Seite 542), vor allem bei älteren Menschen, durchaus zu lebensbedrohlichen Erkrankungen kommen. Auch bei Kindern, die von bellenden Hustenanfällen gequält werden, muß unbedingt ein Arzt hinzugezogen werden, um die (harmloseren) Parainfluenzavirus-Infektionen wie Pseudokrupp (→ Seite 557) von gefährlicheren Erkrankungen wie Keuchhusten und Epiglottitis abzugrenzen (→ Seite 557). Eine Lungenentzündung (→ Seite 248) kann als Komplikation der Influenza auftreten, aber auch durch zahlreiche andere Viren und Bakterien verursacht werden.

### Ärztliche Behandlung

Wenn die oben beschriebenen Symptome auftreten, müssen Sie sofort zum Arzt! Fiebersenkende und entzündungshemmende Medikamente lindern die Beschwerden. Sind Bakterien die Ursache, sind Antibiotika nötig. Bei Atemnot und Erstickungsgefahr wird künstlich beatmet, schlimmstenfalls ein Luftröhrenschnitt gemacht.

### Selbsthilfe

Schonung, Wadenwickel, um das Fieber zu senken, und viel Flüssigkeit helfen bei der Genesung. Zur Vorbeugung kann eine Grippeimpfung (→ Seite 542) sinnvoll sein.

## Schwere Magen-Darm-Infektion

**▶ Symptome**

- ➜ Übelkeit, Durchfall und Erbrechen
- ➜ eventuell blutig-schleimiger Stuhl
- ➜ schneller Herzschlag, Benommenheit
- ➜ manchmal Schläfrigkeit und Ohnmachtsanfälle

Durchfälle und Erbrechen sind vor allem bei Kindern und Säuglingen immer ernst zu nehmen, da diese innerhalb weniger Stunden bedrohlich viel Flüssigkeit verlieren können. Meist sind Viren oder Kolibakterien die Ursache. Der Flüssigkeitsverlust kann zu Ohnmachtsanfällen führen, da das Gehirn nicht ausreichend mit Blut versorgt wird.

### Ärztliche Behandlung

Ein beschleunigter Herzschlag sowie zunehmende Benommenheit sind Alarmsignale, spätestens dann sollte unbedingt ein Arzt gerufen werden! Je nach Ursache wird er Medikamente verordnen, eventuell sind Infusionen nötig.

### Selbsthilfe

Achten Sie auf reichliche Flüssigkeitszufuhr, um einer Austrocknung vorzubeugen.

## Infektionen von Gehirn und Nerven

Lebensgefährliche Infektionen von Gehirn und Nerven können auch durch den Biß eines Tieres oder durch Zeckenstich übertragen werden und zu Tollwut (→ Seite 194) oder Frühsommer-Meningoenzephalitis (→ Seite 193) führen.

# Spezielle Untersuchungen

Um festzustellen, ob Sie (oder Ihr Kind) eine Infektionskrankheit haben, wird der Arzt Sie zuerst genau nach den Beschwerden und ihrer Entwicklung befragen. Das liefert ihm, zusammen mit den Ergebnissen der körperlichen Untersuchung (→ Seite 614), bereits wichtige Erkenntnisse über mögliche Ansteckungsquellen, Übertragungswege, den Zeitpunkt der Ansteckung sowie den Schweregrad der Erkrankung und auch über eventuelle Komplikationen.

Bei der ärztlichen Untersuchung legt er besonderes Augenmerk auf den Zustand von Haut und Schleimhäuten (Mund und Rachen), Herz- und Lungenfunktion, Lymphknoten, Leber und Milz. Außerdem wird das Fieber gemessen und eine Blutuntersuchung gemacht, bei der die Erhöhung der Zahl der weißen Blutkörperchen sowie die Senkungsgeschwindigkeit der Blutkörperchen ermittelt werden (→ Spezielle Untersuchungen, Seite 291). Diese Werte zeigen an, ob im Körper eine Entzündung stattfindet, und können dadurch auf eine Infektion hindeuten.

## Bakterien und Viren auf der Spur

Um andere Krankheiten auszuschließen und die richtige Therapie festzulegen, ist als nächstes der genaue Nachweis der Krankheitserreger wichtig. Dazu benötigt der Arzt Proben (Abstriche von Haut- und Schleimhäuten, Blut, Urin, Stuhl), die er zur Analyse an ein mikrobiologisches Labor weiterleitet. Dort kann man mit Hilfe verschiedener Tests Mikroorganismen wie Bakterien, Viren, Pilze und Parasiten bestimmen. Zu diesem Zweck versucht man, die Erreger anzuzüchten, das heißt sie zu vermehren.

Während die meisten Bakterien unter geeigneten Bedingungen (mit ausreichend Sauerstoff, Wärme und Feuchtigkeit) auf Nährmedien wachsen, gelingt dies bei Viren nicht. Sie sind zur Vermehrung auf lebende Zellen angewiesen und werden deshalb in der Regel in sogenannten Zellkulturen oder bebrüteten Hühnereiern angezüchtet. Das ganze Verfahren dauert meist ein bis zwei Tage, in Einzelfällen sogar bis zu sechs Wochen.

## Anzucht von Bakterien

Sind Bakterien im Untersuchungsmaterial vorhanden, werden sie mit einem für sie geeigneten Farbstoff eingefärbt. Dadurch kann man sie unter dem Mikroskop grob identifizieren. Um sie genau bestimmen zu können, ist allerdings meist eine Anzucht in der Bakterienkultur notwendig. Die Probe wird dazu auf Nährmedien ausgestrichen und ein bis zwei Tage im Brutschrank bei Körpertemperatur (37 °Celsius) aufbewahrt. Da es eine Vielzahl bekannter Erreger gibt, ist es oft nötig, die »bebrüteten« Bakterien mit biochemischen Methoden genauer zu identifizieren, ein Verfahren, das man als bunte Reihe bezeichnet.

Hat man ein krankmachendes Bakterium in der Probe gefunden, so kann man austesten, welches Antibiotikum gegen den Krankheitserreger besonders wirksam ist. Das bedeutet – und dies ist einmalig in der Medizin –, daß man den Behandlungserfolg durch ein Medikament mit einiger Sicherheit vorhersagen kann, bevor der Patient mit der Einnahme beginnt. Dazu werden die Bakterien mit verschiedenen Antibiotika in unterschiedlicher Konzentration behandelt. Daran läßt sich ablesen, welches Antibiotikum die Bakterien am schnellsten am Wachstum hindert bzw. abtötet.

**Rund um das Antibiotikum in der Mitte sind keine Bakterien gewachsen.**

Fast alle medizinisch bedeutenden Bakterien lassen sich auf Nährmedien anzüchten. Diese werden zum Teil künstlich, zum Teil auf Basis natürlicher Stoffe hergestellt und können Zusätze enthalten, die nur das Wachstum bestimmter Bakterien erlauben. Beim Keimwachstum entstehen zunächst Einzelkolonien, die dann zu einem gleichmäßigen Rasen verschmelzen können. Form, Aussehen und Farbe erlauben oft schon eine erste Diagnose.

# Spezielle Untersuchungen

## Anzucht von Viren

Viren wachsen nur in lebendigen Zellen und lassen sich deshalb nicht wie Bakterien auf Nährböden anzüchten. Aus diesem Grund müssen sie in sogenannten Zellkulturen vermehrt werden. Dafür sind viele Zelltypen menschlicher oder tierischer Herkunft geeignet. Häufig verwendet man befruchtete Hühnereier. Da Viren mit dem normalen Mikroskop nicht zu erkennen sind, muß man sie entweder mit dem Elektronenmikroskop oder mit speziellen Färbemethoden sichtbar machen. Der Nachweis von Viren ist allerdings sehr aufwendig und teuer, deshalb geht man in der medizinischen Praxis meist einen anderen Weg und sucht nach Antikörpern, die das Immunsystem gegen das Virus gebildet hat (→ Seite 299).

**Bakterienkulturen werden unter dem Mikroskop genauestens untersucht.**

## Der Nachweis von Antikörpern

An der Art und Menge von Antikörpern, die die körpereigene Abwehr gegen einen krankmachenden Eindringling entwickelt, läßt sich eine Infektion – in gewissen Grenzen – beurteilen. Dazu wird eine Untersuchung des Bluts, genauer des Blutserums, gemacht, die sogenannte Serologie. Das Blutserum ist die klare Flüssigkeit, die sich vom Blut absetzt, wenn dieses gerinnt (→ Ein Saft, der es in sich hat, Seite 288).

Man unterscheidet verschiedene Typen von Antikörpern: die Immunglobuline der M- und der G-Klasse, abgekürzt IgM und IgG. Erstere sind fast immer Zeichen einer frischen Infektion. Antikörper der IgG-Klasse werden erst etwas später im Verlauf der Erkrankung gebildet, dafür aber in größeren Mengen. Sie können jahre- oder auch lebenslang nach einer Infektion im Körper verbleiben und eine natürliche Immunität gegen einen speziellen Erreger bewirken.

Die Aussagekraft dieser Untersuchungsmethode hat jedoch ihre Grenzen, zum Beispiel weil im Körper auch Antikörper einer lang zurückliegenden Infektion sein können. Manchmal dauert es bei einer frischen Infektion auch Tage und Wochen, bis die Abwehr Antikörper bildet. Es kann also auch sein, daß Sie eine Infektion haben, ohne daß Antikörper nachgewiesen werden können.

## Pilze und Parasiten

Auch wenn der Verdacht besteht, daß eine Erkrankung durch Parasiten oder Pilze (→ Seite 550) ausgelöst wurde, schickt der behandelnde Arzt einen Haut- oder Schleimhautabstrich oder andere Proben (Haare, Stuhl, Urin) zur weiteren Untersuchung in ein Labor. Dort legt man dann eine Pilzkultur an. Anhand der speziellen Wachstumsformen und mit speziellen Färbemethoden kann man meist bestimmen, um welche Art von Pilz es sich handelt, und eine gezielte Behandlung festlegen. Läßt sich der Pilz in den untersuchten Proben nicht nachweisen, kann es manchmal sinnvoll sein, einen Bluttest auf Antikörper zu machen. Allerdings erlaubt der Nachweis der Antikörper nicht immer eine sichere Unterscheidung zwischen einer akuten oder einer bereits ausgeheilten Pilzinfektion. Manche Pilze können sich auch in der Lunge, der Leber, den Nieren oder anderen Organen festsetzen; darüber können eine Röntgen- oder eine Ultraschall-Untersuchung Aufschluß geben.

Vergleichsweise einfach ist hingegen der Nachweis von Parasiten. Sie müssen meist nicht angezüchtet werden, denn aufgrund ihrer Größe lassen sich auch Einzeller (→ Seite 551) bereits unter dem Mikroskop identifizieren. Große Parasiten wie Würmer und die meisten Gliederfüßer (Läuse, Flöhe, Zecken) sind mit bloßem Auge zu erkennen.

## An erster Stelle: Kokken und Co.

Charakteristisch für einige medizinisch wichtige Bakterien ist, daß sie nicht eine, sondern viele verschiedene Krankheiten auslösen können, je nachdem welches Organ oder welche Körperregion sie befallen. Würde man eine Statistik aufstellen, welche Bakteriengattung am häufigsten als Erreger von Infektionen nachzuweisen ist, so wären die → Streptokokken sicherlich die Spitzenreiter. Dicht gefolgt allerdings von Verwandten aus derselben Kokken-Familie: den → Staphylokokken. Während die Streptokokken überwiegend Krankheiten an inneren Organen auslösen, verursachen die Staphylokokken zusätzlich auch häufig Hautkrankheiten. Ebenfalls zur Gruppe dieser »Breitbanderreger« zählen die → Chlamydien, auf deren Konto zunehmend mehr Infektionen gehen.

## Streptokokkeninfektionen

Streptokokken sind kugelförmige, grampositive Bakterien, die sich wie Perlen zu einer Kette aneinanderlagern. Sie können als Eitererreger in verschiedenen Organen Krankheiten verursachen und werden in mehrere Gruppen unterteilt. Manche Formen der Streptokokken gehören zur natürlichen Rachen- und Darmflora und sind an sich harmlos. Ist die Abwehr jedoch geschwächt, zum Beispiel durch Streß oder durch andere Erkrankungen, können sie ebenfalls Krankheiten auslösen.
Streptokokken sind häufig die Erreger von Infektionen im Mund- und Rachenraum. So sind sie an der Entstehung von Karies (→ Seite 314) beteiligt und lösen Scharlach (→ Seite 556) und die eitrige Angina (→ Seite 244) aus. Aus dem Rachenraum aufsteigende Streptokokken sind oft auch die Ursache für eine eitrige Mittelohr- (→ Seite 173) oder eine Nasennebenhöhlenentzündung (→ Seite 182).
In fast der Hälfte aller Fälle sind Streptokokken auch für eine Herzklappenentzündung (→ Endokarditis, Seite 272) verantwortlich, zum Beispiel als Komplikation bei Blutvergiftungen (→ Seite 536) und Scharlach oder, wenn das Herz vorgeschädigt ist, als Folge eines akuten rheumatischen Fiebers (→ Gelenkentzündung bei Infektionskrankheiten, Seite 433). Dank der modernen Antibiotika ist das rheumatische Fieber, das in der dritten Krankheitswoche einer Streptokokkeninfektion auftreten kann, in Europa jedoch mittlerweile sehr selten geworden.
Zur Behandlung von Streptokokkeninfektionen wird vor allem Penizillin eingesetzt. Es ist im allgemeinen gut verträglich und tötet die Erreger innerhalb von 24 bis 48 Stunden ab. Bettruhe, Halswickel und Gurgeln mit Kamille sowie Rotlichtbestrahlungen der geschwollenen Halslymphknoten, eventuell auch eine Eispackung um den Hals, können sinnvolle Ergänzungsmaßnahmen sein. Eine Mittelohr- und Nasennebenhöhlenentzündung sollte zusätzlich von einem Hals-Nasen-Ohrenarzt gesehen werden!
Weitere durch Streptokokken verursachte Krankheitsbilder sind die Wundrose (→ Seite 452), die Phlegmone, eine schwere Bindegewebsentzündung (→ Seite 455), die Eiterflechte (→ Seite 454), das Kindbettfieber und Lungenentzündungen (→ Seite 248).

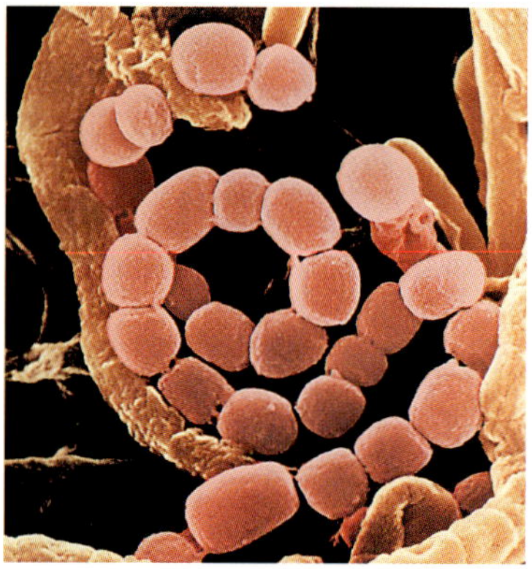

**Streptokokken, unter den Bakterien die häufigsten Krankheitserreger, sind daran zu erkennen, daß sie sich in Ketten aneinanderlagern.**

## Staphylokokkeninfektionen

Staphylokokken sind ebenfalls kugelförmige, grampositive Bakterien (→ Seite 535), die allerdings keine Ketten, sondern traubenförmige Haufen bilden. Die meisten Staphylokokken sind natürliche Bewohner der Haut und Schleimhäute des Menschen, sie werden nur bei besonderer Abwehrschwäche als Krankheitserreger bedeutend oder wenn sie in das Körpergewebe eindringen können, zum Beispiel nach chirurgischen Eingriffen. Dennoch gehören Staphylokokken neben den Streptokokken zu den wichtigsten Eitererregern, die für zahlreiche örtlich begrenzte Infekte wie Abszesse von Haut, Schweißdrüsen und inneren

Organen (→ Seite 454), Furunkel und Karbunkel (→ Seite 454), Mittelohrentzündungen (→ Seite 173), Durchfall (→ Seite 545) und Harnwegsinfekte (→ Seite 342) verantwortlich sind. Als gefährliche Komplikationen einer Staphylokokkeninfektion kommen eitrige Gehirnhautentzündungen (→ Seite 192) vor sowie Gehirnabszesse (→ Seite 192), Bauchfellentzündungen, Blutvergiftungen (→ Seite 536), Kindbettfieber und Herzklappenentzündungen (→ Endokarditis, Seite 272).

Wichtig sind auch Lebensmittelvergiftungen (→ Seite 544), die wenige Stunden nach dem Genuß infizierter Nahrungsmittel zu Brechdurchfällen, Leibschmerzen und Fieber führen.

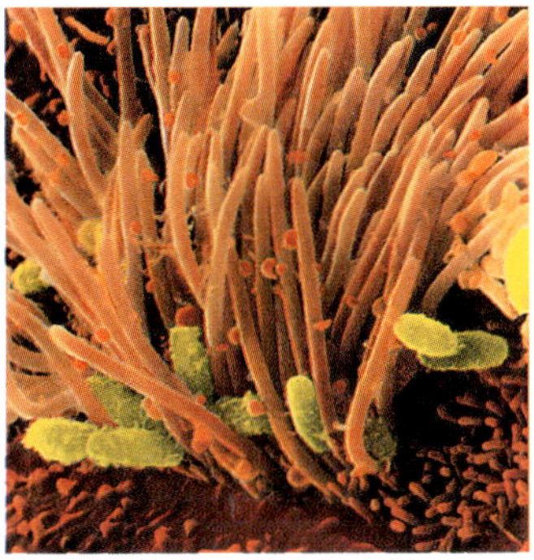

**Zwischen den feinen Flimmerhärchen der Bronchien haben sich Staphylokokken (grün) eingenistet.**

Zur Behandlung einer Staphylokokkeninfektion eignen sich verschiedene Antibiotika. Furunkel und Abszesse im Gesicht dürfen nie »ausgedrückt« werden: Hier besteht die Gefahr, daß die Erreger in Blutgefäße der Gehirnhäute verschleppt werden und eine lebensbedrohliche Gehirnhautentzündung oder eine gefährliche Hirnvenenthrombose (→ Seite 199) auslösen. Abgekapselte Eiterherde müssen oft vom Chirurgen aufgeschnitten werden.

## Chlamydieninfektionen

Chlamydien sind kugelförmige Bakterien, die nur in Wirtszellen überleben und sich vermehren können. Es existieren drei Arten, die für verschiedene Erkrankungen wie Harnwegsinfekte, Binde- und Hornhautentzündungen der Augen, Genitalerkrankungen (→ Unspezifische Genitalinfektionen, Seite 547) und Atemwegsinfekte verantwortlich sind. Gemeinsam ist allen Chlamydienerkrankungen, daß sie relativ gut mit Antibiotika behandelbar sind, während es sehr schwierig ist, sie nachzuweisen.

Chlamydia trachomatis führt zu verschiedenen Harnwegs- und Geschlechtskrankheiten. So ist es der Erreger vieler Entzündungen der Harnröhre, Nebenhoden und der Vorsteherdrüse beim Mann (→ Seite 416), von Gebärmutter- und Eileiterentzündungen (→ Seite 388 und 390) bei der Frau.

Das Trachom, die ägyptische Augenkrankheit, ist weltweit vermutlich die häufigste Ursache für Erblindung! Diese Binde- und Hornhautentzündung (→ Seite 154) wird durch Schmutz an den Händen oder über Fliegen übertragen. Dabei vernarbt die innere Lidoberfläche; wenn dieser Prozeß auf die Hornhaut übergreift, erblindet das Auge. Dank des hohen Hygienestandards ist sie in Europa sehr selten, im Gegensatz zum Paratrachom, ebenfalls eine Bindehautentzündung, die bei Neugeborenen durch eine Infektion im Geburtskanal auftreten kann. Kinder und Erwachsene infizieren sich auch oft im Schwimmbad damit.

Das Reiter-Syndrom (→ Gelenkentzündung bei Infektionskrankheiten, Seite 433) betrifft überwiegend Männer. Dabei kommt es neben einer Entzündung der Harnröhre und Augenbindehaut vor allem zu schmerzhaften Gelenkentzündungen.

Chlamydien sind auch die Erreger der Papageienkrankheit (Psittakose), die bei uns vor allem von Papageien, Wellensittichen und Tauben übertragen wird. Übertragen wird sie durch Staub, der mit den Exkrementen infizierter Vögel versetzt ist. Die Beschwerden beginnen sieben bis zehn Tage nach Kontakt mit einem erkrankten Tier wie eine Grippe mit Kopf- und Gliederschmerzen, langsam ansteigendes Fieber sowie zunehmende Zeichen einer Lungenentzündung mit Husten, zähem, schleimigem Auswurf kommen hinzu.

Seit 1989 kennt man Chlamydia pneumoniae, gegen die ein großer Teil der Bevölkerung Antikörper besitzt – als Zeichen einer meist unbemerkt durchgemachten Infektion. Bei älteren und chronisch kranken Menschen kann es jedoch zu ernsten Atemwegsinfektionen (→ Seite 537) und Lungenentzündungen (→ Seite 248) kommen – mit Komplikationen wie Herzmuskel- und Herzbeutelentzündung (→ Seite 272) oder Gelenkentzündungen (→ Gelenkentzündungen bei Infektionskrankheiten, Seite 433). Neuerdings diskutiert man auch, ob Chlamydien bei Arteriosklerose (→ Seite 267) und beim Herzinfarkt (→ Seite 266) eine Rolle spielen könnten.

## Grippe (Influenza)

### ▶ Symptome

- plötzliches hohes Fieber (39 ° bis 40 °Celsius)
- Schüttelfrost, Schwitzen und schweres Krankheitsgefühl
- Kopf- und Gliederschmerzen, Schwindelgefühl, Benommenheit
- trockener Reizhusten, Brennen im Rachen, Schmerzen hinter dem Brustbein
- oft Bindehautentzündung und Nasenbluten

Im Volksmund bezeichnet man alle Infekte, die mit den Symptomen einer Erkältung (→ Seite 245) einhergehen, als Grippe. Die Mediziner unterscheiden jedoch zwischen einer »echten« Grippe, die von Influenzaviren ausgelöst wird (deshalb auch Influenza genannt) und einem grippalen Infekt. Der Unterschied zwischen beiden liegt – abgesehen davon, daß sie von verschiedenen Viren ausgelöst werden – vor allem in der Schwere des Krankheitsverlaufs. Während der grippale Infekt meistens mit einigen Tagen Bettruhe auszukurieren ist, kann sich die Grippe auch heute noch zur gefährlichen Krankheit entwickeln.

In der Vergangenheit kam es im Abstand von mehreren Jahrzehnten (zum Beispiel in den Jahren 1918, 1957, 1968) zu großen Grippeepidemien, die sich über weite Teile der Welt ausbreiteten und jeweils viele Millionen Todesopfer forderten. Von den drei bekannten Influenzaviren (Typ A, B und C) neigt besonders der Typ A dazu, immer wieder seine Form und Eigenschaften so zu verändern, daß selbst eine einmal durchgemachte Virusgrippe nicht zu einer Immunisierung und damit zum Schutz vor einer erneuten Erkrankung führt.

Die Symptome einer Grippe reichen von einer leichten Erkältung bis hin zur schweren Lungenentzündung (→ Seite 248) mit zusätzlichen Komplikationen durch bakterielle Infektionen. In manchen Fällen kann es zu einer Herzmuskelentzündung (→ Seite 273) kommen, auch Entzündungen des Gehirns und der Gehirnhäute (→ Seite 192) treten gelegentlich auf. Bis zur völligen Genesung können nach einer durchgemachten Influenza viele Wochen vergehen, in dieser Zeit kommt es oft zu Kreislaufstörungen und Schwindelanfällen.

Gefährdet durch die Influenza sind vor allem ältere Menschen, Kinder und chronisch Kranke.

### Ärztliche Behandlung

Wie für die meisten anderen Viruserkrankungen gibt es auch für Grippe kein spezielles Heilmittel. Daher ist Bettruhe (bis mindestens drei Tage über das Abklingen des Fiebers hinaus) das Wichtigste. Fiebersenkende und entzündungshemmende Medikamente können die Genesung unterstützen. Antibiotika sind gegen Grippeviren wirkungslos, können bei älteren oder schwachen Menschen helfen, eventuell gefährlichen Komplikationen vorzubeugen.

### Selbsthilfe

Stärken Sie Ihr Immunsystem, bevor der Winter und die Grippezeit beginnen: mit Bewegung, frischer Luft und vitaminreicher Kost! Wenn Sie sich dennoch mit einer Grippe angesteckt haben, sollten Sie in den ersten Tagen am besten nur Flüssigkeit zu sich nehmen (heißen Tee, Obstsäfte). Als altes Hausmittel gilt Vitamin C, auch wenn seine Wirkung wissenschaftlich bisher nicht bewiesen ist. Zur Fiebersenkung sind kalte Wadenwickel (→ Seite 738) und Holunderblütentee oder -saft wirkungsvoll.

Eine gute und besonders für ältere und chronisch kranke Menschen wichtige Vorbeugungsmaßnahme ist die Grippeimpfung, die eine Schutzrate von 70 bis 90 Prozent und nur geringe Nebenwirkungen hat.

### Eine Grippeimpfung ist sinnvoll

- für Menschen über 60 Jahre
- für medizinisches Personal und Pflegepersonal mit Kontakt zu Risikopatienten
- bei chronischen Atemwegs- und Lungenerkrankungen
- bei Herz-Kreislauf-Erkrankungen
- bei chronischen Nierenleiden
- bei Stoffwechselstörungen wie Diabetes
- bei Immundefekten.

Der Impfstoff besteht aus inaktivierten, das heißt nicht mehr vermehrungsfähigen Viren, und schützt vor einem großen Teil der bisher bekannten Grippeviren, aber nicht vor allen. Leider verleiht die Impfung keinen dauerhaften Schutz, sondern muß jeden Herbst neu aufgefrischt werden, da die Influenzaviren in hohem Maß wandlungsfähig sind und ihre Form und Struktur ständig ändern.

**Junge Liebe: Jugendliche erkranken häufig am Pfeiffer-Drüsenfieber, das durch Küssen übertragen wird.**

## Pfeiffer-Drüsenfieber

### ► Symptome

- ➜ zunächst Abgeschlagenheit, Mattigkeit, dann Fieber zwischen 38 ° und 40 °Celsius
- ➜ Schwellungen der Lymphknoten hinter dem Ohr und im Nacken, manchmal auch der Achselhöhlen und Leistenbeugen
- ➜ später gelblich-weiße, schmierige Beläge mit eitrigen Pünktchen auf den Rachenmandeln
- ➜ schmerzhafte Schwellung der Rachenmandeln, entzündlich geröteter Gaumen

Das Pfeiffer-Drüsenfieber wird durch das Epstein-Barr-Virus (EBV) hervorgerufen und befällt zumeist Kinder und Jugendliche. Die Krankheit wird durch Tröpfchen oder Speichel übertragen (häufig durch Küssen) und dauert etwa zwei bis acht Wochen an. Oft verstreichen jedoch Monate bis zur völligen Genesung. Wirklich ernsthafte Komplikationen wie eine Gehirnhautentzündung (→ Seite 192) oder atembehindernde Schwellungen der Rachenschleimhaut verursacht das Drüsenfieber jedoch nur selten. Relativ häufig kommt es jedoch zu bakteriellen Zweitinfektionen der Mandeln (→ Angina, Seite 244) oder Atemwege wie Schnupfen und Nasennebenhöhlenentzündung (→ Seite 182), Rachenentzündung (→ Seite 244), Bronchitis (→ Seite 247) oder Lungenentzündung (→ Seite 248).

### Ärztliche Behandlung

Bei den obengenannten Beschwerden sollten Sie unbedingt einen Arzt aufsuchen, der durch einen Rachenabstrich und Blutuntersuchungen die Diagnose stellen bzw. ausschließen kann, daß es sich um eine andere Art der Halsentzündung handelt. Ein Medikament gegen das Drüsenfieber gibt es nicht. Das Wichtigste ist Bettruhe, damit Ihr Immunsystem das Virus zerstören kann. Nur bei zusätzlichen bakteriellen Atemwegsinfekten kann ein Antibiotikum sinnvoll sein. Um die Symptome zu lindern und das Fieber zu senken, werden häufig auch schmerzstillende und entzündungshemmende Mittel verordnet.

### Selbsthilfe

Schonen Sie sich mindestens bis zum dritten Tag nach Abklingen des Fiebers. Und trinken Sie vor allem möglichst viel, das ist gut bei Fieber!

## Infektionen während der Schwangerschaft

Während der gesamten Entwicklung im Mutterleib ist der Embryo den Angriffen zahlreicher Mikroorganismen ausgesetzt, die über den Mutterkuchen und die Nabelschnur in seinen Blutkreislauf gelangen. Meistens werden die Erreger durch das Immunsystem von Mutter und Kind erfolgreich abgewehrt. Manchmal kommt es jedoch zu einer pränatalen Infektion, die im schlimmsten Fall sogar zu einer Fehlgeburt oder einer Totgeburt führen kann.
Ein Risiko besteht für den Embryo besonders in den ersten drei Schwangerschaftsmonaten, da in dieser Zeit die Organe angelegt werden. Wenn die Mutter dann erkrankt, können körperliche und geistige Behinderungen des Kindes die Folge sein. Gefährlich sind zum Beispiel Röteln-, Zytomegalie-, Masern-, Windpocken- und Hepatitis-B-Viren sowie das HIV- und das Parvovirus B19. Einige der Infektionen, die diese Viren auslösen, lassen sich durch Impfungen (→ Seite 612) relativ sicher verhüten, in gravierenden Fällen hilft nur eine Blutaustauschtransfusion. Bei einer HIV-Infektion (→ Seite 304) behandelt man die Mutter während der Schwangerschaft mit Virostatika, um das Risiko für das Kind zu senken.

## Salmonelleninfektionen

▶ Symptome
- ➜ Übelkeit, Kopfschmerzen, Fieber
- ➜ Erbrechen, wäßrige Durchfälle (bei Enteritis)
- ➜ erbsbreiartige Durchfälle
- ➜ Benommenheit bis zur Bewußtlosigkeit (bei Typhus und Paratyphus)

Salmonellen sind stäbchenförmige Bakterien, die den Darm befallen und dort unterschiedlich schwere Krankheiten auslösen. Relativ häufig ist die Darmentzündung (Enteritis), die durch Salmonellen-verseuchte Lebensmittel hervorgerufen wird, während die schweren Erkrankungen Typhus und Paratyphus in Europa heutzutage selten geworden sind.
Zu einer Enteritis kann es 3 bis 72 Stunden (zu Typhus und Paratyphus erst zwei Wochen) nach dem Genuß verdorbener Speisen kommen. »Gefährlich« sind zum Beispiel Lebensmittel wie rohe Eier, frische Milch und Hähnchen, wenn sie zu lange bei Zimmertemperatur aufbewahrt oder bei der Zubereitung nicht (ausreichend) erhitzt wurden.
Um eine Infektion zu vermeiden, sollten Sie deshalb darauf achten, Speisen mit rohen Eiern (zum Beispiel Tiramisu, hausgemachte Mayonnaise) oder nicht erhitzter Milch (Speiseeis) nicht lange bei Zimmertemperatur stehenzulassen, sondern so frisch wie möglich zu essen, und Geflügel, insbesondere Hähnchenfleisch, immer ganz durchzubraten.

**Mit rohen Eiern zubereitete Speisen sollten nur ganz frisch gegessen werden.**

### Ärztliche Behandlung

Bei längeranhaltenden (Brech-)Durchfällen sollten Sie möglichst rasch einen Arzt aufsuchen. Wichtig ist der Ausgleich der verlorenen Flüssigkeit (manchmal auch durch Infusionen) und Bettruhe. Bei Typhus und Paratyphus sind Antibiotika nötig, bei Darmentzündungen nur in schweren Fällen. Gegen Typhus gibt es eine Schutzimpfung, die für Reisen in Länder mit niedrigem Hygienestandard empfohlen wird (→ Seite 613).

### Selbsthilfe

Trinken Sie viel (Tee, Säfte, Mineralwasser ohne Kohlensäure) – mindestens das Drei- bis Vierfache der üblichen Menge!

## Botulismus

▶ Symptome
- ➜ anfangs Übelkeit, Erbrechen
- ➜ Durchfall oder eventuell Verstopfung
- ➜ Sprachstörungen, trockener Mund, Probleme beim Schlucken
- ➜ Augenflimmern, Lichtscheu
- ➜ Augenmuskellähmungen (Schielen)

Der Botulismus ist eine schwere Vergiftung mit dem gefährlichen Toxin von Clostridium botulinum, einem Bakterium, das sich manchmal in ungenügend oder schlecht konservierten Lebensmitteln, Büchsennahrung, Weckgläsern und hausgemachten Wurstkonserven befindet. Durch Lähmung der Nervenschaltstellen (Synapsen) kann es innerhalb weniger Stunden bis Tage zu Krämpfen, Muskellähmungen und Lähmungen der Atemmuskulatur, Schock und Herzstillstand kommen, die unbehandelt auch zum Tod führen können.

### Ärztliche Behandlung

Bei Anzeichen von Botulismus müssen Sie sofort zum Arzt! Die Behandlung besteht in der Gabe von Botulismusserum (Gegengift). Außerdem ist meist eine Magenspülung und die Entleerung des Darmes angezeigt. Bei einer fortgeschrittenen Infektion ist die künstliche Beatmung wichtig. Reichliche Flüssigkeitszufuhr gleicht den Flüssigkeitsverlust aus.

### Selbsthilfe

Wichtig ist die Vermeidung einer Infektion! Werfen Sie deshalb »verdächtige« Konservennahrung und verdorbene Wurstkonserven weg, vor allem wenn sich bereits die Deckel wölben. Allerdings ist das Botulinusgift geruchs- und geschmackslos! Durch Abkochen wird das Gift zerstört.

# Durchfall auf Reisen

Durchfallerkrankungen, im Volksmund je nach Weltgegend »Montezumas Rache« oder »Fluch der Pharaonen« genannt, sind zwar unerfreuliche, aber leider keine ungewöhnlichen Begleiterscheinungen von Reisen in tropisch heiße Länder. Nicht immer müssen krankmachende Bakterien beteiligt sein. Die Ursache kann die ungewohnte Hitze oder/und das fremde Essen mit seinen exotischen Gewürzen sein, an die der Reisende und seine Darmflora sich erst anpassen müssen. Hat man sich einmal akklimatisiert, hören die Beschwerden auf; nach längeren Aufenthalten in den Tropen kann es aber bei der Rückkehr in die Heimat ähnliche Probleme geben!
Durchfall (→ Seite 342) ist meist harmlos, es sei denn, er ist blutig-schleimig und geht einher mit Fieber, Erbrechen, Schmerzen oder Kreislaufproblemen. Dann sind Bakterien, Viren, Pilze, Parasiten oder Würmer verantwortlich; doch nur selten sind sie gefährlich (→ Salmonelleninfektionen, Seite 544; → Cholera, Seite 548; → Amöbenruhr, Seite 555).

**Altbewährte Hausmittel bei Durchfall sind geriebener Apfel, Karottensaft und schwarzer Tee.**

## Was tun bei Durchfall?

Es gibt kein Patentrezept für Durchfall. Das Wichtigste – und meist ausreichend – ist der Ausgleich des Flüssigkeits- und Mineralverlusts. Trinken Sie viel (leicht gesüßten) Tee, Wasser, Fruchtsäfte und, falls möglich, ein sogenanntes Elektrolytgetränk, das reich an Mineralien und in der Apotheke erhältlich ist. Sobald Sie wieder essen können, empfiehlt sich dünne Brühe. Am zweiten Tag können Sie zusätzlich Zwieback, Salzstangen oder Joghurt probieren, am dritten Tag auch Reis oder Kartoffeln. Ab dem vierten Tag ist wieder leichte Normalkost möglich.

Die wichtigste Maßnahme zur Vorbeugung von Reisedurchfällen ist ein vorsichtiger Umgang mit Lebensmitteln und Getränken. Wenn nichts dagegen spricht (Ihr Arzt oder Ihr allgemeiner Gesundheitszustand), können ein Aperitif vor oder ein Schnäpschen nach dem Essen die Verdauung anregen. Das hilft der Magensäure dabei, Bakterien abzutöten. Um sie nicht zu verdünnen, sollten Sie zum Essen wenig trinken.
Vorsicht ist geboten bei Medikamenten, die den Durchfall unterdrükken, indem sie den Darm lahmlegen. Dies kann sinnvoll sein bei Vorträgen, Sitzungen und längeren Fahrten. Da Erreger und Gifte aber nicht ausgeschieden werden, sollte man sie nur bei harmlosen Symptomen (nie bei Kindern!) und auch dann nur ein bis zwei Tage einnehmen.

## Kochen oder Schälen

Essen und trinken können Sie auch in heißen Ländern fast alles, was das Herz begehrt: Die Gerichte müssen nur lang genug (mehrere Minuten) und heiß genug (100 °Celsius) gekocht sein. Auf ungeschältes Obst und Gemüse, rohes oder halbgares Fleisch (Tatar, Steaks), nicht durchgebratenes Geflügel und ungekochte Meeresfrüchte sollten Sie verzichten. Eiscreme, Mayonnaise und Süßspeisen mit rohen Eiern und frischer Milch können → Salmonelleninfektionen auslösen. Trinken Sie nur abgekochtes Wasser oder Mineralwasser aus versiegelten Flaschen. Vorsicht bei Eiswürfeln, verdünnten Fruchtsäften und Mixgetränken: Wenn sie mit Leitungswasser hergestellt sind, können sie Bakterien enthalten. Bei Abenteuerreisen können Filter und Mittel zum Desinfizieren des Wassers sinnvoll sein.

## Geschlechtskrankheiten

Geschlechtskrankheiten werden hauptsächlich, aber nicht ausschließlich durch Intimkontakt übertragen. Zu den Erregern zählen die verschiedensten Bakterien (→ Tripper, → Syphilis), Viren (→ AIDS, Seite 304), Pilze (→ Genitalsoor, Seite 386), Parasiten (→ Läuse und Krätzemilben, Seite 460 und 461) und Einzeller wie Trichomonaden (→ Unspezifische Genitalinfektionen).

Man unterscheidet zwischen den »klassischen« Geschlechtskrankheiten wie Tripper und Syphilis, für die eine amtliche Meldepflicht besteht, und unspezifischen Infektionen der Harn- und Geschlechtsorgane. Die Meldepflicht beinhaltet nicht nur die Aufgabe des Arztes, die Erkrankung dem Gesundheitsamt zu melden, sondern auch die Pflicht des Erkrankten, sich behandeln zu lassen und die Krankheit nicht wissentlich weiterzuverbreiten.

## **Tripper** (Gonorrhoe)

### ▶ Symptome

- → schleimig-eitriger Ausfluß aus der Harnröhre
- → Schmerzen und Brennen beim Wasserlassen
- → Bindehautentzündung (bei Neugeborenen)

Der Tripper ist eine der häufigsten Geschlechtskrankheiten und weltweit verbreitet. Er wird durch Bakterien verursacht, die beim Geschlechtsverkehr übertragen werden. Die Zunahme von Antibiotika-unempfindlichen Bakterien und der häufige Partnerwechsel bei jungen Erwachsenen führten in den letzten Jahren zu einer Zunahme an Erkrankungen.

Die Symptome treten zwei bis acht Tage nach der Ansteckung auf. Bei der Frau können auch der Gebärmutterhals und der Enddarm mit beteiligt sein, jedoch sind die Beschwerden bei Frauen im allgemeinen nicht so ausgeprägt wie beim Mann. Als Spätfolge kann es allerdings zur Unfruchtbarkeit kommen. Das Risiko, daß eine infizierte Frau bei der Geburt ihr Kind ansteckt, ist groß. Dadurch entwickelt das Neugeborene eine Bindehautentzündung, die zur Erblindung führen kann. Deshalb ist es gesetzlich vorgeschrieben, daß jedem Kind direkt nach der Geburt zur Vorbeugung eine zweiprozentige Silbernitratlösung in den Bindehautsack geträufelt wird.

### Ärztliche Behandlung

Wenn Sie Anzeichen einer Gonorrhoe bemerken, sollten Sie sofort einen Arzt aufsuchen. In den meisten Fällen wird mit Penizillin behandelt. Eine Impfung gibt es bisher noch nicht.

### Selbsthilfe

Wenn Sie Ihre(n) Sexualpartner(in) noch nicht lang kennen, empfiehlt es sich, Kondome zu verwenden. Dadurch können Sie eine Infektion weitgehend ausschließen. Sollten Sie am Tripper erkranken, müssen Sie Ihre(n) Sexualpartner(in) in jedem Fall benachrichtigen, da eine Infektion auch ohne eindeutige Symptome bestehen kann.

## **Syphilis** (Lues)

### ▶ Symptome

- → Stadium I: rote Flecken oder nässende Geschwüre im Genitalbereich oder in der Mundhöhle, geschwollene Lymphknoten
- → Stadium II: nässender, akneartiger Hautausschlag, Schleimhautveränderungen, Fieber, Haarausfall
- → Stadium III: Narben und Geschwüre, Nerven- und Hirnschäden wie Muskellähmungen, Gangunsicherheit und geistiger Abbau

Die Syphilis breitete sich ab dem Ende des 15. Jahrhunderts in ganz Europa aus. Nicht wenige berühmte Persönlichkeiten erkrankten oder starben an der »Lustseuche«. Seit der Entdeckung des Penizillins gibt es eine wirkungsvolle Behandlung, allerdings ist in den letzten Jahren in Europa und den USA wieder eine Zunahme von Erkrankungen zu verzeichnen, vor allem unter jungen Erwachsenen und vermehrt in der Homosexuellenszene.

Der Erreger der Syphilis, das Bakterium Treponema pallidum, wird meist durch Intimkontakt (auch beim Küssen) übertragen, selten durch verunreinigte Gegenstände oder Benutzen eines gemeinsamen Glases. Ebenso ist eine Ansteckung von der Mutter auf ihr ungeborenes Baby möglich, dadurch kann es schlimmstenfalls zu Totgeburten und schweren Erkrankungen beim Neugeborenen kommen.

**Verantwortung auch beim Sex: Wer von seiner Erkrankung weiß, sollte den Partner aufklären.**

Unbehandelt nimmt die Syphilis einen chronischen Verlauf und führt in mehreren Stadien, die sich über Jahre hinziehen, zu lebenslangem Siechtum, totalem geistigem Abbau und zum Tod.

### Ärztliche Behandlung

Die Syphilis hat ein äußerst vielschichtiges Erscheinungsbild, deshalb wird der Beginn der Krankheit oft nicht bemerkt. Wenn Sie mögliche Anzeichen einer Syphilis feststellen, sollten Sie unverzüglich einen Arzt aufsuchen. Alle Stadien der Erkrankung werden mit Penizillin behandelt.

### Selbsthilfe

Die beste Selbsthilfe ist es, eine Ansteckung zu vermeiden. Kondome können zwar einen gewissen Schutz bieten, aber keine absolute Sicherheit.

## Herpes genitalis

### ▶ Symptome

- ➜ Bläschenbildung mit Juckreiz
- ➜ Schmerz und Spannungsgefühl an Haut und Schleimhäuten im Scheiden- und Penisbereich
- ➜ manchmal Fieber und Schwellung umliegender Lymphknoten

Die Ursache des schmerzhaften Ausschlags ist das Herpes-simplex-Virus Typ 2, das sexuell übertragen wird und ähnliche Beschwerden macht wie die Fieberbläschen am Mund (→ Seite 457).

### Ärztliche Behandlung

Bei allen Entzündungen der Geschlechtsorgane, die nicht spontan abheilen, sollten Sie baldmöglichst zum Arzt gehen, um die Ursache abklären zu lassen. Zur Behandlung bekommen Sie Virostatika, die Sie über längere Zeit einnehmen müssen.

### Selbsthilfe

Myrrhe- oder Thymian-Tinkturen sowie desinfizierende Sitzbäder lindern die Beschwerden.

## Unspezifische Genitalinfektionen

### ▶ Symptome

- ➜ schleimig-eitriger Ausfluß aus Harnröhre und Scheide, Rötung der Harnröhrenmündung
- ➜ häufiges Wasserlassen, Schmerzen und Brennen beim Wasserlassen
- ➜ Juckreiz im Genitalbereich

Manche Bakterien, Pilze, Parasiten und einzelligen Erreger können zu relativ gleichartigen entzündlichen Veränderungen der Harnwegs- und Geschlechtsorgane führen, die man dann als unspezifisch bezeichnet. Häufig sind dabei Chlamydien (→ Seite 541) und Trichomonaden, einzellige Parasiten (→ Seite 551) die Ursache. Aufgrund der engen Nachbarschaft werden bei Harnwegsinfekten oft auch die Geschlechtsorgane mitbefallen und umgekehrt. Entzündungen können allerdings auch vielfältige, nicht-infektiöse Ursachen haben.

### Ärztliche Behandlung

Da es bei verschleppten Infektionen der Nebenhoden, des Samenstrangs, der Eileiter und Eierstöcke zur dauerhaften Unfruchtbarkeit kommen kann, müssen Sie bei Beschwerden unbedingt einen Arzt aufsuchen. Die Behandlung richtet sich nach Ursache und Ausmaß der Entzündung, eventuell ist ein Antibiotikum erforderlich. Meist ist es sinnvoll, wenn Ihr(e) Lebenspartner(in) mitbehandelt wird, um den Ping-Pong-Effekt der abwechselnden gegenseitigen Ansteckung auszuschließen.

### Selbsthilfe

Bis zur Ausheilung sollten Sie auf Alkohol und Geschlechtsverkehr verzichten. Zur Vorbeugung empfiehlt sich der Gebrauch von Kondomen.

# Was ist aus den Seuchen geworden?

Seuchen sind Infektionskrankheiten, die unbehandelt einen schweren Verlauf nehmen können und die Tendenz haben, sich sehr schnell auszubreiten. Schon Quellen aus dem Altertum berichten von verheerenden Epidemien, und die Erinnerung an die Pest, die in mehreren Wellen von der Mitte des 14. bis zum 17. Jahrhundert in Europa wütete, lebt heute noch fort – in der Kunst ebenso wie in berühmten Passionsspielen und Festen, die als Dank für eine überstandene Pestepidemie eingeführt wurden. Durch den sozialen und medizinischen Fortschritt im 19. und 20. Jahrhundert – zum Beispiel die verbesserten hygienischen Verhältnisse, die Entdeckung des Penizillins und die Impfungen – konnten viele dieser einstmals gefürchteten Krankheiten wirkungsvoll bekämpft werden.

**Das Antibiotikum Penizillin wird aus Schimmelpilzen gewonnen.**

Trotzdem stellen Seuchen nach wie vor ein großes Problem für die Länder der sogenannten dritten Welt dar, die nicht im gleichen Maße am medizinischen Fortschritt teilhaben können. Da sie meist in den klimatisch begünstigten Ferienregionen liegen, sind sie gleichzeitig eines der Tore, durch das die Infektionskrankheiten auch wieder in die hochindustrialisierten Länder zurückkehren. Tropenkrankheiten wie Malaria (→ Seite 554), Hepatitis A (→ Seite 354) und → Cholera sind im Zeitalter des Ferntourismus auch in der »ersten Welt« ein ernstzunehmendes Thema, ganz abgesehen von den neuen Seuchen wie AIDS (→ Seite 304).

Erkundigen Sie sich vor einer Fernreise bei Ihrem Arzt oder der Beratungsstelle des nächstgelegenen Tropeninstituts danach, wie die aktuelle Situation in Ihrem Reiseland ist. Wichtig ist auch ein guter Impfschutz (→ ab Seite 610). Bedenken Sie dabei auch, daß die Erreger mancher Infektionskrankheiten wie Kinderlähmung (→ Seite 558) oder Diphtherie (→ Seite 556) in Entwicklungsländern noch sehr aktiv sind.

## Tuberkulose

Noch zu Beginn des 20. Jahrhunderts war die Tuberkulose (→ Lungentuberkulose, Seite 252) allein in Deutschland die Ursache für viele Tausende von Todesfällen. Dank der guten Behandlungsmöglichkeiten ist sie heute meist nicht mehr lebensbedrohlich. Doch obwohl die Sterblichkeitsrate erheblich zurückgegangen ist, zählt die Tuberkulose zu den häufigsten bakteriellen Infektionskrankheiten. Nach Angaben der Weltgesundheitsorganisation (WHO) ist ein Drittel der Weltbevölkerung mit dem Erreger infiziert, 20 Millionen Menschen leiden an offener Tuberkulose, 3 Millionen sterben jedes Jahr daran. Auch in Deutschland ist die Zahl der Fälle wieder im Steigen begriffen. Eine Impfung ist möglich, aber nur eingeschränkt zu empfehlen (→ Seite 613).

Der Erreger, das Mycobacterium tuberculosis, wird durch Tröpfcheninfektion (durch Husten oder Niesen) von Mensch zu Mensch übertragen. Die Ansteckung durch infizierte Milch ist seit der erfolgreichen Behandlung der Rindertuberkulose und der Pasteurisierung der Milch, dem Erhitzen über 70 °Celsius, sehr selten geworden.

Die Infektion befällt normalerweise die Lunge, kann aber auch in allen anderen Organen auftreten. Beispiele für Spätformen sind die Knochen- und Gelenktuberkulose. In den betroffenen Organen bilden sich Entzündungen, die im Verlauf der Krankheit das Gewebe zerstören können.

## Cholera

Die Cholera ist eine schwere Darminfektion mit wäßrigen Durchfällen, die von Bakterien verursacht wird. Sie löste noch im vergangenen Jahrhundert in ganz Europa große Epidemien aus, heutzutage gilt Zentraleuropa als cholerafrei. Das Hauptproblem ist der große Flüssigkeitsverlust, der bei der Cholera unbehandelt zur schnellen Austrocknung des Körpers und zum Tod führt. Die wichtigste Therapiemaßnahme ist deshalb – neben einer Behandlung mit Antibiotika – die Flüssigkeitszufuhr (häufig durch Infusionen). Die Infektion findet über Nahrungsmittel oder verunreinigtes Wasser statt. Eine Impfung (→ Seite 613) ist möglich, wird aber nicht generell empfohlen.

## Gelbfieber

Gelbfieber kommt nur in den tropischen Gebieten Süd- und Mittelamerikas sowie in Afrika vor. Die Viruserkrankung wird durch Stechmücken von Affen auf den Menschen übertragen. In schweren Fällen ist sie mit hohem Fieber, Kopf- und Gliederschmerzen verbunden. Leber- und Nierenschädigungen können eine Gelbfärbung der Haut und ein Nierenversagen zur Folge haben. Gelbfieber ist heute zwar relativ selten, doch viele Länder, in denen es vorkommt, verlangen eine Impfung für die Einreise (→ Seite 613). Konsequenter Mückenschutz (Präparate zum Einreiben, Kleidung, die Arme und Beine bedeckt, Moskitonetz) sollten auch wegen der Malaria (→ Seite 554) beachtet werden.

Schreckensbild der Pest: Auf einem Drachen reitet der »Schwarze Tod«.

## Lepra

Die Lepra ist eine chronische Infektionskrankheit, die die Haut, Schleimhäute, Nerven und Organe befällt und unbehandelt zu entstellenden Verstümmelungen führen kann. Der Aussatz, wie die Krankheit wegen der Hautschäden auch genannt wird, war früher weltweit verbreitet, heutzutage gibt es ihn nur noch in einigen Ländern Afrikas, Asiens, Mittel- und Südamerikas. Als Reisekrankheit spielt die Lepra trotzdem keine Rolle, da sie nur bei engem und langem Kontakt von Mensch zu Mensch (zum Beispiel innerhalb der Familie) übertragen werden kann. Deshalb war die früher praktizierte Isolierung von Leprakranken eine sinnlose Maßnahme, die nur zusätzliches Leid für die Betroffenen bedeutete. Die Behandlung mit Antibiotika ist langwierig, eine Impfung gibt es nicht.

## Pest

Im 14. Jahrhundert starben während einer der größten bekannten Epidemien der Weltgeschichte allein in Europa über 20 Millionen Menschen am »Schwarzen Tod«. Heute tritt diese schwere bakterielle Infektionskrankheit nur noch sehr selten auf.
Charakteristisch für die durch Flohbisse übertragene Beulenpest sind die sogenannten Bubos, äußerst schmerzhafte Schwellungen in der Leiste, den Achselhöhlen oder an anderen Stellen. Die Lungenpest, bei der man blutigen Schleim abhustet, kann als Folge der Beulenpest entstehen oder durch Tröpfcheninfektion (Husten oder Niesen) von Mensch zu Mensch übertragen werden. Unbehandelt führt sie meist zum Tod, mit Antibiotika kann sie jedoch geheilt werden. Eine wirksame Impfung gibt es nicht.

## Pocken

Pocken oder Blattern sind eine schwere, sehr ansteckende Virusinfektion, die mit charakteristischen Eiterbläschen am ganzen Körper und Fieber einhergeht. Die Übertragung erfolgt nur von Mensch zu Mensch, Tiere werden nicht befallen. Bis heute gibt es keine wirksame Behandlung. Noch im 19. Jahrhundert starben Hunderttausende von Menschen daran. Heute gelten die Pocken dank weltweiter Massenimpfungen jedoch als ausgerottet. Deshalb werden Impfungen heute nicht mehr durchgeführt.

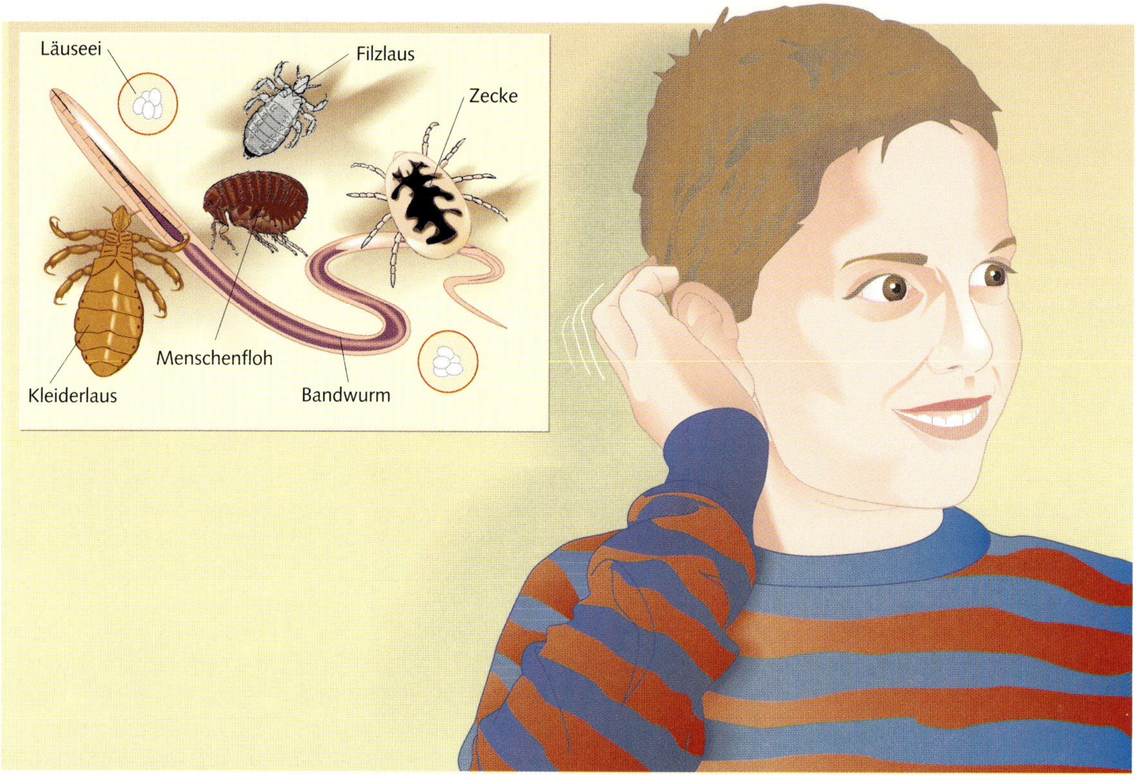


# Pilze und Parasiten

- **Aufbau und Arten**
- **Lebensform**
- **Infektionen**

Abgesehen von Bakterien und Viren gibt es noch zwei andere Großgruppen, die als Auslöser von Infektionskrankheiten für den Menschen bedeutend sind: Pilze und Parasiten. Während von der riesigen Zahl von Pilzarten nur einige wenige als Krankheitserreger eine Rolle spielen, sind tierische Parasiten trotz aller medizinischen Fortschritte noch immer eine der Plagen der Menschheit, vor allem in den tropischen und subtropischen Regionen der Erde.

## Pilze: nützlich und schädlich zugleich

Pilze bilden – wie Tiere, Pflanzen und Prokaryonten (→ Bakterien, Seite 534) – ein eigenes Reich von Lebewesen, das ungefähr 120000 Arten umfaßt. Dazu gehören unter anderem Schimmel-, Hefe-, Speise- und Giftpilze. Von den Bakterien unterscheiden sich die Pilze insofern, als sie über einen echten Zellkern verfügen, von den Pflanzen dadurch, daß sie nicht zur Photosynthese – zur Gewinnung von Nährstoffen mit Hilfe des Sonnenlichts – fähig sind. Und im Gegensatz zu Tieren und Menschen haben Pilze eine starre Zellwand. Sie wachsen in Geflechten (Myzelen) und vermehren sich durch Sporen oder Sprosse.

Pilze leben meist als Schmarotzer von anderen Organismen. Das macht sie zum Nützling und Schädling zugleich. Neben den Bakterien sind die Pilze die bedeutendsten »Recycling-Spezialisten« im Kreislauf der Natur: Sie zersetzen organisches Material so, daß es den Pflanzen wieder als Nährstoff zugeführt werden kann. Ein Beispiel dafür ist das Verschimmeln von Nahrungsmitteln, die (via Biotonne oder Komposthaufen) schließlich als Humus zu natürlichem Pflanzendünger werden.

Seit Jahrtausenden für ihren Nutzwert bekannt sind nicht nur die leckeren Speisepilze, sondern auch die Hefepilze, die schon die alten Ägypter zum Bierbrauen und Backen verwendeten. Und Schimmelpilze spielen von jeher bei der Käsereifung eine wichtige Rolle. In unserem Jahrhundert sind einige von ihnen, die sogenannten Pinselschimmel, vor allem auch als Produzenten von Antibiotika (→ Seite 634) zur wichtigsten Waffe im Kampf gegen bakterielle Infektionen und Seuchen geworden.
Für den Menschen haben Pilze jedoch auch negative Auswirkungen, zum Beispiel als Erreger bestimmter Haut- oder Organerkrankungen, der sogenannten Mykosen (→ Seite 552), oder als Produzenten von Aflatoxin (→ Schimmelpilze, Seite 552), einem Gift, das zu schweren Leberschäden führen kann.

## »Geborene« Schmarotzer

Parasiten sind Schmarotzer, die auf Kosten anderer leben. Sie ernähren sich vom Blut oder Gewebe ihrer Wirte und sind dadurch fortpflanzungsfähig. Einige von ihnen, wie Läuse, Flöhe oder Milben, leben zu diesem Zweck ständig in oder auf dem Körper ihres Wirts, anderen – wie den Stechmücken – genügt eine »Stippvisite«. Diese Lebensform ist weit verbreitet, die Biologen kennen unzählige pflanzliche und tierische Parasiten. Strenggenommen zählen dazu auch Pilze, Bakterien und Viren.
Doch Schmarotzen ist nicht immer etwas Negatives. Es gibt auch Organismen, die in Frieden und Eintracht mit ihrem Wirt leben, zum Beispiel die Bakterien der natürlichen Darmflora des Menschen. Andere richten zumindest keinen größeren Schaden an. Doch eine nicht unerhebliche Zahl verursacht schwere Krankheiten, die schlimmstenfalls sogar zum Tod des Wirtsorganismus führen können. Werden solche Erkrankungen durch tierische Parasiten verursacht, nennen die Mediziner sie Parasitosen.
Tierische Parasiten machen häufig einen komplizierten Entwicklungskreislauf durch, bei dem sie teilweise auch ihren Wirt wechseln. Vermehren können sie sich jedoch erst im Endwirt. Ein typisches Beispiel dafür ist der Lebenszyklus vieler Bandwürmer, bei dem die ausgewachsenen Würmer und deren nicht vermehrungsfähige Vorstufen (Larven) verschiedene Wirte befallen. Der Mensch kann sowohl Zwischen- als auch Endwirt sein – genauso wie es Parasiten gibt, die sich nur in Tieren vermehren.

## Einzeller, Würmer und Gliederfüßer

Die für den Menschen wichtigen Parasiten unterscheidet man in Einzeller (Protozoen), Würmer (Helminthen) und Gliederfüßer (Arthropoden). Einige von ihnen besiedeln die Körperoberfläche ihres Wirts, sie nennt man Ektoparasiten; andere, die sogenannten Endoparasiten, das Innere des Körpers. Zu den Einzellern, die im Innern des Menschen aktiv werden, gehören zum Beispiel Amöben (→ Amöbenruhr, Seite 555), Trichomonaden (→ Unspezifische Genitalinfektionen, Seite 547), Plasmodien (→ Malaria, Seite 554) sowie die Erreger der Toxoplasmose (→ Seite 555). Wurmkrankheiten (→ Seite 348) werden in unseren Breiten meist durch Bandwürmer (Rinderbandwurm oder Fuchsbandwurm) verursacht, bei kleinen Kindern kommen auch oft Madenwürmer vor.

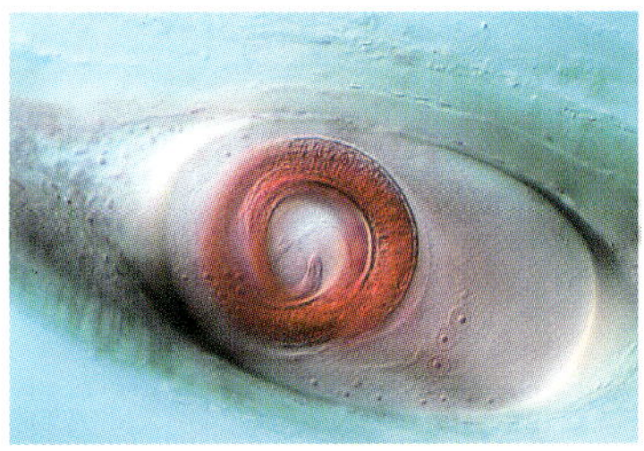

**Trichinen-Larven setzen sich im Muskel fest. Sie werden durch infiziertes Schweinefleisch übertragen.**

Die Gliederfüßer sind Ektoparasiten, die ihren Nahrungsbedarf auf oder in der Haut ihrer Wirte decken. Viele Insektenarten wie zum Beispiel Zecken, Flöhe, Wanzen, Läuse, Milben und Stechmücken, aber auch Blutegel gehören dazu. Sie können nicht nur unangenehme Hautkrankheiten (→ Seite 460) auslösen, sondern auch als Überträger von Bakterien, Viren, Protozoen oder Würmern gefährlich sein.
Gegen viele parasitär bedingte Krankheiten gibt es heutzutage wirkungsvolle Medikamente, allerdings stehen sie in den Ländern, die besonders betroffen sind, oft nicht in ausreichendem Maß zur Verfügung. Häufig wird eine gezielte Behandlung auch dadurch erschwert, daß die Symptome nur leicht, unspezifisch oder verzögert auftreten. Kommt es zur Vermehrung von Parasiten in abgekapselten Höhlen des Körpers, zum Beispiel in der Leber (bei einem Befall mit dem Fuchsbandwurm), so können diese auch chirurgisch entfernt werden. Trotz verschiedener Teilerfolge gibt es bisher für keine der bekannten Parasitosen eine wirksame Impfung.

## Warum machen Pilze krank?

Daß Pilze viele verschiedene Krankheiten der Haut, aber auch von Darm und Lunge verursachen können, gelangt in den letzten Jahren immer mehr ins Bewußtsein der Öffentlichkeit. Von den unzähligen bekannten Pilzarten spielt jedoch nur eine kleine Zahl als Erreger von Pilzerkrankungen, den sogenannten Mykosen, eine Rolle, und auch dann meist nur, wenn die Abwehr geschwächt ist. Begünstigend wirken außerdem starkes Schwitzen, Übergewicht, Alter, Medikamente, die die Abwehr unterdrücken oder Bakterien abtöten (→ Kortison, Antibiotika, Seite 634) und hormonelle Störungen (→ Diabetes mellitus, Seite 501). Aber auch übermäßige Reinlichkeit ist schädlich, da durch sie der Säureschutz-Fettmantel der Haut zerstört wird.
Nach der befallenenen Körperregion bzw. nach ihren biologischen Eigenschaften unterteilt man die krankmachenden Pilze in Hautpilze (Dermatophyten), Hefepilze und Schimmelpilze. Ihre Symptome zeigen sich an Haut und Schleimhäuten als entzündliche, juckende Rötungen und – bei Hefepilzen – einem weißlichen Belag im Mund oder an den Genitalien. Eine Hefepilzerkrankung der Speiseröhre äußert sich in Schluckbeschwerden und Sodbrennen, am Darm verursacht sie wäßrig-schleimigen Durchfall, an den Harnwegen eine Blasenentzündung.

## Hautpilze

Feuchtwarme Körperregionen und Hautfalten (Achselhöhle, Leiste, unter der Brust, am Gesäß) sind ein idealer Nährboden für Hautpilze (→ Kleieflechte, Seite 458). Tritt die Pilzinfektion zwischen den Zehen auf, spricht man von Fußpilz (→ Seite 458), manche Arten kommen auch auf der behaarten Kopfhaut oder am Nagelbett (→ Seite 482) vor.

## Hefepilze

Wichtigster Vertreter der Hefepilze ist Candida albicans, der bei gesunden Menschen als harmloser Schmarotzer der Haut und Schleimhäute lebt. Nimmt er jedoch aufgrund begünstigender Faktoren überhand, entwickeln sich Infektionen im Mund (→ Mundsoor, Seite 325), an den Geschlechtsorganen (→ Ausfluß aus der Scheide, Seite 387) oder an der Haut (→ Candida-Infektion, Seite 459). Bei Patienten mit schweren chronischen Grundkrankheiten sind auch ernste Verlaufsformen möglich. Neben einer Lungenentzündung besteht auch das Risiko, daß die Pilze in die Blutbahn gelangen und dadurch eine Gehirnhautentzündung (→ Seite 192) oder eine Herzklappenentzündung (→ Endokarditis, Seite 272) auslösen. Hier ist schnelle Hilfe notwendig, um ernste Komplikationen zu vermeiden.

**Schimmelpilze können vor allem bei Menschen mit geschwächter Abwehr Erkrankungen auslösen.**

## Schimmelpilze

Schimmelpilze besiedeln im allgemeinen abgestorbene tierische und pflanzliche Stoffe, zum Beispiel Nahrungsmittel, und überziehen sie mit einem watteartigen Pilzgeflecht. Einige von ihnen, die zur Gruppe der Gießkannenschimmelpilze (Aspergillus) gehören, bilden dort Aflatoxin, eine Substanz, die Vergiftungserscheinungen hervorruft und zur Entstehung von Leberkrebs (→ Lebertumoren, Seite 356) beitragen kann. Schimmelpilze kommen jedoch auch auf der Haut und im Darm vor, meist ohne dort irgendwelche Beschwerden auszulösen. Bei Menschen, die aufgrund einer chronischen Krankheit wie Tuberkulose (→ Lungentuberkulose, Seite 252), AIDS (→ Seite 304) oder Leukämie (→ Seite 294) eine herabgesetzte Abwehrkraft haben, kann es jedoch zu einer Bronchitis (→ Seite 247), einer Lungenentzündung (→ Seite 248) oder Ohrentzündung (→ Seite 173), in seltenen Fällen auch zu einer Entzündung des Gehirns (→ Seite 192) kommen. Außerdem können manche Schimmelpilzarten bei entsprechend veranlagten Menschen auch allergische Reaktionen verursachen (→ Seite 530).
Da Schimmelpilzerkrankungen fast immer innere Organe betreffen und oft spät erkannt werden, ist meist eine Behandlung im Krankenhaus notwendig. Die Symptome reichen von quälendem Reizhusten mit schleimigem Auswurf bis zu schweren Asthma-

Anfällen (→ Seite 522). Außerdem können Schimmelpilze Bauchschmerzen, Erbrechen und Kreislaufbeschwerden verursachen.
Aflatoxine kommen vor allem auf Reis, verschiedenen Nüssen und Mais vor. Deshalb sollten diese Lebensmittel stets trocken und sauber gelagert werden. Bei Anzeichen einer Verpilzung (fädige Geflechte, Verfärbungen) dürfen Sie sie auf keinen Fall mehr essen! Ebenso sollten Sie vermeiden, schimmelnde biologische Abfälle (Kompost, Biotonne) allzu intensiv einzuatmen, obwohl von den Biotonnen bei sachgemäßer Handhabung auch bei Gärung und Schimmelbildung eigentlich keine Gefahr ausgeht.

## Symbioselenkung – was ist das?

Viele Heilpraktiker gehen heute davon aus, daß eine Vielzahl von Beschwerden und Befindlichkeitsstörungen wie Blähungen, Darmkrämpfe, Müdigkeit, Leistungsabfall, Kopfschmerzen und Allergien durch eine Störung des natürlichen Gleichgewichts der Darmflora verursacht sein könnten. Hefepilze wie Candida albicans gehören zu unserer natürlichen Umgebung und sind nahezu bei jedem Menschen im Darm nachweisbar. Daß es zu einer übermäßigen Vermehrung kommt, könnte verschiedene Gründe haben. Eine wichtige Rolle spielen dabei seelischer oder körperlicher Streß, der sich negativ auf unsere Abwehr auswirkt, und eine falsche Ernährung.
Die sogenannte mikrobiologische Therapie (→ Seite 676) zielt darauf ab, das natürliche Gleichgewicht der Mikroorganismen – ihre Symbiose – im Darm wiederherzustellen. Mit einer sogenannten Symbioselenkung versucht man, in einer mehrmonatigen Umstellungsphase, krankmachende Bakterien und Pilze im Darm zu reduzieren, die entgiftende Leberfunktion zu aktivieren und die Säureverhältnisse im Magen zu normalisieren. Gegen einen krankhaften Pilzbefall des Darms kann dieses Verfahren allerdings erst etwas ausrichten, nachdem der Pilz mit einem entsprechenden Medikament abgetötet wurde. Daran anschließend wird die natürliche Darmflora gezielt wiederaufgebaut, zum einen durch das Einnehmen von Bakterienkulturen, zum anderen durch eine begleitende Diät, die anschließend von einer abwechslungsreichen (Vollwert-)Ernährung (→ Seite 676) abgelöst werden sollte. Sehr wichtig ist, daß Sie in dieser Zeit völlig auf Zucker, Süßwaren und Alkohol verzichten. Auch Honig, Fruchtzucker oder Diabetikerprodukte sind kein Ersatz. Die Pilze gedeihen mit fast allen Süßmachern besonders gut. Ausgesprochene Feinde der Hefepilze sind Sauerkraut, Lauch, Rettich, Knoblauch, Zwiebeln, Meerrettich, Senf, Essig, Buttermilch und Naturjoghurt – davon sollten Sie so viel essen wie möglich!

## Pilzdiät

**Das dürfen Sie essen**
- viel frisches Gemüse und Salate
- Vollkornprodukte, Knäckebrot, Vollkornbrot
- kaltgepreßte Öle, Butter
- Fleisch (außer Schweinefleisch), Fisch
- Buttermilch, Joghurt, Käse, Quark
- Gemüsesäfte, Mineralwasser, Milch
- Tee (keine Früchtetees)

**Das sollten Sie meiden**
- Schweinefleisch, Schinken
- süßes Obst wie Bananen, Trauben, Mandarinen
- alle Produkte aus weißem Mehl, weißen Reis
- Zucker, Honig, Kuchen, Schokolade, Süßwaren jeder Art
- Fertigprodukte und Konserven
- alkoholische Getränke, Obstsäfte, Limonaden

Das mögen Candida-Pilze gar nicht: alle Kohlsorten, Zwiebeln und Lauch.

## Malaria

### ▶ Symptome

- gripppeartige Beschwerden mit Fieber und Kopfschmerzen
- Schüttelfrost
- manchmal Durchfall und Erbrechen
- je nach Malariatyp regelmäßige oder unregelmäßige Fieberschübe (bis über 40 °Celsius)

Die Malaria (italienisch mal aria = schlechte Luft) ist die häufigste Tropenkrankheit überhaupt. Durch den Ferntourismus hat sie auch für unsere Breiten an Bedeutung gewonnen. Die Übertragung der früher auch als Sumpf- oder Wechselfieber bezeichneten Malaria erfolgt durch den Stich der Anophelesmücke. Die Erreger sind einzellige Parasiten der Gattung Plasmodium, von der vier verschiedene Arten für den Menschen gefährlich sind.

In den letzten Jahren hat die Zahl der Erkrankungen in Europa deutlich zugenommen. Zum einen weil die Erreger in vielen Ländern Resistenzen gegen die zur Verfügung stehenden Malariamittel entwickelt haben, zum anderen weil viele Europäer, die auf Urlaubs- oder Geschäftsreise in den Tropen unterwegs sind, sich nur unzureichend schützen. Besonders gefährdet durch die Krankheit sind Säuglinge, Kleinkinder und schwangere Frauen.

Je nach Erreger und Krankheitsverlauf unterscheidet man verschiedene Formen der Malaria. Die häufigste ist die *Malaria tertiana*, bei der jeden dritten Tag ein Fieberschub auftritt, bei der seltenen *Malaria quartana* nur jeden vierten Tag. Trotzdem die Krankheit im akuten Stadium sehr unangenehm ist, ist sie meist nicht lebensbedrohlich. Unbehandelt können die Fieberschübe über Monate und Jahre immer wiederkommen. Die schwerste Form ist die *Malaria tropica*, die nach dem Auftreten der ersten grippeartigen Symptome innerhalb weniger Tage zum Tod führen kann. Das Fieber zeigt einen unregelmäßigen, schubweisen oder anhaltend hohen Verlauf. Die von den Parasiten befallenen Blutkörperchen verkleben die Blutgefäße. Es kommt zu einer Vergrößerung der Milz und nicht selten zu schweren Komplikationen an Gehirn, Herz, Kreislauf (→ Kreislaufschock, Seite 278), Leber und Nieren (→ Nierenversagen, Seite 369). Eine frühzeitig erkannte und behandelte Malaria tropica ist jedoch – ohne Rückfälle – heilbar.

### Ärztliche Behandlung

Bei allen Fieberzuständen in den Tropen oder nach Tropenaufenthalten (bis zu einem Jahr danach) sollten Sie unverzüglich einen Arzt aufsuchen. Mit Hilfe eines Bluttests kann er die Malaria bzw. den jeweiligen Malariatyp diagnostizieren. Zur Behandlung gibt es verschiedene Substanzen, die auch kombiniert werden können, um eine bessere Heilungschance zu erzielen (→ Selbsthilfe).

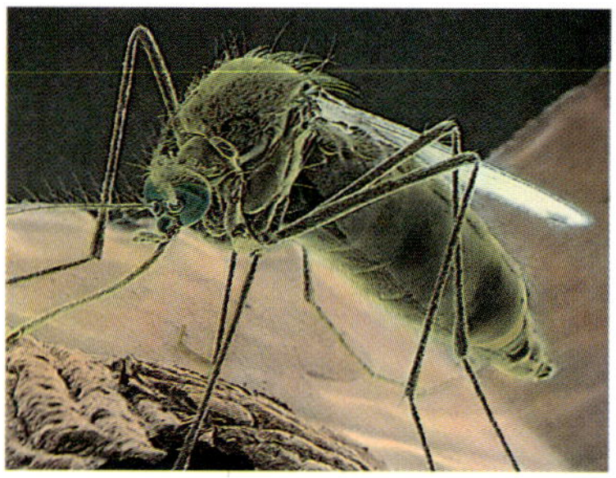

**Die Anophelesmücke überträgt den Malaria-Erreger von einem Menschen auf den anderen.**

### Selbsthilfe

Trotz intensiver Forschung gibt es bis heute keine wirksame Malariaimpfung. Dennoch können Sie bei einer Tropenreise gezielt vorbeugen, und zwar mit Medikamenten, die auch zur Therapie der Malaria eingesetzt werden. Dazu beginnen Sie ein bis zwei Wochen vor der Reise mit der Einnahme von Substanzen wie Chloroquin, Proguanil oder Mefloquin. Was für Sie in Frage kommt, hängt von Ihrem Reiseziel ab, da die Erreger in bestimmten Regionen gegen manche Wirkstoffe bereits resistent sind. Erkundigen Sie sich vor der Reise bei Ihrem Arzt, dem zuständigen Gesundheitsamt oder einem Tropeninstitut nach der aktuellen Situation. Um geschützt zu sein, müssen Sie das Medikament regelmäßig einnehmen. Sehr wichtig ist, daß Sie das auch über den Zeitpunkt Ihrer Rückkehr nach Hause noch weitere vier Wochen lang tun.

Während Ihres Tropenaufenthalts sollten Sie zusätzlich alles tun, um Mückenstiche zu vermeiden – ohne dabei im Lauf der Zeit nachlässig zu werden:

- Tragen Sie in der Abenddämmerung und am Abend ein langärmeliges Oberteil und lange Hosen.
- Reiben Sie alle freibleibenden Körperpartien mit Mückenschutzmittel ein.
- Bringen Sie von zu Hause ein Moskitonetz mit – für den Fall, daß Sie in einem Hotel übernachten, in dem es weder Fliegenfenster noch Moskitonetze gibt.

## Toxoplasmose

### ▶ Symptome

- schmerzhafte, bis walnußgroße Lymphknotenschwellungen
- gelegentlich Fieber bis 39 °Celsius
- manchmal Kopfschmerzen, Persönlichkeitsveränderungen, Lähmungen, Krämpfe, Sprachstörungen
- manchmal Sehstörungen

Toxoplasma gondii, der Erreger der Toxoplasmose, ist ein einzelliges Lebewesen, das vor allem durch den Kontakt mit Katzen und den Genuß von rohem oder halbgarem Fleisch von infizierten Tieren übertragen wird. Meist verläuft die Infektion unbemerkt, ein Risiko stellt sie jedoch für Menschen mit einem geschwächten Immunsystem dar.
Bei einer Infektion während der Schwangerschaft kann es zu einer Schädigung von Gehirn und Augen des ungeborenen Kindes, im schlimmsten Fall zu einer Totgeburt kommen.

**Wenn Ihr Kind mit einer fremden Katze spielt, sollte es sich nachher gründlich die Hände waschen.**

### Ärztliche Behandlung

Bei oben beschriebenen Beschwerden sollten Sie einen Arzt aufsuchen. Bei einer schweren Toxoplasmose, während der Schwangerschaft (ab dem vierten Monat) oder bei Neugeborenen ist eine Behandlung mit Antibiotika erforderlich.

### Selbsthilfe

Um eine Infektion zu vermeiden, sollten sich schwangere Frauen von Katzen fernhalten und kein rohes/halbgares Fleisch essen. Um herauszufinden, ob Sie gegen Toxoplasmose immun sind, kann Ihr (Frauen-)Arzt einen Test machen.

## Amöbenruhr

### ▶ Symptome

- Blähungen, krampfartige Bauchschmerzen
- blutige, schleimige Durchfälle und Verstopfung

Die Amöbenruhr, eine schwere Durchfallerkrankung, wird von einzelligen Parasiten ausgelöst. Sie kommt vor allem in Entwicklungsländern vor und wird durch verunreinigtes Wasser und Nahrungsmittel übertragen. Neben den Darmbeschwerden ist auch ein Befall der Leber (Abszesse) möglich.

### Ärztliche Behandlung

Bei blutigem Durchfall sollten Sie sofort einen Arzt aufsuchen. Für die Behandlung der Amöbenruhr gibt es wirkungsvolle Medikamente, die die Parasiten im Darm und überall sonst im Körper abtöten.

### Selbsthilfe

Auf Reisen in warmen Ländern sollten Sie einige Vorsichtsmaßnahmen beim Essen und Trinken beherzigen (→ Durchfall auf Reisen, Seite 545).

### Leishmaniose in Europa?

Die Leishmaniose ist eine über die ganze Welt verbreitete Krankheit, die in Europa jedoch nur im Mittelmeerraum vorkommt. Ihre Erreger, die Leishmanien, sind Protozoen, die durch blutsaugende Sandmücken von infizierten Menschen oder Hunden auf Gesunde übertragen werden. Von den zwei Formen heilt das auf die Haut beschränkte Geschwür (»Orientbeule«) in der Regel aus, während die sehr viel schwerere Kala-Azar (»die schwarze Krankheit«) die inneren Organe (Milz, Leber, Knochenmark) befällt und unbehandelt tödlich enden kann. Achten Sie auf konsequenten Mückenschutz (→ Malaria).

## Scharlach

### ▶ Symptome

- ➜ Halsschmerzen, geschwollene Mandeln und gerötete Mundschleimhaut
- ➜ erst weiß belegte, dann himbeerrote Zunge
- ➜ Fieber über 39 °Celsius
- ➜ häufig Schüttelfrost, schneller Puls
- ➜ feinfleckiger, leuchtendroter Hautausschlag an Bauch, Achselhöhlen, Brust und Hals, später am ganzen Körper

Erreger dieser häufigen und äußerst ansteckenden Krankheit sind Streptokokken (→ Seite 540), die über Tröpfchen, Speichel und Körperkontakt übertragen werden. Vor allem während der kalten Jahreszeit kommt es manchmal zu kleinen Epidemien, deshalb sollten erkrankte Kinder ab Beginn des Ausschlags das Bett hüten und etwa eine Woche lang nicht mit Spielgenossen in Kontakt kommen. Ein typisches Erkennungsmerkmal ist die »Erdbeerzunge«, die um den dritten Krankheitstag durch Abstoßen eines weißlichen Belages entsteht und kurz darauf in eine fast dunkelrote »Himbeerzunge« übergeht. Eine schmetterlingsförmige Gesichtsrötung mit Aussparung des Kinn-Mund-Dreiecks ist ebenfalls charakteristisch für Scharlach.

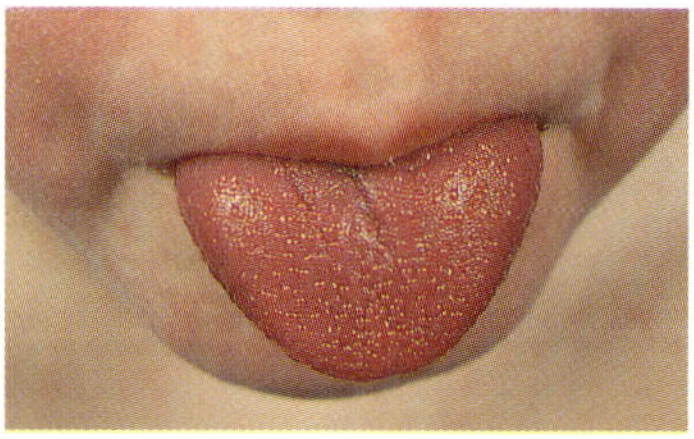

**Typisch bei Scharlach ist die erst weiß belegte, dann himbeerrote Zunge.**

Ansteckungsgefahr besteht von Beginn der Erkrankung bis zwei Tage nach Einnahme des Penizillins. Nach einer durchgemachten Erkrankung ist man nur teilweise immun gegen Scharlach, aber in der Regel verläuft die Zweiterkrankung milder, meist nur als Halsentzündung.

### Ärztliche Behandlung

Scharlachkinder bedürfen immer der raschen ärztlichen Behandlung, da es sonst zu ernsten Komplikationen kommen kann, zum Beispiel dem rheumatischen Fieber (→ Gelenkentzündung bei Infektionskrankheiten, Seite 433), einer Herzmuskelentzündung (→ Seite 273), einer Nierenentzündung (→ Seite 368), eitrigen Abszessen im Rachen oder einer Mittelohrentzündung (→ Seite 173). Penizillin, das über zehn Tage eingenommen werden muß, vernichtet die Erreger in ein bis zwei Tagen.

### Selbsthilfe

Am Anfang sollte Ihr Kind im Bett bleiben; nach Beginn der Penizillineinnahme genügt auch Schonung. Halswickel, Gurgeln mit Kamille, Rotlichtbestrahlungen und auch eiskalte Umschläge lindern die Beschwerden, dürfen eine Behandlung mit Antibiotika aber nicht ersetzen!

## Diphtherie

### ▶ Symptome

- ➜ geschwollene, gerötete Gaumenmandeln mit grau-weißlichen Belägen
- ➜ süßlicher Mundgeruch, Schluckbeschwerden
- ➜ Schwellung der Halslymphknoten am Kieferwinkel
- ➜ tonlose Stimme, Heiserkeit, trockener und bellender Husten, Atemnot (bei Kehlkopfdiphtherie)
- ➜ später Erbrechen, Durchfall, Kreislaufschock

Die Diphtherie ist eine sehr ansteckende bakterielle Krankheit, die von infizierten Menschen durch Tröpfcheninfektion oder Hautkontakt übertragen wird und nach wenigen Stunden bis spätestens fünf Tagen eine Nasen-, Rachen- oder Kehlkopfdiphtherie verursacht. Gefährlich ist die Diphtherie vor allem wegen des Diphtherietoxins, ein von den Diphtheriebakterien gebildeter Giftstoff, der einen Kreislaufkollaps (→ Seite 785) sowie Schädigungen von Herz und Nervensystem verursachen kann. Ansteckungsgefahr besteht vom Ausbruch der Erkrankung bis zum Zeitpunkt der völligen Ausheilung.

### Ärztliche Behandlung

Wenn Ihr Kind eine eitrige Halsentzündung hat, sollten Sie immer sofort mit ihm zum Arzt gehen! Antibiotika töten das Diphtheriebakterium ab, doch das im Körper zirkulierende Diphtheriegift muß so schnell wie möglich durch ein Antitoxin, das in der Regel aus dem Blut immunisierter Pferde gewonnen wird, unschädlich gemacht werden.

### Selbsthilfe

Den einzigen Schutz vor Diphtherie bietet die Impfung, die (auch von Erwachsenen!) alle zehn Jahre aufgefrischt werden muß (→ Seite 612).

## Keuchhusten (Pertussis)

**▶ Symptome**

- ➜ anfangs trockener Husten, auch nachts, und nur leicht erhöhte Körpertemperatur (etwa zwei Wochen)
- ➜ dann Keuchhustenanfälle (Stakkatohusten) mit Atemnot und Erbrechen, pfeifendes und keuchendes Atemgeräusch beim Einatmen

Der Erreger des Keuchhustens, Bordetella pertussis, ist ein weitverbreitetes Bakterium, das durch Tröpfcheninfektion übertragen wird. Die meisten Menschen machen in der Kindheit eine milde oder unbemerkt verlaufende Keuchhusten-Erkrankung durch und sind dann gegen den Erreger geschützt.
Insbesondere bei Säuglingen und Kleinkindern kann Keuchhusten jedoch sehr schwere Formen annehmen und zu Infektionen der Atemwege, einer Mittelohrentzündung (→ Seite 173) sowie Hirnschäden führen. Ansteckungsgefahr besteht vom ersten Husten bis etwa fünf Wochen danach.

### Ärztliche Behandlung

Bei den ersten Anzeichen von Keuchhusten sollten Sie einen Arzt hinzuziehen. Bei größeren Kindern sind keine Antibiotika erforderlich. Wichtig ist viel frische Luft; hustenlösende und hustenreizdämpfende Mittel zeigen meist keine Wirkung.

### Selbsthilfe

Geben Sie Ihrem Kind viel zu trinken (Tee, Säfte), vor allem wenn es häufig erbrechen muß.

## Pseudokrupp

**▶ Symptome**

- ➜ grippeähnliche Beschwerden mit Fieber
- ➜ bellender Husten aus dem Schlaf heraus
- ➜ verstärkte Atemgeräusche (beim Einatmen)

Der Pseudokrupp wird durch eine Infektion mit dem Parainfluenzavirus Typ 2 ausgelöst und betrifft fast nur Säuglinge und Kleinkinder bis zum Alter von sechs Jahren. Naßkaltes Wetter, Luftverschmutzung und Tabakrauch begünstigen zusätzlich zur Virusinfektion diese Entzündung des Kehlkopfs, bei der die Schleimhaut stark anschwillt.

### Ärztliche Behandlung

Wenn Ihr Kind unter Hustenanfällen und Atemnot leidet, sollten Sie unbedingt einen Arzt aufsuchen. Entzündungshemmende Medikamente lindern die Beschwerden; für den Notfall gibt der Arzt Ihnen Kortisonzäpfchen mit, die die Schwellung zum Abklingen bringen.

### Selbsthilfe

Schonung, frische Luft und vor allem angefeuchtete Raumluft bringen dem kleinen Patienten Erleichterung. Haben Sie keinen Luftbefeuchter, dann erfüllen nasse Tücher, über den Heizkörper gelegt (auch nachts) diesen Zweck ebenso gut.

## Epiglottitis

**▶ Symptome**

- ➜ Atemnot, Erstickungsanfälle

Vor allem bei Kindern zwischen einem und fünf Jahren kann es, ausgelöst durch das Bakterium Haemophilus influenzae, zu einer akuten Entzündung des Rachenraums und Kehldeckels kommen. Der Erreger ist ein weitverbreiteter Keim der normalen Rachenflora und kann auch eine frühkindliche Gehirnhautentzündung (→ Seite 192) auslösen.

### Ärztliche Behandlung

Ohne rechtzeitige Behandlung kann es zu lebensbedrohlichen Erstickungsanfällen und Schockzuständen kommen, weshalb Sie sofort einen Arzt aufsuchen sollten. Die Behandlung muß rasch einsetzen und besteht im wesentlichen aus der Gabe von Antibiotika und abschwellenden Medikamenten. Bei bedrohlichen Erstickungsanfällen kann auch ein Luftröhrenschnitt lebensrettend sein.

### Selbsthilfe

Den einzigen Schutz vor einer Epiglottitis bietet eine Impfung (→ Seite 612), die bereits im dritten Lebensmonat gegeben wird.

## Kinderlähmung (Poliomyelitis)

▶ Symptome
- ➜ grippeähnliche Beschwerden mit Fieber, Abgeschlagenheit, Halsschmerzen
- ➜ Erbrechen, gelegentlich auch Bauchschmerzen, Durchfall und Verstopfung
- ➜ seltener Kopfschmerzen, Nackensteifigkeit

Die Kinderlähmung (oft einfach nur kurz Polio genannt) wird durch ein Virus verursacht, das vor allem Gehirn und Rückenmark befällt. Seit der Einführung der Schluckimpfung tritt sie in Mitteleuropa nur noch sehr selten auf, ein größeres Infektionsrisiko besteht jedoch bei Reisen in afrikanische oder asiatische Länder. Bedroht sind nicht nur Kinder, sondern auch Erwachsene ohne ausreichenden Impfschutz (→ Seite 612).
Anstecken kann man sich über verunreinigtes Wasser oder Nahrungsmittel, gefährlich ist das Baden in stehenden Gewässern. In den meisten Fällen ist die Erkrankung nach grippeähnlichen Beschwerden überstanden und der Betroffene lebenslang immun gegen eine Zweitinfektion. Nur ein Zehntel aller Infizierten durchläuft das zweite Stadium, das nach einem fieberfreien Intervall von ein bis drei Tagen in eine Gehirnhautentzündung (→ Seite 192) übergeht. Nur bei jedem Tausendsten kommt es nach weiteren zwei Tagen zum dritten Stadium mit bleibenden Lähmungen einzelner Muskeln oder Muskelgruppen und – schlimmstenfalls – lebensbedrohlichen Lähmungen des Atem- und Kreislaufzentrums.

### Ärztliche Behandlung

Wenn Sie bei Ihrem Kind (oder bei sich selbst) Anzeichen einer Kinderlähmung bemerken, muß sofort ein Arzt hinzugezogen werden! In schweren Fällen ist eine Einweisung ins Krankenhaus nötig, denn wenn die Lähmung auch die Atemmuskulatur befällt, hilft nur künstliche Beatmung. Da es kein spezielles Heilmittel gegen Kinderlähmung gibt, versuchen die Ärzte, die Beschwerden mit Schmerzmitteln und entzündungshemmenden Medikamenten zu lindern. Feucht-heiße Packungen haben sich bewährt bei den oft quälenden Muskelschmerzen und Krämpfen im akuten Stadium. Beginnen Sie so früh wie möglich mit Krankengymnastik. Das trägt dazu bei, Muskelschäden zu verhindern.

### Selbsthilfe

Eine eiweiß- und vitaminreiche Ernährung sowie reichliches Trinken unterstützen den Körper bei der Genesung. Erstaunliche Erfolge berichten einige Patienten mit Entspannungstechniken wie Yoga und Meditation (→ ab Seite 686). Bleiben trotz allem Lähmungen zurück, bedeutet das in den wenigsten Fällen ein Leben im Rollstuhl. Dennoch braucht es Zeit, um die zwangsläufigen Veränderungen seelisch zu bewältigen. Denken Sie immer daran: Niemand ist weniger wertvoll, nur weil er sich auf etwas andere Art fortbewegt als seine Mitmenschen!

## Windpocken (Varizellen)

▶ Symptome
- ➜ stecknadelkopfgroße, stark juckende Flecken
- ➜ rote, flüssigkeitsgefüllte Bläschen, Knötchen
- ➜ verschorfende Krusten
- ➜ Fieber um 38 °Celsius

Windpocken sind eine sehr ansteckende Virusinfektion, an der vor allem Kinder, aber auch Erwachsene erkranken. Das Virus wird durch Tröpfchen (beim Husten oder Niesen) oder einfach über die Luft übertragen. Eine Ansteckungsgefahr besteht bereits zwei Tage, bevor sich die ersten Krankheitssymptome zeigen, bis eine Woche nach Beginn des typischen Hautausschlags. Etwa zwei Wochen nach der Ansteckung kommt es zu leichtem Fieber, das normalerweise zwei bis drei Tage anhält. Gleichzeitig tritt der charakteristische Windpockenausschlag auf, zunächst am Rumpf, dann übergreifend auf Gesicht und behaarte Kopfhaut sowie auf Arme und Beine. Der Ausschlag beginnt mit blaßroten, stark juckenden Flecken, die sich in flüssigkeitsgefüllte Bläschen verwandeln. Die Bläschen platzen leicht auf, trocknen ein und bilden eine Kruste. Schubweise »wachsen« immer neue Bläschen nach, so daß gleichzeitig alle Stadien sichtbar sind. Nach ein bis drei Wochen heilen die Krusten ohne Narbenbildung ab, wenn sie nicht aufgekratzt werden. Komplikationen sind selten. Nur bei Kindern mit einer sehr geschwächten Abwehr nimmt die Krankheit einen schweren Verlauf. Ist sie einmal überstanden, sind die kleinen Patienten immun gegen Windpocken. Allerdings kann das Virus im Körper verbleiben und sehr viel später, im Erwachsenenalter, eine Gürtelrose (→ Seite 457) verursachen.

### Ärztliche Behandlung

In den meisten Fällen können Sie Ihr Kind zu Hause pflegen. Ärztliche Hilfe ist jedoch nötig, wenn der Ausschlag auf die Augen übergreift, das Fieber sehr hoch ansteigt und starker Husten sowie Erbrechen hinzukommen. Wenn sich die Bläschen entzünden, verschreibt der Arzt ein Antibiotikum. Wenn der Juckreiz zu quälend wird, hilft ein Antihistaminikum.

### Selbsthilfe

Ihr Kind sollte drei Tage über das Abklingen des Fiebers hinaus das Bett hüten. Geben Sie ihm reichlich zu trinken (frische Obst- und Gemüsesäfte, Kamillen-, Lindenblüten- und Schafgarbentee). Das lindert das Fieber und beugt einem Flüssigkeitsmangel vor. Gegen den Juckreiz hilft das Betupfen der Bläschen mit einem Holunderblütenaufguß oder einer Kamillenlotion. Achten Sie darauf, daß Ihr Kind die verschorfenden Stellen nicht aufkratzt, da sonst Narben zurückbleiben. Kleinkindern können Sie Fäustlinge anziehen, größere Kinder sind oft verständig, wenn Sie an ihre Vernunft appellieren.

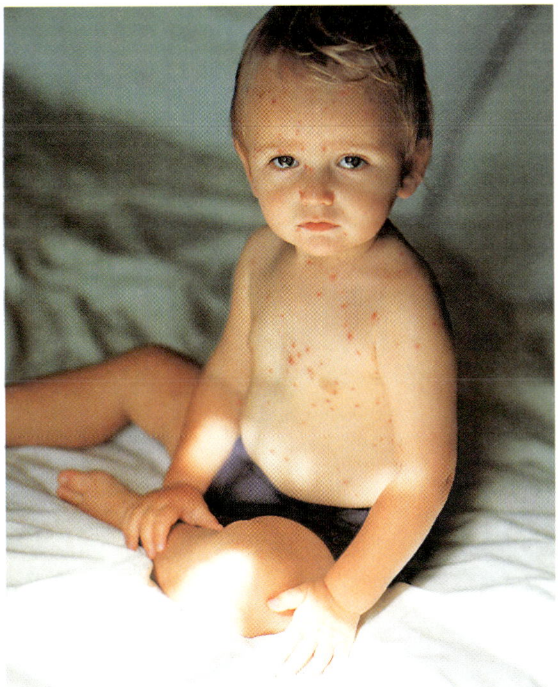

**Die juckenden Windpockenbläschen sind für Ihr Kind unangenehm, aber nach 2 Wochen ist alles überstanden.**

## Mumps

### ▶ Symptome

- ➜ schmerzhafte Schwellungen vor den Ohren und über dem Kiefergelenk
- ➜ Schmerzen beim Kauen, Ohrenschmerzen
- ➜ manchmal leichtes bis hohes Fieber (40 °Celsius)

Das grippeähnliche Mumpsvirus kommt weltweit vor und wird durch Tröpfcheninfektion übertragen. Betroffen sind vor allem Kinder ab dem dritten Lebensjahr. Etwa zwei bis drei Wochen nach der Ansteckung schwellen die Ohrspeicheldrüsen an, zunächst einseitig, nach ein bis zwei Tagen auch auf der gegenüberliegenden Seite. Die kleinen Patienten haben erhebliche Schmerzen beim Kauen. Manchmal schwellen auch die Speicheldrüsen unter der Zunge und im Kieferwinkel an; gelegentlich ist auch die Bauchspeicheldrüse befallen (→ Pankreatitis, Seite 352), was starke Bauchschmerzen verursacht. In seltenen Fällen kann Mumps eine Entzündung des Gehirns (→ Seite 192) oder eine Gehirnhautentzündung (→ Seite 192) hervorrufen. Erkranken Jugendliche oder Erwachsene an Mumps, treten manchmal als Komplikation Eileiter- (→ Seite 388) oder Hodenentzündungen (→ Seite 412) auf, die schlimmstenfalls zur Unfruchtbarkeit führen können. Ansteckungsgefahr besteht sechs Tage vor bis zwei Wochen nach Beginn der Drüsenschwellung. Nach der durchgemachten Erkrankung ist man immun.

### Ärztliche Behandlung

Bei stärkeren Beschwerden oder falls es im Verlauf einer Mumpserkrankung zu Ohren- oder Kopfschmerzen, einem steifen Nacken oder schmerzhaften Hodenschwellungen kommt, sollten Sie mit Ihrem Kind zum Arzt gehen. Eine spezielle Therapie gibt es nicht, meist genügen ein paar Tage Bettruhe und eventuell ein leichtes Schmerzmittel.

### Selbsthilfe

Die kleinen Patienten sollten vor allem flüssige und breiige Kost bekommen. Kalte Umschläge und Speiseeis lassen die Schwellungen zurückgehen. Zur Vorbeugung wird für alle Kinder ab dem ersten Lebensjahr eine Kombi-Impfung gegen Mumps, Masern und Röteln (→ Seite 612) empfohlen.

## Röteln

### ▶ Symptome
- ➜ grippeartige Beschwerden, Unwohlsein
- ➜ zartrosa bis hellroter Hautausschlag
- ➜ leichtes Fieber (38 ° bis 38,5 °Celsius)
- ➜ geschwollene Lymphknoten am Nacken und hinter den Ohren

Das Rötelnvirus kommt weltweit vor und befällt vor allem Kinder und Jugendliche. Es wird durch Tröpfcheninfektion übertragen und führt nach etwa zwei Wochen zu einem feinfleckigen Hautausschlag am ganzen Körper, vor allem am Rücken sowie an Armen und Beinen. Das Allgemeinbefinden ist meist nur gering beeinträchtigt, manchmal verläuft die Infektion gänzlich unbemerkt.
Dennoch sollte jedes Kind gegen Röteln geimpft sein, damit es nicht zur Ansteckungsquelle für schwangere Frauen werden kann. Es kann den Erreger bereits eine Woche vor Ausbruch der Krankheit und bis zehn Tage danach übertragen. Kommt es in den ersten drei Schwangerschaftsmonaten zu einer Rötelninfektion, besteht die Gefahr, ein mißgebildetes Kind zur Welt zu bringen. Die Krankheit kann Augen, Ohren und Herz des Kindes schädigen und zu geistigen Behinderungen führen. Selbst bei einer früheren Impfung gegen Röteln läßt sich ein Restrisiko nicht ausschließen. Nur der Bluttest kann Aufschluß über die tatsächliche Abwehrlage geben.

### Ärztliche Behandlung
Eine ärztliche Behandlung ist bei dieser harmlosen Erkrankung nicht nötig. Trotzdem sollten Sie zum Arzt gehen, um sicher zu sein, daß Ihr Kind keine andere Kinderkrankheit hat.

### Selbsthilfe
Bei Fieber ist Bettruhe sinnvoll, ansonsten muß Ihr Kind nicht das Haus hüten. Achten Sie jedoch darauf, daß es nicht in die Nähe von Frauen kommt, um diese nicht eventuell zu gefährden.
Der beste Schutz ist eine Impfung, die ab dem zweiten Lebensjahr gegeben wird (→ Seite 612). Vor einer geplanten Schwangerschaft sollte jede Frau ihr Blut auf Antikörper gegen Röteln untersuchen lassen. Am besten ist es, wenn Mädchen sich nochmals vor der Pubertät dagegen impfen lassen.

## Ringelröteln

### ▶ Symptome
- ➜ gelegentlich Mattigkeit, Appetitlosigkeit und Kopfschmerzen
- ➜ feinfleckige, schmetterlingsförmige Hautrötung auf den Wangen, die meist juckt

Die relativ seltenen Ringelröteln werden durch das Parvovirus B19 ausgelöst und betreffen vorwiegend Kinder. Etwa ein bis zwei Wochen nach der Ansteckung, die über die Luft erfolgt, kommt es zu einem girlanden- und figurenbildenden Hautausschlag, der der Krankheit ihren Namen gegeben hat. Typisch ist, daß dieser Ausschlag erst verblaßt und dann wiederkommt. Die meisten Kinder haben kein Fieber und fühlen sich auch nicht sehr krank.

### Ärztliche Behandlung
Wenn Ihr Kind einen Ausschlag hat, sollten Sie immer mit ihm zum Arzt gehen. Die Erkrankung ist harmlos, und die Beschwerden klingen in der Regel innerhalb von acht bis zehn Tagen wieder ab, Komplikationen gibt es bei Ringelröteln nicht. Ansteckungsgefahr besteht bereits einen Tag vor Beginn des Ausschlags bis einen Tag nach Abheilen.
Gefährlich ist eine Infektion während der Schwangerschaft, da es zu einer Schädigung der Blutbildung des ungeborenen Kindes, schlimmstenfalls zu einer Totgeburt kommen kann. In schweren Fällen kann dann eine Blutausstauschtransfusion das einzige Mittel sein, das Leben des Kindes zu retten.

### Selbsthilfe
Eine Impfung gegen Ringelröteln gibt es nicht. Tips zur Selbsthilfe bei → Röteln.

## Masern

### ▶ Symptome
- ➜ Fieber (38 ° bis 40 °Celsius)
- ➜ trockener Reizhusten, Schnupfen, entzündete Augen
- ➜ Appetitlosigkeit
- ➜ dunkelroter bis bräunlicher Hautausschlag am ganzen Körper
- ➜ weiße Punkte auf der Mundschleimhaut

## Was tun bei ansteckenden Kinderkrankheiten?

Die meisten Kinderkrankheiten sind harmlos und führen nur selten zu Komplikationen, die darüber hinaus durch einige Vorsichtsmaßnahmen leicht vermieden werden können.

So sollten Sie darauf achten, daß Ihr Kind während der akuten Phase von Masern, Scharlach, Diphtherie und Windpocken das Bett hütet und keinen Besuch von Spielgefährten bekommt, die diese Erkrankungen noch nicht durchgemacht haben.

Machen Sie Ihrem Kind kühlende Umschläge, wenn der Ausschlag, der zu vielen Kinderkrankheiten gehört, sehr juckt. Oder tupfen Sie die Haut vorsichtig mit einem Aufguß aus Lavendel, Holunderblüten oder Kamille ab. Das lindert den Juckreiz und verhindert so, daß die Kinder die Haut aufkratzen, was zu Narben und zusätzlichen eitrigen Infekten führen kann.

**Bilderbücher und der Lieblingsteddy helfen bei Langeweile im Krankenbett.**

Um zu vermeiden, daß die Krankheit sich weiter in Ihrer Familie ausbreitet, sollten Sie Kleidung und Bettwäsche öfter als sonst wechseln und auskochen. Benutzen Sie Handtücher und Waschlappen nicht gemeinsam, auch gemeinsam benutztes Geschirr, Besteck oder Gläser oder das Essen mit den Händen sind eine mögliche Ansteckungsquelle.

Wenn Ihr Kind fiebert, müssen Sie darauf achten, daß es genügend trinkt, allerdings keine kohlensäurehaltigen Getränke wie Mineralwasser und Limonaden. Eine abwechslungsreiche Ernährung mit viel frischem Obst und Gemüse stärkt die Abwehrkräfte. Die beste Medizin aber ist natürlich eine Extraportion Aufmerksamkeit und liebevolle Zuwendung durch die Eltern! Tips für die Pflege Ihres Kindes finden Sie auf Seite 755.

Die Masern gehören zu den weltweit verbreiteten Infektionskrankheiten. Während sie in unseren Breiten meist relativ harmlos verlaufen, sterben in den Entwicklungsländern immer noch viele Säuglinge und Kinder daran. Das Masernvirus wird durch Tröpfcheninfektion und Hautkontakt mit infizierten Personen übertragen und löst nach etwa ein bis zwei Wochen grippeähnliche Beschwerden aus. Charakteristisch sind die ausgeprägte Lichtscheu, der trockene Husten und weiße Punkte auf der Schleimhaut der Wangeninnenseiten. Nach zehn Tagen ist die Krankheit im Kindesalter normalerweise abgeklungen, ansteckend sind die Kinder vom achten Tag nach der Infektion bis zum Abklingen des Hautausschlags. Bei Erwachsenen kommt gelegentlich eine Mittelohr- oder Lungenentzündung erschwerend hinzu. In seltenen Fällen tritt auch eine Gehirnentzündung (→ Seite 192) als Komplikation auf.

### Ärztliche Behandlung

Um Komplikationen zu verhindern und eine andere Kinderkrankheit auszuschließen, sollten Sie auf jeden Fall einen Arzt aufsuchen. Ein spezielles Heilmittel gegen Masern gibt es nicht, so daß eine vorbeugende Impfung (→ Seite 612) empfehlenswert ist. Meist genügen dann Bettruhe und ausreichendes Trinken, um die Heilung zu fördern, eventuell sind zusätzlich Antibiotika erforderlich.

### Selbsthilfe

Um die Augen zu schonen, sollten Sie das Zimmer abdunkeln und Fernsehverbot erteilen.

# Wissenswertes über Sucht

Das Wort Sucht leitet sich ab vom althochdeutschen »suht« = Krankheit. In Bezeichnungen wie Schwindsucht oder Tobsucht drückt sich diese Bedeutung noch aus.
Heutzutage bezeichnet der Begriff Sucht ein unwiderstehliches Verlangen, im engeren Sinn die Abhängigkeit von einer Droge. Früher meinte man mit Drogen Hausmittel aus Pflanzen- und Tierbestandteilen, erhältlich in der Drogerie. Heute versteht man darunter Stoffe, die das Handeln eines Menschen beeinflussen und die abhängig machen können. Aber auch Verhaltensweisen wie Spielen, Essen oder Arbeiten können zur Droge werden.

## Geschichte der Rauschmittel

Die Sehnsucht nach Glück ist so alt wie die Menschheit, der Last des Lebens zu entkommen der große Traum. Kein Wunder, daß man früh die Wirkung von Alkohol und verschiedenen Pflanzen auf die Psyche entdeckte – das kurze Glück des Rausches. Alkohol entsteht zum Beispiel, wenn reife Früchte vergären. Der Mensch stellt nach diesem Vorbild seit alters Wein her. Bereits altägyptische Texte warnen davor, daß der Genuß alkoholischer Getränke zum Reden verleitet und man sich als Trunkenbold lächerlich macht. Die Einstellung zum Alkohol änderte sich über die Zeiten immer wieder: Als Opfergabe oder um »schlechte Säfte« aus dem Körper zu spülen war er gern gesehen, wenn die Trunksucht überhandnahm, wurde er verboten.
Verschiedene Pflanzen enthalten in Blättern, Samen oder anderen Bestandteilen Substanzen, die eine direkte Wirkung auf Empfinden und Bewußtsein des Menschen haben. In vielen Kulturen war es Tradition, bei religiösen oder magischen Ritualen solche Substanzen durch Kauen oder Rauchen aufzunehmen. Nach Europa kamen die Pflanzen im Lauf der Jahrhunderte durch Kaufleute und andere Reisende.

**Geselligkeit und Alkohol sind bei uns eng miteinander verbunden; da wird leicht mehr als ein Glas zuviel getrunken.**

**Rauchen macht nicht nur abhängig vom Nikotin, es kann auch körperliche Erkrankungen verursachen.**

**Im 19. Jahrhundert schmuggelten britische Kaufleute Opium von Indien nach China; die Sucht nach der Droge wurde zum Verhängnis abertausender Chinesen.**

## Was eine Sucht begünstigt

Zahlreich sind die Gründe für den Gebrauch von Substanzen, die die Stimmung heben und die unangenehme Wirklichkeit vergessen lassen: Angst und Einsamkeit, Probleme in der Familie, Schwierigkeiten in der Schule oder am Arbeitsplatz, Langeweile oder der Wunsch, Schmerzen zu lindern, Leistung zu steigern oder einfach nur, es anderen gleichzutun. Dabei sind heute die am häufigsten gebrauchten Drogen nicht die illegalen (→ Seite 565), sondern die vermeintlich harmlosen, allgemein akzeptierten wie alkoholische Getränke (→ Seite 570), Medikamente (→ Seite 571) und Tabak (→ Seite 572). Freie Verfügbarkeit, Vorbilder und Gruppenzwänge fördern den Weg in die Sucht gerade bei labilen Menschen, deren Selbstwertgefühl gering ist und deren Stimmung häufig schwankt.

## Von der Gewöhnung zur Abhängigkeit

Mit einer Droge können Entspannung und Wohlbefinden auch in schwierigen Situationen erreicht werden. Schnell wird es zur Gewohnheit, Probleme nicht zu lösen, sondern ihnen auf diese Weise auszuweichen. Man wird psychisch vom Wohlgefühl, das durch die Droge erzeugt wird, abhängig (→ Seite 564). In der Medizin verwendet man daher heute neben »Sucht« auch den Begriff »Abhängigkeit«.

Viele Substanzen machen früher oder später auch körperlich abhängig (→ Seite 564), je nach ihrem sogenannten Suchtpotential: Heroin vielleicht schon nach einmaligem Gebrauch, Alkohol mitunter erst nach mehreren Jahren.

Die Vorstufe zur Abhängigkeit wird als Mißbrauch bezeichnet: In der großen Gruppe derer, die zum Beispiel alkoholische Getränke oder Medikamente zu sich nehmen, ist es der gefährdete Mensch, der sie mit der Zeit in unüblicher Menge oder nicht dem Zweck entsprechend gebraucht.

Zunächst leugnet oder beschönigt er den übermäßigen Konsum vor sich selbst und anderen. Mit der Zeit schwindet die Kontrolle immer mehr, und er ist unter Umständen nicht mehr in der Lage, seiner Arbeit nachzugehen, ist häufig krank und kann seine Rolle innerhalb der Familie nicht mehr wie früher wahrnehmen. Der Betroffene fühlt sich schuldig, weil seine Versuche, der Droge zu widerstehen, immer wieder mißlingen. Die Menschen in seinem Umfeld bemühen sich um den Eindruck von Harmonie und Normalität und versuchen, ihn entweder mit Liebe und Zuwendung oder mit Strafe und Abwendung von der Sucht abzubringen (→ Die Bezugspersonen, Seite 565).

**Gerade »alltägliche« Medikamente wie Schmerz- oder Schlafmittel können süchtig machen.**

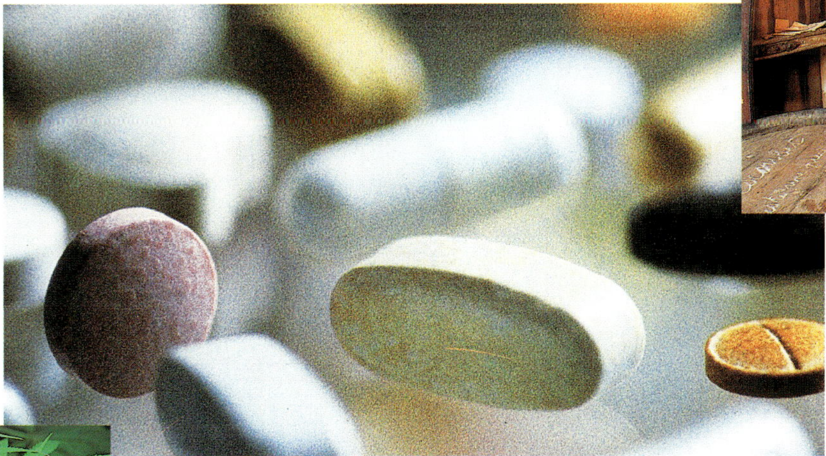

**Ein guter, alter Cognac: Genuß, Gewohnheit oder schon ein bißchen mehr?**

**Aus indischem Hanf (Cannabis) werden die Rauschdrogen Haschisch und Marihuana hergestellt.**

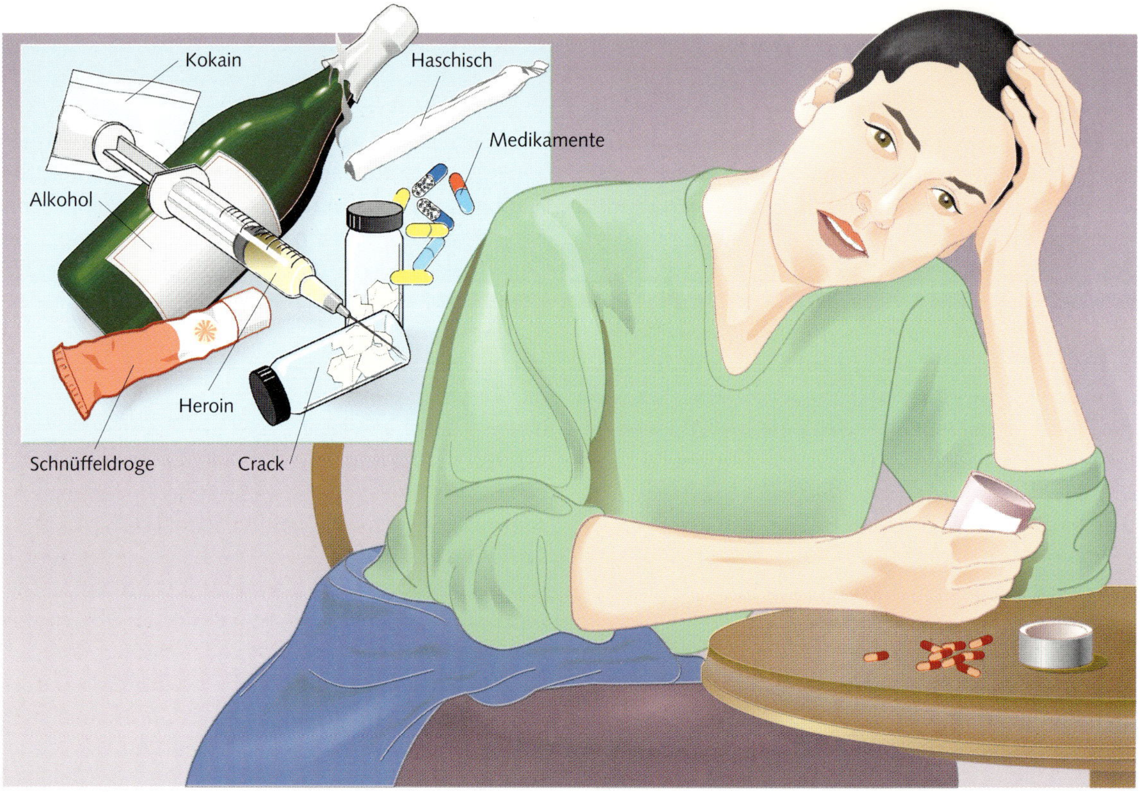


# Die Krankheit Sucht

- **Formen der Abhängigkeit**
- **Folgen der Sucht**
- **Rolle der Bezugspersonen**

Abfällige Ausdrücke wie Säufer, Fixer und Junkie zeigen, als was leider auch heute noch viele Menschen Suchtleiden sehen: als Zeichen von Willensschwäche und ungefestigtem Charakter.
In der Medizin werden Mißbrauch und Abhängigkeit von einem Suchtmittel seit längerem als Krankheit aufgefaßt. Ursachen, Verlauf, Folgen und Therapiemöglichkeiten von Sucht werden daher erforscht.

## Zeichen einer Sucht

Die Abhängigkeit von einem Suchtmittel wird zunächst vom Betroffenen beschönigt oder geleugnet, das Thema in Gesprächen umgangen. Frustrationen werden nur noch schwer ertragen, die Leistungen in Schule oder Beruf sinken, es gibt Schwierigkeiten mit Vorgesetzten oder Lehrern, Kollegen oder Mitschülern, der Freundeskreis wird gewechselt oder aufgegeben – der Rückzug aus dem sozialen Leben beginnt.

## Psychische und körperliche Abhängigkeit

Wird die Psyche abhängig, so entsteht ein unwiderstehliches Verlangen nach dem Suchtmittel. Alles wird versucht, es zu befriedigen.
Wird hingegen der Körper abhängig von einem Suchtmittel, so zeigt sich zum einen eine sogenannte Toleranz: Die Menge muß laufend erhöht werden, um eine Wirkung zu erzielen. Zum anderen treten sogenannte Entzugssymptome wie depressive Verstimmung, Händezittern, Schweißausbrüche, Muskelschmerzen und Erbrechen auf, wenn das Suchtmittel nicht mehr oder nur noch in geringerer Menge als bisher aufgenommen wird (→ Seite 566).

## Sucht betrifft den ganzen Menschen

Jede Sucht führt zu psychischem und körperlichem Abbau. Zeichen können teilnahmslose Ruhe im Wechsel mit nervöser Geschäftigkeit, Verlust der Interessen, nachlassende Kritikfähigkeit, Selbstmordabsichten sein, aber auch Schwitzen, Gewichtsverlust, Schlafstörungen, Zittern der Hände oder Bewegungsstörungen. Je nachdem, in welcher Menge und über welchen Zeitraum ein Suchtmittel aufgenommen wird, kommt es zu Schäden des Gehirns und anderer Organe wie zum Beispiel der Leber.
Tiefgreifende Änderungen im Leben des Betroffenen zeigen die zerstörerische Wirkung der Sucht: sozialer Abstieg, Verlust von Arbeit und Wohnung, Entlassung aus der Schule, chronischer Geldmangel und Konflikte mit dem Gesetz, Vernachlässigung des Äußeren bis hin zu Verwahrlosung.

## Der Teufelskreis

Gleichgültig, was süchtig gemacht hat: Die jeweilige Substanz oder das jeweilige Verhalten beherrschen das Leben des Betroffenen. Er ist nicht mehr frei in seinen Entscheidungen, denn die Sucht muß jeden Tag aufs neue befriedigt werden. Gelingt das anfangs noch unauffällig, so sind dazu auf die Dauer immer mehr Zeit und Geld nötig.
Bald wird die Abhängigkeit zum Familienproblem. Jeder übernimmt seine Rolle bei dem Versuch, nach innen Gleichgewicht und Stabilität, nach außen Normalität und Harmonie zu leben. Der Betroffene versucht, seine Verantwortung an Lebenspartner oder Eltern abzugeben, und bittet sie, ihm aus der Sucht zu helfen – ein Versuch, der mißlingen muß. Die Abhängigkeit schreitet weiter fort, Enttäuschung, Wut und Kränkung bei allen Beteiligten sind die Folge.
Der Betroffene verzehrt sich in Schuldgefühlen, weil die Versuche, der Sucht zu widerstehen, gescheitert sind – und wird so noch tiefer in sie hineingetrieben.

## Die Bezugspersonen

Meist versuchen Lebenspartner, Kinder oder Eltern zusammen mit dem Betroffenen, das Problem ohne Hilfe von außen zu lösen. Sie kontrollieren die Höhe des Konsums, ohne ihn je stoppen zu können, sie streiten mit dem Abhängigen, weil er sich wieder nicht an die Abmachungen gehalten hat, obwohl er es doch versprochen hatte.
Sie bewahren Haltung nach außen, versuchen keine Fehler zu machen und vor allem nicht an sich selbst, sondern noch mehr an den Abhängigen zu denken. Sie schirmen ihn ab, entschuldigen ihn in der Arbeit oder in der Schule, bei Freunden und Verwandten. Sie sind überzeugt, daß er nicht mehr süchtig wäre, wenn sie sich noch ein bißchen mehr bemühen würden. Sie leiden darunter, in ihren Anstrengungen zu versagen. Die Sucht beherrscht nun auch ihr Denken und Handeln – sie sind co-abhängig geworden.

## Ursachen der Sucht

Eltern oder Lebenspartner stellen sich häufig die Frage, ob nicht sie schuld sind am Leiden des Abhängigen – wenn sie etwas weniger an sich selbst gedacht hätten, wäre er womöglich nicht süchtig geworden. So zu denken, hilft leider keinem.
Das elterliche »Vorbild«, der fehlende Halt in Familie oder Partnerschaft spielen eine Rolle beim Entstehen einer Sucht. Genauso wichtig ist jedoch die Persönlichkeit des Betroffenen. Er braucht das Suchtmittel oder Verhalten, weil er bestimmte emotionale Bedürfnisse anders nicht befriedigen kann.

### Legale und illegale Drogen

Alkoholische Getränke, Tabak, Kaffee und Medikamente werden zu den legalen Drogen gezählt. Jeder Erwachsene kann sie kaufen, aufbewahren und zu sich nehmen, wie es ihm beliebt.
Der Konsum von illegalen Drogen hingegen kann leicht zu Konflikten mit dem Gesetz führen. Es gibt über hundert Substanzen und Zubereitungen, deren Anbau, Vertrieb oder Besitz durch das Betäubungsmittelgesetz verboten ist und strafrechtlich verfolgt wird. Die sogenannten weichen Drogen unter den illegalen sind Marihuana und Haschisch (→ Seite 573). Sie können psychisch abhängig machen. Sogenannte harte Drogen wie Heroin (→ Seite 575) verursachen psychische und körperliche Abhängigkeit. Eine Sonderstellung haben Kokain (→ Seite 573) und synthetische Drogen wie Amphetamine sowie halluzinogene Drogen wie LSD (→ Seite 574). Sie machen nicht körperlich, aber stark psychisch abhängig und schädigen den Körper so sehr, daß sie zu den harten Drogen zählen.

# Notfälle

## Allgemein gilt

Bei Symptomen des Entzugs oder der Vergiftung muß ein Arzt gerufen oder aufgesucht werden!

## Entzugssyndrom

**▶ Symptome**

- ➜ Übelkeit, Erbrechen, Durchfall
- ➜ Schwitzen, Unruhe, schneller Puls, Zittern, Schlaflosigkeit, epileptische Anfälle
- ➜ Heroin: weite Pupillen, Schmerzen in Muskeln und Bauch, Gähnen, Gänsehaut, laufende Nase
- ➜ Alkohol: Delir möglich (→ Seite 200)

Das Entzugssyndrom tritt auf, wenn jemand, der von einem Suchtmittel körperlich abhängig ist, dieses nicht mehr oder in geringerer Menge als sonst zu sich nimmt. Die Symptome verschwinden wieder, sobald das Suchtmittel erneut genommen wird.

Das Entzugssyndrom ist quälend und fast unerträglich, aber meist weniger gefährlich als die Vergiftung. Bei Heroin und anderen Opiaten treten die Symptome des Entzugssyndroms schon einen halben Tag nach der letzten Einnahme auf, erreichen nach ein bis zwei Tagen ihren Höhepunkt und klingen im Lauf von etwa zehn Tagen ab.

### Ärztliche Behandlung

Je nach Zustand muß der Hausarzt gerufen oder der Notruf veranlaßt werden. Der Arzt entscheidet, ob der Betroffene ins Krankenhaus zur Überwachung muß.

### Selbsthilfe

Wer von einem Suchtmittel abhängig ist, sollte bei genannten Symptomen mit einem Arzt besprechen, ob und wie es möglich ist, das Entzugssyndrom durchzustehen und damit einen Weg aus der Sucht zu finden. Drogenberatungsstellen (→ Seite 798) können erfahrene Ärzte nennen.

## Alkoholdelir

→ Seite 200

## Heroinvergiftung

**▶ Symptome**

- ➜ Erbrechen, Durchfall, Frösteln, Muskelschmerzen, Harn- und Stuhlverhalt
- ➜ sehr enge Pupillen, Atmung unregelmäßig und flach, Bewußtsein gestört

Die genaue Dosierung von Heroin ist fast unmöglich, die Gefahr einer Vergiftung durch Überdosis bzw. ungewohnt reines Heroin ist groß.

### Ärztliche Behandlung

Eine Heroinvergiftung ist lebensgefährlich! Zeichnen sich die genannten Symptome ab, muß der Notruf veranlaßt werden. Auf der Intensivstation können die lebenswichtigen Körperfunktionen unterstützt und mit einem entsprechenden Medikament behandelt werden.

### Selbsthilfe

Ist nicht möglich.

## Alkoholvergiftung (Rausch)

**▶ Symptome**

- ➜ zu Beginn lockere Stimmung, Redelust
- ➜ dann Gehen und Sprechen erschwert, Geltungsbedürfnis, Selbstüberschätzung
- ➜ im schweren Rausch gestörte Orientierung, Bewußtseinstrübung bis Bewußtlosigkeit

Die Wirkung von Alkohol wird meist unterschätzt: Wer getrunken hat, fühlt sich besonders leistungsstark – in Wirklichkeit lassen die körperlichen und geistigen Kräfte nach.

### Ärztliche Behandlung

Ein schwerer Rausch ist lebensgefährlich! Gegebenenfalls muß im Krankenhaus entgiftet (→ Seite 568) und die lebenswichtigen Funktionen des Körpers aufrechterhalten werden.

### Selbsthilfe

Reden Sie ruhig und langsam mit dem Betroffenen; lassen Sie ihn nicht allein.

# Spezielle Untersuchungen

## Nachweis von Suchtmitteln

Daß jemand ein Suchtmittel nimmt, kann häufig nur durch den Nachweis des Stoffs im Körper bestätigt werden. Der Alkoholgehalt des Blutes wird indirekt über die ausgeatmete Luft (→ Bild) oder direkt durch Blutabnahme gemessen. Medikamente oder Rauschdrogen werden im Urin oder durch Haaruntersuchungen nachgewiesen.

**Bei Kontrollen im Straßenverkehr wird der Alkoholgehalt im Blut über die Atemluft gemessen.**

Fällt jemand beispielsweise im Straßenverkehr auf, durch ungewöhnliches oder gewalttätiges Verhalten oder durch eine Bewußtseinsstörung, muß abgeklärt werden, ob er an einer Vergiftung durch ein Suchtmittel (→ Seite 566) leidet oder an einem Entzugssyndrom (→ Seite 566). Befindet sich jemand in einer Suchttherapie, so kann von einem Labor geprüft werden, ob er sich an die Abmachungen mit dem Arzt hält und weder die gewohnte Droge noch eine andere zu sich nimmt. Das kann besonders dann wichtig sein, wenn ein Heroinabhängiger in der Therapie Ersatzstoffe wie Methadon bekommt (→ Seite 575).

## Hinweise auf Suchtmittel

Besteht nur die Vermutung, daß jemand von einem Suchtmittel abhängig ist, so ist es meist nicht leicht, zu einer sicheren Gewißheit zu kommen.

In manchen Fällen kann ein Arzt aufgrund von körperlichen oder psychischen Veränderungen sicher auf ein Suchtmittel schließen, als Laie sollte man sich jedoch vor Spekulationen und voreiligen Schlüssen hüten.

Hinweise können allerdings sein: (versteckte) Vorräte von alkoholischen Getränken, Zigaretten, Medikamenten, Wasserpfeife, tütenförmige Zigaretten (Haschisch, Marihuana), saugfähige Papierstückchen (LSD), Schnupflöffel oder -röhrchen (Kokain, Crack), versteckte bunte Kapseln (Designerdrogen), Spritzen (Heroin).

## Bin ich suchtgefährdet?

Einige Fragen sollen Ihnen helfen, Ihr eigenes Verhalten zu betrachten. Wenn Sie mehrmals mit Ja antworten, lesen Sie bitte Seite 568 und 569.

Beschreiben Sie Ihr Verhältnis zu Genußmitteln wie alkoholischen Getränken und Tabak sowie zu Medikamenten:

- Haben Sie das Gefühl, Alkohol und Medikamente zu benutzen, um aus dem Alltag zu entfliehen?
- Fühlen Sie sich (nur) mit ihnen stark und selbstbewußt?
- Wagen Sie nicht, nein zu sagen, wenn Ihnen beispielsweise in geselliger Runde Alkohol oder Zigaretten angeboten werden?

Beschreiben Sie, ob und wie Sie zum Beispiel mit den auf Seite 570 bis 575 genannten Suchtmitteln umgehen:

- Haben Sie das Gefühl, daß Ihr Leben mit einem Suchtmittel erträglicher wird?
- Verspricht es Ihnen das Eintauchen in Glück, Wärme, Geborgenheit?

Süchtig machen können nicht nur illegale Drogen, sondern auch Genußmittel und Medikamente. Keines dieser Mittel kann helfen, Probleme zu lösen, selbstsicher und stark zu sein oder die eigenen emotionalen Bedürfnisse zu befriedigen. Viele Suchtmittel erzeugen eine angenehme Stimmung, machen gleichgültig und ruhig. Deshalb ist die Versuchung, sie immer wieder zu nehmen, so groß. Zu Mißbrauch und Abhängigkeit sind es nur noch wenige Schritte.

# Der Weg aus der Sucht

Von einer Sucht loszukommen, ist hart und schmerzhaft. Am Anfang steht für jeden Betroffenen das offene Eingeständnis, süchtig zu sein und ohne die Droge nicht mehr leben zu können, von der man irgendwann einmal glaubte, sie könne einem das Gefühl geben, stark und zuversichtlich, ohne Angst und Frustration zu sein.
Der Antrieb, etwas zu ändern, wird leider meist erst stark genug, wenn die Familie zerbrochen, der Arbeitsplatz, die Wohnung und eine Menge Geld verloren sind und es keinen sichtbaren Ausweg mehr gibt.

## Beginn der Behandlung

Drogenberatungsstellen stellen fest, wie und wo eine Therapie erfolgen kann und wer die Kosten übernimmt. Es gibt viele Vereine, Organisationen und spezialisierte Krankenhäuser, in denen fachkundiges Personal, engagierte Laien und Betroffene mit Rat und Tat zur Seite stehen (→ Adressen, Seite 798).

## Entgiftung und Entwöhnung

Zunächst muß der Körper entgiftet werden, um die biochemischen Vorgänge wieder zu normalisieren; die Droge darf also nicht mehr genommen werden. Während dieser Phase, die man *Entzug* nennt, treten typische Symptome (→ Seite 566) auf. Damit sie erträglich bleiben und den Körper nicht unnötig belasten, wird der Entzug möglichst im Krankenhaus überwacht und behandelt.
Wenn der Körper wieder frei von Suchtstoffen ist, beginnt die *Entwöhnung*, die in der Regel Wochen bis Monate dauert. Jetzt gilt es, die Psyche vom Verlangen nach der Droge zu befreien. Die Entwöhnung findet meist in einer Fachabteilung eines psychiatrischen Krankenhauses oder einer Fachklinik für Suchtkranke statt.
Psychotherapie, Sport, kreative Beschäftigung, Arbeitstraining und Kontakt mit anderen Betroffenen sollen helfen, das eigene Verhalten in Krisen zu erkennen, den Umgang mit Mitmenschen und mit sich selbst zu überdenken und neu zu lernen, Verantwortung zu übernehmen.

## Nach der Behandlung

Auf die Entwöhnung folgt die Nachsorge. Es gibt Angebote von Beratungsstellen und Selbsthilfegruppen (→ Adressen, Seite 798). Dort finden ehemals Abhängige Rat und Hilfe für ein Leben ohne Drogen und treffen andere Menschen, die die Probleme der Sucht kennen.

## Ein Signal: der Rückfall

Nach einem Rückfall wird der Betroffene häufig als haltlos, gleichgültig und uneinsichtig bezeichnet. Doch die Erfahrung zeigt, daß häufig Konflikte mit anderen Menschen oder Angst und Depression die Ursachen sind.
Der Verzicht auf die Droge entlastet oft nicht wie erwartet, da ungelöste Probleme wieder aktuell werden. Der Betroffene wird nicht mehr als krank angesehen und deswegen aufgefordert, sie aktiv zu lösen. Der Rückfall ist für ihn eine (Schein-)Lösung, wenn er sein neues Leben nicht so schnell wie gedacht annehmen kann.
Für alle Beteiligten stellt sich nun die Frage, ob sie zuviel erwartet haben, das Ziel in zu kurzer Zeit erreichen wollten, Probleme und Krisen unterschätzt haben. Es ist wenig hilfreich, den Rückfall zu bestrafen: Der Betroffene wird sich wehren und rechtfertigen, statt sich verstanden und angenommen zu fühlen. Jahrelanges Suchtverhalten kann – bei aller Bereitschaft – nicht in kurzer Zeit aufgegeben werden.

## Helfen heißt Hinschauen

Ob am Arbeitsplatz, in der Schule, im Freundeskreis oder zu Hause: Jeder wird irgendwann einmal mit dem Problem der Sucht konfrontiert. Die meisten Menschen reagieren ähnlich. Sie schauen lieber weg und glauben Beschönigungen und Entschuldigungen. Denn Hinschauen heißt, einen Verdacht auszusprechen, sich Vorwürfe über fehlende Loyalität anhören zu müssen oder gar einen Menschen zu verlieren.
Aber wer den vermeintlich leichteren Weg geht, hilft nicht, sondern verzögert, daß der Betroffene

In den Selbsthilfegruppen der Anonymen Alkoholiker findet man Verständnis und Unterstützung.

sich über sein Handeln klar wird und die Verantwortung dafür übernimmt. Deswegen gilt für Freunde, Kollegen, Vorgesetzte genauso wie für Angehörige: Wer wegschaut, macht sich co-abhängig (→ Die Bezugspersonen, Seite 565).
Es hilft aber natürlich auch nichts, jemanden zu einer Therapie zu überreden oder zu drängen: Der Betroffene muß selbst wollen. Er muß tief überzeugt sein, daß er sich ändern und auf die Droge verzichten will.

## Mut zum Gespräch

- Sprechen Sie mit dem Betroffenen: freundlich, ohne Vorwürfe, aber unmißverständlich.
- Führen Sie ihm nur ganz sicher nachweisbare Vorfälle vor Augen, keine Gerüchte.
- Treffen Sie klare Vereinbarungen zum Verhalten und nennen Sie die Folgen, wenn sie gebrochen werden.
- Unterstützen Sie die Sucht weder mit Geld noch mit Verständnis.
- Fordern Sie den Betroffenen auf, sich behandeln zu lassen.
- Wenden Sie sich an eine Drogenberatungsstelle (→Adressen, Seite 798) und informieren sich.

Für Angehörige ist zudem wichtig:

- Lassen Sie den Betroffenen los. Geben Sie ihm die Verantwortung für sein Leben zurück, ohne ihm Liebe und Bindung zu versagen.
- Wenden Sie sich auch wieder dem Rest der Familie und sich selbst zu: Leben Sie Fröhlichkeit und die Bewältigung von Schwierigkeiten vor.
- Suchen Sie Kontakt zu Selbsthilfegruppen oder Elternkreisen (→ Adressen, Seite 798).

## Die Situation annehmen

Hilfe von Angehörigen beginnt damit, daß sie sich in einem persönlichen Entwicklungsprozeß von der Idee befreien, sie seien verantwortlich für die Sucht und könnten diese kontrollieren. Die allermeisten werden die Abhängigkeit zunächst leugnen, indem sie Hinweise beschönigen. Bald kann nichts mehr vertuscht werden, man hadert mit der Situation und ärgert sich über das eigene Verhalten. Dann wird mit dem Betroffenen verhandelt, er wird zu Versprechungen aufgefordert, die er nicht halten kann. Doch irgendwann stellt sich die Erkenntnis ein, daß der Kampf zwecklos war. Dann gelingt es, die Situation anzunehmen und Abschied von der Vorstellung zu nehmen, den Süchtigen selbst ändern zu können.

## Wie schütze ich meine Kinder?

Drogen sind aus dem heutigen Leben leider kaum noch wegzudenken. Der Schutz eines Kindes beginnt mit der Erziehung in der Familie: Ist es stark, selbstbewußt und kann »Nein danke« sagen, so braucht es keine Drogen, um glücklich zu sein oder mit Problemen umzugehen.
Eltern sollten sich ihrer Vorbildfunktion bewußt werden. Der Kontakt mit Suchtmitteln beginnt in der Familie: Lassen Sie keine Alkoholreste stehen, schicken Sie Ihr Kind nicht zum Einkaufen von Zigaretten oder alkoholischen Getränken. Geben Sie Ihrem Kind nur in medizinisch begründeten Fällen Beruhigungs- oder Schmerzmittel. Bieten Sie ihm keine Suchtmittel an.

## Alkoholabhängigkeit

### ▶ Symptome

- ➜ psychische und/oder körperliche Abhängigkeit
- ➜ Rauschzustände, sinkende Alkoholverträglichkeit
- ➜ Reizbarkeit, Angstzustände
- ➜ Verdauungsstörungen, Schlafstörungen, Störungen der sexuellen Potenz
- ➜ Nachlassen der geistigen Leistungsfähigkeit (→ Seite 201)

Alkohol unterschiedlicher Menge ist in vielen Getränken, aber auch in medizinischen Tropfen, Pralinen und Süßspeisen enthalten. Die Menge reinen Alkohols in einer Flüssigkeit wird in Prozent angegeben. Frauen vertragen maximal 20 Gramm reinen Alkohol (0,5 Liter Bier oder 0,25 Liter Wein) pro Tag, Männer maximal 60 Gramm (1,5 Liter Bier oder 0,75 Liter Wein).

Alkohol gelangt schnell in die Blutbahn – geringe Mengen bereits im Mund, der Großteil im Magen und im Dünndarm. Abgebaut wird Alkohol mit Hilfe von Enzymen in der Leber. Große Mengen Alkohol können tödlich sein (→ Alkoholvergiftung, Seite 566).

Schon ein »ganz normaler« Rausch zerstört unwiederbringlich Nervenzellen. Dauerhafter Alkoholkonsum verursacht schwere psychische Veränderungen und wirkt auf den ganzen Körper, in besonderem Maß schädigt er Leber (→ Fettleber, Seite 355; → Leberzirrhose, Seite 356; → Die Dosis macht das Gift, Seite 357), Bauchspeicheldrüse (→ Pankreatitis, Seite 359) und Nervensystem (→ Seite 200).

**Alkoholische Getränke als Suchtmittel**

Alkoholische Getränke sind das am weitesten verbreitete Suchtmittel; Alkohol kann psychisch und körperlich abhängig machen. In unserer Kultur wird das Trinken alkoholischer Getränke auf jeden Fall geduldet, häufig sogar gefördert: Feste zu feiern ohne Alkohol ist langweilig, wer Alkohol ablehnt, wird belächelt und gilt als »Weichling« oder Gesundheitsapostel. Wer trinkt, ist stark und erwachsen. Alkohol wirkt direkt auf den Gehirnstoffwechsel. Hat man etwas getrunken, ist man daher locker, gesprächig und fühlt sich großartig. Viele Menschen greifen deshalb, wenn Ängste und Belastungen sie bedrängen, zu alkoholischen Getränken. Verhängnisvoll: Probleme werden nicht gelöst, sondern nur aufgeschoben, erneute Flucht in den Alkohol muß »helfen« – eine Spirale, die in die Abhängigkeit führt.

## Trinker ist nicht gleich Trinker

Um dem Betroffenen helfen zu können, versuchen Ärzte und Therapeuten, die Art der Abhängigkeit näher zu beschreiben. Die Unterscheidung in Alpha- bis Epsilon-Trinker (nach den ersten fünf Buchstaben des griechischen Alphabets) gibt Ihnen Anhaltspunkte:

- Menschen, die Entlastung und Sicherheit durch alkoholische Getränke suchen, werden Alpha-Trinker genannt. Sie sind oft psychisch vom Alkohol abhängig.
- Menschen, die bei allen sich bietenden Gelegenheiten aus Gewohnheit zu alkoholischen Getränken greifen, werden Beta-Trinker genannt. Sie sind meist nicht abhängig, fügen sich jedoch auf die Dauer auf jeden Fall körperliche Schäden zu.
- Gamma-Trinker sind zunächst psychisch abhängig, später auch körperlich. Sie können zwar auf Alkohol verzichten, haben aber Entzugssymptome (→ Seite 566). Wenn sie trinken, können sie nicht mehr aufhören.
- Menschen, die vom Alkohol körperlich abhängig sind und schnell unter Entzugssymptomen leiden, versuchen, zu jeder Zeit einen gewissen Alkoholspiegel zu halten. Sie werden Delta-Trinker genannt.
- Menschen, die in gewissen Zeitabständen ein unwiderstehliches Verlangen nach Alkohol haben und dann mehrere Tage lang ohne Kontrolle trinken, werden Epsilon-Trinker genannt. Sie sind psychisch abhängig.

Süchtig, also alkoholkrank, sind Gamma-, Delta- und Epsilon-Trinker.

### Ärztliche Behandlung

Wer Zeichen des schweren Rausches (→ Alkoholvergiftung, Seite 566), Symptome des Entzugs (→ Seite 566) oder sogar des Alkoholdelirs (→ Seite 200) hat, muß schnellstmöglich vom Arzt behandelt werden. Diese Zustände sind jedoch nur die dramatische Spitze der Alkoholabhängigkeit. Heilung von der Sucht kann nur durch eine Entwöhnungsbehandlung (→ Seite 568) und anschließende Enthaltsamkeit erreicht werden.
Nicht zuletzt müssen auch die körperlichen Folgekrankheiten des dauerhaften Alkoholkonsums behandelt werden.

### Selbsthilfe

Der erste und vielleicht wichtigste Schritt ist, sich seine Abhängigkeit einzugestehen. Mut und Entschlossenheit gehören dazu, den Wunsch nach einem Leben ohne Alkohol zu formulieren – und in die Tat umzusetzen. Hilfe für diesen langen und schwierigen Weg geben Beratungsstellen und Selbsthilfegruppen (→ Adressen, Seite 798).

## Medikamentenabhängigkeit

### ▶ Symptome

- Gefühl, ohne das Medikament nicht leistungsfähig, angst- oder schmerzfrei sein zu können
- bei Absetzen körperliches oder psychisches Unbehagen
- Steigerung der täglichen Menge des Medikaments
- Entwickeln von Strategien, um das Medikament immer verfügbar zu haben

Medikamente sind Hilfsmittel, um Symptome wie Verstopfung, Schlaflosigkeit, Angst und Schmerz schnell und ohne Mühe zu beseitigen. Dabei wird vergessen, daß der Körper mit diesen Zeichen warnt – zum Beispiel, weil er überlastet oder falsch ernährt wurde. Auch psychische Probleme spiegeln sich sehr häufig im Körper wider und werden mit Medikamenten nur überspielt. Zeitnot und die Bitte um schnelle Hilfe verleiten Ärzte oft dazu, lieber ein Medikament zu verschreiben, als die Ursachen eines Symptoms herauszufinden und andere Behandlungswege einzuschlagen. Zudem sind viele »schnelle Helfer« in Apotheken frei verkäuflich.

Ausführliche Informationen zu den wichtigsten Arzneimittelgruppen finden Sie ab Seite 630.

**Medikamente als Suchtmittel**

Die Abhängigkeit von einem oder mehreren Medikamenten bleibt lange Zeit für andere unbemerkt. Man braucht nicht in ein Lokal zu gehen, fällt nicht auf durch Geruch oder Aussehen, die Mittel sind winzig und eventuell ja sogar vom Arzt verordnet, was den Gebrauch scheinbar rechtfertigt: Man nimmt ein Heilmittel ein und tut etwas für die Gesundheit.
Doch so ist das Problem nicht zu lösen: Wird die Ursache nicht behandelt, bleibt das Symptom und »fordert« immer größere Mengen des Mittels, weil der Körper sich an dieses gewöhnt hat. Nach einer Weile ist ein Leben ohne Medikament(e) nicht mehr möglich, die Beschwerden jedoch nicht beseitigt.

### Ärztliche Behandlung

Sofort zum Arzt bei Zeichen einer Vergiftung durch Überdosierung wie Atemnot und Bewußtseinsstörung! Ein Arzt kann entscheiden, ob ein Medikament abrupt oder langsam abgesetzt werden sollte, wenn eine körperliche Abhängigkeit (→ Seite 564) besteht. Die Psyche kann nur durch die Entwöhnung (→ Seite 568) vom Verlangen nach dem Mittel befreit werden. In diesem Prozeß werden Warnzeichen des Körpers wie Angst und Unruhe wieder neu erfahren, und man lernt, sie zu ertragen und ihre Ursache zu erkennen.
Bei längerer Einnahme eines oder mehrerer Medikamente kann es zu körperlichen Schäden (zum Beispiel → Nierenversagen, Seite 369) kommen, die behandelt werden müssen.

### Selbsthilfe

Wie Sie leichtere Beschwerden mit bewährten Hausmitteln bessern können, lesen Sie ab Seite 722 und ab Seite 742.
Ein guter Arzt ist nicht nur, wer Medikamente verschreibt: Sprechen Sie Ärzte, die Sie behandeln, auf Alternativen zur medikamentösen Therapie an.
Wenn Sie an einer Medikamentenabhängigkeit erkrankt sind, suchen Sie Hilfe bei Beratungsstellen und Selbsthilfegruppen (→ Adressen, Seite 798).

## Nikotinabhängigkeit

### ▶ Symptome

- ➜ psychische Abhängigkeit und Toleranzbildung
- ➜ Kopfschmerzen, Schwindel, Hitzegefühl, Magenbeschwerden, Unruhe beim Absetzen des Rauchens als Zeichen des Entzugs

Nikotin ist in den Blättern der Tabakpflanze enthalten, die geraucht, geschnupft oder gekaut werden. Beim Zug an einer Zigarette wird der Tabak bei hohen Temperaturen verbrannt. Dabei werden Nikotin und andere schädliche Bestandteile wie Benzol, Kohlenmonoxid und Nitrosamine freigesetzt.
Der Hersteller mißt, wieviel Nikotin im Rauch einer Zigarette ist, meist 0,1 bis 2,1 Milligramm. Bei selbstgedrehten Zigaretten ist der Nikotingehalt abhängig von den Papierporen: Je mehr Luft mit dem Rauch vermischt wird, desto geringer der Nikotingehalt. Wieviel Nikotin er aufnimmt, steuert der Raucher: Schnelles, intensives Rauchen löst auch aus leichten Zigaretten die gebrauchte Menge.
Der größte Teil des Nikotins gelangt über die Lunge in die Blutbahn. Rasch entfaltet es seine Wirkung: Die Aufmerksamkeit wird größer, das Gedächtnis leistungsfähiger, Streß ist leichter zu ertragen. Der Blutdruck steigt, Herz und Atmung werden schneller.
Geraucht wird häufig in Gesellschaft – Nachahmung spielt daher eine große Rolle. Da sich immer mehr Beweise dafür finden, daß auch Passivrauchen gefährlich ist, wird Rauchen nicht mehr überall toleriert.

### Entwöhnungsmethoden

Sehr erfolgreich ist die Verhaltenstherapie (→ Seite 658), bei der man sich unter Anleitung selbst beobachtet und zum Beispiel ein Rauchertagebuch führt. Schrittweise erkennt man, wann man nicht verzichten kann, lernt, sich zu kontrollieren und Alternativen zum Rauchen zu finden.
Bei suggestiven Verfahren oder Akupunktur (→ Seite 669) bleibt man passiv, »läßt sich entwöhnen«. Der Erfolg ist unterschiedlich.
Autogenes Training (→ Seite 652) kann helfen, sich innerlich vom Rauchen zu entfernen.
Bei der sogenannten Aversionstherapie soll, zum Beispiel durch Medikamente, die Erbrechen beim Rauchen auslösen, der Rauchgenuß verleidet werden. Wegen Nebenwirkungen wird sie jedoch kaum angewandt.

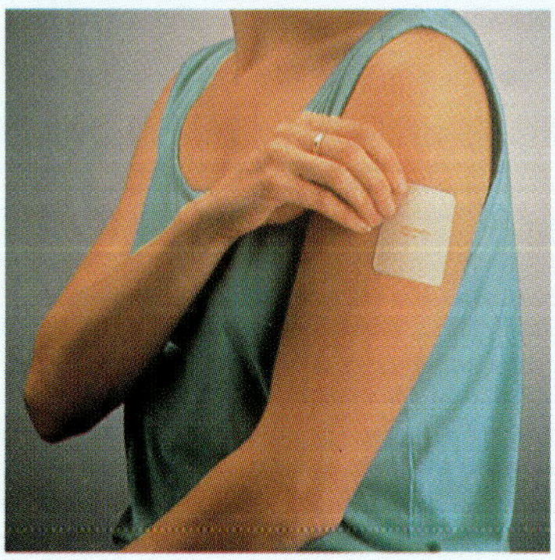

**Nikotinhaltige Pflaster können die körperlichen Symptome bei der Entwöhnung vom Rauchen verringern.**

#### Tabak als Suchtmittel

Wie groß die Suchtgefahr ist, hängt vom Grund des Rauchens ab. Sogenannte Genußraucher sehen oft keine Notwendigkeit dafür aufzuhören, weil sie nur selten oder wenig rauchen. Raucht jemand, um weniger nervös zu sein, Probleme leichter zu bewältigen oder die Konzentration zu steigern, so spricht man vom Streß- oder Konfliktraucher. Für ihn besteht die Gefahr, süchtig zu werden.
Süchtige Raucher benötigen pro Tag eine große Menge Nikotin. Chronische Bronchitis, Herz-Kreislauf-Erkrankungen, Geschwüre oder Krebs der Schleimhäute, die mit Tabakbestandteilen in Berührung kommen (in Mundhöhle, Speiseröhre, Kehlkopf, Lunge, Harnblase) sind bei ihnen häufig, entwickeln sich jedoch langsam. Deswegen kann man sich lange in der Hoffnung wiegen, Rauchen sei ungefährlich und hinterlasse keine körperlichen Schäden.

### Ärztliche Behandlung

Wer an einer der oben angesprochenen Erkrankungen leidet, muß auf jeden Fall einen Arzt aufsuchen. Die Behandlung der körperlichen Folgen kann jedoch die Ursache nicht beheben! Aus eigener Kraft mit dem Rauchen aufzuhören, gelingt nur wenigen. Eine Reihe von → Entwöhnungsmethoden können jedoch helfen.

### Selbsthilfe

Wie bei anderen Abhängigkeiten sind die Erkenntnis, süchtig zu sein, und der Wille aufzuhören entscheidend für ein »rauchfreies« Leben.

## Abhängigkeit von Haschisch und Marihuana

### ▶ Symptome

- psychische Abhängigkeit (→ Seite 564)
- im Rausch: Veränderung von Denken und Erleben, Sinnestäuschungen mit Gefahr von Fehlhandlungen (Verkehrsunfälle!), Angst und Panik bis zum sogenannten Horrortrip
- möglicherweise nach Tagen wiederkehrender Rausch mit Angst, Verfolgungsideen, Selbstmordgefahr (Flashback)

Der indische Hanf (Cannabis) sondert Harz ab, das Tetrahydrocannabinol (THC) enthält. Getrocknete Blätter und Blüten (Marihuana) und getrocknetes Harz (Haschisch) werden pur oder mit Tabak vermischt (Joint) geraucht (gekifft), als Tee getrunken oder mit Speisen gegessen. Der Wirkstoff THC beeinflußt Denken und Erleben auch nach dem Rausch, da er erst nach Tagen vollständig abgebaut ist.

**Im »Joint« geraucht: Haschisch und Marihuana, die meistverkauften illegalen Drogen.**

**Haschisch und Marihuana als Suchtmittel**

Nachahmung von Gruppenverhalten spielt eine wichtige Rolle beim Einstieg in den Konsum. Bei seltenem Gebrauch überwiegen im Rausch Gefühle von angenehm-gleichgültigem Heitersein und »Einssein« mit der Gruppe.
Häufiges Nehmen von Haschisch oder Marihuana führt zur psychischen Abhängigkeit. Ob mit beider Konsum die Gefahr besteht, eine sogenannte Drogenkarriere zu beginnen, ist umstritten.

### Ärztliche Behandlung

Bei einem Horrortrip oder einem Flashback sollte ein Arzt aufgesucht werden. Er kann beruhigende Medikamente geben.
Die Abhängigkeit kann mit einer Entwöhnungsbehandlung überwunden werden (→ Seite 568).

### Selbsthilfe

Nutzen Sie Rat und Hilfe von Drogenberatungsstellen (→ Adressen, Seite 798).

## Abhängigkeit von Kokain und Crack

### ▶ Symptome

- psychische Abhängigkeit (→ Seite 564)
- im Rausch: Glücks- und Stärkegefühl, Rastlosigkeit, möglicherweise Angst und Unlust, Niedergeschlagenheit und Erschöpfung
- Schäden an Nasenschleimhaut und Nasenscheidewand, Schlaf- und Appetitlosigkeit, Depression, Halluzinationen

Kokain wird aus den Blättern des südamerikanischen Koka-Strauchs gewonnen. Das weiße, flockige, bittere Pulver sieht ähnlich aus wie Heroin und wird gelegentlich damit vermischt verkauft (Speedball). Crack (gelblich-weiße Klümpchen) entsteht, wenn Kokain mit Backpulver gemischt wird. Kokain wird meist geschnupft (gesnifft), Crack geraucht.
Der Rausch dauert etwa eine Stunde, dabei sind Hunger, Durst und Müdigkeit betäubt, Gefühle verstärkt. Bei Crack tritt der Rausch schlagartig ein und ist noch intensiver als bei Kokain. Der Rausch endet oft in depressiver Verstimmung, häufig der Grund für erneute Einnahme der Droge.

**Kokain und Crack als Suchtmittel**

Häufigerer Konsum von Kokain oder Crack kann schnell zur psychischen Abhängigkeit führen. Außerdem gewöhnt sich der Körper schnell an die Droge, die Dosis muß laufend erhöht werden. Nach jahrelangem Gebrauch kann es zum völligen körperlichen Verfall und zur sozialen Verelendung kommen.

### Ärztliche Behandlung

Die Abhängigkeit von Kokain und Crack kann mit Entgiftung und Entwöhnungsbehandlung überwunden werden (→ Seite 568).

### Selbsthilfe

Nutzen Sie Rat und Hilfe von Drogenberatungsstellen (→ Adressen, Seite 798).

## Abhängigkeit von Ecstasy und anderen Designerdrogen

### ▶ Symptome

- ➜ psychische Abhängigkeit (→ Seite 564)
- ➜ im Rausch: *Amphetamine* (Speed) wirken ähnlich wie Kokain, *Metamphetamine* (Ecstasy) unterdrücken Schmerz, Durst, Erschöpfung, *Phencyclidin* (Angel Dust) verringert das Schmerzempfinden und bewirkt Halluzinationen, *Fentanyle* (China White) und *Prodine* wirken heroinähnlich
- ➜ unangenehmste psychische Wirkungen sowie körperliche Schäden sind möglich

Designerdrogen werden in nicht genehmigten Labors hergestellt (»designed«). Die Drogen werden als Tabletten, Pulver, in Kapseln oder Tropfen angeboten. Oft wissen weder Käufer noch Händler, was enthalten ist – die Wirkung ist nicht vorhersehbar.
Besonders gefährdet ist das Nervensystem: Schwerste Ängste (Ecstasy), Schüttellähmung (Prodine), verringertes Schmerzempfinden mit Gefahr der Selbstverstümmelung (Angel Dust) können auftreten.
Ecstasy ist in Diskotheken und auf Partys der Techno- und House-Kultur beliebt, um die langen Tanzmarathons (Raves) durchzuhalten. Entwickelt wurde es als Appetitzügler, später als therapeutisches Hilfsmittel benutzt und dann verboten, als Hinweise auf bleibende Nervenschäden bekannt wurden.
Ecstasy wirkt auf Gebiete im Gehirn, die Gefühle und Körpertemperatur steuern. Warnsignale wie Schmerz, Durst, Erschöpfung werden unterdrückt, so daß es nach langem Tanzen zu Hitzschlag und Kreislaufkollaps kommen kann. Alkoholische Getränke vermindern die Wirkung, fördern aber Nachwirkungen. Die Dosis muß bereits nach einigen Malen erhöht werden

### Ärztliche Behandlung

Bei starker Reaktion auf eine Designerdroge sollte unbedingt ein Arzt aufgesucht werden. Die Abhängigkeit kann mit Entgiftung und Entwöhnungsbehandlung überwunden werden (→ Seite 568).

### Selbsthilfe

Nutzen Sie Rat und Hilfe von Drogenberatungsstellen (→ Adressen, Seite 798).

## Abhängigkeit von LSD und anderen halluzinogenen Drogen

### ▶ Symptome

- ➜ psychische Abhängigkeit (→ Seite 564)
- ➜ im Rausch: Halluzinationen, Intensivierung und Verzerrung der Wahrnehmung, Orientierungsverlust
- ➜ wenn die Stimmung bei der Einnahme gedrückt ist, panische Angst, oft über Stunden (Horrortrip)
- ➜ nach Tagen oder Wochen möglicherweise wiederkehrender Rausch mit Angst, Verfolgungsideen, Selbstmordgefahr (Flashback)

LSD (Lysergsäurediäthylamid, auch als Acid bezeichnet), in der Natur Bestandteil des Mutterkorns, wird künstlich hergestellt. Meskalin, Wirkstoff aus dem Peyotl-Kaktus, und Psilocybin, Wirkstoff aus einem südamerikanischen Pilz, werden meist aus den Pflanzen gewonnen. Die Substanzen sind in kleinsten Mengen wirksam; sie werden häufig in Flüssigkeit gelöst auf Träger wie Zuckerwürfel, Filzstückchen oder saugfähiges Papier getropft und geschluckt.
Der sogenannte Trip (Reise) beginnt mit einer Phase körperlichen Unbehagens. Im Rausch werden vorhandene Gefühle verstärkt. Eine bei der Einnahme gedrückte Stimmung kann daher zu stärkster, anhaltender Angst werden (Horrortrip).
Die eigenen Fähigkeiten werden völlig überschätzt, was zu gefährlichen Fehlhandlungen führen kann.
Mit Ende des Rauschs können Depressionen auftreten. Ein sogenannter Flashback kann entstehen, wenn nach Tagen oder Wochen der im Fettgewebe zwischengespeicherte Wirkstoff freigesetzt wird.
Die psychische Abhängigkeit von halluzinogenen Drogen stellt sich schnell ein; eine körperliche Abhängigkeit entsteht nicht.

### Ärztliche Behandlung

Bei allen starken Reaktionen auf eine der Drogen sollte ein Arzt aufgesucht werden.
Die Abhängigkeit kann mit einer Entwöhnungsbehandlung überwunden werden (→ Seite 568).

### Selbsthilfe

Suchen Sie Rat und Hilfe bei Drogenberatungsstellen (→ Adressen, Seite 798).

## Heroinabhängigkeit

### ▶ Symptome

- ➜ sehr schnell psychische und körperliche Abhängigkeit (→ Seite 564)
- ➜ im Rausch: plötzlich einsetzendes, überwältigendes Hochgefühl (Flash), danach wohlige Beruhigung, enge Pupillen
- ➜ bereits einen halben Tag nach Absetzen Entzugssymptome, die tagelang anhalten können (→ Seite 566)
- ➜ Einstichstellen von Spritzen

Heroin wurde aus Morphin, einem Wirkstoff des Opiums, entwickelt. Roh-Opium wird aus Schlafmohn gewonnen. Die unreifen Kapseln der Pflanze werden angeritzt, der weiße, milchige Saft sickert heraus und trocknet. Dabei wird er gummiartig und bräunlich-schwarz. Zu sogenannten Broten geformt, wird er verkauft und ist lange haltbar.

Morphin nun, ein sogenanntes Opiat, war seit dem 19. Jahrhundert als wirksames – aber süchtig machendes – Schmerzmittel bekannt. Heroin wurde aus Morphin entwickelt in der Hoffnung, ein stärkeres, aber nicht zur Sucht führendes Mittel zu erhalten. In der Tat ist Heroin fünfmal wirksamer, aber auch wesentlich stärker suchterzeugend.
Heroin wird gespritzt, geschnupft oder inhaliert. Die Wirkung beginnt mit dem Flash, in den folgenden Stunden ist die Stimmung ausgeglichen.

**Heroin als Suchtmittel**

Heroin kann bereits nach einer Dosis abhängig machen. Um weiter an die Droge zu kommen, findet das Leben praktisch nur noch in der »Szene« statt, unter Gleichgesinnten, die vor allem die Droge verbindet. Heroin ist nur auf dem Schwarzmarkt zu beschaffen und sehr teuer, was häufig zu Einbrüchen oder Prostitution zur Geldbeschaffung führt.
Der Dauerkonsum von Heroin kann zu Wahnideen führen, zu nachlassendem Antrieb und Selbstvertrauen, zu starken Stimmungsschwankungen, aber auch zu zahlreichen körperlichen Störungen und sozialer Verelendung. Viele der Betroffenen, die sich die Droge mit unsauberen Spritzen injizieren, leiden an einer Hepatitis (→ Seite 354) oder haben sich mit dem AIDS-Virus infiziert (→ Seite 304).

### Ärztliche Behandlung

Bei Zeichen einer Überdosis, bei Entzugssymptomen (→ Seite 566) und bei körperlichen Folgen der Sucht sollte, wenn irgend möglich, ein Arzt aufgesucht werden.
Der Weg aus der Abhängigkeit ist langwierig. Zunächst können nur die Symptome – körperliche und psychische Folgen der Sucht – behandelt werden.

### Selbsthilfe

Die Angst vor den Beschwerden des Entzugs verhindert oft eine frühzeitige Therapie. Deswegen sind genaue Information über Ablauf von Entzug und Entwöhnung besonders wichtig.
Drogenberatungsstellen (→ Adressen, Seite 798) können eine Reihe von Informationen dazu geben. Außerdem arbeiten dort häufig »Ehemalige«.

### Therapie der Heroinsucht

Die Abhängigkeit des Körpers muß durch den Entzug (→ Seite 568) behandelt werden. Angewandt wird der »kalte« Entzug, bei dem keine Medikamente genommen werden, die die unangenehmen Begleiterscheinungen dämpfen, sowie der »warme«, medikamentengestützte Entzug. Bei letzterem wird die Droge durch andere Stoffe wie Methadon ersetzt und schrittweise reduziert. Kritikpunkt bei dieser Art des Entzugs ist die Suchtgefahr, da Methadon ein Abkömmling des Morphins ist (siehe oben). Niedergelassene Ärzte, die Ersatzstoffe abgeben dürfen, unterliegen strengen Kontrollen, und der Betroffene muß einen Vertrag mit dem behandelnden Arzt schließen, in dem klar geregelt ist, wann er wieviel von welchem Ersatzstoff erhält und wie und wo er ihn zu sich nimmt. Wichtig ist dabei seine Anbindung an Einrichtungen, in denen sich speziell ausgebildete Fachkräfte um seine psychischen und sozialen Probleme kümmern.
Die nachfolgende Entwöhnungsbehandlung dauert einige Monate. Rückfälle (→ Seite 568) oder Abbrüche sind leider häufig.

# Wissenswertes über Krebs

Was ist Krebs? Diese Frage haben sich Ärzte und Gelehrte schon im Altertum gestellt, denn Geschwülste kennt man schon lange – auch wenn früher viele Menschen in jungen Jahren an anderen Ursachen starben, meist an Unfällen oder Infektionskrankheiten, und nicht das Alter jenseits der Fünfzig erreichten, in dem heute die weitaus meisten Krebspatienten sind. Den Namen Krebs haben die alten Anatomen diesem Krankheitsbild gegeben, als sie an Leichen Gewebewucherungen mit Fortsätzen ähnlich wie Krebsbeine sahen.

Heute weiß man, daß eine Krebsgeschwulst von einer einzelnen Zelle ausgehen kann, die sich von einer normalen in eine Krebszelle umgewandelt hat (→ Ein biologischer Unfall, Seite 578). Das kann überall im Körper passieren, und deshalb gibt es auch so viele verschiedene Krebserkrankungen.

Die hohe Lebenserwartung, die man dank des medizinischen Fortschritts heutzutage hat, ist die Voraussetzung dafür, daß Krebs so häufig vorkommt. In der amtlichen Statistik ist er nach den Herz-Kreislauf-Krankheiten die zweithäufigste Todesursache. Doch das bedeutet nicht, daß die Diagnose Krebs immer einem Todesurteil gleichkommt. Gerade in den letzten zwanzig Jahren sind in der Behandlung mancher Krebsarten bedeutende Fortschritte erzielt worden, so daß zum Beispiel Hodenkrebs bei jungen Männern (→ Hodentumoren, Seite 415) und Leukämie bei Kindern (→ Akute lymphatische Leukämie, Seite 297) heute oft geheilt werden können. Die meisten Patienten sind nach der Behandlung wieder völlig gesund und können ein hohes Alter erreichen.

Auch wenn andere Krebserkrankungen bisher noch nicht in diesem Sinne heilbar sind, leben zahlreiche Betroffene nach der Therapie noch viele Jahre ein ganz normales Leben. Und das bedeutet: Sie können nicht nur *am* Leben, sondern auch *im* Leben bleiben.

## Nicht eine Krankheit, sondern viele

Man weiß heute, daß es *den* Krebs gar nicht gibt. Und tatsächlich zählt man mehr Krebsarten, als es Organe gibt, und jeder Organkrebs kann in verschiedenen Formen auftreten, so daß es mehrere hundert Krebskrankheiten gibt, die alle unterschiedlich behandelt

**Ein Genuß mit hohem Risiko: Lungenkrebs ist die zweithäufigste Krebserkrankung bei Männern.**

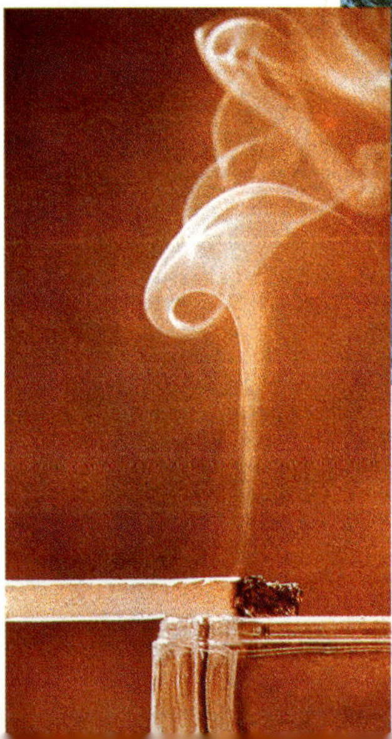

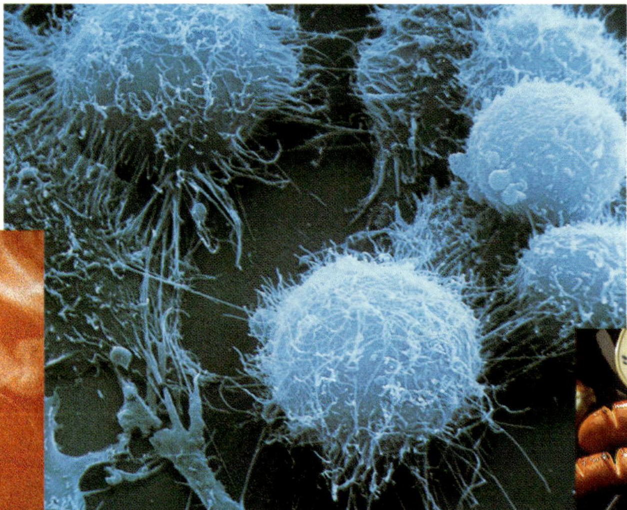

**Typisch für Krebszellen: die rauhe Oberfläche und die langen Ausläufer.**

**Über dem Holzkohlenfeuer gegrilltes Fleisch kann krebserregende Stoffe enthalten.**

werden müssen. In jedem Organ gibt es verschiedene Arten von Zellen, die sich alle in Krebszellen verwandeln können. Zur genauen Benennung einer Krebskrankheit werden deshalb das Organ (wobei auch das Blut und das Lymphsystem als Organe angesehen werden), der Typ der jeweiligen Ursprungszelle und weitere Merkmale wie zum Beispiel Größe und Ausdehnung des Tumors angegeben.

Ein einheitliches Behandlungsschema für alle Krebsarten kann allein wegen der Vielfalt der Krankheitsbilder nicht existieren, im Gegenteil: Die Therapien werden zunehmend individueller. Schon heute wird bei manchen Krebsarten fast für jeden Patienten eine eigene Therapie zusammengestellt.

## Hoffnung im Kampf gegen Krebs

An vielen Kliniken und biologischen Instituten wird Krebsforschung betrieben. Dabei geht es zunächst meist nicht um die Frage nach dem Erfolg oder Mißerfolg neuer Behandlungsmethoden, sondern zu einem großen Teil um Grundlagenforschung. Zum Beispiel beschäftigen sich im Deutschen Krebsforschungszentrum in Heidelberg Hunderte von Wissenschaftlern mit den Fragen: Wie entsteht Krebs? Welche Faktoren sind dafür verantwortlich? Wie kann ein Krebs Tochtergeschwülste (Metastasen) bilden? Welche Vorsorgemöglichkeiten gibt es? Die Antworten, die dabei gefunden werden, sind die Voraussetzung für die Entwicklung neuer, wirkungsvoller Therapien oder Untersuchungsmethoden.

Trotz aller Fortschritte ist es bis jetzt nicht in Sicht, daß Krebs in der näheren Zukunft besiegt werden könnte. Bisher gibt es keine Impfung, und auch eine gesunde Lebensweise kann das Krebsrisiko zwar senken (→ Zehn Regeln gegen den Krebs, Seite 582), aber nicht ausschließen. Deshalb ist Früherkennung nach wie vor besonders wichtig. Viele Krebserkrankungen können erfolgreich behandelt werden, wenn man sie rechtzeitig entdeckt. Gehen Sie deshalb regelmäßig zu den Früherkennungsuntersuchungen (→ Seite 609), und wenden Sie sich an Ihren Arzt, wenn Sie irgendeine Veränderung an sich bemerken, die sich nicht in einem überschaubaren Zeitraum zurückbildet, oder wenn Sie, auch ohne besonderen Anlaß, eine Krebserkrankung befürchten.

**Übergewicht, Alkohol und Nikotin sind eine gefährliche Kombination, die neben vielen Krankheiten auch Krebs begünstigt.**

**In der Krebsforschung wird das genetische Material von Krebszellen nach Veränderungen untersucht.**

**Eine stabile Partnerschaft ist bei einer Krebserkrankung die beste Basis, um die schwierigen Zeiten durchzustehen.**

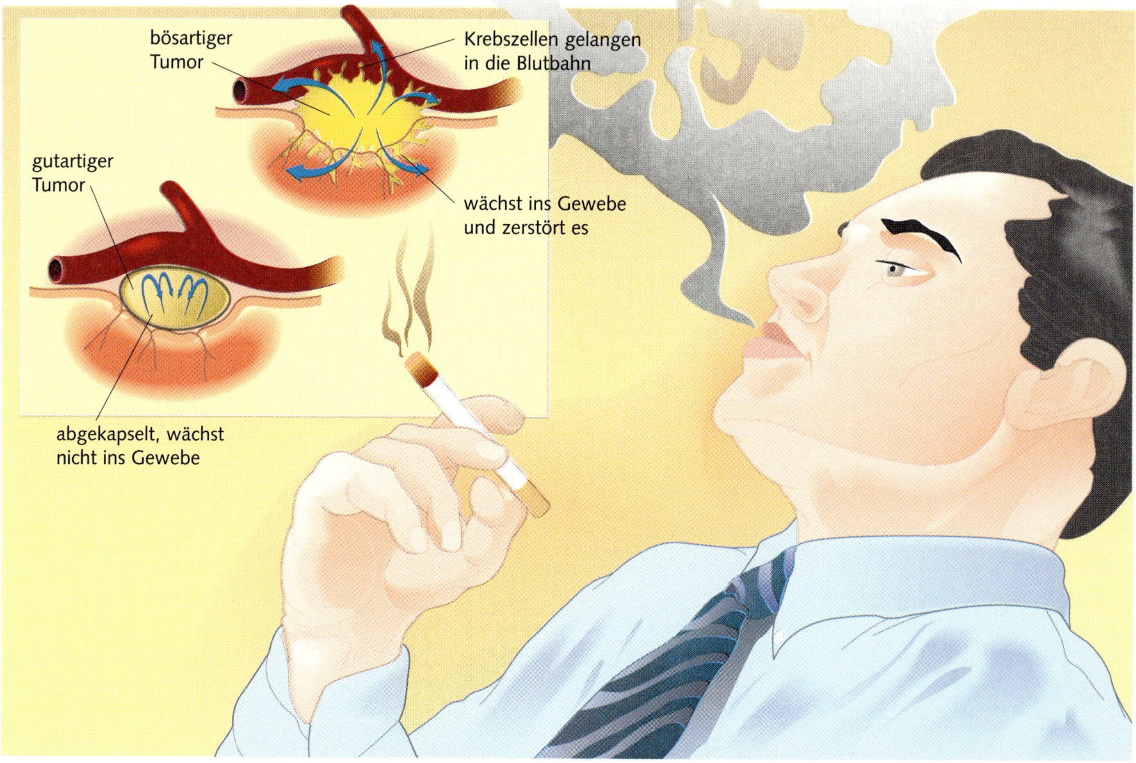


# Die Krankheit Krebs

- **Wie entsteht Krebs**
- **Gutartige und bösartige Tumoren**
- **Metastasen**

In den letzten Jahren haben Biowissenschaftler viele Teile des verwirrenden Puzzles der Krebsentstehung gefunden und zu einem recht einheitlichen Modell zusammengesetzt. Bisher versteht man es zwar noch nicht in allen Details, doch grundsätzlich beschreibt es die Umwandlung einer gesunden Zelle zur ersten Krebszelle als »biologischen Unfall« im Zellkern.

## Ein biologischer Unfall

Am Anfang steht ein Schaden an einem der Abertausenden von Genen, die auf den Chromosomen im Kern einer jeden Körperzelle sitzen (→ Die Vererbung, Seite 400). Dieser Schaden kann durch äußere (exogene) Faktoren entstehen (→ Die Risikofaktoren, Seite 582). Er kann aber auch Ausdruck eines inneren (endogenen) Fehlers sein, einer Veränderung im Erbmaterial (→ »Krebsgene«, Seite 582). Sicher ist jedoch, daß nicht eine Ursache allein für die Krebsentstehung verantwortlich gemacht werden kann, sondern daß mehrere Faktoren zusammenkommen müssen.
Jedes einzelne Gen enthält eine Erbinformation. Wird es beschädigt, führt das dazu, daß die Eiweißmoleküle, die diese Information in den Stoffwechsel der Zelle umsetzen, einen falschen Auftrag erhalten. Die Folge ist: Das Zellwachstum ist unkontrolliert. Die Zelle erkennt kein Stopp-Signal mehr und beginnt, sich unkontrolliert zu teilen. Im Anfangsstadium können die Sicherungsmechanismen der Zelle und die »Körperpolizei«, das Immunsystem (→ Seite 298), meist noch rettend eingreifen. Erst wenn es einer entarteten Zelle gelingt, »auszureißen« und unerkannt von der körpereigenen Abwehr Nachkommen in die Welt zu setzen, beginnt das Tumorwachstum.

## Sicherungen gegen Krebs

Damit Fehler im Erbmaterial einer Zelle nicht gleich zur Katastrophe für den ganzen Organismus führen, hat die Natur mehrere Sicherungen eingebaut. Die ersten beiden heißen Reparatur und »Selbstmord«. Kleine Schäden kann die Zelle reparieren. Große Fehler schalten in der Zelle ein Selbstmord-Programm an. Am Ende ist die Zelle tot, der Körper damit gerettet. Funktioniert beides nicht, dann kann häufig das Immunsystem die neue Krebszelle erkennen und ausschalten. Erst wenn alle Sicherungen ausfallen, kann sich eine Krebszelle vermehren und Zellen in andere Körperteile entsenden. Überwinden diese Ausreißer bestimmte Schranken, dann kann es dazu kommen, daß sie sich an einer anderen Stelle weiterteilen und Tochtergeschwülste (Metastasen) entstehen.
Die Entwicklung einer Krebserkrankung vollzieht sich in Stufen: In der sogenannten Initiierungsphase wandelt sich eine Körperzelle durch die Veränderung der Erbinformation in eine Krebszelle um. Das eigentliche Tumorwachstum setzt jedoch nicht sofort ein, sondern erst nach einer längeren Zeit, die viele Jahre dauern kann (Latenzphase). Die fortdauernde Einwirkung von krebserregenden Stoffen (→ Die Risikofaktoren, Seite 582) und starken Reizen wie zum Beispiel chronische Entzündungen (→ Bronchitis, Seite 247) können die Entwicklung einer Geschwulst jedoch beschleunigen. Im weiteren Verlauf wuchert sie in das umliegende Gewebe, nimmt rasch an Größe zu und kann auch Metastasen bilden.

## Tumor oder Krebs?

Über Krebs kann man inzwischen offen sprechen, ohne ein Tabu zu brechen, und trotzdem vermeiden noch viele Menschen das Wort Krebs. Damit es nicht so bedrohlich klingt, verwenden Betroffene, Angehörige und auch Ärzte gern den neutraleren Begriff Tumor. Doch nicht jeder Tumor ist ein Krebs. Es gibt viele gutartige Tumoren, in denen zwar auch Gewebe überschießend wuchert, die aber im Gegensatz zu bösartigen Tumoren abgegrenzt an ihrem Platz bleiben, nicht zerstörerisch in das umgebende Gewebe einwachsen und keine Tochtergeschwülste in einem anderen Organ bilden.
Es gibt nur wenige Ausnahmen, in denen Menschen auch an gutartigen Tumoren sterben können. Ein Beispiel sind gewisse Gehirntumoren (→ Seite 203). Im Schädel ist nur ein begrenzter Raum vorhanden, und dort kann auch ein gutartiger Tumor, der keine Metastasen produziert, allein durch sein Größenwachstum das übrige Nervengewebe so stark beeinträchtigen, daß es seine lebensnotwendigen Aufgaben nicht mehr wahrnehmen kann.
Unter den bösartigen Tumoren gibt es mehr oder weniger aggressive Typen. Das heißt, solche, die langsam oder schnell wachsen, oder solche, die früher oder später metastasieren. Manche Prostatakrebse (→ Seite 417) wachsen zum Beispiel so langsam, daß sie nie Beschwerden bereiten. Andere Krebsarten vergrößern sich und metastasieren so schnell, daß nur eine rasche Behandlung das Leben retten kann.

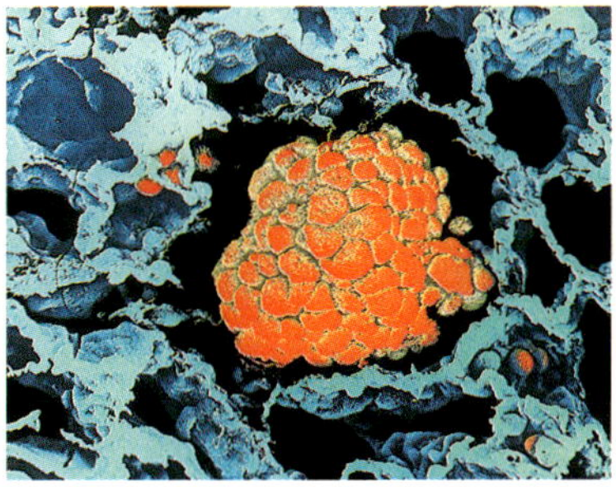

**Kleiner Lungentumor in einem Lungenbläschen. Lungenkrebs ist einer der häufigsten bösartigen Tumoren.**

## Die Bildung von Metastasen

Metastasen entstehen aus denselben Zellen wie der Tumor und haben daher viele gleiche Eigenschaften. Es gibt Organe, in denen sich Metastasen besonders häufig ansiedeln. Dazu gehören die Lymphknoten im Bereich um das betroffene Organ, die Leber, das Gehirn und die Knochen.
Die Metastasierung geht in mehreren Schritten vor sich. Zunächst muß sich eine Krebszelle aus dem Zellverband lösen und in das Lymphgefäßsystem oder in die Blutbahn vordringen. Dazu ist sie mit bestimmten biochemischen Faktoren ausgestattet, die heute auch dazu benutzt werden, Vorhersagen über das Metastasierungsrisiko machen zu können. Sobald sie dort angekommen ist, wandert sie durch den Körper – immer auf der Hut vor den Killerzellen des Immunsystems (→ Freßzellen und andere »Killer«, Seite 299). Darüber hinaus muß es ihr nicht nur gelingen, sich an einer anderen Stelle festzusetzen, diese Stelle muß auch Bedingungen bieten, unter denen die Krebszelle weiter wachsen kann. Ein Ziel der Forschung ist, gezielt an diesen einzelnen Metastasierungsschritten einzugreifen.

# Warnsignale

## Auf Veränderungen achten

Krebs tut zunächst nicht weh, jedenfalls nicht zu einem Zeitpunkt, zu dem Schmerzen als Alarmzeichen noch eine Funktion haben. Krebs zeigt sich im Frühstadium auch nicht durch bestimmte »Krebssymptome«, er bereitet keine typischen Beschwerden, und gerade das ist das Tückische an dieser Krankheit. Es gibt jedoch Warnsignale, die ein Anzeichen für einzelne Krebsarten sein können (aber nicht müssen). Solche Signale müssen immer ernst genommen und umgehend von einem Arzt begutachtet werden:

- Blutungen aus Körperöffnungen ohne erkennbaren Grund, zum Beispiel aus dem Darm, bei Frauen aus der Scheide
- Hautveränderungen wie Leberflecken, Muttermale oder Warzen, die wachsen, ihr Aussehen verändern oder bluten (→ Seite 744); Wunden, die nicht abheilen (auch im Mund)
- tastbare Knoten, zum Beispiel in Brust, Hals und Achseln, Hoden oder Leisten
- alle Beschwerden, die länger als sechs Wochen anhalten, zum Beispiel Husten, Heiserkeit, Müdigkeit, Veränderungen beim Stuhlgang oder beim Wasserlassen
- ein grundloser Gewichtsverlust
- unerklärliche Abnahme der Leistungsfähigkeit.

## Ist es Krebs?

Viele Menschen, die solche Warnsignale oder andere Veränderungen an sich bemerken, zögern den Besuch beim Arzt aus Angst vor einer schwerwiegenden Diagnose hinaus. Eine Vogel-Strauß-Strategie ist jedoch immer falsch, denn auch in unbegründeten Fällen ist allein die Angst vor einer Krebserkrankung sehr belastend. Wenn es um Ihre Gesundheit geht, sollten Sie immer bedenken: Je früher Sie zum Arzt gehen, desto besser. Viele Krebsarten können heute bereits mit großem Erfolg behandelt werden – vorausgesetzt, die Therapie beginnt in einem möglichst frühen Stadium.

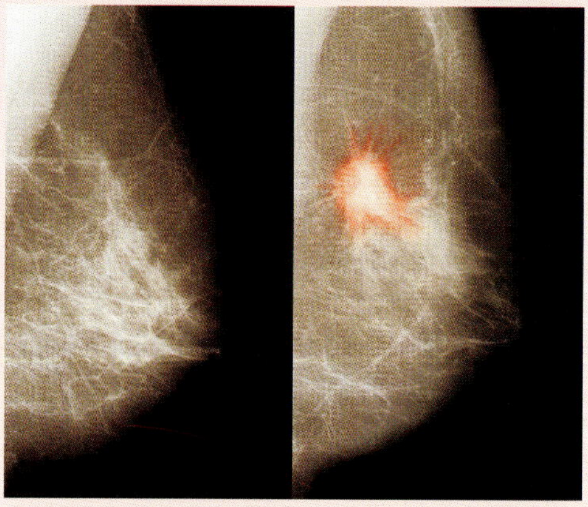

**Röntgenaufnahme der Brust: links gesundes Gewebe, rechts ist eine Geschwulst sichtbar.**

## Die »Krebsvorsorge«

Für manche, nicht für alle Krebsarten gibt es ärztliche Früherkennungsuntersuchungen, die Frauen und Männern ab einem bestimmten Alter jährlich kostenlos angeboten werden (→ Seite 609). Eine echte Vorsorge ist das allerdings nicht, auch wenn es oft, aber irreführend so bezeichnet wird. Denn die Untersuchung kann einer Erkrankung nicht vorbeugen, sie kann lediglich dabei helfen, sie so früh wie möglich zu entdecken und dadurch die Heilungschancen beträchtlich zu erhöhen.

Bei Frauen können mit den Früherkennungsuntersuchungen Krebserkrankungen

- des Gebärmutterhalses durch einen Abstrich
- der Brust durch Abtasten und durch eine Röntgenuntersuchung
- des Darms durch Abtasten sowie durch eine Untersuchung des Stuhls erkannt werden.

Bei Männern können im Rahmen der Früherkennungsuntersuchungen Krebserkrankungen

- des Darms durch Abtasten und durch eine Laboruntersuchung des Stuhls
- der Prostata durch Abtasten über den Darm
- und der äußeren Geschlechtsorgane durch Abtasten diagnostiziert werden.

Die meisten Untersuchungen macht der Hausarzt oder der Urologe.

Untersuchungen der Haut sind sowohl für Männer als auch für Frauen von großer Bedeutung und gehören zu den Früherkennungsuntersuchungen, die auch der Hausarzt macht.

# Spezielle Untersuchungen

## Methoden der Diagnostik

Die Untersuchungen, mit denen Tumoren erkannt werden können, werden auch zur Diagnostik anderer Erkrankungen eingesetzt: so zum Beispiel Abtasten, Röntgenuntersuchungen, Ultraschall, Kernspintomographie (→ ab Seite 620) oder bei Organen des Verdauungstrakts die Endoskopie (→ Seite 621). Meist sind es Verfahren, mit deren Hilfe man in den Körper hineinsehen kann.

## Gewebeprobe (Biopsie)

Ob eine Geschwulst Krebszellen enthält, kann nur dadurch beurteilt werden, daß die Zellen unter dem Mikroskop begutachtet werden. Dazu muß der Tumor aus dem Körper entfernt werden, oder man entnimmt eine Gewebeprobe daraus. Mitunter wird das Gewebe noch während der Operation untersucht, um entscheiden zu können, ob nur der Tumor oder zur Sicherheit noch weiteres Gewebe entnommen werden soll.

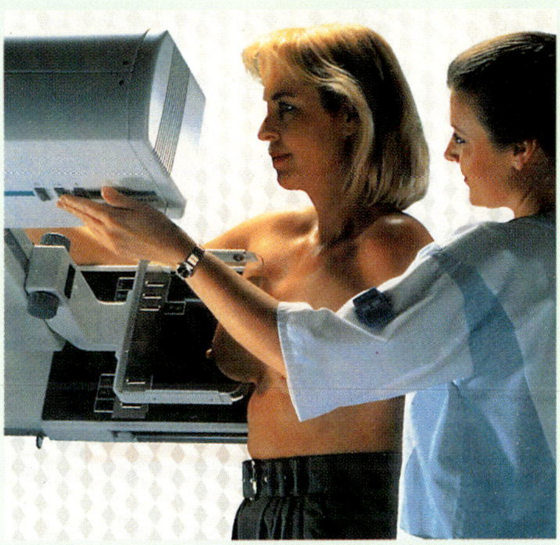

Die Mammographie ist eine schmerzlose Röntgenuntersuchung der Brust.

Die Biopsie hat den Nachteil, daß ausschließlich der »positive« Befund sicher ist. Wenn also Krebszellen entdeckt werden, dann bedeutet das Krebs. Werden keine Krebszellen gefunden, besteht jedoch theoretisch die Möglichkeit, daß anderswo im Körper entartete Zellen vorhanden sein können.

## Labortests

Wenn eine Krebserkrankung festgestellt ist, gibt es zahlreiche Laboruntersuchungen, die den genauen Typ der Geschwulst definieren helfen. Denn die Behandlung richtet sich nicht allein danach, in welchem Organ ein Krebs wächst, sondern auch danach, wie weit die Krankheit fortgeschritten ist. Zunehmend von größerer Bedeutung ist, wie aggressiv das Geschwulstwachstum eingeschätzt wird und wie intensiv daher die Behandlung sein muß. In letzter Zeit entwickeln die Mediziner immer mehr Tests, mit denen sogenannte Prognosefaktoren festgestellt werden können. Das sind Laborwerte, mit denen sie den weiteren Verlauf der Krankheit besser einschätzen können.

## TNM-System

Die grobe Klassifizierung des Ausmaßes der Krankheit wird TNM-System genannt. T steht für Tumorgröße, N für Lymphknoten (vom lateinischen nodus = Knoten) und M für Metastasen. Die Zahlen bei den Buchstaben geben die relative Ausdehnung der Krankheit an: T0 bis T4, N0 bis N4, M0 oder M1.

## Tumormarker

Tumormarker sind charakteristische Eiweiße, die von manchen Tumoren gebildet werden. Sie befinden sich normalerweise gar nicht oder nur in geringer Menge im Blut. Die Untersuchung auf Tumormarker spielt für die Erstdiagnose von Krebs nur eine geringe Rolle. Allerdings wird sie oft eingesetzt, um die weitere Entwicklung der Erkrankung nach der ersten Behandlung zu kontrollieren. Aus dem Verlauf dieser Tumormarker-Werte über Monate oder Jahre können die Mediziner einen Hinweis darauf erhalten, ob die Krankheit zum Stillstand gekommen ist oder ob wieder eine Krebsgeschwulst im Körper wächst. Entscheidend ist dabei nicht der absolute Wert, sondern die Entwicklung der Werte bei jedem einzelnen Patienten. Aus diesem Grund ist die Untersuchung auf Tumormarker auch nicht als einfacher Krebs-Bluttest geeignet – auch wenn es auf den ersten Blick so aussehen könnte.

# Die Risikofaktoren

Die Biologen und Mediziner können heute einigermaßen plausibel erklären, *wie* Krebs entsteht, aber die Frage, *warum* ein Mensch an Krebs erkrankt, können sie bisher in der Regel nicht beantworten. Einig sind sie sich jedoch darin, daß erst das Zusammenwirken mehrerer Komponenten Krebs verursacht, und nicht ein einzelner Faktor. Das könnte auch erklären, warum es starke Raucher gibt, die über Jahrzehnte keinen Krebs entwickeln, obwohl Rauchen zu den wichtigsten Risikofaktoren zählt (→ Verursacht Rauchen Krebs?, Seite 253).

Eine »Risikoformel«, anhand derer jeder sein persönliches Krebsrisiko aufgrund der Lebensweise, der erblichen Vorbelastung und anderer Faktoren einschätzen könnte, gibt es, anders als bei der Arteriosklerose (→ Seite 267), für Krebs bis heute nicht. Doch die Wissenschaftler kennen mittlerweile eine Reihe von äußeren Einflüssen und inneren Gegebenheiten – exogene und endogene Faktoren (→ Ein biologischer Unfall, Seite 578) –, die das Risiko, an Krebs zu erkranken, wesentlich erhöhen. Einige davon, wie das Alter und die erbliche Belastung, können wir nicht beeinflussen. Andere, wie Umwelt und Lebensstil, liegen immerhin zum Teil in unserer Hand. Karzinogene Stoffe, also Substanzen, die nachweislich direkt krebserregend sind und die Latenzphase (→ Sicherungen gegen Krebs, Seite 579) verkürzen, sollte man, wo immer möglich, meiden.

## »Krebsgene«

Krebs ist zwar – von wenigen, sehr seltenen Ausnahmen abgesehen – keine Erbkrankheit, aber eine bestimmte Veranlagung dazu kann von Generation zu Generation weitergegeben werden. So wurden in den letzten Jahren mehr und mehr Gene entdeckt, die mit der Entstehung bestimmter Tumoren zu tun haben. Zum Beispiel kennt man derzeit zwei Gene, die in Zusammenhang mit Brustkrebs eine Rolle spielen. Ist eines davon verändert, haben die betroffenen Frauen ein deutlich erhöhtes Risiko, an Brustkrebs (→ Seite 393) zu erkranken. Man kann diese Genveränderungen heute bereits mit Hilfe einer aufwendigen Untersuchung erkennen, und Biotechnologie-Firmen arbeiten daran, frei verkäufliche Gentests auf den Markt zu bringen. Viele Mediziner lehnen das jedoch (noch) entschieden ab, weil es bisher keine Maßnahmen gibt, um eine Erkrankung auszuschließen. Andererseits hat auch eine Frau, deren »Brustkrebsgene« gesund sind, letztlich keine Garantie, davon verschont zu bleiben.

Generell gilt jedoch: Wer nahe Familienangehörige (Großeltern, Eltern, Geschwister) hat, die in jungen Jahren an Krebs erkrankt sind, sollte besonders auf die bekannten Risikofaktoren achten.

## Umwelt und Arbeitsplatz

Nach dem heutigen Stand der Wissenschaft spielen Umwelt, Lebensstil und Ernährung eine weitaus größere Rolle bei der Entstehung von Krebserkrankungen als die erbliche Veranlagung. Von großer Bedeutung sind zahlreiche chemische Stoffe, die in der Luft, im Wasser oder am Arbeitsplatz vorkommen können: zum Beispiel Benzol, das in allen Erdölprodukten enthalten ist (Benzin), oder Benzpyren, das bei unvollkommenen Verbrennungsvorgängen entsteht und unter anderem in Abgasen und im Zigarettenrauch nachgewiesen wurde.

### Zehn Regeln gegen den Krebs

Im »Europäischen Kodex zur Krebsbekämpfung« (herausgegeben von der Europäischen Union) finden Sie die wichtigsten Maßnahmen zur Vorbeugung und Früherkennung von Krebs:

- Rauchen Sie nicht!
- Trinken Sie nur wenig Alkohol!
- Essen Sie täglich Obst, Gemüse und ballaststoffreiche Getreideprodukte, aber wenig Fett!
- Leben Sie gewichtsbewußt, und bewegen Sie sich regelmäßig!
- Vermeiden Sie zuviel Sonne und Sonnenbrände! Das gilt ganz besonders auch für Kinder.
- Beachten Sie die Schutzbestimmungen an Ihrem Arbeitsplatz!
- Gehen Sie zum Arzt, wenn Sie ungewöhnliche Veränderungen (→ Warnsignale, Seite 580) an sich bemerken!
- Gehen Sie zum Arzt, wenn Sie länger anhaltende (auch harmlose) Beschwerden haben!
- Nehmen Sie sich regelmäßig Zeit für die Früherkennungsuntersuchungen!
- Für Frauen gilt außerdem: Untersuchen Sie jeden Monat Ihre Brust (→ Seite 644)!

Eine besondere Gefährdung ist auch mit verschiedenen Berufen in Industrie und Handwerk verbunden, bei denen der Kontakt mit krebserregenden Substanzen, die oft über die Atemwege aufgenommen werden, nicht vermieden werden kann. Eine Liste der Deutschen Forschungsgemeinschaft nennt 170 chemische Verbindungen und Stoffe, die Krebs erregen oder fördern können. Zu den Spitzenreitern unter ihnen zählen Arsen, Asbest, Teer, Nickel sowie Buchen- und Eichenholzstäube.
Die Gefahr, die von Strahlung ausgeht, hängt von der Dosis und der persönlichen Konstitution ab. Das ist nicht nur bei natürlicher UV-Strahlung so (→ So wirkt Sonne auf die Haut, Seite 464), sondern auch bei radioaktiver Strahlung, der man bei Röntgenuntersuchungen oder berufsbedingt ausgesetzt ist. Grundsätzlich ist Strahlung in hoher Dosis schädlich.

## Lebensstil und Ernährung

Zu den wichtigsten Risikofaktoren im Bereich unseres Lebensstils zählt der Tabakrauch, in dem mindestens 40 krebserregende Substanzen enthalten sind (→ Seite 253). Verstärkt wird die Wirkung des »Glimmstengels« noch durch regelmäßigen Alkoholkonsum, der das Gewebe so vorschädigt, daß die verschiedenen Stoffe aus dem Tabakrauch noch intensiver darauf einwirken.
Dazu kommen oft noch Übergewicht (→ Seite 510) und eine falsche Ernährungsweise (zuwenig Obst und Gemüse, zuviel Fett und Fleisch). Doch auch in unserer Nahrung kommen krebserregende Stoffe vor, zum Beispiel Nitrosamine. Diese können entstehen, wo viel Nitrat vorhanden ist: in geräucherten und stark gesalzenen Produkten, aber auch in Obst und Gemüse (vor allem Spinat, Blattsalat, Radieschen, Gurken), die aus einem Anbau mit intensiver Nitratdüngung stammen. Als besonders gefährliches Karzinogen wird Aflatoxin eingestuft, das Gift einer bestimmten Schimmelpilzart (→ Seite 552), die sich auf manchen Lebensmitteln bildet.
Umgekehrt wird immer wieder von Vitaminpräparaten oder dem Spurenelement Selen gesprochen, die das Krebsrisiko senken sollen. Eine abwechslungsreiche Ernährung enthält ausreichend Vitamine und Spurenelemente. Möglicherweise wirken einige Gemüsearten wie Brokkoli oder andere Kohlsorten der Entwicklung von Darmkrebs entgegen.

## Krebs und Viren

Durch neuere Forschungen wird deutlich, daß auch Viren eine größere Rolle bei der Krebsentstehung spielen, als bislang vermutet. So scheinen zum Beispiel manche Warzen- oder Papillomaviren zur Entwicklung eines Gebärmutterhalskrebses (→ Seite 391) oder eines Hautkrebses (→ Seite 476) beizutragen. Und Hepatitis-B-Viren können die Entstehung von Lebertumoren (→ Seite 356) fördern. Neuerdings werden jedoch nicht nur Viren, sondern auch ein Bakterium in engem Zusammenhang mit Krebs genannt: Helicobacter pylori (→ Seite 335), das Magen- und Zwölffingerdarmgeschwüre (→ Seite 336) verursacht und für Magenkrebs (→ Seite 336) mitverantwortlich gemacht wird.

## Krebs und Psyche

Immer wieder wurde und wird die Frage diskutiert, ob es bestimmte Eigenschaften und Wesenszüge eines Menschen gibt, die eine Krebserkrankung begünstigen, ob es also eine »Krebspersönlichkeit« gibt. Das lehnen viele Fachleute mit gutem Grund ab. Was sich jedoch durch neuroimmunologische Forschung immer mehr zu bestätigen scheint, ist, daß eine Grundgestimmtheit von Lebensfreude und Optimismus den Verlauf einer Krankheit – auch einer Krebserkrankung – positiv beeinflussen kann.

**Nahrungsmittel, die viel Selen enthalten, sind Fisch, Eier, Hülsenfrüchte und Kokosnuß.**

# Diagnose Krebs

Die Mitteilung, an Krebs erkrankt zu sein, löst bei jedem Menschen einen Schock aus. Danach können Phasen kommen, in denen Sie die Krankheit nicht wahrhaben wollen oder in denen Sie grübeln, wodurch sie ausgelöst wurde, Phasen, in denen Sie resignieren und aufgeben wollen, aber auch Zeiten, in denen Sie kämpfen können. Viele Betroffene berichten, daß drei Dinge ihnen am meisten geholfen haben, mit ihrer Krankheit umzugehen: genaue Informationen über die Erkrankung, Offenheit im persönlichen Umfeld und das Vertrauen in sich selbst und die ärztliche Behandlung.

## Informieren Sie sich

Es gibt inzwischen sehr viele Informationsmöglichkeiten für Krebskranke und ihre Angehörigen. Die Bundeszentrale für gesundheitliche Aufklärung in Köln (→ Adressen, Seite 798) und die Deutsche Krebshilfe in Bonn (→ Adressen, Seite 798) haben zahlreiche kostenlose Informationsbroschüren herausgegeben. Im Deutschen Krebsforschungszentrum in Heidelberg arbeitet seit zehn Jahren ein Krebsinformationsdienst (→ Adressen, Seite 798), der alle Fragen zum Thema Krebs kompetent und individuell beantwortet. Dort bekommt man auch Hinweise auf Ansprechpartner in der Nähe, zum Beispiel Adressen von Krebsberatungsstellen oder Selbsthilfegruppen. Ähnliche Anlaufstellen gibt es auch in Österreich und in der Schweiz (→ Adressen, Seite 798).
Im Buchhandel gibt es eine reiche Auswahl von Literatur, sowohl Sachbücher, die Informationen vermitteln als auch Berichte von Betroffenen. Allerdings sind auch zahlreiche Publikationen mit wissenschaftlich ungesichertem Inhalt auf dem Markt, und es ist nicht leicht, hier zwischen seriöser Information und Geschäftemacherei zu unterscheiden.

## Sprechen Sie über Ihre Krankheit

Wichtig ist, Ihre Erkrankung nicht zu verschweigen, sondern offen darüber zu reden, vor allem mit dem Partner, in der Familie und im Freundeskreis. Ansprechpartner für alle medizinischen Fragen ist Ihr Arzt, er ist verpflichtet, Sie über alles genau zu informieren. Fragen Sie ihn alles, was Sie wissen wollen – auch wenn es Sie vielleicht ein wenig Überwindung kostet. Aber Wissen hilft Ihnen, sich aktiv mit Ihrer Erkrankung auseinanderzusetzen. Wenn Sie das Gefühl haben, daß Ihr Arzt Ihnen etwas verschweigt oder unsicher sind, ob die Behandlung, die er vorschlägt, wirklich die erfolgversprechendste ist, sollten Sie einen zweiten Arzt hinzuziehen. Am besten ist es, wenn alle Beteiligten ein Team bilden und gemeinsam alles miteinander besprechen.

## Versuchen Sie, Vertrauen zu haben

Ein ganz wesentlicher Schritt ist es, Vertrauen zu entwickeln: in die gefällten Therapieentscheidungen, in sich selbst und die Heilungskräfte des eigenen Körpers, aber auch in alle Menschen, die Sie auf dem Weg durch die Krankheit begleiten. Haben Sie sich einmal für eine bestimmte Behandlung entschieden, sollten Sie sie möglichst zu Ende bringen und nicht vorzeitig abbrechen zugunsten einer anderen Therapieform. Wenn Zweifel aufkommen – und das ist fast immer der Fall –, sollten Sie darüber sprechen. Aber haben Sie auch Geduld mit sich. Wer seinen Weg in jeder Woche ändert, hilft sich wenig.
Es gibt viele Menschen, die Krebskranken beistehen wollen und können – seien es Freunde, Angehörige oder professionelle Helfer und Berater. Ihre Unterstützung anzunehmen kann sehr erleichtern. Niemand muß so stark sein, alles aus eigener Kraft zu bewältigen, vor allem nicht in Phasen, in denen die körperlichen Kräfte durch die Krankheit oder durch eine Therapie sehr geschwächt sind. Gerade dann ist es besonders wichtig, Menschen zu haben, denen Sie vertrauen und die Ihnen helfen, diese Zeit durchzustehen. Scheuen Sie sich nicht, sich frühzeitig an eine Selbsthilfegruppe zu wenden. In einem Kreis ebenfalls Betroffener finden Sie nicht nur Verständnis und praktischen Rat, sondern auch Ermutigung und Anregungen, Ihr Schicksal zu meistern.

## Wie lange habe ich noch zu leben?

Die Frage, wieviel Lebenszeit noch bleibt, quält alle Krebskranken, sobald sie die Diagnose erfahren haben. Doch niemand, auch nicht der erfahrenste Arzt, kann vorhersagen, wie lange ein Mensch noch zu leben hat. Aufgrund von Erfahrungswerten und statistischen Berechnungen kann der Arzt eine Prognose des Krankheitsverlaufs stellen. Ob sie tatsächlich eintritt, ist eine andere Frage.
Für eine Prognose sind möglichst viele einzelne Angaben zur Art der Erkrankung und zu ihrem

Stadium notwendig. Pauschalaussagen sind meistens falsch. So kann es sein, daß eine Brustkrebspatientin schon wenige Jahre nach der Diagnosestellung an den Folgen ihrer Krankheit stirbt, eine andere aber vollständig geheilt wird und ein hohes Alter erreicht. Was die Zukunft bringen wird, das hängt zum Teil von den zur Verfügung stehenden Behandlungsmöglichkeiten ab, zum Teil aber auch von persönlichen Voraussetzungen, die sich jeder Statistik entziehen.

**Die Diagnose Krebs löst Zeiten der Angst und Ungewißheit aus, in denen Zuwendung und seelische Hilfe wichtiger sind denn je.**

Es gibt immer wieder Beispiele von schwerkranken Menschen, die wie durch ein Wunder genesen. Im medizinischen Fachjargon spricht man dann von einer Spontanheilung. Sie ist zwar nicht sehr häufig, aber keineswegs ausgeschlossen. Viel häufiger kommt es jedoch vor, daß Ärzte besten Wissens und Gewissens Prognosen abgeben, die sich nicht erfüllen – zahlreiche Patienten haben die Vorhersagen ihrer Ärzte um Jahre überlebt! Eine »magische« Grenze ist bei vielen Krebsarten nach fünf Jahren erreicht. Wer fünf Jahre nach der Erstdiagnose bzw. nach der ersten Behandlung keinen Rückfall und keine Anzeichen für ein Wiederauftreten des Krebses hat, kann sich relativ sicher fühlen, daß die Krankheit endgültig überstanden ist. Welche Zeiträume im einzelnen eine Rolle spielen, erkennen Sie auch an den allmählich immer größeren Intervallen zwischen den Nachuntersuchungen, die schließlich ganz aufhören.

## Und als Angehöriger?

Sind nicht Sie selbst betroffen, sondern ein Mensch, der Ihnen nahesteht, sollten Sie versuchen, so mit ihm umzugehen, wie Sie es auch mit allen anderen Menschen tun würden: natürlich, offen, gesprächsbereit, freundlich, liebevoll, respektvoll.

Es ist nicht nötig, Krebskranke mit den sprichwörtlichen Glacéhandschuhen anfassen. Sie bleiben auch mit der Krankheit die Menschen, die sie vorher waren, und sind – in beschwerdefreien Zeiten – sowohl psychischen als auch körperlichen Belastungen in gewissem Umfang gewachsen. Ein Trugschluß ist es auch, zu meinen, daß Verheimlichen eine Schonung bedeutet. Im Gegenteil: Die meisten Menschen fühlen sehr genau, wie es um sie steht. Sie spüren, wenn man versucht, ihnen etwas vorzumachen, und das bedeutet oft mehr Be- als Entlastung für sie. Es gibt ihnen das Gefühl, ausgeschlossen zu sein, nicht mehr als vollwertiges Gegenüber angesehen zu werden. Sprechen Sie ruhig auch offen über Ihre eigenen Sorgen, aber bürden Sie dem Kranken nicht Ihre Ängste auf.

So wichtig Zuwendung und Fürsorge sind, sollten Sie immer bedenken, daß ein Zuviel davon einen gegenteiligen Effekt haben kann. Praktische Lebenshilfe ist in vielen Fällen hilfreich, sei es im Alltag, beim Erledigen von Behördengängen oder bei der Fahrt zum Arzt. Ebenso können Sie bei der Suche nach Informationen behilflich sein – wenn der Kranke das möchte.

Auch die Freude an der Sexualität bleibt erhalten oder kehrt nach einer Zeit der Unterbrechung, zum Beispiel während einer belastenden Behandlung, zurück. Für die meisten betroffenen Frauen und Männer ist es eine große Bestätigung, wenn ihr(e) Partner(in) sie wieder attraktiv und begehrenswert findet.

Wenn Sie (möglicherweise unbewußte) Ängste vor einem zu engen körperlichen Kontakt haben und damit eine unbeschwerte Begegnung verhindert wird, sollten Sie gemeinsam darüber sprechen. Paare, die darüber nicht gut reden können, sollten sich nicht scheuen, auch professionelle Beratungshilfe in Anspruch zu nehmen.

# Die Behandlung

Krebs ist eine ernste Erkrankung, deren Behandlung immer mit großen Eingriffen in den Körper verbunden ist. Tumoren können, wenn sie frühzeitig diagnostiziert werden, durch eine Operation entfernt werden. Häufig kommt dazu noch eine Bestrahlung, eventuell auch eine Chemotherapie, also eine Behandlung mit speziellen Medikamenten (Zytostatika), die Zellen zerstören und dadurch das Geschwulstwachstum hemmen können.
Darüber hinaus gibt es zahlreiche andere Möglichkeiten, um die Behandlung zu unterstützen, doch mindestens eine der drei Haupttherapien kommt bei jeder Krebserkrankung zum Einsatz.

## Den Menschen schonen

Die medizinische Forschung hat in den letzten Jahren vor allem erreicht, daß die Therapien einiges von ihrem Schrecken verloren haben. Die Ärzte können heute eine Krebsgeschwulst sehr viel gezielter bekämpfen, als es noch vor zehn oder zwanzig Jahren möglich war, und sie können dadurch das gesunde Gewebe und den ganzen Menschen sehr viel mehr schonen. Zusätzlich sind Medikamente entwickelt worden, die die gefürchteten Nebenwirkungen von Bestrahlung und Chemotherapie verringern oder weitgehend ausschalten.

## Maßgeschneiderte Therapien

Der zweite wichtige Fortschritt ist, daß sich die Art der Behandlung heute sehr viel stärker nach dem einzelnen Patienten und seiner Krankheit richtet. Während die Therapieschemata früherer Zeiten recht pauschal und einfach waren, erhält heute fast jeder Krebskranke seine maßgeschneiderte Behandlung, die sich in ihrer Zusammensetzung und zeitlichen Abfolge von der eines Patienten mit der gleichen Krebsart stark unterscheiden kann.

## Die Operation

Eine Operation ist nur bei tumorbildenden Krebserkrankungen sinnvoll, nicht aber bei Blutkrebs (zum Beispiel → Leukämie, Seite 294) und Lymphomen. Operiert werden vor allem Geschwülste, die noch nicht in Nachbarorgane eingewachsen sind. Dabei wird weit in gesundes Gewebe geschnitten, um den Tumor ganz herausnehmen zu können. Gelingt dies und sind keine Anzeichen für Metastasen im Körper vorhanden, kann die Operation die einzige Behandlungsmaßnahme bleiben. Das ist häufig der Fall bei Darmkrebs oder Nierenkrebs, wenn die Operation in einem frühen Stadium erfolgt.
Heute kann in vielen Fällen sehr viel schonender operiert werden als noch vor einigen Jahren, und das betroffene Organ muß oft nicht mehr vollständig entfernt werden. Das kosmetische Ergebnis ist vor allem bei Brustkrebs und bei Tumoren im Gesicht deutlich besser geworden, und manche Krebsarten werden mittlerweile bereits mit der »Schlüsselloch-Technik« (→ Endoskopie, Seite 621) operiert, wobei nur noch ein winziger Schnitt nötig ist.

**Eine Strahlentherapie wird am Computer individuell geplant und die erforderliche Dosis genau berechnet.**

Bei der Operation wird meist das dazugehörige Lymphabflußgebiet mit herausgenommen. Zum einen, weil sich dort am schnellsten mögliche Metastasen bilden oder schon gebildet haben könnten, zum anderen zu Untersuchungszwecken. Die Zahl der befallenen Lymphknoten gilt als wichtiger Faktor für die Prognose und die weitere Behandlung.

## Die Bestrahlung

In vielen Fällen wird eine Operation durch eine Therapie mit hochenergetischer Strahlung (ionisierenden Strahlen) ergänzt. Manchmal wird vor der Operation bestrahlt, um den Tumor so weit zu verkleinern, daß der Rest herausoperiert werden kann, manchmal soll eine Nachbestrahlung möglicherweise verbliebene Krebszellen abtöten. Da jedoch nicht jede Krebsart gleich sensibel auf Strahlen reagiert, wird die Strahlentherapie nicht immer eingesetzt.

Die heute verfügbare Technik macht es möglich, ganz genau auf den Tumor zu zielen und das gesunde Gewebe weitgehend zu schonen. Die Strahlendosis muß eine bestimmte Größe haben, um die Krebszellen abtöten zu können. Bestrahlt wird meist in mehreren Sitzungen, weil Krebszellen nur in einer bestimmten Lebensphase von Strahlen zerstört werden können. Da sich nicht alle Zellen in einem Tumor in der gleichen Phase befinden, wiederholt man die Bestrahlungen, um schließlich alle zu erreichen.

Es läßt sich jedoch nie ganz vermeiden, daß auch gesunde Zellen geschädigt werden. Das Ausmaß der Nebenwirkungen ist abhängig von der Strahlendosis, und die Art der Strahlenfolgen hängt von der bestrahlten Körperregion ab. Häufig kommen Entzündungsreaktionen von Haut und Bindegewebe vor sowie allgemeines Unwohlsein und Müdigkeit durch die Gesamtbelastung. Die Beschwerden vergehen in der Regel nach einiger Zeit vollständig.

## Die Chemotherapie

Viele Menschen fürchten eine Chemotherapie, da sie von starken und beschwerlichen Nebenwirkungen der Krebsmedikamente (Zytostatika) gehört haben. Tatsächlich haben die Medikamente, die die Krebszellen abtöten sollen, eine Reihe unerwünschter Begleiterscheinungen. Das liegt daran, daß sie nicht nur die Krebszellen angreifen, sondern alle Zellen, die sich oft teilen und rasch wachsen, zum Beispiel Zellen in den Schleimhäuten von Magen und Darm. Als Folge wird vielen Patienten übel, und sie müssen sich erbrechen (gegen die Übelkeit wurden in den letzten Jahren jedoch spezielle Medikamente entwickelt). Auch die Zellen in den Haarwurzeln teilen sich oft, da die Haare ständig wachsen. Aus diesem Grund können vorübergehend die Haare ausfallen.

Durch eine Kombination mehrerer Medikamente konnte die Dosierung der einzelnen enthaltenen Wirkstoffe deutlich verringert werden. Dadurch ist es heutzutage oft möglich, daß die Nebenwirkungen nicht so ausgeprägt sind. Außerdem gibt es auch vorbeugende Medikamente, die eine Chemotherapie besser verträglich machen.

## Die Immuntherapie

Das Immunsystem kann nicht nur eingedrungene Krankheitserreger unschädlich machen (→ Seite 298), sondern auch Krebs abwehren, solange die Krebszellen nicht überhandnehmen. Das tut es täglich in jedem gesunden Körper. Deswegen kamen Forscher auf die Idee, eine Behandlung zu entwickeln, die die körpereigenen Abwehrkräfte stärkt und im Kampf gegen Krebs unterstützt. Hier zeichnen sich mittlerweile erste Erfolge ab, auch wenn die Immuntherapie vor allem unterstützend zu Operation, Bestrahlung und Chemotherapie eingesetzt wird.

Grundsätzlich ist klar geworden, daß eine Immuntherapie nur in einem sehr frühen Stadium wirklich erfolgreich sein kann, denn zu viele Krebszellen überfordern auch ein starkes Immunsystem. Andererseits kann eine gezielte Immuntherapie auch dabei helfen, die Nebenwirkungen einer Chemotherapie zu verringern.

Viele Anbieter unkonventioneller Behandlungsmethoden (→ Alternative Krebstherapien, Seite 588) werben mit der immunstimulierenden Wirkung ihrer Präparate. Im Gegensatz zu den Substanzen, die bei der schulmedizinischen Immuntherapie zur Anwendung kommen, ist ihre Wirksamkeit bisher nicht durch naturwissenschaftliche Forschung gesichert.

## Die Schmerztherapie

Krebserkrankungen können in einem fortgeschrittenen Stadium sehr starke bis unerträgliche Schmerzen bereiten, vor allem wenn es zu Knochenmetastasen gekommen ist. Dank der modernen Schmerztherapie kann man jeden Schmerz durch Medikamente auf ein erträgliches Maß reduzieren oder ihn ganz ausschalten. Wenn nötig, werden dazu auch starke Opiate wie Morphin verordnet.

Wichtig ist, daß die Medikamente nach einem festen Zeitplan eingenommen werden und nicht erst, wenn die Schmerzen einsetzen. Da in Deutschland Morphine unter das Betäubungsmittelgesetz fallen, das es dem Arzt erschwert, sie zu verschreiben – aber auch wegen einer verbreiteten, in diesem Fall jedoch unerheblichen Angst vor psychischer Abhängigkeit – bekommen manche Krebskranke immer noch nicht genügend Schmerzmittel. Wenn die Schmerzen auf andere Weise jedoch nicht mehr zu bekämpfen sind, sollten Sie auf Ihrem Recht bestehen.

## Weitere Behandlungsmethoden

Neben den drei Säulen der Krebsbehandlung – Operation, Bestrahlung und Chemotherapie – gibt es noch eine Anzahl anderer Methoden, die in einzelnen Fällen oder auch zusätzlich eingesetzt werden. So können Tumoren der Geschlechtsorgane, deren Wachstum vom Hormonspiegel abhängt, unterstützend auch mit einer Hormontherapie behandelt werden. Bei der Behandlung von Leukämie spielt die Knochenmarkstransplantation (→ Seite 295) mittlerweile eine nicht unbedeutende Rolle.
Weitere Methoden befinden sich noch im Stadium der Erprobung, zum Beispiel die Überwärmungstherapie (Hyperthermie). Dabei werden bestimmte Regionen oder auch der ganze Körper auf 42 °Celsius erwärmt, um die Tumorzellen durch dieses künstlich erzeugte Fieber zu zerstören.

## Alternative Krebstherapien

Viele Krebskranke setzen ihre Hoffnungen auf unkonventionelle Behandlungsmethoden, sei es aus Mißtrauen gegen die Schulmedizin, aus Angst vor den Nebenwirkungen der herkömmlichen Krebsbehandlung oder auch aus dem Bedürfnis, selbst aktiv den Heilungsprozeß unterstützen zu wollen und nicht nur passiv von der Kunst der Ärzte und der High-Tech-Medizin abhängig zu sein. Die Zahl der angebotenen Therapien geht in die Hunderte. Besonders erfolgversprechende Ideen werden wissenschaftlich überprüft. Bestehen sie die Prüfung, dann werden sie in den Behandlungskatalog mit aufgenommen.
Daneben gibt es eine Vielzahl von Methoden, die zum Teil aus der Erfahrungsheilkunde stammen, zum Teil neu erdacht werden, deren Wirksamkeit gegen Krebs wissenschaftlich jedoch bisher nicht bewiesen werden konnte. Manche dieser Mittel sind in den Apotheken frei verkäuflich, andere werden von einzelnen Ärzten oder Kliniken angewendet.
Die Nachfrage von Betroffenen nach zusätzlichen Therapien ist sehr groß. Mehr als die Hälfte probiert irgendwann einmal eine alternative Methode aus – oft auch nach einer abgeschlossenen Behandlung, um einem möglichen Rückfall vorzubeugen.
Unkonventionelle Therapiemethoden, die aus der Naturheilkunde stammen, sind oft unbedenklich. Viele Menschen berichten, daß sie sich zum Beispiel durch eine Mistelbehandlung besser fühlen, auch wenn bisher unklar ist, ob sie den Verlauf der Krebserkrankung positiv beeinflußt. Obwohl die Wirksamkeit von Mistelpräparaten und anderen Naturheilmitteln bei Krebs umstritten ist, akzeptieren viele Ärzte sie als Zusatzmedikamente. Wenn Sie solche Präparate anwenden wollen, sollten Sie sich immer genau mit Ihrem Arzt besprechen, denn nur er kann die möglichen Nebenwirkungen einschätzen.

**Die Mistel wurde zuerst in der anthroposophischen Medizin als Mittel gegen Krebs eingesetzt.**

Neben zahlreichen harmlosen Mitteln gibt es aber auch einzelne Methoden, die mit erheblichen Risiken verbunden sein können.
So hat die Sauerstoffbehandlung (→ Ozontherapie, Seite 675) in verschiedenen Fällen schon zu Embolien geführt. Und auch die Überwärmungstherapie (→ Andere Methoden) ist nicht ganz ungefährlich. Bedenklich sind generell alle Methoden, die sehr teuer sind. Oft kommen sie vor allem ihrem Erfinder oder Anwender zugute.
Selbsternannte Wunderheiler sind meist an mehreren der folgenden Merkmale zu erkennen:

- Sie haben ihre Methode nach eigenen Angaben selbst erfunden und entwickelt – möglicherweise sogar auf der Grundlage einer persönlichen Theorie zur Krebsentstehung.
- Ihre Therapie ist kombiniert mit einem ebenso selbst entwickelten »Krebstest«.
- Sie verdammen die Schulmedizin.
- Die angepriesene Methode ist ein Allheilmittel gegen alle Krebsarten und hat keine Nebenwirkungen.
- Die Therapie wurde in Forschungslabors entwickelt, wird aber nicht in der Praxis angewandt.
- Als Beweis für die Wirksamkeit der Behandlung werden Berichte prominenter Patienten oder Dankschreiben einzelner Patienten angeführt.
- Werbeanzeigen in der Regenbogenpresse.

# Nach der Therapie

Nur wenige Krebspatienten sind nach der ersten Therapie sofort wieder ganz gesund – obwohl es auch diesen Glücksfall gibt, besonders nach Operationen in einem frühen Krankheitsstadium. Im Rahmen einer Anschlußheilbehandlung oder einer Rehabilitationskur können Sie sich erholen, durch ein gezieltes Übungsprogramm wieder an körperliche Belastung gewöhnen und psychisch zu Kräften kommen.

## Das Leben »danach«

Auch nach dem Abschluß aller Behandlungen zweifeln viele Menschen daran, ob sie wirklich wieder gesund sind, und möchten selbst etwas tun, um einem möglichen Wiederauftreten des Krebses vorzubeugen. In dieser Zeit ist es besonders wichtig, sich zu informieren und über Risikofaktoren (→ Seite 582) Bescheid zu wissen.

Die allgemeinen Empfehlungen für das Leben »danach« sind keine anderen als die für alle Menschen: gesunde Ernährung, Bewegung und ein ausgeglichener Lebensrhythmus. Besondere Maßnahmen sind von der jeweiligen Erkrankung abhängig.

Für fast alle Probleme, die im Zusammenhang mit Krebs auftreten, gibt es Hilfestellungen. Wo Sie die finden, können Sie bei örtlichen Beratungsstellen erfragen oder über die telefonische Beratung des Krebsinformationsdienstes KID (→ Seite 798).

## Die medizinische Nachsorge

Nach der Krebsbehandlung sollten Sie in regelmäßigen Abständen zur Krebsnachsorge gehen, mit der versucht wird, einen eventuellen Rückfall oder Metastasen frühzeitig zu erkennen. Vor allem in den ersten Monaten und Jahren ist das Risiko dafür relativ hoch. Metastasierte Krebserkrankungen sind zwar meist nicht heilbar, doch es gibt viele Möglichkeiten, um Beschwerden vorzubeugen oder zu lindern.

Abhängig von der Art der Krebserkrankung gibt es jeweils bestimmte Zeiträume für Nachsorgetermine. Dabei werden verschiedene Untersuchungen durchgeführt, zum Beispiel eine Computertomographie (→ Seite 623), eine Szintigraphie zum Aufspüren von Knochenmetastasen oder andere bildgebende Verfahren. Auch die Bestimmung von Tumormarkern (→ Seite 581) erlaubt Aussagen über den möglichen weiteren Verlauf der Krankheit.

In den Mittelpunkt der Nachsorge rückt zunehmend das Gespräch mit dem Arzt, der Ihnen auch psychische Unterstützung leisten wird oder Ihnen helfen kann, einen geeigneten Psychotherapeuten zu finden (→ Seite 654), wenn Sie es möchten.

## Die psychosoziale Nachsorge

Krebs ist eine Krankheit, die nicht nur eine körperliche, sondern auch eine große psychische Belastung bedeutet. Viele Menschen benötigen deshalb psychische Unterstützung und Hilfe im familiären Bereich. Diese Nachsorge wird zum großen Teil von Selbsthilfeorganisationen übernommen wie zum Beispiel der Frauenselbsthilfe nach Krebs (→ Adressen, Seite 798). Unter dem Motto »Krebskranke helfen Krebskranken« kümmern sich deren Mitglieder – darunter mittlerweile auch zahlreiche Männer – um Menschen mit den verschiedensten Krebserkrankungen.

Hilfestellung bei der psychischen Bewältigung der Krankheit ist um so mehr erforderlich, wenn eine Heilung nicht mehr möglich ist. Daß das Leben auch und vielleicht gerade dann besonders schön sein kann, wenn man spürt, wie begrenzt es ist, ist eine Erfahrung, von der viele Krebskranke berichten. Eine Erfahrung, zu der ihnen nicht zuletzt der Beistand anderer Betroffener eine Tür geöffnet hat.

**Für viele ist die Erfahrung einer Krebserkrankung der Anstoß zu einem neuen, bewußteren Leben.**

# Diagnose und Therapie

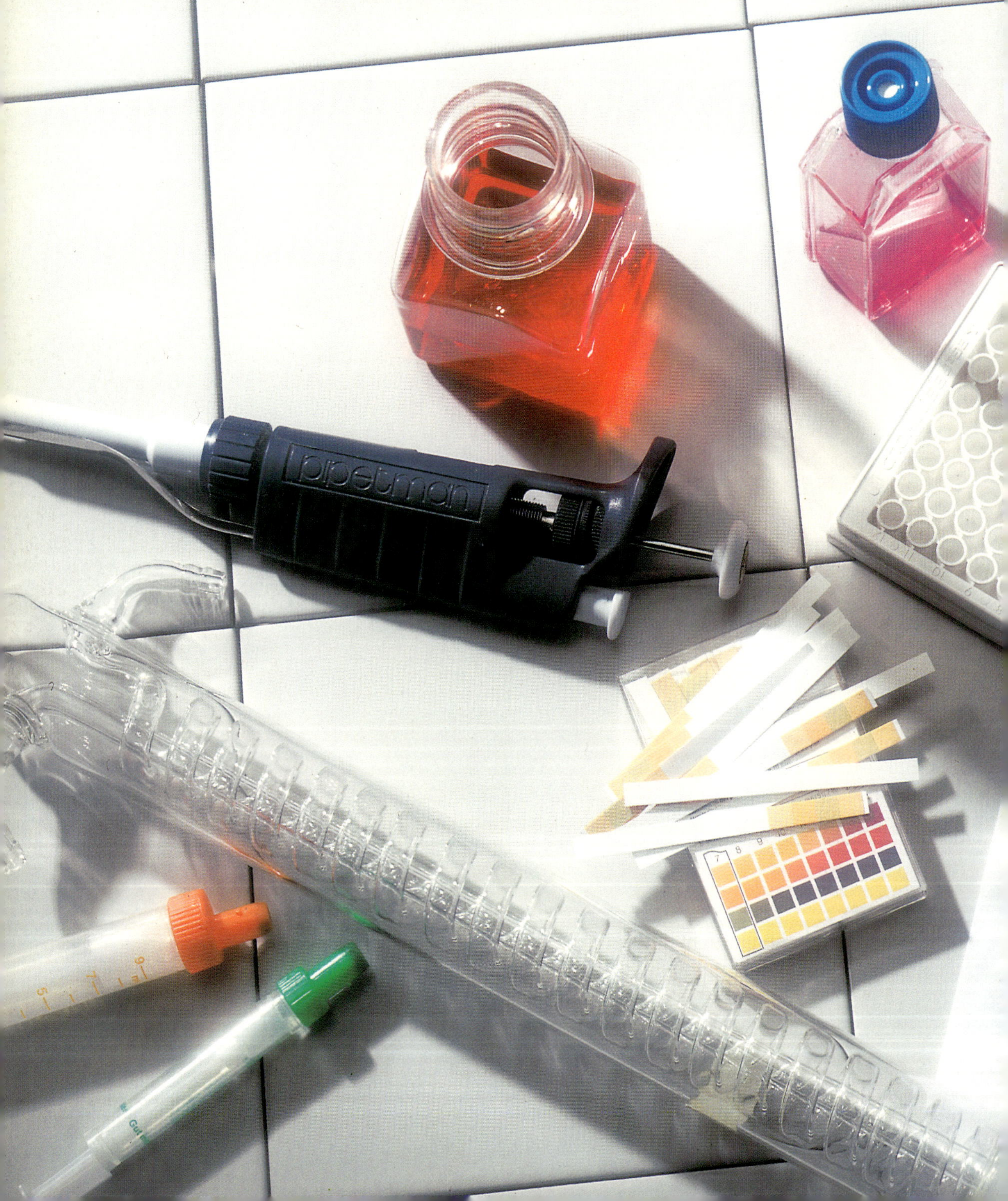

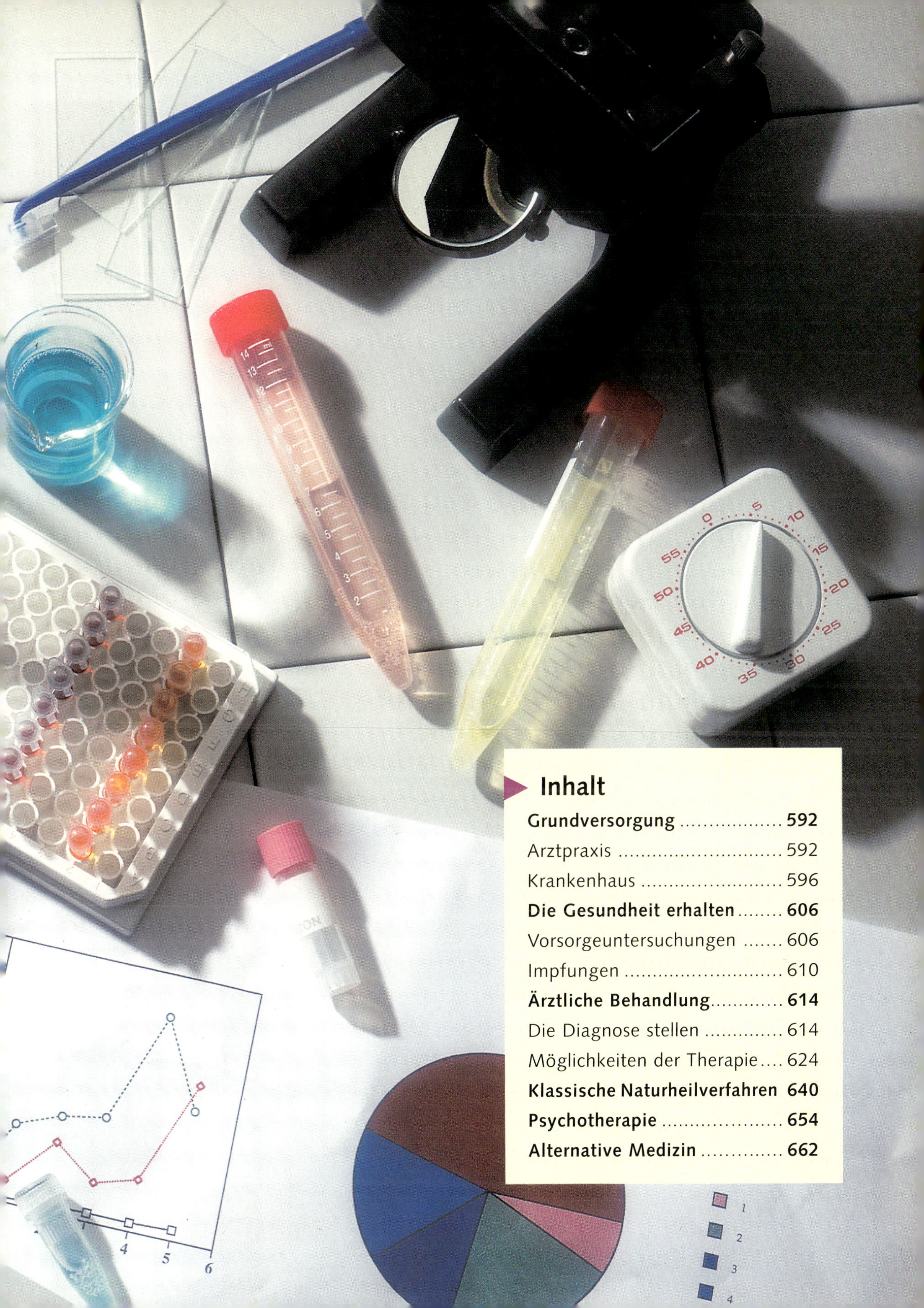

# Inhalt

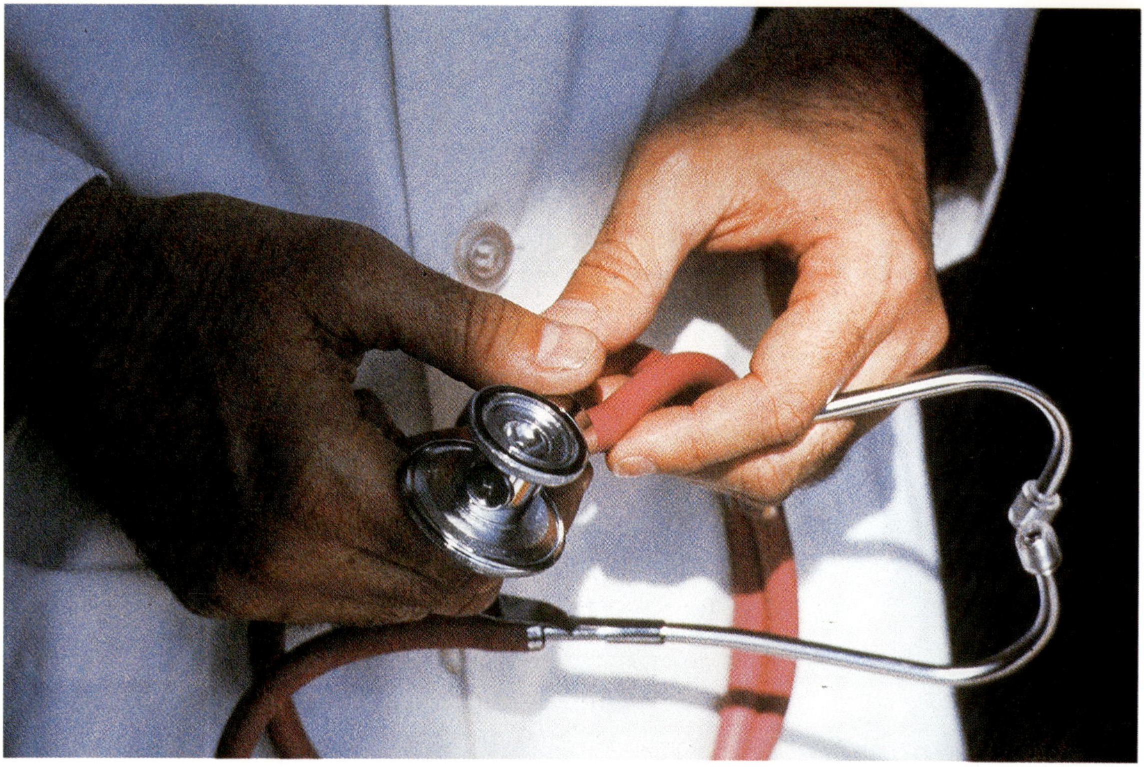

# Medizinische Grundversorgung

## Die Arztpraxis

Erster Ansprechpartner bei kleineren und größeren Beschwerden ist Ihr Hausarzt. Er sollte als praktischer Arzt oder Allgemeinmediziner ausgebildet sein, also Erfahrung besitzen in der medizinischen Grundversorgung. Wünschenswert ist, daß er Sie über viele Jahre betreut und der Arzt Ihres Vertrauens ist.
Er kann zum einen selbst eine Reihe von Erkrankungen erkennen und behandeln, zum anderen weiß er bei speziellen Problemen, an welchen Facharzt er Sie überweisen kann. Vor allem bei Erkrankungen, die den Rat mehrerer Fachärzte erfordern, ist der Hausarzt der ideale »Koordinator«: Er kann die Ergebnisse aller Untersuchungen sammeln, wodurch er sich ein Gesamtbild über das Krankheitsgeschehen machen und Doppeluntersuchungen vermeiden kann.
Wissen Sie bereits, daß Sie einen Facharzt aufsuchen müssen, so können Sie auch direkt, ohne vorherigen Termin beim Hausarzt, dorthin gehen. Nur für den Besuch eines Laborarztes oder eines Arztes für Strahlenheilkunde (Radiologie) ist immer die Überweisung eines Arztes anderer Fachrichtung nötig.

### Der richtige Arzt

Neben der fachlichen Kompetenz ist der persönliche »Draht« zum Arzt wichtig: Sie sollten sich bei ihm gut aufgehoben fühlen und offen über alle Beschwerden und Probleme sprechen können. Eine Entscheidungshilfe für die Wahl des Arztes kann eine Zusatzqualifikation sein, beispielsweise in einer speziellen Behandlungsmethode. Auch sollten Sie prüfen, ob er Hausbesuche durchführt, gut mit öffentlichen Verkehrsmitteln zu erreichen ist, ob die Wartezeiten lang sind und ob er günstige Sprechzeiten hat.

### Alternative Behandlungsverfahren

Bevorzugen Sie Behandlungsverfahren der Alternativen Medizin (→ Seite 662–677), so sollten Sie einen Arzt mit entsprechender Zusatzausbildung (zum Beispiel in Naturheilverfahren, Homöopathie oder Akupunktur) oder einen Heilpraktiker aufsuchen. Über die Kostenübernahme informieren Sie sich bitte auf jeden Fall bei Ihrer Krankenkasse.
Heilpraktiker durchlaufen keine akademische Ausbildung, die der eines Mediziners vergleichbar wäre, sondern besuchen meist eine Heilpraktikerschule. In jedem Fall müssen sie bei einer amtsärztlichen Prüfung nachweisen, daß sie infektiöse und schwere Krankheiten, die nur der Arzt behandeln darf, einwandfrei diagnostizieren können.
Sie sollten prüfen, ob der Heilpraktiker Ihres Interesses eine solide Ausbildung hat und Sie offen auf die Grenzen seiner Behandlungsmöglichkeiten hinweist. Wählen Sie keinen Heilpraktiker, der in Anzeigen für seine »außergewöhnlichen« Fähigkeiten wirbt.

## Die richtige Vorbereitung

Die Vorbereitung eines Arztbesuchs beginnt mit der Anmeldung: Um die Wartezeiten so kurz wie möglich zu halten, plant die Sprechstundenhilfe einer Praxis Dauer und Abfolge der Termine. Sie sollten sich daher persönlich oder telefonisch voranmelden und den Grund Ihres Besuches nennen. Bei einem Notfall können Sie jederzeit in die Praxis kommen.
Erfragen sollten Sie bei der Anmeldung, welche Unterlagen für den Termin nötig sind. Immer sollten Sie Versicherungskarte, Impfausweis, Allergiepaß, Behandlungspaß sowie alle Medikamente, die Sie zur Zeit einnehmen, mitbringen. Ausweise und Unterlagen, die Sie bei Untersuchungen, Erkrankungen, Operationen und Impfungen erhalten haben, sollten Sie grundsätzlich in einem Ordner griffbereit haben.

### Notizen für das Gespräch

Damit Sie beim Termin nichts Wichtiges vergessen, sollten Sie sich zu Hause in Ruhe einige Stichpunkte für das Gespräch mit dem Arzt aufschreiben:
Halten Sie fest, wie sich Ihre Beschwerden genau anfühlen, wann sie begonnen haben und ob sie sich verändert haben. Achten Sie auch auf scheinbar belanglose körperliche oder seelische Beschwernisse sowie auf Veränderungen Ihrer Lebenssituation. Verschweigen Sie nicht aus Schamgefühl Beschwerden, die Intimbereiche wie das Geschlecht, die Brust oder den Darm betreffen: Je früher eine Krankheit erkannt wird, desto besser kann sie behandelt werden.
Ebenfalls wichtig für das Gespräch mit dem Arzt sind frühere Krankheiten, Operationen, Verletzungen sowie ähnliche Beschwerden, die in Ihrer Familie bereits aufgetreten sind. Darüber hinaus sollten Sie alle Fragen notieren, die Sie Ihrem Arzt im Zusammenhang mit Ihren Beschwerden stellen möchten.

## Der Termin

In der Arztpraxis melden Sie sich zunächst bei der Sprechstundenhilfe an und nehmen im Wartezimmer Platz, bis Sie aufgerufen werden. Beim allerersten Besuch werden Sie manchmal gebeten, ein Formular auszufüllen, in dem nach früheren Erkrankungen, Allergien, Unverträglichkeiten und anderen Informationen gefragt wird.
Sie und der Arzt müssen sich dann im Gespräch erst einmal kennenlernen. Sie sollten daher kurz Ihre Lebenssituation beschreiben, ehe Sie mit ihm über Ihre Beschwerden sprechen. Der Arzt wird Sie gründlich befragen und untersuchen; eventuell bittet er Sie, von anderen Ärzten, bei denen Sie in Behandlung waren oder sind, Unterlagen anzufordern. So kann er sich informieren und Doppeluntersuchungen vermeiden.
Waren Sie bereits häufiger in einer Praxis, so wird die Sprechstundenhilfe Ihre Krankenakte heraussuchen und dem Arzt vorlegen, damit er sich während des Gesprächs mit Ihnen die Ergebnisse bisheriger Termine ins Gedächtnis rufen kann. Unter Umständen nimmt eine Arzthelferin Voruntersuchungen wie Blutdruck- und Pulsmessung vor.
Manchmal ergibt sich die Diagnose bereits aus dem Gespräch zwischen Ihnen und dem Arzt, und er kann Ihnen ein Arzneimittel verschreiben (→ Seite 630–639) oder eine Behandlungsmaßnahme beginnen (→ Seite 624–629, Seite 640–653). Sie sollten aber nicht immer eine schnelle Lösung erwarten; manche Diagnose braucht Zeit und erfordert aufwendige Untersuchungen (→ Seite 614–623). Heilungschancen, Therapie und deren Risiken sollte der Arzt offen mit Ihnen besprechen. Meist wird er Sie um einen weiteren Besuch bitten, damit er verfolgen kann, ob sich die Beschwerden bessern.

## Fragen Sie Ihren Arzt!

Ein Besuch beim Arzt kann verunsichernd oder ängstigend sein: Es fallen unverständliche Fachausdrücke, es müssen eventuell schmerzhafte oder unangenehme Untersuchungen gemacht werden, es ist Ihnen unklar, wie der Arzt zur Diagnose kommt, Sie erfahren zwar den Namen »Ihrer« Erkrankung, können aber deren Schwere nicht einschätzen. Scheuen Sie sich nicht, Ihre Unsicherheit offen anzusprechen und den Arzt um Antwort auf Ihre Fragen und Rücksicht auf Ihre Ängste zu bitten.
Für Ihre Genesung ist es wichtig, die Therapie genau so durchzuführen, wie sie vom Arzt verordnet wurde, nur dann kann sie Erfolg haben. Es ist deshalb sinnvoll, wenn Sie sich Notizen machen, während der Arzt Ihnen die Therapie erläutert, denn häufig müssen eine ganze Reihe von Dingen gleichzeitig getan werden, um eine Heilung zu bewirken.

**Besprechen Sie nach der Untersuchung alle offenen Fragen mit Ihrer Ärztin oder Ihrem Arzt.**

Manchmal werden Sie nicht auf Anhieb verstehen, warum der Arzt Ihnen diese oder jene Therapie verordnet hat, ja sie kann Ihnen sinnlos oder sogar schädlich erscheinen. Sprechen Sie mit ihm in diesen Fällen über Ihre Bedenken! Fragen Sie ihn auch nach Alternativen.
Häufig wird ein Medikament, das vom Arzt verschrieben wurde, zwar gekauft, aber nach dem Lesen der im Beipackzettel angegebenen möglichen Nebenwirkungen (→ Seite 632) nicht eingenommen. Unerwünschte Wirkungen eines Medikaments treten jedoch im allgemeinen nur selten auf, müssen aber alle vom Hersteller genannt werden. Zudem hat Ihr Arzt abgewägt und ist zu der Überzeugung gelangt, daß der Nutzen sehr viel höher ist als das Risiko der Nebenwirkungen. Auch hier gilt: Treten tatsächlich Nebenwirkungen auf, so setzen Sie das Medikament nicht selbständig ab, sondern suchen Sie Ihren Arzt auf, um eine mögliche Änderung der Therapie zu besprechen.

### Verständnis von beiden Seiten

Ein Arzt hat im allgemeinen jeden Tag sehr viele, sehr unterschiedliche Patienten zu behandeln – alle mit größter Aufmerksamkeit und Umsicht. Häufig hat er leider für den einzelnen nicht sehr viel Zeit. Deshalb ist Ihre aktive Mitarbeit wichtig: Konzentrieren Sie sich ganz auf das Problem, wegen dem Sie gekommen sind, und beantworten Sie die Fragen des Arztes offen und genau. Lassen Sie sich aber auf keinen Fall unter Zeitdruck setzen, wenn Sie noch Fragen haben oder weitere Informationen benötigen.
Ein vertrauensvolles und respektvolles Verhältnis zwischen Ihnen und dem Arzt ist für den Behandlungserfolg von größter Wichtigkeit.

## Ihre Krankenakte

Während jedes Gesprächs macht sich der Arzt Notizen in Ihrer Krankenakte (die heutzutage immer häufiger eine Datei im Computer ist). Auch werden die Ergebnisse aller Untersuchungen und Behandlungen dort eingetragen. Die Krankenakte, die zu führen Pflicht ist, bietet einerseits eine Gedächtnisstütze für den Arzt, andererseits wird so über lange Zeit Ihr gesundheitlicher Zustand dokumentiert; manchmal können diese Unterlagen Hinweise auf die langfristige Entwicklung einer Krankheit geben und so Schlüssel zu einer Diagnose werden.
Übrigens haben Sie als Patient durchaus das Recht, Ihre Untersuchungsergebnisse einzusehen (→ Seite 603) und Kopien von Ihnen zu bekommen; außerdem ist der Arzt verpflichtet, Sie auf Ihren Wunsch an einen weiter- oder ebenfalls behandelnden Kollegen zu übergeben.

# Mit Kindern zum Arzt

Für Kinder ist der Besuch beim Arzt immer eine außergewöhnliche Situation, oft verbunden mit Erwartungen und Ängsten, die für uns Erwachsene nur schwer nachvollziehbar sind. Wie dieser Besuch verläuft, ist in ganz entscheidendem Maß von Ihrem Verhalten als Eltern abhängig.

Wenn Sie mit Ihrem Kind zum Arzt gehen, sollten Sie sich vorher genaue Notizen machen (→ Seite 593). Zum einen sollten Sie festhalten, ob/wie Ihr Kind seine Beschwerden selbst wahrnimmt, zum anderen, was Sie beobachten.

Um Ihrem Kind die Angst zu nehmen, sollten Sie ihm zuvor den Ablauf des Arztbesuches ausführlich beschreiben und ihm erklären, daß der Arzt ihm helfen will. Sinnvoll kann das Einüben von Situationen sein, die typischerweise beim Arzt vorkommen; zum Beispiel mit einer Puppe oder einem Teddybären.

## Im Sprechzimmer

Ist Ihr Kind alt genug, so lassen Sie es seine Beschwerden selbst beschreiben; auf diese Weise kann es zum Arzt Vertrauen fassen und üben, sich auszudrücken. Sie selbst können mithelfen, die Situation so entspannt wie möglich zu gestalten: Sind Sie ruhig und gelassen, so kann auch Ihr Kind ohne Angst reagieren. Auf keinen Fall sollten Sie es während der Untersuchung oder Behandlung allein lassen.

Haben Sie mehrere Kinder, so sollten Sie nur mit dem kranken Kind zum Arzt gehen. So können sich alle Beteiligten besser auf das Gespräch und die Untersuchung konzentrieren. Müssen Sie selbst behandelt werden, so sollten Sie aus demselben Grund am besten ohne Kind(er) zum Arzt gehen.

# Die ambulante Operation

Für viele Operationen, auch solche, die unter Vollnarkose durchgeführt werden, ist ein mehrtägiger Krankenhausaufenthalt heute nicht mehr nötig. Sie können in sogenannten Tageskliniken durchgeführt werden: in der Praxis eines niedergelassenen Arztes mit eigenem Operationssaal (häufig einer Praxisgemeinschaft), in einem von Anästhesisten betriebenen Operationszentrum oder im Krankenhaus.

Voraussetzungen für eine ambulante Operation sind, daß der Eingriff nicht zu schwer ist, daß der Betroffene einen guten gesundheitlichen Allgemeinzustand hat, daß er zu selbstverantwortlichem Handeln bereit ist und zu Hause betreut werden kann. Durchgeführt wird die Operation mit dem gleichen technischen Standard, der gleichen Sorgfalt und unter den gleichen hygienischen Bedingungen wie eine Operation in einer Klinik (→ Seite 596). Der Facharzt, zu dem Sie wegen des zu operierenden Leidens gehen, kann Sie beraten, ob Sie sich ambulant operieren lassen können oder ob ein Klinikaufenthalt vorzuziehen ist.

**Auch der Teddy kann helfen, Ihrem Kind die Angst vor einer bevorstehenden Behandlung zu nehmen.**

Zur Vorbereitung werden Sie vom operierenden Arzt, Ihrem Hausarzt und dem Narkosearzt untersucht; so können Risiken ausgeschlossen und die Operation geplant werden. Auch auf Notfälle während der Operation ist man vorbereitet: Der Narkosearzt ist hierfür speziell ausgebildet und hat die nötigen Geräte jederzeit zur Hand.

Natürlich sollten Sie sich bei der Entscheidung für einen ambulanten Eingriff bewußt sein, daß Sie danach nicht rund um die Uhr unter ärztlicher und fachpflegerischer Betreuung stehen. Treten plötzlich unvermutet starke Schmerzen oder Komplikationen auf, sind Sie in einem Krankenhaus besser versorgt.

## Ambulante Operation bei Kindern

Ambulantes Operieren ist vor allem bei Kindern von großem Vorteil: Sie können so noch am selben Tag zurück in die ihnen vertraute Umgebung. Allerdings muß bei ihnen natürlich ganz besonders auf die notwendige Bettruhe und das genaue Befolgen der ärztlichen Anordnungen geachtet werden.

# Das Krankenhaus

Als Patient in einem Krankenhaus muß man einerseits eine Reihe von völlig neuen Eindrücken verarbeiten: Eine Klinik ist eine »Welt für sich«, mit Aufgaben und Arbeitsabläufen, die einem in der Regel nicht vertraut sind. Andererseits bringt man selbst viele Erwartungen und Ängste mit, die man vor allem an Ärzte, Krankenschwestern und Pfleger heranträgt. Eine Situation also, in der sehr viel Verständnis und Vertrauen von beiden Seiten nötig ist.

## Wer ist wer?

In einem Krankenhaus arbeiten Menschen vieler verschiedener Berufe: Ärzte, Krankenschwestern und Pfleger, Krankengymnasten, Ergotherapeuten, Logopäden, eine Reihe von technischen Mitarbeitern und viele mehr. Damit die medizinische Versorgung und die Organisation eines so großen Betriebes reibungslos funktionieren, hat jeder festumrissene Aufgaben.

### Ärztinnen und Ärzte

Ärzte entscheiden über Behandlung und Aufenthaltsdauer jedes Patienten im Krankenhaus. Sie stellen mit Hilfe von Untersuchungen verschiedener Art (→ Seite 614–623) die Diagnosen, überwachen die Behandlung mit Arzneimitteln (→ Seite 630–639) sowie die begleitenden Therapien (→ Seite 640–653) und sind für Planung und Durchführung von Operationen (→ Seite 626–629) verantwortlich.

Die verschiedenen Abteilungen eines Krankenhauses (beispielsweise Chirurgie, Innere Medizin, Frauenheilkunde) werden jeweils von einem Chefarzt geleitet, der von einem Oberarzt vertreten wird. Zu einer Abteilung gehören in der Regel mehrere Stationen, die von Assistenzärzten (Stationsärzten) verantwortlich geführt werden und auf denen junge Mediziner, die ihr Studium gerade abgeschlossen haben, als »Arzt im Praktikum« (AiP) sowie Medizinstudenten als »PJ« (Student im Praktischen Jahr) arbeiten.

Chef- und Oberärzte besprechen sich regelmäßig über die Patienten und deren Behandlung mit den Stationsärzten und AiPs. Auf der täglichen Visite macht sich der Stationsarzt ein Bild über das aktuelle Befinden aller Patienten und paßt die Therapie den gegebenen Umständen an. Regelmäßig kommt auch der Ober- oder Chefarzt mit zur Visite, um jeden Fall zu diskutieren und bei Unklarheiten in Diagnose und Therapie beratend zur Seite zu stehen.

### Krankenschwestern und -pfleger

Ihre Aufgabenfelder sind Pflege der Patienten, Hilfe bei der Durchführung der ärztlichen Behandlung und Organisation des »Stationsbetriebs«. Sie verabreichen beispielsweise die verordneten Medikamente, geben Spritzen, führen Verbandswechsel durch und helfen bei der täglichen Körperpflege. Mit ihnen hat, wer im Krankenhaus behandelt wird, den engsten Kontakt. Neben diesen Profis sind in den meisten Krankenhäusern auch junge Männer, die den Zivildienst ableisten, sogenannte Zivis, in der Krankenpflege tätig.

### Physiotherapeuten

Sie behandeln die Patienten mit Heilverfahren, die die medizinische Therapie begleiten (→ Seite 640–653). Von ihnen werden physikalische Mittel wie Druck und Bewegung, Wasser, Wärme und Kälte, Licht und Elektrizität eingesetzt. Besondere Bedeutung im Krankenhaus hat die Krankengymnastik (→ Seite 646): Mit aktiven und passiven Übungen kann vielfach die Heilung beschleunigt oder es können zumindest mögliche Folgeschäden einer Erkrankung vermieden werden.

### Logopäden und Ergotherapeuten

Logopäden therapieren und beraten bei allen Stimm-, Sprech-, Sprach- und Hörstörungen; sie arbeiten beispielsweise in Abteilungen der Nervenheilkunde oder der Hals-Nasen-Ohren-Heilkunde.

Ergotherapeuten arbeiten mit den Patienten an der Rückgewinnung von psychischen, geistigen und körperlichen Fähigkeiten, die zur selbständigen Bewältigung von Alltag und Beruf nötig sind.

### Seelsorge im Krankenhaus

In der Klinikseelsorge arbeiten Pfarrer und freiwillige Helfer, die speziell auf diese Aufgabe vorbereitet werden. Sie kümmern sich um das seelische Wohlergehen von Patienten und Angehörigen, sind Ansprechpartner in religiösen Fragen und geben Beistand im Angesicht von schwerer Krankheit und Tod.

# Jeder ist gefordert

Der tägliche Umgang mit pflegebedürftigen, leidenden Menschen ist für alle im Krankenhaus Arbeitenden eine schwierige Aufgabe. Jeder Patient hat andere Beschwerden, eine andere Art, seine Wünsche und Bedürfnisse zu äußern – ist eben eine ganz eigene Persönlichkeit, auf die man sich einstellen muß. Hinzu kommt, daß im Krankenhaus zu arbeiten bedeutet, sich über Jahre hinweg mit Krankheit und Tod auseinanderzusetzen, den Seiten des Lebens, die wir alle gern vergessen würden.

Durch Stellenabbau bei gleichzeitiger Zunahme von Patienten wird der Arbeitsdruck für Pflegepersonal, Ärzte und Therapeuten leider immer größer und die Zeit für persönliche Gespräche, die beiden Seiten einen Umgang mit der Situation erleichtern, immer knapper. Trotzdem wird jeder versuchen, freundlich und verständnisvoll zu sein – sollte dies einmal nicht gelingen, so ist ganz sicher nicht persönliche Abneigung oder Laune, sondern Überlastung der Grund.

## Für alle wichtig: Rücksichtnahme

Um jeden Patienten bestmöglich zu betreuen, müssen in einem Krankenhaus viele Abteilungen zusammenarbeiten. Damit alles reibungslos funktioniert, ist eine straffe Organisation nötig, die leider den individuellen Bedürfnissen der Patienten (und des Personals) zum Teil Grenzen setzt. Auch müssen viele sehr verschiedene Menschen als Bettnachbarn miteinander auskommen. Jedes Krankenhaus hat daher eine Hausordnung, in der verschiedene Verhaltensregeln festgehalten sind. Sie hängt meist innen an der Kleiderschranktür oder im Aufenthaltsraum der Station.

Ein wesentlicher Teil Ihrer Wünsche und Bedürfnisse wird sicher erfüllt werden können, ein Teil muß vielleicht unberücksichtigt bleiben. Jeder wird sich bemühen, Ihnen als Patient den Aufenthalt im Krankenhaus so angenehm wie möglich zu machen – bitte erwarten Sie jedoch nicht zuviel. Sollten trotzdem Unstimmigkeiten auftauchen, so läßt sich die Situation sicher mit freundlichen Worten klären.

## Ein häufiges Problem: Der Schlaf

Vor allem zu Beginn des Krankenhausaufenthalts schlafen viele Menschen schlecht. Folgende Tips sollten Sie beherzigen: Vermeiden Sie ausgedehnten Mittagsschlaf, koffeinhaltige Getränke wie Kaffee, Tee oder Cola in den Nachmittagsstunden und rauchen Sie nicht am Abend. Stört Sie ein bis spät in die Nacht lesender Bettnachbar mit seinem Licht, hilft eine sogenannte Schlafbrille. Ohrstöpsel dämpfen Geräusche zumindest ab. Notfalls können Sie die Schwester um ein Schlafmittel bitten.

## Bitte etwas Geduld!

Damit alle nötigen Untersuchungen durchgeführt werden können, muß man als Patient manchmal von der Station aus, auf der man liegt, in die verschiedensten Abteilungen des Krankenhauses, beispielsweise zur Röntgenuntersuchung, zum Ultraschall oder ins Labor. Das führt dann leider dazu, daß man kreuz und quer durchs Haus muß, eine ganze Weile unterwegs ist und sich an viele neue Gesichter zu gewöhnen hat. Der Vorteil ist jedoch, daß in den einzelnen Abteilungen viele aussagekräftige Untersuchungsmethoden für die Diagnosestellung genutzt werden können. Ein Nachteil sind die langen Wege und Wartezeiten, weil es die nötigen Spezialabteilungen in jedem Krankenhaus nur einmal gibt.

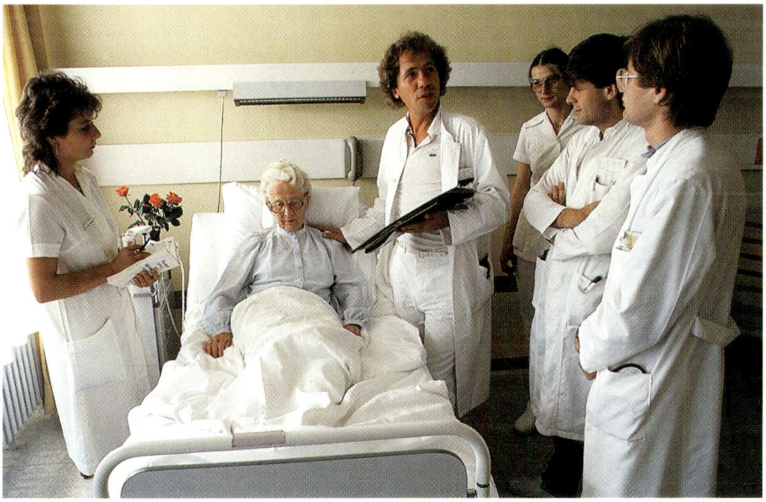

**Bei der täglichen Visite besprechen die Ärzte der Station gemeinsam das Befinden der Patienten und den weiteren Verlauf der Behandlung.**

# Aufenthalt im Krankenhaus

## Welche Klinik?

In den meisten Fällen, vor allem aber wenn Sie in einer größeren Stadt leben, kommen mehrere Krankenhäuser in Frage. Von Ihrem Arzt sollte kritisch geprüft werden, welche Klinik für die Behandlung Ihrer Erkrankung wirklich geeignet ist – daß sie vielleicht allgemein als »die beste am Ort« gilt, muß noch nicht heißen, daß sie für Sie die richtige ist.
Zu unterscheiden sind Krankenhäuser unter anderem nach ihrer Zielsetzung in der Behandlung (Allgemeinkrankenhaus, Fachklinik, Rehabilitationsklinik), ihrer Versorgungsstufe (Grund- bis Maximalversorgung), nach der Intensität von Behandlung und Pflege (Akutversorgung, Langzeitpflege) und nach ihrem finanziellen Träger (beispielsweise eine Stadt, ein privater Träger oder eine Berufsgenossenschaft). Einen Sonderfall stellen Universitätskliniken dar, die neben Untersuchung und Therapie auch medizinische Lehre und Forschung betreiben müssen.
Für Sie als Patient ist neben der Qualität der Behandlung auch das »Drumherum« wichtig: angenehme Räumlichkeiten, gesundes Essen, ansprechende Atmosphäre. Zu bedenken ist außerdem, daß eine Reihe von Operationen heute nicht mehr unbedingt mit einem längeren Krankenhausaufenthalt verbunden sein müssen, sondern auch ambulant durchgeführt werden können (→ Seite 595).

## Standard- oder Wahlleistungen?

Sind Sie in einer gesetzlichen Krankenkasse versichert, so kommt diese für die Kosten in einem Standard- (=Mehrbett-)zimmer mit normaler Behandlung auf. Ein Zwei- oder Einbettzimmer und eine Behandlung durch den Chefarzt ist eine sogenannte Wahlleistung, die durch eine Zusatzversicherung oder eine private Krankenversicherung (→ Seite 605) abgedeckt sein muß. Die Bestimmungen in Österreich und der Schweiz weichen zum Teil ab. Informieren Sie sich bitte bei Ihrer Krankenkasse.

## Die Einweisung

Eine sogenannte Fremdeinweisung ergibt sich, wenn Ihr Hausarzt oder ein niedergelassener Facharzt der Meinung ist, daß Ihre Beschwerden nur in einem Krankenhaus behandelt werden können. Eine Selbsteinweisung ist nur im Notfall möglich oder wenn Sie weder Ihren Hausarzt noch einen zuständigen Facharzt erreichen können.

### Das sollten Sie dabeihaben

Liegt ein Notfall vor, so können alle Unterlagen nachgereicht werden; Ihre Versicherungskarte sollten Sie sowieso möglichst immer bei sich haben. Ist der Aufenthalt geplant, so sollten Sie folgende Dokumente und persönlichen Dinge mitnehmen:

- Einweisungsformular des Haus- oder Facharztes
- alle Unterlagen und Untersuchungsergebnisse zu Ihrer Erkrankung, die Sie von Ihrem behandelnden Arzt ausgehändigt bekommen haben
- Blutgruppen- und Impfausweis, Allergiepaß
- Unterlagen zu Krankenversicherung und Zusatzversicherungen
- Personalausweis
- alle wichtigen Gegenstände zur Körperpflege
- Hausschuhe, Schlafanzüge und Morgenmantel
- Uhr, Brille und Ohrstöpsel
- Schreibzeug, Briefpapier, Lesestoff, Radio mit Kopfhörern
- etwas Bargeld.

## Wie lange werden Sie bleiben?

Im Krankenhaus sollte man als Patient so lange wie nötig bleiben – nicht länger, aber auch nicht kürzer. Was das im Einzelfall heißt, kann nur der Arzt entscheiden: Besteht die Gefahr einer Komplikation oder eines Wiederaufflackerns der Krankheit, so wird er sich für einen längeren Aufenthalt aussprechen, um im Zweifelsfall schnell behandeln zu können.
Wollen Sie das Krankenhaus früher, als der Arzt rät, verlassen, so müssen Sie unterschreiben, daß Sie dies »auf eigene Gefahr und gegen ärztlichen Rat« tun. Kommt es zu Komplikationen oder Folgeerkrankungen aufgrund der frühzeitigen Entlassung, so übernimmt das Krankenhaus keine Haftung.
Vor der Entlassung muß die Frage der Weiterbehandlung geklärt werden. Für Ihren Hausarzt bekommen Sie einen Kurzbrief mit, in dem alles Wichtige über den Klinikaufenthalt steht.

## Kinder im Krankenhaus

Für Kinder bedeutet ein Aufenthalt im Krankenhaus – auch wenn er nur wenige Tage dauert – eine einschneidende Veränderung der Lebensumstände. Auf keinen Fall sollten sie durch die Behandlung in einer Klinik für längere Zeit von ihren Eltern getrennt werden, da schwere seelische Störungen die Folge sein können (→ Das Kind in der Familie, Seite 232). Tägliche Besuche sollten immer möglich sein.
Aus diesem Grund können Eltern in den meisten Krankenhäusern auch außerhalb der Besuchszeiten kommen; in einigen gibt es sogar die Möglichkeit, daß das Kind zusammen mit einem Elternteil aufgenommen wird (sogenanntes Rooming-in).

**Kinder möchten ernstgenommen werden: Die Ärztin erklärt dem kleinen Patienten, was auf ihn zukommt.**

Vor allem, wenn Untersuchungen und Behandlungen durchgeführt werden, sollten Sie bei Ihrem Kind sein. Sie können es beruhigen, ihm Sicherheit und Geborgenheit geben und ihm die Angst vor der ungewohnten Situation nehmen.
Auf jeden Fall sollte Ihr Kind seine Lieblingspuppe oder seinen Lieblingsteddybären mit ins Krankenhaus nehmen, aber auch Fotos von der Familie und dem Haustier sind wichtig. Ist das Kind schon größer, so sollten Sie unbedingt an Kassetten und Bücher denken; auch Zeichen- und Bastelmaterial kann die Zeit vertreiben. Sprechen Sie mit der Schwester ab, was Sie Ihrem Kind mitgeben wollen.

## Besuch am Krankenbett

Wenn Sie jemand im Krankenhaus besuchen wollen, sollten Sie einige Dinge bedenken: Kurz nach einer schweren Operation oder einer schweren Krankheitsphase kann ein Besuch eher stören als helfen. Es sollten in dieser Situation nur engste Vertraute (und auch nur für kürzere Zeit) kommen. Für jemand hingegen, der länger im Krankenhaus sein muß, bedeuten Besuche meist eine willkommene Abwechslung.
In manchen Abteilungen ist es nicht erlaubt, Kinder unter 14 Jahren mitzubringen, da von ihnen häufig Kinderkrankheiten übertragen werden. Gesundheitlich geschwächte Erwachsene könnten durch eine Ansteckung gefährdet werden.
Geschenke an den Kranken können Tücken haben: Muß jemand eine bestimmte Diät einhalten, so sind Pralinen sicher nicht das richtige. Blumen sind normalerweise eine große Freude, im Übermaß werden sie jedoch zur Last. Schenken Sie kleine Sträuße und keine Topfpflanzen. Gut als Geschenke eignen sich auch Zeitschriften, Bücher und Spiele.
Bettnachbarn werden durch Besuche leider immer gestört; sie sind dankbar, wenn Sie nicht allzu laut sprechen. Vielleicht können Sie auch in den Aufenthaltsraum der Station gehen.

### Die Besuchszeiten

Verbindliche Besuchszeiten gibt es, damit zum einen Visite, Behandlungen und Pflegetätigkeiten nicht gestört werden, zum anderen die Patienten gewisse Ruhezeiten am Tag haben. Ausnahmen sind bei Schwerstkranken und Kindern möglich. Können Sie auf keinen Fall zu den üblichen Besuchszeiten kommen, so sollten Sie mit dem zuständigen Arzt bzw. der zuständigen Schwester sprechen.

### Regelungen für Spezialstationen

Kinderstationen sind in der Regel auf häufige Besuche eingestellt. Auf Infektionsstationen besteht die Gefahr, daß Besucher sich anstecken, auf Isolationsstationen hingegen müssen die Patienten vor Ansteckung geschützt werden; in beiden Fällen ist kein direkter Kontakt mit den Kranken möglich. Auf einer Intensivstation sind meist nur kurze Besuche in Absprache mit dem Arzt möglich. Eine geschlossene psychiatrische Abteilung darf nur in Begleitung eines Arztes besucht werden.

# Behandlung und Pflege zu Hause

## Grundversorgung vom Hausarzt

Im allgemeinen macht nur der Hausarzt und nur zur medizinischen Grundversorgung Hausbesuche. Voraussetzung ist, daß man aufgrund von Schwindel, Fieber oder anderen Ursachen das Bett nicht mehr verlassen kann. Für alle aufwendigeren Therapien ist es unvermeidbar, doch die Praxis aufzusuchen.

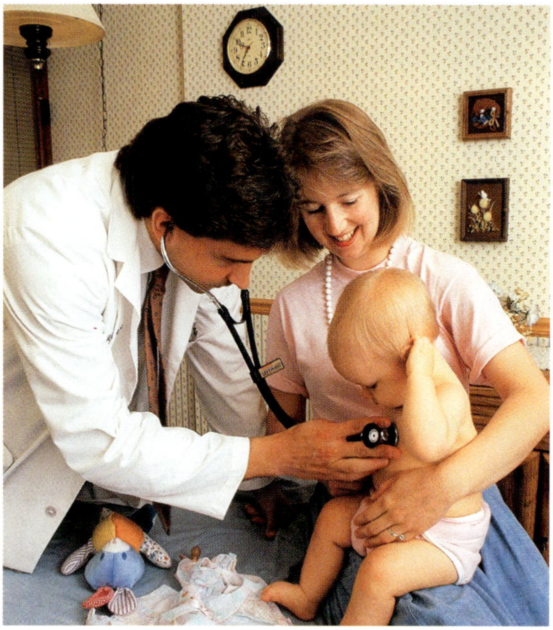

**In dringenden Fällen können Sie Ihren Hausarzt bitten, daß er zu Ihnen nach Hause kommt.**

Während Ihrer telefonischen Beschreibung der Beschwerden wägt der Arzt ab, ob ein Hausbesuch auf der einen Seite nötig, auf der anderen Seite ausreichend ist. Wenn er der Meinung ist, daß Sie zur genauen Untersuchung doch besser in die Praxis kommen sollten, Sie sich aber zu schwach für die Fahrt mit dem Auto oder öffentlichen Verkehrsmitteln fühlen, können Sie ein Taxi nehmen. Die Kosten werden, abzüglich einer Selbstbeteiligung, von den Krankenkassen übernommen. Bitten Sie den Arzt, zu Ihnen nach Hause zu kommen, so sollten Sie sich klar darüber sein, daß er nicht sofort, sondern nur in der Mittagspause oder nach der Sprechstunde kommen kann.

## Hilfe vom ärztlichen Notdienst

Der sogenannte ärztliche Notdienst erfüllt ähnliche Aufgaben wie der Hausarzt. Er ist zuständig, wenn der Hausarzt nicht erreichbar ist, also außerhalb der Sprechzeiten, nachts und am Wochenende.

Wie der Name aber bereits sagt, sollte der ärztliche Notdienst weder für Regelbesuche noch für »Bagatellen« in Anspruch genommen werden, sondern nur, wenn Beschwerden auftreten, die ein Warten bis zur nächsten Sprechstunde des Hausarztes oder des zuständigen Facharztes unmöglich machen.

Angefordert wird der ärztliche Notdienst über die sogenannte Rettungsleitstelle, deren Nummer sich meist auf den ersten Seiten des Telefonbuchs findet. Die Rettungsleitstelle fragt genau nach den Beschwerden und entscheidet daraufhin, ob sie den ärztlichen Notdienst, Rettungssanitäter oder – in lebensbedrohlichen Situationen – den Notarzt schickt.

Dem Notarzt sind Sie als Patient natürlich völlig unbekannt. Deshalb muß er zur Orientierung erst eine Reihe allgemeiner Fragen stellen. Er wird Ihnen dann Medikamente verschreiben, einen schnellstmöglichen Besuch bei Ihrem Hausarzt empfehlen oder Sie nötigenfalls in ein Krankenhaus einweisen.

Informationen zur Ersten Hilfe und zur medizinischen Versorgung in lebensbedrohlichen Notfallsituationen finden Sie auf Seite 776 bis 795.

## Unterstützung durch Pflegedienste

Auch Schwestern und Pfleger ambulanter Pflegedienste kommen ins Haus. Sie versorgen kranke, hilfs- und pflegebedürftige Menschen, können also in Anspruch genommen werden, wenn nach einem Krankenhausaufenthalt oder aus Altersgründen professionelle Pflege bzw. häusliche Versorgung nötig sind. Ambulante Pflegedienste werden von verschiedenen Organisationen und privaten Anbietern getragen. Schwestern und Pfleger können einmal die Woche, aber auch jeden Tag mehrmals kommen, je nach Schwere und Art der Pflegebedürftigkeit. Zu Organisation und Kosten ambulanter Pflege fragen Sie Ihren Hausarzt und Ihre Krankenkasse (→ Seite 605). Informationen zur häuslichen Krankenpflege durch Familienmitglieder finden Sie ab Seite 752.

# Medizinische Versorgung für ältere Menschen

## Betreutes Wohnen

Diese Wohnform ist für ältere Menschen geeignet, die sich weitgehend selbst versorgen können, aber gewisse Hilfe benötigen. Je nach Bedarf kann beispielsweise die Wäsche gewaschen, die Wohnung gesäubert oder für das Essen gesorgt werden. Wohnungen werden meist von Heimen oder Wohlfahrtsverbänden unterhalten. Weitere Informationen zum Thema Wohnen im Alter finden Sie auf Seite 768/769.

## Altenwohnheime und Altenheime

Altenwohnheime bieten abgeschlossene Wohneinheiten, in denen ältere Menschen selbständig ihren Haushalt führen können, garantieren darüber hinaus jedoch Verpflegung, Betreuung und vorübergehende Pflege im Krankheitsfall. Altenpflegekräfte sind rund um die Uhr zur Hilfe erreichbar. Häufig sind den Häusern spezielle Pflegestationen angegliedert.
Altenheime sind gedacht für ältere Menschen, die ihren Haushalt nicht mehr allein führen können, jedoch nicht pflegebedürftig sind. Auch hier werden Versorgung, Betreuung und Pflege im Krankheitsfall gegeben. Finanzielle Träger von Altenwohnheimen und Altenheimen sind die Kirchen, Wohlfahrtsverbände oder private Unternehmen.

## Tageskliniken

Hier werden ältere Menschen tagsüber medizinisch behandelt bzw. rehabilitiert. Ziel ist, sie wieder auf ein selbständiges Leben in ihrer häuslichen Umgebung oder im Altenwohnheim vorzubereiten. So kann ein stationärer Aufenthalt vermieden oder der Übergang von stationärer Behandlung im Krankenhaus zu hausärztlicher Betreuung erleichtert werden. Problematisch ist allerdings oft der Transport zwischen Wohnung und Tagesklinik, da dazu meist ein Sanitäter gebraucht wird.

## Kurzzeitpflege

Diese Form der stationären »Pflege auf Zeit« ist unter anderem in einer Reihe von Altenheimen möglich. Sie kann in Deutschland ohne eigene Kosten für vier Wochen jährlich in Anspruch genommen werden. Eine Kurzzeitpflege kommt dann in Frage, wenn die Familienangehörigen, die normalerweise die Pflege eines älteren Menschen übernehmen, der Aufgabe nicht mehr gewachsen sind und Urlaub benötigen oder sich der Gesundheitszustand des Pflegebedürftigen kurzzeitig verschlechtert. Auch ältere Menschen, die sich prinzipiell noch selbst versorgen können, aber nach einem Krankenhausaufenthalt einige Wochen auf Hilfe angewiesen sind, können eine Kurzzeitpflege beanspruchen. Da Plätze rar sind, sollte eine Vereinbarung mit einer entsprechenden Einrichtung rechtzeitig getroffen werden.

## Altenpflegeheime

In diese Heime werden ältere Menschen aufgenommen, die durch Krankheit oder Behinderung dauerhaft auf medizinische Versorgung, Pflege und Betreuung angewiesen sind. Eine schwere Aufgabe aller hier Arbeitenden ist es, in Situationen der Hoffnungslosigkeit Zuwendung und Trost zu geben.

**Bei älteren Menschen ist neben medizinischer Betreuung besonders auch menschliche Zuwendung wichtig.**

# Ihre Rechte als Patient

Von welchem niedergelassenen Arzt Sie sich behandeln lassen, können Sie frei entscheiden. Vielleicht folgen Sie gern Empfehlungen aus dem Freundeskreis, vielleicht wählen Sie auch bevorzugt Ärzte, die bestimmte Zusatzqualifikationen haben oder besondere Serviceleistungen anbieten. Wichtig für Sie zu wissen ist, daß die Basis der Beziehung zwischen Ihnen und dem gewählten Arzt nicht nur Vertrauen und Verständnis sind, sondern Sie zueinander auch in ein gesetzlich geregeltes Rechtsverhältnis treten.

Die Grundlage jeder Behandlung ist der sogenannte Dienstvertrag zwischen Ihnen und dem Arzt. Er bedarf keiner schriftlichen Form, sondern ist automatisch gültig, wenn der Arzt sich um Sie kümmert und Ihnen damit seine »Dienste zusagt«. Der Dienstvertrag verpflichtet ihn zur »Leistung der versprochenen Dienste« und verpflichtet Sie (bzw. in den meisten Fällen Ihre Krankenkasse) zur »Gewährung der vereinbarten Vergütung«. Wichtig: Der Arzt geht mit diesem Dienstvertrag kein Erfolgsversprechen ein, er »verspricht« also nicht, Sie zu heilen.

Sie können jederzeit die Meinung eines weiteren Arztes einholen oder eine Behandlung beenden. Jeder Arzt kann seinerseits eine Behandlung ablehnen oder beenden, wenn ein Patient aus seiner Sicht nötige Behandlungsmaßnahmen nicht durchführt. Im Notfall ist der Arzt immer zur Behandlung verpflichtet.

Werden Sie in ein Krankenhaus aufgenommen, so unterschreiben Sie ein Aufnahmeformular, durch das sich der Krankenhausträger zu Unterbringung, Pflege und ärztlicher Leistung verpflichtet.

## Das ist Privatsache

Für Angehörige eines Heilberufs, also für Ärzte, Zahnärzte, Psychologen, Heilpraktiker und Apotheker, aber auch für alle anderen im medizinischen Bereich Tätigen wie beispielsweise Sprechstundenhilfen und Krankenschwestern gilt die Schweigepflicht gegenüber jedem Dritten. Sie umfaßt Untersuchungsergebnisse, Diagnosen und alle Informationen über das Privatleben eines Patienten. Bereits die Information, daß jemand in ärztlicher Behandlung ist, darf nicht weitergegeben werden. Die Schweigepflicht gilt über den Tod des Patienten hinaus. Aufgehoben wird die Schweigepflicht gegenüber Personen oder Institutionen in der Regel nur, wenn Sie selbst den Arzt ausdrücklich von dieser entbinden. Gebrochen werden darf die Schweigepflicht vom Arzt, wenn eine Krankheit vorliegt, die dem Gesundheitsamt gemeldet werden muß, oder wenn eine Straftat verfolgt wird. Bei Minderjährigen darf der Arzt den Eltern (oder den Sorgeberechtigten) Auskünfte geben; ist ein Patient bewußtlos, so darf er nahestehende Familienangehörige informieren.

## Aufklärungsgespräch und Zustimmung

Der Arzt ist verpflichtet, Sie über anstehende Untersuchungen zu informieren, Ihnen wahrheitsgemäße Auskünfte über Ihre Erkrankung zu erteilen, Sie über Folgen und Risiken einer geplanten Behandlung und über Alternativen aufzuklären. Natürlich kann dies nicht in aller Ausführlichkeit geschehen; Sie müssen jedoch beurteilen können, was auf Sie zukommt.

Der Gesetzgeber geht davon aus, daß ein Patient erst durch ein Aufklärungsgespräch in der Lage ist, sich selbstbestimmt für oder gegen eine Behandlung zu entscheiden. Wird dieses Gespräch nicht geführt, so stellt die Behandlung des Arztes eine rechtswidrige Körperverletzung dar. Ein zu unterschreibendes Formular ersetzt mündliche Aufklärung und Zustimmung nicht. Das notwendige Gespräch muß frühzeitig erfolgen. Über Ablauf, Folgen und Risiken einer geplanten Operation darf der Arzt Sie also nicht erst zwei Tage vor dem Eingriff informieren.

## Aufklärung in besonderen Fällen

Bei Minderjährigen oder nicht einsichtsfähigen Personen (→ Leben mit einer schweren psychischen Krankheit, Stichwort Betreuung, Seite 231) muß ein Elternteil oder eine andere sorgeberechtigte Person bzw. ein Betreuer am Aufklärungsgespräch teilnehmen und in Vertretung des Patienten die Zustimmung zur geplanten Behandlung geben.

Bei einem bewußtlosen (volljährigen, prinzipiell einsichtsfähigen) Patienten darf der Arzt von der »mutmaßlichen Einwilligung« ausgehen und in eigener Entscheidung eine Behandlung vornehmen – allerdings nur, wenn sie nicht aufschiebbar ist, bis der Betroffene das Bewußtsein wiedererlangt hat.

## Einsicht in die Krankenakte

Der Arzt ist verpflichtet, die Betreuung jedes Patienten genau zu dokumentieren. Er muß seine sämtlichen Untersuchungsergebnisse, Diagnosen und Behandlungsmaßnahmen schriftlich festhalten und Unterlagen wie Fotos, Röntgenbilder und Laborbefunde sammeln. Diese sogenannte Krankenakte muß zehn Jahre nach Ende der Behandlung aufbewahrt werden; Röntgenbilder und Dokumente einer Strahlenbehandlung 30 Jahre. Alle Unterlagen sind nach gängiger Rechtsauffassung Eigentum des behandelnden Arztes oder der Klinik. Sie haben als Patient jedoch das »Recht auf Einsichtnahme«, das heißt, Sie können sich Ihre Krankenakte (auf eigene Kosten) kopieren lassen. Ausgenommen von diesem Recht sind subjektive Wertungen des Arztes.

**In Ihrer Krankenakte bewahrt der Hausarzt alle Ihre Behandlungsunterlagen über viele Jahre auf.**

## Recht auf Schadenersatz

Sie haben das Recht, bei einem ärztlichen Behandlungsfehler Schadenersatz zu beanspruchen. Nachweisbar sein muß, daß der Arzt Erkenntnisse der Medizin außer acht gelassen oder gegen die ärztliche Sorgfaltspflicht verstoßen hat. Außerdem muß Ihnen ein nachweisbarer Schaden entstanden sein. Das Recht erlischt nach 30 Jahren.

## Rehabilitation

Maßnahmen der Rehabilitation sollen der Aufrechterhaltung der Arbeitsfähigkeit oder der Wiedereingliederung ins Berufsleben dienen. Sind Sie erwerbsfähig, so haben Sie bei (drohender) Krankheit oder Behinderung Anspruch auf Rehabilitation, ganz gleich ob eine chronische Erkrankung, eine Sportverletzung oder ein Arbeitsunfall Ursache sind. Angeboten werden ambulante Rehabilitationsmaßnahmen (darunter Kuren) und stationäre (darunter Anschlußheilbehandlungen nach einem Krankenhausaufenthalt). In jedem Fall muß ein Antrag beim zuständigen Kostenträger gestellt werden; wird die Maßnahme bewilligt, so kann in der Regel ein größerer Teil der Kosten übernommen werden, einen kleineren Teil müssen Sie selbst zahlen.

## Mutterschutz

Durch eine Reihe von Regelungen werden Sie in der Schwangerschaft und nach der Geburt vor Belastungen und gesundheitlichen Einschränkungen besonders geschützt. Sind Sie krankenversichert, so haben Sie Anspruch auf regelmäßige Untersuchungen (→ Seite 607), ärztliche Hilfe während und nach der Geburt sowie gegebenenfalls Pflege oder Haushaltshilfe. Sind Sie angestellt, so besteht bei normal verlaufender Schwangerschaft und Geburt sechs (in Österreich und der Schweiz acht) Wochen vor bis acht Wochen nach der Entbindung ein Beschäftigungsverbot. In dieser Zeit erhalten Sie Mutterschaftsgeld (Österreich: Wochengeld, Schweiz: Mutterschaftstaggeld). Außerdem gelten eine Reihe von strengen Schutzmaßnahmen: Sie dürfen (mit wenigen Ausnahmen) bis vier Monate nach der Geburt nicht gekündigt werden, keine körperlich schwere Arbeit, keine Überstunden, keine Akkord-, Nacht- oder Sonntagsarbeit verrichten. Ihren Arbeitgeber sollten Sie so früh wie möglich von der Schwangerschaft unterrichten.

## Österreich und Schweiz

Die Rechtssituation als Patient ist in Österreich und der Schweiz sehr ähnlich wie in Deutschland. Bitte informieren Sie sich über Einzelheiten bei Ihren zuständigen Patienten-Organisationen (→ Adressen, Seite 798).

# Die Krankenversicherung

Das Lexikon sagt es kurz und knapp: Die Krankenversicherung ist eine »Personenversicherung gegen wirtschaftliche Nachteile und Kosten, die durch Krankheit, Entbindung oder Unfall entstehen«.
Daß eine Absicherung dieser Art für jeden Bürger möglich – sprich bezahlbar – wurde, hat seinen Ursprung in der Politik des 19. Jahrhunderts. Als ein erster Schritt in die neue politische Richtung wurde 1883 die Krankenversicherung für Arbeiter gesetzlich beschlossen. Was damals nur für die Ärmsten gedacht war, nehmen heute die meisten Bürger in Anspruch: Etwa 90 Prozent aller Deutschen sind Mitglied der gesetzlichen Krankenversicherung.
Doch die kühne Idee, Gesundheit für jeden solidarisch zu finanzieren, gerät wieder ins Wanken: Vor allem in den letzten Jahrzehnten sind die Kosten für die medizinische Behandlung explosionsartig gestiegen. Einschneidende Sparmaßnahmen und umfassende Reformen der gesetzlichen Krankenversicherung mußten begonnen werden, um die Ausgaben in den Griff zu bekommen. Wie eine bestmögliche medizinische Versorgung jedes einzelnen und eine faire Bezahlung der anfallenden Kosten »unter einen Hut« zu bringen sind, muß sich erst noch erweisen.

## Gesetzliche Krankenkassen

Die gesetzliche Krankenversicherung ist keine staatliche Einheitskasse, sondern besteht aus verschiedenen Arten von selbstverwalteten, eigenverantwortlich arbeitenden Krankenkassen: allgemeinen Ortskrankenkassen, Betriebskrankenkassen, Innungskrankenkassen, landwirtschaftlichen Krankenkassen, Ersatzkassen sowie der See-Krankenkasse und der Bundesknappschaft. Alle finanzieren sich aus den Beiträgen ihrer Mitglieder; sie müssen also für ein ausgewogenes Verhältnis von Einnahmen und Ausgaben sorgen. Mit wenigen Ausnahmen kann die gesetzliche Krankenkasse frei gewählt werden und von einer Kasse zur anderen gewechselt werden.

### Wer ist versichert?

Pflichtversichert in einer gesetzlichen Kasse ist zunächst einmal jeder, der in einem Betrieb oder Unternehmen beschäftigt ist. Allerdings muß sein Arbeitsentgelt unter der jeweils gültigen Beitragsbemessungsgrenze liegen. Ferner sind pflichtversichert land- oder forstwirtschaftliche Unternehmer, Studenten, Künstler, Rentner, Arbeitslose, Jugendliche in Einrichtungen der Jugendhilfe und Behinderte, die in geschützten Werkstätten arbeiten.

**Bei einem Arztbesuch müssen Sie bei der Anmeldung zunächst Ihre Krankenversicherungskarte vorlegen.**

Befreit von der Versicherungspflicht in der gesetzlichen Kasse ist, wer eine geringfügige Beschäftigung ausübt oder wessen Arbeitsentgelt die Beitragsbemessungsgrenze übersteigt, ferner Beamte, Richter, Soldaten, Geistliche und alle Selbständigen außer Künstlern, Land- und Forstwirten. Wer nicht mehr versicherungspflichtig ist, vorher aber Mitglied einer gesetzlichen Kasse war, kann freiwillig in dieser versichert bleiben. Ehepartner und Kinder eines Mitglieds können in der Regel ohne zusätzliche Zahlung mitversichert werden (Familienversicherung).

### Wonach richtet sich der Beitrag?

Der vom Versicherten zu zahlende Beitrag richtet sich nach der Art der Mitgliedschaft (pflichtversichert oder freiwillig) und dem jeweils gültigen Beitragssatz der Krankenkasse. Dieser errechnet sich aus einem bestimmten Prozentsatz vom Arbeitsentgelt. Der Beitrag wird in der Regel zur Hälfte vom Arbeitgeber, zur Hälfte vom Arbeitnehmer gezahlt.

## Die Aufgaben der Krankenkassen

Durch die gesetzlichen Krankenkassen soll nicht nur die Behandlung von bestehenden Krankheiten und Behinderungen ermöglicht werden, sondern auch die Gesundheit im umfassenden Sinn gefördert und Erkrankungen verhindert bzw. früh erkannt werden. Neben der Finanzierung von Behandlungs- und Pflegemaßnahmen sind daher Aufklärung und Beratung wichtige Arbeitsgebiete der Krankenkassen.

## Die Leistungen der Krankenkassen

Die Leistungen der einzelnen gesetzlichen Krankenkassen unterscheiden sich nicht grundsätzlich voneinander; möglich sind verschiedene Angebote bzw. Regelungen in Teilbereichen.

Allgemein gilt, daß von den gesetzlichen Krankenkassen die Kosten für folgende Bereiche der medizinischen Versorgung und der Pflege ganz oder teilweise übernommen werden:

- Untersuchungen zur Vorsorge und Früherkennung von Krankheiten (→ Seite 606–609)
- anerkannte medizinische, zahnmedizinische und psychotherapeutische Behandlungsmaßnahmen
- Krankenhausbehandlungen
- ärztliche Betreuung in der Schwangerschaft (→ Seite 607) und bei der Geburt
- Versorgung mit Arznei- und Verbandsmitteln, Heil- und Hilfsmitteln
- Rehabilitationsmaßnahmen (→ Seite 603)
- kurzzeitige häusliche Pflege und Haushaltshilfe.

Außerdem wird das sogenannte Krankengeld gezahlt (ein bestimmter Prozentsatz des Arbeitsentgelts), das bei einer stationären Behandlung und bei Arbeitsunfähigkeit durch Krankheit die Lebenshaltung sichern soll, sowie Mutterschaftsgeld (→ Seite 603).

## Private Zusatzversicherungen

Neben der gesetzlichen Krankenversicherung können private Zusatzversicherungen abgeschlossen werden, beispielsweise eine zusätzliche Krankengeld- oder Krankenhaustagegeld-Versicherung. Auch eine Zusatzversicherung, durch die in der Klinik ein Einzel- bzw. Doppelzimmer oder die Behandlung durch den Chefarzt in Anspruch genommen werden kann, eine Zusatzversicherung für die Zahnbehandlung oder eine Krankenversicherung für Auslandsaufenthalte sind möglich.

## Die Pflegeversicherung

Alle Mitglieder der gesetzlichen Krankenversicherung sind auch Mitglieder der gesetzlichen Pflegeversicherung, durch welche die dauerhafte Betreuung pflegebedürftiger Menschen finanziert werden soll. Gewährt werden von der Versicherung unter anderem häusliche Hilfe durch Pflegedienste, Pflegegeld für die Betreuung durch Familienangehörige sowie andere, zeitlich begrenzte Hilfsmaßnahmen.

# Private Krankenkassen

Wer nicht in einer gesetzlichen Kasse pflichtversichert ist, kann Mitglied einer privaten Kasse werden. Die Prämienhöhe richtet sich unter anderem nach dem Eintrittsalter, dem Geschlecht und dem Gesundheitszustand, nicht nach dem Arbeitsentgelt. Familienmitglieder können nicht mitversichert werden.

Die Leistungen der privaten Kassen unterscheiden sich in Einigem von denen der gesetzlichen. Zum Teil können sie für den einzelnen attraktiver sein, doch dafür müssen auch Nachteile in Kauf genommen werden. So wird zwar die Behandlung durch den Chefarzt bezahlt, teurere Arzneimittel, Zahnersatz oder die Behandlung mit Verfahren der Alternativmedizin (→ Seite 662) übernommen, andererseits aber die Zahlung von Krankengeld, Mutterschaftsgeld, Kuraufenthalten, häuslicher Pflege und Haushaltshilfe nicht automatisch durch den normalen Beitrag abgedeckt. Zu bedenken ist auch, daß die Prämien stark steigen können und der Wechsel zurück in eine gesetzliche Krankenkasse nicht ohne weiteres möglich ist.

Auch privat Versicherte müssen eine Pflegeversicherung abschließen.

## Krankenversicherung in Österreich und in der Schweiz

Die Krankenversicherung in Österreich und der Schweiz unterscheidet sich in den Grundzügen nicht von der deutschen. Auch mußten in den letzten Jahren in allen drei Ländern ähnliche finanzielle Probleme bewältigt werden – mit ähnlichen Lösungen. Für Einzelheiten bitten wir österreichische und schweizerische Leser, sich an ihre Krankenkasse zu wenden.

# Die Gesundheit erhalten

## Vorsorgeuntersuchungen

Der Schutz der Gesundheit beginnt immer im persönlichen Leben: Ausgewogene, vollwertige Ernährung, körperliche Bewegung, Entspannung und geistige Anregung gehören zu einer gesunden Lebensweise (→ Seite 680–721). Aber auch regelmäßige Vorsorge- und Früherkennungsuntersuchungen sind wichtig. Sie können helfen, Risikofaktoren für Krankheiten (Vorsorge) oder Krankheiten selbst (Früherkennung) zu erfassen und zu behandeln.

### Auf welche Untersuchungen Sie Anspruch haben

Die Kosten für Vorsorge- und Früherkennungsuntersuchungen werden von den Krankenkassen übernommen. In Deutschland hat

- jede Frau Anspruch auf regelmäßige Untersuchungen während der Schwangerschaft
- jedes Kind Anspruch auf die Vorsorgeuntersuchungen U1 bis U9, jeder Jugendliche auf eine Gesundheitsberatung (→ Seite 608)
- jeder Anspruch auf eine halbjährliche Zahnuntersuchung (→ Routineuntersuchung, Seite 313)
- jeder kann ab dem 35. Lebensjahr alle zwei Jahre ein Gesundheits-Check-up (→ Seite 609) machen
- jede Frau kann jährlich ab dem 20. Lebensjahr die Geschlechtsorgane, ab dem 30. auch Brust und Haut, ab dem 45. auch den Dickdarm auf Krebs untersuchen lassen (→ Seite 609)
- jeder Mann kann ab dem 45. Lebensjahr Dickdarm, Prostata, äußere Geschlechtsorgane und Haut auf Krebs untersuchen lassen (→ Seite 609).

Ähnliche Regelungen gelten auch in Österreich und der Schweiz; bitte informieren Sie sich über Einzelheiten bei Ihrer Krankenkasse.

## Ärztliche Betreuung während der Schwangerschaft

Ziel der Betreuung ist es, Risikofaktoren, die die Gesundheit von Mutter und Kind gefährden, rechtzeitig zu erkennen. Ab dem Zeitpunkt, an dem die Schwangerschaft festgestellt wird, sind bis zum siebten Monat in vierwöchigem Abstand, in den letzten beiden Monaten in zweiwöchigem Abstand, kurz vor der Geburt jede Woche Untersuchungen vorgesehen.

### Die erste Untersuchung

Bei diesem Termin prüft die Frauenärztin/der Frauenarzt Ihren allgemeinen Gesundheitszustand, erfragt frühere oder bestehende Risiken bzw. Erkrankungen und stellt unter anderem fest, wieviel Sie wiegen, wie hoch Ihr Blutdruck ist (→ Seite 277), welche Blutgruppe Sie haben, ob Ihr Rhesusfaktor positiv oder negativ ist (→ Unverträglichkeit der Blutgruppen bei Mutter und Kind, Seite 397), ob Sie Antikörper gegen Röteln besitzen (→ Seite 560) und wie hoch Ihr Blutzuckerspiegel ist (→ Diabetes mellitus in der Schwangerschaft, Seite 396).
Bei der körperlichen Untersuchung prüft der Arzt, ob keine Fehlbildung des Scheidenkanals vorliegt, die bei der Geburt zum Hindernis werden könnte.
Außerdem berät er Sie über die zu erwartende Gewichtszunahme, über eine ausgewogene, gesunde Ernährung während der Schwangerschaft, über Themen wie Genußmittel, Sport, Reisen sowie über allgemeine Risiken in der Schwangerschaft.
Sie erhalten den sogenannten Mutterpaß, den Sie möglichst immer bei sich tragen sollten. In ihn werden alle Untersuchungsergebnisse sowie der errechnete Entbindungstermin eingetragen.

### Weitere Untersuchungen

Bei den nachfolgenden Kontrollterminen wird jeweils die Größe der Gebärmutter geprüft sowie die Lage des Kindes, seine Herztöne und Bewegungen. Bei einer normal verlaufenden Schwangerschaft sind drei Ultraschalluntersuchungen (→ Seite 620) vorgesehen, die erste in der 9. bis 12. Woche, die zweite in der 19. bis 22. Woche, die dritte in der 29. bis 32. Woche. Außerdem wird festgestellt, ob sich Wassereinlagerungen im Gewebe und Krampfadern entwickeln, ob ein Bakterien- oder Pilzbefall der Scheide vorliegt (→ Scheiden- und Blaseninfektionen, Seite 396) und ob Muttermund und Gebärmutterkanal fest verschlossen sind.
Insgesamt reichen bei einer normal verlaufenden Schwangerschaft zehn bis zwölf Kontrolltermine aus. Neben der ärztlichen Untersuchung von Mutter und Kind sollen sie immer auch der Beratung dienen – scheuen Sie sich also nicht, Fragen zu Verlauf und Risiken und typischen Problemen von Schwangerschaft und Geburt zu stellen.

## Vorsorgeuntersuchungen für Kinder

Durch Vorsorgeuntersuchungen im Säuglings- und Kleinkindalter sollen Krankheiten und Entwicklungsstörungen so frühzeitig wie möglich erkannt und behandelt werden. Auch wenn Ihr Kind einen gesunden und munteren Eindruck macht, sollten Sie die angebotenen Untersuchungen auf jeden Fall nutzen. Vorgesehen sind neun Termine bis zum fünften Lebensjahr (üblicherweise abgekürzt U1 bis U9), die bis auf den ersten in der Regel vom Haus- oder Kinderarzt durchgeführt werden.

**U1 (Erstuntersuchung des Neugeborenen)**

Direkt nach der Geburt werden Atmung, Herzschlag, Muskelspannung, Reflexe und Hautfarbe des Babys geprüft. Außerdem wird es gewogen sowie Körpergröße und Kopfumfang gemessen.

**U2 (Basisuntersuchung des Neugeborenen)**

Die zweite, besonders gründliche Untersuchung erfolgt zwischen dem dritten und zehnten Lebenstag des Babys. Geprüft wird unter anderem, ob Herz und Lunge normal arbeiten, ob die Verdauung in Ordnung ist und die normalen Reflexe ausgelöst werden können. Bei Jungen werden die Hoden auf einen Hochstand untersucht (→ Seite 406). Außerdem werden die Wirbelsäule und die Gelenke (besonders die Hüftgelenke) untersucht.
Durch Entnahme von etwas Blut stellt der Arzt unter anderem fest, ob in ausreichendem Maß Schilddrüsenhormone gebildet werden (→ Seite 490) und ob eine Milchunverträglichkeit vorliegt (→ Galaktosämie, Seite 514). Er spricht mit Ihnen über die Rachitis-Vorbeugung (→ Seite 513) und die Ernährung Ihres Babys.

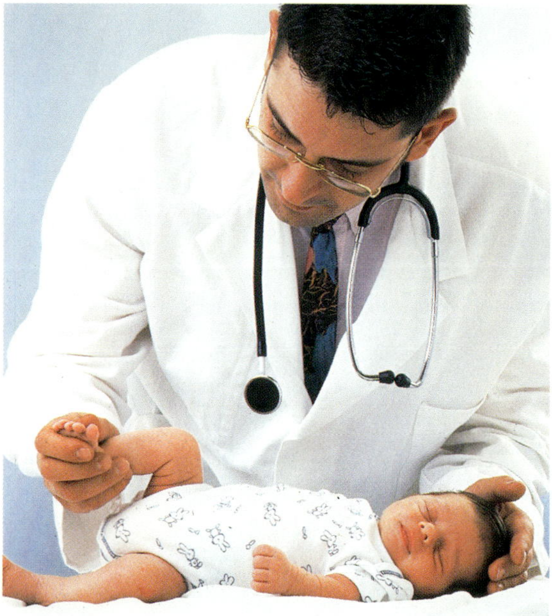

**Versäumen Sie die Vorsorgetermine für Ihr Baby nicht, damit Störungen rechtzeitig erkannt werden.**

**U3 (vierte bis sechste Woche)**
Neben der allgemeinen Untersuchung von Körperfunktionen, Größe und Gewicht prüft der Arzt, ob das Baby normal hört und stellt Fragen zu Eßverhalten und Verdauung.

**U4 (dritter bis vierter Monat)**
Neben der erneuten Untersuchung von Körperfunktionen und Sinnesorganen wird diesmal vor allem die Körperbeherrschung des Babys geprüft. Außerdem bespricht der Arzt nun mit Ihnen die ersten Impfungen (→ Seite 611).

**U5 (sechster bis siebter Monat)**
Neben der allgemeinen Untersuchung steht auch diesmal die Prüfung der Körperbeherrschung: Kann sich das Baby beispielsweise schon mit einem Arm abstützen oder sich von der Rücken- in die Bauch- oder Seitenlage drehen? Auch sein Interesse an der näheren Umgebung wird beobachtet und erfragt.

**U6 (zehnter bis zwölfter Monat)**
In dieser Zeit bilden viele Kinder bereits erste Laute. Sie wiegen meist etwa dreimal soviel wie bei der Geburt und sind um die Hälfte ihrer Geburtsgröße in die Länge gewachsen. Die Entwicklungsunterschiede werden jetzt immer größer, sind aber völlig normal: Manche Kinder laufen schon, andere üben sich noch im Sitzen und Krabbeln. Dementsprechend untersucht der Arzt, welche Fortschritte das Kind in der individuellen Entwicklung macht, und nicht, ob es einen starren »Leistungsrahmen« erfüllt.

**U7 (Zweijahresuntersuchung)**
Zwischen dem 21. und 24. Lebensmonat sollte die U7 erfolgen. Untersucht wird nun neben der körperlichen vor allem auch die geistige Entwickung des Kindes. Einfache Aufforderungen wie die Bitte, zu kommen oder aufzustehen, sollte es jetzt bereits verstehen, auf Fragen sollte es mit kurzen »Zweiwortsätzen« antworten können. Außerdem wird der Arzt die Zähne kontrollieren (→ Zahnen, Seite 318).

**U8 (Vierjahresuntersuchung)**
Mit dreieinhalb bis vier Jahren sollte Ihr Kind wieder untersucht werden. Geprüft werden erneut die Funktionen von Herz, Lunge und Sinnesorganen, die körperliche und geistige Entwickung. Auch fragt der Arzt nach dem Verhalten Ihres Kindes: Kann es sich von Ihnen trennen? Beschäftigt es sich allein? Spielt es mit anderen Kindern, auch in der Gruppe?

**U9 (Vorschuluntersuchung)**
Im Alter von fünf bis fünfeinhalb Jahren findet noch einmal eine umfassende Untersuchung statt. Mit besonderer Aufmerksamkeit prüft der Arzt das Hör- und Sehvermögen, die sprachliche Entwicklung, die Körperbeherrschung und die Orientierung Ihres Kindes in seiner Lebenswelt.

**J1 (im zwölften Lebensjahr)**
Neben der körperlichen Untersuchung dient dieser Vorsorgetermin vor allem der ärztlichen Beratung. Themen sind Ernährung, Sport, Sexualität sowie der Umgang mit Nikotin, Alkohol und Drogen.

## Zahnvorsorge

Suchen Sie Ihren Zahnarzt nicht erst auf, wenn Sie Schmerzen haben, sondern lassen Sie regelmäßig Ihre Zähne und Ihr Zahnfleisch untersuchen. Empfohlen werden Vorsorgetermine in halbjährigem Abstand (→ Routineuntersuchung, Seite 313).

## Gesundheits-Check-up

Ab dem 35. Lebensjahr haben Frauen und Männer alle zwei Jahre Anspruch auf einen sogenannten Gesundheits-Check-up (in Österreich einmal jährlich ab dem vollendeten 19. Lebensjahr zusammen mit der Krebsfrüherkennung). Bei dieser Untersuchung soll geprüft werden, ob Risikofaktoren für eine der sogenannten Zivilisationskrankheiten vorhanden sind. An oberster Stelle stehen Herz-Kreislauf-Erkrankungen (→ Seite 262–275, Seite 278–287), Diabetes mellitus (→ Seite 501–503), rheumatische Erkrankungen (→ Seite 431) und chronische Nierenerkrankungen (→ Seite 366–369).
Bestandteile des Check-ups sind eine eingehende körperliche Untersuchung, die Bestimmung verschiedener Laborwerte durch Entnahme von Blut und Urin (→ Unverzichtbar: das Labor, Seite 618) sowie die ärztliche Beratung über persönliche Risikofaktoren und gesunde Lebensführung.

## Krebsfrüherkennung

Einige Krebsarten können in einer frühen Phase erkannt werden (→ Seite 580). Angeboten werden Untersuchungen auf Hautkrebs (→ Seite 476), auf Dickdarmkrebs (→ Seite 346), bei Frauen auf Krebserkrankungen der Brust und der inneren Geschlechtsorgane sowie bei Männern auf Krebserkrankungen der Prostata und der äußeren Geschlechtsorgane. Je früher eine Krebserkrankung entdeckt wird, desto besser sind die Heilungschancen (→ Seite 584).

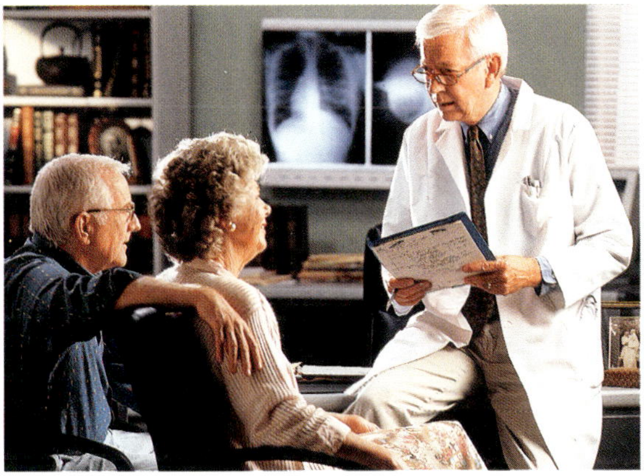

**Ein regelmäßiger Gesundheits-Check-up hilft Ihnen, chronischen Erkrankungen zuvorzukommen.**

Die Früherkennungsuntersuchungen bei Frau und Mann berühren den Intimbereich und können deshalb vielleicht unangenehm sein; sie verursachen jedoch keine Schmerzen.

### Früherkennung bei der Frau

Wichtige Fragen der Frauenärztin/des Frauenarztes sind, ob Sie bei der Selbstuntersuchung der Brust (→ Seite 745) Veränderungen bemerkt haben, ob sich Stärke und Länge der Monatsblutung in letzter Zeit verändert haben, ob es zu Zwischenblutungen kam oder ob Sie Schmerzen beim Geschlechtsverkehr hatten.

#### Untersuchung der Brust

Die Brust wird vom Arzt auf Schwellungen und Knoten abgetastet sowie auf Hautveränderungen angesehen. Durch leichten Druck prüft er, ob Flüssigkeit aus den Brustwarzen austritt. Die Lymphknoten unter den Achseln und am Hals untersucht er auf Schwellungen. Sind Veränderungen an einer der Brüste tastbar, die abgeklärt werden müssen, so wird eine Mammographie (→ Seite 381) vorgenommen.

#### Untersuchung der Geschlechtsorgane

Nachdem der Arzt Schamlippen und Scheideneingang auf Veränderungen angesehen hat, spreizt er mit einem speziellen Instrument die Scheide und betrachtet den Muttermund. Dann schiebt er ein oder zwei Finger in die Scheide und drückt von außen mit der anderen Hand. So kann er Gebärmutter und Eierstöcke auf Veränderungen abtasten. Anschließend entnimmt er einen Abstrich aus dem Gebärmutterhals, der auf Krebszellen überprüft wird. Zur Untersuchung des Darms führt er einen Finger in den After ein und tastet nach Veränderungen; eine Stuhlprobe wird auf sogenanntes okkultes Blut überprüft (→ Die Stuhluntersuchung, Seite 619).

### Früherkennung bei Männern

Zunächst erfragt der Arzt (der Hausarzt oder ein Urologe), ob Ihnen bei der Selbstuntersuchung von Hoden und Penis (→ Seite 744) Veränderungen aufgefallen sind. Dann tastet er die Geschlechtsorgane und die Lymphknoten in den Leisten ab. Danach führt er einen Finger in den After ein, tastet den Mastdarm aus und stellt die Größe der Prostata fest. Eine Stuhlprobe wird auf sogenanntes okkultes Blut (→ Die Stuhluntersuchung, Seite 619) überprüft.

# Impfungen

Impfungen gehören zu den wirksamsten vorbeugenden Maßnahmen, die der Medizin zur Verfügung stehen. Die modernen Impfstoffe sind im allgemeinen gut verträglich, unerwünschte Nebenwirkungen treten nur sehr selten auf. Das Ziel einer Impfung ist es, vor ansteckenden oder übertragbaren Krankheiten zu schützen – ein Ziel, das in vielen Fällen erreicht wurde, wie die weltweite Ausrottung der Pocken sowie die drastische Reduzierung vieler früher gefürchteter Infektionskrankheiten (→ Seite 548) zeigen. Obwohl oder vielleicht gerade weil die Bedrohung durch Infektionen heutzutage in einem Teil der Fälle beherrschbar scheint, ist der Trend zu einer allgemeinen Impfmüdigkeit zu beobachten.

## Pro und contra Impfung

Wird eine ansteckende Kinderkrankheit auf »natürlichem« Weg durchgemacht, das heißt die Abwehrkräfte des Körpers selbst besiegen sie, so hinterläßt das meist einen lebenslangen Schutz (Immunität). Da jedoch bei den »klassischen« Kinderkrankheiten auch schwere Komplikationen auftreten können (→ Mumps, Seite 559) ist es nicht immer sinnvoll, auf eine Impfung zu verzichten. Im Gegenteil: Die Mediziner raten sehr dazu, die Impfempfehlungen einzuhalten.

Auch Erwachsene, die nicht gegen »Kinderkrankheiten« wie Polio (→ Seite 558) oder Diphtherie (→ Seite 556) geimpft wurden, können noch daran erkranken. Häufig verläuft die Krankheit dann schwerer als im Kindesalter. Deshalb sollten auch sie auf ihren Grundimpfschutz (Polio, Diphtherie, Tetanus) achten; weitere Impfungen sind je nach Situation erforderlich (Auslandsreise, Beruf).

Allgemein gilt, daß bei akuten Krankheiten, während oder kurz nach Infektionskrankheiten, bei geschwächtem Immunsystem oder Medikamenten, die die Abwehrkräfte unterdrücken, sowie bei Allergien gegen den Impfstoff oder Zusatzstoffe die Impfung verschoben oder gegebenenfalls auf die Impfung verzichtet werden sollte. Banale Infekte sind kein Hinderungsgrund. In der Schwangerschaft sollten keine Impfungen gegen Masern, Mumps, Windpocken, Röteln oder Gelbfieber erfolgen.

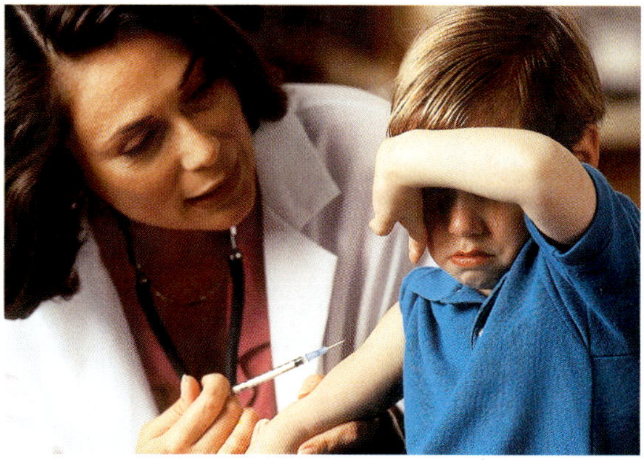

**Es ist gar nicht so schlimm: Ein kleiner »Pieks« bringt großen Schutz gegen Krankheiten.**

## Impfung – was ist das?

Durch eine Impfung wird der Körper in die Lage versetzt, Krankheitserreger schneller und besser zu bekämpfen, als er dies ohne Impfung täte. Grundsätzlich ist das Immunsystem allein in der Lage, fremde Stoffe zu erkennen und gezielt Antikörper dagegen zu bilden (→ Spezialisten im Einsatz, Seite 299). Dazu braucht es beim ersten Kontakt mit dem Eindringling jedoch etwas Zeit – häufig zu viel, um den Ausbruch der Krankheit zu verhindern. Übersteht der Körper die Krankheit, so ist das Immunsystem durch ein »Gedächtnis« beim zweiten Zusammentreffen mit dem Krankheitserreger besser gewappnet: Es reagiert dann viel schneller mit der Bildung von Abwehrstoffen. Dieses Prinzip macht man sich bei der Impfung zunutze.

### Aktive und passive Immunisierung

Man unterscheidet zwei Arten von Impfungen: die aktive und die passive. Bei der *Aktivimpfung* regt ein Impfstoff das Immunsystem dazu an, selbst gezielt Antikörper zu bilden. Dazu verwendet man Impfstoffe aus abgeschwächten oder abgetöteten Krankheitserregern oder aus den abgeschwächten Giftstoffen von Bakterien. Die Schutzwirkung tritt erst nach Tagen bis Wochen ein. Je nach Art der Impfung besteht die Immunität monate- bis lebenslang. Durch Auffrischimpfungen wird die Wirkdauer verlängert.

Bei der *Passivimpfung* tritt die Wirkung dagegen sofort ein, da hier von anderen Menschen, Tieren oder Organismen gebildete Antikörper oder künstlich hergestellte Gegengifte (Antitoxine) verabreicht werden. Dies ist dann erforderlich, wenn Eile geboten ist, zum Beispiel nach dem Biß eines verhaltensauffälligen Hundes (→ Tollwut, Seite 194). Der Nachteil der Passivimpfung ist, daß der Schutz maximal wenige Monate anhält, da die Antikörper wieder abgebaut werden und der Körper nicht zur Bildung eigener Abwehrstoffe angeregt wird.

Die *Simultanimpfung* verbindet die Vorteile beider Impfarten: den Sofortschutz der Passivimpfung und die Anregung des Immunsystems für den Langzeitschutz. Dies ist zum Beispiel bei der Tetanusimpfung (→ Seite 194) sinnvoll, wenn eine Verletzung vorliegt und die Grundimmunisierung schon länger zurückliegt oder fehlt.

## Wie reagiert der Körper?

In den meisten Fällen bemerken wir eine Impfung überhaupt nicht, es kann aber auch vorübergehend zu leichtem Fieber, verminderter Leistungsfähigkeit, Rötungen, Schwellungen oder Juckreiz an der Einstichstelle kommen. Bei Allergikern sollte eine mögliche Allergie gegen den Impfstoff vorher abgeklärt werden, sie ist jedoch sehr selten.

Um einen vollständigen Impfschutz zu erzielen, muß oft mehrmals in bestimmten Abständen geimpft werden. Die meisten Impfstoffe werden dabei in den Muskel gespritzt, von wo aus sie langsam vom Körper aufgenommen werden, manche Substanzen können auch geschluckt werden. Injektionen macht man in der Regel am Oberarm, da bei unsachgemäßer Impfung in den Gesäßmuskel Nerven geschädigt werden können. Nicht alle Impfungen haben denselben hohen Wirkungsgrad, deshalb wird der Arzt immer im Einzelfall abwägen, ob eine Impfung sinnvoll ist. Alle Impfungen sollten in einen internationalen Impfausweis eingetragen werden.

Die Kosten für die meisten offiziell empfohlenen Standard- und Auffrischimpfungen werden von den Krankenkassen übernommen, ebenso beruflich notwendige Impfungen. Unterschiedlich wird dagegen die Kostenübernahme bei den sogenannten Bedarfsimpfungen, zum Beispiel Reiseimpfungen wie Gelbfieber (→ Seite 613), gehandhabt. Genaue Auskünfte erteilen die Krankenkassen.

## Gibt es eine Impfpflicht?

Seit der Aufhebung der Impfpflicht für Pocken gibt es in der Bundesrepublik Deutschland keine Pflichtimpfung mehr. Dasselbe gilt für Österreich und die Schweiz. Da viele Impfungen jedoch von besonderer Bedeutung für die individuelle und die Volksgesundheit sind, haben die obersten Gesundheitsbehörden der einzelnen Länder Standardimpfpläne aufgestellt. Treten bei diesen öffentlich empfohlenen Impfungen Impfschäden auf, so sind in Deutschland die Bundesländer schadenersatzpflichtig.

Abgesehen von der Impfung gegen das Hepatitis-B-Virus (→ Leberentzündung, Seite 354), die in Österreich und der Schweiz nur für Risikogruppen empfohlen werden, gelten dort dieselben Richtlinien wie in Deutschland. Sie werden ständig überarbeitet, um sie den sich verändernden Bedingungen anzupassen.

### Standardimpfplan für Kinder und Jugendliche

| Lebensalter | Impfung |
|---|---|
| **ab 3. Monat** | 1. gegen Diphtherie-Pertussis-Tetanus-Haemophilus influenzae b<br>1. gegen Hepatitis B und Polio |
| **ab 4. Monat** | 2. gegen Diphtherie-Pertussis-Tetanus-Haemophilus influenzae b |
| **ab 5. Monat** | 3. gegen Diphtherie-Pertussis-Tetanus-Haemophilus influenzae b<br>2. gegen Hepatitis B und Polio |
| **ab 13. Monat** | 4. gegen Diphtherie-Pertussis-Tetanus-Haemophilus influenzae b<br>3. gegen Hepatitis B und Polio |
| **ab 15. Monat** | 1. gegen Masern-Mumps-Röteln |
| **ab 6. Lebensjahr** | Tetanus-Diphtherie (1. Auffrischimpfung)<br>2. gegen Masern-Mumps-Röteln |
| **ab 10. Jahr** | Polio (1. Auffrischimpfung) |
| **11. bis 15. Jahr** | Tetanus-Diphtherie (2. Auffrischimpfung)<br>Hepatitis-B-Impfung (1. Auffrischimpfung)<br>Röteln (für Mädchen, auch wenn bereits geimpft) |
| **ab 13. Jahr** | Hepatitis-B-Impfung für bisher ungeimpfte Jugendliche |

# Die wichtigsten Impfungen

## Diphtherie

Viele Erwachsene verfügen heute nur noch über einen unzureichenden Schutz gegen Diphtherie, die in gefährlichen Epidemien auftreten kann (→ Seite 556) und vor allem in Osteuropa sehr zugenommen hat. Die Grundimmunisierung besteht aus vier Impfungen, Auffrischimpfungen sind im 6. und 11. Lebensjahr sowie alle zehn Jahre erforderlich. Die Impfung ist zuverlässig wirksam und gut verträglich.

## Keuchhusten (Pertussis)

Keuchhusten ist in Deutschland sehr verbreitet und kann vor allem bei Säuglingen und Kleinkindern zu schweren Komplikationen führen (→ Seite 557). Die Wirkdauer beträgt etwa drei Jahre und setzt nach der zweiten Impfung ein, die in der Regel mit Diphtherie und Tetanus kombiniert wird und durch die Entwicklung neuer Impfstoffe sehr gut verträglich ist.

## Wundstarrkrampf (Tetanus)

Der Wundstarrkrampf ist eine lebensgefährliche Erkrankung, die verursachenden Bakterien sind überall im Erdreich vorhanden und können leicht in offene Wunden gelangen (→ Seite 194). Die Grundimmunisierung umfaßt drei Impfungen, eine Auffrischimpfung ist alle fünf bis zehn Jahre erforderlich.

## Hib-Impfung

Haemophilus influenzae Typ b ist ein weitverbreiteter Erreger, der vor allem bei Kleinkindern eine schwere Gehirnhautentzündung (→ Seite 192) oder eine Rachenentzündung (→ Epiglottitis, Seite 557) hervorrufen kann. Beide Erkrankungen sind lebensgefährlich. Die gut verträgliche Impfung kann schon ab dem dritten Lebensmonat einzeln oder in Kombination mit der Diphtherie-Pertussis-Tetanus-Impfung erfolgen, sollte aber nach dem sechsten Lebensjahr nicht mehr gegeben werden.

## Kinderlähmung (Poliomyelitis)

Eine Polioerkrankung kann zu bleibenden Lähmungen führen, eine gezielte Behandlung gibt es nicht (→ Seite 558).
Säuglinge und Kleinkinder erhalten drei Impfdosen als Schluckimpfung im Abstand von mindestens sechs Wochen, im Erwachsenenalter sollte die Impfung alle sechs bis zehn Jahre aufgefrischt werden, insbesondere auch bei Reisen in Entwicklungsländer. Da das Impfvirus etwa sechs bis acht Wochen ausgeschieden wird, sollten alle ungeimpften Personen eines Haushaltes wegen des (seltenen) Risikos (1:4 Millionen) einer Impflähmung gleichzeitig geimpft werden.

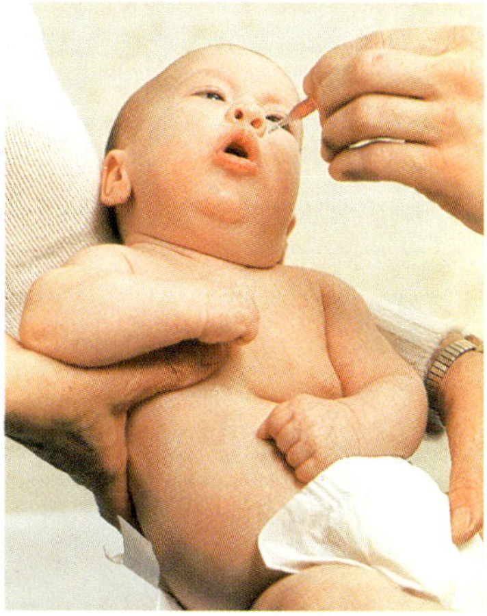

**Nutzen Sie die einfache Schluckimpfung gegen Kinderlähmung für Ihr Baby. Bei einer Erkrankung gibt es keine wirksamen Medikamente.**

## Masern-Mumps-Röteln

Eine Impfung gegen Masern (→ Seite 560), Mumps (→ Seite 559) und Röteln (→ Seite 560) ist einerseits wegen der möglichen Komplikationen bei Masern und Mumps anzuraten, andererseits weil schwangere Frauen, die sich mit dem Rötelnvirus infizieren, ein erhöhtes Risiko haben, ein mißgebildetes Kind zu gebären.
Die Kombinationsimpfung erfolgt bei Jungen und Mädchen ab dem 15. Lebensmonat – spätestens Ende des zweiten Lebensjahres –, eine zweite Impfung ist ab dem sechsten Lebensjahr empfehlenswert. Die heute zur Verfügung stehenden Lebendimpfstoffe sind gut verträglich.

## Hepatitis A und B

Eine Leberentzündung (→ Seite 354) durch das Hepatitis-A-Virus droht vor allem durch schlechte Hygienestandards: Sie wird durch verunreinigte Gegenstände (Toiletten), Nahrungsmittel und Trinkwasser übertragen.
Es gibt heute sehr sichere Aktivimpfstoffe, die einen bis zu zehnjährigen Impfschutz gewähren. Die nur wenige Monate wirkende Passivimpfung ist nur für Risikogruppen und kurzfristige Reisen in gefährdete Gebiete angezeigt.

Eine Impfung gegen Hepatitis B gehört in der Bundesrepublik Deutschland mittlerweile zum Standardimpfplan, während sie in Österreich und der Schweiz nach wie vor nur für Angehörige besonderer Risikogruppen (medizinisches Personal, Bluterkranke, Drogenabhängige) oder bei Reisen in tropische Länder empfohlen wird. Die Grundimmunisierung erfordert drei Impfungen, eine Auffrischung ist nach etwa zehn Jahren angezeigt.

## Tuberkulose

Eine Impfung gegen Tuberkulose wird nur für Neugeborene oder für Säuglinge und Kleinkinder empfohlen, die aus Regionen kommen, in denen die Erkrankung vorkommt; außerdem für Menschen, die engen Kontakt mit Tuberkulosekranken haben, und für medizinisches Personal. Bei Impflingen, die älter als sechs Wochen sind, sollte vorher ein Tuberkulin-Hauttest durchgeführt werden, um eine bestehende Infektion auszuschließen. Ist der Test negativ, kann die Impfung erfolgen. Die Wirkung der Lebendimpfung hält bis zu 15 Jahren an.

## Grippe (Influenza)

→ Seite 542

## Frühsommer-Meningoenzephalitis

Eine Gehirnhautentzündung durch das **F**rühsommer-**M**eningo**e**nzephalitis-Virus (→ FSME, Seite 193) wird durch Zeckenbiß übertragen und kann schwere bleibende Schäden hervorrufen. Da das Virus nur in bestimmten geographischen Regionen vorkommt, ist eine Beratung wichtig. Die Wirkdauer beträgt mindestens drei Jahre. Die Passivimpfung bietet vier Wochen (allerdings nur etwa 70prozentigen) Schutz und kann auch nach einem Zeckenbiß sinnvoll sein, allerdings nur in einem Zeitraum bis spätestens vier Tage nach dem Biß.

## Tollwut

Da eine Tollwuterkrankung (→ Seite 194) tödlich ist, sollten sich Menschen, die beruflich Umgang mit (Wild-)Tieren haben, dagegen impfen lassen. Auch nach einem Biß durch ein wildes Tier (Fuchs, Maus), einen streunenden Hund oder eine Katze kann noch eine passive Impfung erfolgen. Dies muß jedoch so schnell wie möglich geschehen. Haustierhalter sollten auf den Impfschutz ihres Tieres achten.

## Typhus

Eine Impfung ist für Reisen in Länder mit niedrigem hygienischen Standard empfehlenswert. Die Schluckimpfung sowie eine Injektionsimpfung geben Schutz gegen diese Salmonelleninfektion (→ Seite 544) für etwa drei bis vier Jahre; Kinder können ab dem zweiten Lebensjahr geimpft werden.

## Cholera

Cholera (→ Seite 548) ist eine schwere Durchfallerkrankung, die durch den großen Flüssigkeitsverlust auch tödlich sein kann. Obwohl die Impfung offiziell nicht mehr vorgeschrieben ist, wird sie von einigen Staaten für Reisende, die aus Epidemiegebieten kommend einreisen wollen, trotzdem verlangt. Die Wirkdauer beträgt nur sechs Monate, Impfreaktionen wie Rötungen und Schwellungen an der Einstichstelle sind recht häufig.

## Gelbfieber

Gelbfieber (→ Seite 549) kommt nur in manchen Ländern Südamerikas und Afrikas vor, die bei der Einreise auch einen offiziellen Nachweis über eine Impfung fordern. Eine wirkungsvolle Behandlung dieser mitunter schwer verlaufenden Fiebererkrankung ist derzeit nicht möglich, daher ist eine Impfung sehr sinnvoll. Die gut verträgliche Lebendimpfung bietet für etwa zwanzig Jahre einen zuverlässigen Schutz, dennoch ist eine Auffrischung alle zehn Jahre vorgeschrieben.

### Impfschutz bei Fernreisen

**!** Denken Sie rechtzeitig an Ihren Impfschutz und an Vorbeugemaßnahmen, wenn Sie eine Fernreise planen! Informationen bieten hier reisemedizinische Beratungsdienste und Tropeninstitute. Alle eventuell nötigen Reiseimpfungen wie Typhus, Cholera, Gelbfieber müssen vor der Abreise abgeschlossen und im Impfausweis dokumentiert sein. Vergessen Sie bei Tropenreisen die Malaria-Prophylaxe nicht (→ Seite 554). Aber auch wenn Sie erst in letzter Minute gebucht haben: Lassen Sie sich trotzdem noch impfen! Besser der Impfschutz beginnt etwas später, als gar nicht.

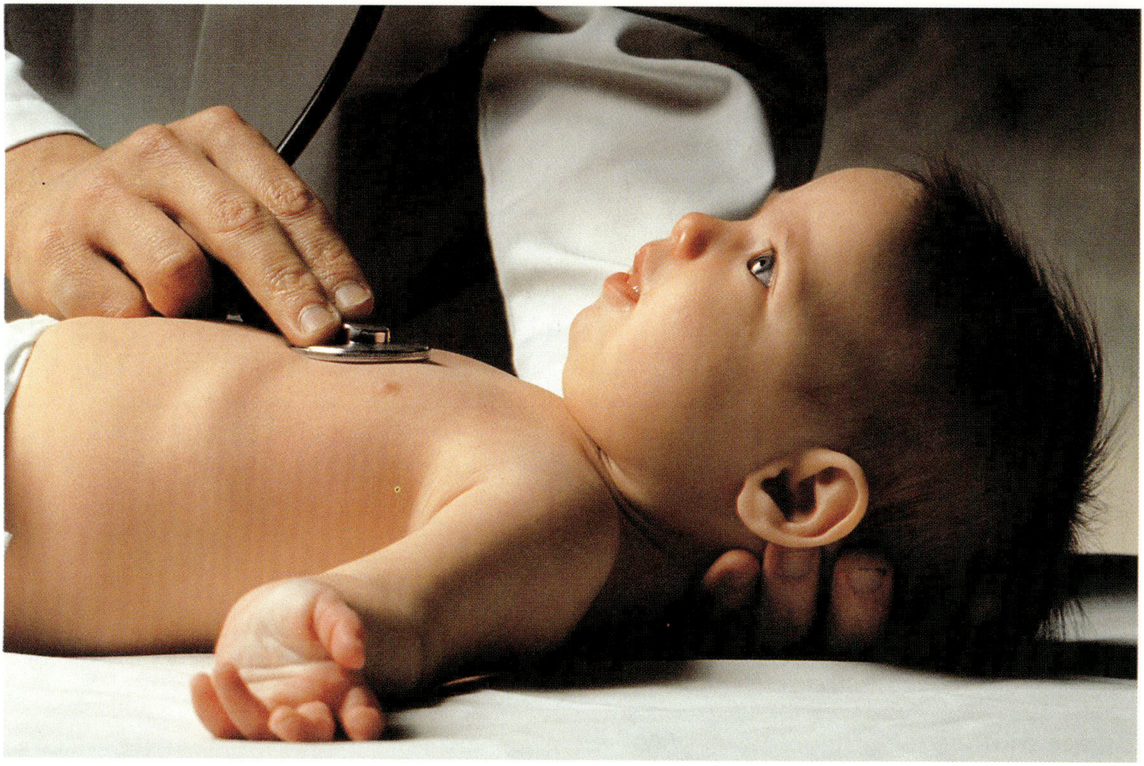

# Ärztliche Untersuchung und Behandlung

## Die Diagnose stellen

Bevor der Arzt Sie behandeln kann, muß er eine exakte Diagnose stellen, das heißt er muß genau bestimmen, an welcher Krankheit Sie leiden. Dazu stehen ihm eine Reihe von Verfahren zur Verfügung: Zuerst wird er Sie genau befragen (→ Anamnese), dann körperlich untersuchen; mit Hilfe einer Vielzahl technischer Untersuchungsmethoden ist es ihm außerdem möglich, einen Blick in Ihr »Inneres« zu tun.

### Die Anamnese

Vor der körperlichen Untersuchung wird der Arzt Sie nach der Art Ihrer Beschwerden, dem Beginn der Erkrankung und den bisherigen Maßnahmen befragen. Dieses Gespräch bezeichnet man auch als Anamnese (griechisch anamnesis = Erinnerung). Wenn Sie das erste Mal zu einem Arzt kommen, wird er Ihnen Fragen stellen, die nicht direkt etwas mit Ihren Beschwerden zu tun haben. Damit will er sich ein Bild verschaffen über Ihren allgemeinen Gesundheitszustand, Ihre Lebensweise, eventuell bestehende, weniger vordergründige Krankheiten, eine erbliche Veranlagung oder Veränderungen, die Sie selbst nicht als Hinweis auf eine Erkrankung werten. Auch Ihre berufliche und familiäre Situation können ihm wichtige Anhaltspunkte geben. Je genauer Sie ihm antworten können, desto besser kann er die Krankheit eingrenzen (→ Notizen für das Gespräch, Seite 593).

# Die körperliche Untersuchung

Durch die Anamnese erhält der Arzt meist wertvolle Hinweise, welche Organe betroffen sein könnten, so daß er bei der körperlichen Untersuchung gezielt vorgehen kann. Handelt es sich dagegen um eine Routineuntersuchung, werden die wichtigsten Körperregionen wie Brustkorb, Bauch, Arme und Beine in Augenschein genommen.

## Wie wird untersucht?

Jeder Arzt geht bei der körperlichen Untersuchung nach einer bestimmten Reihenfolge vor. Zunächst begutachtet er die Haut. Dabei achtet er auf Entzündungszeichen wie Rötungen, Schwellungen oder Erwärmungen. Gleichzeitig prüft er eventuelle Verletzungen, Muttermale und Farbveränderungen; bei Armen und Beinen kontrolliert er deren Beweglichkeit. Diese Untersuchungsart wird *Inspektion* genannt (lateinisch inspectio = Durchsicht).
Danach tastet er einzelne Körperregionen ab. Dabei fühlt er, ob Organe sich verändert haben, zum Beispiel geschwollen sind, und achtet darauf, ob Sie den Druck als unangenehm oder gar schmerzhaft empfinden. Man bezeichnet diese Untersuchungsmethode als *Palpation* (lateinisch palpare = tasten).
Anschließend klopft er dieselbe Region ab. Dazu legt er die Finger der einen Hand flach auf Ihren Körper und klopft mit Zeige-und Mittelfinger der anderen Hand auf den liegenden Mittelfinger. Dadurch wird ein charakteristisches Geräusch erzeugt, das bei erkrankten Organen verändert ist. Diese Technik heißt *Perkussion* (lateinisch percutere = schlagen).
Erst jetzt wird er Sie mit dem Stethoskop abhören, den Blutdruck messen und – bei der ersten Untersuchung – Größe und Gewicht notieren.

## Was wird untersucht?

Bei der körperlichen Untersuchung richtet der Arzt sein Augenmerk auch auf Regionen, die nicht in unmittelbarem Zusammenhang mit den von Ihnen berichteten Symptomen stehen. Eine Vielzahl von Krankheiten äußert sich auch indirekt; so kann eine Schwellung der Augenlider unter anderem auf eine Nierenerkrankung hindeuten. Wenn nötig, wird Ihr Arzt Sie für spezielle Untersuchungen an einen Facharzt überweisen. Diese finden Sie jeweils im Kapitel »Krankheiten im Überblick« beschrieben.

## Kopf und Hals

Hier verlaufen auf engstem Raum zum Teil lebenswichtige Strukturen des menschlichen Körpers. Für die Diagnose ist alles wichtig: Kopfform, Gesichtsfarbe, Behaarung, Augen und Umgebung, Nase, Lippen, Mundschleimhaut, Zunge, Zähne, Mandeln, Rachen, Kehlkopf, Lymphknoten und Ohren.

### Die Augen

Bei den Augen achtet der Arzt auf Rötungen oder Schwellungen im Bereich der Lider. Die Schleimhaut des Augenlids ist blaß bei Blutarmut (→ Anämie, Seite 292) Das Augenweiß kann gerötet sein bei Entzündungen oder gelblich verfärbt bei Lebererkrankungen (→ Gelbsucht, Seite 354). Mit einer Lampe leuchtet der Arzt in die Pupille. Normalerweise zieht sie sich bei Lichteinfall zusammen und erweitert sich wieder, sobald die Lichtquelle entfernt wird. Ist dies nicht der Fall, kann das auf verschiedene Krankheiten des Gehirns oder der Iris hindeuten.

### Die Ohren

Auch bei den Ohren achtet der Arzt zuerst auf äußere Veränderungen, zum Beispiel Knötchen, die auf Gicht (→ Seite 432) hinweisen können. Um Gehörgang und Trommelfell zu inspizieren, zieht der Arzt leicht an der Ohrmuschel, um den Gehörgang zu begradigen. Dadurch erkennt er eine Mittelohrentzündung (→ Seite 173).

### Mund, Nase und Rachen

Die Nase wird mit Hilfe eines Instrumentes zur Erweiterung der Nasenlöcher untersucht, so daß die Nasengänge eingesehen werden können.
Die Mundhöhle untersucht der Arzt auf Veränderungen der Zunge, der Schleimhaut oder der Ausführungsgänge der Speicheldrüsen. Die Rachenwand ist bei Infektionen oft feuerrot, die Mandeln werden auf Größe, Farbe und Beläge begutachtet.

### Die Lymphknoten

Schwellungen der Mundspeicheldrüsen und Lymphknoten kann der Arzt unter dem Unterkiefer, am Hals und hinter den Ohren ertasten. Je nachdem ob die Lymphknoten auf einer oder auf beiden Seiten vergrößert sind, deutet das auf eine Erkrankung im Kopfbereich hin oder auf eine allgemeine Krankheit.

**Die Schilddrüse**

Zur Untersuchung von Größe und Beschaffenheit der Schilddrüse stellt der Arzt sich hinter Sie und umfaßt den Hals mit beiden Händen. Eine gesunde Schilddrüse ist »schluckverschieblich«: Sie rutscht während des Schluckvorgangs kurz nach oben.
Seitlich am Hals verlaufen die großen Blutgefäße. Der Arzt kann mit Hilfe des Stethoskops hören, ob charakteristische Geräusche auf eine Durchblutungsstörung hinweisen.

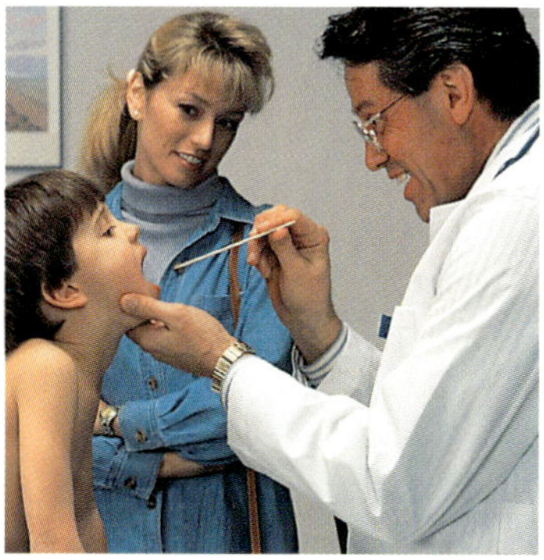

**Den Mund auf und »Aa« sagen: So kann der Arzt die Zunge, den Rachen und die Mandeln untersuchen.**

## Die inneren Organe

**Die Brustorgane**

Die Untersuchung von Herz und Lunge ist nur bei freiem Oberkörper möglich. Beim Abhören des Herzens mit dem Stethoskop achtet der Arzt auf die Regelmäßigkeit und die Anzahl der Herzschläge pro Minute und auf charakteristische Herzgeräusche. Auch die Lunge erzeugt typische Geräusche beim Ein- und Ausatmen, die bei einer Erkrankung verändert sind. Zusätzlich zum Abhören wird er auch Brust und Rücken abklopfen. Außerdem achtet er darauf, ob sich der Brustkorb beim Atmen gleichmäßig hebt und senkt.

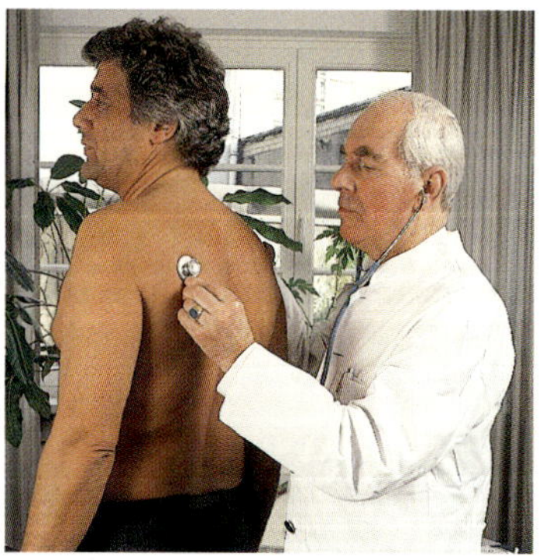

**Während Sie tief durchatmen hört der Arzt den Rücken ab. So kann er ungewöhnliche Geräusche in der Lunge feststellen.**

**Die Bauchorgane**

Zur Untersuchung von Magen, Darm, Leber, Gallenblase, Bauchspeicheldrüse, Milz und Nieren müssen Sie sich hinlegen und den Bauch freimachen. Die meisten Organe sind im gesunden Zustand nicht zu fühlen. Wenn sie entzündet oder vergrößert sind, ist es jedoch möglich, daß der Arzt sie tasten kann. Er tastet zuerst nach und nach den ganzen Bauchraum ab. Dann klopft er ihn ab, um festzustellen, ob die Darmschlingen sehr viel Gase enthalten oder ob sich in der Bauchhöhle Wasser angesammelt hat. Beim Abhören achtet er auf die Verdauungsgeräusche im Darm, die bei einer Magen-Darm-Grippe anders klingen als bei einem gesunden Darm. Zusätzlich können Durchblutungsstörungen der Bauchschlagader gehört werden.
Die Nieren werden vom Rücken her untersucht. Das leichte Klopfen in die Seiten etwas unterhalb der Rippen ist bei einer Nierenentzündung schmerzhaft.
Beim Abtasten des Enddarms kann der Arzt mit dem Finger Schleimhautveränderungen, Hämorrhoiden oder Blutspuren erkennen, beim Mann die Größe der Prostata abtasten.
Die speziellen Untersuchungen der Geschlechtsorgane macht im allgemeinen nicht der Hausarzt, sondern bei Frauen der Gynäkologe/die Gynäkologin (→ Seite 381), beim Mann der Urologe (→ Seite 413).

## Der Bewegungsapparat

Die Untersuchung des Bewegungsapparates dreht sich immer um mehrere Fragen:

- Ist die Beweglichkeit eingeschränkt?
- Sind Schwellungen, Verletzungen oder Anzeichen einer Entzündung vorhanden?
- Ist die Durchblutung in Ordnung?

Zunächst begutachtet der Arzt Arme und Beine und prüft ihre Beweglichkeit; der Bewegungsradius der Gelenke kann mit Hilfe eines verstellbaren Winkellineals gemessen werden. Im Gegensatz zu den Armen, die im Sitzen oder Stehen geprüft werden, wird die Untersuchung der Beine in liegender Position durchgeführt, da sonst die Beweglichkeit der Hüftgelenke nicht sicher zu beurteilen ist.
Außerdem untersucht der Arzt die Wirbelsäule, kontrolliert Verlauf und Beweglichkeit und achtet auf unerwünschte Krümmungen. Die Schmerzempfindlichkeit prüft er durch leichtes Klopfen mit der Faust, was bei einer Entzündung sehr unangenehm ist.

# Die neurologische Untersuchung

Die Wahrnehmungsfähigkeit unserer Sinne (Sehen, Hören, Tasten, Schmecken, Riechen) basiert auf der Funktionsfähigkeit unseres Nervensystems (→ Wissenswertes über die Sinne, Seite 146/147), ebenso wie wir zur Koordination von Bewegungsabläufen, zum Beispiel um einen Schnürsenkel zuzubinden, nicht nur Muskeln, sondern auch intakte Nervenbahnen brauchen. Gegenstand der neurologischen Untersuchung sind deshalb Nerven und Reflexe, Bewegungsabläufe (Motorik) und Sensibilität. Zunächst werden nur die für die jeweilige Erkrankung wichtigen Nerven untersucht. Eine vollständige neurologische Untersuchung, bei der auch der psychische Zustand, Hirnleistungen und Orientierungsvermögen getestet werden (→ Der psychopathologische Befund, Seite 217), dauert sehr lange.

## Die Hirnnerven

Die verschiedenen Äste des Nervs, der die Gesichtsmuskulatur versorgt (→ Fazialisnerv, Seite 209), werden geprüft, indem Sie nacheinander die Stirne runzeln, die Augen fest zukneifen, die Backen aufblasen, lächeln und die Zunge weit herausstrecken. Dann drückt der Arzt mit den Daumen kräftig auf den oberen und unteren Knochenrand der Augenhöhle und den Unterkiefer. Hier tritt der Trigeminusnerv (→ Seite 209) an die Oberfläche, der sich bei Entzündungen schmerzhaft bemerkbar macht.
Die Nerven, die für die Beweglichkeit der Augen und die Reaktion der Pupillen sorgen (→ Seite 209), werden durch »wandernde« Gegenstände, zum Beispiel einen Bleistift, und durch abwechselnden Lichteinfall getestet. Ob das Auge auf Fremdkörper reagiert, prüft man mit einem Wattestäbchen, das mit dem Augenweiß in Kontakt gebracht wird.

## Reflexe an Armen und Beinen

Ein Reflex ist eine nicht willentlich gesteuerte Reaktion auf einen äußeren Reiz, der nur bei entspannten Muskeln ausgelöst werden kann. Je nachdem ob bestimmte Reflexe vorhanden sind oder nicht, ob sie stark oder schwach sind, kann der Arzt Rückschlüsse auf eine Krankheit ziehen. Zur Untersuchung benutzt er in der Regel einen kleinen Hammer, mit dem er bestimmte Stellen, meist an Armen und Beinen, leicht beklopft. So führt eine Reizung von Ellenbeuge und Ellenbogen dazu, daß der Arm sich streckt oder beugt. Am Bein wird der bekannte Kniescheibenreflex knapp unterhalb der Kniescheibe ausgelöst. Bei intakter Nervenfunktion schnellt das Bein nach vorn. Der Reflex der Achillessehne oberhalb der Ferse bewirkt, daß der Fuß sich kurzzeitig senkt. Ist er ausgefallen, ist das ein Hinweis auf einen Bandscheibenschaden oder ein Frühsymptom für eine Schädigung des Nervensystems durch Diabetes.
Ein typischer Reflex läßt sich auch beim Schlaganfall beobachten: Reizt der Arzt mit einem spitzen Gegenstand die Fußsohle, richtet sich die große Zehe auf, während die übrigen Zehen gebeugt werden.

## Die Beweglichkeit (Motorik)

Im Gegensatz zu den Reflexen können wir unsere Bewegungsabläufe willkürlich steuern. Die Impulse für die Muskelarbeit werden über Nervenleitungsbahnen »gesendet«. Deshalb kann der Arzt durch eine Prüfung der Muskelkraft wichtige Hinweise auf neurologische Krankheiten bekommen. Dazu testet er zum Beispiel die aktive und passive Beweglichkeit Ihrer Hände, Arme und Beine und den reibungslosen Bewegungsablauf. Er achtet dabei auch auf Ihre Körperhaltung und darauf, ob Sie in bestimmten Bewegungssituationen zu zittern beginnen.

## Das Gleichgewicht

Störungen in der Nervenversorgung des Gleichgewichtsorgans werden meist dadurch festgestellt, ob Sie mit geschlossenen Augen sicher auf der Stelle treten oder mit zur Decke gewandten Augen im »Seiltänzergang« geradeaus gehen können.

## Die Empfindung (Sensibilität)

Wichtige Hinweise auf mögliche Nervenerkrankungen geben auch die Prüfung der Schmerz-, Berührungs- und Temperaturempfindung. Dazu wird der Arzt Sie kneifen, mit einer Nadel pieksen oder Druck auf bestimmte Körperregionen ausüben. Durch Berühren von Gegenständen wird getestet, ob Sie zwischen »spitz« und »stumpf« sowie zwischen »warm« und »kalt« unterscheiden können.

## Unverzichtbar: das Labor

Eine große Bedeutung für die Ermittlung der Diagnose haben Untersuchungen, die nicht in der Arztpraxis, sondern in medizinischen Labors durchgeführt werden. Dazu schickt der Arzt Proben (Abstriche von Haut und Schleimhäuten, Blut, Urin oder Stuhl) ein und läßt sie genau analysieren. Um die Ergebnisse beurteilen zu können, vergleicht er sie mit Richtwerten von gesunden Vergleichspersonen, die in einem bestimmten Bereich schwanken dürfen.
Ergeben sich bei einer Laboruntersuchung Werte, die auf eine Krankheit hindeuten, sollte, wenn möglich, eine Kontrolluntersuchung stattfinden, bevor die Behandlung eingeleitet wird. Obwohl der Gesetzgeber den Labors strenge Auflagen macht, gibt es immer die Möglichkeit, daß die Technik der Realität nicht gerecht wird und die Werte nicht korrekt sind. Das kann zum Beispiel an Schwankungen von Temperatur- und Lichtverhältnissen liegen, die die empfindlichen Apparate in ihrer Funktion beeinflussen. Andererseits zeigen die Analysen immer nur eine »Momentaufnahme« Ihrer Gesundheit zum Zeitpunkt der Probenentnahme, die sich etwas später bereits wieder verändert haben kann.

### Die wichtigsten Blutwerte im Normalbereich

| Untersuchung | Normalwerte |
|---|---|
| Rote Blutkörperchen | 4,6–6,2 Mio./mm$^3$ |
| Blutplättchen | 150 000–400 000/mm$^3$ |
| Weiße Blutkörperchen | 4800–10 000/mm$^3$ |
| Blutgerinnungszeit | 75–100% |
| Senkungsgeschwindigkeit | 3–20 mm/Stunde |
| Blutzucker | 70–100 mg/Deziliter |
| Cholesterin | 200 mg/Deziliter |
| (ab 30 Jahren: | 200 plus Lebensjahre) |

### Die Blutuntersuchung

Zu den häufigsten Proben, die an ein Labor gesandt werden, zählt das Blut. Die Bestandteile des Blutes (→ Seite 288) lassen sich durch verschiedene Methoden näher bestimmen. So kann die Anzahl der einzelnen Blutzellen auf eine Entzündung hindeuten (→ Blutbild, Seite 291) ebenso wie die Senkungsgeschwindigkeit der roten Blutkörperchen in einem Glasröhrchen (→ Seite 291). Die Bestimmung der Blutgerinnung ist wichtig für die Behandlung von Herzkrankheiten (→ Quicktest, Seite 291). Aus dem Serum, dem wäßrigen Anteil des Blutes ohne Blutzellen, werden Eiweiße, Leberwerte, Blutfette, Blutzucker oder Hormone bestimmt; außerdem kann man die Blutgruppe oder Antikörper (→ Seite 535) gegen einen Krankheitserreger feststellen.

### Die Urinuntersuchung

Der Urin gibt nicht nur Aufschluß über die Nierenfunktion und eventuelle Harnwegsinfekte (→ Seite 363), sondern liefert auch wertvolle Hinweise zur Diagnose von Erkrankungen der Leber und Galle sowie von Stoffwechselerkrankungen wie Diabetes (→ Seite 501) oder Gicht (→ Seite 432). Wichtig ist immer, daß der sogenannte Mittelstrahlurin untersucht wird, denn die Harnröhre wird durch den ersten Urinstrahl weitgehend von Bakterien gesäubert. Ein Gefäß zum Auffangen des Urins erhalten Sie bei Ihrem Arzt. Wird bei Frauen der Urin während der Menstruation abgenommen, müssen sie dies ihrem Arzt mitteilen, da dann Blut im Urin zu erwarten ist, was das Ergebnis verfälschen kann. Im Labor werden die Untersuchungen vor allem mit Hilfe von Teststreifen durchgeführt, die je nach Zusammensetzung des Urins ihre Farbe verändern. Außerdem kann man den Urin auf Keime und unter dem Mikroskop auf feste Bestandteile und Ablagerungen wie Harnkristalle (→ Nierensteine, Seite 366) untersuchen.

### Die Stuhluntersuchung

Bei der Stuhluntersuchung können nicht nur Krankheitserreger wie Bakterien, Viren und schädliche Pilze, sondern auch nicht sichtbares (okkultes) Blut nachgewiesen werden. Für die Untersuchung auf Keime erhalten Sie vom Arzt ein spezielles Gefäß, in das Sie eine Stuhlprobe füllen. Es wird dann zur Untersuchung in ein Labor weitergeleitet (→ Seite 538). Soll untersucht werden, ob Blut im Stuhl ist, bekommen Sie drei kleine Umschläge mit nach Hause, in die Sie mit einem kleinen dazugehörigen Spatel drei Stuhlproben geben. Am aufschlußreichsten ist das Ergebnis, wenn sie von drei verschiedenen Stuhlgängen stammen. Diesen Proben wird bereits in der Arztpraxis eine chemische Lösung hinzugefügt, die sich blau verfärbt, wenn Blut im Stuhl ist.

Die Ergebnisse der Laboruntersuchungen geben wichtige Hinweise auf die Ursache einer Erkrankung.

# Die Entnahme von Gewebe

Zur Diagnose verschiedener Krankheiten kann es nötig sein, daß kleine Gewebeteile oder Zellverbände untersucht werden müssen. Sie werden auf verschiedene Weise entnommen und ins Labor eingeschickt.

## Der Abstrich

Die meistpraktizierte Methode, um Haut- oder Schleimhautproben zu bekommen, ist der Abstrich. Er wird sowohl zum Nachweis von Bakterien, Viren, oder Pilzen (→ Seite 538) als auch zur Diagnose bzw. zur Früherkennung von Krebs (→ Seite 609) eingesetzt. Dazu nimmt der Arzt mit einem keimfreien Watteträger vorsichtig oberflächliches Gewebe von einer (entzündeten) Stelle der Haut oder Schleimhaut ab. Im Labor wird untersucht, ob das Zellbild normal ist, ob Krankheitserreger vorhanden sind und, wenn es sich um Bakterien handelt, auf welches Antibiotikum sie ansprechen. Diese Tests dauern mindestens ein bis zwei Tage.

## Die Biopsie

Biopsie nennen die Mediziner sowohl die Entnahme eines kleinen Stücks Gewebe aus dem Körper als auch die Gewebeprobe selbst. Sie wird zum Beispiel bei neurologisch bedingten Muskelerkrankungen, bei Nierenleiden, in der vorgeburtlichen Diagnostik und bei der Beurteilung von gut- oder bösartigen Tumoren eingesetzt. Grundsätzlich gibt es verschiedene Verfahren für die Biopsie. Häufig wird eine Hohlnadel benutzt (→ Punktion), an der verschiedene Spezialinstrumente (Zangen, Bürsten, Sonden, Schlingen und ähnliches) befestigt sind. Nachdem der Arzt die Einstichstelle örtlich betäubt hat, sticht er mit der Nadel in die betreffende Hautregion bzw. das zu untersuchende Organ und entnimmt ein kleines Stück Gewebe. Die ganze Prozedur dauert nicht sehr lang und ist harmlos, vergleichbar der Blutabnahme aus der Armvene.
Bei tieferliegenden Geweben kann eine Vollnarkose notwendig sein, zum Beispiel wenn Lymphknoten untersucht werden müssen. Dieser Eingriff wird zwar ebenfalls ambulant durchgeführt, bedeutet aber, daß Sie danach einige Stunden ruhen müssen und nur in Begleitung nach Hause gehen sollten.
Besteht der Verdacht, daß eine diagnostizierte Geschwulst bösartig ist, wird der Arzt Ihnen vorschlagen, während einer Operation eine sogenannte Schnellschnittuntersuchung zu machen. Wenn Sie zustimmen, wird die Operation eingeleitet und eine Gewebeprobe entnommen, die sofort analysiert wird. Das Untersuchungsergebnis bestimmt die Entscheidung über das Ausmaß der Operation. Sinn dieses Vorgehens ist, Ihnen eine eventuell nötige zweite Operation zu ersparen.

## Die Punktion

Als Punktion bezeichnet man die Form der Biopsie, bei der das zu untersuchende Gewebe mit einer Hohlnadel, also einer Art Spritze, entnommen wird. Besonders gut eignet sich dieses Verfahren bei »weichen« Organen wie der Leber, aber auch für Flüssigkeiten. Das macht man sich auch bei verschiedenen Therapien zunutze, zum Beispiel um Flüssigkeitsansammlungen aus geschwollenen Gelenken zu entfernen. Auf diesem Weg kann man auch gezielt Medikamente einspritzen. Oft werden Punktionen heute unter Ultraschallkontrolle durchgeführt.

## Sonographie (Ultraschall)

Die Sonographie (lateinisch sonus = Klang, Schall) steht heute fast immer am Anfang der technischen Untersuchungsmethoden. Die Bilder, die der Arzt am Monitor sieht, werden mit Hilfe von Schallwellen erzeugt, deren Frequenz über dem Bereich liegt, den das menschliche Ohr hören kann. Dieser »Ultraschall« hat auch der Untersuchungsmethode ihren gebräuchlichen Namen gegeben. Die Schallwellen werden mit Hilfe des Schallkopfs, den der Arzt über der zu untersuchenden Körperregion hin und her bewegt, durch den Körper geleitet. Treffen sie auf Organe, werfen diese die Wellen zurück wie ein Echo. Abhängig von den verschiedenen Geweben, reflektieren die Organe den Ultraschall unterschiedlich stark. Ein Empfänger im Schallkopf leitet diese reflektierten Schallwellen zu einem Computer, der sie zu dem Bild »umrechnet«, das dann auf dem Monitor erscheint. Die optimale Weiterleitung der Schallwellen wird durch ein Gel gewährleistet, das auf den Körper aufgetragen wird.

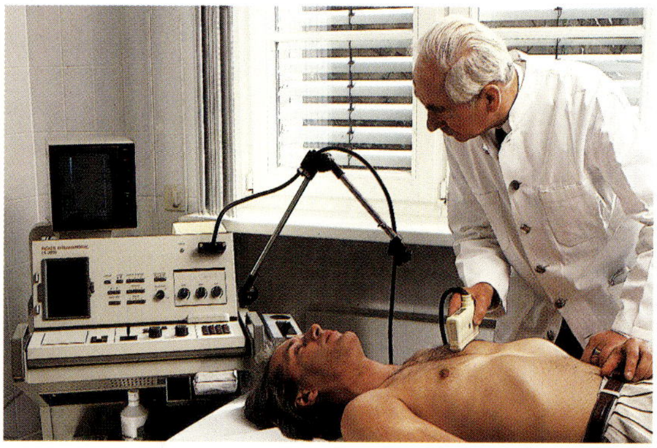

**Beim völlig schmerzlosen Ultraschall sieht der Arzt Größe und Form des Herzens auf dem Bildschirm.**

Ultraschall kann nur bei Untersuchungen von weichen Geweben und Flüssigkeiten eingesetzt werden, Knochen und Knorpel sind zu hart. Deshalb ist die Sonographie besonders gut geeignet für die Untersuchung von Organen und Blutgefäßen (→ Seite 279). Eine wichtige Rolle spielt sie schon lange bei gynäkologischen Untersuchungen (→ Seite 381) sowie bei Untersuchungen des ungeborenen Kindes (→ Seite 395). Die Sonographie ist völlig schmerzlos und gilt als unbedenklich.

## EKG und EEG

Obwohl mit Hilfe der Elektrokardiographie und der Elektroenzephalographie verschiedene Organe untersucht werden, nämlich Herz und Gehirn, macht man sich das gleiche Prinzip zunutze. Während die Herzmuskelzellen und die Gehirnzellen ihre Arbeit verrichten, senden sie zur Informationsvermittlung untereinander schwache elektrische Ströme aus. Damit wird die Arbeit der einzelnen Zellen koordiniert. Diese Ströme gelangen auch an die Hautoberfläche. Dort kann man sie mit Hilfe von Metallplättchen, den sogenannten Elektroden, »auffangen« und in ein eigens dafür konstruiertes Gerät ableiten. Dort werden sie so verstärkt, daß man sie messen kann. Die Elektroden sind über Kabel mit diesem Meßgerät verbunden, das die Ströme in Form von Kurven und Zacken aufzeichnet. Die Bilder, die dabei entstehen, nennt man Elektrokardiogramm (EKG), und Elektroenzephalogramm (EEG). Der Arzt kann am Kurvenverlauf erkennen, ob Funktionsstörungen oder Krankheiten vorliegen.
Die Elektroden für ein EKG werden an der Brustwand über dem Herzen und – je nach Art des EKG – auch an Armen und Beinen angelegt, die für ein EEG am Kopf. Damit die Ströme besser von der Körperoberfläche zu den Elektroden weitergeleitet werden können, sind die Metallplättchen entweder befeuchtet oder mit einem leitfähigen Gel bestrichen. Die Untersuchungen sind völlig schmerzlos, es können keine gefährlichen Stromstärken dabei entstehen.

### Das Elektrokardiogramm (EKG)

Das »Schreiben eines EKG« gehört heute zu den Routineuntersuchungen in der ärztlichen Praxis. Grundsätzlich gibt es drei verschiedene Arten: das Ruhe-EKG, das Belastungs-EKG und das Langzeit-EKG (→ auch Elektrokardiographie, Seite 263). Sie alle zeichnen die Aktivität des Herzens auf, allerdings unter verschiedenen Bedingungen. Während Sie beim Ruhe-EKG möglichst entspannt auf einer Liege ruhen, müssen Sie beim Belastungs-EKG aktiv werden und auf einem Spezialfahrrad gegen ständig erhöhten Widerstand in die Pedale treten. Das Langzeit-EKG wird mit Hilfe eines kleinen Gerätes ermittelt, das Sie 24 Stunden am Körper tragen, auch bei Nacht. Für die verschiedenen Erkrankungen des Herzens gibt es typische Veränderungen im EKG.

### Das Elektroenzephalogramm (EEG)

Wenn die fortwährend im Gehirn erzeugten elektrischen Ströme sichtbar gemacht werden, ergeben sich verschiedene Muster, je nachdem ob die Augen offen oder geschlossen sind. Den Entspannungszustand mit geschlossenen Augen zeigen die sogenannten Alphawellen: ein relativ gleichmäßiges Auf und Ab der Hirnstromwellen. Bei geöffneten Augen, wenn das Gehirn also auf äußere Reize reagiert, sind die Kurven sehr viel enger und zackiger (Betawellen), während sie im Schlaf vergleichsweise offen und weit sind (Deltawellen). Ein eigenes Muster, die sogenannten Thetawellen, entsteht im kindlichen Gehirn.
Bei Erkrankungen des Gehirns, zum Beispiel bei einer Epilepsie (→ Seite 202) oder einem Gehirntumor (→ Seite 203), kommt es zu charakteristischen Veränderungen in den Hirnstromwellen, die Hinweise auf die Ursache der Erkrankung geben.

## Die Endoskopie

Einen hohen Stellenwert für die Diagnose hat heute die Endoskopie (abgeleitet vom griechischen Wort skopein = betrachten, untersuchen). Mit Hilfe dieses Verfahrens, das auf deutsch Spiegelung genannt wird, kann der Arzt Körperhöhlen und damit die meisten Organe von innen betrachten.
Dies sind zum Beispiel die Atemwege (→ Bronchoskopie, Seite 243), die Speiseröhre (→ Ösophagus-Endoskopie, Seite 323), der Magen (→ Gastroskopie, Seite 333), der Darm (→ Enteroskopie, Seite 341) oder die Harnwege (→ Blasen- und Nierenspiegelung, Seite 363). Auch den Brustkorb (Thorakoskopie) oder den Bauchraum (Laparoskopie) kann man auf diese Weise untersuchen.
Eine große Rolle spielt die Endoskopie bei der Abklärung von Gelenkbeschwerden (Arthroskopie; → Untersuchungen direkt im Gelenk, Seite 425). Außerdem ist es möglich, während der Endoskopie gleichzeitig Gewebeproben zu entnehmen (→ Die Biopsie, Seite 619).
Doch die Endoskopie ist nicht nur eine wichtige Untersuchungsmethode, sie wird ebenso zur Therapie, zur Planung von Operationen und zur Nachsorge eingesetzt. So kann man heute zum Beispiel mit Hilfe des → Endoskops »sanfte« Operationen vornehmen, wo früher das Messer unvermeidbar gewesen wäre: Zum Beispiel lassen sich der Blinddarm, eine kranke Gallenblase oder auch Krampfadern auf diese schonende und »unblutige« Art entfernen.

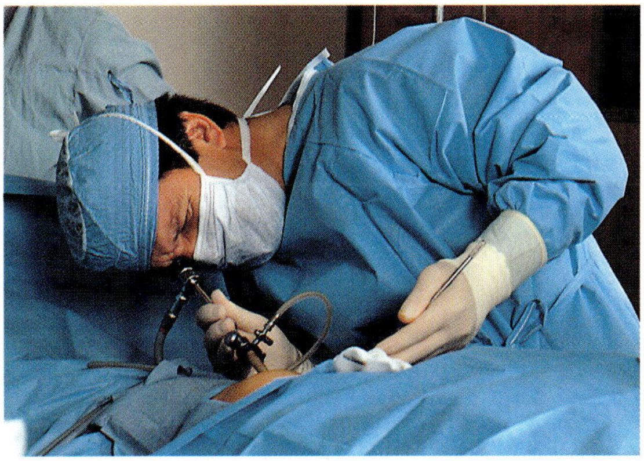

**Das Endoskop erlaubt es – für eine genaue Diagnose oder Operation – in den Körper »hineinzuschauen«.**

### Das Endoskop

Mittel zum Zweck ist das Endoskop, ein starres Röhrchen oder ein beweglicher Schlauch, wobei letzterer heutzutage sehr viel häufiger verwendet wird. Aus gutem Grund, denn ein Schlauch ist beweglich und kann sich viel besser an die Kurven und Unebenheiten des menschlichen Körpers anpassen. Nur bei leicht zugänglichen Organen oder bei Gefäßen werden noch starre Endoskope benutzt. Je nach Organ, das untersucht werden soll, ist das schlauchförmige Endoskop unterschiedlich lang und dick, jedoch nie dicker als ein Daumen.
Im Inneren verlaufen drei Kanälchen. Am vorderen Ende des einen Kanals befindet sich eine Art Miniaturkamera, durch die Bilder aus dem Untersuchungsbezirk aufgenommen bzw. übertragen werden können. Dazu ist Licht nötig, das über den zweiten Kanal ins Körperinnere geleitet wird. Sowohl Bild- als auch Lichtübertragung finden über Glasfiberfasern statt. Über den dritten Kanal, den Arbeitskanal, können Hilfswerkzeuge eingeführt werden, zum Beispiel Greifer, um Fremdkörper zu entfernen, Nadeln, um Medikamente einzuspritzen, Zangen oder Schlingen, um Gewebe abzutragen.
Bisher sind der Endoskopie noch Grenzen gesetzt, da die benötigten Instrumente nicht weiter zu verkleinern sind – doch Forschung und Technik machen rasche Fortschritte.

# Die Röntgenuntersuchung

Die Röntgenuntersuchung ist das älteste und bekannteste bildgebende Verfahren, mit dem man von außen Aufnahmen des Körperinneren machen kann. Sie beruht auf einer bestimmten Art sehr »harter« Strahlung, die der Würzburger Physiker Wilhelm C. Röntgen im Jahr 1895 entdeckte. Für die Medizin war (und ist) sie deshalb so wichtig, weil diese Strahlen, nachdem sie den Körper durchdrungen haben, fotografische Platten bzw. Filme schwärzen oder auf einem strahlungsempfindlichen Durchleuchtungsschirm zu sehen sind. Es entsteht ein umgekehrtes, weiß-schwarzes (nicht schwarz-weißes!) Abbild des Körperinneren, denn die verschiedenen Gewebe und Organe absorbieren die Strahlung unterschiedlich stark. So erscheinen zum Beispiel Knochen, die sehr viel Strahlung »schlucken« können, weiß, während das umgebende, strahlendurchlässige Muskelgewebe auf dem Film schwarz ist.

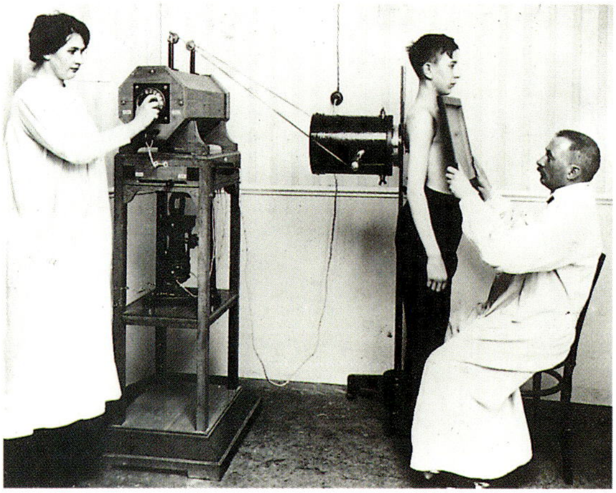

**So sahen Röntgenaufnahmen 1906 aus: Der Arzt hielt dem Patienten die Filmplatte vor die Brust.**

Auch durch luftgefüllte Organe wie die Lunge geht die Strahlung direkt durch, der Film wird schwarz. Verdrängt allerdings irgend etwas die Luft, zum Beispiel ein Erguß oder Verkalkungen (→ Tuberkulose, Seite 252), zeichnet sich das auf dem Film hell ab.
Für Weichteiluntersuchungen (→ Brustuntersuchung, Seite 381) verwendet man etwas weniger »harte« Strahlen, Hohlorgane und Blutgefäße können nur mit Hilfe eines strahlenundurchlässigen → Kontrastmittels gut dargestellt werden.

Schon Röntgen erkannte, daß die neuen Strahlen bei zu hoher Dosis auch Gefahren bargen: Verbrennungen an der Haut traten als Sofortschäden auf, später konnte auch nachgewiesen werden, daß Veränderungen in der Erbsubstanz durch zu hohe Strahlenbelastung ausgelöst werden können. Moderne Röntgengeräte arbeiten nur mit einem Bruchteil der früheren Strahlendosis, so daß die Risiken einer Röntgenuntersuchung für sehr gering eingeschätzt werden. Dennoch gilt, daß erst dann geröntgt werden sollte, wenn strahlungsfreie Untersuchungsmethoden nicht aussagekräftig genug sind.

## Untersuchungen mit Kontrastmittel

Die Röntgenuntersuchung mit Kontrastmittel wird eingesetzt, um Form und Verlauf von Körperhöhlen, Hohlorganen oder Blutgefäßen sichtbar zu machen. Dazu ist ein sogenanntes Kontrastmittel nötig, das eine strahlenundurchlässige Substanz enthält. Dieses Kontrastmittel wird entweder getrunken, zum Beispiel bei Untersuchungen des Magen-Darm-Trakts, oder gespritzt, wie bei Untersuchungen der Blutgefäße (→ Angiographie, Seite 279; → Herzkatheter-Untersuchung, Seite 263) oder der Gallenwege (→ ERCP, Seite 353). Je nachdem welches Organ untersucht wird, kommen andere Zusammensetzungen in Frage, die entweder über den Stuhl oder den Urin ausgeschieden werden. Weisen Sie den untersuchenden Arzt darauf hin, wenn Sie Allergiker sind, da es bei Kontrastmitteln zu einer Arzneimittelallergie (→ Seite 528) kommen kann.
Auf dem Weg durch die Verdauungs- und Ausscheidungsorgane erreicht das Kontrastmittel auch das zu untersuchende Organ, von dem dann im richtigen Moment Röntgenaufnahmen gemacht werden. Dasselbe Prinzip gilt auch für die Untersuchung der Blutgefäße.
Besonders gute Kontraste erhält man im Verdauungstrakt mit dem sogenannten Doppelkontrastverfahren. Dazu müssen Sie zusätzlich zu dem normalen Kontrastmittel einfach eine Brausetablette schlucken oder ein stark sprudelndes Getränk trinken. Die Luftbläschen lagern sich an den Wänden des Verdauungstraktes an und lassen so eine genaue Beurteilung der Schleimhaut des Verdauungstrakts zu. Geht es um die Abklärung von Dickdarmveränderungen, so kann zu diesem Zweck auch eine geringe Luftmenge durch den After eingeblasen werden.

## Die Computertomographie

Bei der Computertomographie, abgekürzt CT, wird die Röntgen- mit der Computertechnik kombiniert. Dabei werden vom gesamten Körper oder von einzelnen Körperteilen Röntgenaufnahmen aus verschiedenen Blickwinkeln gemacht. Diese Informationen setzt der Computer zu einem Querschnittsbild zusammen, dem Tomogramm (griechisch tome = Schnitt). Auf diese Weise ist es möglich, den menschlichen Körper optisch in »dünne Scheiben« zu zerlegen und so selbst kleinste Veränderungen in den Organen nachzuweisen (→ Abbildung, Seite 353). Für die Aufnahmen werden Sie langsam durch eine überdimensionale Röhre geschoben, die Untersuchung dauert in der Regel maximal 20 Minuten.

Eine bedeutende Rolle spielt die Computertomographie bei Erkrankungen des Gehirns. Mit Hilfe einer Schichtaufnahme vom Kopf (Cranio-Computertomogramm, abgekürzt CCT), können Ursachen eines Schlaganfalls (→ Seite 198) oder Entzündungsherde im Gehirn nachgewiesen werden.

## Die Kernspintomographie

Seit 1979 gibt es ein Diagnoseverfahren, das der Computertomographie ebenbürtig ist, aber ohne Röntgenstrahlung arbeitet: die Kernspintomographie, auch Magnetresonanztomographie (NMR) genannt. Dabei wird die Konzentration und Verteilung von Wasserstoffatomen bzw. ihrer Atomkerne im Körper gemessen. Das ist möglich, weil der Mensch zu über 70 Prozent aus Wasser besteht.

Für die Messung werden Sie für etwa eine halbe Stunde in eine Röhre geschoben, in der starke elektromagnetische Felder aufgebaut werden. Diese regen die Wasserstoffkerne dazu an, ihrerseits elektromagnetische Impulse abzugeben. Diese sogenannte Kernresonanz wird von einem Empfangsgerät aufgezeichnet und mit Hilfe eines Computers in ein Bild, das Kernspintomogramm, umgewandelt (→ Abbildung, Seite 191).

Besonders geeignet ist diese Technik für Untersuchungen des Gehirns, des Rückenmarks, der Bandscheiben oder der Gelenkinnenräume. Schädliche Nebenwirkungen sind bisher nicht bekannt, allerdings fühlen sich viele Patienten beim Aufenthalt in der Röhre sehr beengt.

## Die Szintigraphie

Zu den wichtigsten Anwendungsbereichen der Szintigraphie zählen Untersuchungen von Schilddrüse (→ Seite 490), Knochen (→ Seite 423), Herz (→ Seite 260) und Lunge (→ Seite 241).

Dabei nutzt man die kurzlebige radioaktive Strahlung verschiedener Substanzen, die injiziert oder geschluckt werden. Dazu werden Substanzen ausgewählt, die sich in bestimmten Körperregionen stärker anreichern als in anderen. So wird Jod vor allem von der Schilddrüse aufgenommen. Die radioaktive Strahlung wird dann mit Hilfe einer Spezialkamera sichtbar gemacht. Dieses Bild, das Szintigramm, zeigt die Verteilung der radioaktiven Substanz im Organ und gibt dadurch Auskunft über seine Funktionsfähigkeit (→ Abbildung, Seite 493).

Die Strahlenbelastung bei einer Szintigraphie ist minimal, die Ausscheidung der Substanzen erfolgt innerhalb kurzer Zeit über Urin und Stuhl.

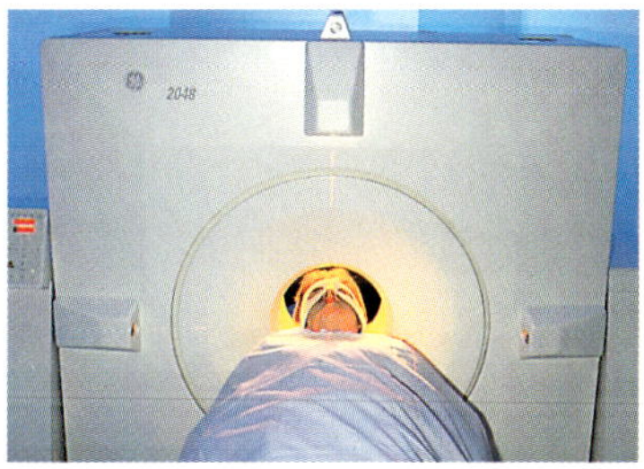

**Die sogenannte PET ist besonders gut für Untersuchungen des Gehirns geeignet.**

### Die Positronenemissionstomographie (PET)

Eine moderne Entwicklung der Szintigraphie ist die Positronenemissionstomographie, abgekürzt PET. Auch sie basiert auf kurzlebigen radioaktiven Substanzen, die sich nur in bestimmten Körperregionen mit einer hohen Stoffwechselaktivität anreichern (→ Der Stoffwechsel, Seite 508). Beim Zerfall der Substanzen wird Energie frei, die mit besonderen Geräten gemessen und computergestützt in Bilder umgewandelt wird. Die unterschiedliche Verteilung der Energie innerhalb eines Organs erlaubt Rückschlüsse auf die Stoffwechselaktivität und damit auf den Gesundheitszustand des Organs.

Die PET hat eine besondere Bedeutung bei der Diagnose von Krankheiten im Gehirn. Ebenso wie bei der Szintigraphie ist die Strahlenbelastung gering.

# Möglichkeiten der Therapie

Das erste und wichtigste Ziel einer ärztlichen Behandlung ist die vollständige Heilung von einer Krankheit. Das ist in der Praxis leider nicht immer möglich, sei es, weil es sich um eine chronische, schlimmstenfalls um eine unheilbare Erkrankung handelt oder weil die Beschwerden unter die Kategorie »Alters- und Verschleißerscheinungen« fallen, als da wären schmerzende Gelenke und Bandscheiben, die mit den Jahren ihre Elastizität und Beweglichkeit verloren haben, der »Alterszucker« (→ Diabetes mellitus Typ II, Seite 501), Bluthochdruck (→ Seite 280) und so manches mehr. Dann sind der ärztlichen Kunst Grenzen gesetzt, und die Ziele müssen bescheidener formuliert werden. Sie heißen nun Lindern der Beschwerden und Verhindern, daß die Krankheit sich weiter ausbreitet oder daß es zu Folgeerkrankungen kommt.

## Ein Ziel – viele Wege

Grundsätzlich stehen dem Arzt zahlreiche verschiedene Therapieformen zur Auswahl, die klassisch unterteilt werden in:

- konservative Verfahren, die die Einheit des Körpers als solche bewahren (lateinisch conservare = schützen, bewahren) und »von außen« behandeln,
- und chirurgische Verfahren, die eine Krankheit im Wortsinn durch einen Eingriff in den Körper (griechisch cheirurgeia = Handtätigkeit) heilen oder zumindest lindern wollen.

Medizinischer Fortschritt und technische Entwicklung lassen die Grenzen zwischen konservativen und chirurgischen Therapien heutzutage jedoch zunehmend fließender werden. Die High-Tech-Medizin eröffnet völlig neue Perspektiven auch in der Therapie. Ärzte und Patienten gleichermaßen schwören auf die »sanfte« Operation, bei der zwar im Inneren des Körpers krankes Gewebe weggeschnitten, zertrümmert oder anderweitig zerstört wird, aber ohne »gewaltsam«, das heißt durch einen Schnitt, in den Körper eindringen zu müssen.
Verfahren, wie die Stoßwellenlithropsie, bei der man mit Ultraschall von außen Nierensteine zertrümmern kann, die verschiedenen endoskopischen Behandlungen (→ Die Endoskopie, Seite 621) oder letzlich auch die Strahlentherapie (→ Die Bestrahlung, Seite 586), die bei der Krebsbehandlung unverzichtbar ist, vereinen die Vorteile beider Therapierichtungen: Sie bewahren die äußere Unversehrtheit des Körpers einerseits und greifen andererseits dennoch radikal in das Körperinnere ein, um das Übel der Krankheit an der sprichwörtlichen Wurzel auszurotten. Die körperliche und seelische Belastung eines solchen Eingriffs ist dabei in den meisten Fällen wesentlich geringer, und die Genesungszeit nach der Behandlung verkürzt sich deutlich.

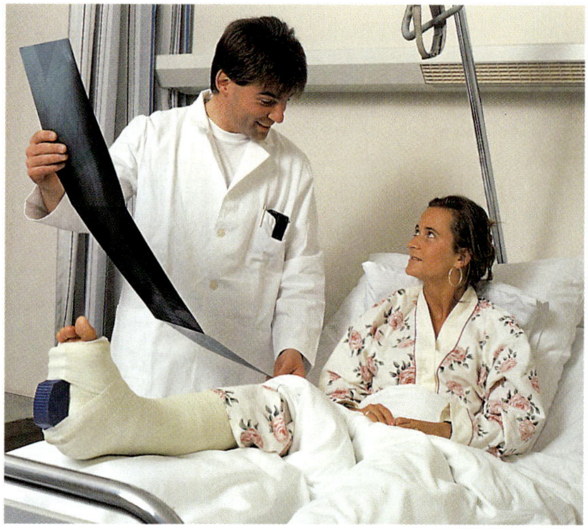

**Wenn Arzt und Patient bei einer Therapie gut zusammenarbeiten, beschleunigt das die Heilung.**

### Aktive Mitarbeit erwünscht

Meist dauert es eine gewisse Zeit, bis eine Therapie »anschlägt« und sich eine Besserung einstellt. Es kann vorkommen, daß eine bewährte Behandlungsform nicht das gewünschte Ergebnis bringt. Dann wird Ihr Arzt versuchen, eine Therapie herauszufinden, die für Sie besser geeignet sein könnte, oder er wird Ihnen vielleicht auch schwerwiegendere Maßnahmen wie eine Operation vorschlagen, die er Ihnen zunächst noch ersparen wollte.
Zu den wichtigsten Bedingungen für eine sinnvolle Behandlung zählen ohne Frage die genaue Diagnose durch den Arzt (→ ab Seite 614) und die Auswahl der geeigneten Therapieform. Mindestens ebenso bedeu-

tend aber ist die Eigenleistung, die jeder als Patient erbringen muß. Sie besteht nicht nur darin, Verantwortung für sich selbst und die Krankheit zu zeigen, indem Sie Symptome und Beschwerden möglichst genau beobachten, um sie dem Arzt gut beschreiben zu können.

Ein wesentliche Rolle spielt auch die aktive Mitarbeit bei der Therapie. Das ist keine Aufforderung zum »Herumdoktern« an sich selbst, sondern ein Appell, sich bewußt mit Ihrer Krankheit auseinanderzusetzen, sich darüber zu informieren, die vom Arzt vorgeschlagene Therapie durchzuführen und sie, nicht zuletzt im Fall einer notwendigen Operation, auch mitzutragen.

Konkret heißt das auch: Nehmen Sie die verschriebenen Medikamente (→ ab Seite 630) regelmäßig ein, nutzen Sie die verordneten begleitenden Heilverfahren (→ ab Seite 640) und beherzigen Sie die ärztlichen Ratschläge, Ihre Lebensweise gesünder zu gestalten. Wenn Sie irgendwelche Bedenken haben, daß eine Behandlungsform für Sie nicht die richtige ist: Sprechen Sie mit Ihrem Arzt darüber und beraten Sie sich gemeinsam mit ihm über die beste Lösung (→ Fragen Sie Ihren Arzt!, Seite 594).

## Die konservative Therapie

Die konservative Therapie wird unterteilt in schulmedizinische, begleitende Heilverfahren (→ Seite 640–653) und sogenannte alternative Verfahren (→ Seite 662–677).

Die *Schulmedizin* – das ist die allgemein anerkannte, naturwissenschaftliche Medizin, die an den Hochschulen gelehrt wird – stützt sich bei der konservativen Behandlung traditionell auf Arzneimittel aus chemischen Wirkstoffen (→ ab Seite 630) und auf die verschiedenen Varianten der begleitenden Heilverfahren, von der Krankengymnastik (→ Seite 646) über die Thermo- (→ Seite 641) bis zur Ernährungstherapie (→ Seite 653). Dazu kommen die orthopädischen Hilfsmittel, die eine Ruhigstellung erkrankter und verletzter Körperteile bewirken (→ Nicht nur Gips und Schiene, Seite 427) bzw. sie in ihrer Funktion unterstützen. Zunehmende Bedeutung hat mittlerweile auch die → High-Tech-Therapie.

Die Abgrenzung der Schulmedizin von der Naturheilkunde ist im medizinischen Alltag heute weitgehend bedeutungslos geworden, nicht nur weil viele Ärzte, wann immer sinnvoll, pflanzliche Arzneimittel verordnen (→ Die Pflanzenheilkunde, Seite 639), sondern auch, weil die meisten begleitenden Heilverfahren aus der Naturheilkunde kommen.

Sehr populär wurden in den letzten Jahren auch die traditionell konservativen Methoden der sogenannten *Alternativmedizin,* zu der man medizinische Schulen wie die Homöopathie (→ Seite 664), die chinesische Medizin (→ Seite 668) und den indischen Ayurveda (→ Seite 670) rechnet, aber auch Behandlungsformen wie die Neuraltherapie (→ Seite 676). Mittlerweile haben auch zahlreiche Ärzte Zusatzausbildungen in alternativen Verfahren, sie werden aber auch von Heilpraktikern durchgeführt (→ Alternative Behandlungsverfahren, ab Seite 662).

### High-Tech-Therapien

Hochspezialisierte Geräte ermöglichen nicht nur immer genauere Untersuchungen, sondern werden auch in der Behandlung täglich erfolgreich eingesetzt. Die Intensivmedizin (→ Seite 629) wäre ohne High-Tech undenkbar, und zahlreiche andere lebensrettende Apparate und technische Verfahren zählen längst zum medizinischen Standard. Man denke nur an die Dialyse (→ Ausweg künstliche Niere?, Seite 369) oder die immer höher entwickelten Geräte zur Behandlung von Gefäßverschlüssen (→ Ballon oder Bypass, Seite 265).

### Ambulant oder stationär?

In der überwiegenden Zahl aller Fälle findet eine Behandlung ambulant statt, das heißt, Sie gehen am Tag der Untersuchung und/oder Behandlung wieder nach Hause. Das ist heute auch bei kleineren Eingriffen üblich (→ Die ambulante Operation, Seite 595). Im Gegensatz dazu bezeichnet man einen Krankenhausaufenthalt als stationäre Behandlung. Die Entscheidung, ob eine Behandlung ambulant oder stationär durchgeführt wird, fällen Arzt und Patient in vielen Fällen gemeinsam. Sie ist einerseits abhängig von der Schwere der Erkrankung, aber auch von den häuslichen und familiären Umständen, das heißt, ob es Angehörige gibt, die bereit und in der Lage sind, die Grundpflege zu übernehmen.

## Chirurgie als Heilmittel

Gerade auf dem Gebiet der Chirurgie hat der medizinische Fortschritt in den letzten Jahrzehnten vieles bewirkt: So gehören Transplantationen von Organen wie den Nieren (→ Seite 300) heute bereits zum medizinischen Alltag, und selbst die erfolgreiche Replantation abgetrennter Gliedmaßen ist kein Einzelfall mehr. Tagtäglich werden Tausende von Operationen durchgeführt: an gesplitterten Knochen, eitrigen Mandeln, Krampfadern und vielem mehr. Es gibt kein Organ, das nicht operativ behandelt werden kann, was vor allem auch in der Krebstherapie eine große Rolle spielt.
Spezialisierung und Weiterentwicklung in den verschiedenen Fachgebieten der Medizin bringen es mit sich, daß die meisten Operationen von Fachärzten der entsprechenden Fachgebiete durchgeführt werden. So ist zum Beispiel ein Neurochirurg für Verletzungen und Erkrankungen von Gehirn, Rückenmark und Nerven zuständig, während bei Frauenleiden der Gynäkologe operiert.

## Operation – ja oder nein?

Falls eine konservative Therapie (→ Seite 625) langfristig keine Besserung der Beschwerden bringt oder wenn es keine geeignete Form der konservativen Behandlung gibt, kann Ihnen Ihr Arzt eine Operation vorschlagen. Die Entscheidung darüber liegt jedoch immer bei Ihnen, selbst im Notfall. In den Augen des Gesetzgebers ist jeder Eingriff eine Körperverletzung, die nur dann nicht strafbar ist, wenn Sie Ihre Einwilligung dazu geben. Die Aufgabe und die Pflicht (→ Aufklärungspflicht, Seite 602) Ihres Arztes ist es, Sie so genau über alles zu informieren, daß Sie eine Entscheidung treffen können.
An diesem Aufklärungsgespräch können und sollen auch Angehörige teilnehmen, gerade wenn es sich um eine größere Operation handelt. Ihr Arzt wird Sie dabei nicht nur so gut wie möglich beraten, sondern Ihnen sicher auch unnötige Ängste und Sorgen nehmen können.

### Worum es für Sie geht

Als Grundvoraussetzung für Ihre Entscheidungsfindung wird der Arzt Ihnen Ihre Krankheit genau erklären und beschreiben, wie sie sich vermutlich weiterentwickeln wird. Er wird erklären, was geschieht wenn Sie sich operieren lassen, aber auch wenn Sie dem Eingriff nicht zustimmen.
Außerdem ist es wichtig, daß er Ihnen Informationen über die Art des Eingriffs gibt: Was wird gemacht? Wie wird es gemacht? Wie lange dauert die Operation? Wie lange braucht der Körper voraussichtlich zur Genesung? Ist eine Nachbehandlung nötig? Was für Risiken gibt es?

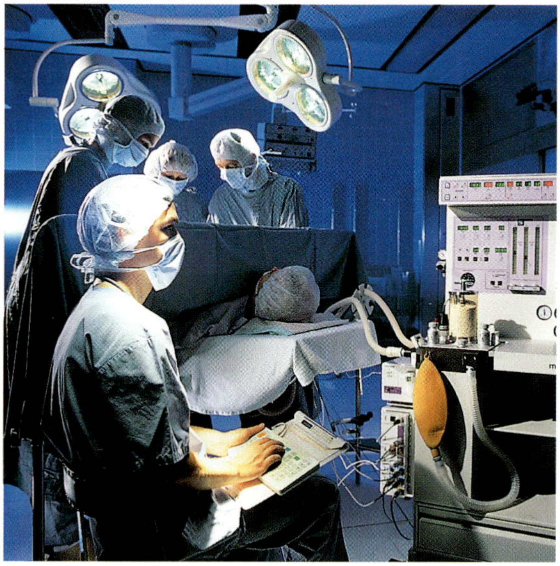

**Während der Operation sitzt ein Anästhesist an Ihrem Kopfende und überwacht alle Körperfunktionen.**

### Risiken und Nachwirkungen

Grundsätzlich ist jeder Eingriff in den Körper mit einem Risiko verbunden. Wie groß dieses Risiko ist, hängt von mehreren Faktoren ab: von der Schwere Ihrer Erkrankung, die auch das Ausmaß des Eingriffs bestimmt; von Ihrem allgemeinen Gesundheitszustand und von eventuell bestehenden chronischen Leiden; von Ihrem Alter und natürlich auch von der Qualität der medizinischen Versorgung, das heißt, von den Leistungen der behandelnden Ärzte und des Pflegepersonals bzw. der technischen Ausstattung des Krankenhauses.
Es gehört ebenfalls zur Aufklärungspflicht Ihres Arztes, Sie auf die möglichen Komplikationen und Nachwirkungen hinzuweisen. Gemeinsam mit ihm sollten Sie dann das Nutzen-Risiko-Verhältnis abwägen und sich – nach einer Bedenkzeit – entscheiden.

# Wenn operiert wird

## Die Vorbereitungen

Wenn Sie sich zu einer Operation entschieden haben, sind, je nachdem ob sie ambulant oder stationär durchgeführt wird, verschiedene Vorbereitungen nötig (→ Die ambulante Operation, Seite 595; → Aufenthalt im Krankenhaus, Seite 598).

In jedem Fall wird der operierende Arzt Sie noch einmal gründlich körperlich untersuchen (→ Seite 614), Ihre aktuellen Blutwerte bestimmen (→ Seite 618) und ein EKG machen lassen (→ Seite 620). Manchmal sind zusätzlich auch Röntgenaufnahmen von Herz und Lunge nötig.

Kurz vor der Operation wird auch der Arzt, der Ihnen die Narkose gibt, ein Gespräch mit Ihnen führen, um sich über Ihren allgemeinen Gesundheitszustand, über Begleiterkrankungen und Medikamente, die Sie eingenommen haben, zu informieren. Außerdem verordnet er Ihnen ein mildes Beruhigungsmittel für die Nacht vor der Operation bzw. den Morgen des Operationstages.

Vor jeder Operation, sei es ambulant oder im Krankenhaus, gelten wichtige allgemeine Maßnahmen:

- Am Vorabend dürfen Sie nur leicht essen und mindestens sechs Stunden vor der Operation nichts mehr trinken.
- Der Darm muß entleert sein, am besten mit Hilfe eines Abführmittels und eventuell eines Einlaufs.
- Reinigen Sie sorgfältig den ganzen Körper.
- Gehen Sie frühzeitig schlafen – in einem frisch bezogenen Bett.

## Im Operationssaal

Da im Operationssaal wegen der Infektionsgefahr alles möglichst steril sein sollte, tragen nicht nur Ärzte und Assistenten eine spezielle Schutzkleidung, Haar- und Mundschutz. Auch der Patient bekommt ein nachthemdartiges Operationsgewand und eine Haube über die Haare.

Im Operationsbereich angekommen, bereitet der Anästhesist alles für die Narkose (→ Seite 628) vor. Auf Ihrer Brust werden die Elektroden eines EKG befestigt, damit die Herztätigkeit während der Operation kontrolliert werden kann. Ein kleiner Clip am Ohrläppchen mißt, ob genug Sauerstoff in Ihrem Blut ist. Erst wenn die Narkose eingeleitet ist, werden Sie in den eigentlichen Operationssaal gefahren.

### Und was ist im Notfall?

Zeit zum Überlegen ist natürlich vor allem bei planbaren Operationen. Etwas anders sieht es im Notfall aus, zum Beispiel bei einem Darmverschluß (→ Seite 340). Hier gibt es keine Alternative zur Operation, und sie muß so schnell wie möglich durchgeführt werden, um das Leben des Betroffenen zu retten. Zwar darf der Arzt auch dann nicht ohne die Zustimmung des Patienten operieren, doch wird sie wohl kaum jemand verweigern.

Sollte es, zum Beispiel aus religiösen Gründen, doch vorkommen, daß eine Operation abgelehnt wird, so ist der Arzt trotzdem gesetzlich zum Handeln verpflichtet, wenn der Patient bewußtlos ist. Andernfalls würde er sich der unterlassenen Hilfeleistung schuldig machen.

Dort wird die Haut in dem Bereich, in dem operiert wird, desinfiziert, und Ihr ganzer Körper wird mit sterilen Tüchern zugedeckt. Nachdem OP-Schwester und Chirurg sich gründlich die Hände desinfiziert haben, ziehen sie sterile Handschuhe und Kittel an. Die Operation beginnt.

Wenn mit Hilfe eines Endoskops (→ Seite 621) operiert werden kann, ist nur ein kleiner Schnitt in den Körper nötig. Anders bei der »konventionellen« Methode: Dabei muß die erkrankte Körperregion von außen freigelegt werden – »eröffnet«, wie die Mediziner sagen. Während der Operation sitzt der Anästhesist an Ihrem Kopf und kontrolliert die Narkose und Ihre Körperfunktionen mit Hilfe seiner Geräte.

## Nach der Operation

Wenn nach der Operation die Narkose abklingt, sind Ruhe und Schonung das Wichtigste – sei es im Krankenhaus oder bei einer ambulanten Operation zu Hause. Damit erholen Sie sich nicht nur von den Strapazen der Narkose und des Eingriffs, sondern unterstützen Ihren Körper auch bei der Wundheilung. Gegen eventuell auftretende Schmerzen bekommen Sie Medikamente, bei regelmäßigen Nachuntersuchungen wird kontrolliert, ob die Wunde nachblutet oder ob sie gut verheilt.

# Die Anästhesie

Anästhesie meint im modernen Sprachgebrauch nicht nur die Schmerzunempfindlichkeit, sondern meist auch das Fachgebiet der Medizin, das sich mit Narkose, örtlicher Betäubung, aber auch der Intensiv- und Notfallmedizin sowie der Schmerztherapie befaßt. Der zuständige Facharzt ist der Anästhesist. Seine Aufgabe ist es, Sie für einen bestimmten, steuerbaren Zeitraum vor Schmerzen zu bewahren. Und während der Operation sorgt er dafür, daß die gewünschte Stärke der Betäubung aufrechterhalten bleibt, und überwacht Ihre Körperfunktionen.
Je nach Art des Eingriffs kann das Schmerzempfinden für die betroffene Körperregion (→ Die örtliche Betäubung) oder im ganzen Körper ausgeschaltet werden (→ Die Vollnarkose).

## Operation ohne Schmerzen

Vor der »Erfindung« der Narkose in der Mitte des 19. Jahrhunderts war es üblich, daß die Patienten für die Dauer einer Operation angebunden oder von starken Männern festgehalten wurden. Selbst wer es heldenhaft auf sich nehmen wollte, die Schmerzen zu ertragen, war nicht gefeit davor wegzulaufen. Denn Schmerz löst im Körper automatisch Reaktionen aus, die uns vor Angriffen auf unseren Körper schützen sollen. Das sind Reflexe wie Abwehrbewegungen, Muskelanspannungen oder auch der Fluchttrieb.
Um also eine Körperverletzung – und sei es auch eine erwünschte wie eine Operation – überhaupt ertragen zu können, müssen wir unempfindlich werden gegen Schmerzen. Diese Unempfindlichkeit wird durch die Narkose oder die örtliche Betäubung hergestellt – medizinische Errungenschaften, ohne die es die moderne Chirurgie nicht gäbe.

## Die örtliche Betäubung

Die örtliche Betäubung, auch Regional- oder Lokalanästhesie genannt, hat den Vorteil, daß Sie bei Bewußtsein und beweglich bleiben und der Körper weniger belastet wird. Dabei wird die Verbindung zwischen den Schmerzempfängern und dem Rückenmark bzw. dem Gehirn unterbrochen (→ Schmerz als Warnsignal, Seite 212). Ergebnis: Das Schmerzzentrum im Gehirn wird nicht über das Geschehen in der betäubten Region »benachrichtigt«, und Sie empfinden keinen Schmerz.

### Lokalanästhesie

Je nachdem wo betäubt wird, unterscheidet man verschiedene Formen:

- **Die Oberflächenbetäubung**, meist mit Hilfe eines Sprays durchgeführt, wird bei den Augen oder den Schleimhäuten angewandt, zum Beispiel im Rachen, um den Würgereflex bei einer Speiseröhren- oder Magenspiegelung zu unterdrücken.
- **Bei der Infiltrationsanästhesie** wird das Betäubungsmittel fächerförmig in oder um das betreffende Hautareal gespritzt. Das macht man vor allem beim Ausschneiden von Wunden, doch man kann sogar Leistenbrüche auf diese Weise operieren.
- **Bei der Leitungsanästhesie**, auch periphere Nervenblockade genannt, wird das Betäubungsmittel direkt an den Stamm oder in unmittelbare Nähe eines größeren Nervs gespritzt. Damit wird der gesamte Versorgungsbereich des betäubten Nervs ausgeschaltet. Dieses Verfahren wird zum Beispiel bei Operationen an Fingern oder Zehen benutzt oder bei Zahnbehandlungen und Eingriffen an der Schilddrüse.
- **Bei Operationen an Armen oder Beinen** kann das Betäubungsmittel auch in eine Vene im Bereich der Operation injiziert werden. Dazu müssen die Adern blutleer sein – Arm oder Bein also vorher abgebunden werden –, damit das Mittel nicht auf dem Blutweg ins Gehirn gelangt.

## Die Rückenmarksnarkose

Eine besondere Form der örtlichen Betäubung ist die sogenannte Rückenmarksnarkose. Sie wird bei Eingriffen an den Beinen, im Unterbauch und bei der Geburtshilfe angewendet. Bei der *Spinalanästhesie* wird das Betäubungsmittel in den mit Nervenwasser gefüllten Raum um das Rückenmark (→ Seite 189) gespritzt. Damit können die Nerven unterhalb der Einspritzstelle betäubt werden, bei Rückwärtslagerung auch solche in höheren Bereichen. Zur Schmerzunempfindlichkeit kommt hier aber gleichzeitig eine Bewegungsunfähigkeit, da auch die motorischen Nerven betäubt sind. Ähnlich wirkt auch die *Periduralanästhesie,* bei der nicht in das Nervenwasser, sondern in den schmalen Raum zwischen Wirbel und der äußeren, harten Schutzschicht (Dura) des Rückenmarks gespritzt wird. Sie wird bei Operationen über drei Stunden Dauer angewandt.

### Die Vollnarkose

Eine Voll- oder Allgemeinnarkose bedeutet, daß Sie in einen tiefen, bewußtlosen Schlaf versetzt werden, in dem Schmerzempfinden und Reflexe ausgeschaltet und die Muskeln entspannt sind. Dazu werden meist mehrere verschiedene Narkosemittel miteinander kombiniert, die in Form von Dämpfen oder Gasen über eine Atemmaske eingeatmet oder in eine Vene gespritzt werden. Bei allen Operationen, die länger als eine halbe Stunde dauern, wird Ihnen, nachdem Sie eingeschlafen sind, ein Luftröhrenschlauch gelegt. Auch darüber können Narkosemittel gegeben werden; außerdem werden Sie während der Operation auf diesem Weg mit Luft versorgt.

### Risiken und Nachwirkungen

Jede Narkose stellt einen schwerwiegenden Eingriff in den Körper dar. Ob er mit besonderen Risiken verbunden ist, wird im wesentlichen von drei Faktoren bestimmt: dem Lebensalter, dem allgemeinen Gesundheitszustand und der Dauer der Operation. Es ist nur natürlich, daß der Körper mit steigendem Alter eine Operation schwerer verkraftet, ebenso wie Herz- und Kreislauf-Erkrankungen, geschwächte Atmungsorgane oder Stoffwechselerkrankungen wie Diabetes die Belastbarkeit und Regenerationsfähigkeit einschränken.

Das bedeutet jedoch nicht, daß bei Vorerkrankungen keine Narkose mehr möglich ist. Mit den modernen Anästhesiemethoden ist eine Narkose prinzipiell bei jedem Menschen durchführbar, auch bei Säuglingen oder alten Menschen.

Ohne nennenswerte Nachwirkungen sind nur die leichteren Verfahren: Eine einfache Lokalanästhesie klingt schon wenige Stunden nach Ende der Operation beschwerdefrei ab. Anders ist es bei den Rückenmarksnarkosen und bei der Vollnarkose, die vorübergehend zu Kopfschmerzen, Übelkeit und Erbrechen führen können. Teilen Sie dem Anästhesisten beim Vorgespräch mit, wenn Sie Allergiker sind. Bei allen Formen der → örtlichen Betäubung kann es zu einer allergischen Reaktion kommen (→ Arzneimittelallergie, Seite 528).

## Die Intensivmedizin

Nach schweren Operationen oder bei Erkrankungen, bei denen es zu lebensbedrohlichen Störungen oder Ausfällen der Organfunktion kommt, ist die übliche Pflege und ärztliche Betreuung nicht ausreichend. Der Patient wird dann auf eine *Intensivstation* verlegt. Dort stehen wesentlich mehr Ärzte und speziell ausgebildete Schwestern und Pfleger zur Verfügung, und mit Hilfe elektronischer Geräte können alle wichtigen Körperfunktionen ständig überwacht werden. Auf diese Weise ist es möglich, bei einer Verschlechterung des Gesundheitszustandes sofort Therapiemaßnahmen einzuleiten.

Im Unterschied dazu ist eine *Wachstation* vor allem für die vorübergehende Betreuung Frischoperierter gedacht. Eine intensivmedizinische Behandlung ist dort in der Regel nicht möglich.

Die Leitung einer operativen Intensivstation hat meist ein Anästhesist oder ein Chirurg, die einer internistischen ein Facharzt für innere Medizin.

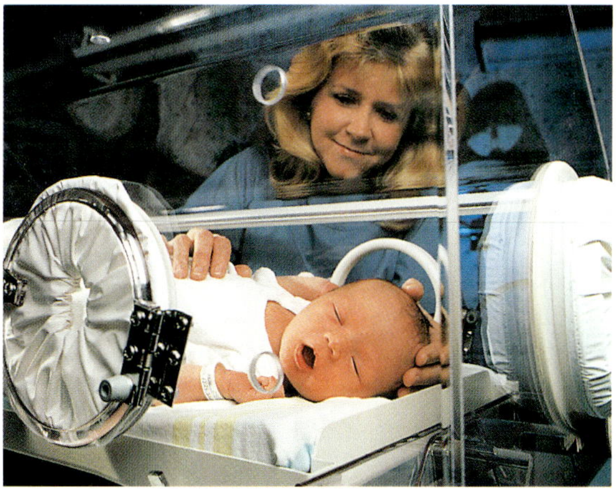

**Zu früh geborene Babys werden im Brutkasten betreut, bis sie stark genug für die Welt »draußen« sind.**

### Die Frühgeborenenstation

Eine eigene Intensivstation gibt es für Frühgeborene, die bei der Geburt noch nicht genügend entwickelt sind, um lebensfähig zu sein. Dort liegen sie in einem Brutkasten, wo sie gewärmt und, wenn nötig, künstlich beatmet werden. Genau wie bei den Erwachsenen werden Herztätigkeit, Kreislauf und Atmung mit Geräten überwacht. Bis sie allein trinken können, werden sie über eine Magensonde ernährt.

# Arzneimittel – Wirkstoffe für die Gesundheit

Pillen, Zäpfchen, Pülverchen, Tinkturen, Cremes und Öle: Arzneimittel in den verschiedensten Formen sind seit den Tagen der alten Ägypter das wichtigste Werkzeug der Ärzte, um Krankheiten zu heilen und Beschwerden zu lindern, ihnen vorzubeugen oder um sie zu diagnostizieren. Das Wissen über die Wirkungsweise der Medikamente gründete sich zunächst allein auf die Erfahrungsmedizin. Erst der griechische Arzt Galen (129–199) wird als »Vater der pharmakologischen Theorie« angesehen, und seit Paracelsus (1493–1541) bemühte man sich um die Kenntnis der einzelnen Wirkstoffe einer Arznei.

Noch bis zum Ende des 19. Jahrhunderts stellten die Apotheker fast alle Arzneien selbst her, meist aus getrockneten oder frischen Pflanzen. Daneben gab es aber bereits pharmazeutische Laboratorien, in denen man die Wirkstoffe aus Naturprodukten in chemisch reiner Form extrahierte. Abgesehen von Naturheilmitteln (→ Die Pflanzenheilkunde, Seite 639) werden heutzutage die meisten Arzneimittel gewonnen, indem man Wirkstoffe »synthetisiert«, das heißt chemische Verbindungen nach dem Vorbild der Natur erzeugt oder auch ganz neu entwickelt.

Ob Hausmittel oder rezeptpflichtige Medikamente: Auf die richtige Dosierung und Einnahme kommt es an.

## Tabletten oder Tropfen?

Eine chemische Substanz wird erst zum wirksamen Arzneimittel, wenn sie in einer bestimmten Weise zubereitet ist. In welcher Form das geschieht – ob als Tablette, Salbe, Emulsion oder als Tropfen –, richtet sich nicht zuletzt danach, wo und wie das Medikament eingesetzt wird. So wirken Mittel zum Einreiben direkt an der erkrankten Stelle, während Arzneien zum Schlucken oder Spritzen in der Regel über die Blutbahn an ihren Wirkort transportiert werden. Wie schnell das geht, hängt davon ab, ob sie fest oder flüssig sind. Flüssige Medikamente gelangen viel schneller ins Blut als feste.

### Bitte ganz langsam

Umgekehrt kann es auch erwünscht sein, daß der Wirkstoff im Körper langsam freigegeben wird. Dann wird der Arzt ein Medikament in fester Form, zum Beispiel als Dragee oder Kapsel, verschreiben. Bei sogenannten Retard- oder Depotpräparaten ist der Wirkstoff mit unterschiedlich dicken Schichten überzogen, die sich erst nach und nach im Darm auflösen. Retardpräparate dürfen deshalb nicht zerkaut werden! So ist es möglich, die Anzahl der täglich einzunehmenden Medikamente zu verringern.

Langzeitwirkung kann auch durch ein Pflaster mit Wirkstoffvorrat erzielt werden. So klebt man etwa Hormonpflaster auf die Haut, wo sie langsam und stetig die Arzneistoffe an den Körper abgeben.

### Zusatzstoffe

Die wirksame Dosis vieler Substanzen liegt im Bereich von wenigen Milligramm. Das ist so wenig, daß ein wesentlicher Bestandteil jedes Medikaments der sogenannte Füllstoff ist, durch den es erst eine benutzbare Größe bekommt. Füllstoffe sind zum Beispiel Milchzucker, Alkohol, Wasser oder Hartfett bei Zäpfchen. Dazu kommen Hilfsstoffe wie Konservierungsmittel, die die Haltbarkeit gewährleisten.

# Die Arzneimittelprüfung

Die Suche nach neuen, immer besseren Wirkstoffen ist eine wichtige Aufgabe der pharmakologischen Forschung. Die meisten neuen Medikamente auf dem Pharmamarkt sind allerdings Abwandlungen bereits erprobter Arzneimittel.
Bis ein Medikament in den Handel kommt, hat es eine ganze Reihe von Entwicklungsschritten zu durchlaufen, die gesetzlich vorgeschrieben sind und mehrere Jahre in Anspruch nehmen.

## Schritt für Schritt

In der sogenannten vorklinischen Prüfung wird im Labor mit Zellkulturen oder auch durch Tierversuche geprüft, ob ein Stoff die gewünschte Wirkung zeigt und auch bei langer Anwendung nicht giftig ist, ob er das Erbgut schädigt, Krebs oder Mißbildungen auslöst und wie er im Körper aufgenommen, verteilt und schließlich wieder ausgeschieden wird.
Durchschnittlich schafft nur eine von tausend Substanzen den Sprung zur nächsten Stufe: der klinischen Prüfung. Dabei wird in der ersten Phase an gesunden, freiwilligen Personen untersucht, ob die bisher im Laborversuch beobachteten erwünschten Wirkungen auch beim Menschen eintreten.
In der zweiten Phase wird das Mittel an ausgewählten Patienten erprobt, die an der Krankheit leiden, gegen die das Mittel eingesetzt werden soll. Bei einem positiven Ergebnis – und vertretbaren Nebenwirkungen (→ Seite 632) – wird die Wirksamkeit des Arzneimittels an einer größeren Anzahl von Patienten getestet und mit anderen Behandlungsmöglichkeiten verglichen.
Voraussetzung für diese Studien ist in jedem Fall, daß der betreffende Patient seine Zustimmung zu den Tests gegeben hat und über bekannte Nebenwirkungen und Risiken aufgeklärt wurde.

## Die Zulassung

Von zehn Substanzen erreicht nur eine schließlich das Zulassungsverfahren. Hier muß der Nachweis vorgelegt werden, daß das Arzneimittel seine Wirkung erfüllt und unbedenklich (nicht unschädlich!) ist. Erst dann erhält es einen Handelsnamen und kommt auf den Markt. Auch nach der Zulassung wird weiterhin genau beobachtet, wie sich das neue Mittel in der Praxis bewährt.

## Patentrecht und Generika

Glaubt eine pharmazeutische Firma, einen erfolgversprechenden Wirkstoff gefunden zu haben, so wird sie möglichst schnell ein Patent darauf anmelden. Dieses sichert ihr die alleinigen Vermarktungsrechte für 20 Jahre. In deren Genuß kommt sie allerdings erst nach dem langwierigen und mehrjährigen Verfahren der Arzneimittelprüfung.
Nach Ablauf des Patentschutzes können auch andere Pharmafirmen die Wirkstoffe als Arzneimittel anbieten. Diese »Generika« genannten Nachfolgepräparate können dann zu einem wesentlich günstigeren Preis verkauft werden, da keine Entwicklungskosten mehr anfallen.

## Qualität ist oberstes Gebot

Bei der Herstellung von Arzneimitteln ist die pharmazeutische Industrie an strenge Auflagen zur Qualitätssicherung gebunden. Sowohl Rohstoffe als auch Fertigprodukte werden genauestens geprüft.
Zudem wird genau Buch geführt über das Ausgangsmaterial und die einzelnen Verarbeitungsschritte. Werden später noch Mängel festgestellt, so können Medikamente anhand des Herstellungsdatums oder der Chargennummer (abgekürzt Ch.-B.) vom Verkauf zurückgerufen werden. Eine Charge bezeichnet eine Produktionsserie von Arzneimitteln, die unter identischen Voraussetzungen hergestellt wird.

### Arznei ohne Wirkstoffe

Plazebo nennt man Medikamente, die keine sind – Scheinmedikamente. Denn abgesehen vom üblichen »Verpackungsmaterial« der Arzneistoffe, wie Stärke, Zucker, Fett oder Wasser, haben sie nichts zu bieten. Doch auch ohne medizinisch wirksame Substanz können sie einen Heilerfolg herbeiführen. Vor allem bei der Schmerzbekämpfung hat man damit beeindruckende Resultate erzielt. Warum das so ist, läßt sich naturwissenschaftlich bisher nicht nachweisen. Vermutlich werden durch die Einnahme des Plazebos die Selbstheilungskräfte des Körpers, die bei jeder Behandlung eine wichtige Rolle spielen, mobilisiert. Voraussetzung ist jedoch: Der Patient glaubt an die Heilkraft seiner Arznei.

# Das Rezept

Ein Rezept hat den Charakter einer Urkunde und muß die Unterschrift eines Arztes tragen. Nicht alle Medikamente, die er verschreibt, sind auch verschreibungspflichtig. Doch nur für die Arzneimittel, die er per Kassenrezept verordnet, übernehmen die Krankenkassen auch die Kosten – allerdings nicht in voller Höhe. Für jedes Medikament müssen Sie einen bestimmten Betrag zuzahlen. Dieser richtet sich nach dem Verkaufspreis und der Packungsgröße.

Privatrezepte müssen in der Apotheke ganz bezahlt werden. Falls Sie privat versichert sind, können Sie das Rezept, auf dem der Apotheker den Betrag quittiert haben muß, bei Ihrer Krankenkasse zur Kostenerstattung einreichen.

## Die Verschreibungspflicht

Der Gesetzgeber unterscheidet zwischen apothekenpflichtigen und freiverkäuflichen Arzneimitteln. Apothekenpflichtige Medikamente gliedern sich in solche, die rezeptfrei abgegeben werden dürfen, und andere, die der Verschreibungspflicht unterliegen.

Verschreibungspflichtig sind alle Medikamente, die nur unter ärztlicher Kontrolle angewendet werden dürfen, da auch bei bestimmungsgemäßem Gebrauch mit unerwünschten Wirkungen zu rechnen ist. Das gilt außerdem für alle neu zugelassenen Arzneimittel, die einen neuen Wirkstoff enthalten. Nach Ablauf einer mehrjährigen Frist können sie jedoch von der Verschreibungspflicht ausgenommen werden.

## Betäubungsmittel

Besonders strenge Auflagen gelten für die sogenannten Betäubungsmittel, Stoffe, die eine suchterregende Wirkung haben. Sie dürfen nur auf numerierten Rezepten verordnet werden und auch nur dann, wenn der beabsichtigte Nutzen mit anderen Mitteln nicht erreicht werden kann. Diese Prozedur hält immer noch viele Ärzte von der Verschreibung morphinartiger Schmerzmittel (→ Seite 638) ab, die für schwerkranke Menschen oft eine große Linderung ihrer Leiden bedeuten. Die befürchtete Abhängigkeit tritt bei sachgerechter Anwendung jedoch so gut wie nie auf. Aus diesem Grund sind mittlerweile Bestrebungen im Gange, die Vorschriften zu lockern.

**Tabletten oder Kapseln nehmen Sie am besten mit einem großen Glas Wasser ein.**

# Der Beipackzettel

Jedem Fertigarzneimittel ist ein Informationsblatt, der sogenannte Beipack- oder Waschzettel, beigefügt. Darin gibt der Hersteller genau Auskunft über Wirkstoffart und -menge sowie alle Zusatz- und Hilfsstoffe.

Unter dem Stichwort »Anwendungsgebiete« finden Sie eine Kurzbeschreibung, gegen welche Beschwerden und Krankheiten das Mittel eingesetzt werden kann. Die »Gegenanzeigen« geben Auskunft darüber, unter welchen Umständen das Medikament nicht geeignet ist. Trifft dabei etwas auf Sie zu, besprechen Sie dies unbedingt mit Ihrem Arzt.

Darüber hinaus enthält der Beipackzettel Angaben über Dosierung und Anwendung des Arzneimittels. Sie gelten aber nur dann, wenn Ihr Arzt Ihnen keine anderen Richtlinien gegeben hat.

> **!** Falls Sie während der Einnahme eines Medikaments Beschwerden haben, die Sie auf das Arzneimittel zurückführen, setzen Sie es auf keinen Fall selbständig ab. Sprechen Sie mit Ihrem Arzt über die vermuteten Nebenwirkungen. Dies kann auch telefonisch geschehen.

## Unerwünschte Wirkungen

Ein Abschnitt des Beipackzettels ist den Nebenwirkungen des Arzneimittels gewidmet. Damit sind unerwünschte Reaktionen des Organismus auf das Medikament gemeint, die neben den beabsichtigten Wirkungen auftreten *können*.

Aus juristischen Gründen achten die Hersteller hier besonders auf Vollständigkeit. Dabei entsteht leicht der Eindruck, ein Arzneimittel schade mehr, als es nütze. Im allgemeinen ist es jedoch so, daß unerwünschte Wirkungen vergleichsweise selten beobachtet werden. Der Begriff »selten« im Beipackzettel bedeutet, daß die unerwünschte Wirkung in einem von hundert Fällen auftritt, »sehr selten« in weniger als einem von tausend Fällen.

### Wechselwirkungen

Wenn Sie mehrere Medikamente gleichzeitig einnehmen, können die einzelnen Wirkstoffe sich gegenseitig beeinflussen. Auch dazu finden Sie Hinweise in der Gebrauchsinformation des Arzneimittels. Eine Steigerung der Wirkung durch den Einsatz zweier sich ergänzender Präparate kann im Rahmen einer Therapie beabsichtigt sein. Daß sich zwei Arzneimittel in der Wirkung aufheben, kommt vor allem dann vor, wenn die Medikamente von Ärzten verschiedener Fachrichtungen verschrieben wurden, die nicht darüber informiert sind, welche Mittel der Kollege verordnet hat.

! Wenn Sie gleichzeitig bei mehreren Fachärzten in Behandlung sind: Informieren Sie jeden Arzt über alle die Medikamente, die Sie einnehmen!

## Vertrauen Sie Ihrem Arzt

Jährlich landen Tonnen von Arzneimitteln auf dem Müll – viele davon in unbenutzten Packungen. Einer der Gründe ist oft der Hinweis auf die möglichen → Nebenwirkungen, ein anderer, daß sich die Besserung der Beschwerden nicht schnell genug einstellt, oder umgekehrt, daß die Einnahme zu früh nach dem Abklingen der Symptome abgebrochen wird.
All das sind Themen, die Sie mit Ihrem Arzt besprechen sollten – am besten vor der Einnahme. Es geht darum, daß Sie gesund werden, und dazu ist Ihre Mitarbeit nötig und erwünscht (→ Seite 625)!

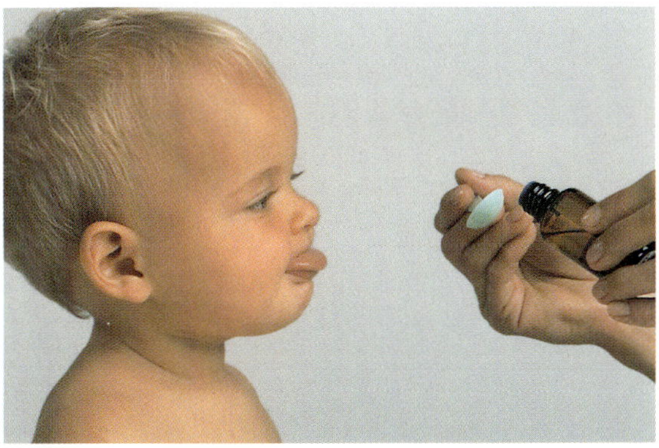

**Kleine Kinder brauchen eigene Arzneimittel. Die Dosierung muß ihrem Alter und Körpergewicht angepaßt sein.**

Wenn Ihr Arzt Ihnen ein Rezept ausstellt, besprechen Sie mit ihm immer folgende Punkte:
- Welche Wirkung hat das Medikament und wie schnell ist diese zu erwarten?
- Welche Nebenwirkungen können auftreten? Wie häufig und wie ernst sind sie?
- Wie, in welcher Dosierung und wie lange soll das Medikament genommen werden?

## Arzneimittel in Schwangerschaft und Stillzeit?

Schwangere und stillende Frauen sollten Arzneimittel nur in zwingenden Fällen einnehmen und auch dann nur nach Rücksprache mit ihrem Arzt (→ Vorsicht bei Medikamenten und Genußgiften!, Seite 55).
Die meisten Wirkstoffe können über den Mutterkuchen in den kindlichen Blutkreislauf übergehen oder über die Muttermilch aufgenommen werden. Die Gefahr von Mißbildungen und Defekten an Organen ist vor allem während der ersten drei Monate einer Schwangerschaft erhöht. Es ist jedoch nur eine kleine Anzahl von Arzneimitteln bekannt, die nachweislich Schädigungen am ungeborenen Kind verursachen können. Abzuraten ist von gerade erst neu zugelassenen Medikamenten, bei denen im allgemeinen noch keine gesicherte Einschätzung des Langzeitrisikos möglich ist.
Bei allen Erkrankungen der Mutter wird der Arzt das Nutzen-Risiko-Verhältnis abwägen und dann entscheiden, ob der Einsatz von Medikamenten gerechtfertigt ist. Dabei gilt es auch zu berücksichtigen, ob der Verzicht auf eine medikamentöse Therapie nicht auch dem Kind schaden könnte.

### Arzneimittel für Kinder

Bei Kindern verlaufen je nach Alter die Aufnahme von Arzneistoffen, der Umbau im Körper und die Ausscheidung anders als bei Erwachsenen. Für sie gibt es deshalb oft eigene Medikamente in geringerer Dosierung und speziellen, aromatisierten Zubereitungen. Aus diesem Grund sollten Sie Ihr Kind auch nicht ohne Rücksprache mit Ihrem Arzt mit »typischen Erwachsenenmedikamenten« wie zum Beispiel Azetylsalizylsäure (→ Schmerzmittel, Seite 638) behandeln.

# Die wichtigsten Arzneimittelgruppen von A bis Z

## Abführmittel (Laxantien)

Abführmittel enthalten Substanzen, die die Darmschleimhaut reizen und die Darmmuskulatur anregen, den Stuhl weicher machen oder ihn aufquellen lassen. Mittel wie Glauber- und Bittersalz oder die Inhaltsstoffe von Sennesblättern und -früchten, der Rinde des Faulbaumes oder Rhabarberwurzeln bewirken, daß sich ein großer Teil des Dickdarms entleert. Das wäre normalerweise nicht der Fall, und so dauert es eine Weile, bis der Darm für den nächsten Stuhlgang gefüllt ist. Dadurch entsteht erneut der Eindruck einer Verstopfung: Und leicht greift man wieder zum Abführmittel. Ein Teufelskreis, der bei längerem Gebrauch von Abführmitteln verstärkt wird durch den Entzug von Wasser und Mineralien.
Quell- und Füllmittel wie Weizenkleie und Leinsamen vergrößern die Stuhlmenge, indem sie Flüssigkeit aufnehmen und sich ausdehnen. Dadurch wird der Darm zur Arbeit angeregt. Sie können längerfristig angewendet werden, wichtig ist jedoch, daß man gleichzeitig viel Flüssigkeit zu sich nimmt.
Benutzen Sie Abführmittel – auch harmlose Quell- und Füllmittel – nur, wenn es wirklich nötig ist und auch dann nur für kurze Zeit! Die beste Lösung ist immer eine ballaststoffreiche Ernährung (→ Wege zu einer gesunden Verdauung, Seite 343).

### Abführmittel sind nur sinnvoll

- vor Operationen im Bauchbereich
- vor Untersuchungen am Magen-Darm-Trakt
- bei schmerzhaften Leiden des Afters
- wenn die Bauchpresse vermieden werden soll, zum Beispiel nach Operationen, nach einem Herzinfarkt oder einem Schlaganfall

## Antibiotika

Antibiotika (Einzahl Antibiotikum) ist ein Sammelbegriff für Wirkstoffe, die vor allem gegen krankheitserregende Bakterien (→ Seite 534) eingesetzt werden. Diese Substanzen lassen sich aus der Natur gewinnen, zum Beispiel aus Schimmelpilzen. Sie können aber auch synthetisch hergestellt werden.

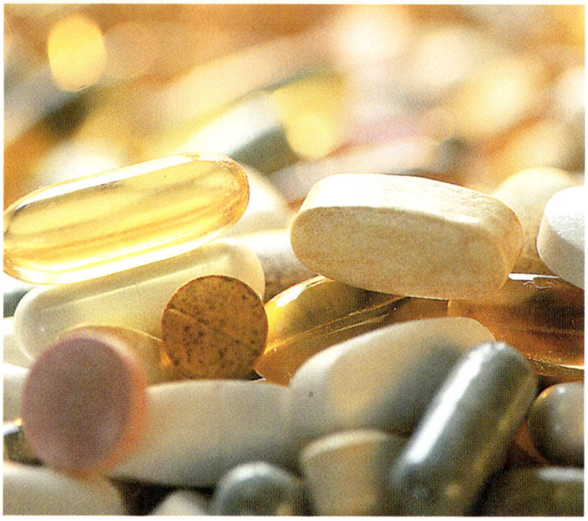

**Nehmen Sie bei Beschwerden nicht irgendeine Tablette ein, lesen Sie erst den Beipackzettel.**

Man unterscheidet *bakteriostatische Antibiotika* wie Sulfonamide, die die Bakterien lediglich am weiteren Wachstum hindern, und *bakterizide Antibiotika* wie Penizillin, die sie abtöten. Antibiotika können nicht zwischen nützlichen und schädlichen Bakterien im Körper unterscheiden. Deshalb werden oft auch Darm- und Scheidenflora angegriffen. Die Folgen können Durchfall, Blähungen oder eine Pilzerkrankung in Darm oder Scheide sein. Auch die Wirkung der Antibabypille ist nicht mehr gewährleistet!

### Resistente Bakterien

Manche Bakterien rufen so typische Symptome hervor, daß der Arzt ohne Laboruntersuchung das geeignete Antibiotikum verordnen kann; andere müssen vorher erst genau bestimmt werden (→ Bakterien und Viren auf der Spur, Seite 538). Bakterien sprechen nicht auf jedes Antibiotikum an. Eine solche Resistenz kann natürlich oder erworben sein. Eine erworbene Resistenz entsteht zum Beispiel, wenn Bakterien nur unzureichend oder vorschnell mit Antibiotika bekämpft werden. Sie kann aber auch durch Antibiotika in Nahrungsmitteln, zum Beispiel im Fleisch, verursacht sein.
*Breitspektrum-Antibiotika* wie Tetrazykline wirken gegen eine große Anzahl verschiedener Erreger – im Gegensatz zu einem *Schmalspur-Antibiotikum* wie Penizillin, das nur ganz gezielt gegen einige wenige Bakterien eingesetzt wird.

### Bei Antibiotika beachten!

! • Setzen Sie nie ein Antibiotikum ohne Rücksprache mit Ihrem Arzt ab, auch wenn Ihre Beschwerden bereits nachgelassen haben. Für eine vollständige Heilung muß die Therapie auch nach dem Abklingen der Beschwerden noch weitergeführt werden.
• Sprechen Sie mit Ihrem Arzt über eine möglich Vorbeugung gegen Pilzinfektionen.
• Sollten Sie je auf ein Antibiotikum allergisch reagiert haben: Informieren Sie Ihren Arzt darüber, und führen Sie einen Allergiepaß mit sich.

## Antihistaminika

Bei entzündlichen und allergischen Reaktionen wird das Gewebshormon Histamin im Körper freigesetzt. Antihistaminika sind Substanzen, die die Wirkung dieses Gewebshormons abschwächen oder ganz aufheben. Die häufigste Nebenwirkung ist Müdigkeit, weshalb Antihistaminika auch als Schlafmittel eingesetzt werden. Besondere Vorsicht ist bei gleichzeitiger Einnahme von Beruhigungsmitteln, Psychopharmaka sowie bei Alkoholgenuß geboten. Bei allergischem Fließschnupfen, Niesen und Juckreiz kommt meist eine neuere Generation von Antihistaminika zum Einsatz, die weniger müde macht.

## Kortison (Glukokortikoide)

Der menschliche Körper bildet in der Nebennierenrinde zahlreiche Hormone, darunter die sogenannten Glukokortikoide (→ Seite 497). Zu den wichtigsten Hormonen dieser Gruppe zählt Kortisol (Hydrokortison). Wie kein anderer Wirkstoff eignen sich Glukokortikoide, im allgemeinen Sprachgebrauch meist nur Kortison genannt, zur Behandlung von schweren entzündlichen Reaktionen, die nicht durch eine Infektion entstanden sind. Kortison ist in der Lage, diese schmerzhafte Abwehrmaßnahme des Immunsystems zu hemmen – allerdings nur vorübergehend. Mit großer Wirkung wird es bei rheumatischen Erkrankungen (→ Rheuma – was ist das?, Seite 431), Ekzemen oder Allergien eingesetzt.
Doch das einstige Wundermittel, das viele Menschen von Schmerzen befreite, ist wegen seiner zum Teil schweren Nebenwirkungen in Verruf geraten – nicht ganz zu Recht, denn bei kurzfristiger Anwendung ist es praktisch nebenwirkungsfrei. Schwere Nebenwirkungen drohen vor allem bei Dauerbehandlungen, zum Beispiel können eine allgemeine Abwehrschwäche, Knochenschwund oder das sogenannte Cushing-Syndrom (→ Seite 498) die Folge sein; bei äußerlicher Anwendung kommt es zur Verdünnung der Haut. Bei der Bekämpfung der Nebenwirkungen setzt man heute vor allem darauf, Kortison genau und niedrig zu dosieren.

### Bei Kortison beachten!

! • Die gesamte Tagesdosis sollte morgens vor acht Uhr eingenommen werden, weil dadurch die körpereigene Produktion der Glukokortikoide am wenigsten gestört wird.
• Nehmen Sie keine Mischpräparate mit anderen Wirkstoffen. Das Kortison läßt sich dann nicht individuell dosieren.
• Verwenden Sie Kortisonpräparate wenn möglich lokal: als Spray (Aerosol) oder Salbe.
• Spülen Sie sich nach der Anwendung des Sprays den Mund gut aus, tragen Sie Salben immer nur sehr dünn auf.
• Beenden Sie eine Kortisonbehandlung nur nach Anweisung Ihres Arztes: Eventuell dürfen Sie das Präparat nur langsam reduzieren.
• Kortison ist kein Heilmittel, sondern es lindert Symptome, die anders nicht oder nur schwer zu behandeln sind.

## Entwässerungsmittel (Diuretika)

Diuretika bewirken, daß vermehrt Harn ausgeschieden wird. Dadurch können Flüssigkeitsansammlungen im Gewebe ausgeschwemmt, der Blutdruck gesenkt und die Herztätigkeit angeregt werden. Allerdings können dem Körper dabei auch wichtige Salze verlorengehen, die ersetzt werden müssen. Arbeiten die Nieren nicht ausreichend, werden Diuretika verwendet, die in kurzer Zeit große Mengen an Flüssigkeit ausschwemmen. Die langfristige Anwendung kann zu einer erhöhten Kollapsneigung und zu Blutgerinnseln führen (→ Thrombose oder Embolie, Seite 285). Thiazid-Diuretika entwässern langsamer, sie eignen sich für Langzeitbehandlungen, zum Beispiel bei Herzschwäche oder Bluthochdruck.

## Erkältungsmittel

»Eine Erkältung dauert mit Medizin sieben Tage und ohne eine Woche« heißt es im Volksmund. Zu Recht – denn gegen den von Viren verursachten grippalen Infekt, wie die Ärzte die Erkältung nennen, kennt man bisher kein wirksames Medikament.
Dennoch gibt es eine Reihe von meist rezeptfreien Arzneimitteln, die versprechen, die Erkältungsbeschwerden zu lindern (→ Die Erkältung, Seite 245; → Bewährte Arzneimittel für die Hausapotheke, Seite 746–751). Kombinationspräparate enthalten im allgemeinen ein leichtes Schmerzmittel (→ Seite 638), Vitamin C, einen Wirkstoff gegen Schnupfen und eventuell Koffein. Wenn Ihre Beschwerden nach 10 Tagen nicht besser werden, sollten Sie jedoch einen Arzt aufsuchen!

### Schnupfen

Schnupfen (→ Seite 182) ist eine typische Begleiterscheinung der Erkältung, aber auch Ausdruck einer allergischen Reaktion (→ Heuschnupfen, Seite 524). Schnupfenmittel drosseln die Durchblutung der Nasenschleimhaut, wirken somit abschwellend und vermindern die Sekretbildung. In Form von Nasentropfen sind sie praktisch nebenwirkungsfrei, allerdings nur solange sie in kleinen Mengen und nur für kurze Zeit angewendet werden! Läßt die Wirkung des Mittels nach, kommt es zu einer überschießenden Durchblutung und verstärkter Sekretbildung. Man greift erneut zum Schnupfenmittel. Die Gefahr der Abhängigkeit ist groß. Bei längerem Gebrauch kann die Schleimhaut auf Dauer geschädigt werden.

### Halsschmerzen und Schluckbeschwerden

Eine Vielzahl von Lutschtabletten enthalten Stoffe, die die Mundschleimhaut für eine bestimmte Zeit betäuben und so schmerzstillend wirken. Vorsicht: Diese Wirkstoffe können Allergien auslösen!
Medikamente zum Gurgeln sind keimhemmend, sie können jedoch die gesunde Mundflora schädigen. Alternativ dazu gibt es Mittel mit pflanzlichen Wirkstoffen, zum Beispiel aus Salbeiblättern.
Nehmen Sie nie Antibiotika-haltige Lutschtabletten ohne Rücksprache mit Ihrem Arzt!

## Fieber

Fieber ist eine natürliche Abwehrreaktion des Körpers und hilft, die Krankheitserreger zu bekämpfen. Medikamente zur Fiebersenkung, sogenannte *Antipyretika* wie Azetylsalizylsäure und Paracetamol, wirken auch gegen Kopf- und Gliederschmerzen (→ Schmerzmittel, Seite 638). Bekämpfen Sie bei Kindern Fieber nicht zu früh, und geben Sie ihnen keine Azetylsalizylsäure. Gehirn und Leber könnten Schaden nehmen. Wenn Sie unsicher sind: Fragen Sie Ihren Arzt.

### Husten

Husten ist ein Reflex, der dazu dient, Fremdkörper, aber auch vermehrt in den Luftwegen gebildetes Sekret nach außen zu befördern. Gegen unangenehm »trockenen« Husten oder Reizhusten wirken sogenannte *Antitussiva,* Medikamente mit hustenstillenden Wirkstoffen wie Kodein und Noskapin. Sie blockieren den Hustenreflex im Gehirn und unterdrücken damit den Husten. Sie sind verschreibungspflichtig, bei Kodein besteht die Gefahr der Medikamentenabhängigkeit (→ Seite 571).
Antitussiva dürfen nicht eingesetzt werden bei Husten mit Auswurf. Vielmehr soll dann das Abhusten der Sekrete durch *Expektorantien* erleichtert werden. Dazu dienen schleimlösende Mittel wie Azetylzystein. Mindestens genauso gut wirken jedoch Hausmittel wie pflanzliche Hustentees und heiße Brustwickel (→ Hausapotheke, Seite 746–751).

**Hustensäfte aus pflanzlichen Heilmitteln wie Thymian und Fenchel lösen den Schleim und beruhigen den Hustenreiz.**

## Herzmittel

### ACE-Hemmer

Die sogenannten ACE-Hemmer bewirken, daß sich die Blutgefäße erweitern und der Blutdruck sinkt. Sie werden oft zusammen mit Diuretika (→ Seite 635) oder Betablockern verschrieben. Häufige Nebenwirkungen sind allerdings Reizhusten, Kopfschmerzen, Schwindel und Magenbeschwerden.

### Betablocker

Damit die Befehle des Gehirns in den einzelnen Körperregionen wahrgenommen werden, haben die Zellen »Empfangsstationen«, Rezeptoren. Bei der Steuerung von Blutdruck und Herztätigkeit spielen die sogenannten Betarezeptoren eine wichtige Rolle. Werden sie durch Medikamente lahmgelegt, wird das Herz in eine Art Schongang versetzt, so daß es weniger Sauerstoff benötigt und der Blutdruck sinkt.
Betablocker eignen sich zur Behandlung von Bluthochdruck und koronarer Herzkrankheit (→ Seite 264) sowie bestimmten Formen von Herzrhythmusstörungen. Zu Beginn der Einnahme können Übelkeit, Durchfall, Müdigkeit und Schlafstörungen auftreten. Nach längerer Anwendung dürfen Betablocker nicht plötzlich abgesetzt werden, da es sonst zu einer überschießenden Reaktion des Körpers mit Nervosität, Schwitzen und Herzrasen kommt.

### Digitalis (Herzglykoside)

Pflanzen wie Fingerhut (Digitalis), Meerzwiebel oder Maiglöckchen enthalten Substanzen, die den Herzmuskel anregen: sogenannte Glykoside. Sie bewirken, daß das Herz langsamer und kräftiger schlägt und das Blut besser durch den Kreislauf pumpt.
Wichtig ist hier die Dosis: Schon bei einer leichten Überdosierung können Vergiftungserscheinungen auftreten. Sie äußern sich in unregelmäßigem oder stark verlangsamtem Herzschlag, Übelkeit, Erbrechen, Durchfall und dem typischen »Farbensehen«, durch das alles in rot-grünes Licht getaucht erscheint. Bei diesen Symptomen sollten Sie das Medikament sofort absetzen und Ihren Arzt um Rat fragen!

### Kalziumantagonisten

Kalziumantagonisten sind Wirkstoffe, die entspannend auf Herz und Gefäße wirken, den Blutdruck und den Sauerstoffbedarf im Herzen senken. Unerwünschte Wirkungen, die auftreten können, sind: Schwindel, Kopfschmerzen und Herzklopfen als Zeichen eines verringerten Blutdrucks, Gesichtsröte und Wasseransammlungen in den Unterschenkeln.

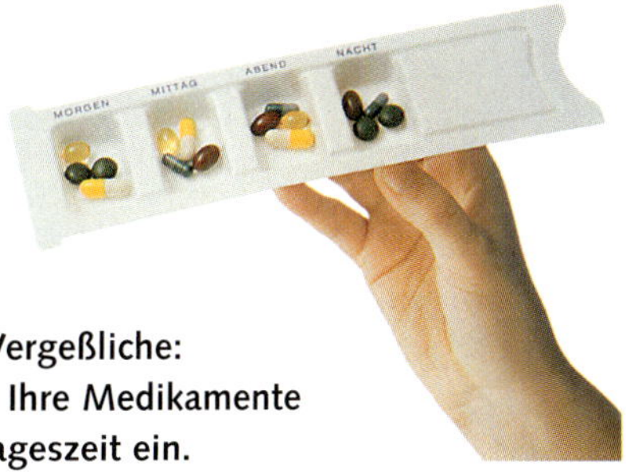


**Eine Hilfe für Vergeßliche: So nehmen Sie Ihre Medikamente zur richtigen Tageszeit ein.**

### Nitrate

Zur Behandlung der Angina pectoris (→ Seite 262, 264), manchmal auch der Herzschwäche werden Nitrate eingesetzt, eine spezielle Gruppe von gefäßerweiternden Wirkstoffen wie Nitroglyzerin. Sie verbessern die Durchblutung und entlasten das Herz, das weniger pumpen muß und deshalb weniger Sauerstoff benötigt. Da der Organismus sich bei regelmäßiger Einnahme an die Nitrate gewöhnt, sollten täglich »Pausen« eingelegt werden, zum Beispiel nachts. Für den Angina-pectoris-Anfall gibt es Nitrat-Kapseln zum Zerbeißen oder ein Nitrospray. Sie entfalten in kürzester Zeit ihre Wirkung.

## Psychopharmaka

### Beruhigungsmittel (Tranquilizer)

Nervosität, Streß und Ängste (→ Seite 684) sind oft Ausdruck von Überforderung und unbewältigten Lebenssituationen. Hilfe versprechen hier Beruhigungsmittel, doch sie können keine Lösung bringen, nur kurzzeitige Erleichterung. Und diese ist trügerisch, da sich schon nach wenigen Wochen eine Abhängigkeit einstellt. Abruptes Absetzen kann dann zu schweren Schlafstörungen und noch schlimmeren Ängsten führen. Die Entwöhnung darf nur schrittweise erfolgen. Aus diesem Grund eignen sich Beruhigungsmittel nur zur kurzfristigen Behandlung, auch wenn sie gegen Begleitängste bei körperlichen Leiden wie Herzinfarkt eingesetzt werden.
Die wichtigste Wirkstoffgruppe sind die Benzodiazepine, die es mit unterschiedlicher Stärke und Wirkdauer gibt. Kurzwirkende Präparate werden als Schlafmittel (→ Seite 638) verwendet.

### Antidepressiva

Für die verschiedenen Verstimmungszustände einer Depression (→ Seite 228) gibt es Arzneimittel mit unterschiedlichen Schwerpunkten: Während die einen vor allem den Antrieb steigern, wirken die anderen stimmungsaufhellend. Zu letzteren zählt als bewährtes Mittel der Pflanzenheilkunde das Johanniskraut. Zur Behandlung manischer Phasen (→ Manie, Seite 229) werden Lithiumsalze und → Neuroleptika eingesetzt.

Antidepressiva können die Stimmungslage und den Antrieb wieder normalisieren, allerdings tritt die Wirkung erst nach ein bis zwei Wochen ein. Zudem werden sie bei der Schmerzbehandlung angewendet, um zu verhindern, daß die psychische Belastung durch die Schmerzen die Leiden verschlimmert. Antidepressiva machen nicht abhängig, allerdings treten häufiger unerwünschte Wirkungen auf wie Mundtrockenheit, Verstopfung, schneller Puls und bei Johanniskraut Lichtempfindlichkeit.

### Neuroleptika

Neuroleptika werden zur Behandlung manischer Zustände (→ Manie, Seite 229), bei starker Erregung und verzerrter Realitätswahrnehmung eingesetzt. Sie wirken beruhigend und dämpfend und ermöglichen Menschen, die an einer Schizophrenie (→ Seite 230) erkrankt sind, ein Leben ohne Ängste und quälende Wahnvorstellungen.

Zu Behandlungsbeginn kann es für mehrere Tage zu Verkrampfungen von Gesichts-, Augen- und Zungenmuskeln kommen, später sind Symptome wie bei der Parkinson-Krankheit (→ Seite 205) möglich, zum Beispiel Zittern, Verlangsamung der Bewegung. Sämtliche Nebenwirkungen lassen sich medikamentös behandeln und bilden sich nach Behandlungsende zurück.

## Schlafmittel

Zur Behandlung von Schlafstörungen (→ Seite 226) werden häufig Beruhigungsmittel (→ Seite 637) oder → Antidepressiva verordnet. Als rezeptfreie Schlafmittel gibt es Antihistaminika (→ Seite 635), deren Nebenwirkung Müdigkeit hier therapeutisch genutzt wird. Grundsätzlich sollte kein Schlafmittel über längere Zeit eingenommen werden. Beim Absetzen kommt es dann zunächst zu unruhigem Schlaf mit häufigeren Traumphasen.

## Schmerzmittel (Analgetika)

### Rezeptfreie Schmerzmittel

Schmerz ist ein Warnsignal des Körpers und sollte nicht voreilig unterdrückt werden (→ Was ist Schmerz?, Seite 212). Azetylsalizylsäure (ASS), Ibuprofen und Paracetamol lindern leichte bis mittlere Schmerzen, indem sie Entzündungen hemmen und auf das zentrale Nervensystem wirken; zudem können sie Fieber senken (→ Seite 636). Bei Blutungsneigung und Magen-Darm-Geschwüren dürfen Azetylsalizylsäure und Ibuprofen nicht angewendet werden; ebenso dürfen Kinder bei fieberhaften Infekten kein ASS bekommen.

Bei häufiger Einnahme können leichte Schmerzmittel jedoch ihrerseits Dauerkopfschmerzen auslösen, was eine Gefahr der Abhängigkeit in sich birgt. Präparate mit Koffein verstärken diesen Effekt.

### Morphine und morphinartige Schmerzmittel

Bei sehr schweren oder chronischen Schmerzzuständen bringen oft nur starke Mittel wie Morphin und Kodein sowie ähnliche synthetische Verbindungen Erleichterung. Sie wirken auf Gehirn und Rückenmark, wo sie ein körpereigenes schmerzhemmendes System aktivieren. Kombiniert mit entzündungshemmenden Schmerzmitteln, Kortison (→ Seite 635) oder → Antidepressiva wird eine stärkere Wirkung erzielt.

Anfangs kann es allerdings zu Übelkeit, Erbrechen und Schläfrigkeit kommen, später auch zu Verstopfung, Problemen beim Wasserlassen und in höherer Dosierung zu verlangsamter Atmung.

Bis auf wenige Ausnahmen gelten Morphine als Betäubungsmittel (→ Seite 632). Suchtgefahr besteht jedoch nur bei nicht sachgemäßer Anwendung, bei einer gezielten Schmerztherapie praktisch nicht.

## Zytostatika

Zytostatika sind Wirkstoffe, die Zellen schädigen, vor allem solche, die sich schnell vermehren. Sie spielen bei der Behandlung von Krebserkrankungen eine große Rolle (→ Die Chemotherapie, Seite 587).

Ein ganz spezieller Anwendungsbereich ist die Transplantationsmedizin. Dort werden Zytostatika eingesetzt, die gezielt das Immunsystem unterdrücken, damit es nicht zu einer Abstoßungsreaktion des verpflanzten Organs kommt (→ Seite 300).

**Tees und Arzneimittel aus altbewährten Heilkräutern helfen bei vielen Alltagsbeschwerden.**

# Die Pflanzenheilkunde

Medikamente aus pflanzlichen Wirkstoffen stehen hoch im Kurs, seit die herkömmlichen Arzneimittel durch ihre Nebenwirkungen ins Gerede gekommen sind. Als Alternative zu den »chemischen Keulen« besinnt man sich wieder auf die Heilkraft der Natur, auf bewährte Arzneikräuter, die bei vielen leichteren Beschwerden sanft und in der Regel ohne unangenehme Begleiterscheinungen lindernd wirken. Sie sind von jeher als Hausmittel beliebt und werden als Tees, Mittel zum Einreiben und Inhalieren oder als Tropfen verwendet (→ Heilpflanzen, Seite 728).

## Derselbe Weg – ein anderes Mittel

Die Pflanzenheilkunde oder Phytotherapie wurzelt in der Volksmedizin, deren Wissen über die Wirkungsweise von Pflanzen auf praktischer Erfahrung und Überlieferung beruht. Ein Wissen, das durch die moderne Forschung bereichert und ständig erweitert wird und das schon lange auch mit Erfolg in der Schulmedizin eingesetzt wird.

Anders als meist angenommen, begreift sich die Phytotherapie nicht als Alternativmedizin (→ Seite 662), denn sie vertritt dasselbe Heilkonzept wie die Schulmedizin. Dabei wird eine Krankheit mit einem Gegenmittel bekämpft, im Gegensatz zur Homöopathie, die auf Ähnliches vertraut (→ Seite 664).

Das Besondere an der Phytotherapie ist also vor allem die Wahl von Pflanzen als Heilmittel. Doch die meisten ihrer Vertreter sind sich auch der Grenzen pflanzlicher Heilkräfte bewußt. Bei schweren Erkrankungen wollen auch Sie nicht auf chemische Wirkstoffe verzichten.

## Wodurch wirkt eine Heilpflanze?

Pflanzen wirken durch verschiedenste Stoffwechselprodukte, die sie im Lauf ihres Wachstums gebildet und gespeichert haben, zum Beispiel durch ätherische Öle, Gerbstoffe oder Kieselsäure. Doch auch die medizinisch unbedeutenden Ballaststoffe spielen eine Rolle, denn sie haben Einfluß darauf, wie der Körper die Wirkstoffe aufnimmt. Bis heute haben aber viele traditionelle Heilpflanzen das Geheimnis ihres Wirkstoffs nicht preisgegeben – wie zum Beispiel der altbekannte und bewährte Baldrian.

## Von der »Droge« zum Heilmittel

Bevor eine Heilpflanze als Arznei zubereitet wird, wird sie meist erst getrocknet. Deshalb hieß sie im Apothekerjargon von jeher Droge (vom niederdeutschen Wort für »trocken«). Erst nach dem Trocknen gewinnt man die Wirkstoffe durch verschiedene Verfahren wie Abkochen, Destillation, Aufgüsse oder Auszüge. Nur ein kleiner Teil der Heilmittel wird durch Auspressen aus Frischpflanzen hergestellt.

Pflanzenheilmittel werden gegen alle Arten von Beschwerden eingesetzt, Schwerpunkte liegen jedoch auf Erkrankungen des Verdauungstrakts, der Atemwege und auf psychovegetativen Störungen.

### Feine Auswahl

Die Anreicherung eines Wirkstoffs in der Pflanze ist stark von äußeren Faktoren wie Jahreszeit, Region und Klima abhängig. Es ist also möglich, daß eine bestimmte Heilpflanze im Sommer »wertvoller« ist als im Winter. Um trotz dieser Schwankungen eine stets gleichbleibende Qualität und Wirkstoffkonzentration zu gewährleisten, wird bei der Ernte und Herstellung der Heilmittel auf größte Sorgfalt geachtet. Wenn möglich werden immer Pflanzen derselben Sorte aus verschiedenen Anbaugebieten und verschiedenen Jahreszeiten gemischt.

# Klassische Naturheilverfahren

Im folgenden werden Heilverfahren vorgestellt, die vom Arzt im Rahmen einer sogenannten konservativen Therapie (→ Seite 625) eingesetzt werden – in der Regel zusätzlich zu Arzneimitteln oder einer Operation, selten als alleinige Behandlung.

## Bausteine einer konservativen Therapie

Zu unterscheiden sind **physikalische Therapien** wie
- Behandlung mit Wärme/Kälte (Thermotherapie)
- Inhalationsbehandlung
- Wasserbehandlung (Hydrotherapie)
- Lichtbehandlung (Phototherapie)
- Massagen, Bewegungstherapie und Chiropraktik
- Bädertherapie (Balneotherapie)
- Klimatherapie und
- Elektrotherapie,

**Übungsmethoden** wie Autogenes Training und Progressive Muskelrelaxation sowie verschiedene **Ernährungstherapien**.

Viele der Heilverfahren werden auch in der Gesundheitsvorsorge sowie der Rehabilitation angewandt. Ein Teil kann nach Erlernen der Methode selbständig weitergeführt werden.

## Was zahlt die Krankenkasse?

In der Regel werden die Kosten für die genannten Heilverfahren von den gesetzlichen Krankenkassen ganz oder teilweise übernommen. Voraussetzung ist allerdings ein ärztliches Attest, aus dem hervorgeht, daß die Behandlung für die Genesung tatsächlich notwendig ist. Da eine Krankenkasse von Fall zu Fall unterschiedlich entscheiden kann und nicht jede Kasse ein und dasselbe Verfahren bezahlt, sollten Sie sich vor Behandlungsbeginn unbedingt gründlich informieren. Auch von privaten Krankenkassen werden die Kosten für begleitende Heilverfahren in der Regel übernommen; Sie sollten jedoch ebenfalls vor Behandlungsbeginn mit Ihrer Kasse sprechen.

# Physikalische Therapien

Unter der Bezeichnung »physikalische Therapien« werden eine Reihe von Verfahren zusammengefaßt, die mit physikalischen Mitteln wie Druck und Bewegung, Wasser, Wärme, Kälte, Licht oder Elektrizität heilend auf den menschlichen Körper einwirken.

## Wärme und Kälte/ Thermotherapie

Unter Thermotherapie versteht man die Nutzung von Temperaturreizen zu Heilungszwecken. Ein besonders geeigneter Wärme- bzw. Kälteträger ist Wasser; verschiedene Anwendungsformen der Thermotherapie können deshalb auch der Hydrotherapie (→ Wasserbehandlung, Seite 642) zugerechnet werden. Temperaturreize können unter anderem eingesetzt werden bei Herz-Kreislaufbeschwerden, Atembeschwerden und zur Stärkung des Immunsystems, zur Behandlung von Muskelverspannungen, Schmerzzuständen und Hautleiden. Außerdem kann mit ihrer Hilfe das psychische Befinden verbessert werden.

### Durchführung der Behandlung

In der Therapie kann dem Körper entweder Wärme entzogen (Kältebehandlung, auch Kryotherapie genannt) oder zugeführt werden (Wärmetherapie). Anwendungen der Kältebehandlung sind zum Beispiel Eisauflagen auf bestimmte Körperregionen oder Ganzkörperbehandlungen mit flüssigem Stickstoff oder Kohlendioxid.

Mittel der Wärmetherapie sind Wasseranwendungen wie Bäder, Güsse, feuchte Wickel und Packungen (→ Seite 642, 722 und 736), Infrarotstrahlung (→ Lichtbehandlung, Seite 643 und Seite 741), Umsetzung elektrischer Energie in Wärme (Heizkissen), Hochfrequenzwärme (→ Kurzwellentherapie, Seite 651) sowie Packungen mit Mooren, Heilerden, Kräutern oder Brei.

Die Anwendungen werden stationär, meist im Rahmen eines Kuraufenthaltes, oder ambulant von geschulten Physiotherapeuten vorgenommen; meist muß die Behandlung in regelmäßigen Sitzungen und über einen längeren Zeitraum erfolgen, um eine dauerhafte Wirkung zu zeigen.

Eine Thermotherapie darf unter anderem nicht angewandt werden bei schweren Herz-Kreislauf-Erkrankungen, bestimmten Hautleiden und dem Verdacht auf eine Krebserkrankung.

### Behandlung zu Hause

Eine Reihe von Anwendungsformen der Thermotherapie können Sie selbst weiterführen; die entsprechenden Geräte sind ohne allzu große finanzielle Aufwendungen anzuschaffen.

Sprechen Sie jedoch auf jeden Fall mit Ihrem behandelnden Arzt und lassen Sie sich Tips für eine sachgemäße Durchführung geben. Weitere Informationen finden Sie auf Seite 722 (Wasser anwenden – kalt und warm) und auf Seite 736 (Wickel, Kompressen, Packungen).

## Inhalationsbehandlung

Bei dieser Behandlung wird Wasser, in dem wirksame Stoffe gelöst sind, in kleinste Tröpfchen zerstäubt und eingeatmet (inhaliert). Dadurch können die Schleimhäute der Atemwege befeuchtet und gereinigt, Schleim abtransportiert, Schwellungen zurückgebildet und Entzündungen eingedämmt werden. Behandelt werden können so beispielsweise Schnupfen, Entzündungen der Nasennebenhöhlen, Bronchitis und Asthma.

### Durchführung der Behandlung

Inhalationsbehandlungen können mit verschiedenen Geräten durchgeführt werden. Als Inhalationsmittel werden je nach Erkrankung verschiedene Medikamente, pflanzliche Stoffe und Salze verwendet.

Die Sitzungen dauern 10 bis 15 Minuten und sollten regelmäßig über mehrere Tage bis Wochen erfolgen. Gegenanzeigen können entstehen, je nachdem welches Inhalationsmittel verwendet wird.

### Behandlung zu Hause

Sie können die Behandlung auch mit einfachen Inhalationsgeräten selbständig zu Hause weiterführen. Noch einfacher ist die Inhalation von heißem Wasserdampf mit Hilfe eines Kochtopfs (→ Heilpflanzen zum Inhalieren, Seite 732).

# Wasserbehandlung/ Hydrotherapie

Wasser eignet sich als Träger von Wärme, Kälte, Druck und Elektrizität (→ Kurzwellentherapie, Seite 651) für viele verschiedene physikalische Anwendungen. In der Hydrotherapie werden vor allem Bäder, Güsse, Waschungen, Wickel und Packungen, Sauna und Dampfbad eingesetzt.
Je nach Anwendungsform und behandeltem Körperbereich hat Wasser unterschiedliche Heileffekte. Grundsätzlich wirkt es um so stärker, je weiter seine Temperatur von der Haut entfernt ist. Immer ist mit dem Einfluß des Wasserreizes auf die Haut auch eine »Tiefenwirkung« auf den gesamten Organismus verbunden. So werden die Körperfunktionen harmonisiert und die Selbstheilungskräfte gestärkt.
Wasserbehandlungen können zur allgemeinen Anregung von Kreislauf, Stoffwechsel und Immunsystem angewandt werden sowie bei Beschwerden wie Krampfadern, Kreislaufstörungen und Herzleiden, neurovegetativen Störungen, Atemwegserkrankungen, Kopfschmerzen, einer Reihe von Infekten, Entzündungen und rheumatischen Beschwerden. Die Gegenanzeigen der Behandlung hängen von der Art der Beschwerden ab.

## Die Kneippsche Therapie

Wer heute von Wasserbehandlung spricht, meint vor allem die Kneippschen Anwendungen. Entdeckt hat der Allgäuer Pfarrer *Sebastian Kneipp* (1821–1897) die heilende Kraft des Wassers nicht, doch arbeitete er als erster eine abgesicherte Therapie aus, die er jahrzehntelang erprobte und verfeinerte.
Daß er neben dem Wasser auch der Heilwirkung von Pflanzen, körperlicher Bewegung, gesunder Ernährung und der seelischen »Ordnung« des Menschen große Bedeutung zumaß und diese fünf »Säulen« nur vereint anwendete, ist weniger bekannt.
Kneipp wurde zunächst von Kirche und Medizin angefeindet; trotzdem gelang es ihm, die Ortschaft Bad Wörishofen schon zu seinen Lebzeiten zu einem vielbesuchten Kurort zu machen. Heute ist die Wirkungsweise seiner Behandlungsmethoden längst wissenschaftlich anerkannt und die nach ihm benannte Kneippkur zum »Klassiker« unter den Naturheilverfahren geworden.

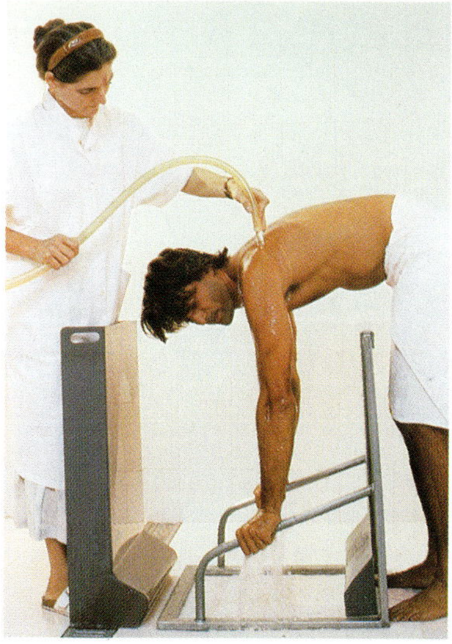

**»Kneippen« verbindet jeder mit Wasseranwendungen, wie hier dem Armguß. Sie sind aber nur ein Teil der 5 Säulen von Pfarrer Kneipps Therapie.**

## Die Kneippkur

- **Wasserbehandlung:** Über hundert Anwendungen wurden von Sebastian Kneipp entwickelt. Welche Arten von Güssen, Bädern, Wickeln oder Packungen während der Kur eingesetzt werden, richtet sich nach den jeweiligen Beschwerden.
- **Behandlung mit Heilpflanzen:** Verschiedenste Pflanzenstoffe finden als Tees, Badezusätze oder Inhalationsstoffe (→ Seite 641) Verwendung. Besonders chronische Leiden wie beispielsweise Herz-Kreislauf-Erkrankungen, Verdauungsstörungen, rheumatische und psychische Beschwerden können günstig beeinflußt werden (→ Seite 722).
- **Ernährungstherapie:** Die negativen Auswirkungen von falschen Ernährungsgewohnheiten auf den Gesundheitszustand erkannte Kneipp schon sehr früh. Als tägliche Vorsorge empfahl er »einfache und natürliche« Kost. Ausgewogenes Vollwertessen (→ Seite 716) gehört daher zu jeder Kneippkur.
- **Bewegungstherapie:** Ausdauertraining, Muskelaufbau und gezielte Anregung von Organen durch Bewegung und Massage gehören zum Kneippschen Behandlungsprogramm.
- **Ordnungstherapie:** Der Pfarrer und Seelsorger Kneipp war davon überzeugt, daß man nicht vollständig gesund werden könne, wenn man nicht »mit sich und der Welt im reinen« sei. Ordnungstherapie in Kneipps Sinne heißt, Gedanken und Gefühle »in Ordnung« zu bringen und einen naturgemäßen Lebensrhythmus (wieder) zu finden.

Eine Kneippkur wird in einer speziellen Kneippklinik durchgeführt. Auskünfte erteilt der Verband Deutscher Kneippheilbäder und Kneippkurorte (→ Adressen, Seite 798). Behandelt wird von Badeärzten und speziell geschultem Personal.

**Behandlung zu Hause**

Eine Reihe von Wasseranwendungen können Sie ohne Probleme auch zu Hause oder in Bade- und Sauna-Einrichtungen vornehmen. Ausführliche Informationen zur praktischen Durchführung finden Sie auf Seite 722–727. Außerdem spricht vieles dafür, nach einer Kneippkur den Lebensprinzipien des Allgäuer Pfarrers auch weiterhin zu folgen.

# Lichtbehandlung/ Phototherapie

Neben sichtbarem Licht enthält die Einstrahlung der Sonne das sogenannte Infrarotlicht, das Wärme erzeugt, und das sogenannte Ultraviolettlicht, das zum Beispiel die Bräunung unserer Haut hervorruft. Alle drei Lichtarten werden zusammen (→ Sonnenlicht) oder getrennt (→ Infrarotstrahlung, → Ultraviolettstrahlung) in der physikalischen Therapie zur Behandlung von Beschwerden genutzt.

## Sonnenlicht/Heliotherapie

Die natürlichste Form der Lichtbehandlung ist die Therapie mit Sonnenlicht. Die Strahlungsmenge ist abhängig von Tages- und Jahreszeit, Wetter, Luftverschmutzung und Höhenlage. Im Hochgebirge und am Meer ist die Intensität des Sonnenlichts besonders hoch; beide Klimazonen bieten daher günstige Bedingungen für eine Heliotherapie (→ Seite 649).
Damit die schädliche Wirkung der Sonnenbestrahlung (→ Seite 464) nicht zum Tragen kommt, wird die Dauer des Sonnenbades vom Arzt genau festgelegt.
Heliotherapie kann eingesetzt werden bei Rachitis, Osteoporose, geschwächten Abwehrkräften, schlecht heilenden Wunden und Geschwüren, Neurodermitis, Akne und Schuppenflechte. Gegenanzeigen sind unter anderem akute Hautentzündungen, eine Sonnenallergie, akute Infektionen, schwere Herz-Kreislauf-Erkrankungen und akute Arthritis.
Eine gezielte Behandlung mit Sonnenlicht wird hauptsächlich im Rahmen einer Klimakur (→ Klimatherapie, Seite 649) angewandt.

## Infrarotstrahlung

Die Behandlung verbindet Licht- und Wärmebehandlung (→ Seite 641). Sie wird durchgeführt mit künstlichen Lichtquellen, die Wärmestrahlung (= Infrarotstrahlung) abgeben. Anwendungsgebiete sind unter anderem chronische Entzündungen (Nasennebenhöhlen), verschiedene Erkrankungen des Bewegungsapparates und gehäuftes Auftreten von Furunkeln. Infrarotstrahlung sollte nicht eingesetzt werden bei akuten Entzündungen, bei Bestehen eines grünen Stars (Glaukom) und lichtempfindlichen Hauterkrankungen. Die Therapie wird meist in einer Arzt- oder Physiotherapeutenpraxis vorgenommen, in der Regel sind wiederholte Sitzungen nötig. Für die weiterführende Behandlung zu Hause sind Infrarotlampen im Handel erhältlich.

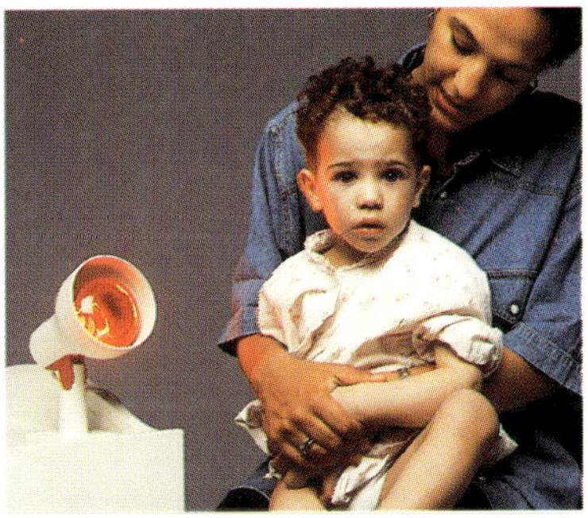

**Die Bestrahlung mit Rotlicht ist eine sanfte Methode, um chronische Beschwerden zu lindern.**

## Ultraviolettstrahlung

Ultraviolette Strahlung ruft eine Reihe sogenannter photochemischer Reaktionen im Körper hervor, die zum Teil positive, zum Teil aber auch schädigende Wirkung haben. Unterschieden wird zwischen UV-$A_1$- und UV-$A_2$-, UV-B- und UV-C-Strahlung. Therapeutisch wirksam ist vor allem die UV-B-Strahlung. Angewandt wird die Behandlung mit Ultraviolettstrahlung unter anderem bei geschwächten Abwehrkräften, Vitamin-D-Mangel bzw. Rachitis, Osteoporose, schlecht heilenden Wunden und Geschwüren sowie verschiedenen Hautkrankheiten wie beispielsweise Schuppenflechte, Akne und Neurodermitis. Die Bestrahlung kann am ganzen Körper oder einzelnen Körperbereichen erfolgen.
Nicht eingesetzt werden sollte Ultraviolettstrahlung unter anderem bei akuten Hautentzündungen, einer Sonnenallergie, akuten Infektionen, schweren Herz-Kreislauf-Erkrankungen und akuter Arthritis.

# Massagen

Massagen beeinflussen vor allem den Spannungszustand von Haut und Muskulatur. Sie bewirken, daß das Gewebe besser durchblutet und verstärkt mit Nährstoffen versorgt wird, und tragen zur seelischen Entspannung bei. Spezielle Anwendungen verbessern den Lymphfluß (→ Lymphdrainage) oder wirken über sogenannte Reflexbögen auf einzelne Organe (→ Reflexzonenmassage, → Bindegewebsmassage).

## Klassische Massage

Hier steht die direkte Wirkung auf die Muskulatur im Vordergrund. Angewandt werden klassische Massagehandgriffe wie beispielsweise Streichen, Kneten, Reiben, Klopfen und Schwingen (→ Seite 708). In der Regel dauert eine Massage 12 bis 15 Minuten (bei großflächiger Massage bis zu 25 Minuten) und findet 2- bis 3mal in der Woche statt.

Die klassische Massage wird unter anderem eingesetzt bei Muskelhärten und Schmerzen im Rücken, rheumatischen Erkrankungen und Lähmungen, nach Verletzungen und Operationen am Bewegungsapparat. Bei Krebsverdacht sollte nicht massiert werden, da das Wachstum eines Tumors durch die Behandlung angeregt werden kann. Auch sollte bei fieberhaften Erkrankungen, Kreislaufbeschwerden und Entzündungen eine Massage unterbleiben.

Die Behandlung wird von ausgebildeten Masseuren durchgeführt, meist in einer physiotherapeutischen Praxis, einer Bade- oder Kureinrichtung. Bis zu einem gewissen Grad können Sie die Grifftechniken auch selbst erlernen und in der Partnermassage anwenden (→ Entspannende Partnermassage, Seite 709).

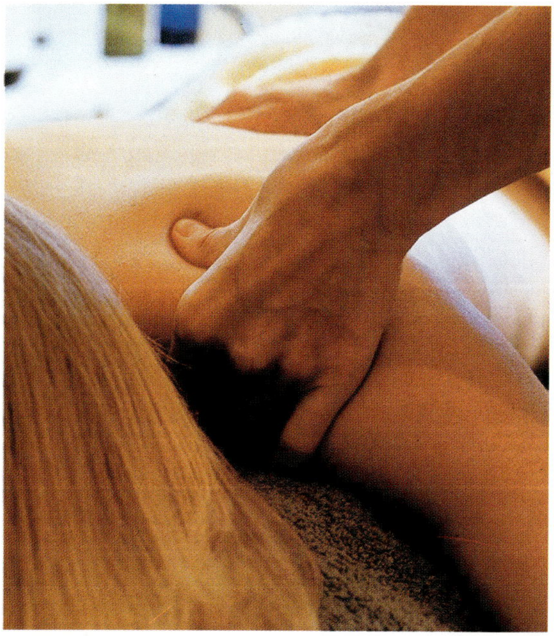

**Eine Massage ist nicht nur gut für die verkrampfte Muskulatur, sie löst auch psychische Anspannungen.**

## Reflexzonenmassage

Die Reflexzonenmassage geht von der Annahme aus, daß verschiedene Hautareale mit bestimmten, zum Teil weit entfernt liegenden Körperbereichen in Verbindung stehen. Über die sogenannten Reflexzonen der Haut soll Einfluß auf gestörte Organfunktionen genommen werden. Meist werden Füße oder Hände massiert; die → Bindegewebsmassage und die → Kolonmassage gehen nach demselben Prinzip vor. Auch andere Therapieformen wie Akupunktur (→ Seite 669), Akupressur (→ Seite 669) und Neuraltherapie (→ Seite 676) nutzen die Reflexbeziehungen zwischen Haut und Körpergeschehen. Zu den Wirkmechanismen der Reflexzonenmassage, die sowohl die Regeneration einzelner Organe als auch die Steigerung des seelischen Wohlbefindens hervorruft, gibt es eine Reihe von Theorien; jedoch können die Zusammenhänge bisher nicht befriedigend erklärt werden.

Die Reflexzonenmassage wird bei zahlreichen Beschwerden eingesetzt, häufig zur Schmerzlinderung. Nicht durchgeführt werden sollte sie bei Haut- und Venenerkrankungen des zu massierenden Bereichs, bei schweren Infektionen, akuten rheumatischen Erkrankungen, entzündlichen Prozessen im Venen- oder Lymphsystem, Risikoschwangerschaften und bei Patienten mit Herzschrittmachern.

### Durchführung der Behandlung

Möglich ist die gezielte Arbeit an bestimmten Hautarealen, beispielsweise der Füße, aber auch eine Behandlung aller Reflexzonen. Psychische Entspannung und allgemeines Wohlbefinden gehören in jedem Fall zu den angenehmen Begleiterscheinungen. Massiert wird mit einem speziellen Griff, bei dem ein Finger – in der Regel der Daumen – sanften Druck auf Haut und Gewebe ausübt. Eine Fußreflexzonenbehandlung umfaßt im Normalfall 6 bis 12 Sitzungen

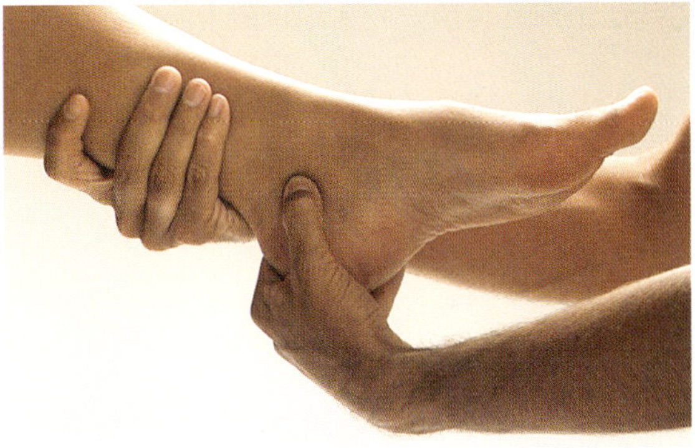

Durch eine Reflexzonenmassage der Füße können die verschiedensten Körperregionen beeinflußt werden.

von etwa 20 bis 25 Minuten Dauer. Die Massage wird in der Regel von einem speziell ausgebildeten Physiotherapeuten vorgenommen. Auch Sie selbst können sich oder Ihren Partner nach Erlernen der Grundtechnik massieren; Sie sollten allerdings die Reflexzonenmassage nur zur allgemeinen Stärkung des Wohlbefindens nutzen und im Krankheitsfall nicht zur Selbsthilfe greifen.

## Bindegewebsmassage

Diese Art der Massage wirkt auf das Bindegewebe unter der Haut ein. Nach dem Prinzip der → Reflexzonenmassage wird über bestimmte Bindegewebszonen Einfluß auf innere Organe genommen. Es können die Regulationsmechanismen des vegetativen Nervensystems (→ Seite 187) angeregt, Muskel- und Bindegewebsspannung normalisiert, die Durchblutung gefördert und Schmerzen gelindert werden.
Anwendungsgebiete sind unter anderem Schmerzzustände wie Migräne, Störungen der Monatsblutung, rheumatische Erkrankungen, Durchblutungsstörungen der Beine und Funktionsstörungen der inneren Organe. Während akuter Erkrankungen oder der Monatsblutung, bei bösartigen Tumoren und schweren psychischen Erkrankungen sollte die Bindegewebsmassage nicht eingesetzt werden.
Bei der etwa 10 bis 30 Minuten dauernden Massage werden spezielle Grifftechniken angewandt (flächiges Verschieben des Unterhautgewebes durch Daumen und Fingerkuppen mit mehr oder weniger starkem Zug). Die Behandlung kann nur von einem speziell ausgebildeten Masseur vorgenommen werden; eine Selbstbehandlung ist nicht möglich.

## Kolonmassage

Bei dieser Methode werden hintereinander fünf auf dem Dickdarm (= Kolon) liegende Punkte für einige Minuten massiert. Nach dem Prinzip der → Reflexzonenmassage werden dadurch die Bauchorgane, auch der Dickdarm selbst, beeinflußt. Anwendungsgebiete der Kolonmassage sind Reizdarm, chronische Verstopfung, Gallenwegsleiden und andere Beschwerden der Verdauungsorgane. Bei Entzündungen und Tumoren im Bauchraum darf sie nicht eingesetzt werden. Die Massage wird täglich 1mal, insgesamt etwa 6- bis 12 Mal von einem speziell ausgebildeten Masseur vorgenommen. Eine weiterführende Selbstbehandlung ist nicht möglich.

## Lymphdrainage

Das Lymphsystem spielt eine wesentliche Rolle in der körpereigenen Abwehr von Krankheiten. Eine seiner Aufgaben ist es, über die Lymphflüssigkeit (Lymphe) Krankheitserreger, Stoffwechselschlacken sowie Fremdstoffe aus dem Gewebe abzutransportieren. In den Lymphknoten, einer Art biologischer »Filterstationen«, wird die Lymphe gereinigt, eine Reihe von Stoffen ins Blut geleitet und über die beiden Entgiftungsorgane Leber und Niere ausgeschieden. Mit Hilfe der Lymphdrainage wird der Lymphfluß angeregt und damit einerseits im Gewebe gestaute Flüssigkeit beseitigt, andererseits der Abtransport von belastenden Stoffen beschleunigt.
Die Lymphdrainage kann unter anderem bei rheumatischen Erkrankungen, neurologischen Krankheiten und Hautleiden, aber auch allgemein zur Stärkung der Abwehrkräfte eingesetzt werden. Sie sollte nicht angewandt werden, wenn ein bösartiger Tumor, eine akute Entzündung oder eine Thrombose bestehen.
Mit speziellen Grifftechniken, meist kreisenden Druckbewegungen, werden je nach Beschwerdebild einzelne Gruppen von Lymphknoten massiert, zum Beispiel am Hals, in den Achselhöhlen oder in der Leistenregion. Die Massage wird von speziell ausgebildeten Therapeuten vorgenommen und vom Arzt überwacht; die Behandlung umfaßt mehrere Sitzungen und wird in einer physiotherapeutischen Praxis oder im Rahmen einer Kur durchgeführt. Zur Selbsthilfe können die einfacheren Techniken der Lymphdrainage erlernt werden. Jedoch sollten Sie nur leichtere Beschwerden auf diese Weise behandeln.

**Bewegungsübungen mit dem Gymnastikball machen Spaß und können gut zu Hause weitergeführt werden.**

# Bewegungstherapie

Zur Bewegungstherapie werden eine Reihe von Methoden des körperlichen Trainings gezählt: verschiedene Arten der Sporttherapie, heilgymnastische Aktivitäten wie zum Beispiel die Rückenschule sowie krankengymnastische Behandlungen.
Eingesetzt werden Formen der Bewegungstherapie zur gesundheitlichen Vorsorge, zur gezielten Behandlung einzelner Störungen oder Erkrankungen sowie zur Nachsorge und Rehabilitation nach Operationen und Unfällen. Anwendungsgebiete sind unter anderem Herz-Kreislauf-Erkrankungen, psychosomatische und neurologische Störungen und Erkrankungen des Bewegungsapparates.
Ausschlaggebend für den Erfolg jeder Bewegungstherapie ist, daß körperliche Belastung und Schwierigkeitsgrad des Trainings bzw. der Übungen langsam und durchdacht gesteigert werden und daß die jeweilige Behandlung genau auf den persönlichen Gesundheitszustand, die individuelle Leistungsfähigkeit und die therapeutische Zielsetzung abgestimmt wird.
Die Durchführung erfolgt je nach Therapieform durch Sportlehrer, Sporttherapeuten, Krankengymnastinnen oder Ergotherapeuten. Meistens ist eine regelmäßige Behandlung über einen längeren Zeitraum hinweg notwendig. Viele Übungen bzw. Trainingsverfahren können Sie in Kursen oder durch die Therapie erlernen und später allein weiterführen.

## Gesundheitsvorsorge durch Bewegung

Zur allgemeinen Gesundheitsvorsorge sollte auf jeden Fall ein regelmäßiges Fitneßtraining gehören, das der persönlichen Leistungsfähigkeit sowie den persönlichen Vorlieben und Zielen angepaßt ist. Wissenswertes über Aufwärmübungen vor dem Sport, Ausdauertraining, Kraftübungen und Bewegungsschulung finden Sie auf Seite 698 bis 708.
Darüber hinaus tragen Übungsprogramme, die der Erweiterung des Körperbewußtseins dienen, zu Wohlbefinden und Gesundheit bei. Informationen zu den jeweiligen Grundtechniken von Atemübungen, Progressiver Muskelrelaxation, der Feldenkrais-Methode und Yoga finden Sie ab Seite 686.

## Krankengymnastik

Die Krankengymnastik umfaßt eine große Bandbreite von Übungen, die der Stärkung oder Wiederherstellung der Funktionsfähigkeit von Muskulatur und Bewegungsapparat dienen. Sie kann vorbeugend gegen Haltungsschäden oder Bewegungseinschrän-

### Die Grundlagen der Bewegung

Jede Bewegung des Körpers ist ein kompliziertes Geschehen, dessen Ablauf bestimmt wird

- von der **Koordination**: dem Zusammenwirken von Zentralnervensystem (Gehirn und Rückenmark) und Muskeln
- von der **Flexibilität**: der Beweglichkeit der Gelenke, der Dehnfähigkeit von Haut, Sehnen und Muskeln
- von der **Kraft**: der Muskelspannung, die in einer gegebenen Position gegen einen Widerstand entfaltet werden kann, und der Muskelspannung, die innerhalb eines Bewegungsablaufs erbracht werden kann
- von der **Ausdauer**: der Fähigkeit, eine Muskelbeanspruchung eine bestimmte Zeit durchzuhalten
- von der **Schnelligkeit**, mit der die Bewegung erfolgen kann.

Koordination, Flexibilität, Kraft und Ausdauer sind einzeln oder zusammen Ziele der Bewegungstherapie. Die Schnelligkeit einer Bewegung spielt in diesem Zusammenhang keine Rolle.

kungen eingesetzt werden, zur Rehabilitation nach einer längeren Krankheit oder einem Unfall dienen, zur gezielten Behandlung einer chronischen Erkrankung oder zur Linderung von Schmerzen. Krankengymnastische Übungen dürfen nicht durchgeführt werden bei frischen Knochenbrüchen und entzündlichen Gelenkerkrankungen.

### Durchführung der Behandlung

Grundsätzlich unterscheidet man zwischen aktiven und passiven Übungen: Aktive Übungen werden vom Behandelten nach Anleitung der Krankengymnastin selbst vollzogen. Die jeweiligen Bewegungen können frei oder gegen einen Widerstand ausgeführt werden, fließend verlaufen oder zwischendurch gehalten werden. Bei einigen Erkrankungen sind aktive Bewegungsübungen unter Wasser sinnvoll. Passive Übungen werden von der Krankengymnastin »geführt«, indem sie die Gelenke des Patienten bewegt. Diese Übungen finden beispielsweise bei Querschnittslähmung oder rheumatischer Arthritis Anwendung.

**Für das Training von Muskeln und Gelenken sind aktive Übungen im Wasser sehr geeignet.**

Eine krankengymnastische Behandlung erfordert immer regelmäßige Sitzungen (meist ein oder mehrere Male die Woche) über einen längeren Zeitraum; sie kann als Einzel- oder Gruppentherapie stattfinden und wird von einer speziell ausgebildeten Krankengymnastin durchgeführt.
Ein Großteil der aktiven krankengymnastischen Übungen kann (und sollte) nach sorgfältiger Einweisung und Übung zwischen den therapeutischen Sitzungen oder nach Abschluß der Gesamtbehandlung allein zu Hause weitergeführt werden.

## Chiropraktik

Die Behandlungstechnik ist auch unter den Namen »Manuelle Therapie«, »Manuelle Medizin« und »Chirotherapie« bekannt. Ihr Ziel ist es, Beschwerden am Stütz- und Bewegungsapparat zu beheben.
Anwendungsgebiet der Chiropraktik sind reversible (wieder zu beseitigende) Funktionsstörungen der Gelenke, die auch als Dysfunktionen oder Blockierungen bezeichnet werden. Um zu klären, welche therapeutischen Maßnahmen geeignet sind, wird zunächst eine genaue Diagnose gestellt, die auch die Entstehungsgeschichte der Störung einbezieht.
Um die tiefere Ursache der Dysfunktion beseitigen zu können, müssen folgende Fragen geklärt werden: Ist die Dysfunktion angeboren oder erworben? Wo genau liegt sie (zum Beispiel an Wirbelgelenken oder Gelenken der Gliedmaßen)? Was sind die genauen Ursachen (zum Beispiel ein Unfall, eine chronische Fehlhaltung, eine Abnutzungserscheinung)? Wie lange besteht die Dysfunktion? Welches Ausmaß hat sie (wieviele der sechs möglichen Bewegungsrichtungen eines Gelenks sind blockiert)?
Chiropraktik kann beispielsweise eingesetzt werden bei Kopf- und Nackenschmerzen, Migräne, Ohrgeräuschen sowie Kiefer- und Zahnschmerzen. Nicht angewandt werden darf sie unter anderem bei einem Bandscheibenvorfall, einer frischen Verletzung und ausgedehnter Osteoporose.

### Durchführung der Behandlung

Zwei Maßnahmen werden in der chiropraktischen Behandlung unterschieden:

- Die sogenannte Manipulation ist eine kurze, schnelle, mit wenig Kraft ausgeführte Bewegung. Mit einem sogenannten Probezug, der vor jeder Behandlung langsam ausgeführt wird, prüft der Therapeut, ob die Bewegung wie geplant durchzuführen ist. Eine Manipulation erfolgt immer in die freie Bewegungsrichtung des Gelenks.
- Die sogenannte Mobilisation hingegen stellt die Beweglichkeit eines Gelenks durch passive Anwendungen wieder her. Bei dieser Maßnahme wird überwiegend in die eingeschränkte Bewegungsrichtung des Gelenks gearbeitet.

Die Therapie wird von einem Arzt mit der Zusatzbezeichnung »Chiropraktik« durchgeführt; eine Selbstbehandlung ist nicht möglich.

# Bädertherapie/Balneotherapie

Unter Balneotherapie wird eine Behandlung mit Heilwässern und/oder sogenannten Heilpeloiden wie Moor und Schlamm verstanden. Sie findet meist im Rahmen eines längeren Kuraufenthalts statt, dessen Ziel die umfassende Wiederherstellung der Gesundheit ist. Neben den genannten Heilmitteln werden häufig auch Maßnahmen der Wasserbehandlung (→ Seite 642) und der Thermotherapie (→ Seite 641) angewandt. Auch das Klima des Kurortes spielt für die Genesung eine wichtige Rolle (→ Klimatherapie).

## Heilwasser

Als Heilwasser gelten Quellen, deren Wasser einen hohen Gehalt an Mineralstoffen hat, über andere wirksame Bestandteile wie beispielsweise Kohlensäure oder Radon verfügt oder deren natürliche Temperatur über 20 °Celsius liegt (Thermalquellen). Hauptanwendungsformen von Heilwasser sind Trinkkuren, Bäder und Inhalationen. Je nach Inhaltsstoff können Heilwasser bei verschiedenen Erkrankungen angewandt werden:

- Chloridwasser (Solewasser) zeigt beispielsweise Heilwirkungen bei Asthma (Inhalation), Magen-Darm-Erkrankungen (Trinkkur) und Herz-Kreislauf-Erkrankungen (Bad)
- Sulfatwasser zum Beispiel bei Magen-Darm-Erkrankungen (Trinkkur)
- Hydrogenkarbonatwasser beispielsweise bei Bluthochdruck und Herz-Kreislauf-Beschwerden (Bad)
- Radonwasser (radioaktive Quellen) zum Beispiel bei entzündlichen und degenerativen Gelenkerkrankungen (Bäder, Trinkkuren, Inhalationen)
- Schwefelwasser bei Gelenkerkrankungen, Akne, Schuppenflechte und Neurodermitis (Bäder)
- Thermalwasser eignen sich für die Behandlung von Erkrankungen des Bewegungsapparates.

## Meerwasser/Thalassotherapie

Wegen seines hohen Salzgehaltes kann Meerwasser auch zu den Heilwassern gerechnet werden. Da die Behandlung nur an Küstenorten erfolgen kann, also an eine bestimmte Klimazone gebunden ist, gehört die Thalassotherapie – so der wissenschaftliche Name für Behandlung mit Meerwasser – gleichzeitig zu den → Klimatherapien. Anwendungsgebiete der Meerwassertherapie sind Bronchitis, niedriger Blutdruck und verschiedene Hauterkrankungen wie Akne, chronisches Ekzem, Schuppenflechte, Neurodermitis, Erschöpfungszustände.

## Heilpeloide

Heilpeloide sind feinkörnige, mit Wasser vermischte Stoffe, die durch geologische und/oder biologische Vorgänge entstanden sind, so zum Beispiel Moor, Schlamm (Fango), Kalk, Heilerde, Ton, Sand. Sie werden vor allem als Bäder und Packungen angewandt und bei Erkrankungen und Verletzungen des Bewegungsapparates, Durchblutungsstörungen, Frauenkrankheiten und chronischen Entzündungen im Bauchbereich eingesetzt. Gegenanzeigen sind unter anderem großflächige Ekzeme, fieberhafte Erkrankungen und schwere Herz-Kreislauf-Leiden.

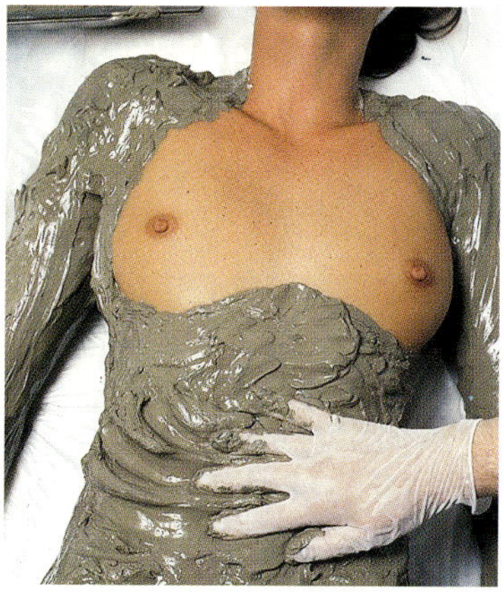

**Auch wenn es etwas unangenehm aussieht: Eine Moorpackung kann viele Beschwerden lindern.**

**Behandlung zu Hause**

Die meisten Anwendungen der Balneotherapie sind an einen bestimmten Kurort gebunden. Einige Heilwasser sowie Fango-, Moor- und Heilerdepackungen sind jedoch im Handel erhältlich (→ Seite 741).

# Klimatherapie

Diese Therapie ist eine im besten Sinne natürliche und ganzheitliche Behandlungsform, denn zu Heilungszwecken werden das Klima eines Ortes und das Wetter genutzt. Die Grenze zwischen der erholsamen Wirkung eines Urlaubsaufenthaltes in landschaftlich schöner Lage und der therapeutischen Wirkung einer Kur kann natürlich nicht eindeutig gezogen werden. Eine wesentliche Rolle dafür, daß an einem Kurort eine heilklimatische Wirkung einsetzen kann, spielen

- Feuchtigkeit, Bewegung, Erwärmung der Luft
- Sonneneinstrahlung (Stärke und Dauer)
- Anreicherung der Luft mit natürlichen Stoffen, Luftreinheit
- Wetter- und Witterungseinfluß sowie Jahreszeit.

In Europa eignen sich vier klimatische Zonen für die therapeutische Nutzung: das Hochgebirge, das Mittelgebirge, Wald- und Hügellandschaft und Küsten.

## Aufenthalt im Hochgebirge

In Höhen über 1000 Meter ist die Sonneneinstrahlung sehr viel stärker als in der Ebene, dies aber meist bei relativ niedrigen Temperaturen. Schnee verstärkt oft noch die Wirkung des Sonnenlichts. Deswegen kann hier besonders gut eine Heliotherapie (→ Seite 643) durchgeführt werden.

Die Umweltbelastungen sind sehr viel niedriger als in den Städten und Ballungszentren. Der geringe Sauerstoffgehalt der Luft kann die Atmung anregen und sich in Verbindung mit der guten Luftqualität günstig auf die Atmungsorgane auswirken. Berühmt wurden aus diesem Grund eine Reihe von Schweizer Hochgebirgsorten wie Davos für ihre Lungensanatorien.

Eine Klimakur im Hochgebirge ist unter anderem sinnvoll bei zu niedrigem oder zu hohem Blutdruck, koronaren Herzerkrankungen, nach einem Herzinfarkt oder Schlaganfall, bei Asthma, Bronchitis, Neurodermitis und Schuppenflechte.

Unter anderem bei verschiedenen schweren Herzerkrankungen und lichtempfindlichen Hautleiden sollte keine Kur im Hochgebirge unternommen werden.

## Mittelgebirge, Wald- und Hügellandschaften

Diese Landschaftstypen zeichnen sich durch ein reizarmes, gut verträgliches Klima aus. Gute Luftqualität sowie milde Kalt-Warm-Reize tragen zur heilklimatischen Wirkung bei. Kuren im Mittelgebirge sowie in Wald- und Hügellandschaften können der allgemeinen Gesundheitsvorsorge, aber auch der Rehabilitation nach schweren Krankheiten dienen; auch bei Herz-Kreislauf-Erkrankungen, Atemwegs- und rheumatischen Erkrankungen können sie angewandt werden. Gegenanzeigen sind nicht bekannt.

## Klimatherapie an der Küste

Eine Besonderheit der Küstenlandschaften ist die meersalzhaltige Luft. Außerdem verstärkt das Meer die Intensität der Sonneneinstrahlung, weshalb Heliotherapien (→ Seite 643) hier besonders gut durchzuführen sind. Auch ist die Luftverschmutzung hier viel geringer als im Landesinneren.

Ein Kuraufenthalt an der Küste erlaubt, Klimatherapie und → Balneotherapie in Form von Meerwasseranwendungen zu verbinden. An manchen Kurorten (zum Beispiel an der Nordsee) werden außerdem Schlickpackungen oder -bäder angeboten.

Ein Kuraufenthalt am Meer ist unter anderem sinnvoll bei chronischen Schleimhautentzündungen, Atemwegserkrankungen, Herz-Kreislauf-Erkrankungen und Hautleiden wie Neurodermitis, Schuppenflechte und Akne.

Gegenanzeigen sind nicht bekannt. In Deutschland eignen sich sowohl Nord- als auch Ostsee für eine Therapie im Küstenklima; wegen seines hohen Salzgehaltes ist bei Hauterkrankungen auch das Tote Meer sehr zu empfehlen.

**Sich einfach treiben lassen: Das Tote Meer ist wegen seines extrem hohen Salzgehaltes bekannt, der vor allem Hautleiden lindert.**

# Elektrotherapie

Die Elektrotherapie kann zwar nicht – wie zahlreiche andere Verfahren aus dem Bereich der physikalischen Therapien – auf eine lange und erfolgreiche Vergangenheit zurückblicken jedoch gilt sie vielen als die Medizin der Zukunft.

Elektrizität spielt, wie man heute weiß, für die Vermittlung von Informationen im menschlichen Körper eine wesentliche Rolle. Elektrische Signale ermöglichen komplizierte Denkvorgänge ebenso wie die Wahrnehmung eines Schmerzes oder die Bewegung eines Muskels.

In ganz anderer Form wirkt Elektrizität natürlich auch in der täglichen Lebenswelt des Menschen: Jedes technische Gerät, das mit elektrischem Strom betrieben wird, vom Radiowecker bis zum Großrechner, baut ein sogenanntes elektromagnetisches Feld auf; welche Wirkung elektromagnetische Einflüsse aus der Umwelt auf den menschlichen Körper haben, ist heute noch längst nicht in jedem Detail erforscht; daß vielfältige Einflüsse vorhanden sind, scheint jedoch sicher zu sein.

Bereits im 19. Jahrhundert wurden erste Versuche unternommen, elektrische Ströme zu Heilzwecken zu verwenden. Im 20. Jahrhundert schritt die Erforschung der Wirkung von Elektrizität im und um den menschlichen Körper weiter voran; neue Diagnosetechniken, die die Messung elektrischer Prozesse im Körper einsetzen, sowie eine Reihe von Verfahren der Elektrotherapie wurden entwickelt.

Eine Reihe von Versuchen ergaben, daß gezielt eingesetzte elektrische Ströme scheinbar unter anderem die Rückbildung von bösartigen Tumoren sowie von Metastasen begünstigen können, das Immunsystem stärken, die Fließeigenschaften des Blutes verändern, zur Heilung von Brüchen beitragen und Schmerzen lindern können.

Anwendung findet die Elektrotherapie heute unter anderem auf dem Gebiet der Schmerzbehandlung, bei Durchblutungsstörungen, Erkrankungen des Bewegungsapparates, Lähmungen und Muskelschwäche.

### Durchführung der Behandlung

Meist werden bei der Behandlung Elektroden direkt auf der Haut angebracht; seltener wird der elektrische Strom durch Wasser oder Öl geleitet (→ Stangerbad, → Ultraschalltherapie). Eingesetzt werden elektrische Ströme mit verschieden hoher Schwingungszahl pro Sekunde (diese sogenannte Frequenz wird in der Einheit Hertz gemessen):

- im Niederfrequenzbereich (unter 1 Kilohertz) zur Gleichstromtherapie (→ Stangerbad), zur → Reizstromtherapie und zur → Transkutanen Elektrischen Nervenstimulation
- im Mittelfrequenzbereich (um 1 Kilohertz) bei Interfrequenzstromverfahren und Amplipulsverfahren
- im Hochfrequenzbereich unter anderem zur → Kurzwellentherapie (300 Kilohertz), zur Dezimeterwellen- und Mikrowellentherapie.

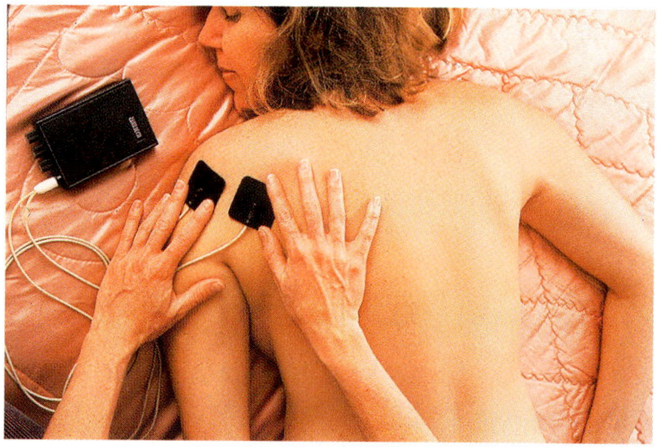

**Manchmal ist an den Hautstellen, wo die Elektroden angelegt wurden, ein leichtes »Kribbeln« spürbar.**

## Reizstromtherapie

Reizstromtherapie dient in der Regel der Schmerzbehandlung, der Durchblutungsförderung und der Kräftigung der Muskulatur.

Zu unterscheiden sind unter anderem das Ultrareizstrom-Verfahren nach Träbert, das auch als Reizstrommassage bekannt ist, und der Einsatz von Reizstrom zur Behandlung geschwächter Muskulatur, die sogenannte Elektrogymnastik.

### Reizstrommassage

Die Ultrareizstrom-Behandlung wird an mehreren aufeinanderfolgenden Tagen jeweils 15 Minuten lang durchgeführt. Unter den Elektroden sollte ein leichtes, vibrierendes »Stromgefühl« spürbar sein, jedoch darf kein Muskelkrampf einsetzen.

Anwendungsgebiete sind unter anderem akute oder chronische Schmerzzustände, Durchblutungsstörungen, Arthrosen, Prellungen, Zerrungen und Gelenkversteifungen.

Nicht angewandt werden darf das Ultrareizstrom-Verfahren unter anderem bei Trägern von Herzschrittmachern und bei Stromempfindlichkeit.

### Elektrogymnastik

Bei der sogenannten Elektrogymnastik wird Reizstrom zur Kräftigung geschwächter (zum Beispiel lange Zeit nicht aktiver) Muskeln eingesetzt. Diese werden bei der Behandlung durch rhythmisch zu- und abnehmende Stromimpulse zum Zusammenziehen gereizt und dadurch »trainiert«. Nicht angewandt werden darf diese Form der Elektrotherapie bei Muskelentzündungen und bei Muskeln, die nicht mehr vom Nervensystem versorgt werden.
In der Regel erfolgt die Behandlung über 10 bis 20 Sitzungen von 10 bis 15 Minuten täglich. Sie wird von speziell ausgebildeten Ärzten ausgeführt; eine Selbstbehandlung ist nicht möglich.

## Stangerbad

Bei sogenannten hydroelektrischen Bädern werden entweder Arme und/oder Beine (Zellenbäder) oder wie beim Stangerbad der ganze Körper ins Wasser eingetaucht. An Kopf- und Fußende einer Kunststoffbadewanne sowie an den beiden Längsseiten sind Elektroden angebracht. Je nach deren Polung kann der Strom in Quer-, Längs- oder Diagonalrichtung fließen. Anwendungsgebiete des Stangerbades sind unter anderem schwere Schmerzzustände der Wirbelsäule, Erkrankungen des peripheren Nervensystems, arterielle Durchblutungsstörungen und neurovegetative Störungen. Bei Trägern von Herzschrittmachern darf das Stangerbad nicht angewandt werden.

## Transkutane Elektrische Nervenstimulation

Einsatzgebiete der Transkutanen Elektrischen Nervenstimulation (kurz auch TENS genannt) sind akute oder chronische Schmerzen, zum Beispiel nach Operationen, Unfällen oder bei rheumatischen Erkrankungen. Die Elektroden werden bei diesem Reizstromverfahren entweder direkt auf dem schmerzenden Gebiet, dem entsprechenden Hauptnerv oder einem Akupunkturpunkt aufgesetzt. Täglich erfolgen mehrere Behandlungen. Die TENS kann mit Hilfe von batteriebetriebenen Geräten auch zu Hause angewandt werden. Träger von Herzschrittmachern sollten das Verfahren nicht einsetzen.
Die Durchführung der Behandlung beziehungsweise die Einweisung in die Transkutane Elektrische Nervenstimulation erfolgt durch speziell ausgebildete Therapeuten.

## Kurzwellentherapie

Die Kurzwellentherapie arbeitet mit elektrischen Wellen im Hochfrequenzbereich. Dabei wird Wärme erzeugt. Abhängig vom Abstand zwischen den Elektroden und der Haut sowie von der Stärke des Stroms spürt der Behandelte einen schwächeren oder stärkeren Wärmeeffekt. Bei akuten Erkrankungen sind sechs bis zwölf Sitzungen von täglich 5 Minuten Dauer sinnvoll. Bei chronischen Erkrankungen kann bis zu 20 Minuten lang behandelt werden, aber nicht öfter als 3mal wöchentlich.
Anwendungsgebiete der Kurzwellentherapie sind unter anderem entzündliche Erkrankungen, Muskelverspannungen, Schmerzzustände allgemein sowie die Nachbehandlung von Verletzungen.
Nicht eingesetzt werden sollte dieses Verfahren unter anderem bei Säuglingen, Trägern von Herzschrittmachern und wenn die Gefahr besteht, daß die Tiefenerwärmung des Körpers eine bereits bestehende Erkrankung verschlimmert. Die Therapie wird von speziell ausgebildeten Ärzten durchgeführt; eine Selbstbehandlung ist nicht möglich.

## Ultraschalltherapie

Ultraschall (das ist Schall über der Hörgrenze) kann durch die Umwandlung elektrischer in mechanische Schwingungen erzeugt werden. Bei der Ultraschalltherapie werden diese Schwingungen über eine Zwischenschicht (Öl oder Wasser) auf die Haut sowie das darunterliegende Gewebe übertragen; spürbar sind Vibrationen und Wärme. Die Behandlung hat ähnliche Effekte wie eine Massage: vor allem auf die Muskulatur wirkt sie entspannend und lockernd.
Anwendungsgebiete sind unter anderem chronische Erkrankungen des Bewegungsapparates sowie die Nachbehandlung von Verletzungen. Die Behandlung dauert einige Minuten und sollte im Tagesabstand mehrmals wiederholt werden. Sie wird von speziell ausgebildeten Ärzten durchgeführt; eine Selbstbehandlung ist nicht möglich.
Die Ultraschalltherapie darf unter anderem nicht eingesetzt werden bei Säuglingen und Trägern von Herzschrittmachern.

# Übungsmethoden

Übende Verfahren entfalten durch regelmäßiges Wiederholen körperlicher oder geistiger Techniken eine entspannende, kräftigende und allgemein gesundheitsfördernde Wirkung. Sie kommen ohne jedes Hilfsmittel aus und sind als begleitende Heilverfahren vor allem dann einsetzbar, wenn körperliche und seelische Anspannung eine Rolle bei der Krankheitsentstehung spielen. Die jeweiligen Techniken können bei ausgebildeten Lehrern oder Therapeuten erlernt und später zu Hause selbständig angewendet werden. Weit verbreitet und in ihrer Wirksamkeit anerkannt sind im deutschsprachigen Raum vor allem → Autogenes Training und → Progressive Muskelrelaxation. Einige weitere Methoden werden ausführlich im Kapitel Selbsthilfe vorgestellt (→ Körper und Geist entspannen, Seite 686).

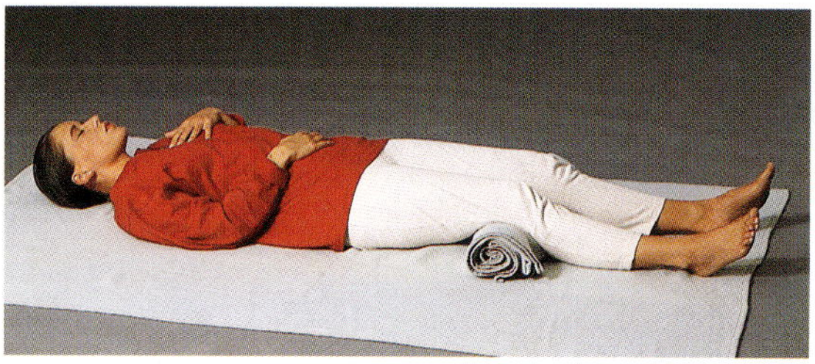

**Wer die autogenen Übungen gut beherrscht, kann sich jederzeit körperlich und geistig völlig entspannen.**

## Autogenes Training

Die Technik der »konzentrativen Selbstentspannung« wurde vom Nervenarzt J. H. Schultz aufgrund von wissenschaftlichen Beobachtungen, die er an hypnotisierten Personen anstellte, entwickelt. Er stellte fest, daß einige den unter Hypnose eintretenden Zustand gedämpfter Wahrnehmung, verbunden mit Empfindungen der Wärme und angenehmen Passivität, selbst (autogen) erzeugen konnten.
Aus seinen Erkenntnissen entwickelte er ein System geistiger Übungen, das er 1932 unter dem Titel »Das autogene Training. Konzentrative Selbstentspannung« veröffentlichte. Heute wird das Autogene Training von vielen Menschen genutzt – zur geistigen und körperlichen Entspannung, aber auch zur Linderung körperlicher und seelischer Beschwerden.
Autogenes Training wirkt auf mehreren Ebenen:

- Es entspannt seelisch und erzeugt eine innere Haltung des Loslassens und Geschehenlassens
- es entspannt körperlich und harmonisiert die Tätigkeiten des vegetativen Nervensystems
- es verbessert die Erholungs- und Schlaffähigkeit
- es baut Empfindungen wie Angst und innere Unruhe ab
- es sensibilisiert für Körperwahrnehmungen
- es stärkt die Fähigkeit zur Selbststeuerung.

Autogenes Training kann in der Gruppe oder in Einzelsitzungen erlernt werden. Um Erfolg zu zeigen, muß es regelmäßig praktiziert werden (→ Seite 690). Meist liegt man bei den Übungen; seltener sind angelehntes Sitzen oder der sogenannte Droschkenkutschersitz. Zunächst wird das Erlangen eines umfassenden Ruhezustands vermittelt, später geht es vor allem um formelhafte Leitsätze, die der positiven Selbstbeeinflussung dienen.

## Progressive Muskelrelaxation

Der amerikanische Arzt Edmund Jacobson entwickelte dieses Verfahren etwa zeitgleich zum Autogenen Training. Im Gegensatz zu jenem ist die Progressive Muskelrelaxation jedoch schneller und einfacher erlernbar (→ Seite 689).
Erreicht wird körperliche und seelische Entspannung bei dieser Methode auf dem »Umweg« der Muskelanspannung: Bei jeder Übung werden eine oder mehrere Muskelgruppen etwa 2 bis 4 Sekunden in größtmöglicher Anspannung gehalten, dann die Spannung gelöst und für mindestens 30 Sekunden den körperlichen Reaktionen in Ruhe nachgespürt.
Progressive Muskelrelaxation kann in der Gruppe oder in Einzelsitzungen bei einem speziell ausgebildeten Therapeuten erlernt werden. Wie beim Autogenen Training ist auch hier das regelmäßige Üben Voraussetzung für den Erfolg. Die meisten Übungen können in fast jeder Situation angewandt werden – ein Vorteil gegenüber vielen anderen Entspannungstechniken. Besonders gute Heilerfolge lassen sich mit der Progressiven Muskelrelaxation bei vorübergehenden oder dauerhaften Angstzuständen erzielen.

# Ernährungstherapien

Zwar ist die richtige Ernährung kein »Allheilmittel«, doch kann ihr Wert für unsere Gesundheit gar nicht hoch genug eingeschätzt werden:

- Die Umstellung auf eine ausgewogene, vollwertige Kost ist einer der wichtigsten Bausteine der verantwortungsbewußten Vorsorge (→ Gesund essen mit Genuß, Seite 712).
- Eine Reihe chronischer Erkrankungen wie Diabetes mellitus oder Gicht können durch gezielt eingesetzte Diäten zwar nicht geheilt, jedoch sehr zum Positiven beeinflußt werden.
- Mit Heilfasten oder speziellen Ernährungstherapien können im Rahmen einer Kur eine Reihe von »Zivilisationskrankheiten« gezielt behandelt werden.

## Heilfasten

In der Regel nimmt der Fastende nur Tee, Säfte, Mineralwasser und Gemüsebrühe zu sich. Etwa am zweiten Fastentag vergeht das Hungergefühl. Aufgrund der Entgiftung des Körpers kommt es zu unangenehmen Gerüchen von Ausscheidungen, Schweiß und Atem, die aber normal sind. Wichtige Phasen sind Beginn (Entlastungstag) und Ende der Fastenperiode (Aufbautage). Bewegung, Frischluft, ausreichende Ruhe und Anwendung von physikalischen Therapien (→ Seite 641–651) fördern die Wirkung.
Heilfasten kann unter anderem angewandt werden bei Übergewicht, Gicht, Rheuma, Lebererkrankungen, Bluthochdruck und chronischen Hauterkrankungen. Eine Fastenkur ist auch unter ärztlicher Überwachung in einer speziellen Klinik möglich.

## Die Mayr-Kur

Der österreichische Arzt Franz Xaver Mayr (1875–1965) nannte den Darm »das Wurzelsystem der Pflanze Mensch«. Dementsprechend sah er die Ursache vieler Erkrankungen in Fehlernährung und andauernder Überlastung des Verdauungsapparats.
Mayr-Kuren werden an speziellen Kurkliniken durchgeführt. Die Diät besteht aus alten Brötchen, die gründlich gekaut, eingespeichelt und mit etwas Milch gegessen werden. Zwischen den Mahlzeiten wird reichlich Kräutertee und Mineralwasser getrunken. Zusätzlich sorgen Bittersalzlösungen für die Darmreinigung. Bäder, Massagen, Gymnastikprogramme und Lymphdrainagen fördern außerdem den raschen Gewichtsverlust sowie die Reinigung und bessere Durchblutung des Magen-Darm-Trakts. Eine Mayr-Kur kann unter anderem bei Herz-Kreislauf-Beschwerden, Bluthochdruck und Übergewicht angewandt werden.

**Wie neugeboren durch Darmreinigung: Milch und trockene Brötchen gehören zur Diät nach F. X. Mayr.**

## Die Schroth-Kur

Der Naturheilkundler Johann Schroth entwickelte die nach ihm benannte Kur, die der Umstimmung und Entschlackung des Körpers dient, im frühen 19. Jahrhundert. Den Mittelpunkt bildet eine Trinkkur, durch die schädliche Abfallprodukte des Stoffwechsels ausgeschwemmt werden sollen: Nach strengem Rhythmus wechseln »Trockentage« mit kleinen und großen »Trinktagen« ab. Ihren Beinamen »Fröhliches Fasten« erhielt die Schroth-Kur wegen des an großen Trinktagen reichlich verabreichten Weißweins. Durch die sogenannten Schroth-Packungen mit feuchtkalten Laken sollen die körpereigene Wärmeproduktion angeregt und heilsame Stoffwechselprozesse in Gang gesetzt werden. Die Schroth-Kur wird in speziellen Kliniken unter anderem angewandt bei Übergewicht, rheumatischen Beschwerden, Herz-Kreislauf-Erkrankungen und Hautleiden.

# Psychotherapie
## Hilfe für Seele und Körper

Psychotherapie, im wörtlichen Sinn »Sorge für die Seele« oder »Heilung von seelischem Leid«, gab und gibt es in irgendeiner Form in allen Kulturen. Welches Empfinden oder Verhalten allerdings verändert werden kann oder soll, wo die Ursachen zu suchen sind und wie dementsprechend die »Behandlung« auszusehen hat, darüber waren und sind die Vorstellungen sehr unterschiedlich. Lange glaubte man auch in unserem Kulturkreis an den Einfluß äußerer Mächte auf das Seelenleben; Priester und Weise trugen Sorge für das Seelenheil der Menschen. Mit der wissenschaftlichen Forschung der Neuzeit wuchs die Erkenntnis über den menschlichen Körper: Zur anerkannten Lehrmeinung wurde, daß psychisches Leid ausschließlich Zeichen körperlicher Krankheit sei. Revolutionär erscheint vor diesem Hintergrund die Theorie, die der Wiener Nervenarzt Sigmund Freud Ende des 19. Jahrhunderts entwickelte und in die Praxis umsetzte: Er sah die Ursachen gestörten Empfindens und Verhaltens zwar auch im Menschen und nicht in der Außenwelt, ging jedoch davon aus, daß sie nicht im Körper, sondern in der Seele selbst liegen müßten – in nicht mehr bewußten, verdrängten Konflikten vor allem der frühen Kindheit. Aufbauend auf diese Annahme arbeitete er das erste im engeren Sinn psychotherapeutische Verfahren aus: die *Psychoanalyse* (→ Seite 657). Sie wurde über Jahrzehnte von ihm selbst und vielen seiner Schüler weiterentwickelt.

### In Konkurrenz zur Psychoanalyse

Aufbauend auf die sogenannte Lerntheorie (Behaviorismus), die ab den 20er Jahren in den USA entstand, wurde in den 50er Jahren die *Verhaltenstherapie*

(→ Seite 658) erarbeitet, die sich anfangs ausschließlich auf das von außen beobachtbare Verhalten des Menschen konzentrierte, seit den 70er Jahren aber auch die »Innenwelt«, also Bewußtseinsinhalte wie Gedanken, Einstellungen und Phantasien des Menschen, in die Therapie miteinbezieht. Nach Auffassung der Verhaltenstherapie wird problematisches Handeln im Lauf des Lebens erlernt und kann demzufolge in einer Therapie auch wieder verlernt werden.

Ab den 40er Jahren entwickelte sich die sogenannte *Humanistische Psychologie* (→ Seite 659), die sich bald als die »dritte Kraft« in der Psychotherapie verstand und in kurzer Zeit Bedeutung gewann. Nach ihrer Auffassung treten seelische Störungen auf, wenn die natürlichen Selbstentfaltungskräfte des Menschen blockiert sind. Ziel der Therapie ist es, Blockaden aufzulösen, damit Gefühle und Bedürfnisse wieder wahrgenommen werden können. Zu den bekanntesten Vertretern der Humanistischen Psychologie zählt Fritz Perls (→ Gestalttherapie, Seite 659).

In den 50er Jahren entstanden verschiedene sogenannte *systemisch orientierte Therapien* (→ Paar- und Familientherapien, Seite 660), bei denen nicht mehr nur der erkrankte Mensch allein behandelt wird, sondern der Partner/die Partnerin oder die Familie in die Therapie mit einbezogen werden, also das ganze »System« in seinen Wechselwirkungen untersucht wird. Die Ursachen für seelische Störungen werden nach diesem Konzept sowohl innerhalb als auch außerhalb des einzelnen Menschen gesehen. Systemische Therapien fanden im deutschsprachigen Raum vor allem in den 70er und 80er Jahren Verbreitung.

Ausgehend von den genannten psychotherapeutischen Richtungen und angeregt durch das starke Interesse an seelischen Erfahrungsprozessen in den letzten drei Jahrzehnten entwickelten sich unüberschaubar viele neue Behandlungsverfahren.

# Methoden und Ziele der Psychotherapie

In der Psychotherapie werden – je nach Richtung – verschiedene psychologische Methoden eingesetzt, die alle demselben Zweck dienen: Befindlichkeiten, Verhaltensformen oder Sichtweisen abzubauen, die das persönliche Wohlergehen beeinträchtigen und/oder die Beziehung zur Umwelt stören. Zum Beispiel können Therapeut und Klient im Gespräch miteinander verdrängte Konflikte, Gefühle und Erinnerungen aufdecken. Formen des Selbstausdrucks wie Rollenspiel und Malen können helfen, neue Verhaltensweisen einzuüben. Und das Aussprechen aller, auch unangenehmer Gedanken – sogenanntes freies Assoziieren (→ Psychoanalyse, Seite 657) – kann den aktiveren Umgang mit Phantasien ermöglichen und ans Licht bringen, was das gegenwärtige Erleben und Verhalten bestimmt.

Erste Voraussetzung für den Erfolg einer psychotherapeutischen Behandlung ist, daß der Betroffene aktiv mitarbeitet: Was er tut und ist, vermag er nur zu verändern, wenn er selbst es wirklich will.

Zweite, ebenso wichtige Voraussetzung ist eine vertrauensvolle Beziehung zwischen ihm und dem Therapeuten. Jede Therapie setzt Lernprozesse in Gang, die dazu befähigen, Einstellungen und Verhalten zu ändern – häufig ein langer Weg, der in geduldiger Zusammenarbeit erfolgen muß.

Ziel einer Psychotherapie ist in jedem Fall, seelisches und/oder körperliches Leiden zu mildern, das gesunde Seelenleben wiederherzustellen und die Reifung und Entfaltung der Persönlichkeit zu fördern.

## Wann ist Psychotherapie sinnvoll?

Die Gründe, eine Psychotherapie zu beginnen, sind sehr unterschiedlich. Sie reichen von persönlicher Unzufriedenheit bis zu so starken seelischen Problemen, daß eine normale Lebensführung kaum oder nicht mehr möglich ist, oder bis zu körperlichen Beschwerden wie Bluthochdruck, Herzrhythmusstörungen, chronischen Kopfschmerzen oder Magen-Darm-Geschwüren. In der Regel erfolgt die Therapie ambulant, sinnvoll kann in schweren Fällen auch die psychotherapeutische Behandlung in einer Klinik sein.

Bis eine Therapie begonnen wird, dauert es allerdings oft mehrere Jahre: Vielen Menschen fällt der Schritt, einen Psychotherapeuten aufzusuchen, schwer. Professionelle Hilfe von außen für die Lösung seelischer Probleme zu benötigen erscheint ihnen gleichbedeutend mit persönlichem Versagen. Doch eröffnet gerade dieser Weg oft kaum (noch) erhoffte Möglichkeiten persönlicher Entwicklung und Gesundung.

## Auswahl des Therapeuten

Haben Sie sich entschlossen, Hilfe zu suchen, so stehen Sie vor der Frage, welche Therapie und welchen Therapeuten Sie wählen sollen. Wir empfehlen, sich an einen Arzt oder Psychologen zu wenden, der (möglichst) über den Arzt des Vertrauens vermittelt wurde: an einen Psychiater oder Nervenarzt, einen von den Krankenkassen anerkannten ärztlichen Psychotherapeuten, an einen von den Kassen zugelassenen psychologischen Psychotherapeuten oder einen vom Berufsverband Deutscher Psychologen anerkannten klinischen Psychologen. Auch psychotherapeutische Ausbildungsinstitute, Beratungsstellen, Selbsthilfegruppen, schulpsychologische Dienste und Telefonseelsorgen können Therapeuten nennen. Bei zugelassenen Ärzten und Psychologen werden die Behandlungskosten von den Krankenkassen zumindest teilweise getragen. Außerdem ist gewährleistet, daß sie eine qualifizierte Aus- und Weiterbildung durchlaufen haben. Allerdings ist aber auch der persönliche »Draht« wichtig: Nicht jeder Hilfesuchende kommt mit jedem Therapeuten klar und umgekehrt.

### Wer darf als Therapeut arbeiten?

In *Deutschland* dürfen neben Ärzten und Psychologen auch Heilpraktiker und alle, die eine Genehmigung nach dem Heilpraktikergesetz haben, Psychotherapie ausüben. Ärzte und Psychologen erwerben ihre Qualifikation als Therapeuten in einer mehrjährigen Zusatzausbildung, die sie nach ihrem Studium absolvieren. Auch diejenigen, die eine Genehmigung zur Psychotherapie nach dem Heilpraktikergesetz haben, haben in der Regel eine psychotherapeutische Ausbildung. Trotzdem gilt: Informieren Sie sich in jedem Fall, ganz besonders aber bei allen Personen, die ohne medizinische oder psychologische Grundausbildung als Psychotherapeut arbeiten, über die Qualifikation!

In *Österreich* darf als Psychotherapeut arbeiten, wer eine gesetzlich vorgeschriebene Ausbildung absolviert hat und in der Liste des Psychotherapiebeirats im Bundeskanzleramt eingetragen ist. In der *Schweiz* gibt es eine Charta mit festen Regeln, die sich die Psychotherapeuten in den 19 Kantonen selbst gegeben haben. Sie garantiert einen Qualifikationsstandard für alle zugelassenen Psychotherapeuten.

### Welche Therapie für wen?

Welches Therapieverfahren für welches Leiden geeignet ist, kann nicht pauschal gesagt werden; auch hängt die Wirksamkeit einer Methode immer von der persönlichen Neigung des Betroffenen ab. Lange Zeit galt die Psychoanalyse für die Behandlung von Persönlichkeitsstörungen, psychosomatischen Erkrankungen und Psychosen als besonders wirksam, die Verhaltenstherapie als besonders erfolgreich bei Panikattacken, Angststörungen und Phobien. Heute haben sich die »Zuständigkeiten« durch die Weiterentwicklung der Verfahren verwischt. Von den systemischen Therapien nehmen Fachleute an, daß sie gleichermaßen wirksam sind. Allerdings liegen noch keine gesicherten Ergebnisse vor. Dasselbe gilt für Verfahren der Humanistischen Psychologie.

### Was zahlt die Krankenkasse?

Von den gesetzlichen Krankenkassen werden in *Deutschland* Psychoanalyse, Verhaltenstherapie und tiefenpsychologische Therapien anerkannt. Die Behandlung muß von einem psychotherapeutisch ausgebildeten Arzt oder einem Diplompsychologen, an den er überweist (sogenanntes Delegationsverfahren), durchgeführt werden. Arbeitet ein Psychologe nicht im Delegationsverfahren (was nichts über seine Qualifikation aussagt), so muß der Klient die Kosten selbst tragen. Erzielen bei einer spezifischen Störung auch andere Therapien nachweisbare Erfolge oder leben Sie in einer psychotherapeutisch »unterversorgten« Region, so ist es möglich, daß die örtliche Krankenkasse eine individuelle Entscheidung über die Kostenübernahme trifft.

Private Krankenversicherungen übernehmen teilweise andere Leistungen als gesetzliche. Ein Informationsgespräch vor Antritt der Therapie ist ratsam.

In *Österreich* geben die Krankenkassen einen Kostenzuschuß für Einzel- oder Gruppenbehandlung; in der *Schweiz* wird pro Stunde ein Festpreis bezahlt, zu dem der Therapeut zusätzlich einen geringen Aufschlag vom Klienten verlangen darf. Nähere Informationen zur Kostenübernahme in Österreich und der Schweiz erfragen Sie bitte bei Ihrer Krankenkasse.

# Formen der Psychotherapie

## Psychoanalyse

Sigmund Freud (1856–1939), der Begründer der Psychoanalyse, ging davon aus, daß seelische Störungen ihren Ursprung in Konflikten der frühen Kindheit haben. Diese sind den Menschen oft nicht mehr bewußt. Ziel der Psychoanalyse ist, dem Leiden zugrundeliegende, verdrängte Konflikte und Erfahrungen wieder ans Licht zu bringen, so daß der Betroffene sie mit Hilfe des Analytikers durcharbeiten kann.

### Analytische Psychotherapie

Das Kernstück der analytischen Psychotherapie bildet die sogenannte freie Assoziation: Der Klient soll alles, was ihm in den Sinn kommt, aussprechen, auch wenn es ihm unangenehm ist oder er sich dafür schämt; ebenso soll er über seine Träume berichten. Die Psychoanalyse geht davon aus, daß auf diese Weise unbewußte Erinnerungen, Gedanken und Phantasien ans Licht kommen, die das gegenwärtige Verhalten und Erleben beeinflussen.

So kann sich vielleicht ein Mensch, der an einer scheinbar unbegründeten Furcht vor dem Verlassen der Wohnung leidet, im Verlauf einer Psychoanalyse durch freies Assoziieren daran erinnern, daß er als Kind immer wieder vor den Gefahren der Außenwelt gewarnt wurde und zu Hause bleiben sollte.

Über besonders konfliktreiche Themen zu sprechen, die zum Beispiel mit Gefühlen von Schuld und Scham verbunden sind, bereitet dem Betroffenen oft große Probleme; es werden sogenannte Widerstände sichtbar. An gerade solchen Themen zu arbeiten und verdrängte Inhalte wieder bewußt zu machen ist eine wichtige Aufgabe des Psychoanalytikers.

Ein wesentliches Merkmal der Psychoanalyse ist die sogenannte Übertragung: Der Betroffene versucht in der Therapie Gefühle wiederzugeben, die den Beziehungen seiner Kindheit (meist zu Mutter oder Vater) entstammen, und »überträgt« sie auf den Analytiker.

Die Kosten der analytischen Psychotherapie werden in Deutschland von der Krankenkasse übernommen. Die Therapie umfaßt 160 (höchstens 240) Stunden und dauert 1 bis 3 Jahre; die Sitzungen finden 2- bis 3mal die Woche statt (→ Adressen, Seite 798).

### Analytische Kurzpsychotherapie

Ziel der Kurzpsychotherapie ist es, ein gegenwärtiges Problem in überschaubarem Zeitrahmen zu lösen. Sie ist geeignet, wenn die Störung relativ klar umrissen ist – zum Beispiel Prüfungsversagen – und der Betroffene schnell eine Beziehung zum Therapeuten aufbauen kann. Auch bei dieser Therapieform wird an sogenannten Widerständen gearbeitet. Eine Kurzpsychotherapie dauert 15 bis 25 Stunden.

### Psychoanalytische Gruppentherapie

Bis zu zehn Personen treffen sich einmal pro Woche für zwei Stunden in einer Gruppe mit ein oder zwei Therapeuten. Diese deuten das aktuelle Geschehen in der Gruppe und zeigen auf, welche Konflikte die Teilnehmer miteinander ausleben. Die Gruppe bietet die Möglichkeit, zu erleben, daß andere Menschen ähnlich gelagerte Probleme haben und auf welche Weise sie diese lösen; dadurch kann Angst genommen und Vertrauen gefördert werden.

**Bei einer Psychoanalyse hört sich der Therapeut aufmerksam alle Gedanken und Gefühle seines Klienten an.**

**Allein die Vorstellung durch einen Tunnel fahren zu müssen, löst bei vielen Menschen Panikgefühle aus.**

## Kognitive Verhaltenstherapie

Herr B. blieb im vergangenen Jahr allein im Aufzug stecken. Aufgrund eines Stromausfalls war er für einige Sekunden in der kleinen Kabine eingeschlossen. Nach diesem Erlebnis, das mit einem starken Angstgefühl verbunden war, reagiert Herr B. bereits im vorhinein mit Aufgeregtheit oder Angst, wenn er mit einem Aufzug fahren muß. Aus einem unproblematischen, alltäglichen Vorgang ist für ihn eine Situation geworden, auf die er fast automatisch mit angstvollen Gedanken, Befürchtungen sowie ängstlicher Anspannung reagiert. Herr B. versucht nun, das Aufzugfahren zu vermeiden.
Dieses Beispiel illustriert die Grundauffassung der Verhaltenstherapie, nach der ein Verhalten von einem Menschen im Lauf seines Lebens »erlernt« wird – und demzufolge auch wieder »verlernt« werden kann.
Das problematische Verhalten – in diesem Fall also »Angst im Fahrstuhl« – zeigt sich auf drei Ebenen: im körperlichen Ausdruck (Herzrasen, Schwitzen, Zittern usw.), im Denken und Fühlen (»Es wird etwas Furchtbares geschehen«, »Ich muß raus hier«) und schließlich im konkreten Verhalten (Vermeiden, Flüchten). Der Bereich des Denkens und Fühlens wird als Ebene der Kognition bezeichnet.
Die verhaltenstherapeutische Behandlung beginnt mit Gesprächen, in welchen geklärt wird, was die Störung ausgelöst hat. Es können unterschiedliche Methoden eingesetzt werden, wie das »Expositionsverfahren«, bei dem der Betroffene unter Anleitung mit genau der Situation konfrontiert wird, die die Störung ursprünglich verursacht hat. Zu den bekanntesten Behandlungstechniken der Verhaltenstherapie bei Menschen mit Angststörungen zählt die systematische Desensibilisierung, eine Verbindung von Entspannung und Konfrontation mit der angstauslösenden Situation. Anfangs geschieht dies nur in der Vorstellung, dann in der realen Situation.
Ein Grundgedanke der Verhaltenstherapie ist der des »Selbstmanagements«: Der Betroffene bekommt in der Therapie Hilfestellung dafür, wie er künftig auch allein mit seinem Problem umgehen kann.
Die Kosten für eine Verhaltenstherapie werden in Deutschland von der Krankenkasse übernommen. Sie dauert in der Regel 45 bis 60 (höchstens 80) Stunden. (→ Adressen, Seite 798)

### Rational-Emotive-Therapie nach Albert Ellis

Psychische Störungen entstehen nach Auffassung der Rational-Emotive-Therapie (RET) durch übertriebene negative Einstellungen und verfestigte Denkmuster. Sie werden durch die Art und Weise aufrechterhalten, wie Menschen gewohnheitsmäßig über sich selbst denken. Typische Meinungen sind etwa: »Ich bin nur dann wertvoll, wenn ich immer kompetent, tüchtig und leistungsfähig bin« oder »Ich muß von jedem geliebt werden«.
In der RET lernt der Betroffene, seine »irrationalen« Vorstellungen durch Denkmuster, die der Realität angepaßt sind, zu ersetzen – etwa indem er sich die Einstellung »Ich muß nicht perfekt sein, um von anderen geschätzt zu werden« zu eigen macht. Auf diesem Weg ändert sich auch sein Verhalten.
Die RET wird von vielen als eine eigenständige therapeutische Richtung betrachtet. Sie wird aber auch als Technik in der kognitiv orientierten Verhaltenstherapie eingesetzt.

## Therapien der Humanistischen Psychologie

Der Grundgedanke aller Therapien der Humanistischen Psychologie ist, daß der Mensch seinem Wesen nach »in Ordnung ist«, das heißt über alle Voraussetzungen für ein zufriedenes Leben in der Gemeinschaft verfügt. Unbehagen, seelische und körperliche Leiden entstehen nach Meinung der Humanistischen Psychologie durch ungünstige, blockierende Umwelteinflüsse, die das Streben nach Glück und Entfaltung der Persönlichkeit hemmen. Ziel der Therapien der Humanistischen Psychologie ist es, im Lauf eines Bewußtwerdungsprozesses das »Wachstum« eines Menschen, die Entfaltung seiner Möglichkeiten bzw. die Gestaltung von Rahmenbedingungen, in denen er sich frei verwirklichen kann, zu fördern.

## Gesprächstherapie

In der von Carl Rogers (1902–1987) entwickelten Gesprächstherapie steht die Beziehung zwischen Therapeut und Klient im Vordergrund: Der Therapeut nimmt eine nicht-wertende Haltung ein und bringt dem Klienten Einfühlung, Wärme und Aufrichtigkeit entgegen, damit dieser seine Probleme angstfrei aussprechen kann. Dadurch wird beim Klienten ein Prozeß in Gang gesetzt, in dem er zu einer Erweiterung und Vervollständigung seines persönlichen Erlebens und Handelns gelangt.
Er lernt im Lauf der Therapie, sich selbst besser wahrzunehmen, auf sein eigenes Erleben zu achten, sich zu verstehen und so zu akzeptieren, wie er ist. Allmählich übernimmt er sich selbst gegenüber die Haltung, die ihm der Therapeut entgegenbringt. Im Gegensatz zur Verhaltenstherapie wird nicht direkt an Beschwerden gearbeitet.
Kennzeichnend für die Gesprächstherapie ist die Technik des Therapeuten, in klareren und präziseren Worten zusammenzufassen, was der Klient mit oder ohne Worte bereits selbst ausgedrückt hat – ohne es sich allerdings ausreichend bewußtgemacht zu haben. Auf diese Weise soll der Klient in die Lage versetzt werden, seine Probleme für sich selbst zu klären.
Gesprächstherapie ist vorwiegend Einzeltherapie. Über die allgemein übliche Dauer sind keine verläßlichen Daten verfügbar. Die Kosten müssen selbst übernommen werden. (→ Adressen, Seite 798)

## Gestalttherapie

In der von Fritz Perls (1893–1970) begründeten Gestalttherapie wird »im Hier und Jetzt« gearbeitet, das heißt Gegenstand der Therapie ist das gegenwärtige Verhalten und die damit verbundenen Gefühle.
Perls ging davon aus, daß Menschen durch Abwehrmechanismen, die sie im Lauf des Lebens erworben haben, daran gehindert werden, ihre Gefühle und Bedürfnisse wahrzunehmen und zu erleben. Vergangenheit und Lebensgeschichte sind in der Gestalttherapie nur dann bedeutsam, wenn sie in das unmittelbare Erleben einfließen. Der Klient soll genau auf seine augenblicklichen Gefühle und Gedanken achten. Sitzt er zum Beispiel häufig mit verschränkten Armen da, so als wolle er sich vor möglichen Verletzungen schützen, dann wird der Therapeut die Aufmerksamkeit auf dieses Verhalten lenken, es aber nicht interpretieren. Die Bedeutung muß der Klient für sich selbst entdecken. Ziel der Gestalttherapie ist es, sich von seinen Gefühlen bewegen und anregen zu lassen, sie nicht zu meiden, so unangenehm sie auch sein mögen. In der Gestalttherapie werden eine Reihe von Techniken und Spielen verwendet.
Gestalttherapie wird als Einzel-, Gruppen-, Paar- und Familientherapie angeboten. Die Einzelarbeit vor der Gruppe ist ein typisches Kennzeichen dieser Therapieform. Die Kosten einer Gestalttherapie müssen selbst übernommen werden (→ Adressen, Seite 798).

### Der leere Stuhl

Die wohl bekannteste Technik der Gestalttherapie ist die des »leeren Stuhls«: Ein Klient beispielsweise, dessen Eltern verstorben sind, verhält sich so, als ob beide noch leben und sein Handeln bestimmen würden; seine Trauerarbeit ist noch nicht vollendet. Um »in der Wirklichkeit anzukommen«, muß er sich endgültig von ihnen trennen. Auf dem leeren Stuhl könnte nun in seiner Vorstellung der Vater sitzen, mit dem er versuchen würde, sich so lebendig auseinanderzusetzen, als wäre er tatsächlich da. Nicht nur abwesende Personen können durch den leeren Stuhl in der Phantasie »ersetzt« werden, auch eigene Persönlichkeitsanteile wie Angst, Schuld oder Scham kann man sich auf diese Weise vorstellen.

**Der »leere Stuhl« ist Symbol für eine Person, mit der man sich auseinandersetzen muß.**

## Paar- und Familientherapien

Es gibt verhaltenstherapeutisch, tiefenpsychologisch und gestalttherapeutisch ausgerichtete Paar- und Familientherapien. Seit etwa zwei Jahrzehnten genießen diese sogenannten systemisch orientierten Therapieformen große Popularität. Sie gehen davon aus, daß die Krankheit eines Menschen als Ausdruck für die Krankheit des ganzen »Systems« Familie oder Paar gesehen werden muß. Das Verhalten des einen beeinflußt das Verhalten des anderen. Der Betroffene ist wie auch die anderen Familienmitglieder weder Opfer noch Täter, sondern Teil eines Gesamtsystems, das das Verhalten der Beteiligten bestimmt.

**Eine gemeinsame Therapie hilft den Familienmitgliedern, viel bewußter und offener miteinander umzugehen.**

Der Klient kommt nicht allein in die Therapie, sondern mit ihm seine Familie bzw. der Ehepartner. Da die Erkrankung als eine Beziehungsstörung innerhalb der Familie gewertet wird, wird seitens der Therapeuten (meist sind es zwei) das Augenmerk auf das Miteinanderumgehen der Familienmitglieder gelegt. Auf diese Weise lassen sich die verfestigten und leidverursachenden Beziehungsmuster erkennen und aufdecken.

So gibt es etwa in vielen Familien Zuschreibungen im Sinn eines schwarzen Schafes oder Sündenbocks: Ein Mitglied – häufig ein unerwünschtes Kind – wird für Probleme oder Konflikte im Alltag verantwortlich gemacht und in eine entsprechende Rolle hineingedrängt, obwohl die wirklichen Gründe woanders liegen. In der Familientherapie haben alle Beteiligten die Möglichkeit, die Auswirkungen ihres Verhaltens besser zu verstehen und neue Formen des Umgangs miteinander zu lernen. Die Zahl der Sitzungen ist mit 2 bis 10 im Vergleich zu anderen Therapieformen (relativ) gering. Zur Kostenübernahme informieren Sie sich bitte bei Ihrer Krankenkasse.

## Weitere Verfahren

### Hypnotherapie

Seit den 80er Jahren wird Hypnotherapie im deutschsprachigen Raum zunehmend beliebter. Sie wird hier (im Gegensatz zum angloamerikanischen Raum) jedoch nicht als eigenständige Therapie eingesetzt, sondern ist eine Zusatzqualifikation, die sich vor allem mit verhaltenstherapeutischen, gesprächstherapeutischen und gestalttherapeutischen Ansätzen verbinden läßt.

Kennzeichen der heute angewandten Hypnotherapie ist neben Entspannungs- und Trancezuständen die sogenannte Ressourcen-Orientierung: die aus der Humanistischen Psychologie (→ Seite 659) stammende Annahme, daß der Mensch bereits über die notwendigen Erfahrungen und Voraussetzungen für eine Problemlösung verfügt. Seine »Ressourcen« zu entdecken und sie zu nutzen ist das Ziel der therapeutischen Arbeit. Trancezustände sind in diesem Zusammenhang besonders hilfreich, da sie einen unmittelbaren und intensiven Zugang zu den eigenen Gefühlen und Phantasien des Klienten ermöglichen.

Zwar wird durch Showhypnosen und Sensationsartikel die Vorstellung verbreitet, daß man völlig willenlos und hilflos dem Hypnotiseur ausgeliefert sei – dies widerspricht jedoch jeglicher therapeutischen Realität, denn der Hypnotisierte behält stets die Kontrolle über seinen Willen; nicht nur aus diesem Grund ist seine aktive Mitarbeit auf der Suche nach den genannten »Ressourcen« erforderlich.

Hypnotherapie sollte aufgrund der Risiken nur von erfahrenen Fachleuten ausgeübt werden – besonders bei schwerwiegenden Störungen wie Psychosen; es empfiehlt sich daher eine gründliche Information über die Qualifikation des Therapeuten, zum Beispiel bei entsprechenden Ausbildungsinstituten. Hypnotherapie wird von deutschen Kassen nur in Verbindung mit anerkannten Verfahren bezahlt (→ Adressen, Seite 798).

## Katathym-imaginative Psychotherapie

In der von Hanscarl Leuner begründeten katathym-imaginativen Psychotherapie (KIP) wird mit Wachträumen gearbeitet. »Katathym« ist zu übersetzen als »gefühlsgerecht«, »imaginativ« als »auf Vorstellung beruhend«. In der Therapie, dem katathymen Bild-Erleben, soll der Klient den symbolischen Gehalt, das heißt die unbewußten Dimensionen, seiner inneren Bilder erkennen, sie in einen lebensgeschichtlichen Zusammenhang stellen und mit Hilfe therapeutischer Gespräche durcharbeiten. KIP zählt zu den Kurzzeit- und sogenannten Kriseninterventionsverfahren für Kinder, Jugendliche und Erwachsene, die bereits in wenigen Sitzungen (etwa 20 bis 30) Erfolge erzielen. Weit verbreitet ist die Verbindung von KIP mit Gestalttherapie und tiefenpsychologischen, also aus der Psychoanalyse entwickelten Verfahren. Anerkannte Therapeuten können in Deutschland 30 bis 40 Stunden mit der Krankenkasse abrechnen.

## Neurolinguistisches Programmieren (NLP)

Das von dem Psychologen und Informatiker Richard Bandler und dem Sprachwissenschaftler John Grindler begründete Neurolinguistische Programmieren wurde in den 80er Jahren als Therapieform und vielseitig einsetzbares geistiges Trainingsprogramm bekannt. Am Anfang stand die Idee, aus den Ansätzen vier besonders erfolgreich arbeitender Therapeuten eine Art integratives Verfahren zu entwickeln; momentan stellt NLP allerdings nur eine Ansammlung vieler Einzeltechniken dar.

NLP geht davon aus, daß die Entfaltungsmöglichkeiten bei vielen Menschen blockiert sind. Um dies zu verändern, sollen psychische Zustände (»Neuro«) mit Hilfe der Sprache (»linguistisch«) beeinflußt, negative Einstellungen in positive »umprogrammiert« werden. Die Zahl der Techniken, mit denen dies geschehen soll, ist immens groß und sehr unterschiedlich.

Die Ausübung von NLP ist nicht auf Heilberufe festgelegt. Der NLP-Therapeut sollte allerdings stets über eine ausreichende therapeutische Grundausbildung verfügen. NLP findet immer in Einzelsitzungen statt. Angeboten werden häufig Kurzzeitbehandlungen; die Kosten werden von der Krankenkasse nicht übernommen (→ Adressen, Seite 798).

## Esoterisch-spirituelle Verfahren

Im Zeichen des »Psychobooms« wurde die Nachfrage nach psychotherapeutischer Behandlung ab den 70er Jahren stärker denn je. Gleichzeitig führte die Suche nach individuellem Lebensglück, Einklang mit der Natur und neuer Spiritualität in den USA und Europa zur Popularisierung esoterischen Gedankenguts sowie verschiedener östlicher Philosophien.

Häufig wurden nun Techniken psychotherapeutischer Schulen mit religiösen Praktiken aus anderen Kulturkreisen verbunden – die dadurch oft aus ihrem ursprünglichen Bedeutungszusammenhang gerissen und zu unseriösen »spirituellen Versatzstücken« wurden. Die Grenze zwischen Therapie und Psychokult ist in vielen Fällen nur schwer auszumachen; die Wirksamkeit vieler Verfahren muß in Zweifel gezogen werden. Die Preise für Sitzungen oder Seminare sind zum Teil sehr hoch und werden von der Krankenkasse nicht übernommen. Trotzdem gilt: Nicht alle esoterisch-spirituellen Verfahren dürfen »in einen Topf geworfen« werden, auch wenn von den meisten angenommen werden muß, daß sie nicht dazu geeignet sind, seelische Störungen zu behandeln.

### Welcher Therapeut ist der richtige?

Die Wahl des Therapeuten ist in jedem Fall schwierig. Der erste, den man aufsucht, muß nicht immer der richtige sein – etwas Geduld ist vonnöten. Nicht ratsam ist es, Anzeigen in Zeitschriften oder Zeitungen zu folgen: Dahinter verbergen sich meist unseriöse Anbieter. Berufsständische Verpflichtungen untersagen nämlich Ärzten, Psychologen und Heilpraktikern die Werbung für ihre therapeutischen Leistungen in den Medien.

Besondere Vorsicht ist bei den esoterisch-spirituellen Verfahren geboten: Aufgrund mangelhafter Ausbildung können diese Therapeuten psychische Krisen, die vor der Behandlung bestehen oder während dieser zum Ausbruch kommen, oft nicht erkennen und auffangen.

In jedem Fall sollten Sie sich kritisch informieren, die einzelnen Angebote durchaus in Frage stellen, nicht jedoch die Suche nach therapeutischer Hilfe vorschnell beenden.

# Alternative Medizin

## Ideen und Ziele

Auf den ersten Blick haben die vielen Verfahren der sogenannten Alternativmedizin kaum etwas miteinander zu tun: Mal wird mit Pflanzen, mal mit elektrischem Strom gearbeitet, mal mit spezieller Kost, mal mit Enzymen therapiert. Doch vergleicht man die dahinterstehenden Ideen, so zeigen sich viele interessante Gemeinsamkeiten:

- Gesundheit wird nicht einfach als Abwesenheit von Krankheit, sondern als Ausdruck eines Gleichgewichts, einer tieferen Harmonie gesehen.
- Krankheit wird als Zeichen dafür verstanden, daß dieses Gleichgewicht in irgendeiner Weise gestört ist. Damit kann sie »Wegweiser« werden zu einem anderen, besseren Leben, das neuer Krankheit vorbeugt.
- Grundgedanke der Therapie ist, daß Krankheit nur aus dem körperlichen, geistigen und seelischen Gesamtgeschehen heraus wirklich zu begreifen und nur durch Einfluß auf ebendieses Gesamtgeschehen zu heilen ist. Aus diesem Grund wird häufig auch die Bezeichnung »ganzheitliche Medizin« gebraucht.

Die heutige Schulmedizin geht von einem anderen gedanklichen Hintergrund aus, obwohl auch sie den menschlichen Organismus mehr und mehr als »vernetztes System« sieht. Zwischen ihr und der Alternativmedizin verläuft in vielen Bereichen eine »Front«, die unüberwindlich scheint. Jedoch ist das Selbstverständnis der »Alternativen« nicht automatisch das eines Gegners. Viele wollen ihre Tätigkeit auch als »Komplementärmedizin« verstanden wissen – komplementär ist, was sich gegenseitig ergänzt.

Die Qual der Wahl hat derjenige, der Heilung sucht, der Patient. Was für den einen Scharlatanerie und Quacksalberei ist für den anderen Glaubensbekenntnis, Wundermittel – und manchmal letzte Hoffnung.

Hier wird jeder seine eigene Entscheidung treffen müssen, unabhängig von der Meinung der Wissenschaft und den Zahlungsgewohnheiten der Krankenkassen. Es ist in jedem Fall anzuraten, sich nicht von klingenden Namen beeindrucken zu lassen, sondern auf die eigene Urteilsfähigkeit zu vertrauen – und sich nicht zu scheuen, (gar nicht dumme) Fragen zu stellen.

## Wo liegen die Ursprünge?

Betrachtet man nun die einzelnen Heilverfahren, so fällt auf, daß sie sich in Alter, Herkunft und Selbstverständnis zum Teil stark unterscheiden: Die Traditionelle Chinesische Medizin (→ Seite 668) und die Lehren des Ayurveda (→ Seite 670) blicken auf eine mehrtausendjährige Geschichte zurück; sie sind das Werk von Generationen von Heilkundigen und Gelehrten. Der traditionellen europäischen Volksmedizin entstammen ausleitende Verfahren wie Aderlaß (→ Seite 672), Schröpfen (→ Seite 672), Blutegeltherapie (→ Seite 673) und Cantharidenpflaster (→ Seite 673).

Weitgehend von einem Einzelnen entworfen und zur Therapie entwickelt wurden hingegen die Homöopathie Anfang des 19. Jahrhunderts (→ Seite 664), die Bach-Blütentherapie (→ Seite 666) und die Anthroposophische Medizin (→ Seite 671) in der ersten Hälfte des 20. Jahrhunderts.

Angeregt durch immer neue wissenschaftliche Erkenntnisse über den menschlichen Körper und fasziniert von den modernen Möglichkeiten der Behandlung, entwickelten Naturwissenschaftler und andere in Heilberufen Tätige neue Verfahren wie die Eigenbluttherapie (→ Seite 674), die Sauerstofftherapie (→ Seite 674), die Enzymtherapie (→ Seite 675), die Neuraltherapie (→ Seite 676), die Symbioselenkung (→ Seite 676) und die Bioresonanz-Therapie (→ Seite 677).

## Was zahlt die Krankenkasse?

Die Krankenkassen in Deutschland, Österreich und der Schweiz zahlen im allgemeinen nur Heilverfahren, die »zur Erreichung des Behandlungsziels nachweislich geeignet«, also »wissenschaftlich nachgewiesen« sind. Eine wissenschaftliche Bestätigung für die Wirksamkeit ist (bislang) allerdings bei kaum einem der alternativmedizinischen Behandlungsverfahren möglich. Sie zählen daher in der Regel nicht zu den sogenannten kassenärztlichen Leistungen.

Die Rechtsprechung läßt Ausnahmen zu, wenn:
- ein Behandlungserfolg mit einer gewissen Wahrscheinlichkeit möglich ist
- wissenschaftlich anerkannte Therapieverfahren nicht zur Verfügung stehen oder im Einzelfall ungeeignet sind
- Kosten und erwarteter Nutzen in einem angemessenen Verhältnis zueinander stehen.

Aber in der Praxis wird eine alternative Behandlung oft erst dann bezahlt, wenn eine schwere Erkrankung durch Anwendung aller anerkannten Verfahren nicht geheilt werden konnte.

Wenn ein ärztliches Attest vorliegt, sind derzeit lediglich Chancen vorhanden, daß bei einem ausleitenden Verfahren (→ Aderlaß, Schröpfen, Blutegeltherapie, Baunscheidtieren, Cantharidenpflaster, Seite 673) oder bei einer homöopathischen Behandlung (→ Seite 664) die Kosten von der Kasse getragen werden. Ebenso kann die Behandlung bei einem anthroposophischen Arzt bezahlt werden, muß aber nicht.

Die »wissenschaftliche Glaubwürdigkeit« einiger Verfahren – zum Beispiel der Akupunktur – wird derzeit geprüft, so daß für Behandlungen, die heute noch selbst bezahlt werden müssen, in Zukunft vielleicht die Krankenkassen aufkommen werden.

Private und gesetzliche Krankenkassen können von Fall zu Fall unterschiedlich entscheiden, und was die eine Kasse zahlt, lehnt die andere ab. Deshalb gilt: Fragen Sie vor der Behandlung immer bei Ihrer Krankenkasse nach!

## Alternativ – natürlich – sanft?

Fast automatisch wird heute »Naturheilkunde« als sanfte Medizin und Behandlung ohne Nebenwirkungen gesehen – das muß aber nicht immer so sein. Ebenso automatisch wird »Alternative Medizin« als »Naturheilkunde« betrachtet – auch das muß nicht immer so sein.

Richtig ist, daß viele Verfahren der Alternativen Medizin pflanzliche, tierische und mineralische Wirkstoffe in der Therapie einsetzen. Andere verstärken oder lenken natürliche Abläufe im Körper. Doch wieder andere Verfahren arbeiten wesentlich weniger »natürlich« – ganz abgesehen davon, daß ohne High-Tech heute auch der Naturheilkundler nicht mehr auskommt.

# Die verschiedenen Heilmethoden

## Homöopathie

Um die Wende zum 19. Jahrhundert begründete der Arzt Samuel Hahnemann die Lehre der Homöopathie. Er beobachtete 1790 in einem Selbstversuch, daß Chinarinde, die damals zur Behandlung von Malaria eingesetzt wurde, die Symptome ebendieser Krankheit bei ihm, dem Gesunden, hervorrief. In zahlreichen weiteren Versuchen an sich selbst und anderen untersuchte er daraufhin pflanzliche, tierische und mineralische Substanzen und stellte immer wieder fest, daß sie an Gesunden Beschwerden hervorriefen, die denen sehr ähnelten, die sie als Arzneimittel an Kranken heilten.

Hahnemann formulierte folgende Regel: »Wähle, um sanft, schnell, gewiß und dauerhaft zu heilen, in jedem Krankheitsfall eine Arznei, welche ein ähnliches Leiden erregen kann als sie heilen soll!«

Bereits der griechische Arzt Hippokrates (um 460–377 v. Chr.) sowie Paracelsus (1493–1541) waren der Ansicht, daß zwischen Krankheit und Heilmittel eine Ähnlichkeitsbeziehung bestehen müsse. Hahnemanns Verdienst ist es, aus dieser Erkenntnis ein umfassendes Therapiesystem entwickelt zu haben. Seine sogenannte Ähnlichkeitsregel ist das leitende Prinzip der Homöopathie, wörtlich der Therapie mit der »ähnlichen Krankheit«. Sie steht damit im Gegensatz zur heute üblichen schulmedizinischen Arzneimittelbehandlung (→ ab Seite 630), der Allopathie, bei der mit Medikamenten behandelt wird, die eine der Krankheit entgegengesetzte Wirkung haben.

### Herstellung homöopathischer Mittel

Homöopathische Mittel werden hergestellt, indem die verwendeten Substanzen so stark verdünnt werden, daß schließlich nur noch verschwindend wenig oder gar nichts mehr von ihnen nachweisbar ist. Das dazu verwendete Verfahren wird als Potenzierung bezeichnet.

Beispielsweise wird 1 Tropfen Belladonna, der Wirkstoff der Tollkirsche, mit 9 Tropfen Alkohol zusammengegeben und erhält 10 Schüttelschläge. Die entstandene Mischung hat die sogenannte Potenz D1. Ihr wird wieder 1 Tropfen entnommen, mit 9 Tropfen Alkohol zusammengegeben und mit 10 Schüttelschlägen versehen: Man erhält nun Belladonna der Potenz D2. Der Vorgang kann fortgesetzt werden bis in immer höhere Potenzen. Nach dem gleichen Prinizp verfährt man bei Tabletten, Pulver und Kügelchen (Globuli). Hier mischt man 1 Teil der Ursubstanz mit 9 Teilen Milchzucker und verreibt die Mischung in einem Mörser. Neben den sogenannten D-Potenzen mit der Verdünnung 1:10 gibt es C-Potenzen (Verdünnung 1:100) und Q-(oder LM-)Potenzen (Verdünnung 1:50 000).

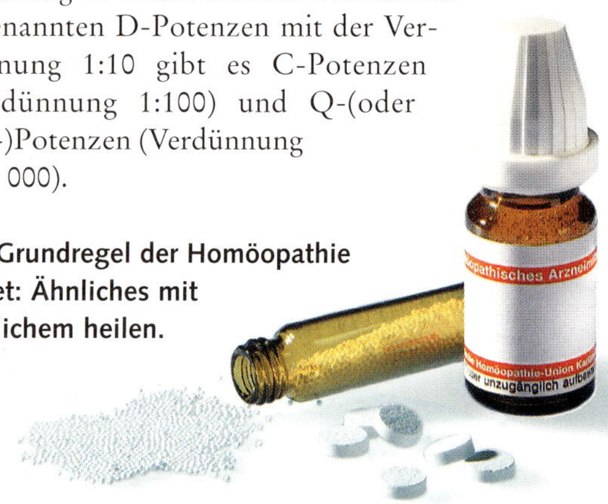

**Die Grundregel der Homöopathie lautet: Ähnliches mit Ähnlichem heilen.**

Hahnemann selbst behandelte ursprünglich mit einfachen Verdünnungen der von ihm verwendeten Substanzen; dann erkannte er, daß er ihre Wirkung durch das Verfahren der Potenzierung deutlich verstärken konnte. Es wird angenommen, daß er damit eine Methode gefunden hat, nicht mehr die Substanz selbst, wohl aber ihre Information und ihre Energie auf das Lösungsmittel zu übertragen und an den Körper weiterzugeben.

### Selbstverständnis des Homöopathen

Der als klassischer Homöopath ausgebildete Arzt oder Heilpraktiker behandelt nach ganzheitlichen Prinzipien: Körper, Geist und Seele versteht er als untrennbare Einheit. Deswegen verordnet er häufig ein einziges Mittel für eine ganze Reihe von Beschwerden, die für Laien vielleicht gar nichts miteinander zu tun zu haben scheinen, für ihn jedoch durchaus in Zusammenhang stehen.

Ziel des Homöopathen ist es nicht, nur Symptome zu behandeln, sondern vielmehr das innere Gleichgewicht wiederherzustellen. Aufgabe jeder homöopathischen Therapie ist es also, die natürlichen Selbstheilungskräfte des Kranken zu stärken, nicht die

Krankheit zu bekämpfen. Werden ausschließlich die Symptome behandelt, so wird sich nach Auffassung des Homöopathen die Störung bald einen anderen Weg suchen, um ihre »Botschaft« zum Ausdruck zu bringen.
Der klassische Homöopath wird die Behandlung erst nach einem ausführlichen Gespräch beginnen. Er wird nicht nur nach den genauen Beschwerden fragen, sondern auch versuchen, sich ein Bild von der Gesamtpersönlichkeit und der Lebenssituation zu machen. Laboruntersuchungen und technische Diagnostikverfahren spielen für seine Diagnose keine zentrale Rolle.

## Die homöopathische Behandlung

Kennzeichnend für die Homöopathie ist, daß nicht immer nur eine bestimmte Substanz gegen eine bestimmte Beschwerde hilft, sondern je nach Persönlichkeit und Gesamtbild der Beschwerden ein spezielles Mittel in Frage kommt. Auch hat nicht eine Substanz nur eine Wirkung, sondern kann in der Regel bei verschiedenen Krankheitszuständen eingesetzt werden. Das heißt, daß die Wahl des Mittels nicht nur von der Erkrankung, sondern auch von der Persönlichkeit des Erkrankten abhängig ist.
Ein klassischer Homöopath wird Ihnen in der Regel nur Mittel aus je einer Substanz verordnen, manchmal auch mehrere hintereinander, jedoch keine Gemische (sogenannte Komplexmittel). Homöopathische Mittel können in Form einer Lösung, als Tablette, Verreibung, Kügelchen oder Injektion eingesetzt werden.

Die Ausgangsstoffe für homöopathische Arzneien sind pflanzliche, tierische oder mineralische Substanzen.

Dauer und Häufigkeit der Anwendung hängen von der Potenz des Mittels und der Art der Erkrankung ab. Mitunter kann es bei Gebrauch eines homöopathischen Mittels zu einer sogenannten Erstverschlimmerung, also zur Verstärkung der Beschwerden kommen. Diese Reaktion wird als Zeichen dafür gewertet, daß das richtige Mittel ausgewählt wurde. Die Verschlimmerung ist meist nur von kurzer Dauer.

### Anwendungsgebiete

Die Homöopathie gilt vielen als ebenso umfassendes Therapiesystem wie die Schulmedizin. Sie wird heute vor allem bei chronischen Erkrankungen, Infektionskrankheiten und psychosomatischen Erkrankungen angewandt. Wirkungsvoll können homöopathische Mittel auch in der Kinderheilkunde eingesetzt werden.

### Gegenanzeigen

Bei einer Allergie (beispielsweise gegen Bienengift) darf das entsprechende Mittel (Apis) nicht in einer sogenannten Tiefpotenz gegeben werden, ist aber ab der Potenz D12 gefahrlos zu verwenden.
Nicht angewandt werden sollte eine homöopathische Behandlung beispielsweise bei Diabetes mellitus Typ I, bei schweren Krankheitszuständen, die eine rasch wirksame Behandlung erfordern, bei Erkrankungen, bei denen eine Erstverschlimmerung nicht in Kauf genommen werden kann, aber auch, wenn der Körper durch Alter, Vorerkrankung oder Verabreichung von Arzneimitteln nicht in der Lage ist, auf das homöopathische Mittel zu reagieren.

### Behandlung zu Hause

Prinzipiell können Sie sich auch selbst mit homöopathischen Mitteln behandeln. Allerdings muß ausdrücklich vor dem leichtfertigen Umgang mit dieser Heilmethode und vor gewagten Selbstversuchen gewarnt werden: Zur korrekten Diagnose und Behandlung sind medizinisches Hintergrundwissen, ausführliche Nachschlagewerke und vor allem sehr viel Erfahrung nötig.
Ratgeber oder Kurse können Ihnen allenfalls Grundkenntnisse vermitteln und damit die Möglichkeit geben, kleinere Beschwerden selbst zu behandeln. Alle chronischen Störungen und alle stärkeren Beschwerden gehören auf jeden Fall in die Hand des Fachmanns.

## Bach-Blütentherapie

»Krankheit ist weder Grausamkeit noch Strafe, sondern einzig und allein ein Korrektiv; ein Werkzeug, dessen sich die Seele bedient, um uns auf ihre Fehler hinzuweisen [...] und uns auf den Weg der Wahrheit und des Lichts zurückzubringen, von dem wir nie hätten abkommen sollen.« Diesen Satz schrieb der englische Arzt Edward Bach zu Beginn des 20. Jahrhunderts. Um Sinn und Ziel der von ihm begründeten Blütentherapie verständlich zu machen, sollen sein Bild vom Menschen und seine Vorstellung von der menschlichen Lebensaufgabe im folgenden kurz betrachtet werden:

Bach glaubte an den göttlichen Ursprung des Menschen; Gesundheit und Lebensglück waren ihm Ausdruck einer Harmonie zwischen Mensch und göttlichem Willen. Zwar kann nach seiner Auffassung die Verbindung zwischen göttlichem Wesenskern des Menschen und täglichem Verhalten im Lauf des Lebens in Vergessenheit geraten, nie aber aufgehoben werden. Die Lebensaufgabe eines jeden sah Bach darin, Charaktereigenschaften zu entwickeln, die es ihm ermöglichen, seinen persönlichen Lebensweg in Einklang zu bringen mit den Wünschen und Zielen der anderen Menschen, und sich auf diese Weise den jeweiligen Erfordernissen und Situationen des Alltags besser anzupassen.

**Mit den Blütenessenzen können Sie Ihre Gemütszustände positiv beeinflussen und so Krankheiten vorbeugen.**

### Wie Krankheiten entstehen

Aus diesen Gedanken formte Bach seine Auffassung über die Entstehung von Krankheiten: Entfernt von seinem göttlichen Ursprung entwickelt der Mensch »negative Charaktereigenschaften« (»negative Gemütszustände«) wie Angst, Hoffnungslosigkeit, Habgier, Ziellosigkeit, Starrsinn und Egoismus. Diese führen wiederum zu »negativen Gemütssymptomen« wie Ängstlichkeit, Gereiztheit, Verzweiflung und anderen Befindlichkeiten, die längere Zeit im Inneren vorherrschen, ohne klar erkannt zu werden.

Negative Charaktereigenschaften sind nach Bach die eigentlichen Ursachen für Krankheiten; sie können ein Hinweis darauf sein, daß sich eine Krankheit bereits vorbereitet. Umgekehrt kann die Gesundheit nach seiner Auffassung erhalten werden, wenn positive Charaktereigenschaften wie zum Beispiel Lebensmut, Großzügigkeit und Gelassenheit entwickelt werden. Die Konsequenz aus dieser Sicht ist: Arbeit am eigenen Charakter kann negativen Gemütszuständen und Krankheiten vorbeugen.

### Die heilende Kraft der Blüten

Nun beschritt Bach nicht, wie man vielleicht erwarten könnte, den Weg der Psychotherapie, sondern vertraute auf die heilsame Wirkung von Blütenessenzen. Wichtige Anregungen erhielt er durch die Lehren der klassischen Homöopathie (→ Seite 664), als deren Erweiterung er seine eigene Therapie sah.

1929 fand Bach die ersten drei wildlebenden Pflanzen, mit deren Blütenessenzen er glaubte, auf negative Charaktereigenschaften einwirken zu können. Es folgten 35 weitere, bei deren Auswahl er sich mehr und mehr von seiner Intuition leiten ließ. Mit den Wirkstoffen dieser Pflanzen war es nun seiner Meinung nach möglich, alle negativen Charaktereigenschaften des Menschen zu behandeln. So soll beispielsweise Beech (Rotbuche) eine überkritische, intolerante Haltung mildern, Mustard (wilder Senf) aufhellend bei tiefer, scheinbar unbegründeter Traurigkeit wirken, Oak (Eiche) einem überaus willensstarken Menschen helfen, seine Leistungsgrenzen zu erkennen.

## Esoterik oder medizinisches Wissen?

Bisher kann wissenschaftlich nicht bewiesen werden, daß bzw. wie Bach-Blüten wirken. Auch mit modernsten technischen Untersuchungen sind keine Wirkstoffe in den Essenzen nachzuweisen.
Wer sich für eine Behandlung mit Bach-Blüten entscheidet, kann sein Vertrauen also nicht auf wissenschaftliche Erklärungen stützen, sondern muß dem Urteil eines fachkundigen Therapeuten, aber auch der eigenen Einschätzung Glauben schenken.

## Herstellung der Blütenessenzen

Die Blütenessenzen werden auch heute noch in England nach zwei von Edward Bach entwickelten Verfahren hergestellt. Bei der sogenannten Sonnenmethode werden die Blüten der Pflanzen an einem sonnigen, wolkenlosen Tag gepflückt, in eine Glasschüssel mit Quellwasser gegeben und 3 bis 4 Stunden möglichst nahe beim Standort der Pflanzen in die Sonne gestellt. Beginnen die Blüten zu welken, so werden sie vorsichtig mit Zweigen der betreffenden Pflanze herausgenommen und die Flüssigkeit sofort mit Alkohol konserviert, später im Verhältnis 1:20 noch einmal mit Wasser gemischt und in Vorratsflaschen (stock bottles) gefüllt. Bei Pflanzen, die schon früh im Jahr Blüten treiben, kann die Sonnenmethode nicht eingesetzt werden. Zur Herstellung der Essenzen wird in diesen Fällen die sogenannte Kochmethode angewandt. In einem Emailletopf werden Blüten und Zweige der Pflanze gekocht, bis die Blüten welk werden. Die abgekühlte Flüssigkeit wird dann wie bei der Sonnenmethode behandelt.

## Behandlung mit Bach-Blüten

Die Einsatzmöglichkeiten von Bachs Blütentherapie liegen in erster Linie in der Vorsorge. Hat sich bereits eine chronische oder akute Erkrankung entwickelt, so kann die Blütentherapie dennoch unterstützend wirken. Liegen bereits organische Veränderungen vor, so sind die Grenzen ihrer Wirksamkeit erreicht.
Die Behandlung mit Bach-Blüten wird von Ärzten und Heilpraktikern, aber auch von Therapeuten ohne Ausbildung in einem Heilberuf durchgeführt. Wichtig für die Diagnose ist aus der Sicht der Bach-Blütentherapie lediglich die seelische Befindlichkeit, die körperlichen Beschwerden werden eher in den Hintergrund gestellt.
Daraus ergibt sich die Gefahr, daß körperliche Symptome oder von außen nicht ohne weiteres erkennbare körperliche Krankheiten übersehen oder unterschätzt werden. Bei körperlichen Beschwerden sollte daher auf jeden Fall von einem Arzt oder Heilpraktiker abgeklärt werden, welche körperliche Störung oder Krankheit vorliegt.
Verabreicht werden einzelne Bach-Blüten oder Mischungen; alle Blüten sind untereinander beliebig kombinierbar. Die Essenzen sind als Vorratsflaschen in Apotheken erhältlich. Als Mindestdosierung gelten 4 mal 4 Tropfen täglich (nicht nach dem Essen). Die Tropfen werden in ein Glas Wasser gegeben und dieses langsam, Schluck für Schluck ausgetrunken. Sie können sie aber auch auf einen Löffel oder direkt auf die Zunge geben und vor dem Hinunterschlucken einen Moment im Mund behalten. Bach-Blüten können auch in Bädern und Umschlägen verwendet oder direkt auf die Haut aufgetragen werden.

**»Rescue« ist eine spezielle Blütenmischung für den Notfall: Sie enthält fünf verschiedene Bach-Blüten.**

### Gegenanzeigen

Nebenwirkungen oder Gegenanzeigen von Bach-Blüten sind nicht bekannt, auch die Gefahr der Überdosierung besteht nicht. Bach-Blüten sollten nicht gleichzeitig mit homöopathischen Mitteln hoher Potenzen (→ Herstellung homöopathischer Mittel, Seite 664) eingenommen werden.

### Behandlung zu Hause

Bach-Blüten eignen sich auch zur Selbstbehandlung (→ Mit Bach-Blüten und ätherischen Ölen die Seele stärken, Seite 684). Sie sollten sich jedoch auf jeden Fall in einem Kurs schulen lassen oder mit einem seriösen Ratgeber arbeiten. Auch für die Selbstbehandlung gilt natürlich: Körperliche Beschwerden müssen immer untersucht werden und dürfen nicht »blind« behandelt werden.

# Chinesische Medizin

Das jahrtausendealte System der Traditionellen Chinesischen Medizin (TCM) unterscheidet sich stark von unserer Schulmedizin: anders das Menschenbild, anders die Auffassung von Krankheit, anders die Rolle des Arztes, anders Untersuchung und Behandlung. Trotzdem sind beide nicht unvereinbar, können sich vielmehr sinnvoll ergänzen.

## Eine eigene Gedankenwelt

In die TCM sind im Lauf der Zeit verschiedene Theorien über die Zusammenhänge des Lebens und die Stellung des Menschen in der Welt eingegangen. So haben vor allem der Taoismus, dem die Vorstellung von Yin und Yang entspringt, und die Lehren des Konfuzius über die richtige Lebensführung den geistigen Hintergrund der chinesischen Medizin geformt. Aus dieser Gedankenwelt können hier nur einige Eindrücke vermittelt werden:

Die Vorstellung von Yin und Yang, den zwei Seiten, die alle Dinge haben, ist zentral in der chinesischen Weltsicht. Yin, das können Eigenschaften wie weiblich, innen, weich, dunkel, feucht, kalt, passiv, unbewußt sein; Yang, das können Eigenschaften wie männlich, außen, hart, hell, trocken, heiß, aktiv, bewußt sein. Yin und Yang sind jedoch nicht Ausdruck »gegnerischer« Kräfte, die sich gegenseitig »vernichten« wollen – im Gegenteil: Yin und Yang gehören untrennbar zusammen und bilden gemeinsam erst das Ganze.

Ist die Harmonie zwischen ihnen gestört, das Gleichgewicht aus der Balance, so kann eine Krankheit entstehen. Die Kräfte, die störend auf die Harmonie beider wirken, können von außen oder aus dem eigenen Inneren kommen.

Aus dem Wechselspiel von Yin und Yang geht Qi (gesprochen Tschi) hervor, die Lebensenergie, aus der nach chinesischer Vorstellung der gesamte Kosmos besteht. Im Menschen ist Qi in fünf Formen, den fünf Grundsubstanzen, verkörpert, deren jede für einen anderen Aspekt des Seins steht. Fließt die Lebensenergie frei im Körper, so ist der Mensch gesund. Fehlt Qi oder ist es blockiert, so wird der Mensch krank. Qi fließt in bestimmten Energiebahnen durch den Körper, den sogenannten Meridianen. Auf diese Meridiane wird durch Reize von außen eingewirkt, beispielsweise bei der → Akupunktur.

**Chinesische Behandlung mit Akupunkturnadeln, Moxa-Zigarre, Schröpfglas und Arzneimitteln.**

## Die Wege der Behandlung

In der Traditionellen Chinesischen Medizin spielen technische Geräte für die Diagnose keine Rolle. Untersucht wird mit den Sinnen: Befragen, Betrachten, Hören, Riechen und Betasten sind die dabei angewandten Methoden.

Steht das Ergebnis fest, so zielt die Behandlung darauf ab, das verlorene Gleichgewicht der Kräfte im Körper wiederherzustellen: Was geschwächt ist, wird gestützt, was zu kraftvoll ist, zurückgenommen.

Mehrere Behandlungswege werden von der Traditionellen Chinesischen Medizin beschritten:

- Arzneimitteltherapie
- Akupunktur und Moxa-Behandlung
- Tuina-Massage
- Medizinisches Qigong und Meridiangymnastik
- Ernährungslehre und Lebensführung.

Die traditionelle *Arzneimitteltherapie* verwendet Stoffe pflanzlichen, tierischen und mineralischen Ursprungs. Diese finden Verwendung als Sud aus abgekochten Heilstoffen, als Tabletten, Salben, Pflaster, Tinkturen, Extrakte und Bäder.

Bei der *Tuina-Massage*, auch Chinesische Manuelle Therapie genannt, wird an speziellen Akupunkturpunkten und erkrankten Körpergebieten gearbeitet.

*Qigong* umfaßt meditative Atem- und Bewegungsübungen, die Qi, die Lebensenergie, zum freien Fließen bringen sollen. *Meridiangymnastik* hilft, durch sanfte Anspannung verkrampfte Muskeln wieder zu lockern und zu entspannen.
Der Übergang zwischen Nahrungs- und Arzneimittel ist für den Chinesen fließend. Ausgewogenheit, richtige Menge sowie je nach Lebensmittel die richtige Temperatur und die Zubereitung gehören zu den Grundregeln der *Ernährung*.

## Akupunktur

Die Akupunktur ist die im Westen bekannteste Heilmethode der Traditionellen Chinesischen Medizin. Sie wird inzwischen auch hier von vielen Ärzten und Heilpraktikern angewandt.
Der Akupunktur liegt die Annahme zugrunde, daß Qi, die Lebensenergie, auf verschiedenen Leitbahnen fließt, die den Körper wie ein Netz durchziehen. Von diesen Bahnen sind zwölf sogenannte Hauptmeridiane, von denen wiederum sechs Yin und sechs Yang (→ Eine eigene Gedankenwelt) zugeordnet sind. Neben den Hauptmeridianen gibt es noch acht sogenannte Nebenmeridiane; sie füllen sich, wenn in den Hauptmeridianen zuviel Qi fließt.

### Die Behandlung mit Akupunktur

Auf den Meridianen liegen eine Vielzahl von Akupunkturpunkten, über die letztlich alle Organe des Körpers beeinflußbar sind. Sie werden mit fünf Akupunkturverfahren bearbeitet: mit Nadeln verschiedener Größe und unterschiedlicher Metalle, durch Erwärmen mit Moxa-Wolle oder sogenannten Moxa-Zigarren (Moxa ist getrocknetes Beifußkraut), durch den Mikro-Aderlaß (→ Seite 672), durch Beklopfen mit der Pflaumenblütennadel und Schröpfen (→ Seite 672). Die Wirkung der Behandlung richtet sich nach dem gewählten Akupunkturpunkt und dem Verfahren. Meridiane können gestärkt oder geschwächt werden, je nachdem wie das Gleichgewicht der Kräfte im Körper wiedererlangt werden muß.
Bei der westlichen Behandlung werden hauptsächlich Nadeln zur Akupunktur eingesetzt. Eine Sitzung dauert in der Regel 20 bis 30 Minuten, die Gesamtbehandlung umfaßt immer mehrere Sitzungen. Die Anwendung ist spürbar, aber nicht schmerzhaft.
Akupunktur ist bei einer Vielzahl von Krankheiten, bei denen die Selbstheilungskräfte des Körpers aktiviert werden können, einsetzbar. Im Westen wird sie häufig bei Schmerzen, neurovegetativen Störungen und psychosomatischen Krankheiten angewandt.
Gegenanzeigen für Akupunktur sind Störungen der Reizwahrnehmung (beispielsweise durch Erkrankungen peripherer Nerven), gestörte Blutgerinnung und psychische Krankheiten; während Schwangerschaft und Monatsblutung sollten einige Akupunkturpunkte nicht bearbeitet werden.
Die Akupunktur wird von einem speziell ausgebildeten Arzt oder Heilpraktiker durchgeführt; eine Selbstbehandlung ist nicht möglich.

## Akupressur

Auch die Akupressur entstammt der Traditionellen Chinesischen Medizin; sie geht von denselben Grundannahmen über das körperliche Geschehen und dessen Beeinflußbarkeit aus wie die Akupunktur. Bei der Akupressur werden keine Nadeln oder andere Werkzeuge eingesetzt, sondern lediglich durch Druck und Reibung mit den Fingern an ausgewählten Punkten auf den Meridianen gearbeitet.
Akupressur kann zur Behandlung von Befindlichkeitsstörungen und leichten Beschwerden sowie zur Gesundheitsvorsorge eingesetzt werden. Sie darf nicht vorgenommen werden auf erkrankten Hautstellen und bei schweren Herz-Kreislauf-Erkrankungen. Akupressur wird von einem speziell ausgebildeten Arzt, Heilpraktiker oder Physiotherapeuten durchgeführt. Die Grifftechniken können auch vom Laien erlernt und zur Selbstbehandlung angewandt werden.

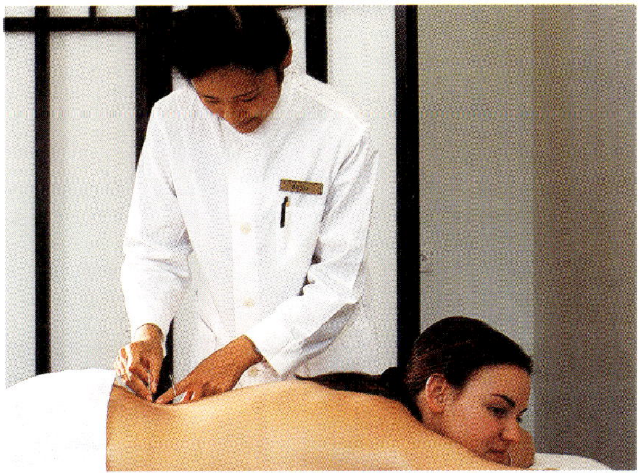

**Die Akupunkteurin sticht feine Nadeln in bestimmte Punkte am Rücken, um gezielt Beschwerden zu lindern.**

## Ayurveda

Wann genau die Lehren des indischen Ayurveda entstanden, ist nicht bekannt; auf jeden Fall zählen sie zu den ältesten medizinischen Zeugnissen der Welt. Wörtlich übersetzt heißt Ayurveda »Wissen vom gesunden Leben«. Im Namen bereits wird der Grundgedanke klar: Nicht Heilung von Krankheit, sondern die Erhaltung von Gesundheit wird angestrebt.
Doch ist der Ayurveda nicht als »Gesundheitsvorsorge« westlichen Zuschnitts zu begreifen, sondern als eine spirituelle Weisheitslehre, die tief in der indischen Gedankenwelt wurzelt: Nur wer sich um das Heil von Seele, Geist und Körper sorgt, kann Gesundheit erhalten. Nur wer den Sinn des Daseins zu ergründen sucht, kann in Harmonie mit sich und der Welt leben. Vor diesem Hintergrund wird Krankheit zum Zeichen: Sie weist den Menschen auf seine Unwissenheit, ja seine mangelnde Achtung vor der eigenen Natur hin und führt ihn auf den rechten Weg.
Der Ayurveda lehrt, daß es fünf »Bausteine des Seins« gibt: Erde, Wasser, Feuer, Luft und Äther. Luft und Äther bilden das Prinzip der Bewegung (Vata), Feuer und Wasser das Prinzip der Umwandlung (Pitta), Erde und Wasser das Prinzip der Formgebung (Kapha). Vata, Pitta und Kapha sind die drei Lebensenergien, die Doshas, die auch in jedem Menschen wirken. Die Kenntnis, welche in uns schwach oder stark vertreten sind, erlaubt nun, den zu den eigenen Stärken und Schwächen passenden Lebensweg einzuschlagen, für die Gesundheit zu sorgen und bei Krankheit das Richtige zu tun.

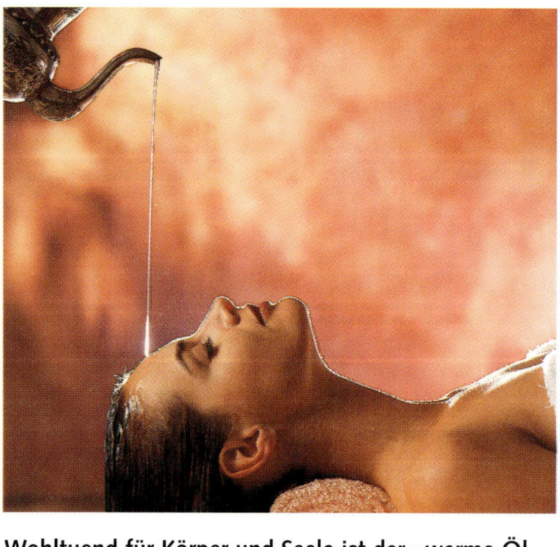

**Wohltuend für Körper und Seele ist der »warme Ölguß«, ein Bestandteil der ayurvedischen Behandlung.**

### Behandlung

Am Anfang jeder ayurvedischen Behandlung steht die Feststellung des persönlichen Dosha-Typs. Auf diesen müssen Therapie und weitere Lebensführung abgestimmt werden. Ayurveda kann zur vorbeugenden Gesundheitspflege, aber auch bei psychosomatischen Leiden, Stoffwechsel-, Haut- und Herz-Kreislauf-Erkrankungen und Magen-Darm-Störungen Anwendung finden. Wo Soforthilfe oder operative Eingriffe erforderlich sind, stößt die Ayurveda-Medizin allerdings an ihre Grenzen.
Eine Ayurveda-Kur kann in einem speziellen Gesundheitszentrum erfolgen (→ Seite 798). Im Vordergrund steht dabei eine Reinigungstherapie (Panchakarma), durch die Körper und Seele von krankmachenden Stoffen, dem sogenannten Ama, entschlackt werden sollen. Diese Therapie erfolgt in drei Phasen. Erst wird das Ama mit einer Diät, öligen Substanzen und Abführmitteln im Körper gelöst. Die nachfolgende Intensivbehandlung dient der Ausscheidung von Schlackenstoffen; dazu werden spezielle Massagen, Packungen, Einläufe und Wärmeanwendungen eingesetzt. Zum Abschluß erhält der Patient eine Gesundheits- und Ernährungsberatung.

### Ayurveda im Alltag

Die Therapie ist nur eine Seite von Ayurveda, mindestens genauso wichtig ist die Lebensführung nach ayurvedischen Prinzipien. Auch hier muß die persönliche Dosha-Mischung beachtet werden.
Bausteine der ayurvedischen Lebensweise, wie sie heute auch im Westen propagiert wird, sind:

- eine Ernährung, die dem persönlichen Dosha-Typ entspricht. Die indische Ernährungslehre kennt sechs Geschmacksrichtungen (Rasas): süß, sauer, salzig, scharf, bitter, herb, außerdem sechs Nahrungseigenschaften (Gunas): leicht, schwer, ölig, trocken, kalt und heiß. Für jeden Konstitutionstyp ist eine andere Mischung der Rasas und Gunas gesundheitsfördernd.
- Einklang mit Tages- und Jahreszeiten sowie dem naturgegebenen inneren Lebensplan
- Einsatz von ätherischen Ölen (→ Seite 685, 734)
- Körper- und Atemübungen des Yoga (→ Seite 692)
- und Meditation (→ Seite 693).

**Für jeden Dosha-Typ gibt es im Ayurveda eine geeignete Ernährung. Gewürze sind dabei sehr wichtig.**

# Anthroposophische Medizin

Die Anthroposophie wurde Anfang des 20. Jahrhunderts von Rudolf Steiner als eine umfassende Geisteswissenschaft begründet. Sie verbindet philosophische und naturwissenschaftliche Wissenszweige mit religiösem und esoterischem Gedankengut westlicher wie östlicher Kulturen. Die Anthroposophie hat ihren bleibenden Ausdruck in der Kunst, der Erziehung (Schulen und Kindergärten), der alternativen (biologisch-dynamischen) Landwirtschaft, der Religion (Christen-Gemeinde) und vielen anderen Lebensbereichen gefunden.

Die anthroposophische Medizin entstand Anfang der Zwanziger Jahre; sie wurde von Steiner selbst geprägt. Sie ist nicht als Gegensatz, sondern als Erweiterung der Schulmedizin gedacht. In dieser Zeit wurden bereits spezielle Kliniken und zwei anthroposophische Unternehmen zur Herstellung von Arzneimitteln gegründet.

## Die Wesensglieder des Menschen

Dem von Rudolf Steiner entwickelten Weltbild entsprechend versteht die anthroposophische Medizin den Menschen als viergliedriges Wesen mit

- einem physischen Leib (dem sichtbaren Körper)
- einem Ätherleib (den Lebenskräften)
- einem Astralleib (der Seele)
- und dem Ich (dem Geist).

Wird die Harmonie zwischen diesen Wesensgliedern gestört, so wird der Mensch krank. Eine Therapie im Sinne der anthroposophischen Medizin bedeutet, die Harmonie der verschiedenen Wesensglieder mit Hilfe der natürlichen Heilungskräfte wieder zu sammeln und aufzubauen.

## Behandlung

Die Behandlung kann ambulant bei einem anthroposophischen Arzt oder in einer anthroposophischen Klinik durchgeführt werden.

Folgende Therapiewege werden beschritten:

- Anwendung von mineralischen, pflanzlichen und tierischen Heilmitteln: Diese sind nicht zur Bekämpfung einer speziellen Erkrankung gedacht, sondern sollen die menschlichen Organe »urbildhaft« ansprechen, indem sie Wesensglieder verstärken oder abschwächen.

Ausgangspunkt ist die Auffassung, daß Minerale, Pflanzen und Tiere auf den Menschen wirken können, weil sie nicht grundsätzlich verschieden sind von ihm, sondern sie sich nur in der Anzahl ihrer Wesensglieder unterscheiden. So haben Minerale nur einen physischen Leib, Pflanzen bereits einen physischen und einen Ätherleib. Vom Tier trennt den Menschen nur das Ich, denn nach anthroposophischer Vorstellung hat es ebenfalls eine Seele (Astralleib).

Die Arzneimittel werden nach speziellen Methoden hergestellt; auf chemisch-synthetische Verfahren wird weitestmöglich verzichtet. Eine Reihe von Mitteln werden heute auch in der Schulmedizin verwendet.

- Gesprächstherapie: Die seelische und geistige Dimension des Menschen wird durch eine anthroposophisch orientierte Psychotherapie in den Heilungsprozeß einbezogen.
- Kunsttherapie: Eingesetzt werden beispielsweise Maltherapie und Musiktherapie sowie plastisches Gestalten.
- Heil-Eurhythmie: Wörter, Laute und Melodien werden nach einer von Rudolf Steiner entwickelten Formensprache in Bewegungen und tänzerische Formen umgesetzt.

Behandlungen im Sinne der anthroposophischen Medizin finden vor allem bei Allergien, Krankheiten der Verdauungsorgane, rheumatischen Erkrankungen, Hauterkrankungen, psychischen Erkrankungen und in der Krebstherapie Anwendung. Ob eine Selbstbehandlung zu Hause möglich ist, hängt von der Erkrankung ab.

# Ausleitende Verfahren

Bis sich die naturwissenschaftlich orientierte Medizin in Europa durchsetzte, war die sogenannte Humoralpathologie, die Lehre von den Körpersäften (lateinisch humores), das vorherrschende Erklärungsmodell der Heilkunde: Fehlerhafte Beschaffenheit und Verschlackung der Körpersäfte wurden als Krankheitsursachen angenommen, Ausgleich oder Ausleitung derselben zu Heilzwecken angewandt.
Verschiedene Verfahren der heutigen Alternativmedizin gehen nach den Grundsätzen der Humoralpathologie vor und verwenden traditionelle oder neu entwickelte Verfahren der Ausleitung.

## Aderlaß

Der Aderlaß gehört zu den ältesten ausleitenden Verfahren und ist in der Geschichte aller Kulturkreise als therapeutisches Mittel zu finden. Falsche und maßlose Anwendung brachten das Verfahren in Verruf; heute wird es zielgerichtet wieder eingesetzt.
Wird dem Körper durch Aderlaß Blut entzogen, so nehmen die Blutgefäße Flüssigkeit aus dem umliegenden Gewebe auf. Auf diese Weise wird das Blut verdünnt und das Gewebe entstaut; außerdem erhöht sich die Sauerstoffversorgung des Körpers.
Entnommen wird das Blut mit einer Kanüle aus einer Vene – je nach Alter und Gesundheitszustand in der Regel 1- bis 2mal die Woche 100 bis 150 Milliliter.
Anwendungsgebiete sind unter anderem Herz-Kreislauf-Erkrankungen sowie Stoffwechsel- und Lungenkrankheiten. Gegen Krampfadern hat sich der sogenannte Mikro-Aderlaß bewährt, bei dem die Beinvenen – z.B. an der Kniekehle oberflächlich angestochen werden.
Nicht angewandt werden darf der Aderlaß unter anderem bei Blutarmut, Durchfall, niedrigem Blutdruck, allgemeiner Körperschwäche und gestörter Blutgerinnung. Aderlässe werden von Ärzten und Heilpraktikern durchgeführt; eine Selbstbehandlung ist nicht möglich.

## Schröpfen

Bereits in der Antike wurde das Schröpfen als Heilmethode geschätzt. Wie beim Aderlaß wird beim sogenannten blutigen Schröpfen durch gezielte Entnahme von Blut dessen Verdünnung erreicht. Darüber hinaus wird auf die Energie- und Stoffwechsellage des Körpers eingewirkt: Über bestimmte Schröpfzonen (meist am Rücken) kann jeweils ein Organ oder ein Funktionskreis von Organen ähnlich wie bei der Reflexzonenmassage (→ Seite 644) beeinflußt werden. Weiterhin wird durch das Schröpfen die Arbeit des Immunsystems angeregt und der Stoffwechsel im Bindegewebe des behandelten Bereichs verbessert.

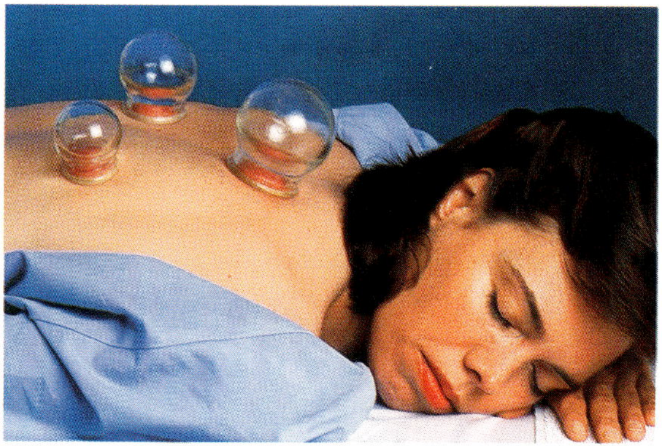

**Die Schröpfköpfe werden an bestimmten Punkten aufgesetzt, wo sie andere Körperregionen beeinflussen.**

An der ausgewählten Stelle wird beim blutigen Schröpfen in die Haut eingeritzt oder eingestochen. Dann wird das Glas kurz über eine Flamme gehalten und der Schröpfkopf aufgesetzt. Durch den so erzeugten Unterdruck tritt an den eingeritzten Stellen langsam Blut aus. Ist der Schröpfkopf nach etwa 5 bis 10 Minuten zu einem Drittel gefüllt, wird er abgenommen. Blutiges Schröpfen kann mit sogenanntem trockenen (unblutigen) Schröpfen gut kombiniert werden, bei dem ebenfalls durch einen Saugvorgang auf ein bestimmtes Hautgebiet eingewirkt, jedoch dem Körper kein Blut entzogen wird. Die Wirkungen des trockenen Schröpfens auf den Körper sind ansonsten sehr ähnlich wie die des blutigen Schröpfens.
Schröpfen wird bei einer großen Zahl von Störungen oder Erkrankungen angewandt; häufigen Einsatz findet es in der Schmerzbehandlung. Gegenanzeigen für das Schröpfen sind unter anderem akute Entzündungen des Hautbereichs, an dem behandelt werden soll, allergische Hautveränderungen und eine gestörte Blutgerinnung.
Schröpfen kann von Ärzten und Heilpraktikern angewandt werden; eine Selbstbehandlung ist nicht möglich.

## Blutegeltherapie

Seit Jahrtausenden werden Blutegel zu therapeutischen Zwecken verwendet. Ähnlich wie der Aderlaß wurde jedoch die Behandlung in den letzten Jahrhunderten maßlos und ohne seriöse Diagnose betrieben und kam in Verruf; heute wird die Therapie zielgerichtet wieder eingesetzt.

Die Wirkung der Blutegeltherapie entspricht der eines sehr sanften und langsamen → Aderlasses. Darüber hinaus sondern die 5 bis 10 Zentimeter langen Tierchen mit dem Speichel verschiedene Stoffe ab, darunter das Hirudin, das die Blutgerinnung hemmt und antibiotische Wirkung hat.

Je nach Bedarf werden bis zu 12 Tiere auf die genau bestimmten und gereinigten Hautpartien aufgesetzt. Ein Egel saugt sich mit etwa 10 Millilitern Blut voll und fällt nach 10 bis 40 Minuten von selbst ab. Es folgt eine Nachblutung. Das Saugen schmerzt nicht, weil das Tier einen Stoff abgibt, der den Schmerz hemmt, der Biß wird jedoch gespürt. Auf keinen Fall sollte ein Egel gewaltsam abgerissen werden, weil das Risiko von Hautverletzungen besteht.

Anwendungsgebiete der Blutegeltherapie sind unter anderem Venenerkrankungen, Infektionen, Gelenkarthrosen und Augenerkrankungen. Gegenanzeigen sind unter anderem gestörte Blutgerinnung und Hauterkrankungen. Die Blutegeltherapie erfolgt durch Ärzte oder Heilpraktiker. Nach Unterweisung können Egel auch selbst angesetzt werden.

## Baunscheidt-Verfahren

Das im 19. Jahrhundert von dem Mechaniker und Erfinder Carl Baunscheidt entwickelte Verfahren gehört zu den sogenannten Pustulantien, das sind Methoden, die durch gezielte Hautreizung zu Heilzwecken Rötungen, eitrige Pusteln und Blasen hervorrufen. Zu den Wirkungen des Baunscheidtierens gehören Mehrdurchblutung der Haut, verstärkter Stoffwechsel in denjenigen inneren Organen, die mit der behandelten Hautpartie reflektorisch verbunden sind, Anregung des Lymphsystems ähnlich wie bei der Lymphdrainage (→ Seite 645), allgemeine Aktivierung der Organfunktionen und je nach behandeltem Bereich Beeinflussung von Hormondrüsen. Mit Hilfe eines speziellen Stichelinstruments wird die Haut bearbeitet, dann mit einem Hautreizmittel eingerieben und verbunden. Bei der ersten Anwendung kann es zu größeren Eiterungen und erheblichem Krankheitsgefühl kommen, was als Zeichen für die Reaktionsfähigkeit des Körpers gewertet wird. In der Regel sollten hirsekorngroße, klare oder eitrige Pusteln oder Blasen auftreten, die nach einigen Tagen aufplatzen und abtrocknen. Allergische Reaktionen, Schmerzen und starke Begleitwirkungen sind im Verlauf der Behandlung möglich; zu Narben kommt es normalerweise nicht.

Laut seinem Erfinder soll das Baunscheidt-Verfahren alles »Störende« aus dem Körper entfernen können; zu den bewährten Anwendungsgebieten gehören Krankheiten des Bewegungsapparates, allgemeine Infektneigung und Störungen an den Bauchorganen. Baunscheidtiert werden sollte nicht bei allergischen und Autoimmun-Erkrankungen, nicht direkt über Entzündungen oder anderen Hautveränderungen. Mögliche Risiken und Folgen der Anwendung sollten vorher mit dem behandelnden Arzt oder Heilpraktiker geklärt werden. Eine Selbstbehandlung ist nicht möglich.

Von Kritikern der Methode wird zu Bedenken gegeben, daß Krotonöl, das in einige Baunscheidt-Salben enthalten ist, möglicherweise krebserregend wirkt.

## Cantharidenpflaster

Das Cantharidenpflaster wird wie andere ausleitende Verfahren bereits seit der Antike zu Heilzwecken eingesetzt; seine Wirkungsweise ähnelt der des → Schröpfens. Der Hautreiz des Pflasters, dessen Extrakt aus der Spanischen Fliege, einer Käferart, hergestellt wird, bewirkt eine künstliche Verbrennung zweiten Grades (→ Seite 465). Etwa 4 Stunden nach dem Auflegen ist ein unangenehmes Brennen auf der Haut zu spüren. Schlafstörungen und Schmerzen an Harnröhre und Blase sind als Nebenwirkungen möglich. Nach etwa 12 bis 16 Stunden ist im Normalfall eine Brandblase entstanden, die vorsichtig aufgestochen wird. Häufiger Verbandswechsel und Wundbehandlung sind notwendig. Bis die Wunde abgeheilt ist, kann es 4 Wochen dauern.

Zu den Anwendungsgebieten gehören Wirbelsäulenleiden, Schmerzen bei Krebserkrankungen und Gelenkleiden. Die Salbe darf nicht auf Hautveränderungen, entzündete Gelenke, Wunden und Schleimhäute aufgetragen werden. Die Behandlung wird von Ärzten und Heilpraktikern durchgeführt; eine Selbstbehandlung ist nicht möglich.

# Eigenbluttherapie

Die Behandlung mit Eigenblut gehört zu den sogenannten Reiztherapien, das sind Verfahren, die die natürlichen Selbstheilungskräfte des Körpers durch einen äußeren Reiz aktivieren sollen. Andere Reiztherapien sind beispielsweise Akupunktur (→ Seite 669), Schröpfen (→ Seite 672) und Homöopathie (→ Seite 664). Das bei der Eigenbluttherapie entnommene und anschließend wieder eingespritzte Blut soll Stoffwechsel und Immunsystem anregen und damit die Kraft des Körpers zur Selbstheilung stärken.

## Behandlung

Bei der Behandlung wird in kleinen Mengen Blut aus einer Armvene entnommen und anschließend unter die Haut, manchmal auch ins Muskelgewebe zurückgespritzt. Man nimmt an, daß sich dabei die Eiweißstruktur des Blutes minimal verändert, so daß es beim Zurückspritzen als Fremdkörper angesehen wird, und so das körpereigene Abwehrsystem anregt. Neben der entnommenen Blutmenge spielt der Abstand zwischen den einzelnen Behandlungen für den Erfolg der Therapie eine wichtige Rolle.
Eine Eigenbluttherapie kann mit unbehandeltem oder speziell aufbereitetem Blut durchgeführt werden. Möglich ist beispielsweise eine Anreicherung mit homöopathischen Mitteln oder → Ozon sowie eine Bestrahlung mit ultraviolettem Licht.
Anwendungsgebiete der Eigenbluttherapie sind unter anderem akute und chronische Infektionen, rheumatische Erkrankungen, Blutbildungsstörungen, Allergien, verschiedene Hautkrankheiten, Durchblutungsstörungen sowie die allgemeine Anregung des Immunsystems. Nicht angewandt werden sollte die Therapie unter anderem, wenn eine Thrombose besteht oder die Blutgerinnung gestört ist.
Bei der Behandlung kann es zu erheblichen Nebenwirkungen kommen, so etwa zu Schwindel, Herzklopfen, Übelkeit oder Schmerzen; zwar werden diese als normales Zeichen der Körperreaktion auf die Therapie gesehen, können jedoch das Wohlbefinden stark einschränken. Kritiker weisen auf das Risiko von Blutvergiftung und Schockzuständen bei der Eigenbluttherapie hin.
Die Therapie wird von speziell ausgebildeten Ärzten oder Heilpraktikern durchgeführt; eine Selbstbehandlung ist nicht möglich.

# Sauerstofftherapie

Die Aufnahme von Sauerstoff ist lebenswichtig, denn ohne ihn können keine Nährstoffe im Körper umgewandelt werden (→ Betriebs- und Baustoffwechsel, Seite 508). Nicht länger als einige Minuten darf die Sauerstoffzufuhr ausbleiben.
Allen Formen der Sauerstofftherapie liegt die – relativ neue – Erkenntnis zugrunde, daß eine mangelhafte Sauerstoffversorgung nicht nur das Wohlbefinden herabsetzt, sondern auch am Entstehen von Krankheiten beteiligt ist. Die Gründe für den Mangel sind zahlreich; unter anderem können fehlende Bewegung, Infekte sowie psychische Belastungen dazu beitragen. Besonders ältere Menschen sind betroffen.
Durch die gezielte Aufnahme von Sauerstoff in der Therapie sollen Befinden und Leistungsfähigkeit verbessert sowie bei Herz-Kreislauf-Erkrankungen, Atemwegserkrankungen und einer Reihe weiterer Krankheiten eine Linderung der Beschwerden herbeigeführt werden. Sauerstofftherapie darf unter anderem nicht angewandt werden, wenn die Atmung gestört ist, bei Bluthochdruck, allergischen Reaktionen, Epilepsie und Schilddrüsenüberfunktion.
Zu unterscheiden sind drei Formen der Therapie:

- **Die Sauerstoff-Regenerationstherapie**, eine Druckbeatmung mit Sauerstoffzufuhr, die mit einem Inhalationsgerät erfolgt und etwa 15 Minuten pro Sitzung dauert; diese Behandlung kann verbunden werden mit der
- **Sauerstoff-Inhalationstherapie**, bei der Sauerstoff mit einer Maske, Brille oder Sonde gegeben wird. Eine Sitzung dauert etwa 2 Stunden; die Kombination mit Sauna, Bewegung oder einer Anwendung der Balneotherapie (→ Seite 648) ist sinnvoll.
- **Die Sauerstoff-Mehrschritt-Therapie** nach Manfred von Ardenne. Bei diesem Verfahren folgen in jeder Sitzung drei Therapieschritte aufeinander: Durch verschiedene Mittel (vor allem Vitamin $B_1$) wird als erstes die Fähigkeit des Körpers, Sauerstoff aufzunehmen, gesteigert, dann wird Sauerstoff eingeatmet, abschließend wird durch körperliche Bewegung, Wärmeanwendungen oder Massage die Durchblutung gefördert.

Eine Sonderform der Sauerstofftherapie stellt die → Ozontherapie dar. Die Sauerstofftherapie wird von speziell ausgebildeten Ärzten durchgeführt; eine Selbstbehandlung ist nicht möglich.

## Ozontherapie

Die energiereichste Form des Sauerstoffs ist den meisten Menschen nur durch das sogenannte Ozonloch in der Erdatmosphäre und durch sommerliche Berichte über den zu hohen Gehalt des gesundheitsschädigenden Gases in der Luft ein Begriff.

Verfechter der Ozontherapie gehen jedoch davon aus, daß das Gas auch Heilwirkungen hat, da es Krankheitserreger abtöten könne, die Stoffwechsellage verbessere, entzündungshemmend und durchblutungsfördernd wirke. Ozontherapie ist in verschiedenen Formen möglich: Beispielsweise kann bei der → Eigenbluttherapie mit Ozon, der sogenannten Hämatogenen Oxidationstherapie (HOT), das entnommene Blut mit einem Ozon-Sauerstoff-Gemisch angereichert und wieder eingespritzt werden. Auch kann Wasser mit Ozon versetzt werden und zum Trinken, Spülen oder zu Einläufen genutzt werden. Offene Wunden und Geschwüre können mit Ozon begast werden. Auch Injektionen unter die Haut – ohne Vermischung mit Eigenblut – sind möglich.

Hauptanwendungsgebiete der Ozontherapie sind Infektionen und Gefäßerkrankungen. Sie sollte unter anderem nicht angewandt werden in der Schwangerschaft, nach frisch überstandenem Herzinfarkt, bei einer Schilddrüsenüberfunktion, einer Krebserkrankung und bei Neigung zu epileptischen Anfällen. Ozon darf nicht in die Atemwege geraten, da es dort schädigend wirkt.

Die Durchführung der Therapie erfolgt durch einen speziell ausgebildeten Arzt; eine Selbstbehandlung ist nicht möglich.

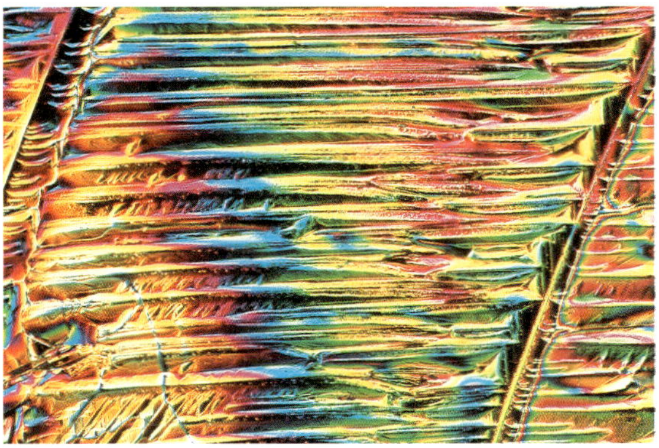

**Das Enzym Pepsin als Kristall unter dem Mikroskop: Es spielt eine wichtige Rolle bei unserer Verdauung.**

# Enzymtherapie

Enzyme sind Katalysatoren, die im Körper eine Vielzahl von chemischen Prozessen beschleunigen oder gar erst ermöglichen. Sie bestehen aus körpereigenen Eiweißmolekülen, die in den Zellen gebildet werden. Jedes Enzym hat eine ganz spezielle Aufgabe im Körper. Die einen versorgen die Zellen mit allen lebensnotwendigen Stoffen, andere spalten die ankommenden Nahrungsbestandteile in kleinste Bruchstücke oder kümmern sich um die Sauerstoffversorgung des gesamten Organismus. In der Volksmedizin vieler Kulturen wurden – ohne Kenntnis der chemischen Zusammenhänge – von alters her tierische und pflanzliche Stoffe eingesetzt, die Enzyme enthalten.

Seit Jahrzehnten werden die Wirkungen von Enzymen aus Pflanzen, Säugetieren und Pilzen auf den menschlichen Körper erforscht.

## Behandlung

Verschiedene Enzyme werden heute therapeutisch verwendet, unter anderem zur allgemeinen Steigerung der Abwehrkräfte, in der Behandlung von Entzündungen und Wunden, bei Gefäßerkrankungen, bei Verletzungen und Krankheiten des Bewegungsapparates, bei Virusinfektionen, zur Schmerzbehandlung und als begleitende Krebstherapie. Nicht eingesetzt werden sollten Enzyme bei Blutgerinnungsstörungen, Allergien, fortgeschrittenen Funktionsstörungen der Leber und der Nieren. In seltenen Fällen können bei einer Enzymtherapie allergische Reaktionen auftreten.

Enzyme können als Dragees, Tabletten oder Kapseln eingenommen oder gespritzt werden. Viele der Enzympräparate können bei der Bekämpfung unterschiedlicher Beschwerden eingesetzt werden. Die Therapie erfolgt durch speziell ausgebildete Ärzte oder Heilpraktiker; die Behandlungsdauer richtet sich nach der Schwere der Erkrankung.

Eine Selbstbehandlung mit Enzymen ist möglich, allerdings ist es ratsam, sich vorher bei einem Spezialisten über sinnvolle Einsatzmöglichkeiten zu informieren. Die Aufnahme von Enzymen über die Nahrung – beispielsweise der wirksamen Enzyme aus den tropischen Früchten Ananas, Papaya und Kiwi – ist nur begrenzt möglich, da die Eiweiße Temperaturschwankungen und Lagerung schlecht überstehen.

## Neuraltherapie

Am Anfang der Neuraltherapie stand, wie so oft in der Wissenschaft, ein Zufall: Der Arzt Ferdinand Huneke spritzte 1925 seiner Schwester Katha, die zum wiederholten Mal unter einem Migräneanfall litt, versehentlich ein Lokalanästhetikum – ein Mittel, das örtlich begrenzt die Erregungsleitung der Nerven blockiert – in eine Vene anstatt in einen Muskel. Augenblicklich verschwanden die Schmerzen.

Die Brüder Ferdinand und Walter Huneke entwickelten nun ein neues Heilverfahren, das von der Grundannahme ausging, daß chronische Krankheiten von Störfeldern wie alten Narben oder Entzündungen ausgelöst werden könnten. Sie vermuteten, daß diese Störfelder durch Einspritzen eines Lokalanästhetikums (in der Regel Procain) zu beeinflussen wären. Die Wirkung der Behandlung könne sich auf den Ort, an dem gespritzt wird, aber auch auf ein entfernt liegendes Organ oder den ganzen Körper erstrecken.

Inwischen ist das Erfahrungswissen der Neuraltherapie groß, auch wenn die Wirkprinzipien der Behandlung immer noch nicht befriedigend erklärt werden können. Bekannt ist lediglich, daß Lokalanästhetika schmerzstillend und entzündungshemmend wirken und daß über die Einstichstelle übergeordnete Reizleitungen des Körpers ähnlich wie etwa bei der Reflexzonenmassage (→ Seite 644) oder der Akupunktur (→ Seite 669) angesprochen werden.

### Behandlung

Gespritzt wird in oder unter die Haut, in Arterien oder Venen. Der richtige Ort der Anwendung ist von entscheidender Bedeutung. Neuraltherapie wirkt entweder als Lokaltherapie (direkt im Störfeld) oder als sogenannte Segmenttherapie (über eine Reizleitung auf innere Organe). Anwendungsgebiete sind vor allem akute Schmerzen und Entzündungen, aber auch chronische Erkrankungen, Allergien und neurovegetative Beschwerden. Nicht genutzt werden sollte die Neuraltherapie unter anderem bei Allergien gegen das Lokalanästhetikum, schweren Infektionen und immunologischen Krankheiten.

Die Neuraltherapie wird von speziell geschulten Ärzten durchgeführt; eine Selbstbehandlung ist nicht möglich. Der behandelnde Arzt muß Sie auf jeden Fall vor einer solchen Behandlung über die Risiken der Therapie informieren.

## Symbioselenkung

Mensch und Kleinstlebewesen (Mikroorganismen) bilden eine natürliche Lebensgemeinschaft. Milliarden kleiner »Mitbewohner« tragen bei zur Gesundheit des Körpers. Und wie man inzwischen weiß, sind die Mikroorganismen, die im Verdauungstrakt leben, ein besonders wichtiger Teil des Immunsystems. Durch falsche Ernährung, Einnahme bestimmter Medikamente, körperlichen und seelischen Streß, Magen-Darm-Erkrankungen, aber auch viele andere Ursachen kann das Mischungsverhältnis dieser sogenannten Darmflora gestört werden. »Falsche« Mikroorganismen wie zum Beispiel der Hefepilz Candida albicans (→ Hefepilze, Seite 552; → Symbioselenkung – was ist das?, Seite 553) können sich dann im Übermaß ansiedeln und zu einer Reihe von Beschwerden und Erkrankungen führen.

Ziel der Symbioselenkung (auch Mikrobiologische Therapie genannt) ist es, durch die gezielte Gabe von Bakterienkulturen eine gesunde Besiedelung des Darms wiederherzustellen. Vor der Therapie muß stets eine mikrobiologische Untersuchung von Stuhl und Urin vorgenommen werden.

Anwendungsgebiete der Symbioselenkung sind unter anderem Magen-Darm-Erkrankungen und chronische Infektionskrankheiten (vor allem der Atemwege). Außerdem wird sie zum Wiederaufbau der Darmflora nach Antibiotikabehandlungen eingesetzt. Gegenanzeigen sind nicht bekannt.

### Behandlung

Die Symbioselenkung erfolgt im wesentlichen in drei Schritten: Als erstes müssen die schädlichen Mikroorganismen mit entsprechenden Medikamenten abgetötet werden, dann die ausscheidenden Verdauungsorgane aktiviert und schließlich die Bakterienkulturen, die das Gleichgewicht der Darmbesiedelung wiederherstellen sollen, eingenommen werden. Parallel dazu sollte unbedingt eine Diät eingehalten werden, die den Stoffwechsel fördert und den Bakterien die Nahrungsgrundlage entzieht. Anschließen sollte sich eine ausgeglichene Vollwerternährung (→ Seite 716). Die Behandlung dauert insgesamt etwa 12 Wochen und kann bei Bedarf wiederholt werden; sie wird von speziell geschulten Ärzten und Heilpraktikern verordnet und überwacht. Keinesfalls sollte die Behandlung »auf eigene Faust« erfolgen.

# Bioresonanz-Therapie

Die Bioresonanz-Therapie (BRT) wurde in den 70er Jahren von dem Arzt Franz Morell und dem Ingenieur Erich Rasche entwickelt. Nach den ersten Buchstaben in den Nachnamen der beiden Begründer hieß das Verfahren zunächst Mora-Therapie, wurde dann in Biokommunikation und schließlich im Jahr 1987 in Bioresonanz-Therapie umbenannt.
Das »energetische Behandlungsverfahren« beruht auf der Annahme, daß Krankheiten von elektromagnetischen Schwingungen unharmonischer Frequenzen im Körper ausgelöst und begleitet werden. Diese Schwingungen sollen mit Hilfe eines speziellen elektronischen Gerätes empfangen, verändert (»invertiert«) und als »Therapieschwingungen« wieder in den Körper zurückgeschickt werden. Ebenso können geschwächte harmonische Schwingungen verstärkt werden.
Die Bioresonanz-Therapie soll auf fast allen Gebieten der Medizin eingesetzt werden können; besonders häufig findet sie bei Allergien Anwendung. Gegenanzeigen oder Nebenwirkungen sind bisher nicht bekannt; bei schweren allergischen Erkrankungen soll es in manchen Fällen zu einer Erstverschlimmerung kommen.

## Behandlung

Die elektromagnetischen Schwingungen werden mit Hilfe von Elektroden am Körper erfaßt, dem Bioresonanz-Therapiegerät übermittelt, dort bearbeitet und zurückgesandt. Die rund 20minütige Sitzung verläuft für den Behandelten ohne wahrnehmbare Körperreaktionen. Eine spezielle Diagnose vor einer Anwendung der Therapie durch den Bioresonanz-Therapeuten – einen Arzt oder Heilpraktiker – wird nicht vorgenommen (→ Bioresonanz-Therapie im Kreuzfeuer der Kritik).
Die Therapie findet in der Regel 1mal in der Woche statt; unterschieden wird zwischen einer Grund- und einer Folgetherapie. Eine Selbstbehandlung ist nicht möglich.

## Die Multiresonanz-Therapie

Eine spezielle Form der Bioresonanz-Methode ist die sogenannte Multiresonanz-Therapie, bei der nicht die körpereigenen Schwingungen aufgenommen und verändert, sondern feinstoffliche Informationen körperfremder Stoffe in den Organismus geleitet werden sollen. Bei dieser Therapie werden elektromagnetische Schwingungen mit den Frequenzen von Tönen, Metallen, Edelsteinen und Farben verwendet. Unterschieden werden eine Grundtherapie, eine Störfeldbehandlung, eine Meridiantherapie und individuell ausgetestete Behandlungen. Das Prinzip beruht darauf, die körpereigenen Schwingungen zu stärken und zu unterstützen.
Wegen der Nähe zur Wirkungsweise der Homöopathie (→ Seite 664) wurde dieses Verfahren auch »elektronische Homöopathie« genannt.

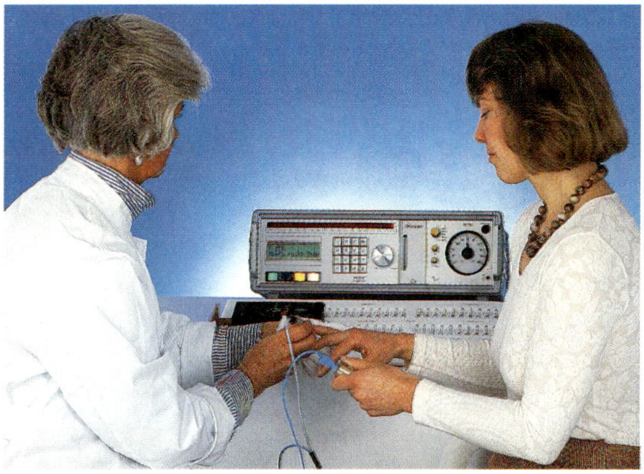

**Bioresonanz-Therapie bei Allergien: Durch Messungen am Finger werden die Allergieauslöser gesucht.**

## Die Bioresonanz-Therapie im Kreuzfeuer der Kritik

Der Vorwurf der Unwissenschaftlichkeit, ja sogar der Scharlatanerie ist der Bioresonanz-Therapie häufig gemacht worden. Auffällig ist in der Tat, daß keine spezielle Ausbildung existiert, die einen Arzt oder Heilpraktiker zum Bioresonanz-Therapeuten qualifiziert. Die erforderlichen Kenntnisse werden den Gebrauchsanweisungen der Geräte entnommen – über deren Funktionsweise die Hersteller im übrigen schweigen. Kritiker halten das behauptete »Umpolen von krankmachenden Schwingungen« für technisch nicht möglich und beklagen sich über eine pseudowissenschaftliche Ausdrucksweise, mit der dem Patienten eine nicht vorhandene Seriosität vorgetäuscht werden soll. Zwar werden von Anwendern immer wieder Heilerfolge vermeldet, doch fehlt bislang eine seriöse Dokumentation.

# Selbsthilfe zu Hause

## Inhalt

# Neuer Schwung für Körper und Seele

## Die eigene Persönlichkeit entfalten

Die Psyche ist unsere Antriebskraft, unser Motor und das Lebendige in uns. Wie der ganze Körper, braucht auch unser Gefühlsleben Beachtung und Pflege, damit wir uns rundum wohl fühlen und gesund bleiben. Es gibt sicherlich verschiedene Wege, um an dieses Ziel zu gelangen. Wichtig für jeden einzelnen ist, daß er im Einklang mit seiner eigenen Persönlichkeit lebt und seine besonderen seelischen Anlagen im Umgang mit anderen positiv nutzt. Da niemand perfekt ist, ist es oft hilfreich, die eigenen unterschiedlichen Wesensmerkmale einmal näher zu beleuchten. Jeder hat Stärken und Schwächen, doch auch die Schwächen können bei genauerem Hinsehen meist positiv genutzt werden. Bei dieser Selbstbetrachtung kann man lernen und spüren, daß das Leben manchmal weitaus harmonischer und einfacher verlaufen würde, wenn die eigene Persönlichkeit sich freier entfalten könnte. Wer ernsthaft versucht, die folgenden Ziele anzustreben, schafft die besten Voraussetzungen, um seine seelischen Kräfte zu nutzen. Er wird sein Leben bewußt und positiv gestalten und mehr Zufriedenheit und Wohlbefinden erlangen können:

- Selbstsicherheit trainieren
- im Alltag positiv denken
- Visionen verwirklichen
- aus Träumen lernen
- mit Belastungen positiv umgehen
- Ängsten begegnen

## Selbstsicherheit trainieren

Eine der wichtigsten Voraussetzungen für seelische Gesundheit ist es, sich seiner selbst sicher zu sein. Das klingt einfacher, als es ist, wenn man bedenkt, was alles dazugehört, ein selbstsicherer Mensch zu sein:

- die Überzeugung, nicht dümmer, schlechter oder häßlicher als andere zu sein
- sich seiner Stärken und Schwächen bewußt zu sein
- seine eigenen Bedürfnisse, Gefühle und Wünsche auszudrücken, ohne Furcht davor, nicht mehr geliebt, abgelehnt oder abgewertet zu werden
- sich frei, entspannt und lebhaft zu zeigen, mit aufrechter Haltung, klarer und deutlicher Stimme
- mit anderen Menschen freundlich, aber bestimmt umzugehen.

### Wie Sie Selbstsicherheit lernen können

Auch wenn sich Selbstsicherheit nicht von heute auf morgen erreichen läßt, ist es möglich, sich dieses positive Lebensgefühl Schritt für Schritt zu erarbeiten. Die folgenden Übungen können Ihnen Denkanstöße geben und Ihnen helfen, sich seelisch fit zu halten.

Lesen Sie sich die Übungen durch, und nehmen Sie sich eine davon vor, die Ihnen besonders dringlich erscheint. Planen Sie die Übung jeden Tag einmal ein, und konzentrieren Sie sich ganz auf die Aufgabe.

Loben Sie sich hinterher für die Leistung, die auch dann großartig war, wenn es noch nicht so geklappt hat. Immerhin haben Sie es versucht – das nächste Mal geht es bestimmt besser!

Selbst wenn Sie einmal »rückfällig« werden, also bemerken, daß Sie wieder nach alten Verhaltensmustern handeln, so dürfen Sie sich davon nicht entmutigen lassen: Übung macht den Meister!

### Lob aussprechen und annehmen

Die meisten Menschen haben damit große Probleme. Fast jeder möchte gerne gelobt werden – hat aber oft Schwierigkeiten, das Lob von anderen anzunehmen oder selbst andere zu loben.

- Jemand macht Ihnen ein Kompliment. Anstatt sich selbst abzuwerten (»So toll ist das nun auch nicht!«), danken Sie einfach für das Lob und fügen hinzu: »Es freut mich, daß ... Ihnen/Dir gefällt.«
- Jemand aus Ihrem Bekanntenkreis erweist Ihnen öfters einen kleinen Gefallen, und das ist inzwischen schon fast selbstverständlich. Nehmen Sie sich vor, ihm/ihr folgendes zu sagen: »Ich finde es ganz toll, daß Du/Sie ... Obwohl ich mich meistens nur kurz bedanke, freut es mich jedesmal wieder!«

### Kritik und Vorwürfe richtig formulieren

Kritik ist wichtig und häufig auch berechtigt. Dennoch ist es nicht einfach, Kritik richtig zu äußern, denn meist wird die Person und nicht das Verhalten gerügt: »Du bist wieder unpünktlich! Überhaupt kommst Du dauernd zu spät!« Mit solchen pauschalen Vorwürfen erreicht man nur, daß sich der Betroffene angegriffen fühlt und sich wortreich verteidigen wird:

- Sagen Sie in so einer Situation deutlich, was Sie an dem Verhalten stört und warum – kritisieren Sie aber nicht die Person, die sich so verhält. Bieten Sie außerdem einen konstruktiven Vorschlag für die Zukunft an: »Ich ärgere mich darüber, daß ich heute so lange warten mußte. Bitte komm das nächste Mal pünktlich!«
- Wichtig ist auch, daß Sie versuchen, Ihre Kritik auf einen Punkt zu beschränken, ohne durch Tonlage oder Mimik einen Vorwurf daraus zu machen.

### Forderungen stellen

Vielen Menschen fällt es schwer, eine berechtigte Forderung anzubringen. Ein typisches Beispiel dafür ist, im Zug oder Flugzeug einen anderen Reisenden bitten zu müssen, von dem Platz aufzustehen, für den man eine Platzkarte hat, der einem also zusteht:

- Nehmen Sie sich vor, bei der nächsten Gelegenheit, wenn Sie zum Beispiel schwer zu tragen haben, sich krank fühlen oder ein wehes Bein haben, im Zug, in der Straßenbahn oder im Bus irgendeine beliebige Person freundlich zu bitten, Ihnen den Platz zu überlassen. Das ist eine ziemlich schwierige Übung. Vielleicht fällt Ihnen die nächste Übung zuerst einmal leichter:
- Gehen Sie in ein Lokal mit der Bitte, telefonieren zu dürfen.

Je öfter Sie beide Übungen ausprobieren, um so besser wird es Ihnen jedesmal gelingen, eine Forderung freundlich, aber bestimmt zu äußern. Pochen Sie dabei nicht unfreundlich auf Ihr Recht. Oft können Sie Ihre Vorstellungen leichter durchsetzen, wenn es Ihnen gelingt, beim anderen Sympathien zu wecken. Nehmen Sie Blickkontakt auf, wenn Sie jemand ansprechen wollen, und lächeln Sie.

### Nein sagen können

Viele Menschen tun Dinge, weil sie nicht nein sagen können, und nicht, weil sie sie gerne tun. Dahinter steckt häufig die Angst, andere zu verärgern, ihnen möglicherweise weh zu tun. Dabei vergißt man jedoch allzuoft die eigenen Bedürfnisse und »Schmerzen«, die entstehen, wenn man es nur anderen recht machen will:

- Überlegen Sie zunächst, was Sie nur um des lieben Friedens willen tun. Nehmen Sie sich vor, das nächste Mal, wenn Sie jemand um etwas bittet, was Sie nicht tun wollen, offen zu sagen: »Ich habe heute keine Lust dazu!« Erfinden Sie keine Ausreden und geben Sie auch dann nicht nach, wenn Ihr Gegenüber Sie zu locken versucht (»Ich tue Dir dann auch einen Gefallen!«) oder beleidigt ist (»Ich hatte mich so darauf gefreut und jetzt ...!«).

## Positiv denken

Es gleicht einer Selbstbestrafung, wenn in der Vorstellung negative Konsequenzen vorweggenommen werden: Denkt jemand beispielsweise dauernd, daß der Chef mit der geleisteten Arbeit unzufrieden ist, so ist das für den Betroffenen genauso schlimm, als wenn der Chef tatsächlich unzufrieden wäre. Die unangenehmen Gefühle, die sich bei solchen Gedanken einstellen, sind denen ähnlich, die man bei massiver Kritik verspürt. Oftmals ist es sogar so, daß die selbstabwertenden Vorstellungen in der Phantasie eine Intensität erreichen, wie sie von einem anderen Menschen so nie geäußert würden.
Positives Denken hat viel mit Selbstsicherheit zu tun. Ein selbstsicherer Mensch denkt positiv, weil er für sich und andere das Beste will. Dies läßt sich trainieren – die folgenden Übungen helfen Ihnen dabei.

### Negative Gedanken stoppen

Es nützt im allgemeinen wenig, sich negative Gedanken ausreden zu wollen oder sich nur abzulenken. Weitaus wirksamer ist es, das unangenehme Gefühl, das mit den negativen Gedanken verbunden ist, mit einem »Gedankenstopp« zu unterbrechen:

- Konzentrieren Sie sich zunächst auf die Gedanken, mit denen die unangenehmen Gefühle eingeleitet werden. Versuchen Sie sich in der konkreten Situation sofort daran zu erinnern, wie es angefangen hat.
- Sobald dieser Gedanke wiederkommt, rufen Sie laut oder innerlich leise zu sich: »Halt!« Sie haben sich bei dem Gedanken ertappt.
- Anschließend fügen Sie dem »Halt!« noch »Gedanken sind unwichtig!« hinzu. Dann lenken Sie Ihre Aufmerksamkeit wieder der vorherigen Tätigkeit zu.
- Taucht der Gedanke abermals auf, wiederholen Sie den Gedankenstopp.

### Sich selbst loben

Eigenlob ist sehr wichtig für ein gesundes Selbstvertrauen. Gerade in schwierigen Zeiten, wenn wir Lob von anderen Menschen vermissen, hilft uns dieses positive Gefühl, auf unserem Weg weiterzugehen:

- Sind Sie mit Ihrer Leistung, Ihrem Verhalten, Ihrem Auftreten zufrieden, so sagen Sie sich: »Ich freue mich heute über meinen Erfolg. Mein Verhalten war genau richtig. Ich bin stolz darauf, heute so sicher aufgetreten zu sein!«

### Sich selbst motivieren

Vor schwierigen Situationen wie einem Gespräch mit dem Chef, einer Aussprache mit dem Partner oder einer wichtigen Prüfung können Sie mit positiver Selbstverstärkung viel erreichen. Dazu ist es wichtig, zu wissen, daß unser Gehirn in Bildern denkt und daher nicht »nicht« denken kann. Sagen Sie sich beispielsweise: »Ich falle heute nicht durch die Prüfung!«, bleibt »Ich falle heute durch die Prüfung!« hängen, denn es gibt keine »Nicht«-Bilder:

- Stehen Sie also vor einer schwierigen Situation, so sprechen Sie vorab zu sich: »Ich bin heute mutig und habe mich bewußt zu diesem Schritt entschlossen. Ich werde erfolgreich sein!«, »Ich schaffe diese Prüfung!« oder ähnliche positive Wendungen.

## Visionen verwirklichen

Visionen sind Bilder, Vorstellungen von Zielen, die man erreichen möchte. Jeder Mensch hat in seinem Inneren solche Bilder, die er bewußt nutzen und auch verwirklichen kann. Häufig scheitert jedoch der Versuch, die eigenen Visionen umzusetzen, weil man Angst vor notwendigen Veränderungen und möglichen Schwierigkeiten hat.
Denn jede Veränderung bedeutet auch immer, liebgewonnene Gewohnheiten und Gedanken aufzugeben und neue kennenzulernen.

Glauben Sie an Ihren Erfolg und Ihr Talent, dann können Sie Ihre Wünsche auch verwirklichen.

### Wie Sie Ihre Visionen umsetzen können

Zunächst einmal ist es wichtig, daß Sie eine Vorstellung von dem haben, was Sie gerne in Ihrem Leben verändern möchten. Fragen Sie sich also bewußt, ob Sie mit sich, Ihren sozialen Kontakten, Ihrem Beruf, Ihrer Partnerschaft zufrieden sind.

Angenommen, Sie sind mit Ihrer beruflichen Situation unzufrieden. Sie möchten sich am liebsten neu orientieren, zweifeln aber, ob Sie das schaffen werden:

- Nehmen Sie sich Zeit, darüber nachzudenken, wie Ihr neuer Beruf, Ihr neuer Arbeitsplatz und Sie an diesem Arbeitsplatz aussehen könnten. Dabei klammern Sie aber Gedanken an mögliche Schwierigkeiten auf dem Weg dorthin aus. Malen Sie in Gedanken ein buntes, positives Bild von der neuen Situation.
- Immer, wenn Sie mit Ihrer jetzigen Situation unzufrieden sind, »holen« Sie Ihre Vision hervor und malen weiter an dem Bild. Irgendwann ist es Ihnen so vertraut, daß der Weg dorthin gar nicht mehr so schwierig erscheint und Sie den nächsten Schritt in diese Richtung gehen können.
- Um diese Idee ganz festzuhalten, können Sie sie auch als Satz oder Wort auf ein schönes Papier schreiben, das Sie über das Bett oder ins Bad hängen, wo Ihr Blick häufig darauf fällt.
- Überlegen Sie sich dann, wer Ihnen helfen kann, Ihr Ziel ganz konkret zu verwirklichen, wo Sie am besten Rat und Unterstützung erhalten. Denken Sie gemeinsam mit Ihrem Partner oder Ihrer Familie über ganz konkrete Lösungen nach, die für alle tragbar sind, ohne daß Sie sich grundsätzlich von Ihrem Ziel abbringen lassen. Ihre eigene Sicherheit wird sich auch auf andere übertragen. Behalten Sie das positive Bild von Ihrer Vision, auch wenn Sie diese vielleicht nicht sofort oder zunächst nur in Ansätzen verwirklichen können.

## Aus Träumen lernen

Viele glauben, daß sie nie träumen – doch jeder Mensch träumt nachts. Träume sind sogar lebenswichtig, denn durch sie verarbeiten wir nochmals all das, was wir tagsüber erlebt haben. Selbst scheinbar sinnlose und chaotische Träume zeigen uns Bruchstücke von dem, was wir noch aufzuarbeiten haben, wie verdrängte Konflikte, Probleme am Arbeitsplatz, unbewußte Wünsche und vieles mehr.

### Wie Sie Träume für sich nutzen können

- Damit Sie Ihre Träume erleben können, sagen Sie sich, bevor Sie abends einschlafen: »Heute nacht träume ich, und morgen früh erinnere ich mich an meine Träume!«
- Sobald Sie sich morgens an einen Traum erinnern können, nehmen Sie sich ein paar Minuten Zeit, um das, was Sie noch vor Augen haben, in Gedanken durchzugehen. Spüren Sie auch dem Gefühl nach, das Sie im Traum hatten.
- Notieren Sie sich den Traum in einem kleinen Traumtagebuch. Versuchen Sie, Verbindungen mit Ihrem Alltag herzustellen, und sprechen Sie mit Ihrem Partner oder Freunden über Ihren Traum, wenn er Ihnen wichtig erscheint.

### Vorsicht bei Alpträumen!

! Wenn Sie häufig unter Alpträumen leiden, manchmal sogar regelrecht Angst haben, einzuschlafen und zu träumen, sollten Sie sich von einem Therapeuten, der sich mit Träumen beschäftigt, beraten lassen und gegebenenfalls eine Therapie machen.

## Belastungen bewältigen

Streit, Streß, Ärger oder Konflikte mit anderen – weder im Beruf, noch im Privatleben, nicht einmal im Urlaub sind wir davor gefeit. Und manchmal treffen uns unvorbereitet harte Krisen wie die Kündigung des Arbeitsplatzes, die Trennung vom Partner, ein Unfall oder eine Krankheit. Ganz gleich, ob eine kleine oder eine große Krise unser inneres Gleichgewicht aus dem Lot bringt – wir können sie anpacken, bewältigen und gestärkt daraus hervorgehen. Wer in Alltagsproblemen die Herausforderung erkennt, etwas besser zu machen und Neues zu lernen, meistert oft auch besonders schwierige Situationen erfolgreicher.

### Krisen meistern

- Wenn Sie dazu neigen, in Ausnahmesituationen extrem zu reagieren, machen Sie die Übungen des Selbstsicherheitstrainings (→ Seite 681) und des positiven Denkens (→ Seite 682). Das baut Sie innerlich auf und verhilft Ihnen zu einer ganz neuen Ausgangsposition.
- Regelmäßige Entspannungsübungen (→ Seite 686) helfen Ihnen, ruhiger und gelassener zu werden.
- Sprechen Sie mit Ihrem Partner, mit Freunden oder Angehörigen über Ihre Belastungen, und bitten Sie sie um Ratschläge und Unterstützung.

## Der Angst begegnen

Angst ist ein lebenswichtiges Grundgefühl und normaler Bestandteil unseres Lebens: Sie löst Flucht, Vermeidung oder Aggression aus. Wer immer versucht, angstbesetzte Situationen zu meiden oder Angstgefühle krampfhaft zu unterdrücken, verstärkt sie nur. Gerade weil Angst ein ganz normales menschliches Gefühl ist, können wir sie nicht aus unserem Leben verbannen – genausowenig wie wir das bei anderen Grundgefühlen, wie etwa der Liebe, können.

### Wie Sie mit Ängsten umgehen können

Der erste Schritt, mit der Angst umzugehen, besteht darin, sie zuzulassen, bewußt festzustellen, daß man sich ohnmächtig, hilflos, gefangen fühlt.

- Achten Sie in der Angstsituation auf Ihre Gedanken, Gefühle und Körperreaktionen (Schwitzen, Herzklopfen, schnelles Atmen). Wahrscheinlich fühlen Sie sich wie gelähmt und überfordert.
- Versuchen Sie nun, die möglichen Ursachen Ihrer Angst zu benennen. Wenn Sie die Gründe kennen, können Sie die Angst dazu nutzen, bewußt an den Ursachen zu arbeiten, und damit lernen, Ihr Leben wieder aktiv zu gestalten.

### Wenn es zuviel wird

**!** Sobald Sie merken, daß eine belastende Situation oder Ihre Angstgefühle Ihre Kräfte übersteigen und Sie nicht alleine damit fertig werden, sollten Sie sich Hilfe holen. Ob Sie eine Selbsthilfegruppe besuchen (→ Seite 685) oder therapeutische Hilfe in Anspruch nehmen, hängt von Ihren persönlichen Bedürfnissen, aber auch von der Stärke Ihrer Angstgefühle ab.

## Bach-Blüten und ätherische Öle für mehr Harmonie

Pflanzen besitzen Kräfte, die Sie bei Ihrer seelischen Weiterentwicklung unterstützen können. Sowohl die Bachblüten (→ Seite 666) als auch die ätherischen Öle der Aromatherapie (→ Seite 734) können Ihre Gemütsverfassung positiv beeinflussen.

### Fünf starke Bach-Blüten

**Honeysuckle (Jelängerjelieber)**

Wenn Sie zu den Menschen gehören, die lieber in der Vergangenheit und weniger gern im Hier und Jetzt leben, hilft Ihnen die ausgleichende Wirkung dieser Bach-Blüte. Sie verwandelt Wehmut, Melancholie und Sehnsucht in positive Seelenzustände. Erinnerungen erhalten einen anderen Stellenwert, und Sie werden darin unterstützt, die Gegenwart zu akzeptieren.

**Bach-Blüten wirken ausgleichend auf die Psyche.**

**Pine (Kiefer, Föhre)**

Wen häufig ein schlechtes Gewissen und Schuldgefühle plagen oder wer sich selbst schlecht verzeihen kann, braucht die ausgleichende Kraft dieser Bach-Blüte. Sie hilft, sich so zu akzeptieren, wie man ist, und sie stärkt die Selbstsicherheit.

**Holly (Stechpalme)**

Sie weckt in uns allumfassende Liebe. Das kommt besonders Menschen zugute, deren Herz durch Neid, Eifersucht oder Mißgunst verhärtet, deren tiefer, unbewußter Wunsch aber Liebe und Zuneigung ist.

**Water Violet (Sumpfwasserfeder)**

Diese Blüte hilft Ihnen, sich zu öffnen, wenn Sie sich oft einsam und isoliert fühlen und kaum über Ihre Gefühle sprechen können. Water Violet hilft, sich wieder auf das Leben einzulassen, neue Erfahrungen zu sammeln, auch im Umgang mit anderen, sich Gefühle einzugestehen und sie anzunehmen.

**Star of Bethlehem (Goldiger Milchstern)**

Verletzte Gefühle, schmerzvolle Erinnerungen, Enttäuschungen – all das kann durch diese Bach-Blüte geheilt und ausgeglichen werden. Deshalb nennt man sie auch »Seelentröster« oder »Schmerzbesänftiger«.

### Bach-Blüten richtig dosieren!

**!** Auch wenn bestimmte Angaben zur Dosierung auf den Fläschchen stehen, ist es dennoch ratsam, immer einen Heilpraktiker oder Arzt um Rat zu fragen. Denn meistens entscheiden noch andere Faktoren über die Anzahl der Tropfen, die Mischung und die Einnahmedauer.

**!** Bei schwerwiegenden seelischen Problemen sollten Sie sich auf jeden Fall therapeutische Hilfe holen!

## Fünf starke ätherische Öle

Sie können die ätherischen Öle ins Badewasser geben oder in einer Aromalampe verströmen (→ Seite 734).

**Jasmin**

Wenn Sie Aufmunterung und ein Gefühl von Stärke und Selbstvertrauen brauchen, hilft Ihnen der betörende Duft von Jasmin.

**Orangenblüte, Zitronengras**

Wenn Sie Ihre Seele entspannen und vom Streß des Tages befreien möchten, helfen Ihnen die leichten, spritzigen Zitrusdüfte.

**Rosmarin, Muskatellersalbei**

Wenn Ihre Seele Anregung und Schwung braucht, können Sie diese Aromen als Muntermacher wählen.

## Selbsthilfegruppen nutzen

Jedem Menschen ist zu helfen, wenn er beginnt, sich selbst zu helfen – dies ist der Leitspruch aller Selbsthilfegruppen, deren Zahl weltweit zunimmt. Für nahezu jeden Lebensbereich haben sich solche Angebote entwickelt mit dem Ziel, daß Menschen sich in schwierigen Lebenssituationen gegenseitig beistehen und helfen. Inzwischen gibt es Kontaktmöglichkeiten mit Selbsthilfegruppen auch im Internet (→ Adressen, Seite 798).

Die Selbsthilfegruppe hebt die Isolation des einzelnen auf und stärkt dadurch sein Selbstvertrauen. Durch die regelmäßigen Treffen entsteht ein stützender Zusammenhalt, der Verständnis und Trost gibt und Mut macht zu neuer Aktivität und verändertem Verhalten. Im Gespräch erfährt jeder nicht nur seine eigene Situation neu, sondern auch die der anderen Teilnehmer.

Es gibt keinen Gruppenleiter, daher ist jeder für den anderen ein vertrauensvoller Gesprächspartner, der am Leid und an den Sorgen Anteil nimmt, weil er sie selbst gut kennt. Da die Selbsthilfekräfte der einzelnen Gruppenmitglieder unterschiedlich sind, verfügt die Gruppe insgesamt über unterschiedliche Modelle, um Probleme zu bewältigen.

### Überfordern Sie sich nicht!

**!** Wenn Sie merken, daß die Selbsthilfegruppe allein Ihnen nicht weiterhelfen kann, scheuen Sie sich nicht, sich an einen geschulten Therapeuten zu wenden. Es ist kein Zeichen von Schwäche, sondern von Stärke, sich selbst und anderen einzugestehen, daß man mit einer Situation allein nicht fertig wird. In einer guten Gruppe finden Sie auch während einer Therapie begleitende Unterstützung.

# Körper und Geist entspannen

Jeder Mensch braucht ein ausgewogenes Verhältnis von Anspannung und Entspannung: Um aktiv zu sein, benötigen wir eine gewisse Anspannung; um Höchstleistungen zu vollbringen, Hochspannung. Der Organismus mobilisiert dann seine Energievorräte und stellt körperliche wie geistig-seelische Kräfte zur Verfügung. Nach diesen Aktivitäten verlangt der Körper Ruhepausen, in denen er sich erholen, neue Kräfte sammeln und notwendige »Reparaturen« durchführen kann.

## Neue Energien gewinnen

Entspannung bedeutet im körperlichen Sinn, daß das Nervensystem den Alarmzustand wieder beendet, der durch Streß entsteht. Auf diese Weise wird das innere Gleichgewicht wiederhergestellt: Die Organe arbeiten gleichmäßig. Das Immunsystem erhält die Möglichkeit, sich zu regenerieren und seine Aufgabe - die Abwehr von Krankheiten - optimal zu erfüllen. Entspannung gewährt den Muskeln die notwendigen Pausen, um erlittene Schäden zu heilen. Auf geistig-seelischer Ebene hilft regelmäßiges Entspannen gegen Ängste, nagende Selbstzweifel und Frustration. Es ist die Grundlage für geistiges und psychisches Wachstum, denn nur so können wir uns gut konzentrieren, kreativ sein und lernen.

### So wirken Entspannungsübungen

Neben den alltäglichen Erholungszeiten gibt es eine Reihe spezieller Methoden, durch die Sie rasch und wirksam entspannen können. Die im folgenden vorgestellten Übungen helfen Ihnen darüber hinaus, Ihr persönliches Streßverhalten zu ändern.
Durch gezielte, tiefgreifende Methoden
- ergänzen Sie normale Entspannungsmittel wie Mittagsschlaf, Lesen, Urlaub und dergleichen
- lernen Sie, mit immer wiederkehrenden Problemen

## Loslassen im Alltag

**Nehmen Sie sich regelmäßig Zeit, um vom Alltag loszulassen und neue Energien zu schöpfen.**

Viele Menschen spüren gar nicht mehr, daß sie ständig verkrampft sind. Sie stehen unter andauerndem Leistungsdruck, auch in ihrer Freizeit. Erst wenn Schmerzen und Beschwerden auftreten, werden sie auf ihren Zustand aufmerksam.
Für Erholung können Sie jedoch auch zwischendurch im Alltag sorgen. Nehmen Sie sich bewußt jeden Tag eine bestimmte Zeit für sich, in der sie loslassen und abschalten können.
- Manchmal hilft es schon, gelegentlich die Füße hochzulegen und wann immer möglich mittags kurz zu ruhen.
- Entspannen können Sie auch durch Bewegung an der frischen Luft: einen Abendspaziergang oder ein paar Schritte in der Mittagspause.
- Gestalten Sie Ihre Abende erholsam – es muß nicht immer der Fernseher laufen: Kerzen anzünden und Musik hören, lesen, alleine oder gemeinsam ein Spiel spielen.
- Vertrödeln Sie doch einfach einmal ein Wochenende. Ein aufwendiges Freizeitprogramm ist oft weniger entspannend als Nichtstun zu Hause, viel schlafen, sich pflegen.
- Auch ein Hobby hilft, zur Ruhe zu kommen: das kann ein musikalisches, handwerkliches oder künstlerisches sein wie Musizieren, Basteln, Malen. Einige lenkt Schreiben ab, andere kochen am liebsten exotische Gerichte.

## Welche Methode ist die richtige?

| Methode | So wirkt sie | Besonderheiten |
|---|---|---|
| Atemübungen (→ Seite 688) | hilft bei Streß, Nervosität, baut Ängste ab, mobilisiert Energie | beruhigt in Minuten |
| Progressive Muskelentspannung (→ Seite 689) | setzt allgemeine Körperspannung herab, erhöht Körpergefühl, gibt neue Energie | auch für zwischendurch |
| Autogenes Training (→ Seite 690) | beruhigt, gleicht aus, Nachsorge bei psychosomatischen Krankheiten | mit Anleitung, wirkt rasch |
| Feldenkrais (→ Seite 691) | entkrampft, baut Streß ab, bei seelischen Krisen, Depressionen, Haltungsschäden | mit Anleitung |
| Yoga (→ Seite 692) | bringt Körper und Seele ins Gleichgewicht, stoffwechselanregend, stärkt Kreislauf, innere Organe | mit Anleitung |
| Meditation (→ Seite 693) | intensive geistige Entspannung, bei Streß, fördert Konzentration | mit Anleitung, für zwischendurch |
| T'ai Chi und Qigong (→ Seite 694) | lindert Alltagsbeschwerden, bei seelischen Krisen | mit Anleitung |
| Die Fünf Tibeter (→ Seite 696) | erhalten fit und gesund, steigern Wohlbefinden, Leistungsfähigkeit | für jeden Tag |

in der Partnerschaft oder mit Konflikten am Arbeitsplatz bewußter und selbstsicherer umzugehen
- unterstützen Sie die Heilung bei Krankheiten
- können Sie ein positives Körpergefühl, Wohlbehagen und Gelassenheit erreichen.

Die anschließende Auswahl verschafft Ihnen einen Überblick über die bekanntesten Verfahren. Jede Methode wird mit einer Übung vorgestellt, die meisten können Sie auch in einem Volkshochschulkurs ausprobieren. Ihr Hausarzt kann Ihnen möglicherweise wichtige Tips geben, welches Verfahren für Sie geeignet ist.

### Richtig entspannen

- Versuchen Sie, regelmäßig zu entspannen.
- Wählen Sie ein Entspannungswort, zum Beispiel »loslassen«. Das ist eine geeignete geistige Hilfe, um wirklich innerlich loszulassen.
- Sorgen Sie, bevor Sie entspannen, für Ruhe und nehmen Sie eine bequeme Haltung ein.
- Entspannen Sie immer zuerst Ihre Muskeln, atmen Sie ungezwungen und konzentrieren Sie sich auf das gewählte Entspannungswort.

### Erwarten Sie keine Wunder!

**!** Bevor Sie Entspannungsübungen als Heilmethode anwenden, lassen Sie sich ärztlich untersuchen, um sicherzugehen, daß Ihren Beschwerden nicht eine ernsthafte organische Erkrankung zugrunde liegt.

**!** Entspannungsübungen ergänzen, aber ersetzen keine medizinische Therapie! Erwarten Sie von den Entspannungsverfahren keine Wunder! Sie können damit weder möglichen persönlichen Problemen aus dem Weg gehen, noch lassen sich dadurch sämtliche Streßsituationen oder Krankheiten aus der Welt schaffen. Was sich jedoch ändern läßt, ist Ihre innere Haltung belastenden Situationen gegenüber.

## Atemübungen

Nervosität, Streß und Angst führen bei den meisten Menschen dazu, daß sie zu hastig atmen, mit der Brust statt mit dem Zwerchfell. Das ist an sich ein hilfreicher Reflex: Durch den schnellen Atemrhythmus gelangt weniger Sauerstoff in den Blutkreislauf, der Kohlensäuregehalt steigt. Das wiederum erhöht die Muskelspannung, verbessert die Wahrnehmung und macht für Schmerzen weniger empfindlich. Diese Vorgänge sind Teil des angeborenen Streßprogramms, das uns hilft, eine plötzliche Gefahr zu meistern.
Wird das schnelle Atmen jedoch zum Dauerzustand, weil wir fast immer unter Hochspannung stehen, bekommen lebenswichtige Organe wie Herz, Gehirn und Muskeln nicht mehr ausreichend Sauerstoff. Mögliche Folgen sind häufige Müdigkeit, Konzentrationsschwäche und Probleme mit dem Einschlafen, weil das unbewußte, hektische Luftschnappen den Körper nicht zur Ruhe kommen läßt. Auch Verdauungsprobleme können durch zu hastiges Atmen entstehen oder sich verstärken. Bei der natürlichen Bauch-Zwerchfell-Atmung dagegen massiert das Zwerchfell mit seinen Bewegungen sanft den Darm und regt ihn an. Nicht nur die Darmbewegungen werden so gefördert, sondern auch der Blut- und Lymphstrom im Bauch.

### So wirkt natürliches Atmen

Tiefes, gleichmäßiges Ein- und Ausatmen und die Konzentration auf den Atemvorgang sind die Schlüssel zur Entspannung.

- Wenn Sie bewußt atmen, werden Sie die positive, entspannende Wirkung relativ schnell bemerken: Oft helfen schon drei tiefe Atemzüge, um die ersten Streßsignale spürbar abzumildern.
- Atemübungen sind deshalb eine wirksame Soforthilfe gegen Streß, da sie die Streßreaktion des Körpers unterbrechen: Die Nerven beruhigen sich, und die Psyche kann sich sammeln.
- Auch wenn Sie vor abzusehenden Belastungen stehen, kann tiefes Durchatmen helfen, Ängste abzubauen und Energiereserven zu mobilisieren (zum Beispiel vor einer Prüfung).
- Bei Verdauungsbeschwerden hilft der regelmäßige Druck, dem der Darm ausgesetzt ist, wenn das Zwerchfell sich anspannt. Diese natürliche Massage fördert die Darmbewegungen.

### So führen Sie Atemübungen richtig durch

- Grundsätzlich atmen Sie bei Atemübungen durch die Nase ein und durch den leicht geöffneten Mund aus. Die Nasenhärchen reinigen, erwärmen und befeuchten die eingeatmete Luft und machen sie verträglicher für die Lunge.
- Intensives Atmen bedeutet nicht, wie viele glauben, die Atmung zu beschleunigen oder möglichst viel Luft ein- und auszuatmen. Das kann leicht zur »Hechelatmung« (Hyperventilation) führen, da das Gleichgewicht des Säure-Basen-Haushalts im Körper gestört wird. Schwindel, Kribbeln in Händen und Füßen, Muskelkrämpfe bis hin zu Muskelstarre können die Folge sein. Sie können das vermeiden, indem Sie langsam ausatmen: Sie sollten doppelt so lang aus- wie einatmen.
- Nach dem Ausatmen entsteht eine ganz natürliche Atempause, denn sämtliche Atemmuskeln sind jetzt entspannt und befinden sich in Ruhestellung. Erst, wenn das Atemzentrum im Gehirn den Befehl zum Einatmen gibt, werden sie wieder aktiv. Deshalb ist es wichtig, daß Sie bei allen Atemübungen die Atempause ganz bewußt erleben und so lange warten, bis Ihr Körper wieder von selbst nach der Einatmung verlangt. Das entspannt Ihre Atemmuskeln optimal.
- Wenn Sie die Atemübung im Zimmer machen, lüften Sie vorher gut, denn verbrauchte, abgestandene (Heizungs-)Luft hat keinen erfrischenden Wert. Das Zimmer sollte aber nicht zu kalt sein.
- Sorgen Sie dafür, daß Sie nicht gestört werden, und ziehen Sie lockere, bequeme Kleidung an, damit die Atmung nicht durch enge Gürtel, Hosen oder Mieder behindert wird und Sie den Atembewegungen gut nachspüren können.

### Die Bauch-Zwerchfell-Atmung

**▶ Beruhigt in Minuten**

Das natürliche Atmen können Sie am einfachsten erlernen, wenn Sie im Liegen üben, bewußt mit dem Bauch zu atmen.

**1.** Sie liegen auf einer bequemen Unterlage, Ihre Hände ruhen seitlich am Körper. Wenn Sie die Übung zum ersten Mal machen, können Sie Ihre Hände auch auf den Bauch legen, um seine Auf- und Abwärtsbewegungen besser zu spüren.

**2.** Atmen Sie zunächst 3mal aus und ein – so, wie Sie normalerweise atmen. Danach ziehen Sie die Luft ganz langsam durch die Nase ein, lassen sie durch die Luftröhre hindurch nach unten in die Lunge strömen und weiter durch den Bauch bis in den Unterleib hinein. Ihr Zwerchfell dehnt sich jetzt aus. Das spüren Sie daran, daß sich Ihre Bauchdecke ganz sanft nach oben wölbt. Führen Sie diese Wölbung nicht zwanghaft herbei. Lassen Sie einfach Ihre Muskeln und Ihren Willen los: Sie werden geatmet! Dabei hilft es Ihnen, wenn Sie sich in Gedanken eine Atemwelle vorstellen, die langsam von oben nach unten durch Ihren Körper rollt.

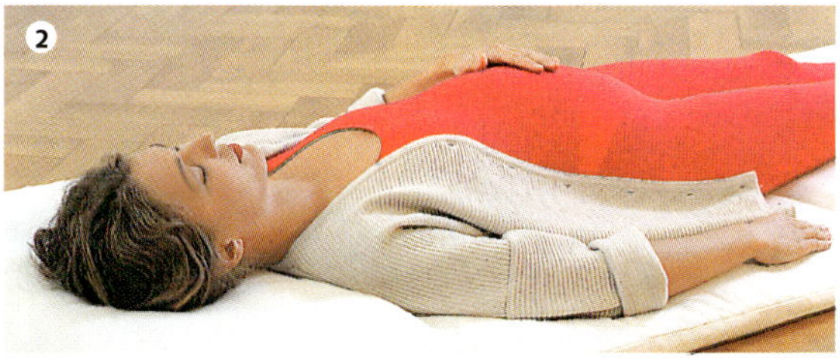


**3.** Danach atmen Sie ganz langsam und lang aus: Die Atemwelle rollt nun durch Ihren Unterleib, Bauch- und Brustraum in die Luftröhre, durch diese hindurch und nach oben durch Ihren leicht geöffneten Mund heraus. Ihre Bauchdecke sinkt wieder zusammen und befindet sich nunmehr in Normalstellung.

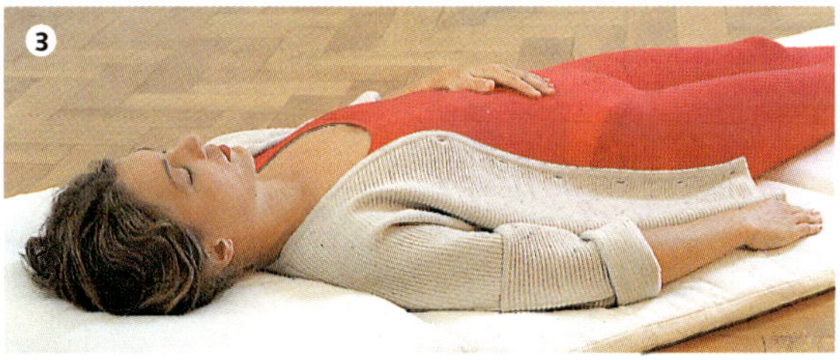


**4.** Dem Ausatmen folgt die kleine Atempause, in der Sie aber immer noch unmerklich ausatmen. Erst, wenn Ihr Körper wieder von allein nach der Einatmung verlangt, atmen Sie durch die Nase ein.

Anfangs sollten Sie nur etwa 5 bis 10 Atemzüge nach dieser Technik machen, danach können Sie sie auf 20 steigern. Sobald Sie ein Kribbeln in den Händen oder Füßen oder ein Schwindelgefühl bemerken, beenden Sie die Übung, indem Sie wieder normal atmen, aufstehen und sich bewegen.

# Progressive Muskelentspannung

In den dreißiger Jahren beobachtete der amerikanische Arzt Edmund Jacobsen in Untersuchungen, daß sich bei Angstgefühlen immer auch die Muskeln verspannen. Er vermutete, daß eine geringere Muskelspannung auch die Angst vermindern würde, und entwickelte daraufhin eine Entspannungstherapie, die er als *progressive relaxation* (englisch für: »fortschreitende Entspannung«) bezeichnete. Die Methode wird mit großem Erfolg als Therapie oder als Zusatzbehandlung während der Nachsorge eingesetzt. Sie hat sich besonders bei nervösen Magenbeschwerden, aber auch bei entzündlichen Darmerkrankungen wie Morbus Crohn oder bei Magengeschwüren bewährt. Auch Angstzustände werden unter anderem mit Muskelentspannung therapiert.

## So wirkt die Progressive Muskelentspannung

- Durch das starke Anspannen und das plötzliche Entspannen verschiedener Muskeln kann eine tiefe körperliche Entspannung erzielt werden.
- Das Fühlen und Erleben dieser gegensätzlichen Körperzustände erhöht das Körperbewußtsein. Der eigene Körper und die abwechselnde An- und Entspannung werden bewußter wahrgenommen.
- Von der Progressiven Muskelentspannung profitieren Sie vor allem, wenn Sie sich bislang kaum intensiv mit Ihrem Körper beschäftigt hatten.
- Die Übungen zielen darauf ab, die Körperspannung in vielen kleinen Schritten herabzusetzen, um so eine intensive körperliche Entspannung zu erreichen, die ausgleichend auf die gesamte Psyche wirkt.

Die Methode der Progressiven Relaxation umfaßt eine ganze Reihe einfacher Übungen, die Sie alleine oder zu zweit zu Hause durchführen können. Sie eignen sich zum Teil jedoch auch als schnelle Übungen für zwischendurch, im Büro und immer dann, wenn Sie rasch entspannen und neue Energie tanken wollen. Die anschließende Übung gibt nur einen kurzen Einblick in die Progressive Muskelentspannung. Um diese Methode richtig lernen und im Alltag regelmäßig anwenden zu können, ist der Besuch eines Kurses empfehlenswert.

## Anspannung – Entspannung

**▶ Für zwischendurch**

Nehmen Sie sich für diese Übung etwa 15 Minuten Zeit und nochmals 10 Minuten zum Ausruhen. Sprechen Sie sich die Anleitungen auf Kassette, dann können Sie richtig loslassen.
Legen Sie sich bequem auf den Boden oder auf eine Unterlage, und achten Sie darauf, daß nichts drückt oder einengt. Schließen Sie Ihre Augen, und folgen Sie nun den Anweisungen:

**1.** Sie werden ganz ruhig und entspannt. Atmen Sie ganz ruhig aus und ein, aus und ein. Beim nächsten Einatmen ballen Sie die rechte Hand zur Faust. Ganz fest! Noch fester!
Nun atmen Sie kraftvoll aus und entspannen sich wieder. Lassen Sie die Hand ganz locker fallen, und fühlen Sie, wie die Spannung langsam entweicht. Atmen Sie ein und aus.

**2.** Beim nächsten Einatmen ballen Sie Ihre linke Hand zur Faust. Ganz fest! Noch fester!
Dann wieder ausatmen und entspannen. Die Hand ganz locker fallen lassen und fühlen, wie die Spannung langsam entweicht. Atmen Sie gleichmäßig und ruhig ein und aus.

**3.** Nun einatmen und beide Hände zu Fäusten ballen. Die Finger fest zusammenpressen. Noch fester!
Danach ausatmen, entspannen, die Hände locker fallen lassen, fühlen, wie die Spannung entweicht. Ruhig ein- und ausatmen, ein und aus. Sie sind ganz entspannt.

**4.** Ebenso werden nun das rechte und das linke, dann beide Beine und Füße gleichzeitig angespannt und entspannt.

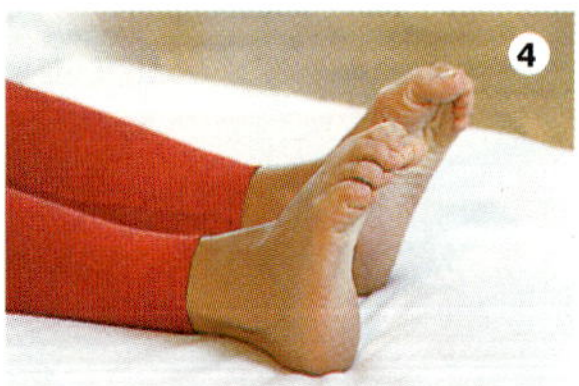


**5.** Danach ballen Sie ganz kurz beide Hände zu Fäusten und zählen von fünf rückwärts bis null. Öffnen Sie die Augen, strecken und dehnen Sie den ganzen Körper.

# Autogenes Training

Das Autogene Training gehört zu den Techniken konzentrierter Selbstentspannung, deren Wirkung durch kurze, klare Formeln herbeigeführt wird. Autogen heißt »selbst erzeugt«, und das Wort Training deutet schon darauf hin, daß für diese Methode Zeit und regelmäßiges Üben notwendig sind.

## So wirkt das Autogene Training

- Wenn Sie die stufenweise aufgebauten Übungen regelmäßig durchführen, werden Sie allgemein ruhiger und ausgeglichener.
- Insbesondere Menschen, die an Beschwerden leiden, die auch psychisch bedingt sind (psychosomatische Krankheiten), profitieren vom Autogenen Training.

## Die Schwere spüren

**▶ Wirkt rasch**

Diese Übung ist die erste aus dem Stufenprogramm des Autogenen Trainings. Sie lernen, körperliche Schwere wahrzunehmen, denn entspannte Muskeln fühlen sich schwer an. Sie können die Übung im Liegen oder im sogenannten »Kutschersitz« machen:

**1.** Beim Kutschersitz liegen die Unterarme auf den Knien, der Kopf ist nach vorne geneigt, Schultern und Nacken sind entspannt. Schließen Sie die Augen, und atmen Sie ganz ruhig und gleichmäßig.

**2.** Sagen Sie sich nun im Geist langsam dreimal hintereinander folgende Formeln vor:
- »Ich bin ganz ruhig und entspannt.«
- »Mein rechter Arm ist ganz schwer und warm.« Konzentrieren Sie sich ganz auf Ihren rechten Arm und spüren Sie, wie er schwer und warm wird.
- »Mein linker Arm ist ganz schwer und warm.« Spüren Sie, wie Ihr linker Arm schwer und warm wird.

- »Beide Arme sind ganz schwer und warm.«

Es folgen das rechte und das linke Bein. Konzentrieren Sie sich dann auf Arme und Beine:

- »Meine Arme und Beine sind schwer und warm.«

**3.** Bleiben Sie so ganz entspannt 2 bis 3 Minuten liegen oder sitzen. Beenden Sie dann die Übung, indem Sie langsam rückwärts von zehn bis eins zählen, die Arme fest anspannen, tief durchatmen, die Augen öffnen und sich strecken und dehnen.

# Die Feldenkrais-Methode

Besonders in Streßsituationen verlassen wir uns auf die unbewußten Bewegungsabläufe unseres Körpers, sonst wären wir zu leicht blockiert. Dies führt jedoch häufig dazu, daß die Muskeln sich verkrampfen und die Bewegungen nicht mehr fließen können. Der Körper reagiert darauf, indem er sich starrer und unflexibler bewegt. Auch emotionale Dauerkrisen, Trauergefühle und Depressionen wirken sich auf die Körperhaltung und -bewegungen aus: Die Haltung ist gebeugt, und die Bewegungen werden auf ein Minimum reduziert.

## So wirkt die Feldenkrais-Methode

- Die Körperübungen der Feldenkrais-Methode sollen das Körperbewußtsein erweitern und ein Gefühl für neue Handlungsmöglichkeiten vermitteln.
- Die Übenden erfahren den engen Zusammenhang von Bewegung (Motorik) und Psyche und lernen, in Streßsituationen auf ihre Haltung zu achten. Deshalb ist diese Methode vor allem für Menschen mit Haltungsschäden geeignet.

### Autogenes Training und Feldenkrais-Methode richtig lernen

**!** Um das Autogene Training oder die Körperübungen der Feldenkrais-Methode richtig zu erlernen, ist es empfehlenswert, sich auf das Thema mit entsprechender Fachliteratur einzustimmen und eine fortlaufende Trainingsgruppe zu besuchen (Volkshochschule, Gesundheitszentren). Mit speziellen Übungskassetten (in Buchhandlungen erhältlich) können Sie dann auch zu Hause üben.

**Durch Bewegung bewußter werden**

Die Feldenkrais-Methode beruht auf zwei Grundlagen:

- Die eine heißt »Bewußtheit durch Bewegung«: Sich bewegen und sich selbst betrachten wird hier im Gruppenunterricht erlernt. Ein Lehrer gibt genaue Anweisungen, wie man sich bewegen und worauf man dabei achten soll.
- Die zweite Form, die »Funktionale Integration«, ist eine Unterrichtsmethode ohne Worte. Vielmehr wird der Körper des Lernenden mit sanften, kaum wahrnehmbaren Berührungen dazu gebracht, sich auf andere als die bisher gewohnte Art zu bewegen. Dadurch können eingefahrene Bewegungs- und Verhaltensmuster nicht nur erkannt, sondern auch erweitert oder verändert werden.

## Alte Muster spüren

**▶ Ist schnell gemacht**

Mit dieser kurzen, scheinbar nebensächlichen Übung können Sie spüren, wie Sie einmal erlernte Formen, sich zu bewegen, unwillkürlich auch in neuen Situationen übernehmen, ohne zu überlegen, ob sie noch zweckmäßig sind.

**1.** Heben Sie Ihren rechten Arm vor sich auf Schulterhöhe; halten Sie ihn dabei gerade, ohne ihn steif durchzustrecken.

**2.** Vielleicht bemerken Sie beim Heben, wie Sie Ihre Hand steif machen, so wie es Ihnen früher im Turnunterricht beigebracht worden ist.

❸

**3.** Probieren Sie auch andere Möglichkeiten, den Arm zu heben: mit unterschiedlicher Handhaltung, mit hängender, schlapper Hand zum Beispiel. Was empfinden Sie, wenn Sie dies oder ganz andere Formen ausprobieren?

Sie werden sehen, daß Ihnen ganz unterschiedliche Möglichkeiten zur Verfügung stehen.

# Yoga

Sowohl Yoga als auch Meditation können auf eine lange Tradition zurückblicken: Anleitungen und Wirksamkeit der Übungen sind in den heiligen Schriften Indiens, den »Veden«, nachzulesen. Beide Methoden zielen darauf ab, Körper, Geist und Seele als harmonische Einheit zu erleben – ein Zustand, der gerade in unserer von Hektik und Streß geprägten Zeit besonders erstrebenswert ist.
Der Begriff »Yoga« stammt aus der altindischen Schriftsprache Sanskrit und bedeutet soviel wie »zusammenspannen« oder »den Geist sammeln«. Grundsätzlich werden zwei große Bereiche unterschieden: das sogenannte »Hatha-Yoga« (es beschäftigt sich mit der Disziplin des Körpers) und das »Meditations-Yoga« (es trainiert und erweitert Geist und Seele; → Meditation, Seite 693). Das Hatha-Yoga, die häufigste der bei uns gelehrten und ausgeübten Yoga-Arten, umfaßt drei Bereiche: Atemübungen (→ Seite 688), hygienische Maßnahmen (dazu gehören auch das Anregen des Stoffwechsels und eine gesunde Ernährung, → Seite 712) sowie körperliche Übungen, die sogenannten »Asanas« (Körperhaltungen).

## So wirkt Yoga

- Anders als bei den westlichen Turn- und Gymnastikübungen kommt es bei den Körperübungen des Yoga nicht darauf an, Muskelpartien in rascher Abfolge anzuspannen und so die Muskulatur zu stählen. Vielmehr soll durch die langsam und konzentriert ausgeführten Bewegungen der Körper maximal entspannt werden.
- Darüber hinaus beeinflussen die Übungen die Funktionen innerer Organe und stärken den Kreislauf.
- Wichtig bei allen Yogaübungen ist eine unterstützende, bewußte Atmung, die ebenfalls körperlich und geistig entspannt.

## Für Rücken und Beweglichkeit: die Katze

**▶ Auch für Ungeübte**

Bei dieser Yogaübung, die aus zwei aufeinander aufbauenden Körperstellungen besteht, werden Rückenmuskulatur und Wirbelsäule gedehnt und gestreckt. Sie entspannt und lindert, wenn Ihre Muskeln im Bereich der Wirbelsäule verspannt sind.

**1.** Gehen Sie in den Vierfüßlerstand. Atmen Sie aus und krümmen den Rücken nach oben (Katzenbuckel). Ihren Kopf lassen Sie zwischen den Armen hängen.

**2.** Beim Einatmen drücken Sie Ihren Rücken in die Gegenrichtung und machen ein Hohlkreuz. Beugen Sie Ihren Kopf leicht zurück und richten Sie Ihren Blick nach oben, so daß der Brustkorb möglichst weit gedehnt wird.

Wiederholen Sie beide Stellungen langsam und harmonisch im Atemrhythmus 4- bis 5mal.

### Nicht auf eigene Faust beginnen!

**!** Yoga-Übungen sind ebenso wie Meditationsübungen eine Kunst für sich; sie sollten daher besser nicht nur aus Büchern, sondern unter fachkundiger Anleitung erlernt werden. Erkundigen Sie sich bei Yoga-Schulen; auch Volkshochschulen und Gesundheitszentren bieten Kurse an. Sobald Sie gelernt haben, die verschiedenen Stellungen und Meditationsformen richtig auszuführen, können Sie zu Hause alleine weiterüben.

# Meditation

Die besten Einfälle werden uns häufig am Morgen nach gesundem Schlaf geschenkt. Zu den klarsten Einsichten gelangen wir durch ruhiges Nachdenken im entspannten Da-Sein. Diese Art von »innerer Aktivität« ist Meditation (lateinisch für: »Versenken, tiefes Nachdenken«), eine Methode, bei der Entspannung auf geistiger Ebene herbeigeführt wird.

## So wirkt Meditieren

- Beim Meditieren lernt der Geist, sich von äußeren Reizen abzuschirmen und sich auf eine einzige Sache, einen Gedanken zu konzentrieren. Dabei ist es möglich, in Bewußtseinsebenen vorzudringen, die normalerweise verborgen sind oder zu wenig beachtet werden. Dieser Zustand wird als die vollkommene Stille des Bewußtseins bezeichnet.
- Die Entspannung des Geistes ist gerade für streßgeplagte Menschen sehr wichtig, denn Streß entsteht zuallererst im Kopf.
- Auf körperlicher Ebene finden während des Meditierens ebenfalls positive Veränderungen statt: Die Atmung vertieft sich, und es wird mehr Sauerstoff in den Blutkreislauf gepumpt.

**Regelmäßig üben**

Damit Yoga oder Meditation richtig wirken, ist regelmäßiges Üben wichtig. Besser täglich eine viertel bis halbe Stunde, als nur einmal in der Woche ein langes Training. Nehmen Sie sich für jede Yogastellung oder Meditationsübung genügend Zeit, und sorgen Sie dafür, daß Sie Ruhe haben und nicht gestört werden. Es ist auch besser, nur wenige Übungen mit größter Bewußtheit auszuführen als mehrere zu hastig hintereinander.

## Meditation mit einem Wort

**▶ Für zwischendurch**

Eine von vielen Meditationstechniken ist die Meditation mit einem Wort (»Mantra«). Durch ständiges Wiederholen des Mantras entsteht eine bestimmte Gedankenstruktur, die positiv, wohltuend und beruhigend ist. Suchen Sie sich ein Wort aus, das vom Inhalt her möglichst neutral, aber wohlklingend ist. Zum Beispiel eignet sich die englische Bezeichnung für eins, »one« (gesprochen »won«), sehr gut für diesen Zweck.

**1.** Nehmen Sie eine entspannte Sitzhaltung ein. Setzen Sie sich auf einen Stuhl oder auf den Boden im Schneidersitz (ein Kissen unterlegen oder ein Meditationsbänkchen benutzen). Wichtig ist, daß Sie bequem sitzen und Ihre Wirbelsäule gerade aufgerichtet ist. Schließen Sie Ihre Augen und atmen Sie ruhig und gleichmäßig.

**2.** Sprechen Sie nun das Wort Ihrer Wahl langsam und rhythmisch einige Male laut aus.

**3.** Nachdem Sie das Wort mindestens 3mal laut ausgesprochen haben, sagen Sie es immer leiser, bis Sie es schließlich nur noch flüstern.

**4.** Danach stellen Sie sich das Wort nur noch innerlich ein paarmal vor: Denken Sie es, aber sprechen Sie es nicht aus.
Lassen Sie sich anfangs 5, später etwa 15 Minuten Zeit dafür. In dieser Zeit hören Sie ruhig das Wort, spüren seinem Klang nach.

**5.** Danach lassen Sie Ihre Alltagsgedanken wieder Einzug halten. Bleiben Sie noch 2 bis 3 Minuten mit geschlossenen Augen sitzen. Nach einer für Sie angenehmen Zeit öffnen Sie Ihre Augen und atmen ein paarmal tief ein und aus. Bewegen und strecken Sie sich leicht durch.

**Ruhig wie ein Bach fließen Ihre Gedanken beim Meditieren. Sie können vollkommen abschalten.**

## Meditation mit einem Gegenstand

**▶ Beruhigt und erfrischt**

Die sogenannte visuelle Meditation führen Sie mit offenen Augen durch. Dabei konzentrieren Sie sich auf einen beliebigen Gegenstand (Vase, Bild, Blumenstock oder was Ihnen besonders gefällt).

**1.** Stellen Sie den Gegenstand in Augenhöhe einen halben bis einen Meter vor sich auf. Entfernen Sie andere Dinge, die sich unmittelbar daneben oder dahinter befinden.

**2.** Setzen Sie sich bequem in aufrechter Haltung vor das Objekt und sehen es an. Nehmen Sie es einfach wahr, ohne es zu bewerten und einzuordnen. Stellen sich solche Gedanken ein, lassen Sie sie vorbeiziehen. Starren Sie den Gegenstand nicht an. Blinzeln Sie, lassen Sie Ihre Augen über den Gegenstand schweifen.

**3.** Behalten Sie den Gegenstand für etwa 7 bis 10 Sekunden im Auge, dann lenken Sie Ihren Blick auf eine Stelle, die weiter entfernt im Raum liegt. Auch geistig können Sie sich nun von dem Gegenstand entfernen.

**4.** Nach ein paar Sekunden wiederholen Sie die Übung – den Gegenstand ansehen, wegsehen und dann wieder hinsehen – ungefähr 5 Minuten lang immer wieder.

**5.** Schließen Sie dann Ihre Augen, bleiben Sie noch 1 bis 2 Minuten ruhig sitzen und lassen Ihren Geist die täglichen Gedanken wieder aufnehmen. Öffnen Sie Ihre Augen, und atmen Sie ein paarmal hörbar tief ein und aus.

# T'ai Chi und Qigong

Beide Entspannungsverfahren entstammen der traditionellen chinesischen Heilkunde. Sie dienen in erster Linie dazu, Körper und Geist gesund zu erhalten, und sie helfen, Alltagsbeschwerden zu lindern.

## T'ai Chi: innere und äußere Harmonie

»Geschmeidig wie ein Kind, gesund wie ein Holzfäller und gelassen wie ein Weiser« – so beschreibt ein chinesisches Sprichwort die Ziele des T'ai Chi. Die langsamen, fast tänzerisch anmutenden Übungen sind eine Art Meditation in der Bewegung, die dem Übenden zu innerer und äußerer Harmonie verhelfen. Chinesische Heilkundige empfehlen daher T'ai Chi (manchmal auch Tai-Ji-Quan genannt) vor allem als Entspannungsmethode, um Körper, Geist und Seele in Einklang zu bringen.

## Qigong: Lebensenergie erhalten

Die Silbe »Qi« in Qigong bedeutet soviel wie »Lebensenergie« – jene Lebenskraft, die ein Mensch von Beginn an in sich trägt. Die Silbe »Gong« hingegen bedeutet »Arbeit« oder »beharrliche, sachkundige Übung«: Qigong heißt also »Arbeit an der Lebensenergie«. Gestützt auf eine umfassende Lebensphilosophie besteht Qigong aus speziellen Atem-, Meditations- und Körperübungen. Sie werden zur Vorbeugung und Behandlung von Krankheiten eingesetzt, steigern das allgemeine Wohlbefinden und verhelfen zu mehr Unternehmungslust und Lebensfreude.

## So wirken T'ai Chi und Qigong

Beide Methoden bieten eine Vielzahl wirkungsvoller Übungen, die es Ihnen ermöglichen, sich umfassend zu entspannen.

- In erster Linie sollen körperliche Bewegungsabläufe bewußt werden. Die dabei eingenommenen Körperhaltungen ermöglichen es, die eigenen Gedanken und Gefühle zu beobachten, den Atem zu steuern und bewußt all die körperlichen Empfindungen wahrzunehmen, die mit dem Dehnen und Strecken der Glieder verbunden sind.
- Dieses Körpererlebnis vermittelt Ihnen ein Gefühl von Kontrolle und Konzentration, das man gerade in Zeiten seelischer und/oder körperlicher Krisen besonders braucht.

## Das innere Lächeln

**▶ Entspannt in Minuten**

Diese Qigong-Übung ist eine wichtige Grundlage für alle anderen Übungen. Sie verhilft dem Übenden dazu, eine positive, liebevolle Einstellung zu sich selbst, zu anderen oder zu einer Sache zu finden.

**1.** Schließen Sie Ihre Augen und atmen Sie ruhig und gleichmäßig. Ziehen Sie Ihre Stirn in Falten, wobei Sie sich innerlich vorstellen, daß Sie angestrengt über etwas nachdenken. Vermutlich halten Sie dabei für einen Moment die Luft an.

**2.** Nun entspannen Sie Ihr Gesicht und lächeln einfach in sich hinein. Das Lächeln darf sich ruhig auch äußerlich zeigen. Sie werden jetzt auch wieder ruhig und gleichmäßig atmen.

Wenn Sie die Übung ein paarmal wiederholt haben, wird Ihnen sicherlich bewußt, warum das innere Lächeln so wichtig ist: Allein durch ein Stirnrunzeln wird der Atemfluß und damit auch das Qi, die Lebensenergie, blockiert. Sobald Sie einen Moment innehalten und sich ermutigend zulächeln, entschärfen sich auch viele belastende Alltagssituationen.

## Wecke das Qi

**▶ Erfrischt sofort**

Diese Übung ist der Beginn vieler T'ai-Chi- und Qigong-Formen: Qi, die Lebenskraft, soll dadurch geweckt und angeregt werden – die Voraussetzung für alle weiteren Übungen. Wann immer Sie sich unausgeglichen oder steif fühlen, schöpfen Sie mit dieser Übung neue Lebensenergie.

**1.** Sie stehen gerade und entspannt in aufrechter Position: die Beine stehen schulterbreit auseinander, die Knie sind leicht gebeugt, die Arme hängen locker. Halten Sie die Hände leicht geöffnet.

**2.** Lenken Sie Ihre Aufmerksamkeit in beide Hände, und heben Sie langsam die gestreckten Arme vor den Körper bis etwa in Schulterhöhe. Atmen Sie dabei ein und richten Sie sich gleichzeitig ein wenig auf.

**3.** Bringen Sie dann Hände und Unterarme in eine Linie, und lassen Sie die Ellbogen ganz langsam sinken.

**4.** Sobald die Ellbogen ganz unten sind, sinken auch die Hände und Unterarme als Einheit zurück in die Grundhaltung. Atmen Sie dabei aus, und gehen Sie gleichzeitig wieder leicht in die Knie.

Wiederholen Sie die Übung 3- bis 15mal, am besten morgens oder abends.

### Üben Sie mit Anleitung!

**!** Sowohl T'ai Chi als auch Qigong sollten Sie am besten von einem erfahrenen Lehrer erlernen (Volkshochschule, Gesundheitszentren), denn die fließenden Bewegungsabläufe erfordern viel Übung. Entsprechende Bücher und Videokassetten helfen Ihnen dabei, sich auf das Thema einzustimmen und später zu Hause selbständig weiterzuüben. Wenn Sie akut erkrankt sind, sprechen Sie vorher mit Ihrem Arzt.

# Die Fünf Tibeter

Sie gelten als »Quelle der Jugend«: fünf relativ einfache Übungen, mit denen sich angeblich schon seit Jahrtausenden Mönche in den Hochtälern des Himalaja gesund und jugendlich fit gehalten haben. Ungeachtet der Frage, ob sie nun ein wunderbarer »Jungbrunnen« sind oder nicht, beeinflussen sie den gesamten Körper und die Psyche positiv.

## So wirken die Fünf Tibeter

- Die Übungen sollen den Zugang zu bisher ungenutzten Lebensenergien ermöglichen und zu einem allgemeinen Wohl-Sein von Körper, Geist und Seele verhelfen.
- Das Hauptziel der Übungen besteht allerdings darin, den Prozeß des Alterns zu verlangsamen. Regelmäßig und richtig durchgeführt sollen die Fünf Tibeter der Schlüssel zu anhaltender Jugend, Gesundheit und Vitalität sein.

## So üben Sie richtig

- Am Anfang wiederholen Untrainierte jede Übung 3mal. Steigern Sie dann allmählich, so wie Sie sich persönlich dabei wohl fühlen, bis Sie jede Übung 21mal hintereinander ausführen können. Wichtig ist, immer alle Fünf Tibeter der Reihe nach durchzuführen.
- Achten Sie bei jeder der fünf Übungen besonders auf den richtigen Atemrhythmus. Das heißt, daß Sie auch zwischen den Wiederholungen im gleichen Rhythmus weiteratmen. Dabei kann Ihnen zum Beispiel leicht rhythmische Musik helfen. Atmen Sie tief in den Bauch (→ Seite 688).
- Beginnen Sie jeden Tag mit den Fünf Tibetern!

### Vorsicht bei Rückenproblemen und in der Schwangerschaft!

**!** Wer an Rückenbeschwerden, vor allem im Lenden- und Nackenbereich, leidet, sollte sich von einem Arzt oder Körpertherapeuten beraten lassen und die Tibeter nur mit persönlicher Anleitung lernen. In speziellen Übungsbüchern finden sich Varianten, die den Rücken entlasten, und entsprechende Ausgleichshaltungen. Das gilt auch, wenn Sie während der Schwangerschaft üben wollen.

## Fit durch den Tag mit den Fünf Tibetern

▶ **Morgens nach dem Aufstehen**

**Erster Tibeter**

**1.** Stellen Sie sich gerade hin, die Beine leicht auseinander. Arme auf Schulterhöhe heben und zur Seite strecken, dabei die Spannung bis in die Fingerspitzen halten.

**2.** Drehen Sie sich jetzt in kleinen Schritten im Uhrzeigersinn um die eigene Achse. Anfänger sollten sich nur langsam drehen. Damit Ihnen nicht so leicht schwindlig wird: Fixieren Sie, bevor Sie mit dem Drehen beginnen, Ihren Blick auf einen Punkt vor Ihnen. Starren Sie so lange wie möglich beim Drehen noch auf den Punkt und heften Sie Ihren Blick sofort wieder darauf, wenn Sie aus der Drehung zurückkommen.
Achten Sie beim Drehen immer auf Ihre Atmung: Atmen Sie während der Übung ruhig und gleichmäßig aus und ein.

**Zweiter Tibeter**

**3.** Legen Sie sich flach auf den Rücken, die Arme seitlich neben dem Körper.

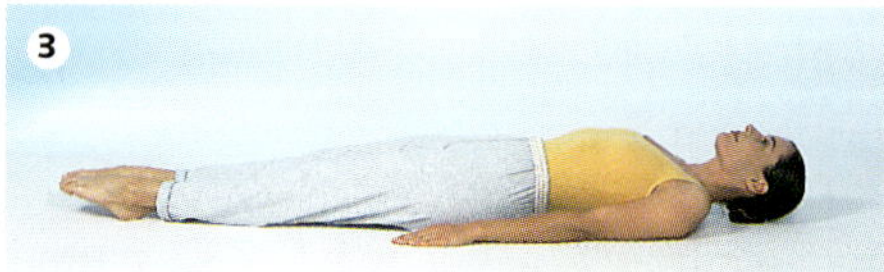

**4.** Heben Sie jetzt die gestreckten Beine senkrecht hoch und ziehen Sie dabei das Kinn an die Brust. Harren Sie ein paar Sekunden in dieser Stellung aus.

**5.** Dann senken Sie Kopf und Beine gleichzeitig wieder auf den Boden.

### Dritter Tibeter

**6.** Knien Sie sich mit aufrechtem Oberkörper auf den Boden und legen Sie die Hände seitlich auf den Po. Ziehen Sie das Kinn langsam Richtung Brust und verharren kurz in dieser Stellung.

**7.** Danach führen Sie den Kopf langsam nach hinten und beugen den Rücken so weit wie möglich zurück, dabei atmen Sie tief ein.

**8.** Atmen Sie aus, wenn Sie langsam in die aufrechte Stellung zurückkehren.

### Vierter Tibeter

**9.** Strecken Sie die Beine im Sitzen aus, stützen Sie die Hände neben dem Po auf, und ziehen Sie das Kinn zur Brust. Der Rücken ist gerade, die Fingerspitzen zeigen nach vorne.

**10.** Lassen Sie jetzt den Kopf nach hinten sinken, stellen Sie die Füße auf. Dabei drücken Sie gleichzeitig Schenkel, Gesäß und Rücken hoch und atmen ein. Ihr Körper bildet eine gerade Brücke.

**11.** Wenn Sie sich langsam zurück in die Grundposition gleiten lassen, atmen Sie aus. Vermeiden Sie ruckartige Bewegungen!

### Fünfter Tibeter

**12.** Gehen Sie in den Liegestütz und machen Sie ein Hohlkreuz, wobei die Füße eine Handbreit auseinander aufstehen sollten. Die Arme sind durchgestreckt, der Kopf ist gerade.

**13.** Schieben Sie aus dieser Ausgangsposition heraus das Gesäß möglichst weit nach oben, so daß der Körper ein Dreieck bildet. Das Kinn ziehen Sie dabei an die Brust und atmen ein.

**14.** Beim Zurücksenken in die Grundstellung atmen Sie aus.

# Fit bleiben durch Bewegung

Der Bewegungsapparat – Skelett, Sehnen, Bänder, Gelenke, Muskulatur – ist, wie der ganze menschliche Organismus, robust und empfindlich zugleich; er ist höchst funktionstüchtig, aber nur innerhalb gewisser Grenzen; er ist ein einmaliges Präzisionswerk, aber dennoch keine technisch vollkommene Maschine. Um gesund zu bleiben, ist es wichtig, daß Sie Ihren Bewegungsapparat pflegen und trainieren. Und das bedeutet, daß Sie sich in jedem Lebensalter regelmäßig und ausgewogen bewegen.

## Sport: Energiequelle für Körper und Geist

Viele Zivilisationskrankheiten wie Herz-Kreislauf-Beschwerden, Übergewicht oder Rückenprobleme sind auf Bewegungsmangel oder falsche, einseitige Bewegungsmuster zurückzuführen. Wer sich tagsüber kaum bewegt, vorwiegend sitzt oder steht, beansprucht immer die gleichen Muskeln, während andere kaum oder gar nicht zum Einsatz kommen. Außerdem gerät man durch normale Tätigkeiten selten einmal aus der Puste. Durch ein ausgewogenes Bewegungstraining hingegen läßt sich nicht nur Muskelmasse aufbauen, sondern auch die Herz-Kreislauf-Funktion sowie die Widerstandsfähigkeit des Körpers stärken. Der Stoffwechsel wird aktiviert. Sauerstoff- und Nährstoffversorgung sind bei einem trainierten Körper wesentlich besser als bei einem untrainierten. Sinnvoll Sport treiben hält die Gelenke beweglich. Bewegung hilft aber auch, Streß abzubauen, und beeinflußt dadurch die Fähigkeit unseres Körpers, sich zu entspannen und zu regenerieren. Und nicht zuletzt verändert sich das Körpergefühl: Wer regelmäßig körperfreundliche Sportarten betreibt, erlebt seinen Körper als Quelle der Kraft und Energie, was ihm im Alltag sehr zugute kommt.

### So bewegen Sie sich richtig

- Sich richtig bewegen heißt, den Körper nicht einseitig zu trainieren, sondern auf vielfältige Weise fit und beweglich zu halten.

Sportmediziner raten zur richtigen Mischung aus Ausdauer, Beweglichkeit, Kraft und Schnelligkeit. Auf diese Weise kann man die inneren Organe und den Bewegungsapparat auf optimale Weise gesund erhalten und natürliche Alterungsprozesse verzögern – so die neuesten Erkenntnisse der Sportmedizin.

- Das gelingt vor allem mit Sportarten, die sowohl die Gelenkigkeit fördern als auch die Muskeln beanspruchen und die Kondition verbessern – wie Gymnastik, Stretching, Schwimmen und Walking.
- Ausdauer und Muskelkraft trainiert man am besten beim Radfahren, Joggen, Rudern und Skilanglaufen.

**Gemeinsam Sport treiben und die Freude an der Bewegung teilen: So fördern Sie Gesundheit und Lebensfreude.**

- Sport sollte in erster Linie Spaß machen und als gesundes Hobby betrieben werden. Wenn Sie dagegen zwanghaft und verbissen eine Sportart betreiben, nur weil Sie meinen, daß Sie das für Ihre Gesundheit tun müßten, werden Sie bald wieder damit aufhören oder sich so verkrampfen, daß Sie sich womöglich sogar schaden.
- Hochleistungssport gleich welcher Disziplin fordert vom Körper ein Höchstmaß an Ausdauer, Muskelkraft und Energie. Bei vielen Sportarten werden allerdings nicht alle Muskeln in gerechter Verteilung trainiert, sondern nur ganz bestimmte Muskelgruppen, und Wirbelsäule, Bänder und einzelne Gelenke zu stark und einseitig beansprucht. Das bringt das empfindliche Gleichgewicht im Bewegungsapparat ins Wanken und hat oft extreme Fehlbelastungen zur Folge.
- Ein vernünftiges Fitneßprogramm baut sich grundsätzlich folgendermaßen auf:

1. Aufwärmübungen (→ Seite 699)
2. Ausdauerübungen (→ Seite 701)
3. Kraftübungen (→ Seite 704)
4. Bewegungsübungen (→ Seite 706)

## Aufwärmen mit Stretching

Stretching ist eine gute Methode, den Bewegungsapparat biegsam, gelenkig und beweglich zu halten. Die folgenden Dehnübungen sind ideal, um den Körper aufzuwärmen, so daß das Verletzungsrisiko sinkt und Muskelkrämpfe weitgehend ausgeschlossen werden. Darüber hinaus ist Stretching für Menschen geeignet, die Probleme mit ihrem Rücken haben und ihre Körperhaltung verbessern möchten.

### So ist Stretching sinnvoll

Halten Sie beim Dehnen der Glieder und Muskeln die sogenannte »S-H-R-S-Technik« ein:

- Zuerst dehnen Sie nur bis zur leichten Zugempfindung (S = »Stretch«).
- Dann halten Sie diese Position etwa 20 Sekunden lang (H = »Hold«).
- Nun kurz entspannen (R = »Release«) und mit Gefühl noch etwas weiterdehnen (S = »Stretch«). Auf keinen Fall sollten Sie beim Dehnen wippen, nachfedern oder sich ruckartig bewegen!
- Anfänger wiederholen die Übungen 5mal, Fortgeschrittene schaffen 8 oder mehr Durchgänge.

## Der Atembogen lockert und entspannt

► **Morgens nach dem Aufstehen**

1

**1.** Stellen Sie sich mit breit gegrätschten Beinen hin, drehen Sie die Füße nach auswärts, die Knie befinden sich senkrecht über den Fußgelenken.

2

**2.–4.** Strecken Sie den Po nach hinten, und führen Sie die Arme von unten vor dem Becken langsam über außen nach oben.
Dabei strecken Sie gleichzeitig die Beine weiter durch und atmen tief ein.

3

4

## Die Nackenrolle für Nacken und Brust

**▶ Hilft rasch bei Verspannung**

**1.** In Rückenlage verschränken Sie die Hände hinter dem Kopf. Stellen Sie die Beine auf, und achten Sie darauf, daß die Lendenwirbel während der Übung immer Bodenkontakt haben.

**2.** Heben Sie nun den Kopf langsam an, und ziehen Sie das Kinn zur Brust, bis eine leichte Dehnung der Halswirbelsäule eintritt. Atmen Sie gleichmäßig, und halten Sie die Position, solange es geht.

**3.** Danach rollen Sie Wirbel für Wirbel langsam wieder ab und legen den Kopf zurück.

## Die Welle sorgt für eine gute Haltung

**▶ Morgens und abends**

**1.** Lehnen Sie sich an die Wand und grätschen die Beine; die Knie sind senkrecht über den Füßen.

**2.** Beugen Sie den Oberkörper langsam bis auf Beckenhöhe vor, und schieben Sie ihn dann waagrecht nach vorn – damit strecken Sie den Rücken. Der Po bleibt dabei fest an der Wand.

**3.** Mit geradem Rücken wieder aufrichten.

## Der Ausfallschritt dehnt Beine, Hüfte und Po

**▶ Braucht etwas Übung**

**1.** Sie knien auf dem linken Bein. Setzen Sie den rechten Fuß so weit nach vorn, daß das rechte Knie nicht mehr über das Fußgelenk nach vorne reicht.

**2.** Schieben Sie das Becken nach vorn. Halten Sie diese Position, bis die Dehnung spürbar nachläßt, dann drücken Sie zentimeterweise weiter.

**3.** Danach wechseln Sie die Seiten.

### Die Schraube für den unteren Rücken

**▶ Morgens nach dem Aufstehen**

**1.** In der Rückenlage die Arme seitlich ausstrecken, die Beine aufstellen. Schlagen Sie das rechte Bein über das linke.

**2.** Die Beine langsam nach links absenken, bis das rechte Knie den Boden berührt. Gleichzeitig den Kopf nach rechts drehen. Die Schultern bleiben dabei am Boden. Die Position eine Weile halten, dann zurück zur Ausgangsposition.

**3.** Die Beine wechseln, Kopf und Beine entgegengesetzt zur anderen Seite hin drehen.

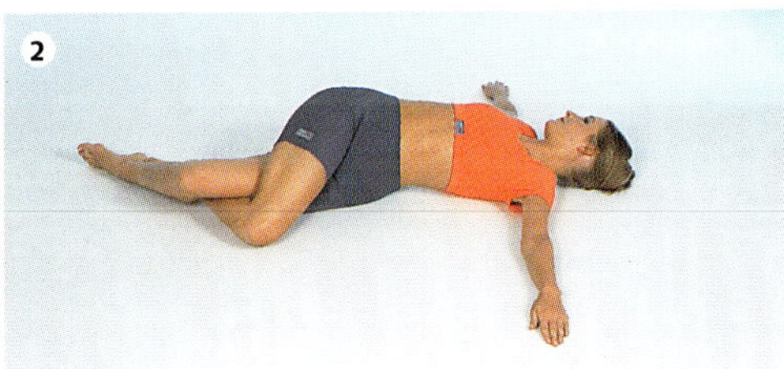

### Der Frosch-Sitz dehnt Beine, Rücken und Po

**▶ Vorsichtig beginnen**

**1.** Ziehen Sie im Sitzen die Beine an, und legen Sie den geraden Oberkörper auf die Schenkel. Die Hände umfassen die Füße.

**2.** Jetzt die Füße langsam nach vorn schieben, bis Sie eine Dehnung im hinteren Oberschenkel, in den Waden und im unteren Rücken spüren. Wichtig ist, daß die Brust weiter auf dem Oberschenkel liegt und der Rücken gerade bleibt.

## Ausdauertraining für eine gute Kondition

Nachdem Stretching den Körper elastisch gemacht und aufgewärmt hat, soll das anschließende Ausdauertraining in erster Linie für eine bessere Durchblutung und Sauerstoffversorgung sorgen sowie das Atemvolumen steigern. Die folgende Auswahl zeigt Ihnen Übungen und Sportarten, die Sie am besten regelmäßig machen, um Ihren Körper in Schwung und in Form zu bringen.

### So ist Ausdauertraining sinnvoll

- Kondition beim Sport läßt sich nicht von heute auf morgen erreichen. Trainieren Sie also maßvoll und Ihrem persönlichen Leistungsvermögen angepaßt.
- Achten Sie darauf, daß Sie beim Ausdauertraining richtig atmen und damit die Bewegungsabläufe unterstützen.
- Sobald es Ihre persönliche Leistungsfähigkeit zuläßt, können Sie die Trainingsdauer steigern: Wenn Sie völlig untrainiert sind, beginnen Sie mit 10 bis 15 Minuten. Sobald sich Ihre Kondition verbessert hat, können Sie die Übungszeit allmählich auf 30 Minuten oder länger ausdehnen. Vermeiden Sie jedoch jede Überforderung!
- Ob Sie ausreichend körperlich beansprucht werden, erkennen Sie an der Steigerung des Pulsschlags. Als Faustregel gilt: Der Puls sollte sich durch die Anstrengung auf 170 bis 180 Schläge pro Minute minus Lebensalter erhöhen. Wenn also ein gesunder 20jähriger die empfohlenen 50 bis 70 Prozent seiner Leistungsfähigkeit ausschöpft, sollte er 150 bis 160 Schläge in der Minute erreichen, ein 40jähriger 130 bis 140 Schläge und ein 60jähriger 110 bis 120 Schläge.
- Trimmen Sie sich nicht gleich nach dem Essen. Vorsicht ist ebenfalls geboten, wenn es draußen sehr heiß ist (über 25 °C). Erhöhte Ozonwerte sind ebenfalls ein Gesundheitsrisiko an heißen Tagen. Trainieren Sie also am besten 2 Stunden nach dem Essen und in den kühleren Morgen- oder Abendstunden.

## Sportarten, die die Kondition fördern

| Sportart | Das bewirkt sie | Bitte beachten |
|---|---|---|
| Gehen und Wandern | sanftes Konditionstraining bei regelmäßigem, zügigen Gehen | wenig Wirkung bei langsamem Gehen; ungünstig bei geraden, harten Asphaltstraßen, in schlechter Luft |
| Walking | gutes Körpertraining; stärkt Bein- und Armmuskulatur, Herz und Kreislauf | siehe oben |
| Joggen | starkes Konditions- und Muskeltraining | ! Vorsicht bei Knie- und Gelenksschwäche! Nicht auf hartem Asphalt laufen! |
| Radfahren | kräftigt die Beinmuskulatur ohne Fuß- und Beingelenke übermäßig zu beanspruchen, stärkt Herz-, Kreislauf- und Atemsystem | auch geeignet für Menschen mit Übergewicht und Gelenkschäden; ! Vorsicht bei Rückenproblemen! |
| Schwimmen | optimales Körpertraining; trainiert Muskeln, Atmung und Herztätigkeit, beugt Krampfadern vor | ! Vorsicht bei Haltungsschwäche, Wirbel- und Bandscheibenschäden! Auskühlung vermeiden! |

### Gehen und Wandern: sanftes Training

Gehen und Wandern sind die mildesten Formen sportlicher Aktivität. Als Konditionstraining reicht ein gelegentlicher, gemächlicher Spaziergang jedoch nicht aus. Wirkungsvoller ist es, wenn Sie eine Wegstrecke in einer vorgegebenen Zeit zurücklegen – zum Beispiel können Sie sich als »Richtwert« 3 bis 3,5 Kilometer in einer halben Stunde vorgeben – und die Beanspruchung allmählich steigern. Wichtig ist außerdem, daß auf Ihrem Weg gerade Strecken mit leichten Steigungen und Senkungen abwechseln und Sie möglichst wenig Abgasen, anderen Umweltschadstoffen und Lärm ausgesetzt sind. Da die Steigerung der körperlichen Leistungsfähigkeit von persönlichen Leistungsgrenzen abhängig ist, können nur Empfehlungen ausgesprochen werden:

- Gehen Sie mit zügigen Schritten 3- bis 4mal pro Woche.
- Beginnen Sie mit 10 Minuten, erhöhen Sie dann auf 20 und schließlich auf 30 Minuten Gehzeit.

### Walking: schonend und wirksam

Walking wurde in den USA als Breitensport entwickelt, der besser als Spazierengehen den ganzen Körper trainiert, aber im Vergleich zum Joggen kaum Verletzungsrisiken aufweist. Beim Walking wird nicht nur die Beinmuskulatur beansprucht, sondern bei jedem Schritt werden auch die Arme kräftig mitbewegt. Außerdem wird das Herz-Kreislauf-System in genau festgelegten Aufbauphasen trainiert:

- Ungeübte sollen mit etwa 110 Schritten pro Minute beginnen und später allmählich auf 130 bis 140 Schritte pro Minute steigern.
- 30 bis 35 Minuten Walking an 2, 3 Tagen pro Woche sind ideal.

**Das englische Wort Walking bedeutet sinngemäß »Gehen mit beschleunigtem Tempo«.**

## Joggen: für Ausdauer und Muskelkraft

Beim Dauerlauf werden Ausdauer und Muskelkraft stark trainiert. Allerdings sollten Ungeübte sich an folgende Regeln halten:

- Wiederholen Sie das wöchentliche Laufpensum 3- bis 4mal: Nach dem Aufwärmen (→ Seite 699) folgt 1 Minute Dauerlauf in der ersten Woche; in der zweiten Woche wird die Zeit auf 2 Minuten gesteigert und so fort.
- Joggen Sie jede Woche 1 Minute länger, bis Sie nach etwas mehr als einem halben Jahr 30 Minuten lang problemlos laufen können.

### Achten Sie auf Ihre Gelenke!

! Knochen und Gelenke werden beim Joggen stark belastet. Um Verletzungsrisiken zu verringern, sollten Sie gutes Schuhwerk tragen, vorwiegend auf weichem Waldboden laufen und vorher immer Aufwärmübungen machen.

## Radfahren: kräftigt die Beine

Regelmäßiges Radfahren kräftigt die Beinmuskulatur und stärkt das Herz-Kreislauf- sowie das Atemsystem. Da die Fuß- und Beingelenke dabei entlastet werden, eignet sich diese Sportart auch für Menschen mit Übergewicht und Gelenkschäden.

- Anfangs können Sie auf einer möglichst ebenen und ruhigen Strecke 3- bis 4mal pro Woche 10 Minuten lang radfahren.
- Nach 1 bis 2 Wochen dehnen Sie die Dauer allmählich auf 15 bis 20 Minuten aus.
- Wenn dies problemlos gelingt, können Sie Ihre wöchentliche Trainingsdauer auf 60 Minuten und länger erhöhen.

### Vorsicht bei Dauerbelastung!

! Radfahren als Dauersport kann Fehlbelastungen der Wirbelsäule nach sich ziehen. Benutzen Sie deshalb ein Fahrrad, das den natürlichen Bedingungen des Bewegungsapparats möglichst gerecht wird, wie zum Beispiel der Fahrradtyp »Hollandrad« (im Fachhandel). Treten in niedrigen Gängen schont die Kniegelenke.

## Schwimmen: ideal und vielseitig

Schwimmen ist eine ideale Sportart, die wetterunabhängig ist (Schwimmbäder) und den Körper optimal beansprucht: Regelmäßiges Schwimmen trainiert die Skelettmuskeln, kräftigt die Atemmuskulatur, vergrößert das Herzvolumen und hilft, Krampfadern vorzubeugen. Neben der Bewegung wirkt sich auch der Reiz des Wassers positiv auf die Gesundheit aus (→ Seite 722). Fangen Sie beim Schwimmen langsam an und steigern Sie allmählich:

- Je nach persönlichem Leistungsvermögen sollten Sie in der ersten Woche 3- bis 4mal je 3 bis 8 Minuten lang schwimmen.
- In der zweiten Woche können Sie dann – entsprechend der gesteigerten Ausdauer – die Zeit auf 10 bis 15 Minuten erhöhen.
- Besonders wirkungsvoll ist es, wenn Sie den Schwimmstil während des Trainings ändern: Brustschwimmen trainiert vor allem die Schulter-, Hüft- und Kniegelenke. Bei Haltungsschwäche, Wirbel- und Bandscheibenschäden sollten Sie jedoch auf Brustschwimmen verzichten. Dann sind Rückenschwimmen oder Kraulen geeigneter.
- Beim Schwimmen ist es besonders wichtig, nicht mit vollem Magen, sondern erst 2 Stunden nach dem Essen ins Wasser zu gehen.
- Duschen Sie vor dem Schwimmen heiß, und schwimmen Sie mit kräftigen Bewegungen, damit Sie nicht auskühlen.

**Mit Schwimmen können Sie in jedem Alter Ihren ganzen Körper optimal trainieren.**

# Kraftübungen für die Figur

Das Krafttraining kräftigt die Muskeln und baut Muskelmasse auf. Dies wird erreicht, wenn eine Masse gegen einen Widerstand bewegt wird. Dazu bewegen Sie entweder das eigene Körpergewicht, wie zum Beispiel durch Liegestütze, oder Sie überwinden den Widerstand von Geräten, wie etwa beim Gewichtheben.

## Fitneßstudios und Bodybuilding

In Fitneßstudios werden neben gymnastischen Übungen auch zahlreiche Bodybuilding-Kurse an speziellen Geräten angeboten, die unterschiedliche Muskelpartien trainieren. Beim Training an Kraftmaschinen kann man jedoch sehr viel falsch machen. Wichtig für ein sinnvolles Krafttraining in einem Fitneßstudio ist eine gute, fachkundige Betreuung. Informieren Sie sich deshalb bei der Auswahl eines Fitneßstudios genau über das Angebot an Übungen und über die Qualifikation des Personals (Sportmediziner, Sportlehrer, Gymnastiklehrer), und lassen Sie sich ein persönliches Fitneß-Programm erarbeiten. Einige Studios arbeiten mit Sportmedizinern zusammen, die Ihnen spezielle Übungen für Ihre körperlichen Problembereiche, zum Beispiel eine schwache Rückenmuskulatur, empfehlen.
Sie können jedoch auch zu Hause mit einfachen Übungen, Gewichten oder Handgeräten ihre Muskulatur gezielt stärken: Vorschläge dazu finden Sie auf dieser Doppelseite.

## So ist Krafttraining sinnvoll

- Ob Sie mit Gewichten trainieren oder ohne: Vermeiden Sie immer zu große Belastungen und ruckartige, schnelle Bewegungen, denn die Folge davon könnten Muskelfaserrisse oder Zerrungen sein. Erhöhen Sie die Anzahl der Übungen nur in kleinen Schritten.
- Wenn Sie mit Gewichten trainieren: Die ideale Belastung ist erreicht, wenn Sie mit den Gewichten 8 bis 15 Übungsdurchgänge schaffen. Können Sie die Gewichte öfter als 20mal bewegen, so ist die Belastung zu gering. Bei weniger als 5mal ist die Belastung zu groß.
- Passen Sie deshalb die Gewichte Ihren persönlichen Belastungsgrenzen an: Dies können Sie schon im Sportgeschäft testen.

## Liegestütz: kräftigt Arme und Brust

► **Allmählich steigern**

**Für Ungeübte**

**1.** Legen Sie im Vierfüßlerstand die Füße übereinander, stützen Sie dann die Hände so ab, daß die Fingerspitzen nach vorne zeigen, die Knie bleiben am Boden.

**2.** Senken Sie den Oberkörper langsam ab, der Rücken ist gerade. Drücken Sie die Ellbogen beim Hochgehen nicht ganz durch, Ihr Blick bleibt nach unten gerichtet. Machen Sie auf keinen Fall ein Hohlkreuz und legen Sie den Kopf nicht in den Nacken.

**3.** Wiederholen Sie den Liegestütz 5mal, und steigern Sie langsam auf etwa 15 Durchgänge.

**Für Geübte**

Die schwerere Variante ist der Liegestütz mit gestreckten Beinen, wobei die Füße etwas über Hüftbreite auseinanderstehen.

## Übungen mit Gewichten

**▶ Langsam beginnen**

Im Fachhandel (Sportgeschäfte) gibt es spezielle Gewichtmanschetten, die Sie mit Klettverschlüssen an Armen oder Beinen befestigen.

### Training für die Arme

**1.** Befestigen Sie die Gewichte an den Armen und stellen Sie sich bequem hin: Die Beine stehen schulterbreit auseinander, die Arme sind seitlich nach hinten gestreckt, die Handinnenflächen zeigen nach innen. Die Arme mit kleinen, langsamen Bewegungen nach innen und außen führen, ohne daß sich die Hände berühren (8- bis 15mal).

**2.** Die Handinnenflächen nach oben drehen. Die Arme langsam heben und senken (8- bis 15mal).

1 2

### Training für Po und Beine (I)

**1.** Befestigen Sie die Gewichtmanschetten an den Beinen. Beugen Sie den Körper nach vorne und stützen Sie sich an einem Stuhl oder einer Tischkante ab.

**2.** Heben Sie abwechselnd ein Bein langsam, ohne Schwung bis in die Waagrechte an und senken es ebenso langsam wieder ab (8- bis 15mal).

2

### Training für Po und Beine (II)

**1.** Sie liegen auf dem Rücken, die Arme liegen seitlich neben dem Körper. Um den Rücken zu unterstützen, können Sie die Hände auch unter den Po legen.

**2.** Jetzt heben Sie die Beine nacheinander an und halten sie im rechten Winkel vom Boden.

**3.** Die Beine gleichzeitig langsam auseinander zur Seite und wieder zusammenführen (8- bis 15mal).

3

# Mit Bewegungsübungen elastisch bleiben

Mit den folgenden Bewegungsübungen können Sie Gelenke, Muskeln, Bänder und Sehnen beweglich halten, einseitige Belastungen ausgleichen und gezielt etwas für Ihre Problemzonen tun.

## Den Rücken dehnen und kräftigen

**▶ Hilft rasch bei Verspannungen**

### Die Beckenrolle entspannt und dehnt

**1.** Legen Sie sich mit dem Rücken auf den Boden: Die Beine aufstellen, den unteren Rückenbereich auf die Unterlage drücken, die Arme seitlich ausstrecken.

**2.** Lassen Sie langsam das linke Bein, dann das rechte nach links auf den Boden gleiten; der Oberkörper bleibt liegen, der Kopf wird aber in die andere Richtung, nach rechts, gedreht. Eine Weile so liegenbleiben, atmen und entspannen.

**3.** Die Beine langsam nacheinander zurückführen. Nun folgt die andere Seite (3mal).

### Der Scheibenwischer kräftigt den Rücken

**1.** Auf den Bauch legen, die Zehen aufstellen, die Stirn ist am Boden, die Arme liegen seitlich am Körper.

**2.** Nun wird zunächst ein Arm etwas angehoben und langsam nach oben zum Kopf hin geführt. Während Sie diesen Arm wieder zurück in die Ausgangsposition (seitlich am Körper) bringen, führen Sie den anderen Arm langsam nach oben (insgesamt 10mal).

## Den Bauch straffen

**▶ Leichte Übung**

### Radfahren stärkt Bein- und Bauchmuskeln

**1.** In der Rückenlage die Hände hinter dem Kopf verschränken. Legen Sie ein Kissen oder ein Handtuch unter Po und Lendenwirbel, damit der Rücken immer Bodenkontakt hat.

**2.** Heben Sie erst das eine, dann das andere Bein an; Beine durchstrecken, Zehen anziehen und mit kleinen Radfahrbewegungen beginnen (anfangs 1 Minute, später auf 5 Minuten steigern).

❷

### Grätschen kräftigt die Bauchmuskulatur

**1.** In Sitzhaltung die Arme hinter dem Körper abstützen, beide Beine vom Boden abheben und 15mal abwechselnd grätschen und übereinanderschlagen.

**2.** Während dieser Übung nicht die Luft anhalten, sondern gleichmäßig weiteratmen.

❶

## Arme und Schultern beweglich halten

▶ **Für Ungeübte**

### Schulterdrehen kräftigt Arme und Schultern

**1.** Die Arme ausstrecken, anspannen, die Hände zu Fäusten ballen, die Handrücken zeigen nach oben.

**2.** Drehen Sie die gestreckten Arme und die Schultern langsam so weit wie möglich nach vorne, bis die Handrücken nach unten zeigen.

**3.** Nun soweit wie möglich über die Grundposition hinaus zurückdrehen (von anfangs 15 auf 50 Drehungen steigern). Wichtig ist, daß Hände, Ellbogen und Schultern während der gesamten Übung eine Linie bilden.

## Die Beine festigen

▶ **Abends vor dem Zubettgehen**

### Im Sitzen

**1.** Die Beine vorstrecken und vom Boden abheben. Die Fußspitzen nach vorne ausstrecken und dann kräftig in Richtung Schienbein zurückziehen. Erst mit beiden Beinen gleichzeitig vor- und zurückgehen (10mal), dann abwechselnd mit dem rechten und linken Fuß (je 25mal).

**2.** Beschreiben Sie zuerst mit beiden Füßen, dann mit jedem Fuß einzeln kleine Kreise, und drehen Sie dabei die Füße abwechselnd nach innen und nach außen (je 25mal).

**3.** Anschließend krallen Sie die Zehen kräftig ein und zählen bis zehn. Die Zehen ausstrecken und abermals einkrallen (10mal wiederholen).

### Im Stehen

**1.** Sie stützen sich mit einer Hand an einem Stuhl ab, gehen leicht in die Knie und stellen die Füße flach auf den Boden.

**2.** Dann kommen Sie langsam in den Zehenstand, während die Knie weiterhin gebeugt sind. In rascher Folge Füße aufstellen und hochdrücken (15mal wiederholen).

**3.** Die Fußspitzen zeigen nach innen und berühren sich. In dieser Stellung gehen Sie 15mal in den Zehenstand, drücken die Knie durch und die Fersen kräftig nach außen.

**4.** Die Füße hüftbreit auseinanderstellen, die Fußspitzen zeigen nach außen. Gehen Sie in die Knie und gleichzeitig in den Zehenstand und halten so eine Weile. Danach drücken Sie aus dem Zehenstand heraus die Knie langsam durch und stellen die Füße wieder flach auf den Boden.

### Isometrische Übungen zu Hause und im Büro

▶ **Für zwischendurch**

Isometrische Übungen sind mühelos, fast unsichtbar, aber dennoch höchst wirkungsvoll. Deshalb eignen sie sich gut für das Büro, für Pausen beim Autofahren oder beim Warten auf den Bus.

**Für die Bauchmuskulatur und gegen Verstopfung**

**1.** Setzen Sie sich entspannt und aufrecht hin. Ziehen Sie etwa 5 Sekunden lang die Bauchdecke ein, atmen Sie dabei ruhig weiter.

**2.** Lockern Sie die Bauchmuskeln und entspannen Sie sich. Danach erneut die Bauchdecke einziehen und weiteratmen (5mal wiederholen).

**Für Arme und Oberkörper**

**1.** Lehnen Sie sich in einem Stuhl oder Sessel weit zurück, und falten Sie die Hände hinter dem Kopf.

**2.** Strecken Sie die Arme so weit wie möglich nach hinten, und versuchen Sie gleichzeitig, die Hände gegen den Widerstand der gefalteten Finger auseinanderzuziehen.

**3.** 5 Sekunden lang ziehen und dabei ruhig atmen, danach entspannen und die Übung insgesamt noch 2mal wiederholen.

2

# Massage – kneten und streichen

Ob vor oder nach sportlichen Aktivitäten – Massage ist sinnvolle Vorbereitung und Nachbehandlung für beanspruchte Muskeln. Sie ist außerdem ein wirksames Fitneßmittel, das die Muskeln geschmeidig und locker hält.
Als therapeutische Behandlung hat sich das Massieren darüber hinaus bei vielen Alltagsbeschwerden wie Rückenschmerzen, Kopfweh, Durchblutungsstörungen, Erschöpfungs- und Streßzuständen bewährt. Nach Unfällen oder Operationen wird Massage im Rahmen der Nachsorge eingesetzt. Sie beschleunigt den Heilungsprozeß oft erheblich.

## So wirkt Massage

Massage wirkt vielfältig und wird zu unterschiedlichen medizinischen Aufgaben genutzt:

- Sie steigert die Durchblutung der Gewebeschichten und entstaut den Venen- und Lymphbereich (Lymphdrainage).
- Durch eine Massagetherapie wird der Stoffwechsel in den Zellen angeregt.
- Verspannte Muskeln werden entspannt, schlaffe Muskeln wieder in normale Spannung gebracht, ermüdete Muskeln können sich schneller erholen.
- Vernarbungen und Gewebsverklebungen, die insbesondere nach Verletzungen und Operationen entstehen, können gelöst werden.
- Durch Bewegungsmangel geschwächte Muskeln – wenn Sie zum Beispiel infolge einer Krankheit längere Zeit im Bett liegen mußten – werden angeregt.
- Mit Hilfe spezieller Massagemethoden (Bindegewebs- und Fußreflexzonenmassage) lassen sich über die Haut, Unterhaut und Muskulatur funktionelle Störungen innerer Organe günstig beeinflussen.
- Sie führt schließlich zu psychischer Entspannung und seelischem Ausgleich.

## So massieren Sie richtig

Bei einer Reihe von Beschwerden wird der Arzt Ihnen die Massagen verordnen. Solche Heilmassagen werden von erfahrenen Fachleuten durchgeführt. In vereinfachter Form können Sie sich jedoch auch zu Hause von einem Partner massieren lassen oder eine wohltuende Selbstmassage anwenden.

### Ölmassage

Für die Partnermassage, aber auch für die Selbstmassage vor oder nach dem Baden und Duschen, empfiehlt es sich, pflegendes Hautöl zu verwenden. Das Öl macht die Hände geschmeidig, pflegt die Haut und verstärkt die Wirkung. Ätherische Öle als Zusatz regen an oder beruhigen und können bei vielerlei Beschwerden, wie zum Beispiel bei Erkältungen, Erleichterung bringen oder das Immunsystem stärken.

- Besorgen Sie sich am besten ein neutrales Hautpflegeöl wie Sesam-, Kokos- oder süßes Mandelöl (in Apotheken, Drogerien, Reformhäusern, Naturkostläden), in das Sie ätherische Öle geben können (→ Seite 734).
- Legen Sie vor dem Massieren Handtücher bereit, auf die Sie sich setzen oder legen können.
- Achten Sie darauf, daß der Raum angenehm warm ist und daß Sie möglichst ungestört sind. Massieren Sie nur mit warmen Händen! Achten Sie auch auf die Fingernägel, damit Sie sich oder den Partner nicht verletzen.
- Massieren Sie von herzfern zum Herzen hin.

### Trockenmassage

Sie können Ihren ganzen Körper auch sanft mit einem Massagehandschuh oder einem Handschuh aus Rohseide massieren, am besten morgens. Die Trockenmassage regt Durchblutung, Stoffwechsel und Kreislauf besonders stark an. Sie festigen damit auch Ihr Bindegewebe und sorgen dafür, daß Ihre Haut glatt und straff wird.

### Achtung: Massageverbot!

**!** Obwohl die heilsame Massage bei vielen Beschwerden von großem Nutzen ist, darf sie bei einigen Erkrankungen nicht angewandt werden. Massageverbot besteht insbesondere bei akuten Entzündungen und Verletzungen, Fieber, Thrombose, Krebs und Herzkrankheiten. Auch wenn eine Risikoschwangerschaft besteht, darf grundsätzlich nicht massiert werden.

**!** Bei unklaren, immer wiederkehrenden Beschwerden sollten Sie vor dem Massieren ärztlichen Rat einholen.

## Entspannende Partnermassage

▶ **Zu zweit genießen**

Bei der Partnermassage stehen das wohlige Nichtstun, das Geschehenlassen und der Genuß, von liebevollen Händen berührt zu werden, im Vordergrund. Sie sollten jedoch die wichtigsten Grifftechniken kennen, damit die Massage mit einem Partner ein rundum schönes und erholsames Erlebnis wird. Wenn Ihr Partner die verschiedenen Massagegriffe anwendet, geben Sie ihm Rückmeldung. Sagen Sie ihm, was Ihnen guttut und wann er etwas stärker oder leichter massieren soll. Achten Sie umgekehrt auch darauf, wo er besonders verspannt ist.

### Streichen

Die warmen, leicht eingeölten Hände streichen mit leichtem Druck über den Muskelbereich, und zwar vom Beckenrand aufwärts bis zum Nackenansatz, dann über die Schultern wieder zurück nach unten zur Ausgangsposition (3mal wiederholen).

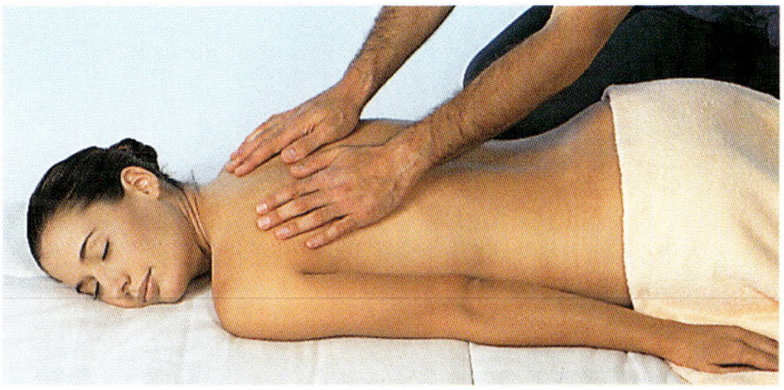

### Kneten

Das Muskelgewebe wird wie ein Hefeteig gewalkt, gerollt und gewrungen. Fleischige Körperstellen wie Gesäß oder Oberschenkel kneten Sie großflächig mit beiden Händen. Mit den Fingerspitzen massieren Sie weniger fleischige Körperpartien wie das Muskelgewebe des Rückens (nur 1mal durchführen, und zwar von den Schenkeln aufwärts bis zum Nackenansatz).

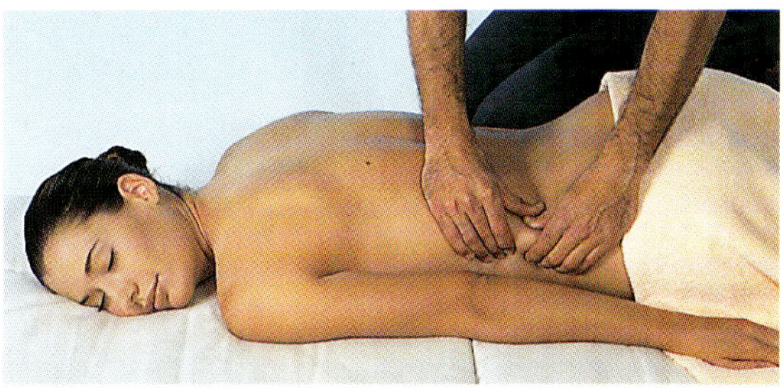

### Reiben

Mit den Daumenballen reiben Sie kleine Kreise oder Spiralen auf die Haut, und zwar wieder vom unteren Beckenrand aufwärts entlang des Muskelgewebes bis zum Nackenansatz.
Danach gleiten die Handflächen zurück und wiederholen das Reiben (3mal).

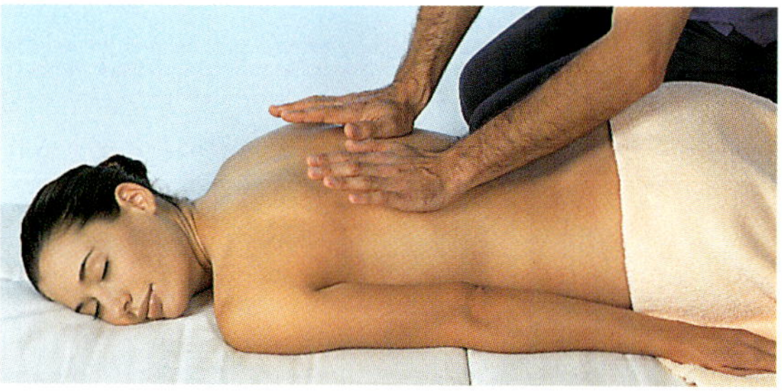

### Klopfen

Diese Grifftechnik erfordert besonders viel Feingefühl. Beklopfen Sie das Muskelgewebe leicht mit den Fingerspitzen beider Hände, vom Beckenrand aufwärts bis zum Nackenansatz.
Danach gleiten die Handflächen wieder zurück und wiederholen das Klopfen (3mal).

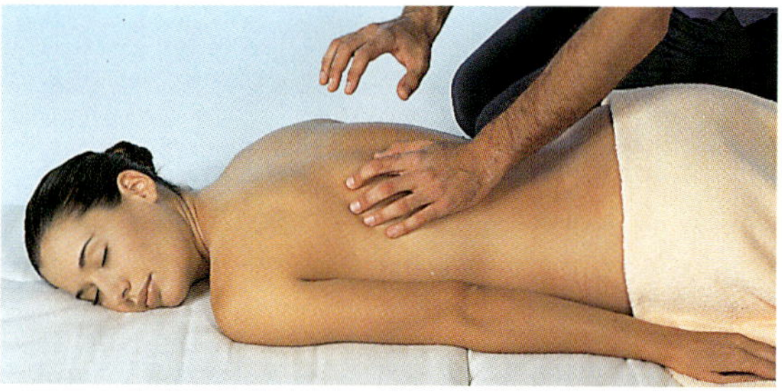

### Schwingen

Mit den aufliegenden Handflächen oder Fingerkuppen erzeugen Sie kleine, schnelle, wellenförmige Bewegungen. Auch hier herzwärts, vom Beckenrand bis zum Nackenansatz, massieren (3mal).

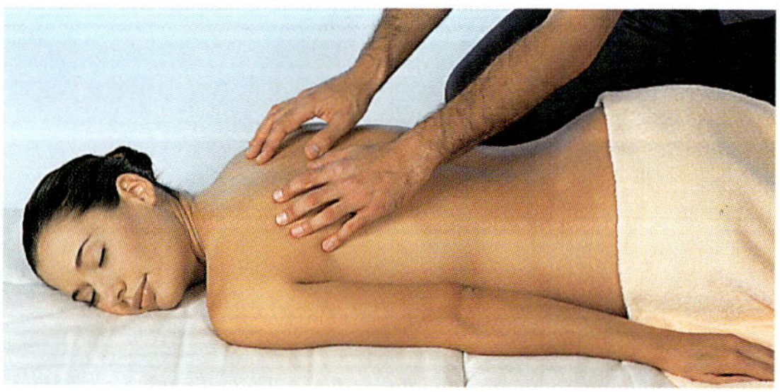

## Wohltuende Selbstmassage

**▶ Entspannt sofort**

Wenn eine Massage mit den eigenen Händen auch nicht so entspannt wie eine Partnermassage, so wirkt sie trotzdem auch sehr positiv auf das Allgemeinbefinden: Morgens angewendet ist die Selbstmassage eine gute Vorbereitung auf den Arbeitstag, denn sie baut Energie auf; am Abend mindert sie die allgemeine Anspannung und beruhigt. Auch als Pflege- und Schönheitsmittel ist sie gut geeignet, denn sie verbessert das Hautbild und entspannt die Gesichtszüge.

### Schulter- und Nackenbereich entlasten

Wer viel sitzt, oft stundenlang in fast unveränderter Position, und sich wenig bewegt, spürt die chronische Fehlbelastung manchmal durch schmerzhaft verspannte Nacken- und Schultermuskeln. Oftmals kommen Spannungskopfschmerzen und Schwindelgefühl dazu. Mit wenigen Massagegriffen können Sie die verspannten Partien lockern.

**1.** Streichen Sie vom Haaransatz bis zum Ellbogen. Dabei üben Sie einen festen Druck auf das Muskelgewebe aus (3mal).

**2.** Mit den Fingerspitzen reiben Sie vom Haaransatz bis über beide Schultern kleine Spiralen auf die Haut (3mal).

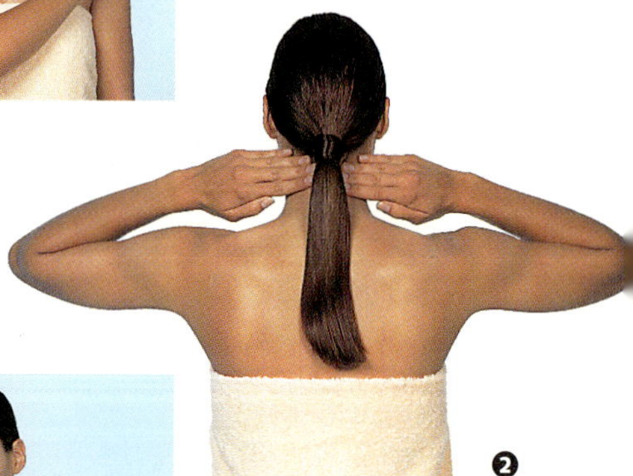

2

**3.** Kneten Sie den gesamten Nacken- und Schulterbereich kräftig durch, zunächst rechts, dann links.

**4.** Dann massieren Sie mit beiden Händen gleichzeitig den Schultergürtel (3mal).

### Den Ärger aus dem Gesicht massieren

Eine sanfte Gesichtsmassage hilft Ihnen, die Folgen von Streß, Ärger und Sorgen aus Ihrem Gesicht zu bügeln und Ihre Züge zu straffen.

**1.** So beginnen Sie die Gesichtsmassage: Beide Hände verdecken leicht gewölbt das Gesicht, wobei die Nase freibleibt.

**2.** Streichen Sie alle Spannungen aus Ihrem Gesicht: Mit beiden Händen zum Haaransatz streichen.

1

2

3

4

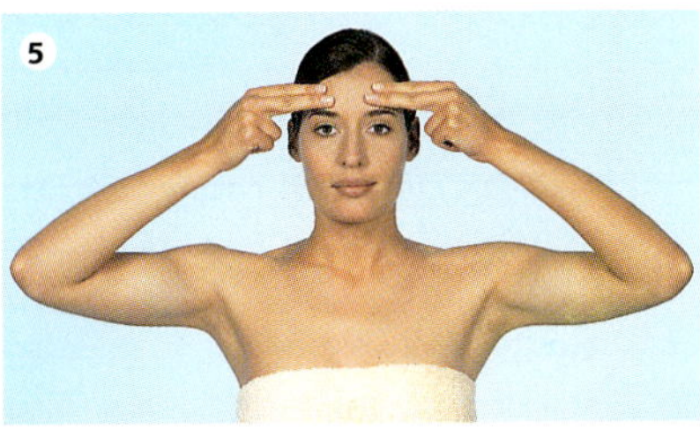
5

**3.** Legen Sie beide Handflächen so auf die Stirn, daß sich die Fingerspitzen berühren. Ziehen Sie dann die Hände zu den Schläfen hin auseinander.

**4.** Glätten Sie Ihre Sorgenfalten: Legen Sie die Fingerspitzen von Zeige- und Mittelfinger beider Hände auf die Nasenwurzel.

**5.** Streichen Sie mit den Spitzen der Zeige- und Mittelfinger nach oben über die Augenbrauen und weiter zu den Schläfen. So verschwinden steile Zweifelsfalten rasch.

### Müde Augen erfrischen

So erholen sich müde, abgespannte Augen (noch angenehmer ist es, wenn die Finger eingecremt sind).

**1.** Fahren Sie den Bogen Ihrer Augenbrauen bei geschlossenen Augen mindestens 5mal nach.

**2.** Jetzt streichen Sie mit leichtem Druck über Ihre Wangen und führen die Finger nach außen zu den Ohren hin (3mal).

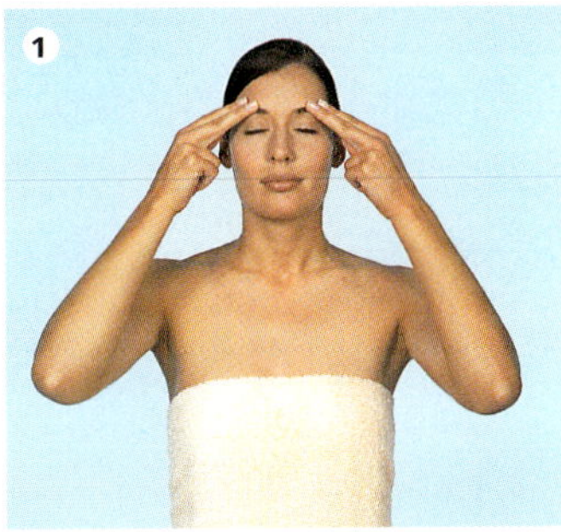
1

❷

# Gesund essen mit Genuß

»Essen und Trinken hält Leib und Seele zusammen« – dieses alte Sprichwort weist nicht nur auf die lebenswichtige Bedeutung der Ernährung hin, es macht auch deutlich, wie eng Nahrung und Wohlbefinden zusammenhängen: Essen ist nicht nur ein Grundbedürfnis und erhält den Organismus, es ist auch ein sinnliches Erlebnis. Die Vielfalt unserer Nahrungsmittel, ihre Farben und unterschiedlichen Aromen steigern die Lust und den Genuß am Essen. Um fit und gesund zu bleiben, müssen Sie sich keinen Hungerkuren unterziehen oder den ständig wechselnden Modediäten folgen. Wichtig ist eine abwechslungsreiche, vollwertige Ernährung. Doch es kommt nicht nur darauf an, was und wieviel Sie essen, sondern auch wie Sie essen.

Gesund essen bedeutet nicht, täglich Kalorien zu zählen und nur noch mit Ernährungstabelle einzukaufen. Es wird Ihnen und Ihrem Körper besser bekommen, wenn Sie sich an die folgenden, einfachen Grundregeln halten:

### Sich ausgewogen ernähren

Das heißt, abwechslungsreich und vielfältig essen, von allem etwas – denn auf die richtige Mischung kommt es an! Dann können Sie sich vieles gönnen, was Sie sich bisher aus Angst um Ihre Gesundheit oder Ihre Figur versagt hatten (→ Seite 719).

**Frisch zubereitete Nahrungsmittel und ein gemeinsames Essen in entspannter Atmosphäre – das macht nicht nur Spaß, sondern fördert auch die Gesundheit!**

### Sich vollwertig ernähren

Bevorzugen Sie vollwertige Nahrungsmittel und bereiten Sie sie so naturbelassen und schonend wie möglich zu. Vollwertig sind frische, jahreszeitlich geerntete, in erster Linie heimische Erzeugnisse und Vollkornprodukte (→ Seite 716).

### Mit Genuß essen

Nicht nur welche Nahrungsmittel Sie auswählen und wie Sie sie zubereiten, sondern auch wie Sie dem Essen gegenüber eingestellt sind, entscheidet mit darüber, ob Sie sich gesund oder ungesund ernähren. Essen ist weit mehr, als sich ernähren – es ist auch ein Stück Lebensgenuß. Und gerade dieser Lebensgenuß hilft, sich gesund zu erhalten (→ Seite 718).

## Ausgewogen essen

Der Organismus braucht die Stoffe aus der Nahrung, um Energie zu gewinnen, zu wachsen, das Körpergewebe zu erhalten und zu erneuern und wichtige physiologische Vorgänge zu regulieren. Energie liefern Nährstoffe wie Kohlenhydrate, Fette und Eiweiße. Der Körper benötigt jedoch auch jeden Tag Mineralstoffe, Vitamine, Spurenelemente, Ballaststoffe und Wasser. Dazu kommen Aromastoffe wie Duft- und Geschmacksstoffe, die den Appetit anregen. Jede dieser Substanzen kommt in unterschiedlicher Konzentration in den Lebensmitteln vor. Deshalb ist es für die Gesundheit so wichtig, daß die Lebensmittel richtig kombiniert werden.

### Die Ernährungspyramide

Sich ausgewogen ernähren bedeutet, daß Sie Ihre tägliche Nahrung so zusammenstellen, daß Sie alle Nährstoffe in ausreichender Menge aufnehmen. Bei einer abwechslungsreichen Kost ist dies gewährleistet, wobei es auch darauf ankommt, wieviel Sie essen und wie Sie das Essen zubereiten (→ Seite 714).

Die Ernährungspyramide zeigt Ihnen, wie die unterschiedlichen Nahrungsmittelgruppen im Idealfall im täglichen Menüplan verteilt sein sollten. Legen Sie das Hauptgewicht Ihrer Ernährung auf Getreideprodukte, Gemüse und Obst und gehen Sie sparsam mit Zucker und Fetten um.

**1. Daran können Sie sich satt essen:**
**40 Prozent Getreideprodukte und Kartoffeln**
Die Basis unserer Ernährung sollte aus Getreideprodukten und Kartoffeln bestehen. Das heißt, täglich (Vollkorn-)Brot, (Vollkorn-)Nudeln oder Reis- und andere Getreidegerichte essen.

**2. Davon können Sie beliebig viel essen:**
**35 Prozent pflanzliche Produkte**
Pflanzliche Produkte wie frisches Gemüse, Salate, Hülsenfrüchte, Kräuter und frisches Obst sollten gut ein Drittel des Speisezettels ausmachen. Frisches Obst und Gemüse liefert wertvolle Vitamine und stärkt die Abwehrkräfte.

**3. Zum Genießen geeignet:**
**20 Prozent tierische Produkte**
Mit tierischen Produkten halten Sie besser maß: Wählen Sie nur etwa 20 Prozent an Milch, Käse, Joghurt, Eier, Fleisch, Geflügel, Wurst und Fisch für den täglichen Verzehr. Ein Viertelliter Milch täglich ist empfehlenswert, da sie viel Kalzium enthält.

**4. Daran sollten Sie sparen:**
**5 Prozent Genußmittel**
Fette, fetthaltige Lebensmittel und Süßigkeiten (zum Beispiel Sahnetorten, Schokolade, Speck und Pommes frites) sollten nur zu 5 Prozent in unserer täglichen Nahrung vertreten sein.

## Was und wieviel essen?

Eine Hilfe für Ihre tägliche Menüplanung kann Ihnen die folgende Tabelle geben. Die Angaben sind natürlich nur Richtwerte. Sie können Ihre eigenen Eßgewohnheiten auch besser kennenlernen, wenn Sie einmal etwa eine Woche lang notieren, wieviel Sie von den einzelnen Lebensmitteln täglich zu sich nehmen, und diese Mengen dann mit der Tabelle vergleichen. Je abwechslungsreicher Sie Ihren Speiseplan zusammenstellen, desto mehr Freude werden Sie am gesunden Essen entwickeln.

### Was und wieviel Sie täglich essen können

Mit diesen Mengen – fettarm ausgewählt und zubereitet – und in dieser Verteilung erhält Ihr Körper alles, was er braucht, um gesund, fit und leistungsfähig zu bleiben:

**Der tägliche Speiseplan**

| Wieviel | Was |
|---|---|
| **Kohlenhydrate** | |
| 200–250 g | (Vollkorn-)Brot (4 bis 5 Scheiben) |
| 40 g | Getreideflocken, Müsli (4 bis 5 EL) |
| 250 g | Gemüse und Salat (mindestens zwei Portionen) |
| 250 g<br>80 g | gekochte Kartoffeln oder<br>(Natur-)Reis (trocken) oder<br>(Vollkorn-)Nudeln (trocken) |
| 250 g | Obst (ungefähr 3 bis 4 Früchte) |
| **Eiweiß- und fetthaltige Lebensmittel** | |
| 1/4 l | Milch (2 Gläser), wenn gut vertragen auch mehr (dann besser fettarme) |
| 150 g | Joghurt oder Quark (1 Becher) |
| 30 g | Käse (2 bis 3 Scheiben) |
| 150 g | Geflügel, mageres Fleisch, Fisch oder Wurst |
| **Fette** | |
| 5–10 g | Aufstrichfett: Butter oder ungehärtete Margarine (Reformmargarine) |
| 10–15 g | Zubereitungsfett: gutes Pflanzenöl (Olivenöl, Sonnenblumenöl) |
| **Flüssigkeit** | |
| bis 2 l | (Mineral-)Wasser, Früchtetees oder Schorlen (Fruchtsaft mit Wasser gemischt) |

## Auf die Zubereitung kommt es an

Damit möglichst viele Inhaltsstoffe der Lebensmittel beim Kochen erhalten bleiben, ist es wichtig, daß sie schonend zubereitet werden. Wenn Sie Gemüse beispielsweise zu lange im Wasser liegenlassen und zu lange kochen, verliert es nicht nur einen Großteil seines Eigengeschmacks, sondern auch wertvolle Nährstoffe. Versuchen Sie auch, immer möglichst frische Lebensmittel auf den Tisch zu bringen. Viele Vitamine gehen verloren, wenn das Gemüse zu lange oder unsachgemäß gelagert wird.

### Richtig zubereiten

- Schonend gedünstetes Gemüse, wie Brokkoli, Blumenkohl, Karotten, hat noch etwas »Biß«. Gesünder ist es, wenn es möglichst nicht im Wasser, sondern in Dampf gegart wird. Dafür gibt es spezielle Einsätze für den Kochtopf (im Fachhandel erhältlich), bei denen Gemüse oder auch Kartoffeln nicht direkt mit dem Wasser in Berührung kommen.
- Damit Vitamine und Mineralstoffe nicht auslaugen, richten Sie Salat und Rohkost möglichst erst kurz vor dem Servieren an.
- Fleisch schmort am besten im eigenen Saft. Dafür gibt es spezielle Töpfe (zum Beispiel der Römertopf). Außerdem läßt sich dadurch die Zugabe von Fett weitgehend vermeiden.

**Salzen Sie so wenig wie möglich. Wenn Sie frische Kräuter verwenden, brauchen Sie weniger Salz.**

## Auch Trinken gehört zur Ernährung

Trinken Sie viel: Zwei bis drei Liter Flüssigkeit pro Tag braucht der Körper. Davon holt er sich etwa einen Liter aus den Lebensmitteln, den Rest, etwa eineinhalb bis zwei Liter, müssen Sie ihm mit Getränken zuführen. Allerdings kommt es nicht nur darauf an, daß Sie ausreichend trinken, sondern auch darauf, was Sie trinken:

### Aufgußgetränke

Kaffee wird von vielen als Muntermacher hochgeschätzt. In Maßen genossen (zwei bis drei Tassen am Tag) ist gegen Kaffee nichts einzuwenden. Zuviel Kaffee fördert jedoch die Produktion der Magensäure und kann so die Magenschleimhäute angreifen. Auch schwarzer Tee enthält Koffein. Durch den Gehalt an Gerbstoffen wirkt er, wenn er zu lange gezogen hat, eher beruhigend auf Magen und Darm und daher stopfend. Früchte- und Kräutertees sind als durstlöschende Getränke sehr empfehlenswert. Wechseln Sie hier jedoch öfter die Sorte, um Gewöhnung oder Reizungen zu vermeiden!

### Erfrischungsgetränke

Zu den »flüssigen Süßigkeiten« zählen Limonade und Cola, denn diese kohlensäurehaltigen Brausen enthalten neben vielen künstlichen Zusatz- und Farbstoffen einen sehr hohen Anteil an Zucker. Limonaden und Cola (enthält Koffein!) sind als Durstlöscher nur in Maßen empfehlenswert.

### Fruchtsäfte

Achten Sie bei Fruchtsäften grundsätzlich auf beste Qualität (100prozentiger Fruchtsaft ohne Zuckerzusatz). Fruchtsäfte sind gute Durstlöscher, wenn Sie sie mit Wasser mischen: ein Teil Saft, zwei Teile (Mineral-)Wasser.

### Wasser

Natürliches Mineralwasser enthält je nach der Quelle, aus der es stammt, unterschiedliche Mengen an Mineralstoffen und Spurenelementen und ist deshalb ein gesunder Durstlöscher (achten Sie jedoch auch auf geringen Salzgehalt!).
Leitungswasser hat je nach Wohngebiet einen unterschiedlichen Anteil an Mineralstoffen, aber eventuell auch an negativen Begleitstoffen wie Chlor oder Nitrat. Am besten, Sie erkundigen sich beim zuständigen Wasserwerk nach den Werten.
Heilwasser ist aufgrund seiner Zusammensetzung nur im Rahmen einer ärztlich verordneten Trinkkur zu empfehlen.

### Alkoholische Getränke

Ganz gleich ob Wein, Bier, Whisky oder Likör – alkoholische Getränke sind keine Durstlöscher! Im Gegenteil: um den Alkoholgehalt zu verarbeiten, verbraucht der Körper sogar noch zusätzliche Flüssigkeit. Trinken Sie deshalb immer Wasser zum Wein!

**Als Durstlöscher eignen sich vor allem Mineralwässer, Kräutertees und verdünnte Fruchtsäfte.**

## Präparate zur Nahrungsergänzung

Aus Sorge, mit dem normalen Essen nicht genügend Vitamine und Mineralstoffe zu erhalten, werden immer mehr Pillen geschluckt. Viele Menschen geben sehr viel Geld für Präparate aus, die die Nahrung um diese Substanzen ergänzen sollen. Ernährungsexperten warnen jedoch davor, weil diese Mittel nicht nur überflüssig sind, wenn man sich abwechslungsreich ernährt, sondern sogar gesundheitsschädlich, wenn sie überdosiert eingenommen werden.
Wenn Sie das Gefühl haben, daß Ihr Körper zu wenig Vitamine oder Mineralstoffe erhält, sprechen Sie mit einem Arzt darüber. Sinnvoller als sich Vitamine oder Mineralstoffe künstlich zuzuführen ist es, die Ernährung entsprechend umzustellen.

## Vollwertig genießen

Viele verbinden mit Vollwertküche grobe, geschmacksarme Körnerkost, die langwierig zuzubereiten ist und wenig Lust aufs Essen macht. Doch wenn Sie einmal einige der zahlreichen, leckeren Rezepte ausprobiert haben, werden Sie entdecken, daß Vollkornprodukte, Gemüsegerichte und knackige Rohkostsalate nicht nur gut schmecken, sondern Ihnen auch besser bekommen. In Vollkorngetreide sind alle wichtigen Nährstoffe noch enthalten, außerdem viele Ballaststoffe, die für eine gute Verdauung sorgen und schneller sättigen. Und die Vitamine und Mineralstoffe schaffen neue Energie.

## Ernährungslehren im Überblick

Das gestiegene Gesundheitsbewußtsein sowie die Zunahme ernährungsbedingter Krankheiten haben viele Menschen dazu bewogen, der einen oder anderen Ernährungslehre zu folgen: Einige verzichten ganz auf tierische Produkte, andere verzehren pflanzliche Nahrungsmittel möglichst nur noch roh. Sicherlich bieten einige dieser Ernährungsweisen Vorteile, manchmal werden diese aber auch mit gravierenden Nachteilen erkauft. Informieren Sie sich deshalb eingehend, bevor Sie Ihre Ernährung nach einer bestimmten Diät ausrichten, und sprechen Sie auch mit Ihrem Arzt. An dieser Stelle kann nur ganz knapp das Für und Wider einiger bekannter Ernährungslehren aufgezeigt werden. Die meisten Ernährungsexperten empfehlen eine weitgehend naturbelassene Mischkost als die beste und gesündeste Ernährungsweise.

### Makrobiotik

Der Ursprung dieser Ernährungsform geht auf den japanischen Zen-Buddhismus zurück. Hauptbestandteile des Essens sollen Vollkorngetreide, Hülsenfrüchte, Gemüse und Obst sein. Geringe Mengen an Fisch sind erlaubt. Dagegen sind Milchprodukte, Fleisch, Zucker, Konserven, Kaffee und Tee ganz zu meiden.
Aus der Sicht der Ernährungswissenschaft ist Makrobiotik für Erwachsene bedingt möglich. Für Kinder ist sie jedoch zu einseitig und birgt die Gefahr von Mangelernährung.

### Rohkost

Vertreter dieser Richtung glauben, daß die meisten unserer Krankheiten von gekochter Nahrung herrühren. Es wird empfohlen, alles roh zu verzehren. Das bedeutet: kein Brot, kein gebratenes Fleisch, keine Nudeln oder Kartoffeln. Wer sich nur von Rohkost ernährt, muß auf Dauer mit Mangelerscheinungen rechnen, denn der Körper erhält häufig zu wenig Eiweiß, Eisen und Kalzium sowie von einigen Vitaminen (B-Komplex). Für den kindlichen Organismus ist eine Rohkosternährung nicht geeignet.

### Vegetarismus

Innerhalb dieser Ernährungsform gibt es drei Richtungen: Ovo-lakto-Vegetarier essen Pflanzenkost, Milchprodukte und Eier, Lakto-Vegetarier nehmen nur Pflanzenkost und Milchprodukte zu sich, während reine Vegetarier (auch Veganer genannt) ausschließlich Produkte aus der Pflanzenwelt verzehren.
Eine vegetarische Ernährung, die Milchprodukte oder auch Eier einschließt, kann gesund und vollwertig sein. Um sich bei veganer Kost ausgewogen zu ernähren, muß man sehr genau wissen, wie die pflanzlichen Nahrungsmittel kombiniert werden müssen. Bei Kindern führt vegane Kost zu Mangelerscheinungen und Entwicklungsstörungen.

### Vollwert-Ernährung

Empfohlen werden vorwiegend pflanzliche Lebensmittel, nach Möglichkeit aus kontrolliert biologischer Landwirtschaft. Das Essen sollte nur so weit verarbeitet werden, wie es nötig ist. Vollkornprodukte, Kartoffeln, rohes und gedünstetes Gemüse, Milchprodukte und in Maßen Fleisch und Fisch gehören zu einem vollwertigen Speiseplan. Wenn Sie viel Vollwertiges im Rahmen einer ausgewogenen Mischkost verzehren, wird dies als die optimale Ernährungsform für Erwachsene und Kinder angesehen.

## Einige Produkte aus der Vollwertküche

- Frischgemahlenes Vollkornmehl, Vollkornbrot und -brötchen ohne Zusatz von Konservierungsmitteln, Vollkornnudeln, Naturreis, Buchweizen, Produkte aus Sojamehl
- Gebäck und Kuchen aus Vollkornmehl
- frisches Obst und Gemüse je nach Jahreszeit
- kaltgeschleuderter Bienenhonig, Ahornsirup, Apfel- und Birnendicksaft
- natürliche Fette (wie Butter und Sahne) und Öle (naturbelassene, kaltgepreßte Pflanzenöle).

Die Lebensmittel für eine vollwertige Küche stammen nach Möglichkeit von Betrieben, die kontrolliert biologisch, biologisch-dynamisch oder biologisch-organisch wirtschaften. Das heißt, beim Anbau wird auf den Einsatz von Mineraldüngern und chemischen Mitteln verzichtet. Die Böden laugen dadurch nicht so einseitig aus, und Getreide und Gemüse sind noch reichhaltiger an wertvollen Nährstoffen als konventionell angebaute Produkte. Die Tiere werden artgerecht gehalten. Mit dem Etikett »Bio« wird jedoch auch viel unlauteres Geschäft gemacht. Achten Sie daher auf die oben genannten Bezeichnungen.

Mit Frischkorn- oder Vollkorngetreidemüsli, Vollkornbrot, frischem Obst und Milch starten Sie fit in den Tag.

## Die Ernährung umstellen

Wenn Sie Ihre Ernährung umstellen möchten oder aus gesundheitlichen Gründen müssen, geht dies nicht von heute auf morgen. Das wäre auch gar nicht gesund, weil sich Ihr Bewußtsein, aber auch Ihr Magen und Verdauungssystem viel besser langsam an die andere Kost gewöhnen. Gehen Sie deshalb in kleinen Schritten vor:

- Es muß nicht gleich Brot aus grobgeschrotetem Vollkornmehl mit vielen ganzen Körnern sein: Zum Eingewöhnen eignen sich Vollkornbrötchen aus feingemahlenem Weizen oder Dinkel.
- Nehmen Sie fürs Müsli Vollwerthaferflocken, Trockenfrüchte, frisches Obst, Nüsse, Milch oder Joghurt.
- Essen Sie nur noch zwei- bis dreimal in der Woche Fleisch, und zwar nur mehr als Beilage.
- Ersetzen Sie Wurst durch Käse und Milchprodukte wie Joghurt und Quark.
- Obst und rohes Gemüse eignen sich besser für den »kleinen Hunger zwischendurch« als Süßigkeiten oder Kuchen aus Feinmehl.
- Wenn Ihnen reine Vollkornspeisen noch nicht schmecken, mischen Sie feingemahlenes Vollkorn- mit Feinmehl. Das bewährt sich besonders bei Mehlspeisen.

Falls Ihr Lebensrhythmus es nicht erlaubt, immer frisch vom Markt zu kaufen, oder Sie in Ihrer Umgebung keine Möglichkeit haben, biologische Produkte zu einem vertretbaren Preis zu erhalten:

- Ersetzen Sie beispielsweise Konserven durch Tiefkühlkost und so oft wie möglich durch frische Nahrungsmittel. Einige biologisch wirtschaftende Betriebe oder Vereinigungen bieten auch einen Lieferservice direkt ins Haus an.
- Wenn Sie berufstätig und auf Kantinenkost angewiesen sind, wählen Sie mittags vorzugsweise Salate, zum Beispiel mit Beilagen wie Putenstreifen oder eingelegtem Schafkäse.

# Essen mit Lust

Für viele Menschen in den modernen Industriegesellschaften ist Essen und Trinken eher ein lästiges Muß als ein »Akt des Genießens«, der den Alltag verschönt, Freude und Entspannung bringt.
Wenn Sie jeden Bissen bewußt zum Mund führen, langsam und in Ruhe kauen und dem Geschmack der Speisen nachspüren, tun Sie nicht nur etwas für Ihre Gesundheit, sondern auch für Ihre Sinnenfreude. Essen kann auch Gefühle der Zusammengehörigkeit und Gemeinschaft verstärken, wenn Sie gemeinsam kochen, Freunde zum Essen einladen und neue Rezepte ausprobieren.
Strenge Ernährungsvorschriften und Diäten hingegen führen nicht selten zu einer verkrampften Einstellung dem Essen gegenüber. Eßstörungen, Magen-Darm-Beschwerden und Gewichtsprobleme können die Folge sein. Solche Probleme entstehen häufig auch, wenn man Essen hastig, nur so nebenbei herunterschlingt, sich an keine festen Zeiten hält, sondern immer wieder schnell zwischendurch etwas zu sich nimmt, dafür aber abends üppige Mahlzeiten in sich »hineinstopft«. Ernährungsexperten haben inzwischen festgestellt, daß es viel leichter ist, ein natürliches und gesundes Wohlfühlgewicht zu halten, wenn man mit Genuß ißt.

### So wird Essen zum Genuß

• Vergessen Sie vieles von dem, was Sie bisher an Ernährungsvorschriften gelernt haben. Richten Sie sich vielmehr nach dem Motto: »Es ist alles erlaubt – die Dosis macht's!«
• Lassen Sie sich von anderen Küchen inspirieren! Insbesondere die französische und italienische Küche bieten ein reichhaltiges Angebot an einfach nachzukochenden, schmackhaften und bekömmlichen Speisen. Gute Kochbücher oder der Besuch eines Kochkurses (Volkshochschulen) helfen Ihnen dabei.
• Legen Sie Wert auf einen schön gedeckten Tisch, und richten Sie die Speisen so an, daß auch Ihre Augen mitessen können. Das gilt übrigens gerade auch dann, wenn Sie alleine essen!
• Essen Sie in ruhiger, entspannter Atmosphäre. Streß schadet auch der Verdauung. Vermeiden Sie es deshalb, während der Mahlzeiten zu arbeiten, zu telefonieren oder fernzusehen. Widmen Sie sich uneingeschränkt dem Genuß!
• Entdecken Sie den besonderen Geschmack eines Gerichts. Gehen Sie deshalb mit Gewürzen wie Salz und Pfeffer sparsam um, denn so können die Speisen ihren Eigengeschmack bewahren. Verwenden Sie dagegen großzügig frische Kräuter, die dem Essen ganz besondere Geschmacksnoten verleihen und Sie zusätzlich mit Vitaminen und Mineralstoffen versorgen.
• Genießen fördert die Lebensfreude, und die ist wichtig für Ihr Selbstwertgefühl! Machen Sie sich bewußt, daß Essen mit Lust und Genuß nicht etwas Verbotenes ist, sondern daß es Ihre Gesundheit fördert. Wohlbefinden und Genuß stehen Ihnen zu!
• Lassen Sie sich auch manchmal verwöhnen: in einem guten Restaurant oder von Freunden oder Ihrer eigenen Familie, die für Sie kochen.
• Nach dem Essen sollten Sie – wann immer Sie es einrichten können – ein paar Minuten ruhen und entspannen. Das fördert die Verdauung und schafft neue Energien für die weiteren Tätigkeiten.

# Wenn Essen zum Problem wird

Essen – zuviel oder zuwenig – kann zu einem schwerwiegenden psychischen Problem mit körperlichen Folgeschäden werden (→ Seite 224). Die Nahrung selbst kann auch zur Ursache verschiedener Erkrankungen werden. Künstliche Zusatzstoffe, aber auch natürliche Inhaltsstoffe können beispielsweise Nahrungsmittelallergien auslösen. Auch Umweltgifte in Lebensmitteln belasten den Organismus und schwächen seine Abwehrkraft.

### Auf die Herkunft der Lebensmittel achten

Wenn Sie allgemein auf Ihre körperliche und seelische Gesundheit achten, ist das schon ein wichtiger Schutz. Versuchen Sie darüber hinaus, ein Übermaß an schädlichen Einflüssen zu vermeiden, indem Sie sich so bewußt wie möglich ernähren. Kaufen Sie vor allem Fleisch und Fisch in Geschäften ein, die auf Herkunft und Qualität ihrer Produkte achten. Verwenden Sie überwiegend Obst und Gemüse, aber vor allem Vollkorngetreide (Brot, Brötchen) aus kontrolliert biologischem Anbau (→ Seite 717). Besonders Kinder, schwangere und stillende Frauen sowie kranke Menschen sollten auf stark belastete Lebensmittel ganz verzichten.

## Umweltgifte in Lebensmitteln

**Stark belastete Lebensmittel**

Streichen Sie möglichst von Ihrem Speiseplan:
- Innereien wie Nieren, Leber und Hirn von Rindern und Schweinen (Schwermetalle, insbesondere Kadmium)
- Innereien von Wildtieren wie Hasen und Rehen (Schwermetalle, insbesondere Kadmium und Quecksilber)
- Wild gewachsene Pilze wie Wiesenchampignons und Waldpilze (Schwermetalle, insbesondere Kadmium und Quecksilber)

**Belastete Lebensmittel**

Essen Sie nur selten:
- Kalbsleber (Schwermetalle, Hormone)
- Fisch aus Nord-, Ostsee oder Mittelmeer (Schwermetalle, besonders Quecksilber)*
- Fisch aus verschmutzten Binnengewässern (Schwermetalle)*

(*Empfehlenswert sind Tiefseefische aus Atlantik und Pazifik. Erkundigen Sie sich im Fischgeschäft nach der Herkunft der Fische und der Qualität der Gewässer oder lesen Sie bei Tiefkühlfisch die Packungsangaben.)

## Von Diäten und Schlankheitskuren

Die extrem dünnen Models in den Medien und der Werbung haben den Blick für normales, gesundes Schlanksein verzerrt. Auch ohne daß sie deutliches Übergewicht haben, beschließen viele Frauen und Männer, eine Diät zu machen. Doch selbst nach besonders strengen Diäten werden die Fettzellen im Körper nur entleert, aber nicht entfernt, und sobald man wieder normal ißt, vermehren sie sich sogar noch. Der Stoffwechsel »lernt« bei der Diät, sparsamer mit den Kalorien hauszuhalten.Und das führt am Ende der Diät zu noch schnellerer Gewichtszunahme. Die Angst, zu dick zu sein, künstlichen Schönheitsidealen nicht zu genügen, und die ständige Beschäftigung mit Essen und Diäten sind oft der Beginn einer gefährlichen Eßstörung wie Magersucht (→ Anorexie, Seite 224) oder Eß-Brech-Sucht (→ Bulimie, Seite 225).

### Gesund schlank werden

- Die Richtschnur ist Ihre angeborene Körperkonstitution: Da Sie mit bestimmten Anlagen auf die Welt gekommen sind, ist es unrealistisch, eine Körperform anzustreben, die mit Ihrer Konstitution nichts zu tun hat. Um Über- beziehungsweise Untergewicht zu berechnen, wird häufig der sogenannte Broca-Mass-Index (→ Seite 510) zugrunde gelegt. Er ist differenzierter und realistischer als das alte, starre Idealgewicht.
- Abnehmen geht nicht von heute auf morgen, auch wenn das einige Diäten versprechen. Ihr Körper hat Zeit gebraucht, um »rund« zu werden, er braucht auch Zeit, um wieder schlank zu werden. Es ist gesünder und dauerhafter, wenn Sie langsam abnehmen. Beim Abnehmen gilt: etwa ein bis drei Kilo im Monat!
- Lösen Sie sich innerlich von zwanghaftem Muß-Denken und Muß-Handlungen sowie von Idealvorstellungen und Idealmaßen.
- In einer Selbsthilfegruppe können Sie sich mit Gleichgesinnten austauschen und seelische Unterstützung erhalten (→ Adressen, Seite 798).
- Wenn Sie sich ausgewogen und fettarm ernähren und sich regelmäßig bewegen (→ Seite 698), werden Sie mit der Zeit feststellen, daß sich Ihr Körpergewicht auf ein gutes Maß einpendelt.

**Gute Laune erhält gesund! Richten Sie sich nach Ihrem Wohlfühlgewicht, nicht nach dem Diktat der Waage.**

# Gesunde Ernährung für Kinder

Während wir Erwachsene Nahrung in erster Linie benötigen, um verbrauchte Energien zu ersetzen, brauchen Kinder das Essen, um wachsen und sich gesund entwickeln zu können. Auch für ihre seelische Entwicklung spielt es eine Rolle, wie ihre unmittelbare Umgebung mit dem Thema Essen umgeht. Wichtig ist deshalb, daß Kinder nicht nur gesund ernährt werden, sondern auch eine natürliche, ungezwungene Beziehung zum Essen entwickeln.

## Babys Kost langsam aufbauen

### In den ersten Monaten

Für Neugeborene und Babys ist Muttermilch nach wie vor die allerbeste Ernährung. In ihr sind alle wichtigen Nährstoffe wie Mineralien, Eiweiß und Fett in einer Zusammensetzung enthalten, die für Säuglinge ideal ist. Außerdem gibt sie dem Baby die Abwehrstoffe (Antikörper), die es im ersten halben Jahr noch nicht selbst entwickelt hat. Sie schützen es weitgehend vor Krankheiten und setzen die Anfälligkeit für Allergien herab. Während der Stillzeit ist es ganz besonders wichtig, daß sich die Mutter ausgewogen ernährt (→ Seite 63, 712). Da jedes Baby unterschiedliche körperliche und seelische Bedürfnisse hat, ist es besser, »nach Bedarf« zu stillen, und nicht nach einem starren Zeitplan. So erlebt das Baby Essen als positive Befriedigung und nicht als Zwang oder gar als Bedrohung.

**Beim Stillen fühlt das Baby sich warm und geborgen. Muttermilch gibt ihm einen natürlichen Schutz.**

### Zufüttern im ersten Lebensjahr

Zwischen dem vierten und sechsten Monat vertragen Babys zusätzliche Nahrungsbausteine, wobei es wichtig ist, daß Sie die neue Kost schrittweise einführen, damit sich der Verdauungstrakt des Kindes umstellen kann.

- Mit der Gabel zerdrückte, gedünstete Karotten oder Bananen sind als Anfangskost gut geeignet und können zusätzlich zur Muttermilch oder zu Flaschennahrung verabreicht werden.
- Wenn das Baby sich daran gewöhnt hat, können auch Karotten-Kartoffel-Breie und später andere Kartoffel-Gemüse-Kombinationen ausprobiert werden. Auch fein püriertes Fleisch oder Eigelb kann jetzt unter den Gemüsebrei gemischt werden; Eiweiß sollte erst gegeben werden, wenn das Kind ein Jahr alt ist, da es oft Allergien hervorruft.

Der Gemüsebrei ersetzt am besten die Milchmahlzeit am Mittag. Gestillte Kinder mögen allerdings oft noch Muttermilch als »Nachspeise«.

- Eine Milchbreimahlzeit am Abend (spezielle Babybreie verwenden) hilft bisweilen dem Baby, nachts länger durchzuschlafen. Beginnen Sie am besten mit einer Einzelsorte, zum Beispiel Reis oder Hafer, und schließlich Weizen. Das langsame Gewöhnen an die verschiedenen Getreidesorten hilft dabei, Allergien zu vermeiden.
- Sie können gesunde Breikost aus frischen Zutaten selbst kochen, aber auch Fertiggläschen füttern. Fertignahrung für Babys unterliegt besonders strengen Qualitätskriterien.
- Stillende Mütter können die Muttermilchmahlzeiten zwischen dem sechsten und neunten Monat durch Vollmilch ersetzen.
- Zahnende Babys kauen gerne auf etwas Festem. Wenn Ihr Baby sitzen kann und sich nicht mehr an kleinen Stückchen verschluckt, geben Sie ihm Brotkrusten oder Vollwertzwieback.
- Rohes Gemüse, außer der Karotte (roh gerieben ist sie die ideale erste Rohkost), ist anfangs noch schwer verdaulich, rohes Obst jedoch ist beliebt und liefert wichtige Vitamine.
- Vollmilch, Wasser und Schorlen (Wasser mit Fruchtsaft gemischt) sind gesunde Getränke.

Ab dem zweiten Lebensjahr kann das Kleinkind wie die Erwachsenen mit ausgewogener, vollwertiger Kost ernährt werden.

## So essen Kinder gerne und gesund

Versuchen Sie, Ihrem Kind von Anfang an Essen als sinnliches Erlebnis nahezubringen. Wenn Sie es bei den Mahlzeiten ständig zurechtweisen und ihm zuviel verbieten, verderben Sie ihm nicht nur den Appetit, sondern auch seine Sinnenfreuden. Ähnlich verhält es sich, wenn Eltern darauf bestehen, daß jeder Teller leer gegessen wird. Auf diese Art kann das Kind bald nicht mehr unterscheiden, ob es hungrig oder satt ist, und wird Essen als reinen Machtkampf erleben. Versuchen Sie, gelassen zu bleiben, wenn Ihr Kind nicht alles mag. Bieten Sie ihm das eine oder andere von Zeit zu Zeit immer wieder einmal an. Oft schmeckt es dann ein Jahr später oder in einer anderen Umgebung oder mit einem neuen Rezept.

**Ausgewogene Speisen, die Kindern schmecken**

- Auf den Speisezettel eines Kindes gehören Kartoffeln und Getreide (möglichst Vollkorngetreide), viel Gemüse und Obst, Milch und Milchprodukte sowie Fleisch und Fisch.
- Milch versorgt Ihr Kind ausreichend mit Kalzium. Wenn es keine Milch mag: Bieten Sie ihm Kakao und Milchshakes mit frischem Obst an, Joghurt oder Quark mit Fruchtmus oder Honig.
- Kinder brauchen Fleisch zur Eisenversorgung, aber nur wenig Würstchen oder Aufschnitt (zuviel Fett, Salz, Zusatzstoffe). Fisch, vor allem Meeresfische wie Seelachs und Kabeljau, liefert wichtige Mineralstoffe und Jod (Jodmangel kann zu Kropfbildung und Entwicklungsstörungen führen). Verwenden Sie auch jodiertes Speisesalz.
- Bei Gemüse und Salat sind Kinder oft heikel. Eine bunte Gemüseplatte hilft ihnen, sich ohne große Diskussionen das auszuwählen, was sie mögen. Bei Eintöpfen wird dagegen oft aussortiert. Feinpürierte Gemüsesuppen mögen Kinder jedoch meistens. Viele Eltern haben gute Erfahrungen damit gemacht, ihren Kindern Rohkost als »Dip« anzubieten: Rohes Gemüse in größere Streifen oder Scheiben schneiden und vor jedem Bissen in eine Salatsoße aus Joghurt oder Kräuterquark tunken (Kindern macht es ohnehin mehr Spaß, mit der Hand zu essen!).

## Menütips für den ganzen Tag

- **Frühstück**

Müsli aus Getreideflocken, Obst (trocken oder frisch), Nüssen und viel Milch (ein besserer Start als überzuckerte Cornflakes); oder Frischkornmüsli (Getreidekörner grob schroten, am Abend vorher einweichen); Vollkorntoastbrot oder Vollwertbrötchen, reines Nußmus ohne Zusätze (in Naturkost- und Reformläden)

- **Mittagessen**

Zartes, mageres Fleisch, zum Beispiel Puten-, Hühner- und Rindfleisch, ein- bis zweimal in der Woche Fisch, dazu Kartoffeln, Nudeln (Hirsenudeln zur Abwechslung), Reis oder andere Getreide und viel Gemüse und Salat oder Rohkost zum Eintunken. Als Fleischersatz: Pilze (Champignons, Egerlinge, Austernpilze), Eier, Milch, Quark, Käse, Tofu (aus Sojabohnen), Hülsenfrüchte (Erbsen, dicke Bohnen)

- **Abends**

Gemüsesuppe, Hafer-Gemüse-Bratlinge, (gebackener) Käse, Vollkornbrote, Milchbrei (am besten aus Vollkorngetreide, mit Honig oder Apfel- oder Birnendicksaft gesüßt), Kartoffeln mit Quark oder Eiern

- **Zwischendurch**

Statt Schokolade zwischendurch lieber Trockenfrüchte wie Apfelringe oder Aprikosen oder geröstete Müsliflocken mit Joghurt. Als Pausebrot: Vollkornbrot mit Gemüsepastete oder Streichkäse, eine Karotte, ein Apfel

- **Zum Trinken**

Mit Mineralwasser verdünnter Fruchtsaft, Früchtetees ohne Zucker oder pures Mineralwasser. Nach Möglichkeit keine Limonaden oder unverdünnten Fruchtsäfte

# Bewährte Hausmittel

## Wasser anwenden – warm und kalt

Wasser zählt zu den ältesten Heilmitteln. Es wird äußerlich angewendet in Form von Bädern, Waschungen, Güssen oder innerlich als Trinkkur eingenommen. Schon Hippokrates (460 bis 325 v. Chr.) wies auf die Heilkraft des Wassers hin und behandelte Kranke mit Wasserkuren. Ein regelrechtes System aus verschiedenen Wasseranwendungen entwickelte der als »Wasserdoktor« bekannte Pfarrer Sebastian Kneipp (1821 bis 1897). Neben der *Hydrotherapie* (Wasserkuren) gehören die *Bewegungstherapie* (Gymnastik), die *Phytotherapie* (Heilkräuter), die *Ernährungstherapie* (Diäten) und die *Ordnungstherapie* (Entspannung, Umgang mit Streß) zu den klassischen Kneippschen Heilverfahren. Die *Hydrotherapie* umfaßt über 100 verschiedene Anwendungen. Spezielle Trink- und Wasserkuren werden in Heil- und Thermalbädern unter ärztlicher Anleitung durchgeführt.

Nach den Methoden von Sebastian Kneipp können Sie in vereinfachter Form auch zu Hause kuren. Mit gezielten, regelmäßigen Wasseranwendungen stärken Sie Ihre Abwehrkräfte und sorgen ganz allgemein für Ihre Gesundheit und Ihr Wohlbefinden. Auch Ihre Leistungsfähigkeit erhöhen Sie mit der Reizwirkung von kaltem und warmem Wasser. Sie können Wasser jedoch auch zur Sofort- und Selbsthilfe bei leichteren gesundheitlichen Störungen einsetzen. Wasser wirkt je nach Temperatur und Anwendungsform beruhigend oder anregend und beeinflußt nicht nur unterschiedliche Körperfunktionen, sondern auch die Psyche positiv. Auf den folgenden Seiten finden Sie die wichtigsten Wassertherapien, die Sie leicht selbst durchführen können. Die nebenstehende Tabelle gibt Ihnen einen Überblick, bei welchen Beschwerden Sie die einzelnen Anwendungen am besten einsetzen.

# Wasseranwendungen und ihre Wirkung

| Anwendungen | So wirken sie | Bitte beachten |
|---|---|---|
| **Waschungen**<br>(Ganzwaschung, Teilwaschungen)<br>(→ Seite 724) | regen Durchblutung, Atmung, Stoffwechsel, Kreislauf, Abwehrfunktion sanft an; helfen bei Nervosität und fieberhaften Erkrankungen | **!** keine Ganzwaschung bei Fieber<br>Vorsicht bei Durchblutungsstörungen |
| **Güsse**<br>(kalte Güsse, Wechselgüsse)<br>(→ Seite 725) | härten ab, regen die Durchblutung, den Stoffwechsel, das Nervensystem an; helfen bei Entzündungen, schmerzhaften Muskelverspannungen | |
| **Kalte Armgüsse**<br>(→ Seite 725) | beleben, erfrischen, fördern Kreislauf und Herztätigkeit, verbessern die Atmung | **!** nicht anwenden bei Herzkranzgefäß-Erkrankungen |
| **Kalte Kniegüsse**<br>(→ Seite 725) | entstauen, beruhigen, härten ab, helfen bei gefäßbedingten Kopfschmerzen; verbessern die Durchblutung der Beine (gegen Krampfadern), fördern die Verdauung | **!** nicht anwenden bei innerem Kältegefühl, Ischiasschmerzen, Harnwegsinfektionen, während der Menstruation |
| **Warmes Vollbad**<br>(→ Seite 726) | beruhigt, entspannt bei Streß, lindert Muskelverspannungen, Muskelkater | **!** nicht anwenden bei Haut- und Venenentzündungen, Krampfadern, zu niedrigem oder zu hohem Blutdruck, Herzbeschwerden, fieberhaften Erkrankungen |
| **Kaltes Sitzbad**<br>(→ Seite 726) | fördert die Durchblutung, hilft bei Hämorrhoiden, Analekzem, Verstopfung, Schlaflosigkeit, Unterleibsbeschwerden | **!** nicht ausführen bei schweren arteriellen oder venösen Stauungen, Entzündungen in den genannten Behandlungsgebieten oder an den Beinen |
| **Warmes Sitzbad**<br>(→ Seite 726) | durchblutungsfördernd; heilt bei Dammschnitt nach der Geburt, Analfissuren, Afterjucken, Prostatabeschwerden, Blasenentzündungen | **!** wie bei kaltem Sitzbad |
| **Kaltes Fußbad**<br>(→ Seite 726) | reguliert den Wärmehaushalt, fördert die Durchblutung, beruhigt, stabilisiert den Kreislauf; hilft bei müden Füßen, Nasenbluten | **!** bei Venenleiden oder Herz-Kreislauf-Beschwerden ärztlichen Rat einholen |
| **Warmes Fußbad**<br>(→ Seite 726) | wärmeregulierend, beruhigend, hilft bei kalten Füßen und Streß | **!** wie bei kaltem Fußbad |
| **Ansteigende Fußbäder**<br>(→ Seite 726) | helfen bei Erkältungskrankheiten mit Fieber | **!** wie bei kaltem Fußbad;<br>bei Venenleiden nur bis Knöchel |
| **Sauna, Dampfbad**<br>(→ Seite 727) | verbessert Durchblutung, Entschlackung, stärkt Abwehrkräfte und Kreislauf | **!** Saunaverbot bei Herz-Kreislauf-Leiden, Epilepsie, Krebs, Arteriosklerose, Rheuma, Schilddrüsenerkrankungen |

## Kneippen für zu Hause

Grundsätzlich haben alle Wasseranwendungen ein gemeinsames Ziel: die Selbstheilungskräfte des Körpers auf möglichst natürliche Weise zu stärken. Das geschieht durch kalte, warme oder wechselnd kalte und warme Wasseranwendungen. Kaltes Wasser regt den Stoffwechsel und den Kreislauf an, fördert die Abwehrkräfte und hilft bei akuten Entzündungen; warmes Wasser entspannt und beruhigt, fördert die Durchblutung und wirkt krampflösend und heilend bei unterschiedlichen Entzündungen. Kaltes und warmes Wasser im Wechsel angewendet verbessert ebenfalls die Funktion innerer Organe und die Kreislauftätigkeit. Durch das Gefäßtraining wird der Körper gegenüber äußeren Temperatureinflüssen, Wind und Wetter abgehärtet. Wasser löst über die Haut ganz unterschiedliche Reize aus, die über die Nervenbahnen an das Rückenmark geleitet werden und wiederum über entsprechende Nervenbahnen die inneren Organe beeinflussen.

### Wasseranwendungen – richtig gemacht

- Achten Sie bei allen Anwendungen darauf, daß die Räume ausreichend warm (22 bis 24 °C) und zugluftfrei sind. Wärmen Sie vor kalten Anwendungen Ihren Körper zuerst durch Gymnastikübungen (→ Seite 699) auf. Kaltes Wasser nie auf kalte Haut bringen!

**Zu Hause nur einfache Anwendungen!**

**!** Auch wenn Sie »nur« Wasser verwenden, dürfen Sie die Wirkung und mögliche Nebenwirkungen nicht unterschätzen. Grundsätzlich müssen alle intensiv wirkenden Anwendungen vom Arzt verordnet und von Fachpersonal ausgeführt werden. Zur häuslichen Selbsthilfe kommen deshalb nur einfache Maßnahmen in Frage. Beachten Sie die Gegenanzeigen (→ Tabelle, Seite 723).

**!** Wenn Sie während der Anwendungen frieren oder frösteln, wenn Ihnen schwindlig wird oder wenn Sie Herzrasen bekommen, müssen Sie die Behandlung sofort abbrechen und sich im Bett so lange ausruhen, bis die Beschwerden abgeklungen sind. Dauern die Symptome an, sollten Sie Ihren Arzt benachrichtigen.

- Bei kalten Anwendungen genügt im allgemeinen kaltes Leitungswasser, für warme und warm-kalte Anwendungen legen Sie ein Thermometer bereit.
- Trocknen Sie sich nach Teilwaschungen, Knie- und Armgüssen und nach Fuß- und Armbädern nicht ab, sondern streichen Sie das Wasser mit den Händen vom Körper. Ziehen Sie sich anschließend warm an (warme Socken!), und bewegen Sie sich.
- Nach den meisten Anwendungen (außer nach einem belebenden Armguß zum Beispiel) braucht Ihr Körper Zeit, um sich zu erholen. Ruhen Sie sich für eine halbe bis eine Stunde im Bett aus.

## Waschungen machen munter

Die Abwaschungen mit kaltem Wasser zählen neben dem Trockenbürsten zu den mildesten Formen der Hydrotherapie (→ Tabelle, Seite 723). Sie wirken am besten morgens. Legen Sie sich danach noch einmal für 30 bis 60 Minuten ins Bett, oder bewegen Sie sich kräftig (je nach körperlicher Verfassung), zum Beispiel durch Morgengymnastik. Sollte Sie die Ganzkörperbehandlung anfangs zu sehr anstrengen (zum Beispiel bei Fieber), reiben Sie zunächst nur Ober- oder Unterkörper oder Arme ab (Teilwaschung).

### Belebende Ganzwaschung

Sie belebt nicht nur, sondern härtet auf sanfte Weise gegen Erkältungen und Infektionskrankheiten ab.

**So wird's gemacht**

- Nehmen Sie ein grobes Leinentuch (oder einen Waschhandschuh), das Sie zusammenfalten, in kaltes Wasser tauchen und auswringen.
- Beginnen Sie am rechten Handrücken, reiben Sie außen am Arm entlang zur Schulter, an der Innenseite des Arms zurück zur Hand, über die Handfläche und nochmals innen am Arm empor zur Achselhöhle.
- Waschen Sie dann mit einem frisch angefeuchteten Tuch den Hals ab, die rechte Schulter, rechte Rückenhälfte abwärts bis zum Gesäß, über die rechte Bauchseite hinauf bis zur rechten Brusthälfte. In gleicher Weise behandeln Sie die linke Körperhälfte.
- Anschließend werden die Beine abgewaschen. Beginnen Sie mit dem rechten Fuß: vom Fußrücken hoch bis zum Gesäß und an der Beininnenseite wieder nach unten. Zum Schluß waschen oder gießen Sie die Fußsohlen ab.

## Kalte Güsse härten ab

Die Kneippschen Güsse (→ Tabelle, Seite 723) wirken durch den thermischen und den mechanischen Reiz, den das Wasser auf der Haut ausübt. Die Haut reagiert, indem sie sich erwärmt und sichtbar rötet. Die beste Heilwirkung erzielen Sie, wenn Sie die Güsse ein- bis dreimal täglich anwenden.
Um Güsse durchführen zu können, entfernen Sie zunächst den Brausekopf Ihrer Dusche. Es gibt auch spezielle Kneipp-Gußrohre (im Fachhandel), die Sie aufschrauben können. Den richtigen Wasserdruck erhalten Sie, wenn Sie den Schlauch nach oben halten, so daß das Wasser aus der Schlauchöffnung im Abstand von etwa einer Handbreit auf die Körperpartie sprudelt. Dabei soll sich auf der Haut ein geschlossener Wassermantel bilden. Das bedeutet, daß das Wasser den ganzen Körperteil bedeckt.

## Kalte Armgüsse für zwischendurch

Sie härten sanft ab und regen an (→ Tabelle, Seite 723). Als ideale Muntermacher können Sie sie auch zwischendurch ausführen, überall da, wo Ihnen fließendes Wasser zur Verfügung steht.

**So wird's gemacht**

- Leiten Sie den Wasserstrahl vom rechten Handrücken außen am Arm entlang zur Schulter. Dort lassen Sie den Strahl etwa 10 Sekunden unverändert, damit sich ein geschlossener Wassermantel über Ihrem Arm bildet.
- Danach führen Sie den Strahl unter die Achselhöhle und innen am Arm zurück zur Hand.
- Wiederholen Sie den Vorgang, und behandeln Sie Ihren linken Arm in gleicher Weise.

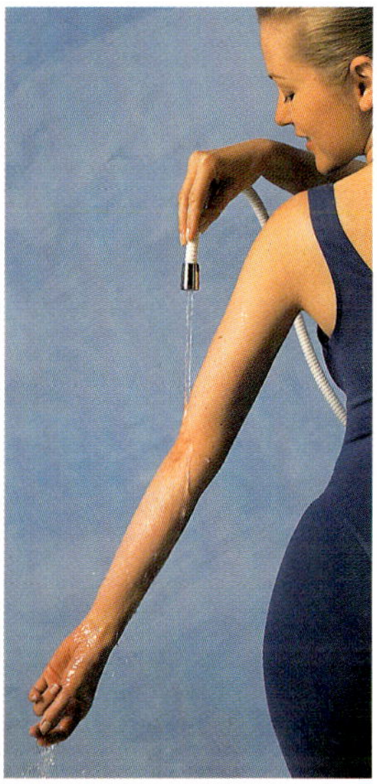

**Führen Sie den Armguß außen vom Handrücken nach oben bis zur Schulter und auf der Arminnenseite wieder nach unten.**

## Kalte Kniegüsse für müde Beine

Sie helfen besonders gut bei gefäßbedingten Kopfschmerzen und regen die Durchblutung der Beine an. Deshalb sind sie auch bei Krampfadern geeignet. Beachten Sie jedoch auch immer die Gegenanzeigen (→ Tabelle, Seite 723)!

**So wird's gemacht**

Kniegüsse entfalten ihre optimale Wirkung, wenn ein Partner sie ausführt, aber es geht auch alleine:

- Sie beginnen an den Fußzehen des rechten Fußes und leiten den Strahl bis zum Fußrücken, und zwar 3mal hin und her.
- Dann führen Sie den Strahl außen am Unterschenkel entlang hoch zur Kniekehle und lassen das Wasser einige Sekunden über den Schenkel fließen (Wassermantel!). Anschließend leiten Sie den Strahl innen zurück zum Fuß und begießen danach den linken Fuß und Unterschenkel in gleicher Weise.
- Führen Sie nun den Strahl wieder zum rechten Fuß, von wo aus Sie ihn an der inneren Seite neben dem Schienbein hoch zur Kniescheibe führen, ohne es direkt zu begießen. Halten Sie den Schlauch kurz über der Kniescheibe (Wassermantel!). Dann leiten Sie den Strahl außen neben dem Schienbein zum Fuß zurück. Anschließend begießen Sie Ihren linken Unterschenkel von vorne in gleicher Weise.
- Trocknen Sie sich nicht ab, sondern streifen Sie das Wasser nur mit den Händen ab, ziehen Sie Wollsocken an und ruhen sich 20 bis 30 Minuten aus. Achten Sie darauf, daß Sie nicht auskühlen. Sie können sich auch durch Gehen aktiv wiedererwärmen, wenn Sie das nicht zu sehr anstrengt.

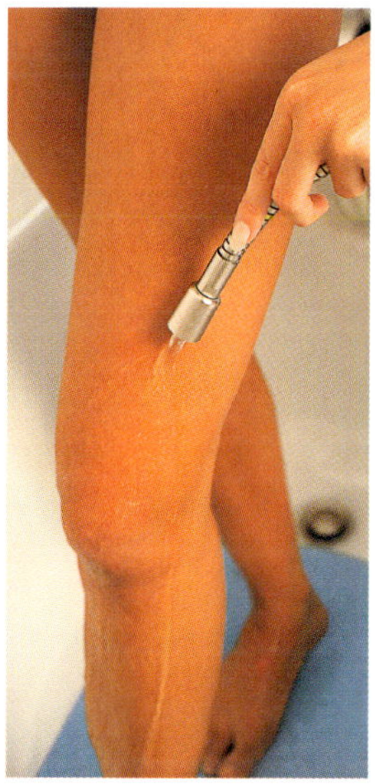

**Vermeiden Sie beim Knieguß, Ihr Schienbein direkt zu begießen. Das ist wirkungslos und kann Schmerzen verursachen.**

## Bäder entspannen und heilen

Pflanzenextrakte in Form hautfreundlicher Badeöle verstärken die Heilwirkung vor allem von warmen, wechselwarmen, heißen und temperaturansteigenden Voll- oder Teilbädern (→ Tabelle, Seite 723).

### Beruhigend: das warme Vollbad

Es hilft nicht nur bei Muskelkater (→ Tabelle, Seite 723; Gegenanzeigen beachten!). Nehmen Sie ein Vollbad, wenn Sie zum Beispiel nicht einschlafen können, nervös oder überarbeitet sind.

**So wird's gemacht**

- Nicht mit vollem Magen in die Wanne steigen.
- Die optimale Wassertemperatur beträgt 35 bis 38 °C (Thermometer verwenden!).
- Legen Sie Ihren Kopf bequem auf ein kleines wasserfestes Kissen. Ihr Körper sollte bis über die Schultern mit warmem Wasser bedeckt sein.
- Bleiben Sie 10 bis höchstens 20 Minuten in der Wanne. Danach duschen Sie sich kühl ab.
- Legen Sie sich nach dem Vollbad etwa eine halbe bis dreiviertel Stunde lang ins Bett. Falls Sie zu trockener Haut neigen, können Sie sich nach der Bettruhe mit einem Hautöl (→ Seite 733) eincremen.

### Für den Unterleib: Sitzbäder

Mit Sitzbädern können Sie Beschwerden im Becken-, Bauch-, Genital- und Analbereich gezielt behandeln (→ Tabelle, Seite 723). Warme Sitzbäder mit Kamillenauszug sind auch besonders für kleine Kinder und Säuglinge bei wundem Po geeignet.

**So wird's gemacht**

- Besorgen Sie sich eine spezielle Sitzbadewanne (im Fachhandel) oder stellen Sie einen kleinen Plastikhocker in Ihre Badewanne, auf den Sie Ihre Beine legen. Das Wasser sollte bis zur Nabelhöhe reichen.
- **Kaltes Sitzbad:** Die Wassertemperatur liegt bei 15 bis 18 °C. Setzen Sie sich langsam in die Wanne und bleiben Sie nur 6 bis 10 Sekunden im Wasser. Trocknen Sie sich anschließend gründlich ab und ruhen sich im Bett aus.
- **Warmes Sitzbad:** Das Wasser ist etwa 32 bis 37 °C warm (verwenden Sie 4 Tropfen Lavendelöl zur besseren Wundheilung bei Dammschnitt oder einen Zinnkrautzusatz bei Blasen- und Nierenstörungen).

### Fußbäder wirken auf den ganzen Körper

Fußbäder regulieren den Wärmehaushalt des ganzen Körpers, stabilisieren den Kreislauf und beruhigen (→ Tabelle, Seite 723).

**So wird's gemacht**

- Sie können eine Kneipp-Fußbadewanne (im Fachhandel erhältlich), eine andere hohe Wanne oder einen Eimer verwenden.
- **Kaltes Fußbad:** Lassen Sie kaltes Wasser in den Behälter laufen. Stellen Sie dann langsam die Füße hinein. Das Wasser sollte bis etwa handbreit unters Knie reichen. Bleiben Sie 15 Sekunden bis 2 Minuten – so lange, bis das erste Kältegefühl in den Füßen eintritt oder die Kälte ein schneidendes Gefühl verursacht. Trocknen Sie sich danach nicht ab, sondern streifen das Wasser mit den Händen ab, kleiden sich an (warme Socken!), legen sich ins Bett oder bewegen sich.

**Ein warmes Fußbad ist eine gute Hilfe, wenn Sie leicht kalte Füße haben und schlecht einschlafen.**

- **Warmes Fußbad:** Die Wassertemperatur sollte 37 bis 39 °C betragen. Bleiben Sie so lange, bis das Wasser anfängt abzukühlen. Waschen Sie Ihre Füße kurz mit kühlem Wasser ab, reiben sie gut trocken oder streifen das Wasser ab.
- **Ansteigendes Fußbad:** Beginnen Sie mit einer Wassertemperatur von 34 °C. Lassen Sie dann innerhalb von 20 Minuten immer heißeres Wasser nachfließen, so daß die Temperatur auf etwa 41 °C ansteigt. Bleiben Sie einige Minuten in dem heißen Wasser. Danach abtrocknen, warme Strümpfe anziehen und 15 bis 30 Minuten ruhen.

## Sauna und Dampfbad

Sauna und Dampfbad sind wirkungsvolle Schwitzbäder, die Stoffwechsel und Kreislauf anregen und ganz allgemein helfen, gegen Krankheiten vorzubeugen (→ Tabelle, Seite 723).

### Sauna: gesundes Schwitzen

Die Wirkung des Saunens beruht auf zwei wesentlichen Maßnahmen: aufheizen und abkühlen. Aufgeheizt wird der Körper im Schwitzraum bei einer Lufttemperatur von etwa 40 (Boden) bis 90 °C (Decke). Nach dem Schwitzen wird der Körper zunächst an der frischen Luft und dann mit kaltem Wasser (Dusche, Tauchbecken, Schneeabreibung und Wassertreten) abgekühlt.

**So wird's gemacht**

- Ein Saunabad besteht aus 2, höchstens 3 Gängen von jeweils 12 bis 20 Minuten (6 bis 10 Minuten schwitzen – je nachdem, wie Sie es vertragen – und etwa ebenso lange abkühlen).
- Setzen Sie sich in der Heißluftkabine zunächst auf die untere Bank. Nehmen Sie ein Handtuch mit, auf das Sie sich setzen und legen können. Nach etwa 2 bis 3 Minuten legen Sie sich auf die mittlere und schließlich die oberste Stufe. Hier ist die Luft am heißesten. Bevor Sie die Kabine verlassen, setzen Sie sich für 2 bis 3 Minuten – am besten auf der unteren Bank – wieder auf.
- Gehen Sie nach dem Verlassen der Kabine einige Minuten an der Luft umher. Danach gießen Sie sich mit dem Schlauch oder Eimer ab, gehen unter die Schwallbrause, gegebenenfalls in das Tauchbad (nur bei gesundem Kreislauf!), und nehmen abschließend ein warmes Fußbad.
- Zwischen den einzelnen Durchgängen legen Sie am besten immer eine Ruhepause von 15 bis 20 Minuten ein. Achten Sie darauf, daß Sie beim Ruhen nicht auskühlen (warm zudecken).
- Wichtig ist auch, daß Sie nach dem Saunabad viel trinken (aber nicht zwischen den Saunagängen!), um Ihren Flüssigkeitshaushalt auszugleichen. Gut geeignet ist Mineralwasser; trinken Sie keinen Alkohol!
- Nehmen Sie Kinder erst ab dem vierten Lebensjahr mit in die Sauna. Lassen Sie sie nur so lange schwitzen, wie sie sich wohl fühlen.

### Angenehm für die Haut: das Dampfbad

Wenn Sie die trockenheiße Saunaluft nicht gut vertragen, werden Sie sich vermutlich in einem Dampfbad wohler fühlen. Wasser in Form von heißem Dampf erwärmt den Körper, fördert die Durchblutung und entlastet das Herz.

**So wird's gemacht**

Im Dampfraum, in dem etwa 50 °C herrschen, können Sie so lange bleiben, wie Sie sich wohl fühlen (etwa 15 bis 20 Minuten lang). Danach müssen Sie sich wie beim Saunen abkühlen und ausruhen.

**Saunen können Sie in Fitneß-Studios, vielen Schwimmbädern oder Hotels. Immer beliebter wird die Sauna im eigenen Heim.**

# Heilpflanzen – Arzneien aus der Natur

Die Naturheilkunde kennt eine Vielzahl wirksamer Verfahren, die auf natürliche Weise die Gesundheit fördern. Sie stärken die Selbstheilungskräfte und beugen so Krankheiten vor. Und viele Erkrankungen kann die Naturheilkunde mit einem umfangreichen Wissen über die Wirkung von Pflanzen, Kräutern und Naturheilweisen lindern und heilen.
Die Wurzeln der gesamten medizinischen Heilkunst liegen in der Pflanzenheilkunde, der sogenannten *Phytotherapie* (griechisch »phyton« bedeutet Pflanze und »therapeia« Behandlung). Zu den Heilpflanzen zählen viele Kräuter, aber auch bestimmte Bäume und Sträucher, Früchte, Blätter und Knollengewächse. In Heilpflanzen vereinigen sich heilende, aber auch schädlich wirkende Substanzen.

## Heilpflanzen für den Hausgebrauch

Viele Pflanzen werden seit Generationen als bewährte Hausmittel verwendet. Sie können pflanzliche Heilmittel innerlich und äußerlich anwenden, als Teezubereitungen, in Form von Ölen als Zusätze für Bäder und zum Einreiben und Massieren sowie als Tinkturen für innere Behandlungen. Sie erhalten aber auch industriell hergestellte pflanzliche Arzneimittel. Immer beliebter wird die Aromatherapie, die das allgemeine Wohlbefinden steigert.

**Lindenblüten (links), Ringelblume (oben) und Lavendel (rechts) sind bekannte, vielseitige Heilpflanzen.**

Mit pflanzlichen Mitteln können Sie leichte Erkrankungen wie Erkältungskrankheiten, Magen-Darm-Beschwerden, Hauterkrankungen, Unterleibsbeschwerden, aber auch zahlreiche psychovegetative Leiden wie nervöse Angst- und Spannungszustände oder Schlafstörungen behandeln (→ Seite 730, 732).

### Mit Heilpflanzen richtig umgehen

Heilpflanzen und Pflanzenheilmittel sind nicht immer harmlos, nur weil sie natürlichen Ursprungs sind. Grundsätzlich kann jede Pflanze oder jedes Mittel auch unerwünschte Nebenwirkungen haben. Deshalb ist es wichtig, daß Sie sie sorgfältig und fachgerecht anwenden:

**Vorsicht bei Selbstbehandlung!**

**!** Grundsätzlich dürfen Sie bei der Eigenbehandlung mit Heilpflanzen nicht vergessen, daß Ihre Möglichkeiten begrenzt sind und daß die Behandlung von Krankheiten immer einem Arzt oder Heilpraktiker überlassen bleiben sollte.

- Wenn Sie Heilpflanzen zur Linderung und Heilung leichterer Alltagsbeschwerden einsetzen möchten, sollten Sie sich vorher nicht nur über die Heilwirkung informieren, sondern auch über mögliche Nebenwirkungen und Eigenarten der Pflanzen. Das ist vor allem erforderlich bei Heilpflanzen, die nicht verschreibungspflichtig sind und die Sie in Apotheken, Reformhäusern, Drogerien, teilweise sogar im Supermarkt kaufen können.
- Achten Sie darauf, wie lange Sie eine Heilpflanze verwenden. Wenn Sie Pflanzenheilmittel, wie auch jedes andere Medikament, über einen längeren Zeitraum hin anwenden, kann dies ebenfalls zu unerwünschten Nebenwirkungen führen. Ein weiterer negativer Effekt ist, daß sich der Körper an den Wirkstoff gewöhnt.
- Halten Sie sich immer an die vorgeschriebene Dosierung der Heilpflanze. Ein und dieselbe Pflanze kann in geringer Dosierung heilend, in zu hoher aber schädlich wirken.

# Heilpflanzen für Tees

Die gebräuchlichste und einfachste Form, Heilpflanzen anzuwenden, ist der Tee. Er kann, je nach Pflanze, auf verschiedene Arten zubereitet werden. Bewährte Heilpflanzen für Tees finden Sie auf Seite 730.

## Einfach zubereitet – hochwirksam

**Aufguß**

Teesorten, die aus Blättern, Blüten oder Samen bestehen, bereiten Sie als Aufguß zu:
- Übergießen Sie die Pflanzenteile mit kochendem Wasser, und lassen Sie den Aufguß zugedeckt etwa 5 bis 12 Minuten, manchmal auch länger, ziehen.
- Danach gießen Sie den Tee durch ein Sieb und trinken ihn gut warm schluckweise – je nach Empfehlung ein- bis mehrmals täglich.

**Abkochung**

Die Wirkstoffe bestimmter Pflanzenteile gehen erst ins Wasser über, wenn sie länger erhitzt werden:
- Geben Sie die zerkleinerten Teile ins kalte Wasser.
- Danach schalten Sie den Herd aus, lassen den Tee noch 10 Minuten ziehen und seihen ihn ab.

**Kaltauszug**

Diese Methode wendet man bei Pflanzen an, deren Inhaltsstoffe durch Erhitzen zerstört würden.
- Setzen Sie die Pflanzenteile in kaltem Wasser an. 3 bis 12, zum Teil bis 24 Stunden ziehen lassen. Rühren Sie den Tee ab und zu um.
- Danach seihen Sie ihn ab und wärmen ihn vor dem Trinken leicht an (nicht kochen!).
- Kochen Sie das Wasser innerhalb von 15 Minuten auf, und lassen Sie es noch 5 Minuten sieden.

## Wirksame Teemischungen

**Trinken Sie den Tee 2- bis 3mal täglich in kleinen Schlucken. Zum Süßen eignet sich Honig.**

Sämtliche Zutaten für die nebenstehenden Teerezepte erhalten Sie in Apotheken. Die angegebenen Mengen können Sie sich als Mischung abpacken lassen. Wichtig ist, die Kräuter dunkel und trocken und nicht in Nähe der Heizung oder der Abzugshaube zu lagern: am besten in dunkelbraunen Gläsern mit Schraubverschluß oder in gut verschließbaren Blechdosen (Kunststoffbehälter sind nicht geeignet!).

**Hustentee** (bei starker, zäher Schleimbildung)

20 g Fenchelfrüchte
10 g Primelwurzeln
10 g Königskerzenblüten (Wollblumen)
10 g Spitzwegerichblätter
10 g Melissenblätter
2 gehäufte TL mit 1/4 l siedendem Wasser übergießen und 10 Minuten lang ziehen lassen, abseihen und lauwarm trinken.

**Anti-Streß-Tee** (zur Beruhigung)

10 g Hopfenzapfen
10 g Baldrian
30 g Pfefferminze
1 TL auf 1 Tasse mit siedendem Wasser übergießen und 10 Minuten lang ziehen lassen, abseihen und 3mal täglich eine Tasse trinken.

**Kräutertee** (gegen Verstopfung)

10 g Eibischwurzel
10 g Süßholz
15 g Faulbaumrinde
15 g Rhabarber
1 TL auf 1 Tasse Wasser kalt ansetzen, kurz aufkochen, 1 bis 2 Stunden lang ziehen lassen, abgießen und morgens lauwarm trinken.

## Bewährte Heilpflanzen und -kräuter für Tees

| Heilpflanze | Hilft bei | Zubereitung/Besonderheiten |
|---|---|---|
| **Anis** (Pimpinella anisum)<br>Früchte | Husten (schleimlösend), Blähungen, Stillproblemen | Teeaufguß |
| **Arnika** (Arnica montana)<br>Blüten | Halsentzündung (zum Gurgeln), Bindehautentzündung, Gerstenkorn | Teeaufguß zum Gurgeln, als Augenbad<br>**!** nicht zu häufig anwenden! |
| **Augentrost** (Euphrasia officinalis)<br>Kraut | Unruhe, Beklemmungen, Schlafstörungen | Teeaufguß als Augenbad oder Kompresse |
| **Baldrian** (Valeriana officinalis)<br>Wurzeln | Nieren- und Blasenleiden, Gicht, Rheuma | Teeaufguß |
| **Birke** (Betula pendula)<br>Knospen | akute Verstopfung | Teeaufguß |
| **Faulbaum** (Rhamnus frangula)<br>Rinde | Appetitlosigkeit, Blähungen, Magenbeschwerden, Erkrankungen der Atemwege, Erkältungen | Kaltaufguß<br>**!** Häufige Anwendung kann den Darm schädigen! |
| **Fenchel** (Foeniculum vulgare)<br>Früchte | Ausfluß, Menstruationsbeschwerden, Magen-Darm-Beschwerden, Stoffwechselstörungen | Teeaufguß<br>auch für Kleinkinder geeignet! Fencheltee fördert die Milchbildung beim Stillen |
| **Frauenmantel** (Alchemilla vulgaris)<br>Kraut | Erkältungskrankheiten (schweißtreibend), Grippe, Nierenentzündung, Rheuma, Gicht, Verdauungsstörungen | Teeaufguß<br>**!** auf die Dosierung achten! |
| **Holunder** (Sambucus niger)<br>Blätter, Blüten, Beeren, Rinde, Wurzeln | Nervosität, Schlafstörungen, Beschwerden der Wechseljahre (reguliert den Hormonhaushalt) | Teeaufguß aus den Blüten: Erkältung, Fieber; aus den Blättern: Nieren-, Blasenleiden, Verdauung |
| **Hopfen** (Humulus lupulus)<br>Zapfen, Blüten | Blähungen, Magen-, Gallen-, Darmkrämpfe, leichte Wunden (desinfiziert), Menstruationsbeschwerden, Wechseljahre | Teeaufguß<br>**!** Zuviel Hopfen kann müde machen oder Menstruationsstörungen verursachen! |
| **Kamille** (Matricaria camomilla)<br>Blütenköpfe | verdorbener Magen, Magen-Darm-Infektionen, Entzündungen der Atemwege, Kopfschmerzen, Rheuma | Teeaufguß<br>**!** allergische Reaktionen auf das Azulen in der Kamille möglich; auf die Dosierung achten, nicht zu häufig anwenden! |
| **Pfefferminze** (Mentha piperita)<br>Blätter | Magen-Darm-Katarrh, entzündete Mundschleimhaut, Angina, Schweißausbrüche, Abstillen | Teeaufguß<br>**!** Längere Anwendung reizt die Schleimhäute und trocknet sie aus! |
| **Salbei** (Salvia officinalis)<br>Blätter | Husten (sekretfördernd, krampflösend), Bronchitis, beginnende Magengeschwüre | Teeaufguß zum Trinken, Gurgeln<br>**!** auf die Dosierung achten, nicht zu häufig anwenden! |
| **Thymian** (Thymus vulgaris)<br>Blätter | Krampfhusten (schleimlösend), Keuchhusten, Bronchialasthma, Bronchitis, Erkältung, Rheuma | Teeaufguß |

# Heilpflanzen für Bäder

Ob bei den Kneippschen Anwendungen (→ Seite 726) oder für den Hausgebrauch: Bäder sind Wohltaten für Körper und Seele. Entsprechende Badezusätze (→ Tabelle, Seite 732) erhöhen die Wirkung warmer Bäder noch um ein Vielfaches. Während Tees den Organismus von innen her beeinflussen, wirkt die Heilkraft der Pflanzen in Bädern von außen, über die Haut und die Atmungsorgane. Durch die feuchte Wärme öffnen sich die Hautgefäße, und die Haut kann die im Wasser freigesetzten Essenzen aufnehmen. Der Wirkspiegel im Blut ist ähnlich hoch, wie wenn die Heilpflanzenextrakte innerlich eingenommen werden. Dazu kommt der wohltuende Einfluß, den ein Bad auf die Psyche hat. Sie können die Heilpflanzen in Form von ätherischen Ölen (→ Seite 735), fertigen Badeölen (aus Apotheken, Reformhäusern oder Drogerien) oder selbstgemachten Teeaufgüssen zusetzen. Die Pflanzen geben ihre Inhaltsstoffe ins Wasser ab, und je nach ihrer Wirkung entspannen oder beleben, lindern und heilen sie. Sie helfen besonders bei Erkältungen und Husten, bei bestimmten Entzündungen, bei rheumatischen Beschwerden sowie bei Nervosität, Streß, Schlafproblemen oder Abgespanntheit.

**Legen Sie sich vor dem Bad genügend Handtücher und ein Thermometer zurecht, und wählen Sie die heilenden Zusätze aus.**

## Richtig baden mit Heilkräutern

- Die ideale Wassertemperatur für ein Bad mit Kräuterzusätzen beträgt etwa 36 bis 37 °C (Thermometer verwenden!). Ein Erkältungs- oder Rheumabad darf auch zwischen 38 und 40 °C warm sein.

### Gegenanzeigen beachten!

**!** Bei akuter Gelenkentzündung (Arthritis) ist eine Überwärmung allerdings nicht zu empfehlen. Die Badedauer darf eine Viertelstunde nicht übersteigen. Badeverbot besteht für die auf Seite 723 aufgeführten Erkrankungen.

**!** Wenn Sie Vollbäder nicht so gut vertragen, ist ein Teilbad ratsamer, bei dem sich nur der untere Körperteil bis zum Nabel im Wasser befindet (→ Seite 726).

- Sie können die Heilkräuter als Teeaufguß (→ Seite 729) zubereiten und diesen in den heißen Wasserstrahl gießen, während das Wasser einläuft. Auf diese Weise entfalten die Pflanzen ihre Wirkstoffe besonders gut. Nach dem Einlaufen überprüfen Sie die Badetemperatur mit dem Thermometer.
- Sehr wirksam ist es auch, wenn Sie die getrockneten Kräuter in ein Stoffsäckchen füllen. Das Säckchen hängen Sie direkt in den Wasserstrahl und lassen es – je nach Bedarf – noch einige Minuten im Wasser ziehen. Sie können die Kräuter auch selbst mischen.
- Heilpflanzenöle geben Sie ins heiße Badewasser. Badeöle haben eine rückfettende Wirkung und sind dadurch besonders hautfreundlich.
- Bleiben Sie nicht länger als höchstens 20 Minuten in der Wanne. Die Badedauer richtet sich nach Ihrem Wohlbefinden, aber auch nach Ihrer Konstitution und Ihren Beschwerden. Wichtig ist, daß Sie während des Badens nicht auskühlen.
- Trocknen Sie sich danach gut ab, und ruhen Sie – warm zugedeckt – etwa eine halbe Stunde oder länger. Sie sollten keinesfalls unmittelbar nach dem Bad an die kühle Luft gehen.

## Wohltuende Badezusätze

| Badezusatz | Hilft bei | Anwenden/dosieren* |
|---|---|---|
| **Baldrian** | Nervosität, Schlafstörungen | fertiges Badeöl/nach Vorschrift |
| **Eukalyptus** | Erkältung (schleimlösend), Rheuma | fertiges Badeöl/nach Vorschrift |
| **Fichtennadel** | Nervosität, Stoffwechsel- und Kreislaufbeschwerden, Bronchitis (schleimlösend) | fertiges Badeöl/nach Vorschrift |
| **Heublume** | Stoffwechselstörungen, rheumatische Beschwerden, Hexenschuß, Ischias, lindert Schmerzen, hemmt Entzündungen | fertiger Extrakt/nach Anweisung; oder: Abkochung (→ Seite 729) mit 500 g Heublumen auf 5 l Wasser |
| **Kamille** | schlechte Wundheilung (entzündungshemmend), Hautprobleme, Erkältung (reizlindernd) | fertiges Badeöl/nach Vorschrift; oder: Teeaufguß (→ Seite 729) aus 100 g Kamille auf 1 l Wasser |
| **Lavendel** | Anspannung, Streß, Kreislaufstörungen | fertiges Badeöl/nach Vorschrift; oder: Abkochung (→ Seite 729) aus 100 g Lavendel auf 1 l Wasser |
| **Melisse** | leichte Erregungszustände, Verspannungen | fertiges Badeöl/nach Vorschrift |
| **Meersalz** | verminderte Stoffwechselaktivität, Hautleiden, Allergien, Blutarmut, Muskel- und Gelenkrheuma | 2 bis 3 kg Meersalz je Vollbad (etwa 300 l) |
| **Rosmarin** | Durchblutungsstörungen, Müdigkeit (stark anregend) | fertiges Badeöl/nach Vorschrift |
| **Schachtelhalm** | Nieren- und Blasenleiden, schlecht heilende Wunden | Aufguß (→ Seite 729) mit 150 g Zinnkraut auf 1 l Wasser |
| **Thymian** | Bronchitis, Husten (schleimlösend), Asthma, Verkrampfungen | fertiges Badeöl/nach Vorschrift; oder: Teeaufguß (→ Seite 729) aus 100 g Thymian auf 1 l Wasser |

* Die Mengenangaben beziehen sich auf Vollbäder; für Teilbäder wird die Dosis je nach Wassermenge verringert.

# Heilpflanzen zum Inhalieren

Das Inhalieren von warmem Wasserdampf gehört ebenfalls zu den altbewährten Hausmitteln. Mit entsprechenden Kräuterzusätzen versehen, können Sie ein Kopfdampfbad entweder für kosmetisch-pflegende Zwecke oder als natürliches Heilmittel bei Erkältungskrankheiten einsetzen.

## Gesichtsdampf bei Hautproblemen

Wenn Sie unreine, schlecht durchblutete Haut haben, hilft ein Gesichtsdampfbad mit Kamillen- oder Salbeitee, das Hautbild zu verbessern und Entzündungen zum Abklingen zu bringen.

**So wird's gemacht**

- Bringen Sie 1 Liter Wasser mit der entsprechenden Menge Heilpflanzenzusatz (→ Tabelle, Seite 730) zum Kochen. Dann stellen Sie den Topf auf einen Tisch. Sie können die Dampfstärke regulieren (Schutzmaßnahme), wenn Sie einen Holzrost oder zwei Kochlöffel über den offenen Topf legen, den Deckel darauf legen und entsprechend verschieben.
- Setzen Sie sich an den Tisch, und beugen Sie sich über den Topf. Legen Sie ein großes Handtuch über Ihren Kopf, Ihre Schultern und den Topf und atmen Sie die Dämpfe ein.
- Nach 8 bis 10 Minuten beenden Sie das Dampfbad und waschen Ihr Gesicht mit kühlem Wasser ab.

### Inhalation

Regelmäßiges Inhalieren hilft bei Erkältung oder Nasennebenhöhlenentzündung. Heißer Wasserdampf verflüssigt den zähen Schleim, macht die Nase wieder frei und stillt hartnäckigen Husten. Durch die Kräuterzusätze klingen Entzündungen im Mund- und Rachenraum schneller ab.

**So wird's gemacht**

- Gehen Sie wie beim Gesichtsdampf vor. Geben Sie eine Inhalationsmischung (→ unten) zu.
- Atmen Sie tief ein und aus: bei Schnupfen durch die Nase ein und durch den Mund aus, bei Bronchitis durch den Mund ein und aus.
- Sie können bis zu 10 Minuten 3- bis 6mal täglich inhalieren. Danach tupfen Sie sich das Gesicht mit einem kühlen Waschlappen ab. Gehen Sie nach dem Inhalieren nicht sofort ins Freie.

### Heilpflanzen-Mischungen zum Inhalieren

- **Bei Schnupfen mit zähem Schleim**

(auch für Babys und Kleinkinder geeignet)
3 EL Kamillenblüten mit 1 l kochendem Wasser übergießen und inhalieren.

- **Bei Nasennebenhöhlenentzündung**

20 g Kamillenblüten
10 g Thymiankraut
10 g Salbeiblätter
3 EL der Mischung mit 1 l kochendheißem Wasser übergießen und inhalieren.

### Inhalieren für Babys und Kleinkinder

Auch für Babys und Kleinkinder ist das Einatmen von warmem Wasserdampf gut geeignet, um eine verstopfte Nase oder die Atemwege wieder frei zu bekommen: Schütten Sie kochendheißes Wasser ins Waschbecken, setzen Sie sich mit Ihrem Kind auf dem Schoß davor (großes Handtuch über sich und Becken breiten), und lassen Sie es die Dämpfe einatmen. Es gibt auch spezielle Kalt- und Heißluftzerstäuber, die Sie sich eventuell verschreiben lassen können, wenn Ihr Kind unter einer chronischen Atemwegserkrankung leidet; fragen Sie bei Ihrer Krankenkasse nach.

## Einreiben mit heilenden Ölen

Kräuteröle werden zur äußerlichen Behandlung angewendet: zum Beispiel bei akuten Entzündungen, da sie kühlend wirken. Sie eignen sich als Umschläge bei entzündlichen Hauterkrankungen, zur Behandlung von Wunden und leichten Erfrierungen, zum Einreiben und als Gleitmittel für Massagen (→ Aromatherapie, Seite 734).

### Mixturen für zu Hause

Viele Verfahren der Heilpflanzenzubereitung sind recht kompliziert, doch einige Heilpflanzenöle können Sie auch selbst zubereiten. Hier ist ein einfaches Verfahren beschrieben, das sich für den Hausgebrauch eignet.

### Heilende Pflanzenauszüge in Öl

| Pflanzenöl | Hilft bei |
|---|---|
| Johanniskraut | Gelenkschmerzen, Gicht, Hexenschuß, Verrenkung, Verstauchung, Sonnenbrand, tägliche Hautpflege (reizlindernd) |
| Lavendel | Verrenkungen, Quetschungen, Brandwunden (Nachbehandlung) |
| Rosmarin | rheumatische Gliederschmerzen, Verstauchung, Wunden, Ekzeme |

**So wird's gemacht**

- Für ein Hautöl benötigen Sie 50 ml gutes Pflanzenöl wie Mandel-, Oliven- oder Avocadoöl (in Apotheken erhältlich) und frische Kräuter, die Sie vor der Zubereitung 2 bis 3 Tage oberflächlich trocknen lassen (frische Pflanzen werden zu schnell ranzig).
- Auf 50 ml Pflanzenöl geben Sie 1 gehäuften Eßlöffel getrocknete Pflanzen in eine Flasche. Damit das Öl länger hält, geben Sie noch 2 Eßlöffel Soja- oder Weizenkeimöl hinzu. Das Vitamin E dieser Öle erhöht die Haltbarkeit.
- Verschließen Sie die Flasche gut und lagern Sie sie 4 bis 6 Wochen an einem dunklen, kühlen Ort. Bevor Sie das Öl zum äußeren Gebrauch verwenden, gießen Sie es durch ein Sieb.
- Ranziges Öl darf nicht mehr verwendet werden, weil es nicht nur übel riecht, sondern auch zu Hautreaktionen führt. Stellen Sie deshalb immer nur eine kleine Menge (50 ml) Hautöl her.

# Tinkturen – wirksame Tropfen

Tinkturen sind gut wirksame alkoholische Zubereitungen für die innere Anwendung. Sie werden tropfenweise in Wasser eingenommen. Wie bei jeder Selbstbehandlung sollten Sie immer Ihren Arzt fragen, wenn Beschwerden oder allergische Reaktionen auftreten oder wenn Sie an einer chronischen Erkrankung leiden!

**Tinkturen zur inneren Anwendung**

| Heilpflanze | Hilft bei | Dosierung |
|---|---|---|
| **Baldrian** | Nervosität, Schlaflosigkeit | 1 TL auf 1 Glas Wasser |
| **Enzian** | Appetitlosigkeit, Verdauungsstörungen | vor dem Essen: 10 Tropfen auf 1/2 Glas Wasser |
| **Johanniskraut** | Depressionen, Magenprobleme, wirkt ausgleichend auf Nerven und Kreislauf | 10 Tropfen auf 1/2 Glas Wasser |

## Tinkturen selbst herstellen

**So wird's gemacht**

- Besorgen Sie sich hochprozentigen Alkohol oder Weingeist (in Apotheken erhältlich). Auf 1 l Alkohol geben Sie 200 bis 250 g getrocknete, zerkleinerte Pflanzenteile in eine Flasche, die Sie fest verkorken.
- Lagern Sie die Flasche mindestens 10 Tage, besser mehrere Wochen lang an einem lichtgeschützten, kühlen Ort. Während dieser Zeit wird die Flasche täglich kräftig geschüttelt.
- Danach seihen Sie die Tinktur ab und füllen sie in eine dunkle Flasche mit Schraubverschluß und Tropfvorrichtung (in Apotheken erhältlich). Geschmack und Wirkung erhöhen sich, wenn Sie die Tinktur einige Tage später nochmals filtern und weitere 6 bis 8 Wochen lang kühl und dunkel lagern.

**Mischen Sie sich Ihre Tinkturen selbst.**

# Aromatherapie für Ihr Wohlbefinden

Die Aromatherapie ist ein Teilbereich der Naturheilkunde. Ihre Heilmittel sind ätherische Öle – kleinste Öltröpfchen, die in den Öldrüsen in oder auf dem Pflanzengewebe gebildet werden. In den ätherischen Ölen ist die Energie einer Pflanze in konzentrierter Form enthalten.

## So wirken ätherische Öle

Aromatherapeutische Erfahrungen haben gezeigt, daß vor allem seelisch bedingte Gesundheitsstörungen mit ätherischen Ölen gut behandelt werden können. Insbesondere das Nervensystem sowie die eng mit ihm zusammenarbeitenden Hormondrüsen scheinen durch die Aromastoffe ausgleichende, regulierende Impulse zu erhalten. Ätherische Öle wirken über den Geruchssinn (Einatmen oder Inhalieren), über die Haut (Massageöle, Badezusätze, Umschläge, Kompressen) und durch die innere Anwendung der Essenzen in therapeutisch verordneten Dosierungen.

## Mit Aromaölen richtig umgehen

- Ätherische Öle gibt es in Apotheken, Reformhäusern, Naturkostläden und Drogerien. Achten Sie beim Kauf immer darauf, daß die Aromaöle rein pflanzlicher Herkunft und nicht synthetisch hergestellt sind.
- Ätherische Öle dürfen nicht unverdünnt auf die Haut gegeben werden. Sie verteilen sich ohnehin besser, wenn sie mit einer Trägersubstanz (Pflanzenöl oder süße Sahne) vermischt werden.
- Ätherische Öle sind stark wirksame Mittel. Achten Sie deshalb immer auf die angegebene Dosierung, und wenden Sie Aromaöle nicht täglich über einen längeren Zeitraum an.

**Bei Selbsthilfe nur äußerlich anwenden!**

! Eine gezielte aromatherapeutische Behandlung gehört in die Hände von Fachkräften, vor allem die innere Anwendung ätherischer Öle. Zur Selbsthilfe sind deshalb nur die äußeren Anwendungen geeignet.

## Aromaöle zur Verbesserung der Raumluft

Mit einer Duftlampe können Sie die Luftqualität in Ihren Räumen verbessern und die wohltuenden Düfte ganz nebenbei einatmen.

**So wird's gemacht**

- Träufeln Sie die Öle in die mit Wasser gefüllte Schale der Lampe und rühren Sie die Mischung einmal um.
- Die in der Tabelle angegebenen Mengen richten sich nach einer durchschnittlichen Raumgröße von etwa 20 m². Ist der Raum größer oder kleiner, verwenden Sie entsprechend mehr oder weniger Tropfen.

### Düfte für die Aromalampe

| Mischung | So wirkt sie |
|---|---|
| 5 Tropfen Bergamottöl<br>5 Tropfen Geraniumöl | regt an, erfrischt |
| 3 Tropfen Geraniumöl<br>1 Tropfen Rosenöl<br>5 Tropfen Zedernöl | gleicht aus, harmonisiert |
| 7 Tropfen Neroliöl<br>5 Tropfen Lavendelöl | beruhigt,<br>fördert den Schlaf |

**Die Öle in den Duftlampen verbessern die Raumluft und erfrischen oder beruhigen.**

## Aromaöle als Badezusatz

Da sich ätherische Öle nicht mit Wasser vermischen, benötigen Sie eine hautfreundliche Trägersubstanz wie süße Sahne, Milch, Joghurt, Molke, Honig oder ein Pflanzenöl.

### Wohltuende Badezusätze

| Mischung | So wirkt sie |
|---|---|
| **Das Abendbad:**<br>10 Tropfen Sandelholzöl<br>5 Tropfen Neroliöl<br>in 4 EL Sahne verrühren | beruhigt, entspannt |
| **Das Morgenbad:**<br>8 Tropfen Rosmarinöl<br>5 Tropfen Zitronenöl<br>in 4 EL Milch oder süßer Sahne verrühren | erfrischt, belebt |
| **Das Hautpflegebad:**<br>8 Tropfen Kamillenöl<br>8 Tropfen Rosenöl<br>in 4 EL süßer Sahne und 2 EL Honig verrühren | beruhigt und pflegt empfindliche, trockene Haut |

## Duftende und pflegende Massageöle

Ätherische Öle dringen leicht in die Haut ein und entfalten so ihre heilenden Wirkungen. Sie werden für die Massage mit pflanzlichen Ölen verdünnt, die Trägersubstanz und Gleitmittel sind, damit die Haut beim Massieren nicht unangenehm gerieben wird.

**So wird's gemacht**

Träufeln Sie die angegebene Mischung in 50 ml Öl (zum Beispiel Mandelöl), und schütteln Sie sie sehr gut durch.

### Bewährte Massageöle

| Mischung | So wirkt sie |
|---|---|
| 8 Tropfen Lavendelöl<br>2 Tropfen Geranium<br>8 Tropfen Sandelholz | beruhigt, entspannt |
| 4 Tropfen Zitronenöl<br>4 Tropfen Wacholderöl<br>2 Tropfen Rosmarinöl<br>2 Tropfen Lavendelöl | regt an, fördert die Durchblutung |

# Wickel, Kompressen, Packungen

Wickel, Auflagen, Packungen und Kompressen schaffen bei verschiedenen Beschwerden wie Fieber, Infekten und örtlichen Entzündungen rasch Abhilfe. Sie lindern Schmerzen, beruhigen oder lassen Schwellungen zurückgehen. Man versteht darunter Anwendungen mit feuchten Tüchern, meist unter Zusatz von Heilpflanzentees, -tinkturen oder einem Pflanzenbrei. Sie können damit besonders gut auch leichtere Erkrankungen bei Kindern behandeln.

## Kalte und warme Wickel

Beim Wickel werden einzelne Körperteile oder größere Körperzonen mit Tüchern »umwickelt«.

- Kalte Wickel entziehen dem Körper Wärme, harmonisieren die Funktionen des vegetativen Nervensystems, regen Durchblutung und Stoffwechsel an und senken Fieber.
- Warme Wickel können Sie vor allem dann anwenden, wenn sich die ersten Anzeichen einer Erkältung wie Frösteln oder kalte Füße bemerkbar machen. Wärmezuführende Wickel mit warmem oder heißem Wasser erweitern die Blutgefäße und tragen dazu bei, daß Schlacken und Schweiß leichter ausgeschieden werden. Außerdem lindern sie Schmerzen und entspannen verkrampfte Muskeln.

**So helfen kalte und warme Wickel**

| Wickel | Hilft bei |
|---|---|
| **Kalter Halswickel** (→ Seite 736) | Hals-, Rachen-, Kehlkopfentzündungen |
| **Kalter Brustwickel** (→ Seite 737) | Bronchitis, Lungen- und Rippenfellentzündungen mit Fieber |
| **Heißer Brustwickel** (→ Seite 737) | Erkältung, chronischer Husten, Bronchialasthma |
| **Warmer Bauchwickel** (→ Seite 738) | Magen-Darm-Störungen, Krämpfe, Blähungen |
| **Kalter Wadenwickel** (→ Seite 738) | Fieber, Schlafstörungen, Venenentzündungen, Wadenkrämpfe |
| **Kalter Beinwickel** (→ Seite 738) | Venenentzündungen |

### Wickel richtig anlegen

- Für jeden Wickel benötigen Sie 3 Tücher: ein je nach Anwendung größeres oder kleineres Leinentuch als nasses Tuch, ein etwas größeres, luftdurchlässiges Zwischentuch (Baumwolle) und ein wärmendes Flanelltuch oder eine Wolldecke.

Gewickelt wird in folgenden Schritten:

- Sie falten das Leinentuch zusammen, tränken es in kaltes oder heißes Wasser, wringen es mehr oder weniger stark aus und legen es um die Körperstelle.
- Darüber wickeln Sie das trockene Zwischentuch, das das Leinentuch um einige Zentimeter überragt.
- Zuletzt legen Sie das Wolltuch obenauf oder umwickeln den Körperteil mit der Decke.

### Kalte Halswickel gegen Halsschmerzen

Kalte Halswickel helfen nicht nur bei Halsschmerzen und Rachenentzündungen (→ Tabelle), sondern auch bei angeschwollenen Halslymphknoten. Sie sind nicht geeignet bei aufkommenden Erkältungskrankheiten und ansteigendem Fieber.

**So wird's gemacht**

- Tauchen Sie ein kleineres Leinentuch von etwa 10 mal 70 cm in kaltes Wasser. Wringen Sie es leicht aus und falten Sie es handbreit zusammen. Legen Sie es so um den Hals, daß es nicht einengt.
- Darüber kommen das gefaltete, trockene Handtuch und ein Wollschal.
- Anwendungsdauer: höchstens 1 Stunde. Erneuern Sie den Wikkel, sobald er durchwärmt ist. Sie können ihn mehrmals täglich anlegen.

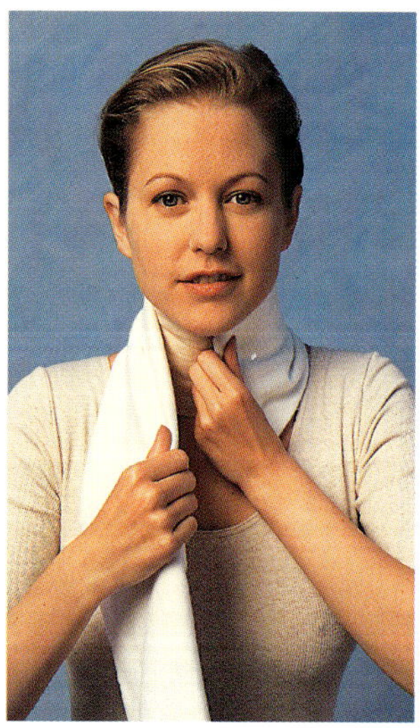

**Der Halswickel ist einfach und schnell angelegt.**

## Kalte Brustwickel für die Bronchien

Der kalte Brustwickel ergänzt die Behandlung bei Entzündungen der Atemwege (→ Seite 736). Legen Sie ihn nicht an, wenn Sie frösteln oder frieren!

**So wird's gemacht**

- Legen Sie zunächst eine zusammengefaltete Wolldecke auf das Bett, darauf das trockene Handtuch und obenauf das etwas schmälere, feuchte Leinentuch.
- Nun legen Sie sich so auf die Tücher, daß Ihnen der Wickel von den Achseln bis zum unteren Rippenbogen reicht. Danach hüllen Sie Ihren Oberkörper in die Tücher ein. Achten Sie, daß Sie nicht zu straff wickeln, damit Ihre Atmung nicht behindert wird.
- Anwendungsdauer: 45 bis 60 Minuten. Wird er nach 7 bis 10 Minuten nicht warm oder frösteln Sie – sofort ablegen.

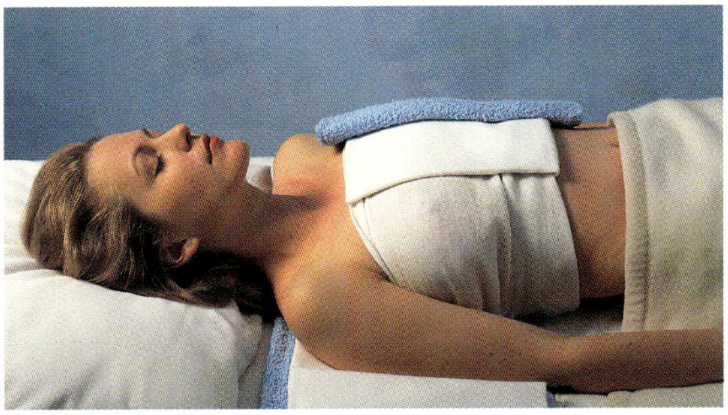

**Die Tücher sollen faltenfrei aufliegen. Sonst bilden sich Hohlräume, die die Wärmewirkung mindern.**

## Heiße Brustwickel bei Husten

Sie wirken schleimlösend und lindern starken Hustenreiz (→ Seite 736). Nicht bei Fieber anwenden!

**So wird's gemacht**

- Erwärmen Sie etwa 2 Liter Wasser. Kurz bevor das Wasser zu kochen beginnt, nehmen Sie den Topf von der Platte und legen das Leinentuch hinein. Mit einem Kochlöffel fischen Sie das Tuch wieder heraus, lassen es kurz abkühlen und wringen es aus (eventuell Handschuhe anziehen!).
- Prüfen Sie die Temperatur innen am Unterarm; danach wie beim kalten Brustwickel verfahren.

## Zusätze erhöhen die Wirkung

**Kalte Brustwickel mit Quark oder Zitrone**

Quark oder Zitronensaft wirken schleim- und krampflösend. Sie eignen sich auch für Kinder, die an hartnäckiger Bronchitis leiden.

- Streichen Sie auf das innere, einmal quer gefaltete Leinentuch zimmerwarmen, fettarmen, frischen Quark. Die Quarkschicht sollte etwa 1 cm dick und so breit und hoch wie der Brustkorb sein. Darüber kommt ein zweites, einmal quer gefaltetes Leinentuch, das den Quark abdeckt.
- Wickeln Sie den Quarkwickel um die Brust und verfahren Sie so, wie oben beschrieben.
- Anstelle des Quarks kann auch frisch ausgepreßter Zitronensaft verwendet werden. Tränken Sie das Leinentuch mit dem Saft und umwickeln Sie die Brust damit.
- Anwendungsdauer: Beide Wickel können 40 bis 60 Minuten liegenbleiben; bei guter Verträglichkeit maximal eineinhalb Stunden.

**Warme Brustwickel mit Kartoffeln**

Als Wickelzusatz für einen warmen Brustwickel sind Kartoffeln geeignet, weil sie die Wärme lange speichern können. Ein Kartoffelwickel eignet sich auch für Kinder. Er muß jedoch genau nach Vorschrift und vorsichtig angewendet werden, da man sich leicht verbrennen kann.

- Kochen Sie zunächst ein paar geschälte Kartoffeln und lassen Sie sie etwas abkühlen. Zerdrücken Sie die Kartoffeln dann mit einer Gabel, und streichen Sie die warme (nicht heiße!) Masse in die Mitte des Leinentuchs. Falten Sie es dann so zusammen, daß die Kartoffelmasse nicht herausquellen kann und gut abgedeckt ist.
- Bevor Sie den Kartoffelwickel auflegen, müssen Sie die Temperatur mit Ihrem Handrücken etwa 1 Minute lang prüfen. Wenn sie gut verträglich ist, legen Sie ihn auf.
- Anwendungsdauer: 20 Minuten bei Kindern, 30 Minuten bei Erwachsenen.

## Warme Bauchwickel für Magen und Darm

Bei Magen-Darm-Störungen wie Erbrechen, Blähungen und Krämpfen helfen warme Bauchwickel. Besonders für magenkranke Kinder eignet sich der warme Bauchwickel hervorragend, um die Beschwerden zu lindern.

**So wird's gemacht**

- Legen Sie sich Woll- und Handtuch wie für den Brustwickel (→ Seite 737) – nur tiefer – auf dem Bett bereit: zuerst das Wolltuch, darauf das trockene Handtuch.
- Tränken Sie nun das Leinentuch in heißes Wasser, fischen es dann mit einem Kochlöffel heraus und lassen es ein paar Sekunden abkühlen. Danach wringen Sie es aus, prüfen die Temperatur und legen es auf die beiden anderen trockenen Tücher.
- Legen Sie sich mit dem Rücken auf das nasse Tuch, und wickeln Sie es um Ihren Bauch herum, dann folgt das trockene Tuch und obenauf das Flanell- oder Wolltuch.
- Anwendungsdauer: Solange Sie den Wickel als warm empfinden, etwa 20 bis 30 Minuten.

### Beruhigende Kamille

Als Zusatz fördert Kamille die beruhigende und entkrampfende Wirkung des warmen Bauchwickels.

**So wird's gemacht**

- Bereiten Sie einen Teeaufguß (→ Seite 729) aus Kamillenblüten, und tauchen Sie das Leinentuch in den noch heißen Tee.
- Das Leinentuch wird einmal in Längsrichtung zusammengefaltet, aufgelegt und wie oben beschrieben gewickelt. Sie können die Wirkung noch steigern, wenn Sie eine halbvolle Wärmflasche auf das Zwischentuch legen und dann erst die Wolldecke darüberschlagen.
- Anwendungsdauer: Der Kamillenwickel kann etwa 20 Minuten liegenbleiben und bei Bedarf nach 1 Stunde wiederholt werden.

## Kalte Wadenwickel – bewährtes Fiebermittel für Kinder und Erwachsene

Wadenwickel werden vor allem wegen ihrer fiebersenkenden Wirkung angewendet, aber auch bei Schlafstörungen oder Venenentzündungen (→ Seite 736).

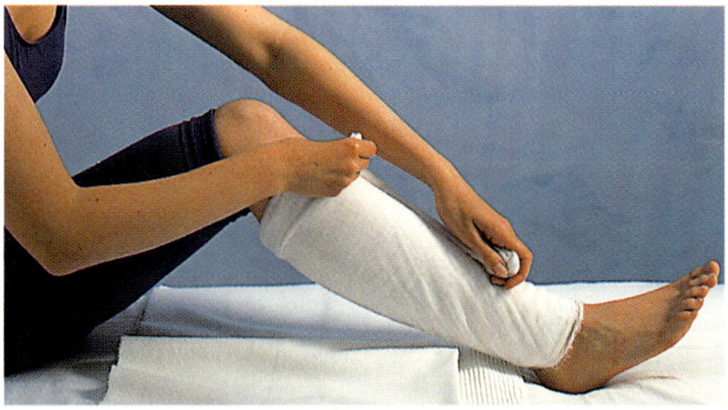

**Verständigen Sie immer Ihren Arzt, wenn das Fieber trotz der Wadenwickel nicht sinkt!**

**So wird's gemacht**

- Falten Sie das Leinentuch 2mal in Längsrichtung, und tauchen Sie es in kaltes Wasser, wringen es gut aus (es darf nicht mehr tropfen) und wickeln es straff um den Unterschenkel.
- Darüber wickeln Sie ein trockenes Handtuch. Zum Schluß schlagen Sie noch ein Wolltuch darüber.
- Auf die gleiche Weise umwickeln Sie auch den anderen Unterschenkel.
- Anwendungsdauer: Nach etwa 20 Minuten – oder wenn der Wickel nicht mehr als kalt empfunden wird – abnehmen, die Beine gut abfrottieren. Bei Bedarf nach 1 Stunde wiederholen.

## Kalte Beinwickel für die Venen

Kalte Beinwickel mit Essig und Lehm lindern die Schmerzen und kühlen bei Venenentzündungen.

**So wird's gemacht**

- Mischen Sie 1 Liter Wasser mit $^1/_4$ Liter Essig. Lösen Sie den Lehm (aus der Apotheke, Drogerie) darin auf und rühren gut um. In den joghurtähnlichen Brei tauchen Sie das Leinentuch.
- Drücken Sie es aus und umwickeln damit die erkrankte Stelle am Bein. Darüber kommen das trockene und das warme Tuch.
- Anwendungsdauer: eine halbe Stunde. Bei Bedarf mehrmals täglich wiederholen.

## Kompressen lindern milde und gezielt

Im Gegensatz zu den Wickeln wird das feuchte Innentuch bei Auflagen oder Umschlägen nicht ganz um den Körperteil herumgeführt, sondern nur mehrmals passend zusammengefaltet und auf ein bestimmtes Körpergebiet aufgelegt. Auflagen wirken deshalb etwas milder als Wickel. Die beiden trockenen Tücher werden jedoch um den ganzen Körperteil gewickelt. Die kleinste Form der Auflage ist die Kompresse. Mit Kompressen können Sie einen kleinen Körperbereich gezielt behandeln (zum Beispiel Augen oder Stirn).

### Feucht-kühle Kompressen beruhigen

Sie wirken abschwellend bei Prellungen und beruhigen bei nervösen Erregungen (als Herz- oder Stirnkompressen).

**So wird's gemacht**

- Für eine Kompresse benötigen Sie ein Leinentuch, das so oft zusammengefaltet wird, bis es möglichst genau auf die zu behandelnde Körperstelle (Stirn oder Herzgegend) paßt.
- Tränken Sie dieses Tuch in kaltes Wasser, wringen Sie es aus und legen es auf die Haut. Zur Abdichtung wickeln Sie über das nasse Tuch ein größeres, trockenes Flanelltuch.
- Sobald das Tuch warm geworden ist, tränken Sie es erneut in kaltes Wasser und legen es auf.
- Anwendungsdauer: Nur so lange anwenden, wie die Behandlung als angenehm empfunden wird (das gilt besonders bei Herzkompressen).

**In Kräuterauszüge getauchte Kompressen beruhigen und helfen bei Prellungen und Verstauchungen.**

### Heilende Zwiebel – auch für Kinder

Die Dämpfe der Zwiebel wirken besonders wohltuend und heilend bei Halsentzündungen, Bronchitis und Ohrentzündungen. Zerkleinern Sie zwei große Zwiebeln und legen Sie die Zwiebelstücke in das feuchte, innere Leinentuch. Falten Sie es so zusammen, daß die Zwiebeln nicht direkt auf der Haut aufliegen, sondern sich innen im Tuch befinden. Zwiebeln eignen sich als Zusatz für Auflagen und Wickel (→ Seite 736).

### Kräuterkompressen zum Abschwellen

Kompressen mit Heilpflanzenzusätzen helfen gezielter und wirksamer. Mit Arnika-Essenz können Sie zum Beispiel Prellungen und Verstauchungen zum Abschwellen bringen.

**So wird's gemacht**

- Besorgen Sie sich Arnika-Essenz aus der Apotheke, und verdünnen Sie sie mit Wasser: 1 Teil Arnika mit 9 Teilen lauwarmem Wasser.
- Tauchen Sie das passend gefaltete Leinentuch hinein, wringen es leicht aus und legen es auf die Körperstelle. Wickeln Sie um die Kompresse ein trockenes Leinentuch, und erneuern Sie sie bei Bedarf.
- Anwendungsdauer: Die körperwarme Kompresse kann so lange auf der Haut bleiben, bis die Schwellung zurückgegangen ist.

### Augenkompressen für müde Augen

Eine in lauwarmen Augentrosttee getränkte Kompresse hilft bei überanstrengten, geröteten Augen.

**So wird's gemacht**

- Bereiten Sie zunächst einen Teeaufguß von getrockneten Augentrostblättern (1 Teelöffel auf 1 Tasse Wasser). Den Aufguß abkühlen lassen.
- Wenn die Flüssigkeit lauwarm ist, tauchen Sie zwei Wattepads in den Tee, legen sie auf die Augen und lassen sie etwa 5 bis 10 Minuten dort.

### Heiße Dampfkompressen bei Krämpfen

Durch den heißen Dampf lindern sie sehr nachhaltig Krämpfe (zum Beispiel Magen- oder Menstruationskrämpfe) und Schmerzen in der Magengegend.

**So wird's gemacht**

- Legen Sie das Leinentuch einige Minuten in kochendheißes Wasser, nehmen Sie es mit einem Löffel heraus und wringen es mit Handschuhen aus.
- Danach hüllen Sie das heiße Leinentuch in ein Flanelltuch (um Verbrennungen zu vermeiden) und legen es so heiß wie Sie es vertragen auf Magen oder Bauch. Darüber wickeln Sie ein trockenes Leinentuch und obenauf eine Wolldecke.
- Anwendungsdauer: Erneuern Sie die Dampfkompresse, wenn sie erkaltet ist. Heiße Dampfkompressen höchstens 2- bis 3mal auflegen.

# Warme Auflagen mit Kräutern oder Brei

Kräuterauflagen und die sogenannten »Breiumschläge« bringen Entzündungen zum Abklingen und lösen Krämpfe. Lassen Sie sich vor der Anwendung von einem Arzt oder Fachmann beraten (→ Adressen, Seite 798).

## Heublumensack – heilsamer Wärmereiz

Die Heublumen übertragen nicht nur Wärme, sondern üben auch einen heilsamen Reiz auf die Haut aus. Dadurch können Giftstoffe besser ausgeschieden werden und Entzündungen schneller abheilen. Legen Sie einen heißen Heublumensack auf bei Entzündungen der Atemwege (Bronchitis, Hustenreiz) und Verdauungsorgane, bei Hautleiden sowie bei rheumatischen Muskel- und Gelenkerkrankungen, jedoch nie bei akuten Entzündungen oder auf entzündete Hautstellen.

**So wird's gemacht**

- In Apotheken und Reformhäusern gibt es gebrauchsfertige Heublumenauflagen, die nach Anweisung angewendet werden.
- Den selbstgefertigten Heusack (siehe Kasten) erhitzen Sie 15 bis 20 Minuten über Wasserdampf – legen Sie ihn in ein Sieb über kochendes Wasser.
- Nehmen Sie ihn mit einer Wäscheklammer (Verbrennungsgefahr!) heraus und pressen ihn aus (Hände schützen!). Lassen Sie ihn auf etwa 40 °C abkühlen (an der Innenseite des Unterarms prüfen!) und legen ihn auf die zu behandelnde Körperzone. Darüber kommen die beiden trockenen Tücher.

### Der Heublumensack selbst gemacht

Wenn Sie sich einen Heublumensack selbst anfertigen möchten, nähen Sie ein Säckchen aus einem 20 mal 30 cm großen Leinentuch und einem Plastikreißverschluß. Füllen Sie es zu zwei Dritteln mit Heublumen (aus der Apotheke). Verwenden Sie die Füllung höchstens 5- bis 7mal. Jedesmal gut und schnell trocknen (Schimmelpilzgefahr!).

- Anwendungsdauer: Nach 1 Stunde entfernen Sie den Heublumensack. Ruhen Sie sich nochmals 1 Stunde lang im Bett aus. Anschließend waschen Sie die behandelte Stelle kalt ab.

## Breiauflagen mit Bockshornklee- oder Leinsamen

Mit diesen Zusätzen können Sie Entzündungen des Magen-Darm-Trakts, Magen-Darm-Krämpfe sowie Menstruationsbeschwerden sehr wirksam behandeln. Außerdem regen sie die Durchblutung der behandelten Stelle an.

**So wird's gemacht**

- Besorgen Sie sich in der Apotheke zerstoßenen Bockshornklee- oder Leinsamen. Verrühren Sie 5 bis 8 Eßlöffel (je nach Größe des zu behandelnden Körpergebiets) Samen in kaltem Wasser und kochen die Flüssigkeit unter ständigem Rühren auf.
- Sobald eine zähe Masse entsteht, streichen Sie diese fingerdick auf das innere Leinentuch, das Sie dann wie ein Kuvert zusammenfalten (→ Abbildung) und mit der Unterseite auf den Körper auflegen. Darüber kommen die beiden trockenen Tücher.
- Anwendungsdauer: Entfernen Sie den Breiumschlag, sobald er kühl ist. Je nach Bedarf können Sie ihn 2- bis 4mal täglich wiederholen.

**Für Breiauflagen falten Sie das Leinentuch wie einen Briefumschlag.**

## Packungen, die wärmen und heilen

Zu den häufigsten Anwendungen bei Badekuren, aber auch bei Massagen zählen Packungen mit natürlichen Substanzen wie Moor, Heilerde, Lehm oder Fango (Peloide). Als Packung aufgetragen, passen sich diese Zusätze dem Körper gut an und halten die Wärme sehr lange. Sie lösen Verspannungen und Krämpfe und stillen Schmerzen. Deshalb werden sie bei Rückenschmerzen aufgrund verkrampfter Muskulatur angewendet, aber auch bei Rheuma, Menstruationskrämpfen und Sportverletzungen.

### Fangokompressen

**So wird's gemacht**

- Gebrauchsfertige Kompressen mit Fango gibt es in Apotheken zu kaufen. Erwärmen Sie die Kompresse nach Vorschrift. Legen Sie sie auf die Körperstelle.
- Um Wärmeverluste zu vermeiden, umwickeln Sie den gesamten Körper mit einem großen Flanelltuch und mit einer großen Wolldecke.
- Anwendungsdauer: Die Packung nach dem Erkalten abnehmen, 1 Stunde lang im Bett ausruhen.

#### Vorsicht bei Packungen!

! Für herzkranke oder kreislauflabile Menschen können Wärmepackungen möglicherweise zu anstrengend sein (Arzt vorher um Rat fragen!).

! **Gegenanzeigen:** Wer ein verringertes Schmerzempfinden hat (zum Beispiel Diabetiker) oder massive Durchblutungsstörungen (zum Beispiel beim Raucherbein), darf Peloidpackungen nicht anwenden.

### Moorpackungen

**So wird's gemacht**

- Auch Moorpackungen gibt es in Apotheken zu kaufen. Verrühren Sie den Packungsinhalt mit Wasser zu einem Brei. Dieser wird dann im Wasserbad auf 45 °C erhitzt (Thermometer verwenden!). Um zu prüfen, ob die Temperatur hautverträglich ist, nähern Sie sich vorsichtig mit dem Handrücken der Paste.
- Wenn die Temperatur angenehm warm ist, streichen Sie die Breimasse etwa 3 cm dick auf die schmerzende Stelle, legen ein Ölpapier darauf, dann ein Leinentuch darüber und wickeln sich zum Schluß mit einer warmen Wolldecke gut ein.
- Lassen Sie die Moorpackung etwa eine halbe Stunde lang einwirken, und entfernen Sie sie dann mit lauwarmem Wasser. Danach ist eine einstündige Bettruhe erforderlich.

## Rotlicht löst, wärmt und entspannt

Das wärmende Rotlicht entsteht als nicht mehr sichtbare Infrarotstrahlung in speziellen Bestrahlungslampen, die es in jedem guten Elektrogeschäft zu kaufen gibt.
Bestrahlungen mit Rotlicht erzeugen Wärme im Körper, die Schmerzen und Verkrampfungen lindert. Sie helfen bei chronischen rheumatischen Entzündungen, Schmerzen im Kopfbereich (wo Packungen und Wickel schlecht angebracht werden können), sowie bei Nebenhöhlen- und Mittelohrentzündungen. Außerdem wärmen sie vor einer Massagebehandlung auf und lindern Muskelverspannungen und Rückenschmerzen.

**So wird's gemacht**

- Stellen Sie die Rotlichtlampe in vorgeschriebenem Abstand (Bedienungsanleitung!) vor die betroffene Körperstelle.
- Anwendungsdauer: Bleiben Sie höchstens 20 Minuten davor sitzen. Nach der Bestrahlung nicht sofort an die kalte Luft gehen!
- *Bei Rückenschmerzen*: Trockene Wärmebestrahlungen werden besonders bei Schmerzen im Rückenbereich nicht gut vertragen.

Wenn Sie die zu bestrahlende Körperpartie vorher mit einem feuchtwarmen Tuch abdecken und die Lampe etwas näher rücken, ist die Behandlung angenehmer.

#### Nicht bei akuten Entzündungen!

! Alle akuten Entzündungen dürfen grundsätzlich nicht mit Wärme behandelt werden. In diesem Fall würden sich die Schmerzen nach der Bestrahlung verstärken.

# Krank sein zu Hause

## Früh erkennen – rechtzeitig handeln

Wenn eine Krankheit schon im Anfangsstadium erkannt und behandelt wird, heilt sie oft besser und schneller aus. In vielen Fällen können Sie durch rechtzeitige Maßnahmen verhindern, daß Sie überhaupt erst krank werden. Jeder Mensch ist in der Lage, sein Wohlbefinden selbst einzuschätzen oder zu erfühlen. Ihr Körper teilt Ihnen oft schon sehr früh mit, daß etwas nicht in Ordnung ist. Die Fähigkeit, zu spüren, ob es Ihnen gutgeht oder ob etwas »nicht stimmt«, ist überaus wichtig: Sie hilft Ihnen, Ihre Gesundheit zu stärken und auch die Vorzeichen einer Krankheit zu erkennen und rechtzeitig gegenzusteuern.

Mit allen Ihren Sinnen – Sehen, Riechen, Schmecken, Hören und Fühlen – können Sie den Zustand Ihres Körpers und Ihrer Seele wahrnehmen. Das gilt ganz konkret für die Früherkennung schwerer Erkrankungen, in erster Linie Krebserkrankungen. Aber auch wenn es nur um kleinere Alltagsbeschwerden geht, hilft es Ihnen, wenn Sie aufmerksam mit sich umgehen und auf Ihre Körpersignale hören. Sie spüren dann deutlich, was Ihnen guttut, Sie stört oder Ihnen gar nicht bekommt. Viele Menschen lassen sich jedoch gar nicht mehr auf eine Zwiesprache mit ihrem Körper ein – aus Angst vor möglichen Konsequenzen. Doch für die körperliche und seelische Gesundheit ist es wichtig, sich selbst ernst zu nehmen und sich im eigenen Körper »zu Hause« zu fühlen. Wenn Sie körperliche und seelische Veränderungen selbst beobachten und darauf reagieren, können Sie viele Beschwerden vermeiden und Krankheiten gezielt vorbeugen. Dazu ist es notwendig, daß Sie wieder lernen, Ihren Gefühlen zu vertrauen. Sie müssen kein Fachmann sein, aber Sie können mit Ihren Sinnen erfassen, was in Ihrem Körper und in Ihrer Seele vorgeht.

## Körpersignale ernst nehmen

Wenn Sie sich zuviel zumuten, reagiert der Organismus oft mit deutlichen Warnzeichen. Auch ernste Erkrankungen äußern sich in körperlichen und seelischen Veränderungen, die sich manchmal recht unauffällig vollziehen können oder so schnell entstehen, daß sie leicht übersehen werden, wie zum Beispiel die Anzeichen bestimmter Krebserkrankungen (→ Seite 580). Wichtig ist, daß Sie körperliche Reaktionen und seelische Zustände ernst nehmen, ganz gleich in welchen Symptomen sie sich äußern.

### Rechtzeitig zum Arzt gehen!

! Manchmal können Sie die Ursachen Ihrer Beschwerden selbst erkennen. Zögern Sie dann nicht, etwas dagegen zu tun. Horchen Sie jedoch nicht wochenlang in sich hinein, um zu erforschen, woher unklare Beschwerden kommen. Suchen Sie einen Arzt auf, wenn Sie selbst nicht mehr weiterwissen und Ihre Probleme nicht schnell und mit einfachen Mitteln beheben können.

### Alltagsbeschwerden richtig einordnen

Wenn Sie zum Beispiel über längere Zeit hinweg das Gefühl haben, »nicht auf der Höhe« oder »aus dem Gleichgewicht geraten« zu sein, dann nehmen Sie sich die Zeit und überlegen Sie, was in den letzten Wochen oder Tagen passiert ist. Vielleicht verdrängen Sie etwas, das Sie geärgert hat. Vielleicht haben Sie auch einfach nur zu wenig auf Ihre Ernährung geachtet oder sich zu wenig bewegt.

Aber auch wenn Sie sich krank fühlen oder Symptome wie Kopfschmerzen oder Schlaflosigkeit haben, können Sie durch dieses Nachspüren häufig einen Hinweis finden: Möglicherweise haben Sie sich zu wenig Erholung und Ruhe gegönnt, so daß Ihr Körper mit diesen Beschwerden auf den Dauerstreß reagiert. Oder vielleicht wollen Sie immer alles perfekt machen, so daß Sie innerlich ständig unter Druck und Spannung stehen, was sich in Form von Rücken- oder Kopfschmerzen äußert. Wie Sie Alltagsbeschwerden und leichte Erkrankungen selbst behandeln, dazu erfahren Sie Näheres auf den Seiten 722 bis 741 und 746 bis 751.

### Mögliche Hinweise auf ernste Erkrankungen

! Häufige oder sehr starke, plötzliche Schmerzen oder Fieber können Hinweise auf eine ernste Erkrankung sein. Weitere Alarmzeichen sind oft auch bestimmte körperliche und seelische Zustände, die weder mit Fieber noch mit Schmerzen verbunden sind und ebenfalls unvermittelt, ungewohnt heftig oder anhaltend auftreten. Dazu zählen:

- Abgeschlagenheit, Lustlosigkeit, Müdigkeit
- starker Leistungsabfall, der gewohnte Tätigkeiten erschwert oder unmöglich macht
- plötzliche Schwindel- oder Ohnmachtsanfälle
- deutliche Gewichtsabnahme ohne Diät
- Blut im Urin oder im Stuhl
- ungewöhnliche Gelbfärbung der Haut
- stark veränderter Körpergeruch; Mundgeruch
- Verhaltensauffälligkeiten, die nicht zum gewohnten Benehmen des Betroffenen passen.

Besprechen Sie solche oder ähnliche Symptome und Veränderungen immer mit einem Arzt!

! Wie Sie sichtbare äußere Veränderungen, die auf Haut-, Hoden- oder Brustkrebs hinweisen können, selbst erkennen, finden Sie auf den folgenden Seiten (744 bis 745).

## Krebs frühzeitig erkennen

Krebs muß heutzutage kein Todesurteil mehr sein. Wenn sie frühzeitig erkannt und behandelt werden, kann man viele Krebserkrankungen heilen. Deshalb gibt es die jährliche Krebsvorsorge: Für Frauen in jungen Jahren auf Brustkrebs, ab den mittleren Jahren auf Dickdarm- und Gebärmutterkrebs (Frauenarzt); für Männer in mittleren und fortgeschrittenen Jahren auf Prostatakrebs (Hausarzt oder Urologe).

Bei einigen häufig vorkommenden Krebsarten läßt es sich durch eigene Aufmerksamkeit verhindern, daß eine Geschwulst unerkannt im Körper wächst. Wenn Sie sich, Ihren Partner oder andere Familienmitglieder regelmäßig beobachten, dann können Sie frühzeitig Veränderungen am Körper feststellen. Dabei geht es insbesondere um Hautkrebs, Brustkrebs bei Frauen und Hodenkrebs bei jungen Männern.

## Hautveränderungen beobachten

Betrachten Sie den eigenen unbekleideten Körper und den des Partners regelmäßig von allen Seiten. Am besten ist es, wenn Sie Ihre Haut, Muttermale und Pigmentflecken täglich, beispielsweise nach dem Baden oder Duschen, überprüfen und das als Teil Ihrer Körperpflege ansehen.
Um dabei den bösartigen Hautkrebs (→ Melanom, Seite 477) zu erkennen, hat sich die sogenannte ABCD-Regel bewährt:

- A = Asymmetrie: Das Mal ist nicht kreisrund oder oval, sondern lädt nach einer Seite hin stärker aus.
- B = Begrenzung: Das Pigmentmal ist unregelmäßig, hat einen »ausgefransten« Rand.
- C = Colour (Farbe): Das Pigmentmal ist unregelmäßig gefärbt, dunkelbraun, schiefergrau bis schwarz, für den Hauttyp zu dunkel.
- D = Durchmesser: größer als 5 mm.

### Fragen Sie immer den Arzt!

**!** Es ist jedoch nicht möglich, allein durch die Betrachtung des Pigmentmals alle Veränderungen zu erkennen und Auffälligkeiten entsprechend zuzuordnen. Deshalb sollten Sie auf jeden Fall einen Hautarzt aufsuchen, wenn Sie die oben genannten Kriterien beobachten oder wenn Sie sich nicht ganz sicher sind.

## Die Hoden abtasten

Die Hoden, vor allem ihr Inhalt, sind sehr empfindlich gegenüber Veränderungen. Doch nicht jede Veränderung läßt auf Hodenkrebs schließen. Hodenkrebs (→ Seite 415) ist der Tumor, der am häufigsten bei jüngeren Männern auftritt. Auch hier sind die Behandlungserfolge bei frühzeitiger Erkennung sehr gut. Deshalb ist es wichtig, sich vom 20. bis zum 40. Lebensjahr etwa alle drei Monate vom Arzt untersuchen zu lassen und die Hoden regelmäßig selbst abzutasten – etwa einmal im Monat. Versuchen Sie, ein Gespür dafür zu bekommen, wie sich die Hoden normal anfühlen. Machen Sie es sich deshalb zur Gewohnheit, Ihre Hoden beispielsweise immer nach dem Duschen abzutasten, da der Hodensack durch die Wärme entspannt ist. Tasten Sie immer beide Hoden nacheinander ab. Auf diese Weise können Sie beide Seiten vergleichen.

### Sofort zum Arzt!

**!** Sobald Sie Veränderungen bemerken, wie Knoten und Verhärtungen, oder wenn der Hoden sich schmerzlos vergrößert, sollten Sie sofort Ihren Hausarzt aufsuchen!

**So untersuchen Sie richtig**

- Beginnen Sie mit dem linken Hoden: Halten Sie ihn mit der linken Hand, ohne die Haut zu straffen. Tasten Sie ihn vorsichtig von allen Seiten ab, ohne Druck auszuüben.
- Untersuchen Sie anschließend die rechte Seite auf die gleiche Weise.

## Die Brust untersuchen

Je früher Brustkrebs (→ Seite 393) erkannt wird, desto größer ist die Heilungschance. Selbstverständlich können auch Veränderungen im Brustgewebe wie kleine Knoten andere Ursachen haben. Die Brust verändert sich im Laufe des Zyklus, aber auch in den unterschiedlichen Lebensphasen.

### Gehen Sie ohne Zögern zum Arzt!

**!** Sobald Sie Veränderungen in Form und Größe der Brüste, kleine Knoten, Verhärtungen oder Schwellungen der Lymphknoten feststellen oder bemerken, daß sich Ihre Brustwarze in Farbe und Form verändert, eingezogen ist oder Flüssigkeit austritt, sollten Sie unverzüglich einen Frauenarzt aufsuchen.

**!** Warten Sie nicht aus einer vielleicht unbegründeten Angst heraus. Viele Veränderungen sind harmlos, doch auch bösartige Entwicklungen können im Frühstadium meist gestoppt und mit kleineren Eingriffen behandelt werden als fortgeschrittene Wucherungen.

**!** Wenn Sie Ihre Brüste häufig untersuchen, werden Sie auch die zyklustypischen Veränderungen im Gewebe nicht mehr beunruhigen. Falls Sie noch unsicher sind, lassen Sie sich von Ihrem Frauenarzt anleiten und erklären, was Sie fühlen können.

**So untersuchen Sie richtig**

Die Selbstuntersuchung ist eine der wichtigsten Methoden, Brustkrebs frühzeitig zu erkennen. Tasten Sie Ihre Brüste 1mal im Monat ab. Die beste Zeit, die Brust zu untersuchen, ist vor den Wechseljahren die 2. Zykluswoche, nach der Periode, wenn das Gewebe weich und gleichmäßig ist. Vor der Regel treten manchmal Verhärtungen auf, die sich nach der Monatsblutung wieder zurückbilden. Nach den Wechseljahren wählen Sie sich selbst einen festen Termin, etwa alle 4 bis 5 Wochen. Tasten Sie immer beide Brüste im Seitenvergleich ab, ohne Druck auszuüben.

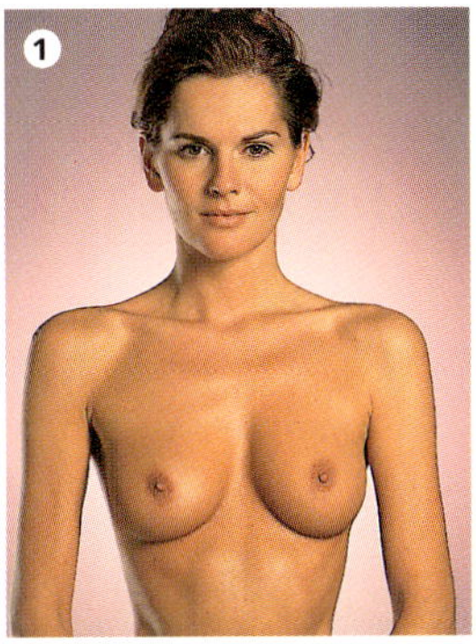


**1.** Stellen Sie sich vor einen Spiegel, die Arme hängen locker herab, und betrachten Sie erst die eine, dann die andere Brust. Achten Sie auf Größe, Form, Hautfarbe und mögliche Veränderungen. Sehen Sie sich auch Ihre Brustwarzen an, wie sie geformt sind und welche Farbe sie haben.

**2.** Heben Sie nun beide Arme und beobachten Sie nochmals Form und Größe. Kontrollieren Sie, ob die Brusthaut sich verändert, die Brustwarze eingezogen ist.

**3.** Drehen Sie sich nun ein wenig zur Seite, so daß Sie Ihre Brüste erst von rechts, dann von links betrachten können. Achten Sie auf Veränderungen der Form, der Größe, der Haut.

**4.** Legen Sie Ihre rechte Hand flach auf die linke Brust, der linke Arm bleibt noch angehoben. Beginnen Sie nun, mit allen Fingern das Brustgewebe vorsichtig ohne Druck nach Knoten oder Verhärtungen abzutasten. Tasten Sie sich langsam von der Innenseite Richtung Brustbein vor. Überprüfen Sie so ebenfalls das Gewebe der unteren Brustseite. Dabei den Arm senken.

**5.** Wandern Sie mit den tastenden Fingern bei angehobenem Arm weiter zur Außenseite der Brust. Im oberen Drittel der Außenseite ist das gesunde Brustgewebe dichter.

**6.** Lassen Sie nun Ihre Finger bis in die Achselhöhle wandern, und tasten Sie dort das Gewebe vorsichtig nach Knötchen und Lymphknotenschwellungen ab.

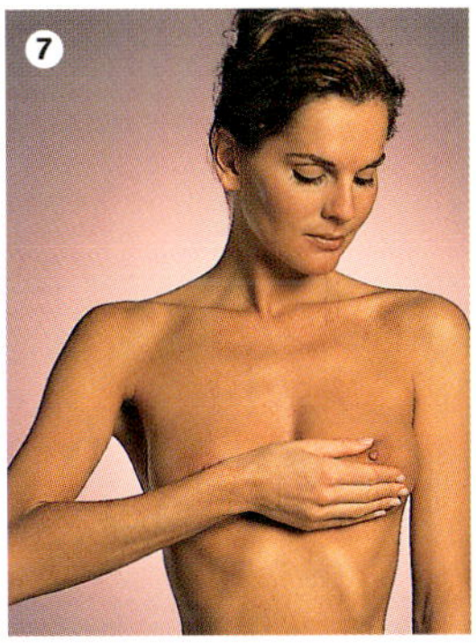


**7.** Danach drücken Sie behutsam die linke Brustwarze zwischen Daumen und Zeigefinger der rechten Hand und beobachten, ob Flüssigkeit austritt. Wenn dies der Fall ist, merken Sie sich die Farbe und Beschaffenheit, um es dem Arzt mitteilen zu können.

**8.** Wiederholen Sie nun diese Untersuchung mit der linken Hand an der rechten Brust und unter der rechten Achselhöhle.

**9.** Anschließend legen Sie sich bequem hin und stützen den Kopf mit einem Kissen. Der linke beziehungsweise rechte Arm wird abgewinkelt hinter den Kopf gelegt. Tasten Sie die Brüste in gleicher Reihenfolge nochmals ab. Manche Knoten oder Verhärtungen sind nur in einer bestimmten Lage zu erkennen.

# Hilfe aus der Hausapotheke

Es ist sinnvoll und hilfreich, für leichtere Beschwerden und Verletzungen Arzneimittel und Verbandszeug zu Hause zu haben. Doch nicht jedes Medikament, das Sie ohne ärztliche Verschreibung kaufen können, eignet sich für Ihre Hausapotheke und zur Selbstbehandlung. Auf den Seiten 748 bis 751 finden Sie Empfehlungen für chemische und pflanzliche Medikamente, mit denen Sie Ihre Hausapotheke ausstatten können. Fragen Sie im Zweifelsfall auch bei Ihrem Hausarzt nach, welche Medikamente oder Hausmittel er Ihnen empfiehlt, wenn Sie bestimmte Beschwerden, zum Beispiel Erkältung, Husten, Magen-Darm-Grippe, Kopfschmerzen, oder kleinere Wunden selbst behandeln wollen.

Rund die Hälfte aller verkauften Arzneimittel sind nicht ärztlich verordnet und können unkontrolliert eingenommen werden. Das heißt jedoch auch, daß Sie selbst besonders verantwortungsbewußt im Umgang mit Medikamenten sein müssen. Informieren Sie sich deshalb noch eingehender über Wirkung, Nebenwirkung (→ Seite 632) und die Einnahmeform eines Medikaments, bevor Sie sich oder Ihre Familie selbst behandeln.

**Für die Hausapotheke genügen wenige, ausgesuchte Arzneimittel und einige Heilpflanzen (→ ab Seite 728).**

## Vorsicht bei der Selbstbehandlung

- Voraussetzung für jede Art von Selbstmedikation ist, daß Sie in regelmäßigen Abständen die »Check-ups« und Vorsorgeuntersuchungen beim Arzt wahrnehmen.
- Suchen Sie einen Arzt auf, wenn anfänglich leichte Beschwerden plötzlich sehr heftig auftreten; wenn Sie Beschwerden bekommen, die Sie noch nie vorher hatten oder die Sie sehr beeinträchtigen; wenn die Beschwerden länger als 3 Tage anhalten.
- Bevor Sie ein Medikament einnehmen, informieren Sie sich genau, gegen welche Beschwerden es helfen soll. Lesen Sie den Beipackzettel aufmerksam durch.
- Bevor Sie zu einem fertigen Arzneimittel greifen, fragen Sie sich immer, ob Sie das Problem nicht auch anders lösen könnten: In unserer Tabelle (→ ab Seite 750) finden Sie chemische und pflanzliche Arzneimittel für Ihre Hausapotheke sowie zusätzlich alternative Behandlungsvorschläge.
- Lassen Sie sich nicht durch wohlgemeinte Ratschläge von Bekannten wie »Diese Beschwerden kenne ich, da nimmt man am besten dieses oder jenes Mittel« dazu verleiten, ein Medikament einzunehmen. Denn hinter vermeintlich harmlosen Symptomen können sich gefährliche Krankheiten verbergen.
- Achten Sie auf das Verfallsdatum (aufgedruckt auf der Medikamentenschachtel). Notieren Sie das Verfallsdatum auch auf den einzelnen Tablettenbriefchen und auf den Etiketten von Flaschen oder anderen Behältern mit einem wasserfesten Stift. Verfallene und äußerlich veränderte Mittel dürfen nicht mehr verwendet werden.
- Nehmen Sie Tabletten mit einem Glas Wasser, jedoch nie zusammen mit alkoholhaltigen Getränken ein. Halten Sie sich immer an die Einnahmeempfehlungen auf dem Beipackzettel und bedenken Sie, daß eine höhere Dosis nicht unbedingt besser hilft.

### Vorsicht bei Arzneimitteln für Kinder!

! Medikamente gehören grundsätzlich nicht in die Hände von Kindern! Geben Sie Kindern Medikamente, gleich welcher Art, nur, wenn es unbedingt notwendig ist. Fragen Sie im Zweifelsfall immer den Kinderarzt. Ein Dauergebrauch von Medikamenten schwächt die natürlichen Selbstheilungskräfte.

- Verwenden Sie für Ihr Kind nie ein Arzneimittel, das für Erwachsene bestimmt ist, ohne Rücksprache mit dem Kinderarzt.
- Besondere Vorsicht ist auch geboten bei Medikamenten, die Kinder beruhigen oder ihre Leistung steigern sollen, und bei jeder Art von Psychopharmaka.

### Arzneimittel und Suchtgefahr

Der Mißbrauch von Medikamenten (→ Seite 571) hat in den letzten Jahren stark zugenommen. Medikamentenabhängigkeit hat oft fatale körperliche und seelische Folgen, wie eine schleichende Vergiftung des Körpers, schwere Organschäden und psychische Veränderungen bis hin zu Selbstmordgefahr. Oft wird eine Medikamentensucht nicht gleich erkannt und deshalb zu spät behandelt. Denn Medikamente sind unauffällig und können überall rasch eingenommen werden. Der Süchtige fällt nicht durch Geruch (wie beispielsweise beim Alkohol), verändertes Aussehen oder Handeln auf. Dazu kommt, daß Medikamente in der Gesellschaft gut akzeptiert sind und gerne in der Werbung als »Wundermittel« angepriesen werden.

### Arzneimittel, die bei häufiger Einnahme süchtig machen können

Besondere Vorsicht ist geboten bei:

- Schlafmitteln, die Barbiturate enthalten (bei Überdosierung Bewußtlosigkeit und tödliche Atemlähmung; Selbstmordgefahr)
- Beruhigungs- und Schlafmitteln mit Benzodiazepinen (Angstzustände, Unruhe, Schlaflosigkeit, Vergiftungen)
- Aufputschmitteln, Amphetaminen – auch als Appetitzügler in Schlankheitsmitteln (verminderte Leistungsfähigkeit, Schlaflosigkeit, Wahnvorstellungen)
- Kodeinhaltigem Hustensaft (wird von Heroinabhängigen oft als Ersatzdroge verwendet)
- Abführmitteln (Laxanzien), vor allem mit Anthrachinon (Schädigung des Darms, Elektrolyt- und Mineralstoffverlust, psychische und hormonelle Veränderungen durch gestörten Säure-Basen-Haushalt).

## Arzneimittel für die Hausapotheke

Auf den folgenden Seiten (748 bis 751) finden Sie eine Tabelle mit Empfehlungen für Arzneimittel, mit denen Sie Ihre Hausapotheke ausstatten können. Allgemein bewährt es sich nicht, in der Hausapotheke größere Vorräte anzulegen. Dies verleitet einerseits dazu, ein Arzneimittel zu nehmen, »weil es gerade da ist«, und sich keine Gedanken darüber zu machen, wie man die Beschwerden auf natürliche Weise behandeln könnte. Zum anderen wandert eine erhebliche Menge verkaufter Arzneimittel in den Müll (und von dort gelangen bisweilen schädigende Stoffe ins Grundwasser!) oder verfällt ungenutzt.

### Das Hausapothekenschränkchen

Medikamente sollten kühl, trocken, lichtgeschützt und für Kinder unzugänglich aufbewahrt werden. Ungeeignet sind daher Badezimmer und Nachtkästchen. Besorgen Sie sich am besten ein abschließbares Schränkchen, das Sie in Augenhöhe im Wohnungsgang oder Schlafzimmer anbringen. Hier bewahren Sie alle Fertigarzneimittel auf, die Sie zur Selbstmedikation benötigen oder vom Arzt verordnet bekamen. Getrocknete Pflanzen für Tees und andere Anwendungen können auch in der Küche stehen.

Achten Sie darauf, daß Verpackung, Beipackzettel und Arzneimittel nicht getrennt werden. Notieren Sie auf der Verpackung, für wen, für welchen Zweck und wann ein Medikament gekauft wurde. Überprüfen Sie Ihre Hausapotheke regelmäßig, und sortieren Sie verfallene Medikamente und angebrochene Packungen aus. Nicht mehr benötigte oder verfallene Arzneimittel bitte nicht in den Hausmüll werfen, sondern in der Apotheke (Annahmepflicht) oder den Sondermüllsammelstellen abgeben.

## Fertigarzneien und Hausmittel

Die hier aufgeführten Beschwerden können Sie bei leichter Ausprägung selbst behandeln. Im Beschwerdenverzeichnis ab Seite 90 finden Sie weitere und noch genauere Informationen. Die genannten Wirkstoffe sind als Fertigarzneimittel zu kaufen. Die meisten Präparate gibt es in ähnlicher Wirkung oder Zusammensetzung von verschiedenen Herstellern. Es folgt eine Auswahl an natürlichen Heilverfahren, die Sie alternativ oder zusätzlich anwenden können. Beachten Sie dazu auch die entsprechenden Kapitel des Selbsthilfeteils (Seitenverweise!).

### Was Sie sonst noch vorrätig haben sollten

Pinzette, Fieberthermometer, sterile Pflaster verschiedener Größe, gewaschenes, gebügeltes Leinentuch, Mullbinden, elastische Binden, Kondome, Erste-Hilfe-Anleitung, sowie die Telefonnummer des für Sie zuständigen Rettungsdienstes. Ausführliche Hinweise zur Ersten Hilfe in Notfällen finden Sie ab Seite 776 in diesem Buch.

## Bewährte Mittel für die Hausapotheke

| Beschwerden | Wirkstoffe von Fertigarzneimitteln | Anwendung/ Wirkung **! Bitte beachten** | Was Sie sonst noch tun können* |
|---|---|---|---|
| **Heiserkeit** (→ Seite 246) | Dexpanthenol-Lutschtabletten; Isländisch-Moos-Pastillen | beruhigen die Schleimhaut | • Inhalieren (→ Seite 732)<br>• Gurgeln mit 1/2 TL Salbei, 1 EL Kamille, 1 TL Thymian<br>• warmer Kartoffelwickel um den Hals (→ Seite 737) |
| **Halsschmerzen** (→ Seite 244, 254) | Tropfen aus Kampfer, Pfefferminzöl, Salbei | zum Gurgeln mit Wasser verdünnen | • heiße Milch mit Honig – wenn vertragen<br>• Gurgeln mit lauwarmer Kochsalzlösung oder Tee aus 1/2 TL Salbei oder 1 EL Kamille<br>• Halswickel (→ Seite 736) |
| **Husten mit Auswurf** (→ Seite 119) | Hustensaft mit Huflattich, Primel oder Isländisch Moos; Azetylzystein (→ Seite 636) als Tabletten oder Pulver<br>——<br>Salben mit Eukalyptus, Kampfer und Menthol | Schleim wird dünnflüssiger, kann leichter abgehustet werden<br>——<br>zum Einreiben auf die Brust | • Tee aus 1 TL Lindenblüten (**!** Vorsicht: kann Kreislauf belasten) oder 1 TL Thymian oder 1 Messerspitze geschnittene Primelwurzeln kalt ansetzen, aufkochen (→ Tees, Seite 729)<br>• Inhalieren (→ Seite 732)<br>• heißer Brustwickel (→ Seite 737) |
| **Husten, trocken** (→ Seite 119) | Hustensaft mit Thymian oder Pestwurz oder Efeu<br>——<br>Tropfen mit Sonnentau, eventuell Zusatz von Kodein (→ Seite 636) | wirkt krampflösend<br>——<br>**!** Kodein macht süchtig, deswegen nur in dringenden Fällen und am besten nur 1mal (→ Seite 636) | • Inhalieren (→ Seite 732) mit 1 TL Thymian<br>• Tee aus 1 TL Thymian oder 1 TL Sonnentau als Aufguß (→ Seite 729)<br>• kalter Quark- oder Zitronenwickel (→ Seite 737)<br>• heiße Brustwickel (→ Seite 737) |
| **Schnupfen, Erkältung** (→ Seite 182, 245) | Pfefferminz- und Thymianöl in öliger Lösung als Tropfen oder Inhalation | | • Inhalieren (→ Seite 732) mit 1/2 TL Salbei und 1 TL Thymian |

*Die für Tee angegebene Menge mit 1/8 l Wasser aufbrühen, 15 Min. ziehen lassen, abseihen

| Beschwerden | Wirkstoffe von Fertigarzneimitteln | Anwendung/ Wirkung ! Bitte beachten | Was Sie sonst noch tun können* |
|---|---|---|---|
| **Schnupfen, allergisch** (→ Seite 524) | Antihistaminikum (→ Seite 635) als Tabletten | ! macht müde, Vorsicht im Straßenverkehr, an Maschinen | • Allergieauslöser meiden, wenn möglich (→ Seite 524) |
| **Fieber** (→ Seite 106) | Azetylsalizylsäure (→ Seite 636) als Tabletten<br>——<br>Paracetamol (→ Seite 636) als Zäpfchen oder Tabletten | gut auflösen in viel Wasser<br>! nicht bei Kindern<br>——<br>auch bei Kindern | • Wadenwickel (→ Seite 738)<br>• schweißtreibende Tees (! Vorsicht: kann Kreislauf belasten) aus 2 TL Holunder, 1 TL Lindenblüten bei Fieberanstieg (→ Tees, Seite 729) |
| **Steigerung der Abwehr** | Symbioselenkung (→ Seite 553) | | • Kneipp-Anwendungen (→ Seite 722)<br>• Saunabesuche (→ Seite 727) |
| **Abgeschlagenheit, Müdigkeit** | zuckerfreie Mineralstofftabletten | | • Überforderung, Streß (→ Seite 684) abbauen<br>• Tee und Kaffee in Maßen<br>• Sport für Kreislauf (→ Seite 698)<br>• Wassertherapie (→ Seite 722)<br>• Aromatherapie (→ Seite 734) |
| **Schlafstörungen, Nervosität** | Chloralhydrat oder Antihistaminikum (→ Seite 635); Johanniskraut als Tabletten, Dragees; Tabletten, Dragees mit Baldrian, Rauschpfeffer, Melisse und Hopfen | ! Schlafmittel führen zu unnatürlichem Schlaf und beheben Ursachen nicht! Es kann zu Tagesmüdigkeit und hartnäckigeren Schlafstörungen kommen<br>! keine Benzodiazepine, Suchtgefahr (→ Seite 637) | • abends nur leichtverdauliche Speisen<br>• nicht im Bett fernsehen<br>• Entspannungsübungen vor dem Schlafengehen (→ Seite 686)<br>• Tee aus 1 TL Baldrian oder 2 TL Melisse oder 2 TL Hopfen vor dem Schlafengehen oder 2mal täglich |
| **Schmerzen an Kopf** (→ Seite 213), **Zähnen** (→ Seite 312), **Bewegungsapparat** | Azetylsalizylsäure (→ Seite 636) als Tabletten oder Brausetablette<br>——<br>Paracetamol (→ Seite 636) als Zäpfchen oder Tabletten; Ibuprofen (→ Seite 638) als Tabletten<br>——<br>Capsaicin in Salben oder »Wärmepflastern« | gut auflösen in viel Wasser<br>! nicht vor oder nach Zahnentfernung!<br>——<br>wirken alle nicht bei Bauch- oder sehr schweren Schmerzen<br>! Schäden an Magen und Niere, wenn dauerhaft eingenommen<br>——<br>erzeugen Wärme durch Förderung der Durchblutung der Haut<br>! nicht länger als 2 Tage an selber Stelle anwenden<br>! Kontakt mit Schleimhäuten vermeiden | • Kopf: Pfefferminzöl auf Schläfen reiben; Wärme bei verspannter Nackenmuskulatur (→ Seite 438, 741); Entspannungsübungen (→ Seite 686)<br>• Zähne: feuchtkalte Kompresse bei Entzündung (→ Seite 739) auf Backe legen; eine ganze Gewürznelke an schmerzender Stelle kauen<br>• Rücken: warmes Vollbad mit Heublume, Fichtennadeln (→ Seite 726); Sauna (→ Seite 727); Autogenes Training (→ Seite 690); Progressive Muskelrelaxation (→ Seite 689); Training der Rückenmuskulatur (→ Seite 701, 706); Rotlicht (→ Seite 741) |

*Die für Tee angegebene Menge mit 1/8 l Wasser aufbrühen, 15 Min. ziehen lassen, abseihen

## Bewährte Mittel für die Hausapotheke

| Beschwerden | Wirkstoffe von Fertigarzneimitteln | Anwendung/ Wirkung ! Bitte beachten | Was Sie sonst noch tun können* |
|---|---|---|---|
| **Schmerzen an Bauch, Magen** (→ Seite 96), **bei Monatsblutung** (→ Seite 382) | Butylscopolamin als Zäpfchen oder Dragees | ! sind die Beschwerden ungewöhnlich oder besonders stark oder halten sie trotz der Medikamente an: sofort zum Arzt | • Wärmflasche mit feuchtem Tuch umwickelt auflegen • feuchtwarme Leibwickel mit Heublume (→ Seite 736) |
| **Sodbrennen, Aufstoßen** (→ Seite 328), **Entzündung der Magenschleimhaut** (→ Seite 334) | Magaldrat —— Aluminium-Magnesium-Silicat oder Sucralfat als Tabletten oder Suspension (im Beutel) | ! weicher Stuhl —— ! Verstopfung; Aufnahme von gleichzeitig eingenommenen Arzneimitteln eventuell beeinflußt | • mehrere kleine Mahlzeiten am Tag • Verdauungsspaziergang • viel Obst, Gemüse essen • keinen Kaffee, Tee, Alkohol • Milch, wenn vertragen • Tee aus 1 EL Kamille oder 1 EL Pfefferminze (→ Tees, Seite 729) |
| **Blähungen** (→ Seite 342) | Dimeticon als Tabletten | verringern Blähungen, indem sie die Luftblasen im Magen-Darm-Inhalt verkleinern | • Kohl, Hülsenfrüchte, Zwiebeln meiden • Bauch im Verlauf des Dickdarms (→ Seite 338) ausstreichen • Tee aus 1 TL Kümmel, 2 TL Fenchel oder 1 TL Anis |
| **Verstopfung** (→ Seite 342) | Leinsamen, Weizenkleie —— Sennesblättertee, Rhabarbersirup; Aloe | vergrößern die Stuhlmenge, regen dadurch Darm an ! mit viel Flüssigkeit einnehmen (sonst Kotsteine)! —— ! Suchtgefahr (→ Seite 571), nur kurzfristig anwenden; Mineralien-Elektrolyt-Verlust | • täglich mindestens $1^1/_2$ bis 2 l Wasser, Früchtetee, verdünnten Saft trinken • viele Ballaststoffe (in Gemüse, Obst, Salaten, Vollkornprodukten) • abführende Nahrungsmittel: Trockenobst, Rhabarber • Bewegung (→ Seite 698); Bauchdeckenmassage; Bauchübungen (→ Seite 706) |
| **Durchfall** (→ Seite 342) | Kapseln mit Saccharomyces boulardii; Salzmischung; Symbioselenkung (→ Seite 553) | ! bei Kindern: sofort zum Arzt! bei Erwachsenen: wenn sehr heftig oder länger als 2 Tage | • Streß, Angst, Überforderung abbauen (→ Seite 684) • Leibauflagen (→ Seite 740) • Tee aus 1 EL Heidelbeeren |
| **Übelkeit, Erbrechen** (→ Seite 133, 332) | Metoclopramid als Tabletten oder Zäpfchen | unterdrückt Symptome, behebt Ursache nicht ! bei häufigem und heftigem Erbrechen sofort zum Arzt! | • tief durchatmen, Erbrechen nicht zurückhalten • Cola (löffelweise), Salzstangen |
| **Übelkeit auf Reisen** (→ Seite 174) | Scopolaminpflaster; Ingwerpräparate | zur Vorbeugung | • auf Horizont schauen, nicht lesen, eventuell selbst fahren • leichtes Essen, kein Alkohol |

*Die für Tee angegebene Menge mit $^1/_8$ l Wasser aufbrühen, 15 Min. ziehen lassen, abseihen

| Beschwerden | Wirkstoffe von Fertigarzneimitteln | Anwendung/ Wirkung ! Bitte beachten | Was Sie sonst noch tun können* |
|---|---|---|---|
| **Juckreiz, Mückenstich, Allergie** (→ Seite 518) | Dimetinden (→ Antihistaminikum, Seite 635) als Tabletten, Salbe oder Gel<br>——<br>alkoholischer Arnikaauszug | ! Tabletten machen müde: Vorsicht im Straßenverkehr<br>——<br>für Umschläge | • Zwiebelhälfte eine Stunde auf Stich binden<br>• Spitzwegerichblätter auspressen, Saft aufträufeln<br>• kühle Kompressen mit essigsaurer Tonerde (→ Seite 739)<br>• Eis auflegen, Kartoffelmehl<br>• Milchumschläge bei Bienen- und Wespenstich |
| **Mückenschutz** | wäßrige Mischung aus Citronellöl, Zedernöl, Nelkenöl und Pfefferminzöl;<br>Kerzen mit Citronell | ! Mückenschutz mit Toluamid nicht für Säuglinge und Kleinkinder geeignet! | • lange, helle Kleidung in der Dämmerung<br>• Mückennetz über das Bett, Mückengitter vor das Fenster |
| **Sonnenschutz** | Sonnenschutzmittel mit UVA- und UVB-Filter, eventuell wasserfest | mindestens 1/2 Stunde vor Sonnenbad eincremen<br>! auch mehrmaliges Eincremen verlängert Sonnenbaddauer nicht | • Sonnenhut, luftige Kleidung tragen<br>• Kinder zwischen 11 und 15 Uhr nicht unbedeckt der Sonne aussetzen |
| **Sonnenbrand** | Dimetinden als Salbe, Gel; Salben mit Arnika oder Hamamelis | | • kalte Güsse, feuchtkalte Kompressen (→ Seite 725, 739)<br>• vorbeugender Schutz! |
| **Wunde Mundschleimhaut, wundes Zahnfleisch** | Rhabarberextrakt oder Myrrhentinktur zum Aufpinseln; Dexpanthenol-Lutschtabletten<br>——<br>Calendula- (Ringelblume-)Essenz | Lösungen unverdünnt auf wunde Stellen aufpinseln<br>——<br>in Wasser verdünnen – zum Spülen | • Fruchtsäfte meiden (Säure!)<br>• Spülen mit warmem Tee aus 1/2 TL Salbei oder 1 EL Kamille oder Emser-Salz-Wasser<br>• 2 EL Eichenrinde in 1/2 l Wasser aufkochen, mehrmals täglich damit gurgeln |
| **Wunddesinfektion** (→ Seite 783, 786) | Polividon (jodhaltig) oder Merbromin (jodfrei) als Tropfen oder Spray | brennen nicht in der Wunde<br>! sofort zum Arzt bei: verschmutzten Wunden, fehlendem Tetanusschutz, Biß durch wilde oder streunende Tiere (Tollwutgefahr) | • bluten lassen |
| **Wundheilung** (→ Seite 430) | Dexpanthenol als Salbe; Calendula als Salbe | ! bei schlechter Heilung zum Arzt gehen | • 1 EL Calendula-Blüten mit 1/2 l Wasser abkochen für kühle Umschläge (→ Seite 739) |
| **Verstauchung, Prellung** | Diclophenac oder Arnika oder Calendula als Salbe;<br>——<br>Arnika als Essenz | ! kein Dauergebrauch<br>——<br>für Umschläge | • Tee aus 2 TL Arnikablüten für kühle Umschläge (→ Seite 739) |

*Die für Tee angegebene Menge mit 1/8 l Wasser aufbrühen, 15 Min. ziehen lassen, abseihen

# Mit Krankheit umgehen

Krankheit erscheint den meisten Menschen als etwas Negatives, als eine lästige Störung, die sie daran hindert, im Alltag reibungslos zu funktionieren. Eine Erkrankung kann jedoch auch eine sehr wichtige Erfahrung im Leben eines Menschen sein: Das Erleben von Schwäche, Schmerz und Leid kann zum Ausgangspunkt einer Neuorientierung werden. Durch eine Krankheit bringt der Körper oftmals zum Ausdruck, daß wir etwas falsch gemacht haben und daß wir versuchen müssen, das aus dem Lot geratene innere Gleichgewicht wiederherzustellen.

## Kranksein als Neubeginn

Krankheiten können die Chance bergen, etwas in der eigenen Lebensweise zu verändern und auszugleichen, was man dem Körper und der Seele über lange Zeit hin nicht ausreichend gegönnt hat. Selbst schwerere Krankheiten bieten noch Aspekte, die positiv sein können – wenn Sie aufmerksam mit sich und der Krankheit umgehen. Sie erleben oft bestimmte Bereiche des Lebens intensiver, die Freude an Details, an scheinbar unwichtigen Kleinigkeiten wächst. So beginnen Sie, schöne Dinge, die Sie unmittelbar umgeben – sei es ein Blumenstrauß, gute Musik oder die Natur –, bewußter wahrzunehmen. Oder Sie freuen sich darüber, daß Sie ein bestimmtes Essen wieder vertragen. All das kann Ihnen später helfen, ein neues Lebensgefühl zu entwickeln und danach Ihr ganzes Leben positiver zu sehen und zu gestalten.

### Positive Gedanken helfen

Wenn jemand erkrankt ist, ist es besonders wichtig, daß er den Mut nicht sinken läßt und sich eine positive Denkweise (→ Seite 682) bewahrt. Denn Untersuchungen haben gezeigt, daß Menschen, die sich auch in schwierigen Situationen nicht aufgaben, sondern an einen guten Ausgang der Krise glaubten, diese oft auch schneller überwinden konnten. Es gibt unterstützende Verfahren, die kranken Menschen helfen, sich geistig und seelisch zu stärken, denn der kranke Körper braucht positive Gedanken und Gefühle, um wieder gesund zu werden. Fragen Sie Ihren Arzt oder Heilpraktiker nach entsprechenden Begleitmaßnahmen.

## Krankenpflege zu Hause

Für viele Kranke, vor allem natürlich für kranke Kinder oder ältere Menschen, ist es ideal, wenn sie zu Hause versorgt werden können. Denn die vertraute Umgebung und das Eingebettetsein in den Familienalltag geben ihnen ein Gefühl der Geborgenheit, das für die Genesung oder Linderung des Leidens sehr wichtig ist. Die Entscheidung, ob ein Patient zu Hause oder im Krankenhaus gepflegt werden soll oder kann, hängt von mehreren Faktoren ab:

- Grundsätzlich ist immer mit dem Arzt zu klären, ob ein Patient zu Hause bleiben kann oder im Krankenhaus behandelt werden muß. Das hängt auch davon ab, ob es sich um eine kurz- oder längerfristige, leichte oder schwere Erkrankung oder um eine lebenslängliche Behinderung handelt.
- Wichtig ist auch die Frage, ob der Patient zu Hause ausreichend betreut werden kann. Dies hängt von der beruflichen Belastung der Familienangehörigen ab sowie von deren Erfahrungen und den häuslichen Möglichkeiten. Eine einzelne Person ist eventuell mit der Pflege überfordert – sie sollte sich auch nicht scheuen, das zuzugeben. Dem Patienten ist dann manchmal mehr geholfen, wenn er ins Krankenhaus oder in eine Pflegeeinrichtung geht.

Die anschließenden Tips können Ihnen helfen, die häusliche Pflege leichter zu organisieren. Je nach Krankheit und Alter des Patienten sind die Bedürfnisse und Pflegebedingungen unterschiedlich. Wer einen behinderten oder älteren Menschen über Jahre pflegt, der findet neben diesen Anregungen noch zusätzliche Anleitungen für die Langzeitpflege ab Seite 758. Bei speziellen Fragen können Ihnen der Arzt, die örtlichen Sozialstationen und das Krankenhaus genauere Auskünfte und Anweisungen geben.

### Das Krankenzimmer

Grundsätzlich hängt es von der Krankheit ab, ob der Patient im Wohnzimmer oder lieber in einem eigenen Zimmer liegt. Ein speziell eingerichtetes Krankenzimmer ist nur dann nötig, wenn es sich um eine längere Erkrankung handelt und der Patient vorwiegend das Bett hüten muß (→ Seite 754). Auch das Krankenzimmer sollte freundlich eingerichtet sein.

# Ärztlichen Rat einholen

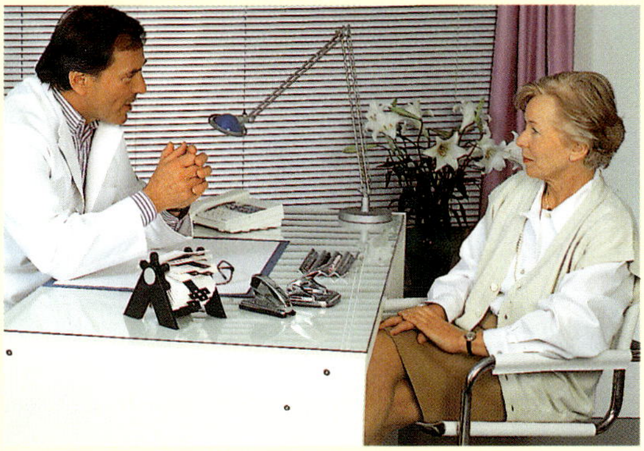

**Der behandelnde Arzt berät Sie eingehend über die Krankheit und die Bedürfnisse des Patienten.**

Wenn Sie einen Kranken zu Hause pflegen, ist es auf jeden Fall wichtig, daß Sie vom behandelnden Arzt grundlegende Informationen einholen und daß der Patient regelmäßig von ihm besucht oder zu ihm gebracht wird.

### Fragen an den Arzt

- Soll das Zimmer hell oder eher abgedunkelt sein?
- Wie oft und wie lange darf der Patient aufstehen?
- Was darf er auf keinen Fall essen? Darf er alles essen, wenn er Lust darauf verspürt?
- Wieviel darf oder muß er trinken?
- Muß Fieber gemessen werden? Wenn ja, wie oft?
- Auf welche Veränderungen am Patienten muß man achten?
- Müssen Ausscheidungen (Auswurf, Stuhlgang, Urin) bis zum nächsten Arztbesuch aufgehoben werden?
- Im Falle einer ansteckenden Krankheit: Dürfen andere Kinder oder Erwachsene zu Besuch kommen? Müssen Vorsichtsmaßnahmen getroffen werden?
- Wie lange darf Besuch bleiben?
- Darf der Patient lesen oder fernsehen?
- Darf das Haustier (Hund, Katze, Vogel) in der Nähe des Bettes sein?

### Lage und Einrichtung

- Das Zimmer sollte möglichst nicht abseits vom familiären Geschehen sein und sich in der Nähe von Bad und Toilette befinden.
- Es sollte hell sein, eine gleichbleibende Raumtemperatur (ungefähr 21 °C) haben und mehrmals täglich gelüftet werden.
- Wichtig für die Ausstattung ist eine Ablagemöglichkeit am Bett (für Brille, Medikamente, Taschentücher, Pflegemittel, Lektüre, Fotos oder dergleichen), eine Leselampe und ein Nachtlicht, die gut erreichbar angebracht sind. Hilfreich können möglicherweise eine Glocke am Bett oder ein Abhörgerät (Babyphon) sein.
- Sorgen Sie außerdem dafür, daß ein ausreichend großer Schrank mit Bett- und Nachtwäsche, Kleidung und Pflegeutensilien im Zimmer steht, sowie ein Tisch (mit freundlicher Dekoration wie Blumen oder Obstschale), an dem eventuell auch die Mahlzeiten eingenommen werden können.
- Je nach Befinden sollte der Patient Radio hören, Bücher lesen oder zur Abwechslung auch mal eine Sendung im Fernsehen ansehen können.

### Hygiene im Krankenzimmer

Gewisse Sauberkeitsregeln sind zwar unerläßlich, doch übertriebene Hygienemaßnahmen sind meist nicht nötig. Es muß nicht alles mit Desinfektionsmitteln geputzt werden, um den Kranken und die Angehörigen vor Infektionsgefahren zu schützen. Selbst bei einer ansteckenden Krankheit ist dies in der Regel nicht erforderlich. Fragen Sie immer den Arzt um Rat, wenn Sie unsicher sind!

- Waschen Sie sich die Hände immer vor und nach dem Kontakt mit dem Kranken.
- Halten Sie die ganze Wohnung – nicht nur das Krankenzimmer – »normal« sauber.
- Entfernen Sie gebrauchte Wäsche, Taschentücher, Windeln oder sonstigen Abfall möglichst sofort aus dem Krankenzimmer.
- Lüften Sie mehrmals täglich.
- Ist der Patient bettlägerig, sollte die Bettwäsche alle 1 bis 2 Tage gewechselt werden – sofort nur dann, wenn sie verschmutzt wird.
- Verwenden Sie für Kranke kochfeste Bettwäsche, und waschen Sie sie bei 95 °C.

## Das Krankenbett

Bei einer kürzeren Erkrankung genügt ein normales Bett. Muß der Patient jedoch über längere Zeit liegen, sollte das Bett bestimmte Anforderungen erfüllen, damit der Kranke besser liegen und sitzen und der Pflegende ihn leichter versorgen kann.

**So wird aus dem normalen Bett ein Krankenbett**

- Stellen Sie das Bett so in den Raum, daß es von beiden Seiten und vom Fußende her erreichbar ist – möglichst mit Blick auf Tür und Fenster.
- Aufsetzen und Umbetten gelingen am leichtesten, wenn die Liegehöhe zwischen 60 und 80 Zentimeter vom Boden beträgt. Ist das vorhandene Bett zu niedrig, können Sie es erhöhen, indem Sie Klötze unterlegen (auf Standsicherheit achten!) oder eine zweite Matratze einschieben.
- Eine Rückenstütze für bequemes Sitzen im Bett und ein Polster, um die Füße hochzulagern, sind ebenfalls wichtig. Entsprechende Schaumstoffblöcke kann man sich im Fachgeschäft zurechtschneiden lassen und sie dann mit einem Überzug versehen.
- Achten Sie auch darauf, daß das Bett leicht zu reinigen ist. Ein Matratzenschonbezug aus beschichteter Baumwolle ist angenehmer als ein Plastikbezug, auf dem der Kranke leicht schwitzt. Erkundigen Sie sich auch nach wasserundurchlässigen Betteinlagen.

**Ein Krankenbett erleichtert die Pflege**

Wenn der Patient für längere Zeit das Bett hüten muß und intensive Pflege braucht, sollten Sie sich überlegen, ob Sie nicht ein richtiges Krankenbett besorgen: Es erleichtert die Pflege noch mehr und ermöglicht dem Kranken, bequemer zu liegen und zu sitzen als in einem normalen Bett. Das ist vor allem auch für die Langzeitpflege wichtig (→ Seite 758). Krankenbetten sind höhenverstellbar (das schont den Rücken der Pflegenden) und können am Kopf- und Fußteil getrennt hochgeklappt werden. Außerdem sind sie mit feststellbaren Rollen ausgestattet, so daß Sie sie nach Bedarf verschieben können. Manchmal ist es möglich, sich solche Betten vom Arzt »verschreiben« zu lassen. Fragen Sie den behandelnden Arzt.
Sehr sinnvoll sind auch spezielle Matratzen gegen das Wundliegen, wenn der Patient über längere Zeit hinweg überhaupt nicht aufstehen kann (können eventuell ebenfalls verschrieben werden).

## Die Körperpflege

Der ganze Körper muß vor allem dann täglich gewaschen werden, wenn der Patient nur im Bett liegt und viel schwitzt. Wichtig sind das Waschen der Intimstellen (eigenen Waschlappen verwenden und nicht verwechseln!) und das Zähneputzen, auch wenn nichts gegessen wurde.
Unterstützen Sie den Patienten bei der täglichen Körperpflege nur so viel wie nötig. Viele Kranke werden nämlich aus Mitleid der Angehörigen regelrecht zur Unselbständigkeit gezwungen – mit der Folge, daß sich der Pflegende dadurch viel mehr Arbeit macht und der Kranke sich wie ein hilfloses Kind fühlt. Deshalb sollte man ihn so viel wie möglich selbst machen lassen.
Auch für Bettlägerige ist es eine gute Übung, wenn sie mit jedem Tag ein paar Handgriffe mehr machen können. Gerade die Körperpflege ist eine sehr intime Angelegenheit und sollte nur dann von anderen Personen durchgeführt werden, wenn der Kranke es nicht alleine fertigbringt.

**So machen Sie die Körperpflege richtig**

- Ein kleines Tischchen fürs Bett mit einer Waschschüssel, einem Seifenspender (besser als Seife, die wegglitschen kann), Waschlappen und Handtuch sind wichtige Utensilien für die Körperpflege im Bett.
- Damit der Patient sich bequem waschen kann, hilft es, das Rückenteil des Bettes hochzustellen oder ein dickes Sofakissen in den Rücken zu schieben.
- Falls eine Waschschüssel zu umständlich ist, reichen Sie dem Patienten feuchte Waschlappen und lassen ihn sich alleine waschen.
- Gehen Sie mit Seife sparsam um, da sie nicht richtig abgewaschen werden und dadurch den natürlichen Schutz der Haut schädigen kann. Besser ist es, spezielle, hautfreundliche Waschlotionen oder nur klares, angenehm warmes Wasser zu verwenden.
- Beim Zähneputzen ist manchmal eine weiche Kinderzahnbürste angenehmer. Auch mit Wattestäbchen können die Zähne vorsichtig abgerieben werden.
- Um die Durchblutung bei Bettlägerigen zu verbessern, reiben Sie den Körper regelmäßig mit kühlem Wasser ab und frottieren ihn anschließend vorsichtig trocken. Auch das Einreiben mit Franzbranntwein (in Apotheken, Drogerien und Supermärkten) fördert die Durchblutung.

# Kranke Kinder pflegen

Für Kinder ist es noch wichtiger als für Erwachsene, daß Sie zu Hause gepflegt werden. Das Kranksein an sich verunsichert und ängstigt sie schon, ein Wechsel der Umgebung verstärkt diese Gefühle noch. Deshalb helfen ihnen ihr vertrautes Zuhause und der Kontakt mit Eltern und Geschwistern. Sie brauchen das Gefühl der Sicherheit. Versuchen Sie deshalb, Ihr Kind nicht spüren zu lassen, wie besorgt und un-sicher Sie selbst sich oft fühlen, sondern gehen Sie möglichst zuversichtlich und ruhig mit ihm um. Je mehr Zuwendung, Verständnis und auch Toleranz ein krankes Kind erhält, desto besser wird es mit dem Kranksein fertig. Hier noch einige Anregungen für die Pflege eines kranken Kindes.

### Bettruhe und Beschäftigung

- Zwingen Sie Ihr Kind nicht im Bett zu bleiben, außer der Arzt hat strikte Bettruhe verordnet. Wenn es sich schlecht fühlt, wird es von selbst nur schlafen und dösen wollen. Kranke Kinder spüren oft sehr gut, was sie brauchen. Lassen Sie es ruhig aufstehen, wenn es zwar noch Fieber hat, aber sich schon munter fühlt. Allerdings darf es noch nicht hinaus und sollte auch im Zimmer nicht frieren und keine Zugluft haben.
- Kranke Kinder lieben Gesellschaft. Meist haben sie es am liebsten, wenn ihr Bettchen mitten im Geschehen (in der Küche, im Wohnzimmer) steht, damit sie möglichst alles mitbekommen. Viele fühlen sich auch im Elternbett am wohlsten.
- Je nach Krankheit brauchen sie jedoch auch mehr Ruhe und mehr Schlaf als gewöhnlich. Für kleinere Kinder ist ein Bett auf Rollen ideal, das Sie je nach Bedarf zwischen Wohn- und Schlafzimmer hin und her schieben können.
- Kuscheltiere, Puppen oder Lieblingsspielzeuge im Bett sind wichtige Gefährten, denn sie vermitteln Vertrautheit, Trost und Abwechslung.

**Ein krankes Kind braucht liebevolle Zuwendung und Aufmunterung.**

- Ihr Kind will im Bett nicht nur Ruhe, sondern auch Beschäftigung und Ablenkung. Kranke Kinder lieben es, wenn ihnen die Eltern, Geschwister, die Oma oder der Opa Geschichten erzählen oder Märchen vorlesen. Auch Kinderspiele wie Schwarzer Peter oder lustige Fragespiele, die nicht allzu viel Konzentration erfordern (»Ich sehe etwas, was Du nicht siehst« oder dergleichen), sind beliebte Abwechslungen. Das Malen mit ungiftigen, auswaschbaren Stiften hilft ebenfalls, den Aufenthalt im Bett angenehmer zu gestalten.
- Fernsehen strengt kranke Kinder in der Regel zu sehr an. Kassetten mit Musik, Liedern oder Kindergeschichten sind besser geeignet.
- Nicht jeder Besucher sollte dem kranken Kind Spielzeug mitbringen, sondern lieber Zeit zum Spielen oder fürs Geschichtenerzählen.

### Essen und Trinken für kranke Kinder

- Auf Seite 757 finden Sie Rezepte für Krankenkost, die in der Regel auch Kindern schmecken.
- Wenn das Kind Fieber hat, ist es vor allem wichtig, daß es viel trinkt, und nicht so sehr, daß es genügend ißt. Sein Kalorienbedarf ist jetzt geringer, weil es sich weniger bewegt, durch das Fieber verliert es aber mehr Flüssigkeit, Mineralstoffe und Salze. Zwingen Sie es deshalb nicht zum Essen, wenn es nicht will. Mit leicht gesüßtem Tee, verdünntem, ungezuckertem Fruchtsaft und fettarmer Fleischbrühe erhält es Flüssigkeit und Kalorien.
- Geeignet sind fettarme und kohlenhydratreiche Speisen: Brühe mit Reis, Nudeln, Kartoffeln, Obst- oder Gemüsebrei, Kompott, Toastbrot, Geflügelfleisch (feingeschabt oder -geschnitten, je nach Alter), Zwieback, Salzstangen, Milchbrei.
- Geben Sie ihm am besten 5 kleine Mahlzeiten am Tag. Auch kranke Säuglinge vertragen häufigere, kleinere Flaschenmahlzeiten besser.

## Bettwäsche wechseln

Das Wechseln der Bettwäsche bei bettlägerigen Menschen erfordert ein wenig Übung. Grundsätzlich können Sie einiges an Arbeit sparen, wenn Sie folgendes berücksichtigen: Damit nicht täglich das ganze Leintuch gewechselt werden muß, gibt es wasserundurchlässige Betteinlagen und sogenannte Durchzüge, die über das Leintuch im Bereich von Schulter bis Po gelegt werden. Außerdem erleichtern Spannbettücher das Beziehen des Bettes.

### Wenn der Patient liegt

**1.** Lösen Sie das alte Laken an allen vier Seiten.

**2.** Fassen Sie den Kranken an Schulter und Hüfte, und rollen Sie ihn zu sich an den Bettrand. Dann legen Sie das untere Bein nach hinten, ziehen das obere Bein nach vorne und winkeln es ab. So liegt der Kranke sicher. Achten Sie trotzdem darauf, daß er nicht aus dem Bett fallen kann (eventuell einen schweren Sessel vor die Bettkante stellen).

**Achten Sie darauf, daß der Patient sicher auf der Seite liegt, wenn Sie das Laken wechseln.**

**3.** Dann rollen Sie das freigewordene Laken bis unter den Patienten. Auf der freigewordenen Matratzenseite breiten Sie das neue Bettuch bis zur Bettmitte aus.

**4.** Rollen Sie den Kranken wieder über die Bettmitte zurück auf das neue Laken.

**5.** Nun können Sie das alte Tuch ganz entfernen und das neue ausbreiten und befestigen. Achten Sie darauf, daß das Bettlaken völlig gestrafft ist und der Kranke nicht auf Knöpfen, Nähten oder Krümeln liegt.

### Wenn der Patient sitzen kann

Wenn sich der Kranke aufsetzen kann, können Sie das Bettlaken auch vom Kopfende über die Bettmitte zum Fußende erneuern:

**1.** Wenn der Kranke sich aufgerichtet hat, rollen Sie das Laken vom Kopfende bis zur Mitte.

**2.** Befestigen Sie das neue Tuch oben, und spannen Sie es bis zur Mitte.

**3.** Ziehen Sie das alte Laken unter dem Gesäß des Kranken weg und ziehen das frische nach unten.

## Essen und Trinken

Wer krank ist, verspürt oft entweder fast gar keinen Appetit oder hat »Gelüste« auf ganz bestimmte Speisen. Wenn der Arzt keine spezielle Schonkost oder Diät verordnet hat, können Sie auf die individuellen Eßbedürfnisse des Kranken nach Möglichkeit eingehen. Das ist auf jeden Fall eine gute Therapie, die beim Gesundwerden hilft. Zwingen Sie jedoch einen Kranken nie zum Essen, wenn er gar keinen Hunger hat. Verspürt er Heißhunger auf eine bestimmte, in seinem Zustand jedoch unbekömmliche Speise, versuchen Sie, einen gesunden Ersatz zu finden.

### Trinken ist wichtig

Was der Körper in dieser Zeit unbedingt braucht, ist Flüssigkeit. Auch ohne Durst sollte viel getrunken werden (1 1/2 Liter täglich). Ein Plastikhalm, der sich knicken läßt, ist eine gute Trinkhilfe, wenn sich der Kranke (noch) nicht aufsetzen kann.
Kräuter- oder Früchtetees, Mineralwasser ohne Kohlensäure und mit Wasser verdünnte Fruchtsäfte sind empfehlenswerte Getränke. Milch oder Kakao können auch getrunken werden, wenn beides gut vertragen wird.
Bei Durchfall ist schwarzer Tee mit Zucker und Salz ein bewährtes Mittel, um die Beschwerden zu lindern: 1 l schwarzen Tee zubereiten, 9 TL Zucker und 1 TL Salz hinzufügen. Über den Tag verteilt schluckweise trinken. Weitere, spezielle Tees finden Sie auf den Seiten 729 und 748.
Fragen Sie auch immer den Arzt, was der Kranke jeweils trinken darf.

# Rezepte für die Krankenkost

Krankenkost sollte leicht verdaulich sein und gut schmecken. Ideal sind Brühe und Suppen, vor allem wenn der Kranke noch nichts Festes essen kann oder will und wenig Hunger verspürt.
Hat er Appetit, so eignen sich besonders Knäckebrot, Zwieback, Toastbrot (nicht mehr ganz frisch), Reis, Kartoffelbrei, Nudeln, Putenfleisch, gedünstete Gemüse (keine Hülsenfrüchte oder stark blähende Speisen). Süßigkeiten und Fleisch sollte der Kranke nur wenig essen.

**Kraftbrühe**

150 g Brustspitze vom Rind oder Kalb
1 Karotte
1/2 l Wasser
etwas Salz (auch Kräutersalz)

1. Gewaschenes Fleisch in kleine Würfel schneiden, Karotte putzen, waschen, schneiden.
2. Fleisch und Karotte in kaltem Wasser zum Kochen bringen, bei mäßiger Hitze 1 bis 1 1/2 Stunden köcheln lassen, abseihen, mit wenig Salz abschmecken.

**Zwiebacksuppe**

1 Zwieback (nach Möglichkeit Vollwertzwieback)
1/2 l Milch*
1 Prise Salz
eventuell 1 Eigelb
Zucker nach Geschmack

1. Zwieback in Stückchen brechen, mit Milch und wenig Salz aufkochen lassen und mit einem Schneebesen glatt schlagen.
2. Das Eigelb unterrühren und mit Zucker abschmecken.

**Schleimsuppe aus Haferflocken, Reis oder Grünkern** (besonders magenfreundlich)

60 g Haferflocken, Reis oder Grünkern
1 kleine Petersilienwurzel
1 Zwiebel
1 bis 1 1/2 l Wasser
1 Prise Salz
eventuell 10 bis 20 g Butter, etwas Milch* oder saure Sahne, Petersilie oder Schnittlauch zum Verfeinern

1. Reis oder Grünkern waschen, Wurzel putzen, kleinschneiden und alles zusammen mit der geschnittenen Zwiebel in kaltem Wasser ansetzen, Salz hinzugeben.
2. Bei mäßiger Hitze langsam kochen und gut ausquellen lassen, damit Suppe sämig und schleimig wird.
Kochzeit für Reis, Grünkern: etwa 30 bis 60 Minuten; für Haferflocken: 5 bis 10 Minuten je nach Qualität (bei Haferflocken auf Wurzel und Zwiebel verzichten).

**Grieß- oder Reisbrei**

150 g Grieß oder Rundkornreis
1 l Milch*
1 Prise Salz
etwas Zitronensaft
Zimt, Zucker, nach Belieben Vanille (oder Vanilleschote mitkochen)
eventuell 20 g Butter,
1 Eigelb zum Verbessern
frische Früchte je nach Jahreszeit

**Liebevoll angerichtetes Essen weckt den Appetit.**

1. Grieß oder Reis mit Salz und Zitronensaft in kalter Milch ansetzen und unter ständigem Rühren bei schwacher Hitze gar kochen.
2. Zum Schluß etwas Butter und Eigelb unterrühren und mit Zucker und Zimt bestreuen.
Kochzeit für Grieß: je nach Körnung 5 bis 10 Minuten; für Reis: 15 bis 20 Minuten.

*Bei Erkältungskrankheiten werden grundsätzlich keine Milchprodukte empfohlen, da diese die Verschleimung fördern.

## Auch die Seele braucht Pflege

»Leidet der Leib, muß die Seele mitbehandelt werden«, wußte schon der griechische Philosoph Sokrates. Und das hat jeder selbst schon gespürt, der einmal krank war. Wenn Sie den Bedürfnissen des Kranken nach Ruhe oder Anregung gegenüber aufmerksam sind und sich so oft wie möglich einfühlsam und anregend mit ihm unterhalten, dann vermitteln Sie ihm, daß Sie ihm in dieser schwierigen Zeit nahe sind und mitfühlen. Für den Kranken ist es eine große Hilfe, wenn er über seine Gefühle, Ängste und Sorgen reden kann.

### Besuche und Anregung

- Besuche von Freunden oder Verwandten sind wichtig, und die meisten Kranken sehnen sich auch danach – aber nicht immer. Sprechen Sie dies also vorher mit dem Kranken ab. Empfehlenswert ist es, wenn täglich ein Besucher kommt – und nicht alle Besucher am selben Tag.
- Bitten Sie die Freunde und Verwandten, keine Süßigkeiten und keinen Alkohol mitzubringen. Blumen als kleine Aufmerksamkeit machen das Zimmer freundlich, sollten jedoch nur dann geschenkt werden, wenn sich im Zimmer noch nicht zuviel Blumenschmuck angesammelt hat oder wenn der Kranke nicht allergisch auf bestimmte Pflanzen reagiert.
- Als Mitbringsel eignen sich am besten Spiele, Kreuzworträtsel, Bücher, Zeitschriften – eigentlich alles, was die Stimmung des Kranken hebt und sein Wohlbefinden stärkt.

**Besuche heitern den Kranken auf und geben ihm das Gefühl, mit seiner Krankheit nicht allein zu sein.**

# Besondere Tips für die Langzeitpflege

Wer einen Angehörigen oder Freund über mehrere Wochen oder Jahre pflegt, muß die Pflege sorgfältig organisieren. Auf langes Liegen ohne ausreichende Bewegung reagiert der Körper mit unangenehmen Begleiterscheinungen, denen man mit gezielten Maßnahmen vorbeugen kann. Daneben ist es sehr wichtig, daß Langzeitpflegende sich auch Zeit für ihre eigenen Bedürfnisse nehmen und wissen, wo sie sich Hilfe holen können.

## Lage des Patienten und Lagewechsel

Wenn der Bettlägerige zu lange in ein und derselben Stellung liegt, bekommt er schmerzende Druckstellen oder liegt sich wund. Denken Sie deshalb daran, seine Lage etwa alle zwei bis drei Stunden zu verändern. Dabei drehen Sie ihn zunächst von der linken auf die rechte Seite und schließlich auf den Rücken.
Mit Kissen oder Rollen können Druckstellen ebenfalls vermieden werden. Besonders druckempfindlich sind Fersen, Steißbein und Schulterblätter.

## Bewegung und Bewegungstraining

Soweit es der Zustand des Pflegebedürftigen zuläßt, sollten täglich aktive oder passive Bewegungsübungen auf dem Programm stehen. Die Krankengymnastin oder das Pflegepersonal werden Ihnen wirksame Übungen zeigen. Außerdem ist es wichtig, daß tagsüber immer ein paar Schritte mit dem Patienten gegangen werden oder daß er zumindest eine gewisse Zeit in sitzender Haltung verbringt.

## Atemtraining für die Lunge

Wenn ein Kranker im Bett liegt und längere Zeit sehr flach atmet, kann er leicht eine Lungenentzündung bekommen. Ein regelmäßig durchgeführtes Atemtraining beugt dieser Gefahr vor. Es hilft auch gegen Stauungen und Schwellungen an den Beinen.

### Atemübungen

Durch die Atemübungen lernt der Patient, tiefer ein- und aus-, aber vor allem länger auszuatmen.

**1.** Sie brauchen einen Plastikhalm und eine kleine Flasche, die halbvoll mit Wasser gefüllt ist.

**2.** Der Patient atmet durch die Nase tief ein und bläst dann die ausgeatmete Luft durch den Plastikhalm in die Flasche, so daß das Wasser zu blubbern beginnt. Er versucht, so lange zu blubbern wie möglich (3mal täglich etwa 10mal durchführen).

Sie können auch ein Mobile oder einen Wattebausch so über das Bett hängen, daß man bequem im Sitzen oder Liegen dagegen blasen kann. Der Patient holt tief Luft und bläst die Gegenstände beim Ausatmen an (3mal täglich jeweils 10mal üben).

# Inkontinenz – ein Pflegeproblem

Inkontinenz bedeutet die Unfähigkeit, Harn und Stuhl zu halten. Sie ist für viele ältere und pflegebedürftige Menschen ein Problem. Oft hilft ein regelmäßig durchgeführtes Inkontinenztraining, die Blasenkontrolle vorbeugend zu stärken oder die Störung der Muskelfunktion zu beheben.

**Wichtig bei Inkontinenz**

- ein regelmäßiger Gang zur Toilette
- kurze Wege zur Toilette oder zum Toilettenstuhl sowie leicht zu öffnende Kleidung
- trotz Inkontinenz: regelmäßig und ausreichend trinken, damit der Körper nicht austrocknet
- Inkontinenz-Produkte wie Einlagen oder Windelhosen (aus der Apotheke) halten die Haut so trocken wie möglich
- kam es zum Einnässen: die Haut mit milden, waschaktiven Substanzen säubern und mit einem schützenden Hautpflegeöl eincremen

**Inkontinenztraining**

Damit der Patient ein Gespür dafür bekommt, um welche Muskeln es geht, sollte er bei der Harn- und Stuhlentleerung einmal darauf achten, wie sich die Beckenbodenmuskeln willkürlich betätigen lassen. Bei der Harnentleerung unterbricht er bewußt mehrmals den Strahl. Nach dem Wasserlassen werden die Muskeln abermals angespannt und wieder entspannt (5mal wiederholen).

**Beckenbodentraining im Liegen**

Mit bettlägerigen Menschen, die das Beckenbodentraining nicht selbst aktiv durchführen können, üben Sie folgendermaßen:

**1.** Der Patient liegt auf dem Rücken, die Beine sind gestreckt. Der Pflegende umfaßt mit beiden Händen die Fersen, so daß die Fußsohlen des Kranken gegen die Unterarme drücken. Die Füße bilden einen rechten Winkel zum Unterschenkel.

**2.** Nun atmet der Patient aus, während der Pflegende durch leichtes Vorbeugen des Oberkörpers Druck auf seine Hände bringt und die Füße sanft nach vorne, zum Schienbein hin, schiebt.

**3.** Während des Einatmens wird der Druck durch langsames Zurückgleiten des Oberkörpers gelöst. Die Übung kann 3- bis 5mal wiederholt werden.

**Eine weitere passive Übung:**

**1.** Der Patient legt in Rückenlage die Beine übereinander, der Pflegende umfaßt die Oberschenkel.

**2.** Mit der Ausatmung drückt der Pflegende die Oberschenkel kräftig zusammen und verharrt so lange, bis die Ausatmungsphase beendet ist.

**3.** Beim Einatmen wird der Druck gelockert, und die Spannung im Körper des Patienten läßt nach (3- bis 5mal wiederholen).

**Für Kranke, die im Bett sitzen können:**

**1.** Das Kopfende hochstellen oder den Rücken mit mehreren Kissen stabil abstützen. Der Patient winkelt die Beine an und stellt die Füße hüftbreit auseinander. Die Knie berühren sich, der Kranke umfaßt sie seitlich mit den Händen.

**2.** Während der Ausatmung übt der Patient mit den Händen Druck auf die Knie aus und versucht sie gleichzeitig zu öffnen.

**3.** Beim Einatmen wird kein Druck mehr ausgeübt, so daß sich die Muskeln entspannen können (5mal wiederholen).

# Hilfen für Langzeitpflegende

Wenn Sie einen kranken Menschen über längere Zeit pflegen wollen, werden Sie mitunter daran zweifeln, ob Sie dieser Aufgabe überhaupt gewachsen sind. Es gibt jedoch eine Reihe von Möglichkeiten, die dem Pflegenden die Arbeit und den Umgang mit einem Langzeitkranken erleichtern. Dazu gehört, daß Sie sich die Arbeit mit anderen Angehörigen teilen sowie zusätzlich auch ambulante Pflegedienste in Anspruch nehmen. Sehr hilfreich und wichtig ist auch der Besuch eines Pflegekurses.

## Hilfe zur Selbsthilfe

Es ist für alle Beteiligten wichtig, daß Sie nicht nur an den Kranken, sondern immer auch an sich selbst denken. Damit die Krankenpflege nicht Sie krank macht, brauchen Sie nicht nur ganz praktische Kenntnisse zum Beispiel darüber, wie man einen Bettlägerigen rückenschonend im Bett umdreht, sondern auch das nötige Bewußtsein für Ihre eigene körperliche und seelische Gesundheit: Wenn Sie sich aus übermäßigem Pflichtbewußtsein aufopfern, zu wenig schlafen, Ihre eigenen Bedürfnisse, die Freunde und die übrige Familie vernachlässigen, werden Sie sich nach einer gewissen Zeit überfordert und ausgelaugt fühlen.
Damit Sie erst gar nicht so weit kommen, sollten Sie folgendes beachten:

### So sammeln Sie neue Kräfte

- Nehmen Sie die Hilfsangebote von anderen Menschen an. Das bedeutet nicht, daß Sie den Bettlägerigen deswegen weniger lieben. Es bedeutet für Sie vielmehr eine notwendige Entlastung und für den Pflegebedürftigen eine Abwechslung, die ihm guttut, auch wenn er vielleicht zunächst protestiert. Gerade ältere Menschen klammern sich an das Gewohnte, aber es ist auch wichtig, daß sie hin und wieder gefordert werden, damit sie zumindest in Teilbereichen auch geistig soweit wie möglich beweglich bleiben.
- Suchen Sie Hilfe bei ambulanten Pflegediensten (→ Adressen, Seite 798), wenn keine Angehörigen, Freunde oder Verwandte zur Verfügung stehen, die Sie zwischendurch ablösen, oder wenn Sie gemeinsam mit Ihrer Familie in den Urlaub fahren möchten.
- Gehen Sie abends auch mal aus, ins Konzert, ins Kino, zum Essen, zu Freunden.
- Denken Sie auch an den Rest der Familie, denn keine noch so intakte Familie hält es aus, wenn Sie kaum Zeit haben und völlig ausgelaugt sind.
- Wenn Sie ab und zu an sich selbst denken, kommt das gerade auch dem Kranken zugute, denn Sie sammeln neue Kräfte.

### Hilfe von Angehörigen, Freunden und Bekannten

Eine Familie, die einen Langzeitkranken zu betreuen hat, sollte zusammen mit dem Kranken Lösungen finden, die für alle Beteiligten annehm- und durchführbar sind. Wichtig ist es, die Lasten zu verteilen: Überlegen Sie gemeinsam, wieviel Zeit die einzelnen Angehörigen für die Betreuung aufbringen können. Vielleicht hat ein entfernter Verwandter, der in der Nähe wohnt, mehr Zeit als ein enges Familienmitglied, bei dem der Kranke lebt. Freunde und Nachbarn können durch regelmäßige Besuche ebenfalls viel dazu beitragen, daß nicht nur die nächsten Angehörigen mit der Rundumpflege betraut sind.

## Ein Pflegekurs: wertvolle Anregungen

In einem Pflegekurs, den Krankenkassen, Wohlfahrtsverbände, Kliniken (→ Adressen, Seite 798) oder Kirchengemeinden in der Regel kostenlos anbieten, erhalten Angehörige praktische Tips und können wichtige Handgriffe erlernen, die den Umgang mit bettlägerigen Menschen erleichtern. Auf dem Programm dieser Kurse stehen zum Beispiel auch Informationen darüber, wie das Wundliegen vermieden werden kann oder welche Ausstattung Zimmer und Bett haben sollten, was bei bestimmten Krankheitsbildern wissenswert ist, welche Hilfs- und Heilmittel sinnvoll sein können.

### Seelische Unterstützung

Doch es geht in diesen Kursen nicht nur um technische Hilfestellungen. Es werden auch zahlreiche andere Themen angesprochen. Das können Familienkonflikte sein, die aufgrund der neuen Situation entstanden sind, oder die Begleitung eines sterbenden Menschen. Sie werden durch den Kontakt und Erfahrungsaustausch mit anderen Pflegenden sehen, daß Sie nicht alleine sind mit Ihren Problemen, Sorgen und Unsicherheiten. Häufig ist es auch hilfreich, wenn Sie sich einer Selbsthilfegruppe anschließen oder selbst regelmäßige Treffen mit anderen Betroffenen organisieren.

## Ambulante Pflegedienste: Hilfe, die ins Haus kommt

In einigen Fällen ist häusliche Krankenpflege nicht möglich ohne die Unterstützung durch professionelle Pflegekräfte. Das gilt auch für die Betreuung alter Menschen (→ Seite 84). Dann ist es am besten, wenn ein Pfleger oder eine Pflegerin regelmäßig ins Haus kommt. Ambulante Hilfe bieten entweder die Wohlfahrtsverbände – wie beispielsweise Caritas, Diakonie und Rotes Kreuz (→ Adressen, Seite 798) – oder auch private Anbieter an. Wenden Sie sich an die kirchlichen Beratungsstellen oder die für Ihren Wohnort zuständigen Gesundheitsämter.
Ambulante Pflegedienste rechnen ihre Kosten direkt mit den Kranken- und Pflegekassen ab. Wie die individuelle Hilfe im einzelnen aussieht, wird in Absprache zwischen Pflegedienst, Hausarzt, Betroffenem und Angehörigen festgelegt.

**Ein ambulanter Pflegedienst versorgt den Patienten und hilft dort, wo die Angehörigen überfordert sind.**

Es gibt auch die Möglichkeit, daß ein Kranker vorübergehend von einem Pflegedienst betreut wird, wenn Sie in Urlaub gehen wollen.

# Die Organisation eines Pflegetags

Ein klar strukturierter Tagesrhythmus ist für den Betreuenden wie für den Pflegebedürftigen gleichermaßen wichtig. Ein geregelter Tagesablauf bietet für alle Beteiligten die Möglichkeit, Kräfte und Nerven zu schonen und ausreichend Zeit für sich einzuplanen. Außerdem spürt der Gepflegte dadurch, daß er im Tagesablauf und im Familiengeschehen seinen festen Platz hat.
Der anschließende Tagespflegeplan umfaßt die wichtigsten Verrichtungen, die Sie natürlich Ihren individuellen Wünschen und Notwendigkeiten anpassen müssen.

**Ein möglicher Tagesplan**
**Morgens**
- Wasser lassen, Stuhlentleerung
- Temperatur messen und Puls zählen
- Ganzkörperwaschung und sonstige Körperpflege, betten, lagern
- Zimmer gut lüften und anschließend Atemtraining (→ Seite 758) machen
- Frühstück
- bei Bedarf gründliche Zimmerreinigung
- Danach sollte der Pflegebedürftige ruhen

**Vormittags**
- kleiner Imbiß oder Getränke
- Zeit für vorbeugende Maßnahmen wie zum Beispiel Bewegungstraining

**Mittags**
- Wasser lassen, zum Essen frisch machen
- Mittagessen, die Lage wechseln und anschließende Mittagsruhe

**Nachmittags**
- kleiner Imbiß oder Getränke
- Zeit für Besucher, Gespräche, Spiele
- Temperatur messen und Puls zählen, Wasser lassen, Bett aufschütteln, Zimmer lüften

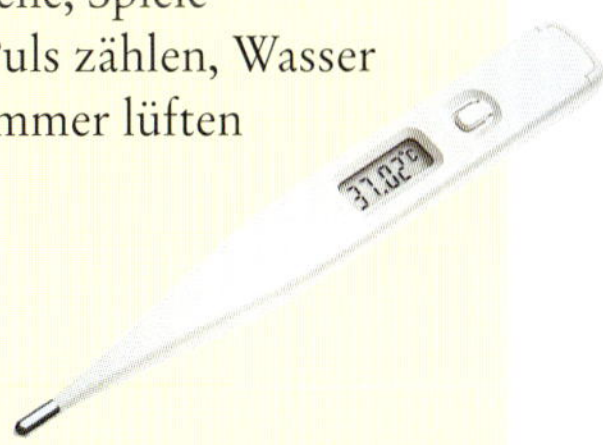

**Abends**
- Abendbrot
- Zeit für Gespräche, Zuwendung, Vorlesen
- vor dem Schlafengehen die Lage wechseln, das Bett für die Nacht richten
- Zähne putzen oder Zahnprothese versorgen und Wasser lassen

# Alter und Lebensende

## Die Freude am Leben erhalten

Menschen, die sich auf den Ruhestand freuen, empfinden ihn zunächst tatsächlich als großes Glück. Sie fühlen sich befreit von dem beständigen Leistungsdruck. Sie haben endlich etwas, was sie vorher in der Regel so vermißt hatten: Zeit. Doch der »Dauerurlaub« kann mit der Zeit langweilig werden. Vieles, was bisher den Tagesablauf bestimmt hat, hat sich verändert. Es fällt vielen schwer, einen neuen, individuell bestimmten Rhythmus zu finden und sich wieder unbefangen auf ihre Umgebung einzulassen. Die Beziehung zum Partner will neu überdacht sein. Unterschiede, die während des Arbeitslebens kaum ins Gewicht fielen, können jetzt im ständigen Miteinander Probleme aufwerfen. Der Umgang mit der freien Zeit will ebenso erlernt sein wie die Anpassung an die veränderte finanzielle Situation. Man fühlt sich vielleicht körperlich und geistig nicht mehr so leistungsfähig und hat verstärkt mit gesundheitlichen Problemen zu kämpfen. Vor allem jene Menschen geraten in Konflikte, die ihr Selbstwertgefühl überwiegend aus ihrer beruflichen Tätigkeit bezogen und außerhalb ihres Berufes nur wenige andere Interessen gepflegt haben. Das Gefühl, jetzt »nicht mehr gebraucht zu werden«, verletzt das Selbstbewußtsein. Manche stürzen sich deshalb in hektische Betriebsamkeit, um zu beweisen, daß sie noch nützlich sind. Andere werden eher passiv und wollen umsorgt und unterhalten werden.

Es gibt jedoch viele Möglichkeiten, das Älterwerden anzunehmen und auch positiv zu erleben, den dritten Lebensabschnitt bewußt zu gestalten und dadurch das Selbstwertgefühl und die Lebensfreude trotz mancher unvermeidbarer Einschränkungen zu erhalten (→ Seite 82 bis 85).

# Rente – was nun?

Wenn Sie Ihren Ruhestand genießen wollen, bereiten Sie ihn am besten von langer Hand vor. Zunächst einmal ist es wichtig, daß im Alter »die Kasse stimmt«. Deshalb lohnt es sich in jedem Fall, rechtzeitig zu überprüfen, ob die Rentenbeiträge ordnungsgemäß abgeführt wurden. Ab dem 45. Lebensjahr können Versicherte bei ihrem Rententräger einen sogenannten Versicherungsablauf anfordern. Weist er Lücken auf, dann fordern Sie die fehlenden Nachweise bei den Arbeitgebern an. Wenn Sie den Verdacht haben, daß Sozialabgaben unterschlagen wurden, scheuen Sie sich nicht, Staatsanwaltschaft und Landesversicherungsanstalt einzuschalten. Sowohl bei der Beschaffung von Nachweisen als auch in allen weiteren Fragen zur Rente hilft der Bundesverband der Rentenberater (→ Adressen, Seite 798).

## Gut vorbereitet in den Ruhestand

Zusatzversicherungen helfen, die Rente aufzustocken, so daß Sie Ihren Lebensstandard im Ruhestand nicht allzu sehr einschränken müssen. Lebens- oder zusätzliche Rentenversicherungen können den Betrag aus der gesetzlichen Rentenversicherung erheblich aufbessern. Ähnliches leistet die Geldanlage in Schatzbriefen oder Immobilien. Einfache Sparkonten sind dagegen ungünstig, da die Zinsregelungen oft nicht einmal ausreichen, um die Inflationsrate aufzufangen.

Doch nicht nur die Finanzen wollen geplant sein, sondern auch Hobbys und sonstige Aktivitäten, mit denen Sie die freie Zeit genußvoll füllen können. Es ist leichter, sich einer Vorliebe zu widmen, wenn sie bereits besteht. Beginnen Sie, soweit es Arbeit und Familie zulassen, schon vor Ihrem Ruhestand mit einem Hobby oder einer Nebentätigkeit. Überlegen Sie sich frühzeitig, wo Ihre besonderen Interessen liegen, womit Sie sich gerne beschäftigen würden und wozu Sie bisher keine Zeit und Muße hatten.

# Aktiv im Alltag

Rentner und Pensionäre können auf ein fast unbegrenztes Angebot zur Freizeitgestaltung zurückgreifen.

## Lernen und Kontakte schließen

Wer das Studium nachholen möchte, das ihm in jungen Jahren verwehrt war, oder ein zweites aufnehmen, findet an vielen Universitäten spezielle Vorlesungen für Senioren, oft in den Fächern Geschichte, Literaturwissenschaft, Kunst oder Philosophie. Doch Sie können auch die meisten anderen Veranstaltungen besuchen. Durch das Studium haben Sie zudem die Möglichkeit, Kontakt mit jüngeren Generationen aufzunehmen.

Die Volkshochschulen halten ebenfalls ein breites Bildungsprogramm bereit. Umfassende und interessante Angebote finden Sie auch bei katholischen und evangelischen Akademien und den Wohlfahrtsverbänden der Kirchen. Für handwerklich Interessierte ist wiederum die Volkshochschule eine ergiebige Adresse: Von Seidenmalerei bis Goldschmieden läßt sich dort alles nur Erdenkliche lernen.

## Anderen helfen

Immer weniger ältere Menschen geben sich mit der Rolle der »Ausgedienten« zufrieden. Ihre Erfahrung und ihr Einsatz sind in vielen Bereichen gefragt, ja oft unentbehrlich. Das gilt vor allem für soziale Aufgaben. Wenn Sie Ihren Ruhestand mit sozialen Tätigkeiten bereichern wollen, wenden Sie sich am besten an kirchliche oder Behindertenverbände (→ Adressen, Seite 798). In letzter Zeit wurde auch eine Reihe von Initiativen ins Leben gerufen, die älteren Menschen die Möglichkeit geben, jüngere zu beraten, zum Beispiel bei Fragen der Existenzgründung oder in bestimmten beruflichen beziehungsweise persönlichen Situationen (→ Adressen, Seite 798).

Wer gerne mit Kindern zusammen ist, findet oft Erfüllung in der Betreuung seiner Enkel oder als Leihoma oder -opa.

**Geistige Aktivität trägt zur Lebensfreude bei.**

## Sport und Bewegung halten fit

Aus medizinischer Sicht ist es bis ins hohe Alter möglich und sinnvoll, Sport zu treiben. Das fördert Wohlbefinden, Beweglichkeit und Selbstwertgefühl. Wichtig ist jedoch, daß so trainiert wird, wie es der jeweiligen Kondition angemessen ist. Wenn Sie zum Beispiel anfangen wollen, zu joggen oder Squash zu spielen, fragen Sie in jedem Fall vorher Ihren Arzt um Rat. Setzen Sie sich keinem falschen Leistungsdruck aus und achten Sie, wenn Sie sportlich aktiv sind, auf Ihre Herz- und Kreislauftätigkeit. Fühlen Sie Ihren Puls (als Richtlinie gilt: 180 minus Lebensalter. Wenn Sie also 60 Jahre alt sind, sollte Ihr Puls nicht höher als 120 steigen). Oberstes Kriterium sollte jedoch immer Ihr persönliches Wohlbefinden sein: Sport soll vor allem Spaß machen!

Denken Sie jedoch auch daran, täglich ein paar Bewegungsübungen in Ihren Tagesablauf einzuplanen (→ Seite 698). Oft hilft es schon, wenn Sie immer wieder im Sitzen zwischendurch die Handgelenke kreisen lassen, dann die Ellenbogen und schließlich die Schultern. Hände und Finger können Sie zum Beispiel beweglich halten und trainieren, indem Sie weiche Bälle kneten oder indem Sie Flaschen auf- und zuschrauben.

**Sportarten, die im Alter geeignet sind**

Besonders empfehlenswert für Senioren sind folgende Sportarten:

- Gymnastik
- Schwimmen
- Wandern, Bergwandern
- Walking
- Tanzen
- Tennis.

**Entdecken Sie die Freude an Sport und Bewegung!**

Gemeinsam Sport treiben macht mehr Spaß und motiviert. Für fast alle Sportarten, ob Schwimmen, Tennis, Bergwandern oder Tanzen, können Sie einschlägige Vereine oder Verbände finden. Auskünfte geben zudem das Rote Kreuz und der Deutsche Paritätische Wohlfahrtsverband (→ Adressen, Seite 798).

# Partnerschaft und Sexualität

Lange Zeit verband man im christlichen Kulturkreis Sexualität mit Sünde, und sie wurde nur im Rahmen einer Ehe und als Mittel zur Fortpflanzung akzeptiert. Viele alte Menschen haben diese Ansichten derart verinnerlicht, daß sie sich selbst keine sexuellen Regungen mehr zugestehen mögen. Andererseits leiden sie häufig darunter und schämen sich ihrer selbst, wenn sie immer noch sexuelle Impulse empfinden und diese nicht aus ihrem Bewußtsein verdrängen können. Viele ältere Menschen berichten, daß sie auch Gefühle des Verliebtseins ebenso heftig empfinden wie in jungen Jahren, es jedoch nicht mehr wagen würden, sie auszudrücken und vor anderen offen zu zeigen.

## Erfüllte Sexualität auch im Alter

Der Psychoanalyse und Sexualwissenschaft ist es zu verdanken, daß der Sexualität inzwischen auch eine geistig-seelische Dimension zugestanden wird: Sexualität ist nach den Erkenntnissen dieser Wissenschaften Ausdruck von Vitalität. Sie ist eine Veranlagung, die der Mensch in sein Dasein mitbringt und die seine persönliche Entwicklung entscheidend beeinflußt. Wie alle anderen körperlichen Abläufe unterliegt auch die Sexualität im Alter der Veränderung (→ Seite 83). Dennoch verliert sie nichts von ihrer Daseinsberechtigung als Quelle der Freude und Geborgenheit oder als Ausdruck der Zuneigung.

Fortschrittliche Ärzte betrachten sexuelle Aktivität im Alter folgerichtig nicht nur als möglich, sondern auch als wünschenswert. Ihr Arzt wird Ihnen auch weiterhelfen können, wenn Sie durch körperliche Veränderungen Schmerzen oder Beschwerden dabei haben sollten.

Freilich muß jeder selbst entscheiden, welchen Stellenwert er der Sexualität im Alter zumessen möchte und welche Formen für ihn und den Partner in Frage kommen. Versuchen Sie, sich offen miteinander auszutauschen. Vom zärtlichen Streicheln bis zum Koitus ist alles möglich und erlaubt. Geben Sie Ihrer Phantasie eine Chance! Nur der Leistungszwang, der auch in die Sexualität Einzug gehalten hat, sollte über Bord geworfen werden. Auskünfte zum Thema »Sexualität im Alter« erteilen Pro Familia und die Deutsche Gesellschaft für Sexualforschung (→ Adressen, Seite 798).

## So erhalten Sie die Liebe lebendig

**Nehmen Sie sich Zeit füreinander**

Finden Sie Zeit, die nur Ihnen und Ihrem Partner gehört. Denn um einen Menschen lieben zu können, ist es wichtig, ihm volle Aufmerksamkeit zu widmen. Eine klassische Möglichkeit wäre es, sich feinzumachen und miteinander essen zu gehen. So müssen Sie sich um nichts und niemanden kümmern, außer um Ihren Begleiter. Ungestört können Sie dann Gespräche führen, die Sie vielleicht schon längst führen wollten, können sich seelisch und geistig nahekommen.

**Unternehmen Sie viel zusammen**

Entdecken Sie immer wieder aufs neue Ihre Gemeinsamkeiten und Vorlieben. Wenn Sie zusammen ein Hobby pflegen, Sport treiben oder freundschaftliche Kontakte pflegen, ist das das beste Mittel, um sich in der Partnerschaft nicht einsam und unverstanden zu fühlen.

**Verwöhnen Sie Ihren Partner**

Zeigen Sie mit kleinen Überraschungen Ihre Zuneigung. Das können ein Blumenstrauß oder kleine Geschenke zwischendurch ohne großen Anlaß sein, ein hübsch gedeckter Tisch mit Kerzen oder ein Brief. Sagen Sie Ihrem Partner ab und zu, wieviel er Ihnen bedeutet. Durch viele kleine Gesten leben auch die eigenen Gefühle wieder auf.

**Wer Liebe und Sexualität im Alter lebendig erhält, stärkt damit Lebensfreude und Gesundheit.**

# Älter werden – gesund bleiben

In der Antike wurde Älterwerden mit Krankheit gleichgesetzt. Diese Auffassung hielt sich bis ins 18. und 19. Jahrhundert. Moderne Ärzte, die sich wissenschaftlich mit dem Prozeß des Älterwerdens auseinandersetzten, versuchten – vor allem zu Beginn dieses Jahrhunderts – gezielt, das Altern selbst gegen die oft im Alter auftretenden Erkrankungen abzugrenzen. So distanziert sich auch die moderne Medizin von der überlieferten Ansicht, allein schon hohes Lebensalter sei Krankheit.

## Eingeschränkt, aber nicht krank

Die Gerontologen, Forscher und Ärzte, die sich mit dem Alter und den Alterungsvorgängen im Menschen befassen, sind sich gegenwärtig noch nicht einig, welche Altersphänomene sie bereits als Krankheit bezeichnen sollen und welche nicht. Fest steht nur, daß Alter mit einer Reihe von Symptomen oder einem eingeschränkten Leistungsvermögen einhergehen kann, aber nicht zwangsläufig muß. Eine 70jährige Frau, deren Beweglichkeit durch ein Osteoporose-Bückelchen eingeschränkt ist, muß deswegen keineswegs als durchweg krank gelten. Ein 76jähriger, der wegen der Abnutzung seiner Kniegelenke keine ausgedehnten Bergtouren mehr macht, kann in anderen Lebensbereichen durchaus leistungsfähig sein. Nicht zuletzt ist es auch eine Frage der seelischen Verfassung, ob sich ein alter Mensch krank fühlt. Wer das Älterwerden als einen natürlichen Prozeß annimmt, wird auch besser mit Beschwernissen umgehen können. Sie können selbst einiges dazu tun, damit Sie sich auch im Alter gesund und fit fühlen (→ Seite 767).

# Moderne Hörhilfen

Zu den häufig auftretenden Altersbeschwerden zählt die Schwerhörigkeit (→ Seite 176). Etwa 10 Prozent der 60jährigen müssen mit einem Hörverlust von 24 Prozent oder mehr rechnen, 10 Prozent der 70jährigen mit 40 Prozent und mehr. Die Ursachen für die Gehörschwächen im Alter sind bis heute noch nicht befriedigend geklärt.

Viele ältere Menschen scheuen den Gang zum Arzt. Sie fürchten die Vorurteile gegenüber der Schwerhörigkeit und die Probleme mit einem Hörgerät. Dennoch lohnt es sich, ärztlichen Rat und ein Rezept für den Hörgeräteakustiker einzuholen. Die moderne Technik bietet HdO-(Hinterohr-) und IO-(Im Ohr-)Hörgeräte an, die im Vergleich zu den früheren Hilfsmitteln enormen Komfort bieten.

### Hörgeräte für jeden Bedarf

- Die Palette der HdO-Geräte umfaßt Modelle mit automatischer Lautstärkenregelung, mit einstellbarer Lautstärke und einer Einrichtung, die beim Telefonieren Nebengeräusche unterdrückt. Daneben werden auch programmierbare Geräte angeboten, die sich exakt einstellen lassen.

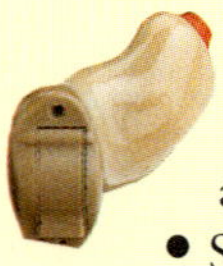

- Die kleinen IO-Geräte arbeiten automatisch, bei den etwas größeren können Sie die Lautstärke auch manuell regeln.
- Sie können ein Gerät 2 Wochen lang prüfen, bevor Sie sich entscheiden.
- Die besseren Hörgeräte kosten ab 1500 Mark. Die gesetzlichen Krankenkassen zahlen einen bestimmten Anteil zu, von den privaten Kassen übernehmen manche die vollen Kosten.
- In den Fachgeschäften werden noch eine Reihe weiterer Hilfsmittel angeboten, wie Kopfbügel mit einem Empfänger, der schnurlos mit einem Sender verbunden ist. Der Sender kann an ein Fernsehgerät angeschlossen werden – eine ausgesprochen nachbarnfreundliche Lösung. Es gibt auch ähnliche Geräte für normale Gespräche. Darüber hinaus sind Telefonverstärker und Schwerhörigen-Telefone erhältlich.

# Das Gedächtnis trainieren

Vergeßlichkeit bei Kindern und Erwachsenen gilt in unserer Gesellschaft häufig als normal, während sie bei alten Menschen als altersbedingtes geistiges Defizit angesehen wird. Diese Pauschalurteile können Sie getrost vergessen, denn auch im Alter verlaufen diese Entwicklungen individuell verschieden.

Gedächtnis beginnt im sogenannten »sensorischen Register«. Es filtert akustische und visuelle Reize und leitet sie an das Kurzzeitgedächtnis weiter. Dort werden die Informationen mit den im Langzeitgedächtnis gespeicherten Erfahrungen in Beziehung gesetzt. Die Schnelligkeit, mit der ein Mensch auf diesen Speicher zugreifen kann, hängt davon ab, wie oft er ihn benutzt. Bei alten Menschen können sich die Zugriffszeiten verlängern, aber auch bereits bei jüngeren. Störende Einflüsse der Umgebung irritieren ältere Menschen allerdings stärker als jüngere. Eine ruhige, störungsfreie Lernatmosphäre wirkt sich bei Menschen im fortgeschrittenen Alter daher positiv auf die Lernleistung aus. Ältere trauen sich auch selbst oft nicht mehr soviel zu. Andererseits verschafft ihnen ihr Erfahrungsvorsprung sogar eine Überlegenheit gegenüber jüngeren, wenn es darum geht, erfinderisch zu sein und kreative Lösungen zu suchen.

Durch gezieltes Training können Sie nicht nur Ihre Gedächtnisleistungen, sondern auch das kombinatorische und strategische Denken und die allgemeine geistige Leistungsfähigkeit erhalten.

## Übungen für das Gedächtnistraining

Die folgenden Beispiele können Sie zu Hause mit Freunden, der Familie oder alleine durchspielen.

**Geschwindigkeitstest**

Nehmen Sie einen Zeitungsartikel, und streichen Sie so schnell Sie können alle »t« an. Dann überprüfen Sie, wie viele Sie übersehen haben. Wenn Sie diese Übung täglich wiederholen, werden Sie bald eine Verbesserung feststellen.

**Kurzzeitgedächtnis**

Nehmen Sie ein Foto aus einer Zeitschrift oder ein Bild mit vielen, gut erkennbaren Gegenständen. Prägen Sie sich die Gegenstände 5 bis 10 Sekunden lang ein. Decken Sie das Bild ab und versuchen Sie, sich an die Gegenstände zu erinnern.

**Buchstabensalat**

Stellen Sie eine Liste zum Beispiel mit Namen von Tieren auf dem Bauernhof zusammen. Verschlüsseln Sie nun diese Begriffe, indem Sie die Buchstaben komplett umstellen. Aus dem jeweiligen Buchstabensalat müssen nun die Teilnehmer die richtigen Bezeichnungen ermitteln: etwa Pferd aus RDEPF.

**Sprichwörtersalat**

Spaß macht auch der »Sprichwörtersalat«: Aus einer Kombination von 2 Sprichwörtern sollen die beiden Originale herausgefunden werden. Zum Beispiel: »Die Axt im Hause ist die Mutter der Porzellankiste.« (Setzt sich zusammen aus »Die Axt im Hause erspart den Zimmermann« und »Vorsicht ist die Mutter der Porzellankiste«.) Dabei ist es amüsant zu entdecken, wie viele unterschiedliche Sprichwörter die Teilnehmer kennen.

Gedächtnis, geistige Schnelligkeit und Konzentrationsvermögen lassen sich aber auch mit entsprechenden Büchern, Kreuzworträtseln, Schach oder Gesellschaftsspielen trainieren. Spiele sind besonders vorteilhaft, weil gleichzeitig sozialer Kontakt und Austausch stattfindet.

Wer an einem organisierten Gedächtnistraining teilnehmen möchte, kann sich an Volkshochschulen, Kirchengemeinden, Caritas, Diakonisches Werk oder Arbeiterwohlfahrt, Seniorenzentren oder Altenheime wenden (→ Adressen, Seite 798).

## So können Sie Ihre Lebensqualität länger erhalten

**Regelmäßig essen**

Besonders allein lebenden älteren Menschen fehlt es häufig an Appetit und an der Lust zum Kochen. Versuchen Sie trotzdem, regelmäßige Essenszeiten einzuhalten und täglich wenigstens eine warme Mahlzeit zu sich zu nehmen!

**Ausreichend schlafen**

Die Anzahl der Schlafunterbrechungen wächst im Alter. Vermeiden Sie deshalb ab dem Spätnachmittag alles, was Sie noch zusätzlich wach hält, wie Kaffee, schwarzen Tee, Weißwein, schwere Mahlzeiten. Versuchen Sie, regelmäßig 7 bis 8 Stunden zu schlafen.

**Sich mäßig, aber regelmäßig bewegen**

Täglich 30 bis 60 Minuten tüchtige Bewegung beim Spazierengehen, Radfahren, Schwimmen oder bei der Gartenarbeit genügen, um einen erhöhten Schutz vor Herz-Kreislauf- und anderen Erkrankungen zu erzielen. Dabei müssen keine Höchstleistungen erbracht werden!

**Übergewicht vermeiden**

Der tägliche Kalorienbedarf verringert sich bereits im frühen Erwachsenenalter. Essen Sie entsprechend weniger, und bewegen Sie sich viel. Übergewicht kann die Gesundheit beeinträchtigen. Deshalb sollten Frauen das ihnen angemessene Gewicht (→ Seite 510) nicht mehr als 10 Prozent, Männer nicht mehr als 20 Prozent überschreiten.

**Nährstoffreiche Ernährung**

Im Alter reduziert sich zwar die Energiemenge, die der Körper benötigt, nicht aber der Bedarf an Proteinen, Mineralien und Vitaminen. Eine Kost aus viel frischem Gemüse, Obst, Milch- und Vollwertprodukten (→ Seite 732 bis 735) wirkt einer Unterversorgung entgegen.

**Reichliche Flüssigkeitszufuhr**

Der alternde Organismus trocknet leichter aus. Trinken Sie täglich mindestens 2 Liter, am besten Mineralwasser, Früchte- und Kräutertees.

**Alkoholkonsum einschränken**

Die mäßige Dosis von etwa einem Viertelliter Rotwein pro Tag kann das Herzinfarktrisiko vermindern. Alkohol im Übermaß genossen erhöht jedoch das allgemeine Gesundheitsrisiko.

**Rauchen vermeiden**

Starkes Rauchen begünstigt Herz-Kreislauf-Erkrankungen und erhöht das Risiko an Lungenkrebs zu erkranken. Geben Sie daher das Rauchen am besten ganz auf!

## Wohnen im Alter

95 Prozent der Senioren wollen nicht in Heimen wohnen. Immerhin leben noch 70 Prozent aller 80- bis 90jährigen in ihrer gewohnten häuslichen Umgebung. Es ist auch in zunehmendem Maße möglich, alte Menschen mit Hilfe ambulanter Dienste zu Hause zu versorgen (→ Seite 760). Darüber hinaus wird mit neuen Wohnmodellen versucht, den Bedürfnissen alter Menschen zu entsprechen, die ihr Leben so weit wie möglich selbst bestimmen und soziale Kontakte pflegen wollen und dennoch in einem gewissen Umfang versorgt und gepflegt werden müssen (→ Seite 769). Viele Senioren sehen aber manchmal keine andere Wahl als das Altenheim, das Verpflegung und ärztliche Betreuung bietet. Manche Heime betreiben auch eine Pflegestation.

Lassen Sie sich frühzeitig über die unterschiedlichen Wohnmöglichkeiten im Alter beraten. Bei Auswahl und Entscheidung helfen Wohlfahrtsverbände, Sozialämter, Wohnungsämter, Seniorenbeiräte und -verbände (→ Adressen, Seite 798). Erste Anlaufstelle kann die Abteilung Altenhilfe der Sozialämter sein.

**Alte Menschen brauchen nicht nur Pflege, sondern auch soziale Kontakte und Zuwendung.**

### Seniorenheime

Wer plant, seinen Lebensabend in einem Altenheim zu verbringen, sollte sich frühzeitig anmelden, da er mit langen Wartezeiten rechnen muß.

Vor der Anmeldung ist es wichtig, daß Sie sich eingehend über die in Frage kommenden Heime informieren. Erkundigen Sie sich nach Größe, Lage und Ausstattung der Zimmer, nach den Gemeinschaftsräumen, dem Speiseplan, und sehen Sie sich die Verkehrsverbindungen an. Wichtig ist auch zu wissen, welche Sonderkosten anfallen, wie der Personalstand ist und ob die Behörden das Heim schon einmal beanstandet haben.

Der Heimvertrag ist ein Beherbergungsvertrag, der keineswegs die gleichen Freiheiten und Rechte einräumt wie ein normaler Mietvertrag. Um so wichtiger ist es, darauf zu achten, daß der Vertrag eine genaue Aufschlüsselung der anfallenden Kosten enthält. Lehnen Sie Verträge und Hausordnungen ab, die den Bewohnern einen eigenen Hausschlüssel verweigern und somit ihre Freiheit erheblich einschränken.

### Pflegeheime

Besondere Vorsicht ist auch bei Altenpflegeheimen geboten. Die Heimleiter versuchen häufig, die in den letzten Jahren sinkenden Einnahmen aufzufangen, indem sie die Personalkosten verringern. Die schon häufig kritisierte Pflegequalität verschlechtert sich dadurch in vielen Heimen oft noch weiter.

Wer auf professionelle Pflege angewiesen ist, sollte deshalb unbedingt klären, ob nicht eine andere Wohnform in Verbindung mit ambulanter Betreuung, Essen auf Rädern oder sonstigen Hilfen möglich ist (→ Seite 84, 760).

### Wohnheime und Altenwohnungen

Selbständiges Wohnen ermöglichen vor allem sogenannte Altenwohnheime. Sie bieten abgeschlossene Wohnungen an, die Sie mit den eigenen Möbeln möblieren können. Sammeln Sie jedoch auch hier unbedingt vorher eingehende Informationen.

Altenwohnungen sind auf die besonderen Bedürfnisse alter Menschen zugeschnittene Wohnungen in Altenwohnhäusern oder vereinzelt Miets- oder Einfamilienhäusern. Wichtig ist, daß für den Krankheitsfall ambulante Dienste in der Nähe erreichbar sind. Klären Sie dies noch vor dem Einzug.

## Wohngemeinschaften und Wohnanlagen

Eine sehr moderne Form des Wohnens im Alter praktizieren die Altenwohngemeinschaften. Sie bieten entscheidende Vorteile, da sich die Mitbewohner viele Kosten teilen. Schwierigkeiten können hingegen auftreten, wenn die Gemeinschaft durch Krankheit und Pflegebedürftigkeit einzelner Mitglieder überfordert wird. Manche Menschen kaufen bereits in jungen Jahren Anteile von Altenwohnanlagen. Informationen zu den unterschiedlichen Möglichkeiten, im Alter gemeinsam zu wohnen, erhalten Sie in der Regel ebenfalls bei Senioren- und Wohlfahrtsverbänden (→ Adressen, Seite 798).
In sogenannten integrierten Wohnanlagen leben jüngere, ältere und hilfsbedürftige Menschen zusammen: Die Mitglieder unterstützen sich gegenseitig, haben aber auch gemeinsame Pflichten und Aufgaben und sind in einen sozialen Zusammenhang eingebunden, der sich meist positiv auf ihr Befinden auswirkt. Ein junger Vater hilft zum Beispiel der 80jährigen Nachbarin beim Putzen ihrer Fenster, erledigt Besorgungen, dafür darf sein fünfjähriger Sohn ab und zu mit der »Ersatzoma« ein Eis essen gehen.

## Wohnen zu Hause

Alte Menschen, die in ihren eigenen vier Wänden bleiben möchten, jedoch mit den Bedingungen dort nicht mehr zurechtkommen, wenden sich am besten an die Wohnberatungsstellen für ältere Menschen (→ Adressen, Seite 798). Häufig genügen schon geringfügige Anpassungsmaßnahmen.
Oft trägt die Krankenkasse einen Teil der Kosten, wenn Sie Ihre Wohnung entsprechend umgestalten wollen und eine ärztliche Verordnung vorliegt. Die Zuschüsse, die die Pflegeversicherung gewährt, reichen jedoch für kostenintensive bauliche Veränderungen nicht aus – wenn etwa Türen verbreitert werden müssen, das Badezimmer umgebaut oder ein Lift im Treppenhaus eingebaut werden muß. Doch in bestimmten Fällen sind auch andere Kostenträger für Anpassungsmaßnahmen zuständig: die gesetzliche Rentenversicherung, das Arbeitsamt, Unfall- und Haftpflichtversicherungen, Sozialämter. Die Zuständigkeiten der einzelnen Institutionen regelt ein Paragraphendschungel, der für den durchschnittlichen Bürger oft nicht durchschaubar ist. Auch hier helfen die Wohnberatungsstellen oder verweisen zumindest auf versierte Ansprechpartner.

## So können Sie Ihre Wohnung umgestalten

Sicherheit steht in einer altersgerechten Wohnung an erster Stelle. Sanitätshäuser führen in der Regel ein großes Angebot an Hilfsmitteln. Folgende Maßnahmen tragen dazu bei, daß Ihre Wohnung sicherer und bequemer wird:
- Tauschen Sie Bodenbeläge gegen rutschsichere Böden aus – vor allem auf Treppenstufen, in Badezimmer und Küche. Achten Sie darauf, daß die Teppiche fest verlegt sind.
- Entfernen Sie Stolperfallen wie Schwellen in den Türdurchgängen, lose aufliegende Teppiche mit Falten oder aufgebogenen Kanten. Auch die Telefonkabel und andere freiliegende Kabel müssen gut befestigt werden.
- Installieren Sie zusätzliche Lichtquellen. Hilfreich sind auch Leuchtbänder an den Stufen (besonders an der ersten und der letzten) und Nachtlämpchen in Diele, Bad und Küche.
- Zu niedrige Sitzmöbel können Sie aufpolstern lassen, so daß Sie leichter aufstehen können.
- Schaffen Sie mehr Bewegungsfreiheit, und lassen Sie überflüssige Möbel in den Keller bringen.
- Im Schlafzimmer stellen Sie Ihr Bett am besten so, daß es im Notfall für Pflegepersonal von allen Seiten zugänglich ist.
- Lassen Sie im Bad Haltegriffe und gegebenenfalls Badewannenlifter anbringen. Wichtig ist auch eine rutschfeste Matte vor der Wanne.
- Lassen Sie die Küchenmöbel so montieren, daß Sie auch im Sitzen an Ihr Geschirr und Besteck herankommen. Speziell für die Hausarbeit bieten Sanitätshäuser ein ganzes Arsenal an Hilfen an wie Kehr- und Greifhilfen, fest montierbare Schälmesser oder rutschfeste Schneidbretter.
- Spezielle Gehhilfen tragen dazu bei, daß Sie sich sicherer in Ihrer Wohnung bewegen können.

# Sterben und Tod: ein verdrängtes Thema

Sterben und Tod wurden im Lauf der vergangenen Jahrzehnte zunehmend aus unserem Bewußtsein gedrängt. Durch die Möglichkeiten der modernen Medizin wurde der Tod unter den Ärzten, aber auch unter den Patienten zum Tabuthema. Nicht nur jüngere, sondern auch viele ältere Menschen vermeiden es, sich mit dem Sterben auseinanderzusetzen (→ Seite 86). Die Begegnung mit einem Todkranken macht uns angst: Sie konfrontiert uns mit unserer eigenen Vergänglichkeit und der Frage, was wir von unserem Leben erwarten. Einen Sterbenden zu begleiten bedeutet immer, sich mit Abschied, Verlust und Schmerz auseinanderzusetzen.

## Einen Sterbenden begleiten

Aber gerade der Sterbende hat in seiner letzten Lebensphase ein Anrecht darauf, in seinen Gefühlen des Schmerzes und der Verzweiflung ernst genommen zu werden und in Würde mit seinem Leben abschließen zu können. Welche Gefühle der Sterbende mitteilen kann und ob es ihm gelingt, versöhnlich aus dem Leben zu scheiden, hängt maßgeblich vom Verhalten derer ab, die ihn auf dem Weg bis zum Ende begleiten. Als Angehöriger eigene Ängste und Unsicherheiten auszuklammern, hieße dem Kranken gegenüber unaufrichtig zu sein. Die letzten Stunden bedeuten für den Sterbenden wie auch die Angehörigen eine einzigartige Chance, unerledigte Geschäfte anzugehen, Zwistigkeiten beizulegen, mit alten Mißverständnissen und Kränkungen aufzuräumen. Denn wer das Gefühl hat, Wichtiges versäumt zu haben, kann nicht loslassen.

### Körperkontakt gibt Halt und Trost

Eine mindestens ebenso wichtige Rolle wie der sprachliche Austausch mit dem Sterbenden spielt der Körperkontakt. Als Angehörige oder Begleitende sollten wir uns nicht davor scheuen, unsere Zuneigung und Nähe durch Berührung zu zeigen: Streicheln, Händehalten oder Fußmassage vermitteln ihm, in der letzten Phase nicht allein zu sein. Selbst wenn ein Mensch kurz vor seinem Tode nicht mehr bei Bewußtsein ist, sollten wir uns so verhalten, als ob er alles sehen, hören und fühlen könnte. Es gibt Hinweise darauf, wonach selbst Koma-Patienten, die keine erkennbaren Reaktionen für Außenstehende zeigen, noch erstaunlicher Wahrnehmungen fähig sind. Bedenken Sie jedoch, daß zahlreiche Sinnesorgane unmittelbar vor dem Tode nur mehr eingeschränkt funktionieren: Gesichts- und Gehörsinn nehmen stark ab, so daß man sich möglichst nahe an das Gesicht setzen und besonders deutlich sprechen sollte. Auch die Berührungen sollten stärker sein.

Da in unserer Gesellschaft das Sterben und die Sterbenden immer stärker ausgegrenzt werden, haben sich Organisationen etabliert, die es sich zur Aufgabe gemacht haben, Sterbenden zu helfen.

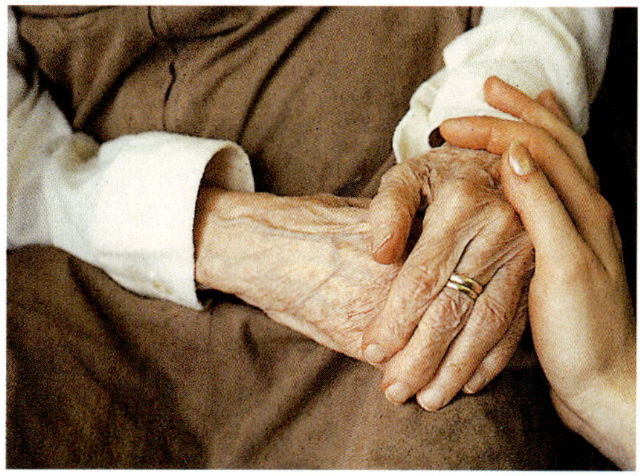

**Sprechen Sie viel mit einem Sterbenden. Ebenso wichtig wie das Reden ist auch der Körperkontakt.**

## Hospize: Beistand für Sterbende und Angehörige

Das Wort »Hospiz« meint nicht eine Einrichtung, sondern ein Konzept zur Sterbebetreuung. Begründerin der Hospizbewegung ist die englische Krankenschwester, Sozialarbeiterin und Ärztin Dame Cicely Saunders. Im deutschsprachigen Raum sind inzwischen mehrere Hospize mit stationären Einrichtungen und ambulante Hospizdienste tätig, deren Adressen Sie bei kirchlichen Verbänden wie Caritas oder Diakonie (→ Adressen, Seite 798) erfragen können. Hospize arbeiten in der Regel mit Teams, die sich aus besonders ausgebildetem Pflegepersonal, Ärzten,

Sozialarbeitern, Seelsorgern und Hospizhelfern (ehrenamtlich arbeitenden Laien) zusammensetzen. Je nach Bedarf werden Beschäftigungs-, Bewegungs-, Kunsttherapeuten, Masseure oder Psychologen mit einbezogen. Die ambulante Betreuung durch Hospize ist kostenlos. Bei stationärer Betreuung kann eine Eigenbeteiligung anfallen.

### Das bietet Ihnen ein Hospiz

Hospiz betrachtet das Sterben als einen natürlichen Teil des Lebens und als einen Prozeß, der weder verdrängt noch künstlich verlängert werden muß. Dieser Grundidee folgen die Ziele der Betreuung: Der Todkranke wird so lange wie möglich zu Hause in seiner gewohnten Umgebung gepflegt. Die Betreuer versuchen, den Patienten weitestgehend von körperlichen Beschwerden und Schmerzen zu befreien, es ihm aber gleichzeitig zu ermöglichen, so bewußt und wach zu bleiben, wie es sein Zustand erlaubt. Der Sterbende wird in allen Fragen unterstützt, ob es sich um Schwierigkeiten innerhalb der Familie, um Glaubensfragen oder den Sinn des eigenen Lebens handelt. Hospizbetreuung gilt jedoch nicht nur den Patienten, sondern auch den Angehörigen, die mit ihrer Trauer und Hilflosigkeit fertig werden müssen.

#### Wann ist es Zeit für ein Hospiz?

Bei einem Hospiz sollten Sie nicht erst dann Rat suchen, wenn die Situation unerträglich wird. Vielmehr wäre es sinnvoll, bereits dann Kontakt aufzunehmen, wenn der Arzt eine Krankheit mit unweigerlich tödlichem Ausgang festgestellt hat und bestätigt, daß keine Therapie mehr eingesetzt werden kann. Wenn möglich nehmen Patient und Angehörige gemeinsam einen Beratungstermin mit dem Hospiz wahr. So können Sie schon vorab die Schmerztherapie absprechen, Adressen von Selbsthilfegruppen erfahren oder sich in einer der offenen Trauergruppen des Hospizes auf das Abschiednehmen vorbereiten.

## Hilfe für die Angehörigen

Die Pflege eines todkranken Patienten bedeutet für die Angehörigen eine Anforderung, die häufig über ihre physischen und psychischen Kräfte geht. Nicht selten finden pflegende Angehörige kaum mehr Zeit für andere Kontakte und geraten so leicht in die Isolation. Es ist wichtig, daß Sie sich als Pflegender in jedem Fall Hilfe verschaffen – finanziell, pflegerisch und seelisch. Erkundigen Sie sich bei der Pflegekasse Ihrer Krankenversicherung nach den unterschiedlichen Leistungen. Oft bietet es sich an, eine Kombination von Sachleistungen (in Form von ambulanten Pflegeleistungen) und Pflegegeld zu beantragen. Als weitere Unterstützung können Sie auch ein Hospizteam einschalten oder an Selbsthilfegruppen teilnehmen (→ Adressen, Seite 798).
Viele Menschen, die einen Sterbenden begleitet haben, berichten, daß ihre anfängliche Angst davor am Ende einem Gefühl der besonderen Verbundenheit und Nähe zu dem Verstorbenen gewichen ist. Hospizhelfer bezeichnen es als beglückend, wenn sie einem Sterbenden in seinen letzten Stunden wenigstens das Gefühl vermitteln konnten, nicht allein zu sein.

## Aktive und passive Sterbehilfe

Eine besondere Problematik stellt sich für Angehörige, deren Verwandter oder Partner unheilbar krank ist und nur noch durch medizinische Geräte am Leben erhalten wird. Vielen erscheint es als eine Frage der Barmherzigkeit, das Sterben nicht weiter zu verlängern. Die Entscheidung, passive Sterbehilfe zu leisten, ist für den Arzt jedoch schwierig. Die Angehörigen müssen plausibel machen können, daß ihr Wunsch tatsächlich auch dem Willen des Patienten entspricht. Nur dann ist die passive Sterbehilfe in Deutschland straffrei. Das wird erleichtert, wenn der Kranke eine Patientenverfügung erlassen hat (→ Seite 773).
Für die aktive Sterbehilfe macht sich seit 1980 die Deutsche Gesellschaft für Humanes Sterben (→ Adressen, Seite 798) stark. Der Verein fordert unter anderem Straffreiheit für passive und aktive Sterbehilfe, wenn der Patient sie wünscht. Die Möglichkeit, derartige Gesetze zu mißbrauchen, liegt auf der Hand. Dementsprechend hat sich der Gesetzgeber bis heute geweigert, die Strafandrohung für aktive Sterbehilfe aufzuheben.

# Tod eines nahestehenden Menschen

Gelingt es, einen Angehörigen, Freund oder Partner zu einem friedvollen Ende zu geleiten, so ist dies Trost in all dem Elend, das ein Teilnehmer an einem Hospizseminar sehr eindrucksvoll beschrieben hat: »Trauern ist wie vor einer eingestürzten Brücke sitzen, grauer Himmel über einer grauen Landschaft, einem Teil von sich selbst nachweinen, innerliches Bluten, einsam im Nebel wandern.«

## Tod des Partners

Während des gemeinsamen Lebens entstehen zwischen Partnern unzählige Verbindungen. Man hört aufeinander, spricht und arbeitet miteinander, man liebt sich, haßt sich auch zuweilen. Partner, die zueinander passen, können gemeinsam genießen, Gedanken und Gefühle austauschen, sie teilen Tisch und Bett. Zwischen Partnern gibt es natürlich auch Probleme, die sie verbinden. Je mehr die Partner im Leben aufeinander bezogen waren, um so schmerzhafter empfindet der Zurückbleibende den Verlust.

**Trauern bedeutet, den Schmerz nicht zu verdrängen, sondern bewußt zu durchleben.**

### Den Verlust verarbeiten

Die erste Reaktion auf den Tod des Lebensgefährten ist bei vielen das Nicht-Wahrhaben-Wollen. Darauf folgt meist eine Zeit großer Sehnsucht. In Gedanken läßt man den verlorenen Partner wieder aufleben. Daran schließt sich häufig eine Phase tiefster Niedergeschlagenheit an, die bis zu einem Jahr dauern kann. Danach sind die meisten Trauernden wieder in der Lage, sich der Außenwelt zu öffnen und ihr Leben der veränderten Situation aktiv anzupassen. Trauernde benötigen unterschiedlich viel Zeit, um zu akzeptieren, daß der geliebte Mensch »gegangen ist«, und sie brauchen vor allem auch Hilfe. Sind keine Freunde oder Verwandte da, die den Verlust mittragen, kann es sinnvoll sein, die Angebote von Hospizgruppen (→ Seite 770), kirchlichen Einrichtungen oder Volkshochschulen wahrzunehmen. Trauernde können hier im Gespräch, aber auch oft auf kreative, nonverbale Weise, wie zum Beispiel beim Malen, ihre Gefühle ausdrücken und so das Gefühlschaos ordnen.

## Abschied von einem Kind

Was in Eltern, die ein Kind verlieren, vor sich geht, läßt sich kaum mit Worten ausdrücken. Vielleicht können die letzten beiden Strophen des Gedichts »Elegie für Steven«, die Mascha Kaléko dem Tod ihres Sohnes widmete, eine Ahnung davon vermitteln:

Daß man doch lernte, sich vor ihm zu neigen,
Der grausam nimmt, was er so zögernd gab.
Solang mein Herz schlägt, ist darin ein Grab.
Ich setze Dir ein Mal aus purem Schweigen.

Kein Wort. Kein Wort. Gefährte meiner Trauer!
Verwehte Blätter, treiben wir dahin.
Nicht daß ich weine, Liebster, darf Dich wundern,
Nur daß ich manchmal ohne Träne bin.

Meist leiden verwaiste Eltern noch zusätzlich unter Schuldgefühlen, werfen sich selbst oder dem Partner Fehler und Nachlässigkeit vor. Um trotz aller Trauer Frieden zu finden, ist es jedoch unerläßlich, sich selbst und anderen vergeben zu können und aufzuhören, gegen die Trauer zu kämpfen. Es ist wichtig den Schmerz anzunehmen und sich Hilfen zu holen. Eltern, die ein Kind verloren haben, können bei Selbsthilfegruppen Unterstützung und Rat finden (→ Adressen, Seite 798).

## Mit der Trauer umgehen

**Sich Zeit geben**

Trauer ist eine Wunde. Sie braucht Zeit, um zu heilen. Wie Sie von einer körperlichen Verletzung nur dann genesen können, wenn Sie sie hinnehmen und pfleglich mit ihr umgehen, so überwinden Sie auch Trauer nur dann, wenn Sie sie zulassen.

**Den Verlust als unabänderlich anerkennen**

Am Verlust eines Menschen ändern Sie nichts, wenn Sie mit Schuldgefühlen oder Vorwürfen gegen andere reagieren. Weder Wut noch Depression führen aus der Trauer heraus. Nur wenn Sie den Tod als unabänderliche Tatsache akzeptieren, wird aus der offenen Wunde eine Narbe, die zwar bleibt, aber nicht immer von neuem aufbricht.

**Abschied nehmen und den Verlust verarbeiten**

Abschied zu nehmen und loszulassen, können Sie üben – ein ganzes Leben lang. Scheuen Sie sich nicht, Hilfe in Anspruch zu nehmen, sich bei Freunden auszuweinen oder das Angebot von Trauergruppen wahrzunehmen. Versuchen Sie, Trauer kreativ zu verarbeiten, sei es malend, schreibend oder über die Musik.

Für viele Menschen bedeutet es auch Hilfe und Trost, sich mit den Lehren der großen Weltreligionen zu beschäftigen. So schöpfen viele Kraft aus dem Auferstehungsgedanken des Christentums, aber auch aus der Idee der Wiedergeburt in den östlichen Philosophien.

## Die Angst vor dem eigenen Tod

Das zentrale Problem des Sterbens ist die Angst: Angst vor dem Ungewissen und Unfaßbaren, aber auch ganz konkret vor Schmerzen, davor, der Medizintechnik in den Krankenhäusern ausgeliefert zu sein, allein und ohne Begleitung sterben zu müssen. Hinzu kommen häufig drückende spirituelle Fragen und die Sorge um die Angehörigen.
Jeder muß für sich entscheiden, auf welchem Weg er mit dem Thema »Tod« zurechtkommen will. Wesentlich für jede Art der Bewältigungsstrategie ist es allerdings, daß Sie Sterben und Tod mit allen damit verbundenen Ängsten in Ihrer eigenen Gedankenwelt zulassen.

### Das eigene Lebensende vorbereiten

Sterben kann man nicht lernen, aber immerhin vorbereiten. Eine wichtige Stütze ist es oft, sich Gedanken über Abschied und Loslassen zu machen. Häufig bieten Hospize Kurse an, die helfen, mit dem Thema Tod umzugehen.
Das Lebensende vorbereiten heißt auch, die eigenen Angelegenheiten und die der Angehörigen zu ordnen. Dazu zählt zum einen das offene Gespräch mit den Familienangehörigen, zum andern das Abfassen eines Testamentes. Je klarer Ihr Testament formuliert ist, desto weniger Streitpunkte gibt es später. Wer noch zu Lebzeiten die eigene Bestattung und deren Kosten regeln will, kann eigens dafür zusammengestellte Leistungspakete der Bestattungsinstitute in Anspruch nehmen.

### Patientenverfügung

Wer einer Apparatemedizin entgehen will, die möglicherweise nur den Sterbevorgang verlängert, kann von einer sogenannten Patientenverfügung Gebrauch machen. Mit dieser Willenserklärung können Sie ärztliche Maßnahmen verweigern, die lediglich Sterben und Leiden verlängern. Sie ist als Vordruck bei Hospizen erhältlich.
Neben der eigentlichen Verfügung enthält der Vordruck Formulare für Vollmachten. Auf ihnen können Sie einen Vertreter benennen, der an Ihrer Stelle Entscheidungen treffen kann, sollten Sie dazu nicht mehr in der Lage sein. Ergänzend setzen Sie mit der sogenannten Betreuungsverfügung eine Person ein, die die Willenserklärung bezeugt.
Die Patientenverfügung sollte stets aktuell sein – möglichst nicht älter als ein Jahr. Zudem ist wichtig, daß Sie, wenn Sie eine Verfügung unterschreiben, so viele Personen wie möglich davon in Kenntnis setzen. So läßt sich vermeiden, daß die Patientenverfügung für ungültig erklärt wird.

# Erste Hilfe bei Notfällen

## Inhalt

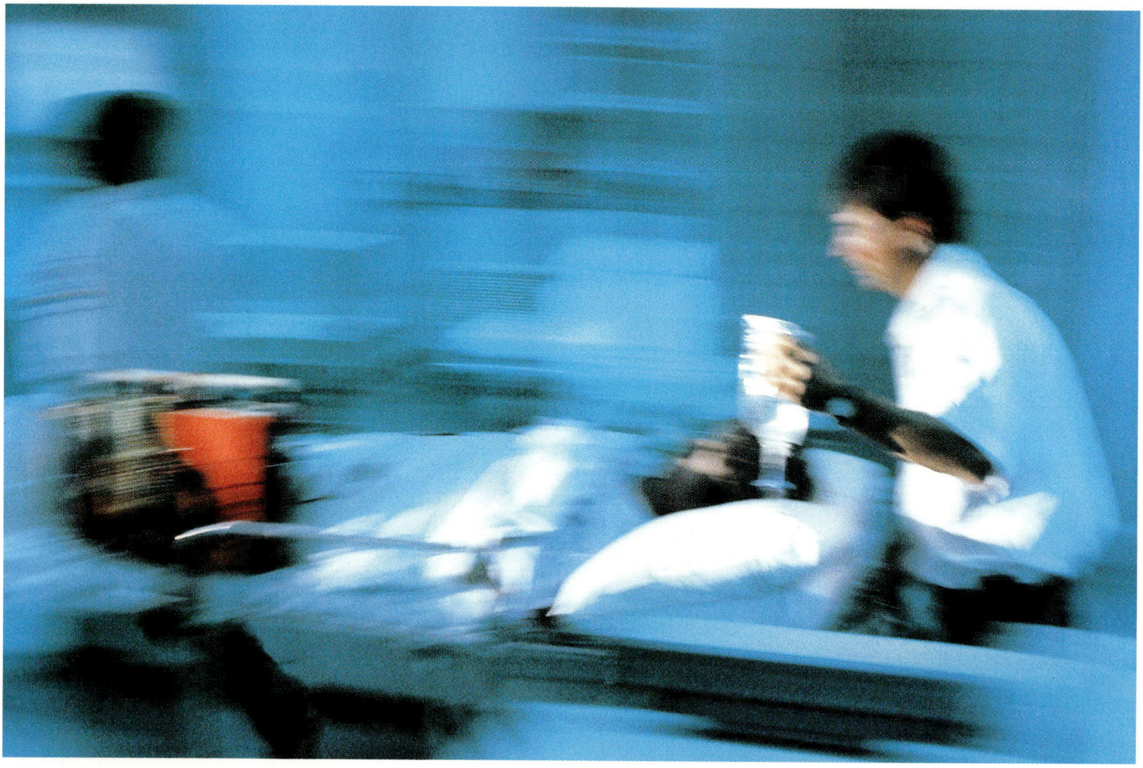

# Richtig handeln in Notfällen

## Grundbegriffe der Lebensrettung

Unfälle und Notsituationen können sich überall ereignen: zu Hause, im Straßenverkehr, am Arbeitsplatz oder bei Freizeitaktivitäten. Dann ist rasche Hilfe vonnöten, möglicherweise lebensrettend; und jeder von uns ist gefordert. Das ist nicht nur unsere moralische Pflicht, das sieht auch der Gesetzgeber so: Zur Ersten Hilfe ist jedermann rechtlich verpflichtet, solange er sich nicht selbst dadurch in Gefahr bringt; unterlassene Hilfeleistung ist strafbar.

## Erste Hilfe kann man lernen

Sinnvoll und wichtig ist es deshalb, sich schon vorher über das richtige Handeln zu informieren. Die ersten Minuten sind bei vielen Notfällen entscheidend. Je mehr praktisches Wissen Sie haben, desto wirkungsvoller kann Ihre Hilfe sein.

Lernen Sie die Grundbegriffe der Ersten Hilfe und frischen Sie Ihre Kenntnisse regelmäßig auf! Das Rote Kreuz und andere Hilfsorganisationen wie Johanniter und Malteser sowie die Volkshochschulen bieten regelmäßig Kurse an, in denen Sie die Grundbegriffe und die wichtigsten Sofortmaßnahmen (→ Seite 778–781) erlernen und unter fachkundiger Anleitung üben können.

### Vorsorgen für den Notfall

- Achten Sie darauf, daß Ihr Tetanusimpfschutz nicht älter als 10 Jahre ist.
- Wenn Sie chronisch krank sind, sollten Sie wichtige Medikamente und Dokumente wie Allergiker-/Diabetikerpaß immer bei sich haben.
- Notieren Sie in Brieftasche oder Portemonnaie, wer im Notfall benachrichtigt werden soll.

## Abc der Ersten Hilfe

Das Ziel der Ersten Hilfe ist es, einen Menschen aus einer akut lebensbedrohlichen Situation zu retten, ihn vor einer weiteren Verschlechterung seines Gesundheitszustandes und vor unnötigen Schmerzen zu bewahren, bis Rettungssanitäter oder Arzt eintreffen. Denken Sie jedoch bei allem, was Sie tun, daran, sich nicht selbst in Gefahr zu bringen!

- Versuchen Sie sich als erstes ein Bild zu machen, was passiert ist und welche Gefahren drohen.
- Führen Sie schnell, aber ohne Hast die notwendigen Sofortmaßnahmen durch (→ Seite 778–781); das bedeutet situationsabhängig: Retten Sie den Betroffenen aus der akuten Gefahr, sichern Sie gegebenenfalls die Unfallstelle ab, lagern Sie den Betroffenen richtig, prüfen Sie seine wichtigsten Lebensfunktionen (Bewußtsein, Atmung, Puls) und beginnen Sie, wenn nötig, sofort mit der Wiederbelebung.
- Veranlassen Sie erst *nach* den oben beschriebenen Sofortmaßnahmen einen → Notruf, es sei denn, es sind weitere Ersthelfer anwesend, die diese Aufgabe sofort übernehmen können.
- Sprechen Sie dem Betroffenen bei allem, was Sie tun, beruhigend zu.
- Geben Sie ihm, auch wenn er darum bittet, nichts zu essen, zu trinken oder gar Zigaretten.

Zusätzlich zu den landesweiten allgemeinen Notrufnummer gibt es regionale Rettungsleitstellen, deren Nummer Sie in Ihrem Telefonbuch finden. Notieren Sie sie gut sichtbar an Ihrem Telefon.
Die wichtigsten Informationen, die die Rettungsleitstelle braucht, sind die Antworten auf die vier W:

- Wo liegt der Notfallort?
- Was ist passiert?
- Wie viele Menschen sind zu versorgen?
- Welche Verletzungen oder Krankheitszeichen haben die Betroffenen?

Legen Sie nicht gleich auf, sondern warten Sie auf eventuelle Rückfragen der Rettungsleitstelle!

### Der Notruf

| | Deutschland | Österreich | Schweiz |
|---|---|---|---|
| **Polizei** | 110 | 133 | 117 |
| **Unfall** | 112 | 144 | 144 |
| **Feuer** | 112 | 122 | 118 |

## Notfälle auf einen Blick

# Sofortmaßnahmen am Unfallort

Je nachdem um welche Art des Notfalls es sich handelt, stehen verschiedene Sofortmaßnahmen an erster Stelle. Handelt es sich um einen Verkehrsunfall, sind → Absichern der Unfallstelle und das → Bergen des Verletzten vorrangig, erst dann folgt das Prüfen der → Lebensfunktionen (Bewußtsein, Atem und Puls). Bei allen anderen Notfällen müssen Sie zuallererst feststellen, ob der Betroffene noch atmet und ob sein Kreislauf noch arbeitet.

## Die Unfallstelle absichern

Bei Verkehrsunfällen wird in der allgemeinen Aufregung leicht vergessen, daß die nachfolgenden Wagen oder der Ausbruch eines Brandes im Unfallauto eine ernste Gefahr darstellen können – nicht nur für die Unfallopfer, sondern auch für die Ersthelfer. Sichern Sie deshalb als erstes die Unfallstelle ab: Stellen Sie dazu das Warndreieck in ausreichender Entfernung (100 Meter) gut sichtbar auf. Warnen Sie die anderen Verkehrsteilnehmer (Gegenverkehr, nachfolgende Autofahrer), und bitten Sie sie um ihre Mithilfe. Bei Dunkelheit sollten Sie zusätzlich mit Warnblinkanlage und Taschenlampe auf die Unfallstelle aufmerksam machen. Stellen Sie außerdem – wenn möglich – den Motor des Unfallautos ab.

## Verletzte bergen

Sowohl beim Autounfall als auch bei anderen Notfällen ist es lebenswichtig, einen bewegungsunfähigen Verletzten aus der Gefahrenzone bzw. aus dem Auto zu bergen. Erste Hilfe ist bei einem Bewußtlosen, der sich in Sitzposition in einem Wagen befindet, kaum möglich. Außerdem droht bei schweren Verkehrsunfällen auch immer Brand- und Explosionsgefahr! Um einen Verletzten zu bergen, wenden Sie eine spezielle Technik an: den *Rautek-Griff*. Bei einem Autounfall müssen Sie zuvor die Tür geöffnet und die Sicherheitsgurte gelöst haben (wenn nötig durchschneiden!). Wenn die Beine des Verletzten eingeklemmt sind, zum Beispiel unter den Pedalen, versuchen Sie sie zu befreien. Drehen Sie ihn dann mit dem Rücken zu sich, und stellen Sie sich mit gespreizten Beinen hinter ihm auf. Nun greifen Sie mit beiden Armen unter den Achseln des Verunglückten durch und fassen ihn an einem Arm, den Sie vor seiner Brust rechtwinkelig beugen. Dann ziehen Sie ihn aus dem Auto heraus, indem Sie Ihren Oberkörper aufrichten. Achten Sie darauf, daß Ihr Rücken gerade ist, so haben Sie die meiste Kraft und schonen sich.

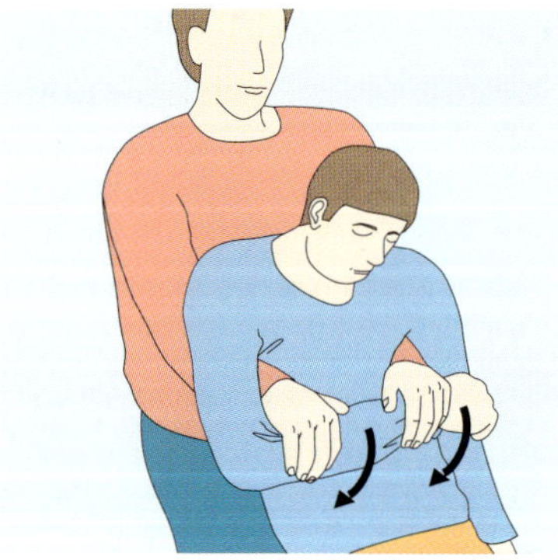

**Um hilflose Verletzte aus einer Gefahrenzone zu retten, benutzt man den sogenannten Rautek-Griff.**

### Sicher Auto fahren

Fast ein Drittel aller Unfälle ereignen sich im Straßenverkehr. Viele von ihnen nehmen einen schlimmen Ausgang, weil die Sicherheitsvorschriften zu wenig beachtet wurden. Deshalb:

- Legen Sie immer den Sicherheitsgurt an, auch auf dem Rücksitz – und auch auf Kurzstrecken.
- Kinder dürfen nur im altersgerechten Kindersitz angeschnallt im Auto mitfahren.
- Stellen Sie die Kopfstützen für jeden Mitfahrer richtig ein (Ohrenhöhe!).
- Achten Sie beim Aussteigen und Abbiegen auf Radfahrer, und nehmen Sie besondere Rücksicht auf ältere Menschen und Kinder.
- Machen Sie bei längeren Fahrten mindestens alle 2 Stunden eine Pause.

# Die Lebensfunktionen

Bevor Sie konkrete Erste-Hilfe-Maßnahmen ergreifen, müssen Sie wissen, in welchem körperlichen Zustand sich der Verletzte/Erkrankte befindet. Dazu müssen Sie prüfen, ob die lebenswichtigen Körperfunktionen noch vorhanden sind: ob er bei Bewußtsein ist, ob er atmet und ob sein Puls fühlbar ist, das bedeutet, ob Herz und Kreislauf arbeiten.

## Ist der Betroffene bei Bewußtsein?

Wenn Sie einen schwerkranken oder verletzten Menschen auffinden, müssen Sie als erstes prüfen, ob sein Bewußtsein beeinträchtigt ist.

- Sprechen Sie ihn an.
- Reagiert er nicht, versuchen Sie es mit besonders lauter Stimme (es könnte auch sein, daß er schwerhörig ist), und schütteln Sie ihn leicht an der Schulter.

> **!** Ist der Betroffene ansprechbar, fragen Sie ihn, wie er sich fühlt, ob er Schmerzen hat, ob er sich erklären kann, warum es ihm plötzlich so schlechtging. Veranlassen Sie in jedem Fall einen Notruf, wenn nicht eindeutig festzustellen ist, wie es zu dem Notfall kam, außerdem bei allen Unfällen, Stromschlägen und bei Bewußtlosigkeit, auch wenn sie bereits vorüber ist (→ Seite 785).

*Ist der Betroffene nicht ansprechbar, prüfen Sie sofort die Atmung!*

## Ist die Atmung noch vorhanden?

Um festzustellen, ob jemand noch atmet, gibt es mehrere Möglichkeiten:

- Legen Sie eine Hand flach auf den Brustkorb und versuchen Sie zu spüren, ob er sich gleichmäßig hebt und senkt.
- Wenn Sie Ihr Ohr über Mund und Nase des Betroffenen halten, können Sie eventuell auch ein Atemgeräusch hören oder die Ausatemluft fühlen.
- Eine zunehmende Blaufärbung von Lippen und Haut deutet auf eine schwere Atemstörung hin.

> **!** Hat die Atmung ausgesetzt, müssen Sie zuerst prüfen, ob die Atemwege blockiert sind, zum Beispiel durch das Zurückfallen der Zunge bei Bewußtlosigkeit oder durch einen Fremdkörper. Um den Rachen freizuräumen, drücken Sie die Backe von außen mit dem Zeigefinger einer Hand zwischen die Zahnreihe (damit Sie nicht gebissen werden) und entfernen dann mit der anderen Hand das Hindernis. Prüfen Sie nochmals die Atmung. Atmet der Betroffene jetzt, legen Sie ihn in die stabile Seitenlage (→ Seite 780).

*Atmet er auch jetzt nicht, müssen Sie vor allen weiteren Maßnahmen den Puls prüfen!*

## Ist der Pulsschlag zu fühlen?

Die einfachste Methode, Herz und Kreislauf zu prüfen, ist, den Pulsschlag zu tasten. Bei Schwerverletzten oder Kranken ist er an den Handgelenken oft kaum zu fühlen. Deshalb muß bei ihnen der Puls im Notfall immer am Hals geprüft werden.

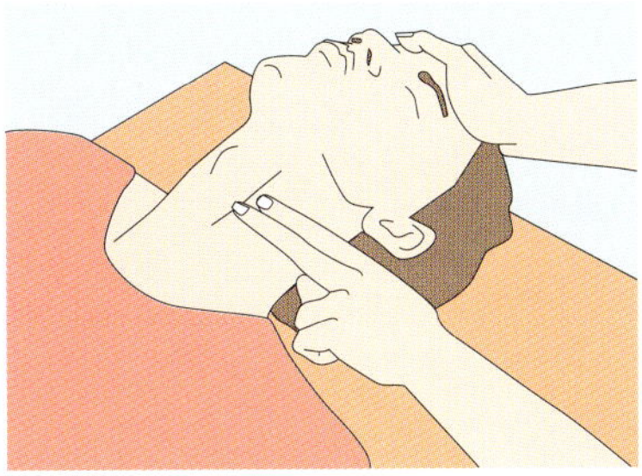

**Der Puls ist am Hals neben der Luftröhre deutlicher zu fühlen als am Handgelenk.**

- Legen Sie dazu zwei Finger leicht auf den Kehlkopf. Lassen Sie die Finger nun in die Mulde neben dem Kehlkopf gleiten, und drücken Sie sie leicht an.
- Wenn kein Puls spürbar ist, prüfen Sie ihn in gleicher Weise auf der anderen Seite des Halses.
- Bei Säuglingen und Kleinkindern tastet man den Puls an der Innenseite des Oberarms.
- Starre, weite Pupillen, die sich bei Lichteinfall nicht spontan zusammenziehen, deuten auf einen Stillstand von Herz und Kreislauf hin.

> **!** Können Sie den Puls tasten, obwohl der Betroffene einen Atemstillstand hat, dürfen Sie nur eine Atemspende (→ Seite 780), aber keine Herzdruckmassage durchführen.

*Ist kein Puls tastbar, müssen Sie sofort mit der Herzdruckmassage (→ Seite 781) beginnen!*

# Warten Sie auf den Notarzt!

Im ersten Schreck will so mancher beunruhigte Angehörige oder unerfahrene Ersthelfer den Betroffenen selbst ins Krankenhaus bringen, um Zeit zu sparen. Doch das kann gefährlich werden. Nicht nur weil dadurch vielleicht lebenswichtige Sofortmaßnahmen unterlassen werden, sondern weil es beim Krankentransport abhängig von der Art des Notfalls vieles zu beachten gilt. Warten Sie deshalb, bis Notarzt oder Sanitäter eintreffen, es sei denn, die Rettungsleitstelle hat ihr O.K. zu einem Privattransport gegeben.

# Die richtige Lagerung

Die richtige Lagerung eines Kranken oder Verletzten ist die wichtigste Voraussetzung für weitere lebensnotwendige Erste-Hilfe-Maßnahmen wie → Atemspende und → Herzdruckmassage, aber auch um Schmerzen vorzubeugen oder eine Verschlechterung des Gesundheitszustandes zu verhindern.

Wie Sie den Betroffenen lagern, hängt einmal vom individuellen Notfall ab (→ Atemnot, Seite 784; → Bauchschmerzen, Seite 784; → Ohnmacht, Seite 785); zum anderen ist ausschlaggebend, ob er bei Bewußtsein ist, atmet und sein Herz schlägt.

Für jeden bewußtseinsgetrübten oder bewußtlosen Menschen, der atmet und dessen Herz schlägt, ist es lebenswichtig, ihn in die stabile Seitenlage zu bringen, damit er nicht an der eigenen Zunge, seinem Speichel, Blut oder Erbrochenem erstickt. Bei Atem- und/oder Herzstillstand muß er flach auf den Rücken gelegt werden, um eine Atemspende und eine Herzdruckmassage durchführen zu können. Achten Sie bei einem Schwerkranken oder Verletzten immer darauf, daß er nicht friert, und decken Sie ihn gut zu.

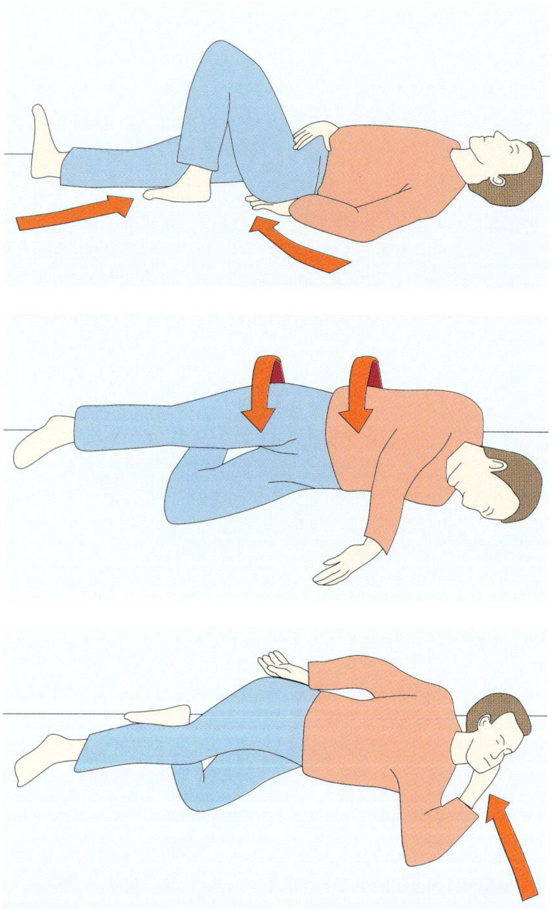

**Ein Bewußtloser könnte ersticken. Durch die stabile Seitenlage werden die Atemwege freigehalten.**

## Die stabile Seitenlage

- Knien Sie sich neben den Bewußtlosen, heben die Ihnen zugewandte Hüfte leicht an und legen seinen Arm unter sein Gesäß.
- Winkeln Sie das Ihnen zugewandte Bein an und stellen den Fuß ganz nahe an das Gesäß.
- Greifen Sie jetzt die Ihnen abgewandte Schulter- und Hüftpartie und ziehen den Körper vorsichtig über den unten liegenden Arm auf die Seite.
- Winkeln Sie nun den unter dem Körper liegenden Arm leicht an, das verleiht der Lagerung Halt. Den anderen Arm legen Sie so, daß Sie die Hand des Bewußtlosen unter seine Wange legen können. Dabei muß der Kopf weit nach hinten geneigt sein.
- Legen Sie kein Kissen unter den Kopf.

# Die Atemspende

In der Luft, die Sie ausatmen, ist noch genügend Sauerstoff, um einen anderen Menschen beatmen zu können. Dabei reicht es, ihm die Luft in die Lunge zu blasen, die Ausatmung geschieht von selbst. Die Zahl der Atemspenden pro Minute richtet sich nach dem Lebensalter desjenigen, der beatmet wird. Je kleiner ein Patient ist, desto schneller atmet er normalerweise: Erwachsene 12- bis 15mal pro Minute, Kleinkinder durchschnittlich 25mal, Säuglinge bis zu 40mal.

## Die Mund-zu-Nase-Beatmung

In der Regel blasen Sie Ihre Atemluft in die Nase des bewußtlosen Menschen ein, nur wenn die Nase verletzt oder nicht frei ist, weicht man auf die Mund-zu-Mund-Beatmung aus, ebenso bei kleinen Kindern. Bevor Sie damit beginnen, müssen Sie prüfen, ob die Atemwege frei sind und sie gegebenenfalls freiräumen (→ Ist die Atmung noch vorhanden?, Seite 779).

- Zur Atemspende legen Sie den Bewußtlosen flach auf den Rücken, beugen seinen Kopf mit der einen Hand am Haaransatz weit nach hinten.
- Fassen Sie ihn dabei gleichzeitig mit der anderen

Hand so am Kinn, daß Ihr Daumen seine Lippen verschließt und die übrige Hand den Unterkiefer an den Oberkiefer drückt.

• Setzen Sie Ihren weit geöffneten Mund wie einen Trichter über seine Nase und blasen Ihren Atem ruhig und gleichmäßig ein; bei Kindern vorsichtig.

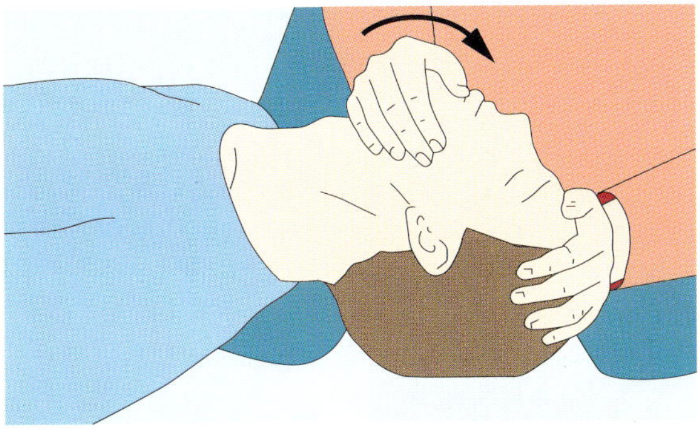

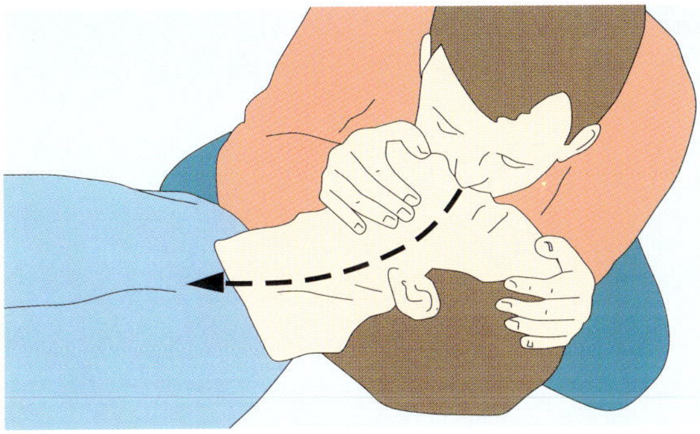

**Der Kopf muß ganz nach hinten geneigt sein, damit die Atemluft direkt in die Lunge strömen kann.**

• Passen Sie das Tempo der Beatmung Ihrem eigenen Atemrhythmus an, und warten Sie zwischen jedem Atemstoß kurz. Wenn Sie zu schnell atmen, erhält der Beatmete zu wenig Sauerstoff.

• Wenn Sie den direkten Kontakt mit dem Mund eines Notfallopfers vermeiden wollen, können Sie in der Apotheke eine spezielle Beatmungsfolie für Ihren Erste-Hilfe-Kasten oder Ihre Hausapotheke kaufen.

**!** Prüfen Sie regelmäßig, ob die Atmung wieder eingesetzt hat und ob das Herz noch schlägt.
• Ist der Puls am Hals tastbar, beatmen Sie so lange weiter, bis die Atmung wieder stabil ist.

*Ist kein Puls zu tasten, beginnen Sie sofort zusätzlich mit der Herzdruckmassage!*

## Herzdruckmassage

Bei der Herzdruckmassage (auch Herzmassage genannt) wird das Herz durch den Druck von außen so zusammengepreßt, daß das Blut in die Adern gepumpt wird. Obwohl das Herz nicht mehr schlägt, wird dadurch der Kreislauf aufrechterhalten, so daß der ganze Körper mit einer Mindestmenge an Sauerstoff versorgt wird. Die Herzdruckmassage wird immer mit der Atemspende kombiniert.

• Legen Sie den Bewußtlosen auf eine flache, harte Unterlage und knien Sie sich seitlich neben ihn.

• Der Druckpunkt liegt beim Erwachsenen zwei Fingerbreit vom untersten Brustbeinende entfernt, bei Kindern in der Mitte des Brustbeins.

• Legen Sie darauf den Ballen der einen Hand, den Ballen der anderen direkt darüber, so daß Sie mit beiden auf denselben Punkt drücken können.

• Bei Kindern bis 2 Jahre nehmen Sie zur Herzmassage zwei Finger, bei größeren Kindern nur den Ballen einer Hand.

• Drücken Sie mit gestreckten Armen in kurzen, rhythmischen Stößen auf das Brustbein.

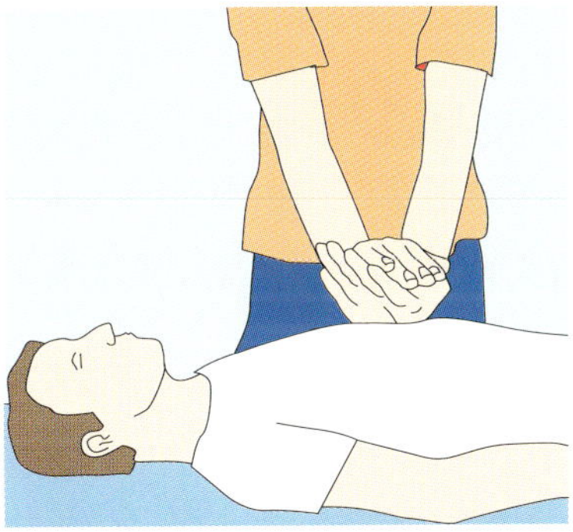

**Machen Sie eine Herzmassage nur mit den Handballen. Die Finger der unteren Hand weisen nach oben.**

• Bei Erwachsenen sind 80 bis 100 Stöße, bei Kindern 100 Stöße pro Minute nötig.

• Beginnen Sie mit einer zweimaligen Atemspende, und führen Sie dann 15 Stöße der Herzdruckmassage aus. Wenn Sie allein sind, behalten Sie diesen Rhythmus von 2:15 bei.

• Einfacher ist es zu zweit: Ein Helfer beatmet, und der andere macht die Herzdruckmassage. Wechseln Sie sich im Rhythmus 1:5 ab, geben Sie also 1 Atemspende auf je 5 Herzdruckstöße.

• Prüfen Sie alle paar Minuten den Puls. Sobald Sie ihn fühlen, können Sie die Herzdruckmassage beenden. Ansonsten fahren Sie fort.

# Kleine Verbandskunde

In der Regel ist es nicht der lebensbedrohliche Notfall, auf den Sie reagieren müssen, sondern es sind die alltäglichen kleinen Verletzungen, Schnittwunden, Hautaufschürfungen, schmerzhafte Stürze und Verstauchungen. Auch dabei kommt es auf richtiges Handeln an, denn sonst kann aus einer kleinen Verletzung allzu leicht eine große werden: Auch kleine offene Wunden sind immer mit einem Infektionsrisiko verbunden, und eine vermeintliche harmlose Verstauchung kann sich als Knochenbruch (→ Seite 790) entpuppen – um so wichtiger, daß sie bei der Ersten Hilfe sachgerecht versorgt wird.

## Der Verbandskasten

Für die Versorgung von Wunden und Verletzungen unentbehrlich sind Pflaster und Verbände, die in keiner Hausapotheke fehlen dürfen – und im Auto gesetzlich vorgeschrieben sind! Ein gutsortierter Verbandskasten muß über eine Standardausrüstung verfügen, die regelmäßig kontrolliert und aufgefüllt wird.

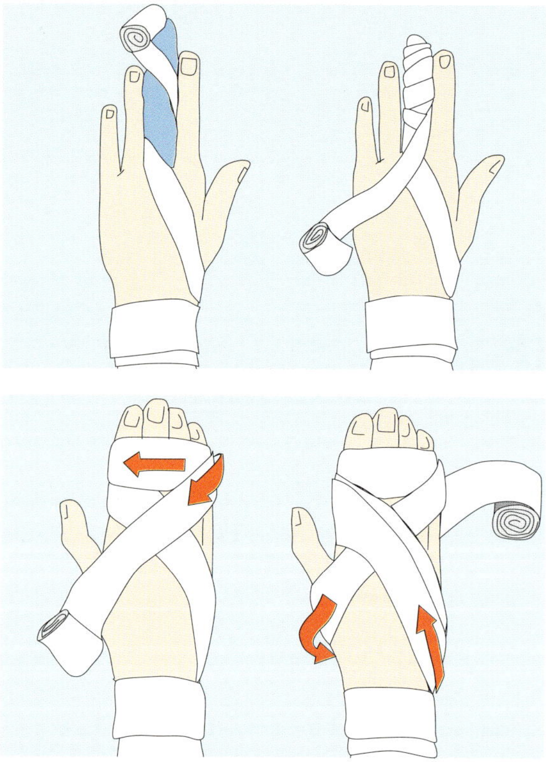

**Finger- und Handverbände immer zum Handgelenk zurückführen, damit sie nicht rutschen.**

### Das gehört in den Verbandskasten

- 1 Rolle Heftpflaster
- Wundpflaster in verschiedenen Größen
- mehrere Wundschnellverbände
- Verbandspäckchen in verschiedenen Größen
- sterile Mullkompressen
- Mullbinden
- elastische Binden in verschiedenen Größen
- Brandwunden-Verbandspäckchen
- 1 großes Brandwundentuch
- 2 Dreieckstücher
- Sicherheitsnadeln und Verbandsklammern
- Verbandsschere und Pinzette
- Einweghandschuhe

### Pflaster ist nicht gleich Pflaster

Für jede Art von Wunde gibt es eine andere Art von Pflaster: mehr oder weniger luftdurchlässige, mit Mull oder Kunstfasern, einlagig oder mehrlagig. Größe und Form (rechteckig, rund, oval) sind an die verschiedenen Anwendungsgebiete angepaßt, und sogar die Farben variieren. Für Kinder gibt es echte »Trostpflaster« in bunten Farben und mit Figuren.

Der Klebstreifen eines Pflasters ist normalerweise aus Kautschuk oder einem synthetischen Gummi hergestellt. Er schließt dicht mit der Haut ab, wird aber bei empfindlicher Haut manchmal nicht gut vertragen. Dann empfiehlt sich ein sogenanntes hypoallergenes Pflaster, mit Polyakrylaten als Klebstoff beschichtet.

Nicht immer sind Pflaster sinnvoll, um eine Wunde zu versorgen. Dann können Sie Kompressen (gefaltete Stofflagen) oder Binden verwenden. Auch sie gibt es in verschiedenen Größen und Materialien, elastisch und nichtelastisch. Die Luftdurchlässigkeit hängt vom Material und von der Webart ab.

Sozusagen zwei Fliegen mit einer Klappe schlagen Sie mit einem sogenannten Wundschnellverband, bei dem eine keimfreie Wundauflage und ein Heftpflaster bereits praktisch miteinander kombiniert sind.

### Keimfrei oder keimarm?

All diese Verbandsstoffe gibt es *keimfrei* (steril) oder *keimarm* (unsteril). Der Unterschied besteht darin, daß ein steriler Verbandsstoff völlig frei von jeder Art von Bakterien, Viren oder Pilzen ist, während ein unsteriler lediglich frei von krankheitserregenden Keimen ist. Für die kleine Wunde ist die keimarme Abdeckung meist ausreichend. Deswegen können Sie, wenn Sie nichts anderes griffbereit haben, ausnahmsweise auch ein frischgewaschenes und gebügeltes Baumwoll- oder Leinentuch zur Wundversorgung verwenden.

Keimfreie, sterile Verbandsstoffe sind immer einzeln abgepackt und nach einer Weile nicht mehr einwandfrei. Deswegen sollten Sie solche Materialien regelmäßig austauschen. Dies gilt insbesondere auch für den Verbandskasten im Auto!

## Kleine Wunden versorgen

Jede offene Wunde muß keimarm abgedeckt werden, damit keine Krankheitserreger über dieses »Türchen« in den Körper eindringen können. Berühren Sie die Wunde nicht, waschen Sie sie nicht aus, und behandeln Sie sie nicht mit Salben oder Puder, auch nicht mit »Hausmitteln« (Öl, Mehl oder ähnliches). Wenn Sie die Wundumgebung säubern müssen, halten Sie mindestens 5 Millimeter Abstand ein. Ist die Wunde verschmutzt: auf keinen Fall selbst reinigen! Die Gefahr, sie zusätzlich zu infizieren, ist zu groß. Suchen Sie in diesem Fall unbedingt einen Arzt auf! Er ist auch nötig bei starken Blutungen. Sie können schnell lebensbedrohlich werden (→ Seite 786)!

Bei kleinen Verletzungen genügt zum Abdecken der Wunde meist ein Wundpflaster. Ist das Pflaster zu klein, nehmen Sie eine passende Mullkompresse und befestigen Sie sie locker mit Heftpflaster. Verbandswatte ist nur zum Abpolstern von Verletzungen geeignet. Sie darf nicht direkt auf eine Wunde gelegt werden! Wenn nötig, legen Sie über der Wundauflage einen Verband an (→ Bandagieren leichtgemacht).

Achten Sie darauf, Ihren Tetanusimpfschutz regelmäßig aufzufrischen (→ Seite 612), ein Wundstarrkrampf kann tödlich enden (→ Seite 194). Die letzte Impfung darf nicht länger als 10 Jahre zurückliegen. Dabei spielt es keine Rolle, ob es sich um eine kleine oder große Wunde handelt!

## Bandagieren leichtgemacht

Je nachdem, ob Sie einen Wundverband oder einen Stützverband anlegen wollen, wählen Sie eine Zellstoff- oder eine elastische Binde. Aus festem, gleichzeitig sehr elastischem Material ist die sogenannte Idealbinde, die nicht nur zur Stabilisierung eines verstauchten Gelenks geeignet ist, sondern auch eine gute Druck- und Massagewirkung ausübt.

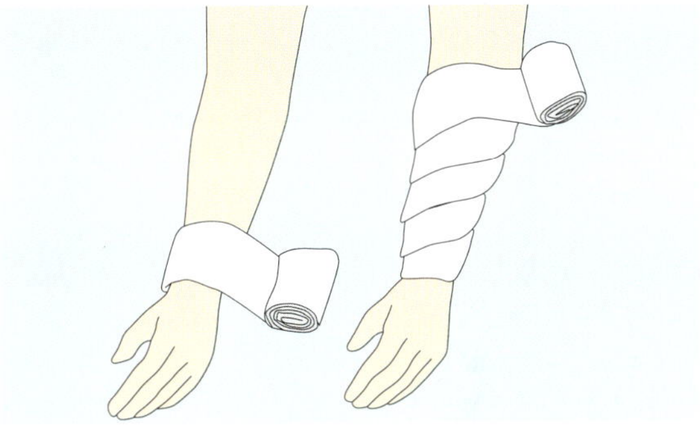

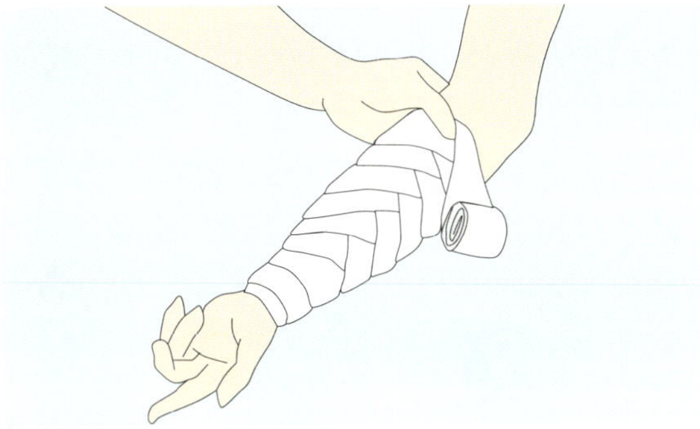

**Einen Armverband immer am Handgelenk beginnen. Besonders straff sitzt der »Kornährenverband« (unten).**

Einen Verband richtig anzulegen ist nicht schwer, wenn Sie einige Regeln beachten:

- Beginnen Sie den Verband etwas entfernt von der Stelle, die Sie bandagieren wollen, und wickeln Sie ihn dann, wenn möglich, in Richtung Herz.
- Fixieren Sie den Verband, indem Sie das Bindenende zunächst einmal straff umwickeln.
- Je nach Wickeltechnik (siehe Abbildungen) führen Sie den Verband spiralförmig oder im Kornährenmuster aufwärts. Jede neue Wicklung soll dabei zwei Drittel der vorangehenden überdecken.
- Achten Sie darauf, daß die Bandage nicht zu fest sitzt, Sie darf auf keinen Fall einschnüren.

## Atemnot

▶ Symptome

➜ plötzliches Ringen nach Luft und Gefühl zu ersticken
➜ Angst, Schweißausbruch, Übelkeit
➜ eventuell erschwerte, pfeifende Ausatmung
➜ Husten, Schwierigkeiten beim Sprechen
➜ Druck, Brennen hinter dem Brustbein, eventuell in Hals, Bauch oder Rücken ausstrahlend
➜ Blaufärbung der Lippen oder der Haut

Für eine schwere Atemnot gibt es zahlreiche Ursachen, unter anderem Verschlucken eines Fremdkörpers (→ Ersticken, Seite 788), allergische Reaktionen, Infektionen sowie Erkrankungen der Atmungsorgane und des Herzens (→ Angina pectoris/Herzinfarkt, Seite 262; → Akute Herzschwäche, Seite 262). Extrem schnelle Atmung kann zur Tetanie (→ Seite 492) führen. Schlimmstenfalls droht bei einer Atemnot der Atem- und/oder Herzstillstand.

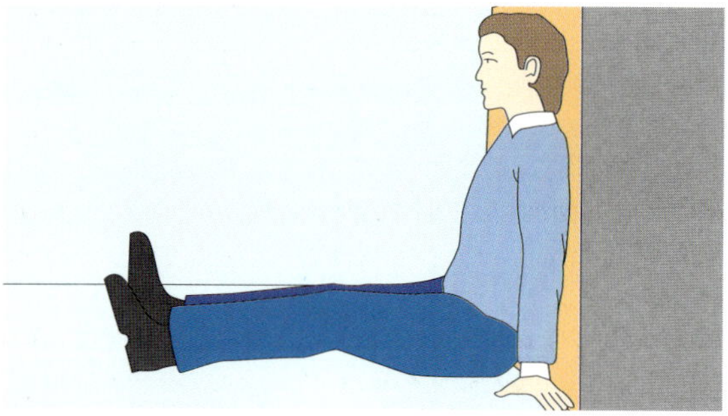

**Bei Atemnot nicht hinlegen. Aufrechtes Sitzen mit abgestützten Armen erleichtert das Atmen.**

### Erste Hilfe

Beruhigen Sie den Betroffenen, lockern Sie beengende Kleidung, und öffnen Sie das Fenster. Bei aufrechtem Oberkörper fällt das Atmen leichter; oft ist es gut, dabei die Hände aufzustützen. Asthmatiker und Angina-pectoris-Kranke haben Notfallmedikamente, die sie sofort einnehmen müssen. Bei einer Tetanie kann Ein- und Ausatmen in eine Plastiktüte helfen. Veranlassen Sie sofort einen Notruf! Prüfen Sie bis zum Eintreffen des Arztes in kurzen Abständen Atmung und Pulsschlag (→ Seite 779). Setzen diese aus, müssen Sie sofort mit der Beatmung und der Herzdruckmassage beginnen (→ Seite 781)!

## Bauchschmerzen/Kolik

▶ Symptome

➜ plötzlich einsetzende, dumpfe oder ziehende Schmerzen oder Krämpfe im Bauch
➜ Erbrechen, flache Atmung
➜ nach vorn gekrümmter Oberkörper
➜ gespannte, »brettharte« Bauchdecke
➜ eventuell Schocksymptome (→ Seite 792)

Heftige, nicht nachlassende Bauchschmerzen sind ein Symptom verschiedener Erkrankungen, die sehr oft lebensbedrohlich sind. Häufige Ursachen sind eine akute Blinddarmentzündung (→ Seite 340), eine Gallenkolik (→ Seite 352), eine Entzündung der Bauchspeicheldrüse (→ Seite 352), eine Nierensteinkolik (→ Seite 362) oder ein Darmverschluß (→ Seite 340). In Kombination mit Beklemmung und/oder Brustschmerzen kann es auch ein Herzinfarkt (→ Seite 262) sein. Bei Frauen ist es möglich, daß es sich auch um eine Fehlgeburt (→ Seite 394) oder eine Eileiterschwangerschaft (→ Seite 380) handelt.

### Erste Hilfe

Veranlassen Sie einen Notruf! Die richtige Lagerung kann die Schmerzen erheblich lindern: Der Betroffene sollte mit leicht erhöhtem Oberkörper auf dem Rücken liegen. Schieben Sie ihm eine Rolle (aus einem Kissen oder einer Decke) unter beide Knie, und decken Sie ihn zu. Körperhaltung und Wärme entspannen die Bauchdecke. Zeigt er Anzeichen eines Schocks, lagern Sie die Beine hoch (→ rechts); verliert er das Bewußtsein, bringen Sie ihn in die stabile Seitenlage (→ Seite 780). Geben Sie ihm nichts zu essen oder zu trinken, auch keine Zigaretten!

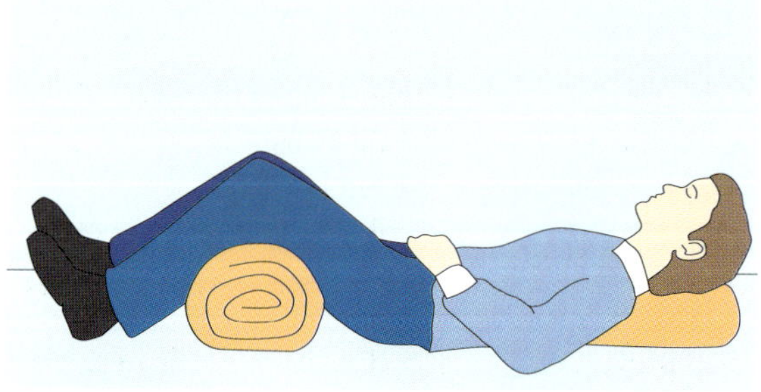

**Die Rückenlage mit angewinkelten Beinen bringt bei starken Bauchschmerzen Erleichterung.**

## Bewußtlosigkeit/Ohnmacht

### ▶ Symptome

- ➜ *Ohnmacht:* kurzzeitiger Verlust des Bewußtseins, der sich durch Schwindel, Übelkeit, Schweißausbruch, Schwarzwerden vor den Augen ankündigt
- ➜ *Bewußtlosigkeit:* länger andauernder tiefschlafähnlicher Zustand, in dem der Betroffene auf keinerlei Umweltreize mehr reagiert und nicht zu wecken ist

Charakteristisch für eine Ohnmacht ist, daß sie nur ein paar Sekunden bis 1 Minute dauert. Die Ursache ist ein Sauerstoffmangel im Gehirn, ausgelöst durch eine vorübergehende Mangeldurchblutung. Das kann harmlose Ursachen haben, zum Beispiel schlechte Luft in geschlossenen Räumen oder langes Stehen, muß aber bei wiederholtem Auftreten ärztlich abgeklärt werden. Eine Bewußtlosigkeit kann auf eine schwere Erkrankung, zum Beispiel von Herz und Kreislauf (→ Herzinfarkt, Seite 262) oder den Atmungsorganen (→ Seite 537), hindeuten.

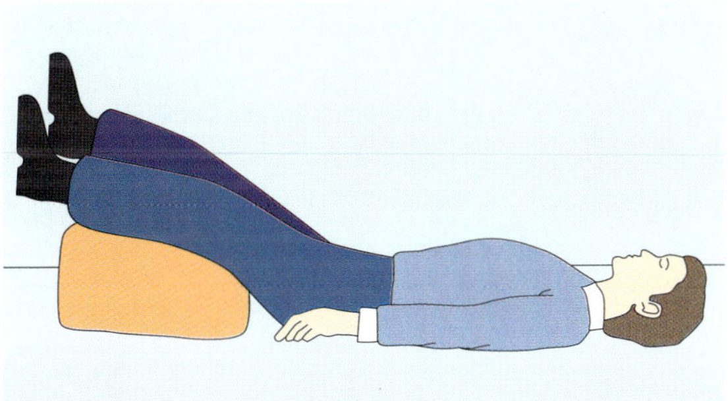

**Wenn die Beine über Kopfhöhe gelagert sind, kann das Blut besser zum Herzen fließen.**

### Erste Hilfe

Bei einer Ohnmacht: Beine hochlagern, beengende Kleidung lockern und Fenster öffnen. Gleichzeitig müssen Sie Atmung und Puls kontrollieren (→ Seite 779). Ist der Betroffene nicht binnen einer Minute wieder ansprechbar, bringen Sie ihn in die stabile Seitenlage (→ Seite 780), und veranlassen Sie sofort einen Notruf! Prüfen Sie bis zum Eintreffen des Arztes in kurzen Abständen Atmung und Puls. Setzen sie aus, beginnen Sie sofort mit der Beatmung und gegebenenfalls der Herzdruckmassage (→ Seite 781).

## Bewußtseinsstörungen

### ▶ Symptome

- ➜ Verwirrtheit, unzusammenhängendes Reden
- ➜ seltsames Benehmen
- ➜ Benommenheit bis hin zur Bewußtlosigkeit
- ➜ eventuell Unruhe, Nervosität, Schwitzen
- ➜ eventuell Seh- und/oder Schluckstörungen
- ➜ Empfindungsstörungen, eventuell Lähmung
- ➜ eventuell Zuckungen, Krämpfe

Alles, was die Funktion unseres Gehirns beeinträchtigt, kann auch zu Störungen des Bewußtseins führen, denn im Gehirn finden auch die komplexen Prozesse statt, die wir vereinfachend Bewußtsein nennen (→ Seite 215). Abgesehen von einem Dämmerzustand und Persönlichkeitsveränderungen, wie sie bei Erkrankungen der Psyche vorkommen (→ Seite 216 und Seite 228–231), gibt es zahlreiche körperliche Ursachen für eine Bewußtseinsstörung: Verletzungen (→ Schädel-Hirn-Verletzung, Seite 190), Durchblutungsstörungen (→ Seite 286) und Schlaganfall (→ Seite 190 und Seite 198), Blutungen (→ Seite 196), Entzündungen (→ Seite 192) und Tumoren im Gehirn (→ Seite 203), Epilepsie (→ Seite 202), eine Überfunktion der Schilddrüse (→ Thyreotoxische Krise, Seite 492), Blutzuckerentgleisung (→ Unterzuckerungszustände, Seite 503) oder eine Vergiftung (→ Seite 795), nicht zuletzt auch durch Alkohol oder Drogen. Jede Bewußtseinsstörung kann über verschiedene Stadien der Schläfrigkeit und des Schlafes bis zur tiefen → Bewußtlosigkeit, dem Koma, führen.

### Erste Hilfe

Bewußtsseinsstörungen sind immer ein sehr ernstzunehmendes Warnsignal. Veranlassen Sie deshalb sofort einen Notruf!

Denken Sie vor allem auch bei Kindern daran, daß es nach Stürzen oder Unfällen erst mit einigen Stunden bis Tagen Verzögerung zu Bewußtseinsstörungen als Symptom einer Erkrankung kommen kann.

Prüfen Sie bis zum Eintreffen des Arztes in kurzen Abständen Bewußtsein, Atmung und Puls (→ Seite 779). Bewußtlose müssen in die stabile Seitenlage gebracht werden (→ Seite 780).

Setzen Atmung und/oder Herztätigkeit aus, müssen Sie sofort mit der Beatmung und gegebenenfalls auch der Herzdruckmassage beginnen (→ Seite 781).

# Blutungen

Zu Blutungen kommt es nicht nur bei Verletzungen, sondern auch bei zahlreichen Krankheiten, wenn dabei Blutgefäße in Mitleidenschaft gezogen werden. Liegt die Blutungsquelle im Körperinneren, tritt das Blut entweder aus den Blutgefäßen in das umgebende Gewebe ein und ist, wenn überhaupt, als Bluterguß (→ Seite 290) sichtbar. Oder es fließt über eine natürliche Körperöffnung nach außen ab. Im Gegensatz dazu tritt bei äußeren Blutungen das Blut direkt an der Körperoberfläche aus (→ Bedrohliche Blutung aus Wunden; → Kleine Verbandskunde, Seite 782).

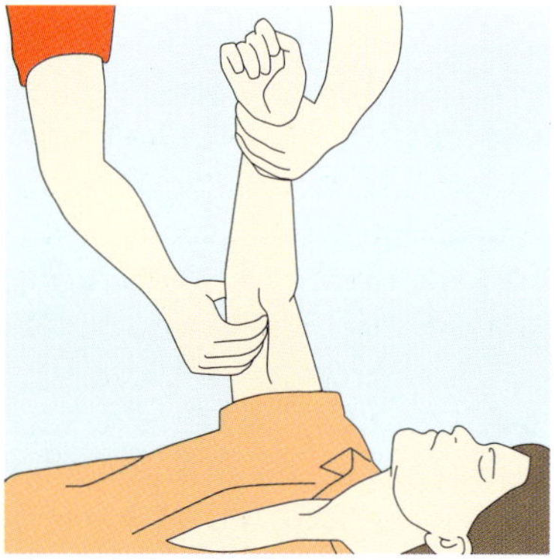

**Um eine heftige Blutung zu stillen, den Arm hochhalten und die Finger mit Druck auf die Schlagader pressen.**

Innere Blutungen haben oft eine organische Ursache, zum Beispiel Magen-Darm-Blutungen (→ Seite 332). Sie können aber auch Verletzungsfolgen sein, etwa von Auto- oder Fahrradunfällen. Gefährlich sind jedoch nicht nur die offensichtlichen, starken Blutungen, sondern auch langandauernde schwache (innere) Blutungen, da sie unbemerkt zu großem Blutverlust und auch zum Schock führen können.

## Bedrohliche Blutung aus Wunden

### ▶ Symptome

- ➜ eine oder mehrere heftig blutende Wunde(n)
- ➜ eventuell Anzeichen eines Schocks: Blässe, Schwindel, feucht-kalte Haut, schneller, flacher Atem, Ohnmacht

Immer wenn tiefere Schichten der schützenden Haut verletzt werden, kommt es zu einer Blutung: Schnitt-, Stich-, Schußverletzungen, ein schwerer Sturz, bei dem zum Beispiel ein gebrochener Knochen durch die Haut nach außen dringt, sind häufige Ursachen. Aber es gibt auch Unfälle, bei denen einzelne Gliedmaßen und Muskelpartien teilweise oder ganz abgerissen werden.

Stark blutende Wunden müssen immer so schnell wie möglich gestillt werden, da es sonst zum »Verbluten« kommen kann. Bereits bei einem Blutverlust von 1 Liter kann sich ein lebensgefährlicher Schock (→ Seite 792) entwickeln, der bei 2 Liter Blutverlust für die meisten Erwachsenen tödlich ist. Bei Kindern droht bereits bei kleineren Blutmengen eine Gefahr, da in ihren Adern insgesamt sehr viel weniger Blut als beim Erwachsenen zirkuliert.

Es handelt sich immer um eine bedrohliche Blutung:
- wenn Blut aus der Wunde spritzt
- wenn die Blutung längere Zeit andauert
- wenn der Blutverlust offensichtlich groß ist.

### Erste Hilfe

Jede Blutung aus einer Wunde kann durch ausreichenden Druck von außen gestillt werden. Bei stark blutenden Wunden muß das wegen des drohenden Schocks sofort gemacht werden. Das geschieht durch Hochhalten der verletzten Körperteile, → Abdrücken oder Aufpressen von keimfreiem Material, durch einen → Druckverband.

Prüfen Sie dann Bewußtsein, Atmung und Puls (→ Seite 779) und beginnen gegebenenfalls mit weiteren Erste-Hilfe-Maßnahmen. Veranlassen Sie so bald wie möglich einen Notruf!

### Prinzipien der Wundversorgung

- Bedecken Sie offene Wunden mit möglichst keimfreiem Material.
- Lassen Sie die Wunde ansonsten so, wie sie ist: also nicht auswaschen oder desinfizieren.
- Berühren Sie eine Wunde und den umliegenden Bereich nie direkt mit der Hand.
- Lassen Sie eingedrungene Fremdkörper in unveränderter Stellung in der Wunde.

## Die Blutstillung

Benutzen Sie zur Blutstillung bei einem Verletzten Einweghandschuhe. Sie sollten in jedem Verbandskasten enthalten sein (→ Das gehört in den Verbandskasten, Seite 782), im Auto sind Sie dazu gesetzlich verpflichtet.

### Abdrücken und Abpressen einer Blutung

Um eine Blutung zu stillen, nehmen Sie eine nicht ausgerollte, aber aus der Umhüllung ausgepackte Mullbinde oder Kompresse und pressen sie einige Minuten fest auf die Wunde. Statt keimfreiem Material können Sie auch ein sauberes Tuch benutzen.
Blutungen an Armen oder Beinen können Sie zum Stillstand bringen, indem Sie mit den Fingern fest auf die zuführenden Schlagadern drücken.
Beim Arm liegt der Druckpunkt an der Innenseite des Oberarms, etwa in der Mitte zwischen Achsel und Ellenbogen. Halten Sie den verletzten Arm mit einer Hand hoch und versuchen Sie mit der anderen die Schlagader abzudrücken.
Bei einer Beinverletzung umfassen Sie den Oberschenkel und pressen mit beiden Daumen möglichst nahe an der Leiste fest gegen den Beckenknochen.
Wenn die Blutung nachläßt, sollte zusätzlich ein Druckverband über der Wunde angelegt werden.

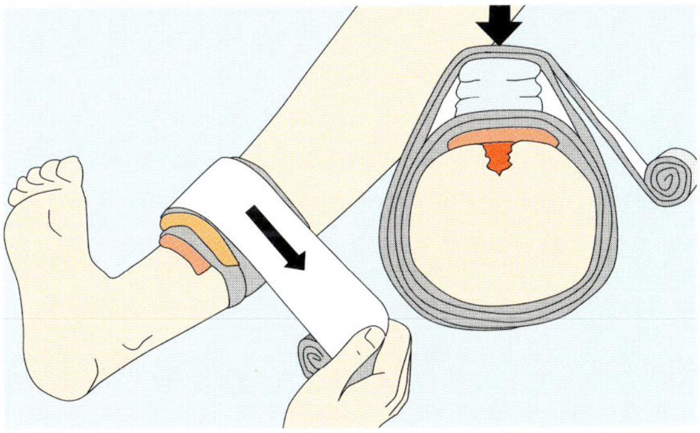

**Auf eine stark blutende Wunde ein Druckpolster legen und den Verband darüber sehr festziehen.**

### Der Druckverband

Nach dem Abdrücken der Wunde legen Sie einen Druckverband an. Als Druckpolster können Sie eines oder mehrere ungeöffnete Päckchen Verbandsmull oder Papiertaschentücher verwenden. Nachdem Sie die Wunde keimfrei abgedeckt haben, legen Sie das Polster darauf und umwickeln es so fest mit einer Mullbinde, daß es nicht verrutschen kann und Druck auf die Wunde ausgeübt wird. Ist ein kleiner Fremdkörper in der Wunde, bilden Sie ein ringartiges Polster darum herum. Achten Sie darauf, daß er durch den Druckverband nicht weiter in die Wunde gepreßt wird. Danach lagern Sie den verletzten Körperteil, wenn möglich, hoch.

> **!** Versuchen Sie bei einer offenen Bauchverletzung nie nach außen tretende Därme wieder in den Bauch zurückzudrücken. Ist die Austrittstelle des Darms nicht zu groß, können Sie eventuell einen Druckverband mit Ringpolster um den Darm anlegen.

### Abbinden von Gliedmaßen

Abgebunden werden kann nur am Oberarm oder Oberschenkel. Benutzen Sie dazu eine breite Auflage wie ein Dreieckstuch oder ein auseinandergerissenes Hemd. Ungeeignet ist alles, was einschneiden kann wie Schnüre oder schmale Gürtel. Eine Abbindung darf höchstens 2 Stunden andauern. Notieren Sie die Uhrzeit, wann Sie sie angelegt haben.

> **!** Nur im **alleräußersten** Notfall, wenn eine schwere Blutung nicht anders zu stillen ist, sollten Sie als Laie einen Arm oder ein Bein abbinden. Bei nicht sachgerechter Durchführung ist die Gefahr groß, daß es zu schweren Schäden durch eine Blutstauung bis hin zum Verlust des verletzten Körperteils kommt.

Bilden Sie zunächst aus dem Stoff eine Schlinge, die Sie so um den Oberarm legen, daß Sie die beiden Enden des Tuchs durch die Schlinge ziehen können. Ziehen Sie die Enden des Tuchs dann auseinander, wickeln Sie sie mit großem Zug um den Arm und verknoten Sie sie zum Schluß.
Am Oberschenkel können Sie einen Stock zu Hilfe nehmen, den Sie in die locker zugeknotete Schlinge schieben und drehen, bis die Abbindung fest sitzt. Anschließend Arm oder Bein hochlagern!

## Abgetrennte Gliedmaßen

Die Fortschritte der modernen Chirurgie haben es möglich gemacht, daß heutzutage auch abgetrennte Gliedmaßen oft mit Erfolg wieder angenäht werden können. Denken Sie deshalb *nach* der Blutstillung und den Sofortmaßnahmen (→ ab Seite 778) auch daran, den abgetrennten Körperteil zu versorgen. Wickeln Sie ihn in keimfreies Verbandsmaterial und halten Sie ihn kühl – niemals in direktem Kontakt mit Wasser, anderen Flüssigkeiten oder Eis bringen oder ins Gefrierfach legen. Gut geeignet ist ein dichter (!) Plastikbeutel, den Sie in einem Gefäß oder einem zweiten Beutel mit Eiswasser aufbewahren.

## Ersticken/Verschlucken eines Fremdkörpers

**▶ Symptome**

- ➜ Ringen nach Luft, Erstickungsgefühl
- ➜ Angst und verzweifeltes Bemühen, etwas auszuhusten oder hochzuwürgen
- ➜ Greifen an den Hals, Blaufärbung der Haut
- ➜ eventuell leises, grob rasselndes Atemgeräusch hörbar

Wenn etwas anderes als Luft in unsere Atemwege gelangt – gleichgültig ob flüssig oder fest –, so stellt sich schlagartig der Hustenreflex ein. Damit versucht der Körper den echten oder vermuteten »Feind« loszuwerden und die Atemwege freizuräumen.

Vom »Verschlucken« sind häufig Kinder betroffen oder Menschen, denen das Schlucken schwerfällt. Erbsen, Erdnüsse, Gräten oder Spielsachen wie Murmeln geraten nur zu leicht in den »falschen Hals«, unter Umständen aber auch der Mageninhalt (Erbrochenes, Aufgestoßenes).

Erstickungsgefahr besteht aber auch, wenn der Rachen zuschwillt. Das kann durch verschiedene Erkrankungen ausgelöst werden (→ Kehldeckelschwellung, Seite 242; → Epiglottitis, Seite 557), aber auch durch einen Insektenstich im Hals, allergische Reaktionen (→ Akute Gefäßschwellung, Seite 522), Verletzungen im Mund- und Rachenraum (→ Seite 322). Schlimmstenfalls kommt es zum Atem- und/oder Herzstillstand.

### Erste Hilfe

Beruhigen Sie den Betroffenen! Ist »Verschlucken« die Ursache der Atemnot: Klopfen Sie mit der flachen Hand auf den Rücken zwischen die Schulterblätter, um das Abhusten zu erleichtern. Kinder können Sie je nach Größe an den Beinen hochheben oder mit dem Kopf nach unten über Ihren Oberschenkel legen. Schwillt der Rachenraum zu (Insektenstich!), hilft Kühlen durch Lutschen von Speiseeis oder Eiswürfeln.

Veranlassen Sie so schnell wie möglich einen Notruf! Prüfen Sie bis zum Eintreffen des Arztes in kurzen Abständen Bewußtsein, Atmung und Puls (→ Seite 779). Setzen Atmung und/oder Herztätigkeit aus, müssen Sie sofort mit der Beatmung und gegebenenfalls der Herzdruckmassage beginnen (→ Seite 781).

## Ertrinken

**▶ Symptome**

- ➜ Angstreaktion und panikartiges Um-sich-Schlagen im Wasser
- ➜ Blässe, Blaufärbung von Lippen und Gesicht
- ➜ eventuell Bewußtlosigkeit und Atemstillstand
- ➜ Husten mit schaumigem oder blutigem Auswurf aus der Lunge

Ertrinken, das bedeutet am Wasser ersticken. Die einzelnen Phasen des Ertrinkens laufen sehr schnell hintereinander ab. Am Anfang steht das »trockene« Ertrinken: Bereits durch eine kleine Menge Wasser im Nasen-Rachen-Raum wird ein Krampf in der Stimmritze ausgelöst, so daß das einströmende Wasser nicht in die Lunge kommt. Der Atemlähmung folgt rasch Bewußtlosigkeit. Erst wenn sich die Kehlkopfmuskulatur wieder entspannt und die Stimmritze sich öffnet, dringt Wasser in die Lunge ein.

Süßwasser tritt sehr schnell von der Lunge in den Blutkreislauf über und führt zum Kammerflimmern mit über 500 unregelmäßigen Herzschlägen pro Minute (→ Herzjagen, Seite 268) und zum Kreislaufstillstand. Bei Salzwasser kommt es zum Lungenödem (→ Seite 250) und zum Herzversagen.

### Vorsicht Wasser!

Bei den Ursachen für Ertrinken steht an allererster Stelle Leichtsinn. Sehr viel seltener kommt es vor, daß ein Schwimmer einen Krampf oder eine Herzattacke bekommt. Deshalb:

- Ungeübte oder Nichtschwimmer sollten sich auf keinen Fall weit vom Ufer entfernen. Bleiben Sie in der Nähe von anderen Schwimmern.
- Beachten Sie Hinweise auf Strömungen und Ankündigungen der Wasserwacht.
- Trinken Sie keinen Alkohol beim Baden.
- Springen Sie nie überhitzt oder mit vollem Magen ins Wasser: Kühlen Sie sich erst ab und gehen Sie dann langsam ins Wasser.
- Lassen Sie kleine Kinder am Wasser (auch Gartenteiche, Planschbecken, zugefrorene Seen) nie unbeaufsichtigt, und erziehen Sie heranwachsende Kinder zu besonderer Vorsicht.
- Rufen Sie im Wasser nie aus Spaß um Hilfe!

### Erste Hilfe

Bei Badeunfällen ist besonders wichtig, daß Sie Ihre eigenen Fähigkeiten einschätzen können: Retten Sie nur, wenn Sie ein guter und sicherer Schwimmer sind oder wenn Ihnen Hilfsmittel wie ein Rettungsring oder ein Boot zur Verfügung stehen.
Ist der Ertrinkende bei Bewußtsein, versuchen Sie ihn bereits von ferne zu beruhigen. Andernfalls kann er auch Sie in Gefahr bringen, wenn er sich in Panik an Sie klammert, so daß Sie sich nicht mehr frei bewegen können. Wenn Sie ihn schwimmend retten: Packen Sie ihn fest von hinten unter dem Kinn, und ziehen Sie ihn schwimmend so ans Ufer, daß er mit dem Gesicht über Wasser bleibt.

**!** Versuchen Sie nicht, am Ufer den Geretteten auszuschütteln oder das Wasser auf irgendeine Weise aus seiner Lunge zu pressen. Das kostet wertvolle Zeit und ist unnütz: Eingedrungenes Wasser kann so nicht aus der Lunge entfernt werden und schadet ihm nur.

*Ist der Gerettete bei Bewußtsein und atmet:*
Beruhigen Sie ihn, bringen ihn in die stabile Seitenlage (→ Seite 780) und decken ihn zu. Denken Sie auch an eine warme Unterlage und ziehen Sie ihm, wenn möglich, die nassen Kleidungsstücke aus, damit er nicht weiter auskühlt.
Veranlassen Sie in jedem Fall einen Notruf, auch wenn er sich scheinbar gut erholt. Es kann noch Stunden später zu Muskelkrämpfen und Herz-Kreislauf-Komplikationen kommen.
*Ist der Gerettete bewußtlos:*
Sofort Atmung und Puls prüfen (→ Seite 779). Bei einem Atemstillstand beginnen Sie sofort mit der Mund-zu-Nase-Beatmung (→ Seite 780), ist kein Puls tastbar, zusätzlich mit der Herzdruckmassage! Sind weitere Personen anwesend, beauftragen Sie diese damit, einen Notruf zu veranlassen! Setzen Sie die Wiederbelebungsmaßnahmen fort, bis der Notarzt eintrifft.
Bei Ertrinkenden ist eine Herz-Lungen-Wiederbelebung auch noch längere Zeit nach dem Unfall sinnvoll, da der sogenannte Tauchreflex zur Folge hat, daß der Körper im kalten Wasser mit wesentlich weniger Sauerstoff als normalerweise auskommt. Eine große Gefahr droht aber immer durch Unterkühlung (→ Seite 793).

## Hitze-Erschöpfung/ Sonnenstich/Hitzschlag

### ▶ Symptome

- ➜ *Hitze-Erschöpfung:* gerötete, feucht-warme Haut, starker Durst, Kopfschmerzen, Schwindel, Herzklopfen, eventuell Ohnmacht
- ➜ *Sonnenstich:* hochroter, heißer Kopf, aber kühle Körperhaut, Nackensteifigkeit, Unruhe, Übelkeit, Schwindel, eventuell Ohnmacht
- ➜ *Hitzschlag:* trockene, rote, heiße Haut, Kopfschmerzen, Schwindel, Übelkeit, Erbrechen, schnelle Atmung, Herzklopfen, Ohnmacht

Die *Hitze-Erschöpfung* ist die Folge von großem Flüssigkeitsverlust (Schwitzen, Durchfall) und/oder Flüssigkeitsmangel (zuwenig Trinken) bei großer Hitze. Zum *Sonnenstich* kommt es durch starke Sonneneinstrahlung auf den ungeschützten Kopf und Nacken. Dadurch werden die Hirnhäute gereizt. Die Symptome treten oft erst mit einigen Stunden Verspätung auf. Bei einem *Hitzschlag* ist der Körper nicht mehr in der Lage, Schweiß zu produzieren und sich dadurch selbst zu kühlen. Es kommt zur lebensgefährlichen Überwärmung. Gefährdet sind besonders Kleinkinder und alte Menschen.

**!** Tragen Sie an heißen Tagen leichte, lockersitzende Baumwollkleidung, die den Körper bedeckt, einen Sonnenhut und eventuell ein Tuch um den Nacken. Und trinken Sie mindestens 3 Liter pro Tag (Tee, Wasser, verdünnte Säfte).

### Erste Hilfe

Legen Sie den Betroffenen in eine kühle, schattige Umgebung, vorsorglich mit hochgelagerten Beinen und leicht erhöhtem Kopf. Lockern Sie beengende Kleidung. Bei *Hitze-Erschöpfung* können Sie dem Betroffenen ein salzhaltiges Getränk (ein halber Teelöffel Salz pro Liter) zu trinken geben. Bei *Sonnenstich* und *Hitzschlag* ist Kühlung von außen wichtig: kalte Umschläge auf Nacken, Stirn, Beine und Arme, Abreiben mit Eisstückchen und Luft zufächeln. Kontrollieren Sie Bewußtsein, Atmung und Puls (→ Seite 779). Wird der Betroffene bewußtlos, bringen Sie ihn in die stabile Seitenlage (→ Seite 780). Veranlassen Sie dann in jedem Fall einen Notruf!

## Knochenbruch

### ▶ Symptome

- sichtbare Fehlstellung oder manchmal ungewöhnliche Beweglichkeit des betroffenen Körperteils
- Schwellung, Schmerzen an der Bruchstelle
- durch die Haut ragendes Knochenstück beim sogenannten offenen Bruch

Ein Knochenbruch (→ Seite 426) ist nicht immer eindeutig zu erkennen, vor allem wenn er zunächst keine größeren Schmerzen verursacht und der betroffene Körperteil bewegt werden kann. Eine ungewöhnliche Beweglichkeit ist jedoch ein deutlicher Hinweis für einen Bruch.
Knochen können auch beim »Auskugeln« eines Gelenks brechen, und zwar wenn nicht die Sehnen oder Bänder reißen, die dem Gelenk Halt geben, sondern der oder die Knochen, die durch die Verrenkung (→ Seite 430) verdreht werden. Bei Kindern bricht der Knochen häufig nicht ganz durch, es entsteht eine »Grünholzfraktur«, bei der der Knochen wie frisches, grünes Holz der Länge nach aufsplittert, aber von der Knochenhaut zusammengehalten wird.

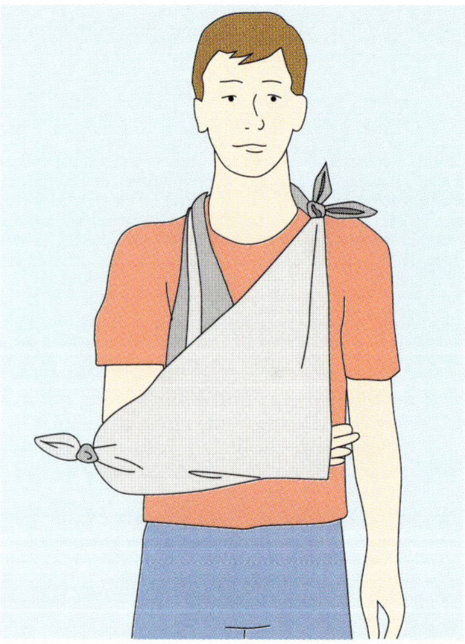

**Arm und Schulter werden mit einem Dreieckstuch ruhiggestellt, bis ein Arzt eintrifft.**

Bei offenen Brüchen ist die Infektionsgefahr sehr groß (→ Blutvergiftung, Seite 536), aber auch geschlossene Knochenbrüche können lebensbedrohlich werden, wenn dabei Blutgefäße verletzt wurden. Die Gefahr dabei ist, daß es durch starke Blutungen (→ Seite 786) zum Schock (→ Seite 792) kommt.

### Erste Hilfe

Veranlassen Sie als erstes einen Notruf! Das wichtigste bei einem Knochenbruch ist, daß der gebrochene Körperteil nicht bewegt wird. Versuchen Sie auf keinen Fall, gebrochene Knochen selbst einzurichten! Polstern Sie den gebrochenen Körperteil vorsichtig von der Seite und von unten mit weichen Tüchern ab, allerdings ohne die Lage zu verändern. Dazu können Sie auch eine Decke oder Kleidungsstücke verwenden. Zur Stabilisierung eines Beins können Sie einen Besenstiel oder einen Ast anlegen, einen gebrochenen Arm stellen Sie am besten mit einem Dreieckstuch ruhig, das Sie um den Arm legen und im Nacken verknoten.
Offene Wunden müssen Sie vorsichtig mit möglichst keimfreiem Material oder mit einem frischgewaschenen Baumwoll- oder Leinentuch abdecken (→ Kleine Wunden versorgen, Seite 783). Versuchen Sie auf keinen Fall, die offene Bruchstelle zu säubern!
Besteht die Möglichkeit, daß der Verletzte sich eine oder mehrere Rippen gebrochen hat, lagern Sie ihn mit erhöhtem Oberkörper (→ Atemnot, Seite 784). Hinweise auf einen Rippenbruch sind starke Brustschmerzen, flacher Atem, eventuell Bluthusten. Ist er bewußtlos, lagern Sie ihn in stabiler Seitenlage (→ Seite 780), aber immer *auf die verletzte Seite!*
Bei Brüchen im Kieferbereich besteht die Gefahr, Zähne zu verschlucken. Lagern Sie deshalb den Verletzten wenn möglich mit erhöhtem Oberkörper.

### Sicher zu Hause und unterwegs

Spitzenreiter in den Unfallstatistiken sind Stürze im Wohnbereich und Verkehrsunfälle – nicht selten mit Knochenbrüchen und Kopfverletzungen als Folge. Sorgen Sie deshalb rechtzeitig vor: Entfernen Sie »Stolperschwellen« wie rutschende Teppiche oder störende Stromkabel. Benutzen Sie eine trittfeste Leiter und keinen (Dreh-)Stuhl, wenn Ihnen der »Sinn nach Höherem« steht. Und denken Sie auch in der Dusche oder Badewanne an rutschfeste Auflagen.
Zu den gefährlichsten Verkehrsmitteln zählen Zweiräder, mit und ohne Motor. Vorsicht und Rücksicht ist da die Devise. Aber denken Sie, gerade auch beim Fahrrad, an die Verkehrssicherheit ihres Vehikels – und an einen Helm!

## Kopfverletzung

► Symptome
- ➔ eventuell blutende, offene Wunde oder Bluterguß am Kopf
- ➔ sickernde Blutung aus Ohr, Nase oder Mund
- ➔ sofort oder später Kopfschmerzen, Übelkeit, Erbrechen, Müdigkeit, Verwirrtheit
- ➔ eventuell Lähmungen oder Ausfall von Sinneswahrnehmungen
- ➔ eventuell gestörte Atmung und Bewußtlosigkeit

Kopfverletzungen können durch einen Unfall, Schläge auf den Kopf oder Stürze entstehen. Besonders gefährdet sind Motorrad- und Fahrradfahrer. Abhängig von der Wucht des Aufpralls kommt es dabei vielleicht nur zu einer Gehirnerschütterung (→ Seite 196) oder aber zum Bruch des Schädelknochens, Blutungen im Bereich der Gehirnhäute (→ Seite 196) oder zu einer Gehirnschwellung.

### Erste Hilfe

Veranlassen Sie auch dann einen Notruf, wenn der Betroffene sich unmittelbar nach dem Sturz gut fühlt und ärztliche Hilfe unter Umständen ablehnt.
Eine offene Kopfwunde decken Sie mit keimfreiem Material (→ Seite 783) ab. Solche Wunden können sehr stark bluten, auch bei weniger schwerwiegenden Verletzungen. Versuchen Sie jedoch auf keinen Fall die Blutung zu stillen, indem Sie Druck auf die Wunde oder den Kopf ausüben!
Der Verletzte sollte so wenig wie möglich bewegt werden. Ist er bei vollem Bewußtsein, lagern Sie ihn mit erhöhtem Oberkörper. Bei gestörtem Bewußtsein bringen Sie ihn mit der unverletzten Körperseite in die stabile Seitenlage (→ Seite 780). Kontrollieren Sie Atmung und Puls (→ Seite 779), und beginnen Sie gegebenenfalls sofort mit einer Beatmung und/oder einer Herzdruckmassage (→ Seite 781).
Einem verletzten Motorradfahrer müssen Sie den Helm abnehmen, bevor Sie Erste Hilfe leisten können. Dazu brauchen Sie einen zweiten Helfer:

- Während der eine Helfer sanft die Halswirbelsäule streckt, öffnet der andere den Helm und stützt dann mit den Händen Kinn und Halswirbelsäule.
- Daraufhin kann der erste Helfer den Helm vorsichtig nach oben abziehen.

**Verletzung der Halswirbelsäule**

Bei schweren Unfällen muß man auch damit rechnen, daß die Wirbelsäule verletzt und Wirbel gebrochen sein könnten. Vor allem bei Fahrrad- oder Motorradunfällen ist die Halswirbelsäule oft betroffen. Jede zu starke Bewegung oder Drehung am Kopf kann eventuell dramatische Folgen haben (→ Querschnittslähmung, Seite 197).
Hinweise auf eine Wirbelsäulenverletzung sind, wenn der Verletzte über Rückenschmerzen klagt oder über eventuelle Gefühlsstörungen in Armen und Beinen oder Abgang von Kot oder Urin. Ist der Verletzte bei Bewußtsein, verändern Sie seine Lagerung nur, wenn es unbedingt nötig ist.
Ist der Verletzte bewußtlos, ist es lebenswichtig, ihn in die stabile Seitenlage zu bringen (→ Seite 780). Versuchen Sie vorsichtig – am besten zu mehreren – ihn im Ganzen zu drehen und dabei unbedingt Kopf und Hals durch leichten Zug zu stabilisieren.

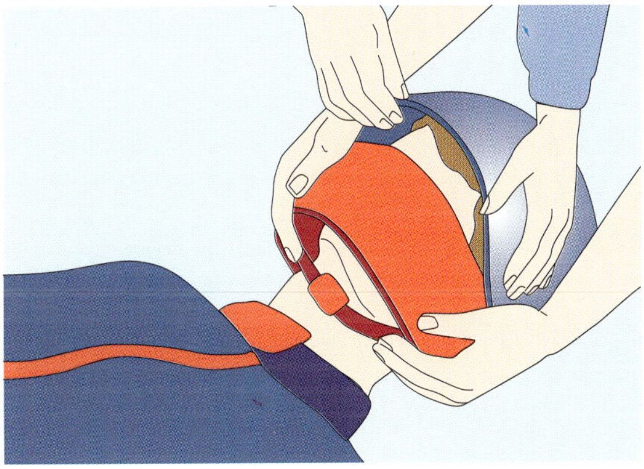

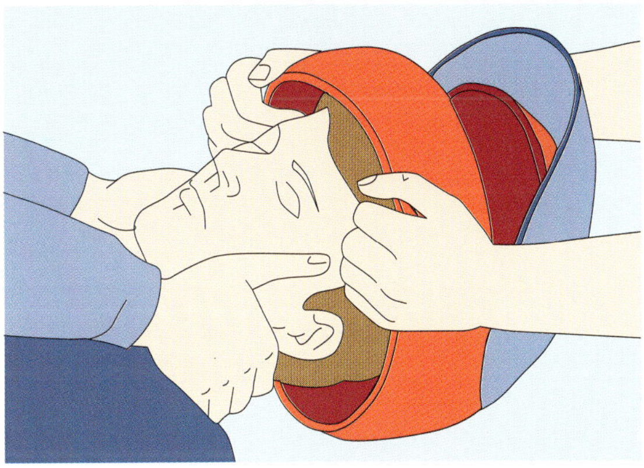

**Vorsicht! Nehmen Sie Motorradhelme immer zu zweit ab, falls auch die Halswirbelsäule verletzt ist.**

## Schock

### ▶ Symptome
- ➜ flache, hastige Atmung
- ➜ fahle, feucht-kalte Haut
- ➜ Frösteln, Frieren
- ➜ schneller, kaum tastbarer Puls
- ➜ Unruhe, Verwirrtheit, Teilnahmslosigkeit
- ➜ Schwindel, Schwäche, Ohnmacht

Medizinisch gesehen hat ein Schock in der Regel wenig mit der psychischen Reaktion zu tun, die man im Alltag so bezeichnet. Ein Schock oder genauer ein Kreislaufschock wird ausgelöst durch eine verminderte Durchblutung des Körpers. Das führt dazu, daß die Blut- und damit die Sauerstoffversorgung sich zunächst auf die lebenswichtigen Organe, Herz und Gehirn, konzentriert und zum Ausgleich in den Gliedmaßen ebenso wie in den anderen Organen (Lunge, Niere, Leber) herabgesetzt wird. Dauert der Schock längere Zeit an, sterben Zellen und Gewebe ab, schlimmstenfalls tritt der Tod ein.
Ursachen können sein: ein großer Blutverlust (→ Blutungen, Seite 786), ein großer Flüssigkeitsverlust, zum Beispiel bei schweren Durchfallerkrankungen oder Verbrennungen (→ Seite 794), aber auch eine heftige allergische Reaktion auf einen Insektenstich oder ein Arzneimittel (→ Anaphylaktischer Schock, Seite 522). Ein Schock kann auch die Folge einer Blutvergiftung (→ Seite 536) oder einer akuten Herzschwäche (→ Seite 262) sein.

### ✚ Erste Hilfe

Der Schock ist ein lebensgefährlicher Zustand, der dringendes Handeln erfordert. Lagern Sie den Betroffenen (wenn seine Verletzungen es erlauben) mit erhöhten Beinen (→ Seite 785) oder, wenn er bewußtlos ist, in stabiler Seitenlage (→ Seite 780).
Prüfen Sie Bewußtsein, Atmung und Puls (→ Seite 779). Die Gefahr des Atem- oder Kreislaufstillstands ist beim Schock sehr groß! Beginnen Sie, wenn nötig, sofort mit der Beatmung und gegebenenfalls einer Herzdruckmassage (→ Seite 781). Und veranlassen Sie einen Notruf.
Stillen Sie so rasch wie möglich eventuelle Blutungen (→ Seite 786). Decken Sie den Betroffenen zu, aber achten Sie darauf, daß es ihm nicht zu warm wird. Geben Sie ihm nichts zu essen oder zu trinken!

## Stromunfall/Blitzschlag

### ▶ Symptome
- ➜ Verkrampfung, »Kleben« an der Stromquelle
- ➜ Brustschmerzen, Herzjagen
- ➜ Schwindel, Benommenheit
- ➜ Bewußtseinsstörungen, Bewußtlosigkeit
- ➜ Verbrennungen an der Eintritts- und Austrittsstelle des Stroms (»Strommarken«)

Es muß keine Hochspannungsleitung sein, damit Elektrizität gefährlich wird. Bereits ab 40 Volt kann es zu Verletzungen kommen, unser Haushaltsstrom hat 220 Volt! Bei Berührung mit einem stromgeladenen Gegenstand, zum Beispiel einer defekten Stromleitung, gerät der Körper in den Stromkreislauf. Die Folgen sind Verbrennungen an den Stellen, an denen der Strom in den Körper eintritt und ihn wieder verläßt; Organe, Nerven und Gewebe entlang der Strombahn durch den Körper »verkochen«. Die durch den Strom ausgelösten Muskelkrämpfe können zu Muskel- und Sehnenrissen führen. Die tödliche Gefahr des Stromschlags aber sind vor allem die schweren Herzrhythmusstörungen (→ Seite 262).

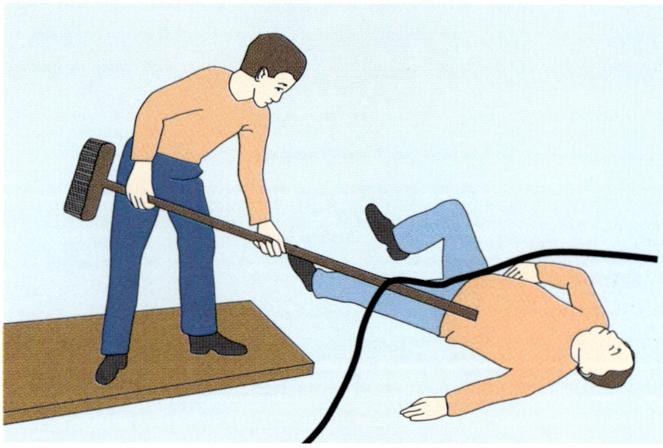

**Holz leitet nicht: Stellen Sie sich auf Holz und schieben Sie mit einem Besenstiel das Stromkabel weg.**

Das Ausmaß der Schädigungen hängt unter anderem ab von der Stromstärke, dem Hautwiderstand und der Bahn, den der Strom durch den Körper nimmt. Eine besondere Rolle spielt dabei die Fähigkeit unseres Körpers, den Strom zu leiten. Sie wird um ein Vielfaches verstärkt, wenn wir auf einem nassen Untergrund stehen oder etwas Metallisches anfassen, vor allem aber wenn unsere Haut feucht oder naß ist.

### Erste Hilfe

Im Wohnbereich gilt: Als erstes die Sicherung abschalten, dann Netzstecker herausziehen! Ist das nicht möglich, versuchen Sie den Verunglückten mit Hilfe eines nichtleitenden Gegenstands (Besenstiel aus Holz) von der Stromquelle wegzuschieben. Stellen Sie sich dazu am besten auf einen Untergrund aus stromisolierendem Material: Gummimatte, Holz- oder Glasplatte. Eine Hochspannungsleitung muß vom Elektrizitätswerk abgeschaltet werden.

**!** Bevor Sie sich dem Verunglückten nähern, muß die Stromquelle abgeschaltet sein. Berühren Sie ihn auf keinen Fall vorher, bei einem Hochspannungsunfall müssen Sie einige Meter Abstand halten, um sich selbst nicht zu gefährden.

*Ist der Verunglückte bei Bewußtsein:* Lagern Sie ihn mit erhöhtem Oberkörper. Decken Sie die Verbrennungen (→ Seite 794) mit keimfreiem Material ab, verständigen Sie den Notarzt. Es kann auch noch Stunden nach dem Unfall zu schweren Komplikationen kommen.
*Ist der Verunglückte bewußtlos:* Sind Atmung und Puls (→ Seite 779) in Ordnung sind, bringen Sie ihn in die stabile Seitenlage (→ Seite 780). Ansonsten beginnen Sie mit der Beatmung, gegebenfalls der Herzdruckmassage (→ Seite 781). Veranlassen Sie dann einen Notruf. Ein Sonderfall des Stromunfalls ist der Blitzschlag. In diesem Fall können Sie sofort mit der Ersten Hilfe beginnen. Es besteht keine Gefahr für Sie, wenn Sie den Verunglückten berühren.

**Das Zeichen für Starkstrom.**

### Achtung Strom!

- Benutzen Sie keine elektrischen Geräte, auch kein Telefon, mit nassen Händen oder wenn Sie auf nassem Boden stehen.
- Säubern Sie elektrische Geräte nur, wenn der Stecker aus dem Netz gezogen ist.
- Achten Sie beim Heimwerken (Bohren, Nageln) auf Stromleitungen unter Putz.
- Verwenden Sie nur intakte Stromgeräte.

## Unterkühlung/Erfrierungen

### ▶ Symptome

→ *Erfrierungen:* blasse, gefühllose Haut, nach Erwärmung: Rötung, Schwellung, Juckreiz, Schmerzen in den betroffenen Körperteilen (Grad 1); violette Verfärbung der Haut, Blasenbildung, starke Schmerzen (Grad 2); weiße, brüchige Haut, nach Erwärmung blauschwarz verfärbt, gefühllos (Grad 3)
→ *Unterkühlung:* Kältezittern, flache Atmung, Bewußtseinstrübung bis Bewußtlosigkeit

Im Gegensatz zur Unterkühlung, die ein Absinken der Körpertemperatur auf unter 35 °Celsius bedeutet, sind Erfrierungen (→ Seite 465) örtlich begrenzte Kälteschäden. Sie treten vor allem an Nase, Ohren, Fingern oder Zehen auf und sind – im Gegensatz zur Unterkühlung – nicht lebensbedrohlich.
Ursache von Erfrierungen ist ein langer Aufenthalt in der Kälte ohne ausreichenden Schutz für die der Kälte ausgesetzten Körperteile. Zur Unterkühlung kommt es häufig durch kaltes Wasser (Seenot, Badeunfälle, Einbrechen ins Eis), im Gebirge (nach Skiunfällen, durch Lawinenverschüttung) oder allgemein nach Unfällen, wenn die Verletzten lange bewegungslos im Freien liegen. Besonders gefährdet sind Kinder, ältere Menschen und alkoholisierte Personen.

### Erste Hilfe

Bringen Sie den Betroffenen vor allem in eine warme, windgeschützte Umgebung. Entfernen Sie vorsichtig nasse Kleidung, betten Sie ihn flach auf eine warme Unterlage – falls er bewußtlos ist, in stabiler Seitenlage (→ Seite 780). Decken Sie ihn mit Decken oder trockener Kleidung zu. Heiße, gezuckerte Getränke (ohne Alkohol!) unterstützen das Aufwärmen. Flößen Sie jedoch niemals einem Bewußtlosen etwas zu trinken ein. Bei Erfrierungen ersten Grades ist es sinnvoll, die erfrorenen Körperteile aktiv oder passiv zu bewegen, auf keinen Fall jedoch bei stärkeren Erfrierungen! Decken Sie erfrorene Hautpartien keimfrei ab. Bei einer Unterkühlung darf der Betroffene so wenig wie möglich bewegt werden. Kontrollieren Sie Bewußtsein, Atmung und Puls (→ Seite 779), und veranlassen Sie einen Notruf. Falls nötig, führen Sie jedoch vorher eine Beatmung und eine Herzdruckmassage (→ Seite 781) durch.

## Verätzung

**▶ Symptome**
- ➜ Verätzungen der Haut → Verbrennung
- ➜ schmerzhaftes Brennen im Mund
- ➜ Schluckbeschwerden
- ➜ eventuell Atemnot, Anzeichen eines Schocks (→ Seite 792) oder Bewußtlosigkeit

Durch versehentliches Trinken von ätzenden Flüssigkeiten wie zum Beispiel Laugen oder Säuren kommt es nicht nur zu → Vergiftungen, es werden auch die Schleimhäute von Mund, Speiseröhre und Magen-Darm-Trakt geschädigt. Äußerliche Verätzungen verursachen an der Haut dieselben Symptome wie eine → Verbrennung und werden auch so behandelt; kommen ätzende Stoffe an die Augen, kann das schlimmstenfalls zum Erblinden führen (→ Seite 163).

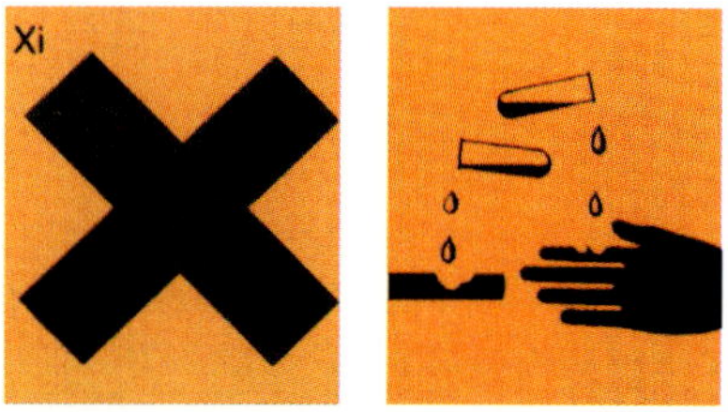


**Offizielle Kennzeichnung für reizende (links) und ätzende Stoffe (rechts).**

**Erste Hilfe**

Veranlassen Sie sofort einen Notruf! Versuchen Sie auf keinen Fall, ein Erbrechen zu provozieren! Der zurückfließende Mageninhalt würde die Schleimhaut ein zweites Mal angreifen und schädigen. Geben Sie dem Betroffenen viel zu trinken: klares Wasser oder Tee, das er in kleinen Schlucken zu sich nehmen soll. Durch die Flüssigkeit wird die ätzende Substanz verdünnt. Beruhigen Sie den Verletzten. Wenn er Anzeichen eines Schocks zeigt, lagern Sie ihn bis zum Eintreffen des Arztes mit erhöhten Beinen. Heben Sie das Behältnis der Lauge oder Säure auf, auch wenn es leer ist. Im Krankenhaus kann ihr Inhalt näher bestimmt werden.

**Giftnotruf-Nummern**

| | |
|---|---|
| Deutschland: | 192 40 (Großstädte, → Seite 798) |
| Österreich: | 02 22/406 43 43 (Wien) |
| Schweiz: | 01/251 51 51 (Zürich) |

## Verbrennung/Verbrühung

**▶ Symptome**
- ➜ Rötung und Schwellung (Grad 1)
- ➜ Blasenbildung (Grad 2)
- ➜ graue, weiße oder schwarze Haut als Zeichen einer tiefgehenden Gewebezerstörung
- ➜ eventuell Anzeichen eines Schocks (→ Seite 792) oder Bewußtlosigkeit

Nicht nur hohe Temperaturen, sondern auch geringe Hitze kann, wenn sie lang genug auf die Haut einwirkt, zu Schäden führen. Strahlen (Sonne, Höhensonne, Röntgenstrahlung), heiße Flächen (Herdplatte, Ofenrohr), elektrischer Strom, Flammen und Blitzschlag führen zu Verbrennungen, Dämpfe und Flüssigkeiten zu Verbrühungen oder auch – je nach chemischer Zusammensetzung – zu → Verätzungen und Verbrennungen. Das Ausmaß der Verletzung wird nicht nur vom Grad, sondern auch von der Ausdehnung der Hautschädigung bestimmt. Zum lebensgefährlichen Schock kann es bereits kommen, wenn eine Fläche etwa von der Größe die Hautoberfläche eines Arms zerstört ist.

**Erste Hilfe**

Übergießen Sie eventuell brennende Kleidung mit Wasser, oder ersticken Sie die Flammen mit Hilfe von Decken und indem Sie den Verletzten auf dem Boden wälzen. Entfernen Sie nur verbrannte Kleidungsstücke, die *nicht* mit der Wunde verklebt sind, und lassen Sie etwa 10 bis 15 Minuten kaltes Wasser über die Wunde laufen, aber verwenden Sie keine Eisstückchen! Wenn das nicht möglich ist, legen Sie saubere, nasse Baumwoll- oder Leinentücher auf die Wunde, die Sie häufig wechseln. Achten Sie darauf, daß der Betroffene nicht auskühlt, und decken Sie die unverletzten Körperteile zu – bei Bewußtlosigkeit in stabiler Seitenlage (→ Seite 780).
Decken Sie die Brandwunden möglichst mit keimfreiem Material ab, im Notfall auch mit einem frischgewaschenen Bauwoll- oder Leinentuch. Verwenden Sie nie Mehl, Puder, Salben, Öle oder ähnliches, um Brandwunden zu behandeln.
Kontrollieren Sie Bewußtsein, Atmung und Puls (→ Seite 779), und veranlassen Sie einen Notruf. Falls nötig, führen Sie jedoch vorher eine Beatmung, gegebenenfalls eine Herzdruckmassage (→ Seite 781) durch.

## Vergiftung

### ▶ Symptome

➜ Übelkeit, Erbrechen, Durchfälle
➜ Bewußtseinsstörung (→ Seite 785) bis zur Bewußtlosigkeit
➜ Atemnot, eventuell Hustenreiz
➜ Anzeichen eines Schocks (→ Seite 792)
➜ Hautveränderung

Die Aufnahme von Giften erfolgt nicht nur durch Schlucken (Trinken von Spülmittel, ätzenden Säuren und Laugen, Tabletten), sondern oft auch unbemerkt über die Atmung (giftige Dämpfe) und die Haut (fettlösliche Substanzen wie Pflanzenschutzmittel, Lösungsmittel, Benzin). Daneben können auch Lebensmittelvergiftungen (→ Seite 536), Drogen und nicht zuletzt die sogenannten Genußgifte wie Alkohol schwere Schäden verursachen. Die häufigste Ursache von Vergiftungen sind jedoch unsachgemäß eingenommene Arzneimittel.
Je nach Art des Giftstoffs kann es zu lebensgefährlichen Reaktionen kommen: Schock, tiefe Bewußtlosigkeit, Atem- und/oder Kreislaufstillstand.

### Erste Hilfe

Veranlassen Sie in jedem Fall einen Notruf (→ Giftnotruf, Seite 794)! Die volle Wirkung eines Giftes kann mit einigen Stunden Verzögerung einsetzen.

**Kennzeichnung für mindergiftige (links) oder sehr giftige Stoffe (rechts).**

Bei Vergiftungen müssen Sie daran denken, sich nicht selbst zu gefährden! Das ist besonders wichtig bei Atemgiften (Dämpfen und Gasen) sowie bei Kontaktgiften, die über die Haut eindringen. Versuchen Sie deshalb, bevor Sie Erste-Hilfe-Maßnahmen unternehmen, zu klären:

- ob Gas oder Dämpfe in der Luft sind. Vorsicht: Atemgifte sind oft geruchsneutral!
- ob Kontaktgifte oder ätzende Substanzen im Spiel sind. Erstere können bei einer Beatmung zur tödlichen Gefahr für den Helfer werden!

Handelt es sich um ein Atemgift, sorgen Sie für Frischluftzufuhr, bevor Sie den Verletzten bergen.

**!** Bei Gasvergiftungen besteht Explosionsgefahr: Vermeiden Sie offenes Feuer (Streichhölzer), schalten Sie keinen Strom an (elektrisches Licht) und betätigen Sie keine Türklingel!

Entfernen Sie den Betroffenen aus der Gefahrenzone (→ Rautek-Griff, Seite 778), beruhigen Sie ihn und decken ihn gut zu. Prüfen Sie Bewußtsein, Atmung und Puls (→ Seite 779). Ist der Verletzte nicht voll bei Bewußtsein, bringen Sie ihn sobald wie möglich in die stabile Seitenlage (→ Seite 780).
Heben Sie das Erbrochene zur Bestimmung des Giftstoffs auf ebenso wie Giftreste und die Verpackung von Medikamenten oder giftigen Substanzen.
Nach dem Biß durch ein giftiges Tier (zum Beispiel eine Schlange) müssen Sie sich sofort ein Gegengift spritzen lassen. Im Ausland ist dies in vielen Ländern auch in einer Apotheke möglich.

### Besondere Hinweise

- **Atemgifte** (Rauch, Abgase, Reizgas wie Ammoniak und Tränengas, Silogase): Halten Sie den Vergifteten zu ruhigem, tiefen Durchatmen an der frischen Luft an. Noch Stunden nach dem Unfall kann es zu schweren Komplikationen an der Lunge kommen.
- **Kontaktgifte** (Pflanzenschutz- und Schädlingsbekämpfungsmittel): Entfernen Sie die giftdurchtränkte Kleidung, und waschen Sie die Haut mit viel frischen Wasser ab. Vermeiden Sie dabei, daß die Giftstoffe an unverletzte Hautpartien oder Ihre Haut gelangen! Tragen Sie zum eigenen Schutz Einweghandschuhe.
- **Geschluckte Gifte:** Geben Sie dem Vergifteten keine Milch zu trinken! Wenn Sie sicher sind, daß es sich nicht um ätzende oder schaumbildende Substanzen handelt, versuchen Sie, mit lauwarmem Salzwasser Erbrechen auszulösen (ein Eßlöffel auf ein Glas Salz). Nicht bei Kleinkindern!
- **Schaumbildende Substanzen** (wie Wasch- und Spülmittel, WC-Reiniger): Kein Erbrechen auslösen, der Schaum kann in die Atemwege gelangen! Speiseeis hemmt die Schaumbildung.

# Zum Nachschlagen

## Inhalt

# Adressen, die weiterhelfen

## Deutschland

### Notrufe

Rettungsdienst: 112
Feuerwehr: 112
Polizei: 110

Giftinformationszentren:
1 92 40
(in den Städten Berlin, Freiburg, Göttingen, Homburg/Saar, Mainz, München)

### Allgemeine Adressen

Arbeiterwohlfahrt
Marie-Juchacz-Haus
Oppelner Str. 130
53119 Bonn

Bundeszentrale für gesundheitliche Aufklärung
Ostmerheimer Str. 200
51109 Köln

Deutsche Arbeitsgemeinschaft Selbsthilfegruppen
Friedrichstr. 33
35392 Gießen

Deutscher Caritasverband
Karlstr. 40
79104 Freiburg

Deutscher Paritätischer Wohlfahrtsverband
Heinrich-Hoffmann-Str. 3
60528 Frankfurt/Main

Deutsches Rotes Kreuz
Friedrich-Ebert-Allee 71
53113 Bonn

Deutscher Verband für Gesundheitssport und Sporttherapie
Vogelsangweg 48
50354 Hürth

Diakonisches Werk der Evangelischen Kirche in Deutschland
Stafflenberggasse 76
70184 Stuttgart

Nationale Informationsstelle zur Anregung und Unterstützung von Selbsthilfegruppen
Albrecht-Achilles-Str. 65
10709 Berlin

Weißer Ring – Verein zur Unterstützung von Kriminalitätsopfern
Weberstr. 16
55130 Mainz

Bundesweiter Notruf für Opfer von Gewaltverbrechen: 01 30/34 99

### AIDS

In allen größeren Gesundheitsämtern finden AIDS-Beratungen statt.

Deutsche AIDS-Hilfe
Dieffenbachstr. 33
10967 Berlin

AIDS-Telefonberatung der Bundeszentrale für gesundheitliche Aufklärung:
02 21/89 20 31
und 1 94 11

### Allergien/Asthma

Arbeitsgemeinschaft Allergiekrankes Kind Bundesverband
Hauptstr. 29
35745 Herborn

Deutsche Allergie- und Asthmahilfe
Dorotheenstr. 174
22299 Hamburg

Deutsche Atemwegsliga
Burgstr. 12
33175 Bad Lippspringe

Deutscher Allergie- und Asthmabund
Hindenburgstr. 110
41061 Mönchengladbach

Patienten-Liga Atemwegserkrankungen
Wormser Str. 81
55276 Oppenheim

Stiftung Deutscher Polleninformationsdienst
Burgstr. 12
33175 Bad Lippspringe

Telefonische Pollenflugvorhersage:
01 90/11 58 80

### Behinderung

Aktion Sonnenschein – Hilfe für das mehrfach behinderte Kind
Heiglhofstr. 63
81377 München

Allgemeiner Behindertenverband in Deutschland
Am Köllnischen Park 6/7
10179 Berlin

Arbeitskreis Down-Syndrom
Hegelstr. 19
33649 Bielefeld

Bundesarbeitsgemeinschaft Hilfe für Behinderte
Kirchfeldstr. 149
40215 Düsseldorf

Bundesgemeinschaft der Eltern und Freunde schwerhöriger Kinder
Pirolkamp 18
22397 Hamburg

Bundesverband zur Förderung Lernbehinderter
Rolandstr. 61
50677 Köln

Bundesverband der Kehlkopflosen
Obererle 65
45897 Gelsenkirchen

Bundesverband Legasthenie
Gneisenaustr. 2
30175 Hannover

Bundesverband Selbsthilfe Körperbehinderter
Alt-Krautheimer Str. 17
74238 Krautheim

Bundesverband für spastisch Gelähmte und andere Körperbehinderte
Brehmstr. 5–7
40239 Düsseldorf

Deutscher Blindenverband
Bismarckallee 30
53173 Bonn

Deutscher Gehörlosenbund
Paradeplatz 3
24768 Rendsburg

Deutscher Schwerhörigenbund
Schiffbauerdamm 13
10117 Berlin

Fördergemeinschaft der Querschnittgelähmten
Silcherstr. 15
67591 Mölsheim

Kindernetzwerk für kranke und behinderte Kinder und Jugendliche
Hanauer Str. 15
63739 Aschaffenburg

Stiftung für das behinderte Kind
Kennedyallee 123
60596 Frankfurt/Main

Stotterer Selbsthilfe
Weyerstr. 245
42719 Solingen

Vereinigung der Freunde blinder und sehbehinderter Kinder
Südring 24
22303 Hamburg

Verein zur Förderung und Betreuung spastisch gelähmter Kinder
Südring 36
22303 Hamburg

**Bewegungsapparat**

Bundesselbsthilfeverband
Osteoporose
Kirchfeldstr. 149
40215 Düsseldorf

Deutsche Arthrosehilfe
Postfach 11 05 51
60040 Frankfurt/Main

Deutsche Myasthenie
Gesellschaft
Stephanienstr. 65
76133 Karlsruhe

Deutsche Rheumaliga
Bundesverband
Rheinallee 69
53173 Bonn

Deutsche Vereinigung
Morbus Bechterew
Metzgergasse 16
97421 Schweinfurt

Kuratorium
Knochengesundheit
Leipziger Str. 6
74889 Sinsheim

Rheuma-Hilfswerk
Deutschland
Badstr. 46
79410 Badenweiler

Wirbelsäule –
Rückenschule
Südring 180
42579 Heiligenhaus

**Chronische Krankheiten**

Bund diabetischer Kinder
und Jugendlicher
Hahnbrunner Str. 46
67659 Kaiserslautern

Bundesverband
Deutsche Schmerzhilfe
Sietwende 20
21720 Grünendeich

Bundesverband der
Organtransplantierten
Unter den Ulmen 98
47137 Duisburg

Deutsche Gesundheitshilfe
Magen und Darm
Postfach 49 03 03
60461 Frankfurt/Main

Deutsche Ileostomie-
Colostomie-Urostomie-
Vereinigung (ILCO)
Kepserstr. 50
85356 Freising

Deutsche Leberhilfe
Postfach 242
49303 Melle

Deutsche Morbus
Crohn/Colitis ulcerosa
Vereinigung
Paracelsusstr. 15
51375 Leverkusen

Deutsche Schmerzliga
Roßmarkt 23
60311 Frankfurt/Main

Deutsche Tinnitus Liga
Am Lohsiepen 18
42369 Wuppertal

Deutsche Zöliakie-
Gesellschaft
Filderhauptstr. 61
70599 Stuttgart

Deutscher Diabetiker-Bund
Danziger Weg 1
58511 Lüdenscheid

Deutscher Diabetiker-
Verband
Hahnbrunner Str. 46
67659 Kaiserslautern

Dialyse-Patienten
Deutschlands e. V.
Weberstr. 2
55130 Mainz

Forum Schilddrüse
Komturstr. 58–62
12099 Berlin

Gesellschaft für
Inkontinenzhilfe
Friedrich-Ebert-Str. 124
34119 Kassel

Hilfe bei chronisch-
entzündlichen Darm-
erkrankungen
Fuhlsbüttler Str. 401
22309 Hamburg

Migräne Liga
Westerwaldstr. 1
65462 Ginsheim-
Gustavsburg

Mukoviszidose
Bendenweg 101
53121 Bonn

Selbsthilfeverein
Inkontinente Menschen
Ernst-Bähre-Str. 19
30453 Hannover

**Entspannung**

Arbeitskreis für Autogenes
Training und Progressive
Relaxation
c/o Berufsverband
Deutscher Psychologen
Heilsbachstr. 22–24
53123 Bonn

Berufsverband Deutscher
Yogalehrer
Heinrich-Grop-Str. 48
97250 Würzburg

Feldenkrais-Gilde
Theresienstr. 102/V
80333 München

**Ernährung/Eßstörungen**

Deutsche Gesellschaft
für Ernährung
Im Vogelsgesang 40
60488 Frankfurt/Main

Ernährungs-Beratungs-
Service
Unteranger 1
82327 Tutzing

Aktionskreis Eß- und
Magersucht Cinderella
Westendstr. 35
80339 München

ANAD – Beratungsstelle
für Eßstörungen
Rottmannstr. 5
80333 München

Beratungszentrum
bei Eßstörungen
Dick & Dünn
Innsbrucker Str. 25
10825 Berlin

Overeaters Anonymous –
Anonyme Eßsüchtige
Postfach 10 62 06
28062 Bremen

**Familie/Kinder**

Arbeitskreis überaktives
Kind
Dieterichsstr. 9
30159 Hannover

Beratung für Getrennte
und Geschiedene
Gotenstr. 27
53175 Bonn

Bundesarbeitsgemeinschaft
zur Förderung verhaltens-
und bewegungsauffälliger
Kinder und Jugendlicher
Fischtorplatz 17
55116 Mainz

Bundeskonferenz für
Erziehungsberatung
Amalienstr. 6
90763 Fürth

Bundesverband für Kinder-
betreuung in Tagespflege
Breite Str. 2
40670 Meerbusch

Deutsche Arbeits-
gemeinschaft für Jugend-
und Eheberatung
Neumarkter Str. 84 c
81673 München

Deutscher Kinder-
schutzbund
Bundesverband
Schiffgraben 29
30159 Hannover

La Leche Liga
Stillberatung
Postfach 96
81214 München

Pro Familia –
Bundesverband
Stresemannallee 3
60596 Frankfurt/Main

Verband alleinstehender
Mütter und Väter
Von-Groote-Platz 20
53173 Bonn

Kinder- und Jugendtelefon
(kostenfrei, 15–19 Uhr):
0 13 08/1 11 03

**Frauen**

Berufliche Förderung
von Frauen
Schlosserstr. 28
70180 Stuttgart

Bund Deutscher
Hebammen
Postfach 1724
67006 Karlsruhe

Deutscher Frauenrat –
Bundesvereinigung deutscher Frauenverbände und
Frauengruppen
Simrockstr. 5
53113 Bonn

Frauengesundheitszentrum
Goetheallee 9
37073 Göttingen

**Haut**

Arbeitsgemeinschaft
Mykosen (Pilzerkrankungen)
Ludwigstr. 21
61231 Bad Nauheim

Bundesverband
Neurodermitiskranker
Postfach 11 65
56135 Boppard

Deutsche Haut- und
Allergiehilfe
Fontanestr. 14
53173 Bonn

Deutscher Neurodermitiker Bund
Spaldingstr. 210
20097 Hamburg

Deutscher Psoriasis Bund
Oberaltenallee 20 a
22081 Hamburg

Selbsthilfegruppe
Sklerodermie
Jagtstr. 1
90559 Burgthann

**Herz/Kreislauf**

Deutsche Gesellschaft
für Prävention und
Rehabilitation von Herz-Kreislauf-Erkrankungen
Rizzastr. 34
56068 Koblenz

Deutsche Herzhilfe
Weißhausstr. 21
50939 Köln

Deutsche Hypertonie
Gesellschaft
Berliner Str. 46
69120 Heidelberg

Herzkind e. V.
Husarenstr. 70
38102 Braunschweig

Herz-Kreislauf-Telefon
(9–17 Uhr):
0 62 21/18 10 88

**Krebs**

Deutsche Krebsgesellschaft
Paul-Ehrlich-Str. 41
60596 Frankfurt/Main

Deutsche Krebshilfe
Thomas-Mann-Str. 40
53111 Bonn

Deutsches Krebsforschungszentrum –
Informationsdienst
Im Neuenheimer Feld 280
69120 Heidelberg

Förderkreis krebskranke
Kinder
Büchsenstr. 22
70174 Stuttgart

Frauenselbsthilfe nach
Krebs, Bundesverband
B 6, 10/11
68159 Mannheim

Psychosoziale Beratungsstelle für Krebskranke und
Angehörige
Albrecht-Achilles-Str. 65
10709 Berlin

Selbsthilfevereinigung zur
Unterstützung erwachsener
Leukämiepatienten
Münsterstr. 7
48167 Münster

Stiftung Phönikks –
Psychosoziale Hilfe
und Nachbetreuung
krebskranker Kinder
Mittelweg 121
20148 Hamburg

**Naturheilverfahren/ Alternative Medizin**

Arbeitsgemeinschaft für
klassische Akupunktur
und Traditionelle
Chinesische Medizin
Badallee 2
25832 Tönning

Deutsche Akademie
für Akupunktur
Feinhalsstr. 8
81247 München

Deutsche Gesellschaft für
ärztliche Hypnose und
autogenes Training
Oberforstbacher Str. 416
52076 Aachen

Deutsche Gesellschaft für
Klassische Homöopathie
Grundtvigstr. 39
33330 Gütersloh

Deutsche Gesellschaft für
medizinische Hypnose
Horner Landstr. 173
22111 Hamburg

Deutscher Bäderverband
Schumannstr. 111
53113 Bonn

Deutscher Zentralverein
homöopathischer Ärzte
Alte Steige 3
72213 Altensteig

Gesellschaft für Naturheilkunde Deutschland
Postfach 40 20 27
80720 München

Homöopathie-Forum –
Organisation klassisch
homöopathisch arbeitender
Heilpraktiker
Grubmühlerfeldstr. 14 a
82131 Gauting

Hufelandgesellschaft
für Gesamtmedizin –
Vereinigung der Ärztegesellschaften für
Biologische Medizin
Ortenaustr. 10
76199 Karlsruhe

Kneipp-Bund
Adolf-Scholz-Allee 6
86825 Bad Wörishofen

Verband Physikalische
Therapie
Hofweg 15
22085 Hamburg

**Nervenerkrankungen**

Deutsche Alzheimer
Gesellschaft
Büchsenstr. 34/36
70174 Stuttgart

Deutsche Epilepsievereinigung
Mittelstr. 10
90596 Schwanstetten

Deutsche
Huntington-Hilfe
Börsenstr 10
47051 Duisburg

Deutsche Multiple Sklerose
Gesellschaft
Vahrenwalder Str. 205–207
30165 Hannover

Deutsche Parkinsonvereinigung
Moselstr. 31
41464 Neuss

Deutsche Sektion der internationalen Liga gegen Epilepsie
Herforder Str. 5–7
33602 Bielefeld

Kuratorium für Unfallverletzte mit Schäden des zentralen Nervensystems
Rochusstr. 24
53123 Bonn

Stiftung Deutsche Schlaganfall-Hilfe
Postfach 104
33311 Gütersloh

**Psychologische Beratung**

Bundesverband der Angehörigen psychisch Kranker
Thomas-Mann-Str. 49 a
53111 Bonn

Bundesverband Hilfe für das autistische Kind
Bebelallee 141
22297 Hamburg

Deutscher Psychotherapeutenverband
Bundesallee 213–214
10719 Berlin

Deutsches Zentrum für Psychosomatische Medizin
Friedrichstr. 36
35392 Gießen

Hilfe für Depressivkranke
Wermbachstr. 13
63739 Aschaffenburg

Psychotherapie-Informationsdienst
Heilsbachstr. 22–24
53123 Bonn

**Senioren**

Beratungsstelle Altengerechtes Wohnen
Korbinianplatz 15 a
80807 München

Bundesarbeitsgemeinschaft der freien Wohlfahrtspflege
Franz-Lohe-Str. 17
53129 Bonn

Bundesarbeitsgemeinschaft der Senioren
Stockenstr. 14
53113 Bonn

Deutsches Zentrum für Altersfragen
Manfred-von-Richthofen-Str. 2
12101 Berlin

Gesundheit im Alter
Postfach 12 50
51588 Nümbrecht

Kuratorium Deutsche Altershilfe
Wilhelmine-Lübke-Stiftung
An der Pauluskirche 3
50677 Köln

Senioren-Schutz-Bund Graue Panther
Rathenaustr. 2
42277 Wuppertal

**Sterbebegleitung**

Arbeitsgruppe – Zu Hause sterben
Blumhardtstr. 2
30625 Hannover

Christophorus Hospiz Verein
Rotkreuzplatz 2 a
80634 München

Deutsche Hospizhilfe
Reit 25
21244 Buchholz

**Sucht**

Anonyme Alkoholiker
Postfach 46 02 27
80910 München

Anonyme Raucher
Junkersstr. 5
76139 Karlsruhe

Blaues Kreuz in Deutschland
Freiligrathstr. 27
42289 Wuppertal

Bundesverband der Elternkreise drogengefährdeter und drogenabhängiger Jugendlicher
Westring 2
59065 Hamm

Deutsche Hauptstelle gegen die Suchtgefahren
Westring 2
59065 Hamm

Suchtkrankenhilfe im Diakonischen Werk
Brüder-Grimm-Platz 4
34117 Kassel

Verband ambulanter Behandlungsstellen für Suchtkranke und Drogenabhängige
Karlstr. 40
79104 Freiburg

Telefonnotrufe für Suchtgefährdete (24 Stunden):
München 089/28 28 22
Köln 02 21/31 55 55
Düsseldorf 02 11/32 55 55
Essen 02 01/40 38 40

## Österreich

**Notrufe**

Rettungsdienst: 144
Feuerwehr: 122
Polizei: 110

Giftnotruf Wien:
02 22/406 43 43

**Allgemeine Adressen**

Caritas Österreich Zentrale
Nibelungengasse 1/4
1010 Wien

Medizinisches Selbsthilfezentrum
Obere Augartenstr. 26–28
1020 Wien

Österreichisches Rotes Kreuz
Wiedner Hauptstr. 32
1041 Wien

Service- und Informationsstelle für Gesundheitsinitiativen und Selbsthilfegruppen im Fonds Gesundes Österreich
Laxenburger Str. 36
1100 Wien

Weißer Ring – Hilfe für Verbrechensopfer
Marokkanergasse 3
1030 Wien

Sozialtelefon (bundesweit zum Ortstarif):
06 60/2 01

**AIDS**

AIDS-Hilfe Beratungsstelle
Mariahilfer Gürtel 4
1060 Wien

Österreichisches AIDS-Informations- und Dokumentationszentrum
Blechturmgasse 7/9
1050 Wien

**Allergien/Asthma**

Ambulatorium für Allergie
Rennweg 28
1030 Wien

Asthma-, Neurodermitis- und Allergieverband
Obere Augartenstr. 26–28
1020 Wien

Telefonische Pollenflugvorhersage:
02 22/40 400-33 09

**Behinderung**

Arbeitskreis Eltern behinderter Kinder und Jugendlicher
Kapuzinerstr. 84
4021 Linz

Dachverband für Menschen mit geistiger und mehrfacher Behinderung
Schönbrunner Str. 179
1120 Wien

Hilfsgemeinschaft der Blinden und Sehschwachen Österreichs
Treustr. 9
1200 Wien

Lebenshilfe für Behinderte
Ebendorfer Str. 10
1010 Wien

Österreichischer Blindenverband
Hägelingasse 4–6
1040 Wien

Österreichischer Bund für Schwerhörige, Spätertaubte, Tinnitus-Betroffene und Sprachbehinderte
Radegunder Str. 10
8045 Graz

Österreichischer Gehörlosenbund
Generalsekretariat
Waldgasse 13
1100 Wien

Selbsthilfegruppe Down-Syndrom
Neurologisches Krankenhaus Rosenhügel
Riedelgasse 5
1130 Wien

Verband der Querschnittsgelähmten Österreichs
Sahulkastr. 3/9/R 10
1100 Wien

Verein der Kehlkopflosen Österreichs
Taubergasse 2/23
1170 Wien

**Bewegungsapparat**

Österreichische Rheuma-Liga
Ketzergasse 200
1235 Wien

Österreichische Vereinigung Morbus Bechterew
Enerthstr. 238
1020 Wien

Selbsthilfegruppe für Rückenprobleme
c/o Salzburger Patientenforum
Faberstr. 19–23
5024 Salzburg

**Chronische Krankheiten**

Beratungsstelle der Gesellschaft für Inkontinenzhilfe
Johannstr. 46
1150 Wien

Gesellschaft für Nierentransplantierte und Dialyse-Patienten
Neulerchenfeldstr. 10
1160 Wien

Ileostomie-, Colostomie- und Urostomievereinigung (ILCO)
Obere Augartenstr. 26–28
1020 Wien

Österreichische Arbeitsgemeinschaft für Zöliakie
Meiselstr. 36/1/10
1150 Wien

Österreichische Diabetikervereinigung
Moosstr. 18/1
5020 Salzburg

Österreichische Gesellschaft für angeborene Stoffwechselstörungen
Juchgasse 34/18
1030 Wien

Österreichische Gesellschaft zur Bekämpfung der Mukoviszidose
Obere Augartenstr. 26–28
1020 Wien

Österreichische Interessengemeinschaft der Diabetiker
Obere Hauptstr. 1
7041 Wulkaprodersdorf

Österreichische Migräne Gesellschaft
Hartenfeldstr. 9/20
4060 Leonding

Österreichische Morbus-Crohn- und Colitis-ulcerosa-Vereinigung
Obere Augartenstr. 26–28
1020 Wien

**Entspannung**

Österreichische Gesellschaft für Autogenes Training und allgemeine Psychotherapie
Testarellogasse 31
1130 Wien

Österreichischer Yogalehrer-Verband
Zwischenhäg 16
6714 Nüziders

Progressive Muskelrelaxation
Müllergasse 6/4
1090 Wien

**Ernährung/Eßstörungen**

Österreichische Gesellschaft für Ernährung
Zaunergasse 1–3
1030 Wien

Österreichisches Institut für Ernährungsberatung
Döblinger Hauptstr. 19
1190 Wien

Overeaters Anonymous – Anonyme Eßsüchtige
Sankt-Veit-Gasse 25
1130 Wien

Verein Netzwerk Eßstörungen
Fritz-Pregel-Str. 5
6020 Innsbruck

**Familie/Kinder**

Ehe-, Familien- und Lebensberatungsstelle des Katholischen Familienwerkes
Friedrich-Kaiser-Gasse 94
1160 Wien

Familienberatungsstelle des Wiener Familienbundes
Mariahilfer Str. 24
1070 Wien

Österreichische Plattform für Alleinerziehende
Carneriegasse 34
8010 Graz

Österreichischer Kinderschutzbund
Obere Augartenstr. 26–28
1020 Wien

Partner-, Familien- und Sexualberatung im Amt für Jugend und Familie
Freytaggasse 32
1210 Wien

**Frauen**

Beratungsstelle für natürliche Geburt und Leben mit Kindern
Rosensteingasse 82/3
1170 Wien

Bundesverband der Tagesmüttervereinigung
Rodlergasse 15
1190 Wien

Bund österreichischer Frauenvereine
Wilhelm-Exner-Gasse 36
1090 Wien

Frauengesundheitszentrum
Brockmanngasse 48
8010 Graz

La Leche Liga Stillberatung
Flurweg 3
2602 Blumau/Neurißhof

Verein Frauen beraten Frauen
Lehárgasse 9/2/17
1060 Wien

**Haut**

Elternkreis für Kind und Sklerodermie
Chileweg 2
4060 Leonding

Psoriatiker-Verein Austria
Stromstr. 39–45/7/R 1
1200 Wien

Selbsthilfegruppe bei Azidose und Pilzerkrankungen
Obere Augartenstr. 26–28
1020 Wien

Selbsthilfegruppe für Neurodermitis und Atopisches Ekzem
Kegelgasse 34–38/1/20
1030 Wien

**Herz/Kreislauf**

Österreichische Hochdruckliga, Krankenhaus Barmherzige Brüder
Marschallgasse 12
8020 Graz

Österreichischer Herzfonds
Währinger Str. 15/16
1090 Wien

Österreichischer Herzverband
Obere Augartenstr. 26–28
1020 Wien

**Krebs**

Dachverband der Österreichischen Kinder-Krebs-Hilfsorganisation
Kinderspitalgasse 7
1095 Wien

Frauenselbsthilfe nach Krebs
Obere Augartenstr. 26–28
1020 Wien

Österreichische Krebshilfe
Rennweg 44
1030 Wien

Selbsthilfegruppe Leukämie
Obere Augartenstr. 26–28
1020 Wien

**Naturheilverfahren/ Alternative Medizin**

Institut für anthroposophisches Heilwesen
Tilgnerstr. 3/3b
1040 Wien

Institut für Homöopathie und biologische Medizin
Einsiedlergasse 18–20
1050 Wien

Österreichische Gesellschaft für Akupunktur und Auriculotherapie
Hugelgasse 1–3
1150 Wien

Österreichische Gesellschaft für ganzheitliche Medizin
Gablenzgasse 7
1150 Wien

Österreichische Gesellschaft für homöopathische Medizin
Mariahilfer Str. 110
1070 Wien

Österreichischer Kneippbund
Kunigundenweg 10
8700 Leoben

**Nervenerkrankungen**

Alzheimer Angehörige Austria
Obere Augartenstr. 26–28
1020 Wien

Österreichische Alzheimer Gesellschaft
Neurologisches Krankenhaus Rosenhügel
Riedelgasse 5
1130 Wien

Österreichische Huntington Hilfe
Hasnerstr. 88/23
1160 Wien

Österreichische Multiple Sklerose Gesellschaft, Universitätsklinik für Neurologie
Währinger Gürtel 18–20
1090 Wien

Österreichische Sektion der Internationalen Liga gegen Epilepsie, Universitätsklinik für Neurologie
Anichstr. 35
6020 Innsbruck

Parkinson Selbsthilfe Bundesverband
Märzstr. 49
1150 Wien

**Psychologische Beratung**

Gesellschaft zur Förderung der Selbsthilfe bei Depression und Angststörungen
Schwindgasse 5/5
1040 Wien

Hilfe für Angehörige psychisch Erkrankter
Bernardgasse 36/4/14
1070 Wien

Österreichische Autistenhilfe
Eßlinggasse 13/3/11
1010 Wien

Österreichischer Bundesverband für Psychotherapie
Rosenbursenstr. 8
1010 Wien

Psychosoziales Zentrum
Lenaugasse 17/2/27
1080 Wien

Notruf des Kuratoriums für Psychosoziale Dienste (24 Stunden):
02 22/31 84-19 od. -20
für Angehörige:
02 22/31 97 56

**Senioren**

Beratungsstelle für Senioren, Gesundheitsamt der Stadt Wien
Kreitnergasse 43
1160 Wien

Betagtenberatung der Caritas
Trauttmansdorffgasse 15
1130 Wien

Hauskrankenpflege durch Mobile Krankenschwestern
Neutorgasse 15
1010 Wien

Österreichischer Seniorenbund Bundesleitung
Lichtenfelsgasse 7
1010 Wien

Pro Senectute Österreich
Gentzgasse 9
1180 Wien

**Sucht**

Al-Anon/Al-Teen (SHG für Angehörige von Alkoholikern)
Geblergasse 45/4
1170 Wien

Ambulatorium für Suchtkranke, Kuratorium für psychosoziale Dienste
Borschkegasse 1
1090 Wien

Anonyme Alkoholiker
Barthgasse 5
1030 Wien

Blaues Kreuz in Österreich
Gaisberggasse 15
5500 Bischofshofen

Bundesverband der Elternkreise Drogenabhängiger Jugendlicher
Münzgasse 1/34
5020 Salzburg

Drogenambulanz des AKH
Währinger Gürtel 18–20
1090 Wien

Sucht-Beratungsstelle, Anton-Proksch-Institut
Gräfin-Zichy-Gasse 4
1230 Wien

Zentrale Raucherberatung
Zelinkagasse 9/25
1010 Wien

## Schweiz

### Notrufe

Rettungsdienst: 144
(gilt nicht für alle Bezirke)
Feuerwehr: 118
Polizei: 117

Giftnotruf Zürich:
01/251 51 51 oder
01/251 66 66

### Allgemeine Adressen

Kontaktstelle für
Selbsthilfegruppen
Selbsthilfezentrum
Hinterhuus
Feldbergstr. 55
4057 Basel

Schweizerische Arbeits-
gemeinschaft für
Patienteninteressen
Haldenweg 10 a
3074 Muri (BE)

Schweizerische
Patientenorganisation
Postfach 850
8025 Zürich

Schweizerische Stiftung
für Gesundheitserziehung
Stampfenbachstr. 161
8006 Zürich

Schweizerisches
Rotes Kreuz
Rainmattstr. 10
Postfach 2699
3001 Bern

Verband für Unabhängige
Gesundheitsberatung
Espenstr. 1
9220 Bischofszell

Weisser Ring – Hilfe für
Verbrechensopfer
Postfach 1156
8302 Kloten

### AIDS

AIDS-Hilfe
Konradstr. 20
8031 Zürich

### Allergien/Asthma

Das Band
Selbsthilfe für Asthmatiker
Gryphenhübeliweg 40
3006 Bern

Schweizerische Eltern-
vereinigung asthma- und
allergiekranker Kinder
Schaufelgrabenweg 28
3033 Wohlen

Schweizerische Gesellschaft
für Allergologie
und Immunologie
1, rue Michel Servet
1211 Genève 4

Telefonische Pollenflug-
vorhersage:
1 57 12 62 15

### Behinderung

Bund Schweizerischer
Schwerhörigen-Vereine
Zentralsekretariat
Schaffhauser Str. 7
8042 Zürich

Fédération suisse des sourds
Secrétariat C.P. 3
1603 Grandvaux

Schweizerische Arbeits-
gemeinschaft zur Ein-
gliederung Behinderter
Bürglistr. 11
8002 Zürich

Schweizerischer Blinden-
und Sehbehindertenverband
Laupenstr. 4
3008 Bern

Schweizerische
Tinnitus-Liga
Meiengartenstr. 2
8645 Jona

Union schweizerischer
Kehlkopflosen-
Vereinigungen
Zwischenbächer 90
8048 Zürich

### Bewegungsapparat

Schweizerische
Rheuma-Liga
Renggerstr. 71
8038 Zürich

Schweizerische Vereinigung
Morbus Bechterew
Röntgenstr. 22
8005 Zürich

### Chronische Krankheiten

Association genevoise
du diabète
14, rue de l'Arqueluse
1204 Genève

Beratungsstelle der
Gesellschaft für
Inkontinenzhilfe
Kantonsspital
6000 Luzern 16

Schweizerische Diabetes-
Gesellschaft
Forchstr. 95
8032 Zürich

Schweizerische Gesellschaft
für Mukoviszidose
Bellevuestr. 166
3028 Spiegel/Bern

Schweizerische Ileostomie-
Colostomie-Urostomie-
Vereinigung (ILCO)
Rappenholzstr. 7
8623 Wetzikon

Schweizerische Morbus-
Crohn- und Colitis-
ulcerosa-Vereinigung
Postfach
5000 Aarau

Suisse Transplant
24, rue Micheli-du-Crest
1211 Genève 14

### Entspannung

Schweizerische Gesellschaft
für Autogenes Training
Könizbergstr. 1
3097 Liebefeld

Schweizerischer
Feldenkrais-Verband
Hotzestr. 29
8006 Zürich

Schweizerische Yoga-
Gesellschaft
Seilerstr. 24
3011 Bern

### Ernährung/Eßstörungen

Arbeitskreis Ernährung
und Verhalten
Postfach
8062 Zürich

Schweizerische Gesellschaft
für Ernährungsforschung
Institut de Physiologie
d'Université de Lausanne
1005 Lausanne

Schweizer Vereinigung
für Ernährung
Vernstr. 135
3052 Zollikofen

Overeaters Anonymous
– Anonyme Eßsüchtige
Postfach 680
8021 Zürich

Selbsthilfegruppe Anorexie
und Bulimie
Dolderstr. 18
8032 Zürich

### Familie/Kinder

Association Suisse de
Planning Familial et
d'Education Sexuelle
7, Guéta
1073 Savigny

La Leche Liga Schweiz
Stillberatung
Postfach 1097
8053 Zürich

Schweizerischer
Kinderschutzbund
Postfach 344
Brunnmattstr. 38
3000 Bern 14

Schweizer. Verband alleinerziehender Mütter und Väter
Rheinstr. 5/11
3173 Birsfelden

Zentralstelle für Ehe- und Familienberatung
Hildastr. 18
8004 Zürich

Elternnotruf Zürich (24 Stunden):
01/261 88 66

**Frauen**

Bund Schweizerischer Frauenorganisationen
Altikofenstr. 182
3048 Worblaufen

Eidgenössische Kommission für Frauenfragen
Eigerplatz 5
3007 Bern

Evangelischer Frauenbund der Schweiz
Winterthurerstr. 60
8006 Zürich

Informationsstelle für Frauen (INFRA)
Mattengasse 27
8000 Zürich

Informationsstelle für Schwangerschaft und Geburt
Magnusstr. 28
8004 Zürich

Neuanfang im Beruf – Frauenzentrale
Marktgasse 4
4051 Basel

**Haut**

Neurodermitis, Atopisches Ekzem und Asthma (ATOPS)
Postfach 833
4153 Reinach

Schweizerische Psoriasis und Vitiligo Gesellschaft
Postfach
8048 Zürich

**Herz/Kreislauf**

Schweizerische Arbeitsgruppe für kardiale Rehabilitation
Sekretariat
2725 Le Noirmont

Schweizerische Herzstiftung
Postfach 176
3000 Bern 15

Schweizerische Vereinigung gegen den hohen Blutdruck
Postfach 10
8091 Zürich

**Krebs**

Schweizerische Interessengemeinschaft für krebskranke Kinder (SIKK)
Sonnenrain 4
4534 Flumenthal

Schweizerische Krebshilfe
Effingerstr. 40
3000 Bern

Schweizerischer Verein für Frauen nach Brustkrebs
Unterer Rebbergweg 96
4153 Reinach

**Naturheilverfahren/ Alternative Medizin**

Homöopathischer Ärzteverband
Sennweidstr. 45
6312 Steinhausen

Naturärzte-Vereinigung der Schweiz
Postfach 65
9052 Niederteufen

Schweizerische Ärztegesellschaft für Aurikulomedizin und Akupunktur
Postfach 176
8575 Bürglen

Schweizerische Ärztegesellschaft für Erfahrungsmedizin – Patienteninformationsstelle
In der Ey 39
8047 Zürich

Schweizerische Gesellschaft für ganzheitliche Heilkunde
Postfach 8213
3001 Bern

Schweizerischer Kneipp-Verband
Seftigenstr. 57
3007 Bern

Verband Klassischer Homöopathen
Postfach 625
8027 Zürich

**Nervenerkrankungen**

Schweizerische Alzheimervereinigung
Generalsekretariat
16, rue Pestalozzi
1400 Yverdon-les Bains

Schweizerische Huntington Vereinigung
Amtshausgasse 3 a
3235 Erlach

Schweizerische Liga gegen Epilepsie
c/o Schweizerische Vereinigung Pro Infirmis
Postfach 129
8032 Zürich

Schweizerische Multiple Sklerose Gesellschaft
Brinerstr. 1
8036 Zürich

Schweizerische Parkinsonvereinigung
Forchstr. 182
8132 Hinteregg

**Psychologische Beratung**

Emotions Anonymous
Postfach 228
4016 Basel

Schweizerische Gesellschaft für psychosomatische Medizin
Bernische Höhenklinik Bellevue
3962 Montana-Vermala

Schweizerische Gesellschaft für psychosoziale Medizin
Culmannstr. 8
8091 Zürich

Schweizerischer Verein der Eltern autistischer Kinder
Luisenstr. 42
3005 Bern

Vereinigung der Angehörigen von psychisch Kranken
Murwiesenstr. 53
8057 Zürich

**Senioren**

Caritas Schweiz
Löwenstr. 3
6003 Luzern

Pro Senectute
Lavaretstr. 60
8027 Zürich

Stiftung Kreatives Alter
Postfach
8022 Zürich

**Sucht**

Anonyme Alkoholiker Dienststelle
Wehntalerstr. 560
8046 Zürich-Affoltern

Blaues Kreuz
Lindenrain 3
Postfach 8957
3001 Bern

Narcotics Anonymous
Postfach 360
4010 Basel

Schweizerische Fachstelle für Alkohol und andere Drogenprobleme
Postfach 870
1001 Lausanne

Zentralstelle der Elternvereinigung drogenabhängiger Jugendlicher
Stampfenbachstr. 115
8035 Zürich

# Sachregister

## A



## B

## C



## D

## H

## Q



## R



## S

## T



## U



## V

## Bildnachweis

### Fotos

Thomas von Salomon: S. 20/21, 32/33, 88/89, 142/143, 152, 282, 287, 438, 545, 590/591, 630, 632, 636, 645, 678/679, 690 re., 725, 728, 736, 737o., 738 re., 742, 746, 774/775, 796/797
Gudrun Kaiser: S. 315, 318, 319, 514, 691, 692, 695, 696, 697, 699, 700, 701, 704, 705, 706, 707, 709, 710, 711, 713, 740

### Zeichnungen

Matt Zang: S. 148, 166, 179, 188, 208, 214, 240, 260, 288, 298, 276, 310, 320, 330, 338, 350, 360, 378, 400, 410, 422, 450, 490, 497, 500, 504, 506, 508, 520, 534, 550, 564, 578
Martin Scharf: S. 37, 778, 779, 780, 781, 782, 783, 784, 785, 786, 787, 790, 791, 792, 793, 794, 795

### Weitere Abbildungen

Allover: S. 519 li. (Schmid)
Arbeitskreis operierender Augenärzte: S. 158
Archiv für Kunst und Geschichte: S. 187 li., 215, 549, 562 re.
Ardeypharm: S. 459
Argus: S. 202 (Raupach); 573 (Granser); 395 li. (Janke)
Bavaria: S. 170, 527 (Winter); 175 (Müller-Güll); 186 mi. (Custom Medical); 211 (Benelux Press); 220 (Stock Directory); 235 (SSI); 529 (Picture Crew); 22, 39 (Chapple); 54, 57 (Stock Image); 27, 83 (TCL); 683 (Ryan); 703 (Tilley); 761 o., 762 (FPG); 758 (PP)
Bayer AG-Bildarchiv: S. 291, 335, 377 mi., 384, 453, 577 re., 637
Dr. Rudolf Bertagnoli: S. 436
Berufsverband der Orthoptistinnen: S. 161, 162
Bilderberg: S. 249 (Burkard); 770 (Baumgartl); 772 (Kunz); 404 (Grames)
Bilderpur: S. 171 (Schwind); 552 (Arnold); 556 (Neufried); 144/145 (NAS); 418/419 (Kage)
Agentur Blase: S. 64
Bongarts: S. 430 (Zickler)
Barbara Bonisolli: S. 553
Gerlind Bruhn: S. 48, 49, 58
CMA-Fotoservice: S. 455
Conva Tec: S. 347 (Traub)
Danavox: S. 176, 766 li.
Degussa AG: S. 317 re.
Essex Pharma: S. 521, 524
Eye of Science: S. 184/185, 259 mi., 297, 299, 403, 448/449, 554 (Meckes); 420 mi., 489 re., 499 (Ottawa); 532 li. (Gelderblom)
Franz Faltermaier: S. 25, 28, 702
Focus: S. 167, 321, 331 (Motta/SPL); 178, 187 mi., 493 u., 494 (CNRI/SPL); 186 re., 361 (Secchi-Lecaque/SPL); 258 re., 304, 579 (SPL); 275 (Leah/SPL); 411, 435 (Kulyk/SPL); 535 (Dourmashkin/SPL); 541 (NIBSC/SPL); 539 (Grand/SPL); 540 (Burgess/SPL); 333 (Schiller/SPL); 353, 421 re., 488 mi., 489 li., 675 (Pasieka/SPL); 357 (Tamm); 309 mi. (Parker/SPL); 640, 642, 665 (Tamasin)
Geers Hörgeräte: S. 177
Christian Grusa: S. 153, 370, 401, 443, 475, 526, 643, 755
GU-Archiv: S. 639 (Eising)
Paul Hartmann: S. 761 u.
Heckel-Reisen: S. 470, 649
Heel GmbH: S. 463
Hesselmann: S. 745
Hönle: S. 478
IFA-Bilderteam: S. 151 u. (Vision); 407, 614, 616 o. (Weststock); 597 (Garet); 599 (Fisler-Wohlert); 633 (Diaf)
Image Bank: S. 245 o., 448 re., 466 (de Lossy); 519 mi. (Barto); 448 li. (Brown)
Manfred Jahreis: S. 662, 669
Jahreszeiten Verlag: S. 45 (Wartenberg); 305 (Schiesswohl); 735
Manfred Kage: S. 149, 189
Ulla Kimmig: S. 725
Klafs Saunabau: S. 727
Ulrike Kment: S. 147 li.
Köllnflocken-Werke: S. 29
Susanne Kracke: S. 670, 671, 694
Hans E. Laux: S. 382, 563 li.
Michael Leis: S. 648
Lohmeier Medizin-Elektronik: S. 261, 626
Mike Masoni: S. 34, 41, 238 re.
Mauritius : S. 147 mi., 169 (Superstock); 212 (Poehlmann); 562 li. (Rosenfeld); 567 (Ley); 236/237, 256/257, 306/307, 374/375, 516/517 (Phototake)
Lennart Nielsson: S. 52, 53
Michael Nischke: S. 55, 397, 399, 764
Okapia: S. 194, 588 (Reinhard); 198, 250, 301, 493 o., 586 (McIntyre); 207 (Poh); 209 (Fawcett); 234, 650 (McCoy); 239 li. (LFS); 241, 265, 311, 379, 413, 423, 449 re., 451, 460, 491, 538, 576 mi. (Kage); 247 (Science Source); 254 (Cortier); 571 (Weinhäupl); 417, 575 (Büttner); 272 (Omikron); 277 (Reschke); 279 (Grzimek); 427 (Bjornberg); 402 u. (Mantis); 408 (Rebmann); 457 (Hayrich); 464 (Bauer); 474 (Ursillo); 477 (Neufried); 510 (Havelin); 544 (Janfot); 317 li. (Schwind); 323, 363 o. (Arnold); 339 (Biophoto); 344, 621 (NAS); 348 o. (Phototake); 351 (Michler); 366 (Krasemann); 369, 623 (Morgan); 377 re. (Luria); 612 (Levin); 646 (Uselmann); 672 (Florian); 576 re.
Alfred Pasieka: S. 267, 285
Patientenzeichnung: S. 223, 228
Pharmacia & Upjohn: S. 572
Pictor International: S. 84
Picture Press: S. 180 (Hauser)
Picture Team R: S. 45 (Reiner)
Regumed: S. 677
Hans Reinhard: S. 667
Sigrid Reinichs: S. 62, 66, 67, 68, 371, 720
Archiv Norbert Schäfer: S. 71, 372
Reiner Schmitz: S. 147 re., 164, 324, 509, 515, 518 re., 570, 653, 664, 666, 668, 684, 715, 717, 721 o., 722, 726, 729, 731, 739, 763
Christophe Schneider: S. 473, 482, 485, 652, 680, 686, 689, 690 li. o., 690 li. u., 708, 734
Siemens AG: S. 191, 581, 622, 766 re.
Volker Steger: S. 486/487
Christof Stieger: S. 56
Stocknet: S. 146 re. (Steedman)
Karl Storz: S. 174, 181
Techniker Krankenkasse: S. 172, 243, 523, 616 u., 620, 753, 756
Fotostudio Teubner: S. 245 u., 528, 721 u., 737 u., 738 li., 757
Michael Timm: S. 425
Tony Stone: S. 146 mi. (Turner); 146 li. (Carrasco); 151 o. (Kamper); 155 (Cornish); 157, 395 re., 580 (SBHA); 186 li., 197, 219, 428, 577 li. (Kaluzny); 86, 187 re., 448 mi. (Darell); 195, 292 (Riley); 204 (Shaw); 233 (Herholdt); 238 li. (Slattery); 238 mi. (Harvey); 30, 79, 239 mi., 402 o., 660, 712 (Correz); 239 re. (Peek); 253, 376 re. (Wolff); 518 mi. (Day); 519 re. (Syred); 562 mi. (Millar); 309 re., 563 mi., 634 (O'Clair); 563 re. (Rieger); 569, 719 (Stewart); 42 (Mackechnie); 46, 337, 532 mi., 606, 609, 610, 657 (Ayres); 50 (Fortunato); 60, 326, 595 (Brown); 75 (Dolphin); 77 (Hanover); 698 (Rusing); 577 mi., 714 (Bosler); 765 (Fischer); 768 (Cohen); 258 li., 387, 426, 585, 629 (Thatcher); 259 li. (Torckler); 269, 313, 421 mi. (NHS Trust); 280 (Raymond); 589 (Loucel); 440 (Johnston); 442 (Thomas); 392 (Meets); 468 (Forster); 776 (Jons); 376 li., 489 mi., 512, 543 (Monneret); 547 (Selzle); 548 (Degginger); 551 (Solliday); 555 (Sounders); 559, 644 (Bissell); 561 (Fisher); 325 (Walker); 328 (Thomason); 348 u. (Everard); 354 (Errington); 308 li. (Rosenfeld); 308 mi. (May); 308 re. (Webster) 376 mi. (TS Imaging); 377 li. (Perlstein); 420 re. (Hervet); 421 li. (Tisne); 449 li. (Horan); 449 mi. (Beatty); 488 li. (Maisel); 532 re. (Orel); 533 li. (Brookes); 533 mi. (Pease); 533 re. (Kavanagh); 576 li. (Cherfils); 592 (Delzell); 600 (Joel); 601 (Pollok); 619 (Ivaldi); 654 (Landecker); 658 (Chesley); 659 (York)
Superbild: S. 258 mi. (Cheadle); 259 re., 263, 264, 289, 341, 388, 604, 608 (BSIP); 270 (Schmidbauer); 309 li., 488 re. (Bouillot); 420 li. (Sunstar); 603 (SIPA); 624 (Schorm)
Isabella Valdivieso: S. 81, 217, 225, 363 u., 364, 365, 381, 391, 458, 481, 501, 503
Alexander Walter: S. 72, 445
Wittgensteiner Rehakliniken: S. 594, 647
Wöhlk contact-linsen: S. 165
Ernst Wrba: S. 518 li.
Georg M. Wunsch: S. 343, 432, 583
ZEFA: S. 193 (Rogee); 200 (Pinto); 531 (Vogt); 693 (Jaemsen)